한국외교문서
제7차 한일회담 I

한일회담
자료총서 10

한국외교문서
제7차 한일회담 I

동북아역사재단 편

동북아역사재단
NORTHEAST ASIAN HISTORY FOUNDATION

• 이 책은 2022년도 동북아역사재단 기획연구 수행 결과물임(NAHF-2022-기획연구-22).

발간사

한일관계에서 한일협정만큼 민감하고 논쟁적인 주제는 없을 것입니다. 한일 양국은 1951년 10월 국교정상화를 위한 회담을 시작하였습니다. 이후 회담은 13년 8개월에 걸쳐 중단과 재개를 되풀이하였고, 1965년 6월 한일 양국은 협정에 조인하였습니다. 한일회담은 해방 후 한일관계뿐만 아니라 한국현대사의 기본 틀을 만드는 과정이었습니다. 한일 양국이 최근 첨예하게 대립하는 근본 원인도 한일회담에 있다고 할 수 있습니다. 2018년 10월 30일 일제 강제동원 피해자 손해배상소송 판결과 2021년 1월 9일 일본군'위안부' 피해자 손해배상소송 판결은 1965년 한일협정이 지나간 과거가 아닌 현재진행형의 문제라는 사실을 확인시켰습니다.

한국 정부와 법원은 1910년 강제병합조약은 원천 무효이고 반인도적 범죄에 대한 배상 문제는 1965년 한일청구권협정으로 해결되지 않았다고 주장합니다. 하지만 일본 정부와 법원은 강제병합조약은 합법이고 청구권협정으로 모든 배상 문제가 해결되었다고 주장합니다. 한일협정에 대한 평가와 해석을 둘러싸고 이처럼 첨예하게 대립하는 근본 원인은 무엇일까요? 한일협정 해석을 둘러싼 갈등은 해결할 수 있는 것일까요?

이 문제들에 대한 해답을 찾기 위해서는 한일협정 조문 해석뿐만 아니라 협정이 어떤 과정을 거쳐 체결되었는지, 당시 양국 정부가 어떠한 역사인식과 전략을 토대로 협상하였는지를 한일회담 당시 관련 일차 자료에 근거하여 파악할 필요가 있습니다.

한일회담 외교문서가 공개된 것은 강제동원 피해자들이 2002년 한국 정부를 상대로 문서공개요구소송을 한 것이 계기였습니다. 강제동원 피해자들은 일본에서 제소한 소송에서 일본 법원이 1965년 청구권협정으로 모든 배상은 해결되었다는 판결을 내리자, 청구권협정에서 강제동원 피해자 문제가 어떻게 다루어졌는지 공개하라며 한국 정부를 상대로 소송을 하였습니다. 이후 2004년 강제동원 피해자들이 승소하였고, 한국 정부는 2005년 약 3만 5,000장의 문서를 공개하였습니다. 일본에서도 시민단체인 '일한회담문서 전면공개를 요구하는 모임'이 문서 공개를 요구하자, 일본 정부는 2008~2015년까지 약 9만 장의 문서를 공개하였습니다.

동북아역사재단은 한일 양국에서 한일회담 외교문서가 공개된 이후 국민대학교 일본학연구소와 협력하여 방대한 분량의 외교문서를 체계적으로 정리하는 작업을 해왔습니다. 그 첫 작업으로 한국외교문서를 체계적으로 분류·해제한『한일회담 외교문서 해제집』5권을 2008년에 발간하였습니다. 이후 소송을 통해 추가로 공개된 문서를 포함한 일본외교문서 약 9만 장을 체계적으로 분류하여 그 결과물을『한일회담 일본외교문서 상세목록』(2021) 5권으로 발간하였습니다. 한국외교문서 원본은 동북아역사재단 〈동북아역사넷〉에 올렸으며, 일본외교문서 원본도 올리는 중입니다. 그 외 미국 국무성 문서도 국사편찬위원회의 협력을 받아 〈동북아역사넷〉에 올렸습니다.

이렇게 외교문서의 원문을 제공하는 작업은 한일회담의 전모를 밝히는 데 크게 기여하고 있지만, 외교문서를 찾아보는 일반 대중과 연구자, 정책 입안자들이 필기체로 된 방대한 문서에서 필요한 자료를 찾아내는 것은 쉬운 일은 아닙니다. 이에 우리 재단은 국민과 학계, 관계 기관에서 한일회담 관련 자료를 폭넓게 활용할 수 있도록 한일회담 관련 핵심 문서를 자료총서로 발간하는 작업을 하고 있습니다. 이 자료총서가 한일회담의 전모를 파악하고 핵심 쟁점이 어떻게 논의되었는지를 이해하고 한일회담에 대한 객관적인 이해를 토대로 한국과 일본이 현재 직면한 문제를 해결하는 데에 기여할 수 있기를 기대합니다. 나아가 앞으로 진행될 북일 국교정상화 관련 대응에도 도움이 될 수 있을 것입니다.

한일회담 자료총서 발간 작업은 연구자들과 활동가들의 열정적인 노력이 있었기에 시작할 수 있었습니다. 외교문서가 공개될 수 있도록 노력하신 많은 분들과 방대한 분량의 외교문서를 한 장 한 장 검토해 주신 분들께 감사를 드립니다.

2024년 7월
동북아역사재단 이사장

책머리에

한국과 일본이 8월 15일을 각각 '광복절'과 '종전기념일'로 부르고 있는 것에서 상징적으로 드러나듯이 일본의 식민지배에 대한 인식 차이는 오늘날도 여전하다. 인식의 차이는 인식의 영역에만 머무르지 않는다. 비근한 예로, 근년 벌어지고 있는 강제동원과 일본군'위안부' 피해자 소송 판결을 둘러싼 한일 간의 외교적 갈등은 1910년 한국병합과 35년간의 식민지배에 대한 불법·합법론 및 합당·부당론적 인식과 평가에 기반을 둔 법적 논쟁이기도 하다. 한일협정의 교섭 과정이나 체결과 연관된 문제들은 여전히 오늘의 한일 관계를 규정하는 중요한 요인이 되고 있다. 따라서 한일회담의 핵심을 이루는 자료와 기록을 면밀히 검토하는 일은 한일협정에서 기인하는 갈등과 마찰을 풀어가는 데 매우 중요한 단서가 될 수 있다.

1965년 6월 22일 한국과 일본은 1951년 10월부터 시작한 약 14년에 걸친 마라톤 교섭을 마무리하고 국교를 정상화했다. 이 교섭은 해방 후 한국이 모든 외교적 역량을 쏟아부었음에도 외교사상 유래를 찾을 수 없을 정도로 힘겨운 싸움이었다. 하지만 한일협정을 체결한 지 56년이 지난 오늘날에도 이를 둘러싼 논란은 여전히 뜨겁다. 냉전하에서 경제 논리를 내세워 과거사 문제를 봉인한 굴욕적인 협정이라는 평가는 협정 체결 당시부터 제기되었다. 최근에는 한일 간 과거사 문제를 둘러싼 갈등은 한일협정에서 이 문제를 제대로 처리하지 못한 것에 기인하기 때문에 협정을 폐기하고 다시 맺어야 한다는 주장마저 제기되고 있다. 현재의 시점에서 과거의 교섭을 보면 부족하고 미흡한 게 많을 수밖에 없다. 한일회담과 한일협정을 객관적으로 평가하기 위해서는 당시 한국 정부가 어떤 국내외적 상황 속에서 교섭을 추진했는지를, 기록에 근거하여 실증적으로 파악할 필요가 있다.

2005년 8월 한국 정부는 한일협정과 관련된 외교문서를 전면 공개했다. 2002년 강제동원 피해자 99명이 제기한 문서공개요구소송에서 원고가 승소함에 따라 3만 5,245쪽에 이르는 외교문서를 공개한 것이다. 한국 정부가 공개한 문서에는 정부가 협상을 앞두고 내부적으로 정책을 검토한 자료, 조약 및 협약 초안, 양국의 회담 회의록 등 중요 자료가 대거 포함되어 있다. 하지만 문서의 분량이 워낙 방대하고 가독성이 떨어지는 필사본도 있어 접근하기 어려운 문제가 있다.

이 자료집은 연구자나 일반인들이 자료와 기록에 근거하여 한일회담의 전체상과 주요 쟁점을 상세하고도 구체적으로 살펴볼 수 있도록 발간되었다. 이 자료집의 발간은 세 가지 의미를 지닌다. 첫째, 한일회담은 현대 한국외교사의 대표적인 협상 사례로서 관련 문서와 기록이 비교적 풍부하게 남아있다. 이 자료들은 한국외교사 연구의 질적 수준을 높이고 연구의 지평을 확대하는 데 크게 기여할 수 있을 것이다. 둘째, 강제동원, 일본군'위안부' 문제 등에서 보듯이 어떤 의미에서 한일회담은 여전히 종결되지 않았다고 할 수 있다. 따라서 한일 과거사 현안을 면밀하게 파악하고 해석하기 위한 토대로서 한일회담 관련 자료는 여전히 의미가 크다. 더 나아가 이 자료집은 대일 외교정책의 수립과 합리적 추진이라는 실천적 차원에서도 중요한 참고자료가 될 수 있을 것이다. 셋째, 이 자료집은 향후 북일 관계의 향방을 전망하고 예측하는 데도 중요한 길라잡이가 될 수 있을 것이다. 북일 관계는 현재 미수교 상태에 놓여 있다. 국교를 정상화하기 위한 북일협상은 1990년대 이래 여러 차례 진행되었으나 중단과 결렬을 거듭하였고 현재는 완전히 중단된 상태이다. 그러나 언젠가는 북일 국교정상화 협상이 재개될 것으로 예상된다. 장차 한일 관계와 북일 관계 및 남북한 관계가 서로 영향을 주고받는 역동적인 국제관계로 진화할 가능성을 배제할 수 없다.

이 자료집의 발간은 동북아역사재단과 국민대학교 일본학연구소의 공동 노력으로 이루어졌다. 자료집 발간은 관련 연구를 하는 많은 연구자들의 엄청난 열정과 노력 덕분에 가능했다. 이 자리를 빌려 이 자료집 편찬 작업에 참여한 모든 분께 진심으로 감사의 말씀을 전하고 싶다. 특히 유의상 대사님은 교정이 허락되는 마지막 순간까지 원문 하나하나를 철저히 검토하며 대조하였다. 유의상 대사님은 한일청구권협정을 주제로 박사학위 논문을 집필하고 대일 외교 일선에서 일하신 경험이 있어 외교문서의 어려운 행간을 읽어내는 데 많은 도움과 노력을 주었다. 작은 사항 하나하나 세세하게 챙기며 검토를 거듭해 주었기 때문에 자료집의 완성도가 높아졌다. 마지막으로 흔쾌히 이 자료집의 발간을 허락해 주신 동북아역사재단 이사장님께도 감사의 말씀을 전한다.

2024년 7월

조윤수 씀

차 례

발간사 —————————————————————————— 5
책머리에 ————————————————————————— 7
일러두기 ———————————————————————— 28
해제 ——————————————————————————— 29

제7차 한일회담 I (1964. 12. 3~1965. 6. 22)

대표단 임면 관계, 1964~1965 ————————————————— 44

1. 한국 측 대표단
   2. 한일회담의 참여자 명단 ——————————————————— 45
   3. 역대 한일회담 대표 명단 ——————————————————— 48
   4. 한일회담 수석대표 임면 내부재가 문서 ——————————— 52
   10. 제7차 한일회담 대표단 관련 본부 방침 요청 전문 ————— 53
   12. 한일회담 한국 측 대표단 명단 관련 본부 회신 전문 ———— 54
   15. 한일회담 한국 측 대표단 명단 ——————————————— 55
   17. 한국 측 대표 임시 교체 관련 본부 전문 ——————————— 56
   18. 본부 전문(WJA-01158)에 대한 대표부 회신 전문 —————— 57
   19. 한국 측 대표 임시 교체 관련 본부 전문 ——————————— 58
   21. 한일회담 대표단 관련 청훈 전문 —————————————— 59
   22. 한일회담 진행방침 관련 훈령 전문 ————————————— 60
        22-1. 각 위원회별 한국 측 대표단 명단 ——————————— 62
   23. 한일회담 각 위원회 구성원에 관한 건의 전문 ——————— 64
   24. 한일회담 각 위원회 구성원에 관한 훈령 전문 ——————— 66

2. 일본 측 대표단

- 25. 일본 측 대표단 명단 보고 전문 — 67
- 26. 제7차 한일회담 일본 측 대표단 명단 — 71
- 27. 일본 측 대표단 명단 통보 전문 — 73
- 29. 일본 측 수석대표 사망 관련 보고 전문 — 74
- 30. 한일회담 연기에 관한 보고 전문 — 75
- 33. 스기 사망에 대한 시나 외상의 담화 보고 전문 — 76
- 35. 한일회담 일본 측 신임 수석대표 임명 관련 보고 전문 — 77
- 36. 한일회담 일본 측 신임 수석대표 임명 관련 보고 전문 — 78
- 37. 한일회담 일본 측 신임 수석대표 임명 관련 보고 전문 — 79
- 38. 한일회담 일본 측 신임 수석대표에 대한 환영의 뜻 표명 지시 전문 — 80
- 39. 한일회담 신임 수석대표 임명 관련 보고 전문 — 81

본회의 및 수석대표 회담, 1964~1965 — 84

1. 회담 재개를 위한 예비교섭, 1964.6~12

- 3. 김현철 행정개혁조사위원회 위원장과 요시다 전 수상과의 회담 결과 보고 전문 — 85
- 11. 배의환 대사의 이임에 따른 일본 정관계 인사 면담 결과 보고 전문 — 88
- 12. 배의환 대사의 이임에 따른 사쿠라우치 통산상 및 시나 외상 면담 결과 보고 전문 — 90
- 13. 김동조 신임 주일 대사의 시나 외상과의 면담 보고 전문 — 92
- 14. 김동조 대사의 라이샤워 주일 미국 대사와의 면담 보고 전문 — 96
- 15. 김동조 대사의 일 외무성 오타 외무 차관 및 우시바 외무심의관 면담 결과 보고 전문 — 99
- 24. 한일회담 재개 및 일 외상 방한 문제에 관한 보고 및 지시 요망 전문 — 101
- 26. 주일 대사 건의에 대한 본부 입장 회시 전문 — 105
- 34. 한일회담 재개 전의 제 문제점 해결에 관한 청훈 공문 — 106
- 38. 김동조 대사의 시나 외상 면담 결과 보고 전문 — 109
- 41. 김동조 대사의 사토 수상 면담 보고 전문 — 113
- 44. 사토 수상과 시나 외상 및 외무성 간부와의 협의에 대한 보고 전문 — 115
- 46. 재개 한일회담에 임하는 방침 내부재가 문서 — 116
  - 46-1. 재개 한일회담을 위한 정부 방침 문서 — 117

46-2. 한일회담 제 현안 문제에 관한 양측 주장 및 해결 방안 문서 ———— 122
47. 재개 한일회담에 관한 훈령 내부재가 문서 ———— 131
    47-1. 일 외상에 대한 초청장(영문) ———— 134
    47-2. 한일회담 제 현안 문제에 관한 양측 주장 문서 ———— 135
48. 재개 한일회담의 진행 및 아 측 대표단 구성에 관한 건의 공문 ———— 136
50. 김동조 대사의 시나 외상과의 면담 보고 전문 ———— 138
53. 한일회담 재개에 관한 본부 입장 통보 전문 ———— 142
57. 일 어선 및 어부 석방 문제 관련 대표부 건의 전문 ———— 144
58. 이규성 참사관의 히로세 외무성 참사관 면담 결과 보고 전문 ———— 145

2. 본회의, 1~3차, 1964. 12. 3~1965. 1. 18

64. 제7차 한일회담 제1차 본회의 회의록 ———— 147
    64-1. 제7차 한일회담 개최에 제한 김동조 수석대표의 인사 ———— 150
    64-2. 제7차 한일회담 제1차 본회의 진행순서 문서 ———— 152
    64-3. 제7차 한일회담 제1차 본회의 일본 측 우시바 수석대표 대리의 인사말 ———— 153
    64-4. 제7차 한일회담 양국 대표단 명단 ———— 156
    64-5. 제7차 한일회담 제1차 본회의 신문 발표문 ———— 158
70. 김동조 대사의 시나 외상 면담 결과 보고 전문 ———— 159
79. 제7차 한일회담 제2차 본회의 회의록 ———— 163
    79-1. 기본관계위원회 진행 상황 요약 보고문 ———— 168
    79-2. 재일한인 법적지위위원회 진행 상황 요약 보고문 ———— 171
    79-3. 어업 및 평화선위원회 진행 상황 보고문 ———— 172
80. 김동조 대사의 우시바 수석대표 대리와의 오찬 회담 결과 보고 전문 ———— 173
90. 제7차 한일회담 제3차 본회의 회의록 ———— 176
    90-1. 제7차 한일회담 제3차 본회의 김동조 수석대표 인사문 ———— 179
    90-2. 제7차 한일회담 제3차 회의 다카스기 일본 수석대표 인사문 ———— 182
    90-3. 제7차 한일회담 제3차 본회의 신문 보도 안 ———— 184
92. 속개 제7차 한일회담에 관한 훈령 내부재가 문서 ———— 185
    92-1. 한일회담 운영방침 문서 ———— 186
    92-2. 한일회담 대표단 편성 방침 문서 ———— 187
    92-3. 기본관계 문제에 대한 훈령 문서 ———— 188
    92-4. 법적지위 문제에 관한 훈령 문서 ———— 191
    92-5. 어업 및 평화선 문제에 관한 훈령 문서 ———— 194
    92-6. 주일 대사에 대한 훈령 공문 ———— 197

3. 수석대표 회담, 1~16차, 1965. 1. 20~5. 27
   - 93. 제7차 한일회담 제1차 수석대표 회담 보고 전문 — 198
   - 94. 한일 수석대표 회담 석상에서의 다카스기 발언 보고 전문 — 200
   - 96. 제7차 한일회담 제2차 수석대표 회담 결과 보고 전문 — 202
   - 97. 제7차 한일회담 제3차 수석대표 회담 결과 보고 전문 — 205
   - 98. 제7차 한일회담 제5차 수석대표 회담 결과 보고 전문 — 207
   - 99. 제7차 한일회담 제6차 수석대표 회담 결과 보고 전문 — 210
   - 100. 제7차 한일회담 제7차 수석대표 회담 결과 보고 전문 — 212
   - 101. 제7차 한일회담 제8차 수석대표 회담 결과 보고 전문 — 214
   - 102. 제7차 한일회담 제9차 수석대표 회담 결과 보고 전문 — 217
   - 105. 제7차 한일회담 제10차 수석대표 회담 결과 보고 전문 — 219
   - 106. 외상 및 농상회담 종료 후의 한일회담 진행에 관한 일본 측 태도와 아 측 방침 문서 — 222
   - 107. 제7차 한일회담 제11차 수석대표 회담 결과 보고 전문 — 227
   - 110. 한일회담 본조인 준비 촉진에 관한 건의 전문 — 230
   - 111. 한일회담 향후 진행방침 하달 전문 — 231
   - 112. 본부 훈령에 대한 대표부 건의 전문 — 235
   - 113. 대표단 건의에 대한 본부 회신 전문 — 237
   - 114. 사토 일 수상에 대한 정일권 국무총리 친서(답서) 송부 공문 — 238
     - 114-1. 정일권 국무총리의 사토 일 수상 앞 친서 — 239
     - 114-2. 사토 일 수상의 정일권 국무총리 앞 친서 사본 — 240
   - 115. 제7차 한일회담 제12차 수석대표 회담 결과 보고 전문 — 243
   - 116. 제7차 한일회담 제13차 수석대표 회담 결과 보고 전문 — 246
   - 117. 제7차 한일회담 제14차 수석대표 회담 결과 보고 전문 — 247
   - 118. 제7차 한일회담 제15차 수석대표 회담 결과 보고 전문 — 249
   - 120. 제7차 한일회담 제16차 수석대표 회담 결과 보고 전문 — 251
     - 120-1. 어업협정 한국 측 보완사항이 기재된 문서 — 255
   - 127. 독도 문제 처리에 관한 일본 측 안 보고 전문 — 257
   - 128. 일본 측에 제시한 분쟁 해결에 관한 교환 공문 안 보고 전문 — 260
   - 131. 분쟁 해결에 관한 교환 공문의 일본 측 대안 보고 전문 — 262
   - 134. 독도 문제 처리에 관한 일본 측 협정안 보고 전문 — 264
   - 137. 독도 문제에 관한 본부 입장 회시 전문 — 266
   - 138. 독도 문제 관련 대표부 건의 전문 — 267
   - 141. 기본 관계조약 관련 청훈 전문 — 268
   - 142. 외상 간 분쟁에 관한 교환 공한의 양해 사항 문안 확정 보고 전문 — 269

143. 분쟁 처리에 관한 교환 공한 문안 승인 전문 ——— 270
144. 분쟁 처리에 관한 교환 공문 합의 보고 전문 ——— 271
145. 분쟁 처리에 관한 교환 공문 한국어 정문 보고 전문 ——— 272

4. 다카스기 수석대표 발언 파동, 1965. 1~2

148. '아카하타'지의 다카스기 일본 수석대표 발언 보도 관련 사실관계 확인 지시 전문 ——— 273
146. 아사히신문의 다카스기 일본 수석대표 실언 보도 관련 보고 전문 ——— 274
147. 한국 특파원들과 다카스기 수석대표 간의 간담 결과 보고 전문 ——— 275
149. 동아일보의 다카스기 일본 수석대표 실언 보도 내용 대표부 통보 전문 ——— 278
152. 마이니치신문의 다카스기 수석대표 발언 관련 보도 보고 전문 ——— 281
151. 다카스기 발언 관련 대표부 조치사항 보고 전문 ——— 283
154. 다카스기 발언 관련 본부 지시 전문 ——— 284
155. 다카스기 발언 관련 대표부 보고 전문 ——— 285
156. 다카스기 발언 관련 '아카하타'지의 보도 내용 보고 전문 ——— 286
159. 제7차 한일회담 제1차 수석대표 회담 보고 전문 ——— 288
157. 한일 수석대표 회담 석상에서의 다카스기 대표 발언 관련 보고 전문 ——— 291
160. 다카스기 수석대표 발언 해명에 관한 일본 언론 보도 동향 보고 전문 ——— 293
161. 다카스기 발언 관련 내무부의 외무부 앞 공문 ——— 294
162. 다카스기 발언의 언론 보도 경위에 대한 주니치신문 보도 보고 전문 ——— 296
163. 다카스기 발언 관련 내무부 공문에 대한 외무부 답신 공문 ——— 298
167. 일본 국회에서의 다카스기 발언 관련 논의 동향 보고 전문 ——— 300
168. 다카스기 발언 관련 일본 국회 논의 동향 언론 보도 보고 전문 ——— 301

기본관계위원회 회의록 및 훈령, 1964. 12~1965. 2 ——— 302

1. 제7차 한일회담 기본관계 문제에 대한 훈령 재가 문서 ——— 303
   1-1. 기본관계 문제에 대한 훈령 문서 ——— 304
2. 한일회담 기본관계 문제에 관한 보고 공문 ——— 306
   2-1. 기본관계 문제에 관한 한국 측 입장 요강 문서 ——— 307
4. 제7차 한일회담 기본관계위원회 제1차 회의 회의록 ——— 308
6. 제7차 한일회담 기본관계위원회 2차 회의 회의록 ——— 312
   6-1. 제2차 회의 시 제출된 기본관계에 관한 한국 측 입장 요강안 ——— 319
   6-2. 제2차 회의 시 제출된 기본관계에 관한 한국 측 입장 요강안 영문 번역본 ——— 320

   6-3. 제2차 회의 시 제출된 기본관계에 관한 일본 측 합의 요강안 ──── 322
7. 해저전선 문제의 별도 논의에 관한 건의 전문 ──── 324
8. 해저전선의 별도 논의 건의에 대한 본보 회신 전문 ──── 325
10. 제7차 한일회담 기본관계위원회 제3차 회의 회의록 ──── 326
12. 제7차 한일회담 기본관계위원회 제4차 회의 회의록 ──── 332
   12-1. 기본관계에 관한 한일 양측 요강안 제목 사무 레벨 정리표 ──── 338
   12-2. 기본관계에 관한 한일 양측 요강안 제목 분류 리스트 ──── 340
14. 제7차 한일회담 기본관계위원회 제5차 회의 회의록 ──── 341
18. 제7차 한일회담 기본관계위원회 제6차 회의 결과 요약지 ──── 344
19. 한일 간 기본 조약안 재가 문서 ──── 345
   19-1. 한국 측 기본 조약안 ──── 346
   19-2. 한국 측 기본 조약 안에 관한 설명문 ──── 352
20. 기본관계 문제에 관한 훈령 문서 ──── 355
22. 제7차 한일회담 기본관계위원회 제7차 회의 회의록 ──── 358
24. 기본 조약안에 대한 청훈 공문 ──── 363
27. 제7차 한일회담 기본관계위원회 제8차 회의 회의록 ──── 365
25. 대표단 청훈에 대한 본부 회신 전문 ──── 372
28. 기본관계위원회 진행 상황 보고 공문 ──── 374
   28-1. 한국 측 기본 조약안에 대한 주석 첨가 문서 ──── 375
29. 기본관계 일본 측 수정 초안 송부 공문 ──── 377
   29-1. 기본관계조약 일본 측 수정 초안(1965. 1. 26 자) ──── 378
   29-2. 기본관계조약 일본 측 수정 초안(1965. 2. 5 자) ──── 383
31. 제7차 한일회담 기본관계위원회 제9차 회의 회의록 ──── 388
32. 기본관계에 관한 한국 측 2차 최안 및 일본 측 수정안(영문) 송부 공문 ──── 396
   32-1. 기본관계위원회 제10차 회의 시 제출된 한국 측 제2차 초안 ──── 397
   32-2. 기본관계위원회 제10차 회의 시 제출된 일본 측 조약안 영문본 ──── 402
34. 제7차 한일회담 기본관계위원회 제10차 회의 회의록 ──── 408
41. 한일 기본관계조약 일본 측 제3차 수정안 송부 공문 ──── 416
   41-1. 기본관계위원회 제11차 회의 시 일본 측이 제시한 제3차 수정안 ──── 417
36. 제7차 한일회담 기본관계위원회 제11차 회의 회의록 ──── 423
39. 기본관계조약 문안에 관한 청훈 전문 ──── 429
40. 기본관계조약에 대한 훈령 전문 ──── 433
43. 제7차 한일회담 기본관계위원회 제12차 회의 회의록 ──── 435
   43-1. 제12차 회의 시 일본 측이 제시한 통싱항해에 관한 경과 규정 문서 ──── 439
47. 제7차 한일회담 기본관계위원회 제13차 회의 회의록 ──── 441

52. 기본관계조약 가조인 관련 보고 전문 ——————————————————— 446
55. 기본관계조약 관련 보고 전문 ——————————————————————— 447
56. 기본관계조약 공동초안 등 송부 공문 ——————————————————— 450
    56-1. 1965. 2. 15 자 기본관계조약 한국 측 영문 공동초안 ————————— 451
    56-3. 1965. 2. 16 자 기본관계조약 일본 측 초안 ——————————————— 457
    56-4. 기본관계조약 제3조의 규정에 관한 일본 측 대안 ————————————— 461
    56-2. 통상항해에 관한 잠정 규정 및 해저전선 문제에 관한 일본 측 2. 13 자
        초안 영문번역본 초안 ——————————————————————— 462
    56-5. 통상항해에 관한 잠정 규정 및 해저전선 문제에 관한 일본 측 2. 16 자
        초안 ——————————————————————————————— 463
58. 기본관계 미해결점에 관한 토의 상황 통보 및 교섭 지시 전문 ——————— 464
59. 기본관계 미해결점에 관한 교섭 결과 보고 전문 ————————————— 465
60. 기본관계조약 가조인 결과 통보 전문 ——————————————————— 467
62. 통상항해 조항 및 해저전선 문제에 관한 별도 양해에 따른 교섭 지시
    내부재가 문서 ——————————————————————————— 468
    62-1. 통상항해 조항 및 해저전선 문제의 양해에 관한 문안 ————————— 469
67. 기본관계 문제의 교섭 경위 관련 자료 송부 내부재가 문서 ——————— 470
    67-1. 기본관계 문제에 관한 교섭 경위 자료 ——————————————— 471
69. 기본관계조약 일본문 텍스트에 관한 문제 보고 전문 ——————————— 487
70. 기본관계조약 일본문 텍스트 관련 본부 지시 전문 ————————————— 488

시나 에쓰사부로 일본 외상 방한, 1965. 2. 17~20 ——————————————— 490

1. 일정 및 사전교섭
    1. 이동원 외무부 장관의 시나 외상 초청 서한 ——————————————— 491
    3. 김동조 주일 대사의 시나 외상 면담 예정 사실 보고 전문 ——————— 493
    6. 시나 외상 면담과 관련한 훈령 전문 ——————————————————— 495
    10. 김동조 대사의 시나 외상 면담 결과 보고 전문 ————————————— 496
    19. 시나 외상에 대한 새로운 초청 서한 ——————————————————— 500
    21. 이동원 외무부 장관의 방한 초청에 대한 시나 외상 답신 서한 보고 전문 — 502
    28. 시나 외상 방한 관련 외무성 북동아과장과의 협의 결과 보고 전문 ——— 504
    29. 시나 외상 방한 관련 본부 입장 통보 전문 ——————————————— 506
    30. 시나 외상 방한 일정 발표 관련 보고 전문 ——————————————— 507
    32. 시나 외상 방한에 관한 공동 발표문 재가 문서 ————————————— 508

34. 시나 외상 방한 일정 협의 결과 보고 전문 —— 509
37. 시나 외상 방한 관련 일본 언론 보도 동향 보고 전문 —— 511
46. 시나 외상 방한 수행원 명단 및 일정 보고 전문 —— 513
63. 시나 외상 방한 일정 통보 전문 —— 514
    63-1. 시나 외상 방한 일정 문서 —— 515

2. 의제
74. 시나 외상 방한 시 한일 외상회담에서 논의될 문제점에 대한 대표부 의견
    보고 공문 —— 519
75. 시나 외상 방한 시에 있을 회담의 의제 및 한국 측 입장 문서 —— 524

3. 언론 보도
87. 시나 외상 방한 관련 일본 언론 보도 동향 보고 전문 —— 533
91. 시나 외상 방한 관련 일본 언론 보도 동향 보고 전문 —— 535
99. 시나 외상 방한 관련 일본 언론 보도 동향 보고 전문 —— 536
100. 시나 외상 방한 관련 일본 언론 보도 동향 보고 전문 —— 537
101. 시나 외상 방한 관련 일본 언론 보도 동향 보고 전문 —— 538

4. 연설문
90. 시나 외상 한국 도착 성명 관련 교섭 결과 보고 전문 —— 539
102. 시나 외상 한국 도착 성명 관련 일본 측 수정 결과 보고 전문 —— 541
103. 시나 외상 한국 도착 성명문 —— 542
105. 시나 외상 방한에 제한 이동원 외무부 장관 환영사 —— 543
107. 이동원 외무부 장관 주최 만찬 시 동 장관 인사말 —— 544
108. 이동원 외무부 장관 주최 만찬 시 시나 외상 인사말 —— 546
110. 시나 외상 주최 만찬 시 동 외상 인사말 —— 547
112. 시나 외상 주최 만찬 시 이동원 외무부 장관 답사 요지문 —— 549
113. 기자회견 석상에서의 시나 외상 인사말 —— 550

5. 공동성명서
115. 이동원 외무부 장관과 시나 외상 간의 공동성명서 —— 552
116. 이동원 외무부 장관과 시나 외상 간 공동성명서 영문본 —— 554

6. 감사 서한
123. 시나 외상의 이동원 외무부 장관 앞 감사 서한 보고 전문 —— 557

124. 시나 외상의 박정희 대통령 등 앞 감사 서한 송부 공문 ———————— 559
    124-1. 시나 외상의 박정희 대통령 앞 감사 서한 ———————————— 560
    124-2. 시나 외상의 정일권 국무총리 앞 감사 서한 ———————————— 562
    124-3. 시나 외상의 장기영 부총리 앞 감사 서한 ———————————— 564

7. 결과 보고

125. 시나 에쓰사부로 일본 외상 방한에 관한 보고서 ———————————— 566

이동원 외무부 장관 일본 방문, 1965 ———————————————————— 586

1. 2차 방문, 1965. 3~4

1-1. 일정 및 의제

1. 이동원 외무부 장관 방일 및 방미 계획 재가 문서 ———————————— 587
3. 이동원 장관 방일 일정 관련 일본 측과의 협의 결과 보고 전문 ————————— 589
4. 이동원 방일 일정 관련 본부 입장 통보 전문 ———————————————— 591
5. 이동원 장관 방일 수행원 건의 전문 ———————————————————— 592
12. 이동원 외무부 장관 방일 도착 성명 전달 전문 ———————————————— 593
13. 이동원 외무부 장관 방일 시 외상회담 개최 관련 일본 측 견해 보고 전문 ————— 595
15. 이동원 외무부 장관 방일 일정 보고 전문 ———————————————— 597
18. 이동원 외무부 장관 방일에 즈음한 시나 외상 환영사 보고 전문 ——————— 599

1-2. 활동 사항(외상회담 등)

20. 사토 수상 주최 오찬회에서의 양측 인사문 ———————————————— 605
21. 제1차 한일 외상회담 결과 보고 전문 ———————————————————— 605
22. 이동원 외무부 장관의 사토 수상 예방 결과 보고 전문 ———————————— 609
23. 이동원 외무부 장관의 후나다 중의원 의장 및 시게무네 참의원 의장 예방 결과
    보고 전문 ———————————————————————————————— 612
24. 시나 외상 주최 만찬회 보고 전문 ———————————————————— 613
25. 제2차 한일 외상 회담(청구권 문제) 결과 보고 전문 ———————————— 618
27. 제3차 외상회담 결과 보고 전문 ———————————————————— 620
28. 이동원 외무부 장관의 일본 정계 주최 리셉션 및 경제계 주최 오찬 참석 결과
    보고 전문 ———————————————————————————————— 622
29. 한일 비공식 외상회담 개최 결과 보고 전문 ———————————————— 623

30. 재일한인 법적지위 협정 관련 교섭 결과 보고 전문 —————— 624
31. 청구권 문제 관련 합의사항 보고 전문 —————————— 625
32. 청구권 문제 관련 국무총리 훈령 전문 ————————— 627
36. 3월 27일 비공식 한일 외상회담 결과 보고 전문 ————— 628
37. 청구권 대강 합의사항에 관한 양측 합의 문안 보고 전문 —— 630
38. 법적지위 요강 가조인 관련 동향 보고 전문 ——————— 632
39. 제4차 한일 외상회담 결과 보고 전문 ————————— 633
41. 청구권, 법적지위 및 어업 문제에 관한 최신 합의사항 요청 전문 — 635
42. 청구권 합의사항 국내 절차 준비 완료 통보 전문 ————— 636
43. 청구권, 법적지위 및 어업 문제 합의사항 가조인 관련 보고 전문 — 637
44. 법적지위 문제 합의사항 및 대립점 보고 전문 —————— 638
46. 이동원 외무부 장관 및 차균희 농림부 장관 귀국 일정 보고 전문 — 642

1-3. 공동성명서
47. 한일 외상 공동성명서 내용 보고 전문 ————————— 644
48. 한일 외상 공동 코뮤니케 영문본 보고 전문 ——————— 647

1-4. 서한
49. 이동원 외무부 장관의 박정희 대통령 친서 휴대 관련 협조전 — 650
   51-1. 박정희 대통령의 사토 일본 수상 앞 친서 ——————— 651
   51-2. 박정희 대통령의 사토 일본 수상 앞 친서 영문본 ————— 652
52. 이동원 외무부 장관의 시나 외상 앞 감사 서한 전문 ———— 654
53. 차균희 농림부 장관의 아카기 농림대신 앞 감사 서한 ——— 656

1-5. 보고서
59. 이동원 외무부 장관 일본 공식방문 기록 ———————— 658

1-6. 한일회담 청구권, 법적지위, 어업 문제에 관한 합의사항
72. 한일회담 청구권, 법적지위, 어업 문제에 관하여 1965. 4. 3에 이니셜된 합의사항 ——————————————————————— 672

청구권 관계 회의 보고 및 훈령, 1965, V. 1, 1965. 3. 18~4. 3까지의 교섭 ——— 702

   5. 제7차 한일회담 청구권위원회 한국 측 대표단 명단 통보 전문 —— 703

11. 제7차 한일회담 청구권 관계 실무자 회의 개최 결과 보고 전문 ──── 704
12. 청구권 문제 관련 청훈 전문 ──── 705
13. 청구권 문제에 관한 훈령 전문 ──── 706
14. 제7차 한일회담 청구권 관계 실무자 회의 개최 결과 보고 전문 ──── 707
15. 청구권 관계 대사 자료 송부 공문 ──── 708
    15-1. 청구권 문제에 관한 한국 측 입장 문서 ──── 709
    15-2. 청구권 문제에 관한 일본 측 입장 문서 ──── 711
16. 제7차 한일회담 청구권 관계 4자 회담 개최 결과 보고 전문 ──── 715
17. 제7차 한일회담 청구권 관계 외상회담 결과 보고 전문 ──── 716
18. 제7차 한일회담 제3차 외상회담 결과 보고 전문 ──── 719
19. '한일 간 청구권 문제 해결에 관한 이-시나 장관 간 합의 내용' 보고 전문 ──── 722
20. 제7차 한일회담 비공식 한일 외상회담 결과 보고 전문 ──── 724
26. 청구권 문제 관련 김동조 대사와 우시바 심의관 간 회담 결과 보고 전문 ──── 726
28. 청구권 관련 국내 조치 준비 완료 통보 전문 ──── 728
29. 청구권에 관한 '합의사항' 관련 보고 전문 ──── 729
32. 청구권 문제 합의사항 제5항에 관한 보고 전문 ──── 731
34. 청구권 문제 합의사항 수정 관련 보고 전문 ──── 732
35. 한일회담 청구권 문제 및 법적지위 문제 가조인을 위한 국무회의 심의 의결 요청서 ──── 733
36. 청구권 문제 합의사항의 영문 작성 관련 보고 전문 ──── 735
37. 청구권 문제 합의사항 문안 최후 확정 교섭 결과 보고 전문 ──── 736
38. 청구권 문제 합의사항 수정 관련 본부 지시 전문 ──── 738
39. 청구권 문제 합의사항 최종 문안 보고 전문 ──── 739
41. 청구권 문제 관련 합의의사록 내용 보고 전문 ──── 741
42. 청구권 문제 관련 이니셜된 문서 송부 공문 ──── 743
    42-1. 한일 간의 청구권 문제 해결 및 경제협력에 관한 합의사항, 합의의사록 및 서한 ──── 743

청구권 관계 회의 보고 및 훈령, 1965. V. 2, 1965. 4. 3 가서명 이후의 청구권 및 경제협력위원회, 1965. 4~6 ──── 744

1. 청구권 및 경제협력위원회 개최 관련 보고 전문 ──── 745
2. 청구권 및 경제협력위원회 개최 관련 사전 회합 결과 보고 전문 ──── 746
4. 청구권 관계 비공식 회합 개최 결과 보고 전문 ──── 748

5. 청구권 및 경제협력 문제 관련 일 외무성 조약국 참사관 면담 결과 보고 전문 —— 750
10. 제7차 한일회담 청구권 및 경제협력위원회 제1차 회의 회의록 —— 752
14. 제7차 한일회담 청구권 및 경제협력위원회 제2차 회의 회의록 —— 757
13. 제7차 한일회담 청구권 및 경제협력위원회 제2차 회의 시 한국 대표 발언 요지 —— 762
15. 청구권 및 경제협력위원회 제2차 회의 시 한국 측 발언 요지 관련 본부 지시 전문 —— 765
16. 청구권 및 경제협력위원회 회의 관련 청훈 전문 —— 766
17. 청구권 및 경제협력위원회 제2차 회의 시 한국 측 발언 요지 관련 대표단 보고 전문 —— 767
18. 대일청구권 교섭 지침 내부재가 문서 —— 769
  18-2. 대일청구권 교섭 지침 문서 —— 770
20. 청구권 관련 훈령에 대한 재 청훈 전문 —— 780
23. 대표단 재 청훈에 대한 본부 훈령 전문 —— 782
29. 제7차 한일회담 청구권 및 경제협력위원회 제3차 회의 회의록 —— 783
34. 제7차 한일회담 청구권 및 경제협력위원회 제4차 회의 회의록 —— 792
39. 제7차 한일회담 청구권 및 경제협력위원회 제5차 회의 회의록 —— 802
  39-1. 청구권 및 경제협력위원회 제5차 회의 시 일본 측이 제출한 한국 안에 대한 회답 문서 —— 808
38. 한국 측 안(청구권 및 경제협력위원회 제4차 회의 시 제출)에 대한 일본 측 회답 문서 보고 전문 —— 810
41. 제7차 한일회담 청구권 및 경제협력위원회 제6차 회의 회의록 —— 813
  40-1. 청구권 및 경제협력에 관한 합의 방식과 실시 방법에 대한 일본 측 회답에 관련한 한국 측의 코멘트 —— 825
42. 제7차 한일회담 청구권 및 경제협력위원회 제7차 회의 결과 보고 전문 —— 828
  42-1. 청구권 및 경제협력위원회 제7차 회의 시 일본 측이 제시한 협정 및 부속 문서(안) —— 831
45. 제7차 한일회담 청구권 및 경제협력위원회 제1차 과장급 전문가 회의 회의록 —— 864
48. 제7차 한일회담 청구권 및 경제협력위원회 제2차 과장급 전문가 회의 회의록 —— 872
50. 제7차 한일회담 청구권 및 경제협력위원회 제3차 과장급 전문가 회의 회의록 —— 878
53. 제7차 한일회담 청구권 및 경제협력위원회 제4차 과장급 전문가 회의 회의록 —— 886
54. 제7차 한일회담 청구권 및 경제협력위원회 도입 절차에 관한 기초위원회 제1차 회의 결과 보고 전문 —— 893
55. 정순근-나카나기 과장 간 양자 협의 결과 보고 전문 —— 895
56. 일본 해외경제협력기금 당국과의 제1차 회합 결과 보고 및 청훈 공문 —— 896

56-1. 일본 해외경제협력기금 당국과의 제1차 회합 기록 —————— 897
57. 청구권 및 경제협력위원회 제5차 과장급 전문가 회의 결과 보고 전문 —— 900
58. 청구권 및 경제협력 협정 교섭 관련 청훈 공문 —————————— 903
60. 청구권 및 경제협력 분쟁 해결 조항에 관한 일본 측 안 보고 전문 —— 905
62. 청구권 및 경제협력 협정 조문화 작업을 위한 뉴오타니 회의 시작 보고 전문 — 907
66. 청구권 및 경제협력에 관한 뉴오타니 회담 보고 전문 ——————— 908
10. 청구권 문제에 관한 긴급 청훈 전문 ——————————————— 910
67. 청구권 교섭 지침 청훈에 대한 회신 전문 ————————————— 911
69. 청구권 및 경제협력 사업 부문 교환 공문 관련 보고 전문 ————— 913
70. 청구권 및 경제협력 관련 뉴오타니 회담 속개 보고 전문 —————— 914
72. 청구권 및 경제협력 관련 힐튼호텔 회담 시작 보고 전문 —————— 916
73. 청구권 및 경제협력 관련 교섭 진행 상황 보고 전문 ———————— 917
76. 기금과의 차관계약 체결 관련 보고 전문(서비스 전문) ——————— 919
77. 일본 기금과의 기본 차관계약 체결 관련 전언통신문 ———————— 920
78. 청구권 관계 협정 제2조의 청구권의 해결 문제에 관한 일본 측 안 보고 전문 — 921
　　78-1. 청구권 관계 협정 제2조의 청구권의 해결 문제에 관한 일본 측 안 —— 923
79. 기본 차관계약 체결 관련 경제기획원 입장 통보 전문 ———————— 925
82. 청구권 관계 협정 제2조 청구권의 해결에 관한 조문 관련 청훈 전문 —— 926
　　82-1. 우시바 심의관이 김 대사에게 수교한 청구권 관계 협정 제2조 문안 —— 927
88. 청구권 관계 협정 제2조 청구권의 해결에 관한 조문 한국 측 제시안
　　보고 전문 ——————————————————————————— 928
89. 차관계약 서명자에 대한 신임장 발행 요청 전문 —————————— 930
90. 김영준 차관보에 대한 신임장 발행 내부재가 문서 ————————— 931
91. 청구권 및 경제협력 협정 제3조 분쟁 해결 규정의 일본 측 안 수락 관련
　　보고 전문 ——————————————————————————— 932
93. 유상 2억 불 차관계약 합의 보고 전문 ——————————————— 933
94. 청구권협정 등 교섭 현황 보고 전문 ———————————————— 934
96. 청구권 및 경제협력에 관한 협정의 합의의사록 문안 합의 보고 전문 —— 935
106. 청구권협정 제2조 관련 훈령 요청 전문 —————————————— 939
107. 기금과의 차관계약 체결에 관한 보고 전문 ————————————— 941
109. 청구권협정 제2조에 관한 교섭 결과 보고 전문 ——————————— 942

청구권 관계 회의 보고 및 훈령, V.3, 미해결 문제 토의 및 조문화 작업, 1965 ——— 946

1. 뉴오타니 및 힐튼 회담(협정 조문화 작업 촉진 및 미해결 문제점의 토의·조문화 작업, 6. 11~21)

2. 청구권 및 경제협력위원회 법적문제소위원회, 6. 2~22
    44. 제7차 한일회담 청구권 및 경제협력위원회 법적문제소위원회 제1차 회의 결과 보고 전문 ——— 948
    45. 제7차 한일회담 청구권 및 경제협력위원회 법적문제소위원회 제2차 회의 결과 보고 전문 ——— 950
    46. 청구권 및 경제협력에 관한 협정 관련 청훈 전문 ——— 952
    47. 경제협력자금 과세 문제에 관한 훈령 전문 ——— 953
    50. 제7차 한일회담 청구권 법적문제소위원회 제3차 회의 결과 보고 전문 ——— 955
    52. 청구권 해결 문제에 관한 제2조 관련 협의 결과 보고 전문 ——— 957
    53. 청구권협정 제2조에 관한 일본 측 안(6. 14 자) 내용 보고 전문 ——— 959
    51. 청구권협정 제2조에 관한 일본 측 안(6. 14 자) ——— 960
    54. 제7차 한일회담 청구권 및 경제협력에 관한 회의 결과 보고 전문 ——— 961
    56. 청구권 관계 협정 제2조의 청구권의 해결 문제에 관한 일본 측 안 보고 전문 ——— 961
    57. 청구권 관계 협정 제2조 청구권의 해결에 관한 조문 관련 청훈 전문 ——— 962
    59. 청구권 관계 협정 제2조 청구권의 해결에 관한 조문 한국 측 제시 안 ——— 962
    60. 청구권협정 제2조 관련 훈령 전문 ——— 963
    62. 청구권협정 등 교섭 현황 보고 전문 ——— 964
    63. 청구권협정 제2조 관련 훈령 요청 전문 ——— 964
    65. 청구권협정 제2조에 관한 교섭 결과 보고 전문 ——— 964
    67. 청구권협정 제2조 및 합의의사록에 관한 대표단 건의 전문 ——— 965
    68. 청구권협정 제2조에 대한 합의의사록 수정 관련 보고 전문 ——— 966
    69. 어업협정 및 청구권 제2조의 교섭 관련 상황 보고 전문 ——— 967
    70. 청구권협정 제2조 관련 본부 입장 통보 전문 ——— 968
    71. 청구권협정 제2조 관련 훈령 전문 ——— 969
    72. 청구권협정 제2조 관련 본부 훈령에 대한 대표단 건의 전문 ——— 970
    73. 청구권협정 제2조 관련 본부 훈령 통보 전문 ——— 971
    75. 청구권협정 제2조 관련 본부 훈령 전문 ——— 972

청구권 및 경제협력에 관한 협정 관련 자료, 1963~1965 — 974

1. 청구권 세목에 관한 교섭방침 훈령 문서 — 975
    1-1. 청구권 세목에 관한 교섭방침 문서 — 976
    1-2. 한일 간 청구권 해결 및 경제협력에 관한 협정에 대한 방침 문서 — 977
3. 청구권 관계 연석회의 자료 송부 관련 협조전 — 982
    3-1. 한일 간 청구권 해결 및 경제협력에 관한 협정에 대한 방침 문서 — 983
7. 청구권 관계 협정 정부안 송부 공문 — 987
    7-1. 대한민국과 일본국 간의 재산 및 청구권에 관한 문제의 해결과 경제협력에 관한 협정 — 988
    7-2. 제1 의정서 — 990
    7-3. 제2 의정서 — 994
    7-4. 협정 제1조 1(b)의 규정의 실시에 관한 교환 공문(안) — 996
    7-5. 상업상의 민간신용 제공에 관한 교환 공문(안) — 998
    7-6. 청구권협정 제1조 2의 합동위원회에 관한 교환 공문(안) — 1000
    7-7. 청구권협정 제1 의정서의 실시 세목에 관한 교환 공문 — 1002
    7-8. 협정에 대하여 합의될 의사록 — 1006
    7-9. 청구권협정에 대하여 합의된 의사록(안) — 1007
18. 대일청구권 교섭의 문제점이 기재된 문서 — 1010
23. 대일청구권 교섭 세부 훈령 문서 — 1014
37. 일본 측에 제시한 대일청구요강 8개 항목 청구의 내용 문서 — 1020
38. 일반청구권 문제에 관한 한일 양국의 견해 비교표 — 1024
39. OA 문제의 상환 기간 관련 훈령 전문 — 1027

문화재위원회 회의 개최 계획, 1965 — 1030

1. 제7차 한일회담 문화재 반환 관련 문교부 측의 최종 요구 요강 송부 공문 — 1031
    1-1. 문교부 측의 문화재 반환 관련 최종 요구 요강 — 1032
2. 제7차 한일회담 문화재 문제에 관한 훈령 내부재가 문서 — 1033
    2-1. 문화재 문제에 관한 훈령 문서 — 1034
4. 제7차 한일회담 문화재위원회 개최 관련 일본 측 제의 보고 전문 — 1038
5. 문화재위원회 회의 개최 관련 본부 입장 통보 전문 — 1039
6. 제7차 한일회담 문화재 문제 관련 훈령 내부재가 문서 — 1040
    6-1. 문화재 문제에 관한 세부 훈령 문서 — 1041

6-2. 문화재 문제 해결 및 문화 협력에 관한 의정서(안) ———— 1043
7. 문화재위원회 회의 관련 청훈 전문 ———— 1044
8. 문화재위원회 관련 청훈에 대한 회신 전문 ———— 1045
9. 문화상의 협력에 관한 협정 일본 측 안(최초 안) ———— 1046
11. 일한 간의 문화 협력에 관한 의정서 부속서 ———— 1049

법적지위위원회 회의록 및 훈령, V. 1, 제1차~제24차 ———— 1072

2. 제7차 한일회담 법적지위위원회 제1차 회의 회의록 ———— 1073
4. 제7차 한일회담 법적지위위원회 제2차 회의 회의록 ———— 1077
6. 제7차 한일회담 법적지위위원회 제3차 회의 회의록 ———— 1083
8. 제7차 한일회담 법적지위위원회 제4차 회의 회의록 ———— 1091
10. 제7차 한일회담 법적지위위원회 제5차 회의 회의록 ———— 1095
11. 재일한인 법적지위 문제 관련 청훈 전문 ———— 1100
14. 제7차 한일회담 법적지위위원회 제6차 회의 회의록 ———— 1102
15. 법적지위 문제 관련 훈령 공문 ———— 1108
16. 재일한인의 법적지위와 처우에 관한 한일 양측 협정안 비교 문서 ———— 1109
19. 제7차 한일회담 법적지위위원회 제7차 회의 회의록 ———— 1113
22. 제7차 한일회담 법적지위위원회 제8차 회의 회의록 ———— 1120
25. 제7차 한일회담 법적지위위원회 제9차 회의 회의록 ———— 1126
26. 제7차 한인회담 제10차 법적지위위원회 회의 결과 보고 전문 ———— 1130
28. 법적지위 처우에 관한 양측 안 송부 공문 ———— 1132
　28-1. 법적지위 처우에 관한 일본 측 부속 문서 안(제10차 회의 시 제시) ———— 1133
　28-2. 법적지위 처우에 관한 한국 측 안(제10차 회의 시 제시) ———— 1135
29. 법적지위 퇴거 강제 사유 관련 훈령 전문 ———— 1137
31. 제7차 한일회담 법적지위위원회 제11차 회의 회의록 ———— 1138
33. 제7차 한일회담 법적지위위원회 제12차 회의 회의록 ———— 1145
34. 재일한인 법적지위 문제 일본 측 협정안 관련 지시 전문 ———— 1152
35. 법적지위에 관한 훈령 내부재가 문서 ———— 1153
37. 제7차 한일회담 법적지위위원회 제13차 회의 회의록 ———— 1154
39. 제7차 한일회담 법적지위위원회 제14차 회의 회의록 ———— 1159
40. 법적지위 문제에 관한 협정안 송부 공문 ———— 1165
　40-1. 법적지위 문제에 관한 협정안(제1안) ———— 1166
　40-2. 법적지위 문제에 관한 협정안(제2안) ———— 1169
41. 법적지위 관련 청훈에 대한 답신 전문 ———— 1172

42. 법적지위 관련 훈령에 대한 대표단 질의 전문 ——————————— 1173
43. 법적지위 협정안에 대한 본부 의견 회신 전문 ——————————— 1174
44. 법적지위 관련 대표단 질의에 대한 회신 전문 ——————————— 1175
46. 제7차 한일회담 법적지위위원회 제15차 회의 회의록 ——————— 1176
48. 제7차 한일회담 법적지위위원회 제16차 회의 회의록 ——————— 1181
    48-1. 법적지위 문제에 관한 한국 측 협정(안)(제16차 회의 시 제출) ——— 1185
49. 법적지위 문제 합의의사록 관련 청훈 전문 ——————————— 1186
50. 법적지위 문제 합의의사록 및 일본 측 안 송부 공문 ——————— 1187
    50-1. 법적지위 문제 한국 측 합의의사록(안) ——————————— 1188
52. 제7차 한일회담 법적지위위원회 제17차 회의 회의록 ——————— 1189
54. 제7차 한일회담 법적지위위원회 제18차 회의 회의록 ——————— 1197
56. 제7차 한일회담 법적지위위원회 제19차 회의 회의록 ——————— 1202
58. 제7차 한일회담 법적지위위원회 제20차 회의 회의록 ——————— 1204
    58-1. 법적지위 문제에 관한 일본 측 협정(안)(제20차 회의 시 제출) ——— 1211
    58-2. 법적지위 문제에 관한 협정 관련 합의의사록(제20차 회의 시 일본 측 제출) — 1216
    58-3. 법적지위 문제 관련 교환 공문(제20차 회의 시 일본 측 제출) ——— 1218
60. 제7차 한일 전면회담 법적지위위원회 제21차 회의 회의록 ————— 1221
66. 법적지위 문제에 관한 훈령 공문 ——————————————— 1226
    66-1. 법적지위 문제 관련 훈령 문서 ——————————————— 1227
68. 제7차 한일 전면회담 법적지위위원회 제22차 회의 회의록 ————— 1230
71. 제7차 한일 전면회담 법적지위위원회 제23차 회의 회의록 ————— 1235
72. 법적지위 문제 관련 훈령 전문 ———————————————— 1241
74. 제7차 한일회담 법적지위위원회 제24차 회의 회의록 ——————— 1242
77. 법적지위 문제에 관한 합의사항(1965. 4. 3) 문서 ————————— 1245

법적지위위원회 회의록 및 훈령, V. 2, 제25차~제40차 ——————————— 1246

1. 법적지위 문제에 관한 훈령 내부재가 문서 ——————————— 1247
    1-1. 법적지위 문제에 관한 훈령 문서 ——————————————— 1248
    1-2. 법적지위 문제 관련 한국 측 협정(안) ————————————— 1250
    1-3. 법적지위 문제에 관한 협정에 대한 합의의사록(안) ——————— 1253
3. 제7차 한일회담 법적지위위원회 제25차 회의 회의록 ——————— 1255
5. 제7차 한일회담 법적지위위원회 제26차 회의 회의록 ——————— 1261

7. 제7차 한일회담 법적지위위원회 제27차 회의 회의록 ———————————— 1266
9. 제7차 한일회담 법적지위위원회 제28차 회의 회의록 ———————————— 1272
11. 제7차 한일회담 법적지위위원회 제29차 회의 회의록 ——————————— 1279
    11-1. 법적지위 문제 관련 일본 측 협정(안)(제29차 회의 시 제출) ————— 1285
    11-2. 법적지위 문제 관련 협정에 관한 합의의사록(제29차 회의 시 일본 측 제출) – 1290
13. 제7차 한일회담 법적지위위원회 제30차 회의 회의록 ——————————— 1292
15. 제7차 한일회담 법적지위위원회 31차 회의 회의록 ————————————— 1299
16. 법적지위에 관한 한국 측 협정안 송부 공문 ———————————————— 1305
    16-1. 법적지위에 관한 한국 측 협정(안) ——————————————— 1306
    16-2. 법적지위에 관한 협정에 대한 합의의사록(안) —————————— 1309
    16-3. 법적지위에 관한 교환 공한(안) ———————————————— 1311
    16-4. 법적지위 협정안 전문에 관한 한일 양측 안이 기재된 문서 ————— 1313
18. 제7차 한일회담 법적지위위원회 제32차 회의 회의록 ——————————— 1315
20. 제7차 한일회담 법적지위위원회 제33차 회의 회의록 ——————————— 1322
22. 제7차 한일회담 법적지위위원회 제34차 회의 회의록 ——————————— 1328
24. 제7차 한일회담 법적지위위원회 제35차 회의 회의록 ——————————— 1333
26. 제7차 한일회담 법적지위위원회 제36차 회의 회의록 ——————————— 1337
27. 법적지위 협정 일본 측 안 송부 공문 —————————————————— 1342
    27-1. 법적지위 협정 일본 측 안(제36차 회의 시 제출한 협정 본문) ————— 1343
29. 제7차 한일회담 법적지위위원회 제37차 회의 회의록 ——————————— 1346
31. 제7차 한일회담 법적지위위원회 제38차 회의 회의록 ——————————— 1351
34. 제7차 한일회담 법적지위위원회 제39차 회의 회의록 ——————————— 1358
35. 제7차 한일회담 제40차 법적지위위원회 회의 결과 보고 전문 ——————— 1363
36. 법적지위 협정 일본 측 문안 송부 공문 —————————————————— 1365
    36-1. 법적지위 협정 일본 측 문안(제40차 회의 시 제출) ————————— 1366
38. 법적지위 문제에 관한 청훈 전문 ———————————————————— 1370
37. 대표단 청훈에 대한 회신 전문 ————————————————————— 1371
43. 법적지위 협정 조문화 작업을 위한 교섭 현황 보고 전문 ——————————— 1372
44. 법적지위에 관한 일본 법무대신 성명 및 문부성과 법무성 관계 국장 담화문 — 1373
46. 일본 측이 작성한 법적지위 협정, 부속 문서, 법무대신 성명 및 관계 국장 담화 최종본 ————————————————————————————————— 1375

일러두기

이 자료집의 원문과 구성 원칙은 다음과 같다.
- 원문은 2005년 외교부에서 공개한 한일회담 외교문서이며, 동북아역사넷(contents.nahf.or.kr) 및 외교부 외교사료관, 국회도서관, 국가기록원에서 확인할 수 있다.
- 이 자료집은 공개된 문서 중 사료 가치가 크지 않은 일부 문서를 제외한 대부분의 문서를 수록하였다.
- 이 자료집에 수록된 문서의 문서명에 '전문', '공문', '내부 재가 문서', '훈령안', '보고서' 등을 첨기하여 문서의 종류를 구분할 수 있도록 하였다.
- 원문과 비교할 수 있도록 본문 왼쪽에 마이크로필름 프레임 번호를 제시하였다.
- 내용은 원문대로 표기하는 것을 원칙으로 하였다.
- 원문에는 없지만 편집 과정에서 추가한 내용은 [ ]로 처리하였다.
- 원문 상태가 좋지 않아 판독이 어려운 일부 단어는 □로 표기하였다.
- 이 자료집에 수록된 일본어 및 영어 사료는 감수자가 번역한 한글 번역본을 함께 수록하였다.

가독성을 고려하여 다음과 같이 수정하였다.
- 띄어쓰기와 맞춤법은 국립국어원 표준어 규정에 맞추었다.
- 원문의 명백한 오기 및 현대어 문법에 맞지 않는 단어는 일부 바로잡았다.
- 한자는 한글로 표기하되, 필요한 경우 원문을 병기하였다.
- 한자식 고어 일부와 고유명사는 현대어로 수정하였다.
- 「 」와 「 」는 서명, 신문·잡지명, 문서, 조약, 법령, 안을 제외하고 큰따옴표, 작은따옴표로 수정하였다.
- 문서의 제목과 번호, 날짜 위치는 문서의 유형에 따라 임의로 왼쪽, 오른쪽, 또는 중앙으로 편집하여 정렬하였다.

외래어 표기는 다음과 같은 규정을 적용하였다.
- 일본어 고유명사(인명, 지명 등)는 일본어 독음으로 표기하고 [ ]에 원문을 병기하였다.
- 고유명사와 보통명사가 결합된 일본어는 고유명사만 일본어 독음으로 표기하였다.
- 인명, 지명, 국명 중 주요한 것은 국립국어원 외래어 규정에 맞춰 표기하였다.

해제

제7차 한일회담

유의상 광운대학교 겸임교수

1. 제7차 한일회담의 시작과 교섭의 진전

한일회담은 1964년 11월 5일 수석대표 간 비공식 회의를 마지막으로 제6차 회담이 종료된 후 한 달가량 지난 1964년 12월 3일이 되어서야 제7차 회담으로 재개되었다. 박정희 대통령은 자신의 비서실장이었던 당시 38세의 이동원을 외무 장관에 임명하고, 이승만 정권에서 외무부 정무국장, 차관을 역임하면서 한일회담에 깊숙이 관여하였던 김동조를 재등용하여 주일 대사 겸 회담 수석대표를 맡도록 함으로써 새로운 진용을 구축한 뒤, 이들로 하여금 교섭의 조기 타결에 매진토록 하였다. 일본 측 수석대표는 제6차 한일회담에 이어 스기 미치스케(杉道助)가 계속 맡았으나, 스기 대표가 제7차 회담 시작 후 얼마 지나지 않아 병으로 사망하면서 제3차 회의부터 다카스기 신이치(高杉晉一) 미쓰비시 전기회사 상담역으로 교체되었다.

제7차 회담의 과제는 청구권 금액 타결 이후 계속 미해결 상태로 남아있던 청구권 협정의 명목, 한국의 대일 부채(O.A.) 처리, 정부 차관의 상환 기간 등 몇 가지 사안들과 평화선 및 어업 문제에 대한 일본과의 입장 차를 해소하고, 협정 문안을 작성함으로써 교섭을 마무리 짓는 일이었다. 이 가운데 평화선·어업 문제는 그간의 한일회담에서 한국 측에 매우 유용한 협상 지렛대로 활용되었으나[1], 일본과의 핵심 교섭 사안이었던 청구권 금액에 합의가 이루어지고 난 후로는 일본이 어업 협상의 진전을 청구권 문제는 물론 기타 현안에 연계함으로써 오히려 한국 측에 회담 진행을 방해하는 장애 요소로 작용하였다.

---

[1] 한국 측은 한일회담이 교착 상태에 빠지거나 일본 측이 청구권 문제 해결에 소극적 태도를 보일 때마다 평화선을 침범하는 일본 어선에 대한 단속을 강화하여 일본 측을 압박하곤 하였다.

제7차 회담 시작 후에 한일 양국 모두 교섭에 적극적으로 임하면서 가장 먼저 진전을 이룬 것은 기본관계에 관한 교섭이었다. 이 분야는 제1차 한일회담 기본관계위원회에서 매우 활발한 토론이 이루어졌으나, 그 후 제2~5차 회담 기간에는 아예 회의 자체가 열리지 않았고, 제6차 회담에서도 단 2차례의 위원회 회의가 개최되었을 뿐이었는데, 제7차 회담에서 양국은 본격적인 교섭을 통해 단시일 내에 타결점에 도달하였다. 이동원 외무 장관의 초청으로 1965년 2월 17~20일간 방한한 시나 에쓰사부로(椎名悦三郎) 외상의 체한 기간 중 양국 실무자들 간에 기본관계조약 문구에 관한 밀도 높은 교섭이 진행되어 남아있던 입장 차가 해소되었으며, 양국 외무부 아시아국장 간에 2월 20일 조약 문안에 대한 가서명이 이루어졌다. 시나 외상이 김포공항 도착 성명에서 "양국 간의 오랜 역사 중에 불행한 기간이 있었던 것은 참으로 유감스러운 일로서 깊이 반성하는 바이다"[2]라고 한 발언도 양국 간 교섭 타결에 긍정적인 영향을 미쳤다.[3]

3월 23일부터 이동원 장관이 시나 외상 초청으로 일본을 방문, 교섭에 직접 임하였다. 애초 이 장관은 3월 27일까지 일본을 공식 방문한 후 귀국할 예정이었다. 그러나 교섭이 마무리되지 않음에 따라 도쿄 체류 기간을 연장할 수밖에 없었다. 차균희 농림부 장관도 3월 2일부터 24일까지 일본을 방문하여 아카기 무네노리(赤城宗徳) 농림대신과 어업 문제에 관해 집중적인 토의를 하면서 미결 안건에 대한 합의점을 찾아 나갔다. 이러한 노력의 결과로 양국은 1965년 4월 3일 청구권, 어업 및 재일한인 법적지위 등 3개 현안의 기본적인 사안들에 관해 타결하고 합의사항을 담은 문건에 가서명하였다.

한국 측은 일본과의 주요 현안들이 대부분 타결됨에 따라 이후 남은 작업은 가서명된 '합의사항'에 기초하여 세부 사항을 조율하면서 협정 문안을 작성하면 되는 것으로 생각하였다. 따라서 되도록 일본과의 논쟁을 피하고 조기에 협상을 타결 짓는다는 자세로 교섭에 임하였다. 그러나 청구권협정과 어업협정의 조문 작성 교섭은 쉽사리 결론을 내지 못하였다. 일본 측은 청구권협정과 관련, 한국에 제공키로 한 자금의 명목과 협정에 의한 청구권의 해결 문제에 집착하면서 협정 조문 교섭을 어렵게 하였다. 한국에 5억 불의 자금을 제공하는 일본은 협정을 통해 청구권 문제가 완전히 해결된

---

2 『한국외교문서』 1500, 시나 에쓰사부로 일본국 외무대신 방한에 관한 보고, '시나 외상 도착 성명', 1965. 2. 17.', 839쪽;「椎名 日 外相 着韓(시나 일 외상 착한)」,『동아일보』, 1965. 2. 17

3 유의상,『13년 8개월의 대일 협상』, 2016, 역사공간, 90쪽.

다는 조항을 포함하기를 원했던 것이다. 한국 측은 어업 문제와 관련하여 12해리 어업수역(전관수역) 밖의 공동규제수역에서의 규제 조치와 일본 측으로부터 제공되는 어업협력에 관해 강한 태도를 견지하였다. 양측 대표단은 호텔에 묵으면서 밤샘 협상을 하는 진통을 겪으며 이견을 좁혀나갔다. 결국 청구권협정과 어업협정의 미결 부분은 협정 조인을 목적으로 6월 20일부터 일본을 다시 방문한 이동원 외무 장관이 시나 외상과의 협상을 통해 최종적으로 타결 지음으로써 13년 8개월이 소요된 한일 간의 협상이 마침내 종결되었다.[4]

2. 한일 기본관계조약 및 제 협정의 조인과 비준

1965년 6월 22일 이동원 장관은 일본 수상관저에서 김동조 주일 대사, 일본 측의 시나 외상 및 다카스기 대표와 함께 한일 국교 정상화를 위한 기본관계조약과 4개의 협정, 그리고 2개의 의정서(청구권 및 경제협력 협정 부속 문서)에 조인하였다. 조인된 조약과 협정은, ① 대한민국과 일본국 간의 기본관계에 관한 조약, ② 대한민국과 일본국 간의 재산 및 청구권 문제의 해결과 경제협력에 관한 협정, ③ 대한민국과 일본국 간의 어업에 관한 협정 및 부속서, ④ 대한민국과 일본국 간의 일본국에 거주하는 대한민국 국민의 법적지위 및 대우에 관한 협정, ⑤ 대한민국과 일본국 간의 문화재 및 문화협력에 관한 협정, 그리고 ⑥ 제1 의정서, ⑦ 제2 의정서다. 양국 외무 장관은 이어 교환 공문 9건(청구권 및 경제협력 4, 어업 4, 분쟁의 해결 1)에 서명하고, 합의의사록 5건(청구권 및 경제협력 2, 어업 1, 재일한인 법적지위 1, 문화재 1)에 '이니셜'하였다(이상은 한국에서 모두 조약으로 성립됨). 이밖에 어업에 관한 양국 왕복 서한 1건과 어업 및 법적지위에 관한 토의기록 2건이 담당국장 등에 의해 이니셜되거나 서명 후 교환되었으며, 어업협정 서명에 즈음한 양국 담당 장관의 성명(2건)이 부속 문서로 포함되었다.[5] 이와는 별도로 한국의 김영준 경제기획원 차관보와 일본의 야나기다 세지로

---

4 유의상, 『13년 8개월의 대일 협상』, 2016, 91, 92쪽.
5 『한국외교문서』 1566, '한일 간 기본관계에 관한 조약(등) 1964~65, 전5권, V. 2, 국회비준심의', 목차.

(柳田誠二郎) 해외경제협력기금 총재 간에 2억 불 장기 저리 차관 약정도 서명되었다.

한국은 1965년 8월 14일 국회에서 기본관계조약 및 제 협정에 대한 비준 동의안이 통과되었고, 일본은 11월 12일 중의원, 12월 11일 참의원에서 각각 비준 동의안을 통과시켰다. 양국은 12월 18일 서울에서 비준서를 교환함으로써 이들 조약과 협정은 발효되었다(재일한국인 법적지위 및 처우에 관한 협정은 비준서 교환일로부터 30일 이후에 발효하는 것으로 됨에 따라 1966년 1월 17일 발효). 양국은 이 날짜로 국교를 정상화하였다.

3. 기본관계조약 및 제 협정의 개관[6]

가. 기본관계에 관한 조약

통상 한일기본 조약 또는 기본관계조약으로 불리는 이 조약의 정식 명칭은 '대한민국과 일본국간의 기본관계에 관한 조약'이다. 이 조약은 한·일 간의 과거를 청산하고 새로운 관계의 수립에 필요한 기본적인 내용들을 담은 한일회담의 가장 중요한 결과물 중 하나이다. 조약의 주요 내용은 ① 양국 간 외교 및 영사 관계 수립(제1조), ② 대한제국과 대일본제국 간 체결된 구 조약의 무효 확인(제2조), ③ 대한민국 정부의 유일 합법성 인정(제3조) 등으로 구성되어 있다.

이 조약은 영어본으로 조문 교섭을 시작하여 합의된 영어본에 1965년 2월 20일 가서명한 후 양국이 각각 한국어본과 일본어본을 작성하는 과정을 거쳐 완성되었다.[7] 이 과정에서 양국이 몇 개의 영어단어에 대해 이견을 보이는 상황이 발생하였다. 그 대표적인 것이 제2조의 'already null and void'의 'already'(한국어로는 '이미', 일본어로는 'もはや')와 제3조의 'the Republic of Korea is the only lawful Government in Korea'의 'Korea'(한국어로는 '한반도', 일본어로는 '朝鮮'), 그리고 'as specified in the

---

6 이하 내용은 유의상의 『13년 8개월의 대일 협상』 97~118쪽에 수록되어 있는 내용을 이 자료집에 맞게 수정, 요약한 것이다.

7 통상 영어를 모국어로 하지 않는 2개국 간에 조약을 작성할 때는 제3국어인 영어(또는 불어)본을 함께 작성하여 후일 양국 간에 조문 해석상 문제가 발생하였을 경우 영어본을 우선으로 하는 것이 일반적이다. 기본관계조약은 그렇게 되어 있다. 한일 양국은 기본관계조약의 영어본을 각기 자국어본으로 번역하는 과정에서 상당한 진통을 겪었다. 여타 협정은 영어본 없이 한국어본과 일본어본으로 작성되었다.

Resolution 195(III) of the United Nations General Assembly'의 'as specified' (한국어로는 '명시된 바와 같이', 일본어로는 '示されているとおり')였다.[8]

결국 양국은 1965년 6월 22일 조약 비준 직전 미결 부분에 대한 최종 협상을 위해 개최된 외무 장관 회담에서, 상대방의 번역문에 대해 양해가 이루어지지 않았다는 유보하에 상대방이 사용하는 문장에 대해서는 서로 이의를 제기하지 않기로 합의하고[9] 조인하였다. 이중 주지하는 바와 같이, 조약 제2조의 'already'에 대한 해석차, 즉 한국은 1910년 8월 22일 및 그 이전에 대한제국과 대일본제국 간에 체결된 모든 조약 및 협정이 체결 당시 이미 무효였다는 입장인 데 반해, 일본은 기본관계에 관한 조약 체결을 통해 과거의 조약 및 협정이 무효가 되었다는 견해가 오늘날까지 이어지면서 양국 간 갈등 요소로 작용하고 있다.

나. 청구권협정

13년 8개월간의 한일회담 교섭 과정을 통하여 한국이 가장 역점을 두었던 사안이 청구권에 관한 문제이며 이 문제의 해결 내용을 담은 것이 바로 청구권협정이다. 청구권협정은 일본군'위안부' 문제, 강제동원 피해지원 문제 등 과거사 문제와 관련한 일본과의 외교적 갈등이 재연되거나, 피해자(또는 지원단체)들의 한국 정부나 일본 정부 또는 일본 기업을 상대로 한 소송이 제기될 때마다 협정을 통해 해결된 청구권의 범위, 청구권의 소멸 등을 둘러싸고 끊임없이 논란이 야기되어 왔다.

청구권협정의 정식 명칭은 '대한민국과 일본국 간의 재산 및 청구권 해결과 경제협력에 관한 협정'이다. 명칭이 이처럼 된 것은 일본으로부터 받게 될 자금의 명목과 관련하여 '청구권의 해결'을 주장하는 한국과 '경제협력'을 주장하는 일본이 타협한 결과다. 협정은 본 협정과 8개의 부속 문서로 구성되어 있다. 본 협정 및 부속 문서 이외에도 양국 간의 장기 저리 차관에 관한 계약이 한국의 김영준 경제기획원 차관보와 일본 야나기다 세지로 해외경제협력기금 총재 간에 별도로 체결되었다.

---

8 『한국외교문서』1565, '주일정 722-212 한일 간의 제 현안에 관한 조약교섭 결과 보고, 1965. 6. 21', 291쪽.
9 『日本外交文書(일본외교문서)』1462, '椎名外務大臣, 李東元外務部長官 第2回會談記錄(시나외무대신, 이동원 외무부 장관 제2회 회담 기록), 1965. 6. 23'.

청구권협정 및 부속 문서

협정 명칭	주요 내용	조약
① 대한민국과 일본국 간의 재산 및 청구권에 관한 문제의 해결과 경제협력에 관한 협정	본 협정	제172호
② 대한민국과 일본국 간의 재산 및 청구권에 관한 문제의 해결과 경제협력에 관한 협정 제1 의정서	본 협정 제1조 1(a) 무상 제공의 실시에 관한 상세 내용	제177호
③ 대한민국과 일본국 간의 재산 및 청구권에 관한 문제의 해결과 경제협력에 관한 협정 제1 의정서의 실시 세목에 관한 교환 공문	제1 의정서 제7조에 따른 실시 세목에 관한 내용	제178호
④ 대한민국과 일본국 간의 재산 및 청구권에 관한 문제의 해결과 경제협력에 관한 협정 제2 의정서	청산 감정 잔액 처리 관련 내용	제179호
⑤ 대한민국과 일본국 간의 재산 및 청구권에 관한 문제의 해결과 경제협력에 관한 협정에 대한 합의의사록 (1)	청구권 본 협정 및 제1 의정서 상의 용어에 대한 정의	제173호
⑥ 대한민국과 일본국 간의 재산 및 청구권에 관한 문제의 해결과 경제협력에 관한 협정에 대한 합의의사록 (2)	본 협정 제1조 1(a)의 무상 제공 한도액 증액에 관한 사항, 제1 의정서 관련 보완사항	제174호
⑦ 대한민국과 일본국 간의 재산 및 청구권에 관한 문제의 해결과 경제협력에 관한 협정 제1조 1(b)의 규정의 실시에 관한 교환 공문	본 협정 제1조 1(b) 차관제공에 관한 상세 내용	제175호
⑧ 대한민국과 일본국 간의 재산 및 청구권에 관한 문제의 해결과 경제협력에 관한 협정 제1조 2의 합동위원회에 관한 교환 공문	본 협정 제1조 2의 합동위원회 설치, 구성 및 임무 등에 관한 사항	제176호
⑨ 대한민국과 일본국 간의 상업상의 민간신용 제공에 관한 교환 공문	상업상의 민간신용 제공 내용에 어업협력(9천만 불) 및 선박 수출(3천만 불)을 위한 금액이 포함되어 있음을 규정	제180호

청구권협정 및 그 부속 문서에 명기된 주요 내용

구분	조항	주요 내용
청구권에 관한 명목 문제	협정 전문(前文)	• 한·일 간의 청구권 문제 해결 및 경제협력 증진
무상 제공	협정 제1조 (a)	• 총액 3억 불의 생산물 및 용역 무상 제공 - 10년간 균등분할 제공 - 단, 재정 사정에 따라 양국 정부 합의 단축 실시 가능
정부 차관	협정 제1조 (b)	• 경제협력기금에 의한 총액 2억 불의 장기 저리 차관 제공 - 10년간 균등분할 제공, 연리 3.5%, 7년 거치 포함 20년 분할 상환 - 단, 재정·자금 사정에 따라 쌍방 합의로 상환 기간 연장 가능
민간신용 제공	상업상의 민간신용 제공에 관한 교환 공문	• 총액 3억 불 이상 • 이입협력기금 9천만 불 및 선박 노임사금 3천만 불 포함

구분	조항	주요 내용
한일 청산계정에 의해 확인된 대일 채무	제2 의정서 제1조	• 10년간 균등분할 변제 • 매년 한국 요청으로 일본 측의 새로운 동의 없이 당해 연도 일본 측의 무상 제공액 중에서 감액함으로써 현금 지불로 간주
청구권의 해결	협정 제2조	• 협정 체결 시 존재하는 한·일 양국 및 양 국민의 재산과 양국 및 양 국민 간의 청구권 관련 문제는 샌프란시스코 강화조약 제4조에 규정된 것을 포함, 완전히 그리고 최종적으로 해결된 것으로 함 - 단, 한일 양국 및 양 국민 간의 채권·채무 관계로서 전후 통상의 거래 계약 등으로부터 생긴 관계에 의한 것은 영향을 받지 아니함
	합의의사록(1) 2 g 및 h	• 대일청구권 요강 8개 항 완전 해결 • 평화선 내에서 나포된 일본 어선과 어민에 대한 보상(약 2천만 불)도 해결
협정 해석 및 실시에 관한 분쟁의 해결	협정 제3조	• 먼저 외교상의 경로를 통해 해결 • 외교 경로상의 해결이 불가한 분쟁은 중재위원회를 통해 해결

다. 어업협정

이 협정의 정식 명칭은 '대한민국과 일본국 간의 어업협정'이다. 일본은 제2차 세계대전 전까지 전 세계에서 가장 많은 어획고를 기록하던 국가였다. 이러한 점을 고려, 주일 연합군사령부는 전후 일본의 무질서한 어로 행위를 방지하는 차원에서 1946년 6월 일본열도 주변에 '맥아더라인'을 설정하고 일본 어선들이 이 선을 넘어 조업하지 못하도록 하였다. 이어 샌프란시스코 대일강화조약의 발효로 맥아더라인이 폐지될 것에 대비, 강화조약 제9조에 일본이 연합국 중에 희망하는 국가와 의무적으로 양자 혹은 다자간 어업협정을 체결하도록 규정하였다. 한국은 비록 대일강화조약의 당사국이 되지는 못했지만, 조약 제21조 규정에 따라 일본과 어업협정을 체결할 수 있는 권리를 부여받았으며, 이에 따라 한일회담이 시작되자 곧바로 일본 측에 어업 문제의 교섭을 제의하였다. 그러나 일본은 어업 문제 교섭에 성의를 보이지 않았다. 맥아더라인이 폐지되면 가장 직접적인 피해를 받을 수밖에 없었던 한국으로서는 일본과의 어업협정이 체결될 때까지 어족 자원의 보호와 어민들의 권익보장을 위해 1952년 1월 18일 '인접 해양에 대한 국가 주권 선언'을 하고 맥아더라인을 대체할 '평화선'을 선포하였다.

이후 한국이 평화선을 침범하는 일본 어선들을 나포하고 어민들을 구금하는 등 실력 행사에 돌입하면서 어업 및 평화선 폐지 문제는 청구권 문제와 더불어 한일회담의 핵심 사안, 특히 일본이 가장 중요시하는 사안이 되었다. 한국 정부는 일본이 청구권 문제 교섭에 소극적인 태도를 보이거나 결렬된 회담의 재개에 응하지 않을 때마다 일본 어선에 대한 나포를 강화함으로써 일본에 압박을 가하였다. 그러나 제6차 회담에서 '김-오히라 합의'를 통해 청구권 금액에 타결을 이룬 후로는 이 문제가 한국의 발목을 잡는 사안으로 변질하고 말았다. 일본이 어업과 평화선 문제를 청구권 문제의 미결 사안(청구권협정의 명목, 청산계정(O.A.)의 처리, 정부 차관의 상환 기간 등)을 비롯하여 다른 안건들의 해결과 연계시켰기 때문이다.

양국은 제7차 회담 기간 중 개최된 농림수산부 장관 간 회담에서의 치열한 협상, 그리고 호텔에서의 막바지 협정 조문 교섭 등 어려운 과정을 거친 끝에 어업협정을 마무리할 수 있었다. 어업협정은 본 협정과 부속서, 교환 공문 4건, 합의의사록 1건으로 구성되어 있다. 어업협정 및 그 부속 문서상의 주요 내용은 다음과 같다.

어업협정 주요 내용

구분	주요 내용
목적	• 어족 자원의 최대 지속적 생산성 유지, 자원의 보호와 개발 • 공해 자유의 원칙 존중, 분쟁의 원인 제거 • 어업 발전을 위한 상호협력〈이상 협정 전문(前文)〉
어업전관수역	• 12해리 어업전관수역 인정(협정 제1조 1) 및 직선기선 사용 시 상대국과 협의 • 중복 수역의 경우 양분(협정 제1조 3)
공동규제수역	• 공동규제수역의 설정(협정 제2조) • 연간 15만 톤(+1만 5천 톤 이내 허용) 어획, 625척 출어(협정에 대한 합의의사록 2항) • 단속/재판 관할권: 기국주의 채택(협정 제4조) - 어선의 단속(정선 및 임검 포함)은 어선이 속하는 국가가 실시(협정 제4조) - 규제 조치 위반 통보, 합동 순시, 상호 승선, 단속 상황 시찰(합의의사록 3항) • 공동규제수역 바깥쪽에 공동 자원조사 수역 설정(협정 제5조)
어업협력	• 상업 차관 3억 불 중 9천만 불을 어업협력자금에 충당(청구권협정 부속 문서인 상업상의 민간신용제공에 관한 교환 공문 1항) • 어업에 관한 정보 및 기술의 교환, 어업 전문가 및 기술자의 교류 등(어업협력에 관한 교환 공문)
어업공동위	• 어업협정에 규정된 제반 주요 사항 검토, 필요 조치 권고 등(협정 제6, 7조)
분쟁 해결	• 분쟁은 우선 외교 경로를 통해 해결하고, 해결 불가 시 3명의 중재위원으로 구성된 중재위에 부의(협정 제9조)
협정 유효 기간	• 협정의 유효 기간은 5년, 그 후는 일방체약국이 종료 의사 통고 후 1년간 효력 유지(협정 제10조)

1965년에 체결된 어업협정은 한국 연안에서 일본 어선의 조업이 가능한 수역 범위와 어획량, 출어 횟수를 정하는 문제 및 어선 단속을 누가 하는가 하는 문제가 핵심 사안이었다. 당시 일본은 한국보다 우월한 어로장비 및 기술을 보유하고 있었기 때문에 한국의 배타적 조업 수역(전관수역)을 최소화(12해리)함으로써 일본 어선들의 조업가능 수역을 가능한 한 넓히고 더 많은 어획량과 출어 횟수를 확보하려 하였다. 이에 반해 한국은 전관수역을 40해리로 설정하여 일본의 한국 연안 조업을 최소화하고자 하는 입장이었다. 결국 협정은 한국의 양보에 의하여 일본에 유리한 방향(전관수역 12해리, 어선의 단속/재판 관할권은 기국주의 등)으로 타결되고 말았다. 이로 인해 한국에서는 청구권 문제 타결을 위해 일본에 어업 문제를 지나치게 양보했다는 비판이 거세게 일었다.

이후 일본은 한국의 어업 능력 발전으로 1965년에 체결된 양국 간 어업협정이 일본 측에 불리한 방향으로 작용하게 되자 '해양법에 관한 국제연합 협약(1982년)'에 의한 새로운 국제 어업환경에 부응하는 새로운 어업협정 체결을 요구하였으며, 1998년 1월 23일 '구어업협정'(1965년 협정)의 종료를 선언하였다. 양국 관계가 극도로 악화한 가운데 진행된 협상을 통해 양국은 1998년 9월 25일 신어업협정을 체결(1999년 1월 발효)하였다.

라. 재일한국인의 법적지위 및 대우에 관한 협정

이 협정의 정식 명칭은 '대한민국과 일본국 간의 일본국에 거주하는 대한민국 국민의 법적지위와 대우에 관한 협정'이다. 일본이 애초 한국과의 양자 협의, 즉 한일회담에 응한 이유는 전후 일본에 남게 된 한인들의 처리 문제가 시급했기 때문이다. 따라서 이 안건은 한일회담의 예비회담에서부터 소위원회가 구성되어 협상이 시작되었다. 한국은 일본과의 협상에서 국적 문제, 영주권 부여 문제, 재산의 한국 반입 및 송금 문제 등 재일한인들이 안고 있던 여러 문제들을 해결하고자 노력하였으나, 일본은 제4차 회담까지는 주로 재일한인들의 한국 송환 문제에만 관심을 보이다가 제5차 회담에서부터 비로소 전반적인 문제에 대한 토의에 응하였다. 양국은 협상 끝에 본 협정 및 1건의 합의의사록을 체결하였다. 협정의 주요 내용은 다음과 같다.

재일한국인 법적지위 및 대우에 관한 협정 주요 내용

조항	구분	주요 내용

제1조	재일한국인에 대한 영주권 부여	• 아래 재일 한국 국민에 대해서는 협정 발효일(1966년 1월 17일)로부터 5년 이내에 영주허가 신청 시 이를 허가
		  - 1945년 8월 15일 이전부터 신청 시까지 계속 일본 거주자
		  - 위의 직계비속으로서 1946년 8월 16일 이후 협정 발효일로부터 5년 이내에 일본에서 출생하고 영주허가 신청 시까지 일본에 계속 거주하는 자
		• 위 영주허가자의 자녀로서 협정 발효일로부터 5년 경과 후 일본에서 출생하고 출생일로부터 60일 이내 영주허가 신청 시 이를 허가

제2조	재일한국인 3세의 지위에 관한 문제	• 제1조에 따라 일본 영주가 허가되어 있는 자의 직계비속(소위 3세)으로서 일본에서 출생한 한국 국민의 일본 거주에 관해서는 한국 정부의 요청이 있을 경우 협정 발효일로부터 25년이 경과할 때까지 협의를 함.
제3조	재일한국인의 강제퇴거 요건	• 내란 또는 외환에 관한 죄로 금고 이상의 형에 처하여진 자 • 국교에 관한 죄 또는 외국 원수, 외교사절과 그 공관에 대한 범죄 행위로 금고 이상의 형에 처하여진 자 • 영리를 목적으로 한 마약류의 거래로 무기 또는 3년 이상의 징역 또는 금고에 처하여지거나 3회 이상 형에 처하여진 자
제4조	재일한국인에 대한 교육, 생활보호, 국민건강보험/ 귀국자 재산반출 및 송금	• 타당한 고려
제5조	재일한국인에 대한 처우	• 일본 영주가 허가되어 있는 한국 국민은 모든 외국인에게 동등히 적용되는 일본법령의 적용을 받음(최혜국 대우)

한국 정부는 일본과 국교 정상화가 이루어진 이후에도 재일한국인의 지위 향상을 위해 이 협정 제2조에 따라 일본 측과 교섭을 계속하였다. 교섭에서의 합의 결과를 담아 1991년 1월 10일 '재일한국인 3세 이하 자손의 법적지위에 관한 각서'를 교환하였다. 이 각서 교환을 통해 재일한국인들은 지문날인제도의 2년 이내 철폐, 국·공립 교원 및 지방공무원 채용, 민족교육 등 사회생활상의 처우 개선을 보장받게 됨으로써 사실상 1965년 체결된 협정을 전면 개정하는 효과를 가져왔다. 이후에도 일본에 대한 지속적인 교섭을 통해 1992년 6월부터 재일한국인 특별영주자에 대한 지문날인 철폐, 2009년 7월부터 재일한국인 특별영주자에 대한 외국인등록증 상시 휴대 의무 폐지 등의 성과를 거두었다.

마. 문화재 및 문화협력에 관한 협정

이 협정의 정식 명칭은 '대한민국과 일본국 간의 문화재 및 문화협력에 관한 협정'이다. 한국은 한일회담이 시작되면서 일본 측에 불법 수단에 의해 일본에 반출된 문화재 중 명목과 소재가 확실한 약 3천 점(① 조선총독부에 의해 반출된 것, ② 통감 및 총독 등 개인에 의해 반출된 것 중 일본 국유로 귀속된 것, ③ 일본 정부에 의해 문화재로 지정된 81점)의 반환을 요구하였다. 이에 대하여 일본은 한국 문화재의 반출은 합법적으로 이루어진 것으로써 법적 반환 의무는 없으나, 문화협력의 일환으로 약간의 국유문화재를 증여하는 문제를 고려해 보겠다는 소극적인 반응을 보였다. 한국은 제1~3차 회담 때까지 문화재 반환 문제를 재산청구권 문제의 일부로 간주하여 교섭하였으며, 제4차 회담부터 청구권과 별도로 교섭을 시작하였다. 일본은 구보타 망언으로 결렬된 한일회담의 재개 교섭에서 한국에 대한 우호적인 제스처로 1960년 4월 16일 106점의 문화재를 반환하기도 하였으나 이들은 문화적 가치가 그리 크지 않은 것으로 평가되었다.

한국 정부는 지속적으로 일본에 문화재 반환을 요청한 결과, 결국 문화재 및 문화협력에 관한 협정(합의의사록 1건 포함)을 체결하였으며, 이 협정에 따라 일본 측은 1966년 5월 28일 도자기 90종, 고고 자료 84종, 석조 미술품 2종, 도서 852종, 체신관계 품목 20종을 한국에 반환(양국 간 공식용어는 '인도')하였다. 문화재 반환과 관련해서는 여전히 일본 내에 귀중한 한국 문화재가 많이 남아있기 때문에 앞으로 이에 관한 추가적인 대책이 요구되고 있다.

4. 『한일회담 자료총서 제10권』(제7차 한일회담 Ⅰ) 수록 내용

① 제7차 한일회담: 대표단 임면 관계, 1964~1965(파일번호 1456)
② 제7차 한일회담: 본회의 및 수석대표 회담, 1964~1965(파일번호 1459)
③ 제7차 한일회담: 기본관계위원회 회의록 및 훈령, 1964. 12~1965. 2(파일번호 1455)
④ 시나 에쓰사부로(椎名悅三郎) 일본 외상 방한, 1965. 2. 17~20(파일번호 1500)
⑤ 이동원 외무부 장관 일본 방문, 1965(파일번호 1486)

⑥ 제7차 한일회담: 청구권 관계 회의 보고 및 훈령, 1965, 전 2권, V. 1, 1965. 3. 18~4. 3까지의 교섭(파일번호 1467)

⑦ 제7차 한일회담: 청구권 관계 회의 보고 및 훈령, 1965, 전 2권, V. 2, 1965. 4. 3 가서명 이후의 청구권 및 경제협력위원회, 1965. 4~6(파일번호 1468)

⑧ 제7차 한일회담: 청구권 관계 회의 보고 및 훈령, V. 3, 미해결 문제 토의 및 조문화 작업, 1965(파일번호 6887)

⑨ 한일 간의 재산 및 청구권에 관한 문제의 해결과 경제협력에 관한 협정(자료집) 1963~1965(파일번호 1580)

⑩ 제7차 한일회담: 문화재위원회 회의 개최 계획, 1965(파일번호 6888)

⑪ 제7차 한일회담: 법적지위위원회 회의록 및 훈령, 1964~1965, 전 2권, V. 1, 제1~24차, 1964. 12. 7~1965. 4. 16(파일번호 1457)

⑫ 제7차 한일회담: 법적지위위원회 회의록 및 훈령, 1964~1965, 전 2권, V. 2, 제25~40차, 1965. 4. 21~6. 15(파일번호 1458)

【참고문헌】

유의상, 『13년 8개월의 대일 협상』 역사공간, 2016.

제7차 한일회담 I
(1964. 12. 3~1965. 6. 22)

대표단 임면 관계, 1964~1965

등록번호 : 1456
생산과 : 동북아주과
생산연도 : 1965
필름번호 : C1-0012
파일번호 : 06
프레임번호 : 0001~0063

제7차 한일회담 한국 측 김동조 수석대표 임명 관련 공문, 동 회담 한국 측 대표 명단, 일본 측 대표 명단, 역대 한일회담 한국 측 대표 명단, 일본 측 다카스기 신이치 신임 수석대표의 임명 관련 전문 등이 수록되어 있다.

1. 한국 측 대표단

2. 한일회담의 참여자 명단[1]

0086

한일회담 참여자

1. 외무부

성명	직위	담당
문철순	외무관	대표(기본관계 수석)
연하구	아주국장	〃 (회담 전반)
전상진	통상국장	〃 (청구권 교체 수석)
김정태	주아르헨티나 대사관 참사관	전문위원(청구권, 문화재)
정순근	통상국 경제협력과장	〃 (청구권)
김동휘	방교국 조약과장	〃 (조약업무 전반)
최광수	아주국 동북아과장	〃 (어업 및 회담 전반)
최태웅	아주국 동북아과 서기관	〃 (법적지위)
김형근	통상국 경제협력과 서기관	〃 (청구권)
이화균	〃	〃 (〃)
공로명	아주국 동북아과 서기관	보좌(어업)
김태지	〃 사무관	〃 (청구권, 기본관계)
홍순영	〃	〃 (어업)
이정빈	방교국 조약과 사무관	〃 (조약업무)
박정래	아주국 동북아과 사무관	본부 실무(문화재)
김윤택	방교국 조약과 사무관	보좌(어업)
허승	통상국 경제협력과 사무관	〃 (청구권)

1 작성일자 불명.

성명	직위	담당
선준영	아주국 동북아과 사무관	보좌(법적지위)
배병승	통상국 경제협력과 사무관	본부 실무(청구권)
양세훈	〃	〃 (〃)

2. 주일 대표부

성명	직위	담당
김동조	대사	수석대표
방희	공사	대표(법적지위, 문화재 수석)
이규성	〃	〃 (청구권, 어업 수석)
오재희	2등서기관(정무과장)	전문위원(회담 전반)
이경훈	〃	〃 (법적지위)
신동원	〃	〃 (어업)
장민하	〃	〃 (기본관계)
안세훈	3등서기관	보좌(법적지위, 문화재)
조성찬	〃	〃 (어업)

3. 관계 부처

성명	직위	담당
김영준	경기, 기획차관보	교체 수석(청구권)
이경호	법무, 법무국장	대표(법적지위)
김명년	농림, 수산국장	〃 (어업)
김봉래	농림, 동해수산분소 검역소장	〃
이홍직	고려대, 도서관장	〃 (문화재)
황수영	동국대, 박물관장	〃 (문화재)
이상덕	한은, 이사	〃 (청구권)
김봉은	〃	〃
정재덕	경기, 물동계획과장	전문위원(청구권)
박정서	한은, 외국부 차장	〃

성명	직위	담당
배동환	농림, 원양어업과장	전문위원(어업)
신광윤	농림, 수산진흥원	〃
강신조	자원조사과장	보좌(청구권)
최수병	경기, 사무관	본부 실무담당(청구권)
주병국	〃	보좌(청구권)
허만훈	재무, 사무관	〃 (문화재)
최광성	문교, 사무관	〃 (어업)
이재효	농림, 어로 기좌	〃
하성환	농림, 어로 기사	본부 실무담당

3. 역대 한일회담 대표 명단

0090

한일회담 대표 명단 [2]

제1차 한일회담
  수석대표   양유찬
  교체 수석대표 김용식
  대표   신성모
  〃   갈홍기
  〃   임철호
  〃   유진오
  〃   임송본
  〃   홍진기

제2차 한일회담
  수석대표   김용식
  대표   유태하
  〃   임송본
  〃   장기영
  〃   홍진기
  〃   지철근
  〃   최규하

---

2 작성일자 불명.

0091   제3차 한일회담

        수석대표   양유찬

        교체 수석대표   김용식

        대표   유태하

        〃   장경근

        〃   홍진기

        〃   최규하

        〃   이상덕

제4차 한일회담

        수석대표   임병직(전반)

        〃   허정(후반)

        교체 수석대표   유태하

        대표   이호

        〃   장경근

        〃   최규하

제5차 한일회담

        수석대표   유진오

        차석대표   엄요섭

        대표   유창순

0092   〃   김윤근

        〃   이천상

        〃   윤석헌

        〃   진필식

        〃   문철순

        〃   이상덕

        〃   김항진

제6차 한일회담

	수석대표	배의환
	차석대표	이동환
	고문	이한기
	대표	김윤근
	〃	이천상
	〃	최세황
	〃	김재원
	〃	고범준
	〃	이홍직
	〃	황수영
	〃	지철근
	〃	홍승희
	〃	이상덕
	〃	정태섭
	〃	정일영
	〃	최영택
	〃	전상진
	〃	이규성
	〃	박동섭
	〃	김명년
	〃	윤기선
	〃	문철순
	〃	문인구
	〃	이경호
	〃	남상규

제7차 한일회담
　　　수석대표　　　김동조
　　　대표　　　　　문철순
　　　〃　　　　　　방희
　　　〃　　　　　　이규성
　　　〃　　　　　　연하구
　　　〃　　　　　　이경호
　　　〃　　　　　　이봉래
　　　〃　　　　　　김명년

0094　　갈홍기　　　　　김윤근
　　　임철호　　　　　이천상
　　　유진오　　　　　김항진
　　　임승본　　　　　이한기
　　　홍진기　　　　　최세황(현)(어업)
　　　유태하　　　　　고범준
　　　장기영　　　　　이홍직(현)(문화재)
　　　지철근　　　　　황수영(현)(문화재)
　　　최규하　　　　　홍승희
　　　이상덕(현)(청구권)　정태섭
　　　임병직　　　　　김명년(현)(어업)
　　　허정　　　　　　문인구
　　　이호　　　　　　이경호(현)(법적지위)
　　　엄요섭　　　　　남상규
　　　유창순　　　　　원용석(어업각료회담)(무임소장관)
　　　김동조

4. 한일회담 수석대표 임면 내부재가 문서

0095   기안자: 북아과 우문기

과장[대서명]   국장[서명]   차관[출장]   장관[서명]   국무총리[서명]   대통령[서명]

기안년월일: 1964. 10. 13

주일 대사 경질에 따라 아래와 같이 한일회담 수석대표를 임면코자 품의하오니 재가하여 주시기 바랍니다.

주일 대사
김동조

한일회담 수석대표에 임함.

한일회담 수석대표
배의환

한일회담 수석대표를 면함.

끝

10. 제7차 한일회담 대표단 관련 본부 방침 요청 전문

0101   번호: JAW-12025

일시: 022605 [1964. 12. 2]

수신인: 장관
발신인: 주일 대사

오는 12월 3일부터 개최되는 제7차 한일회담에 참석할 우리 측의 대표 명단을 금일 12월 2일 오후 2, 3시경 외무성 측에 통고할 예정인바 이와 관련하여 아래 각 항에 대한 본부의 방침을 지급 지시하여 주시기 바람.

1. WJA-11310 지시 제7항에 언급하신 고문에 관하여 언제쯤 위촉 조치가 취하여 질 것이며 동 고문을 파견하여 회담에 참석하도록 하실 예정인지 여부
2. WJA-11354 지시 제2항에는 이규성 참사관에 관한 본직의 건의(JAW-11552)를 고려 중이라 하는바 이것이 채택될 것인지 여부
3. 법적지위위원회는 이미 대통령 각하의 재가를 얻은 것으로 생각되는 권일 민단 단장이 참석하는 것이 좋을 것으로 사료되는데, (1) 이에 관한 정부의 방침과 (2) 대표로 참석하는 경우의 대우
4. WJA-11007로 회시하신 이봉래 수산국장의 출발 연기에 관하여, 동 국장이 연내에 한일회담에 참석할 가능성이 있는지 여부와 일본에 대한 대표단 명단의 동 지시에 동 국장의 명단을 제외할 것인지 여부

당 대표부는 이 국장이 어업 관계의 실무책임자임에 비추어 회담에 참가하는 것이 유익할 것으로 생각함. (주일정-외아북)

12. 한일회담 한국 측 대표단 명단 관련 본부 회신 전문

번호: WJA-12070

일시: 041750[1964. 12. 4]

수신인: 주일 대사

대: JAW-12015

1. WJA-11310 제7항의 고문에 관하여는 인원, 인선 등의 위촉을 진행 중에 있으므로 위촉이 완료되는 대로 회담에 참가하게 될 것임.

2. JAW-11552 제1항의 이규성 참사관의 공사 칭호에 관한 건의에 대하여는 현재 국내 절차를 취하고 있는 중임.

3. 권일 민단 단장의 법적지위위원회 회의 참석에 관하여는 이제까지 민단 관계자가 직접 회담에 참석한 전례가 없을 뿐만 아니라 이해 당사자가 고문의 자격으로 회의에 참석한다는 데 대하여 일본 측의 반응이 미묘할 것으로 예측됨으로 우선 이 점에 관한 일본 측의 반응을 타진하여 일본 측에서 이의가 없을 시에는 '옵서버'로서 참석시켜도 무방함.

장관

15. 한일회담 한국 측 대표단 명단

0106   1965. 1. 15[3]

1. 1965. 1. 18부터 속개되는 한일회담을 위한 한국 측의 대표단 편성은 다음과 같다.
   수석대표: 김동조 주일 대사
   각 위원회 대표
   1) 어업: 이규성 공사, 이봉래 수산국장, 김명년 수산진흥원장
   2) 법적지위: 방희 공사, 이경호 법무국장
   3) 기본관계: 문철순 기획관리실장
   4) 청구권: 경제기획원 차관보, 재무부 관계 국장, 한국은행 관계 이사
   5) 문화재: 방희 공사, 이홍직 교수, 황수영 교수
   6) 선박: 이규성 공사, 윤기선 해운국장

2. 현안 문제와 관련이 있는 관계 부처 차관은 회담 진전에 따라 도일하며 회담에 참석하게 될 것이다.

3. 이번에 파견되는 대표 단원은 아래와 같다.
   1) 외무부 기획관리실장   문철순
   2)   〃   아주국장   연하구
   3) 법무부 법무국장   이경호
   4) 농림부 수산진흥원장   김명년
   5)   〃   원양어업과장   배동환
   6) 외무부 동북아과 서기관   권태웅
   7)   〃   〃   사무관   공로명

---

3   보도자료

17. 한국 측 대표 임시 교체 관련 본부 전문

0108   번호: WJA-01158

일시: 190940[1965. 1. 19]

수신인: 주일 대사(친전)

1. 기본관계위원회 문철순 수석은 본부의 사정상 출발할 수 없게 되었음.

2. 대신으로서 본부에서는 방희, 이규성 공사 중 어느 한 사람 또는 진필식 총영사를 고려하고 있는바, 이에 관하여 귀견을 금일 11:00시 안으로 지급 회보하시기 바람.(외아북)

장관

18. 본부 전문(WJA-01158)에 대한 대표부 회신 전문

0109   번호: JAW-01198

일시: 191104[1965. 1. 19]

수신인: 외무부 장관(친전) 귀하
발신인: 주일 대사

대: WJA-01158

   1. 일본 측 어업 관계 및 기본관계 양 위원회 수석위원이 히로세 아세아국 참사관인 만큼 우리 측 어업 관계 수석위원 이규성 공사로 하여금 기본관계 수석위원을 겸하게 함이 임시방편으로서는 가장 적절하다고 생각됩니다.

   2. 그러나 어업관계위원회 운영의 중요성에 비추어 이봉래 농림부 수산국장의 회의 참여가 더한층 필요하오며 또한 기본관계위원회 운영을 위해서는 오재희 조약과장의 보좌가 절대적으로 요청되오니 조속 도일하도록 조치하여 주시기 바랍니다.

   3. 거반 요청한 이상익 서기관의 법적지위위원회 전문위원 임명도 조속히 조치하여 주시기 바라며, 아울러 연하구 아주국장, 농림부 배동환 과장도 이봉래 수산국장, 오재희 조약과장과 함께 21일까지 반드시 당지에 도착 되도록 조치하여 주시기 바랍니다. (주일정 – 외아북)

19. 한국 측 대표 임시 교체 관련 본부 전문

번호: WJA-01165

일시: 191450[1965. 1. 19]

수신인: 주일 대사

대: JAW-01198

1. 기본관계 수석위원은 이규성 공사로 하여금 우선 겸무토록 하기 바람.

2. 이 수산국장은 곧 일본 방문 절차를 밟아 절차가 완료되는 대로 방문할 것임.

3. 오 조약과장은 본부의 형편상 현재로서는 회담 참여가 곤란하므로 대표부 또는 본부 파견 직원 가운데서 적의 선택, 보좌케 하기 바람.

4. 배동환 과장에 관하여서는 추후 통고할 것임.(외아북)

장관

21. 한일회담 대표단 관련 청훈 전문

0112   번호: JAW-01214

일시: 201120[1965. 1. 20]

수신인: 외무부 장관
발신인: 수석대표 김동조

1. 한일회담의 각 위원회가 명 21일부터 기능을 발휘할 예정임으로 이에 대비하여 아래 사항을 청훈하오니 시급 조치하여 주시기 바람.

2. 연하구 아주국장은 21일에 일본 방문하는 것으로 알고 있는바 필히 동 일자에 방문케 하여 주시기 바라며, 연 국장 편에 훈령을 송부하여 주실 것.

3. 기본관계위원회는 되도록 협정 초안을 교환하고 이에 의하여 토의를 진행시키기로 일본 측과 양해한 바 있으므로 가능한 한 훈령 송부 시 우리 측 초안도 송부하여 주실 것.

4. 이미 보고드린 바와 같이 회담 보좌를 위하여 오재희 조약과장을 가능한 한 조속히 약 2주간만이라도 파견하여 주시기 바라며, 어업위원회에 있어서는 농림부 과장급의 보좌 없이는 해도 작성 등 실제 진행을 시키기 어려운 실정이므로 배동환 과장을 21일까지 필히 파견하여 주시기 바라는바, 이것이 불가능하면 우선 어업회담에 오랫동안 참석한 경험이 있는 수산진흥원의 신광윤 과장을 파견하여 주실 것.(주일정-외아북)

22. 한일회담 진행방침 관련 훈령 전문

0113   번호: WJA-04211

일시: 161305 [1965. 4. 16]

수신인: 한일회담 수석대표

대: JAW-04280

한일회담의 앞으로의 진행방침을 아래와 같이 훈령합니다.

아래

1. 앞으로의 교섭에 있어서는 지난 4. 3에 이미 시작된 청구권, 법적지위 및 어업의 각 현안에 관한 합의 사항을 대강으로 하여, 가능한 한 조속히, 각 협정의 공동 초안을 작성하도록 한다(각 현안에 관한 교섭 지침은 곧 훈령할 것임).

2. 전항의 목적을 위하여 (1) 청구권 및 경제협력, (2) 문화재, (3) 법적지위 및 (4) 어업의 4개 위원회를 병행시키되, 각 위원회는 가능한 한 빈번히 회합하여 신속한 토의를 기하도록 한다. 또한 각 위원회 밑에 필요에 따라 소위원회를 구성하거나, Drafting Committee와 같은 Ad hoc Committee를 설치할 필요가 있을 때는 수석대표의 재량으로 결정하여도 가하다.

3. 수석대표 회의는 종래와 같이 적어도 매주 1회 정기적으로 개최하도록 하되, 각 위원회에서 어느 문제점에 관한 토의가 난항하여 위원회 레벨에서 해결이 어렵다고 인정될 경우에는 곧 비정기 수석대표 회의를 소집하여 해결을 기하도록 한다.

4. 각 협정의 공동초안 작성 완료 시기는 원칙적으로 5월 초를 목표로 한다. 단, 이와 같은 목표 시기는 표면화되지 않도록 한다. 현안에 따라 협정의 공동 초안 작성이 먼저 완료되는 것은 타 현안의 진도와 관계없이 완료하여도 가하다. 단, 어업 문제만이 먼저 완료될 가능성이 있을 경우에는 실질적 완료 시기를 청구권과 동일하게 한다.

5. 협정문의 용어는 한·일·영 3개 국어로 하되, 양측의 해석에 상위가 있을 경우에는 영문에 의거하는 것으로 한다. 각 협정의 조문 초안 작업에 있어서는 영문을 working language로 함이 원칙이나, 일본 측에 어려운 사정이 있다 하므로 한일 양 국어를 사용하여도 가하다. 단, 이와 같은 경우, 매조의 초안이 끝날 때마다 영문 번역은 확정해 나가도록 한다.

6. 각 위원회별 대표단 명단은 별첨과 같은바, 대표 단원의 도일 시기 또는 본국 소환 등에 관하여는 현재 실정을 감안한 수석대표의 건의를 고려하여 외무부 장관이 적의 조절하는 것으로 한다. 또한 본부와 현재 대표단 간의 교섭 상황에 관한 정확한 이해를 돕기 위하여 본부 주무국장과 주무과장을 수시 도일케 한다.

첨부
22-1. 각 위원회별 한국 측 대표단 명단

각 위원회별 한국 측 대표단 명단

1. 청구권 및 경제협력위원회
   - 수석대표　이규성　주일 대표부 공사
   - 〃　　　　김영준　경제기획원 차관보
   - 〃　　　　전상진　외무부 통상국장
   - 대표　　　이상덕　　한국은행 이사
   - 〃　　　　김봉은　한국은행 도쿄 주재 이사
   - 전문위원　김정태　외무부 아주국 부이사관
   - 〃　　　　정순근　외무부 통상국 경제협력과장
   - 〃　　　　정재덕　경제기획원 경제기획국 물동계획과장
   - 〃　　　　김형근　외무부 통상국 경제협력과 외무서기관
   - 보좌　　　김태지　　외무부 아주국 동북아과 사무관
   - 〃　　　　강신조　경제기획원 경제협력국 외자총괄과 사무관
   - 〃　　　　주병국　재무부 외환국 외환과 사무관

2. 어업위원회
   - 수석대표　이규성　주일 대표부 공사
   - 대표　　　김명년　　국립수산진흥원 원장
   - 전문위원　최광수　외무부 아주국 동북아과장
   - 〃　　　　오재희　주일 대표부 정무과장
   - 〃　　　　배동환　농림부 수산국 원양어업과장
   - 〃　　　　신광윤　국립수산진흥원 자원조사과장
   - 보좌　　　공로명　　외무부 아주국 동북아과 사무관
   - 〃　　　　김윤택　외무부 방교국 조약과 사무관

상기 외에 농림부 장관이 추천하는 농림부 사무관(또는 주사)급 실무 직원 2명

3. 법적지위위원회
   수석대표   방희   주일 대표부 공사
   대표   이경호   법무부 법무국장
   전문위원   권태웅   외무부 아주국 동북아과 서기관
   〃   윤승영   법무부 서울지방검찰청 검사

4. 문화재위원회
   수석대표   방희   주일 대표부 공사
   대표   김재원   국립박물관 관장
   〃   이홍직   고려대학교 교수(문화재보호위원)
   〃   황수영   동국대학교 교수(문화재보호위원)
   〃   하갑청   문교부 문화재관리국장
   전문위원   김정태   외무부 아주국 부이사관

5. 기타
   대표(법률자문)   유민상   법제처 차장
   자문위원(영문) 김진 서울대학교 법과대학 교수

추이: 상기 대표단은 추가 또는 교체될 수 있으며, 주일 대표부의 관계 직원은 수석대표 재량으로 적의 배치하는 것으로 함.(외아북)

장관

23. 한일회담 각 위원회 구성원에 관한 건의 전문

번호: JAW-04314

일시: 161814[1965. 4. 16]

수신인: 장관
발신인: 수석대표

대: WJA-04211

대호 훈령과 관련하여 아래와 같이 건의합니다.

1. 각 위원회 구성에 관하여
 가. 청구권 및 경제협력위원회
  김영준 차관보를 교체 수석대표로 해주시고 전상진 국장을 대표로 해주시기 바람.
 나. 법적지위위원회
  재무부 외환 관계관을 추가해 주시기 바람.
 다. 문화재위원회
  방희 공사는 법적지위만을 전담하도록 해주시고 따라서 김재원 관장을 수석대표로 해주시기 바람. 또한 문교부 서기관 또는 사무관 1명과 외무부 조약 실무자 1명을 추가해 주시기 바람.

2. 대표단 구성원은 현지 실정에 따라 현지에 파견된 인원 중에서 수석대표의 재량으로 재배치할 수 있도록 해주시기 바람.

3. 문화재위원회를 제외한 기타 대표단 인원을 늦어도 금주 말까지 파견해 주시기

바람. 문화재위원회에 관하여는 우선 김재원 관장, 황수영 교수, 김정태 부이사관, 문교부 서기관 또는 사무관, 조약 실무자를 내주 초에 파견해 주시기 바람.

4. 각 현안별 교섭 지침, 협정안 등을 조속 훈령해 주시되 늦어도 관계 대표 단원의 파견 시 휴대하도록 해주시기 바람.(주일정-외아북)

24. 한일회담 각 위원회 구성원에 관한 훈령 전문

번호: WJA-04228

일시: 181445 [1965. 4. 18]

수신인: 수석대표

대: JAW-04314

대호에 관하여 아래와 같이 회전합니다.

1. 김영준 차관보 및 전상진 통상국장 양인을 청구권 및 경제협력위원회 교체 수석대표로 함.
2. 청구권위원회에 파견될 주병국 재무부 외환과 사무관이 법적지위위원회에도 참석하여 송금 관계 등을 보좌토록 하시압.
3. 문화재위원회에 김재원 관장을 추가한 것은 귀 수석대표의 건의에 따라 일단 명부에 포함시킨 것이나 사실상 동인은 현재 미국에 출장 중이며 7월경 귀국 예정임.
 문교부 서기관 또는 사무관 1명에 관하여는 현재 문교부 장관에게 추천을 요청 독촉 중에 있음. 또한 외무부 조약 실무자 1명에 관하여는 현 단계에서 추가 파견이 어려우므로 귀 대표단에서 현 인원으로 적이 조치 바람. 따라서 문화재위원회는 방 공사가 계속 수석대표임.
4. 대표단 구성원은 현지 인원 중에서 수석대표가 적이 재배치하여도 가함.
5. 대표단 파견에 관하여서는 가능한 대로 조속히 파견토록 할 것이며 결정되는 대로 통보하겠음. (외아북)

장관

2. 일본 측 대표단

25. 일본 측 대표단 명단 보고 전문

0122 번호: JAW-11554

일시: 261833[1964. 11. 26]

수신인: 외무부 장관 귀하
발신인: 주일 대사

대: WJA-11310

1. 아 측 대표단 명단 및 각 위원회 부서에 관하여는 일본 측에 이를 우선 비공식으로 통보하였음.

2. 일본 측이 비공식으로 통보하여 온 일본 측 대표단 명단은 아래와 같음.
수석대표: 스기
대표: 우시바 심의관, 우시로쿠 아세아국장, 히로세 아세아국 참사관, 후지사키 조약국장, 하리가이 정보문화국 참사관, 니시야마 경제협력국구장(이상 외무성), 요시오카 대장성 이재국장, 와다 수산청 차장, 히라가 법무성 민사국장, 야기 동 입관국장.

3. 일본 측 대표 단원들의 약력은 다음과 같음.
  1) 스기 미치스케 수석대표(당 81세)
     오사카 국제무역센타 등 여러 회사의 회장
     일본 무역진흥회 이사장, 경영단체연합회 부회장, 기타 다수 단체의 간부직 보유
     1884. 2. 20생, 야마구치현 출신

1909. 게이오대학 이재과 졸업, 야기상점 사장, 오사카 상공회의소 회두

1964. 2. 뉴욕 세계박람회에 정부 대표로 도미

2) 우시바 노부히코 외무심의관

1909. 11. 6생, 효고현 출신(당 55세)

1932. 도쿄대 법과 졸, 외무성 조약국 사무관, 주영 3등서기관

1949. 외국 위체위 사무국장, 통산성 통상국장, 주미안마 참사관

1957. 외무성 경제국장

1961. 주캐나다 대사

1964. 6. 현재에 이름.

3) 우시로쿠 도라오 아세아국장

1914. 4. 22생, 교토 출신(당 50세)

1937. 도쿄대 정치학과 졸, 고문 합격, 대사관 3등서기관, 영사, 대동아 사무관, 외무성 관리국 경제과장, 재외방인 과장, 아세아국 제2과장, 주미 대사관 1등서기관, 주유엔대표부 참사관, 외무대신 관방 총무과장

1957. 4. 경제국 참사관

1959. 주태국 대사관 참사관, 공사

1961. 10. 현직에 이름.

4) 히로세 다쓰오 아세아국 참사관

1914. 2. 26생, 시마네현 출신(당 50세)

1939. 도쿄대 정치학과 졸업, 외무서기관, 통산성 통상국 시장 제2과장, 외무성 이주국 도항 여권과장, 주이 대사관 참사관

1962. 통산국 통산 참사관

1963. 9. 외무성 경제국 참사관

1964. 현직에 이름.

5) 후지사키 마사토 외무성 조약국장(당 50세)

1928. 가고시마현 대학 졸업

1936. 도쿄대 영문과 및 정치과 졸업

1937. 외무성 정보부 보도과장, 정무과장

1951. 조약과장, 주영 1등서기관, 자카르타 영사, 배상부 제1과장, 조약국 차장, 참사관, 시애틀 총영사, 주영 참사관 겸 런던 총영사, 대신관방 심의관.

1964. 3. 현직에 이름.

6) 하리가이 마사유키 외무성 정보문화국 참사관(50세)

　　1915. 3. 군마현 출신

　　1939. 도쿄대 법학부 졸업, 고문 외교과 합격, 주폴란드 영사, 구미국 도항과장, 아세아국 제5과장

　　1957. 주호놀룰루 총영사

　　1916. 정보문화국 외무참사관

　　1964. 문화사업부장

7) 니시야마 아키라 외무성 경제협력국장

　　1913. 11. 1생, 후쿠오카현 출신(당 51세)

　　1936. 도쿄대 정치학과 졸업, 영, 서서, 터키, 희랍, 각국 근무
　　　　　외무성 외상 비서관, 칼카타 재외사무소장, 경제국 제5, 3 각 과장

　　1955. 경제국 차장

　　1956. 주상항 총영사

　　1959. 주미공사

　　1963. 9. 대신관방 심의관

　　1963. 12. 현직에 이름.

8) 요시오카 에이치 대장성 이재국장(49세)

　　1915. 7. 13생

　　1938. 도쿄대 정치과 졸업

　　1941. 기획원 총재 비서관, 대장 대신관방 비서과장, 위체국 기획과장, 이재국 총무과장, 도쿄 세관장, 재무조사관.

　　1959. 주계국 차장

　　1960. 관방 재무조사관

　　1961. 이재국 차장

　　1962. 경제기획청 관방장

1963. 4. 현직에 이름.

9) 와다 마사아키 수산청 차장(48세)

    1916. 10. 5생, 히로시마현 출신

    1940. 고문 행정과 합격

    1941. 교토대 법학부 졸업, 농림성 교토 농지사무국 주사실장

    1950. 농지국 관리부 농지과장, 농림경제국 금융비료과 과장, 대신관방 기획과장

    1958. 문서과장, 비서과장

    1962. 수산청 어정부장

    1964. 7. 현직 취임.

10) 히라가 겐타 법무성 민사국장

    1912. 12. 20생, 후쿠오카현 출신(52세)

    1936. 도쿄대 법률학과 졸업, 도쿄 지재, 후쿠오카 지재, 도쿄 민사, 형사 각 판사, 육군 사법관, 법무성 민사국 제6과장, 도쿄 지재 검사, 민사국 제2과장, 법무부 민사장관실 주간, 법무성 민사 참사관.

    1958. 현직 취임.

11) 야기 마사오 법무성 입국관리국장

    동 씨의 약력에 관하여서는 JAW-10462 참조.

(주일정-외아북)

26. 제7차 한일회담 일본 측 대표단 명단

0127　　　　　　　第7次 日韓全面會談兩國代表名單

39. 12. 1

(日本 側)

首席代表			杉道助
次席代表	外務省	外務審議官	牛場信彦
代表	法務省	民事局長	平賀建太
〃	〃	入局管理局長	八木正男
〃	外務省	アジア局長	後宮虎郎
〃	〃	經濟協力局長	西山昭
〃	〃	條約局長	藤崎万里
〃	〃	情報文化局 文化事業部長	針谷正之
〃	〃	アジア局 參事官	広瀨達夫
〃	大藏省	理財局長	吉岡英一
〃	文部省	文化財保護委員會 事務局長	宮地茂
〃	農林省	水産廳次長	和田正明

[번역] 제7차 일한전면회담 양국 대표 명단

1964. 12. 1

수석대표			스기 미치스케
차석대표	외무성	외무심의관	우시바 노부히코
대표	법무성	민사국장	히라가 겐타
〃	〃	입국관리국장	야기 마사오
〃	외무성	아시아국장	우시로쿠 도라오
〃	〃	경제협력국장	니시야마 아키라
〃	〃	조약국장	후지사키 마사토
〃	〃	정보문화국 문화사업부장	하리가이 마사유키
〃	〃	아시아국 참사관	히로세 다쓰오
〃	대장성	이재국장	요시오카 에이치
〃	문부성	문화재보호위원회 사무국장	미야지 시게루
〃	농림성	수산청차장	와다 마사아키

27. 일본 측 대표단 명단 통보 전문

0132   번호: JAW-12053

일시: 022304 [1964. 12. 2]

수신인: 장관
발신인: 주일 대사

1. 다음 3일의 한일 전면 회담 본회의에 참석할 한국 측 대표단에 관하여 일본 측에 아래와 같이 정식 통고하였음.

김동조 수석대표, 방희, 문철순, 이규성, 연하구, 이경호, 김명년, 각 대표, 권일 고문

2. 일본 측이 정식으로 통보하여 온 일본 측 대표단 명단은 아래와 같음.

(1) 스기 수석대표는 약 1주일 전부터 감기로 자택에서 요양 중으로 다음 회의까지에는 치유될 것으로 기대되었으나 최근 2, 3일간에 증상이 악화되어 전날 치료중으로 부득이 다음날 회의에 참석치 못하고 시바 교체 수석대표가 수석대표 대리의 역할을 담당하게 될 것이라 함.

(2) 따라서 일본 측 명단은 아래와 같음.

우시바 수석대표 대리, 우시로쿠, 후지사키, 히로세, 야기, 히라가, 요시오카, 와다 의 각 대표(이 외에 한일회담 대표에 임명되어 있는 니시야마, 하리가이 및 미야지의 세 대표는 명내일 회의에는 참석치 않을 것이라 함.)

(3) 일본 측 각 위원회의 수석위원은 아래와 같음.

기본관계: 히로세

법적지위: 야기, 히라가

어업 및 평화선: 와다(외무성에서는 히로세가 참석)(주일정 – 외아북)

29. 일본 측 수석대표 사망 관련 보고 전문

번호: JAW-12230

일시: 140923[1964. 12. 14]

수신인: 외무부 장관 귀하

발신인: 주일 대사

한일회담 일본 측 수석대표 스기 미치스케는 그간 와병 중이었는바, 오늘 14일 08:00시에 사망하였기 우선 보고함.(주일정-외아북)

30. 한일회담 연기에 관한 보고 전문

0134   번호: JAW-12232

일시: 141024[1964. 12. 14]

수신인: 장관
발신인: 주일 대사

연: JAW-12230

스기 일본 측 수석대표의 사망에 대하여 조의를 표하는 의미에서 일본 측의 희망에 따라 오늘 예정된 한일회담 각 분과위원회의 회합을 명일로 연기하기로 하였사옵기 보고함.(주일정 - 외아북)

33. 스기 사망에 대한 시나 외상의 담화 보고 전문

번호: JAW-12252

일시: 141727 [1964. 12. 14]

수신인: 장관
발신인: 주일 대사

14일 자 당지 각 석간지에 보도된 스기 씨 사망에 대한 시나 외상 담화는 다음과 같음.

"오랫동안 한일회담의 수석대표로서 또한 JETRO의 이사장으로서 그리고 제 외국과의 경제제휴 증진의 면에 있어서 외무성으로서는 특별한 신세를 져 왔던 스기 씨가 사망한 데 대하여 충심으로 애도의 의사를 표시합니다. 때마침 한일 국교 정상화를 위한 새로운 노력이 시도되고 있는 차제에 성실하고 원만, 또한 풍부한 경험을 가진 이로서 한일 양국 관계자 간에 깊은 신뢰를 받고 있는 스기 씨를 잃었다는 것은 무엇보다 큰 타격입니다. 나는 스기 씨의 유지를 받들어 동 씨가 언제나 염원하던 한일 양국의 우호를 더욱 발전시키기 위한 최대의 노력을 경주할 것을 이에 스기 씨의 영전에 맹세하는 것입니다." (주일정-외아북)

35. 한일회담 일본 측 신임 수석대표 임명 관련 보고 전문

0139   번호: JAW-01019

일시: 051702[1965. 1. 5]

수신인: 장관
발신인: 주일 대사

한일회담 수석대표 임명

당지에서 보도되고 있는 바에 의하면 일본 정부는 현재 '미쓰비시 덴키'의 상담역으로 있는 다카스기 신이치(高杉晉一, 73세) 씨를 한일회담 일본 측 수석대표로 임명하려고 동인에게 권유하고 있다는바 사토 수상의 1. 10 방미 전까지는 임명될 가능성이 짙음.

다카스기 씨는 도쿄대 법과 출신이며 '미쓰비시' 전기의 사장, 회장 등을 역임한 바 있으며, 도쿄 국제무역센터 일본 원자력발전 취체역 및 일본 플랜트 협회 고문 등을 역임하고 있는 경제계에서의 중진 인사로 알려지고 있음.(주일정-외아북)

36. 한일회담 일본 측 신임 수석대표 임명 관련 보고 전문

번호: JAW-01025

일시: 061018[1965. 1. 6]

수신인: 장관

발신인: 주일 대사

연: JAW-01019

1. 일본 정부는 한일교섭 수석대표로서 다카스기 신이치 미쓰비시 전기 상담역으로 확정하고 5일 오후 시나 외상이 우에무라 경단련 부회장을 통하여 그 취임을 교섭하였던 바 다카스기 씨는 금 6일 중으로 시나 외상을 만나고 빠르면 그 후 사토 수상과도 만나 취임을 정식 수락할 것이 확실시되며 금일 각의 또는 8일의 각의에서 정식 결정될 것으로 보임.

2. 다카스기 씨는 수석대표 취임에 관련하여 "정부 재계가 일치하여 추대한다면 수락할 수밖에 없다. 대한 경제협력 문제 외에 이 라인, 독도 등의 난문제가 있는 것을 알고 있으나 세부적인 문제는 뒤로 돌리고 양국의 국교 정상화를 조속히 실현해야 된다는 것이 나의 신념이다. 수석대표를 맡는 것은 단지 '샤포'(불어의 모자)로서 뿐이 아니고 나로서의 할 일을 하고자 생각한다. 한일교섭의 조기 타결은 사토 내각이 실적을 올린다는 의미로서도 꼭 필요한 것이 아닌가?"라고 말하였다 함(2항 아사히신문 보도). (주일정 - 외아북)

37. 한일회담 일본 측 신임 수석대표 임명 관련 보고 전문

0141   번호: JAW-01027

일시: 061124[1965. 1. 6]

수신인: 장관
발신인: 주일 대사

연: JAW-01019, 01025

한일회담 수석대표 임명 건

한일회담 수석대표의 취임을 종용받고 있었던 미쓰비시 덴키의 상담역인 다카스기 신이치 씨는 오늘 아침 시나 외상 및 사토 수상과 각각 회동하고 한일회담 수석대표직을 수락한 것으로 알려졌기에 이를 보고함.(주일정-외아북)

38. 한일회담 일본 측 신임 수석대표에 대한 환영의 뜻 표명 지시 전문

번호: WJA-01020

일시: 071037[1965. 1. 7]

수신인: 주일 대사

1. 이번 다카스기 씨가 일본 측 수석대표로 결정된 데 대하여 아래의 뜻을 아 측 수석대표로서 귀하가 동 씨에게 전달하여 주시압.

"본인은 동 씨가 일본 재계 및 경제계의 원로인 점에서 고 스기 씨와 같이 한일 문제 타결에 더 한층의 공헌이 있을 것을 기대하며, 동 씨의 수석대표 결정을 환영한다."

2. 국내 신문은 동 씨가 취임 기자회견을 가진 것으로 보도하고 있는바, 동 회견의 Full Text와 동 씨의 인적 사항 중 특기할 사항이 있으면 보고하시기 바람.(외아북)

장관

39. 한일회담 신임 수석대표 임명 관련 보고 전문

번호: JAW-01041

일시: 071126[1965. 1. 7]

수신인: 장관
발신인: 주일 대사

한일회담 수석대표 임명 건

일본 정부는 다카스기 신이치 씨를 한일회담 일본 수석대표로서 6일부로 정식 발령하였으며, 아사히, 요미우리 등 각 신문은 동 수석대표 임명을 제1면 기사로써 대서특필하고 있음.

수석대표로 임명된 다카스기 씨는 임명 소감을 다음과 같이 말하였다고 보도되고 있음.

가. 수상으로부터 한일 문제는 대단히 중요한 문제이며 조기 타결을 위하여 대표를 되도록 빨리 정하여야만 된다고 요청 받았고 또한 재계로부터의 지지도 받았기에 이를 수락하였다.

나. 교섭은 상대방이 있는 일이기 때문에 실제 해보아야 알겠지만 한일교섭은 금년으로써 14년째 되며 이제는 절충의 단계라고 생각한다. 그러나 나로서는 한일교섭은 어디까지나 외무성을 중심으로 정식 기관을 통한 정상적인 교섭으로서 진행시키고 싶다.

다. 경제협력의 조건도 이미 되어 있어서 일본으로서는 한국이 경제 재건을 위하여 관민 협력하여 노력하여야 될 것이다. 그러니 경제협력에는 여러 가지의 의혹도 수반되는 것이어서 이것을 일소하여야만 되는 점을 사토 수상에게 요망하여 수상도 이에 대하여 전면적으로 찬의를 표명하였다.

한편 7일 자 닛케이 조간은 서울발 교도통신을 인용하여 한국 정부가 다카스기 씨를 일본 측이 임명한 데 대하여 호감을 갖고 있으며 1월 18일 한일교섭 재개에 앞서 수석대표를 임명하였다는 것은 일본 측의 적극적 태도 표명으로써 한국이 이를 환영하고 있다고 보도하고 있음. 또한 한국 측은 다카스기 씨도 고 스기 씨와 같이 반공적 신념의 소지자이며 경제협력 문제에 정통한 인물로 간주하고 있음.(주일정-외아북)

본회의 및 수석대표 회담,
1964~1965

분류번호 : 723.1 JA 본 1964-65
등록번호 : 1459
생산과 : 동북아주과
생산연도 : 1965
필름번호 : C1-0012
파일번호 : 09
프레임번호 : 0001~0435

한일회담이 제7차 회담으로 재개되기까지의 교섭 과정, 제7차 한일회담 제1~3차 본회의 및 제1~16차 수석대표 간 회담 기록과 관련 훈령, 독도를 둘러싼 분쟁 처리와 관련한 교섭 과정, 다카스키 일본 수석대표의 발언과 관련한 언론 보도, 양국 정부의 조치사항 등에 관한 기록 등이 수록되어 있다. 한국 측은 학생 데모 등으로 한일회담이 정체되자 1964년 10월 6일 자로 수석대표를 배의환에서 김동조로 교체한 후 회담 재개를 위한 교섭을 적극 전개하였다. 1964년 12월 3일 본회의를 시작으로 제7차 한일회담이 시작되었다. 양측은 세 차례의 본회의 개최 후 소수인 만이 참석하는 수석대표 간 회담을 통해 각 위원회에서의 미해결 문제에 대한 해결을 시도하는 등 회담의 조기 타결을 위한 노력을 경주하였다. 한편 스기 일본 측 수석대표의 급작스러운 사망으로 새로운 수석대표에 임명된 다카스기 신이치 씨는 임명 후 일본 기자들과의 간담회에서 한국에 대한 일본의 식민지배를 미화하는 발언을 하여 한일회담이 큰 위기에 처하기도 했으나 양국의 신속한 대응으로 발언 파동을 최소화하였다.

1. 회담 재개를 위한 예비교섭, 1964. 6~12

3. 김현철 행정개혁조사위원회 위원장과 요시다 전 수상의 회담 결과 보고 전문

0152   번호: JAW-07025

일시: 011825[1964. 7. 1]

수신인: 외무부 장관 귀하
발신인: 주일 대사

　본직은 김현철 행정개혁조사위원회 위원장과 동도 요시다 시게루 전 수상을 6월 30일 16:00 오이소로 방문하여 약 1시간 20분 회담한 결과 아래와 같이 보고함.

　1. 김현철 위원장은 대통령 각하로부터의 인사말을 전한 후 한일회담에 관한 대통령의 구두 지시에 대한 요시다 씨의 반응을 타진하였는바, 이에 관하여서는 김 위원장이 귀국하여 대통령에게 직접 보고하겠다고 하므로 생략함.

　2. 본직은 일본 측이 제의한 바 있는 소위 긴급원조 문제와 대한 플랜트 및 어선 수출 문제 등에 관한 요시다 씨의 협조를 요망하였음.
　요시다 씨는 자기가 과거 고 케네디 대통령과 회담하였을 시 케네디 대통령으로부터 한국 및 자유중국에 대한 물심양면의 적극적인 후원과 원조를 요망한 바 있다고 말하고, 특히 한국의 정치, 경제 양면의 안정이 시급히 요망되므로 이케다 수상에게도 수차 이에 관하여 말한 바 있으며, 한일 간 국교 정상화도 조속히 이루어져야 할 것으로 생각하는 바이나, 이케다 수상의 보고에 의하면 과반 한국 정세의 불안으로 회담이 일시 중지 상태에 들어갔다고 하는바 이는 매우 유감스러운 바라고 말하였음.

0154   이에 대하여 본직은 최근에 일어났던 학생 데모가 최초에는 인식 부족이었으나 그래

도 애국적 심정에서 굴욕 외교, 저자세 외교 반대 등으로 시작된 것이 점차 반정부, 반일, 반미 형태로 변질되어 갔으므로 한국 정부로서는 정국의 수습과 질서의 유지를 위하여 부득이 계엄령을 선포치 않을 수 없었던바, 현하 정세로서는 정부 행정과 사회질서가 완전히 회복, 안정되어 있으므로 한일회담을 즉시 재개할 수도 있는 환경이지만, 아시는 바와 같이 목하 일본 사정으로서는 자민당 총재 공선을 둘러싸고 시기적으로 회담 속개가 불가능한 형편이므로 일본의 자민당 총재 선거와 조각이 완료되면 한국 측에서도 제반 체제를 구비하여 회담 재개에 임할 수 있을 것으로 믿는다고 말하였음.

3. 요시다 씨는 제2차 세계대전 직후 일본이 극심한 식량난을 경험한 바 있다고 말하면서 한국의 식량 사정은 어떠한가를 문의하므로 본직은 신문에 보도된 바와 같이 곤경에 있지는 않으며 올봄 보리농사도 평년작 이상이며, 정부가 극빈자에 대한 식량 무상 분배 등을 행하고 있어 민심이 안정되고 있다고 설명하였음.

4. 요시다 씨는 금번 데모를 통하여 한국민의 대일 감정이 좋지 않다는 보도가 많았는데 한국 국민감정을 완화시킬 방책이 없는가하고 문의하므로 본직은 이 질문을 계기로 일본의 대한 어선 수출금지 조치, 수산물의 수입제한 조치 등 한일 간 무역상의 불균형을 시정하여야 할 것임을 역설하는 동시에, 일본 측이 상기 제 점에 관하여 좀 더 대국적인 관점에서 정책을 시정한다면 한국민의 대일 감정을 완화하는 데 크게 이바지할 것이라고 역설하고 또한 여사한 제한, 금지 조치 등은 일본이 인근 국가와 우호 관계를 맺자는 현 단계에서 시급히 해결해 주어야 할 문제라고 말하고 이에 첨가하여 학교 교류 등도 장기적인 안목으로 본다면 쌍방 국민감정을 호전시키는 데 도움이 될 것이라고 말하고 일본 정부 당국자들에게 이와 같은 면에서 협조하도록 권고하여 달라고 말하였음.

5. 요시다 씨는 한국이 왜 주한 일본 대표부의 설치를 허가치 않는가고 질문하므로 본직은 과거 상호주의 원칙에 한국 측으로서도 일단 이의가 없었던 것이나 한국의 전쟁 상태 및 대일 국민감정 등으로 보아 일본 대표부의 신원 보장이 어려운 정세임을 비공식으로 통보하여 실현되지 못한 바 있으나 현재로써는 거의 상주와 같은 형식으

로 외무성 직원이 교대 출장으로 한국에 파견되어 있다고 말하고, 현하 한일회담의 타결이 머지 않은 시기에 있으므로 타결이 성립되면 이 문제는 곧 자연히 해결될 것이라고 대답하였음.

6. 본직은 요시다 씨에게 현재 자민당 총재 공선을 둘러싸고 귀하의 영향력이 다대한 줄 알고 있는 데 이에 대하여 어떠한 견해로 임하고 있는가를 물었던바, 요시다 씨는 구체적인 회답은 회피하면서 이케다와 사토는 형제간과 같은 친분이면서도 서로 경쟁하는 입장에 있으므로 자기로서는 더 이상 말하기 곤란한 입장에 있으나 총재 선거가 끝난 후에도 양자 간의 분쟁이 계속될 때는 자민당의 단결에 다대한 악영향을 줄 것이 염려된다고 말하였음.

7. 요시다 씨는 본직에게 한일회담에 관하여서 총재 공선 이후라야 회담이 가능하여질 것이므로 그 시기를 보아 자기가 신 총재에게 본인과 만날 수 있는 기회를 알선하겠으니 한 번 일본 수상의 의도를 타진해보라고 말하였음. 동시에 그는 무엇이든지 어려운 문제가 있으면 자기와 상의하여 달라고 하였음. (외아북-주일정)

11. 배의환 대사의 이임에 따른 일본 정관계 인사 면담 결과 보고 전문

번호: JAW-10299

일시: 151708[1964. 10. 15]

수신인: 외무부 장관

발신인: 주일 대사대리

배의환 대사는 이임 인사차 15일 아카기 농상(13:00부터 약 40분간), 오히라 자민당 부간사장(13:45부터 15분간), 스기 수석대표(14:15부터 15분간), 나카다 외무 정무 차관(14:35부터 15분간), 가와지마 자민당 부총재(15:00부터 15분간), 및 미키 자민당 간사장(15:30부터 약 15분간)을 각각 방문하고 환담하였음.

배 대사는 재임 기간 중 이들이 베풀어 준 이해와 협조에 사의를 표하고, 금후라도 한일 현안의 조속 타결을 통하여 양국 간의 국교가 조속히 정상화되도록 계속 협조하여 줄 것을 요망하고, 특히 신임 김 대사와의 밀접한 협력을 통하여 양국 정부의 공통된 방침인 국교 정상화가 조기에 달성되도록 하여 줄 것을 요망하였으며, 그들도 이에 통감의 뜻을 표명하고 금후에도 계속 노력하겠다고 말하였음. 이상의 간담 중에 특기할 내용을 아래와 같이 보고하오니 참고하시기 바람.

1. 아카기 농상과의 면담 시에 배 대사는 이임 선물로서 일본 측이 그간 해결을 보지 못한 해태 수입 증가 및 어선에 대한 수출 등의 문제에 관하여 한일회담과는 관련 없이 대국적 견지에서 호의적인 결론을 내주기를 요망하였던바, 아카기 농상은 한국 측에 의한 일 어선 나포 행위가 강화되어가고 있는 현 단계에 일본 어민의 반발이 강해지고 있으므로 농림성으로서는 매우 난처한 입장임으로 우선 한국 측이 일 어선의 나포를 사실상 중지하는 것이 급선무라고 말하고, 한국 측이 나포는 하지 말고 어선을 축출하는 것으로 그쳐주면 좋겠다고 말하였음.

0166 　　배 대사는 일본 어선 나포 문제는 어업 문제가 근본적으로 해결되지 않으면 해결이 어려울 것이라고 하고 과반 농상회담 시에 어업 문제 해결에 관하여 양측의 입장이 매우 접근된 바 있으니 금후 일본 측이 좀 더 대국적인 견지에서 아 측 입장에 접근하여 와야 할 것이라고 말하였음. 아카기 농상은 어업 문제의 근본적 해결을 위하여 서로 노력하자고 말하였음.

　　2. 오히라 자민당 부간사장과의 면담 시에 배 대사는 이케다 수상의 건강 상태 및 금후 수상의 종합진단을 끝낼 예정이며, 종합진단의 결과 여하와 대조하여 수상 대리 임명 여부 등의 금후 대책에 최종적 결론을 내리고자 한다 하고 앞으로 있을 임시국회에서의 사회당 등의 공세 등도 고려하여 아무 논란이 없도록 사전 대책을 강구코자 한다고 말하였음.

　　3. 나카다 외무 정무 차관과의 면담에서 그는 자기가 중의원 농림수산위원회에도 출석하고 있는바, 최근의 한국 측에 의한 어선 나포의 강화에 대하여 사회당은 물론 여당 의원 특히 규슈지방 출신의 여당 의원들도 큰 반발을 갖고 자기에게 압력을 가하고 있다고 말하고 또한 일본 어업 단체들은 일 어선의 나포가 계속되는 한 한국에 대한 2천만 불의 연 지불 차관을 중지하고 오히려 피해를 입고 있는 일본 어민에게 보상하라는 정도로 강경한 태도를 보이고 있어 일본 정부뿐만 아니라 자민당 의원들의 입장도 매우 난처하다는 점을 특히 강조하였기 여사 보고함.(외아북-주일정)

12. 배의환 대사의 이임에 따른 사쿠라우치 통산상 및 시나 외상 면담 결과 보고 전문

번호: JAW-10304

일시: 151817[1964. 10. 15]

수신인: 장관

발신인: 주일 대사대리

1. 금15일 배 대사는 10:30에 사쿠라우치 통산대신을, 11□□에 외무성 오타 참사관[차관의 오기]을, 11:10에 시나 외무대신을 이임 인사차 각각 방문하였음(문희철 경제과장 대동).

2. 배 대사는 이임에 앞서 재임기간 중의 그들의 협력에 대하여 치사하고, 특히 한일관계의 개선을 위해서는 물론이려니와 극동의 안전을 위해서도 한일관계의 조속한 타결이 무엇보다도 요망됨을 강조하고, 이를 위해서는 일본 측이 대국적인 견지에서 더 도량 있는 태도 표시가 필요함을 역설하였음.

3. 배 대사는 또한 특히 양국의 국교 정상화를 위해서는 국민감정을 자극하고 있는 어선 나포 문제를 해결하여야 하는바, 그에 대한 첩경은 역시 어업 문제의 해결임으로 쌍방의 주장에 다소 차이가 있는 것은 여러 가지 점을 고려해서라도 일본 측이 양보해서 하루 속히 어업 문제의 해결을 모색하여야 될 것임을 강조하였음.

4. 배 대사는, 뒤이어 양국 정부 간에는 양국 관계의 개선을 위하여 지대한 노력을 경주하고 있는 반면에 일본 측이 무역 관계에 있어 여러 가지 제한을 가하고 있으므로 해서 한국에 일본 측이 어선 수출도 제한하고 해태도 구입하지 않고 있으면서 무슨 국교 정상화냐고까지 생각하는 사상이 조성되고 있으며, 여사한 사소한 문제에 대한 일

본 측의 제한이 한국 정부의 노력에 지장을 초래하고 있음을 지적하고, 일본 측은 대국적인 견지에서 그러한 사소한 문제에 대해서 도량을 보여야 할 것이며, 일본 측이 제한을 자제한다 하더라도 금액상으로는 얼마 되지 않으나 정신적 또는 감정적으로 한국민에 주는 영향은 큰 것이니 일본 정부로서는 성의 있는 태도 표시가 선결 문제라고 역설하였음.

5. 배 대사는 한국의 주일 대사는 누가 되더라도 회담 타결을 위해서는 평화선의 양보라는 입장에서 국민으로부터 비난을 받을 것을 각오하여야 되는 것이니, 일본 측은 신임 대사도 동일한 처지에 당면할 것이라는 사정을 이해해서 적극 협력하여 줄 것을 당부하였음.

6. 사쿠라우치 통산대신은 물론이려니와 특히 시나 외무대신은 배 대사의 이야기에 전적으로 동의하면서 자기가 알기는 농림성에서 산하의 압력 단체가 많아 일 하는데 곤란한 점도 있을 것이나 이왕 양국 간의 문제를 타결하려면 조금 더 과감한 결정이 필요하다고 은근히 농림성 측의 연약한 태도에 불만을 표시하면서 자기로서는 계속 노력할 것임을 다짐하였으며, 시나 외상은 또한 냉동운반선 11척의 수출에 관해서는 해결될 수 있을 것이라는 의견을 표시하였음. (주일경 - 외통협, 외아북)

13. 김동조 신임 주일 대사의 시나 외상과의 면담 보고 전문

번호: JAW-10392

일시: 221744[1964. 10. 22]

수신인: 외무부 장관
발신인: 주일 대사

김동조 대사는 이규성 참사관을 대동하고 금 22일 14:30시에 시나 일 외상을 방문하여 착임 인사를 겸해서 약 45분간 면담하였기 그 내용을 아래와 같이 보고함(일본측 우시로쿠 아세아국장 배석).

1. 신임 인사를 끝낸 후, 김 대사는 이케다 수상의 방한에 대하여 총리께서 걱정을 하고 계시며, 총리의 위문 친서 및 홍삼을 전달하여 줄 것을 요망하고 조속 쾌유를 바란다는 말씀을 전달하였음. 시나 외상은 사의를 표명하고 곧 전달하도록 하겠다고 말하였음.

2. 김 대사는 또한 이 외무부 장관께서도 이케다 수상의 병환을 걱정하고 있으며 위문의 뜻을 시나 외상에게 전달하여 줄 것을 요망하였다 하고, 김 대사 자신으로서도 수상을 방문하여 직접 문병하고 싶으나 면회를 금지하고 있다 하므로 가보지 못하니 위문의 뜻을 전하여 달라고 하였음. 시나 외상은 재차 감사의 뜻을 표명하였음.

3. 김 대사는 금반 부임하여 보니 올림픽이 성공리에 진행되고 있어 일본 정부를 경하하는 바이라 하고, 한국으로부터 약 5천 명의 관객이 와 있는바 이 기회에 일본 내의 실정을 직접 관찰할 수 있어 상호이해를 깊게 하는 데 도움이 될 수 있을 것으로 생각한다고 말하고 이들에 대한 일본 정부의 협조에 사의를 표하였음.

4. 김 대사는 금반 주일 대사로 임명된 이후 서울에서 정부 수뇌, 여당 간부 및 야당 지도자들과 한일 문제에 관하여 토의할 기회가 있었는바 한일 양국이 조속히 현안 문제를 해결하고 국교 정상화를 이룩한다는 것은 비단 두 나라만의 이익이 될 뿐 아니라 전 자유 진영의 결속과 단결에 이바지한다는 뜻에서 한일 간 국교의 조기 정상화에는 이의가 없었다고 말하고 한국 정부로서는 일본 정부가 회담을 재개할 용의가 있다면 언제라도 이에 응할 수 있는 태세를 갖추고 있다고 말하였음.

이에 대하여 시나 외상은 그와 같은 한국 정부의 입장을 듣게 됨을 기쁘게 생각한다고 말하면서 일본 정부로서도 한국 측의 사정이 허락한다면 언제라도 회담 재개에 응하겠다고 말하였음.

5. 김 대사는 일본 측의 이와 같은 생각을 환영하는 바라 하고 현재 불행히 한일회담에 관한 양국의 분위기가 어느 정도 냉각되어 있는바 연내에 실질적인 회담을 하자면 회담 기간을 약 1개월을 잡는다 해도 11월 20일경에는 본격적인 회담이 재개되어야 할 것으로 생각되는데 현재 저하되어 있는 분위기를 조성하기 위하여 시나 외상이 11월 중순경에 1차 방한할 수 있다면 좋은 결과를 가져올 수 있을 것이라고 말하였음. 김 대사는 이어 비공식으로 들리는 바에 의하면 시나 외상의 방한 가능성이 있다고 하므로 일본의 국내 사정이 허락한다면 가능한 한 상기한 시기에 방한할 것을 요망하고, 외상의 의향을 표명한다면 곧 외무부 장관이 정식으로 초청장을 발송할 준비가 완료되어 있다고 말하였음. 시나 외상은 자신이 1차 방한함이 좋을 것으로 생각하나 국내적으로 이케다 수상의 와병 문제가 있고 유엔총회의 개회 연기 일정 등이 아직 확정되지 않은 관계 등도 있어 현 단계로서는 어렵지 않을까 생각된다고 하면서 이 문제는 잘 연구해보겠다고 말하였음.

6. 시나 외상은 한일회담의 본격적인 재개 문제에 관하여 아카기 농상과도 상의한 바 있다고 하면서 청구권 문제도 대강이 해결되었으니 어업 문제에 있어 한국 측이 좀 더 접근하여 오기를 바란다고 말하고, 어업 문제의 실질적인 타결을 위한 교섭의 조속한 재개를 요망하였음. 이에 대하여 김 대사는 회담 진행의 구체적인 방법에 관하여서는 추후 스기 수석대표 등과 토의할 기회가 있을 것으로 생각되나 청구권 문제를 보다

라도 대강의 금액 및 조건 등이 결정되었을 뿐 아직도 많은 문제점이 남아 있고 어업 문제에 있어서는 일본 측이 이를 중요시하는 태도를 이해할 수는 있으나 이제까지 장기간에 긍한 교섭의 경위나 한일회담의 전반적인 구조로 보아 비록 중점이 어업 문제에 있다 하더라도 모든 현안이 동시에 다루어진다는 형식이 되어야 할 것임을 강조하고 실제 교섭에서 내용적으로 어업 문제에 중점을 두고 해결해 나간다는 방법은 좋을 것으로 생각한다고 말하였음. 시나 외상은 김 대사의 발언을 이해할 수 있으며 자기로서도 그렇게 생각이 든다고 하면서 금후 구체적인 방법을 토의해 나가기를 바란다고 말하였음.

7. 시나 외상은 현재 회담의 분위기가 저하되어 있는 것은 한국 측에 의한 일 어선의 나포에도 한 원인이 있다고 하면서 선거기간인 관계도 있겠으나 일 어선의 나포 사건이 연발하여 일본의 야당만이 아니라 여당 내에까지 강경한 의견이 대두하고 있어 일본 정부의 입장이 난처하다고 말하였으며 이를 받아 우시로쿠 국장은 현재 억류되어 있는 일 어부 및 일 어선을 조속 석방하여 주기를 간절히 요망한다고 말하였음. 이에 대하여 김 대사는 전에도 이와 같은 일본 측의 요망이 있었다는 말을 들었으며 부임 전에 서울에서 이 문제에 관하여 토의한 바도 있었으나 일본 측에 어려운 사정이 있는 이상으로 한국 측의 입장이 난처하다고 일본 어선이 평화선 내에 들어오지 말아야 할 것이며 한국 정부로서는 이를 쫓아내려 하더라도 계속 들어오는 이상 나포치 않을 수 없으며, 일단 나포한 이상의 석방은 국내적으로 매우 곤란한 문제다고 말하였음. 이와 관련하여 김 대사는 부임 전 '호오코 마루'의 선체 및 병약자 및 미성년자 두 명의 석방을 결정한 바 있다 하고 금후 분위기가 호전될 경우 이를 계기로 해결이 가능할 것으로 생각하나 현 단계로서는 나머지 어부 및 어선의 석방이 곤란할 것이라고 말하고 회담의 재개를 앞두고 일본 측이 자숙하여 평화선 침범을 삼가함으로써 자극적인 요소를 제거하여 줄 것을 강조하였음.

8. 김 대사는 3천만 불의 상업 차관 문제에 관하여 당초 일본 정부로부터 이야기가 나왔던 것이 그간 각종 우여곡절로 오랜 시일을 끌었으나 금조 이 참사관이 일본 측과 이에 관한 원칙적인 합의를 보았으며 자기로서는 사무적으로 처리할 수 있는 것은 조

속히 처리해 나간다는 방침으로 임할 작정이라고 말하였음. 이에 대하여 시나 외상은 자기도 이에 관하여 보고를 들은 바 있으며 하나씩 현안을 처리해 나간다는 것을 매우 좋은 일이라고 말하면서 현안 중인 어선 수출 문제 및 한국산 해태 도입 문제 등도 어업회담이 재개되는 기회를 이용하여 해결할 수 있도록 아카기 농상과 이야기하고 있는 중이라고 말하였음.

9. 끝으로 김 대사는 금후 실무적으로 해결이 어려운 문제가 있으면 언제라도 대신하고 이야기하여 해결할 수 있는 기회를 주기를 바란다고 하였던바, 시나 외상은 기꺼이 이에 응하겠다고 하였음.(외아북-주일정)

14. 김동조 대사의 라이샤워 주일 미국 대사와의 면담 보고 전문

번호: JAW-10402

일시: 231004[1964. 10. 23]

수신인: 외무부 장관
발신인: 주일 대사

김 대사는 금 23일 10:00시에 라이샤워 미 대사를 방문하여 약 45분간 간담 그 내용을 아래와 같이 보고함(최광수, PARRIOR 양 서기관 배석).

1. 신임 인사를 교환한 후, 김 대사는 라 대사가 계속 한일 문제의 조기 타결을 위하여 아낌없는 협조를 하여줄 것을 당부하였음. 라 대사는 자기의 한국과의 관계가 오랜 것임을 상기하면서 1936년에 처음으로 한국을 방문한 바 있으며, 전후 국무성에서 한국 문제를 전문적으로 연구한 일도 있다고 하고, 한국의 친밀한 벗으로 자기가 할 수 있는 가능한 협조를 아끼지 않겠다고 말하였음.

2. 김 대사는 작 22일의 시나 외상과의 면담에 언급하여 시나 외상에게 한일회담 조기 타결의 한국 정부 방침을 전달하는 동시, 현재 정돈 상태에 있는 한일회담을 조속히 재개할 것에 의견의 일치를 본 결과, 순조로우면 11월 중, 하순 경에 회담을 본격화할 가능성이 있다고 말하였음. 라 대사는 이를 기뻐하는 바라고 하면서, 조속한 현안 타결을 양 정부가 상호 접근하도록 하여야 할 것이라 말하였음.

3. 김 대사는 라 대사가 주한 미 대사관의 비공식 연락으로 알고 있을 것으로 짐작되나, 현재 저하되어 있는 양국의 분위기를 호전시키기 위하여 본격적으로 회담을 재개하기 전에 시나 외상이 1차 한국을 방문함이 유익할 것이며, 시기적으로 11월 10 내지 15일 경이 좋을 것이라는 뜻을 시나 외상에게 전달하였다 하고, 일본 측이 원

한다면 언제라도 정식 초청장을 보낼 준비가 되어 있으니 라 대사도 측면에서 시나 외상의 방한을 종용하여 줄 것을 요망하였음. 라 대사는 이를 매우 좋은 일로 생각하며 자기도 적극 협조하겠으나, 다만 아직 유엔 총회의 일정이 확정되지 않아 시기 문제가 명확치 않으며, 또한 금후 이케다 수상의 병상 발전 여하에 따라서는 외상이 국내를 떠날 수 없는 사정이 될지도 모르므로 어려울 듯한 생각이 드나 이 두 문제만 잘 처리된다면 방한이 가능할 수 있을 것이라고 말하였음.

4. 한일회담의 본격적인 재개와 관련하여 김 대사는 시나 외상이 어업 교섭의 선행을 주장하였으나, 한국 측으로서는 각 현안에 관한 토의가 병행되는 방식으로 회담이 진행되어야 할 것이라는 입장을 설명하여 시나 외상도 이를 납득하였다고 말하였음.

5. 어업 문제에 관하여 라 대사는 자기의 평소 생각이라 하면서, 한국 측 입장에서 볼 때 어업 문제는 선을 어디다 획정하느냐 하는 문제보다 하루 빨리 일본의 어업 협력으로 자금과 기술을 도입하여 한국 어업을 근대화하고 발전시키는 것이 중요하다고 하고, 일본의 경제 성장도로 보아 가까운 장래에 한국 어업이 일본 어업을 몰아내고 이를 대체할 수 있게 될 것이므로 긴 안목에서 볼 때 조속히 타결하는 것이 유리할 것이라는 의견을 표명하였음. 이에 대하여 김 대사는 그와 같은 시기까지 어업자원이 보존되어야 한다는 큰 전제 없이는 불가능한 것이며, 또한 현재 한국 측으로 볼 때 어업 문제는 단순한 어획고의 증대 또는 어업 기술의 향상 이상으로 야당 및 일부 여론이 이를 정치 문제화 하여 정부를 공격하는 자료로 하고 있으며 특히 미·일·가 어업 협정의 교섭 경위 및 최근의 미국 '빠트 맷트' 법안의 내용들을 그들 주장의 근거로 삼고 있어, 한국 정부로서는 국민에게 납득이 갈 수 있는 해결을 기하지 않으면 안 될 입장에 있다는 것을 설명하였음.

6. 또한 현안 문제 중 기본관계에 관한 언급이 있었으므로 김 대사는 한국의 국민감정으로 보아 1910년의 한일합방조약 등의 무효화(NULL AND VOID)가 규정되어야 한다는 것을 염두에 두어 달라고 하였던바, 라 대사는 일본 측이 이를 받아들일 수 없는 이유가 없을 듯하다 하면서, 다만 일본이 근대 국민주의적인 생각이 점차 대두되어가고 있어 하

루라도 빨리 타결하는 것이 문제 해결에 용이할 것으로 생각된다고 말하였음.

7. 김 대사는 2천만 불 상업 차관 및 2건의 플랜트 도입 문제에 관하여 일본 측과 원칙적인 합의가 있었음을 말하고, 회담의 본격화에 앞서 이와 같은 현안 문제점들을 하나하나 처리하여 거리낌 없이 본회담에 들어가기를 희망한다고 하였던바, 라 대사는 매우 좋은 일이라는 의견을 피력하였음.

8. 김 대사는 한국 정부가 한일 양국의 언론인, 즉 주필, 편집국장급의 인사 교류를 통하여 상호 이해를 깊게 할 것을 계획하고 있으므로 이에 협조하여 달라고 하였던바, 라 대사는 매우 좋은 구상이며, 최선의 협조를 하겠다고 말하였음(차 항 WJA-10266 지시에 의한 것임).

9. 끝으로 양 대사는 금후 한일회담의 진행 경위 등 현안 문제에 관하여 상호 긴밀한 연락을 취하면서 협조하여 나가자는데 의견의 일치를 보았음.(주일정-외아북)

15. 김동조 대사의 일 외무성 오타 외무 차관 및 우시바 외무심의관 면담 결과 보고 전문

번호: JAW-10419

일시: 241238[1964. 10. 24]

수신인: 외무부 장관 귀하
발신인: 주일 대사

김 대사는 이규성 참사관을 대동하고 금 24일 10:00에 오타 일 외무부 차관을, 이어 10:25에 우시바 대사(외무심의관)를 각각 방문 요담한바, 동 내용을 아래와 같이 보고함.

1. 김 대사는 시나 외상과 면담하였을 시 동 외상이 우호적이며, 이해 있는 태도를 보여준 데 대하여 사의를 표한다 하고, 금반 주일 대사로 부임함에 있어 한·일 양국의 이익을 위하여서나 국제 정세의 추이에 비추어 오랜 현안을 조속히 타결하여야 한다는 결심을 가지고 임하였다 하고, 일본 측도 이에 협조하여 줄 것을 요망하였음. 일본 측도 조기 타결을 위하여 최선을 다하겠다는 태도를 보였음.

2. 이어 김 대사는 현재 양국의 분위기가 냉각되어 있는 것이 사실이므로 조기 타결의 분위기 조성을 위한 정지 작업으로서 시나 외상이 일차 방한함이 좋을 것으로 생각되어 이 뜻을 시나 외상에게 말하였다 하고, 외상 방한에 대한 양인의 협조를 요망하였음. 양인은 이에 관한 보고를 받은 바 있으며, 좋은 구상으로 생각한다고 말하였음.

3. 시나 외상의 방한 문제와 관련하여 김 대사는 우시바에게 동 외상의 방한이 한·일 양국의 국내 정치상, 또한 외상 자신의 국내 입장에 나쁜 영향을 주어서는 안 될 것이며, 이에 관한 한 한국 측으로서는 충분히 보장하여 줄 수 있는 만큼 안심하고 방한하도록 권유하여 달라고 말하였음. 이와 관련하여 김 대사는 우시바도 기회를 보아 조

속한 시일 내에 1차 방한하여 현지 감각을 가질 수 있도록 하라고 종용하였음.

4. 김 대사는 또한 우시바에게 시나 외상과 면담하였을시 일본 측은 어업 문제에 중점을 두고 우선 어업 교섭을 선행시키지는 의향인 것 같았으나 한국 측으로서는 각 현안에 관한 토의를 병행시키면서 의견 차이를 좁혀나가야 할 것이라는 입장을 설명한바, 시나 외상도 이를 납득하였다 하고 우시바도 이와 같은 방법으로 회담이 진행되도록 협조하여 줄 것을 당부하였음. 우시바는 잘 알겠으며, 좋을 것으로 생각한다고 말하였음.

5. 김 대사는 양인에게 양국 중요 언론인의 상호교환 계획을 이야기하고 협조를 당부한바, 일본 측은 좋은 구상이며, 적극적으로 협조하겠다는 입장 취하였음.(주일정-외아북)

24. 한일회담 재개 및 일 외상 방한 문제에 관한 보고 및 지시 요망 전문

0192   번호: JAW-11167

일시: 091724[1964. 10. 28]

수신인: 외무부 장관 귀하
발신인: 주일 대사

대: WJA-11065

대호와 관련하여 한일회담 재개, 일 외상 방한 문제 등에 관하여 아래와 같이 종합 보고하며, 금번 일본의 신정부 수반 결정을 계기로 아 측이 취할 방침 및 대호로 지시하신 본직의 정무 협의를 위한 일시 귀국의 시기 등에 관련하여야 아래와 같은 의견을 구신하오니 시급 회신 바람.

1. 일 후계 수상에는 당초에 보고한 바와 같이 사토가 선출되었는바, 신 수상은 금후 2, 3일 내에 조각을 완료하고 14(토), 또는 16일(월)에 임시국회 개회식을 행하여 수상의 내외 정세에 대한 소신을 표명하는 동시에 이어 이에 대한 정책 질의가 있을 것으로 예상됨.
    금번 개각에 있어서는 시나 외상, 아카기 농상의 유임이 극히 유력시되는 바임.

2. 사토 신 내각의 내외 정책은 금번 후계 수상 선출이 이케다 정책의 계승을 전제로 한 경위에 비추어 물론 개인적 뉘앙스의 차는 있을 것이나 종래 정착에 기본적 변화는 없을 것임. 신 수상의 한일회담, 나아가서는 대한 정책 전반에 관하여서는 동인의 이제까지의 입장 및 정치적 성분을 보아 호의적일 것으로 예상되는 바임. 일부에는 사토의 수상 취임과 관련하여 한일회담의 전망에 관해서 지나친 낙관론이 표명되고

있는 것으로 보이나 금차 후계 수반 선출을 위요하고 3 후보 간에 치열한 각축전이 전개되고 찬, 반 사토 세력이 거의 백중하는 상태에서 선출되었던 만큼 금후 사토가 이를 수습하여 당내를 조절 통괄함으로써 지도권을 확립하는 데는 상당한 노력이 소요될 것이며 그때까지 과감히 움직이기 어려운 실정 및 일본 정치 체제 하에서 관료가 점하는 위치 등에 비추어 한일회담에 관한 급격한 사태의 호전은 기대하기 어려운 것으로 판단됨. 따라서 아 측으로서는 지나친 낙관은 금물이며 극히 신중한 태도를 표시하면서 신 내각의 움직임을 주시할 필요가 있음.

3. 한일회담의 본격적 재개에 관하여서는 조속한 시일 내에 재개한다는 데 일본 측과 합의에 도달한 바 있으나, 구체적 재개 시기에 관하여 일본 측은 일본 정치 정세의 추이, 구체적으로 수상 선출 및 이에 이은 조각에서의 외상의 거취와 신 내각의 기본 방침을 본 후에야 결정할 수 있을 것이라는 태도임. 따라서 전기한 일본 정부의 금후 스케줄로 보아 빨라도 금월 하순에 가서야 구체적인 결론이 나올 수 있을 것으로 보이는 바 그와 같은 경우 실제적인 재개는 12월에 들어서서 행하여지는 수밖에 없을 것임. 이와 같은 경우 기껏해야 약 2, 3주일 정도의 회담 기간밖에 없을 것인바 회담 재개 자체에 의의를 붙인다면 몰라도 실질적인 토의는 연내에 이루어지기가 어려울 것으로 사료되는 바이며 본직으로서는 현재 양국의 분위기 및 상기한 바와 같은 시간적 제약 등을 고려하여 연내 재개보다 가능하면 일 외상의 방한을 실현한 후 명년 일찍이 개최함이 좋을 것으로 사료함.

4. 한일회담 재개 방식과 관련하여 일본 측은 어업 문제 토의의 선행을 희망하고, 특히 지난 3, 4월의 제1차 어업 각료회담의 결과를 만족 시하고 동 각료회담에서의 토의를 기초로 각료회담을 재개하는 방식으로써 한일회담을 재개하려는 의향이 강한 인상을 받았음. 이에 관하여 본직으로서는 각 분과위원회의 동시 재개에 의한 각 현안의 병행 토의의 입장을 취하여 일단 일본 측도 이를 납득하는 태도이었으며 구체적 방식은 계속 연구키로 하였는 바, 이에 관한 아 측 입장의 확정이 필요한 것으로 사료되므로 조속 이를 정부에서 검토하여 주시기 바람.

5. 일 외상의 방한 초청에 관하여 일본 정부는 원칙적으로 찬의를 표명하고 있으나 역시 그 시기에 관하여는 후계 수상 선출을 위요한 정치 정세의 추이 및 유엔총회 참석을 비롯한 일 외상의 기정 스케줄에 비추어 결정하지 않을 수 없다는 태도이며 결과적으로 연내 방한은 어려울 것이라는 입장을 시사한 바 있음. 상기 제1항 보고한 바와 같은 일본 정부의 스케줄로 보아 신 외상은 20일 전후까지 정책 질의에 참석치 않을 수 없을 것이며 유엔총회 참석차 25, 26일 경에는 미국으로 향할 것이 예상되므로 본직의 판단으로도 연내 방한은 곤란할 것으로 사료됨. 따라서 본직으로서는 신 외상에게 방한 초청에 관한 정부 입장 및 이에 대한 그의 의향을 재확인한 후 연내 방한이 불가능한 경우에는 명년 초 될 수 있는 대로 빠른 시기를 목표로 하여 방한한다는 데 합의를 본 후 이를 본직과 일 외상 또는 양국 정부의 공동발표 형식으로 연내에라도 발표하여둠이 좋을 것으로 사료되옵기, 정부 지시가 있으시면 이와 같은 방향으로 움직이도록 하겠음.

이와 같은 공동발표를 할 경우에는 외상 방한 직후 한일회담을 재개한다는 것과 이를 위하여 연내에 정지 작업으로써 회담 이외의 각 현안 문제를 조속히 해결키로 합의하였다는 양국 정부의 입장을 밝힘이 좋을 것으로 사료되는 바임.

6. JAW-11163으로 보고한 바와 같이 본직은 금 9일 오타 차관에게 가장 빠른 시간 내에 신 수상 및 신 외상과 면접할 수 있도록 주선하여 줄 것을 요망한 바 있으며 외상은 TOP PRIORITY로 만나도록 하겠으나 수상에 대하여는 외교 의례 및 취임 직후의 분망한 스케줄로 보아 어렵지 않을까 하는 의향을 표명한 바 있음. 본직으로서는 수상 면담에 관하여 일단 외무성에 본인의 의향을 표명하여 둔 후 공식 경로를 통하여 빠른 시일 내에 면접함이 어려운 경우에는 비공식 경로로서 면접하여 신 수상의 의향을 확인하도록 최선을 다할 작정임. 단 명 10일부터 수상이 조각 본부에 들어가 조각이 완료될 때까지 외부와의 접촉이 일체 없을 것으로 예상되며 조각이 빨라도 2, 3일의 시간이 요할 것이므로 본직이 11일에 일시 귀국하기는 사실상 곤란할 듯하므로 빨라도 금주 말까지는 시간적 여유를 주셔야 할 것으로 사료됨.

7. 본직이 신 수상 및 신 외상과 면담함에 있어서는 양인 및 일본 정부의 의향을 타진하는 데 중점을 둘 작정인 바 그렇더라도 아 측으로서 명확한 방침이 없이 임하기는 곤란한 실정이므로 서상한 바와 같은 한일회담 재개 특히 연내 재개, 재개방식 등에 관한 정부입장과 일 외상 방한 문제 및 이와 관련하여 연내 방한이 불가능한 경우에 대한 대처방안 등을 시급 회시하여 주시기 바람.

8. 본직 귀국 시에는 현지 정세 및 일본의 신정부 수뇌와 접촉한 결과 등에 관하여 만반의 준비를 갖출 위계임.(외아북-구일정)

26. 주일 대사 건의에 대한 본부 입장 회시 전문

0197   WJA-11111

102045 [1964. 11. 10]

수신인: 주일 대사

대: JAW-11167호 및 11198호

1. 일본 신정부의 동향과 한일 문제에 대한 일본 측 태도에 관하여는 계속하여 수시 보고하시기 바람.

2. 회담의 조기 타결을 희망하는 아 측의 기본 방침에는 변동이 없으므로, 귀하는 일본의 신지도자(수상 및 외상 등)에게 이 취지를 전담하고 반응을 정확히 포착 보고하시기 바람.

3. 일본 외상 초청 문제에 관한 대호 보고 내용은 이해하나, 될 수 있는 대로 외상이 유엔으로 향발하기 전에 발한이 실현될 수 있도록 재차 노력하시기 바람. 만일 일본 측 사정으로 도저히 연내 방한이 불가능할 시에는 가능한 최단시일 내에 방한이 실현되도록 하시압.

4. 일본 외상 방한이 연내에 실현되지 않을 경우, 회담을 연내에 개최하기 위하여는 일본의 신 정부가 아 측에 대하여 우호적이며 성의 있는 태도를 표시하는 것이 필요할 것이므로, 전기 3항과도 관련하여 일본 정부의 의향을 타진하는 동시에, 그러한 방향으로 일본 측을 유도하시기 바람.

5. 회담의 재개 시기 및 방법 등에 관하여는 귀하의 귀국 시의 보고에 따라 결정할 위계임.

6. 가급적 속히 수상 및 외상 등과 면담하고 조속히 귀국하시기 바라며 귀국 예정일이 확정되는 대로 보고 바람. (외아북)

34. 한일회담 재개 전의 제 문제점 해결에 관한 청훈 공문

주일경 722-807   1964. 11. 9

수신: 외무부 장관

제목: 한일회담 재개 전의 제 문제점 해결에 관한 청훈

1. 이미 누차 보고드린 바와 같이, 일시 휴회 상태에 있는 한일회담의 재개를 위하여는 그간 냉각 상태에 있었던 양국 간 분위기의 개선을 위하여 우선 현재까지 양국 간에서 진행되어 온 무역 확대, 차관 도입 등의 제 문제를 조속히 완결하는 것이 전제가 되고 있습니다.

2. 이들 현안 문제 중, 시멘트, PVC 플랜트 건은 아 측의 회답 각서만 일본 측에 수교하면 완결될 단계에 있으며(JAW-11040 참조), 2천만 불의 연불 차관 문제는 아 측 교섭단의 내일로써 현재 구체적 교섭이 진행되고 있으나, 매해 50만 속 추가수출, 방어, 오징어 쿼터 증액 및 대한 어선 수출금지 해제 문제 등의 무역 확대 문제에 있어서는 아 측에 의한 일 어선, 어부의 나포 문제에 결부시키는 일본 측의 완강한 태도로 인하여 큰 진전을 보지 못하고 있는 실정입니다.

3. 따라서, 아 측으로서는 금후 이들 무역 확대 문제에 중점을 두고 교섭을 계속해야 할 것으로 사료되옵는 바, 이에 관한 교섭 현황을 아래와 같이 종합 보고 하오며, 아울러 금후에 취할 세부 방책에 관하여 청훈하오니, 지급 회시 있으시기 바랍니다.

1) 일본 측 태도 및 당지 관찰

가. 무역 확대 문제 중 가장 난항인 것은 다음과 같은바, 이에 대한 일본 측 태도는 아래와 같습니다.

(1) 해태 - 현재 입하 중인 50만 속의 추가 수입에 대하여 일본 측은 지금이 일본의 생산기이기 때문에 명년 4월경까지는 곤란하다는 입장을 취하고 있음.

(2) 방어 - 방어의 쿼터 증액에 관하여도 일본 측은 난색을 표하고 있으나, 연말 연초의 수요 증가로 일본 측의 추가 수입 책정은 부득이할 것으로 추측됨.

(3) 오징어 - 이에 대하여도 난색을 표하고 있으나, 금년의 북해도 오징어가 흉작이므로 수요 면으로 보아 적절한 시기가 오면 해결 가능할 것으로 보임.

(4) 어선 수출금지 해제 문제 - 일본 측은 원칙적으로 가하다는 입장을 표시하고 있으나, 다만 한국 측에 의한 나포 어선, 어부의 석방과 관련하여 시기적으로 적당치 않다는 입장임.

나. 이상과 같이 일본 측은 표면적으로는 국내 사정을 들어 난색을 표하고 있으나, 그보다도 이들 대상 품목들이 주로 일본 수산청 관계 종목들이므로 현재 아 측에 의하여 억류되고 있는 일 어선(3척) 및 어부(16명)의 석방과 결부하여 해결을 지연하는 감이 강합니다. 특히 일본 측은 수석대표 간 비공식 회담 등을 통하여 아 측이 국내 대책상 적당한 시기를 포착치 못하여 석방키 어려운 것이라면, 현재 교섭 중인 2천만 불 연불 차관에 관한 약정이 체결됨을 계기로 하여 전기 어선, 어부를 석방하여 줄 것을 강력히 촉구하고 있으며, 일본 측도 이를 계기로 하여 한국에 대한 어선 수출 문제를 해결할 생각임을 시사하고 있는 바입니다.

다. 이상과 같은 일본 측 태도로 볼 때 한일회담의 재개 전의 분위기 조성을 위한 정지 작업으로서 무역 확대 문제의 일부나마 해결을 보기 위하여는, 아 측으로서도 일본 측이 요망하는 사항 중(어선, 어부 석방 문제, 재한 일상사 관세 문제, 파한 일 외무성 관리용 승용차 반입 문제 등) 최소한 나포 어선, 어부의 석방 문제와의 결부는 피하기 어려운 실정으로 추찰되는 바입니다.

2) 세부 방책에 관한 청훈

무역 확대 문제와 결부하여 아 측이 나포 어선 및 어부를 석방하게 될 경우, 아 측으로서는 물론 전기 4개 품목 전부의 해결을 도모해야 할 것이나, 그 전부의 동시 해결이 곤란 시 되며, 특히, 해태 문제에 관하여는 그간의 교섭 경위 및 일본 측 태도로 보아 어선·어부를 석방하더라도 금년 중의 해결은 매우 곤란 시 되는 실정이므로, 아 측으로서는 그 중점 순위를 사전에 결정하여 교섭에 임하여야 할 것인바, 이에 관하여 당지와 접촉한 농림부 및 상공부 측의 비공식 견해는 아래와 같사옵기, 이를 참고하시어 금후 세부 지침을 검토, 조속히 지시하시기 바랍니다.

  가. 농림부 측 견해(말레이시아에서의 수산회의 참석 후 귀국 시 당부 방문한 농림부 수산국장의 견해) - 전기 4개 품목 중, 해태는 이미 한국 생산자의 손을 떠나 무역업자의 문제로 된 것이므로, 이보다도 어선 수출금지의 해제 문제 및 방어 쿼터의 추가 책정 문제에 중점을 두고 교섭함이 가하리라 함.

  나. 상공부 측 견해(구주경제사절단으로 당지 기착한 상공부 장관 및 민충식 청와대 정무담당 비서관의 견해) - 어선 수출금지 문제는 일본 측이 원칙적으로는 긍정적 태도를 보이고 있는 것이므로, 이보다도 해태 및 방어 추가 쿼터 문제에 중점을 두고 교섭함이 가하리라 함.

  끝

주일 대사 김동조

38. 김동조 대사의 시나 외상 면담 결과 보고 전문

0216   번호: JAW-11247

일시: 121541 [1964. 11. 12]

수신인: 외무부 장관
발신인: 주일 대사

본직은 금 12일 11:00부터 약 50분간 시나 일 외상과 면담한바 그 결과를 아래와 같이 요약 보고함(이규성 참사관, 우시로쿠 아세아국장 동석).

1. 일 정부의 기본 태도

본직은 사토 수상의 취임 및 시나 외상의 유임에 축의를 표하고 신 내각의 출범을 환영하는 바라 하였음. 이에 대하여 일 외상은 이제까지 이케다 수상도 한일회담의 타결을 위하여 노력해 왔으나, 신 수상은 특히 야마구치 현 출신으로 한일관계 해결에 정열을 가지고 있는 것으로 보인다고 하였음. 그러나 그간 이와 같은 태도가 각 현안을 무작정 서둘러 해결한다는 것은 아니고, 조속 해결의 여부는 어디까지나 내용에 좌우될 것이라고 말하였음.

2. 일 외상 방한 문제

(1) 본직의 타진에 대하여 일 외상은 원칙적으로 찬동한다는 것을 확인한 후, 정부의 제반 스케줄 및 자기 자신의 사정으로 보아 연내 방한은 사실상 불가능하다고 말하였음.

(2) 명년 초에 방한할 수 있는 가능성에 대하여서는, 수상이 연초에 방미하는 문제도 있으므로, 수상과 상의해보아야 할 것이라 하고, 그 결과를 곧 본직에게 회답하겠다고 하였음.

0217

(3) 외상 방한을 사전에 공동으로 발표하는 데 관하여서도 이의가 없는 듯한 태도를 보이면서 역시 곧 일본 측 입장을 회답하겠다고 하였음.

3. 한일회담 재개

(1) 재개 시기: 일본 측은 조기 재개의 원칙을 재확인하였으나, 구체적 재개 일자에 관하여서는 신 내각이 발족한 지 일천하여 아직 정부 방침이 확정되지 못하였으므로 곧 관계 각성, 특히 대장성 및 농림성과 협의하여 구체적으로 재계 가능 일자를 회답 하겠다고 하였음. 이와 관련하여 일본 측은 연내 재개의 가능성이 희박한 듯한 태도를 보이면서, 12월 중에는 임시국회가 열리고 있을 것이며 특히 동 국회가 사토 신 내각이 최초로 맞이하는 국회인 만큼, 회담이 연내에 재개된다 하더라도 실질적인 토의의 진전은 기대하기 어려울 것이라는 의견을 표명하였음. 일본 측은 회담 재개 일자가 확정되면 이를 공동으로 발표하는 데 대하여는 이의가 없다고 하였음.

(2) 재개 방법: 회담 재개의 방법에 관하여 일본 측은 어업 문제의 토의에 중점을 두고 싶다고 하였음. 이에 관하여 일본 측은 해결이 가능한 문제부터 해결해 나간다는 데는 이의가 없으나, 어업 문제가 진전을 보지 않는 한 사실상 타협 안에 대한 토의가 실질적으로 진행되기 어려울 것인바, 이는 회담 도중에 어선 나포 문제가 발생하여 회담 진행이 어려워질 것으로 예상되기 때문이라고 말하였음. 이에 대하여 본직은 어업 문제에 중점을 두자는 일본 측 태도에 변동이 없다면 오히려 어업 문제만을 먼저 토의 하는 것이 옳다고 생각하나, 일본 측이 어민 3, 40만의 이익만을 위하여 어업 회담만을 개최함으로써 1억 일본 국민의 이익을 무시할 수는 없을 것으로 생각된다 하고, 해결이 가능한 것부터 해결해 나가자는 것은 반드시 각 현안을 개별적으로 해결하자는 것이 아니며, 제 현안의 문제점에 대한 DIVERGENT VIEWS를 좁혀나가자는 견지에서 전면 회담을 재개하여 전면적 호의를 진행시킴이 옳을 것으로 생각한다고 주장하였음.

또한 본직은 일본 측이 농상회담의 재개를 희망한 것으로 보이나, 이와 같은 회담은 성격상 정치적 회담이므로 꼭 농상 간의 회담이 아니라도 외상, 법상 또는 총리 간의 정치적 회담도 생각할 수 있는 만큼, 이러한 정치적 회담은 필요에 따라 개최 여부를 검토하도록 하자고 말하였음. 회담 재개 방법에 관하여서는 결국 양측 의견이 평행하였기 때문에 결론을 보지 못하고 일본 측이 아 측 입장을 참작하여 검토한 후 곧 일본 측 입장을 회답하겠다고 하였음.

4. 회담 재개를 위한 정지 작업

(1) 일 외상이 문제를 먼저 제기하여 한국 측에 정식으로 통보한 성질의 것은 아니나 자기와 아카기 농상 간에 이야기된 것을 내통하여 준다 하면서 일 농상으로서는 냉동선 11척 문제는 곧 해결할 방침이며 해태 50만 속의 구입은 연내에는 곤란하나 명년 초에는 해결할 의향이라고 말하고 회담의 재개에 있어서나 또는 정지 작업의 추진함에 있어 억류 중인 일 어부 및 어선의 석방이 불가결하다는 일본 측 입장은 확고하다고 말하였음.

(2) 이를 받아 우시로쿠 국장은 제21차 수석대표 간 비공식 회담에서 발언한 바를 되풀이하여 내주 중에라도 2천만 불 차관 협정이 조인되면 이를 계기로 한국 측에서 일 어부 및 어선을 석방하여 주고 일본 측으로서도 즉시 냉동선 11척에 대한 수출 및 방어 수입 외화 쿼터의 증액 조치를 취한 후 시기를 보아 해태 문제를 해결토록 함이 좋지 않겠는가 하는 의견을 말하였음.

(3) 이에 대하여 본직은 일본 측 입장도 이해는 할 수 있으나 한국 측 사정으로서는 일본 측이 말하는 조치가 취하여지기 전에 일 어부 및 어선을 석방함은 매우 어렵다는 것을 설명하고 또한 정지 작업과 관련하여 금번 시행을 보는 2건의 플랜트 이외에 현안 중인 '폴리 아크릴', '냉간 압연'의 2건도 연내에 실현을 보아야 할 것이라 하고 이와 관련하여 아 측이 일본 측에서 원하는 사항을 확인하여 준 이상, 금후 건건이 이를 확인하려 하지 말고 금번 '노트'를 포괄적인 것으로 해석하여 앞으로는 업자의 신청이 있으면 자동적으로 이를 허가하도록 조치하여 달라고 하였음. 일 외상은 잘 알겠다고 하면서, 잔여 2건의 플랜트도 조속 실현되도록 노력하겠다고 하였음.

(4) 일본 측은 정지 작업에 관련하여 어느 문제를 어떤 순서로 시행하는가에 관하여 다시 일본 측 입장을 검토하여서 아 측에게 회답하겠다고 하였음.

5. 동남아 외상 회담

본직은 WJA-11122호로 지하신 바에 따라 일 외상에게 동남아 외상 회담의 목적 및 참가 예정국과 일 정부 초청에 관련한 그간의 경위를 설명한 후 일 외상으로서도 이에 반드시 참가하여야 할 것임을 강조하니 참가 의향이 있으면 언제라도 정식 초청장을 보내도록 하겠다고 말하였음. 일본 측은 수상 및 당과 상의하여 회답하겠다고 하였는

바 우선은 FAVOURABLE 한 반응을 보이는 듯 하였음.

6. 중공 문제

본직은 극히 비공식으로 중공 문제에 관한 일본 정부의 정책 및 태도를 참고로 문의한바 일본 측은 곧 이를 종합하여 본직에게 알려주겠다고 하였음.

7. 종합 보고 및 관측

(1) 본직은 본국 정보의 훈령에 의하여 협의차 오는 14일(토), 늦어도 16일(월)까지는 일시 귀국할 예정이라고 한 바 일본 측은 본 보고 제2항의 (2), (3), 제3항의 (1), (2) 및 제4항의 (4)에서 언급된 일본 측 회답을 그 시일 안에 아 측에게 주겠다고 하였음.

(2) 정지 작업에 관련한 수상의 일본 측 태도로 보아 해태 50만 속은 명년 3월 경에 신 회계 연도 (4월)부터 시작되는 신년도 쿼터를 앞당겨서 구입할 것으로 보이며 억류인 어선 및 어부 문제에 관하여서는 정지 작업의 추진, 외상 방한, 회담 재개 등과 관련한 현지 실정으로 보아 금반 2천만 불 차관 협정이 조인됨을 계기로 양측에서 상호 발표함이 없이 석방하여 줌이 좋을 것으로 사료됨.

(3) 본 면담에서 시나 외상이 본직에게 표명한 의견은 전반적으로 일 외무성 관리의 보고 및 의견과 동 외상이 아카기 농상과 접촉한 내용을 기초로 한 것으로 관찰되며 신 수상의 방침이 반영된 것은 없는 것으로 보이는바 특히 일 외무성 관리진으로서는 신 수상이 한일관계에서 열성을 가지고 종래에 비하여 빠른 템포로 나가려는 태도(수상의 첫 기자회견에서 표명된 바와 같은)에 의식적으로 BRAKE를 걸려고 한 것으로 보임. 따라서 본직은 조속한 시일 내에 사토 수상과 만나 서상한 아 측 입장을 재강조하는 듯이 그의 반응을 듣고 또한 일 외상이 회답을 받아 금주 말에서 내주 초(14~16)에 귀국하겠음.(외아북-주일정)

41. 김동조 대사의 사토 수상 면담 보고 전문

번호: JAW-11271

일시: 131604[1964. 11. 13]

수신인: 외무부 장관
발신인: 주일 대사

본직은 금 13일 11:40에 사토 수상을 수상 관저로 방문하여 약 25분 간 면담한바, 아래와 같이 요약 보고함.

1. 먼저 사토 수상은 본직의 면담 요청이 있음을 알고 곧 만나도록 하였으나, 외무성에서 외교 의례를 운위함으로써 면담이 좀 늦게 되어 미안하게 생각한다고 하면서, 아는 사람도 뜻대로 못 만나니 수상직이 매우 거북한 자리라는 농담을 하였다. 그는 금일 만난 내용은 단순한 예방으로 발표하여 달라고 하였음(이와 관련하여 일본 외무성은 본직에게 약 10분 정도로 순전한 예방에 그쳐달라고 요망한 바 있었음).

2. 본직이 금반 수상에 취임하게 된 데 대한 축의를 표하자, 사토 수상은 한국 정부로부터 정중한 축전 및 축의를 받고 이를 매우 고맙게 생각하고 있다고 하면서, 자기는 첫 기자회견 또는 각의에서도 분명히 한 바 있지만, 한일 문제의 해결에는 굳은 결심을 가지고 임할 작정이라고 하였음. 그는 다만 한일관계의 조속한 타결을 위하여 무드를 조성하여야 하는 데 사사로운 문제로 사무 레벨에서 자꾸 말썽이나 트집이 안 생기도록 서로 조심하여야겠다고 말하고, 박 대통령께서도 한일관계 타결에 비상한 열의를 가지고 계신 것으로 생각되며, 자기도 똑같은 생각인바, 한일관계의 타결은 박 대통령과 자기 양인에게만 맡겨서는 안 될 것이며, 정치가는 정치가로서의 여러 가지 입장이 있는 것이니 밑의 사무진을 단단히 단속하여야 말썽이나 트집이 없이 진행되도록 하여야 할 것이라 하고 이런 면에서 본직의 협조를 바란다고 말하였음.

3. 한일회담의 분위기를 조성한다는 데 관련하여 본직은 시나 외상이 가능하면 연내에 한국을 친선 방문함이 매우 유익할 것임을 말한바, 수상은 곧 시나 외상에게 형편이 어떤가를 물어보겠다고 하면서, 현재 매우 바쁜 것이 사실이라고 말하였음(여사한 대화에서 본직이 받은 인상은 수상으로서 외상에게 가능하면 가도록 하라는 권고는 할 것이나, 반드시 가야 한다는 특명을 내릴 것으로는 생각되지 않았음). 이와 관련하여 일 수상은 이와 같은 일은 극비리에 진행되다가 가게 되면 이를 DRAMATICALLY 발표하도록 함이 분위기 조성에 도움이 될 것으로 생각한다고 하면서 만일 외상을 초대하였음이 신문 지상 등에 알려졌다가 못 가는 경우가 되면 실망을 줌으로써 오히려 역효과가 될 것이라는 의견을 말하였음.

4. 본직은 회담 재개를 위한 정지 작업을 위하여 수상께서 현안 해결을 위하여 특명을 내려달라고 하였던 바, 수상은 자기의 기분은 차차 알게 될 것이라고 하면서 사무진에서 말썽이 나지 않도록 하여 달라는 것을 재강조하고 문제되고 있는 억류 어선 및 선원은 자기의 총리 취임 기념으로 석방하여 주면 어떻겠는가고 말하였음.

5. 한일회담 재개에 관하여 수상은 진흙탕(도로누마)에 빠지지 않도록 잘 연구하여 서로 이해가 가도록 하여야 할 것이라 하므로 본직은 일본 측이 어선 문제에 중점을 두려는 모양이나 이 문제가 가장 어려운 진전을 보지 못하니 이를 피하여서는 길이 없겠는가고 하였던 바, 수상은 다시 '도로누마'에 빠지지 않도록 해나가면 방법이 있지 않겠는가고 말하였음.

6. 사토 수상은 또한 한일 양국 간에 국교 정상화가 안 되고 대사관의 교환이 없어 일본 정부로서 호의적으로 한국에 협력하는 조치를 취하려 하여도 국내법 등으로 잘 안 되는 면이 있다고 하면서 국교 정상화와 대사관 교환만 되면 외상의 상호 방문 등은 간단한 일로 생각한다고 말하였음. 이에 대하여 본직은 그와 같은 경우에는 외상만이 아니라 수상이 직접 방문토록 함이 좋지 않은가 하였음(이에 관하여 본직이 받은 인상은 국교가 되면 사토 수상이 최초의 일 수상으로서 한국을 방문하려는 의향을 가지고 있는 듯하였음).(외아북-주일정)

44. 사토 수상과 시나 외상 및 외무성 간부와의 협의에 대한 보고 전문

번호: JAW-11395

일시: 191008[1964. 11. 19]

수신인: 외무부 장관
발신인: 주일 대사

1. 사토 수상은 18일 15:00~16:00에 관저에 시나 외상 및 외무성 간부를 초치하여 제2회 협의(제1회는 14일)를 가졌으며, 17:40~18:10에 관저에서 내각 기자단과 회견하고 외교 자세에 대한 자기 견해를 이야기하였음.

2. 시나 외상과의 협의 석상에서는 "신 내각의 외교 방침으로써는 동남아 외교의 추진과 새로운 전개를 최 중요한 시책으로 하고 싶다"는 의향을 표시하고 그 구체 안의 작성을 지시하였으며 특히 한국, 자유중국과 일본 간의 각료급에 의한 접촉, 교류, 제2회 아아회의(명년 3월 개최 예정)에의 참석 등을 양승하였다 함.

3. 내각 기자단과의 회견 석상에서는 '근린 외교 문제'에 언급하여 "한일회담에 대하여 외상에게 구체적인 지시는 안 했으나, 한국의 현 정국이 안정하고 있다고 생각한다. 적어도 외무성 측으로부터는 한국의 정권이 불안정하여 교섭할 수 없다고는 듣지 않았으며, 이 점 나는 그리 염려하지 않는다. 바로 이웃한 나라와 장기간 이런 변칙적인 상태를 계속하고 있는 것은 안 된다고 생각하는 나의 마음에는 변함이 없다. 다행히 2천만 불 차관 교섭도 잘 진전되고 있는 것 같다. 한국, 자유중국 등 근린 제국과의 각료급 인사 교류는 시나 외상과 협의하기는 했다. 일본이 미국, 영국, 캐나다, 독일, 프랑스와는 이미 각료회의를 갖고 있으며, 이탈리아, 호주, 뉴질랜드 등 희망하는 나라가 많은데 이러한 나라와의 회의가 꼭 효과가 있는 것은 아니다" 언급하였다 함.(주일정 - 외아북)

46. 재개 한일회담에 임하는 방침 내부재가 문서

0235 기안자: 동북아과 공로명

과장[서명] 국장[서명] 차관[서명] 장관[서명] 국무총리[서명] 대통령[서명]

기안년월일: 1964. 11. 19

제목: 재개 한일회담에 임하는 방침

제6차 한일회담을 재개함에 있어서 별첨과 같이 정세를 보고하고 아 측이 취하여야 할 방침을 품의하옵고 동 방침에 따라 재개 회담에 임할 것을 건의합니다.

유첨: 1. 한일회담 재개를 위한 정부 방침
　　　2. 각 현안별 양측 입장 및 해결 방안

　　끝

별첨 1

46-1. 재개 한일회담을 위한 정부 방침 문서

한일회담 재개를 위한 정부 방침

1. 회담 재개에 관련된 일본 측 정세의 검토

(1) 이케다 수상의 후임으로 사토 에사쿠 씨가 신 수상으로 취임하였는바, 사토 수상은 우선은 이케다 전 수상이 밟아온 노선을 그대로 답습한다 하고 그러한 의미에서 신 내각의 구성에 있어서는 이케다 각료 전원을 유임시켰다.

(2) 자민당 당칙에 의하면 당 총재, 즉 수상으로 되어 있는 만큼 사토 수상은 12. 1 당 총회에서 총재로 공선될 것인바, 동 씨는 이케다 노선 답습이라는 방침하에 이케다 전 총재가 선임한 현 당 집행부를 그대로 유지하리라 한다.

(3) 그러나 사토 씨 자신으로서는 정권을 자기 책임하에 담당하게 된 만큼 사토 씨 자신의 구상에 따라 국정을 운영하여야 할 것이 당연한 일이므로 이케다 노선의 답습이라는 원칙은 어디까지나 잠정적인 것이며 궁극에 있어서는 자기 구상에 맞는 내각 및 당 집행부의 개편이 필요할 것이다. 이러한 필요성은 더욱이 수상 선임 경과로 보아 자민당 각 정파에 대한 처우 및 조정을 위하여서도 가중되는 것이다.

(4) 전기와 같은 사토 구상에 의한 내각 개조 및 당 개편 시기는 신년도 예산심의가 끝나는 3월 이후의 기간으로 보여지는바, 특히 참의원 선거가 있을 5월 하순 또는 6월이 가장 가능성이 많은 것으로 관측된다. 연이나 자민당 내의 정치 동태와 중요 정책의 중점적 시행이라는 등의 이유로 일부의 개편이 있을 수 있다는 가능성은 배제할 수 없을 것이다.

(5) 위와 같이 사토 수상에 의한 내각 및 당 집행부의 개편 시기는 내년 3월 말 이후로 예측되지만 사토 구상에 의한 인물 선정은 당 총재 공선이 있은 후부터 진행되리라 하며 연말까지에는 그 윤곽이 굳어질 것으로 보인다.

(6) 여사한 경우 사토 구상 내의 인물은 사토 수상을 통하여 일본의 정책 결정에 점차 영향력을 미치게 될 것이므로 한일회담 추진이라는 견지에서 볼 때에는 이들에 대한 긴밀한 접촉이 아 측으로서는 필요할 것이다.

2. 사토 내각과 한일회담

(1) 위에서 검토한 바와 같이 사토 현 내각은 현재로써는 잠정적인 성격의 것이라고 볼 수 있는바, 통상의 경우 잠정 정권은 중요한 결정을 필요로 하는 외교교섭 등을 추진하지 않는 것이므로 사토 내각이 현 단계에서 한일회담에 관하여 적극적인 태도를 반드시 취할 것이라고는 단정할 수 없을 것이다.

(2) 그러나 사토 수상은 이 잠정적인 성격을 오히려 역이용하여 한일회담 타결의 공과를 잠정 내각에 귀속시킨다는 저의에서 국교 정상화에 대한 일관된 적극적인 태도와 수상 취임 이후 양차에 걸쳐 표명한 조기 타결의 의도를 뒷받침으로 하여 잠정적인 성격을 가진 현 사토 내각 하에서도 회담을 타결시킬 수 있는 만반의 태세를 갖추고 교섭에 임하여야 할 필요성이 있는 것이다.

3. 회담 재개에 대한 일본 측 태도

(1) 11. 12의 김동조 대사와 시나 외상과의 면담 및 11. 14의 우시바 심의관과의 면담에서 일본 측은 회담을 연내에 재개하는 데에 원칙적으로 동의한다는 태도를 표명하였다.

(2) 그러나 일본 측은 회담 재개 이전에 아 측이 나포한 일 어선 3척과 어부 16명의 석방과 평화선 내에서의 안전 조업의 사실상의 보장이 있어야 한다 하고 2,000만 불 차관의 조인을 계기로 석방을 시행할 경우에는 일본 측은 회담 재개를 위한 정지 작업으로서,

가. 방어용 쿼터 50만 불, 오징어용 100만 불을 증액할 용의

나. 해태 및 냉동어선 11척 문제에 대하여 곧 구체적인 협의에 들어갈 용의

다. 폴리아크릴 및 냉간 압연의 플랜트 도입 문제에 관하여 내년에 구체적인 검토에 응할 용의가 있다고 표명하였다.

(3) 일본 측의 나포 어선 및 선원 석방 요청은 상당히 강경한 것으로 일본 측은 우리 측의 석방 조치가 없는 한 회담 재개에 응할 수 없다는 입장을 취하고 있으며 이를 회담 재개의 전제조건으로 삼고 있다.

4. 아 측 방침

(1) 어선 및 선원의 석방

가. 어선 및 어부 석방 문제는 우리나라 여론에 예민한 작용을 하고 회담에 임하는 정부의 자세 문제에까지 파급되는 문제이다. 더욱이 일본 측이 어선 및 선원의 석방을 회담 재개의 전제조건으로 내걸고, 또 그러한 사정이 국내에 널리 알려져 있는 사정하에서는 이 석방 문제는 일본 측의 상응하는 조치와 병행된다는 점을 국민에게 명백하게 이해시킬 수 있는 방법으로 다루어져야 할 것이다.

나. 한편 어선 및 선원 석방 문제에 관한 일본 측 태도는 위에서 설명한 바와 같이 강경한 것이며, 또 이 문제는 사토 신 수상 자신에 대한 정치적 평가에도 관련되는 점이 없지도 않은 만큼 동 수상의 조기 타결 의도의 표명과 아 측의 조기 타결 희망을 현실화하여 조속한 회담의 재개를 이룩하기 위하여서는 아 측은 일본 측의 요청을 고려하지 않을 수도 없을 것이다.

다. 따라서 어선 및 선원의 석방 문제에 관하여서는 아래와 같은 3개의 방안을 생각할 수 있으며 일본 측과의 교섭 결과에 따라 택일함이 가하다고 생각한다.

제1안: 회담은 무조건으로 재개하는 형식을 취하고, 이 사실을 공동 발표하는 2, 3일 후에 석방 성명을 행한다. 단, 회담 재개 공동성명에 대한 합의에 이르기 위하여 필요하다면, 주일 대사가 일 외상에게 아 측의 석방 의사를 표명하여도 가하다.

제2안: 회담 재개에 관한 공동성명과 동시에 석방 성명을 행한다. 단, 일본 외상의 조기 방한(1, 2월 방한)에 관한 공동성명과 동시에 석방 성명을 행하여도 가하다.

제3안: 즉시 석방하고 그 후 2, 3일 내로 회담 재개 및 일 외상의 조기 방한에 관한 공동성명을 발표한다.

라. 위의 3개 안 중 여하한 안을 채택할 경우라도 정부가 국민에 대하여 설명하는 내용은 일본 측의 성의를 감안하고 앞으로의 교섭을 유리하게 인도하기 위하여 석방하는 것이라고 함이 가하며, 일본 측에 대하여는 회담 재개 이전에 일본 측이 말하는 소위 정지 작업이 전면적으로 실현되도록 요구하고 이에 대한 확약을 받기로 한다. 또한, 상기 정지 작업 외에 대일 미곡 8만 톤의 수출 문제에 대한 최종 결정을 보도록 한다.

(2) 회담 타결 시기에 관한 목표

회담의 타결은 빠르면 빠를수록 좋으므로 교섭의 모든 단계에 있어서 최단 시일 내 타결이 있도록 최선의 노력을 하는 것을 원칙으로 하는바, 우선은 일 외상의 1, 2월 방한이 이루어질 경우에는 동 방한을 계기로 전면 타결을 기도할 것이며, 이 경우에 필요하다면 외무부 장관의 답례 방일도 고려하기로 한다.

(3) 회담 재개 일자

일본 측은 한국 측의 요청이 있으면 12월에는 회담 재개에 응할 수 있다고 한 만큼 12. 7(월)에 재개하도록 한다.

(4) 재개 회담의 진행방식

12. 7에 본회의를 개최하여 12. 20경까지를 회담기간으로 하는바, 금번 회담에 있어서는 각 현안 문제별 양측 입장을 검토하고 가능한 대로 양측 입장의 접근을 기도함으로써 명년 초로 기대되는 본격적인 회담을 위하여 보다 나은 소지를 마련하기로 한다.

(5) 신년도 회담에 임하는 방침

신년도에 있어서 금년도 재개 회담을 자동적으로 속개하여 본격적이며 전면적인 회담을 진행시키기로 한다. 이를 위하여 신년도에는 각 분과위원회를 전면 개최할 것인바, 각 분과위원회의 진행 상황에 따라 정치회담의 개최도 고려하기로 한다.

(6) 대표단 구성

가. 금년도 재개 회담에 있어서는 진술한 회담 진행 방침에 입각하여 연말까지는 실무자급 회담을 위주로 하는 만큼 현재 임명되어 있는 대표를 고려하여 아래와 같이 대표단을 구성 파견하기로 한다.

    수석대표: 김동조 대사

    대표: 방희 공사, 이규성 참사관, 이상덕 한은 이사, 이홍직 교수, 아주국장
               법무국장, 수산국장, 김명년 수산진흥원장

    보좌: 외무부 및 주일 대표부 실무자

또한 실무자 회의라 하지만 본격적인 회담을 위한 준비작업인 만큼 수석대표를 보좌할 수 있는 저명인사 1, 2명을 자문위원으로 임명 파견할 것을 고려한다.

나. 내년도 본격 회담에 대비하는 대표단은 금번 재개 회담의 결과에 따라 신축성 있게 구성한다.

(7) 각 현안별 아 측 입장

각 현안에 대한 양측 입장 및 아 측이 고려할 수 있는 해결 방안은 별첨 2와 같은 바, 금번 회담에 있어서는 원칙적으로 이미 주일 대사에게 훈령된 입장(외아북 722-3616 및 261, 64. 3. 6 및 4. 17 '어업', 외아북 722-168 및 234, 64. 3. 16 및 4. 17 '법적지위', 외아북 722-167 및 169, 64. 3. 16 '청구권', 외아북 722-166, 64. 3. 16 '문화재')을 그대로 유지하기로 한다(별첨 2의 해결 방안 중 청구권, 법적지위 및 문화재에 관하여는 전기한 훈령으로 주일 대사에게 훈령된 바 있다).

5. 회담의 원활한 진행을 위한 대책

(1) 언론계에 대한 대책

우리나라의 중요 언론인(편집국장 및 주필 등)을 일본 측 신문인과 상호 방문케 하여 양측 언론인으로 하여금 회담 타결의 필요성을 인식케 함과 아울러 일본 언론인이 아 측 주장을 더 잘 이해케 하는 동시에 아 측 언론인으로 하여금 일본에 대한 과도한 경계심을 감소케 함으로써 앞으로의 신문 논조 및 신문 편집 방향을 회담 타결에 유리하도록 인도한다(현재 예정으로는 아 측 언론인이 11. 25에, 일본 측 언론인이 2월 중에 상호 방문하기로 되어 있다).

(2) 공보 활동

회담 타결의 필요성, 각 현안의 문제점 특히 평화선 문제에 대한 국민의 올바른 이해를 촉구함과 아울러 어업회담에 있어서의 정부의 입장이 현재의 침체된 어업 이익을 더욱 전진시키는 것이라는 점에 대한 적극적인 피.알을 전개하도록 한다.

(3) 초당 외교 태세의 수립

이미 설치된 바 있는 '외교자문위원회'를 충분히 활용함과 동시에 여야 국회의원 및 정당인과 사회 저명 인사에게 적극적으로 작용하여 국민으로 하여금 정부가 초당적인 입장에서 한일회담을 추진하고 있음을 인식시키도록 한다.

(4) 일 어선 나포 문제

회담 기간 중에는 평화선 내에서 일 어선을 나포하지 않는 방침으로 임하기로 한다. 단, 일본 측에 대하여는 평화선 내의 출어를 삼가도록 강력히 요구한다.

끝

별첨 2

46-2. 한일회담 제 현안 문제에 관한 양측 주장 및 해결 방안 문서

0243

한일회담 제 현안 문제에 관한 양측 주장 및 해결 방안

1964. 11. 18

외무부 아주국

0244

I. 청구권 문제

1. 명목 문제

(전면적 지시 필)

아 측 입장	일본 측 주장	해결 방안
(가) "청구권 문제를 해결하고 경제협력을 증진하기 위한다"는 것을 협정 전문에 규정	같음.	합의
(나) 협정 본문에 일본 측이 주장하는 바 내용의 것을 규정하는 것이 반대	전기 전문 규정 외 본문에 "3억 불을 무상 경제협력으로, 2억 불 정부 차관은 유상경제협력으로 제공한다"는 것을 규정함.	전기 전문 규정 외 본문에는 일본 측이 무상 3억 불, 정부 차관 2억 불, 상업 차관 1억 불 이상을 제공한다는 사실만을 규정토록 함.

2. OA 문제

아 측 입장	일본 측 주장	해결 방안
청산계정 상의 아 측 부채 45,729.398.08불을 무상 3억 불에서 10년간에 걸쳐 균등 탕감함.	아 측 부채를 무상 3억 불에서 최초 3년간에 지불토록 함. 단 이로 말미암아 한국 측 수입액의 부족분은 보충할 필요가 생길 때에는 2억 불의 정부 차관의 지불 기간을 단축시킬 수 있음.	일본 측 주장을 받아들이되, 무상 3억 불의 지불 기간을 단축시킴으로써 실질적으로 OA를 장기간에 걸쳐 지불하는 결과를 가져오도록 함.

0245

3. 정부 차관의 상환 기간

7년 거치 후 20년 상환	7년의 거치 기간은 20년 상환 기간에 포함되는 것임.	일본의 해외경제협력기금법의 규정을 감안하여 일본 측 주장을 수락

4. 1억 불 이상의 상업 차관의 성격 문제

상업 차관이 제공되는 것을 용이하게 하고 촉진시키기 위하여 일본 정부가 모든 조치를 취한다는 취지의 규정을 협정문에 두도록 함.	이것은 통상의 상담에 맡기게 되는 것이므로 협정문에 규정할 필요가 없음.	협정문에 규정하기 곤란할 때에는 별도 문서에라고 규정토록 함.

II. 어업 문제

1. 직선기선 문제

가. 부산-상백도 간과 Outer Six의 입어권

아 측 입장	일본 측 주장	해결 방안
홍도-간여암-상백도	제주도 부근의 문제가 일본 측 주장과 같이 낙착될 경우 아 측 주장을 수락할 용의가 있음. 불연이면 전관수역 외곽 6리의 입어권을 주장함.	제주도 부근 문제와 관련시킴 없이 아 측 주장을 관철

나. 제주도 주변

제주도와 본토를 분리시키지 않음. 제주 동측: 개민포곶-우도-거문도-상백도	제주도와 본토를 분리시킴: 거문도-여서도를 원래연결하는 직선과 동경 127° 07′ 선과의 교점까지;	제주도를 본토와 분리시키지 않음. 제주 동측: 개민포곶-우도-거문도-상백도

제주 서측: 마라도-죽도-만재도-소흑산도	병풍도-하추자도를 연결하는 선과 동경 126° 선과의 교점까지; 각각 직선기선을 긋고 나머지 수역은 한국 측이 일방적으로 전관수역을 선언함. 단 한국 측이 일방적으로 선언한 전관수역에 대하여 ICJ에 제소할 권한을 유보함.	제주 서측: (제1안)마라도-죽도-만재도-소흑산도 (제2안)마라도-죽도-간서

0247

다. 대소흑산군도

본토와 분리시키지 않음: 소흑산도-국흘도-중태도-단어도-홍도-횡도	제주도의 경우와 같이 본토와 분리시킴: 간서-매물도-칠발도-소허사토-소비치도-횡도	본토와 분리시키지 않는 방안: (제1안)만재도-소흑산도-중태도-홍도-횡도 (제2안)만재도-중태도-홍도-횡도 (제3안)간여-만재도-중태도-홍도-횡도 2. 본토와 분리시킬 때는 일본 측 안과 같이 함.

0248 라. 이북 지역에 대한 문제

이북에도 직선기선을 획선함.	어업 교섭에서 제외함.	종전 방침에 따라 이북 지역에도 획선함.

2. 전관수역 문제

전관수역 12리를 설정하되 이를 명문상으로 규정하지 않음.	전관수역의 폭을 12리로 주장함.	위도, 경도로 표시하든지, 또는 해도상에 이를 표시하고 연안어업 보호수역 등의 명칭을 붙임.

3. 규제수역의 획정 문제

가. A B C 및 D 수역 문제

규제 조치 내용 등의 관련으로 동 수역을 제외하고는 최종 합의를 유보함.	아 측과 동일	규제 내용의 토의를 감안하면서 결정함.

나. E 수역 문제

한국 연안을 회유하는 어족의 월동장이므로 동기 3개월 간 기선저인망 어업을 금지함.	동기 회유로에 불과함. 국민감정 상 곤란하므로 앞으로의 공동연구위원회의 과학적 검토 후 결정함.	자원 보존 및 평화선을 위요하는 국민감정 상 E 수역의 설치를 관철함.

4. 규제 조치 문제

과거의 일본 실적을 인정함. 단 실적(어획량)을 척수 당 어획량으로 제한 숫자를 일본의 조업 척수로 함.	일본 정부에서 현재 평가한 척수는 전부 출어를 인정함.	합의된 원칙(실적 인정) 하에서 각 규제수역의 피아 출어 척수를 규정함.

5. 어업협력 문제

가. 차관

협력금으로 11,400만 불을 요구함.	7,000만 불을 시사하고 있음.	1억 내지 9천만 불 선을 확보하도록 함.

나. 수산물 교역 문제

전반적 제한 및 금지 조치의 철폐를 주장함.	고등어, 전갱이의 수입은 불가하나 기타는 일 어민의 이해를 감안하여 호의적으로 해결할 것을 주장함.	아 측 주장을 관철함.

III. 법적지위

1. 영주권의 부여 범위

일본 측 입장	한국 측 주장	해결 방안
전전 범주에 속하는 자와 그의 자손으로 협정 발효 후 5년 내 출생한 자	일본 측 주장에 동의	합의

2. 신청 방법

일본 측 입장	한국 측 주장	해결 방안
영주 허가를 신청함에 있어서 국적증명을 첨부하든지 한국 정부가 포괄적으로 협력할 것을 주장	신청서 만으로(국적증명 첨부 없이) 영주권이 부여될 것을 원칙으로 하고 신청자 중 국적이 불분명한 자에 한하여 국적증명에 협조	한국 주장으로 해결

3. 영주권자의 퇴거 강제 사유

일본 측 입장	한국 측 주장	해결 방안
내란, 외환 및 소요죄로 금고 이상의 수형자	소요죄는 전적으로 삭제하고 형량을 2년 이상	한국 주장으로 해결
마약범으로 2년 이상 또는 3회 이상의 형을 받은 자	형량으로 3년 이상	
흉악범으로 7년을 초과하는 형의 수형자	형량으로 10년 이상	한국 주장으로 해결
일본국의 중대한 외교상의 이해를 해하는 행위를 행한 자	국교범으로 2년 이상의 수형자	최종 단계에서 일 안에 동의하되 행위의 인정 또는 퇴거 실시에 있어서는 한국 측의 합의 필요

4. 영주권자의 자의 퇴거 강제

일본 측 입장	한국 측 주장	해결 방안
영주권자로서 성년에 달한 후 일본에 영주하는 자에 대하여 빈곤, 질병을 이유로 퇴거시키지는 않겠음.	영주권자에 준함.	일본 측과 합의에 도달하지 못할 경우에는 본 문제를 미해결 상태로 남겨두고 양측 견해가 일치하지 않았다는 사실을 별도 문서에 기록하여 추후 협의할 수 있는 여지를 남겨 둠.

5. 국적 확인 조항

일본 측 입장	한국 측 주장	해결 방안
국적 확인 조항을 협정에 규정할 필요 없음.	'재일한인은 대한민국 국민이다'라는 국적 확인 조항을 협정에 규정함.	최종 단계에 있어서는 아 측 주장을 철회하는 대신 협정 대상자를 '대한민국 국민'으로 표현하고 '대한민국 국민'은 대한민국의 헌법과 국적법에 의하는 자이라는 점을 공식기록에 남김.

6. 기타 문제

기타 문제로서 (가) 전후 입국자의 처우, (나) 재산권과 직업권, (다) 교육 문제, (라) 사회보장 문제, (마) 영주귀국자의 재산반출과 송금 문제 등이 있음. 일본 측은 이와 같은 문제는 협정 본문에는 규정하지 않고 합의의사록 등의 부속 문서에 규정할 것을 주장하고 있음.

아 측은 해결원칙만은 협정 본문에 규정할 것을(전후 입국자의 처우는 제외) 주장하고 있음.

IV. 선박 문제

1. 선박 반환 문제

아 측 입장	일본 측 주장	해결 방안
응분 톤수의 신 조선을 한국 측에 반환할 것을 주장함.	선박 반환의 국제법상 의무가 없을 뿐만 아니라 일반청구권으로 막대한 금액을 일본 측이 지불하게 되므로 동 사실을 고려하여 일반청구권을 해결하는 협정 중에 선박 문제도 포함하여 해결한다고 규정하는 한편, 일본 측은 아 측이 나포한 일본 어선에 대한 청구권을 주장하지 않겠다고 하고 있음.	(제1안) 6,000~20,000톤의 반환을 주장 (제2안) 최종 단계에서 타 현안을 위한 교섭 재료로 쓰면서 일본 주장에 동의

V. 문화재 문제

1. 반환

(전면적 지시 필)

아 측 주장	일본 측 주장	해결 방안
1905년 이래 불법 부당하게 일본으로 반출된 모든 일본 국유 및 사유의 한국 문화재를 반환할 것	반환해야 할 국제법상의 의무가 없으나 일본 정부가 소유하는 한국 문화재 중 일부를 반환할 용의가 있음.	아 측 요구를 일본 국유문화재에 한정함.

2. 문화협정

원칙적으로 문화협정 체결에 동의함.	문화재 문제를 해결함에 있어서는 의정서 형식의 협정을 체결하고 문화협정 체결을 교섭한다는 것과 일본이 동국유인 아 측 문화재의 일부를 반환한다는 것과 양국 학자 등에 의한 문화재 연구 활동에 편의를 제공한다는 것을 규정함.	문화협정 체결에는 이의가 없으나 문화협정 체결 교섭과 문화재 연구에 대한 편의 제공에 관하여서는 문화 침략이란 선입감이 국민 중에 있음을 고려하여 그 표현을 모호하게 함.

VI. 기본관계 문제

아 측 주장	일본 측 주장	해결 방안
조약의 형식으로 규정	공동선언의 형식으로 규정	아 측 주장 관철

1. 체결 형식

1910년 8월 22일 이전에 구 대한제국과 일본제국 간에 체결된 모든 조약이 (당초부터) 무효임을 확인	그러한 조약이 장래에 있어서 실효하다고 규정	아 측 주장 관철

2. 구 한일조약의 무효 확인 문제

평화조약 제4조 C항의 규정에 따라 양국 간 해저전선은 등분 소유할 것을 규정	다만 평화조약 제4조를 확인한다고 규정함으로써 족함.	아 측 주장 관철

3. 해저전선의 귀속 문제

평화조약 제4조 C항의 규정에 따라 양국 간 해저전선은 등분 소유할 것을 규정	다만 평화조약 제4조를 확인한다고 규정함으로써 족함.	아 측 주장 관철

VII. 독도 문제

아 측 주장	일본 측 주장	해결 방안
제3국 조정	일정 기간(1년) 후에도 제3국 조정이 성립하지 않을 시에는 국제사법재판소에 회부	(1) 회담과 관련시킴이 없이 외교계통을 통하여 해결 (2) 제3국 조정

47. 재개 한일회담에 관한 훈령 내부재가 문서

0260
기안자: 동북아과 공로명
과장[서명] 국장[서명] 차관[서명] 장관[서명]
기안년월일: 64. 11. 21
분류기호: 외아북 722-666
발신: 장관
수신: 주일 대사

제목: 재개 한일회담에 관한 훈령

한일회담의 재개와 관련하여 아 측이 취할 입장에 관하여 아래와 같이 훈령합니다.

1. 정부는 일본에 사토 신 내각이 성립하였음을 계기로 하고, 또 사토 신 수상이 수상 취임 후 한일회담 조기 타결의 방침을 표명한 사실을 감안하여, 아 측으로서도 회담의 조속한 타결을 원함을 일본 측에 명백히 하는 동시에 그간 중단 상태에 있었던 회담을 연내에 재개할 방침입니다.

2. 전기한 정부 방침에 따라 일본 측과 회담의 연내 재개 절차에 관하여 교섭하시기 바라는 바, 재개 시기는 64. 12. 7 전후로 하시기 바라며, 이에 관한 공동발표는 아래에 적은 바와 같이 아 측이 일본 어선 및 선원을 석방할 예정인 11월 말 이전 가장 빠른 시일에 하도록 하시기 바랍니다. 이 발표는 여하한 경우라도 어선 및 선원의 석방 발표보다 늦게 되지 않도록 하시기 바랍니다.

0261
3. 재개 한일회담을 순조롭게 할뿐만 아니라 앞으로의 한일교섭을 원활히 진행시킬 수 있는 소지를 마련하기 위하여 일본 측에 대하여 외상 방한이 내년 1월 초에 실현되도록 별첨 외부무 장관의 초청장을 수교하고 교섭하시기 바랍니다. 만일 내년 1월 초 방한이 어려울 경우에는 1월 초 이후 가장 빠른 시일에 방한토록 하시되, 유엔총회를 고려하여 늦어도 2월 중순까지는 방한이 이루어져야 함을 첨언합니다.

4. 정부는 평화선 내에서 나포한 '제83 호오코 마루'(64. 6. 15 나포), '제82 겐부쿠 마루'(64. 9. 11 나포) (선원 8명) 및 '제65 소도쿠 마루'(64. 9. 18 나포) (선원 10명: 단, 2명은 이미 송환되었으므로 8명만이 남았음)의 선원 및 선체를 64. 11. 28에 석방할 계획이며, 이에 필요한 조치를 취할 것이므로, 귀하는 이 뜻을 일본 측에 통고하고 대일 절충이 원활하게 진행되도록 최대한으로 이를 이용하시기 바랍니다.

5. 전항의 일본 어선 및 어부의 석방을 위하여는 필요한 국내 절차가 끝나야 하는 만큼, 일본 측이 아 측의 석방 계획을 일방적으로 발표하는 일이 없도록 조치하시기 바랍니다. 본 석방 사실에 관하여 일본 측이 원한다면 서울 및 도쿄에서 동시에 발표되도록 하여도 좋은바, 그 시기에 관하여는 추후에 지시할 위계입니다.

6. 일본 측이 어선 및 어부 석방과 관련시켜 지연시켜오던 소위 '정지 작업', 즉 (1) 방어 및 오징어를 위한 각각 50만 불 및 100만 불의 쿼터 증액 문제, (2) 해태의 추가 수입 문제, (3) 냉동 운반 어선 11척의 대한수출 허가 문제, (4) 시멘트, 피.브이.씨, 폴리아크릴, 및 냉간 압연의 대일 플랜트 도입 문제 등이 아 측의 석방 조치를 계기로 연내에 해결되도록 하시기 바랍니다.

7. 상기한 '정지 작업' 외에 그간 일본 측과 절충하여 오던 미곡 대일 수출 문제도 이 기회에 연내에 해결을 보도록 하시기 바랍니다. 대일 미곡 수출 문제는 금년 중에 결말을 낼 필요가 있음을 염두에 두시고, 금년 중에 8만 톤 전부가 되지 않더라도 가능한 최대량에 대한 계약을 성립시키고 신용장의 일부라도 개설되도록 하시기 바랍니다. 본 미곡 수출 문제가 금년 중에 상기와 여히 해결되지 않을 경우에는 미국으로부터의 1965년도 공법 480에 의한 잉여 농산물 수원에 중대한 지장을 초래하게 될 것임을 첨언합니다.

8. 재개 회담에 있어서는 12. 7 전후에 본회의를 개최하여 12. 20경까지를 회담 기간으로 하시기 바라는바, 특히 청구권, 어업, 법적지위 및 기본관계 문제에 관하여 양측 입장을 검토하고 가능한 대로 입장의 접근을 기도함으로써 명년 초로 기대되는 본격적인 회담을 위하여 보다 나은 소지를 마련하도록 하시기 바랍니다.

9. 각 현안에 관하여는 종전까지 유지하여 온 입장을 그대로 유지하는 것을 원칙으로 하고 기히 훈령된 바에 따르시기 바랍니다.

(외아북 722-3616 및 261: 64. 3. 6 및 4. 17 '어업 관계 훈령': 외아북 722-168 및 234,

64. 3. 16 및 4. 17 '법적지위 관계 훈령': 외아북 722-167 및 169, 64. 3. 16. '청구권 관계 훈령': 외아북 722-166, 64. 3. 16 '문화재 관계 훈령' 참조). 본부가 정리한 각 현안의 중요 문제점에 관한 양측 입장의 대조표를 참고로 별첨합니다.

10. 신년도에는 금년도의 재개 회담을 자동적으로 계속하는 것으로 할 계획인바, 신년도 회담에 관한 방침에 관하여는 금번 회담의 결과에 따라 다시 훈령할 위계입니다.

11. 금년도 회담에 임할 아 측 대표단에 관하여는 추후 지시할 예정입니다.

12. 한일 양국 국민 간의 상호 이해를 증진하기 위하여 진행되고 있는 양국 신문인의 교환 방문 계획에 관하여 적극적으로 협조하시기 바라며, 동 계획을 통하여 최선의 피.알 효과가 있도록 유념하시기 바랍니다.

유첨: 1. 일 외상에 대한 장관 초청장
      2. 각 현안 중요 문제점에 관한 양측 입장 대조표.

끝

첨부

47-1. 일 외상에 대한 초청장(영문)

November 23, 1964

Excellency,

It is with great pleasure to extend to Your Excellency my personal and cordial greetings through Ambassador Dong Jo Kim who is returning to his post in Tokyo today.

I wish to express to Your Excellency my firm belief that it has been the uninterrupted desire of our two nations seeking the normalization of their relations at an earliest opportunity. I am convinced in this connection, that a visit to Korea by a highly distinguished statesman of Japan will immensely contribute towards achieving this common objective of ours.

With the foregoings in mind, I have the honour and privilege to extend to Your Excellency on behalf of my Government the most cordial invitation to visit my country. I sincerely hope that Your Excellency accept the invitation, and find it convenient to take the trip in the early January of next year, or, if not, at an earliest possible date thereafter.

Please accept, Your Excellency, the assurances of my highest consideration.

Tong Won Lee
Minister

His Excellency
Etsusaburo Shiina
Minister for Foreign Affairs
Japan

번역   1964년 11월 23일

각하,

오늘 도쿄에 부임하는 김동조 대사를 통해 각하께 개인적이고 따뜻한 인사를 드리게 된 것을 매우 기쁘게 생각하며, 조속한 시일 내에 양국 관계의 정상화를 추구하는 것이 우리 양국의 한결같은 염원이라는 확고한 신념을 각하께 표명하고자 합니다. 저는 이와 관련하여 일본의 저명한 정치가가 한국을 방문하는 것이 이러한 공동의 목표를 달성하는 데 크게 기여할 것이라고 확신합니다.

앞서 말씀드린 바를 염두에 두고, 저는 우리 정부를 대표하여 각하께 우리나라를 방문해 주실 것을 가장 정중하게 초청하는 영광과 특권을 갖습니다. 각하께서 이 초청을 수락하여 내년 1월 초에, 또는 그렇지 않다면 그 이후 가능한 빠른 시일 내에 방한할 수 있기를 진심으로 바랍니다.

각하, 저의 최고의 배려에 대한 보증을 수락하여 주시기 바랍니다.

이동원
장관

시나 에쓰사부로
외무대신 각하
일본 외무성

첨부

0269-0273 **47-2. 한일회담 제 현안 문제에 관한 양측 주장 문서**

[앞의 46-2 문서에 동일한 내용이 수록되어 있으므로 생략함]

48. 재개 한일회담의 진행 및 아 측 대표단 구성에 관한 건의 공문

주일정 722-488　　　　　　　　　　　　　　　　　　　　1964. 11. 24

수신: 외무부 장관

제목: 재개 한일회담의 진행 및 아 측 대표단 구성에 관한 건의

대: 외아북 722-666(64. 11. 23)

　1. 정부 훈령에 따라 본직은 한일회담의 연내 재개를 위하여 곧 일본 정부와 교섭을 시작할 작정이며, 우선 명 25일 중으로 시나 일 외상과의 면담을 요청하고 있는 중입니다.

　2. 재개 회담의 진행 일정에 관하여서는 물론 일본 측과의 절충 여하에 달려 있을 것이나, 아 측으로서는 실질적인 교섭 기간을 약 2주일 정도 갖기 위하여 제6차 한일회담 본회담(Plenary Session)을 12월 3일(목)경에 개최하여 양측 수석대표 연설(아 측 초안은 곧 작성 청훈하겠음). 회담 진행 방식에 관한 토의 등을 행하고, 7일(월)부터 18일(금) 경까지 각 위원회를 각각 4 내지 6회(결일 정도) 개최하여, 양측 입장의 검토 및 제반 대립점에 대한 의견 접근을 꾀한 후 21일(월)에 본회담을 열어 그간 각 위원회에서 토의된 사항을 종합정리 확인한 후 연말연시 휴회에 들어가도록 하겠습니다.

　3. 각 위원회의 진행에 관하여서는, 일본 측이 어업 교섭을 중심으로 진행시키되, 어업 문제의 대강 타결을 볼 때까지 청구권 문제의 세목 토의에 응하기 어렵다는 태도를 취하고 있음에 비추어, 연내에는 우선 기본관계, 어업 및 재일한인의 법적지위 외

3개 위원회를 개최하여 토의를 진행시키도록 하겠습니다.

4. 재개 회담의 대표단에 관하여서는 우선 연내에 개최될 것이 예상되는 3개 위원회의 아 측 위원 및 전문위원 등을 아래와 같이 구성함이 좋을 것으로 사료되어 건의하오니 대표단 구성에 참고하여 주시기 바랍니다. 대표단 명단은 확정되는 대로 당부에 통고하여 주시기 바라며, 발표는 회담 재개 일자 발표와 동시에 서울에서 행하여 주시기 바랍니다.

  (1) 기본관계 위원회
     대표: 신응균(수석위원), 연하구
     전문위원: 최광수, 장명하

  (2) 어업위원회
     대표: 이규성(수석위원), 이봉래, 김명년
     전문위원: 신동원

  (3) 재일한인 법적지위 위원회
     대표: 방희(수석위원), 이경호
     고문: 권일
     전문위원: 이경훈
     보좌관: 안세훈

  (4) 본회담
     보좌: 최광수, 최호중

(추기: 각 위원회에 필요한 전문위원 및 보좌관은 본부에서 적의 추가하여 주시기 바람.)

끝

주일 대사 김동조[직인]

50. 김동조 대사의 시나 외상과의 면담 보고 전문

0277   번호: JAW-11532

일시: 251929[1964. 11. 25]

수신인: 외무부 장관 귀하
발신인: 주일 대사

대: 외아북 722-666

본직은 금 25일 16:45에 시나 일 외상을 방문하고 약 35분간 면담한바 동 내용을 아래와 같이 요약 보고함. (이규성 참사관, 우시로쿠 아세아국장 배석)

1. 조기 타결 방침의 재확인
    본직은 과반 본국 정부와 정무 협의차 일차 귀국하였던 경위를 언급하고 아국 정부의 한일회담 조기 타결 방침에는 변함이 없음을 전달하였음.

2. 일 어부 및 어선 석방
    (1) 본직은 우리 정부가 회담 조기 타결에 기여한다는 대국적 견지에서 나포 일 어부 16명 및 일 어선 3척을 11월 말경에 석방하기로 결정하였다고 한 데 대하여, 일 외상은 이와 같은 결정을 기쁘게 듣고 심심한 감사를 표하는 바이라 하였음.
    (2) 본직은 석방에 앞서 아직 국내 절차가 남아있으므로 일본 측이 일방적으로 발표하는 일이 없을 것을 요청하고, 발표를 원한다면 적절한 시기에 서울과 도쿄에서 공동으로 발표토록 사무적으로 절충하자고 하였음. 이에 대하여 일본 측은 아 측 입장은 충분히 이해하나 일 언론계가 이를 중요시하여 고대하고 있으므로 도저히 발표를 삼가기 어렵다는 고충을 말하여, 결국 일본 측이 "한일회담 개최(12. 3) 이전에 낭보가
0278   있을 듯한 인상을 받았다"고 발표한다는 데 합의하였음. 그러나 18:00경 일 외무성

당국이 양해를 구하여 온 바에 의하면 상기와 같은 발표 내용을 기자단이 납득하지 않아 결국 "김 대사가 회담 개최 이전까지 석방되도록 노력하겠다고 언명하였다"는 것으로 발표하였다 함.

3. 한일회담의 재개

(1) 본직은 일본 측이 연내 재개에 응하겠다는 태도를 표명하였음을 본국 정부에 보고하였다 하고, 우리 정부는 조기 타결의 방침 아래 연내에 재개키로 하여 오는 12월 3일(목)에 본회담을 재개하고 곧이어 각 분과위원회를 개최토록 하였음. 일본 측은 이에 합의하면서, 금반 일본에서는 사토 신 내각이 발족하고, 한국 측도 수석대표 겸 주일 대사가 경질되었으므로 이를 계기로 중단되었던 제6차 한일회담은 일단락 짓고, 제7차 한일회담을 하는 것으로 하자고 제의하여 왔으므로 본직은 이에 응하였음.

(2) 각 분과위원회의 진행에 있어 일본 측은 어업 교섭을 중점으로 진행시키자는 의향을 시사 하므로, 본직은 그러면 일본 측 입장을 고려하여 우선 연내에는 기본관계, 어업 및 법적지위의 3개 위원회를 개최하여 진행시켜도 좋다고 하였음. 일본 측은 이에 이의 없다고 하였으나, 실질적으로 기본관계 및 법적지위는 한국 측으로부터 새로운 대안이 제시되지 않으면 토의진전은 기대하기 어려울 것이라는 의견을 표명하였음.

(3) 회담 재개와 관련하여 일본 측은 최근 한국 측으로부터 김-오히라 청구권 대강 합의 및 원-아카기 회담 내용의 백지화 등이 보도되고 있는데 대한 염려를 표명하므로 본직은 그동안 장기간 회담이 중단되어 있었으므로 금반 각 분과위를 개최하여 양측 입장을 정리하고 또 각 대립점에 관한 의견을 줄여나가자고 하였음.

(4) 일본 측은 거반 어업 각료회담 시를 상기하면서 회담이 재개되면 일 어선이 나포되는 일이 없도록 하여달라 하고, 평화선 내에서의 일 어선의 안전 조업을 보장하여 달라고 하였음. 이에 대하여 본직은 우선 일 어선이 평화선 침범을 삼가는 것이 선결 요건이라 하고 금년은 작년도에 비하여 나포 어선의 수효가 실질적으로 감소되었음을 지적하고 일본 측이 침범을 삼가도록 하여주기를 바란다고 한 후, 안전 조업 운운은 본국 정부에도 일단은 보고하였으나, 한국 측으로서는 논의의 대상이 될 수 없는 것이라는 입장이라고 하였던 바, 시나 외상은 행정지도로서 "REFRAIN"하는 것은 좋

으나 실제 어획량이 작년도의 6할밖에 되지 않으므로 곤란한 입장이라고 말하였음.

4. 일 외상 방한

(1) 본직은 외무부 장관의 초청장을 수교하고, 가능한 한 1월 초에 이것이 불가능할 경우에는 이 장관의 유엔 참석 일정도 있으므로 늦어도 2월 중순까지는 방한이 실현되도록 요망하였음.

(2) 시나 외상은 자기도 조속한 시일 내에 방한키를 희망하나, 사토 수상이 1월 초에 방미를 희망하여 미 측과 조정 중이며, 이것이 1월 초로 결정되면 자기도 수행하여야 할 것이며 또한 영국과의 정기 각료협의 일정이 아직 최종적으로 결정되지 않아 1월 중 방한은 어려울 듯하나, 이 장관의 유엔총회 참석 일정도 있다 하니 늦어도 2월 중순 이전에 방한토록 하겠다고 하였음.

(3) 구체적 방한 일자가 결정되는 대로 양측이 공동 발표하기로 합의하였음.

5. 기타 현안

(1) 본직은 회담 이외의 정지 작업에 관한 각 현안 등이 연내에, 가능한 한 회담 재개 이전에라도 전반적으로 해결될 수 있도록 일본 정부가 조치하여 줄 것을 요망하였음. 일 외상도 이를 위해 노력하겠다는 태도를 보였음.

(2) 본직은 특히 미곡 수출의 연내 실현을 위한 일본 정부 측의 협조를 강력히 요망하였음.

6. 중요 언론인 교환

(1) 본직은 금반 한국의 중요 언론인이 방일하는 일정을 말하고 이에 대한 협조를 구하는 동시, 이들이 수상, 외상 등을 방문하는 데 편의를 도모하도록 요망하였음.

(2) 외상은 이에 적극 협조하겠다면서, 자진하여 다나카 장상, 아카기 농상도 방문토록 하여달라 함으로 본직은 이에 즉각 합의하였음.

(3) 특히 본직은 금반 내일하는 언론인 중 몇몇 중요 인사와 시나 외상, 아카기 농상 등과 사적 분위기에서 개인적인 의견을 교환할 수 있도록 기회를 마련하겠으니 이에 협조하여 달라고 한바, 외상은 찬의를 표명하면서, 자기가 12. 6 경에는 미국으로부터 돌아오므로, 그 후 여사한 기회를 마련하여 주면 기꺼이 응하겠다고 하였음.

7. 신문 발표

아래와 같은 요지를 발표할 것에 합의하였음.

(1) 가. 제7차 회담 본회의 12. 3에 개최

나. 12. 7부터 각 분위 개최(우선 연내에는 기본관계, 어업, 법적지위의 3개 분위 진행)

(2) 가. 외무부 장관의 일 외상 방한 초청장 수교

나. 시나 외상은 늦어도 2월 중순까지 방한하겠다는 의사 표명

(3) 회담 이외의 현안 문제 등은 가능하면 회담 개최 이전에라도 해결토록 상호 노력

(4) (상기한 제2항 (2)와 같은 일 어부, 어선 석방에 관한 조치)

추이: 상기와 같은 경위로 보아 나포 일 어부 및 어선은 필히 11. 30에 석방되도록 조치하여 주시기 바람.(주일정-외아북)

53. 한일회담 재개에 관한 본부 입장 통보 전문

번호: WJA-11310

일시: 261340 [1964. 11. 26]

수신인: 주일 대사

대: JAW-11532 및 주일정 722-488

1. 대호 보고내용을 양승함.

2. 본회담은 12. 3 분과위원회를 12. 7 재개함에 대한 필요한 지원 조치를 취하겠음.

3. 일본 측 안전 조업 요구에 대하여는 귀하가 이미 일본 측에 주장한 바와 같이 조업 자진 억제가 강력히 관철되도록 하시기 바람.

4. 언론인 방일에 관련하여 본부 아주국에서 실무자 1명을 동행케 할 예정임. 특히 이들의 영접에 관하여는 조심하시고 소기의 목적을 달성하기 위하여 최대의 제반 협조를 하시기 바람.

5. 어선 및 어부 석방 문제는 귀하 귀임 전에 상세히 검토한 바와 같이 1차적인 예정을 월 말로 하되, 제반 사정과 절차로 보아 실제의 석방은 12월 2, 3일밖에 될 수 없는 것으로 판단되므로 이점 특히 유념하시기 바람.

6. 대표단은 다음과 같음.

(1) 대표 명단

　　수석대표: 김동조 대사

　　대표: 문철순, 방희, 연하구, 이규성, 이경호, 이봉태(수산국장), 김명년

　　전문위원: 최광수, 장영하, 신동원, 이경훈

(2) 각 대표 및 전문위원의 부서

　　수석대표 특별보좌: 연하구

　　기본관계: 문철순(수석)

　　어업 관계: 이규성(수석), 이봉태, 김명년(대표), 신동원(전문위원)

　　법적지위 관계: 방희(수석), 이경호(대표), 이경훈(전문위원), 안세훈(보좌)

　　본회담 보좌: 최광수, 최호중

7. 고문에 대하여는 추후 통보 위계임

8. 신응균 대사가 한일 문제에 관여한 일이 없는 사정과 연내 회의가 내년도 본격적인 회담을 위한 준비작업이라는 점을 고려하여 문철순 실장으로 대치하였음. 이에 관하여 신응균 대사가 기본관계 수석으로 특별히 필요한 사정이 있으면 지금 회신 바람.

　　　　　　　　　　　　　　　　　　　　　　　　　　　　　　　　　　　장관

57. 일 어선 및 어부 석방 문제 관련 대표부 건의 전문

긴급

번호: JAW-12023

일시: 011832[1964. 12. 1]

수신인: 장관

발신인: 주일 대사

대: WJA-12001, WJA--12006호

1. 일본 정부에 대한 일 어선 및 어부의 석방에 관한 통고는 이미 본국 정부 훈령(외아북 722-666)에 의하여 본직 귀임 후 11. 25에 시나 외상에게 11월 말까지 석방하겠음을 통보한 바 있음(JAW-11532 보고 참조).

2. 연이나 동 석방 조치가 사실상 지연되므로 말미암아 일본 정부, 특히 일 외무성이 국내적으로 극히 난처한 입장에 빠져 있으며 반사적으로 현지 대사의 신의에도 관계되어 금후 중요한 한일교섭을 앞두고 적지 않은 지장이 있을 가능성도 있으며 우선 오는 12. 3으로 예정되어있는 제7차 회담 본회담의 원활한 개최에도 영향이 없지 않은 실정임.

3. 현재 일본 측은 동 석방의 정식통고 또는 발표보다 실제로 선원 및 어선이 귀환하는데 큰 관심을 가지고 있는 것이므로 국내적으로 사정(예산 통고 등)이 있으시면 금일 밤 늦게라도 실제로 석방되어 일본으로 향하도록 각별 조치하여 이 이상 본 문제가 뒤꼬리를 남기지 않도록 하여 주시기를 강하게 건의함.(주일정-외아북)

58. 이규성 참사관의 히로세 외무성 참사관 면담 결과 보고 전문

번호: JAW-12051

일시: 022159[1964. 12. 2]

수신인: 장관

발신인: 주일 대사

이규성 참사관은 금 2일 15:00시에 히로세 일 외무성 아세아국 참사관을 방문하고 면담한 바, 동 결과를 아래와 같이 보고함(최 정무과장, 야나기야 사무관 배석).

1. WJA-12006 및 12026 지시에 따라 아 측은 일 어부 16명 및 어선 3척이 빠르면 금일 늦게 또는 명 3일 중으로는 석방될 것을 통고하였음. 이에 대하여 일본 측은 사의를 표하고 출발일시 및 인계 장소에 관한 통보가 있으면 연락하여 달라고 함으로 본부 지시 있는 대로 통보하겠다고 말하였음. 또한 일본 측은 아 측의 석방 통고를 발표하여도 가한가를 문의하므로 아 측은 상기 정부 지시에 따라 무방할 것이라고 하였음(동 사실은 금일 17:00시 경부터 뉴스에 보도되고 있으며 명조 조간에 발표될 것으로 예상됨).

2. 이 참사관은 WJA-11385에 따라 최근 일본 어선단의 평화선 침입이 격증하고 있으며 특히 연안 3마일의 지근 해역에서 조업할뿐 아니라 일 순시선들이 아국 경비선의 활동을 방해하고 있는 사실에 대하여 엄중한 항의를 제기하고 한일회담이 개최되려는 시기에 이와 같은 사건으로 한국의 국내 여론을 자극하고 있음에 유감의 뜻을 표하고 일 어선의 평화선 침범 및 일 순시선의 부당한 행동을 자중할 것을 강력히 요청하였음. 이에 대하여 히로세 참사관은 즉시 이를 상부에 보고하겠다고 하고 서로 자극적인 사건을 피하기 위하여 상호 간에 자숙하여야 할 것이라는 의견을 표명하였음(동 항의 사실에 관하여는 당지 특파원 등에 발표하였음).

3. 명 3일로 예정되어 있는 제7차 전면회담의 회의 진행에 대하여 협의하였는 바 시간은 15시, 장소는 일 외무성 대신 접견실 겸 회의실에서 개최키로 하였으며 회담 진행 방식에 관하여는 전례에 따라 진행하기로 세부적인 협의를 마쳤음.(주일정-외아북)

2. 본회의, 1~3차, 1964. 12. 3~1965. 1. 18

64. 제7차 한일회담 제1차 본회의 회의록

0303   제7차 한일회담 제1차 본회의 회의록

1. 일시: 1964. 12. 3(목) 오후 3시

2. 장소: 일본 외무성 외무대신 접견실

3. 참석자: 한국 측: 수석대표　김동조　주일 특명전권대사
　　　　　　　대표　　　　방희　　주일 대표부 공사
　　　　　　　 〃 　　　　문철순　외무부 기획관리 실장
　　　　　　　 〃 　　　　이규성　주일 대표부 참사관
　　　　　　　 〃 　　　　연하구　외무부 아주국장
　　　　　　　 〃 　　　　이경호　법무부 법무국장
　　　　　　　 〃 　　　　김명년　국립수산진흥원 원장
　　　　　(상기 대표 7명 외 전문위원 및 보좌 약간 명 동석)

　　　　일본 측: 수석대표 대리 우시바 노부히코　외무성 외무심의관(차석대표)
　　　　　　　　대표　　　야기 마사오　　　입국관리국장
　　　　　　　　 〃 　　　우시로쿠 도라오　외무성 아세아국장
　　　　　　　　 〃 　　　후지사키 마사토　조약국장
　　　　　　　　 〃 　　　요시오카 에이치　대장성 이재국장
　　　　　　　　 〃 　　　히로세 다쓰오　외무성 아세아국 참사관
　　　　　　　　 〃 　　　와다 마사아키　수산청 차장
　　　　　(상기 대표 7명 외 전문위원 및 보좌 약간 명 동석)

0304   4. 토의 내용: (1964. 12. 3자 JAW-12071 참조)

우시바 수석대표 대리: 지금부터 제7차 한일회담 제1차 본회의를 개최하겠다. 먼저 일본 측의 대표들을 소개하겠다(상기 3항과 같이 일본 측 대표들을 소개하였음).

김 수석대표: 한국 측 대표들을 소개하겠다(상기 3항과 같이 한국 측 대표들을 소개하였음).

우시바: 인사 말씀을 드리겠다(JAW-12061 및 참고문서 1 참조).

김 수석: 인사 말씀을 드리겠다(JAW-12052 및 참고문서 2 참조).

우시바: 제7차 한일회담의 진행방식에 관한 일본 측의 생각을 말하겠다. 용어는 한, 일, 영 3개 국어로 하되 상대방을 이해시키기 위한 통역은 양측이 각각 담당하기로 하고 합의의사록 작성 및 신문 발표 담당관으로서 히로세 대표를 지명하겠다. 또 합의의사록은 필요한 경우에만 작성하는 것이 좋겠다.

김 수석: 회의 진행방식에 관한 일본 측 의견에 이의 없다. 우리 측 합의의사록 작성 및 신문 발표 담당관으로 이규성 대표를 지명한다. 의제에 관하여서는 1) 기본관계, 2) 대일 한국 청구권, ㄱ. 일반청구권, ㄴ. 문화재, ㄷ. 선박, 3) 재일한인 법적지위, 4) 어업 및 평화선으로 하는 것이 어떤가?

우시바: 의제에 관하여서는 추후 비공식으로 협의하여 결정하는 것이 좋겠다.

0305   김 수석: 제6차 한일회담의 경우와 같이 하는 것이 좋을 것으로 생각한다.

우시바: 좋다. (이리하여 일본 측은 '대일 한국 청구권'을 '대일 한국 청구권 및 경제협력 위원회'로 개칭할 것을 비공식으로 주장하여 왔으나 이를 철회하고 우리 측 주장대로 종래와 같은 명칭을 사용하도록 합의하게 되었음)

김 수석: 한국 측의 각 위원회 수석을 소개하겠다. 기본관계위원회 수석은 문철순 대표, 재일한인 법적지위위원회 수석은 방희 대표, 어업 및 평화선위원회 수석은 이규성 대표로 하겠다.

우시바: 일본 측의 기본관계위원회 수석은 히로세 대표, 법적지위위원회 수석은 히라가 및 야기 양 대표, 어업 및 평화선위원회 수석은 와다 및 히로세 양 대표로 하겠다. 일본 측은 수석을 복수제로 하고자 하며 한국 측도 복수제로 하여도 좋겠다.

김 수석: 각 위원회 수석의 복수제에 관하여서는 앞으로 편의에 따라 고려하기로 하겠다. 회의 일정에 관하여서는 12월 7일(월)에 법적지위위원회와 어업 및 평화선위원

회의 제1차 회의를 오전, 오후로 나누어 개최하고 12월 8일(화)에는 기본관계위원회의 첫 회의를 개최하였으면 좋겠다. 그 후의 회의 개최 일정에 관하여서는 각 위원회의 수석 간에 합의하여 결정하기로 하는 것이 좋겠으나 12월 18일(금)을 기한으로 하여 가능하다면 매일이라도 회의를 갖도록 스케줄을 짜서 능률적으로 회의를 진행시키는 동시에 12월 21일(월)에 재차 본회의를 열어 각 위원회의 성과를 정리함으로써 연내 회의를 종료하고 내년의 회의에 임하기로 하는 것이 어떤가?

우시바: 회의를 능률적으로 운영하자는 데는 크게 동감이다. 회의 스케줄에 관하여서는 한국 측 의견대로 하고 싶다. 신문 발표 내용은 양측 신문 발표 담당관에게 일임하는 것이 어떻겠는가?

김 수석: 이의 없다(신문 발표 내용은 참고문서 7과 같이 추후 합의하였음).

우시바: 그러면 오늘 회의는 이것으로써 폐회함이 어떻겠는가?

김 수석: 그렇게 하자(회의는 15:32에 종료하였음).

5. 참고문서 목록
1) 제7차 한일회담 개최에 제한 김동조 수석대표의 인사문
2) 제7차 한일회담 제1회 본회의 진행순서
3) 일본 측 우시바 수석대표 대리의 인사문
4) 제7차 한일회담 양국 대표 명부(1964. 12. 1)
5) 제7차 한일회담 1차 본회의에 관한 신문 발표문, 각 1부

끝

첨부

64-1. 제7차 한일회담 개최에 제한 김동조 수석대표의 인사

제7차 한일회담 개최에 제한 김동조 수석대표의 인사

1964. 12. 3

　우리들은 한일 양국 간에 새로운 역사를 창조할 중차대한 사명을 지니고 오늘 제7차 한일 전면회담의 개최에 임하게 되었습니다. 한일 양국 관계의 전도는 이 방법을 통하여 성취될 결과에 따라 크게 좌우될 것이라 해도 과언이 아닙니다. 이 역사적 사명을 수행하기 위하여 본인과 한국 대표단이 우시바(牛場) 수석대표 대리를 비롯한 일본 대표단 여러분과 자리를 같이 하게 된 것을 매우 기쁘고 영광스럽게 여기는 바입니다.

　회고하건대, 한일 양국 정부가 양국 간의 불행한 과거를 청산하고 공정과 형평의 원칙에 입각한 새로운 우호 선린관계의 수립을 위한 교섭을 시작한 지 이미 13년이 경과하였습니다. 그동안 6차에 걸친 회의를 거듭하면서 수많은 우여곡절이 있었으나 아직도 그 결실을 보지 못하고 있는 것은 실로 유감스런 일이라 아니할 수 없습니다. 특히 1951년 10월 국교 정상화를 위한 최초의 한일교섭부터 혹은 직접으로 또는 간접으로 회의 진행에 관여하는 기회를 가졌으며, 그 추이에 남다른 관심을 지녀온 본인으로서는 더욱 깊은 감회를 금할바 없는 것입니다.

　한일 양국은 지리적으로 근접하고 있을 뿐만 아니라 역사적으로 호, 불호간에 여러 모로 복잡한 관계를 유지하여 왔으며, 지금은 자유민주주의의 이념을 같이하는 우방으로서 정치적, 경제적으로 긴밀히 제휴해 나아가야 할 운명에 놓여 있습니다. 더욱이 공산 세력의 위협이 일익 첨예화하는 현 국제 정국에 비추어 한일 양국 간의 조속한 국교 정상화는 비단 양국 국민 공동의 번영만이 아니라 자유 아세아 나아가서는 전 자유 진영의 결속과 안전에 기여하는 바, 다대하리라는 것은 두말할 것도 없습니다.

　이와 같은 견지에서 양국은 시야를 더욱 넓혀 긴 안목에서 하루빨리 대국적인 해결을 기하여야 할 시점에 와 있습니다. 피차에 변치 못할 주장이나 양보가 있다 하더라도 그것은 장구한 장래를 통하여 양국 공동의 번영과 전 자유 진영의 안정을 이룩하기 위한 주장과 양보이어야 할 것이라고 본인은 확신하는 바입니다.

한국 정부는 벌써부터 한일회담의 타결과 국교 정상화의 조기 현실을 그 기본정책의 하나로 삼고 있음을 내외에 천명하여 왔고 이를 위하여 인내 깊은 노력을 경주하여 왔습니다.

그간 장구한 시일에 걸친 교섭을 통하여 특히 1961년 가을부터 시작된 제6차 한일회담에 있어서의 진격한 토의와 양국의 고위 정치지도자 간의 접촉을 통하여 어느 정도 서로의 흉중을 알 수 있는 단계에까지 이르렀습니다. 물론 우리는 이 장구한 교섭을 통하여 제 현안 해결의 어려움을 뼈저리게 느끼고 있으며, 또한 이 어렵고도 중대한 문제들을 일조일석에 해결할 수 있는 묘안은 없다는 것도 잘 알고 있습니다.

그러나 우리가 호양의 정신으로 허심탄회하게 충실한 교섭을 진행해 나간다면 기필코 양국 간에 개재하는 제 현안을 원만히 해결하여 양국 국민이 대망하고 있는 국교 정상화를 이룩할 수 있을 것이라고 확신하는 바입니다.

한국 정부와 본인은 제 현안에 관하여 공정하고 합리적인 해결을 신속 원만히 성취함으로써 과거의 불행한 역사에 기인하는 감정을 불식하고 상호 이해와 융화에 기초한 영속적인 우호 관계를 수립하려는 굳은 신념과 의욕으로써 금차 회담에 임하는 바입니다.

본인은 일본 정부와 귀 대표단 여러분께서도 한국 측에 못지않은 성의와 아량으로 임하시어 하루빨리 우리의 공동목표가 달성될 수 있기를 염원하는 바입니다.

이상으로 본인의 인사 말씀에 대신하고자 합니다.

첨부

64-2. 제7차 한일회담 제1차 본회의 진행순서 문서

제7차 한일회담 제1회 본회의 진행순서

1. 시일: 1964년 12월 3일
2. 장소: 일본 외무성 대신 접견실
3. 회의 진행:
    1) 대표단의 소개
    2) 수석대표의 인사
       (1) 우시바 일본 측 수석대표 대리의 인사
       (2) 김동조 한국 측 수석대표의 인사
    3) 용어의 채택 - 한, 일, 영 3개 국어를 공식용어로 하고, 상대방을 이해시키기 위한 통역은 각각 준비함.
    4) 합의의사록 작성 및 신문 발표 담당관
       한국 측 - 이규성 대표
       일본 측 - 히로세 대표
    5) 의제 채택 (제6차 회담 의제와 동일)
       (1) 기본관계
       (2) 대일 한국 청구권
           ㄱ. 일반청구권
           ㄴ. 문화재
           ㄷ. 선박
       (3) 재일한인의 법적지위
       (4) 어업 및 평화선
    6) 각 위원회의 개최 일시 - 연내에는 우선 하기 3개 위원회를 개최함.
       (1) 기본관계위원회
       (2) 재일한인 법적지위위원회
       (3) 어업 및 평화선위원회

첨부

64-3. 제7차 한일회담 제1차 본회의 일본 측 우시바 수석대표 대리의 인사말

昭和三十九年十二月三日の第七次日韓全面会談
第一回本会談における牛場首席代表代理の挨拶

　本日，ここに金東祚首席代表閣下をはじめ韓国側代表団各位を迎え，本年春以来中断されていた日韓会談を，新たに第七次会談として，再開する運びに至りましたことは，私をはじめ日本側代表団全員の深い喜びとするところであります．

　日韓両国政府は，両国々民一般の強い願望を背景として，過去十数年にわたり，両国間の国交を正常化し，恒久的友好関係を樹立するため努力を重ねてまいりました．不幸にして，この努力は未だ実っておりませんが，それにもかかわらず，経済・文化等諸般の分野における日韓両国の関係は近時一段と緊密の度を加えております．また，さきの東京オリンピックでもみられたように，両国間の人の従来やスポーツ等を通じ，両国民の間の相互理解も一層深まりつつあることは御承知のとおりであります．

　このことを考えますと，私は，日韓国交正常化の機運はすでに到来していると確信するものであります．そして，この日韓の国交正常化は，単に日韓両国のためになるばかりでなく，アジアの平和と繁栄，ひいては世界の平和と繁栄のための一つの大きな礎石であるというのが，私の信念であります．

　過去十数年にわたる両国関係者のたゆまざる努力の成果として，日韓会談の諸懸案の討議は相当程度に進捗しておりますので，私は，来週から再開される基本関係・漁業・法的地位の各委員会がその上に立ってさらに一段の成果をあげるよう期待するものであります．特に，日本側と致しましては，その最大の関心事であり，かつ，会談の早期妥結の成否を左右するといっても過言ではない漁業問題の討議が実質的な進捗をおさめることを切に希望するものであります．

　私は，さきに第六次会談の冒頭，これをもって「最終の会談」たらしめるようお互い努力したいとの趣旨を杉首席代表が御挨拶したことをあらためて想起せざるを得ません．私は，この第七次会談こそ真に実りあるものたらしめるべく，日本側各代表と

もども熱意をあらたにしておるのであります。もっとも、徒らに妥結の早きのみを焦ることは大局的に却って逆効果であることに想いを致し、日韓両国の将来にしこりを残すことなきよう、真に公正、妥当な妥結内容を産み出すべくお互いに十二分に協力することを念願する次第であります。

終りに臨み、日韓間の諸懸案が円満に解決し、両国国民の待望久しい日韓国交正常化の日が速かに到来するよう心から希念しつつ御挨拶を終りたいと思います。

1964년 12월 3일의 제7차 일한 전면회담
제1회 본회담에서의 우시바 수석대표 대리의 인사

금일 이 자리에 김동조 수석대표 각하를 비롯하여 한국 측 대표단 각위를 맞이하여 중단되었던 일한회담을 새로이 제7차회담으로 재개하게 되기에 이른 것은 본인을 비롯하여 일본 측 대표단 전원이 심심하게 기뻐하는 바입니다. 일한 양국 정부는 양국 국민 일반의 강한 희망을 배경으로 하여 과거 십수 년에 걸쳐 양국 간의 국교를 정상화하고 항구적 우호 관계를 수립하기 위하여 노력을 거듭하여 왔습니다. 불행히도 이 노력은 아직 결실되지 않았으나 그럼에도 불구하고 경제, 문화 등 제반 분야에서의 일한 양국의 관계는 근래 더한층 긴밀의 도를 가하고 있습니다. 또한 지난 번의 도쿄 올림픽에서도 본 바와 같이 양국 간의 인사왕래나 스포츠 등을 통하여 양국 국민 간의 상호 이해도 일층 깊어지고 있는 것은 이미 아시는 바입니다. 이와 같은 것을 고려할 때, 본인은 일한 국교 정상화의 기운은 이미 도래하고 있는 것으로 확신하는 것입니다.

또한 일한의 국교 정상화는 단순히 일한 양국을 위해서 뿐만 아니라, 아세아의 평화와 번영, 나아가서는 세계의 평화번영을 위한 하나의 큰 초석이라는 것이 본인의 신념입니다.

과거 194년에 걸친 양국 관계자의 끊임없는 노력의 성과로서 일한 회담의 제 현안의 토의는 상당한 정도로 진척되고 있으므로 본인은 내주부터 재개될 기본관계, 어업, 법적지위의 각 위원회가 그 위에 서서 더욱 큰 성과를 올릴 것을 기대하는 것입니다.

특히 일본 측으로서는 그 최대의 관심사이며 또한 회담의 조기 타결의 성부를 좌우한다 해도 과언이 아닌 어업 문제의 토의가 실질적인 진척을 보일 것을 간절히 희망하는 것입니다.

본인은 과반 제6차 회담의 모두에, 이로써 '최후의 회담'이 되도록 상호 노력하고 싶다는 취지를 스기 수석대표가 인사한 것을 다시 상기하지 않을 수 없습니다. 본인은 이 7차 회담이야말로 진실로 결실이 있는 것이 되도록 일본 측 각 대표와 함께 열의를 새로이 하는 바입니다.

그러나 타결의 빠른 것만을 초조해함으로써 대국적으로는 오히려 역효과가 되는 것을 생각하고 일한 양국의 장래에 찜찜한 점을 남기는 일이 없도록 진실로 공정, 타당한 타결내용을 산출하기 위하여 서로 십이분 협력할 것을 염원하는 바입니다.

끝으로 일한 간의 제 현안이 원만히 해결되어 양국 국민이 오래도록 대망하여온 일한 국교 정상화의 날이 속히 도래될 것을 마음으로부터 기원하면서 인사를 마치고자 합니다.

첨부

64-4. 제7차 한일회담 양국 대표단 명단

0314　　　　　　　　　　第7次日韓全面会談両国代表名簿

39. 12. 1

[日本 側]

首席代表		杉 道助
次席代表	外務省 外務審議官	牛場信彦
代表	法務省 民事局長	平賀健太
〃	〃　　入国管理局長	八木正男
〃	外務省 アジア局長	後宮虎郎
〃	〃　　経済協力局長	西山 昭
〃	〃　　条約局長	藤崎万里
	〃　　情報文化局	
	文化事業部長	針谷正之
〃	〃　　アジア局 参事官	広瀬達夫
〃	大蔵省 理財局長	吉岡英一
〃	文部省 文化財保護委員会	
	事務局長	宮地茂
〃	農林省 水産庁次長	和田正明

[韓国 側]

首席代表	駐日代表部 代表	金東祚
代表	駐日代表部 公使	方熙
〃	外務部 企画管理室長	文哲淳
〃	駐日代表部 参事官	李圭星
〃	外務部 亜州局長	延河亀
〃	法務部 法務局長	李坰鎬
〃	農林部 水産局長	李鳳来
〃	農林部 国立水産振興院院長	金命年

> 번역

제7차 일한 전면회담 양국 대표 명부

1964. 12. 1

[일본 측]

수석대표		스기 미치스케
차석대표	외무성 외무심의관	우시바 노부히코
대표	법무성 민사국장	히라가 겐타
〃	〃 입국관리국장	야기 마사오
〃	외무성 아시아국장	우시로쿠 도라오
〃	〃 경제협력국장	니시야마 아키라
〃	〃 조약국장	후지사키 마사토
〃	〃 정보문화국 문화사업부장	하리가이 마사유키
〃	〃 아시아국 참사관	히로세 다쓰오
〃	대장성 이재국장	요시오카 에이치
〃	문부성 문화재보호위원회 사무국장	미야지 시게루
〃	농림성 수산청 차장	와다 마사아키

[한국 측]

수석대표	주일 대표부 대표	김동조
대표	주일 대표부 공사	방희
〃	외무부 기획관리실장	문철순
〃	주일 대표부 참사관	이규성
〃	외무부 아주국장	연하구
〃	법무부 법무국장	이경호
〃	농임부 수산국장	이봉래
〃	농임부 국립수산진흥원 원장	김명년

첨부

64-5. 제7차 한일회담 제1차 본회의 신문 발표문

제7차 한일회담 제1차 본회의에 관한 신문 발표

제7차 한일회담 제1차 본회의는 12월 3일 오후 3시부터 외무성에서 한국 측 김동조 수석대표, 일본 측 우시바 노부히코 수석대표 대리 이하 각 대표가 출석한 가운데 개최되었다. 이 회합에서 양국 수석대표가 각각 대표를 소개한 후 인사를 교환하였다.

이어 회담의 의제 및 수속 사항은 종래대로 하기로 하고 어업 및 법적지위 위원회는 7일(월), 기본관계위원회는 8일(화)부터 개최하기로 양국 간에 합의하였다.

70. 김동조 대사의 시나 외상 면담 결과 보고 전문

0323   번호: JAW-12349

일시: 181946[1964. 12. 18]

수신인: 외무부 장관
발신인: 주일 대사

제목: 김 대사와 시나 외상 간의 면담 내용 보고

본직은 금 18일 16:00에 시나 일 외상을 방문하고 약 30분간 면담한바 그 내용을 아래와 같이 보고함(이규성 참사관, 우시로쿠 국장 동석).

1. 본직은 고 스기 수석대표에 대하여 조의를 표명한 바 일 외상은 이에 감사하는 바라 하였음.

2. 그간 진행 중이던 한일회담 각 분과위원회의 토의 경과에 언급하여 본직은 명년도의 본격적인 교섭에 대비해서 연내에 양측의 입장을 분명히 하여 가능한 부분의 의견 접근을 기하였다는 점에 이를 만족스럽게 생각한다고 하였던바, 일 외상도 이에 동감을 표명하였음. 본직은 일 외상에게 명년의 본격적인 교섭에 있어서 일본 정부가 보다 대국적인 견지에서 한국 측 입장에 접근하게 될 수 있기를 바라며 각 위원회 실무대표진에 좀 더 광범한 권한을 주어 본격적인 절충을 할 수 있는 준비를 갖추어 달라고 하였음. 일본 측은 잘 알겠다고 하고 한국 측도 이와 같은 준비가 되기를 바란다고 답변하였음. 본직은 정부 훈령을 기다려 22일경에 본국 정부에 보고차 귀국하게 될 것으로 예상된다고 하였음.

3. 시나 외상의 방한에 관하여 일정 등이 결정되었는가를 문의하였던바, 일본 측은

시나 외상이 8일에 사토 수상에 수행하여 미국으로 향하였다가 15일 일, 영 각료협의에 참석한 후 구주공관장 회의를 마치고 18, 19일경에 귀국하여 20일부터 시작되는 정기국회 외교정책 연설 및 중, 참 양원 본회의 예산위원회에서의 정부 질의를 끝마치면 한국으로 갈 수 있는바, 그 시기가 대체로 2월 중순이 될 것이라고 말하였음. 이에 관하여 아 측은 외무부 장관의 유엔총회 참석 일정이 있으므로 가능한 한 2월 중 빠른 시기가 될 것을 희망한다고 하였던바, 일본 측은 이를 충분히 염두에 두고 일정을 작성하겠다고 하였음. 일본 측은 구체적 방한 일자, 수원 등은 아직 미정이라 하므로 아 측은 준비 관계상 적어도 1개월 전에는 정식 통보하여 주도록 하여달라고 하였던바 그렇게 하겠다는 회답이 있었음.

4. 일본 측 수석대표 후임 인선에 관하여 일 외상은 사쿠라다 씨가 끝내 수락을 거부하기 때문에 정부의 입장이 매우 거북하다고 하면서 새로이 인선에 들어갈 작정이며 연내에는 결정이 어렵지 않을까 생각한다고 말하였음. 본직은 일본 측 수석대표가 누가 되느냐에는 말할 입장이 아니나 한국 측으로서는 가능한 한 거물급 인사가 임명되어 일본의 정, 재개에 대하여 한일회담을 이해시키는 데 큰 힘이 될 수 있는 인사가 되기를 희망한다고 말하였음.

5. 본직은 최근 신문 지상에 보도되고 있는 소위 북괴 무역 관계원의 일본입국 가능성 문제에 언급하여 이는 만일 실현된다면 크게 정치 문제화할 가능성이 있으며 회담 진행에도 매우 좋지 않은 영향을 줄 가능성이 있을 것이라고 말하였음. 이에 대하여 일본 측은 정부로서는 북한과의 왕래는 극도로 제한하고 있으며 개별적으로 올림픽, 또는 적십자 관계 등 불가피한 자의 입국만을 인정하여온 바이므로 정경분리의 입장을 취하고 있는 중공과도 전혀 별도의 견지에서 취급하여 왔으며 앞으로도 국력 제한하고 신중히 다룰 방침이나 사회당에 대한 대책 등도 있어 이를 전적으로 제한하기는 어려운 사정이므로 무역 관계원 중 불가피한 것은 결국 엄격히 선별하여 허가를 하지 않을 수 없게 될 것이라는 입장을 표명하였음. 이에 대하여 본직은 이와 같은 조치는 결과적으로 재일한인의 재조련계 분자들을 ENCOURAGE 하여서는 안될 것이라 하고 엄중 제한할 것을 재차 강력히 요청하였음.

(관측 및 건의) (본직이 받은 인상으로는 금후 북괴 무역 관계원의 입국을 승인할 가능성이 짙은 것으로 보임. 그간 신문 지상 등에 보도되고 있는 북괴와의 거액의 플랜트 수출 상담 등이 진행 중으로 금후 아 측과의 플랜트 교섭이 어느 정도 본궤도에 오르면 북괴에 대한 플랜트 수출이 1, 2건 실시될 가능성이 없지 않음. 따라서 정부로서는 이에 대하여 강경히 아 측의 입장을 밝히는 동시 금후 이와 같은 사건이 발생하는 경우에 대비하여 정부의 기본방침을 사전에 강구되어야 할 것으로 사료되옵기 건의함.)

6. 본직은 소위 '한국 정부의 관할권' 운운하는 17일 일 중의원에서의 우시로쿠 발언에 대하여 아 측 입장을 밝히고 특히 한국 측과 양해 운운은 사실에 위배되는 것이므로 정정하여야 할 것이라고 하였음. 이에 관하여 동석한 우시로쿠 국장은 자기의 책임이므로 해명하겠다고 전제하고 자기로서는 '관할권'이라는 어구도 사용한 일이 없으며 다만 한국과 체결한 조약의 적용 지역에 관하여 한국 측은 그 헌법에 규정된 바에 따른 입장을 취할 것이나, 일본 측으로서는 한국의 현실적인 지배가 북한에 미치지 않고 있다는 사실을 고려에 둔다는 일본 측 입장을 이야기한 것이며 다만 이와 같은 현실적인 지배가 미치지 않는다는 사실은 한국도 알 것이 아닌가하는 등의 발언을 한 것이라 하고 '양해' 운운에 대하여는 이 자리에서 정정하는 바이라고 말하였음. 이에 관련하여 본직은 일본 정부 수뇌의 국회 발언은 즉각적으로 한국에 보도되어 말썽을 일으키고 있으며 한국 측을 자극하고 있으므로 이와 같은 일이 없도록 조심하여 달라고 하였던바 일본 측은 그러지 않아도 늘 조심하고 있으며 이를 고려하여 '관할권'이라는 어구도 사용을 삼가고 있는 바이라는 답변을 하였음.

7. 본직은 금반 본국 정부에 귀국한다 할 경우 일본 측이 특히 이야기할 것이 없는가고 하였던 바, 일본 측은 세금 미납 일 상사원의 출국이 금지되어 일본 측에게 자극적인 요소가 되고 있으니 이를 해결하여 달라고 하므로 본직은 즉각 본국 정부에 보고토록 하겠다고 하였음.

8. 이른바 정지 작업에 관하여 본직은 일부분 해결을 보고 있으나 아직도 냉동선 11척 수출 문제가 해결되지 않고 있음을 지적하고 이에 조속한 처리를 요망하는 동시

에 차제에 대한 어선 수출금지에 관한 소위 각의 양해 사항을 없애도록 할 것을 요망한바 일본 측은 잘 알겠다는 답변이 있었음.(외아북)

79. 제7차 한일회담 제2차 본회의 회의록

0337
제7차 한일회담 제2차 본회의 회의록

1. 일시: 1964. 12. 21(월) 오후 3시
2. 장소: 일본 외무성 외무대신 접견실
3. 참석자: 한국 측 수석대표   김동조 주일 대사
　　　　　　　　대표　　　　방희　　주일 대표부 공사
　　　　　　　　〃　　　　　문철순　외무부 기획관리실장
　　　　　　　　〃　　　　　이규성　주일 대표부 참사관
　　　　　　　　〃　　　　　연하구　외무부 아주국장
　　　　　　　　〃　　　　　이경호　법무부 법무국장
　　　　　　　　〃　　　　　김명년　국립수산진흥원 원장
　　　　　(상기 대표 7명 외 전문위원 및 보좌 약간 명 동석)
　　　　일본 측 수석대표 대리 우시바 노부히코 외무성 외무심의관
　　　　　　　　대표　　　　히라가 겐타　　법무성 민사국장
　　　　　　　　〃　　　　　우시로쿠 도라오 외무성 아세아국장
　　　　　　　　〃　　　　　후지사키 마사토　〃　조약국장
　　　　　　　　〃　　　　　히로세 다쓰오　외무성 아세아국 참사관
　　　　　　　　〃　　　　　와다 마사아키　수산청장
　　　　　(상기 대표 7명 외 전문위원 및 보좌 약간 명 동석)

0338　4. 토의 내용

김 수석: 회담에 들어가기 전에 본인은 한국 정부와 이 자리에 참석하고 있는 한국 대표단 전원을 대표하여 스기 수석대표의 서거에 대하여 심심한 조의를 표하는 바이다. 고 스기 씨는 1961년 10월 20일에 제6차 한일회담이 시작된 이래 일본 측 수석대표로서 회담의 조기 타결과 한일 양국 간의 국교 정상화에 남다른 이해와 열의를 가

지고 공헌하여 온 것은 우리들이 잘 아는 사실이다. 이제 한일 양국 대표의 꾸준한 성의와 노력으로 회담 타결의 전망이 멀지 않은 이때, 생전의 노력의 결실을 보지 못하고 스기 씨가 서거한 것은 실로 애석한 일이라 하지 않을 수 없다. 본인은 이 자리에 계신 여러분과 함께 다시 고인의 명복을 빌고자 한다(최광수 전문위원 통역).

우시바: 고 스기 수석대표의 서거에 대하여 한국 정부와 대표단 여러분들이 조의를 표하여 준 데 대하여 심심한 사의를 표하는 바이다. 일본 정부와 본 대표단들도 스기 씨의 돌연한 서거를 깊이 애도하고 있으며 스기 씨의 명복을 비는 동시에 이미 고인이 된 스기 씨의 유지를 받들어 한일회담의 조기 타결을 위하여 모든 노력을 다할 각오이다.

김 수석: 제7차 한일회담은 지난 12월 3일에 제1차 본회의로 시작된 이래 동 7일부터 18일까지 기본관계위원회, 재일한인 법적지위위원회, 어업 및 평화선위원회의 3개 위원회가 거의 매일같이 개최되어 각 위원회마다 진지하고 활발한 토의를 통하여 양측 입장의 접근을 위한 노력이 경주되어온 바이다.

이와 같은 각 위원회의 운영 및 토의 진행 상황에 관하여 본인은 각 위원회의 한국 측 수석위원으로부터 상세한 보고를 받고 있는바, 이제 우시바 수석대표 대리의 양해를 얻어 본인이 받은 보고를 기초로 하여 3개 위원회의 운영 및 토의 진행 상황에 관하여 간단히 영어로 말하고자 한다. (최 전문위원 통역) (별첨: 제7차 한일 전면회담에 있어서의 각 위원회의 운영 및 토의 진행 상황에 관한 보고를 읽음)

우시바 수석대표 대리께서 각 위원회의 일본 측 수석위원으로부터 받은 보고에 비추어 본인이 말한 보고의 내용에 이의가 없는가?

우시바: 본인도 각 위원회의 일본 측 수석위원으로부터 보고를 받고 있는데 김 수석대표의 발언 내용과 다름이 없다.

김 수석: 오늘 연내 회담을 일단락 짓고 연말연시 휴회에 들어가는 기회에 본인은 이제까지의 토의 진행 상황을 돌이켜보아 간단하게 본인의 소감의 일단을 피력하고자 한다.

금차 회담은 한일회담이 한동안 중단되었던 끝에 양측 대표단의 새로운 결의와 배전의 노력으로써 제 현안의 신속하고 원만한 해결을 위하여 임하였던 바이다. 그간 실질적으로 약 2주간의 짧은 기간이었으나 종래보다 일층 진지하고 건설적인 분위기에서 거의 매일 처럼 실질적 토의가 진행된 데 대하여 일본 측 대표단 여러분과 함께 이를 동경하여 마지않는 바이다.

이제 본인이 간단히 말하고 우시바 수석대표 대리도 동의한 바와 같이 금차 회담에 있어서는 각 위원회마다 문제점 전반에 걸친 토의를 통하여 양측 입장을 명확하게 정리하는 동시에, 문제점에 따라서는 상호 의견 차이의 접근을 본 부분도 있어, 본인은 우선 제1단계로 금년 내의 토의가 보다 본격적인 절충을 위해서 전체적으로 매우 유익하였다는 것을 말하고 싶다.

그러나 여러분도 잘 아는 바와 같이 각 현안마다 양측 입장에는 아직도 좁혀야 할 간격이 많이 남아있다. 따라서 본인은 이번 본회담이 연말연시의 휴회에 들어감을 이용하여 한일 양측이 미해결의 각 문제점에 대하여 보다 대국적이며 고차적인 견지에서 예의 검토를 가하여 명년에 재개될 회담에 있어서는 신속 과감하게 양측 의견의 접근을 위한 작업이 수행될 수 있도록 하여 다년간의 현안을 원만히 해결함으로써 우리가 공동으로 추구하는 한일회담 타결의 목표를 달성할 수 있게 되기를 간절히 바라는 바이다.

특히 본인으로서 한 말씀 드리고 싶은 것은 명년도에 각 위원회를 진행시켜 나가는 데 있어서는 위원회마다 타 위원회의 토의 진행 상황에 구애됨이 없이 독자적으로 토의를 진행시켜 각 현안마다 하루라도 빨리 완결하여 처리해 나가는 것이 전반적인 회담의 타결을 촉진하는 방법이라는 것이다. 본인은 우시바 수석대표 대리를 비롯한 일본대표단 여러분께서도 이와 같은 생각으로 각 위원회의 토의를 진행시켜 나갈 것으로 믿고 또한 바라는 바이다. (최 전문위원 통역)

우시바: 본인의 소감을 말하겠다. 전번 귀국을 방문하여 귀국 정부를 비롯한 각계 요로의 각별한 환대를 받은 데 대하여 심심한 사의를 표한다. 한국에 체류하는 동안 정일권 국무총리, 문덕주 외무부 차관 등 여러 정부 요인들로부터 한일회담 타결에 대한 열의를 직접 접할 수 있어 마음 든든하게 생각한다. 사토 수상, 시나 외상 등 일본의 고위층도 한일회담 타결에 강한 열의를 가지고 있는 것을 여러분들도 잘 아실 줄 믿는다. 시나 외상이 머지않아 귀국을 방문할 예정인데 동 외상의 방한은 한일회담의 타결을 촉진시키는 데 많은 기여가 있을 것으로 기대하는 바이다. 방금 김 수석대표로부터 금후 각 현안에 관한 토의를 추진함에 있어서 보다 대국적이며 고차적인 견지에

서 양측 의견을 접근시키자고 말하였는데 본인으로서는 항상 그렇게 하도록 노력하였으며 또 그렇게 하고자 한다.

지난 회의의 경과를 돌아볼 때 한 가지 불안스럽게 생각된 데가 있어 말하고 싶다. 한국 대표들의 발언 중에는 제6차 한일회담에서 논의된 상호 간의 출발점이 되는 제안에 대하여 소극적인 것 같은 인상이 있는 발언이 있는데 진의는 아니라고 생각하지만 이러한 인상이 불식되기 바란다. 한국 측으로부터 청구권 문제도 이번에 함께 토의하자고 제안이 있었지만 일본 측은 청구권 문제는 그 대강이 타결되었으므로 어업에 관한 대강을 타결한 다음 토의하자고 하였던 것이다. 일본 측으로서는 어업 문제가 가장 중요한 것은 사실이며 중요 문제점이 타결되면 조문 작성은 비교적 단시일 내에 타결할 수 있는 것으로 본다. 한국 측은 청구권, 법적지위 및 어업 관계가 타결되면 제 현안이 일괄 타결되는 것으로 생각하는 것 같으나 일본 측은 독도 문제를 포함하는 제 현안이 일괄 타결되어야 국교 정상화가 가능하다는 입장임을 명백히 하고 싶다.

김 수석: 다음 본인은 거반 제1차 본회의 시에 합의된 기본관계, 한국 청구권(일반 청구권, 문화재 및 선박), 재일한인의 법적지위와 어업 및 평화선의 각 위원회를 병행시킨다는 원칙 밑에, 연내에는 우선 기본관계, 재일한인의 법적지위, 어업 및 평화선의 3개 위원회를 병행하여 진행시킨다는 원칙을 재확인하고자 한다. 우시바 수석대표 대리에게 이의가 없다면 본인은 명년 초에 시작되는 회담에 있어서는 당분간 금년과 같이 3개 위원회를 진행시키되, 어느 한쪽에서 기타의 위원회를 개최할 필요성을 느껴 제의할 때에는 동 의견을 존중하여 양측 수석대표 간에서 상의하여 개최하도록 함이 어떤가?

우시바: 원칙적으로 김 수석대표의 제의에 동의한다.

김 수석: 끝으로 금년도 회담은 이것으로 일단락 짓고 연말연시 휴회에 들어가도록 하고

명년 1월 18일(월요일)에 제3차 본회의를 열고 이어 각 위원회의 회합에 들어가기로 합의할 것을 제의한다.

우시바: 그렇게 하자.

김 수석: 이로써 이번 회의는 원만히 끝난 것으로 생각하는데 이에 관한 신문 발표 내용은 어떻게 정하도록 하는 것이 좋겠는가?

우시바: 보도 담당관에게 일임하는 것이 어떤가? 기자들로부터 이번 회의에서의 토의 내용에 관한 질문이 많을 것으로 알지만 독도 문제에 관한 본인의 발언은 발표하지 않도록 하겠으니 양해하기 바란다.

김 수석: 그럼 신문 발표는 양측 공보관에게 맡기기로 하자. 이번 회의 내용에 관한 의사록은 양측이 합의하여 만드는 것이 어떤가? 양측의 의사록 담당관이 만나서 작성하도록 하였으면 한다.

우시바: 그렇게 하자.

5. 신문 발표

"제7차 한일 전면회담 본회의 제2차 회의는 12. 21 오후 3시부터 외무성에서 개최되었다. 동 회의에서는 우선 고 스기 미치스케 일본 측 수석대표의 명복을 빈 후, 한국 측 김동조 수석대표는 기본관계, 법적지위 및 어업의 각 위원회의 토의상황에 관한 한국 측 각 수석의 보고를 기초로 하여 각 위원회의 운영 및 토의 진행 상황에 관하여 발언하였으며 우시바 노부히코 일본 측 수석대표 대리는 김 수석대표의 발언 내용이 그가 각 위원회의 일본 측 수석에게서 받은 보고내용과 같다는 뜻을 표명하였다. 또 양국 대표는 본회의 및 상기 각 위원회의 회의를 휴회시키는 데 대하여 의견의 일치를 보았으며, 다음의 본회의는 명년 1월 18일에 개최하기로 결정하였다."

6. 이번의 제2차 본회의에 관한 합의의사록은 일본 측에게 준비기간을 주기 위하여 추후 실무자 간의 회합을 통하여 작성하기로 하였음.

별첨: 각 위원회의 운영 및 토의 진행 상황(영문) 각 1부

끝

첨부
79-1. 기본관계위원회 진행 상황 요약 보고문

Committee on Basic Relations

The Committee held five meeting on December 8, 10, 12, 16 and 18, 1964 respectively.

It was agreed at the first meeting that the discussions at this Committee should be expedited so as to level up, within the year if possible, the degree of its progress at least to those of the other Committees in view of the fact that no substantial discussions had been made since the conclusion of the Third Korea-Japan Overall Talks.

At the second meeting, both sides submitted the draft essentials of their positions on the problem of basic relations between the two countries, and respectively made explanations thereon. By the order of the Committee, working-level officials of both sides met informally to agree tentatively on the items to be taken up for discussions at this Committee. The List of items is attached hereto.

As for the kind of agreed document, the Korean side took the position that it should take the form of a 'treaty' while the Japanese side took the position that it should take the form of a 'joint declaration.'

Through an overall exchange of views on the items agreed to be taken up for discussions, the outline of the positions of both sides has been clarified. It was agreed at the last meeting that both sides should come up with more detailed positions, preferably in the form of draft agreements, for substantial negotiations at the Talks to be resumed next year.

List of Items Agreed Tentatively at the Working Level
To Be Taken up for Discussions at the Committee on Basic Relations

1. Establishment of a new relationship based upon mutual respect for sovereign rights.
2. Maintenance of permanent peace and of good-neighborly and friendly relations.
3. Promotion of the common welfare.
4. Contribution to the maintenance of peace and security in Asia and in the world.
5. Reference to negotiations between plenipotentiary delegations.
6. Names of plenipotentiaries.
7. Reference to the fact that agreements were reached as a result of the negotiations.
8. Liquidation of the past relations and confirmation of the fact that treaties or agreements concluded between Korea and Japan on and before August 22, 1910 are null and void.
9. Establishment of diplomatic and consular relations.
10. Article regarding commerce and navigation.
11. Article regarding civil air transport.
12. Principles of the agreements to be concluded separately on the pending problems including the Korean Claims, etc., or the confirmation of the settlement of the various pending problems by separate agreements.
13. Equal division of submarine cable.
14. Confirmation of the fact that the Government of the Republic of Korea is the only lawful government, and of the purpose of the provisions in Article 2 of the Treaty of peace with Japan signed at San Francisco and the United Nations General Assembly resolution 195 (III).

15. Problem of the administrative jurisdiction of the Government of the Republic of Korea.

16. Respect for the principles of the United Nations Charter.

17. Article regarding the settlement of disputes on interpretation.

18. Article regarding ratification.

19. Languages.

20. Name and kind of the document to be agreed upon.

첨부
79-2. 재일한인 법적지위위원회 진행 상황 요약 보고문

Committee on Legal Status of Korean Residents in Japan

The Committee held five meetings on December 7, 9, 11, 15, and 17, 1964 respectively.

Both sides exchanged views on the various point at issue which had been discussed at the previous Talks, including the scope of those who will be accorded the permanent residence in Japan, the causes for their deportation and their treatment in Japan.

As for the scope of those Koreans who will be accorded the permanent residence in Japan, both sides respectively made explanations on their positions.

The Committee concentrated a major portion of its deliberations on the treatment in Japan of those Koreans falling under the provisions of the proposed agreement, including educational facilities, social securities, property rights and so on. Through these deliberations, the positions of both sides on these issues were made clear.

The Committee also discussed the ways and means regarding the remittance of money and properties to be carried by the repatriating Korean residents in Japan.

The Korean side informally brought up the problems of the treatment in Japan of those Koreans who had entered into Japan after the termination of World War II and resided in Japan for a considerable period of time, and the reuniting of dispersed families of Korean residents in Japan.

첨부
79-3. 어업 및 평화선위원회 진행 상황 보고문

Committee on Fisheries and 'Peace Line'

The Committee held five meetings on December 7, 9, 11, 15 and 17, 1964 respectively.

In connection with the regulation of fishing, the Committee first took up the problem of establishing Zone E and the principle of regulation in Zones B and C. The Korean side strongly asserted the necessity of setting up Zone E for the reason that this area covered a very important wintering Zone for various stocks of fish, while the Japanese side insisted that it saw no reason for establishing such zone of regulation. As for the principle of regulation in Zones B and C, new efforts were made to solve the related problems.

The regulation of fishing in Zones A and D was also a subject of discussions at this Committee, but no substantial progress was achieved.

Discussions were made on other issues such as the method of drawing straight baselines as well as on the fishery cooperation including the amount and terms of fishery loans. In this connection, both sides generally reiterated their previous positions.

It was noted that through these discussion, the positions of both sides on the various points at issue in general and several technical points in particular were made clear.

80. 김동조 대사의 우시바 수석대표 대리와의 오찬 회담 결과 보고 전문

번호: JAW-01051

일시: 071842[1965. 1. 7]

수신인: 외무부 장관

발신인: 주일 대사

본직은 우시바 수석대표 대리의 초대로 금 7일 12:00-14:30에 주식을 같이하면서 회담한바 동 내용을 아래와 같이 요약 보고함. (방희 공사, 우시로쿠 아세아국장 동석)

1. 수석대표 간 비공식 회담

작년 말에 일본 측으로부터 비공식으로 제의가 있었던 수석대표 간 비공식 회담의 운영에 관하여 본직은 우선 1.18의 본회담 재개 전에라도 1차 회합하여 회담 진행방식에 관하여 협의토록 하고 재개 후에도 최소 주 1회 정기적으로 회합하되 그 외에도 각 분과위원회의 토의가 난관에 부딪칠 경우에는 그때마다 수시 비공식으로 회합하여 관계 분과위의 양측 수석위원도 참석시켜 문제점에 대한 설명을 듣고 이를 보다 고차적인 견지에서 해결토록 하자고 하였던바 일본 측은 이에 전폭적으로 찬동한다는 답변이 있었음.

2. 한일회담의 운영방식

본직은 일본 측이 종래 어업 문제에 지나치게 중점을 두고 어업위원회의 진행도와 견주어 여타 위원회를 진행시키려는 듯한 인상을 받고 있는바, 재개 회담에 있어서는 일단 대체적인 타결을 2월 말까지 이룩한다는 목표 아래 회담을 진행시키되 적어도 비교적 해결이 용이한 기본관계 및 법적지위는 협정 초안 완성까지 이끌어 가도록 하고 그때까지 어업 문제의 타결을 보지 못하면 예컨대 정치회담 등 새로운 진행 방안을 모색하도록 함이 어떤가고 하였음. 이에 대하여 일본 측은 이제까지 의식적으로 어업 위원회의 진전을 타 위원회와 관련시키려는 의도는 없었으나 특히 대장성 등이 어업문제와 대강 타결에 관한 명확한 전망이라도 서지 않는 한 토의에 응하지 않는 태도이기 때문에 외무성이 난처한 입장에 있다고 하면서 일본 측도 본직이 말한 바와 같은 목표로 회담을 진행시키도록 하겠다고 말하였음. 이와 관련하여 일본 측은 종래 어업, 청구권의 양 문제에 끼워 비교적 양측 입장의 접근이 용이한 법적지위위원회가 선도적 역할을 해오다, 한국 측이 종래 입장을 번복하는 안을 제시함으로써 일시 정체되었으나 종래 합의선에 따라 토의해 나가면 용이하게 타결을 볼 수 있을 것으로도 생각하며 앞으로는 구체적인 이해관계가 없고 외무성이 독자적으로 진행시킬 수 있는 기본관계위원회에 선도적 역할을 담당시키고 토의를 진행해 나가자는 의견을 표명하였음.

3. 어업 문제

어업 문제에 관하여 거반 이규성 수석위원이 와다 대표와 비공식으로 만난 자리에서 교환하였던 의견이 일부 신문 지상에 한국 측의 새로운 구상으로 보도되고 있는데 대한 일본 측의 반응을 타진하면서 본직은 한국 측이 국내 대책 상, 명목도 중요하나 그렇다고 실익도 버리기 어려운 입장이라고 하고 양측이 입장을 다 같이 설명 납득시킬 수 있는 묘안을 생각해낼 수 없겠는가고 하였던바 일본 측은 자기 측도 사실상 명목과 실익의 양쪽이 다 이를 양보하는 데 한계가 있어 양자 중 하나를 전혀 버리기 어려운 입장에 있다 하면서 본직이 시사한 방도에 관하여는 계속 연구해보자는 태도를 보였음.

4. 일 외상 방한 문제.

일본 측은 아직도 일정이나 수원 등을 정하기 어려운 상태라 하면서 수상 방미 직후부터 구체적으로 추진 결정하게 될 것이라고 말하였음.

5. 독도 문제

본직은 제2차 본회담 시 우시바 수석 대리가 독도 문제를 국교 정상화와 결부시키는 듯한 발언을 하였으나 본직의 의견으로는 일본 측 태도가 진실로 그렇다면 한일 국교 정상화가 불가능할 것이며 이는 일본이 양국의 국교 수립을 위하는 것보다 영토적 야망이 강하다는 인상을 줄 것이라고 하였음. 이에 대하여 일본 측은 과거 이 문제를 가지고 수상이나 외상이 국회에서 국교 정상화와 동시에 해결하겠다는 발언을 계속하여 온 경위에 비추어 국교 시에 이에 대한 해결의 전망이라도 뚜렷이 하지 않으면 안 될 입장이므로 두통거리라고 하면서 과거 한국 측으로부터 국제사법재판소 제시가 불가능하다는 말을 듣고 있어 이는 납득하나 한국 측이 비공식으로 시사한 바 있는 거중 조정은 해결의 전망이 뚜렷하지 않기 때문에 받아들일 수 없는 입장이라고 하고 더 연구해보겠다고 말하였음.

6. 동남아 외상회담 예비회담.

표기 회담에의 일본의 참석에 관하여서는 정부 지시(외아남 721.1-701, WJA-12223, WJA-01007)에 따라 회담의 성격, 이제까지의 경위 등을 재설명하고 일본 측의 참석을 종용한바 일본 측은 지난 11.14의 본직과 시나 외상 간의 면담 결과에 언급하면서 (참조: JAW-11317 3항) 그 이상 명확한 답변은 피하였음(이와 관련하여 일본 측은 예비회담이 방콕에서 개최될 경우 초청자가 누가 될 것인가를 문의하여온바 이를 알려주시기 바람).

7. 다카스기 수석대표와의 회담.

본직은 다카스기 수석과 명 8일 1640에 시나 외상실에서 외상 소개로 초대면 할 예정임.(주일정-외아북)

90. 제7차 한일회담 제3차 본회의 회의록

0370   제7차 한일회담 제3차 본회의 회의록

1. 일시: 1965. 1. 18(월), 오전 11시
2. 장소: 일본 외무성
3. 참석자: 한국 측: 수석대표   김동조   주일 대사
          대표   방희   주일 대표부 공사
          〃   이규성   〃
          〃   이경호   법무부 법무국장
          〃   김명년   국립수산진흥원 원장
          고문   권일   재일한국거류민단 단장
       (상기 6명 외 전문위원 및 보좌 약간 명 참석)

       일본 측: 수석대표   다카스기 신이치 미쓰비시전기회사 상담역
          차석대표   우시바 노부히코 외무성 외무심의관
          대표   니이야 마사오   법무성 민사국장
          〃   야기 마사오   법무성 입국관리국장
          〃   후지사키 마사토   외무성 조약국장
          〃   히로세 다쓰오   외무성 아세아국 참사관
          〃   요시오카 에이치   대장성 이재국장
          〃   와다 마사아키   농림성 수산청 차장
       (상기 8명 외 전문위원 및 보좌 약간 명 동석)

0371   4. 토의 내용

다카스기: 이번 한일회담 일본 측 수석대표로 임명된 다카스기이다. 일본 측 대표로 신임한 니이야 법무성 민사국장을 소개하겠다(니이야 대표를 소개함).

김 수석: 다카스기 씨가 일본 측 수석대표로 신임되었으므로 동 수석에게 한국 측

대표들을 소개하겠다. (각 대표를 소개함)

다카스기: 인사 말씀을 드리겠다. 스기 전 수석이 돌연 서거하여 그의 후임으로 임명받았는데 비상한 중책임을 통감한다. 스기 씨가 한일회담의 타결을 보지 못하고 서거한 것은 유감스러운 일이며 그의 유지를 이어 한일회담 타결이라는 공통 목표를 향하여 매진할 생각이다. 돌이켜 보건대 한일교섭은 10여 년간 양국 대표단이 절충한 결과 문제점에 따라 상당히 접근한 부분도 있지만 아직 타결을 보지 못한 것은 문제점이 복잡하다는 것 이외에 양국의 국민감정에 차이가 있는 데에 원인이 있는 것을 표시하는 것이라 하겠다. 국교 정상화가 하루 늦어지면 그만큼 한일 친선과 번영이 늦어지는 것이므로, 장래의 장구한 우호 관계를 확립하고 나아가서 아세아의 평화와 번영을 이룩한다는 사명감을 가지고, 한일교섭의 조기 타결을 위하여 매진하고자 한다. 이러한 인식을 가지고 상호 이해와 호양의 정신으로 노력한다면 머지않아 한일교섭을 타결할 수 있으리라고 생각한다(호리 외무성 사무관 통역. 상세는 별첨 2 참조).

김 수석: 인사 말씀을 드리겠다. 1965년의 새해를 맞이하여 한일 양국 대표단이 새로운 결의와 기대를 가지고 한일회담을 속개하게 된 것을 흔쾌히 생각한다. 또 일본 측 수석대표로 다카스기 씨를 맞이하게 된 것을 환영하며 동 수석의 탁월한 식견과 풍부한 경험이 한일회담 타결의 역사적 과업 수행에 기여하게 되기 바란다. 작년 12월에 시작된 제7차 회담은 연말 휴회까지 약 2주일간에 불과하였지만 현안의 각 문제점에 관한 양측 입장을 밝힐 수 있어 앞으로의 회담에 밝은 전망을 갖게 되었다. 이번 회담에서는 한층 더 나아가 한일교섭의 종국적 타결을 위하여 대국적이며 고차적인 견지에서 진지하고 인내 깊이 노력하도록 하자.

특히 금년은 을사년인데 한일 간의 불행한 관계의 시발점이었던 을사조약의 환갑이다. 반세기 이래의 그릇된 관계가 이웃 나라로서 장구한 기간 교류하여온 한일 양 민족 간에 쉽게 넘어서기 어려운 불신의 도랑을 만들었고 이로 인하여 한국민의 쓰라린 감정이 아직도 뿌리 깊은 것은 일본 국민도 이해할 수 있을 것이다. 그러나 우리 정부와 국민은 이와 같은 감정에만 구애됨이 없이 한일 양국 간의 제 현안을 정의와 형평의 원칙에 따라 과거를 청산하고 호혜 평등의 원칙에 따라 새로운 관계를 수립함으로써 불행의 을사년을 영광의 을사년으로 바꾸도록 할 결의이다. 이렇게 하는 것이 우리와 우리 자손들의 공동 번영과 아세아 나아가서는 전 세계의 평화와 안전에 기여하게 될 것이다(최광수 전문위원 통역. 상세는 별첨 1 참조).

다카스기: 회담의 운영방식과 의제는 종래대로 하고 기본관계위원회 제6차 회의는 1. 22 (금)에, 법적지위, 어업 및 평화선 양 위원회의 제6차 회의는 1. 21(목)에 각각 개최하도록 하는 것이 어떤가? 또 각 위원회의 그 이후의 일정에 관하여서는 국회 심의 관계도 있으니 각 수석 간에 합의하여 정하여 가도록 하는 것이 어떤가?

김 수석: 이의 없다. 작년 말에 회담한 바와 같이 핏치를 올려 가능한 한 많이 회합하도록 하자.

다카스기: 동감이다. 수석대표 간의 협의에 관하여서는 공식, 비공식을 물을 필요 없이 자주 만나도록 하는 것이 어떤가?

김 수석: 수석대표 간 비공식 회의는 과거 장기간 계속되어 왔으나 고 스기 씨의 병환으로 중단된 바 있다. 양측 수석대표가 정기적으로 모여 Steering Committee의 역할을 하도록 하는 데에는 외무성 측과도 양해된 것으로 알고 있으며 빈번히 만나는 데 이의 없다. 양측 수석대표가 일주일에 한 번 수요일에 만나도록 하고 또 수석대표 간의 회담은 공식 또는 비공식이라는 명칭을 부치지 않고 매주 1회 만나도록 하는 것이 어떤가? 그 외는 수시 필요에 따라 회합하도록 하면 좋을 것이다.

다카스기(우시바 보충): 원칙적으로 찬성한다. 수요일 오후 3시에 정기적으로 만나도록 하는 원칙 하에서 회합하도록 하자. 다음, 신문 발표 관계는 양측의 보도 담당관에게 위임하는 것이 어떤가?

김 수석: 이의 없다.

다카스기: 그러면 오늘 회의는 이것으로 폐회함이 어떤가?

김 수석: 그렇게 하자(회의는 11:35에 종료하였음).

(신문 발표 내용은 별첨 3과 같이 추후 합의하였음)

5. 별첨 문서 목록:

1. 제7차 한일회담 제3차 본회의 한국 측 수석대표 연설문 3부(원문 및 일어 번역문)
2. 제7차 한일회담 제3차 본회의 일본 측 수석대표 연설문(일어) 1부
3. 제7차 한일회담 제3차 본회의에 관한 신문 보도 안 2부

끝

별첨 1

90-1. 제7차 한일회담 제3차 본회의 김동조 수석대표 인사문

0375   제7차 한일회담 제3차 본회의에 있어서의 김동조 수석대표의 인사

1965. 1. 18

1965년의 새해를 맞이하여 한일 양국 대표단이 새로운 결의와 기대를 가지고 한일 회담을 속개하게 된 것을 본인은 흔쾌히 여기는 바입니다.

또한 이 자리에 일본 측 수석대표 다카스기 신이치(高衫晉一) 각하를 맞이하게 된 것을 본인과 한국대표단은 충심으로 환영하는 바입니다.

본인은 각하의 탁월한 식견과 풍부한 경험이 우리에게 부과되어있는 한일회담 타결의 역사적 사명 수행에 커다란 기여가 될 것을 확신하고 기대하는 바입니다.

0376   작년 12월 3일에 시작된 금반 회담에서 연말 휴회까지 약 2주일 간의 짧은 기간이었으나 현안의 각 문제점에 대한 쌍방의 입장을 밝히는데 적지 않은 성과를 거두어 우리는 회담의 전도에 밝은 전망을 가지게 되었습니다. 오늘 속개되는 이 회담에 있어서는 이와 같은 성과를 토대로 종국적인 타결을 위하여 진지하고 인내 깊은 노력이 경주되지 않으면 안 될 것입니다. 다만 과거 13년여에 걸쳐 회담이 거듭되어 오면서도 이제까지 구체적 결실을 보지 못한 것은 더욱 대국적이며 고차적인 견지에서 문제를 처리하지 못한데 기인된 것으로서 매우 유감된 일입니다.

특히 금년은 을사년으로서 한일 양국 간의 불행한 관계의 시점이 되었던 소위 을사조약의 환력입니다. 본인은 이 자리에서 양국 간의 불행하였던 과거를 운위할 생각은 없습니다만 반세기 이래의 그릇된 관계가 장구한 시일에 걸쳐 이웃 나라로서 교류하

0377   여온 한일 양 민족 간에 용이하게 건너기 어려운 불신의 도랑을 만들었으며 이로 인하여 한국 국민의 쓰라린 감정이 아직도 뿌리 깊은 것은 귀국 국민도 충분히 이해할 수 있을 것으로 생각합니다.

그러나 우리 정부와 국민은 이와 같은 감정에만 구애됨이 없이 한일 양국 간에 개재하는 제 현안을 정의와 형평의 원칙에 따라 해결하여 과거를 청산하고 호혜 평등에 입

각한 새로운 관계를 수립함으로써 이 불행의 을사년을 영광의 을사년으로 바꿀 굳은 결의를 가지고 있습니다.

이렇게 함이 우리들과 우리 자손만대의 공동 번영은 물론 아세아 나아가서는 전세계에 있어서의 자유와 민주주의에 기한 평화와 안전에 기여하게 될 것으로 본인은 확신하는 바입니다.

이상으로서 본인의 인사의 말씀에 대신코자 합니다.

김동조 수석대표의 인사말 일본어 번역문

第七次韓日全面會談第三回本會議における金東祚韓國首席代表の挨拶

一九六五. 一. 十八

一九六五年の新しい年を迎え韓日両國代表團がより新たな決意と期待をもって韓日會談を續開することは私の欣快とするところであります.

なお, この度に日本側首席代表高杉晋一閣下を新たに迎えたことを私をはじめ韓國代表團は心から歓迎するところであります.

私は閣下の卓越な識見と豊富な經驗が我々に負わされた韓日會談妥結の歷史的使命遂行に大いに寄與することと確信し且つ期待してやみません.

昨年十二月三日に始った今回の會談は年末休會まで約二週間の短い期間でありましたが, 懸案の各問題点に対するお互いの立場を明らかにすることにおいて少なからぬ成果をあげ, 我々は會談の前途に明るい展望をもつてととなりました.

本日, 續開されますこの会談におきましてはこのような成果を土台にして終局的妥結の爲眞摯且つ忍耐强い努力, 拂われなければなりません. 然しながら過去十三年余に亘り會談が續返し行われて來ましたが, 未だにその具体的結實を見られなかったことはより大局的であり次元の高い見地から問題を處理しなかったことに起因するものとしで甚だ遺憾なことと思わざるを得ません.

特に今年は乙巳の年として韓日兩國間の不幸な關係の起点であった所謂乙巳條約の還暦に當る年であります.

私はこの度上で両國間の不幸な過去をとやかくいう考えはありませんが, かかる半世紀以来の誤った関係が長久な時日にわたり隣國として交流して来た韓日両民族の間に容易に越え難い不信の溝を造り, この為に韓國國民の耐え難く痛ましい民族感情が未だに根深いことを貴國國民も充分に理解することが出来るものと考えるのであります.

　然しながら我が政府と國民はこのような感情にのみとらわれず韓日両國間に介在する諸懸案を正義と衡平の原則に従って解決して過去を清算し, 互恵平等に立脚した新しい関係を樹立することによってあの不幸な乙巳の年をこの榮光の乙巳の年に替えるべき固い決意をもっているのであります. かくして, 我々と我々子孫万代の共同繁榮は勿論のこと亜細亜ひいては全世界における自由と民主主義に基づいた平和と安全に寄與することが出来るものと私は確信するところであります.

　これをもって私の御挨拶に代えたいと思います.

별첨 2

90-2. 제7차 한일회담 제3차 회의 다카스기 일본 수석대표 인사문

第七次日韓全面会談第三回本会議における高杉代表挨拶

　私は，旧臘杉道助氏が突然逝去されたあとを承けまして日本政府代表を拝命いたしましたが，私として非常な重責を荷うことを痛切に感じております．私の前任者故杉氏が交渉妥結を見ずして冥府に旅立たれたことはさぞかし心残りでありましょうが，不肖私も故杉氏の御遺志を継ぎ，交渉妥結という日韓両国交通の目標に向って邁進いたしたい心算であります．

　さて，この日韓交渉は過去十有余年の長きにわたり続けられ，その過程で両国代表団のたゆまざる折衝を通じ煮つまりうるところは相当程度煮つまってきたとの印象を有しておりますが，いまだ妥結に至っていないことは諸懸案が如何に複雑多岐であり，かつまた両国国民感情に相当の喰い違いがあるかを示すものともいえましょう．しかし，国交正常化が一日遅れればそれだけ日韓両国の親善と繁栄が遅れることを意味することは疑いを容れますまい．

　従って，交渉の衝にあたるわれわれとしては，日韓両国は将来永きにわたる友好関係を確立すべきであること，かつ，アジアの平和と繁栄という大きな使命を課されていることを等しく再認識するところからはじめてゆきたいと考える次第であります．即ち，相互に過去に対しては十分省察を加えながらも，相互の輝しい未来の幸福と繁栄を築きあげるために手を携えてゆくことがいま最も必要なことではないでしょうか．まさにこのような使命観に立って，この日韓交渉の早期妥結のために邁進いたしたいと思う次第であります．

　このような認識をふまえて，私達両国代表団が，これからの会談において，相互理解と互譲の精神に基づき，将来にしこりを残さぬよう十分の話合いを行ない，もって早期国交正常化を達成するよう最善の努力を払うならば，交渉妥結の曙光は遠からず輝くことを確信してはばかりません．

　以上，簡単ながら，会談についての私見を述べて御挨拶に代えさせていただきます．

번역 **제7차 한일전면회담 제3차 본회의에서의 다카스기 대표의 인사문**

나는 작년 말 스기 미치스케 씨가 돌연히 서거한 뒤를 이어 일본 정부 대표로 임명되었는데 나로서는 비상한 중책을 진 것을 통감하고 있습니다. 나의 전임자 고 스기 씨가 교섭 타결을 보지 못하고 서거한 것은 서운한 일이지만 나는 고 스기 씨의 유지를 받들어 교섭 타결이라고 하는 한일 양국 공통의 목표를 향하여 매진할 생각입니다.

이 한일교섭은 과거 10여 년의 긴 세월에 걸쳐 계속되어 그간 양국 대표단의 끊임없는 절충을 통하여 문제에 따라서는 상당히 접근하여 왔다는 인상을 가지고 있으나, 아직 타결에 이르지 않은 것은 제 현안이 얼마나 복잡다기하고 또 양국 국민감정에 상당한 차이가 있는 것을 표시하는 것이라고 할 수 있을 것입니다.

그러나 국교 정상화가 하루 늦어지면 그만큼 한일 양국의 친선과 번영이 늦어지는 것을 의미한다는 것은 의심할 여지가 없습니다.

따라서 교섭에 임하는 우리로서는 한일 양국이 장래 장구한 우호 관계를 확립하여야 할 것, 또 아세아의 평화와 번영이라는 커다란 사명을 지고 있다는 것을 재인식하는 데서부터 시작해 갈 생각입니다. 즉 상호 과거에 대하여서는 충분히 성찰을 하면서 상호의 빛나는 미래의 행복과 번영을 구축하기 위하여 손잡고 가는 것이 지금 무엇보다도 필요한 일이 아니겠습니까. 실로 이러한 사명관에 입각하여 이 한일교섭의 조기 타결을 위하여 매진하여 나갈 생각입니다.

이와 같은 인식을 기초로 하여 우리들 양국 대표단이 금후 회담에 있어서 상호 이해와 호양의 정신에 입각하여 장래 후원을 남기지 않도록 충분한 협의를 하고 이로써 조기 국교 정상화를 달성하도록 최선의 노력을 한다면 교섭 타결의 서광은 멀지 않아 빛나리라고 확신하는 바입니다.

이상 간단하지만 회담에 관한 제 생각을 말함으로써 인사에 대신하고자 합니다.

별첨 3

90-3. 제7차 한일회담 제3차 본회의 신문 보도 안

제7차 한일회담 제3차 본회의에 관한 신문 보도 안

1965. 1. 18

　제7차 한일회담 제3차 본회의는 1월 18일 오전 11시부터 약 30분간 외무성에서 한국 측 김동조 수석대표, 일본 측 다카스기 수석대표 이하 각 대표 출석 하에 개최되었다. 이 회합에서 다카스기 수석대표로부터 신임의 인사가 있었으며, 이어 김 수석대표로부터 인사가 있었다.

　금후의 회담 추진방식 및 의제에 관하여서는 종래대로 하고, 각 위원회의 다음 회합(작년 말의 회합에 이어 제6차가 됨)에 관하여서는 어업, 법적지위의 양 위원회는 21일에, 기본관계 위원회는 22일에 개최하기로 합의하였다.

　또 양국 수석대표 회담을 원칙으로 매주 수요일에 정기적으로 개최하기로 합의하였다.

92. 속개 제7차 한일회담에 관한 훈령 내부재가 문서

0388 기안자: 동북아과 권태웅

과장[서명] 국장[서명] 차관[서명] 장관[서명] 국무총리[서명] 대통령[서명]

협조자: 서명 기획관리실장 농림부 장관

기안년월일: 65. 1. 15

제목: 신년도 속개 한일회담에 관한 훈령

1. 1965. 1. 18부터 속개되는 한일회담에 있어서는
   (1) 별첨 1의 한일회담 운영방침에 따라 회담을 운영
   (2) 별첨 2의 대표단 편성 방침에 따라 아 측 대표단을 편성
   (3) 기본관계 문제, 법적지위 문제, 어업 문제의 토의에 있어서는 별첨 3의 훈령에 의거하여 교섭을 진행토록 할 것을 품의합니다.
2. 본 품의 안에 대하여 결재가 있을 시에는 별첨 4와 같이 주일 대사에게 훈령하겠습니다.

유첨: 1. 한일회담 운영방침 1부
   2. 한일회담 대표단 편성 방침
   3. 1) 기본관계 문제에 관한 훈령 1부
      2) 법적지위 문제에 관한 훈령 1부
      3) 어업 문제에 관한 훈령 1부
   4. 주일 대사에 대한 훈령 안

끝

별첨 1

92-1. 한일회담 운영방침 문서

<u>한일회담 운영방침</u>

1. 신년도 속개 회담에 있어서는 우선 65. 2월 중순에 있을 예정인 일본 외상의 방한 이전 1개월(전기)과 이후 1개월(후기)로 구분하여 회담을 운영하기로 한다.

2. 전기에 있어서는 위원회 토의를 중심으로 하여 회담을 진행시키는 바, 작년 말 합의에 따라 우선 기본관계, 법적지위 및 어업위원회를 개최하기로 하며, 기타 위원회도 가능한 한 조속히 병행하도록 하되 늦어도 후기 초에는 실현되도록 할 것이며 이를 위하여 상기 3개 위원회 및 수석대표 간 회의(아래 3항 참조)는 가능한 합의 소지를 마련토록 한다.

3. 상기 위원회와 병행하며 수석대표, 각 위원회 수석대표 등으로 구성되는 '수석대표 간 회의'(가칭)를 개최하여 위원회 토의를 지원하기로 한다.

4. 일 외상 방한 후의 후기 교섭에 있어서는 위원회 보다는 수석대표 간 회의에 중점을 두고 토의를 진행시키고 동 회의에서 중요 미합의 사항에 대한 해결원칙을 결정하여 위원회에 하달하기로 한다.

5. 상기 수석대표 간 회의에서도 해결을 보지 못하는 문제는 고위 정치회담에서 해결토록 한다.

별첨 2

92-2. 한일회담 대표단 편성 방침 문서

0390
한일회담 대표단 편성 방침

1. 수석대표: 주일 대사
2. 대표:
 가. 각 위원회 대표는 아래와 같이 한다.
   (1) 어업: 이규성 공사, 수산국장 또는 수산진흥원장
   (2) 법적지위: 방희 공사, 법무국장
   (3) 기본관계: 이규성 공사
   (4) 청구권: 경제기획원 차관보, 재무부 관계국장, 한은 관계이사
   (5) 문화재: 방희공사, 이홍직 교수, 황수영 교수
   (6) 선박: 이규성 공사, 해운국장
 나. 관계부 차관(농림, 법무, 경제기획원, 재무, 상공, 교통) 및 외무부 아주국장 관계부 해당국장을 대표로 임명하여 수석대표 간 회의가 개최될 시기 등 필요할 시에 회담에 수시 참석케 하는 동시에 각 주관 사항에 관하여 일본 관계성의 대신 또는 차관과 비공식 절충을 하도록 한다.

3. 각 위원회 교섭 진행에 따라 필요시에는 외무부 및 관계부처의 실무자를 전문위원으로 파견한다.

4. 회담 대표단 명단과 아울러 관계부 차관이 회담 진전에 따라 회담에 참석할 것임을 발표하기로 한다.

별첨 3-1

92-3. 기본관계 문제에 대한 훈령 문서

기본관계에 관한 훈령

1. 합의 문서의 형식 및 명칭

조약의 형식으로 하며, 명칭은 '대한민국과 일본국 간의 기본 조약'으로 한다. 단, '대한민국과 일본국 간의 기본관계조약'으로도 할 수 있다.

2. 전문에 포함될 사항

   가. 아래의 사항을 포함시키도록 하되, 어구는 일본 측과 적절히 조정하도록 한다.

      (1) 상호 주권 존중에 기한 새로운 관계의 수립

      (2) 항구적 평화와 선린 우호 관계의 유지

      (3) 공동복지의 향상

      (4) 아세아와 세계의 평화와 안전 유지에의 기여

      (5) 전권단 간의 교섭에 의하여 합의가 성립되었음.

   나. 본문에 포함될 것으로 토의되어 온 사항도 일본 측과의 교섭에 따라 필요한 경우에는 전문에 부가 포함시키도록 한다.

      (3. 가, 9. 나. 및 다, 11. 참조)

3. 과거의 청산과 1910. 8. 22 이전의 조약 또는 협정의 무효 확인

   가. 과거 관계의 청산에 관하여 본문 또는 전문에서 간단히 언급되도록 노력한다. 그 방법의 하나로 '새로운 관계의 수립' 앞에 적절한 문구를 삽입하는 방법을 고려할 수 있다.

   나. 1910. 8. 22 이전의 조약 또는 협정의 무효 확인에 관하여는 '당초부터'라는 어구는 반드시 규정되지 않아도 가하나 내용으로서 이를 견지하고 그러한 조약 또는 협정이 무효라는 확인 조항(예컨대 …are null and void)은 두도록 한다.

4. 외교 및 영사 관계의 수립

0392   외교 및 영사 관계의 수립에 관하여 대사급 외교사절의 교환, 영사관의 설치 원칙에 관한 규정을 두되, 영사관의 수 및 설치 장소로 규정하자는 일본 측 주장에 대하여는 아래와 같은 단계에 따라 교섭하도록 한다.

    가. 영사관의 설치에 관한 원칙만을 규정하고 수 및 설치장소에 관하여는 언급하지 않도록 하며, 추후(국교 정상화 후)에 별도 합의하도록 한다.

    나. 설치 원칙만을 조약문에 규정하고 수 및 설치장소에 관하여는 별도 문서에 의하여 합의하도록 한다.

5. 통상 항해 조항

통상 항해조항에 관하여는 조약체결을 위한 원칙적 합의만을 두도록 하여 조약체결 시까지는 협상을 유지하면 족하므로 경과 규정은 고려하지 않도록 한다.

6. 민간항공운수 조항

민간항공 운수에 관한 협정 체결 원칙을 규정토록 한다.

7. 제 현안의 별도 협정의 원칙(제 협정에 의한 현안 해결의 확인)

제 현안 해결에 관한 별도 협정의 체결과 별도 협정의 원칙에 관한 규정을 두도록 한다. 독도 문제는 현안의 하나가 아니라는 입장을 고수한다.

8. 해저전선의 분할

해저전선을 균등 분할한다는 원칙을 규정하고 구체적인 것은 별도 교섭에 넘기도록 한다.

9. 한국 정부가 유일한 합법정부라는 사실의 확인과 샌프란시스코 평화조약 제2호 (a) 및 유엔 결의 195(Ⅲ)의 취지 확인

0393   아래와 같은 단계에 따라 교섭하도록 한다.

    가. 대한민국 정부가 한반도에 있어서의 유일한 합법정부라는 사실을 확인하는 취

지를 협정 내에 삽입하도록 한다. 유엔 결의 195(Ⅲ)와 평화조약 제2조(a)는 언급하지 않도록 한다.

　　나. 유엔 결의 195(Ⅲ)만을 언급하되, 동 결의의 전 내용을 인용하지 않는 표현(예: 유엔 결의 195(Ⅲ)에서 대한민국 정부가 유일한 합법정부임을 선언하고 있음에 비추어…)을 사용하기로 한다.

　　다. 평화조약 제2조(a)를 부득이 인용하여야 될 경우에는 동 규정만을 특별히 인용하는 것처럼 인상을 주지 않는 표현(예: 한국에 관련된 평화조약의 각 조항을 유념하고…)을 사용하도록 한다.

10. 한국 정부의 관할권 문제

대한민국 정부의 관할권에 제한이 있다는 인상을 주는 규정은 절대로 수락하지 않도록 한다.

11. 유엔헌장의 원칙 준수

일본 측이 유엔헌장의 원칙 준수 규정을 두기를 원하면 전문 혹은 본문 중에 규정을 두도록 한다.

12. 분쟁 처리 조항

아래와 같은 단계에 따라 교섭하도록 한다.
　　가. 기본 조약에는 분쟁 처리 조항을 두지 않도록 한다.
　　나. 제 현안 해결에 관한 협정에서 규정되는 분쟁 처리 방식에 따르도록 한다.

13. 비준 조항 및 용어

비준 절차와 용어에 있어서는 한. 일. 영 3국어로 하되, 해석상 분쟁이 있을 때는 영문에 따른다는 규정을 두도록 한다.

별첨 3-2

92-4. 법적지위 문제에 관한 훈령 문서

법적지위 문제에 관한 훈령

1. 전문
   (1) 아 측 협정안(외아북 722-234(64. 117))의 전문을 일본 측에 제시하여 1차적으로 아 측 안 대로 추진한다.
   (2) 일본 측 안을 부득이 토의의 기초로 할 경우에는 '특정의 대한민국 국민' 중 '특정의'라는 용어를 삭제하고, '법률상의 지위' 대신 '법적지위'라는 용어를 사용하며, 처우 문제에도 언급하도록 한다.

2. 국적 확인 조항
   (1) 아 측 안 제1조를 1차적으로 주장한다.
   (2) 최종 단계에 가서 기본관계조약 중 일본 측이 제안한 한국 정부의 관할권에 관한 조항을 철회하는 것을 조건으로 아 측 안 제1조를 철회한다.

3. 영주권의 부여 범위
   (1) 아 측 안 제2조 전문 중 "일본국에 영주할 수 있다"를 "영주 허가를 받을 권리를 가진다"로 수정한다.
   (2) 아 측 안 제2조 중 '태평양 전쟁의 전투가 종결된 날'을 구체적으로 규정하여야 할 경우에는 1945. 8. 15로 한다.

4. 영주권자 자의 처우
   (1) 아 측 안 제5조 1항은 그대로 추진한다.
   (2) 영주권자의 자는 미성년 시에는 여타한 경우에도 퇴거를 강제당하지 않는다는 취지의 규정을 신설하도록 한다.
   (3) 아 측 안 제5조 2항을 다음과 같이 수정한다.

본조 제1항의 자가 성년에 달한 후 6개월 이내에 일본국에서의 영주 허가를 신청하는 경우에는 그 자의 영주는 허가 된다. 단, 일본국 헌법 또는 그 밑에 성립한 정부를 폭력으로 파괴할 것을 기도하거나 주장하고 또는 이를 기도하거나 주장하는 정당 기타의 단체를 결성하거나 가입한 일이 있는 경우에는 예외로 한다.

 (4) 아 측 안 제5조 3항은 퇴거 강제에 관한 예외 사유를 최대한으로 규정할 것을 조건으로 하여 최종 단계에 가서 철회한다.

 (5) 아 측 합의의사록 안 4(협정상의 영주권자의 자손의 일본 국적 취득)에도 전기 (3)과 동일한 내용의 단서를 규정할 수 있다.

5. 영주권 신청 방

 (1) 아 측 안 제3조 1항 중 '양국 정부가 합의하는 절차에 따라'를 삭제하되, 간소화된 영주권 신청 절차를 부속 문서에 규정함을 조건으로 한다.

 (2) 아 측 합의의사록 안 2(영주권 신청자의 국적증명)는 최종 단계에 가서 대한민국 정부는 영주 신청서를 제출한 자가 대한민국 국적을 보유하고 있음을 포괄적으로 증명하는데 협조한다는 취지로 수정한다.

6. 퇴거 강제

 (1) 아 측 안 제4조 1항(1)에 '일본국 헌법 또는 그 밑에 성립한 정부를 폭력으로 파괴할 것을 목적으로 하는 소요죄'를 추가한다.

 (2) 아 측 안 제4조 1항 (2)의 마약법 중 후단 상습범에 관하여는 협정 발효 후에 처해진 형만을 대상으로 한다는 전제하에서 3회 이상 형에 처해진 자로 수정한다.

 (3) 아 측 안 제4조 1항 (3)의 '흉악한 범죄로 인하여'를 '(1) 및 (2)에 규정된 자를 제외하고'라는 표현으로 수정한다.

 형량에 관하여는 1차적으로 '10년 이상'을 주장하되, 최종 단계에 가서 '7년을 초과하는'으로 표현할 수 있다.

 (4) 아 측 안 제4조 1항 (4)의 국교법에 관하여 1차적으로 '2년 이상'을 삭제하여 유죄 판결자로 수정하되, 최종적인 해결은 정치적 절충에 맡긴다.

7. 전후 입국자의 처우

   (1) 아 측 합의의사록 안 5(전후 입국자의 처우) 중 '상당한 기간'은 5~10년 사이에서 현지 대표단의 재량에 의하여 결정한다.

   (2) 아 측 합의의사록 안 5의 (3)항의 재류 허가를 받지 못한 자에 관한 규정은 최종 단계에 가서 철회할 수 있다.

8. 처우 및 재산 반출

   (1) 처우 문제에 관하여는 외아북 722-234(64. 4. 17) 유첨 2의 아 측 안 대로 추진하기로 한다.

   (2) 영주귀국자의 재산반출 문제에 관하여도 종전의 입장대로 추진하기로 한다.

별첨 3-3

92-5. 어업 및 평화선 문제에 관한 훈령 문서

0398
<u>어업 및 평화선 문제에 관한 훈령</u>

1. <u>전관수역</u>

    외아북 722-3716(64. 3. 6) 훈령에 의거한다.

2. <u>직선기선</u>

    미합의 중에 있는 직선기선에 관하여는 아래와 같이 한다.

    (1) 홍도-상백도 간

    종전 입장(홍도-간여암-상백도)을 유지하며, 전관수역 중 외곽 6해리에 대한 일본 측 입어권 주장은 인정하지 않는다.

    (2) 대, 소흑산군도(횡도 이남)

    일본 측이 제주도 주변 및 홍도-상백도 간의 아 측 기선을 수락하는 조건 하에 아래의 입장을 취한다.

    　　가. 제1안

    　　　　횡도-소비치도-소허사도-칠발도-매물도-만재도

    　　나. 제2안

    　　　　횡도-소비치도-소허사도-칠발도-간서(맹골군도)

    (3) 제주도 주변

    　　가. 제주도 서측

    　　　　제1안: 만재도-죽도(제주도 서측)

    　　　　제2안: 간서(맹골군도)-죽도

    　　나. 제주도 동측

    　　　　종전 입장(상백도-거문도-우도)을 유지한다.

(4) 이북 부분

일본 측이 반대하고 있는 서해안 이북 부분 직선기선 관하여는 종전 입장을 유지한다(아 측에 의한 일정적인 선언을 의미한다).

(5) 동해안의 영일만 및 울산만

아 측에 가장 유리한 '폐쇄선'을 획선한다. 이를 위하여 만에 관한 국제법상의 원칙을 최대한도로 원용하며, 가능하면 역사적 만에 관한 이론을 원용한다.

3. 수역의 경계선

미합의 중에 있는 수역의 경계선에 관하여 아래와 같은 입장을 취한다.

(1) E 수역

양국 합의에 의하여 본 수역의 범위와 규제 내용을 결정하되, 아 측 주장이 관철되지 않을 때는 E 수역 설치의 원칙적인 필요성은 확인하고, 그 규제 방안에 대해서는 규제 연구위원회의 보고에 따라 결정토록 한다.

(2) C 수역

아래와 같은 입장을 취한다.

제1안: 적절한 근거를 부여하여 C 수역을 설치토록 한다.

제2안: B 수역에서의 공동규제 내용에 따라 철폐할 수 있다(공동규제 내용이 아 측에 만족하게 결정되었을 시를 상정한 것임).

(3) B, D 수역의 경계선

B, D 수역의 경계선은 경상남, 북도의 경계선과 해안선과의 합치점에서 진방위 107도로 연장한 선으로 한다.

4. 규제 조치

A, B, D 수역에서의 각 어업별 일본 측 최고 출어 척수를 아래와 같이 한다. 아 측 출어 척수에 관하여는 일본 측과 실질적으로 동등하도록 할 수 있는 권리가 유보되도록 한다.

	A 수역	D 수역	B 수역
저인 트롤	2~5월　　　 0척 8~10월 11~1월　　 160척	인정치 않음	이서: 원칙적으로 인정치 않음. 최종에 가서 최소로 억제 이동: 제1안 … 15척 　　　제2안 … 20척 　　　(30~50톤에 한정, 　　　이수인 제외)
선망	A, B, D 전 해역을 통하여 합계 45통		
고등어 어업 본조	-	-	-
일반 어업			제1안 … 900척 제2안 … 1,200척

비고: 1. 농림부는 A 수역 일본 측 저인 트롤 척수에 관하여 "종전 어업 실적 35,000톤을 인정하는 범위 내에서(5~10월 58척, 11~4월 80척을 참고로) 산출 결정한다"는 입장임.

비고: 2. 농림부는 선망 어업에 관하여 '제1안으로 4~11월 45통, 제2안으로 주년 45통'으로 하여야 한다는 입장임.

5. 어업 협력

(1) 협력 금액: 1억 불 이상

(2) 협력 조건: 일본의 현행 상업 차관의 조건보다 유리한 조건

(3) 협력의 실시 방법: 영세 어민을 위하여 아 측이 실효적으로 사용할 수 있는 방식으로 제공되도록 한다.

6. 공동위원회 및 기타

외아북 722-261(64. 4. 17) 훈령에 따른다.

단, 동 훈령 중 '선박의 무해 항행'에 관하여는 추후 훈령이 있을 시까지는 아 측 입장의 제시를 보류한다.

별첨 4

92-6. 주일 대사에 대한 훈령 공문

0402 　　　외아북 722 　　　　　　　　　　　　　　　　　　　　　　　1965. 1. 15

　　　　　수신: 주일 대사

제목: 신년도 속개 회담에 관한 훈령

　1965. 1. 18부터 속개되는 한일회담에 있어서는 별첨 1의 한일회담 운영방침에 따라 회담을 운영하시고, 기본관계 문제, 법적지위 문제, 어업 문제의 토의에 있어서는 별첨 2의 훈령에 의거하여 교섭을 진행시키기 바랍니다.

유첨: 1. 한일회담 운영 방침 1부
　　　2. 1) 기본관계 문제에 관한 훈령 1부
　　　　　2) 법적지위 문제에 관한 훈령 1부
　　　　　3) 어업 문제에 관한 훈령 1부

　끝

　　　　　　　　　　　　　　　　　　　　　　　　　　　　　　　외무부 장관 이동원

3. 수석대표 회담, 1~16차, 1965. 1. 20~5. 27

93. 제7차 한일회담 제1차 수석대표 회담 보고 전문

0405   번호: JAW-01232

일시: 201822[1965. 1. 20]

수신인: 장관

발신인: 주일 대사

제1차 수석대표 회담 보고

1. 시일: 1965. 1. 20 16:00~17:15

2. 참석자: 김 수석, 방희, 이규성 양 공사
   다카스기 수석, 우시바 심의관, 우시로쿠 국장

3. 내용

(1) 가. 본직은 소위 다카스기 발언 문제에 언급하여 본국 정부 지시에 따라 우리 정부 입장을 밝히겠다고 하고 동아일보에 보도된 바와 같은 발언을 한 것이 사실인가를 문의하고(동아 기사 전부를 읽어주었음), 만일 그와 같은 발언을 행한 것이 사실이라면 이는 아국과 아국 국민에 대한 중대한 모독으로서 중대 문제로 취급치 않을 수 없음을 경고하고 다카스기 수석이 그런 발언을 하였거나 또 그러한 생각을 가지고 있는 한에 있어서는 회담을 계속할 의의를 발견치 못하는 바라는 입장을 밝혔음.

나. 이에 대하여 다카스기는 결코 그와 같은 발언을 한 일이 없다 하고 별도 보고한 바와 같은 문서를 낭독하였음.

다. 아 측은 이른바 다카스기 발언에 사실무근이라는 일본 측의 공식 입장을 재확인한 후, 아 측 입장의 전부와 다카스기 발언의 전부를 신문에 발표하기로 하였음.

(2) 한일회담 진행에 관하여는 명일부터 시작되는 각 위원회의 토의를 핏치를 올리며 능률적으로 진행해 나가며 또한 위원회 레벨에서 어려운 문제에 부닥치면 이를 수석대표 간 회담에 올려 해결해 나가도록 하자고 하였던바 일본 측은 이상적인 회의 진행방식이라고 이에 합의하였음.

(3) 본직은 시나 외상의 방한 일정, 수행원 및 방한 시에 한국 정부 수뇌와 논의를 할 내용에 관하여 조속히 의견을 조정함이 필요할 것이라고 한바, 일본 측은 최단 시일 내에 일정, 수행원단을 정하여 협의하겠다고 하였음.

(4) 미일 수뇌회담에 수행하였던 우시바 심의관에게 한일 문제가 어느 정도 논의되었는가를 확인하였던바 우시바는 존슨-사토 회담에서는 미 대통령이 38선을 꼭 수호하겠다는 입장을 표명하여 일 수상은 이와 같은 결의를 듣고 기쁘게 생각한다고 했다함. 러스크 국무장관과의 회담에서 미 측의 질문이 있어 [한일]교섭 현황을 설명한바 미 측은 조기 타결을 바란다는 입장을 밝힌 바 있다 하고 그 이상 구체적인 토의는 없었다고 답변하였음.

(5) 동남아 외상회담 예비회담에의 일본 측 참석 필요성을 설명하고 조속히 호의적인 회답을 받기를 기대한다고 하였던바, 일본 측은 더욱 검토하여 회답하겠다는 입장이었음.

4. 신문 발표: 상기 양측 입장(다카스기 발언 운운에 대한)을 발표하고 기타 회담 방식에 관한 토의가 있는 것으로 발표키로 하였음.(주일정-외아북)

94. 한일 수석대표 회담 석상에서의 다카스기 발언 보고 전문

번호: JAW-01228

일시: 201800[1965. 1. 20]

수신인: 장관
발신인: 수석대표

금 20일 오후 4시에 개최된 제1차 수석대표 회의에서 다카스기 일본 측 수석대표는 아래와 같은 발언을 행하고 이를 문서로 아 측에 수교하였아옵기 보고함.
(동 문서는 또한 일본 외무성 출입기자단에게 배포되었음)

제목: 한일 수석대표 회담 석상에서의 다카스기 대표 발언

한일 문제에 관하여 내가 한국민의 감정을 무시한 당치도 않은 발언을 하였다고 하는 것이 공산계 뉴스 기타 일부에 보도된 것을 알고, 실로 놀랐다.

이 고의적(작위적) 보도가 한일교섭의 전도에 암운을 던지는 것을 두려워하여 나는 이 기회를 빌어 나의 각오와 신념을 피력하고자 한다.

나는 한일 국교 정상화의 교섭에 관하여 국민감정의 문제를 중시하여 왔다.

나는 한국민이 한일 간의 역사적 관계에 관하여 특히 쓰라린 감정을 품고 있다는 것을 충분히 이해하고 있다. 또 한국민 간에 금년이 '을사년'이라고 하는 것도 알고 있다. 나는 한국민의 이 기분을 어떻게 하여 대일 우호감으로 이끌어 갈 것인지 밤낮을 가리지 않고 부심하고 있다. 일본 국민은 성의 있는 행동으로서 이 오해를 풀지 않으면 안 될 것이다. 이를 위하여서는 무엇보다도 한일교섭을 타결시켜 국교를 정상화하고 일본 국민이 성의를 가지고 한국민의 기대에 응할 수 있는 길을 타개하지 않으면 안 된다고 믿어, 이를 위하여 미력을 다할 각오이다.

이러한 신념과 각오를 가지고 있는 내가 어찌하여 일부에 보도되고 있는 것 같은 말을 할 리가 있겠는가.

한국의 국민감정에 대한 나의 이 기분을 어떻게 해서 한국민에게 전하고 싶다고 하는 것이 나의 간절한 희망이다.(외아북-주일정)

96. 제7차 한일회담 제2차 수석대표 회담 결과 보고 전문

번호: JAW-01327

일시: 271816[1965. 1. 27]

수신인: 외무부 장관 귀하

발신인: 주일 대사

제2차 수석대표 회담(65. 1. 27, 15:00~16:15) 결과 보고

표기 회의 결과를 아래와 같이 보고함(연 아주국장 참석).

1. 김 수석은 일본 측이 참고로 하기 바란다는 전제로 신년도 회담 재개 후의 진행 사항에 대한 아 측 감상을 요지 아래와 같이 표명하였음.

(1) 기본관계: 양측 안의 제시가 있었는바, 기본 조약에는 과거를 청산한다는 개념 및 합병조약 등의 무효 확인, 한국 정부의 유일한 합법성의 확인은 반드시 포함되어야 한다. 일본 측 안에 '관할권'이 삭제된 데는 경의를 표하나 이상의 2개 항이 누락된 것은 유감스럽다. 또한 아 측은 기본 조약이 제 협정의 근본이 된다는 뜻에서 제 현안의 해결원칙이 기술될 것을 주장하고 있는바, 일본 측 안대로 해결된 사실만을 확인한다는 것은 무의미하다. 이제 양측 초안이 제시되었으니 이를 기초로 가능하면 2월 초순까지 공동초안이 작성되도록 노력하자.

(2) 어업: (가) 기선 - 최중요점은 제주도 주변인바, 여하한 경우에도 본토와 분리되어서는 안 된다. 울산, 영일 양 만은 사무 레벨에서 결론을 내기를 희망한다.

(나) 규제 - 이는 기술적 문제이며, 상호 어업자원의 보호 및 공동이용이란 공통된 관심이 있는 것이므로 정치적 색채 없이 기술자 간에서 진지하게 토의되기를 바란다. 아 측은 곧 출어 척수에 관한 구체안을 제시할 것이므로 이를 성의를 가지고 토의해 주기 바란다.

(다) 협력 - 금액 및 조건이 문제인바, 문제의 성격으로 보아 사무 레벨에서보다 TOP LEVEL에서 우리 수석대표끼리 토론하면 어떤가. 아 측은 액수에서 적어도 억대가 되어야 하며, 조건은 정부 대 정부의 재정 차관을 희망하나 정 일본 측 입장이 어렵다면 실질적으로 재정 차관과 같은 조건이 확보된다는 전제하에 차관의 형식에는 탄력적이다. 또한 협력 문제가 원만히 되면 기선, 규제 등의 해결이 촉진된다고 생각하며, 최소한 일 외상 방한 전까지는 협력 문제 대강의 해결을 보기 바란다.

(3) 법적지위: 아직 전모를 운위할 단계가 아니나 아 측의 기본 입장은 협정의 혜택을 받는 자가 협정을 반대하는 소위 조총련보다 월등한 대우를 받아 협정이 재일한인 대다수의 지지를 받는 것이 되어야 한다는 것과 또한, 재일한인이 자손 대대로 일반 외국인보다 유리한 대우를 받아야 한다는 것이다. 이 문제도 2월 중순경을 목표로 타결토록 노력하자.

(4) 이상 아 측의 기본적인 입장이 확보된다는 전제로 우리 대표단도 융통성 있는 태도로 임할 것이니, 일본 측도 양보의 정신으로 접근하도록 하여 주기 바란다.

(5) 기타 일본의 관계 각 성에 대하여 정치적인 영향력을 발휘해서 문제 해결을 촉진시키는 뜻에서 본인과 다카스기 수석이 수시 협의하여 공동 노력하자.

(6) 대체로 이상과 같은 TARGET으로 토의를 유도하여 시나 외상의 방한을 단순한 친선 방문에 그치지 않고 실질적으로 유익한 결과를 가져올 수 있는 것으로 함이 어떤가.

2. 이에 대하여 일본 측 다카스기 수석은 타당한 의견이라고 찬의를 표하면서 호양의 정신으로 타결해나가자는 의견을 표한 후, 우시로쿠 국장이 아래와 같은 의견을 표명하였음.

(1) 기본 조약 초안 제시에 있어 일본 측은 한국 측 입장을 고려하여 탄력성 있는 안을 제시하였음에도 불구하고 한국 측은 진보가 없어 실망하였다. 한국 측은 현안 해결원칙을 포함시킬 것을 주장하는바, 예컨대 이로써 현안 타결을 유리한 방향으로 가져가려는 듯 특별한 의도가 있는가(이에 대하여 아 측은 기본정신만을 삽입하려는 것으로 별다른 의도가 없다고 답변함).

(2) 어업 협력 문제는 대장성이 비상한 관심을 가지고 있어 수석대표 간에서만 토론함은 어떨까 한다. 우선 대장성도 포함한 실무 레벨(예컨대 협력 관계소위원회)에서

어느 정도 토의를 거친 후 위로 올리면 어떨까 한다(아 측은 큰 이의 없음을 표명). 액수에 있어 억대에 오르는 것은 매우 어려울 듯한 감촉이다.

3. 시나 외상 방한에 관하여 아 측은 조속히 일정 및 수행원 명단 등이 제시되기를 희망하고 되도록 주말을 피할 것을 요망한바, 일본 측은 금주 시나 외상과 논의 시에도 주말을 피한다는 이야기가 있었다 하고, 국회 일정 등을 보아가면서 시급히 결정하겠다는 태도를 보였음.

4. 정지 작업에 관하여 일본 측은 아직 최종적인 결정은 보지 못하고 있으나 냉동어선 11척의 대한 수출 문제가 외무, 농림 양 대신 간에 양해가 되어 간다 하면서 외상 방한 전까지 재한 일 상사 과세 문제가 해결되기를 갈망한다는 뜻을 표명함.

5. 동남아 외상회담 예비회담에의 일 참가를 재차 종용하고 조속히 호의적인 회답이 있을 것을 촉구하였음.

6. 신문 발표: 이제까지의 토의 결과를 리뷰하고 금후 회담 촉진을 위한 방안을 토의하였다.(외아북)

수석대표

97. 제7차 한일회담 제3차 수석대표 회담 결과 보고 전문

0419   번호: JAW-02071

일시: 041118[1965. 2. 4]

수신인: 장관

발신인: 주일 대사(수석대표)

제3차 수석대표 회담(2. 3, 15:00~16:30) 결과 보고

1. 회담의 전반 진행 상황에 관하여 일본 측의 감촉을 문의한바, 다카스기 수석은 어제까지의 보고로 보아 어려운 점이 많다는 생각이 드나, 한일 양국 정부 및 지도자의 조기 타결 방침이 확고하고, 현재 과거 어느 때보다 회담 타결의 기운이 고조되어 있는 만큼, 기본관계, 법적지위 등 우선 처리할 수 있는 문제부터라도 하나하나 하루 빨리 처리하여 타결에 가까이 가도록 상호 노력하자는 의견 표명이 있었음. 이에 대하여 본직은 동감을 표명하고, 금후 시나 외상 방한 전까지 최소한 기본관계 초안 작성 및 법적지위의 대강이라도 타결토록 하자고 하였음.

2. 어업 교섭에 언급하여 본직은 아 측이 실적 인정이라는 중대한 전제를 받아들였음에도 불구하고 이를 표현함에 있어 일본 측이 실무 토의의 기초가 될 수 있는 정직한 자료 예컨대 월별 줄어 척수 또는 총 연척 수 등의 제시를 약속하였다가 제시치 않고 연간 최고 줄어 척수만은 고집하고 있어 전문가 간의 토의가 이루어지지 못하고 있

0420   어 금후 회담을 여하히 진행시킬 것인지 당혹하고 있다 하고, 전문가 간에서 정치적인 고려를 빼고 흥정 없는 정직한 숫자를 제시하여 상호 납득할 수 있는 줄어 척수, 또는 어획 톤수에 합의토록 하여야 할 것이라고 말하였음.

3. 이에 대하여 일본 측은 한국 측의 입장이 전관수역 밖에서는 공동규제를 한다는

원칙 및 실적을 인정한다는 원칙이 명확치 않은 듯하다 하고 특히 아 측이 제시한 일본 측 출어 척수에 있어 이동 저인망에서 2 수인을 제외하고 또 제주도 동방에 새로이 저인망 금지구역을 설정하는 등은 납득이 가지 않는다는 의견 표명이 있었음.

4. 아 측은 일본 측이 납득이 가는 정직하고 구체적인 자료를 제시함이 선결 요건임을 재강조하고, 규제 조치는 전문가 간에서 NARROW DOWN하도록 최대의 노력을 경주하자 하고, 협력 문제에 관하여 조속히 금액에 있어 1억 대 이상, 조건에 있어 최소한 상업 차관보다는 유리한 조건이 보장되어야 한다는 것이 아 측 최종 입장이라 하고 조속히 결론을 내도록 촉구하였음. 일본 측은 이를 검토하겠다 하고 협력 관계 소위를 곧 개최토록 하기 위하여 현재 대장성 측과 조정 중이라 하였음.

5. 끝으로 일본 측은 냉동어선 11척의 대한 수출에 관하여 농림성은 찬의를 표하였다 하고, 현재 통산성이 타 건과의 관련 등을 고려하여 검토 중이며, 호의적인 결론이 곧 나올 것이라는 말이 있었으므로, 아 측은 원칙적으로 대한 어선 수출금지 조치 자체가 철폐되어야 할 것이라는 의견을 강하게 표명하였음. 이와 관련하여 일본 측은 재한 일 상사 과세 문제를 조속히 해결해 달라는 요망이 있었음. (외아북)

98. 제7차 한일회담 제5차 수석대표 회담 결과 보고 전문[4]

0422   번호: JAW-02283

일시: 122142[1965. 2. 12]

수신인: 외무부 장관

발신인: 주일 대사

제5차 수석대표 회담(2. 12, 16:15~18:00) 결과를 아래와 같이 보고함.

1. 기본관계조약에 관하여 장시간의 토의가 있었는바, 동 결과는 아래와 같음.

1) 명칭을 'treaty on basic relations between the republic of Korea and Japan' 으로 확정하였음.

2) 아 측 초안 전문 제3항 "BELIEVING ……" 이하는 삭제키로 하였음.

3) 아 측 초안 제1조(항구적 평화와 영속적 우호 관계), 일본 측 초안 제3조 (B) 항(통상항해에 관한 잠정규정) 및 일본 측 초안 제7조(분쟁 해결)는 전부 삭제키로 합의하였음.

단, 통상항해조약이 체결될 때까지의 잠정조치에 관하여서는 기본 조약과는 완전히 분리시키되, 현행 3개 잠정 협정은 그 테두리 안에서 개정이 필요한 부분이 있으면 이를 통상확대 및 무역 불균형 시정 등을 위하여 개최될 무역회담에서 검토키로 한다는 양해가 있었으며, 일본 측은 이를 표현하는 문서 초안을 명일 제시하겠다고 하였음. 일본 측은 정신적인 규정(예컨대 일, 인도네시아 간의 평화조약 제3조 B) 만이라도 조약 본문 또는 부속 문서에 규정하자고 요망하였으나 아 측의 반대로 전기와 같이 양해된 것임.

0423   4) 아 측 초안 제2조(한국 정부의 유일 합법성 확인)에 관하여 아 측은 원안을 고집한 바, 일본 측은 (ㄱ) "… IS THE ONLY LAWFUL GOVERNMENT IN KOREA WITHIN

---

4   제4차 수석대표 회담 기록은 사료에 누락되어 있음.

THE MEANING OF THE RESOLUTION ...." 및 (ㄴ) "... IS SUCH ONLY LAWFUL GOVERNMENT IN KOREA AS DECLARED ..."의 양 개 대안을 제시하였음. (ㄱ)안의 WITHIN은 IN으로 MEANING은 SENSE로 각각 대치할 수 있으며, (ㄴ)안의 SUCH 앞에 THE를 추가하여도 좋다 함.

본 문제는 결국 합의에 이르지 못하였음.

주: 일본 측은 작일 늦게 기시 전 수상으로부터 될 수 있는 대로 한국 측 입장에 쫓아 해결하라는 특별한 요망이 있어 전기 대안을 작성한 것이라는 설명이 있었음.

5) 아 측 초안 제3조(합병조약 등의 무효 확인)에 관하여는 'ARE'와 HAVE BECOME이 대립된 채 합의가 없었음.

6) 일본 측 초안의 전문 제3항(RECALLING 이하), 일본 측 초안 제2조(유엔헌장 운운) 및 각 조의 전면적 배열 문제, 기타 수 개 WORDING의 의견 차이가 있었음을 확인하고 이는 명일 위원회 레벨에서 해결키로 하였음.

7) 일본 측은 시나 외상 방한 시 조약안에 합의되면, 서울에서 가조인(INITIAL)할 수 있다는 입장이며, 그 경우 일본 측에서는 우시로쿠 국장이 INITIAL 하게 될 것이라고 함.

8) 결국 기본 조약에 있어서는, (ㄱ) 합병조약 등의 무효 확인 문제에 있어서는 NULL AND VOID는 합의되고 ARE와 HAVE BECOME의 대립이 있으며, (ㄴ) 한국 정부의 유일 합법성 확인에 있어서는 'THE ONLY LAWFUL GOVERNMENT'는 합의되고 'IN THE MEANING OF'와 'AS DECLARED IN'의 대립이 있음을 확인하였는바, 이 두 개 문제점은 일 외상 방한 시 해결키로 하였음.

2. 양 외상 공동성명

아 측은 아 측 초안을 제시하고 일본 측의 검토를 요망하였음. 일본 측은 아직 준비가 안 되어 명일 동 초안을 제시하겠다 함.

단, 일본 측은 해태 수입제한 해제, 대한 어선 수출금지 조치 해제 등의 구체적인 사항을 공동성명에 포함시키는 데 대하여 강한 난색을 표명하였음.

본직 귀국 시 대체로 일본 측과 양해된 안은 지참토록 노력하겠음.

3. 도착 성명

일본 측은 명일 초안을 수교하겠다 하는바, 내용에 있어서 아국의 국민감정을 고려한 표현이 포함되도록 재차 종용하겠음.

추이: 제4차 회담에 관하여서는 JAW-02236호와 수산국장이 지참한 보고를 참조 바람.(외아북)

수석대표

99. 제7차 한일회담 제6차 수석대표 회담 결과 보고 전문[5]

0426   번호: JAW-02501

일시: 251056[1965. 2. 25]

수신인: 외무부 장관
발신인: 주일 대사

제6차 수석대표 회담(65. 2. 24. 15:00~16:30) 결과 보고

1. 참석자: 한국 측: 김 수석대표, 권 법무부 차관, 방·이 양 공사, 이경호 대표
   일본 측: 다카스기 수석대표, 우시바 외무심의관, 우시로쿠 국장

2. 회담 진행 방법

일본 측은 기본 조약도 가조인되었으니 금후에는 어디에 중점을 두고 회담을 진행하는 것이 좋겠는가 하고 아 측의 의견을 문의하였음. 이에 대하여 아 측은 우선 법적 지위와 어업 문제에 중점을 두고 토의를 추진하는 것이 좋겠음. 특히 법적지위 문제에 관한 토의는 이미 상당히 진첩되어 있으므로 가능하면 2월 중순경 가조인하고 2월 말에는 기본 조약과 법적지위에 관한 협정에 정식 조인하도록 하고 싶다고 말하였음. 또 어업 문제에 관하여서는 3월 말까지 그 대강에 합의하고 필요하다면 가조인하는 것이 좋겠으며 농상회담이 끝나는 대로 청구권, 문화재 및 선박 관계 소위원회를 열어 토의를 추진하도록 하자고 제안하였음. 일본 측은 이상과 같은 아 측의 제안에 따라 회담을 추진하는 것이 좋겠다고 하면서 다만 정식 조인을 하자는 아 측의 제안에 관하여서는 그렇게 할 경우 야당 측으로부터 일괄 타결 방침에 반한다는 것을 이유로 반대가

0427   있을 것이 예상되니 정식 조인 시에는 주한 일본 대사관 개설 준비 사무소라도 설치할

---

[5] 제6차 수석대표 회담은 시나 외상의 1965. 2. 17~20 방한 이후 개최되었음.

수 있도록 하여 달라고 요망하였음.

3. 어업 문제

양측은 그간의 교섭 상황을 review한 다음, 제주도 주변의 기선 문제, 출어 척수에 관련한 어획량 및 어업협력 문제 등에 관한 양측의 의견을 적극 조정하여 3. 3부터 개최되는 농상회담에서 그 대강을 타결하도록 하는 데 합의하였음.

4. 법적지위 문제

아 측은 65. 2. 23자 외아북 722-847 지시에 따라 아 측의 기본 입장을 설명하고 아 측의 최종안을 2. 26에 개최되는 법적지위위원회에서 제시하겠다고 말하면서 동 초안을 토대로 협정문의 작성을 촉진하자고 제의하였음. 이에 대하여 일본 측은 이의 없다고 답변하면서 다만 협정상의 영주권을 자자손손에게 주는 것은 곤란하다고 말하였음.(주일정 – 외아북)

수석대표

100. 제7차 한일회담 제7차 수석대표 회담 결과 보고 전문

번호: JAW-03201

일시: 111013[1965. 3. 11]

수신인: 외무부 장관
발신인: 수석대표

제7차 수석대표 회담 (65년 3월 10일, 11:45~12:40) 결과 보고

1. 참석자
   한국 측: 김 대표, 방 공사, 연 아주국장.
   일본 측: 다카스기 수석, 우시바 대표, 우시로쿠 국장

2. 농상회담
   현재 암초에 올라 있는 농상회담을 촉진시키기 위하여 측면에서 최대한의 지원을 하기로 의견의 일치를 보았으며 기선 문제의 해결 방안에 관한 토의가 있었음.

3. 청구권위원회
   15일경부터 청구권위원회를 개최하기로 한다는 전반의 비공식 양해에 입각하여 일본 측은 제8차 수석회담(3. 17 예정)에 대장성 이재국장(청구권위 일본 측 수석위원)을 참석시켜 청구권위원회 운영의 기본방침과 특히 1962년 말의 김-오히라 합의사항 등을 확인하고 곧이어 위원회를 개최토록 하자는 제의가 있어 이를 받아들였음(따라서 본부에서 내주 말경부터 청구권위원회를 개최할 수 있는 준비를 갖추어 주시기 바람).

4. 법적지위 문제

아 측은 최근에 일본 측이 법적지위위원회에서 종래보다 후퇴한 입장을 주장함은 심히 유감이라 하고 조속히 협정 초안에 합의할 수 있도록 토의를 촉진하도록 요망한 바 일본 측도 이의 없었음.(주일정-외아북)

101. 제7차 한일회담 제8차 수석대표 회담 결과 보고 전문

번호: JAW-03360

일시: 171956[1965. 3. 17]

수신인: 외무부 장관 귀하

발신인: 주일 대사

제8차 수석대표 간 회담(65. 3. 17, 14:00~15:20) 결과 보고

1. 참석자
  한국 측: 김 대사, 이 공사
  일본 측: 다카스기 수석, 우시바 대표, 우시로쿠 국장, 와다 수산청 차장

2. 어업 문제
  가. 아 측은 차 농림장관 출발에 앞서 금주 중으로 어업협정에 가조인할 수 있기를 강력히 희망하고 적어도 협정 요강이라도 그때까지는 가조인되어야 한다고 말함. 일본 측은 그때까지 협정문 작성은 사실상 불가능하다고 보지만 요강은 가조인할 수 있을 것으로 본다고 말함. 양측은 본건 요강 작성을 촉진시키기로 합의함.
  나. 어업협력에 관하여 아 측은 적어도 농상 간의 공동선언에는 그 대강이 포함되어야 한다고 말하고 일본 측으로부터 대장성 관계자를 포함시킨 확대 회의를 제안하여 왔으므로 양측은 어업 협력 문제를 대장성 관계자들과 함께 2, 3일 내로 토의하는 데 합의하였음.

3. 평화선 내 일 어선 나포 문제(일본 측의 청구)
  일본 측은 평화선 내에서 나포된 일본 어선 및 선원에 관련된 인적 물적 손해배상 청구 문제가 금번의 농상회담에서 처리되어야 한다고 강력히 주장하였음. 아 측은 독

도 문제의 경우처럼 여사한 문제는 한일회담의 의제가 아니라는 입장에서 농상회담 뿐만 아니라 한일회담 자체의 토의 대상이 되지 않는다고 주장함. 이에 대하여 일본 측은 본건 문제는 어업 문제 전반에 걸쳐 영향을 주는 주요 문제로서 첫째 본건 문제의 원인이 한일 어업 문제의 근원이 되는 평화선에 있고 둘째 직접 소관인 아카기 농림대신의 입장으로 보아서도 이 문제를 어업 문제와 함께 해결하여야만 된다는 두 가지 점으로 보아 어업교섭이 최종 단계에 들어간 이 마당에서 이 문제를 처리하지 않고 넘어갈 수는 없는 것이 일본 측의 입장이라고 강력히 주장하면서 이 문제가 어업협정의 일부는 확실히 아니고 또한 쌍방이 처리에 합의하는 데도 시간이 걸릴 것이므로 우선 이 문제를 어디서 어떻게 취급하느냐를 우선 결정하여야 할 것이며 적어도 어업협정이 정식 조인될 때까지는 이 문제에 대해서 쌍방이 합의에 도달하여야 할 것이라고 말하였음.

아 측은 결국 어업 문제와는 관련시키지 않지만 현안 일괄 타결과 연관시켜서 이 문제를 해결하고자 함이 일본 측 입장이라고 보고 이를 TAKE NOTE 한다고 말함.

4. 청구권위원회

일본 측은 청구권위원회를 열기에 앞서 이미 합의된 점과 합의되지 않은 점을 명백히 하기 위해서 수석대표의 위임을 받은 실무자급에서 사무적인 정리를 먼저 한 다음 이를 수석대표 회의에 보고하게 하고 그 후에 이에 따라 청구권위원회를 개최하자고 주장하면서 이 점에 대해서는 특히 대장성이 강하게 요망하고 있다고 말함. 아 측은 먼저 청구권위원회부터 개최한 다음 그 기초 작업을 하자고 제의하였으나 결국 양측은 청구권위원회 개최에 앞서 실무자급에 의한 기초 작업을 최단 시일 내에 완료하기로 합의함.

5. 법적지위위원회

아 측은 금일 일본 측의 협정 초안이 제시되므로 이 문제를 촉진시키자는 데에 의견을 같이함.

6. 본회담 개최 문제

본회담은 당분간 개최하지 않기로 양해됨.

7. 신문 발표

　가. 회담 진행 방법을 토의함.

　나. 청구권 문제에 관련하여 실무자급의 기초 작업을 실시하기로 함.

　다. 평화선 내에서의 나포 일 어선의 배상에 관하여 일본 측으로부터 그 입장이 표명되었음.(주일정-외아북)

수석대표

102. 제7차 한일회담 제9차 수석대표 회담 결과 보고 전문

번호: JAW-03475

일시: 221845[1965. 3. 22]

수신인: 외무부 장관 귀하

발신인: 주일 대사

제9차 수석대표 회담(65. 3. 22. 15:30~16:30)

1. 참석자

   한국 측: 김 대사, 이 공사, 김영준 경기원 차관보

   일본 측: 다카스기 수석, 우시바 대표, 우시로쿠 국장

2. 외상회담

   가. 아 측은 JAW-03249호 2항으로 보고한 회의 의제를 제시하고, 법적지위 문제는 영주권의 부여 범위가 결정되면 대체로의 합의를 얻을 수 있는바, 이 문제는 법률론으로써는 처리가 어려운 만큼, 이 장관 방일을 기회로 일본 측이 정치적 고려를 하여 해결되도록 하기 바란다 하였으며, 청구권 문제에 관하여는 양측의 견해 차이가 김, 오히라 양해에 대한 이해 차이에 기인하고 있으며, 이는 사무 레벨에서 해결하기 곤란한 만큼, 외상회담에서 처리되도록 함이 좋겠다 하였음.

   나. 아 측은 특히 청구권 문제에 관하여는 김, 오히라 양해에 대하여 양측에 이해 차이가 있으며 또 양국에서 국내적으로 문제가 있는 만큼, 금번 기회에 문제가 해결되면 양 외상 간에서 그 내용을 적당한 형식으로 상호 확인해둠이 좋겠다 하는 동시에 가능하면 이번의 기회에 '1억 플러스 알파' 문제도 해결되도록 정치적인 고려를 해달라고 하였음.

   다. 아 측은 또한 농상회담의 현황에 비추어 외상회담에서도 어업 문제를 가능한 대로 토의하여 측면에서 지원하는 것이 좋겠다 하였으며, 무역회담은 명 23일에 전체

회의를 개최케 되는바 외상회담에 있어서는 지금까지의 토의 진전을 확인하는 형식을 취하게 되는 만큼 실질적인 진전이 있도록 하여야 하겠다 하였음.

　　라. 일본 측은 외상회담이 전번의 서울 외상회담 당시와 같이 많은 성과를 거두게 하여야 함에 동감이라 한 후, 법적지위 문제는 영주권의 부여 범위를 결정하는 외에 처우 문제에 관하여도 이번 기회에 결정을 보도록 하게 함이 좋겠다 하였음.

　　마. 일본 측은 청구권 문제가 용의하게 해결할 수 있는 문제가 아닌 만큼, 금번 기회에 반드시 해결한다고 생각함에는 무리가 있다고 하는 동시에, 정치절충에서 해결을 보지 못할 경우에는 그 후의 교섭 레벨에 난점이 있을 뿐만 아니라, 정치절충에 수반하는 난점도 경계하여야 할 단계인 만큼 수석대표 회담에서 우선 토의함이 가하다는 견해를 표시하였음. 청구권 문제에 관하여는 결국 수석대표의 위임을 받은 양측 대표(아 측: 이 공사, 김 경기원 차관보, 일본 측: 대장성 이재국장, 우시로쿠 아세아국장)가 3. 23, 10:30에 회합하여 토의를 진행시키고 가능한대로 외상회담에 넘기는 방법을 취하기로 하였음.

　3. 각 현안 토의 촉진

　　가. (어업 문제) 아 측은 일본 측이 기선 문제에 관한 타결을 보지 못하였으므로 기타 문제에 관한 토의를 진척시키는 데에 소극적인 태도를 유지하고 있는바, 이는 회담 전반의 진척도에 많은 영향을 주고 있는 만큼, 기선 문제가 해결되면 즉시 어업 문제 전반을 타결할 수 있도록 기선 이외의 각 문제점에 관한 토의도 촉진시켜야 한다 하였음. 일본 측 안 아 측 견해에 동감을 표시하고 기선 이외의 문제점에 관한 토의가 촉진되도록 하겠다 하였음.

　　나. (청구권 문제) 아 측은 일본 측이 지금까지 미해결 중에 있는 원칙적인 문제점이 해결되기 전에는 위원회를 개최하지 않겠다는 입장을 취하고 있는바, 청구권의 세목 협정에 대한 토의로 상당한 시간이 소요될 것인 만큼, 원칙 문제에 대한 정치적인 절충과 병행하여 세목 협정에 대한 사후 절충도 토의하여야 한다는 견해를 표시하였음. 일본 측은 대장성의 태도가 강경하다고 한 후, 3. 23에 원칙 문제가 논의케 되는 만큼 동 회의 결과도 보아가며 대장성과 절충하여 위원회를 곧 열어보도록 하겠다 하였음.

수석대표

105. 제7차 한일회담 제10차 수석대표 회담 결과 보고 전문[6]

번호: JAW-04130

일시: 072041 [1965. 4. 7]

수신인: 외무부 장관
발신인: 주일 대사

제10차 수석대표 회담(65. 4. 7, 15:00~16:30)

1. 참석자
   한국 측: 김대사, 방 공사, 최 정무과장, 오 조약과장
   일본 측: 다카스기 수석, 우시바 대표, 우시로쿠 국장, 히로세 참사관.

2. 금후 진행에 관하여
   가. 아 측은 청구권, 법적지위, 어업, 문화재 등 4개 위원회를 최단시일 내에 소집하여 협정안 작성 작업에 착수할 것을 촉구하였음. 일본 측은 자기들 내부 사정 및 준비 관계상 내주 중으로 본격적인 토의에 들어가기는 어렵다는 입장을 표명하였음. 각 문제별 토의 내용은 다음과 같음.
   1) 어업 문제: 일본 측은 어업 문제를 가장 간단한 것으로 보며 내주 말까지 자기 측 안을 일본어로 작성하고 내내 주부터 위원회에서 협정문 교섭에 들어갈 수 있다고 함.
   2) 법적지위: 일본 측은 자기 측 협정안을 내주 중으로 완성할 것이라고 하며, 처우에 관해서는 특별히 교섭할 만한 것이 없으므로 이 문제를 협정안에 포함시켜 토의하자고 함.

---

[6] 제10차 수석대표 회담은 이동원 장관의 방일을 통하여 1965년 4월 3일 청구권, 어업 및 재일한인 법적 지위 문제 등 주요 현안에 대한 합의 사항에 가서명이 이루어진 후 개최됨.

단, 일본 측은 처우에 있어서 민단 측이 희망하는 것대로는 되지 않을 것이므로 이에 관한 토의 시기(타이밍)에 관해서는 약간 고려할 문제라고 설명함. 아 측은 일본국 자신을 위해서도 교포의 처우에 대하여 각별한 고려가 있어야 함을 강조하였음.

3) 문화재: 일본 측은 관계부처와 협의할 필요가 있으므로 한국 측의 희망을 듣고 금후 진행 과정을 고려할 것이나 내주 말경이라야 토의에 응할 수 있을 것이라고 함. 이에 대해서 아 측은 늦어도 내주 중간에는 토의가 되도록 요청함.

4) 청구권 및 경제협력: 일본 측은 본건 문제가 가장 시일을 요할 것이라고 말하면서, 문제의 성격상 두 개의 소위원회를 구성하여 청구권과 경제협력을 분리하여 각각 담당시키기를 제안하였음.

또한 일본 측은 경제협력에 관하여는 실시 방법에 관하여 협정안 작성 전에 약간의 토의를 필요로 할 것이며 청구권에 관하여는 법적으로 매우 어려운 문제인 만큼 궁극적으로 협정상의 표현이 문제겠지만 초안 작성 이전에 상당한 토의를 하여야 할 것이며 이 문제에 관해서는 일본 측의 내부 사정상 그 준비에 있어서 상당한 시간이 소요될 것이라고 말함. 또한 일본 측은 청구권에 관한 토의에 있어서는 모든 자료(데이타)를 내놓고 문제를 일응 제시하여야겠으며 이에는 인적 대상뿐만 아니라 북한 문제, 관할권 문제 등이 토의하지 않을 수 없다는 입장을 명백히 하였음.

청구권 및 경제협력을 분리 타개하자는 일본 측 제안에 대하여 아 측은, 특별한 명칭을 부여함이 없이 소위원회를 두되 원칙적인 문제와 실시 세목을 각각 담당시키도록 대안을 제시하였던바 일본 측은 이에 대하여 이의 없다고 말함.

나. 위에서 표명된 일본 측 입장으로 보아 일본 측은 현안에 관한 본격적 토의는 내주 중으로는 어렵다는 것인바 아 측은 토의 준비가 되는 것부터 될 수 있는 대로 조속히 위원회 토의를 진행시키자고 촉구하였으며, 앞으로도 계속 이를 촉구할 예정임.

3. 협정을 위한 용어에 관하여

일본 측은 시일 관계상 우선 일본어와 한국어 텍스트로 합의하고 그 후 영문으로 번역할 것으로 생각하고 있으며, 경우에 따라서는 협정용어를 한일 양국어로 한정할 것까지도 고려하고 있다고 말함. 아 측은 협정용어는 한, 일, 영, 3개 용어로 하고 처음부터 영문 텍스트를 가지고 토의하자고 함. 이 문제에 관해서 양측은 결론에 도달하지 못하였으나 대표단 관측으로서는 일본 측이 한일 양국어 만을 협정용어로 채택할 의사가 매우 강한 것으로 보이며 또한 처음부터 영문 텍스트를 가지고 토의하지 아니하는 한 영문이 협정용어로 사용될 가능성은 매우 희박하다고 봄. 용어 문제는 금후의 토의와 직접 관련된 문제임으로 본 건에 관한 정부의 방침을 지금 회시 바람.

4. 평화선 침범 어선의 나포에 관한 잠정적 합의(MODUS VIVENDI)에 관한 일본 측의 제안

일본 측은 금후의 한일 어업협정을 고려하여 지금부터라도 12마일의 한국 전관수역 내에서 일본 어선이 어로작업을 하지 않도록 강력한 행정지도를 할 의도이지만 한편 한국 정부로서도 12마일 밖의 수역에서 작업하는 일본 어선을 나포하지 않겠다는 '코미트먼트'를 주기 바라며 이를 MODUS VIVENDI 형식으로 처리하기를 제안함.

이에 대하여 아 측은 일본 측 제안을 받아들일 수 없다고 잘라 말한 다음, 현재에 있어서 특히 제7차 회담 개최 이래 별다른 문제가 없었고 또한 금후 1, 2개월 내에는 어업협정이 체결될 것이라는 점에 비추어 현 상태로 지내는 것이 좋을 것이라고 말하였음.

5. 각 위원회 개최에 앞선 본회담 개최는 하지 않기로 쌍방 간에 합의함.

6. 이상의 일본 측 태도로 보아 각 현안에 관한 본격적 토의를 내주 중으로 개시하기가 어려울 것으로 보이니 당 대표단으로서는 문제의 토의를 늦어도 내주에는 착수하도록 일본 측에 계속 촉구할 예정임.

7. 다음 수석대표 회담은 내주 화요일 오전으로 결정함.

8. 그 후 회담에 필요한 인원 배치에 관해서는 명일 별도로 건의하겠음.(주일정-외아북)

106. 외상 및 농상회담 종료 후의 한일회담 진행에 관한 일본 측 태도와 아 측 방침 문서

외상 및 농상회담 종료 후의 한일회담 진행에 관한
일본 측 태도와 아 측 방침에 관하여

1965. 4. 10
(외무부 아주국)

1. 회담 진행에 관한 일본 측 태도(65. 4. 7 수석대표 간 회담에서 표시된 일본 측 입장)

(1) 청구권, 법적지위, 어업 및 문화재 등 제 현안의 협정문 작성을 위한 본격적인 교섭은 일본 측의 내부 사정 및 준비 관계상 내내 주초(4. 19)부터나 가능하다. 단, 각 위원회를 내주부터 시작하는 데에는 반대하지 않는다. 각 현안에 대한 일본 측 생각은 아래와 같다.

① 어업 문제: 가장 간단한 문제로 보며, 내내 주부터(4. 19) 협정문 교섭 개시 가능

② 법적지위: 내주 중에 일의 초안 작성 완료 예정, 처우 문제는 특별히 교섭할 것이 없으므로 협정문에 포함시켜 토의 위계, 단 민단과의 관련 상 토의 시기는 고려

③ 문화재: 내주 말(4.17)에 토의 가능

④ 청구권 및 경협: 가장 시일을 요하는 문제 문제의 성격상 2개 소분위를 구성하여 청구권 및 경협을 분리 토의. 경협소위는 경협 실시 방법에 관한 협정을 작성하게 될 것인바 작성 이전에 약간의 원칙 토의를 필하면 가. 청구권소위는 법적으로 어려운 문제인 만큼, 초안 작성 이전에 상당 토의 필요. 토의 문제점 중에는 인적 대상, 북한 문제, 관할권 문제 등이 포함되며, 준비상 다소의 시일소요

(2) 협정은 한일 양국어로 작성하고 후에 영어로 번역키로 한다. 단, 경우에 따라서는 한일 양국어 만으로 작성할 것을 고려

2. 아 측의 방침

(1) 원칙적으로 5월 초를 목표로 한다. 단, 작성해야 할 문서가 방대하며 또 일본 측의 상기한 바와 같은 태도에 비추어 목표 달성이 곤란할 때도 있을 것임을 염두에 두기로 한다.

(2) 실제 교섭은 목표 달성이 곤란할 경우까지를 상정하여 다음과 같이 행함을 원칙으로 한다.

① 시간 제약이 있는 교섭에 있어서는 서로 최종 단계에 가서 안을 제시하고 이의 수락을 불가피하게 만드는 전술을 채용하는 경향이 있으며 이러한 경향은 특히 일본에게 심하다. 따라서 이를 역이용하는 견지에서 일본 측에 대하여 아 측이 목표일까지 초안 작업을 완료할 것을 진실하게 희망하고 있다는 확신을 갖게 하여 일본 측의 안이 되도록 속히 제시되도록 한다.

② 일본 측이 제시한 안과 아 측 입장 사이에 많은 거리가 있을 시에는 시간 제약을 이용하여 일본 측으로 하여금 아 측 입장에 접근케 한다. 만일 이때의 일본 측 접근이 만족할만한 것이 아닐 경우에는 교섭 타결을 일단 보류하고 목표일을 재책정하여 다시 교섭토록 한다.

③ 필요하다고 인정될 시에는 위와 같은 방법을 되풀이할 것까지도 고려하기로 하며 이로써 최대한의 입장 반영이 있도록 한다.

(3) 각 분과위원회는 내주 중에 시작되도록 한다. 아 측 대표단은 별첨 명단과 같이 한다.

(4) 협정문의 용어는 한 일 영 3개 국어로 한다. 실제 교섭에 있어서는 한 일 양국어로 조문을 작성하고 매 조문의 초안이 끝날 때마다 영문 번역을 확정해 나가는 방법을 취하기로 한다.

(5) 분과위원회에서 토의한 각 현안에 관하여는 다음과 같이 한다.

① 어업 문제

㉠ 초안은 외무부에서 작성하여 대표단에 훈련키로 한다(초안은 내주 초에 완료될 예정이다).

㉡ 농상회담 시 미결로 남게 되고 계속 토의케 된 문제점은 다음과 같이 한다.

㉠ 공동위원회의 구성 및 주무: 대표부에 기히 훈령한 바 있으므로(위원회를 상설

기관으로 하며, 한일 어업 문제에 관하여 건의를 하며 사무국을 설치한다는 내용) 동 훈령이 최대한으로 반영되도록 대표단에 재량권을 부여한다.

ⓒ 강제적인 결정을 내릴 수 있는 중재제도까지는 고려하되 국제사법재판소에 대한 회부는 고려치 않기로 한다.

ⓒ 조업의 안전 및 질서유지에 관한 규정은 농림부에서 작성한다. 본 문제는 어업협정의 별첨 문서로 규정할 것을 목표로 하되 교섭이 난항할 시에는 장차 설입될 공동위원회의 토의사항으로 넘길 것까지도 고려하기로 한다.

ⓒ 어업협력의 근본정신 즉 한일 어업 격차의 해소와 한국 어업의 발전을 위한다는 뜻과 동 협력의 지체없는 시행이 보장된다는 뜻을 별도 문서에라도 규정되도록 한다. 이와 관련하여 초년도에 있을 협력의 '프로그램'을 협정 서명 시에 확정하고 곧 실시하는 방안도 고려키로 한다.

ⓒ 협정의 유효 기간은 잠정 협정의 성격이 나타나도록 3년 내지 5년으로 한다. 단, 양측으로부터 폐기 통고가 없는 한 유효 기간 차후에도 협정이 존속될 수 있는 규정을 두도록 한다.

② 법적지위 문제

㉮ 초안은 외무부에서 작성하여 대표단에 훈령키로 한다.

㉯ 영주권 및 퇴거 강제 사유에 관한 초안은 준비되어 있다.

㉰ 처우에 관하여는 토의 진척에 따라 협정문을 작성할 것인바 각 문제에 관하여 아래와 같이 한다.

㉠ 교육 문제: 기존 교포학교 중 한국학원에 대한 정식학교 인가를 정치적 절충에 의하여 획득함으로써 해결한다.

ⓒ 사회보장: 국민건강보험, 국민연금 등의 사회보장제도 및 주택금융공고(住宅金融公庫) 등의 혜택을 되도록 광범위하게 받게 한다.

ⓒ 영주 귀국자의 일시 반출금의 최고한도를 되도록 높게 한다(아: 10,000불, 일: 5,000불). 반치금은 무역 결제에 사용될 수 있게 한다.

ⓒ 전후 입국자 및 이산 가족에 대하여 적절한 고려가 있게 한다.

③ 문화재 문제

㉮ 일본 측이 1962년 말에 제시한 의정서 형식에 의하여 처리토록 한다(아 측 대

안은 이미 훈령된 바 있음).

　　　㉯ 품목은 문교부 관계 책임자 및 고고학계 대표(이홍직 교수)로 하여금 절충케 한다.

　　④ 청구권 문제

　　　㉮ 해결원칙에 대한 합의가 있었으므로 세목 협정(도입 절차 등) 교섭에 되도록 속히 들어가기로 한다.

　　　㉯ 일본 측은 청구권의 소멸을 규정하는 조문에 관하여 소멸된 청구권의 내용, 남북한 문제, 관할권 문제 등을 제기할 것으로 생각되는바, 이에 대하여는 대한민국 정부가 유일한 합법정부라는 기본 입장에서 대처키로 한다.

　　　㉰ 세목 협정에 관하여는 아래와 같은 방침으로 교섭한다.

[세목 협정 교섭방침은 수록되어 있지 않음]

위원회별 아 측 대표 명단(안)

1. 청구권 및 경협위원회

　　수석대표　이규성　공사
　　〃　　　　김영준　경기원 차관보
　　〃　　　　전상진　통상국장
　　대표　　　이상덕　한은 이사
　　〃　　　　김봉은　한은 도쿄지점 이사
　　전문위원　김정태　아주국 부이사관
　　〃　　　　정순근　통상국 경협과장
　　〃　　　　　　　　경기원 물동기획과장
　　〃　　　　김형근　통상국 외무서기관
　　보좌　　　강신조　경기원 외자총괄과 사무관
　　〃　　　　　　　　재무부 외환과 사무관

2. 어업위원회

　　수석대표　이규성　공사
　　대표　　　김명년　수산진흥원장
　　전문위원　배동환　농림부 원양어업과장
　　전문위원　오재희　대표부 정무과장
　　보좌　　　농림부　사무관
　　　〃　　　　　　　주사

3. 법적지위위원회

　　수석대표　방희　　공사
　　대표　　　이경호　법무부 법무국장
　　전문위원　권태웅　동북아과 서기관
　　　〃　　　윤승영　서울지검 검사

4. 문화재위원회

　　수석대표　방희　　공사
　　대표　　　김재원　국립박물관장
　　　〃　　　이홍직　고대 교수(문화재보호위원)
　　　〃　　　황수영　동국대 교수(문화재보호위원)
　　　　　　　　　　　문교부 문화재관리국장
　　전문위원　이상진　서기관

5. 기타
　　법률고문　유민상　법제처 차장
　　번역고문　김진　　서울법대 교수(국제사법 전공)

107. 제7차 한일회담 제11차 수석대표 회담 결과 보고 전문

번호: JAW-04244

일시: 131709[1965. 4. 13]

수신인: 외무부 장관
발신인: 수석대표

제11차 수석대표 회담(65. 4. 13. 10:00~11:40) 결과 보고

1. 참석자

   한국 측: 김 대사, 방 공사, 이 공사

   일본 측: 다카스기 수석, 우시바 대표, 우시로쿠 국장

2. 금후 회담 진행에 관하여

   가. 아 측은 금후 각 위원회 작업 촉진을 다시 강조하면서 일본 측의 작업 태세를 촉구하였음. 일본 측은 자기 측 준비 진행 상황을 다음과 같이 설명하였음.

   1) 어업협정 문안을 금주 말까지 완료하도록 하겠음. 위원회 대표는 종전과 같음.

   2) 법적지위 협정문 역시 금주 말까지는 완료하도록 하겠음. 위원회 대표는 외무성 조약국 참사관 1명을 추가할 예정임.

   3) 청구권 및 경제협력에 관하여는, 청구권(법적 문제)에 있어서는 현재 관계 각 성 실무자들이 금주 내로 문제점을 정리할 예정이므로 이에 대한 토의는 약간 지연될 것으로 예상되며, 경제협력 문제에 있어서는 별로 시간이 걸리지 않을 것임. 청구권 문제를 위하여 외무성 조약국 참사관 사토 쇼지(佐藤正二)를 대표로 추가 임명 예정이고 경제협력 문제는 니시야마 경제협력국장이 담당하도록 하겠음.

   4) 문화재에 관하여는 문부성 대표 1명을 추가하겠음.

   나. 각 위원회의 개최 일자는 양측의 위원회 대표 간에서 결정하도록 하되, 금주 내

로는 모두 회의를 가지는 데 양측이 합의함.

다. 아 측은, 지난번의 일괄 가조인으로써 실질 문제가 모두 해결된 것으로 국민들은 알고 있으므로 금후 위원회에서의 토의는 협정 초안 작성 작업의 성격을 띠도록 하고 아직 해결을 못 본 실질 문제는 초안 작성 과정에서 해결해 나가도록 하자고 제안하였으며 이에 대하여 일본 측도 이의 없다고 말함. 양측은, 지난번의 가조인에 따르는 일괄 타결 분위기가 깨지지 않도록 대외 발표에 이어서 신중을 기하자는 데 의견의 일치를 보았음.

라. 청구권 및 경제협력위원회의 운용에 관하여, 아 측은 청구권에 관련된 법적 문제를 별도로 분리 토의하는 데 대해서 이의가 없으나 이는 어디까지나 지난번 가조인된 이-시나 합의사항의 테두리 내에서 토의되어야 할 것이며 한국 정부로서는 지금까지의 토의 결과로써 문제가 해결된 것으로 보는 만큼 일본 측으로서도 금후 새로운 문제를 제기하여서는 안 될 것이라고 강조하였음. 이에 대하여 일본 측은 이에 동감을 표명하면서, 일본 정부로서는 협정 체결 이후에 청구권에 관련된 법적 문제가 다시 제기되고 또한 재판 문제 같은 것이 발생하지 않도록 하기 위하여 문제점을 사전에 명백히 하고 넘어가려는 것뿐이며 새로운 문제를 제기할 의도는 없다고 말함. 또한 아 측은 금후 실시 세목(소위 경제협력 문제)에 관한 토의를 우선적으로 진행시키더라도 이는 어디까지나 청구권 및 경제협력위원회 자체가 이를 토의하는 것으로 하여, 이 문제 역시 청구권 청산과 직접 관련되는 명분을 유지하도록 하여야 할 것이라고 말하였음. 일본 측도 이에 대하여 이의 없다고 말하였음.

3. 협정문의 용어에 관하여

아 측은 WJA-04127 제2항 훈령대로 일본 측에 제안하였으며, 일본 측은 약간 난색을 표명하면서도 이에 동의하였음.

4. 김-오히라 대표와 관련된 김준연 의원 사건에 관하여

아 측은 1억 3천만 불의 소위 부정 자금 수수설로 인한 김준연 의원 사건이 아직 재판에 계속 중이지만 이에 대한 한국 국민들의 의혹을 일소함에 있어서 일본 정부가 협력을 해 주기 바란다고 말하였음. 일본 측은, 이에 대하여 이해를 표시하면서, 동 사건에 관한 재판 판결이 있을 때 그 기회에 동 문제에 관하여 해명하도록 해보겠다고 말하였음.

5. 독도 문제에 관하여

아 측은 독도는 공동규제수역 밖에 위치하게 되어 평화선과 관련 없게 되어 있으니 일본으로서도 실질적인 이해가 없게 되었음을 시사하면서, 영토권에 관한 문제인 만큼 한국의 국민감정이 매우 심각하고 따라서 평화선 문제에 결부해서 독도 문제까지 논의된다면 한일 간의 문제를 더욱 복잡하게 하고 어렵게 만들 것이라고 강조한 후, 한때 시사되었다고 하는 거중 조정도 한국 여론은 받아들이지 않을 것으로 생각됨에 비추어 일본 정부로서도 이 점을 신중히 고려하고 한국 내의 여론도 직접 파악해보면서 적절한 해결책을 연구해 주기 바란다고 말하였음.

일본 측은, 일본 정부로서는 거중 조정에 대하여 관심을 가진 적은 없는바, 이는 첫째, 그 결과에 대한 준수 가능성이 매우 희박하고, 둘째, 제3국으로서 미국을 예상하는데 그렇게 되면 한일 간의 문제가 미국의 영향 하에서 해결되는 인상을 주게 되어, 일본 야당의 반대가 강할 것으로 생각되므로, 일본 정부로서는 GOOD OFFICE, MEDIATION, CONCILIATION만 가지고서는 안 되겠다는 입장인바, 즉 문제를 확실히 해결하는 방법을 희망하고 있는바, 이에 대해서 계속 연구를 해 보겠다고 말함. 또한 일본 측은 독도 문제는, 피알 문제도 있고 해서 외상회담과 같은 고위층 간의 해결 방식이 좋겠다는 입장을 표명하였다. 본 건에 관하여 정부로서도 확고한 입장을 세워서 일본 측의 움직임에 대응하여야 할 것으로 사료됨.

6. 기타 사항

가. 교포 처우에 관한 논의과정에서 있었던 전후 입국자에 대한 대우 문제와 관련하여 일본 측은, 한국 정부로서도 일본 내에 있는 밀항자 문제를 처리해 주기 바란다고 말하였음.

나. 아 측은, 거류민단에 대한 기부금이 세금으로부터 공제되도록 해 주기 바란다고 강조하였던바, 일본 측은 행정상의 문제이므로 연구해 보겠다고 말하였음.

7. 신문 발표

금후 회담 진행 방안에 관하여 토의함. (주일정 - 외아북)

110. 한일회담 본조인 준비 촉진에 관한 건의 전문

번호: JAW-04280

일시: 151437[1965. 4. 15]

수신인: 외무부 장관
발신인: 수석대표
참조: 국무총리, 대통령 비서실장, 중앙정보부장

지난 4월 3일 현안 일괄 가조인 이후 수석대표 회담 및 기타의 기회에 조속 협정문 작성에 착수하여 늦어도 5월 초까지는 본조인 하도록 양해하였던 것인바, 현재 일본 측은 각 위원회의 대표 임명 및 협정안 작성 등 회담 진행 준비를 대체로 갖추고 있는 데 비하여, 아 측으로서는 아직 각 위원회별 대표임명 또는 현지 파견이 없고 협정안, 교섭방침 등이 본국으로부터 지시되지 않는 형편임에, 예정된 5월 초순 본조인을 위한 회담 촉진 계획에 커다란 지장을 가져오고 있으므로, 여사한 실정을 감안하시와, 현지 회담 촉진에 필요한 모든 조치를 시급 취하여 주시기를 앙망함.

111. 한일회담 향후 진행방침 하달 전문

0466   번호: WJA-04211

일시: 161305[1965. 4. 16]

수신인: 한일회담 수석대표

대: JAW-04280

한일회담의 앞으로의 진행방침을 아래와 같이 훈령합니다.

아래

1. 앞으로의 교섭에 있어서는 지난 4. 3에 이미 시작된 청구권, 법적지위 및 어업의 각 현안에 관한 합의사항을 대강으로 하여, 가능한 한 조속히, 각 협정의 공동초안을 작성하도록 한다. (각 현안에 관한 교섭 지침은 곧 훈령할 것임)

2. 전항의 목적을 위하여 (1) 청구권 및 경제협력, (2) 문화재, (3) 법적지위 및 (4) 어업의 4개 위원회를 병행시키되, 각 위원회는 가능한 한 빈번히 회합하여 민속한 토의를 가하도록 한다. 또한 각 위원회 밑에 필요에 따라 소위원회를 구성하거나, Drafting Committee와 같은 Ad hoc Committee를 설치할 필요가 있을 때에는 수석대표의 재량으로 결정하여도 가하다.

3. 수석대표 회의는 종래와 같이 적어도 매주 1회 정기적으로 개최하도록 하되, 각 위원회에서 어느 문제점에 관한 토의가 난항하여 위원회 레벨에서 해결이 어렵다고 인정될 경우에는 곧 비정기 수석대표 회의를 소집하여 해결을 기하도록 한다.

0467   4. 각 협정의 공동초안 작성 완료 시기는 원칙적으로 5월 초를 목표로 한다. 단, 이

와 같은 목표 시기는 표면화되지 않도록 한다.

현안에 따라 협정의 공동초안 작성이 먼저 완료되는 것은 타 현안의 진도와 관계없이 완료하여도 가하다. 단, 어업 문제만이 먼저 완료될 가능성이 있을 경우에는 실질적 완료 시기를 청구권과 동일하게 한다.

5. 협정문의 용어는 한, 일, 영 3개 국어로 하되, 양측의 해석에 상위가 있을 경우에는 영문에 의거하는 것으로 한다. 각 협정의 조문 초안 작업에 있어서는 영문을 Working language로 함이 원칙이나, 일본 측에 어려운 사정이 있다 하므로 한일 양국어를 사용하여도 가하다.

단, 이와 같은 경우, 매조의 초안이 끝날 때마다 영문 번역은 확정해 나가도록 한다.

6. 각 위원회별 대표단 명단은 별첨과 같은바, 대표단원이 도일 시기 또는 본국 소환 등에 관하여는 현재 실정을 감안한 수석대표의 건의를 고려하여 외무부 장관이 적의 조절하는 것으로 한다. 또한 본부와 현재 대표단 간의 교섭 상황에 관한 정확한 이해를 돕기 위하여 본부 주무국장과 주무과장을 수시 도일케 한다.

위원회별 아 측 대표 명단(안)[7]

1. 청구권 및 경협위원회

수석대표	이규성	주일 대표부 공사
〃	김영준	경기원 차관보
〃	전상진	외무부 통상국장
대표	이상덕	한은 이사
〃	김봉은	한은 도쿄주재 이사
전문위원	김정태	외무부 아주국 부이사관
전문위원	정순근	외무부 통상국 경협과장

---

[7] 이 명단은 106번 문서의 명단과 일부 상이함.

	정재덕	경제기획원 경제기획국 물동계획과장
	김형근	외무부 통상국 경제협력과 외무서기관
보좌	김태지	외무부 아주국 동북아과 사무관
〃	강신조	경제기획원 경제협력국 외자총괄과 사무관
〃	주병국	재무부 외환과 사무관

2. 어업위원회

    수석대표　이규성　주일 대표부 공사
    대표　　　김명년　국립수산진흥원 원장
    전문위원　최광수　외무부 아주국 동북아과장
    〃　　　　오재희　주일 대표부 정무과장
    〃　　　　배동환　농림부 수산국 원양어업과장
    〃　　　　신광윤　국립수산진흥원 자원조사과장
    보좌　　　공로명　외무부 아주국 동북아과 사무관
    〃　　　　김윤택　외무부 방교국 조약과 사무관
    상기 외에 농림부 장관이 추천하는 농림부 사무관 (또는 주사) 급 실무직원 2명

3. 법적지위위원회

    수석대표　방희　　주일 대표부 공사
    대표　　　이경호　법무부 법무국장
    전문위원　권태웅　외무부 아주국 동북아과 서기관
    〃　　　　윤승영　법무부 서울지방검찰청 검사

4. 문화재위원회

    수석대표　방희　　주일 대표부 공사
    대표　　　김재원　국립박물관 관장
    〃　　　　이홍직　고려대학교 교수(문화재보호위원)
    〃　　　　황수영　동국대학교 교수(문화재보호위원)

대표　　　하갑청　　문교부 문화재관리국장

　　　전문위원　　김정태　　외무부 아주국 부이사관

5. 기타

　　　대표(법률 자문)　유민상　　법제처 차장

　　　자문위원(영문)　김진　　　서울대학교 법과대학 교수

추이: 상기 대표단은 추가 또는 교체될 수 있으며, 주일 대표부의 관계 직원은 수석대표 재량으로 적의 배치하는 것으로 함.(외아북)

　　　　　　　　　　　　　　　　　　　　　　　　　　　　　장관

112. 본부 훈령에 대한 대표부 건의 전문

0471   번호: JAW-04314

일시: 161814[1965. 4. 16]

수신인: 장관
발신인: 수석대표

대: WJA-04211

대호 훈령과 관련하여 아래와 같이 건의합니다.

1. 각 위원회 구성원에 관하여
   가. 청구권 및 경제협력위원회
      김영준 차관보를 교체 수석대표로 해주시고 전상진 국장을 대표로 해주시기 바람.
   나. 법적지위위원회
      재무부 외환 관계관을 추가해 주시기 바람.
   다. 문화재위원회
      방희 공사는 법적지위만을 전담하도록 해주시고 따라서 김재원 관장을 수석대표로 해주시기 바람. 또한 문교부 서기관 또는 사무관 1명과 외무부 조약 실무자 1명을 추가해 주시기 바람.

2. 대표단 구성원은, 현지 실정에 따라, 현지에 파견된 인원 중에서 수석대표의 재량으로 재배치할 수 있도록 해주시기 바람.

3. 문화재위원회를 제외한 기타 대표단 인원을 늦어도 금주 말까지 파견해 주시기

바람.

　문화재위원회에 관하여는 우선 김재원 과장, 황수영 교수, 김정태 부이사관, 문교부 서기관 또는 사무관, 조약실무자를 내주 초에 파견해 주시기 바람.

　4. 각 현안별 교섭 지침, 협정안 등을 조속 훈령해 주시되 늦어도 관계 대표단원의 파견 시 휴대하도록 해주시기 바람.(주일정 – 외아북)

113. 대표단 건의에 대한 본부 회신 전문

번호: WJA-04228

일시: 181445[1965. 4. 18]

수신인: 수석대표

대: JAW-04314

대호에 관하여 아래와 같이 회전합니다.

1. 김영준 차관보 및 전상진 통상국장 양인을 청구권 및 경제협력위원회 교체 수석대표로 함.
2. 청구권위원회에 파견된 주병국 재무부 외환과 사무관이 법적지위위원회에도 참석하여 송금 관계 등을 보좌토록 하시압.
3. 문화재위원회에 김재원 과장을 추가한 것은 귀 수석대표의 건의에 따라 일단 명부에 포함시킨 것이나 사실상 동인은 현재 미국에 출장 중이며 7월경 귀국 예정임.
 문교부 서기관 또는 사무관 1명에 관하여는 현재 문교부 장관에게 추천을 요청 독촉 중에 있음. 또한 외무부 조약 실무자 1명에 관하여는 현 단계에서 추가 파견이 어려우므로 귀 대표단에서 현인원으로 적이 조치 바람.
 따라서 문화재위원회는 방 공사가 계속 수석대표임.
4. 대표단 구성원은 현지 인원 중에서 수석대표가 적의 재배치하여도 가함.
5. 대표단 파견에 관하여는 가능한 대표 조속히 파견토록 할 것이며 결정되는 대로 통보하겠음.(외아북)

114. 사토 일 수상에 대한 정일권 국무총리 친서(답서) 송부 공문

0473　외아북 722　　　　　　　　　　　　　　　　　　　　1965. 4. 15

수신: 주일 대사

제목: 사토 일 수상에 대한 국무총리 친서 송부

1. 별첨의 국무총리 친서를 사토 일본 수상에게 전달하시기 바랍니다.

2. 동 친서 사본을 동첩하오니 귀부에서 참고하시기 바랍니다.

유첨: (1) 국무총리 친서
　　　(2) 상기 친서 사본

끝

　　　　　　　　　　　　　　　　　　　　　　　　　외무부 장관 이동원

첨부

114-1. 정일권 국무총리의 사토 일 수상 앞 친서

0474 3월 19일 자로 보내주신 각하의 서한은 반가이 받았습니다.

한일 간의 국교 정상화를 조속히 실현하시겠다는 각하의 굽히지 않는 열의에 대하여 깊이 감명을 받은 바입니다.

힘든 교섭이기는 하였습니다마는 지난 3월 3일부터 시작되었던 농상회담과 3월 23일부터 시작되었던 외상회담이 양국 태도의 불요 불굴의 노력의 결실로서 지난 4월 3일에 어업, 청구권, 법적지위 문제의 3개 현안의 대강에 합의하게 된 것은 한일교섭에 새로운 출발점을 이룩한 것으로 생각합니다.

10여 년이라는 긴 교섭은 이로써 그 가장 어려웠던 고비를 넘기게 된 것으로 생각하는 바이며, 마음으로부터 이를 경하하여 마지않는 바입니다. 앞으로 각하의 변함없는 열의와 끊임없는 노력에 힘입어 하루속히 양국 간의 국교를 정상화하여 새로운 우호 선진의 한일 양국 간의 역사를 창조할 수 있게 되기를 간절히 바라고 있는 바입니다.

끝으로 각하께서 보내주신 귀한 화병은 감사히 수령하였으며 길이 가보로서 보존하겠습니다.

각하의 가일층의 건승을 빕니다.

1965년 4월 12일
대한민국 국무총리 정일권

일본국 내각 총리대신
사토 에사쿠 귀하

첨부

114-2. 사토 일 수상의 정일권 국무총리 앞 친서 사본

0475
拝啓

貴国務総理閣下が金東祚駐日代表部代表を通じ御送付下さいました二月二十二日付の御懇篤なお手紙に対し厚く御礼申し上げます．

二月六日に閣下にお目にかかった際，閣下は，日韓国交正常化に対する並々ならぬ御決意を披瀝されましたが閣下のお言葉は今でも私の耳にいきいきと残っております．

椎名外務大臣が先般貴国を訪問申し上げた際に，貴国政府の寄せられました手厚いおもてないにつきましては，椎名大臣より詳しく話を聞き深く感激いたしました．

ただ今農相会談に御出席中の車均禧農林部長官には三月三日にお会いし李東元外務部長官閣下には三月十一日にお目にかかりました．そのほか，貴国の国会議員の方々にもしばしばお目にかかる機会があります．このようにして両国の指導者間に人的交流が頻繁に行なわれておりますことは日韓友好関係の緊密化にとって極めて重要な意義を有するものと存じます．

0476

二十三日から李外務部長官閣下がわが国を公式訪問されますことは，われわれの最もうれしく存ずるところであります．日本国政府は李長官閣下を最大限に御歓待申し上げ，日本国民が貴国に対して抱く友好の気持をお伝えしたいと考えております．

農相会談は近く成功裡に終了するものと確信いたしております．そうなれば，日韓会談は峠を越し両国間の諸懸案が速かに解決される機運が一段と熟してくるものと確信いたします．

閣下にお会いした時に申し上げましたように，私は日韓国交正常化交渉の妥結につきましては強い決心をもってこれを推進するものであり，そのために私の微力をささげるつもりでおります．閣下の御協力を得て日韓両国の将来にとって最も重要な意義を有するこの交渉を速かに妥結せしめ，新しい歴史の一頁を開く日のくることを熱望しております．

0477

なお，この度は貴国の芸術味豊かな筆筒をお贈りいただきとともに非常に喜びました．長くわが家に宝蔵したいと思っています．誠に有難うございます．

末筆ながら閣下の御健康と御一家の御繁栄をお祈り申し上げて擱筆させていただきます．

謹言

昭和四十年三月十九日

日本国内閣総理大臣

佐藤榮作

大韓民国国務総理

丁一権閣下

번역

배계(拜啓)

귀 국무총리 각하께서 김동조 주일 한국대표부 대표를 통해 보내주신 2월 22일 자 친서에 깊은 감사를 드립니다.

지난 2월 6일에 각하를 뵈었을 때, 각하께서는 한일 국교 정상화에 대한 남다른 의지를 피력해 주셨는데, 그 말씀이 아직도 제 귀에 생생하게 남아 있습니다.

최근 시나 외무상이 귀국을 방문했을 때 귀국 정부가 베풀어 주신 환대에 대해서는 시나 외무상으로부터 자세한 설명을 듣고 깊은 감명을 받았습니다.

지금 농무장관 회담에 참석 중인 차균희 농림부 장관은 3월 3일에 만났고, 이동원 외무부 장관 각하를 3월 11일에 뵈었습니다. 그 외에도 귀국의 국회의원들을 자주 만날 기회가 있습니다. 이렇게 양국의 지도자들 간에 인적 교류가 빈번하게 이루어지고 있는 것은 한일 우호 관계의 긴밀화에 매우 중요한 의미를 갖는다고 생각합니다.

오는 23일부터 이 외무부 장관 각하께서 우리나라를 공식방문하시는 것은 우리로서는 매우 기쁜 일이라고 생각합니다. 일본 정부는 이 장관 각하를 최대한 환영하며, 일본 국민이 귀국에 대해 갖고 있는 우호적인 마음을 전하고자 합니다.

농무장관 회담이 조만간 성공적으로 마무리될 것으로 확신합니다. 그렇게 되면 한일회담은 고비를 넘어 양국 간 현안이 조속히 해결될 수 있는 분위기가 한층 더 무르익을 것으로 확신합니다.

　각하를 만났을 때 말씀드렸듯이 저는 한일 국교 정상화 협상 타결에 대해서는 강한 의지를 가지고 추진할 것이며, 이를 위해 저의 작은 힘이나마 보탤 생각입니다. 각하의 협조를 얻어 한일 양국 국가의 미래에 가장 중요한 의미를 갖는 이 협상이 조속히 타결되어 새로운 역사의 한 페이지를 여는 날이 오기를 간절히 바라고 있습니다.

　또한, 이번에 귀국의 예술성이 풍부한 필통을 선물해 주셔서 매우 기쁘게 생각합니다. 오래도록 우리 집에 보물로 간직하고 싶습니다. 진심으로 감사드립니다.

　끝으로 각하의 건강과 가문의 번영을 기원하며 이만 줄입니다.

　근언(謹言)

1965년 3월 19일
일본 내각총리대신
사토 에사쿠

대한민국 국무총리
정일권 각하

115. 제7차 한일회담 제12차 수석대표 회담 결과 보고 전문

0479   번호: JAW-04405

일시: 211913[1965. 4. 21]

수신인: 외무부 장관
발신인: 수석대표

제12차 수석대표 회담(65. 4. 21. 15:00~16:15) 결과 보고

1. 참석자
   한국 측: 김 대사, 방 공사, 이 공사
   일본 측: 다카스기 수석, 우시바 대표, 우시로쿠 국장

2. 일본 어선의 평화선 침범

본직은 JAW-04363에서 미리 보고한 바와 같이 WJA-04231의 2개 항목 훈령 내용을 일본 측에 읽어준 다음 다음과 같이 말하였음. 즉 원래 방금 읽은 훈령 내용은 서면으로 일본 측에 제시하도록 지시가 있었지만 본인의 건의에 따라 구두로 전달하는 것인바, 지난번의 평화선 내 어선 충돌 사건에 관하여 일본이 협력적이라고 본국 정부에 보고한 바도 있고 하니 장차 설정될 12마일 전관수역뿐만 아니라 평화선 전반에 걸쳐 일본 업자가 자숙하도록 일본 정부로서 조치해주기 바람. 특히 한국의 일반 여론뿐만 아니라 어민들의 여론이 비등하고 있으며 또한 가까운 시일 내에 어업협정도 성립될 것이므로 현안 타결 촉진을 위해서 중요한 시기인 만큼 자중해 주기 바란다. 경우에 따라서 일본 어선을 나포하지 않을 수 없어 나포하는 경우에는 회담 전반에 영향을 끼치게 되니 그런 일이 없도록 일본 정부로서 잘 처리해 주기 바란다. 이에 대하여 우시바 심의관은, 12마일은 안 들어가도록 할 수 있지만 그 밖의 수역은 좀 어려우나 아무
0480   튼 수산청에 이야기하였다고 하면서 어업 질서 유지의 면에서 생각해 볼 문제가 아닌

가라고 말하였음. 또한 우시바 심의관은 본직이 직접 아카기 농상과 이 문제에 대하여 협의할 것을 시사하였음. 또한 다카스기 수석대표는 작일 아카기 농상을 만났을 때 이 문제가 언급되었으며 아카기 농상이 매우 걱정을 하고 업자들에게 경고한 바 있었다고 첨언하였음(본건 문제를 일본 정부 당국에 가일층 강조하고 협조를 요청하기 위하여, 본직은 금명간 아카기 농상을 직접 방문할 예정임).

3. 현안에 대한 정식 서명 가능 시기에 관하여

양측은 정식 서명이 4월 말까지는 도저히 불가능함을 확인하였음. 일본 측은 정식 서명이 5월 15일을 일단 목표로 하고 늦어도 5월 20일까지는 실현되지 않겠느냐는 점을 시사하면서 관계 각 성에서도 정식 서명을 5월 중순으로 알고 있는 것으로 본다고 말하였음. 아 측은 가능하면 그 이전에 정식 서명이 실현되고 특히 박 대통령의 방미 전에 실현되기를 강조하였으며 일본 측도 이에 대하여 이해를 표시하였음.

양측은 현안에 대한 토의를 일층 촉진시키는 데 합의함. 현안의 정식 서명과 관련하여, 일본 측은 현재 협정안 작성 단계에 있으니 일본 내각 개편으로, 영향을 받지 않을 것이며 만일 6월에 들어간다면 참의원 선거에 의하여 영향을 받을 수도 있다는 점을 시인하였음.

4. 대사관 및 영사관의 설치에 관하여

일본 측은 영사조약 체결 전이라도 한국이 일본 내에 영사관을 설치할 수 있을 것이며 영사관의 수효를 상호주의에 입각해서 동일하게 하여야 한다는 입장을 취하지는 아니할 것이라고 시사하였음. 아 측은 일본 내에 약 10개 처에 영사관을 설치할 필요가 있을 것임을 시사하였음. 일본 측은 현재로서는 부산을 고려하고 있으며 장차 인천도 후보지로 될 수 있을 것이라 함. 아 측은 공관의 인원수 제한 문제에 언급하고 그 해제를 종용하였던바, 일본 측은 고려해보겠다고 하면서 정식 서명 이후에 외교공관을 상호주의적으로 설치하게 되면 그 문제는 해결될 수 있을 것이라고 시사하였음.

5. 일장기 소각 문제

일본 측은 최근 서울에서 있었다고 하는 소위 일본 국기 소각 사건에 언급하여 한국 법상 정식 국기가 아니면 범죄가 되지 않는 것을 듣고 있지만 이는 국제 예양 상의 문제로서 일본 정부는 관심을 가지는 것이며, 국내 사정도 있으니 대외적으로는 일본 정부가 한국 측에 엄중 항의한 것으로 하여달라고 하였음. 아 측은 지금까지의 소위 국기는 모두 사적으로 임의로 일본 국기의 형태를 모방하여 그린 것으로서 한국 정부로서도 특별히 조치를 취할 도리가 도저히 없었던 바이라고 설명하였음.

6. 전관수역 침범 어선 나포에 관한 신문 보도에 관하여

평화선 문제의 논의과정에서 일본 측은 한국 정부가 전관수역 침범 일본 어선을 나포하도록 명령한 것으로 보도되었으며 마에다 주재관으로부터 이에 관하여 보고를 받았는바, 그것이 사실인가를 질문하였음. 이에 대하여 아 측은, 아는 바 없으나 전관수역만을 문제 삼은 것은 아니다라고 본다고 말하였음. 본건에 관하여는 서울의 신문에 보도된 것으로 알고 있는바, 어선 나포를 전관수역에만 국한한다는 인상을 받지 않도록 함이 좋을 것으로 사료됨.

7. 기타

각 위원회의 진행 상황을 검토하는 과정에서, 일본 측은 여러 가지 난관을 무릅쓰고 청구권위원회에 관계 각 성의 국장급 인사를 대표로 망라하였으며 법적지위에 있어서도 문부성 및 후생성의 국장급을 대표로 임명할 예정이라고 하였음.(주일정-외아북)

116. 제7차 한일회담 제13차 수석대표 회담 결과 보고 전문

0483   번호: JAW-04560

일시: 281907[1965. 4. 28]

수신인: 외무부 장관

발신인: 수석대표

제13차 수석대표 회담(65. 4. 28 16:00~17:00) 결과 보고

1. 참석자
   한국 측: 김 대사, 방 공사
   일본 측: 다카스기 수석, 우시바 심의관, 우시로쿠 국장

2. 제 현안에 관한 협정 서명 시기
   양측은 5. 15을 목표로 하여 제 현안에 관한 협정안 서명할 수 있도록 각 위원회의 토의를 추진한다는 원칙을 재확인하였음.

3. 다음 회의는 5. 6(목) 15:00에 개최하기로 하였음.
   우시바 심의관은 5. 2 타이완을 방문하여 5. 6에 귀국한다 함.(주일정-외아북)

117. 제7차 한일회담 제14차 수석대표 회담 결과 보고 전문

0485 번호: JAW-05193

일시: 122131[1965. 5. 12]

수신인: 외무부 장관
발신인: 수석대표

제14차 수석대표 회담(5. 12. 10:30~12:20) 결과 보고

1. 참석자
  한국 측: 김 대사, 방 공사, 이 공사
  일본 측: 다카스기 수석, 우시바 대표, 히로세 참사관

2. 한국 국내 정세에 관하여
  김 대사는, 금번 보도된 쿠데타 음모 사건이 일본 내에서 관심을 가지고 있을 정도의 것은 아니라는 취지로 사정 설명을 하고 따라서 일본 정부가 한국 국내 정세를 오해하지 않도록 바란다고 말한 다음, 난관이 많지만 대국적 견지에서 현안 타결 및 국교 정상화를 위한 한국 정부의 결의에는 하등의 변동이 없다고 설명함.

3. 회담 진행에 관하여
  양측은, 조속한 협정 조인을 위하여는 금후 10일 이내에 타결을 위한 고비를 넘겨야 할 것이라는 데 의견을 같이하였음.

4. 어업 문제에 관하여
  가. 아 측은, 한일 간 현안 타결에 대한 한국 국내의 비난이 어업 문제로 압축되어 있으며, 여당 및 정부 내에서도 어업 문제에 대해서 커다란 관심을 가지고 있음

0486

에 비추어 일본 측으로서도 여사한 상황을 염두에 두고 한국 측이 제시한 어업협정 안을 신중히 검토하여 한국 측 요구를 충족시켜 주어야 할 것이며, 한국 안을 냉정히 다루어 주도록 강조하였음. 또한 아 측은 다른 위원회의 토의가 어업 문제 토의의 영향을 받지 않도록 하여야 할 것이라고 주장하였음.

이에 대하여 일본 측은, 이미 표명한 바와 같이 한국 측 안을 토의에 기초로 삼을 수 없으며, 근본적인 문제에 관한 합의사항을 변경시키는 것은 매우 곤란하다고 대항하였음. 또한 일본 측은 다른 문제 토의를 물론 촉진시켜야 하겠지만 우선 어업 문제를 서둘러야 할 것이라고 말하였음.

나. 어업 문제 토의 진행에 관하여

아 측은 어업위원회에서 사무적으로 처리하여 조문화할 수 있는 데까지는 조문화하고 문제되는 점은 별도로 토의 해결하기로 하여 이 양자를 병행하자고 하였으며, 일본 측은 4·3 합의사항에 따라 우선 위원회에서 조문 작성 작업을 끝내고 기타 추가할 사항은 나중에 가서 고위층 간에서 해결하도록 하자고 하였음. 특히 일본 측은 한국 측 협정안이 4·3 합의사항에 규정된 문서의 종류(형식)를 변경시키고 있는바 이는 일본 측으로서 도저히 받아들이기 어려운 점이라고 강조하였음. 양측은, 4·3 합의사항에 따라 조문화하되 문제된 것과 추가된 것은 별도로 토의하고 금후의 토의 진행에 관하여 양측의 어업대표 4명에 의한 4자회담에서 협의하기로 양해하였음.

다. 아 측은, 어업협력 문제에 관하여, 이에 대한 토의를 적극 촉진하자고 하였으며, 일본 측은 이 문제가 경제협력 문제의 일환인 만큼 어업협력의 실시 세목을 먼저 토의할 수는 없으므로 민간신용제공에 관한 원칙 문제가 결정된 후에 토의를 하겠으며, 한국 측 의견을 들을 용의는 있지만, 이에 관한 합의를 정부 간 협정 형식으로는 할 수 없다고 말하였음. 또한 아 측은 과거에 논의되었던 콜롬보계획 활용 문제를 고려해주도록 요청하였으며 일본 측은 검토해보겠다고 말하였음.(주일정-외아북)

118. 제7차 한일회담 제15차 수석대표 회담 결과 보고 전문

번호: JAW-05350

일시: 200812[1965. 5. 20]

수신인: 외무부 장관
발신인: 수석대표

제15차 수석대표 회담(1965. 5. 19. 16:30~17:30) 결과 보고

1. 참석자
   한국 측: 김 대사, 방 공사, 이 공사
   일본 측: 다카스기 수석, 우시바 심의관, 히로세 참사관

2. 회담 진행에 관하여
   아 측은 위원회 토의가 부진하고 있다는 점을 지적하고 일본 측이 성의를 보여 토의를 촉진시키도록 할 것을 강조하였음. 양측은 각 위원회의 진행 상황을 검토하고, 5월 말까지는 위원회 작업을 일단 끝마치게 하고 남은 문제점이 있으면 이를 수석대표 회담에서 그 처리를 토의하기로 양해하였음.

3. 어업 문제에 관하여
   아 측은 최근 일본 신문이 한국 안에 관하여 지나치게 보도하여 국민들의 오해를 초래할 우려가 있음을 지적하고 일본 정부로서 대책을 강구할 것을 요망하였음.
   이에 대하여 일본 측은 금후에는 그와 같은 보도가 없도록 신문에 대하여 영향력을 발휘할 것을 약속하였음. 아 측은 한국 측 어업협정안에 언급하여, 일본 측의 성의를 촉구하였음. 그러나 일본 측은 계속 난색을 표시하고 4·3 합의사항을 움직일 수는 도저히 없다는 입장을 거듭 강조하였음.

4. 법적지위에 관하여

아 측은 처우 문제의 토의에 있어서 진전이 없음을 지적하고 합의사항의 조문화 작업 진행과 동시에 처우 문제에 대하여 일본 측이 성의를 보일 것을 촉구하였음.

또한 이산가족과 전후 입국자 문제에 대하여도 일본 측이 호의적인 고려를 할 것을 요망하였음.

5. 청구권 및 경제협력에 관하여

아 측은 한국 측 입장의 중요점에 언급하고 아국의 특수사정에 대한 일본 측의 이해를 촉구하는 동시에, 위원회 토의의 촉진을 강조하였음.

일본 측은 내주 초경에는 청구권 및 경제협력 전반에 걸친 협정안을 제시할 수 있을 것이라고 시사하였음.

6. 문화재에 관하여

아 측은 일본 측의 목록 제시를 다시 촉구하였던바, 일본 측은 문부대신이 특히 어업 문제와 관련하여 회담 전반의 전망이 보인 다음 제시하겠다는 태도를 취하고 있음을 시사하였음(본직은 금명간 문부대신을 방문하고 본건 토의 촉진을 촉구할 위계임).

7. 신문 발표

양측이 양해한 발표 요지는 다음과 같음.

"금후 회담 진행 협의함. 5월 말까지는 위원회에서의 작업을 끝마치도록 회담을 촉진할 생각임. 어업 문제에 관련하여 교섭 중단이란 있을 수 없음." 또한 일본 측은 기자들의 질문이 있을 경우, 어업에 관하여 4·3 합의를 변경할 수 없다는 입장을 거듭 밝히지 않을 수 없다고 말하였음.(주일정-외아북)

120. 제7차 한일회담 제16차 수석대표 회담 결과 보고 전문

번호: JAW-05509

일시: 271945[1965. 5. 27]

수신인: 장관
발신인: 수석대표

제16차 수석대표 회담 (1965. 5. 27, 15:00~17:05) 결과 보고

1. 참석자
   한국 측: 김 대사, 방 공사, 이 공사
   일본 측: 다카스기 수석, 우시바 심의관, 우시로쿠 국장, 히로세 참사관

2. 어업 문제 및 이와 관련된 회담 진행 전반에 관하여: 회의 벽두 다카스기 수석은 한국 측이 4·3 합의를 전복하는 안을 내어 진첩이 없는데 이는 한국 측으로서 회담을 천천히 해도 좋다는 것인지 또한 한국 측의 의도에 무슨 변화가 있었는지 모르겠다고 말하였음. 이에 대하여 아 측은 한국 측 의도에 변화는 전혀 없으며 오히려 일본 측이 회담을 지연시켜도 좋을는지 의문이라고 말하고, 아 측의 보완 사항 내용은 4·3 합의에 배치되는 것이 없으며 일본 측이 한국 측의 제안 전부에 걸쳐 토의를 거부하는 것과 같은 태도를 취하여 온 것은 유감이며 교섭 과정에서 그와 같은 태도를 취할 수는 없지 않겠느냐고 말하였음. 또한 아 측은 다른 현안에 관한 토의도 어업 문제 때문에 전여 진첩이 없음은 유감이며 현 상태로 가면 6월 말에도 타결이 어렵다고 말하였음. 또한 아 측은 일본 측 견해대로 하면 4·3 합의 내용만을 조문화한 것이 되고 심지어는 일본 측 초안을 실질적으로 그대로 받아들인다는 것밖에 되지 않는바 한국 측으로서는 그와 같은 입장을 도저히 수락할 수 없으며 4·3 합의를 보완하지 아니하고서는 어업협정을 성립시킬 수 없다고 말하였음.

일본 측은, 현안 타결에 있어서 현재 중요한 시점에 놓여 있고 한국 측의 사정에 대하여 의문이 있었기 때문에 한국 측 의도를 처음에 물은 바이라고 전제하고 시나 외무대신의 유임도 한일회담 때문이라고 시사하면서 요지 다음과 같은 내용의 발언을 하였음(단, 동 발언은 우시로쿠 국장이 서면으로 된 것을 낭독하고 그것이 다카스기 수석의 공식 발언으로 간주하여 달라고 말하였음).

(1) 어업교섭을 원만히 진행시키려면 합의사항을 존중하여야 하는바 합의사항을 충실히 이행하느냐의 여부는 전적으로 한국 측에 달려 있다. 한국 측은 보안이라는 명목 아래 합의사항을 수정하고저 하는바 그와 같은 상황 아래서는 교섭을 할 수 없다. 합의사항은 어디까지나 그대로 먼저 조문화하고 공동위원회 문제 등 계속 토의할 것이 있으면 이에 대한 토의에 응할 수 있다.

(2) 청구권 및 경제협력에 관한 협정안 제시는 사정상 늦었지만 내 5월 31일(월요일) 위원회에서 협정안을 제시하겠다. 문서의 종류는 3개 종류가 될 것이다.

(3) 외무대신은 아세아, 아프리카 회의 참석차 6월 22일경 출발하고 우시바 심의관도 동행할 것이며 7월 4일에 참의원 선거가 실시되고 한편 6월 초에는 각료급들이 분망할 것이므로 늦어도 6월 20일까지 타결이 끝날 것이 요망된다.

(4) 최근 일본 어선 나포 사건이 있었는바 12마일 이내에서의 어로를 하지 못하도록 일본 정부가 강력한 지도를 실시하고 있는 만큼 12마일 밖에서 일본 어선이 나포되면 회담 진행에 영향을 주게 될 것이다.

이상과 같은 일본 측 발언에 대하여 아 측은 4·3 합의 내용의 조문화 자체는 별로 어려울 것이 없고 시간도 걸리지 않을 것이며 오히려 한국 측이 제시한 보완사항에 대한 토의를 촉진시키는 것이 협정안을 빨리 만들 수 있는 방도라고 말하고 일본 측 제안대로 보완사항을 뒤에 가서 토의한다면 한국 측 제안은 사실상 채택될 가능성이 없으므로 전기와 같은 일본 측 제안은 받아들일 수 없다고 말하였음. 일본 측은 수산청의 사정 때문에 매우 어려운 입장에 있음을 설명하고 조문화에 앞서 보완사항을 토의하더라도 전혀 진첩이 없을 것이라고 말하였음. 일본 측은 쌍방이 어업협정안의 제2차 안을 교환한다면 시간이 걸리고 재교섭이 되며 일본 측으로서 제2차 안으로서 낼 것이 없으므로 차라리 양측이 지금 내놓은 안을 모두 제쳐놓고 4·3 합의를 기초로 조문화하자고 제안하였음. 이에 대하여 아 측은 만약 일본 측이 한국 측 보완사항을 전혀 고려하지 않는 한 조문화에 응할 수 없지만 조문화 과정에서 한국 측이 보완사항을 포함시킨 문안을 내고 이에 대하여 토의를 한다는 양해 아래서라면 언제든지 조문화에 착수하여도 좋다고 말하였음. 이에 대하여 일본 측은 이의 없음을 표명하였음. 따라서 아 측은 미리 준비된 한국 측 보완 안을 서면으로 일본 측에 제시하고 금후 조문화 과정에서 여사한 보완 안을 포함시킨 안문을 제시할 것이라고 말하였음. 금일 제시된 한국 측 보완사항의 문서 내용은 아래(제9항)와 같음. 이상과 같이 하여 양측은, 어업 문제 토의 진행 방법을 위시, 어업에 관한 각종 사항을 모두 합쳐서 검토해나가면서 조문화하는 데 의견의 일치를 보았음. 또한 양측은 즉시 조문화 작업에 착수하기로 하고 구체적인 절차는 별도 토의하기로 하였으며, 아 측은 조문화 작업을 위원회 수준에서 실시할 것을 제의하였음(그간 일본 측은 4·3 합의의 조문화 작업은 과장급의 소위원회에 맡길 것을 시사하여온 바 있음).

3. 법적지위에 관하여

아 측은 법적지위위원회의 개최는 비교적 빈번하였지만 실질적 진첩은 전혀 없었음을 지적하고 처우 문제에 관한 일본 측의 성의를 촉구하였음. 또한 아 측은 특히 전후 입국자 문제를 강조하고 일본 측의 보장을 촉구하였음. 일본 측은 전후 입국자들 문제에 관하여는 일방적으로는 대우에 관하여 밝힐 수 있을 것임을 시사하였음. 또한 아 측은 영주권 신청 절차에 관하여, 한국 측이 국적 확인을 할 수는 없고 또한 그와 같은 필요도 없다고 말하고 일본 측 입장에 재고려를 요망하였음.

4. 문화재에 관하여

아 측은, 일본 측 사정으로 그간 위원회가 두 번밖에 개최되지 않았음을 지적하고, 일본 측으로서 목록을 조속히 제시하여야 할 뿐만 아니라 그 내용에 있어서 형식적이 아닌 충실하고 실질적인 것이라야만 될 것이라고 말하였음. 일본 측은 목록은 너무 일찍 제시하는 경우에는 한국 측의 요구가 많아질 것이므로 회담 전망을 보아가면서 제시할 것으로 시사하였음. 이에 대하여 아 측은 문화재 협의가 너무 지연되어 시간적 여유가 없도록 함은 부당하다고 말하고 조속한 목록 제시를 재삼 촉구하였음.

5. 일본 어선 나포에 관하여

　전기 제1항에서 보고한 일본 측 논평에 대하여, 아 측은 일본 어선 나포에 관한 한국 측 입장은 종래 이야기하여온 바와 같으며 일본 측이 자숙하도록 하는 길밖에는 없다고 말하였음.

6. 자민당 국회의원의 평양 발언에 관하여

　아 측은 현재 평양을 방문 중인 자민당 소속 우쓰노미야 의원의 발언(일본 국민의 대부분이 한일회담에 반대한다 운운의 외신 보도)에 관하여 일본 측에 항의하였으며 유감의 뜻을 표시하였음. 일본 측도 여사한 아 측의 항의와 유감 표시에 대하여 이해를 표시하면서 자민당 측에 대하여 주의를 환기할 뜻을 시사하였음.

7. 신문 발표

　아세아·아프리카 회의도 있고 해서, 금후 회담 촉진 방도에 관하여 협의하였음.

8. 다음 회의는 6월 1일(화요일) 오후 3시에 개최하기로 하였음.

9. 금일 일본 측에 제시한 보완사항에 관한 문서 내용은 다음과 같음. 이는 그간 일본 측에 구두로 설명함에 있어서 사용한 것임.(주일정-외아북)

첨부

120-1. 어업협정 한국 측 보완사항이 기재된 문서

0497   **어업협정 문안에 관하여**

(1) 기선

직선기선을 일방 체약국이 결정함에 있어서는, 국제관행의 내용을 기술하는 대신에 국제관행을 존중한다고 하는 일반적인 원칙만을 규정하는 것이 적당하다고 생각한다.

(2) 단속

가. 무감찰 및 루프지의 경우와 어업금지구역 침범 어선이 감시선으로부터의 어로 작업 중지 및 금지구역 퇴거의 경고에도 불구하고 계속하여 침범행위를 감히 행하는 경우 또는 타방국의 감시선에 그와 같은 침범 사실을 통고하였음에도 불구하고 상당한 시간이 경과할 때까지 동 타방국 감시선이 나타나지 아니하는 경우에는 일방국의 감시선은 이를 정선시켜 기국의 감시선에 인도하는 것으로 한다.

나. 양 체약국은 단속에 관한 협정 규정의 개정에 관하여 언제든지 협의할 수 있도록 하는 것으로 한다. 단, 이 문제는 협정 개정 일반으로써 처리할 수도 있는 것이라고 생각한다.

다. 협정의 보다 효과적인 실시를 위하여, 양 체약국은 긴밀히 협력한다는 정신과 원칙을 규정하며, 이 목적을 위하여 양 체약국은 각각 자국의 감시선에 타방국의 공무원이 승선(해상 시찰을 의미함)할 수 있도록 하며 또한 양 체약국의 감시선이 공동으로 순시할 수 있도록 양국의 감시 당국이 조치를 취하는 것으로 한다.

(3) 어획량

0498   가. 어획량의 통고는 (원칙적으로) 매월 행하는 것으로 한다.

나. 양육항을 지정하며 또한 양육항의 사항의 시찰에 대하여 가능한 편의를 부여하는 것으로 한다.

다. 어획량에 관한 행정지도의 내용을 구체적으로 예시하는 것으로 한다. 어업별 어획 기준량이 초과한다고 인정되는 경우에는 당해 어업에 종사하는 어선의 감찰 및 표지 회수 조치를 취한다.

　라. 감찰, 표지선의 어획물은 공동규제수역에 있어서의 어획물로 간주한다(단, 이 취지는 어획량 확인 방도를 강구하는 데 있다).

(4) 공동규제수역에의 출어:

　가. 출어 척수의 통고는(원칙적으로) 매월 행한다.

　나. 일방국의 요청이 있을 경우에는 타방국은 특정일의 어업별 출어상황을 동 일방국에 통고한다.

　다. 감찰 및 표지의 발급 대장을 비치하며 타방국의 공무원이 이를 시찰할 수 있도록 한다.

(5) 연안 어업

　가. 규제수역 내에서 연안어업에 종사하는 일본 어선에 대하여는 어업별로 그 규모 및 조업 척수의 내역이 표지되지 아니하면 안 되며, 이와 같이 표시되는 현재의 어선 규모 및 조업 척수는 그대로 유지되어야 하는 것으로 규정되지 아니하면 안 된다. 이는 일본 측이 연안어업을 "60톤 미만의 어선에 의한 어업이며, 저인망 어업 및 선망 어업을 제외한 것을 말한다"라고 정의하고자 하므로 필요한 것이다.

　나. 연안어업에 종사하는 어선의 주된 조업 수역을 표시하여 둘 필요가 있다. 이와 같은 수역으로서는 교섭 과정에 있어서 논의된 조업 수역을 표시하면 좋을 것이다.

127. 독도 문제 처리에 관한 일본 측 안 보고 전문

0510 번호: JAW-06392

일시: 171819[1965. 6. 17]

수신인: 장관
발신인: 수석대표
참조: 국무총리, 청와대 비서실장, 중앙정보부장

금 17일 오후 4시 우시바 심의관으로부터 독도 문제 처리에 관한 일본 측 공식 제안을 받았음. 본직과 우시바 심의관과의 토의 내용은 별도(JAW-06393) 보고함.
동 일본 측 안은 각 협정 전반에 관한 분쟁 처리안의 형식으로 되어 있는바 그 내용은 다음과 같음.

1965. 6. 17

일본국과 대한민국과의 간의 분쟁 해결에 관한 의정서(안)

일본국과 대한민국은,
양국 간의 모든 분쟁이, 국제연합헌장의 원칙에 따라서, 평화적 수단에 의하여 국제 평화 안전 및 정의를 위태롭게 하지 않도록 해결되어야 한다고 희망하여, 다음과 같이 협정하였다.

제1조
    양 체약국 간의 모든 분쟁은, 금일 서명된 모든 조약 또는 협정의 해석 또는 실시에 관한 분쟁 및 독도에 대한 주권에 관한 분쟁을 포함하여, 우선 외교상의 경로를 통하여 해결하도록 하기로 한다.

제2조

1. 제1조의 규정에 따라서 해결할 수 없는 분쟁은, 다른 평화적 방법에 의한 해결이 양 체약국 정부 간에 있어서 합의되지 않는 한 제3조의 규정에 기하여 구성되는 중재위원회의 결정을 위하여 부탁되는 것으로 한다.

2. 중재위원회는, 양 체약국 정부가 분쟁의 부탁에 관하여 체결하게 되는 중재계약으로 별단의 합의를 행한 경우를 제외하고, 국제법의 원측 및 적용이 있는 조약 규정에 따라서, 부탁된 분쟁에 관하여 결정을 내리는 것으로 한다.

제3조

1. 중재위원회는, 3인의 중재위원으로서 구성된다.

2. 각 체약국의 정부는, 어느 일방의 체약국의 정부가 타방의 체약국의 정부로부터 분쟁의 중재 부탁을 요청하는 공문을 수령한 날로부터 30일의 기간 내에, 각 1인의 중재위원을 지명하기로 한다.

3. 제3의 중재위원은, 2의 규정에 따라서 지명된 2인의 중재위원이 2에 정하는 기간 후의 30일의 기간 내에 합의에 의하여 행하는 선정에 기하여, 또는 동 기간 내에 그 2인의 중재위원이 합의에 의하여 선정하는 제3국의 정부가 행하는 선정에 기하여, 지명되는 것으로 하고, 중재위원회의 위원장의 직무를 행한다. 단, 제3의 중재위원은, 양 체약국 중 어느 쪽의 국민이어서는 안 된다.

4. 어느 일방의 체약국의 정부가 당해 기간 내에 중재위원을 지명하지 아니하였을 때, 또는 제3의 중재위원이나 제3국의 선정에 관하여 당해 기간 내에 합의가 성립하지 아니하였을 때는, 중재위원회는, 각 체약국의 정부가 당해 기간 후의 30일의 기간 내에 각각 선정하는 제3국의 정부가 지명하는 각 1인의 중재위원 및 이들 제3국의 정부가 협의하여 선정하는 다른 제3국의 정부가 지명하는 제3의 중재 위원으로서 구성되는 것으로 한다.

제4조

1. 중재위원회의 결정은 모든 중재위원의 다수결에 의하여 행하는 것으로 한다.

2. 양 체약국의 정부는 본조의 규정에 기하는 중재위원회의 결정에 따를 것으로 한다.

제5조

　(최조 조항)

　(합의의사록)

　제3조 4에서 말하는 '각각 선정하는 제3국' 및 '이들 제3국의 정부가 협의하여 선정하는 다른 제3국'은, 일본국 및 대한민국, 쌍방과 외교관계를 갖는 국가 중에서 선정되는 것으로 한다.(주일정-외아북)

128. 일본 측에 제시한 분쟁 해결에 관한 교환 공문 안 보고 전문

번호: JAW-06397

일시: 180645[1965. 6. 18]

수신인: 외무부 장관 귀하

발신인: 수석대표

대: WJA-06255

1. 본직은 금 18일 오전 4시, 본국 정부의 승인을 조건으로, 다음과 같은 교환 공문 안을 우시바 심의관에게 제시하였음.

(교환 공문 안)

(한국 측 공한)

각하

본인은, 금일 서명된 대한민국과 일본국 간의 기본관계에 관한 조약 제2조[8]에 언급하고, 양국 정부의 대표 간에 도달된 다음의 양해를 확인함을 영광으로 생각합니다.

양국 정부는, 달리 규정이 있는 경우를 제외하고, 양국 간의 분쟁으로서 외교상의 경로를 통하여 해결할 수 없었던 것은, 양국 정부가 합의하는 제3국에 의해 조정에 의하여 그 해결을 도모하는 것으로 한다.

본인은, 각하께서 일본국 정부를 대신하여 전기의 양해를 확인하여 주실 것을 바랍니다.

---

8 수석대표의 추가 전문으로 제4조로 정정됨.

일본 측 공한

본인은, 금일 자의 각하의 다음의 공한을 접수하였음을 확인하는 것을 영광으로 생각합니다.

한국 측 공한

본인은, 전기의 양해를 일본국 정부에 대신하여 확인함을 영광으로 생각합니다.

2. 우시바 심의관은 금 18일 오전 9시 수상관저에서 개최되는 각의에서 우선 이를 검토하도록 해 보겠다 말하였음.(주일정-외아북)

131. 분쟁 해결에 관한 교환 공문의 일본 측 대안 보고 전문

0519   번호: JAW-06434

일시: 190036[1965. 6. 19]

수신인: 외무부 장관(참조: 중앙정보부장)
발신인: 수석대표

연: JAW-06392

금 18일(금) 오후 일본 측은 연호로 보고한 분쟁 해결에 관한 의정서(안)에 대한 대안으로서 분쟁 해결에 관한 교환 공문(안)을 아래와 같이 제시하여 왔음을 보고함.

일본 측 서한

본인은 금일 서명된 일본국과 대한민국 간의 기본관계에 관한 조약 제4조 (A)의 규정에 언급하고 양국 정부의 대표 간에 도달된 다음의 양해를 확인함을 영광으로 생각합니다.

1. 양국 간의 토론 분쟁은 먼저 외교상의 경로를 통하여 해결하는 것으로 한다.

2. 1의 규정에 의하여 해결할 수 없었던 분쟁은 어느 일방국 정부가 타방국 정부로부터 분쟁의 중재를 요청하는 공한을 접수한 날로부터 30일의 기간 내에 각자의 정부가 임명하는 각 1명의 중재위원과, 이와 같이 하여 선정된 2명의 중재위원 동 기간 후의 30일의 기간 내에 합의한 제3의 중재위원 또는 동 기간 내에 그 2명의 중재위원이 합의하는 제3국의 정부가 지명하는 제3의 중재위원과의 3명의 중재위원으로서 성립되는 중재위원회에 결정을 위하여 부탁하는 것으로 한다.

단 제3의 중재위원은, 양국 중의 어느 국가의 국민이어서는 안 된다. (계속)

0520   3. (연호 전문으로 보고한 일본 측 안 제3조 4항에 규정과 동일함.)

4. 양국 정부는 본조의 규정에 의거한 중재위원회의 결정에 복종하는 것으로 한다.

5. 3에서 말하는 양국 정부의 각자가 선정하는 제3국 및 이를 제3국의 정부가 협의에 의하여 결정하는 다른 제3국, 일본국 및 대한민국의 쌍방과 외교관계를 가진 국가 가운데에서 선정하는 것으로 한다.

본인은 각하께서 전기의 양해를 대한민국 정부를 대신하여 확인하여 주실 것을 희망합니다.

(한국 측 공한) 생략함. (주일정 – 외아북)

134. 독도 문제 처리에 관한 일본 측 협정안 보고 전문

번호: JAW-06466

일시: 191704[1965. 6. 19]

수신인: 장관

발신인: 주일 대사

연: JAW-06392, 06397 및 06434

1. 한일회담 교섭 보고를 통하여 수시 보고하여온 바와 같이, 일본 정부 당국자는 그간 기회 있을 때마다, 한일 현안 일괄 타결 시에는 반드시 독도 처리에 관하여도 명백한 처리 방안에 합의되어야 한다는 것이 일본 정부의 입장임을 표명하여 왔는바, 연호 전문 보고와 같이, 현안 각 협정의 조문화 작업이 최종 시점에 도달하자 드디어 독도 문제 처리에 관한 협정안을 공식으로 제안하여 왔음.

2. 이에 대하여 아 측으로서는, 독도의 영유권에 관하여는 의문의 여지가 없고 또한 이는 한일 간의 현안에 속하는 문제도 아니라는 정부의 기존 입장에 따라, 전기와 같은 일본 측 제안을 절대로 수락할 수 없다는 입장을 견지하고 있음.

3. 그러나 독도 문제처리에 관하여는, 일본 행정부가 국내적으로 특히 국회에서, 현안 타결 시에는 독도 문제도 반드시 처리한다는 입장을 명백히 천명하여온 바 있어, 일본 측이 본건에 관하여 끝까지 그 입장을 고수할 경우에는 본 건에 관하여 일본 측과 여하히 타협할 것인지, 정부의 타결방안을 지시하여 주시기 바람.

4. 본건 처리에 관하여 일본 측 고위층과의 비공식 접촉으로 감촉한 바에 의거하고 또한 우리 정부의 기본방침을 감안하여, 최광수 동북아과장 편으로 보낸 방식에 기초

하여 본직의 자유재량으로 안문을 작성하여 일본 측과 협의 결정하여도 가하올지 화급 훈령하여 주시기 바람.(주일정 – 외아북)

[아래 문장이 수기로 첨가되어 있음]

교환 공문

1. 한일 간의 제 분쟁은 별도의 규정이 있는 경우를 제외하고는 외교교섭에 의하여 해결하도록 한다.
2. 외교교섭에 의하여 해결하지 못한 분쟁은 양국이 합의하는 중재절차에 따라 해결하도록 하도록 한다.

137. 독도 문제에 관한 본부 입장 회시 전문

0531   번호: WJA-06297

일시: 192250[1965. 6. 19]

수신인: 한일회담 수석대표

대: JAW-06466[독도 문제]

대호로 청훈하신 건에 관하여는 이미 WJA-06270 제7항[9]으로 지시한 입장을 고수하시기 바라며 본인이 방일할 때까지 계속하여 아 측 입장이 관철되도록 노력하시기 바랍니다.(외아북)

장관

---

9   * WJA-06270, 제7항(1965. 6. 18)(이 전문은 이동원 외무부 장관 일본 방문, 1965에 수록되어 있음.)
    "독도 문제에 있어서는 6. 14 아주국장 편 서신으로 지시한 바 있는 아국의 입장을 고수하여 주시기 바라며 이 문제는 국내 형편이 조금도 융통성을 허용하지 않음을 양지하시기 바랍니다."

138. 독도 문제 관련 대표부 건의 전문

0532   번호: JAW-06472

일시: 200158[1965. 6. 20]

수신인: 장관

발신인: 수석대표

1. WJA-06297(분쟁 해결 문제) 지시에 관하여 본직으로서는 이 문제에 관한 일본 측의 감각을 탐지하기 위하여 사적인 견해로서 금일까지 의견을 교환한 바이며 일본 측은 이미 제2차 안까지 공식으로 제안하여 온 바이나 아 측으로서 여기에 대한 사적인 감촉만 말하였을 뿐 아무런 공식 반응을 표시한 일이 없음.

2. 외무부 장관이 본조인을 위하여 내일 전에 이 문제에 관한 일본 측의 진의를 완전 파악하여 사무적인 처리의 기초를 만들어둠이 이 문제가 대외적으로 노출됨이 없이 해결될 수 있으리라는 견지에서 노력하여 온 바이나, JAW-06466에 언급된 최 동북아과장 편의 안에 대한 지시가 없고 WJA-06270 제7항 입장을 견지하라는 재차 지시옵기 외무부 장관 내일 시까지 접촉을 중단하고 기다리고자 합니다.(주일정-외아북)

141. 기본관계조약 관련 청훈 전문

0539   번호: JAW-06487

일시: 202100 [1965. 6. 20]

수신인: 외무부 장관
발신인: 수석대표

대: WJA-06502

가. 한일기본 조약 일본문 텍스트에 관하여 다음과 같이 양측의 견해 차이가 해소되지 못하고 있는 바 본 건에 관하여 지금 회시 바람.

1. 제2조 중 'ALREADY'를 일본 측은 '모하야'로 주장하고 아 측은 '스데니'로 하여야 한다고 주장하고 있음.

2. 제3조 규정 중 "AS SPECIFIED……"를 일본 측은 "아키라카니 시메사레테 이루도오리노……", 또는 "……고토쿠……"로 하여야 한다고 주장하고 있음. 즉 문제의 부분을 일본 측은 형용사적으로 표현하고자 하며 아 측은 부사적으로 표현하여야 한다고 주장하는 것임.

나. 이상의 문제점 외에는 일본 측 표현을 그대로 수락하였으며, 특히 제3조 중의 'IN KOREA'를 '조센(조선)니 아루'라고 표현하는 데 동의하였음을 참고하시기 바람.

이 문제에 관하여 아 측은 일본어 텍스트에도 '한반도'라고 표현하도록 강력히 주장하였으나 일본 측이 불응하여 결국 진술한 바와 같이 낙착되었음. (주일정 – 외아북)

142. 외상 간 분쟁에 관한 교환 공한의 양해 사항 문안 확정 보고 전문

0540   번호: JAW-06532

일시: 220401 [1965. 6. 22]

수신인: 국무총리(참조: 청와대 비서실장, 중앙정보부장, 외무부 차관)
발신인: 외무부 장관, 주일 대사

1. 한일 양국 외상 간에 교환될 공한의 양해 사항 문안이 다음과 같이 되었습니다. 이 이상의 문안 작성은 거의 불가능한 상태이오니 허락하여 주시기를 간청합니다. 본 건에 관하여 긴급히 지시 바랍니다.

"달리 규정이 있는 경우를 제외하고, 양국 간의 분쟁은 우선 외교상의 검토를 통하여 해결하기로 하며, 이에 의하여 해결할 수 없을 경우에는 양국 정부가 합의하는 조정 절차 또는 중재절차에 의하여 그 해결을 도모하기로 한다."

2. 이상과 같이 양해 사항을 한 것은 일본이 종래에 주장한 독도란 문구 삭제 만에 의한 독도 문제 해결을 위한 것으로 당초 일본이 요구하였던 절차상 합의에 대한 시간적 구속, 법적 구속, 아 측의 결정에 대한 복종 의무 등은 완전히 해소시킨 것임.

따라서 아국의 합의가 없는 한 중재 수속은 물론 조정 수속도 밟지 못하게 되는 것이며 독도 문제의 해결은 실질적으로 아 측의 합의 없이는 영원히 미해결의 문제로 남게 되는 것임. (주일정-외아북)

143. 분쟁 처리에 관한 교환 공한 문안 승인 전문

0541 번호: [판독 불가]

일시: [판독 불가]

수신인: 외무부 장관, 수석대표

대: JAW-06532

대호 분쟁 처리에 관하여 한일 외상 간에 교환될 공한의 양해 사항 문안은 이를 양승함.

국무총리

144. 분쟁 처리에 관한 교환 공문 합의 보고 전문

번호: JAW-06546

일시: 221647 [1965. 6. 22]

수신인: 외무부 장관
발신인: 주일 대사

한일 양측은 양국의 분쟁 처리에 관하여 금일 다음과 같은 각서를 교환하기로 합의하였음.

교환 공문
본 장관은, 양국 정부의 대표 간에 도달된 다음의 양해를 확인함을 영광으로 생각합니다.
양국 정부는, 별단의 합의가 있는 경우를 제외하고, 양국 간의 분쟁은 우선 외교상의 경로를 통하여 해결하는 것으로 하며, 이에 따라 해결할 수가 없는 경우에는, 양국 정부가 합의하는 절차에 따라 조정에 의하여 해결을 도모하기로 한다.
본 장관은, 각하께서 전기의 양해를 일본국 정부에 대신하여 확인하여 주실 것을 희망하는 바입니다.

1965년 6월 22일
외무부 장관 이동원

일본국 외무대신 시나 에쓰사부로 각하

추기: 이상에 교환 공문은 그 문안이 최종 순간에 합의된 것이므로 아직 확정된 한국문을 송부할 수 없으므로 임시로 번역문을 송부하오니 양지하시기 바람.(주일정-외아북)

145. 분쟁 처리에 관한 교환 공문 한국어 정문 보고 전문

번호: JAW-06549

일시: 221831 [1965. 6. 22]

수신인: 장관
발신인: 외무부 장관

연 JAW-06546

연호로 보고한 교환 공한의 한국문 정본을 아래와 같이 송부함(일본 측 회한은 생략함).

1965년 6월 22일
도쿄에서

본관은 양국 정부의 대표 간에 도달된 다음의 양해를 확인하는 영광을 가집니다.
양국 정부는 별도의 합의가 있는 경우를 제외하는 양국 간의 분쟁은 우선 외교상의 경로를 통하여 해결하는 것으로 하고 이에 의하여 해결할 수가 없을 경우에는 양국 정부가 합의하는 절차에 따라 조정에 의하여 해결을 도모한다.
본관은 또한 각하가 전기의 양해를 일본국 정부를 대신하여 확인할 것을 희망하는 영광을 가집니다.
본관은 각하에게 새로이 본관의 변함없는 경의를 표합니다.

외무부 장관

일본국 외무대신
시나 에쓰사부로
외무성 도쿄

4. 다카스기 수석대표 발언 파동, 1965. 1~2

148. '아카하타'지의 다카스기 일본 수석대표 발언 보도 관련 사실관계 확인 지시 전문[10]

번호: WJA-01144

일시: 181200[1965. 1. 18]

발신 전보

수신인: 주일 대사

1. 당지에 입수된 정보에 의하면, 일본 공산당 기관지 '아카하타'는 일본 수석대표 다카스기가 "일본의 도움이 없으면 한국은 곤란할 것이다. 한국이 독립하지 않고 그대로 일본의 일부로 남아 있었다면 지금보다 좋았을 것이다"라고 말하였다고 최근에 (1. 13 또는 14에) 보도하였다 함.

2. 전기 보도의 사실 여부를 지금 조사보고 바라는 바, 사실일 경우에는, 정확한 기사 내용과 다카스기 수석의 발언 여부를 확인 보고 바람.(외아북)

장관

---

10 편집자가 문서의 순서를 바꾸었음.

146. 아사히신문의 다카스기 일본 수석대표 실언 보도 관련 보고 전문

번호: JAW-01179

일시: 181213[1965. 1. 18]

수신인: 외무부 장관 귀하
발신인: 주일 대사

1. 18일 자 당지 아사히 조간은 2면 하단 1단 기사로서 평양 16일 발 신화사 교도통신을 인용하여 한일회담 일본 측 수석대표가 "일본의 한국 지배는 한국 국민에게 이익을 가져다주었다"라고 말한 것은 한국인에 대한 모욕이라고 북괴의 노동당 기관지 노동신문이 보도하였다라는 기사를 다음과 같이 게재하고 있는바 동 기사 전문은 다음과 같음.

북조선 노동당 기관지 노동신문은 18일 사설에서 "한일회담 일본 측 수석대표 다카스기 씨가 일본의 조선 지배는 조선 인민에 이익을 가져다 주었다라고 말한 것은 조선인에게 대한 모욕이다라고 비난하였다" 이상 기사에 관하여 아사히는 상기 기사 말미에 주석으로서 노동신문이 전하는 바와 같은 다카스기 발언이 언제 어디에서 행하여졌는가는 밝혀지지 않고 있다라고 보도하였음.

2. 이상과 같은 아사히 기사에 관하여 다카스기 씨와 협의한 결과 이를 부인하기 위하여 금일 오후 3시 당지 한국 특파원들과 기자회견을 갖고 이를 부인함과 동시에 이것은 북괴의 한일회담을 방해하기 위한 하나의 날조 모략이라고 기자들에게 말할 것이라고 다카스기 씨와 양해가 되었아옵기 이를 보고함.(주일정-외아북)

147. 한국 특파원들과 다카스기 수석대표 간의 간담 결과 보고 전문

0546   번호: JAW-01195

일시: 181731 [1965. 1. 18]

수신인: 장관
발신인: 주일 대사

대: WJA-01144
연: JAW-01179

연호 전문 제2항으로 보고한 바와 같이 1. 18, 15:20부터 외무성 한일회담 수석대표실에서 당지 주재 한국 특파원들과 다카스기 일본 측 수석대표 간에 약 40분간의 간담이 있었는바, 그 결과를 아래와 같이 보고함.

1. 다카스기 씨는 먼저 자기가 일본 측 수석대표로 취임한 인사를 한 후, 양국의 마음 있는 자는 공히 양국의 조속한 국교 정상화를 통한 양국의 공동 번영을 희망하고 있는바 특히 자기로서는 금반 박 대통령의 연두교서에서 한일회담의 조기 타결 방침을 천명한 데 대하여 공명하며, 사토 수상으로부터도 역시 조기 타결 방침을 확인한 바 있으므로 양국의 교섭 대표자들은 이와 같은 양국 수뇌의 뜻을 받들어 적극 노력해야겠다고 말하였음.

2. 다카스기 씨는 지금까지 13년여의 교섭을 통하여도 아직 회담이 타결되지 않은 것은 양국 국민감정이 완전히 융화되지 않은 데 있으며, 자기로서는 약 40년간의 일본의 한국 통치로 인하여 한국민이 받은 상처에 대하여 일본 국민의 한 사람으로서 책임을 느끼는 동시에, 한국민의 감정을 무마해야 할 의무가 있다고 생각하며, 행동으로

써 사죄해야 할 의무가 있다는 생각이라고 하였음.

0547　　3. 그는 또한 현재의 국제 추세로 보아, 선진 공업국이 개발도상에 있는 국가에 대하여 경제적으로 원조하는 것이 의무로 되어 있는바, 한국과 가장 가까운 인국인 일본이 솔선하여 한국 경제발전을 돕는 것이 당연하다고 생각하며, 그러기 위하여도 하루 속히 회담을 타결하여야 한다고 말하였음.

　　4. 다카스기 씨는 연호 전문으로 보고한 아사히신문 및 대호 전문에 언급된 '아카하타'의 기사에 대하여 한마디로 그런 발언을 한 바 없다고 잘라 말하고, 공산 세력이 한일회담을 반대하고 있는데 이러한 기사도 한일회담의 성공을 저지하려는 목적으로 조작 보도한 것 같은 감촉이 든다고 말하였음. 그는 또한 자기가 그런 얘기를 할 사람이라면, 애당초 회담 수석대표직을 맡을 리도 없다고 말하고, 이와 같은 사정을 한국 국민에게 잘 주지시켜 주기 바란다고 말하였음.

　　5. 아 측 기자가 일본 신문에 보도된 바 있는 사토 수상의 한일회담 3월 중 타결, 5월 중 조인 구상 여부에 대하여 질문하였던바, 다카스기 씨는 그러한 구상은 사토 수상의 구상이라고 잡아 말하기보다는, 한일회담을 조속 타결하는 한다는 입장으로 보아서는 그런 일정이어야 하지 않겠냐는 신문 보도일 것이라고 생각한다고 말하였으며, 일본 측으로서는 어떤 기한을 명시한 타결 구상을 하고 있는 것은 아니라고 말하였음.

　　6. 아 측 기자가 어업 문제 등의 해결을 뒤로 미루고 기본관계 문제만을 우선 타결함으로써 국교를 먼저 정상화하려는 의향이 있는가고 물었던바, 다카스기 씨는 어업 문제 등을 어려운 문제라 하여 뒤로 미루고 국교를 우선 정상화한다 해도 양국 간에 후환이 남을 수도 있는 것이니, 일본 측으로서는 어업 문제를 포함한 제 현안에 관하여 대강 해결의 전망이라도 선 후에야만 국교 정상화를 할 수 있는 문제라고 대답하였음.

0548　　7. 아 측 기자가 어선의 대한국 수출 제한 및 제1차 생산물의 대한국 수입 제한 등

을 완화하는 것이 회담 촉진에 도움이 되는 것이므로 일본 측으로서는 이와 같은 문제의 해결을 촉진할 의향이 없는가고 문의하였던바, 다카스기 씨는 금후 각 분과위원회의 토의를 시작해가면서 그와 같은 세부 문제를 검토해야 할 것이라고 말하였음. 아 측 기자가 국교 정상화 전에는 제반 경제협력을 강화하지 않겠다는 의미인가 하고 반문하였던바, 다카스기 씨는 현재도 대한 경제협력은 진행 중에 있는 줄 알며, 다만 대규모의 경제협력은 국교 정상화 이후에나 활발히 움직일 수 있을 것이라고 대답하였음.

8. 아 측 기자가 다카스기 씨에게 금번 회담을 문자 그대로의 최후의 회담으로 할 결심이었는가고 문의하였던바, 동 씨는 그런 결심을 갖고 있다고 대답하였음.

9. 아 측 기자가 다카스기 씨의 방한 계획 유무를 문의한바, 동 씨는 현재 회담이 진행 중임으로 도쿄에 있어야 할 것이 아닌가하고 말하고 시나 외상의 방한 시에 동행할는지의 여부도 그때 가서 검토할 문제라고 대답하였음.(주일정-외아북)

149. 동아일보의 다카스기 일본 수석대표 실언 보도 내용 대표부 통보 전문

번호: WJA-01175

일시: 191845[1965. 1. 19]

수신인: 주일 대사

1. 1월 19일 자 동아일보는 1면 톱 기사로 '다카스기 수석대표 중대 실언, 국교 정상화 노력에 암영'이라는 제목과 '한국 지배 20년 더 했어야, 사과란 타당치 못한 말'이라는 부제 하에 도쿄 주재 권 특파원의 아래와 같은 보도를 게재하고 있음.

한일회담 일본 측 수석대표 다카스기 씨는 지난 7일 일본인 기자와의 환담 석상에서 "일본이 20년만 더 한국을 가지고 있었으면 좋았을 것을 전쟁으로 좌절되었다"라고 망언한 것이 밝혀져, '구보타 망언'에 못지 않은 물의를 한일 양국 간에 야기할 우려가 짙다. 다카스기 씨 자신은 18일 하오 한국 기자들과의 회견을 자청, 이 발언 내용을 해명했으나 한일 국교 타결을 눈앞에 둔 지금 다카스기 씨의 이 발언은 적지 않은 지장을 초래할지도 모른다.

다카스기 씨의 이른바 실언 내용은 다음과 같다.

1) 일한 문제는 지금 최종 고비에 와 있는데, 이 교섭은 보다 배짱을 세워 대국적 입장에서 추진하지 않으면 안 된다. 일본은 차제에 형이 된 기분으로 임하지 않으면 안 된다.

2) 일본이 조선에 대한 과거의 통치에 대해 사과하라는 이야기도 있다고 하지만, 일본으로서도 할 말이 없는 것이 아니다. 일본의 국민 감정으로 보아 그런 이야기는 할 수가 없는 말이다. 일본은 분명히 조선을 지배했다.

그러나 일본은 좋은 일을 하려고 조선을 보다 낫게 하려고 한 일이었다. 지금 한국에는 산에 나무가 하나도 없다고 한다. 이런 것은 조선이 일본으로부터 떨어진 때문이라고 할 수도 있다. 20년쯤 더 일본과 상종했더라면 그렇게 되지 않았을지도 모른다. 일본의 노력은 결국 전쟁으로 좌절되었지만 20년쯤 더 조선을 가지고 있었더라면 좋았을 것이다.

타이완의 경우는 성공했다고 볼 수 있지 않은가.

일본이 사과해야 한다고 하는 이야기는 타당한 말이 아니다.

일본은 조선에 공장, 가옥, 살림 등을 모두 그냥 두고 왔다. 창씨 개명만 해도 그것은 조선인을 동화하여 일본인과 같이 취급하려고 취하여진 조치였으며 나쁜 짓이었다고만 할 수 없다.

과거를 따지자면 한국 측에 할 말이 없을 수 없겠지만 이쪽에도 할 말은 있다.

따라서 과거를 들추는 것은 좋지 못하다. 일본은 차제에 친척이 된 기분에서 이야기를 결말내야 할 것이다.

일본으로서는 한국이 60만의 대군을 가지고 북조선으로부터의 침략을 막고 있다는 사실을 높이 평가하고 이에 감사하지 않으면 안 된다. 과거를 따지고 있다가는 회담은 앞으로 또 10년을 끌더라도 타결되기 힘들 것이다. 어떻게 국교를 터 나가나 구체적으로 작정해 나가는 일이 남아있을 뿐이다.

2. 이상에 대하여 야당의 반향은 다음과 같다고 보도하고 있다.

1) 민정당 원내총무 정성태 씨: 아직도 군국주의 사상에서 탈피치 못한 중대한 망언이다. 일본 수석대표로서 이와 같은 망언을 했다는 것은 한일회담에 반영을 던지는 결과를 초래하는 것일뿐더러 그들로서 추호의 성의도 없다는 것을 의미한다. 따라서 그 발언을 취소하지 않는 한, 한일회담의 성과는 기대하기 어렵다.

우리로서 새로운 대책이 필요하다고 생각한다.

2) 박영록 민주당 대변인: 구보타 망언 이상의 망언이며 일본의 침략 근성을 노골적으로 나타낸 것이다.

3. 또한 말미에 '그런 말 안 했다'는 작은 제목 하에 다카스기 씨의 해명 기사를 게재하였음.

"한일회담 일본 측 수석대표 다카스기 씨는 18일 하오 한국 특파원들과의 회견을 자청, 자기가 지난 7일 일본 기자들과의 회견에서 일본의 한국 지배가 한국에 이익을 줬다고 말한듯이 일부 보도된 데 대해 그런 이야기를 한 일이 없다고 해명하고, 사견을 전제로 일본은 과거의 한국 지배가 아직도 한국민의 마음의 상처가 되고 있는데 대해 책임을 느껴야 되며 앞으로의 교섭이나 양국 관계에서 행동으로 사과를 해야 할 것이라고 말했다."(외아북)

장관

152. 마이니치신문의 다카스기 수석대표 발언 관련 보도 보고 전문[11]

0556 번호: JAW-01212

일시: 191823[1965. 1. 19]

수신인: 외무부 장관 귀하

발신인: 주일 대사

1. 19일 자 당지 마이니치신문은 소위 "다카스기 발언이 한국 정계에 파문을 던지고 있다"라는 도쿄 19일 밤 신아통신을 인용하여 '다카스기 실언이 문제화'라는 표제와 '한국 내에 파문'이라는 부제로서 제2면 5단에서 3단 기사로 보도하고 있기에 이를 보고하오며 동 기사의 전문은 다음과 같음.

"19일 서울방송에 의하면 한일회담 일본 측 수석대표 다카스기 씨는 "일본이 20년 더 한국을 가지고 있었더라면 좋았을 것이다"라는 발언은 한국 정계에 커다란 파문을 던지고 있다.

민주당의 박영록 대변인은 19일 "다카스기 씨의 실언은 이전의 구보타 발언 이상의 폭언이다. 이것은 한국 침략의 근성이 아직 일본 정계에 뿌리 깊게 남아 있다는 증거이다"라고 비난하고 "다카스기 씨가 그와 같은 발언을 취소하지 않는 한 한일회담을 계속한다는 것은 한국 민족으로서는 참을 수 없는 수치이다"라고 말하였다.

또한 민정당의 정성태 총무도 "한일회담에 검은 그림자를 던지는 결과를 빚어 낼 뿐더러 일본 측에게 성의가 없다는 것을 의미한다"라고 비난하였다.

이에 대하여 여당인 민주공화당의 김재순 원내 대변인은 "다카스기 씨의 실언 보도는 한일회담 반대자의 고의적인 조작인 것으로 생각한다"라고 말하였다.

---

11   편집자가 문서의 순서를 바꾸었음.

0557　　한편 마이니치는 동 기사 말미에 역시 신아통신 소식이라고 붙이고 다카스기 대표가 18일 오후 외무성에서 재도쿄 한국 특파원들과의 기자회견에서 "일부 신문이 보도하고 있는 소위 다카스기 실언은 사실 무근이다"라고 부정하였다고 보도하고 있음.

(주일정-외아북)

151. 다카스기 발언 관련 대표부 조치사항 보고 전문

0555   번호: JAW-01211

일시: 191820[1965. 1. 19]

수신인: 외무부 장관
발신인: 주일 대사

연: JAW-01212

1. 금 1. 19일 오후 당 대표부는 소위 '다카스기 발언'에 관한 마이니치신문 19일 석간의 보도(연호 전문 참조)와 금일 동아일보 석간에 대대적으로 취급 보도되었다는 당지 주재 한국 특파원들로부터의 전보 등을 들어, 일본 외무성 당국에게 사태가 더 악화되기 전에 일본 정부에서 그러한 발언이 없었다는 공식성명을 발표하여 일본 국내 신문 및 외신을 통하여 보도되도록 조치하여 줄 것을 강력히 요청하였음.

2. 또한 본직은 작 18일 저녁에 당지에 기착 중이던 강문봉, 변종봉 양 의원과 후나다, 나카 중의원 의장, 사와다 렌조, 가지마 모리노스케 참의원 의원 및 다카스기 수석대표 등이 회식할 기회를 마련한 바 있는데, 이 자리에서도 다카스기로 하여금 그러한 발언을 한 바 없다고 재차 부인케 하였으며 특히 강문봉 의원도 이를 숙지한 바 있음을 참고로 보고함.(주일정 – 외아북)

154. 다카스기 발언 관련 본부 지시 전문

번호: WJA-01178

일시: 201115[1965. 1. 20]

수신인: 주일 대사

대: JAW-01179, 01195, 연: WJA-01175

1. 연호로 통지한 바와 같이 19일 자 동아일보는 '다카스기 발언'을 일면 톱에 대서특필하였음.

2. '다카스기 발언'이 사실이라면 전 국민에 충격을 주는 것이며, 회담의 기초를 흔들리게 하는 중대한 문제가 될 것임.

3. 귀하는 최단 시일 내에 수석대표 간 회의를 소집하고 연호 내용을 들어 '다카스기 발언'의 사실 여부를 확인하는 동시에 동 발언이 사실이라면 이는 아국과 아국 국민에 대한 중대한 모독으로서 중대 문제로 취급치 않을 수 없을 것임을 경고하고 일본 측 수석대표가 그러한 발언을 하였거나 또는 그러한 생각을 가지고 있는 한에 있어서는 회담을 계속할 의의를 발견하지 못하는 바라는 입장을 밝히시압.

4. 위와는 별도로 일본 외무성에 대하여도 아 측이 '다카스기 발언' 문제에 중대한 관심을 가지고 있음을 표명하고 외무성으로부터 공식 해명이 있기를 희망하시기 바람.

5. 일본 측으로부터 사실무근이라는 답변이 있을 시에는 일본 측에 대하여 표명한 상기 아 측 입장과 일본 측의 부인 내용을 PRESS에 PLAY UP 하기 바람. (외아북)

155. 다카스기 발언 관련 대표부 보고 전문

0562   번호: JAW-01217

일시: 201344[1965. 1. 20]

수신인: 장관

발신인: 주일 대사

1. 제1차 수석대표 간 회담을 금 20일 16:00에 개최키로 하였압기 보고함.

2. 동 석상에서 일본 측 다카스기 수석은 문제화된 '다카스기 발언'에 관하여 자기로서는 보도된 바와 같은 발언을 한 사실이 없음을 아 측에 설명하고 회담 후 일본 측은 외무성 정부문화국장 발표로 다카스기의 성명 내용을 문서로 각 언론기관(한국 특파원 포함)에 배포하기로 되어있음을 보고함.(주일정-외아북)

156. 다카스기 발언 관련 '아카하타'지의 보도 내용 보고 전문

번호: JAW-01227

일시: 201758[1965. 1. 20]

수신인: 장관(부외비)
발신인: 주일 대사

문제화 되고 있는 소위 '다카스기 발언'에 관하여 일본 공산당 기관지 '아카하타'가 보도한 기사 내용에 관하여 다음과 같이 보고함.

1. 1월 11일 자 아카하타는 제2면에 3단 기사로서 '일본의 식민지 지배는 좋은 일을 하였다'라는 표제와 '한일회담 수석대표, 다카스기 씨가 중대 발언'이라는 부제로서 다음과 같은 내용의 기사를 보도하였으며 동 기사 전문은 아래와 같음.

"한일회담 신 수석대표인 다카스기 신이치 씨는 7일 오후 기자회견을 하였는데, 그 중 일본이 20년 더 조선을 가지고 있었다면 좋았었다. 식민지로 했다. 식민지로 했다라고 말하지만 일본은 좋은 일을 하였다. 잘하기 위하여 노력하였지만 전쟁에서 졌기 때문에 노력이 허사로 되어버렸다"라고 중대 발언하였다. 외무성은 당황하여 이 점을 '오프·레코드'(발표 중지)로 하여달라고 각 신문사에 의뢰하였다.

2. 또 이와 연관하여 아카하타는 1. 17자 제1면 톱 기사로서 '제7차 한일회담 명일 재개'라는 표제 및 '방공동맹 결성에 필사'라는 표제와 더불어 '양국 인민의 반격 밟아 현안 다나아게[보류] 타결도 책모'라는 부제로서 다음과 같은 요지의 기사를 게재하였는바 동 기사에도 다카스기 씨 발언이 들어 있기에 이를 보고함.

기사 내용: 작년 12월 21일 이후 휴회되고 있었던 제7차 한일 전면회담이 오는 18일부터 재개된다. 정부는 이에 앞서 6일에는 한일회담의 일본 측 수석대표에 재계의 거물이며 우익계의 원로격인 다카스기 씨를 임명하여 도미한 사토 수상은 존슨, 사또 회담 등을 통하여 조기 타결의 이야기를 해왔다. 한일회담에 대한 정세는 절박한 사태를 맞이하고 있다. 그러나 양국 인민의 끈기 있는 반대에 비추어 제 현안의 해결 방법을 둘러싸고 한일 간에는 모순도 짙어져 '이번이 마지막이다'라는 회담의 향배 및 그 내용도 대단히 복잡화되고 있다. 이 때문에 타결의 방법으로서 제 현안을 뒤로 미루고 국교회복을 먼저 하려는 '분리 타결'이라는 속임수 방법까지 생각하기 시작하였다. 이것은 반공을 위한 한일 군사동맹 태세를 서두르는 것 및 일본독점자본의 남조선 진출을 목표로 하는 등 한일회담의 위험한 본질을 뚜렷이 나타내고 있는 것이다.

(중략)

다카스기 씨는 게이단렌 경제협력위원장 관직을 가진 독점자본의 대표자이고 안보투쟁 당시 기시 전 수상과 같이 우익단체를 총집결하여 만든 '신일본협의회'의 발기인의 하나로서 재계 우익의 제1인자이다. 또한 1962년 10월 김종필-기시 노부스케 등이 중심이 되어 개최한 아세아 반공연맹대회에서는 경제위원회 위원장을 지낸 등의 반공 우익의 투사이다. 다카스기 씨는 지난 7일의 기자회견에서 일본의 조선에 대한 식민지 지배는 '좋은 일을 하였다'(이이 고토오 얏타)라고 본색을 나타내고, 또한 "일본으로서는 한국이 60만의 병대를 유지하여 북조선으로부터의 침략을 방지하고 있는 노력을 높이 평가하고 감사하지 않으면 안 된다"라고 강조하였다. 사토 수상은 방미 전에 다카스기 씨와 회담하고 "1월 중에 정치적 타결을 시도하고 2월 중순에 시나 외상 방한까지에는 대강 정리하여 3월 중에 대국적으로 타결을 기도하겠다"라는 방침을 확인하였다고 전하여지고 있다. 한편 남조선의 박 정권은 자기의 지배 체제를 강화하기 위하여 지금까지 볼 수 없었던 정도로 조기 타결을 서두르고 있다.

한국 정부는 13일 이래 연일 김동조 주일 대사를 맞이하여 임시 각의를 열고 회담에 임하는 한국 측의 최종 태도를 협의해왔다. 여기에서는 일괄 타결의 방법 외에 '선 국교 후 어업협력'이라는 분리 타결도 검토되어 석상에서 김 대사는 "이러한 방식에 일본 측도 최근에는 성의 있는 태도를 보이기 시작하였다"라고 보도하고 있다.(주일 정-외아북)

159. 제7차 한일회담 제1차 수석대표 회담 보고 전문[12]

번호: JAW-01232

일시: 201822 [1965. 1. 20]

수신인: 장관
발신인: 주일 대사

제1차 수석대표 회담 보고

1. 시일: 65. 1. 20, 16:00~17:15
2. 참석자: 김 수석 방희 이규성 양 공사
   다카스기 수석 우시바 심의관 우시로쿠 국장
3. 내용

(1) 가. 본직은 소위 다카스기 발언 문제에 언급하여 본국 정부 지시에 따라 우리 정부 입장을 밝히겠다고 하고 동아일보에 보도된 바와 같은 발언을 한 것이 사실인가를 문의하고(동아 기사 전부를 읽어주었음). 만일 그와 같은 발언을 행한 것이 사실이라면 이는 아국과 한국 국민에 대한 중대한 모독으로서 중대 문제로 취급치 않을 수 없음을 경고하고 다카스기 수석이 그런 발언을 하였거나 또 그러한 생각을 가지고 있는 한에 있어서는 회담을 계속할 의의를 발견치 못하는 바라는 입장을 밝혔음.

나. 이에 대하여 다카스기는 결코 그와 같은 발언을 한 일이 없다 하고 별도 보고한 바와 같은 문서를 낭독하였음.

다. 아 측은 이른바 다카스기 발언에 사실 무근이라는 일본 측의 공식 입장을 재확인한 후 양측 입장의 정부와 다카스기 발언의 전부를 발표하기로 하였음.

---

12   편집자가 문서의 순서를 바꾸었으며, 93번 문서에 '외무부 발표문'을 제외한 동일한 내용의 문서가 수록되어 있음.

0570　　(2) 한일회담 진행에 관하여는 명일부터 시작되는 각 위원회의 토의를 핏치를 올리며 능률적으로 진행해 나가며 또한 위원회 레벨에서 어려운 문제에 부딪치면 이를 수석대표 간 회담에 올려 해결해 나가도록 하자고 하였던바 일본 측은 이상적인 회의 진행방식이라고 이에 합의하였음.

　　(3) 본직은 시나 외상의 방한 일정. 수행원 및 방한 시에 한국 정부 수뇌와 논의를 할 내용에 관하여 조속히 의견을 조정함이 필요할 것이라고 한 바, 일본 측은 최단시일 내에 일정, 수행원만을 정하여 협의하겠다고 하였음.

　　(4) 미일 수뇌의 말에 수행하였던 우시바 심의관에게 한일 문제가 어느 정도 논의되었는가를 확인하였던바 우시바는 존슨-사토 회담에서는 미 대통령이 38선을 꼭 수호하겠다는 입장을 표명하여 일 수상은 이와 같은 결의를 듣고 기쁘게 생각한다고 했다 함. 러스크 국무장관과의 회담에서 미 측의 질문이 있어 교섭 현황을 설명한 바 미 측은 조기 타결을 바란다는 입장을 밝힌 바 있다 하고 그 이상 구체적인 토의는 없었다고 답변하였음.

　　(5) 동남아 외상회담 예비회담에의 일본 측 참석 필요성을 설명하고 조속히 호의적인 회담을 받기를 기대한다고 하였던바, 일본 측은 더욱 검토하여 회답하겠다는 입장이 있음.

　　3. 신문 발표: 상기 양측 입장(다카스기 발언 운운에 대한)을 발표하고 기타 회담 방식에 관한 토의가 있는 것으로 발표키로 하였음.(주일정-외아북)

0571　　외무부 발표문

　　　　　　　　　　　　　　　　　　　　　　　　　　　　　　　　　65-12
　　　　　　　　　　　　　　　　　　　　　　　　　　　　　　　　1965. 1. 20

　　최근에 신문 지상에 발표된바 있는 한일회담 일본 측 다카스기 신이치 수석대표가 일본 신문 기자들에게 대하여 행하였다고 하는 발언 내용이 만약 사실이라고 한다면, 이는 우리나라를 모독하고 한일회담의 기초를 흔들리게 하는 중대한 문제가 되는 것이므로, 그에 대한 응당의 조치를 취할 것이다.

외무부는 주일 대표부로 하여금 일본 정부에 대하여 일본 측 수석대표가 그러한 발언을 하였는가를 공식적으로 확인케 함과 아울러 동 발언이 사실이 아닐 경우에는 이를 공식으로 부인할 것을 요구하도록 지시하였다.

157. 한일 수석대표 회담 석상에서의 다카스기 대표 발언 관련 보고 전문[13]

번호: JAW-01228

일시: 201800[1965. 1. 20]

수신인: 장관

발신인: 수석대표

금 20일 오후 4시에 개최된 제1차 수석대표 회의에서 다카스기 일본 측 수석대표는 아래와 같은 발언을 행하고 이를 문서로 아 측에 수교하였아옵기 보고함(동 문서는 또한 일본 외무성 출입 기자단에게 배포되었음).

제목: 한일 수석대표 회담 석상에서의 다카스기 대표 발언

한일 문제에 관하여 내가 한국민의 감정을 무시한 당치도 않은 발언을 하였다고 하는 것이 공산계 뉴스 기타 일부에 보도된 것을 알고, 실로 놀랐다.

이 고의적(작위적) 보도가 한일교섭의 전도에 암운을 던지는 것을 두려워하여 나는 이 기회를 빌어 나의 각오와 신념을 피력하고자 한다.

나는 한일 국교 정상화의 교섭에 관하여 국민감정의 문제를 중시하여 왔다. 나는 한국민이 한일 간의 역사적 관계에 관하여 특히 쓰라린 감정을 품고 있다는 것을 충분히 이해하고 있다. 또 한국민 간에 금년이 '을사년'이라고 하는 것도 알고 있다. 나는 한국민의 이 기분을 어떻게 하여 대일 우호감으로 이끌어 갈 것인지 밤낮을 가리지 않고 부심하고 있다. 일본 국민은 성의 있는 행동으로서 이 오해를 풀지 않으면 안 될 것이다. 이를 위하여서는 무엇보다도 한일교섭을 타결시켜 국교를 정상화하고 일본 국

---

[13] 문서번호 94에 동일한 문서가 수록되어 있음.

민이 성의를 가지고 한국민의 기대에 응할 수 있는 길을 타개하지 않으면 안 된다고 믿어, 이를 위하여 미력을 다할 각오이다.

　이러한 신념과 각오를 가지고 있는 내가 어찌하여 일부에 보도되고 있는 것 같은 말을 할 리가 있겠는가.

　한국의 국민감정에 대한 나의 이 기분을 어떻게 해서 한국민에게 전하고 싶다고 하는 것이 나의 간절한 희망이다.(외아북-주일정)

160. 다카스기 수석대표 발언 해명에 관한 일본 언론 보도 동향 보고 전문

번호: JAW-01235

일시: 211023[1965. 1. 21]

수신인: 장관
발신인: 주일 대사

다카스기 씨 발언 문제에 관한 신문 보고

당지 21일 자 아사히, 요미우리 등 주요 신문 조간은 어제 한일회담 양측 대표 정례 회담에서 다카스기 씨가 문제화되고 있는 발언 문제에 관하여 "그러한 보도는 전혀 사실에 반하는 것이며, 열의를 가지고 회담의 타결을 시도하겠다"라고 해명하였다고 보도하고 있음. 각 신문들은 어제 보고한 해명서 요지를 거의 다 보도하였으며 거개의 신문들은 이를 제2면에서 취급하였음. (주일정-외아북)

161. 다카스기 발언 관련 내무부의 외무부 앞 공문

0574   내치정 2068. 51-973   1965. 1. 22

수신: 수신처 참조

제목: 한일회담 일본 측 대표 다카스기(高杉) 실언에 대한 통보

1. 64. 1. 19 동아일보에 보도된 바 있는 한일회담 일본 측 수석대표가 한국 지배를 20년 더 했어야 될 것을 전쟁으로 중단되었다 등 발언 내용에 대하여 주한 외신기자를 통하여 탐지한 바 보도 내용과 같이 발언한 것이 사실인바 동 발언은 과거 구보타(久保田) 망언을 능가하는 모욕적 발언으로서 국내 각계의 여론과 민족 감정을 크게 자극할 것이 명백하며 이를 규탄하는 운동이 집단화되어 데모사태 야기 등 사회질서를 문란케 할 우려가 있으므로 일본 정부에 엄중항의 등 적절한 대책 강구가 요망됩니다.

2. 탐지사항(발언 및 보도 경위)
가. 다카스기가 65. 1. 7 외무성 회의실에서 일본 기자들과 회견을 갖고 동아일보 보도 내용과 같이 발언할 것은 사실이나
나. 동 기자회견 시 모 외무성 관리가 참석하였다가 동 발언을 기사화하지 말아 달라고 요청함으로써 모든 일본 신문은 이 보도를 보류하고 일본 적기[아카하타] 신문(일본 공산당 기관지)만이 보도하였던 것이다.
다. 적기 신문에서 보도하였으나 일본 각 신문은 적기 인용을 보류하고 있다가 평양방송에서 보도함으로써 조일신문[아사히신문]이 이 인용 보도(1. 18)한 것이며

라. 동아일보에서는 조일신문에 근거를 두고 주일 특파원에게 확인 지시함으로써 대서특필케 된 것으로 사료된다.

끝

내무부 장관 양한우[직인]

수신처: 중앙정보부장
외무부 장관

162. 다카스기 발언의 언론 보도 경위에 대한 주니치신문 보도 보고 전문

번호: JAW-01264

일시: 221853[1965. 1. 22]

수신인: 장관
발신인: 주일 대사

1. 당지(나고야) 주니치신문(중부 일본 신문) 1. 26일 자 조간은 '유감인 다카스기 발언'이라는 표제하에 다음과 같은 사설을 게재하였음.

일한회담이 재개되고 시나 외상의 방한을 고비로 하여 교섭 진전이 기대되고 있는 지금, 일본 측 수석대표인 다카스기 신이치 씨의 불용의한 발언으로 사태는 전혀 예단을 불허하게 되었다. 문제의 다카스기 발언은 지난 7일의 기자회견에서 '오프 더 레코드'로 이야기된 것이라 하나 이를 일본 공산당 기관지 아카하타가 게재하고 그 상보가 19일 한국에서 최유력지라는 동아일보의 톱기사로 보도되어 과거의 구보타 발언 이상의 폭언으로서 중대 문제화된 것이다. 발언의 내용은 "일본은 통치시대, 조선을 잘 되게 하기 위하여 노력했다. 20년간 더 조선을 보지하였더라면 더욱 잘 되었을 것이다. 종전 후 일본은 공장, 가옥을 남기고 왔다. 성씨 개명만 하더라도 조선인을 동화하여 일본인과 같이 다룰 정책이었다"라는 것이다. 조선 통치의 실태를 모르고 한국인의 민족감정을 모르는 일반 일본인이 들으면 큰 문제가 되지 않을 것이다. 그러나 실은 '그것이 문제'인 것이다. 한국 측은 이러한 발언이 당연시되는 일본의 사고방식을 '반성이 없다', '군국주의 사상이 남아 있는 증거'라고 한다. 그러한 일본과 국교를 열면 언제 지배하에 놓여질지 모른다고 경계하는 것이다. 같은 발언이 일방에서는 중대화되고, 일방에서는 가볍게 생각하는 것 자체에 실은 14년 지나도 일한회담이 타결되지 않는 근본 원인이 있다고 말해질 수 있다.

어떤 타이완인 지식인은 말했다 "타이완이 일본의 통치하에 들어왔을 때 해남도와

타이완은 거의 같은 수준이었다. 종전 시의 양 수준을 비교하면 일본의 타이완 통치는 성공이었다. 그러나 식민지 통치가 얼마나 좋더라도 어디까지나 식민지 통치에 불과하다"라고 본국의 일을 제일의 적으로 생각하고, 상대의 민족성을 무시하고 자유를 박탈한 통치는 가령 얼마만큼의 경제적 은혜를 가져다 준다 하여도 그것은 결코 은혜도 아니며, 식민지 통치의 변명은 되지 않는다. 더욱이 조선의 경우에는 일본인이 당시 위정자로부터 들은 말과는 전혀 다른 심한 통치였으며, "종전 시에 재산을 남겼다"라고 하더라도 한국 측으로 보면 조선인을 수탈한 결과에 지나지 않을 것이다. 하물며, "20년 더 조선을 보지하였더라면 더 잘 되었을 것이다"라는 말은 폭언이라고 말해져도 할 수 없다. 아직껏 과거의 일본 통치 시대의 일에만 구태되고, 장래에 눈을 돌리지 않으려는 한국 측에도 문제는 있다.

그러나 일한회담이 과거의 청산과 장래의 우호의 기초를 구축한다는 의미로서는 부득히 한 것인지도 모르겠다. 여하간, '오프 더 레코드'의 기자회견이라 하더라도 실언은 실언이며 허심탄회하게 취소해야 할 것이다. 그 위에 한국도 눈을 장래에 돌리도록 건설적으로 예기해나가야 할 것이다. 최근 일한회담의 반대파로 지목되는 사회당의 하세가와 대의사가 "일한회담을 타결하여 일본은 경제 원조를 하고, 부흥한 후에 대등한 입장에서 얘기하는 것이 남북통일의 첩경인줄 알았다"라고 말하여 한국 측의 공감을 불러일으키고, 보수파로서 조기 타결론자라고 일컬어지는 다카스기 씨에게 이러한 실언이 튀어나온 것은 우습다고(히니쿠) 하면서 우스운 일이다. 그러나 의외로 그러한 데에 일한 문제의 본질에 관련된 문제가 있듯이도 생각된다. 이번 일을 계기로 하여 일한회담을 어떻게 할 것인지 본질적으로 생각하고픈 일이다.

2. 전기와 같은 사설은 동아일보 특파원이 이를 본사에 타전할 기색이 있어 당부는 이를 극력 만류하고 있는바, 혹 타전될 경우에는 더 이상 문제되지 않도록 신문사 측과 접촉함이 좋을 것으로 사료 되옵기 구신함.(주일정-외아북)

3. 정보에 의하면 이에 관하여 동아방송 유 기자는 주니치신문사와 접촉한 사실이 있으므로 제2항에 준하여 취급하시기 바랍니다.

163. 다카스기 발언 관련 내무부 공문에 대한 외무부 답신 공문

0579

기안자: 동북아과 김태지

과장[서명]　국장[전결 과장이 대리서명]

기안년월일: 65. 1. 25

문서번호: 외아북 722-1215

수신: 내무부 장관

발신: 장관

제목: 한일회담 일본 측 대표 다카스기 실언 문제

1. 내치정 2068. 51-973에 대한 응신입니다.

2. 표기 문제에 대하여 당부에서 처리한 내용을 통보하오니 참고하시기 바랍니다.
　가. 문제의 '다카스기 발언'이 국내 신문에 대서 특필되자 당부에서는 1. 19 주일 대사에 대하여 즉시 수석대표 간 회의를 소집하고 '다카스기 발언'의 사실 여부를 확인하는 동시에 동 발언이 사실이라면 이는 아국과 아국 국민에 대한 중대한 모독으로서 중대 문제로 취급치 않을 수 없을 것임을 경고하고 일본 측 수석대표가 그러한 발언을 하였거나 또는 그러한 생각을 가지고 있는 한에 있어서는 회담을 계속할 의의를 발견하지 못하는 바라는 입장을 밝히도록 지시하였음.
　나. 동 지시에 따라 주일 대사는 1. 20에 개최된 한일회담 수석대표 간 회의에서 전기와 같은 아 측의 입장을 밝혔는 바, 일본 측 다카스기 수석대표는 이에 대하여 문제의 발언이 사실무근이고 자신의 입장을 해명하는 별첨과 같은 발언을 행하였으며, 동 수석대표 간 회의 후 아 측 수석대표의 발언 및 일본 측 수석대표의 해명 발언 내용은 전부 기자단에게 발표되었음.

0580

유첨: 전기 다카스기수석대표 해명 발언 1부.

끝

[첨부물은 수록되어 있지 않음]

167. 일본 국회에서의 다카스기 발언 관련 논의 동향 보고 전문

번호: JAW-02171

일시: 081921[1965. 2. 8]

수신인: 장관

발신인: 주일 대사

금일 일본 중의원 예산위에서 다카스기 발언 문제가 논의되었든 바 당지 석간신문에는 아직 실리지 않고 있음. 외무성을 통하여 입수한 논의 내용은 아래와 같음.

1. 사회당 이시바시 마스유 의원이 다카스기 발언이라는 것을 약 2분간 낭독하고 (내용은 동아일보에 보도된 것과 대체로 같음) 동 발언 내용에 대하여 아느냐고 문의한 데 대해서, 사토 수상은 모른다고 하고 시나 외상은 자기도 모르나 그와 같은 발언을 했다고 믿을 수가 없으며 또한 공식 석상에서 다카스기 씨 자신이 김 대사에게 명확히 부인하였다는 보고를 받았다고 답변하였다고 함.

2. 이에 대하여 이시바시 의원이 본인을 부르라고 하여 수습이 되지 않게 되자 위원장의 중재로 다카스기 씨의 소환 여부를 결정하게 되었다고 하며, 아직 금후 전망을 알 수 없다 함.

3. 또한 이시바시 의원은 다카스기 씨 발언 이후 외무성 구로다 북동아 과장이 이를 신문에 기사화하지 않도록 각 신문사에 부탁한 사실이 있다고 하면서 구로다 과장을 부르라고 하였는바 아직 구로다 과장이 소환될지는 알 수 없다 함.

4. 동 건에 관하여는 계속 보고하겠음. (외아북-주일정)

168. 다카스기 발언 관련 일본 국회 논의 동향 언론 보도 보고 전문

0585　번호: JAW-02192

일시: 091737[1965. 2. 9]

수신인: 외무부 장관
발신인: 주일 대사

2. 9일 자 요미우리 석간 보도에 의하면, 중의원 예산위원회 이사회는 9일 오전에 약 1시간에 걸쳐서 소위 '다카스기 발언'을 규명하기 위하여 다카스기 일본 측 수석대표의 동 위원회 출석 문제 여부에 관하여 협의하였다 함.

이것은 8일 오후의 예결위 질의에서 사회당 이시바시 의원이 '다카스기 발언' 진상 규명을 위하여 다카스기 씨 출석 요구를 한 것에 기인한 것이다. 또한 동 기사에 의하면 예결위 이사회는 자민당 측이 다카스기 씨의 출석에 반대하였지만 사회당은 동 씨 출석을 강경하게 요구하여, 결국 동 씨 출석의 경우는 정부위원 또는 특별직원의 자격으로서 예결위에 출석하든가 등 자격 문제를 포함해서 금후 더한층 검토하기로 되었다라고 보도하였음.(주일정-외아북)

기본관계위원회 회의록 및 훈령,
1964. 12~1965. 2

분류번호 : 723.1 JA 기 1964-65
등록번호 : 1455
생산과 : 동북아주과
생산연도 : 1965
필름번호 : C1-0012
파일번호 : 05
프레임번호 : 0001~0310

제7차 한일회담 기본관계위원회 제1~13차 회의 기록, 교섭 과정에서 양측이 제시한 조약 문안, 양측이 합의한 공동초안, 관련 훈령 등이 수록되어 있다. 양국은 총 13차례의 위원회 회의를 통해, 시나 외상의 방한 직전까지 기본관계의 합의 문서의 형식과 명칭은 조약으로 하며 독도 문제는 기본관계조약에서 언급하지 않기로 한다는 점을 포함하여, '대한민국 정부의 유일 합법성 확인 조항'과 '구 조약의 무효 확인 조항'에 있어서의 표현 문제를 제외한 다른 조항에 합의하였다. 1965년 2월 17~20일 시나 외상 방한에 제하여 양측은 남은 두 문제의 표현과 관련하여 교섭을 진행시킨 결과, 유일 합법성 확인 조항에 있어서는 "1948년 12월 12일 유엔총회에서 채택된 결의 195(Ⅲ)에서 명시된 바와 같이 대한민국 정부가 한반도에 있어서 유일한 합법정부임을 확인한다"는 규정으로, 구 조약 무효 확인 조항에 있어서는 "대한제국과 일본제국 간에 체결되었던 모든 조약 및 협정이 이미 무효임을 확인한다."는 표현으로 합의하고, 2월 20일 기본관계조약 문안에 가서명하였다.

1.제7차 한일회담 기본관계 문제에 대한 훈령 재가 문서

0590
기안자: 동북아과 김태지

과장[서명]   국장[서명]   차관[서명]   장관[후열 서명]

협조자 서명: 기획조정실장[서명]

기안년월일: 64. 11. 30

분류기호 문서번호: 외아북 722-679

경유·수신·참조: 주일 대사

발신: 장관

제목: 한일회담 기본관계 문제에 관한 훈령

제7차 한일회담에서 기본관계 문제에 관하여는 별첨과 같은 기본 입장에 따라 교섭할 것을 훈령합니다.

유첨: 기본관계 문제에 대한 아 측의 기본 입장

끝

첨부

1-1. 기본관계 문제에 대한 훈령 문서

0591
기본관계 문제에 대한 아 측의 기본 입장

1. 일반 지침

(1) 조약문 내에 한일 간의 불리하였던 과거 관계를 청산하고 현안 문제에 관한 해결원칙을 규정하고 호혜 평등의 원칙에 입각한 장래 관계를 규정하는 것을 원칙으로 한다.

(2) 대한민국 정부만이 한반도에 있어서의 유일한 합법정부라는 아 측 입장은 여하한 경우라고 유지하도록 한다. 따라서 '2개의 한국' 또는 이북에 별도의 권위(Authority)가 있다는 개념이 절대로 포함되지 않도록 한다.

(3) 기본관계에 관한 문서의 형식은 조약으로 한다. 단, 일본 측이 공동선언의 형식을 고집하여 이에 관한 양측의 의견이 대립함으로써 규정할 내용의 토의조차 곤란할 경우에는 내용에 관한 토의부터 선행시키는 방식을 취하기로 한다.

(4) 각 현안 문제 해결에 관하여는 해결의 기본 원칙만을 기본 조약에 규정하고 구체적인 합의 내용은 별도 관계 협정에 넘기도록 한다.

2. 세부 지침

(1) 조약 전문에는 국교 수립 이후의 양국 관계를 규율할 기본적 지침을 규정함을 원칙으로 하되 과거에 불행하였던 양국 간 관계를 청산함으로써 양국 간의 새로운 관계를 개설한다는 취지를 규정하기로 한다.

0592
(2) 조약 본문에는 아래 사항을 각 조항에 규정하기로 한다.

　가. 양국 간의 영속적인 선린 관계의 유지와 협력 관계를 규정하되 실질적으로는 평화조약의 성격을 가지게 한다.

　나. 구한말에 일본과 체결된 모든 조약의 무효임을 규정한다. 무효의 시점을 '당초부터(ab initio)'로 하도록 최대한의 노력을 한다.

　다. 외교 및 영사 관계를 수립을 규정하기로 한다.

라. 통상 항해조약을 체결할 것을 규정한다. 동 조약 체결 시까지 통상 관계는 현 상태를 그대로 유지하는 것으로 한다.

마. 민간항공운송에 관한 협정을 체결할 것을 규정한다.

바. 재일한인의 법적지위 문제, 대일청구권 문제 및 어업 문제 등 현안 해결에 관하여는 별도 협정을 체결함을 규정한다.

사. 해저전선의 분할에 관하여 규정한다. 해저전선에 관하여는 2등분하여 양국이 각기 중점 시설과 전선의 반을 보유함과 제3국으로부터 사용 대가로 일본국이 수취한 요금은 한국이 보유하는 부분에 해당되는 만큼 한국에 지불함을 규정하도록 한다.

2. 한일회담 기본관계 문제에 관한 보고 공문

0593   주일정 722-505   1964. 12. 7

수신: 외무부 장관

제목: 한일회담 기본관계 문제에 관한 보고 (1)

1. 한일회담의 기본관계 문제는 장기간 실질적 토의가 진행되지 않았기 때문에 법적지위, 어업 및 평화선 문제에 비하여 그 논의 정도가 늦어지고 있음에 비추어 가능하면 금년 중에 양측의 입장을 상호 파악할 수 있을 정도로 논의를 진행시키어 다른 제 현안과 보조를 맞추도록 하고자 합니다.

2. 이러한 견지에서 본 대표단은 1964. 12. 2 자 외아북 722-679 훈령에 따라 별첨과 같은 우리 측 요강을 작성하였사오며, 동 요강을 적당한 시기에(1964. 12. 8 또는 그 이후) 일본 측에 제시할 생각이옵기 우선 보고합니다.

별첨: 기본관계 문제에 관한 한국 측 입장 요강 1부

끝

수석대표 김동조[직인]

첨부

2-1. 기본관계 문제에 관한 한국 측 입장 요강 문서

0594
기본관계 문제에 관한 한국 측 입장 요강

1964. 12. 7

1. 형식: 조약의 형식을 취한다.

2. 명칭: '대한민국과 일본국 간의 기본 조약'으로 한다.

3. 전문: 양국 관계의 과거를 청산하고 새로운 관계를 개설하는 동시에 국교 수립 이후의 양국 관계를 규율할 기본적 지침을 규정한다.

4. 본문: 이와 같은 성격의 조약이 일반적으로 규정하는 사항 이외에 특히(intar alia) 아래 사항을 규정한다.
    가. 양국 간의 영속적 선린관계 유지와 협력 관계에 관한 사항
    나. 한국과 일본 간에 1910년 및 그 이전에 체결된 모든 조약의 무효 확인에 관한 사항
    다. 외교 및 영사 관계의 수립에 관한 사항
    라. 통상항해조약의 체결에 관한 사항
    마. 민간 항공운송 협정 체결에 관한 사항
    바. 한국 청구권, 재일한인의 법적지위, 어업 및 평화선 등 한일 간 제 현안에 관한 별도 협정 체결원칙에 관한 사항
    사. 해저전선의 분할에 관한 사항

5. 결론: 비준 절차에 관한 사항을 포함하여 기타 관례상 보통 조약에 삽입하는 규정을 둔다.

4. 제7차 한일회담 기본관계위원회 제1차 회의 회의록

0596   제7차 한일 전면회담 기본관계위원회 제1차 회의 회의록

1. 일시: 1964. 12. 8(화) 10:30
2. 장소: 일본 외무성 회의실(236호)
3. 참석자: 한국 측: 문철순 수석
         연하구 대표
         최광수 정무과장
         최호중 서기관
         신동원   〃 (통역)
         장명하   〃
    일본 측: 히로세 다쓰오 대표
         마에다 도시카즈 외무성 북동아과장
         구로코지 야스시 외무성 북동아과 사무관
         가와무라 도모야 외무성 경제국 아세아과 사무관
         오와다 히사시 조약국 법규과 사무관

4. 토의 내용

히로세: 일본 측 위원을 소개하겠다(상기 3항과 같이 일본 측 참석자를 소개하였음).

0597   문 수석: 한국 측 위원을 소개하겠다(상기 3항과 같이 한국 측 참석자를 소개하였음).

문 수석: 이제 한일회담이 제7차로 형식을 바꾸었으니 용어, 회의록 작성 등 회의 진행 절차 관계 사항은 제6차 회담의 전례에 따르기로 한다는 것을 확인하고 넘어가고 싶다.

히로세: 종래의 예에 따르도록 하자. 그리고 금년 봄 기본관계위원회를 2차 개최한 다음 중단되어 오늘에 이르렀는데 6차 회담 당시 상호 간에 사고방식을 개진하고 나서 양측 안을 제시하고 검토하기로 하였었는데 한국 측 안이 작성되지 않아 양측 안의

제시에 이르지 못하였었으니 상호 간의 안을 제시하고 협의를 시작하는 것이 어떤가?

문 수석: 지난번의 회의 경과에 관하여서는 회의록을 보아 알고 있다. 지금까지 기본관계 문제에 관한 구체적 진전이 적었던 것이 사실이므로 금년 회의 중 다른 분과위원회가 현재 가 있는 정도, 환언하면 상호 간의 생각하고 있는 바를 알 수 있는 정도로 진전시켜야 할 텐데 현재 상호 간의 입장을 잘 모르고 있는 것이 사실이다. 따라서 연내까지 가능한 한 회의를 여러 번 열고 능률적으로 진행시켜 기본관계 문제를 다른 현안에 관한 토의 현황 정도로 이끌어 가도록 하는 것이 순서가 아닌가 생각한다. 이에 대한 일본 측의 생각은 어떤가?

히로세: 상호 간의 의견 교환을 추진하려면 양측의 안을 기초로 하여 토의하여 가는 것이 좋겠다.

문 수석: 가능한 한 조속히 본 분과위원회 토의를 진행시키는 데 일본 측의 이의가 없는 것으로 보이니 회의 운영 방법에 관하여 몇 가지 제언하고 싶다. 오늘은 제1차 회의이고 하여 인원이 많은데, 초록색 테이블을 사이에 두고 통역을 세우고 회의하게 되면 분위기가 딱딱해지는 감이 있고 또 상호 조심되어 능률이 잘 나지 않는다. 금후 비공식 회의 형식으로 양측의 참석자를 2, 3명, 많아서 3, 4명 정도로 하여 자유로이 토의를 진행함이 어떤가? 회의의 차수는 일련번호 순으로 하여 나가되 실질상 비공식 회의로 하자. 금년 마지막 회의는 공식회의로 하는 것이 좋겠다.

히로세: 동감이다.

문 수석: 일본 측이 말한 바와 같이 양측의 요강을 교환하여 회의를 진행시키는 데 이의가 없다. 다음 회의 시에 요강을 교환하고 회의를 진행하는 것이 어떤가?

히로세: 동감이다.

문 수석: 본인은 기본관계 회의 때문에 온 사람이니 매일 하여도 좋고 오전, 오후 2번 하여도 좋겠으나 일본 측의 사정도 있을 것으로 아니 일본 측이 무방하다면 우선 내일이라도 회의를 열도록 하는 것이 어떤가?

히로세: 국회가 개회 중이어서 본인은 경우에 따라 국장 대신 국회에 나가야 하는 사정이고 어업 관계도 맡고 있어 오전, 오후 회담에 참석하게 되면 일상 업무를 볼 겨를도 없게 되니 하루걸러 개최하도록 하였으면 좋겠다. 또 회의에 참석하려면 준비도 필요하므로 시간적 여유가 있어야 한다. 다음 회의는 10일 오전에 여는 것이 어떤가?

문 수석: 모레 오전에 여는 데 이의가 없다. 어업위원회의 회의 일정도 고려하여 하루걸러 일주일에 3번 정도 여는 것이 좋겠다.

히로세: 원칙적으로 양해한다. 회의의 일정에 관하여서는 그때 그때 다음 회의 일정에 관하여 협의 결정하도록 하자.

마에다(히로세 보충): 요강을 제시하여 토의하는 데 관하여 예컨대 '어업관할권' 식으로 항목만을 기재하여서는 내용을 알 수 없으므로 법률적으로 구체화되어 있지 않더라도 내용이 들어있는 것이라야 한다는 것이 일본 측의 의견이다.

문 수석: 일본 측 의견을 참작하겠다. 우리 측이 고려하고 있는 요강은 형식, 명칭, 전문, 본문, 결문 등으로 나누고 있으며 조약문으로써 조문화하지는 않으나 우리 측의 생각이 가미되는 정도로 하고 있으며, 제안 이유, 제안 취지 등은 구두로 설명하도록 하고자 고려하고 있다.

히로세: 신문 보도관으로서 마에다 과장을 지명한다. 신문 발표는 어떻게 하는 것이 좋겠는가?

문 수석: 우리 측 보도관으로서 최 과장을 지명한다. 신문 보도 문안은 다음과 같이 하는 것이 어떤가?

"한·일 양측은 각 위원을 소개하고 금후의 회담 진행 방법에 관하여 협의하였다. 기본관계 문제는 다른 제 현안보다 토의가 늦어지고 있으므로 다른 분과위원회의 진도와 가능한 한 보조를 맞출 수 있도록 토의를 진행시키기로 양측이 합의하였다. 다음 회의는 12월 10일 10:30에 개최하기로 하였다."

히로세: 동의한다. 한 가지 추가하겠는데 기본관계 문제의 토의가 늦어지고 있는 것은 사실이며 이 점 한국 측 견해에 동의하나, 기본관계 문제는 어업, 청구권, 문화재 등 제 문제에 관한 구체적 안이 굳어진 뒤에 그 내용이 결정될 성질의 문제이므로 늦어지는 것이 오히려 당연하다고 생각한다는 점을 말하여두고 싶다.

문 수석: 일본 측의 말은 이해하겠으나 법적지위, 어업 등 제 문제가 타결될 단계에 이르면 기본관계도 곧 종합되도록 준비할 필요가 있다. 기본관계 문제 타결이 늦어지기 때문에 전반적 일괄 타결이 늦어질 수도 있으므로 양측이 조속히 국교를 정상화하기 위하여 노력하는 이상 법적지위 등 다른 위원회의 진전 정도까지는 토의를 진행시킬 필요가 있다고 생각하는 것이다.

히로세: 비공식으로 회의를 추진하면 큰 성과가 있을 것으로 기대한다.

문 수석: 그럼 이번 회의는 이 정도로 하는 것이 어떤가?

히로세: 좋다.

마에다: 일본 측 참석자는 금후 4명 정도가 되겠다. 회의 진행 방법, 장소, 분위기 등에 관하여서는 한국 측 의견에 따르도록 배려하겠다(회의는 11:15에 폐회하였음).

6. 제7차 한일회담 기본관계위원회 2차 회의 회의록

0603　**제7차 한일 전면회담 기본관계위원회 제2차 회의 회의록**

　　1. 일시: 1964. 12. 10(목) 10:30
　　2. 장소: 가유회관 독서실
　　3. 참석자: 한국 측: 문철순 수석
　　　　　　　　　　연하구 대표
　　　　　　　　　　최광수 정무과장
　　　　　　　　　　장명하 전문위원
　　　　　　　일본 측: 히로세 다쓰오　　일 외무성 아세아국 참사관
　　　　　　　　　　마쓰나가 노부오　　　〃　　조약과장
　　　　　　　　　　야나기야 겐스케　　　〃　　아세아국 북동아과 사무관
　　　　　　　　　　구로코지 야스시　　　〃　　　　　　〃

　　4. 토의 내용

(회의가 개최되자 곧 양측 안을 교환하였음. 교환된 요강안은 별첨함)

문 수석: 양측이 접수한 상대방 측 요강안 중 잘 모르는 것이 있으면 질문하도록 하는 것이 좋겠다. 우선 일본 측부터 의문되는 점을 말하여주면 답변하도록 하겠다.

히로세: 한국 측 안 4의 (5)에 있는 별도 협정의 원칙이라고 하는 것은 무슨 뜻인가.

문 수석: 한국 측이 생각하고 있는 문제 타결 형식은 기본 조약이니까 모든 현안에 0604　관한 기본이 되는 것을 포함시키려 하고 있다. 한일회담의 각 분과위원회에서 토의되고 있는 현안 해결의 대원칙을 규정하려는 것이며, 현안 타결 방식이 확정되면 구체적 문안을 정리하여 규정할 수 있을 것이다. 그런데 제 현안은 동시에 타결될 것이므로 시기적으로는 선후가 없으나 관념상으로는 본조약이 앞서고 각 현안에 관한 합의가 이에 따르게 되는 것이다. 기본 조약은 말하자면 헌법적 성질을 띠게 될 것이다.

야나기야: 어느 정도 구체화할 생각인가.

문 수석: 예를 든다면 청구권에 관하여 '3. 2-1'에 관한 사항 정도로 타결의 정신과 근거 등을 간단히 기술하게 될 것이다.

히로세: 어업에 관하여서는 어떤가.

문 수석: 주로 철학적·정신적인 것을 규정하게 될 것이다. 일본 측 요강의 본문 (2)와 유사하다.

히로세: 관념상 한·일 양측의 사고방식에 있어서 선후가 다르다. 한국 측은 기본 조약을 선행시키는 데 대하여 일본 측은 기본관계의 타결이 다른 제 현안의 해결 후가 된다는 생각을 가지고 있는 것이다.

마쓰나가: 한국 측 안 4의 (3), (4)에 관하여 어떠한 규정을 둘 생각인가.

문 수석: 조속히 체결한다는 취지의 규정을 두고자 한다. 내용을 규정할 필요는 없겠고 원칙만 정하여 두면 될 것이다. 동 조약이나 협정의 체결 전까지는 현상이 유지될 것으로 알고 있으며 최혜국 대우에 관한 어구를 두어도 좋을 것이다.

히로세: 해저전선의 분할 규정에 관한 한국 측의 견해를 듣고 싶다.

야나기야: 일본 측은 공동선언을 구상하고 있기 때문에 해저전선에 관한 규정을 동 선언에 넣기는 곤란하다고 생각되어 일본 측 안에서 제외한 것인데 조약의 형식이 되면 규정하여도 무관할 것이다. 일본 측은 전문가 간의 협의에 의하여 별도로 합의하도록 할 생각을 가지고 있다.

문 수석: 해저전선 관계 사항은 극히 기술적 성격이 강하다고 본다.

히로세: 한국 측 안 전문 (1), (2), (3), (4) 등의 규정은 철학적 의미의 것인가.

문 수석: 그렇다.

히로세: 전문 (5)의 취지는 전 반도에 미친다는 뜻인가.

문 수석: 그렇다.

마쓰나가: 한국 측 안 3의 (4)에서 말하는 기여라는 것은 정신적·관념적인 것인가.

문 수석: 과거 일본 측 안에도 있던 것이다. 동북아방위기구까지 생각하는 것은 아니다.

히로세: 4의 (5)는 세 가지 문제를 취급하고 있는데 그 이외는 포함되지 않는다는 것인가.

문 수석: 한일회담의 의제를 열거한 것이며 한정적인 것이다.

히로세: 일본 측의 질의는 대략 이 정도로 하겠다. 한국 측에 질문이 있으면 하여 주기 바란다.

0606 문 수석: 유엔 결의 195는 어떤 것이냐.

마쓰나가: 한국 정부가 유일한 합법정부라고 한 결의이다.

최 과장: 샌프란시스코 평화조약 2조를 취급하는 것은 곤란하다고 생각하는데 동 조약을 인용하려는 것인가 또는 취지를 그대로 삽입하려는 것인가.

마쓰나가: 구체적으로는 고려치 않고 있으나, 언급하려고 하며 양측이 상호 연구하여 기본적인 것을 규정하고자 한다.

문 수석: 한국은 1948년에 독립하였으며 샌프란시스코 평화조약에 의한 한국의 독립 승인은 그 후이니 시기적으로 선후가 다르지 않은가.

마쓰나가: 일본으로서 샌프란시스코 평화조약이 기본 문서가 되어 있다. 또 한국 정부의 합법성에 관한 유엔의 결의는 일본이 유엔에 가입하기 전에 행하여진 것이다. 상기 양 문서를 언급하는 것은 법률적 근거를 확인하여 두는 데 취지가 있으며 기초 단계에 가서는 한국 측의 입장을 충분히 고려하여 반영시키고 싶다.

문 수석: 일본 측 안 본문의 (3)은 곤란하다. 동 규정을 승인하게 되면 관계자가 해석상 국가보안법에 걸릴 수도 있다. 우리나라의 헌법은 한반도를 영토로 규정하고 있으므로 헌법에도 저촉된다. 한국 측은 이북 문제를 '지리산 지구 반란'의 예와 같은 상태라고 보고 있다. 북한 문제는 어디까지나 일시적 문제라고 생각하기 때문에 관할권이 없다든가 하는 노골적 표현은 받아들일 수 없다.

히로세: 한국 측 입장을 이해한다.

0607 문 수석: 이 점 확실히 하여 두어야겠다. 일본 측 안 3의 (3)에 있는 것 같은 뉘앙스가 조문화하는 것은 결코 받아들일 수 없다. 한국과의 현안 타결로써 이북 문제도 모두 해결되는 것이 아닌가.

야나기야: 일본 수상이나 외상은 국회에서 "한국의 지배권이 이북에 미치지 않고 있다는 것을 염두에 두고 교섭하고 있다"는 취지의 답변을 하고 있다.

문 수석: 베트남과 일본과의 협정에는 그러한 문제가 없는 것으로 안다. 국회에 대한 답변에서도 일본 정부는 베트남과의 협정이 북쪽까지 미친다고 말한 것으로 기억하고 있다.

마쓰나가: 베트남과의 국교 정상화 당시 베트남은 프랑스의 지배하에 있었고 지금 같은 문제가 없었다고 생각한다.

히로세: 양측 안 중 어구가 불분명한 것을 문의하기로 한 것인데 문 수석의 질의는 실질적인 것이다. 베트남과의 문제에 관하여서는 조사하여 다음 기회에 설명하도록 하겠다.

최 과장: 일본 측 안 3의 (6) 통상항해 관계는 어떻게 생각하고 있는가.

히로세: 어느 정도까지 규정할 것인가에 관하여서는 여러 가지 안이 있으나 결정된 바는 없다.

최 과장: 본문 (7)의 분쟁 처리와 그 범위에 관하여서는 어떻게 생각하고 있는가.

마쓰나가: 일반적으로 생각하고 있다. 공동선언 및 제 현안에 관한 협정과 관련하여 생기는 분쟁에 대하여 적용할 생각이나 어업 등 제 현안에 관한 협정에 분쟁 처리 문제가 규정되게 될 것이다. 공동선언 안에서도 일반적으로 규정하려 한다. 국제사법재판소의 강제 관할에 관하여서도 고려하고 있다.

문 수석: 이 부문에 관한 일본 측의 사고방식은 헌법적인 것이다. 국교 정상화 후 발생하는 분쟁에 관하여서도 해당하는가.

마쓰나가: 해당하지 않는다.

문 수석: 이 정도로 한국 측의 질의를 일단 종료하겠다. 한국 측 안에 언급되어 있으나 일본 측 안에 없는 것, 일본 측 안에 있으나 한국 측 안에 없는 것을 비교하여 문제되는 제목에 관한 정리를 한 후 그 내용 및 표현 방법에 관하여 논의를 추진하는 것이 어떤가.

히로세: 양측의 사고방식이 상호 반대되고 있는데 이 문제를 별도로 하여서는 토의가 진전하지 않을 것 같다.

문 수석: 제목 중 중복된 것은 좋으나 한쪽 안에만 있는 것을 어떻게 처리할 것인가에 관하여 정하는 것이 어떤가.

마쓰나가: 히로세 대표의 말과 같이 양측의 기본적 사고방식이 다르다. 일본 측은 현안이 모두 해결되었다는 전제하에 국교 정상화를 하자는 입장이므로 공동선언을 생각하고 있으며, 한국 측은 기본 조약이 앞서 있은 후 다른 문제가 뒤따라오는 것으로 생각하고 있다.

문 수석: 그러나 사실상 일괄 서명하게 될 것이므로 실제에 있어서 다를 것이 없다

고 본다.

히로세: 보충 설명하겠는데 일본 측 안 3의 (2)에 언급되어 있는 제 현안 가운데에는 독도(죽도)문제가 포함된다. 동 문제를 근본적으로 해결하지는 못할지라도 적어도 어떠한 방법으로 처리할 것인가 하는 데 관한 타결은 있어야 한다고 생각한다. 한국 측이 말하는 제 현안과는 이 점이 다르다.

영사관 설치에 관하여 일본 측은 원칙 문제와 동시에 구체적 사항도 해결하고 싶다. 비준 및 용어에 관하여서는 한국 측 안과 일본 측 안이 대략 같다고 생각한다.

히로세: 문 수석의 제안에 관하여 말하겠는데 양측이 기본적 사고방식을 충분히 검토하고 관할권에 관한 한국 측 입장을 청취하는 등 다음 회합에서 충분히 논의하여 확실히 하여 두도록 하자.

문 수석: 전번 회의 때도 말한 바 있지만 기본관계의 토의는 법적지위 등 다른 위원회에 비하여 늦어지고 있다. 따라서 금년 중에는 적어도 어떤 제목을 취급할 것인가, 어떤 제목에 관한 의견이 다른가, 하는 정도는 상호 간에 파악할 수 있도록 하여야겠다.

히로세: 문 수석의 제안대로 할 수 있다.

문 수석: 기본관계의 토의가 늦어짐으로써 일괄 타결의 시기가 늦어지는 것을 피하고 싶다. 나의 제안이 시간을 절약하는 데 유익하다고 생각한다.

히로세: 사고방식을 제의하면 비슷한 데가 많다. 문제점도 검토하고 제목도 정하도록 하자는 것이다.

문 수석: 명칭부터 의견을 교환하기로 하자.

히로세: 금년 초에도 말했지만 일본 측은 제 현안의 해결을 확인하고 국교를 정상화한다는 것을 선언하고자 한다. 공동선언은 명칭에 있어서 조약과 다를 뿐 국내 절차나 무게나 기타 어떤 면으로 보나 조약보다 가벼운 것이 아니다. 일본 측 안은 구체적 명칭을 언급하지 않고 있는데 이것은 일본 측이 이 문제를 고집하려 하지 않기 때문이다. 내용에 적합한 형식과 명칭을 사용하면 되는 것으로 생각한다.

문 수석: 한국 측 입장에 관하여서는 제6차 회담 시에 충분히 설명한 것으로 알고 있다. 한국 측이 조약의 형식을 택하고자 하는 이유 중에 또 하나 국내 문제가 있다. 만일 공동선언이 될 경우 국내에서는 그 내용은 별도로 하고 일본 측에 중대한 양보

를 한 것으로 취급된다. 최근 국회의 예산심의 때도 질의가 있어 논란된 바 있다. 형식보다 내용이 문제라는 데에는 한국 측으로서 이론이 없으나, 이와 같은 우리 측의 국내 사정을 이해하여 주기 바란다. 일본 측에게는 내용이 보다 중요하나 한국 측에게는 형식이 더욱 중요시될 정도다.

히로세: 효력은 모두 같은 것인데,

문 수석: 조약과 공동선언의 법률적인 면에 관하여서는 법률 전문가이면 모두 알고 있는 것이나 국민들은 잘 모르고 있다. 또 전문가들 가운데에도 형식을 악이용하려는 사람들이 있다. 이 문제에 관하여서는 일본 측이 한국 측보다 쉬운 입장에 있다고 생각한다.

히로세: 문 수석의 말은 이해하겠으나 조약으로 하자고는 지금은 말하지 못하겠다.

마쓰나가: 내용이 형식에 앞서 있다고 일본 측은 보며, 내용에 따라 명칭을 결정하려 하는 것은 사실이다. 이 문제는 최후 단계에 취급하는 것이 어떤가.

문 수석: 같은 내용이라도 여러 가지 명칭을 붙일 수 있다. 내용에 관계없이 형식을 조약으로 하자. 일본 측 입장을 이해하겠으나 우리나라의 국내에서 큰 문제가 되어버렸다. 일본 국내도 공동선언으로 한다는 말이 있고 이것이 한국에 전문되어 문제되고 있으니 그러한 말은 될 수 있는 대로 하지 않도록 하여 주기 바란다.

마쓰나가: 아직 적극적으로 취급하지 않고 있다.

야나기야: 한국 측이 기본 조약이라는 말을 하면 일본 국내에 전문되어 곤란하니 한국 측도 말하지 않도록 하여 주기 바란다.

히로세: 제6차 회담 때 대신이 국회에서 말한 것이 논의의 계기가 된 것으로 기억하고 있다. 일본 측은 끝까지 공동선언을 주장하지 않는다. 다음에는 우선 내용부터 취급하기로 하는 것이 어떤가.

문 수석: 오늘은 이 정도로 하자.

히로세: 좋다(회의는 12:00에 폐회하였음).

5. 신문 발표

신문 발표 내용에 관하여 협의한 결과 다음과 같이 합의하였음.

"기본관계 문제의 실질적 내용에 관하여 토의하였다."

6. 다음 회의 일시

다음 회의는 12월 12일(토) 10:30부터 가유회관에서 개최하기로 하였음.

별첨: 1. 한국 측 요강안
     2. 일본 측 요강안
     3. 기본관계위원회 일본 측 대표 명단 각 1부

끝

첨부

6-1. 제2차 회의 시 제출된 기본관계에 관한 한국 측 입장 요강안

기본관계에 관한 한국 측 입장 요강안

1964. 12. 10

1. 형식: 조약으로 한다.
2. 명칭: '대한민국과 일본국 간의 기본 조약'으로 한다.
3. 전문: 특히(inter alia) 아래 사항을 규정한다.
    (1) 한일 양국 관계의 과거의 청산과 상호 주권 존중에 기한 새로운 관계의 수립
    (2) 양국 간의 항구적 평화와 공고하고 지속적인 선린우호 관계의 유지
    (3) 양국의 공동복지의 향상
    (4) 아세아와 세계의 평화 및 안전 유지에의 기여
    (5) 대한민국 정부가 한국에 있어서의 유일한 합법정부라는 사실을 확인
4. 본문 조항: 특히(inter alia) 아래 사항을 규정한다.
    (1) 한국과 일본국 간에 1910년 8월 22일 및 그 이전에 체결된 모든 조약 또는 협정이 무효라는 사실의 확인
    (2) 외교 및 영사 관계의 수립
        가. 대사급 외교사절의 교환
        나. 영사관의 설치
    (3) 양국 간의 무역, 해운 및 기타의 통상 관계를 안정되고 우호적인 기초 위에 두기 위한 조약 또는 협정의 체결
    (4) 민간 항공운수에 관한 조약 또는 협정의 체결
    (5) 한국 청구권 문제, 재일한인의 법적지위 및 처우 문제와 어업 및 평화선 문제의 양국 간 제 현안에 관한 별도 협정의 원칙
        양국 영토를 연결하는 해저전선의 균등분할
5. 최종 조항: 특히(inter alia) 아래 사항을 규정한다.
    (1) 비준 절차
    (2) 용어: 가. 한·일·영 3국어로 작성
        나. 해석상의 분규 시는 영문을 따름.

첨부

6-2. 제2차 회의 시 제출된 기본관계에 관한 한국 측 입장 요강안 영문 번역본

/TRANSLATION/

December 10, 1964

DRAFT ESSENTIALS OF KOREAN POSITION ON BASIC RELATIONS

1. Form – Treaty
2. Title – 'Basic Treaty between the Republic of Korea and Japan'
3. Preamble – Following points, inter alia, are to be provided for:

    (1) Liquidation of the past relations and the establishment of a new relationship based upon mutual respect for sovereign rights between the two countries;

    (2) Maintenance of permanent peace and firm and enduring friendship between the two countries;

    (3) Promotion of the common welfare of the two countries;

    (4) Mutual contribution to the maintenance of peace and security in Asia and in the world;

    (5) Confirmation of the fact that the government of the Republic of Korea is the only lawful government in Korea.

4. Articles – Following point, inter alia, are to be provided for:

    (1) Confirmation of the fact that all treaties or agreements concluded on and before August 22, 1910 between Korea and Japan are null and void;

    (2) Establishment of diplomatic and consular relations with each other:

    a. Exchange of envoys at the ambassadorial level;

b. Establishment of consulates;

(3) Conclusion of a treaty or agreement to place the trading, maritime or other commercial relations between the two countries on a stable and friendly basis;

(4) Conclusion of a treaty or agreement relating to civil air transport;

(5) principles of the agreement to be concluded separately on the pending problems between the two countries namely, the Korean Claims, Legal Status and Treatment of Korean Residents in Japan, and Fisheries and Peace Line;

(6) Equal division of the submarine cable connecting the territories of the two countries.

5. Final Clauses - Following points, inter alia, are to be provided for:

(1) Procedures for ratification:

(2) Languages:

   a. To be done in Korean, Japanese and English languages;

   b. Prevalence of the English text in case of divergence of interpretation.

첨부
6-3. 제2차 회의 시 제출된 기본관계에 관한 일본 측 합의 요강안

日韓基本関係に関する合意要綱案

39. 12. 10

1. 名称
   日韓基本関係に関する合意は「共同宣言」の名称を用いる.
2. 前文
   (イ)日韓両国全権団間の交渉が行なわれたことに言及し, (ロ)全権名を記し, (ハ)外交関係設定についての意見一致があったことに触れ, (ニ)「…この交渉の結果, 次の合意が成立した」と結ぶ.
3. 本文
   (1) 桑港平和条約第2条(a)の規定および国連決議195(Ⅲ)の趣旨を確認すること.
   (2) 外交関係設定に先だち解決又は処理されることが望ましいと認められた諸懸案が関係者協定により解決又は処理されたことの確認.
   (3) 本宣言及び前記諸協定の適用にあたっては, 大韓民国政府の有効な支配及び管轄権は現実に朝鮮半島の北の部分には及んでいないことが, 考慮に入れられること.
   (4) 両国間に外交及び領事関係を設定すること.
   (5) 両国は, 相互の関係において, 国連憲章の原則を遵守すること.
   (6) 通商航海関係
   (7) 紛争処理(ICJへの付託)
   (8) 批准条項

한일 기본관계에 관한 합의 요강안

1964. 12. 10

1. 명칭

   한일 기본관계에 관한 합의는 '공동선언'이라는 명칭을 사용한다.

2. 전문

   (가) 한일 양국 전권단 간의 협상이 이루어졌음을 언급하고, (나) 전권단 이름을 적고, (다) 외교관계 설정에 대한 의견일치가 있었음을 언급하고, (라) "…이 협상의 결과, 다음과 같은 합의가 성립되었다"로 끝맺는다.

3. 내용

   (1) 샌프란시스코 평화조약 제2조(a)의 규정 및 유엔 결의 195(III)의 취지를 확인하는 것

   (2) 외교 관계 수립에 앞서 해결 또는 처리되는 것이 바람직하다고 인정되는 제반 문제가 관련 제 협정에 의해 해결 또는 처리되었음을 확인

   (3) 본 선언 및 상기 협정의 적용에 있어서 대한민국 정부의 유효한 지배 및 관할권이 현실적으로 한반도 북부에 미치지 못한다는 점을 고려할 수 있다는 것

   (4) 양국 간에 외교 및 영사 관계를 설정하는 것

   (5) 양국은 상호관계에서 유엔헌장의 원칙을 준수하는 것

   (6) 통상 항해 관계

   (7) 분쟁 처리(ICJ에의 회부)

   (8) 비준 조항

7. 해저전선 문제의 별도 논의에 관한 건의 전문

번호: JAW-12209

일시: 111551 [1964. 12. 11]

수신인: 장관

발신인: 주일 대사

참조: 외아북 722-679

한일회담 기본관계위원회에서 논의키로 되어 있는 '해저전선'에 관하여 기본관계조약의 성격을 보아 동 문제를 금후 기본관계조약 문서에 삽입하여 논의하지 않고 별도로 하여 해결하도록 논의함이 좋을 것으로 사료되옵기 건의함.(주일정-외아북)

8. 해저전선의 별도 논의 건의에 대한 본보 회신 전문

0621   번호: WJA-12345

일시: 181700[1964. 12. 18]

수신인: 주일 대사

대: JAL-2209

해저전선에 관하여는 귀 건의와 같이 기본관계조약에 포함될 항목의 하나로 다루지 않고 별도로 해결하는 방법을 취하여도 가함.(외아북)

10. 제7차 한일회담 기본관계위원회 제3차 회의 회의록

0624　제7차 한일회담 기본관계위원회 제3차 회의 회의록

1. 일시: 1964. 12. 12 10:30
2. 장소: 가유회관 독서실
3. 참석자: 한국 측: 문철순 수석
　　　　　　　연하구 대표
　　　　　　　최광수 전문위원
　　　　　　　장명하　　〃
　　　일본 측:　히로세 다쓰오 대표
　　　　　　　마쓰나가 노부오 보좌
　　　　　　　야나기야 겐스케　〃
　　　　　　　구로코지 야스시　〃

4. 토의 내용

마쓰나가: 한국 측이 제시한 요강안에 관한 일본 측의 견해를 말하겠다. 형식 및 명칭에 관하여 히로세 대표가 말한 바와 같이 일본 측은 '공동선언'을 고집하지는 않을 생각이며 결정되는 내용에 따라서 적당한 명칭을 붙이면 되는 것이라고 생각한다. 따라서 이에 대한 결정은 보류하여 두었다가 마지막 단계에 재차 검토하는 것이 좋을 것으로 생각한다. 한국 측 안 전문은 전체적으로 보아 놀랄 정도는 아니라고 보며 한국 측의 입장을 이해할 수 있다고 생각한다. 제1항에서 말하고 있는 '과거 관계의 청산'

0625　에 관하여서는 이것을 조약이나 선언 속에서 언급하기는 곤란하다고 생각한다. 이 항목은 본문의 1항과 관련이 있는 것이라고 본다. 제2항과 제3항의 규정은 유엔헌장의 원칙 가운데에도 나와 있는 것이므로, 표현은 별도로 하고, 그다지 어려운 문제는 없을 것으로 안다. 제4항의 '안전 유지'에 관하여, 한국 측이 구체적인 것은 아니고 정신적, 원칙적 입장이라고 말한 것으로 기억하고 있는데, 일본 측은 한일 양국 간의 국교

정상화 자체가 아세아와 세계에 기여하는 것으로 생각한다.

문 수석: 양국은 국교 정상화 후에 아세아와 세계의 평화 및 안전 유지에 기여하는 방향으로 나갈 수도 있겠지만 이번의 초안에서 이것을 의도하는 것은 아니다.

마쓰나가: 한국 측 안 전문 제5항에 관하여서는 한국 측의 입장을 이해하나 일본 측 안 본문 1항부터 3항까지에 관하여 설명할 때 말한 바와 같이 한국 측 안을 그대로 수락하기는 어렵다. 일본 측으로서는 유엔의 결의를 존중하여야 할 입장에 있으므로 동 유엔의 결의를 언급하고자 한다. 다음 한국 측 안 전문을 전체적으로 볼 때 전문에 커다란 문제를 기록하는 것은 본문과의 균형상 재고려하는 것이 어떨까 생각된다. 본문의 내용의 중요성에 따라 그 서론으로서 전문에 설명 규정을 두는 것이 조약 작성상의 관례이므로 일본 측은 실질적 내용의 문제를 전문에 내세우지 않았던 것이다. 일본 측은 내용을 우선 보고 필요한 사항을 전문에 기입하는 입장을 취하고 싶다. 기본관계 조약이나 선언이 전체적으로 균형이 있는 것이 되지 않으면 안 된다고 생각한다.

문 수석: 한국 측 안의 전문과 본문 규정을 조약에 삽입할 경우에 구체적으로 어떤 조항을 어디다 삽입하는가 하는 문제에 관하여 flexible하게 생각하고 있다. 한국 측 안의 전문에 있는 사항이라도 검토 결과에 따라 본문에 넣을 수 있다.

마쓰나가: 한국 측 안의 본문 제1항은 불필요하다고 생각한다. 대한제국은 소멸하였으며 따라서 조약이 효력 없음은 명백한 것이므로 언급할 필요도 없을 것이다. 또 동 조약이 위법적 방법으로 맺어진 것이기 때문에 '무효'라고 주장한다면 체결된 사실 자체가 문제되므로 일본 측으로서는 받아들이기 곤란하다. 또 한국 측 안은 한일 양국 간이라고 했는데 이것을 어떻게 일본말로 표시할 것인지 잘 알지 못하고 있다.

문 수석: 한일 양국 간이란 Identity를 의미하는 것이나 대한제국 또는 일본제국 식으로 구 명칭 그대로 인용하더라도 무방할 것이다.

마쓰나가: 제2항의 외교 및 영사 관계 수립에 관하여서는 이론이 없다. 영사관을 어떤 장소에 설치할 것인가 하는 것을 함께 정하면 될 것이다. 제3항의 통상항해조약에 관하여서는 지난번 한국 측의 설명을 들은 바 있고 일본 측으로서 별로 이론이 없다. 다만 동 조약이 체결될 때까지의 기간 중에는 어떻게 할 것인가 하는 데 문제점이 있으나, 양측 의견의 통일이 불가능할 경우에는 현상 유지하는 것도 생각할 수 있다. 제4항의 민간항공운수협정에 관하여서도 별다른 이의 없다. 제5항의 현안 해결에 관한

별도 협정원칙에 관하여 말하겠는데 일본 측은 모든 현안의 해결 또는 처리를 전제로 하고 있으므로 3개만 한정하여 생각하는 것은 곤란하다고 생각한다.

문 수석: 한국 측 입장은 원칙만 규정하자는 것이고, 모든 현안은 동시에 해결될 것이므로 적당한 어구가 발견되기만 한다면 별로 어렵지 않을 것이다. 모든 현안이란 한일회담의 의제가 되어온 문제만으로 보아야 할 것이다.

마쓰나가: 해저전선에 관한 제6항의 규정은 조약의 형식을 택하게 되면 규정하여도 좋을 것이다. 일본 측은 공동선언을 고려하고 있으므로 별도로 규정하기를 바라고 있는 것이다. 표현은 샌프란시스코 평화조약에 준하여 생각하면 될 것이다.

문 수석: 기술적 문제가 있지 않은가 생각한다. 어느 정도의 원칙을 규정하고 기술적인 문제는 별도로 해결하면 될 것이고 부속 문서에 넣을 수도 있겠지만 해결 시기는 동시가 아니더라도 무방할 것이다.

야나기야: 해저전선 문제에 관하여 최 과장과 이야기할 기회가 있었는데 일본 측은 동 해저전선을 사용할 의도가 없으며, 미군 측은 동란 때에 4회선을 사용한 일이 있으나 금후에는 사용할 의도가 없다고 한다. 이에 관한 한국 측의 의향을 알면 참고가 되겠다. 해저전선에 관하여 곧 기술 협정을 맺자고 하게 되면 일본 기술자들도 반대하고 나설 가능성이 있다.

마쓰나가: 최종 조항에 관하여서는 별다른 문제가 없다고 본다. 전체적으로 말해서 일본 측은 한국 측 안을 좋게 평가하려고 노력하고 있으니 한국 측도 일본 측 안을 존중하여 주기 바란다.

문 수석: 전체적 문제로서 한국 측 안에 있는 제목(subjects)에 이의 없는 것으로 알겠다. 본회의에 보고할 필요도 있고 하니 양측 안을 제목별로 정리하여 이것을 토대로 토의하여 나가도록 하는 것이 좋겠다. 다음 주 월요일에 양측 실무진이 회합하여, 토의의 제목으로서 양측에 이의가 없는 것, 제목으로서는 이의가 없으나 내용에 이의가 있는 것 및 제목 자체에 관하여 이의가 있는 것을 구별하여 정리하기로 하자.

마쓰나가: 제목이 좋다고 하여 문서에 넣어도 좋을 것이라고는 할 수 없다. 실질적 내용이 없는 사항에 관하여서는 양측에 이의가 없다 하더라도 언급할 필요가 없게 될 것이다.

문 수석: 정리하는 단계에 포함된 제목이라도 그 후 문서화할 단계에서 삭제할 수도

있지 않겠는가?

히로세: 문 대표의 제안에 난색을 표하는 것이 아니다. 문제점은 (가) 한국 측 안 전문 제1항 및 본문 제1항, (2) 전문 제5항과 일본 측 안 본문 제1항, (3) 한국 측 안 본문 제5항과 일본 측 본문 제2항, (라) 일본 측 안 제7항의 4개가 있다고 본다. 이러한 큰 문제에 관하여 토의하고 다음 정리하자는 것이다.

문 수석: 내가 제안한 방식을 취하더라도 큰 문제에 관하여 논의하게 될 것이다. 우선 문제없는 제목을 정리하여 놓고 문제 있는 제목을 논의하고 나서 최후 단계에 가서 전체적으로 보아 검토하면 된다. 이러한 방식이 협정 체결 교섭에 있어서의 전형적 방식이라고 본다.

마쓰나가: 중요한 문제가 해결되지 않는 한 정리작업은 별 의미가 없다.

히로세: 항목을 정리하여 위에 보고하지 않고 일반적으로 양측의 논의 결과를 보고하여도 좋을 것이다. 문 대표의 제안에 따라 대표부 측과 북동아세아과 양측 실무자가 회합하여 제목을 정리하여 보도록 하자.

문 수석: 일본 측 안을 전반적으로 검토하였는데 일본 측의 제안 이유는 이해할 수 있다고 본다. 또 반대하는 점도 있다.

'과거(관계)의 청산'은 본문 제1항과 간접적으로 관련되고 있는데 국내 문제가 있어서 중요시되고 있다. 일본 측이 이미 설명한 바와 같이 일본 측의 사정도 있고 하니 일본 측을 지나치게 자극하지 않는 방식으로 규정하면 될 것이다.

유일한 합법정부라고 하는 유엔 결의에 관하여, 우리 측은 동 유엔 결의가 있었기 때문에 비로소 우리 정부가 유일한 합법정부가 된 것은 아니며, 동 결의가 없다 하더라도 한국 정부가 유일한 합법정부임에는 변함없는 것이라고 해석하고 있다. 이러한 한국 측의 해석은 샌프란시스코 평화조약에 있는 한국의 독립 승인 조항에도 마찬가지로 적용된다. 다시 말하면 샌프란시스코조약의 독립 승인 규정에 관계없이 한국은 이미 독립한 것이다. 한국 측은 일본 측의 사정을 충분히 고려하여 우리 측 안과 같은 정도의 표현을 한 것이다. 한국의 관할권 또는 영토 문제와 관련하여 간접적으로라도 우리 주권의 제약을 승인하는 것 같은 냄새를 피우는 표현은 도저히 생각할 수 없다.

야나기야: 한국 측 안 전문 제5항의 확인이란 양측이 확인한다는 뜻인가?

문 수석: 그렇다. 북한에 어떤 authority가 있다든가 또는 북한은 blank 라든가, 하

는 것이 일본 측의 논리라는 것을 알고 있다. 우리 측의 안은 초기의 안에 비하여 일본 측의 입장을 고려한 것이다. 한국 측 안 본문의 제5항에 관하여서는 그 범위를 한일회담의 의제로서 논의된 것에 한정하고자 한다. 그렇지 않고 모든 현안을 망라한다면 한정이 없을 것이며 기본관계위원회 자체가 한일회담의 1 위원회에 불과한 것이다.

야나기야: 독도 문제는 해저전선 문제와 같이 한일회담 시에 문제되어 온 것이다.

문 수석: 독도 문제는 외교 경로를 통하여 취급하여 왔으니 그대로 하면 될 것이다. 고위층 간의 합의를 통하여 해결하는 것은 무방하겠으나 이 위원회에서 논의하는 것은 곤란하다. 독도 문제는 한일회담과 직접 관련된 것이 아니다.

야나기야: 일본 측은 독도 문제의 해결원칙에 관하여 결정하자는 희망을 표시하는 것이지 여기서 논의하자는 것은 아니다.

히로세: 일본 측은 독도 문제에 관한 사항이 한일회담의 현안과 별도로 국회에 제출되는 경우 국회가 한일회담의 제 현안과는 반대로 독도 문제 해결방식에 관하여서만 비준하지 않게 되면 곤란하게 될 것으로 본다.

문 수석: 독도 문제를 여기에서 토의할 필요가 없다.

마쓰나가: 분쟁 처리에 관하여 일본 측은 다른 현안에 관한 협정에 규정하려 하는 동시에 기본 조약에도 규정하고 싶다.

야나기야: 분쟁 처리 문제는 어업 관계에 있어서 특히 중요하다고 생각한다. 어업 관계 협정에서 합의되어야 할 것이니 기본관계 협정에 있어서도 합의하게 되기 바란다.

문 수석: 기본관계조약 자체로서는 분쟁 처리조항은 별 의의가 없는 것으로 안다. 따라서 다른 위원회에서의 진전상황을 관망하기로 하고 우선 보류하여 두는 것이 어떤가?

마쓰나가: 다른 위원회에서의 진전 상황과 관계없이 분쟁 처리 조항을 기본관계조약이나 선언에 규정하기 바라고 있다.

히로세: 다른 위원회에서의 진전 상황을 관망하는 의미에서 잠시 보류하여 둔다 하더라도 꼭 필요하다고 하는 일본 측 생각에는 변함이 없다.

문 수석: 오늘은 이 정도로 하자.

히로세: 좋다(회의는 12:20 폐회하였음).

5. 신문 발표

신문 발표는 다음과 같이 하기로 합의하였음.

"양측은 기본관계에 관한 요강안을 교환하고 문제점에 관하여 의견을 교환하였다. 양측은 계속하여 제 문제점에 관한 토의를 진행하기로 하였다."

6. 다음 회의

64. 12. 15(화) 13:30, 일 외무성 스기 수석대표 사무실에서 개최키로 하였음.

끝

추기: 스기 일본 측 수석대표가 12월 14일 08:00 사망하였기 때문에 14일의 각 위원회 회의를 1일간 연기하기로 하였으며 따라서 제4차 기본관계위원회 회의는 12월 16일(수) 10:30에, 당 대표부와 일 외무성 실무자 간의 회합은 12월 15일 15:00에 각각 스기 씨 사무실에서 개최하기로 되었음.

12. 제7차 한일회담 기본관계위원회 제4차 회의 회의록

0634   제7차 한일회담 기본관계위원회 제4차 회의 회의록

1. 일시: 1964. 12. 16 10:30
2. 장소: 일 외무성 420호실(한일회담 일본 측 수석대표실)
3. 참석자: 한국 측: 문철순 수석
　　　　　　　　연하구 대표
　　　　　　　　최광수 전문위원
　　　　　　　　장명하　　〃
　　　　　일본 측: 히로세 다쓰오 대표
　　　　　　　　마쓰나가 노부오 보좌
　　　　　　　　야나기야 겐스케　〃
　　　　　　　　구로코지 야스시　〃

4. 토의 내용:

(양측은 우선 '기본관계에 관한 한일 양측 요강안 제목 정리표 및 제목 분류 리스트'를 교환하였음. 동 문서는 제3차 회의에서의 합의에 따라 12. 15 장명하 전문위원과 일 외무성 북동아세아과 구로코지 사무관이 외무성 420호실에서 회합하여 작성한 것임. 동 문서를 별첨함)

히로세: 한일 간의 제 현안은 일괄 타결될 것이며 동 제 현안 가운데에 독도 문제가 포함되어 있다는 것을 말하여두고 싶다. 한국 측이 이 위원회에서의 독도 문제 토의를 거부하고 있으므로 이 이상 논의할 것을 주장하지는 않겠으나 일본 측의 입장은 이해하여 주기 바란다.

0635   문 수석: 양측 실무자 간에 합의한 바 있는 양측 요강안 제목 정리표를 중심으로 동 정리표상 '토픽으로서 내용에 이의 있는 것'으로 분류된 문제점을 토의하는 것이 어떤가. 동 정리표상의 일련번호 14번과 15번은 함께 검토하는 것이 편이하겠다.

(8항: 과거의 청산과 1910년 8월 22일 이전의 조약 또는 협정의 무효 확인에 관하여)

문 수석: 1910년 및 그 이전에 체결된 한일 간의 조약은 불법적으로 맺어진 것이며 따라서 ab initio 무효라고 하는 것이 한국 측이 입장이다. 일본 측의 입장도 있으므로 wording을 고려하여 양측이 받아들일 수 있는 표현으로 한국 측의 입장을 표시하도록 하고 싶다.

히로세: 과거의 것을 논란하는 것보다 다른 장래를 지향하면서 타결하도록 하는 것이 좋을 것이다.

마쓰나가: 한 가지 질문하겠는데, 일본 국회에 대한 답변에서 일본 정부가 동 조약이 현재 무효라고 말하더라도, 한국 국회에서 한국 정부 측은 처음부터 무효라고 답변할 것이니, 동 한국 정부 측의 답변이 일본 국내에 알려지게 되면 파란을 야기할 우려가 있다. 이러한 문제를 어떻게 생각하는가.

문 수석: 그것은 어떤 의미에서는 불가피한 것이다. 한국 측이 말하고 있는 것은 일본 측의 입장을 고려하여 수락할 수 있는 표현을 하자는 것이다. 또 일본의 야당은 한국의 야당과 달리 국교 정상화 자체를 반대하는 입장이므로 대정부 공세의 목표를 조약의 무효 확인 문제 등과는 관계없이 혼란을 야기시키려 할 것이다. 금년 봄 한국 국회에서 통과된 바 있는 한일회담에 관한 대정부 건의안은 하나의 중요 항목으로서 한일합병조약의 무효를 주장하고 있다.

마쓰나가: 한일 간의 국교 정상화가 실현될 경우 한국의 국내에서는 물론 일본 국내에서도 커다란 동요가 있을 것이다. 베트남과의 국교 정상화 시에도 일본 내에 논란이 있었지만, 한일 간의 관계는 여러 가지 면에 있어서 베트남보다 중요하므로 훨씬 커다란 문제가 될 것이라고 본다.

히로세: 한일 간의 합병조약이 무효인 것은 사실이므로 동 무효규정을 넣는다는 것은 불가피한 것이 아닌가.

마쓰나가: 조약이나 선언에 넣을 필요가 없다고 본다. 한국 측의 강한 요망이 있으므로 고려할 수는 있으나 과거의 청산은 별도로 하고 조약의 효력에 관한 일본 측의 입장은 변화 없다. 한국 측이 과거의 청산이란 어구를 하지 않는 것으로 보아도 좋은가.

문 수석: wording 자체보다도 그 사상을 넣고 싶다.

(14항: 한국 정부가 유일한 합법정부라는 사실의 확인과 샌프란시스코 평화조약 제2조 (a)의 규정 및 유엔 결의 195(Ⅲ)의 취지 확인과, 15항: 한국 정부의 관할권 문제에 관하여)

문 수석: 평화조약을 refer하지 않으면 곤란한가.

마쓰나가: 평화조약은 출발점이므로 넣어야 한다고 본다.

문 수석: 한일 문제는 평화조약 체결 전에도 토의되고 있었고 동 조약 자체의 wording도 recognizing으로 되어 있다. 한국 정부는 1948년 상당히 많은 국가의 승인을 받는 가운데 독립하였다. 시기적으로 보아 한국이 먼저 독립하였고 일본 측이 후에 독립하였는데, 뒤에 독립한 국가가 먼저 독립한 국가를 승인한다는 것은 국제관례상 이상한 일이 된다. 따라서 언급하지 않는 것이 좋다고 생각하며, 한국 측 요강안에 있는 바와 같이 상호 간의 주권을 존중한다는 것으로 충분하다고 생각한다. 주권 회복의 사실은 한·일 양국에 다 같이 적용될 수 있는 것이니 국민감정에 비추어 언급하지 않는 것이 좋겠다.

야나기야: 평화조약을 언급하려 하는 것은 일본 측이 한국의 독립을 승인한 것을 확인하려 하기 때문이지 양측이 확인하도록 하려는 것은 아니다.

마쓰나가: 한국 측의 설명을 이해할 수 없지 않으나 일본의 기본적 태도는 일본이 1952년의 평화조약 제2조 (a)로 승인하고 있다는 것이다. 주권의 존중이라고만 하게 되면 평화조약의 취지가 나타나지 않을 것이다.

한국 측 주장에 따르게 되면 이번 조약으로 비로소 승인한 것처럼 되어 평화조약과의 관계를 어떻게 해석하여야 할지 문제가 된다. 이에 관한 일본 측의 입장을 변경하게 되면 일본이 유지하여 온 사고방식이 전면적으로 변화하게 될 것이다. 이것은 유엔 결의 195의 경우도 마찬가지다. 상기 두 문서를 refer하는 것은 일본 측의 철칙 비슷하게 되어 있다. 일본이 한국과 국교를 정상화하려는 것은 국제적으로나 국내적으로나 이 두 문서에 기하고 있으므로 이것을 제외하는 것은 일본으로서 크게 어려울 것이다.

문 수석: 상기 두 문서는 시기적으로 다른데, 양 문서에 관하여 일본 측은 어떻게 해석하고 있는가?

마쓰나가: 한국은 1948년의 유엔 결의에 의하여 sanction을 받아 독립하였다. 그 후 일본이 유엔에 가입함으로써 유엔의 제 결의를 승인하게 되었다. 평화조약과 함께

유엔 결의를 언급하지 않으면 불완전하게 된다고 본다. 상기 양 문서에 의한 의무를 수행하고 싶다.

문 수석: 그것은 유엔이나 타국에 대한 의무이지 한국에 대한 것은 아니다. 따라서 한국과 문서에서 언급하지 않아도 좋지 않은가. 한국은 동 문서의 체약국이 아니다.

히로세: 한국과 전혀 관계없다고 할 수 없다. 베르사이유조약에 의하여 오스트리아가 독립할 경우에 동 조약이 언급된 예도 있다. 언급을 피하려는 의도는 어디에 있는가.

문 수석: 일본에게서 처음 승인받는 것 같은 인상이 좋지 않다는 것이다. 그 이유로서는 상기 이외에 국민에게 주는 인상을 나쁘지 않게 하려는 것도 있다. 또 일본 측이 한국의 독립을 승인한다는 데 한국 측이 침묵을 지킨다는 것은 곤란한 일이다. 양측이 상호 승인한다면 몰라도 그렇지 않으면 언급하지 않는 것이 좋을 것이다. 평화조약 관계 문서는 언급 여부에 관계없이 남을 것 아닌가.

마쓰나가: 중국은 평화조약의 체약국이 아니지만 중일평화조약[14]에서 동 조약을 언급하고 있다. 국제법상의 근거를 명기할 필요가 있다.

문 수석: 중일조약은 영토의 일부 문제에 관한 것이었다. 한일조약의 경우에는 독립 자체, 주권 및 헌법과 관련되고 있으므로 실질적으로 내용이 다르다.

(마쓰나가 외무성 조약과장 퇴장)

히로세: 법률적 근거라는 면에 있어서는 같다. 사실 관계와 법률 관계는 다른 것이다.

문 수석: 구태여 refer 안 해도 좋을 것이다. 상호 간에 독립을 승인함이 어떤가.

히로세: 한국 측의 북한에 대한 관할권 주장을 비난할 수는 없지만 근거는 확실히 할 필요가 있다. 주요 국가의 예를 조사했는데 그들은 대개 유엔 결의를 언급하면서 한국을 승인하고 있다.

문 수석: 한국 정부의 관할권이 이북까지 미친다는 것이 한국 측 입장이나 일본 측 입장도 있으니 유일한 합법정부라는 것을 확인한다면 별문제가 없으리라고 본다. 한국의 관할권 문제는 유엔 결의와 직접 관련되는데 이 관할권 문제에 언급하는 한 일본 측이 아무리 좋은 wording을 연구하더라도 한국 측으로서는 accept할 수 없으니

---

14 여기서 중국은 중화민국, 즉 타이완을 의미함.

0640 관할권 문제는 제외하고 싶다. 관할권 문제는 이 때문에 국교 정상화가 안 되는 일이 있더라도 수락할 수 없다. 이 문제에 관하여 구체적 결론을 내도록 하고 싶다. 이 위원회에서 어떤 합의를 하더라도 최종적인 결정이 되는 것은 아니니 다음 회의 시에 이 위원회로서 건의하는 정도로 결정하는 것이 어떤가.

히로세: 이 문제는 최고위층에서 결정하여야 될 성질의 것이고 또 우시바 심의관도 여러 가지로 분주하므로 다음 회의 시에 어떤 회답을 할 수 있다고 약속하기 어렵다.

야나기야: 평화조약 2조 (a) 항에 관한 한국 측의 입장은 청구권 관계 등 한일 간의 다른 제 협정에도 적용되는가.

문수석: 한국의 청구권 등은 제제2차 세계대전의 종결을 계기로 하여 발생한 문제이니 평화조약이 없다 하더라도 존재하는 것이며 그 범위도 평화조약의 special arrangements 규정에 한정되는 것이 아니다. 한국 측의 입장을 이해하는 데 최선의 노력을 하기 바란다.

(17항: 분쟁 처리조항에 관하여)

문 수석: 분쟁 처리 조항은 토픽으로써 불필요한 것이 아닌가. 분쟁 처리 문제는 어업과 주로 관계되니 어업협정에서 규정하면 될 것이다. 실제 상 일본 측에게도 별 중요하지 않다고 보며 선례도 많지 않다. 무해 무독한 것을 넣을 필요가 없다.

히로세: 국내의 저항을 적게 하려는 것이 일본 측의 의도이며 무해 유독하다고 본다. 국제사법재판소에 부탁하는 방안을 고려 중이라고 한 문 대표의 지난 번 발언은 어떤 뜻인가.

0641 문 수석: 이 조약과 관련하여 검토하고 있다는 것이 아니라, 국제법재판소를 이용하는 문제 전반에 관하여 본인의 소견을 말한 것뿐이다.

(20항: 합의 문서의 형식 및 명칭에 관하여)

문 수석: 이 문제는 일본 측에게 별 중요하지 않으니 조약으로 함이 어떤가.

히로세: 일본 측이 강력히 공동선언 형식을 주장하면 한국 측으로서 안 받아들일 이유도 없지 않은가.

문 수석: 한국 측은 내용에 관계없이 조약으로 할 것을 주장하는 데 비하면 일본 측

의 입장은 분명하지 않다.

야나기야: 한국 측이 주장하는 정도로 일본 측은 공동선언을 주장한다.

문 수석: 사정이 다르다. 국회에서 논의될 경우 일본 측은 내용을 우선 문제로 할 것이나 한국 측은 명칭을 첫째로 하여 생각하게 될 것이다.

야나기야: 과거의 청산, 무효 확인 등을 넣지 않기 위하여서는 공동선언 형식이 좋다.

(회의는 12:20에 폐회하였음)

5. 신문 발표

신문 발표는 다음과 같이 하기로 합의하였음.

"양측이 제시한 바 있는 요강안을 중심으로 제 문제점에 관하여 토의하였다."

6. 다음 회의

다음 회의는 일본 측의 사정을 고려하여 tentatively 2월 18일 10:30으로 하되 추후 확정하기로 하였음.

7. 별첨: 기본관계에 관한 한일 양측 요강안 제목 사무 레벨 정리표 및 제목 분류 리스트 각 1부

끝

첨부

12-1. 기본관계에 관한 한일 양측 요강안 제목 사무 레벨 정리표

0643

기본관계에 관한 한일 양측 요강안 제목 사무 레벨 정리표

1964. 12. 15

일련번호	제목
1	상호의 주권 존중에 기한 새로운 관계의 수립
2	항구적 평화와 선린 우호 관계의 유지
3	공동복지의 향상
4	아세아와 세계의 평화와 안전 유지에의 기여
5	전권단의 교섭에 언급
6	전권명을 기입
7	교섭의 결과 합의가 성립한 것을 언급
* 8	과거의 청산과 1910년 8월 22일 이전의 조약 또는 협정의 무효 확인
9	외교 및 영사 관계의 수립
10	통상항해 조항
11	민간항공운수 조항
* 12	청구권 등 제 현안의 별도 협정의 원칙 또는 제 협정에 의한 현안 해결의 확인
13	해저전선의 균등 분할
* 14	한국 정부가 유일한 합법정부라는 사실이 확인과 샌프란시스코 평화조약 제2조 (가)의 규정 및 유엔 결의 195(Ⅲ)의 취지 확인
* 15	한국 정부의 관할권 문제
16	유엔헌장의 원칙 준수
* 17	분쟁 처리 조항
18	비준 조항
19	용어
* 20	합의 문서의 형식 및 명칭

0644 (16행)

주: *표시 항목은 토픽으로써 내용에 이의 있는 것이며, 기타의 항목은 토픽으로서 내용에 이의 없는 것을 표시함.

추기: 1964. 12. 16, 09:30 12번을 '토픽으로서 내용에 이의 있는 것' 중에 추가하고 싶다는 일본 측의 통보가 있었으며 이에 대하여 한국 측은 위원회에서 정하기로 하자고 답변하였음.

첨부

12-2. 기본관계에 관한 한일 양측 요강안 제목 분류 리스트

0645

기본관계에 관한 한일 양측 요강안 제목 분류 리스트

1964. 12. 15

토픽으로써 내용에 이의 없는 것(15항목)

1 상호의 주권 존중에 기한 새로운 관계의 수립
2 항구적 평화와 선린 우호 관계의 유지
3 공동복지의 향상
4 아세아와 세계의 평화와 안전 유지에의 기여
5 전권단의 교섭에 언급
6 전권명을 기입
7 교섭의 결과 합의가 성립한 것을 언급
9 외교 및 영사 관계의 수립
10 통상항해 조항
11 민간항공운수 조항
12 청구권 등 제 현안의 별도 협정의 원칙 또는 제 협정에 의한 현안 해결의 확인
13 해저전선의 균등 분할
16 유엔헌장의 원칙 준수
18 비준 조항
19 용어

0646

토픽으로써 내용에 이의 있는 것(5항목)

8 과거의 청산과 1910년 8월 22일 이전의 조약 또는 협정의 무효 확인
14 한국 정부가 유일한 합법정부라는 사실의 확인과 샌프란시스코 평화조약 제2조 (가)의 규정 및 유엔 결의 195(III)의 취지 확인
15 한국 정부의 관할권 문제
17 분쟁 처리 조항
20 합의 문서의 형식 및 명칭

14. 제7차 한일회담 기본관계위원회 제5차 회의 회의록

0649   제7차 한일회담 기본관계위원회 제5차 회의 회의록

1. 일시: 1964. 12. 18, 10:30시
2. 장소: 일 외무성 420호실
3. 참석자: 한국 측: 문철순 수석
            연하구 대표
            최광수 전문위원
            장명하   〃
     일본 측: 히로세 다쓰오 대표
            마쓰나가 노부오 보좌
            야나기야 겐스케   〃
            구로코지 야스시   〃

4. 토의 내용

문 수석: 우선 어제 마이니치신문, 아사히신문 석간을 통하여 일본 중의원에서 행한 것으로 보도된 우시로쿠 아세아국장의 발언에 관하여 일본 측에 misunderstanding이 있는 것 같고 문제점이 중대하므로 clarify하여주기 바란다.

히로세: 나도 이 기사를 보고 아침에 우시로쿠 국장과 상의하였다. 동 국장은 자기가 국회에서 행한 발언이 정확히 전달되지 않았다고 하면서 "장차 작성된 합의가 cover할 지역은 남쪽에 한한다는 양해하에 성립할 것이다. 내가 알기에는 이북은 백지다"라고 말하였다고 답변하였다.

0650   문 수석: "양해가 되었다"고 하는 것은 양측이 양해했다는 것이므로 곤란하다. 신문 보도로는 한국 측이 양해한 것처럼 해석되며 한국 측은 절대로 그러한 양해론을 승인할 수 없는 입장이니 적당한 형식으로 이 점을 명백히 하여 달라.

히로세: 관할권에 관하여 직접 언급할 수 없는 줄 알고 있다. 예컨대 어업위원회에

서의 기선 문제에 있어서 양측이 서로 북쪽에 관하여 언급하지 않는다는 암묵리의 양해하에 추진하고 있는 것이 사실이 아니겠는가. 이러한 실정과 한국 측의 입장을 우시로쿠 국장은 잘 알고 있다. 동 국장과 협의하여 적절한 방식으로 clarify하도록 노력하겠다.

문 수석(최 과장): 오늘 오후 4시로 예정된 김 대사와 시나 일 외상 간의 회담에서도 이 문제에 관하여 논의될 것으로 생각한다.

문 수석: 기본관계에 관하여 어떤 suggestion이 있는가. 다음에는 안을 만들어 토의하도록 하는 것이 어떤가. 청구권 문제에서는 한국 측이 이득을 얻고, 어업 문제에서는 일본 측이 이득을 얻게 되는 것이라고 일반적으로 알려져 있는데 이 양 문제에 비하여 기본관계와 법적지위 문제는 비교적 neutral한 성질의 것이라고 할 수 있다. 제 현안은 결국 일괄 타결하게 될 것이니 기본관계는 다른 현안과 관련시키지 말고 내년에 재개되는 회의에서 일단 정리하여 두도록 하는 것이 좋겠다. 기본관계라도 해결되었다고 하게 되면 양측 국민에게 주는 인상도 좋을 것이다.

히로세: 표현 문제도 중요하니 wording을 포함하여 토의할 수 있도록 양측이 안을 만들어 보는 것이 좋겠다. 기본관계를 타결하여 두자는 의견에 반대하는 것은 아니다. 다른 위원회의 문제와도 관련되고 있으므로 가장 어려운 문제점 3, 4개를 정리하여 두는 것이 좋겠다. 그렇게 되면 필요할 때 곧 전반적으로 정리할 수 있게 될 것이다.

문 수석: 형식 문제는 일본 측보다도 한국 측에게 더욱 중요시되고 있으니 한국 측에게 양보하여 주기 바란다. 지난 가을 정 총리께서 이케다 전 수상과 만났을 때 제안하여 일본 측의 양해를 얻었다고 전하여지고 있는 방식으로 양측이 양보할 만한 것은 서로 양보하도록 하여야 할 것이다.

히로세: 실질 문제를 고려하지 않을 수 없으나 일본 측도 양보할 만한 것은 양보할 생각이다.

마쓰나가: 쌍방이 문제점에 관한 draft를 만들어 교환하도록 하자.

문 수석: 우리도 그런 생각으로 준비하겠다(회의는 11:00에 폐회하였음).

4. 신문 발표

신문 발표는 다음과 같이 하기로 합의하였음.

"그간의 회의를 통하여 문제점이 확실해졌으며 다음 회의가 재개될 때에는 좀 더 구체적으로 토의하기로 하고 이에 대한 준비를 하기로 합의하였다."

끝

18. 제7차 한일회담 기본관계위원회 제6차 회의 결과 요약지[15]

번호 없음

기본관계위원회 제6차 회의 요약

1965. 1. 25

개최 일시: 1965. 1. 22, 10:30~11:30

내용

가. 아 측은 본 문제를 어업 문제 등 타 문제의 토의 진도와 관계없이 진첩시켜 조속히 어떤 결론을 내리도록 하자고 제의하여 일본 측의 양해를 얻었음.

나. 1964. 12. 15에 양측이 합의 작성한 각 문제점에 관한 제목 정리표를 중심으로 양측이 각각 자 측의 입장을 설명하였음.

다. 다음 회의(1. 26)에서는 상호 간의 입장을 충분히 고려한 초안을 완전한 문서로 작성, 교환하여 어구 조정을 포함하여 토의를 추진시키기로 하였음.

---

15 제6차 회의록은 사료에 누락되어 있음.

19. 한일 간 기본 조약안 재가 문서

0660　기안자: 동북아과 김태지

과장[서명]　국장[서명]　차관[서명]　장관[서명]

협조자 서명: 방교국장(조약과장)[서명]

기안년월일: 1965. 1. 21

분류기호·문서번호: 외아북 722

경유·수신·참조: 주일 대사

발신: 장관

제목: 한일 간 기본 조약안 송부

한일 양국 간의 기본관계를 규정한 기본 조약에 관한 아 측 안을 송부하오니 동 조약안을 지침으로 교섭하시기 바람. 단, 동 조약안은 아 측의 최종안을 토대로 작성된 것이므로 최종안에 이르는 중간 교섭 과정에 있어서의 아 측 안은 기본관계에 관한 훈령(1965. 1. 25 자 외아북 722-768)에 따라 대표단에서 작성, 교섭하시기 바람.

유첨: 1. 아 측 기본 조약안 1부
　　　2. 조약안에 관한 설명 1부

끝

첨부
19-1. 한국 측 기본 조약안

별첨 1

아 측 기본 조약안

1. 명칭

Basic Treaty between the Republic of Korea and Japan

2. 전문

The Republic of Korea and Japan,

Considering the historical background of relationship between their peoples and their mutual desire for good neighborliness, and for the normalization and maintenance of their relations on the basis of the principle of mutual respect of sovereignty;

Recognising the significance of their close cooperation for the promotion of their mutual welfare and common interests and for the maintenance of peace and security in Asia and in other parts of the world in conformity with the principles of the Charter of the United Nations;

Believing that a fair and equitable settlement of their outstanding problems will greatly contribute towards the establishment of a sound foundation of their future relations;

(Confirming that the Government of the Republic of Korea is the only lawful government in Korea as recognized under Resolution 195(III) of December 12, 1948 of the United Nations General Assembly;)

Have therefore determined to conclude a Basis Treaty and have accordingly appointed as their Plenipotentiaries,

The Republic of Korea:

Japan

Who, having exchanged their full powers found in good and due form, have agreed upon the following articles:

3. 본문

Article I

There shall be perpetual peace and everlasting amity between the High Contracting Parties as well as between their respective peoples.

Article II

It is confirmed that the Government of the Republic of Korea is the only lawful government in Korea as recognized under Resolution 195(III) of December 12, 1948 of the United Nations General Assembly.

Article III

It is recognised that all treaties or agreements concluded between the Empire of Korea and the Empire of Japan on or before August 22, 1910 are null and void.

Article IV

The High Contracting Parties shall establish diplomatic and consular relations as soon as possible.

Article V

The High Contracting Parties shall endeavor to conclude, as soon as possible, a treaty or agreement to place their trading, maritime and other commercial relations on a stable and friendly basis.

Article VI

The High Contracting Parties shall endeavor to conclude, as soon as possible, an agreement relating to civil air transport.

Article VII

(Provisions concerning the Legal Status of the Korean Residents in Japan.

Draft text will be presented later when agreement is reached on the subject.)

Article VIII

(Provisions concerning the Korean general claims.

Draft text will be presented later when agreement is reached on the subject.)

Article IX

(Provisions concerning the fisheries.

Draft text will be presented later when agreement is reached on the subject.)

Article X

(Provisions concerning the Korean claims on vessels.

Draft text will be presented later when agreement is reached on the subject.)

Article XI

(Provisions concerning the Korean claims on art objects.

Draft text will be presented later when agreement is reached on the subject.)

Article XII

Submarine cables connecting the Republic of Korea and Japan shall be equally divided, Korea retaining the Korean terminal and adjoining half of the cable, and Japan the remainder of the cable and connecting terminal facilities.

Article XIII

Any dispute that may arise out of the interpretation or application of the present Treaty shall be settled by negotiation or by other peaceful means.

Article XIV

The present Treaty Shall be ratified and instruments of ratification shall be exchanged at-as soon as possible. It shall enter into force on the date of exchange of ratifications.

IN WITNESS WHEREOF, the respective Plenipotentiaries have signed the present Treaty and have affixed thereto their seals.

DONE in duplicate at ___ on this ___ day of ___ of the year ___ in the Korean, Japanese, and English languages, each being equally authentic. In case of any divergence of interpretation, the English text shall prevail.

FOR THE REPUBLIC OF KOREA:
FOR JAPAN:

번역 별첨 1

아 측 기본 조약안

1. 명칭
대한민국과 일본국 간의 기본 조약

2. 전문
대한민국과 일본국은,
양국 국민 간의 역사적 배경과 그들의 선린 우호 관계, 주권의 상호 존중 원칙에 기초하여 양국 관계의 정상화 및 유지를 위한 열망을 고려하고;
상호 복지와 공동이익을 증진하고 유엔헌장의 원칙에 따라 아시아와 세계 다른 지역의 평화와 안보를 유지하기 위한 긴밀한 협력의 중요성을 인식하며;
미해결 문제의 공정하고 공평한 해결이 양국의 미래 관계의 건전한 토대를 구축하는 데 크게 기여할 것이라고 믿으면서;
(대한민국 정부가 1948년 12월 12일 유엔총회 결의 제195호 (III)에 따라 인정된 대한민국 유일의 합법 정부임을 확인하면서),
기본 조약을 체결하기로 결정하고 이에 따라 전권위원을 임명한다,
대한민국
일본
이들은 선량하고 정당한 형식에 따른 모든 권한을 교환한 후 다음 조항에 합의했다:

3. 본문

제1조

양 체약 당사국 사이와 각 국민 사이에는 항구적인 평화와 영원한 우호 관계가 존재한다.

제2조

대한민국 정부는 1948년 12월 12일 국제연합총회 결의 제195호 (Ⅲ)에 의하여 인정된 바와 같이 대한민국의 유일한 합법정부임을 확인한다.

제3조

1910년 8월 22일 또는 그 이전에 대한제국과 일본제국 사이에 체결된 모든 조약 또는 협정은 무효임을 인정한다.

제4조

양 체약 당사국은 가능한 한 빠른 시일 내에 외교 및 영사 관계를 수립한다.

제5조

양 체약 당사국은 무역, 해상 및 기타 상업 관계를 안정적이고 우호적인 기초 위에 두기 위한 조약 또는 협정을 가능한 한 조속히 체결하기 위하여 노력한다.

제6조

양 체약 당사국은 민간항공운송에 관한 협정을 가능한 한 조속히 체결하기 위해 노력한다.

제7조

(재일 대한민국 국민의 법적지위에 관한 규정.
 이 주제에 대한 합의가 이루어지면 추후 초안을 제시할 예정이다).

제8조

(한국의 일반청구권에 관한 조항.
 이 주제에 대한 합의가 이루어지면 추후 초안을 제시할 예정이다.)

제9조

(어업에 관한 조항.
 이 주제에 대한 합의가 이루어지면 추후 초안을 제시할 예정이다.)

제10조

(선박에 대한 한국의 청구권에 관한 조항.

이 주제에 대한 합의가 이루어지면 추후 초안을 제시할 예정이다.).

제11조

(예술품에 대한 한국의 청구권에 관한 조항.

이 주제에 대한 합의가 이루어지면 추후 초안을 제시할 예정이다.)

제12조

대한민국과 일본을 연결하는 해저전선은 균등하게 분할하고, 대한민국은 해저전선의 한국 측 터미널과 터미널에 인접한 절반을, 일본은 해저전선의 나머지 부분과 접속 터미널 시설을 보유한다.

제13조

이 조약의 해석 또는 적용에 관하여 발생하는 분쟁은 협상 또는 기타 평화적 수단에 의하여 해결한다.

제14조

본조약은 가능한 한 조속한 시일 내에 비준되고 _____에서 비준서를 교환해야 한다. 이 조약은 비준서를 교환한 날에 발효한다.

이상의 증거로서, 각 전권위원은 본조약에 서명하고 날인하였다.

본조약은 _____에서 ___년 _월 _일에 각각 동등하게 효력을 가진 한국어, 일본어 및 영어로 작성되었다. 해석에 차이가 있는 경우 영문본이 우선한다.

대한민국을 위하여:

일본국을 위하여:

첨부
19-2. 한국 측 기본 조약 안에 관한 설명문

0665   별첨 2

조약안에 관한 설명

1. 명칭

아 측은 기본관계에 관한 합의 문서는 조약의 형식으로 하고 명칭도 (안)과 같이 한다는 입장이나 명칭에 있어서 일본 측이 주장하는 경우에는 'Treaty on the Basic Relations between the Republic of Korea and Japan'이라는 표현을 수락하도록 한다.

2. 전문

가. 제1단(Considering 이하의 구절)

이것은 '과거의 청산'이라는 것을 되도록 간접적으로 표현한 최종적인 것이다. 따라서 교섭과정에 있어서는 가능한 한 직접적인 표현을 한 안을 제시하도록 한다.

나. 제2단(Recognizing 이하의 구절)

공동복지의 향상과 '아세아와 세계에 있어서의 평화 안전의 유지'를 위하여 유엔헌장의 원칙에 따라 긴밀히 협조한다는 내용의 것인바, 일본 측이 주장하는 유엔헌장의 원칙 준수에 관한 규정 삽입은 (안)과 같이 표현함으로써 해결하도록 한다.

다. 제3단(Believing 이하의 구절)

0666   현안 문제의 해결이 장래 관계 수립에 기여한다는 뜻의 규정인바, 제1단의 규정과 함께 '과거의 청산'을 간접적으로 표현하는 수단이 되는 것이다.

라. 제4단(Confirming 이하의 구절)

본문 제2조에 관한 설명 참조

3. 본문

(제1조)

본조는 평화조약적 성격을 부여한다는 의미에서 삽입한 것이다.

(제2조)

아 측으로서는 유엔 결의 195(Ⅲ)나 기타를 인용함이 없이 대한민국 정부가 유일한 합법 정부라는 사실을 확인하는 규정을 들어 최선의 방안이 될 것이나, 일본 측의 강력한 반대가 예상되고 또한 일본 측으로서는 유엔 결의 195(Ⅲ)를 한국 정부의 관할권에 제약이 있다는 인상을 주는 표현으로써 인용하려는 의도를 가지고 있다고 생각되므로 아 측은 최종 입장으로서 유엔 결의 195(Ⅲ)를 인용하되 전 내용을 인용하지 않고 한국 정부가 유일한 합법정부라는 것을 확인하는 방법으로써 (안)과 같은 표현을 본문에 삽입코자 하는 것이며 교섭에 따라 전문에 포함시킬 수도 있을 것이다.

(제3조)

1910. 8. 22 이전 체결조약 또는 협정의 무효 확인 조항인바, 아 측은 최종 입장으로서 '당초부터'라는 표현은 두지 않는다 하더라도 무효조항은 반드시 두되 무효는 '… are null and void'라고 표현되도록 한다는 것이다.

(제4조)

외교 및 영사 관계 수립조항인바, 아 측은 최종 입장으로써 별도 문서에 의하여 가. 대사급 외교 사절의 교환, 나. 영사관의 설치 및 위치, 다. 영사관 설치와 관련한 현존 주일 대표부 오사카 및 후쿠오카 출장소의 취급 문제 등을 규정한다는 고려하에 기본 조약에는 외교 및 영사 관계의 수립만을 규정하도록 한다는 것이다.

(제5조)

통상항해 조항인바, 아 측은 동 조약의 체결 원칙만을 규정한다는 입장이다. 조약 체결 시까지는 현상을 그대로 유지하면 족하므로 경과 규정은 고려하지 않도록 한다.

(제6조)

민간항공운수에 관한 협정을 체결한다는 규정이다.

(제7조)

한일회담 재일한인 법적지위 문제에 관한 규정

아 측은 회담 현안 문제에 관한 규정에 있어서는 현안에 관한 합의가 이루어지면 합의의 기본 원칙을 기본 조약에 도입한다는 입장이므로 동 문제에 관한 최종 합의가 이루어질 때 구체적인 아 측 안을 제출하도록 한다는 것이다.

(제8조)

일반청구권 문제에 관한 규정

아 측 입장에 관하여는 제7조의 경우와 같음

(제9조)

어업 및 평화선 문제에 관한 규정

아 측 입장에 관하여는 제7조의 경우와 같음

(제10조)

선박 청구권 문제에 관한 규정

아 측 입장에 관하여는 제7조의 경우와 같음

(제11조)

문화재 청구권 문제에 관한 규정

아 측 입장에 관하여는 제7조의 경우와 같음

(제12조)

해저전선의 분할에 관한 규정인바, 아 측으로서는 (안)과 같은 분할 규정만을 기본 조약에 두고 별도 문서로서 전선의 분할과 일본이 제3국으로부터 받은 전선 사용료 중 한국에 해당되는 부분의 것을 한국에 지불한다는 것 등의 시행에 필요한 조치를 양 측이 조속히 강구하도록 한다는 것을 규정하자는 것이다.

(제13조)

분쟁 처리 조항인 바, 아 측으로서는 기본 조약 내에 분쟁 처리 조항을 두지 않는 것을 최선의 방안으로 하고 있으나 일본 측이 종 조항의 삽입을 강력히 주장할 경우에는 (안)과 같이 분쟁은 '교섭이나 기타 평화적인 수단'에 의하여 해결한다는 정도의 표현은 수락한다는 것이다.

(제14조)

비준 조항이다. 이것은 유사한 타 조약의 예를 본 딴 것이며 특별한 고려를 가한 점이 없다.

20. 기본관계 문제에 관한 훈령 문서[16]

0671 (별첨 3-1)

기본관계 문제에 관한 훈령

1. 합의 문서의 형식 및 명칭

　조약의 형식으로 하며, 명칭은 '대한민국과 일본국 간의 기본 조약'으로 한다. 단, '대한민국과 일본국 간의 기본관계조약'으로도 할 수 있다.

2. 전문에 포함될 사항

　가. 아래의 사항을 포함시키도록 하며, 어구는 일본 측과 적절히 조정하도록 한다.

　　(1) 상호 주권 존중에 기한 새로운 관계의 수립

　　(2) 항구적 평화와 선린 우호 관계의 유지

　　(3) 공동복지의 향상

　　(4) 아세아와 세계의 평화와 안전 유지에의 기여

　　(5) 전권단 간의 교섭에 의하여 합의가 성립되었음.

　나. 본문에 포함될 것으로 토의되어 온 사항도 일본 측과의 교섭에 따라 필요한 경우에는 전문에 부가 포함시키도록 한다(3. 가, 9. 나 및 마. 11 참조).

3. 과거의 청산과 1910. 8. 22 이전의 조약 또는 협정의 무효 확인

　가. 과거 관계의 청산에 관하여 본문 또는 전문에서 간단히 언급되도록 노력한다. 그 방법의 하나로 '새로운 관계의 수립' 앞에 적절한 문구를 삽입하는 방법을 고려할 수 있다.

0672　나. 1910. 8. 22 이전의 조약 또는 협정의 무효 확인에 관하여는 '당초부터'라는 어구는 반드시 규정되지 않아도 가하나 내용으로써 이를 견지하고 그러한 조약 또는 협정이 무효라는 확인 조항(예컨대 … are null and void)은 두도록 한다.

---

[16] 이 문서는 외아북 722-768 공문(65. 1. 25)의 첨부물이라고 기재되어 있으며 공문은 누락되어 있음.

4. 외교 및 영사 관계의 수립

외교 및 영사 관계의 수립에 관하여 대사급 외교사절의 교환, 영사관의 설치 원칙에 관한 규정을 두되, 영사관의 수 및 설치 장소도 규정하자는 일본 측 주장에 대하여는 아래와 같은 단계에 따라 교섭하도록 한다.

가. 영사관의 설치에 관한 원칙만을 규정하고 수 및 설치 장소에 관하여는 언급하지 않도록 하며, 추후(국교 정상화 후)에 별도 합의하도록 한다.

나. 설치 원칙만을 조약문에 규정하고 수 및 설치 장소에 관하여는 별도 문서에 의하여 합의하도록 한다.

5. 통상항해 조항

통상항해 조항에 관하여는 조약 체결을 위한 원칙적 합의만을 두도록 하여 조약 체결 시까지는 현상을 그대로 유지하면 족하므로 경과 규정은 고려하지 않도록 한다.

6. 민간항공운수 조항

민간항공운수에 관한 협정체결 원칙을 규정토록 한다.

7. 제 현안의 별도 협정의 원칙(제 협정에 의한 현안 해결의 확인)

제 현안 해결에 관한 별도 협정의 체결과 별도 협정의 원칙에 관한 규정을 두도록 한다. 독도 문제는 현안의 하나가 아니라는 입장을 고수한다.

8. 해저전선의 분할

해저전선을 균등 분할한다는 원칙을 규정하고 구체적인 것은 별도 교섭에 넘기도록 한다.

9. 한국 정부가 유일한 합법정부라는 사실의 확인과 샌프란시스코 평화조약 제2조( ) 및 유엔 결의 195(Ⅲ)의 취지 확인

아래와 같은 단계에 따라 교섭하도록 한다.

가. 대한민국 정부가 한반도에 있어서의 유일한 합법정부라는 사실을 확인하는 취지를 협정내에 삽입하도록 한다. 유엔 결의 195(Ⅲ)와 평화조약 제2조 ( )는 언급하지 않도록 한다.

나. 유엔 결의 195(Ⅲ)만을 언급하되, 동 결의의 전 내용을 인용하지 않는 표현(예: 유엔 결의 195(Ⅲ)에서 대한민국 정부가 유일한 합법정부임을 선언하고 있음에 비추어…)을 사용하기로 한다.

다. 평화조약 제2조 ( )를 부득이 인용하여야 될 경우에는 동 규정만을 특별히 인용하는 것처럼 인상을 주지 않는 표현(예: 한국에 관련된 평화조약의 각 조항을 유념하고…)을 사용하도록 한다.

10. 한국 정부의 관할권 문제

대한민국 정부의 관할권에 제한이 있다는 인상을 주는 규정은 절대로 수락하지 않도록 한다.

11. 유엔헌장의 원칙 준수

일본 측이 유엔헌장의 원칙 준수 규정을 두기를 원하면 전문 혹은 본문 중에 규정을 두도록 한다.

12. 분쟁 처리 조항

아래와 같은 단계에 따라 교섭하도록 한다.

가. 기본 조약에는 분쟁 처리 조항을 두지 않도록 한다.

나. 제 현안 해결에 관한 협정에서 규정되는 분쟁 처리 방식에 따르도록 한다.

13. 비준 조항 및 용어

비준 절차와 용어에 있어서는 한·일·영 3 국어로 하며, 해석상 분쟁이 있을 때에는 영문에 따른다는 규정을 두도록 한다.

22. 제7차 한일회담 기본관계위원회 제7차 회의 회의록

0676　제7차 한일회담 기본관계위원회 제7차 회의 회의록

　　1. 일시: 1965. 1. 26, 16:00
　　2. 장소: 일 외무성 일본 측 수석대표실
　　3. 참석자: 한국 측: 이규성 수석
　　　　　　　　　　최광수 전문위원
　　　　　　　　　　권태웅　　〃
　　　　　　　　　　장명하　　〃
　　　　　　　일본 측: 히로세 다쓰오 대표
　　　　　　　　　　마쓰나가 노부오 보좌
　　　　　　　　　　구로코지 야스시　〃
　　　　　　　　　　후쿠다 히로시　　〃
　　4. 토의 내용
　　(한일 양측은 준비하여 온 초안을 교환하고 상대방에게 읽어준 후 각각 입안 취지와 입장을 설명하였음. 양측 초안은 별첨함)

　　히로세: 명칭에 관하여서는 한국 측 입장을 고려하여, 융통성을 두고자 한다. 양측의 협의 경과와 규정되는 내용에 따라 명칭을 정하고자 하는 것이다. 전문의 첫 3항에는 한국 측이 요강안으로 제시한 바와 같은 내용을 수록하였다.

0677　그 다음에 샌프란시스코 평화조약과 유엔총회 결의를 언급한 것은 일본 측이 종래 주장하여 온 입장을 구체화한 것이다. 제1조는 제 현안이 타결된 것을 확인하고자 하는 것이며 현안 타결 시 제 협정의 명칭을 기입하게 될 것이다. 제2조는 한국 측 안보다 좀 구체적이나 취지는 같은 줄 안다. 제3조의 유엔헌장 원칙 규정은 한국 측도 반드시 반대하는 것은 아닌 것으로 생각된다.

　　제4조 (a) 항은 한국 측 안과 대체로 같은 것으로 생각하며 (b) 항에는 경과 규정을

삽입하고자 검토하고 있다. 제5조의 민간항공협정에 관한 규정은 일본 측 요강안에 없던 것이나 한국 측 입장을 받아들여 삽입하였다. 제6조의 분쟁 처리조항에 관하여서는 각 현안에 관한 협정에 각각 규정하게 되면 이를 여기에서 중복시킬 필요가 없을 것이므로 현안의 제 문제에 관한 토의 경과를 보아가면서 그 적용 범위를 규정하기 위하여 공백란을 설정하였다. 제7조의 비준 조항, 제8조의 용어 조항은 한국 측 입장과 대체로 동일한 줄 안다.

관할권에 관하여서는 한국 측 입장을 고려하여 삭제하기로 하였으며, 을사조약 등의 무효 확인에 관하여서는 현재 이미 무효인 것은 사실이므로 한국 측이 주장한 어구 여하에 따라서는 전문에 삽입하는 것은 고려할 수 있다.

마쓰나가 과장으로 하여금 보충 설명하도록 하겠다.

0678 　마쓰나가: 전에 일본 측이 제시한 요강안은 공동선언을 전제로 하여 작성된 것이었다. 이번의 일본 측 초안은 한국 측의 주장을 받아들여 조약 형식에 따르도록 하였다. 전문에 협정 체결의 경위를 쓰는 보통 관례에 따라, 전반에는 한국 측의 주장을 그대로 도입하였고, 후반에는 일본 측이 종래 제1조 규정으로 생각하였던 내용을 수록하였다. 한국이 유엔 및 대일평화조약의 체약국이 아닌 점을 고려하여 사실을 언급하는 데 한정하였다. 조약에 있어서 전문은 구속력이 약하고 또 조약 자체의 내용을 형성하는 것이 아닌 점을 고려할 때 이번 안에 표현된 일본 측 입장은 초기의 생각에 비하여 크게 양보한 것이며 따라서 용기를 필요로 하는 결정이었다. 또 관할권에 대한 언급을 삭제한 것은 대 영단은 아니라 하더라도 한국 측 입장을 충분히 이해한다는 입장에서 전부 배제하기로 한 데에 기인한 것이다. 유일한 합법정부에 관한 한국 측의 안 그대로는 일본 측으로서 받아들이기 극히 곤란하다. 정부 고위층이 국회에 대하여 누차 행한 바 있는 발언과 모순되는 규정을 받아들이게 되면 국회 대책 상 곤란한 문제를 야기하게 될 것이다. 일본 측이 언급하고자 하는 유엔 결의 조항을 보게 되면 유일한 합법정부라는 것이 나타나므로 이를 전문에 간단히 삽입함으로써 국회를 납득시

0679 키고 한국 측 입장도 받아들이고자 하는 것이다. 해저전선에 관하여서는 평화조약의 규정에 따른다는 데 이의가 없으나 동 조항을 여기에 넣는 것은 본 협정의 성격에 비추어 균형을 잃는 감이 있으므로 교환 공문 형식과 같은 별개의 방법으로 처리하고자 한다. 관할권에 관한 규정은 여기에서 삭제하고 국회에 대하여서도 적절히 설명할 생

각이나 다른 제 현안의 경우에는 문제될 수 있으므로 필요에 따라 고려하고자 한다.

이 수석: 일본 측 안은 상당히 고려한 안이라고 생각한다. 유일한 합법정부라는 취지는 유엔 결의의 언급으로도 가능할 수 있으나, 유일한 합법정부라는 문구가 협정안에 나와야 할 것이다. 우리는 일본 측으로서도 국회에 설명하기 좋은 방법을 유의하면서 이를 본문에 가입하고자 한다. 을사조약 등의 무효 확인은 원칙을 일본 측이 받아들인다고 하니 이제는 표현 기술상의 문제인 줄 안다. 한국 측 안을 일본 측이 보고 다소 강직한 감이 있다고 생각할지 모르겠으나 일본 측의 입장도 고려하면서 융통성을 가지고 임하고자 한다. 최 과장으로 하여금 설명하도록 하겠다.

최 전문위원: 한국 측은 명칭을 Basic Treaty로 하고 과거의 청산에 기한 우호 선린 관계를 수립하는 취지를 기본적 내용으로 하고자 한다. 과거의 청산이란 을사조약 등 제 협정의 무효와 관련되는데 표현 방식에 관하여서는 탄력성을 가지고 좋은 안이 발견되면 고려할 수 있다. 그 외의 전문은 일반적 규정이다. 한국 측 안 제1조는 영구적 평화와 우호 관계를 이룩한다는 취지이다. 제2조의 유일한 합법정부라는 조항은 한국 측 요강안 중 전문 편에 있던 것이나 문제의 중요성에 비추어 본문에 삽입하였다. it is confirmed라는 어구를 사용한 것은 사실을 확인하는 하나의 편법으로써 고려한 것이다. 제3조 을사조약 등의 무효 규정에 관하여 우리 측은 당초부터(ab inito) 무효라는 입장에서 are null and void라 하였다.

제4조는 외교 및 영사 관계 수립원칙을 규정한 것이고, 한국 측 안 제5조는, 일본 측 안 제4조가 즉시 통상항해조약의 체결 교섭에 들어갈 것을 내용으로 하는 데 비하여, 다소 다른 점이 있으나 구애할 필요는 없는 것으로 안다. 잠정 협정은 기술적으로 어려우리라고 생각되어 통상항해조약이 체결될 때까지는 현상을 유지하고자 하는 것이다. 제6조는 제5조의 취지와 같다. 제7조 내지 제11조에는 제 현안의 타결 원칙을 기입하고자 하는 것이며, 따라서 제 현안 내용이 타결되면 그대로 삽입하거나 그렇지 않으면 제 현안 타결에 관한 원칙 내용을 제 현안의 타결에 도움이 되는 표현 방식으로 삽입하고자 한다. 아무튼 제 현안에 관한 토의의 진전을 보아 가면서 고려할 생각이다. 제12조의 해저전선 관계 규정은 기본 조약에 꼭 넣자는 것은 아니다. 이 문제의 타결 원칙에 관하여 어떤 형식으로 합의하면 되리라고 생각한다.

이 수석: 질문하겠는데, 영사 관계의 설치 장소에 관하여 일본 측은 어떤 생각을 가

지고 있는가?

히로세: 어디 두는가의 문제를 양국 정부 간에 합의하여 정하자는 것이다. 초안에 '양국 정부에 의한 합의'라고 한 것은 국회 대책 상의 이유에서이다. 새 영사관을 설치한다고 하면 국회의 동의를 요한다는 주장이 나올 수 있으므로 양국 정부 간에 곧 토의에 들어갈 수 있도록 미리 규정하려는 것이 그 취지다. 따라서 본 현안 타결 시 동시에 합의하려는 것은 아니며, 통상외교 경로를 통하여 협의하도록 하여도 좋다.

이 수석: 일본 측 안 제3조 B항과 제4조 B항에 관하여 일본 측 입장을 설명하여 주기 바란다.

히로세: 한국 측 요강안에 있는 '공통의 복지'를 도입하기 위하여 적절한 문구를 고려한 결과, 중일 간의 평화조약 제6조에 같은 내용의 규정이 있어, 이것을 도입한 것이다. 제4조 B항에 관하여 경과 조치를 규정한다면 어떤 규정을 넣을 것인가 하는 문제와 함께, 동 경과 규정을 설치하는 여부에 관하여 현재 검토 중이다. 방침이 구체적으로 결정된 것은 아니며 필요 없다는 결론이 나올지도 모른다. 전번에도 말한 바 있지만, 통상항해조약의 체결에는 상당한 기간이 소요될 것이며, 따라서 그때까지에는 전쟁 전 상태가 그대로 계속될 것이므로 경과 규정을 두고자 하는 것이 나의 생각이나, 안을 정리하여 검토한 것은 아니다.

권 전문위원: 일본 측 안의 전문에 '조선'이라는 용어가 두 번 나와 있는데, 'Korea'를 번역한 것으로 생각하나 한국 측은 지리적 의미에 있어서도 '한국'이라는 용어를 사용하고 있다.

마쓰나가: 평화조약에 있는 'Korea'라는 용어를 '조선'이라는 말로 번역한 것이겠지만, 일본어 조약문에 '조선'으로 되어 있으며 일어 조약문도 정문이기 때문에 국회의 승인을 얻은 바 있다. 용어를 바꾸게 되면 내용을 바꾸는 것으로 이해되기 때문에 이것을 '한국'이란 용어로 바꾸기는 곤란할 것 같다.

이 수석: 다음 회합부터 회의를 전반과 후반으로 구분하여 전반에는 원칙적인 문제에 관한 토의를 하고 후반에는 구체적으로 어구의 표현 방법을 검토하는 것이 어떤가. 능률을 올리자는 뜻에서 생각해 본 것이다.

마쓰나가: 일본 측은 한국 측의 주장을 동정적으로 이해하여 그간 비상한 노력을 하였다. 외무성 내에 반대도 많았으나 이를 극복하여 이번에 교환한 바와 같은 일본 측

안을 작성하였다. 그런데 한국 측 안을 보면 전번에 제시한 요강안을 그대로 조문화하였거나 또는 보다 강경하게 되어 있어 상부에 보고하기에 곤란하게 되었다. 현 초안을 가지고 조문화하려 하게 되면 저항이 있을 것이다. 따라서 접근할 수 있는 전망을 확실히 하고 나서 다음 단계를 고려하고 싶다.

0683   이 수석: 마쓰나가 과장의 입장이 곤란하게 되지 않도록 융통성을 가지고 임하겠다. 일본 측이 노력한 것을 알 수 있다. 원칙 문제를 생각하면서 wording을 하나씩 고려하여 가도록 하고 싶다.

히로세: 커다란 line에서 상호 접근함이 없이 그 이상 나가기는 곤란하다. 근본적인 점을 이야기하고 대강에 합의한 후 앞으로 나아가도록 하고 싶다. Basic Treaty라는 용어를 사용한 전례가 있는가.

최 전문위원: Basic이라는 용어가 들어가지 않으면 기본관계라는 뜻이 나오지 않으므로 사용한 것이다. 일본 측이 아무래도 응하기 어려워 좋은 안을 내준다면 적절한 wording을 고려할 용의가 있다.

히로세: 다음 회의는 언제 개최하는 것이 좋겠는가.

이 수석: 오는 금요일(1. 29) 오후 3시에 개최하도록 하는 것이 어떤가.

히로세: 그렇게 하자. 그때는 일본 측의 영문 안을 준비하도록 하겠다. 신문 발표는 어떻게 하는 것이 좋겠는가.

이 수석: "양측은 합의 문서에 넣을 요강안을 교환하였다 다음 회의부터 구체적으로 양측 안을 검토하기로 하였다."라고 하는 것이 어떤가.

히로세: 그렇게 하자(회의는 17:05에 폐회하였음).

별첨: 한일 양측 초안 각 1부[17]

끝

---

[17] 초안은 첨부되어 있지 않음.

24. 기본 조약안에 대한 청훈 공문

0685   주일정 722-20   1965. 1. 27

수신: 외무부 장관

제목: 한·일간 기본 조약 안에 관한 청훈

연: JAW-01317

    1. 연호로 보고한 바와 같이 제7차 기본관계 위원회에서 양측 초안을 교환하였는바, 일본 측이 제시한 초안을 아직도 아 측 입장에 가까워지기에는 상당한 거리가 있으나, 이래와 같은 점에 비추어, 1964. 12. 10에 양측이 각각 요강안을 제시한 이래 아 측이 표명한 입장을 어느 정도 고려에 넣고 작성한 흔적이 보입니다.

  (1) 아직 최종적인 언질은 없으나, 초안이 조약의 형태를 취하고 있는 점

  (2) 요강안에서 제시되었던 소위 '관할권'에 관한 규정을 뺀 점

  (3) 초안에 포함시키지는 않았으나, 1910년 이전의 제 조약 및 협정의 무효에 관한 규정을 표현 여하에 따라서는 조약 전문에 포함시킬 수 있다는 입장을 취하고 있는 점

  (4) 샌프란시스코 평화조약 제2조 (a)항 및 UN 결의 195(Ⅲ)의 취지 규정을 본문에서 전문으로 옮기고 있는 점

  (5) 전문에 아 측이 요강안으로 제시한 항목을 채택하고 있는 점 등

    2. 당 대표단은 기본관계 위원회가 현재 진행 중인 한일교섭에서 선도적인 역할을 하고 있다는 견지에서 외아북 722-768(65. 1. 25)로 지시하신 전기 교섭(일 외상 방한 전) 기간 중에 공동 초안 작성 작업을 대체적으로 완료한다는 목표로 금후 교섭을 진행시킬 작정입니다.

0686

3. 이와 같은 목표로 당 대표단은 아 측 입장이 최대한으로 관철되는 공동 초안이 작성되도록 최선을 다할 것이오나, 공동 초안 작성을 대체적으로라도 끝내기 위하여서는 본 건에 관한 기 정부 훈령에 추가하여 아래 사항을 훈령하여 주실 것을 건의하오니 조속히 회시하여 주시기 바랍니다.

(1) 1910년 이전의 제 조약 및 협정의 무효에 관한 규정(아 측 초안 제3조)을 두는 것을 전제로 과거의 청산을 의미하는 어구를 전문에 삽입하지 않아도 가하다.

(2) 제 현안의 기본 해결 원칙(아 측 초안 제7조에서 제11조까지)를 포함시키는 데 관한 합의가 끝내 이루어지지 않을 때에는 일본 측이 제시한 제 현안별로 해결의 확인(일본 측 초안 제1조)도 포함하여 최종 단계에서 이를 빼도록 한다.

(3) 분쟁 처리 조항은 본부 초안 제13조 취지에 따라 교섭하되 끝내 합의를 보지 못하는 경우에는 최종 단계에 가서 기타 협정, 특히 어업협정 등의 해석 및 시행에 관한 분쟁 처리는 관계위원회에서 처리한다는 조건으로 기본 조약에는 포함시키지 않는 것으로 한다.

단, 이와 같은 경우 일본 측은 어업협정에 관한 분쟁 처리에 있어 국제사법재판소에 일방의 요청만으로 부탁하는 규정은 아니더라도 해결이 보장되는 방식(예컨대, 비일 배상협정 등에 규정된 것과 같은 방식)으로 규정할 수 있다는 언질을 요구할 가능성이 있음.

(4) 기타 기본적인 문제에 영향을 주지 않는 범위에서 표현(특히 전문)에 있어서는 너무 본부 초안에 구속됨이 없이 대표단의 재량으로 적의 표현하여도 가하다.

추이: 상기 훈령이 있더라도 당 대표단으로서는 전체적인 균형을 고려하여 최종 단계에서 이를 이용할 것이며, 교섭을 유리하게 전개하기 위하여서는 위원회보다 고위 교섭에 넘겨 해결하는 방안 등을 고려하고 있음을 첨신함.

끝

한일회담 수석대표 김동조[직인]

27. 제7차 한일회담 기본관계위원회 제8차 회의 회의록[18]

0690   제7차 한일회담 기본관계위원회 제8차 회의록

1. 일시: 1965. 1. 29, 15:00
2. 장소: 일 외무성 일본 측 수석대표실(420호)
3. 참석자: 한국 측: 이규성 수석
　　　　　　　최광수 전문위원
　　　　　　　장명하　　〃
　　　　　　　공노명 보좌
　　　　일본 측: 히로세 다쓰오 대표
　　　　　　　마쓰나가 노부오 보좌
　　　　　　　구로코지 야스시　〃
　　　　　　　후쿠다 히로시　　〃
　　　　　　　오와다 히도시[히사시]　〃

4. 토의 내용

(일본 측은 1. 16 일본 측이 수교한 바 있는 일본 측 초안에 대한 영어 번역문을 수교하였음. 동 preliminary translation을 별첨함)

이 수석: 한국 측이 제시한 바 있는 초안에 대하여 comment할 것이 있으면 말하여 주기 바란다.

마쓰나가: 한국 측의 초안 내용은 양측이 양해하였던 내용에 반한다고는 하지 않더라도 그 전에 제시한 요강안과 질적으로 전혀 변한 데가 없다. 한국 측 초안은 기본관계 현안을 조속히 타결한다는 전제와 다르며, 이렇게 될 줄 알았으면 전번에 제시한 바와 같은 일본 측 안을 내지는 않았을 것이다. 한국 측이 일본 안도 고려하여 또 하나

0691

18　원 사료에는 25번 문서가 본 27번 문서의 앞에 수록되어 있으나 편집자가 그 순서를 바꾸었음.

의 시안을 제출하여 주기 바란다. 일본 측의 입장이 내부적으로 극히 난처하다.

이 수석: 수석대표 간의 회합 시에도 일본 측으로부터 stiff하다는 발언이 있었던 것으로 기억한다. 그러나 사실은 전에도 말한 바와 같이 우리의 입장이 stiff한 것이 아니니 일본 측이 중요한 점을 comment하여 주면 그것을 염두에 두고 우리의 입장도 말하고자 한다.

히로세: 그렇게 하는 것도 좋으나, 양측 입장은 서로 아는 바이니 한국 측이 이것을 반영하여 안을 내주는 것이 좋겠다. 그러나 한국 측 초안과 한국 측의 입장에 있어서 다른 점을 말하여 주면 참고하겠다.

이 수석: 한국 측 안을 기준으로 하여 일본 측 안을 참조하면서 comment하도록 하는 것이 어떤가.

마쓰나가: 출발점으로써 한국 측의 초안을 기초로 하는 데 의문이 있다. 일본 측은 한국 측 요망을 충분히 반영하여 안을 만든 데 비하여 한국 측은 종래의 한국 측 주장만을 조문화한 것이므로 양측 안을 같은 위치에 두고 토의하여 간다는 것은 대단히 곤란하다. 따라서 일본 측의 초안을 중심으로 검토해 보는 것이 좋겠다.

이 수석: 일본 측이 상당히 전진한 생각으로 초안을 작성한 것은 인정한다. 우리도 한국 측 안을 기초로 상당히 전진한 생각을 이야기하려고 한다. 양측이 더욱 접근하게 되면 정리된 초안을 만들 수 있을 것이니 하나씩 하나씩 토의하여 가기로 하자. 우선 명칭에 관하여 말하겠다. 일본 측도 조약으로 하기를 원하는 것으로 아는데, 한국 측은 Basic이란 용어를 넣는 것이면 꼭 Basic Treaty라 하지 않아도 된다는 입장이다. 한국 측 안 전문 제1항의 과거의 청산에 관하여서는 liquidation of their past relations라는 뜻이 나타날 수 있다면 그 표현방식에 대하여서는 open mind하며, recognizing 이하도 표현에 관한 한 flexible한 입장이다. 제1조에 관하여서는 일본 측도 이의 없는 것으로 안다. 제2조의 only lawful Government는 반드시 규정되어야 하겠다. 일본 측 안 전문에는 샌프란시스코 평화조약이 언급되고 있는데 동 조약 2조를 인용하는 것과 한국의 독립 승인에 관하여 언급하는 것은 곤란하다. 일본 측이 한국의 독립 승인을 운위하게 되면 한국 측으로서도 일본의 독립 승인을 논하지 않을 수 없다. 한국 측 안 제3조의 무효 확인 조항은 꼭 넣어야겠다. are null and void라는 용어에 관하여서는 제1차 회담 시 양측이 양해한 것으로 알고 있으며, 이렇게 표현하

0693 게 되면 일본 측으로서도 국회 등에서 설명할 수 있으며 한국 측으로서도 설명이 가능하다고 본다. 제4조의 외교관계 규정에 관하여, 일본 측은 영사관의 설치 장소에 관한 규정을 초안에 두고 있는데, 한국 측은 영사관의 장소나 수에 관하여서는 추후 합의하면 될 것이므로 동 규정은 불필요하다고 생각한다. 또 일본 측 안 제3조와 같이 유엔헌장 제2조의 원칙을 인용하는 것은 좀 곤란하다. 유엔헌장의 몇 조라는 표현은 구체적으로 나타내지 않는 것이 좋을 것이다. 한국 측 안 제5조와 일본 측 안 제4조의 통상항해 조항에 있어서 일본 측 안처럼 경과 조치를 규정하게 되면 복잡한 규정을 두어야 할 것이므로 시간이 걸릴 것이고, 또 국교가 정상화되면 자연히 제반 조건이 좋아질 것이니, 동 경과 규정은 넣을 필요가 없을 것이다. 한국 측 안 제6조의 민간항공 조항에 관하여서는 양측에 이의 없는 줄 안다. 한국 측 안 제7조 이하 제12조까지는 일본 측 안 제1조와 대응하는 것으로 아는데, 한국 측은 제 현안을 타결하는 데 있어서의 기초가 되는 정신을 정리하여 규정하려는 취지이다. 일본 측 안처럼 타결된 것을 확인하는 입장이라면 구태여 규정하지 않아도 좋은 것이 아닌가. 일본 측 안에만 나와 있는 분쟁 처리 조항은 불필요하다는 것이 한국 측의 근본적 생각이다. 다른 현안, 예컨대 어업에 관한 분쟁 처리에 관하여서는 동 현안에 관한 협정에서 규정하도록 하면 될 것이다. 구태여 규정한다면 외교적 교섭 또는 기타 평화적 방법에 의한 분쟁의 처리라는 정도가 될 것이다. 제12조의 해저전선에 관하여서는 제3국이 지불한 사용료에

0694 관한 문제와 함께 별도로 타결하는 것이 좋겠다. 제13조 이하의 규정은 별문제가 없을 줄 안다. 최 과장으로 하여금 보충 설명하도록 하겠다.

최 전문위원: 비준에 관하여 일본 측 안은 제 현안에 관한 협정으로써 비준을 요하는 것의 비준서가 모두 교환된 후 본조약에 관한 비준서를 교환하는 것으로 규정하고 있는데, 제 현안은 일괄 서명될 것이며 또 제 현안을 타결한다는 것이 양측의 입장이니 이 조약에 관하여 특히 비준 조건을 한정할 필요는 없을 것이다.

히로세: 질문인데, only lawful Government라는 것을 본문에 꼭 넣어야 한다고 생각하는가. 유엔과의 관계는 어떻게 생각하는가.

이 수석: 수식어구를 붙이지 않는 것이 한국 측의 희망이며 일본 측이 끝내 주장한다면 유엔 결의를 인용하는 것은 생각할 수 있으나 한국의 독립과 관련시키는 것은 곤란하다.

히로세: 관할권 문제와 관련하여 문 대표와도 전에 말한 바 있지만, only lawful Government만으로는 절대 안 된다. 타협안으로써 언급하지 않는 방안도 고려되었는데, 일본 측이 관할권에 관한 어구를 삭제했는데도 한국 측 안에는 그대로 유일한 합법정부라는 어구가 남아 있다.

최 전문위원: 관할권은 조약의 적용 범위와 관련되고, 유일한 합법정부라는 것은 유엔 결의와 관련되는 것으로 이해하고 있다.

히로세: 한국 측 안 제7조 이하 제11조까지와 일본 측 안 제1조를 모두 규정에서 삭제하자는 말인가.

0695 이 수석: 원칙에 관한 좋은 어구가 발견되면 넣든지 그렇지 않으면 양측 안을 모두 삭제하는 것이 어떤가 생각하는 것이다.

마쓰나가: 최 과장의 발언에 관한 것인데, 양측의 이해점이 좀 다른 것 같다. 관할권 규정은 각 협정의 적용 범위 문제와 함께 해석상의 문제도 있다고 일본 측은 생각한다. 예컨대 '대한민국'이라는 용어의 해석에 관한 국회의 질문이 있을 때 이에 답변하기 위하여 관할권 규정을 고려하였었다. 그런데 한국 측이 절대로 동 규정을 수락할 수 없다고 주장하기 때문에 전문에 유엔 결의를 잠깐 인용하도록 한 것이다. 그러므로 한국 측 안처럼 유일한 합법정부라고만 하면 다시 문제가 된다. 이 대표가 이야기한 것을 draft로 하여 준다면 concrete하게 토의를 추진할 수 있으며 그때 생각할 것은 생각해 나갔으면 좋겠다.

이 수석: 우리는 한국 측의 최종적 입장에 관한 이야기를 하였다. 외무부 조약과장이 오늘 도착하니 양측이 drafting commit 같은 것을 만들어 추진하였으면 하는 생각이다.

히로세: 일본 측 안도 최종안이다. 전번에 교환한 양측 초안을 기초로 한다면 그때부터 다시 출발하는 것이 되니 곤란하다. 양측이 안을 만들어 다음 회합에서 제시하여 주면 검토한 다음 그 다음 단계를 어떻게 추진할 것인가에 관하여 상의하도록 하자.

이 수석: 나의 comment에 대한 감촉은 어떤가.

0696 마쓰나가: 한국 측 안 제1조의 우호 관계에 관한 규정의 내용 자체에 관하여서는 이의 없으나 이 규정을 여기에 삽입하는 데 대한 일본 측의 입장 표명은 유보하고 싶다. 일본 측은 현 단계에 한국 측과 우호조약을 맺을 생각을 가지고 있지 않다. 일본 측은 이란, 캄보디아 등과 우호조약을 맺었는데 모두 국교 관계가 있는 나라들이었다. 캄보

디아의 경우를 예로 든다면 시아누크공의 방일에 대한 선물을 주어야겠다는 것이 하나의 동기가 되어 캄보디아와 우호조약을 맺게 된 것이었다. 한국과 협정을 맺으려는 주목적은 여러 현안을 해결하고 국교를 개설하려는 것이니 type가 다르므로 평화조약 1조의 규정을 여기에 넣는 것은 balance상 어떨까 하는 것이며, 이것을 넣는다면 이와 관련하여 다른 규정도 넣어야 되지 않겠는가 하는 것이다. 한국 측 안 3조처럼 무효 사실을 규정하는 것은 좀 더 검토하고 싶다. 한국 측 안 7조 이하와 일본 측 안 1조에 관하여, 한국 측 의견과 같이 일괄 타결된 것을 confirm하는 것이니 법률적으로 의미 없는 데에는 동감이나 정치적 문제가 다소 있으니 좀 더 검토하고 싶다. 한국 측 안 12조의 해저전선 규정은 1조와 같은 평화조약 규정 등과 불균형하다고 본다. 따라서 별도 형식으로 타결하도록 하는 것이 좋겠다. 일본 측 안의 비준에 관한 조항은 우선 제 현안에 타결된 후 국교를 정상화시킨다는 입장에서 볼 때 이유가 있다.

최 전문위원: 첫째, 다른 협정에 두지 않는 규정을 여기에만 둔다는 것, 둘째 현안을 일괄 타결한다는 것, 이상 두 가지 점에 있어서는 양측에 이론이 없으니 일괄 타결이 되지 않는 한 협정이 효력을 발생하지 않게 될 것이므로, 일본 측의 안과 같은 비준 조항은 불필요하다는 것이다.

마쓰나가: 제 현안이 사실상 동시에 발효되겠지만, 정부 고위층이 몇 번이나 일괄 타결시키겠다고 언명하였기 때문에 금후의 비준 단계에서 이에 관한 질문이 있을 것으로 예상하여 삽입한 것이다. 각 현안에 관한 협정은 각각 별도로 작성될 것이므로 어떤 것은 비준하고 어떤 것은 비준하지 않는 현상이 발생하면 곤란하게 될 것인데, 일본 헌법상 국회는 분리 심의가 가능함으로 이러한 현상이 일어날 수 있다.

이 수석: 한국의 국회 관계도 마찬가지이다. 그러나 하나는 비준하고 다른 하나는 비준하지 않는 것은 정치적 문제이니, 구태여 기본관계협정이 최후에 비준되어야 한다고 규정할 필요는 없다는 것이다.

히로세: 그렇다면, 이러한 문제를 조정할 수 있는 표현을 고려하는 것이 좋겠다.

이 수석: 일본 측 안에만 있는 두 가지 조항에 관하여 설명하여 주면 참고가 되겠다.

마쓰나가: 샌프란시스코 평화조약을 삽입한 의도는 한국 측이 이해하고 있는 바와 좀 다르다. 문 대표가 전에 지적한 바와 같이 한국 측은 샌프란시스코 평화조약 체결 전에 이미 독립하였는데 다시 승인받는 것처럼 되어서는 안 된다고 하지만 일본 측은

한국의 독립 승인만을 표시하기 위하여 동 조약을 인용하려는 것은 아니다. 일본이 한국의 독립을 명시적으로 express하고 한국에 대한 제 권리를 표기한 문서가 샌프란시스코조약이니 동 조약의 해당 규정을 refer하자는 것이며, 어떤 커다란 법률적 효과를 고려하여 규정하려는 것은 아니다. 다음 유엔헌장 제2조의 언급 문제에 관하여 정직하게 말하면, 일본 측은 유엔헌장의 제 원칙 준수 규정을 생각하고 있었는데 한국 측 요강안의 전문에 공동복지의 향상이란 어구가 나와 있고 이 어구를 일본 측 초안 전문에 도입하게 되니 본문에서도 언급을 해야겠고 또 이것은 다른 규정과 같이 양국 정부만 아니라 양국 국민 간에도 관계되는 내용이 되므로 중일 평화조약 제6조의 예에 따라 규정하게 된 것이다.

이 수석: 유엔헌장 2조라고만 언급하는 것이 의문이라는 것이다. 제3조는 경제 관계를 주요 내용으로 하는 것이므로 넣더라도 general term으로 하는 것이 좋겠다.

마쓰나가: 그 점은 고려할 수 있다. 다음, 분쟁에 관하여 일본 측은 전반적으로 규정하려 하였으나 한국 측의 주장을 받아들여 이 조약에 한정하는 것으로 하였다. 따라서 다른 협정에 대한 guidance로서의 분쟁 처리 규정을 넣고자 하며, 일본 측이 이상으로 하는 I.C.J. 조항을 규정하고 싶다. 앞서 이 대표는 분쟁 조항을 빼고 싶고 또 넣는다 하더라도 평화적 방법에 의한 처리에 한정한다고 하였는데, 그렇게 하는 것은 일본 측으로서 어려우리라고 생각하나, 다른 여러 협정의 분쟁 처리 규정과 관련되는 것이므로 지금 어떻게 하자고 말하기는 곤란하다.

최 전문위원: 샌프란시스코조약에 관한 마쓰나가 과장의 말은 알겠는데 동 조약은 국회의 비준을 얻은 바 있고 한국이 동 조약으로부터 benefits를 얻을 수 있다는 규정도 그대로 있는 것이니 언제든지 국회에 대하여 설명할 수 있지 않겠는가. 따라서 일본 측의 의도가 샌프란시스코조약의 규정을 확인하는 것만이라면 규정하지 않아도 무방하리라고 생각한다. 한국의 승인에 관한 규정을 넣는 것이 일본 측의 의도라면 한국 측도 일본의 독립 승인을 언급하지 않을 수 없으니 동 조약의 언급은 하지 않도록 하자는 것이다.

마쓰나가: 이해한다. 일본 정부가 종래 샌프란시스코조약과의 관계를 국회에 설명하여 왔으므로, 국회에 상정되면 제일 먼저 동 샌프란시스코조약과의 관계에 대한 질문이 있을 것이므로 동 협정에 이것을 언급하여 둠으로써 답변할 수 있도록 하자는 것이다.

최 전문위원: 샌프란시스코조약 제2조 (a)만을 언급하려 하는 것은 이해하기 어렵다.

마쓰나가(히로세): 샌프란시스코조약을 일반적으로 언급하는 대신 독립 승인에 관한 언급을 않는다면 어떤가.

최 전문위원: 고려할 수 있다고 본다.

히로세: 지금까지 이야기한 바를 포함하는 draft를 만들어주기 바란다.

마쓰나가: 한국 측이 수교한 draft는 위에 보고하지 않았다. 그 내용을 설명하고 한국 측의 입장을 구두로 보고하면서 한국 측이 안을 다시 만들어 줄 것이라고 하여 양해를 얻었을 뿐이다. 행정 관례상 등사물이 없으면 내부적으로 설명하기 어렵다. overall한 것이 아니더라도 좋으니 제시하여 주면 한국 측 초안과 함께 위에 보고하도록 하고 싶다.

이 수석: 한국 측은 원안에 없는 것도 이야기하였다. 일본 측 초안도 참작하여 document를 내놓아도 좋겠으나 일본 측도 내줄 수 없는가.

마쓰나가: 그 점에 관하여 위에 보고하고 authorization을 clear 받기 위하여서도 자료를 가져야겠다.

히로세: 지금 일본 측 안을 내는 여부에 관하여 답변하기는 곤란하다. 한국 측이 주석된 것을 준다면 일본 측도 한국 측 입장을 고려하여 표현을 상호 검토할 수 있는 comment를 만들 생각이 있으니 한국 측의 annotated draft라도 받고 싶다.

이 수석: annotated draft 같은 것이면 한 단계 늦어지지만 만들 수 있다. 다음 주 월요일(2월 1일)에 양 과장이 만나 한국 측 문서를 수교하도록 하고 다음 회합은 다음 주 수요일 오전에 갖도록 하는 것이 어떤가.

히로세: 그렇게 하자. 다음 회합은 2월 3일 오전 10:30에 갖기로 하는 것이 좋겠다. 신문 발표는 "상호 교환한 요강안에 관하여 구체적으로 상의하였다"는 정도의 내용으로 하는 것이 어떤가.

이 수석: 그렇게 하자(회의는 16:35에 폐회하였음).

별첨: 1. 일본 측 초안 영어 번역문 1부

끝

25. 대표단 청훈에 대한 본부 회신 전문

0701   번호: WJA-02023

일시: 021710[1965. 2. 2]

수신인: 주일 대사

대: 주일정 722-20[1965. 1. 21]

1. 대호에 관하여 아래와 같이 회시함.

가. 대호 3. (1)에 대하여: 아 측은 기본 조약의 목적이 과거의 청산과 장래 관계의 설정이라는 입장을 취하였으며, 국민에게도 그와 같이 설명하여 왔음. 그렇기 때문에 '과거의 청산'이라는 표현이 가져오는 실질적인 이익이 없다 하더라도 특히 국민감정상 그러한 표현을 기본 조약 내에 포함시키고자 하는 것임. 따라서 기본 조약 내에 '과거의 청산'을 뜻하는 것이라고 국민에게 설명될 수 있는 최소한도의 표현이라도 규정되도록 교섭하시기 바람.

나. 대호 3. (2)에 대하여: 제 현안 해결원칙 또는 별도 협정 체결에 관한 규정은 과거 관계의 청산이라는 의미도 주는 것이므로 존치의 의의가 있다고 생각됨. 따라서 아 측이 생각하고 있는 바와 같은 제 현안 해결의 기본 원칙의 규정을 관철하기 곤란할 때는 별도 협정의 체결에 의하여 제 현안이 해결되었다는 사실의 확인 규정이라도 두도록 교섭하시기 바람(이에 관하여 제 현안의 해결에 관한 규정은 모두 뺀다는 귀 건의의 이유를 보고 바람).

0702   다. 대호 3. (3)에 대하여: 아 측 초안 (제13조)의 규정은 일중 평화조약(제12조 참조)의 예를 따른 것이며, 동 입장을 관철토록 노력하기 바람.

라. 대호 3. (4)에 대하여: 이를 양승함.

2. 외아북 722-767(65. 1. 25)로 송부한 초안은 교섭의 지침으로 되어 있는 것이므로 교섭 과정(특히 어구 조정 시)에 있어서 초안과는 다르나 대표단에서 적절하다고 생각되는 어구 또는 표현을 일본 측에 제시하여도 가함. 단, 그러한 경우에는 '대표단의 의견'으로 제시하고 본부의 승인에 의하여 확정시키도록 여유를 두시기 바람.(외아북)

장관

28. 기본관계위원회 진행 상황 보고 공문

주일정 722-32　　　　　　　　　　　　　　　　　　　1965년 2월 3일

수신: 외무부 장관
경유: 동북아과장

제목: 기본관계 위원회 진행 상황 보고

1. JAW-01369 및 주일정 722-27로 보고한 바와 같이 제8차 기본관계 회의에서의 한일 양측 합의에 따라 당 대표부 측은 별첨과 같은 Annotations to the Draft를 작성하여 2. 1 일본 측에 제시하였사옵기 별첨합니다.

2. 금 2. 3, 10:30에 개최하기로 된 제9차 기본관계 회의에 관하여 일본 측은 일본 측의 수정안 또는 주석을 작성하는 데에는 좀 더 시간적 여유가 있어야겠다고 하므로 오늘 예정된 회의는 연기하여 2. 8(금)에 개최하기로 하였사옵기 보고합니다.

별첨: Annotations to the Draft Basic Treaty between the Republic of Korea and Japan 1부

끝

주일 대사 김동조[직인]

첨부
28-1. 한국 측 기본 조약안에 대한 주석 첨가 문서

Annotations to the Draft Basic Treaty between the Republic of Korea and Japan

Name

The name of the proposed Treaty may be reworded as 'Draft Treaty on Basic Relations between the Republic of Korea and Japan.'

Preamble

1. The first part of the first paragraph, which reads 'Considering the need of liquidating their past relations', may be replaced by the following:

Considering the historical background of relationship between their peoples.

2. At the end of the second paragraph, the following phrase may be added: 'in conformity with the principles of the Charter of the United Nations'

Article II

A modifying clause may be added at the end of the present provision, viz., 'as declared by the United Nations General Assembly Resolution.'

Article XII

The present provision may be replaced by the following, provided that the substance of the original is provided for in a separate agreement together with the problem on the division of the fees paid by a third country:

Any dispute that may arise out of the interpretation of the present Treaty shall be settled by negotiation or by other peaceful means.

대한민국과 일본 간의 기본 조약 초안에 대한 주석

명칭

이 조약의 제명은 '대한민국과 일본국 간의 기본관계에 관한 조약안'으로 변경할 수 있다.

전문

1. 첫 단락 첫 번째 부분의 '과거사 청산의 필요성을 고려하여'를 다음과 같이 한다: 양국 국민 간의 관계의 역사적 배경을 고려하여.
2. 두 번째 단락 끝에 다음과 같은 문장을 추가할 수 있다. '국제연합 헌장의 원칙에 따라'

제2조

본조항의 끝에 '유엔총회 결의에 의해 선언된 대로'라는 수정 조항을 추가 할 수 있다.

제12조

본조항은 제3국이 지불하는 수수료의 분담에 관한 문제와 함께 원본의 내용이 별도의 합의에 규정되어 있는 경우, 다음과 같이 대체될 수 있다:

본조약의 해석으로 인해 발생할 수 있는 모든 분쟁은 협상 또는 기타 평화적 수단에 의해 해결되어야 한다.

29. 기본관계 일본 측 수정 초안 송부 공문

0707　　주일정 722-35　　　　　　　　　　　　　　　　　　　　1965. 2. 5

수신: 외무부 장관

제목: 기본관계 일본 측 수정 초안 송부

금 2. 5, 10:30에 개최된 제7차 한일회담 제9차 기본관계 위원회에서 일본 측이 제시한 수정안을 우선 송부하오니 참조 바랍니다.

별첨: 1. 동 일본 측 수정 초안 2부

　끝

　　　　　　　　　　　　　　　　　　　　　　　　　　　수석대표 김동조[직인]

첨부

29-1. 기본관계조약 일본 측 수정 초안(1965. 1. 26 자)

日本国と大韓民国との間の_____(案)

1965126

日本国政府及び大韓民国政府は,

両国の善隣関係を相互に希望することを考慮し,

両国の共通の福祉を増進することを希望し,

両国間の外交関係の設定が国際の平和及び安全の維持に寄与することを認め,

日本国が1951年9月8日にサン・フランシスコ市で署名された日本国との平和条約第2条(a)により朝鮮の独立を承認したことを考慮し,

国際連合総会が, 1948年12月12日に朝鮮の独立問題に関して決議195(Ⅲ)を採択したことを想起し,

_____を締結することに決定し, よって, その全権委員として次のとおり任命した.

日本国政府　　_____

　　　　　　　_____

大韓民国政府　_____

　　　　　　　_____

これらの全権委員は, 互にその全権委任状を示し, それが良好妥当であると認められた後, 次の諸条を協定した.

第1条

日本国及び大韓民国は, 両国間の外交関係の開設に先だち解決又は処理されることが望ましいと認められた諸懸案が本日署名された次に掲げる関係諸協定により解決又は処理されたことを確認する.

_____
_____

0716

第2条

　日本国と大韓民国との間に外交及び領事関係が開設される. 両国は, 大使の資格を有する外交使節を遅滞なく交換するものとする. また, 両国は, 両国政府により合意される場所に領事館を設置する.

第3条

　(a) 日本国及び大韓民国は, 相互の関係において, 国際連合憲章第2条の原則の指針とするものとする.

　(b) 日本国及び大韓民国は, 国際連合憲章の原則に従って協力するものとし, 特に, 経済の分野における友好的協力によりその共通の福祉を増進するものとする.

第4条

0717　(a) 日本国及び大韓民国は, その貿易, 海運その他の通商の関係を安定したかつ友好的な基礎の上に置くために, 条約又は協定を締結するための交渉をできる限りすみやかに開始するものとする.

　(b) 該当する条約又は協定が締結されるまでの間_____

第5条

　日本国及び大韓民国は, 民間航空運送に関する協定を締結するための交渉をできる限りすみやかに開始するものとする.

第6条

　この_____の解釈又は適用から生ずる紛争は, まず交渉により解決するものとし, 交渉の開始の時から6箇月の期間内に解決に至らないときは, いずれか一方

0718　の締約国の要請により, 国際司法裁判所に決定のため付託されるものとする.

第7条

　この_____は, 批准されなければならない. 批准書は, 第1条に掲げる関係諸緒協定で批准を要するものの批准書のすべてが交換された後, できる限りすみやかにで交換するものとする. この_____は, その批准書の交換の日に効力を生ずる.

第8条

　この_____は, 日本語, 韓国語及び英語によるものとする. 解釈に相違がある場合には, 英語の本文による.

　以上の証拠として, 下名の全権委員は, この_____に署名した.

　196 年　月　日にで, 本書2通を作成した.

日本国政府のために

_____

_____

大韓民国政府のために

_____

_____

일본국과 대한민국 간의 _____ (안)

1965. 1. 26

　일본국 정부 및 대한민국 정부는 양국의 선린 우호 관계를 상호 희망함을 고려하고, 양국의 공동의 복지를 증진하기를 희망하며,

　양국 간의 외교 관계의 설정이 국제평화 및 안전의 유지에 기여한다는 것을 인정하고,

　일본국이 1951년 9월 8일 샌프란시스코에서 체결된 일본 국과의 평화조약 제2조 (a)에 따라 조선의 독립을 승인한 것을 고려하고,

　국제연합총회가 1948년 12월 12일 조선의 독립문제에 관하여 결의 195(Ⅲ)를 채택한 것을 상기하면서,

　_____을 체결하기로 결정하고, 이에 따라 그 전권위원으로 다음과 같이 임명했다.

　일본국 정부 _____

　　　　　　_____

대한민국 정부 _____

　　　　　　_____

　이들 전권위원은 서로 그 전권위임장을 제시하고 그것이 양호하고 타당하다고 인정한 후 다음과 같은 조항을 협정했다.

제1조

　일본국 및 대한민국은 양국 간의 외교 관계 개설에 앞서 해결 또는 처리되는 것이 바람직하다고 인정되는 제반 사항이 오늘 서명된 다음과 같은 관계 제 협정에 의하여 해결 또는 처리되었음을 확인한다.

　　_____
　　_____
　　_____
　　_____

제2조

　일본국과 대한민국 사이에 외교 및 영사 관계를 개설한다. 양국은 대사 자격을 가진 외교사절을 지체 없이 교환한다. 또한 양국은 양국 정부가 합의하는 장소에 영사관을 설치한다.

제3조

　(a) 일본국과 대한민국은 상호 관계에 있어서 유엔헌장 제2조의 원칙을 지침으로 한다.

　(b) 일본국과 대한민국은 국제연합헌장의 원칙에 따라 협력하며, 특히 경제 분야의 우호 협력으로 그 공동의 복지를 증진한다.

제4조

　(a) 일본국과 대한민국은 그 무역, 해운 기타 통상의 관계를 안정적이고 우호적인 기초 위에 놓기 위하여 조약 또는 협정을 체결하기 위한 협상을 가능한 한 신속하게 개시한다.

　(b) 해당 조약 또는 협정이 체결될 때까지 _____.

제5조

　일본국과 대한민국은 민간항공운송에 관한 협정을 체결하기 위한 협상을 가능한 한 신속하게 개시한다.

제6조

이 협정의 해석 또는 적용으로부터 발생하는 분쟁은 우선 협상에 의해 해결하고, 협상의 개시 시점으로부터 6개월의 기간 내에 해결에 이르지 못할 때에는 어느 일방의 체약국의 요청에 따라 국제사법재판소에 결정을 위하여 부의되는 것으로 한다.

제7조

이 조약은 비준되어야 한다. 비준서는 제1조에 열거한 관계 제 협정에서 비준을 요하는 것의 비준서가 모두 교환된 후 가능한 한 신속하게 교환하여야 한다. 이 _____는 그 비준서의 교환일에 효력을 발생한다.

제8조

_____는 일본어, 한국어 및 영어에 의한 것으로 한다. 해석에 차이가 있는 경우에는 영어 본문에 따른다.

이상의 증거로서, 아래의 전권위원은 이 _____에 서명하였다.

196 년 월 일에 본 서 2통을 작성했다.

일본국 정부를 위하여

_____

_____

대한민국 정부를 위하여

_____

_____

첨부

29-2. 기본관계조약 일본 측 수정 초안(1965. 2. 5 자)

日本国と大韓民国との間の＿＿＿＿＿（案）

1965. 2. 5

　日本国政府及び大韓民国政府は,
　両国の歴史的, 文化的及び地理的関係にかんがみ善隣関係を相互に希望することを考慮し,
　両国の共通の福祉及び共同の利益の増進並びに国際の平和及び安全の維持のために国際連合憲章の原則に適合して緊密に協力することが重要であることを思い,
　1951年9月8日にサン・フランシスコ市で署名された日本国との平和条約第2条(a)及び1948年12月12日に国際連合総会で採択された決議195(Ⅲ)を想起し,
　＿＿＿＿＿＿＿＿＿を締結することに決定し, よって, その全権委員として次のとおり任命した.

　日本国政府　＿＿＿＿＿

　　　　　　　＿＿＿＿＿

　大韓民国政府　＿＿＿＿

　　　　　　　　＿＿＿＿

　これらの全権委員は, 互いにその全権委任状を示し, それが良好妥当であると認められた後, 次の諸条を協定した.

第1条

　日本国と大韓民国との間に外交及び領事関係が開設される. 両国は, 大使の資格を有する外交使節を遅滞なく交換するものとする. また, 両国は, 両国政府により合意される場所に領事館を設置する.

第2条

　(a) 日本国及び大韓民国は, 相互の関係において, 国際連合の原則を指針とするものとする.

(b) 日本国及び大韓民国は，国際連合憲章の原則に従って協力するものとし，特に，経済の分野における友好的協力によりその共通の福祉を増進するものとする．

第3条

(a) 日本国及び大韓民国は，その貿易，海運，その他の通商の関係を安定したかつ友好的な基礎の上に置くために，条約又は協定を締結するための交渉を実行可能な限りすみやかに開始するものとする．

(b) 該当する条約又は協定が締結されるまでの間＿＿＿＿

第4条

日本国及び大韓民国は，民間航空運送に関する協定を締結するための交渉を実行可能な限りすみやかに開始するものとする．

第5条

大日本帝国と大韓民国との間に1910年8月22日以前に締結されたすべての条約及び協定が日本国と大韓民国との間において効力を有しないことが確認される．

第6条

この＿＿＿＿の解釈又は適用から生ずる紛争は，まず交渉により解決するものとし，交渉の開始の時から6箇月の期間内に解決に至らないときは，いずれか一方の国の要請により，国際司法裁判所に決定のため付託されるものとする．

第7条

この＿＿＿＿は批准されなければならない．

批准書は，この＿＿＿＿の署名の日に署名された両国政府間の諸協定(注)で批准を要するものの批准書のすべてが交換された後，できる限りすみやかに で交換するものとする．この＿＿＿＿は，その批准書の交換の日に効力を生ずる．

(注) 1965年1月26日付けの日本側案第1条に掲げる諸協定をいい，漁業，請求権，法的地位，竹島等に関する協定を含む．

第8条

この＿＿＿＿は，日本語，韓国語及び英語によるものとする．解釈に相違がある場合には英語の本文による．

以上の証拠として，下名の全権委員は，この

0713   ＿＿＿＿に署名した.

196 年 月 日に ＿で, 本書2通を作成した.

日本国政府のために

＿＿＿＿＿＿＿＿＿＿

＿＿＿＿＿＿＿＿＿＿

大韓民国政府のために

＿＿＿＿＿＿＿＿＿＿

＿＿＿＿＿＿＿＿＿＿

번역

일본국과 대한민국 간의 ＿＿＿＿ (안)

1965. 2. 5

일본국 정부 및 대한민국 정부는 양국의 역사적, 문화적 및 지리적 관계에 비추어 선린 우호 관계를 상호 희망하는 것을 고려하며,

양국의 공동의 복지 및 공동이익의 증진과 국제평화 및 안전의 유지를 위하여 국제연합헌장의 원칙에 따라 긴밀하게 협력하는 것이 중요하다고 생각하고,

1951년 9월 8일 샌프란시스코에서 서명된 일본국과의 평화조약 제2조(a) 및 1948년 12월 12일 유엔총회에서 채택된 결의 195(Ⅲ)를 상기하면서,

＿＿＿＿을 체결하기로 결정하고, 이에 따라 그 전권위원으로 다음과 같이 임명한다.

일본국 정부 ＿＿＿＿＿＿

＿＿＿＿＿＿

대한민국 정부 ＿＿＿＿＿

＿＿＿＿＿

이들 전권위원은 서로 그 전권위임장을 제시하고 그것이 양호하고 타당하다고 인정한 후 다음과 같은 조항을 협정하였다.

제1조

일본국과 대한민국 사이에 외교 및 영사 관계를 개설한다. 양국은 대사의 자격을 가진 외교사절을 지체 없이 교환한다. 또한 양국은 양국 정부가 합의하는 장소에 영사관을 설치한다.

제2조

(a) 일본국과 대한민국은 상호 관계에 있어서 국제연합의 원칙을 지침으로 한다.

(b) 일본국과 대한민국은 국제연합헌장의 원칙에 따라 협력하며, 특히 경제 분야의 우호 협력으로 그 공동의 복지를 증진한다.

제3조

(a) 일본국과 대한민국은 그 무역, 해운 및 기타 통상의 관계를 안정적이고 우호적인 기초 위에 놓기 위하여 조약 또는 협정을 체결하기 위한 협상을 실행 가능한 한 신속하게 개시한다.

(b) 해당 조약 또는 협정이 체결될 때까지 _____

제4조

일본국과 대한민국은 민간항공운송에 관한 협정을 체결하기 위한 협상을 실행 가능한 한 신속하게 개시한다.

제5조

대일본제국과 대한민국 사이에 1910년 8월 22일 이전에 체결된 모든 조약 및 협정은 일본국과 대한민국 사이에 효력이 없음을 확인한다.

제6조

이 조약의 해석 또는 적용으로 인하여 발생하는 분쟁은 우선 협상에 의하여 해결하고, 협상의 개시로부터 6개월의 기간 내에 해결에 이르지 못할 때에는 어느 한쪽 국가의 요청에 의하여 국제사법재판소에 결정을 위하여 회부한다.

제7조

이 조약은 비준되어야 한다.

비준서는 이 조약의 서명일에 서명된 양국 정부 간의 제 협정(주)에서 비준을 요하는 것의 비준서가 모두 교환된 후 가능한 한 신속히 교환한다. 이 조약은 그 비준서 교환일에 효력을 발생한다.

(주) 1965년 1월 26일 자 일본 측 안 제1조에 열거된 제 협정을 말하며, 어업, 청구권, 법적지위, 독도 등에 관한 협정을 포함한다.

제8조

이 협정은 일본어, 한국어 및 영어로 작성한다. 해석에 차이가 있는 경우에는 영어 본문에 따른다.

이상의 증거로서, 아래 전권위원은 이 _____ 서명했다.

196 년　월　일에 본 서 2통을 작성하였다.

일본국 정부를 위하여

_____

_____

대한민국 정부를 위하여

_____

_____

31. 제7차 한일회담 기본관계위원회 제9차 회의 회의록

0721   제7차 한일회담 기본관계위원회 제9차 회의록

1. 일시: 1965. 2. 5(금) 오전 10:30
2. 장소: 일본 외무성 일본 측 수석대표실(420호)
3. 참석자: 한국 측: 이규성 수석
            최광수 전문위원
            오재희 외무부 조약과장
            장명하 전문위원
            권태웅   〃
        일본 측: 히로세 다쓰오 대표
            마쓰나가 노부오 보좌
            구로코지 야스시   〃
            후쿠다 히로시   〃
            오와다 히도시[히사시]   〃

4. 토의 내용

(일본 측은 1.16. 일본 측이 수교한 바 있는 일본 측 초안에 대한 수정안을 수교하였음. 동 수정안은 1965. 2. 5 자 주일정 722-35로 이미 송부하였음)

히로세: 오늘 제시한 일본 측 수정안은 한국 측 입장을 충분히 반영하여 작성한 최종안이다. 일본 측 수정안 전문의 제1항과 제2항은 한국 측 안을 도입하였으며 제3항도 한국 측 입장을 존중하여 샌프란시스코 평화조약과 유엔 결의를 가볍게 언급하는데 그쳤다. 제1조로서는 전번의 일본 측 안에서 규정하였던 제 현안의 타결에 관한 조항을 삭제하고 그 대신 외교관계의 수립에 관한 규정을 도입하였다. 제2조에는 전 일본 측 초안의 제3조 규정을 넣었다. 제3조의 통상항해 조항으로써 전 일본 측 안 제4조의 내용을 도입하였으며 (B)항의 경과 규정도 필요하다고 생각하여 그대로 삽입하

0722

였다. 제4조는 문제가 없으리라고 생각하며 제5조는 한국 측 입장을 존중하여 최종안으로써 규정하였다. 제6조의 분쟁 처리에 관하여서도 최종적으로 확실히 하는 의미에서 규정하였다. 제7조의 비준 조항은 어조에 있어서는 전번 안과 같으나 제 협정의 의미에 관하여 참고로 주를 추가하였다. 독도 문제에 관하여 여기서 논의할 생각은 없으나 동 문제의 타결을 확인하고자 하는 것이다. 기타는 별문제는 없으리라고 본다.

Only lawful Government라는 규정을 명시적으로 규정하는 것은 어떤 일이 있더라도 안 되겠다. 일본 측은 관할권 조항에 관하여 양보하였으니 한국 측도 이 점 고려하기 바란다. 마쓰나가 과장으로 하여금 구체적으로 설명하도록 하겠다.

마쓰나가: 히로세 대표의 설명을 보충하여 설명하겠다. 한국 측은 전번에 annotations를 제시하여 주었는데 일본 측으로서는 작업을 될 수 있는 대로 빨리 추진하기 위하여 명백한 안을 내는 것이 좋다고 생각되고, 회의를 1차 연기하여 받았으므로 최종적 초안으로써 수정안을 내기로 한 것이다. 일본 측은 한국 측 요망을 최대한 받아들여 좋은 안을 내도록 노력하였으며, 따라서 부내에 강한 반대의견이 있었으나 대국적 견지에서 이번에 제시한 이와 같은 안을 작성하게 된 것이다.

전문에 관하여서는 한국 측의 요망을 대폭적으로 도입하였다. 예를 들면 양국의 공동복지와 공동이익의 증진에 관한 조항 채택, 조선의 독립 승인에 관한 규정의 삭제, 샌프란시스코 평화조약 및 유엔 결의의 가벼운 언급 등을 들 수 있다. 따라서 한국 측도 별 이의가 없을 것으로 생각한다.

제1조에 외교 관계 설정을 규정한 것은 이번 조약 체결의 초점이 국교 정상화에 있는 점을 고려한 것이다. 영사관의 설치 장소와 수에 관하여서는 언급하지 않고 원칙만을 규정하는 데 그쳤다. 한국 측 초안 제1조의 우호 관계 규정이 일본 측 초안에는 빠져있는데, 이에 관하여 부내에서도 논의가 있었으며, 규정 자체의 내용에 이의가 있어서가 아니라 기본관계조약의 체결과 우호조약의 체결은 내용에 있어서 다르므로 동 규정을 빼게 된 것이다. 제2조는 유엔헌장의 제 원칙에 관한 한국 측의 입장을 받아들여 규정한 것이며, (b)항에 관하여서는, 종래 한국 측의 의견과 설명에 의하면 별로 적극적이 아닌 것 같은데, 표현 문제와 함께 동 (b)항에 관한 한국 측의 의견을 듣고 싶다. 만일 동 (b)항을 빼게 되면 전문의 관계 규정을 받는 조항이 본문에 없어지게 되므로 전문의 관계 조항도 빼야 하게 될 것이다. 따라서 국제협력에 관한 (b)항은 어떤

형태로든지 남기는 것이 좋을 줄 생각된다.

0724　　제3조의 통상항해 조항은 전 초안의 제4조 규정과 대체로 같으나 다만 실행 가능한 한 조속히 교섭을 개시하도록 한다는 점이 다른데 이것은 한국 측 안의 endeavor라는 표현을 고려하여 이것을 약간 부드럽게 표시한 것이다. (b)항의 경과 규정은, 통상항해조약이 체결되기까지에는 상당한 시간이 걸릴 것이고, 동 조약이 체결되기 전에도 문제가 생길 것인데 아무 규정이 없어서는 곤란할 것이므로 규정하려는 것이다. 이 점 한국 측의 견해를 듣고 싶다. 제5조 전 조약의 무효 규정은 한국 측 주장을 받아들인 것이며 한국 측의 입장을 그대로 표시한 것이라고 생각한다. 제6조의 분쟁 처리 규정에 대하여 한국 측이 반대한다는 것은 알고 있으나, 부내에서 검토한 결과, 분쟁 처리에 관한 규정을 넣고 싶고 또 금후의 여러 문제 및 조약 자체에 관한 한·일 양국의 기본적 생각을 표시하는 취지에서 동 규정은 중요하다고 보며 따라서 동 규정은 고수하고 싶다. 제7조의 비준에 관한 규정이 전번의 초안 규정과 다소 다른 점은 전번 초안의 1조를 삭제하였기 때문이며 부가한 '주'는 제 현안을 일괄 타결한다는 일본 측의 입장을 그대로 유지하고 있다는 것을 명시하는 뜻에서 넣은 것이며 조약 자체에 남기는 것은 아니다. 용어에 관한 규정을 조문화한 점은 한국 측 초안과 다르나 일본 측이 반드시 본문 몇 조로 규정하여야 되겠다고 하는 것은 아니니 규정 방식에 관하여 별문제가 없으리라고 생각한다.

0725　　한국 측이 제안한 유일한 합법정부에 관한 규정은 국내적으로 커다란 문제가 될 것이며 또 이로 인하여 현안의 타결이 불가능하게 될 우려조차 있다.

이 수석: 일본 측 수정안을 보면 한국 측 입장을 받아들인 점도 있으나 사실상 일본 측의 입장은 그대로 견지되고 있다. 일본 측 초안 전문에는 첫째 과거를 청산한다는 규정과 장래에 관한 규정이 빠져있는데 한·일 양국은 과거 특수한 관계를 가지고 있었고 장래에도 특수한 관계를 지속하게 될 것이므로 동 조항을 삽입하는 것이 좋을 것이다. 둘째 한국이 유일한 합법정부라는 조항과 관련하여 일본 측 수정안은, 일본 측의 전 초안에 있던 '조선의 독립은'이라는 어구를 삭제하였지만, 샌프란시스코조약의 언급은 그대로 유지하고 있는데 동 샌프란시스코조약의 언급은 삭제하는 것이 좋을 것이다. 한국 측 입장은 유일한 합법정부라는 구절이 본문에 나와야 되겠다는 것이며, 일본 측의 입장을 고려하여 유엔 결의를 언급하는 어구를 부가하여 동 규정을 가볍

게 수식하는 정도는 일본 측이 꼭 주장한다면 고려할 수 있다는 것이다. 이에 관한 일본 측 수정안은 표현이 다소 부드럽게 되었다 하더라도 동 규정을 전문에 그대로 두고 있는 점, 샌프란시스코 평화조약이 언급된 점 등은 곤란하다. 본문에 한국 측 초안 제1조의 규정이 빠져있는 것은 그 이유를 납득하기 어렵고, 일본 측 수정안 제1조의 외교관계 수립에는 이론이 없는 줄 알고 있으며 영사 관계는 원칙에 관하여서만 규정하기로 양해된 줄 안다.

0726 　동 수정안 제2조에서 경제 분야만을 강조하는 데 관하여서는 의문이 있으며 일반적 표현을 사용하는 것이 좋지 않을까 생각한다. 제3조의 경과 규정에 관하여서는, 국교가 정상화되면 여러 가지 조건이 지금보다 좋아질 것이고, 다른 나라 사이와 달리 여러 가지 요인에 최촉되어 통상항해조약 체결이 빨라지리라고 생각한다. 경과 규정을 두게 되면 중간 단계를 설정하는 것이 되어 조약 자체의 체결을 지체시킬 수도 있으며, 또 일본 측은 막연히 경과 규정을 둔다고 할 뿐 구체적 안을 제시하지 않고 있으니 차라리 삭제하는 것이 좋겠다. 일본 측 수정안 제5조의 규정 중 "대한민국과 일본 간에 있어서 효력이 없다"는 어구는 무슨 뜻이며 또 영어로는 어떻게 표시하려는 것인지 묻고 싶다. 제6조의 분쟁 처리 규정에 관하여 동 조약의 성격상 협정 자체에 관한 어떤 분쟁은 없을 것이고, 일본이 다른 나라와 체결한 협정에도 별로 나타나지 않고 있으니 동 규정은 넣지 않는 것이 좋겠다. 동 수정안 제7조는 전 일본 측 안에 없던 '주'를 달고 있는데 특히 독도 문제는 본 위원회의 토의 대상이 아니니 불필요할 것이다. 그 외는 별문제가 없으리라고 본다. 전체적으로 종합하여 일반적 인상을 말한다면 일본 측 수정안은 전번의 초안에 비하여 한국 측 입장을 다소 도입하고 있는 것으로 보이나 실질적 내용에 있어서는 양측 입장에 상당한 차이가 있다. 상세한 사항에 관하여서는 최 과장으로 하여금 질문하도록 하겠다.

0727 　최 전문위원: 한국 측은 실질적인 것은 문서로 제시하고 그 외의 사항은 구두로 설명한다는 취지에서 지난 2. 1, Annotations to the Draft를 제시하였다. 협의문서의 명칭은 기본 조약이든지 기본관계에 관한 조약이든지 무방하나 형식과 명칭이 모두 조약이라는 점은 확실히 하고 싶다. 일본 측 수정안 전문은 체약 당사자를 대한민국 정부와 일본국 정부라고 하고 있는데 전문의 일반적 예로 보아 대한민국과 일본국으로 하는 것이 좋겠다. 과거의 청산이란 뜻을 표시하는 취지에서 한국 측은 최후 입장

으로서 역사적 배경이란 어구를 제시하였는데, 일본 측 수정안은 역사적·문화적·지리적 운운하여 역사적 배경이라는 뜻이 잘 나타나지 않고 그 범위가 너무 넓어 과거의 청산이라는 뜻이 모호해진 감이 있다. 다음 유엔 결의의 언급은 유일한 합법정부라는 데 대한 수식으로써는 받아들일 수 있으나 그 외의 표현은 곤란하다. 통상항해조약을 체결하기까지의 경과 규정은 그 내용이 상당히 복잡하게 되지 않을 수 없으며, 경과 규정에 합의하려면 상당히 긴 기간 교섭하여야 하게 될 것이며, 또 경과 규정이 없더라도 커다란 지장은 없을 것이다. 일본 측 수정안 제5조에 관하여서는, 상세한 설명을 듣고 싶지만, 1, 2, 3차 한일회담 시 일본 측 안이 두 개 제시되었었는데 그때에도 이러한 규정이 있어 여러 가지 이유로 한국 측으로부터 강한 반대가 있었던 것으로 기억된다. 동 조항은 표현 방식에 관하여 문제가 있다고 생각한다. 제7조의 '주'에는 독도가 언급되어 있어 강한 저항을 느낀다. 협정을 체결하는 데까지 동 문제를 언급하는 것은 일본 측 입장의 후퇴라고 하겠다.

히로세: 종래 기본관계위원회에서 문서로 명시하지는 않았다 하더라도 독도 문제를 포함한 제 현안을 일괄 타결한다는 일본 측 입장은 토의를 통하여 몇 번이나 언급한 바 있는 것이니 일본 측 입장이 후퇴한 것은 아니다. 제 협정에 넣는다는 것이 아니라 독도 문제에 관한 해결의 실마리를 어떤 형태로 최종적으로 결정하자는 입장이 전혀 변하지 않고 있다는 것을 표시하는 것이니 이 점 오해 없기 바란다. 유엔총회 결의의 언급은 일본 측이 관할권을 언급하기 위하여 인용하는 것이 아니고 양측의 모순되는 입장을 절충시키려는데 의도가 있다. 유일한 합법정부라는 규정은 일본 측으로 하여금 유일한 합법정부라는 것을 확인하라는 것인데 그렇게 되면 상대적으로 일본도 유일한 합법정부라는 것을 한국에 대하여 주장하는 것을 생각할 수 있지만 일본 측은 그런 멍충이 같은(바카나) 요구를 하지 않는다. 한국 측으로서도 이것을 여기에서 확인하려 할 필요가 없으리라고 생각한다. 한국 측이 말한 역사적 배경에 관하여 '양국의 역사적 배경을 고려하고, 양국의 문화적, 지리적 관계에 비추어'라고 하면 한국 측으로서는 이의 없겠는가.

이 수석: 별다른 이의 없으리라고 생각한다. 역사적 배경에 관한 구절이 처음에 강조되어야겠다.

히로세: 일본 측 수정안 제5조 "제 협정의 효력이 없다"는 규정과 관련시켜 설명을

좋게 하기 위하여 전문에 역사적 배경을 고려한다는 조항을 넣으려는 것인가.

이 수석: 그런 취지도 있다.

히로세: 통상항해 조항의 경과 규정을 일본 측이 주장하는 것은, 한일 양국 간에 무역 및 선박에 관한 잠정 협정이 있으나 이들은 모두 점령 시의 협정이므로, 양국이 새로이 친선 우호 관계를 갖게 된 데 따라 양국 간의 경제협력 관계를 규율하게 될 법적 근거에 관하여 국회에서 질의가 있을 경우 정부가 이에 답변할 수 없게 되기 때문이다. 경과 규정으로서는 중일조약의 예가 있으며, 아무튼 어떤 경과 규정이 있어야겠다는 것이 일본 측의 입장이다.

이 수석: 한국 측은 경과 규정이 불필요하다는 입장이며 현상을 유지하면 된다고 보나 일본 측이 그 구체적 초안을 작성하여 제시하여 준다면 고려할 생각은 있다.

마쓰나가: 일본 측 안이 실지적으로 전진한 안이 아니라고 하지만 일본 측은 한국 측 입장에 비상히 접근시켜 작성하였다. 따라서 일본 측의 입장에서 볼 때에는 후퇴한 안인 것이다. 일본 측은 지금도 공동선언이 가장 적합한 형식이라고 생각하고 있는 데에는 변함없으나 한국 측 입장을 이해하고 조약적 초안을 만들었다. 명칭은 붙이지 않고 있으나, 너무 나아간 말이 될지 모르겠지만, 공동선언이라고는 하지 못할 것이다. 샌프란시스코조약의 언급은 한국 측 안에 나와 있지 않으나 유엔 결의와 함께 전문에 슬쩍 언급한 데 그쳤다. 이러한 일본 측의 양보에 대하여서도 불만이라면 일본 측은 원안으로 돌아갈 수밖에 없을 것이다. 한국 정부가 유일한 합법정부라는 말은, 의론의 여지가 있는 말일지 모르나, 유엔 결의에는 없는 것이다. 만일 유엔 결의대로 언급한다면 한국 측 입장에서 보아 곤란하다고 생각된다. 따라서 조약에서는 유엔 결의만을 언급하고 양측이 각각 양측의 입장을 대외적으로 설명하도록 하는 것이 좋을 것으로 생각하여 일본 측 수정안처럼 절충한 것이니 이 점 잘 생각하여 주기 바란다.

제3조 (b)항의 경과 규정에 관하여서는 히로세 대표가 설명한 바 있고 일본 측이 안을 내서 검토하게 되겠지만, 현상을 유지한다면 결국 점령 시대에 체결된 잠정 협정이 되는데, 이 협정은 원래 잠정적인 것이고 체약국 명도 대한민국과 점령하의 일본으로 되어 있다. 점령 시의 협정은 모두 대체되었으므로 한국과의 잠정 협정만이 제 현안의 타결 후에도 남아 있게 되면 법률적, 사실적으로 곤란하다. 또 통상항해에 관하여 아무런 경과 규정을 두지 않게 되면 국회에서 현상에 관한 질문이 있을 때 동 잠정 협정

을 언급하지 않을 수 없고 따라서 정부의 입장이 곤란하게 될 것이다.

0731 제5조의 "일본과 한국 간에 있어서 효력이 없다"는 어구는 일본 측의 1차 안에 나와 있는 것인데, 동 조항에 관한 일본 측의 입장은 누차 설명한 바 있으며 그 입장은 지금도 변함이 없다. 동 조약이 현재 효력이 없다는 데에는 양측이 같은 입장이므로 이론이 없다고 보지만 동 조약이 체결 당시에는 유효하였으며 한국 측이 동 조약의 주체가 되어 있었음에도 이것을 재론하는 것은 곤란하다. 한국 측의 입장도 이해하고 있으므로 neutral하게 표현하려고 노력하였다. 영어 표현에 관하여서는 검토 중이므로 다음 기회에 제시하겠다. 제 협정의 일괄 타결에 관한 일본 측의 입장은 변하지 않고 있다. 제7조의 '주'는 일본의 입장을 확실히 하는 의미에서 붙인 것이며, 조문이 완성될 때에는 나타나지 않을 것이니 별문제가 없을 것이다. 전문의 주체를 양국 정부로 한 것은 다른 조약에도 예가 있고 조약의 전체적 형식을 고려하여 볼 때 이번 조약의 체약 당사자는 직접적으로는 양국 정부이므로 주어를 연결시킨다는 뜻에서 일본 측 안과 같이 한 것이다. 이것은 실질적 문제가 아니라 기술적인 문제라고 본다.

오 과장: 일본 측 수정안 제1조에 관하여 질문하겠는데 외교 및 영사 관계가 이 조약으로 된다는 것인가 또는 별도로 새로이 특별히 합의하려는 것인가 구체적으로 말하면 외교 관계의 수립과 양국 대사급 envoy의 교환을 어떻게 보는가 하는 것이다.

0732 마쓰나가: 외교 및 영사 관계는 창설적인 것이 될 것이며 대사급 외교사절이라든가 영사 관계 수립을 위한 장소 협의는 사실 문제가 될 것이다.

이 수석: 총괄적으로 이야기한다면 양측이 접근하여 이제 2, 3개의 기본적 문제 이외에는 모두 표현 기술상의 문제가 되는 것으로 본다. 명칭은 지금쯤 조약이라고 하여도 좋을 것으로 본다. 양측이 입장을 좀 더 접근시켜 나가도록 하는 것이 좋겠다. 샌프란시스코 평화조약을 빼고, 한국이 유일한 합법정부라는 사실의 확인과 과거에 체결된 조약의 무효 확인 조항은 본문에 넣고 싶다. 통상항해 조항의 경과 규정에 관하여 일본 측은 점령 시대의 잠정 협정이 남아 있어서는 곤란하다고 하나 현상을 유지하더라도 별로 불편하지 않을 것이라고 본다. 국교가 정상화되면 양측이 우호적으로 제 문제를 해결하여 나갈 수 있을 것이다. 경과 규정에 합의하려면 상당한 시간이 걸릴 것이며 또 한국 측은 경과 규정 자체가 불필요하다고 보나, 일본 측이 좋은 안을 내면 토의에 응할 수는 있다고 생각한다. 일본 측이 문제화시켰기 때문에 한마디 말하지 않을

수 없게 됐는데 독도는 본 위원회에서 논의할 문제가 아니다. 한국 측은 최초에 초안을 제시한 다음 구두로 설명하였으며 가능한 한 일본 측 입장에 접근시킨다는 의미에서 주석을 제시하였다. 본부에서 조약과장이 왔으니 Joint Drafting Committee를 만들어 토의를 추진하는 것이 좋으리라고 생각한다.

일본 측은 Annotations를 만들고 한국 측은 제2차 안을 만들어 상호 교환하고 이것을 최종적인 것으로 하여 Joint Drafting Committee에서 토의하도록 하는 것이 어떤가. 본 위원회서 타결할 수 없는 문제는 보다 고위층에서 결정하도록 남겨두면 될 것이다.

히로세: 한국 측이 2차 안을 낸 다음 그 후의 추진 방안에 관하여 토의하기로 하는 것이 좋겠다.

이 수석: 일본 측도 토의를 촉진하는 의미에서 다음부터는 영문으로 내 주기 바란다.

최 전문위원: 일본 측 안 전문에는 제 현안이 해결된 것을 언급하는 조항이 빠졌는데 이에 관한 일본 측의 입장을 설명하여 주기 바란다.

마쓰나가: 전문에 그러한 취지의 조항을 넣는다면 전 일본 측 초안에 있는 제 현안에 관한 본문 규정을 넣어야 하게 될 것이다. 따라서 이번 수정안에서는 비준 조항에서 기술적으로 취급하는 데 그쳤다. 이것은 한국 측도 제 현안에 관한 규정을 초안에서 삭제하는 것을 전제로 한 것이다.

최 전문위원: 동 문제는 1, 2, 3차 회담 시 양측이 제시한 초안에 규정되어 있고, 동 규정을 넣는다는 것이 한국 측의 기본 입장이다. 돌아가서 검토하겠지만 가령 한국 측 초안 제7조부터 제11조까지의 규정은 삭제한다 하더라도 제 현안의 타결에 관한 규정을 어떤 형식으로 본조약에 규정하여야 할 것이다.

히로세: 다음 회의는 2. 8(월) 오전 10:30에 개최하도록 하는 것이 어떤가. 일본 측은 영문 안을 준비하겠다.

이 수석: 다음 회의 일시에 관하여 이의 없다. 한국 측은 제2차 초안을 그때 제시하겠다. 신문 발표는 "핵심 문제에 관한 토의를 하였다"라는 정도로 하는 것이 어떤가.

히로세: 신문 발표 내용에 관하여 이의 없다.

(회의는 12:00에 폐회하였음)

32. 기본관계에 관한 한국 측 2차 최안 및 일본 측 수정안(영문) 송부 공문

주일정 722-38   1965. 2. 8

수신: 외무부 장관

제목: 기본관계에 관한 한국 측 제2차 안 및 일본 측 수정안(영문) 송부

금 2. 8 제7차 한일회담 기본관계 위원회 제10차 회의에서 우리 측이 일본 측에 제시한 제2차 초안과 일본 측이 제시한 일본 측 수정안(영문 안)을 별첨과 같이 송부합니다.

별첨: 1. 동 한국 측 제2차 초안
      2. 동 일본 측 수정안(영문 안) 각 2부

끝

수석대표 김동조[직인]

첨부

32-1. 기본관계위원회 제10차 회의 시 제출된 한국 측 제2차 초안

CONFIDENTIAL TRANSLATION

1965. 2. 8

DRAFT TREATY ON BASIC RELATIONS BETWEEN THE REPUBLIC OF KOREA AND JAPAN

The Republic of Korea and Japan,

Considering the historical background of relationship between their peoples and their mutual desire for good neighborliness and for the normalization of their relations on the basis of the principle of mutual respect for sovereignty;

Recognizing the importance of their close cooperation to the promotion of their mutual welfare and common interests and to the maintenance of international peace and security in conformity with the principles of the Charter of the United Nations;

Believing that a just and equitable settlement of their outstanding problems will contribute toward the establishment of a sound basis of their future relations;

Recalling the relevant provisions of the Treaty of Peace with Japan signed at the city of San Francisco on September 8, 1951;

Have resolved to conclude the present Treaty and have accordingly appointed as their Plenipotentiaries,

The Republic of Korea: _____

Japan: _____

Who, having communicated to each other their full powers found to be in good and due form, have agreed upon the following articles:

Article I

There shall be perpetual peace and everlasting amity between the High Contracting Parties as well as between their respective peoples.

Article II

It is confirmed that the Government of the Republic of Korea is the only lawful Government in Korea as declared in the resolution 195(III) of the United Nations General Assembly.

Article III

It is confirmed that all treaties or agreements concluded between the Empire of Korea and the Empire of Japan on or before August 22, 1910 are null and void.

Article IV

Diplomatic and consular relations shall be established between the High Contracting Parties. The High Contracting Parties shall exchange diplomatic envoys with the Ambassadorial rank without delay. The two countries shall also establish consulates at locations to be agreed upon by the two Governments.

Article V

The High Contracting Parties shall enter into negotiations as soon as possible to conclude treaties or agreements to place their trading, maritime and other commercial relations on a stable and friendly basis.

Article VI

The High Contracting Parties shall enter into negotiations as soon as possible to conclude an agreement relating to civil air transport.

Article VII

Any dispute that may arise out of the interpretation or application of the present Treaty shall be settled by negotiation or by other peaceful means.

Article VIII

The present Treaty shall be ratified and the instruments of ratification shall be exchanged at as soon as possible. The present Treaty shall enter into force as from the date on which the instruments of ratification are exchanged.

IN WITNESS WHEREOF, the respective Plenipotentiaries have signed the present Treaty and have affixed thereto their seals.

DONE in duplicate at __ on this __ day of __ of the year __ in the Korean, Japanese and English languages, each text being equally authentic. In case of any divergence of interpretation, the English text shall prevail.

번역 3급 비밀 번역본

1965. 2. 8

대한민국과 일본국 간의 기본관계에 관한 조약안

대한민국과 일본국은,

양국 국민 간의 관계의 역사적 배경과 선린우호 및 주권 상호 존중의 원칙에 기초한 관계의 정상화에 대한 상호 열망을 고려하며;

유엔헌장의 원칙에 따라 상호 복지와 공동 이익의 증진 및 국제평화와 안보의 유지를 위한 긴밀한 협력의 중요성을 인식하고;

미해결 문제의 정의롭고 공평한 해결이 미래 관계의 건전한 토대를 구축하는 데 기여할 것이라고 믿으며;

1951년 9월 8일 샌프란시스코에서 체결된 일본국과의 평화조약의 관련 조항을 상기하면서;

본조약을 체결하기로 결의하고 이에 따라 전권위원을 임명한다.

대한민국 _____

일본국 _____

본조약의 모든 권한이 선량하고 정당한 형태임을 서로 통지한 후, 다음 조항에 합의하였다:

제1조

양 체약 당사국 사이와 각 국민 사이에는 항구적인 평화와 영원한 우호 관계가 존재한다.

제2조

대한민국 정부는 국제연합총회 결의 제195호(Ⅲ)에 선언된 바와 같이 대한민국의 유일한 합법정부임을 확인한다.

제3조

1910년 8월 22일 또는 그 이전에 대한제국과 일본제국 사이에 체결된 모든 조약 또는 협정은 무효임을 확인한다.

제4조

양 체약 당사국 간에 외교 및 영사 관계를 수립한다. 체약 당사국은 지체 없이 대사급 외교사절을 교환한다. 양국은 또한 양국 정부가 합의하는 장소에 영사관을 설치한다.

제5조

양 체약 당사국은 무역, 해상 및 기타 상업 관계를 안정적이고 우호적인 기초 위에 놓기 위한 조약 또는 협정을 체결하기 위해 가능한 한 빨리 협상에 착수한다.

제6조

양 체약 당사국은 민간항공운송에 관한 협정을 체결하기 위하여 가능한 한 조속히 협상을 개시한다.

제7조

이 조약의 해석 또는 적용으로 인하여 발생할 수 있는 모든 분쟁은 협상 또는 기타 평화적 수단에 의하여 해결한다.

제8조

본조약은 비준되어야 하며 비준서는 가능한 한 조속한 시일 내에 교환되어야 한다. 본조약은 비준서가 교환된 날로부터 발효한다.

이상의 증거로서, 각 전권위원은 본조약에 서명 날인하였다.

본조약은 연도 ____ 년 __ 월 __ 일 __ 시에 한국어, 일본어 및 영어로 각본이 동등하게 진본임을 확인하면서 __일 __시에 2통 작성되었다. 해석상 이견이 있는 경우 영문본이 우선한다.

첨부

32-2. 기본관계위원회 제10차 회의 시 제출된 일본 측 조약안 영문본

CONFIDENTIAL

(Preliminary translation)

<u>Draft</u>

_____<u>between Japan and the Republic of Korea</u>

1965. 2. 5

The Government of Japan and the Government of the Republic of Korea,

Considering their common desire for good neighborliness in view of the historical, cultural and geographical relations between the two countries;

Realizing the importance of their close cooperation in conformity with the principles of the Charter of the United Nations to the promotion of the mutual welfare and common interests of the two peoples and to the maintenance of international peace and security;

Recalling the provisions of Article 2 (a) of the Treaty of Peace with Japan signed at the city of San Francisco on September 8, 1951, and the Resolution 195(Ⅲ) adopted by the United Nations General Assembly on December 12, 1948;

Have resolved to conclude _____ and have accordingly appointed as their Plenipotentiaries,

The Government of Japan:

_____

_____

The Government of the Republic of Korea:

_____

_____

Who, having communicated to each other their full powers found to be in good and due form, have agreed upon the following articles:

Article I

Diplomatic and consular relations shall be established between Japan and the Republic of Korea. The two countries shall exchange diplomatic envoys with the Ambassadorial rank without delay. The two countries will also establish consulates at locations to be agreed upon by the two Governments.

Article II

(a) Japan and the Republic of Korea will be guided by the Principles of the Charter of the United Nations in their mutual relations.

(b) Japan and the Republic of Korea will cooperate in accordance with the principles of the Charter of the United Nations and, in particular, will promote their common welfare through friendly cooperation in the economic field.

Article III

(a) Japan and the Republic of Korea will enter into negotiations for the conclusion of treaties or agreements at the earliest practicable date to place their trading, maritime and other commercial relations on a stable and friendly basis.

(b) Pending the conclusion of the relevant treaties or agreements, _____

Article IV

Japan and the Republic of Korea will enter into negotiations at the earliest practicable date for the conclusion of an agreement relating to civil air transport.

Article V

It is confirmed that all treaties or agreements concluded between the Empire of Japan and the Empire of Korea on or before August 22, 1910 have no effect as between Japan and the Republic of Korea.

Article VI

Any dispute arising out of the interpretation or application of this ___ shall be settled in the first instance by negotiation, and, if no settlement is reached within a period of six months from the commencement of negotiations, the dispute shall, at the request of either country, be referred for decision to the International Court of Justice.

Article VII

This _____ shall be ratified. The instruments of ratification shall be exchanged at _____ as soon as possible after all instruments of ratification of those Agreements signed on the date of signature of this _____ _____ which require ratification are exchanged. This _____ shall enter into force as from the date on which the instruments of its ratification are exchanged.

Note: 'those Agreements' means the agreements which were to be enumerated in Article I of the Japanese Draft dated Jan. 26, 1965, including agreements regarding fishery, claims, legal status, the Takeshima, etc.

Article VIII

This _____ shall be in the Japanese, Korean and English languages. In case of any divergence of interpretation, the English text shall prevail.

In Witness Whereof, the respective Plenipotentiaries have signed this _____

Done in duplicate at _____ , this _____ day of _____ , 196__ .

For the Government of Japan:

_____

_____

For the Government of the Republic of Korea:

_____

_____

| 번역 | 3급 비밀

(예비 번역)

초안

일본과 대한민국 간의 _____

1965. 2. 5

　　일본국 정부와 대한민국 정부는,

　　양국의 역사적, 문화적, 지리적 관계를 고려하여 선린 우호 관계에 대한 공통의 열망을 고려하며;

　　양 국민의 상호 복지와 공동이익의 증진 및 국제평화와 안전의 유지를 위해 국제연합 헌장의 원칙에 부합하는 긴밀한 협력의 중요성을 인식하고;

　　1951년 9월 8일 샌프란시스코에서 체결된 일본과의 평화조약 제2조 (a) 항과 1948년 12월 12일 유엔총회에서 채택된 결의 제195(Ⅲ)호의 조항을 상기하면서;

　　_____을 체결하기로 결정하고 이에 따라 전권위원을 임명한다,

　　일본국 정부:

　　　_____

　　　_____

　　대한민국 정부

　　　_____

　　　_____

　　양 당사자는 서로의 모든 권한이 선량하고 정당한 형식에 따라 유효하다고 판단하여 다음 조항에 합의하였다:

제1조

　　일본국과 대한민국은 외교 및 영사 관계를 수립한다. 양국은 지체 없이 대사급 외교 사절을 교환한다. 양국은 또한 양국 정부가 합의하는 장소에 영사관을 설치한다.

제2조

(a) 일본국과 대한민국은 상호 관계에 있어서 국제연합 헌장의 원칙에 따른다.

(b) 일본국과 대한민국은 국제연합헌장의 원칙에 따라 협력하며, 특히 경제 분야에서의 우호 협력을 통하여 공동의 복지를 증진한다.

제3조

(a) 일본국과 대한민국은 무역, 해상 및 기타 통상 관계를 안정적이고 우호적인 기초 위에 놓기 위하여 가능한 한 조속한 시일 내에 조약 또는 협정의 체결을 위한 협상을 개시한다.

(b) 관련 조약 또는 협정이 체결될 때까지, _____

제4조

일본국과 대한민국은 민간항공운송에 관한 협정의 체결을 위하여 가능한 한 조속한 시일 내에 협상을 개시한다.

제5조

1910년 8월 22일 또는 그 이전에 일본제국과 대한제국 간에 체결된 모든 조약 또는 협정은 일본과 대한민국 간에 효력이 없음을 확인한다.

제6조

이 _____ 의 해석 또는 적용에 관하여 발생하는 분쟁은 일차적으로 협상에 의하여 해결하며, 협상 개시일로부터 6개월 이내에 합의가 이루어지지 아니하는 경우에는 어느 일방의 요청에 의하여 국제사법재판소에 그 결정을 의뢰한다.

제7조

이 _____ 비준되어야 한다. 비준 문서는 이 _____ _____ 서명일에 서명된 협정들 중 비준이 필요한 협정들의 모든 비준 문서가 교환된 후 가능한 한 빨리 _____ 에서 교환되어야 한다. 이 _____ 는 비준서가 교환된 날부터 발효된다.

*주: '해당 협정'은 어업, 청구권, 법적지위, 독도 등에 관한 협정을 포함하여 1965년 1월 26일 자 일본 초안 제1조에 열거된 협정 들을 의미한다.

제8조

본 _____ 은 일본어, 한국어 및 영어로 작성된다. 해석에 차이가 있는 경우 영문본이 우선한다.

이상의 증거로서, 각 전권위원은 이 _____ 에 서명하였다.
_____ 에서 , 이 _____ 일 _____ , 196 . 2통 작성되었다.

일본국 정부를 위하여:

　　_____

　　_____

대한민국 정부를 위하여:

　　_____

　　_____

34. 제7차 한일회담 기본관계위원회 제10차 회의 회의록

0747   제7차 한일회담 기본관계위원회 제10차 회의 회의록

1. 일시: 1965. 2. 8 10:30
2. 장소: 일 외무성 236호실
3. 참석자: 한국 측: 이규성 수석
　　　　　　　최광수 전문위원
　　　　　　　오재희 조약과장
　　　　　　　장명하 전문위원
　　　　　일본 측: 히로세 다쓰오 대표
　　　　　　　마쓰나가 노부오 보좌
　　　　　　　구로코지 야스시　〃
　　　　　　　후쿠다 히로시　　〃
　　　　　　　오와다 히도시[히사시]　〃

4. 토의 내용

(회의 벽두 한국 측은 제2차 안을 제시하였으며, 일본 측은 2. 5에 제시한 바 있는 일본 측 수정안에 대한 영문 안을 제시하였음. 양측이 제시한 초안은 1964. 5. 8[1965. 2. 8의 오기] 자 주일정-38로 송부한 바 있음.)

이 수석: 한국 측 시나 일 외상의 방한 이전까지 대체적 합의에 도달하기를 희망하면서 일본 측의 주장을 충분히 도입하여 제2차 초안을 작성하였다. 금후의 회의에서 가능한 한 대폭적 합의에 도달하기 바라며, 2, 3개의 미합의점이 남으면 이것을 수석대표 회의에 상정하여 합의에 달하도록 하는 것이 좋을 것으로 생각한다.

0748   (한국 측 제2차 안을 일본 측에게 읽어준 다음 각 조항별 설명을 시작함)

전문 제4항으로 샌프란시스코 평화조약 관계 규정을 인용하였는데, 일본 측의 입장이 포괄적으로 포함될 수 있도록 neutral한 표현을 택하였다.

본문 제1조는 일본 측이 말하는 소위 평화조약적 규정인데, 기본 조약의 성격상 언급하는 것이 좋으리라고 생각하여 원안대로 채택하였다. 제2조에서는 일본 측의 입장을 고려하여 'as declared…'의 형식으로 언급하였다. 제3조의 무효조항에서는 한국 측의 입장대로 'are null and void'라고 하였다. 제4조에서는 일본 측 안을 대폭적으로 도입하였다. 제5조의 통상항해 조항에 관하여 한국 측은 경과 규정이 불필요하다는 입장이나 일본 측이 동 경과 규정에 관한 안을 내준다면 검토할 생각은 있다. 기본 조약에 관하여 어떤 분쟁이 일어나리라고는 생각되지 않으나, 만일 일어난다면 peaceful means로 해결하도록 하자는 것이 제7조에 있어서 한국 측 입장이다. 어업 문제에 관한 분쟁의 처리 방식에 관하여서는 commit 하여도 좋으니 본조약에 관하여서는 한국 측 안과 같은 형식으로 합의하게 되기 바란다.

제8조의 비준 조항은 다른 현안에 관한 협정에 구애할 필요 없이 처리할 수 있도록 하는 취지에서 규정된 것이다. 한국 측의 제1차 안에는 제 현안의 해결원칙을 삽입하도록 되어 있고, 일본 측 안도 제 현안에 관한 제 협정이 타결되고 비준된 다음에 본조약을 타결하고 비준하도록 되어 있으나 지난 수요일에 개최된 수석대표 회의에서 다른 제 현안에 관한 규정을 양측 안으로 함께 삭제하는 것이 어떤가 하는 논의가 있었으므로 이를 고려하여 삭제하였다.

최 과장: 보충하여 설명하겠다. 우리 측은 토의를 촉진하는 의미에서 wording에 있어서 가능한 한 일본 측 입장을 고려하였다. 제 현안의 타결원칙을 규정하는 데 관하여 양보하여 전문에만 일반적 규정을 삽입하였다. 제 현안은 동시에 타결 볼 것이므로 특히 이에 관한 규정을 두지 않아도 좋을 것으로 생각한다. 원래 한국 측은 외교관계의 개설에 관하여서는 특히 규정하지 않고 공동선언 등의 형식으로 별도로 개설하여도 좋은 것으로 생각하여 왔으나 일본 측의 의견을 존중하여 본문과 같이 규정하기로 한 것이다.

히로세: 한국 측이 많이 노력하였다고 생각한다. 그러나 근본 문제에 있어서는 아직도 대립되고 있다. 샌프란시스코 평화조약을 삽입한 것은 일본 측 안을 채택한 것으로 보겠으나 일본 측이 only lawful government라는 표현을 받아들일 수 없다고 하였는데도 제한된 형식으로나마 규정하고 있는 것은 커다란 문제라고 생각한다. 제3조에 규정된 이전의 조약 또는 협정의 무효에 관하여서도 문제가 있다. 제4조는 일본 측 안

에 따른 것으로 실질적인 문제는 없는 것으로 본다. 제5조 통상항해 조항의 경과 규정에 관하여서는 현재 일본 각 관계 성과 협의 중이나 아직 구체적 초안이 작성되지 않았다. 제6조는 문제가 없으리라고 생각한다. 제7조에 관한 이 대표의 설명은 어업에 한하는 이야기인지 의문이다. 법적지위나 청구권에 관하여서도 분쟁이 일어날 가능성이 있는지 이러한 기타 제 문제에 관하여서는 어떻게 생각하는가. 다음, 일본 측은 제 현안을 일괄 타결한다는 입장에서 제 현안의 해결 확인 조항을 삭제하였는데, 한국 측도 일괄 타결이란 입장에서 관계 해당 규정을 삭제한 것으로 이해한다. 미결되는 문제를 다음 수요일의 수석대표 회담에 회부하자는 이 수석의 제의에 관하여서는, 다음의 기본관계 회의에서 재차 협의하고 그다음에 미결문제의 수석대표 회의에의 회부 여부를 협의하는 것이 좋으리라고 생각한다.

마쓰나가: 두세 가지 질문하겠다. 전문 제2항 their mutual의 their는 무엇을 받는가.

최 전문의원: The Republic of Korea and Japan을 받는다.

마쓰나가: 다음의 in conformity with … 는 어디에 걸리는 것인가.

최 과장: 일본 측 안은 협력에 걸려있으나 한국 측 안은 promotion of … 와 maintenance of …에 걸린다.

마쓰나가: 제3항의 규정을 받는 본문 조항이 없는데, 또 한국 측 초안 규정의 의미로 보아서는 이 조약을 맺고 다음 제 현안을 타결하는 것으로 해석되는데 한국 측의 의견은 어떤가.

최 전문위원: 제 현안의 해결에 관한 원칙을 포괄적으로 언급하는 것이다.

마쓰나가: 해석상의 문제도 중요하다고 생각한다. 제 현안의 범위에 관하여서도 의문이 생길 수 있다.

최 전문위원: 그 범위를 규정할 필요는 없을 것이다. 또 제 현안이 동시에 일괄하여 해결되었을 때와 일부 현안이 후에 해결될 때의 두 가지 경우를 총괄하여 포함시킬 수도 있을 것이다. 제 현안 중 몇 개가 타결되고 몇 개는 타결 안 되었을 때라도 본조항은 이것을 한정하는 것이 아니므로 해석상의 문제가 발생하는 것으로는 해석되지 않을 것이다.

마쓰나가: settlement에 시점이 없고 outstanding problems에 관한 구체적 언급이 없는데 만일 국회에서 질문이 있을 경우 어떻게 답변할 수 있겠는가.

최 전문위원: 한일회담에서 논의된 제 현안에 관한 합의가 있었다고 하면 될 것이다.

히로세: 한국 측은 한일회담에 상정된 제 현안이라고 설명할 것이므로 확실하다고 하겠다.

마쓰나가: 이들 제 현안 중 하나라도 해결 안 되면 국교 정상화를 할 수 없다고 해석할 수 있겠는가.

최 전문위원: 제 현안 중 타결되지 않은 문제가 타결되면 더욱 sound 한 basis를 이룩하게 될 것이 아닌가.

마쓰나가: relevant provisions란 어떤 조항을 의미하는 것인가.

최 전문위원: 샌프란시스코 평화조약의 한국에 관련된 조항, 즉 2조, 4조, 9조, 12조, 21조 등을 고려한 것이다.

마쓰나가: 전권위원 임명권자에 관하여 양측 안이 다른데 한국 측이 the Republic of Korea and Japan이라고 하는 이유는 무엇인가.

오 과장: 대통령 또는 국가원수가 전권위원을 임명할 경우에는 그 임명권자의 명칭을 쓰지만 일본의 경우는 사정이 다르므로 neutral 한 표현을 사용한 것이다. 한일 간의 기본 조약에 있어서는 조약의 성격, 체계, 관례 등으로 보아 the Republic of Korea and Japan이란 표현이 적절하다고 생각한다. 한국 측 초안은 the Republic of Korea and Japan 또는 체약국이란 표현으로 일관하였다.

마쓰나가: 제3조의 null and void에 관하여 한국 측은 처음부터 무효라고 해석하는가.

최 전문위원: 처음부터 무효라고 하는 입장이나, 이에 관하여 일본 측이 어떻게 해석하는지 일본 측의 견해를 듣고 싶다.

마쓰나가: 제5조의 조약 체결 교섭 시기에 관하여 강하게 규정하고 있는데 경과조치를 취하지 않고 빨리 통상항해조약을 체결하자는 것이 그 취지인가.

이 수석: 그러한 취지도 있다.

마쓰나가: 제7조의 분쟁 해결방식에 관하여 설명하여 주기 바란다.

이 수석: 기본 조약의 성격에 비추어 일반적으로 고려한 것이다. 다른 제 현안에 관하여서도 I.C.J.에 부탁하는 것은 여러 가지로 문제가 있다고 생각한다. 제 현안에 대한 분쟁에 관하여서는 확실한 해결을 확보할 수 있는 규정을 고려하고자 하는 것이다.

마쓰나가: 어업 기타 현안에 관하여서는 기본관계에 관한 한국 측 안과 다른 규정을 고려하겠다는 것인가.

최 전문위원: 이 조약은 성격상 negotiation or other peaceful means로 충분하다고 생각한다. 다른 제 현안에 관한 분쟁에 대하여서는 이것과 다른 방식을 고려할 수도 있지 않는가 생각하나 현재 구체적으로 이야기할 단계는 아니라고 생각한다. 조약의 내용이 확정된 후에 그 성격에 따라 분쟁의 처리 방식을 적절히 고려하게 될 것이다. 특히 어업에 관하여서는 기본관계조약의 분쟁 처리 규정과 다른 방식을 고려할 수도 있다는 것이며 모든 다른 협정의 분쟁 처리 방식을 기본 조약에 있어서의 분쟁 처리 방식에 따르도록 하겠다는 것이 아니다.

마쓰나가: 유엔헌장의 원칙은 삭제하였는데 특히 어떤 의미가 있는가.

최 전문위원: 특히 동 원칙을 규정할 의의를 발견하지 못하고 있기 때문이다. 전문에서 언급하는 것으로 충분하지 않은가 생각한다.

마쓰나가: 한국 측 제2차 안의 전문규정 중 첫 항을 제외하고는 본문에서의 언급이 없는데 recalling의 항은 무방하다 하더라도 believing 이하에 관하여 본문에서 언급하지 않는 것은 조약 형식상 곤란하지 않겠는가.

오 과장: 본문과 전문은 모두 같은 효력이 있는 것으로 안다. 또 전문에 규정하였다 하여 반드시 본문에 규정하여야 한다고 생각지 않는다.

마쓰나가: 만일 체약국 중 일방이 상대방에 대하여 조약 위반이라고 주장하고자 할 때 전문의 규정을 이유로 할 수 있겠는가. 이것은 한·일 간의 조약을 구체적 대상으로 하여서 하는 말이 아니나, 객관적으로 말할 때 전문은 본문보다 법률적 구속력이 약하다고 생각한다.

이 수석: 일본 측 안의 제2조가 한국 측 안에서는 빠져 있는데, 같은 내용의 규정이 전문 중에 있기 때문에 본문 중에는 규정하지 않아도 되는 것으로 생각하여 삭제한 것이다.

마쓰나가: 통상항해 조항의 경과 규정에 관한 일본 측 입장을 말하겠다. 동 규정에 관하여 검토하였는데 일응 결론에 도달하여 관계부와 협의 중이므로 2, 3일 후 초안이 완성되는 대로 한국 측에 제시하겠다. 일본 측은 경제 관계 교류가 있는데 경과 규정이 없어서는 불합리하다고 생각한다. 무역 및 선박에 관한 잠정 협정이 있어 현재

동 협정의 규정을 mutatis mutandis 적용하고 있지만 동 협정은 점령 시대에 G.H.Q.가 주동이 되어 체결된 것이고, 또 만일 현재 동 협정과 같은 협정을 체결한다면 국회의 승인을 요하는 사항도 들어 있다. 또 mutatis mutandis 적용하더라도 문제가 있으므로 국교 정상화될 때에 이에 관한 어떤 합의를 하여 두고자 하는 것이다. 그러나 정식 통상 관계를 규정하려 하게 되면 복잡하게 될 것이므로 극히 간단한 규정을 고려하고 있다. 예를 들면 중일평화조약의 protocol에 있는 규정을 좀 더 간단히 하여 규정하려는 것이다. 그 내용을 크게 나누면 국민, 화물 및 선박에 관한 최혜국 대우의 3가지로 구분할 수 있는데 이에 관한 규정을 극히 간단히 언급하면 될 것이고, 통상항해 조약에서는 보통 예외 규정을 많이 규정하지만 여기서는 간략히 언급하면 될 것이다. 동 경과 규정은 3, 4항 정도 되리라고 생각하며, 규정 방식으로서는 통상항해 조항의 (b) 항에 넣어도 좋고 별도의 protocol로써 합의하여도 좋은 것이다. 초안이 되면 곧 협의하고자 하며 이에 관한 합의가 성립하면 현재 유효한 3가지 잠정 협정은 효력을 상실하게 될 것이다.

　최 전문위원: 초안을 제시하여 주면 구체적으로 언급하겠다.

　마쓰나가: null and void는 법률적 용어인데, 일본 측은 현재 효력이 없다는 것이며 불법으로 체결된 것은 아니라는 입장이다.

　최 전문위원: null and void라 하더라도 마쓰나가 과장이 말한 해석도 가능한 것이 아닌가.

　마쓰나가: 그렇게 안 된다.

　최 전문위원: 한국 측은 ab initio를 삭제함으로써 일본 측의 입장도 고려한 것이다. 과거의 기록으로 보아 해석상 일본 측도 동 표현을 인정하였다고 할 수 있으며, 한국 측은 최후선까지 양보한 것이다. 1957년의 agreed minutes에서도 같은 표현을 사용하고 있다.

　오와다: 제1차 회담 시 일본 측은 ineffective, do not regulate라는 표현을 사용하였으며 1957년의 agreed minutes는 다만 토의의 대상을 확인하였을 뿐이다.

　최 전문위원: 일본 측이 동 표현을 받아들였다는 것이 아니라 많은 곡절을 거쳐 'peace line'이란 용어와 함께 'null and void'란 용어가 agreed minutes에 기록되게 되었는데 동 용어가 양측으로서 가장 neutral 하다고 하여 사용되었다는 것이다.

마쓰나가: 문서로 일본 측의 입장과 같은 해석이 가능하다고 하는 취지를 확인해 줄 수 있는가.

0756 최 전문위원: 동 용어는 주로 정치적 문제가 될 것인데 문서로 해석을 일치시키려 하는 것은 곤란하다. null and void는 neutral 한 표현이라고 생각한다.

마쓰나가: 동 용어가 neutral 한 표현인지 여부가 문제이며, neutral 한 표현이라는 것이 명기되지 않는 한 null and void라는 어구 본래의 해석으로 판단할 수밖에 없을 것이다.

최 전문위원: 한국 측 표현은 시점에 별 관계가 없는 방식으로 되어 있다. 일본 측 안처럼 have no effects as between 운운으로 하는 것은 곤란하다. 단순히 have no effect라고만 하더라도 원래부터 무효라는 해석이 불가능하다. 한국 측 안은 최종적인 것이니 이 점 양해하기 바란다.

마쓰나가: 일본 측은 처음 이 조항이 전혀 필요 없다는 입장이었다. 기본 조약에 이런 규정을 두지 않고, 한국 측은 처음부터 무효라 설명하고, 일본 측은 현재 무효라 설명할 수 있도록 하려 하였지만 한국 측이 정치적 이유로 필요하다고 주장하여 넣게 된 것이다.

히로세: 국회에 대하여 설명할 수 있을지 자신이 없다. neutral 한 표현으로 하자는 데에는 이론이 없으나 무슨 좋은 표현이 있을지 모르겠다.

최 전문위원: 일본 측 안 전문 제2항, '양 국민의 공동복지'에 관한 규정에 있어서 two peoples라고 한 데에는 무슨 특별한 이유가 있는가.

마쓰나가: 공동복지라고 하니 '양국의' 보다는 '양 국민의'이라고 하는 것이 더 좋지 않겠는가 하여 그러한 표현을 사용한 것이다.

0757 히로세: 한국 측 제2차 안은 돌아가서 자세히 검토하겠다. 수요일의 수석 회담에 상정하기는 시기가 아직 빠른 것 같다.

이 수석: 원칙적으로 의견이 대립되는 점이 2, 3개 있고 기타는 표현상의 문제라고 생각된다. 우시로쿠 국장이 처음 제의한 것으로 알지만 김 수석대표는 시나 대신의 방한 시기를 택하여 기본관계의 문제점을 타결하고 Joint communique로 발표하도록 할 것을 고려하고 있다. 그렇게 하려면 모레의 수석대표 회담에서 예비적 협의가 있어야 할 것이다.

히로세: 우시로쿠 국장과는 만일 위원회에서 타결되어 형식으로 정리되면 그렇게 하자는 정도의 이야기가 있었다. 한국 측 제2차 안이 나왔으니 이것을 검토한 후 금후의 운영 방식에 관하여 협의하도록 하는 것이 어떤가. 통상항해 조항도 포함하여 결론이 나올 것으로 아니 추후 협의하고 필요에 따라 수석 회담을 열도록 하여도 좋을 것이다. 이 대표의 발언도 위에 보고하고 상의하겠다.

이 수석: 시간적 여유가 적은 실정도 유의하면서 고려하기 바란다.

히로세: 그렇게 하겠다. 다음 회의는 잠정적으로 수요일(2. 10) 오전 10:30에 개최하기로 하되, 일본 측의 통상항해에 관한 경과 규정 초안이 늦어질 때에는 동 회의 개최 시기에 관하여 다시 협의하기로 하는 것이 어떤가.

이 수석: 그렇게 하자. 신문 보도는 삼가하기로 했는데 일본 신문을 보면 기본관계에 관한 기사가 상세히 나오고 있는 반면 한국 신문에는 별로 보도되지 않고 있어 곤란하다.

금후에는 양측의 입장을 곤란하게 하지 않는 범위 내에서 본 위원회에서의 토의 내용을 조금씩 보도하도록 하는 것이 어떤가.

히로세: 그렇게 하자(회의는 12:25에 폐회하였음).

41. 한일 기본관계조약 일본 측 제3차 수정안 송부 공문[19]

주일정 722-45　　　　　　　　　　　　　　　　　　　　1965. 2. 10

수신: 외무부 장관

제목: 한·일 기본관계조약에 관한 일본 측 제3차 수정안 송부

1965. 2. 10에 개최된 제7차 한일회담 기본관계위원회 제11차 회의에서 일본 측이 제시한 제3차 수정안을 별첨 송부하오니 참조 바랍니다.

별첨: 1. 동 일본 측 제3차 수정안 2부

　　끝

　　　　　　　　　　　　　　　　　　　　　　　　　수석대표 김동조[직인]

19　편집자가 문서 순서를 편집자가 바꾸었음.

첨부

41-1. 기본관계위원회 제11차 회의 시 일본 측이 제시한 제3차 수정안[20]

(Preliminary translation)

Draft

_____ between Japan and the Republic of Korea

1965. 2. 10

[The Government of] Japan and [the Government of] the Republic of Korea,

Considering <u>the historical background of relationship between their peoples and</u> their [common] <u>mutual</u> desire for good neighborliness [in view of the historical, cultural and geographical relations between the two countries] <u>and for the normalization of their relations on the basis of the principle of mutual respect for sovereignty</u>;

Realizing the importance of their close cooperation in conformity with the principles of the Charter of the United Nations to the promotion of [the] <u>their</u> mutual welfare and common interests [of the two peoples] and to the maintenance of international peace and security;

Recalling the <u>relevant</u> provisions of [Article 2 (a) of] the Treaty of Peace with Japan signed at the city of San Francisco on September 8, 1951 and the Resolution 195(Ⅲ) adopted by the United Nations General Assembly on December 12, 1948;

Have resolved to conclude _____ and have accordingly appointed as

---

20 이 3차 수정안은 당초 일본 측 안에 있었으나 삭제하는 부분([ ] 로 표시)과 한국 측 안에서 도입한 부분(밑줄로 표시)이 함께 기재되어 있으며, 한글 번역은 삭제하는 부분을 제외하고 이루어졌음.

their Plenipotentiaries,

The Government of Japan:

_____

_____

_____ of the Republic of Korea:

_____

_____

Who, having communicated to each other their full powers found to be in good and due form, have agreed upon the following articles:

Article I

Diplomatic and consular relations shall be established between (Japan and the Republic of Korea) the High Contracting Parties. The (two countries) High Contracting Parties shall exchange diplomatic envoys with the Ambassadorial rank without delay. The (two countries) High Contracting Parties will also establish consulates at locations to be agreed upon by the two Governments.

Article II

(a) (Japan and the Republic of Korea) The High Contracting Parties will be guided by the Principles of the Charter of the United Nations in their mutual relations.

(b) (Japan and the Republic of Korea) The High Contracting Parties will cooperate in accordance with the principles of the Charter of the United Nations (and, in particular, will promote) in promoting their (common) mutual welfare and common interests. (through friendly cooperation in the economic field.)

Article III

(a) (Japan and the Republic of Korea) The High Contracting Parties will enter into negotiations for the conclusion of treaties or agreements at the earliest practicable date to place their trading, maritime and other commercial relations on a stable and friendly basis.

(b) Pending the conclusion of the relevant treaties or agreements, _____.

Article IV

(Japan and the Republic of Korea) The High Contracting Parties will enter into negotiations at the earliest practicable date for the conclusion of an agreement relating to civil air transport.

Article V

It is confirmed that the Government of the Republic of Korea is a lawful Government in Korea as declared in the Resolution 195(Ⅲ) of the United Nations General Assembly.

Article (V) VI

It is confirmed that all treaties or agreements concluded between the empire of Japan and the Empire of Korea on or before August 22, 1910 have (no effect) become null and void. (as between Japan and the Republic of Korea.)

Article (VI) VII

Any dispute arising out of the interpretation or application of this _____ shall be settled in the first instance by negotiation, and, if no settlement is reached within a period of six months from the commencement of negotiations, the dispute shall, at the request of either (country) High Contracting Party, be referred for decision to the International Court of Justice.

Article (VII) VIII

This _____ shall be ratified. The instruments of ratification shall be exchanged at _____ as soon as possible. (after all instruments of ratification of those Agreements* signed on the date of signature of this _____ which require ratification are exchanged.) This _____ shall enter into force as from the date on which the instruments of its ratification are exchanged.

(*Notes: 'Those Agreements' means the agreements which were to be enumerated in Article I of the Japanese Draft dated Jan. 26, 1965, including agreements regarding fishery, claims, legal status, the Takeshima, etc.〕

〔Article VIII

This _____ shall be in the Japanese, Korean and English languages. In case of any divergence of interpretation, the English text shall prevail.〕

In Witness Whereof, the respective Plenipotentiaries have signed this _____ and have affixed thereto their seals.

Done in duplicate at _____, this _____ day of _____ 196_ in the Japanese, Korean, and English languages, each text being equally authentic. In case of any divergence of interpretation, the English text shall prevail.

For the Government of Japan:

For the Government of the Republic of Korea:

번역 (예비 번역)

<u>초안</u>
일본국과 대한민국 간의 _____

1965. 2. 10

일본국과 대한민국은,

양국 국민 간의 관계의 역사적 배경과 선린우호 및 주권 상호 존중의 원칙에 기초한 관계의 정상화에 대한 상호 열망을 고려하고;

상호 복지와 공동이익의 증진 및 국제평화와 안보의 유지를 위해 유엔헌장의 원칙

에 부합하는 긴밀한 협력의 중요성을 인식하며;

1951년 9월 8일 샌프란시스코에서 체결된 일본과의 평화조약과 1948년 12월 12일 유엔총회에서 채택된 결의 195(Ⅲ)의 관련 조항을 상기하면서;

_____을 체결하기로 결의하고 이에 따라 전권위원을 임명했다,

일본국 정부:

_____
_____

대한민국 정부: _____

_____
_____

양 당사자는 서로의 모든 권한이 선량하고 정당한 형태임을 확인한 후 다음 조항에 동의했다:

제1조

양 체약 당사국 간에 외교 및 영사 관계가 수립된다. 체약 당사국들은 지체 없이 대사급 외교사절을 교환한다. 양 체약 당사국은 또한 양측 정부가 합의하는 장소에 영사관을 설치한다.

제2조

(a) 양 체약 당사국은 상호 관계에서 국제연합 헌장 원칙의 지침을 받는다.

(b) 양 체약 당사국은 상호 복지와 공동의 이익을 증진하기 위하여 국제연합 헌장의 원칙에 따라 협력한다.

제3조

(a) 양 체약 당사국은 무역, 해상 및 기타 상업 관계를 안정적이고 우호적인 기초 위에 놓기 위하여 가능한 가장 빠른 시일 내에 조약 또는 협정의 체결을 위한 협상을 개시한다.

(b) 관련 조약 또는 협정이 체결될 때까지, _____.

제4조

양 체약 당사국은 민간항공운송에 관한 협정 체결을 위해 가능한 한 빠른 시일 내에 협상을 개시합니다.

제5조

대한민국 정부는 유엔총회 결의 제195(Ⅲ)호에서 선언된 바와 같이 대한민국이 합법정부임을 확인한다.

제6조

1910년 8월 22일 또는 그 이전에 일본제국과 대한제국 사이에 체결된 모든 조약 또는 협정은 무효임을 확인한다.

제7조

이 _____ 의 해석 또는 적용으로 인하여 발생하는 모든 분쟁은 1차적으로 협상에 의하여 해결하며, 협상 개시일로부터 6개월 이내에 합의가 이루어지지 아니하는 경우, 어느 한쪽 체약 당사국의 요청에 의하여 그 분쟁은 국제사법재판소에 그 결정을 의뢰한다.[21]

제8조

본 _____ 은 비준되어야 한다. 비준 문서는 가능한 한 빨리 _____ 에서 교환되어야 한다. 이 _____ 은 비준 문서가 교환된 날로부터 효력을 발생한다.

이상의 증거로서, 각 전권위원들은 _____ 에 서명하고 여기에 날인하였다.

이 _____, 이 _____ 일 _____, 196.. 에서 일본어, 한국어 및 영어로 2통 작성되었으며, 각 텍스트는 동등하게 진본이다. 해석에 차이가 있을 경우 영문본이 우선한다.

일본국 정부를 위하여:

_____

대한민국 정부를 위하여:

_____

_____

---

21 영문의 〔 〕 안에 들어가 있는 내용 부분은 번역을 생략함.

36. 제7차 한일회담 기본관계위원회 제11차 회의 회의록

0761   제7차 한일회담 기본관계위원회 제11차 회의 회의록

1. 일시: 1965. 2. 10 10:30
2. 장소: 일 외무성 420호실
3. 참석자: 한국 측: 이규성 수석
　　　　　　　최광수 전문위원
　　　　　　　오재희 조약과장
　　　　　　　장명하 전문위원
　　　　　　　권태웅　　〃
　　　　일본 측: 히로세 다쓰오 대표
　　　　　　　마쓰나가 노부오 보좌
　　　　　　　구로코지 야스시　〃
　　　　　　　후쿠다 히로시　　〃
　　　　　　　오와다 히도시[히사시]　〃

4. 토의 내용

(일본 측은 제3차 수정안을 제시하고 이에 대한 설명을 시작하였음. 동 일본 측 초안은 1965. 2. 10 자 주일정-722-45로 송부한 바 있음.)

마쓰나가: 일본 측은 한국 측의 제2차 초안을 충분히 도입하여 제3차 초안을 작성하였다. 일본 측 안 중 큰 괄호로 표시한 부분은 원래 일본 측 안에 있던 것을 삭제한다는 표시이며 하선을 그은 것은 한국 측 안에서 도입한 부분을 표시한다.

0762   일본 측 제3차 초안의 전문 제1항에서는 the Governments of라는 어구를 삭제하여 한국 측 안대로 the Republic of Korea and Japan으로 하였다. 제2항에서는 한국 측 안을 대폭적으로 채택하고 이에 따라 일본 측 원안을 수정하였다. 제3항에 있어서 한국 측은 in conformity with 이하가 to the promotion of…와 to the maintenance…에 걸린다고 하였으나 in conformity with…의 구절은 역시 their close cooperation에 걸리도록 하는 것이 적절하다고 생각되어 그 위치를 바꾸었다. 한국 측 제4항과 같이 believing 이하에 현안의 해결이 양국의 장래의 우호 관계에 기여한다는 내용의 규정을 두게 되면 현안에 관한 제 협정을 언급하여야 할 것인바, 만일 언급하지 않으면 불명확한 폐단이 있고, 언급하게 되면 다시 문제가 될 것이므로 아예 모두 삭제하는 입장을 취하였다. 다음, 샌프란시스코 평화조약과 유엔 결의는 중요한 기본 문서이므로 전문에 기입하였다. 다만 샌프란시스코조약의 경우에는 한국 측의 안에 따라 relevant provisions라는 어구를 채택하고 Article 2 (a) of라는 어구는 삭제하였다. Plenipotentiaries 이하에 관하여 한국 측 안은 the Republic of Korea 및 Japan이라고 규정하고 있으나 이 부분은 전권위원 임명권자에 관한 것이므로 수속 상의 문제라고 생각되어 일본 측은 the Government of Japan이라 하였으며 한국 측의 이에 대응하는 용어는 한국 측이 결정할 문제이므로 …of the Republic of Korea라 하여 공백으로 남겨두었다.

0763   본문 제1조에서 일본 측은 한국 측 안에 따라 High Contracting Parties라는 용어를 택하였다. 동 용어는 다소 out of date 한 감이 있고 the Contracting Parties라 할 수도 있는 것으로 생각되었으나 한국 측 요망을 받아들이기로 한 것이다. 한국 측 안 제1조의 규정을 채택하지 않았는데 기본관계에 관한 조약에서 이 규정을 넣는 것은 out of balance 한 감이 있고 장소가 적당치 않다고 생각된 때문이며 동 규정의 내용에 이의가 있어서가 아니다. 일본 측 안 제2조에서는 High Contracting Parties라는 용어를 도입한 대신 주요 내용을 일본 측 원안대로 하였으나 한국 측 요망도 도입하여 경제 관계만을 강조하지 않고 일반적인 협력 관계를 규정하도록 하였다. 일본 측 안 제3조는 용어가 다소 다를 뿐 내용에 있어서 일본 측 원안과 같은데 (b)항의 경과 규정에 관하여서는 지금도 관계 각 성과의 협의를 계속하고 있어 완성된 초안은 아직 작성되지 않고 있다. 관계 성의 의견을 들어 기입한 극히 preliminary 한 초안이 있으나 이것은 전혀 정리된 것이 아니므로 비공식으로 제시한다(동 비공식 초안은 별첨함). 제4조의 민간항공협정에 관한 규정은 문제가 없을 줄 안다. 제5조에는 한국 측의 주장에 따라 한국이 '합법정부'라는 규정을 채택하였다. 다른 조약에 이와 같은 규정을 둔 예가 없고 또 불필요하다고 일본 측은 생각하여 왔으나 한국 측이 강하게 주장하

기 때문에 채택하기로 한 것이다. 그런데 한국 측 안의 the only lawful Government라는 어구는 유엔 결의에는 없으므로 유엔 결의에 있는 어구를 그대로 사용하면 한국 측으로서 받아들이기 곤란할 것이라 생각되어, 이번의 일본 측 안과 같이 a lawful Government라 하기로 한 것이다. 한국이 다른 나라와 맺은 조약에 이와 같은 규정이 없으므로 국회에서도 문제가 되리라고 생각하나 한국 측 주장을 존중한다는 입장에서 이번 안과 같이 규정하기로 하였다.

제6조는 전 조약 또는 협정의 무효 규정인데 are null and void라는 표현은 어떤 일이 있더라도 수락할 수 없다는 것이 일본 측의 입장이므로 have no effect 대신 have become null and void라고 하였다. 제7조는 분쟁의 처리에 관한 규정인데 일본 측 원안대로 규정하였다. 한국 측이 이를 다시 한 번 검토하여 주기 바란다. 이 규정은 원칙적 입장만이 문제이나 기본관계의 조약 형식을 갖는 이상 비상히 중요한 의미를 갖는다고 생각한다. 한미 우호통상조약의 분쟁 처리에 관한 규정과 같은 형식이라도 일본 측은 검토할 수 있다. 아무튼 I.C.J.에 부탁한다는 규정은 꼭 넣고 싶다. 일본 측 안의 비준 조항 제8조는 한국 측 의견에 따라 다른 현안과 관련시키지 않기로 하고 해당 어구를 삭제하였다. 또 일본 측 원안의 8조에 규정하였던 용어에 관한 규정은 한국 측 안에 따라 결문에 넣기로 하였다. 한국 측 안의 and have affixed thereto their seals라는 어구는 일본 측으로서 불필요하다고 생각하였으나 한국 측 안을 존중하기로 하였다. 다만 여기서 말하는 seal은 개인적(private)인 인장을 의미하는 것으로 안다. 구체적 예를 든다면 외무대신이라는 것이 아니라 시나라는 인장이 될 것이다. 한국 측이 기본관계의 문제점을 수석대표 회의에 회부하자고 제의한 바 있고, 회부한다면 본 위원회에서 가능한 한 정리된 것을 회부하는 것이 좋겠다고 생각하기 때문에 부내에서 그제부터 계속하여 밤늦게까지 검토하였으며 일본 측으로서 규정할 만한 것은 모두 포괄하여 최종적인 안으로서 작성하였다.

이 수석: 통상항해에 관한 경과 규정을 두려는 일본 측의 의도를 설명하여 주기 바란다.

마쓰나가: 국교를 정상화하게 되면 한·일 양국 간에 무역, 선박 및 사람의 왕래가 한층 더 빈번하게 되리라고 생각되는데 통상조약이 발효할 때까지 아무런 경과 규정이 없어서는 곤란한 점이 많다. 중일조약 등 외국과 맺은 조약의 예를 참조하되 한일

양국 간의 조약에서는 간단히 원칙적인 것만 규정하고자 한다. 일본 측은 일본 측 안과 같이 제3조의 b 항으로써 규정할 것을 고려하고 있으나 다른 조문과의 균형상 적절하지 않다고 한국 측이 생각한다면 protocol의 형식으로 별도로 규정하여도 좋을 것이다. 중일 평화조약과 일소 공동선언의 경우에는 별도로 규정하고 있다.

이 수석: 일본 측이 제3차 수정안을 작성하는 데 수고한 것으로 짐작된다. 한국 측의 입장을 상당히 고려한 것으로 보이나 아직도 양측의 입장에는 대립된 점이 많다. 일본 측 안 제5조는 일어로 어떻게 표현할 생각인가.

마쓰나가: 이번 일본 측 안의 일어 초안은 아직 작성되지 않았다. 일본 측 제3차 수정안은 한국 측 제2차 안을 토대로 하여 작성한 것이며 금후 만들 예정이므로 지금 무어라고 말하기 곤란하다.

이 수석: 일본 측 안 제7조의 분쟁 처리 규정에 관하여 설명하여 주기 바란다.

마쓰나가: 본조약상의 분쟁은 없으리라는 한국 측 의견을 이해하나 동 조의 규정은 원칙적인 면에 있어서 의의가 있다고 생각한다. 평화적 방법으로 분쟁을 해결하자는 데 대하여서는 일본 측도 이의가 없다. 다만 일본 측이 I.C.J.를 주장하는 것은 I.C.J.를 통하여 분쟁을 해결하자는 것이 일본 정부의 정책이며 이상이다. 모든 나라가 I.C.J.에 분쟁의 해결을 부탁하도록 하는 것이 세계적 추세이며 일본 정부의 염원이다.

이 수석: 한국 측은 최근까지 일본 측이 경과 규정을 강력히 주장하리라고 얘기하지 않았다. 그러나 한국의 입장에서 볼 때 나라에 따라서는 통상항해조약의 체결을 연기하여도 좋을 경우가 없지 않다고 생각되나 일본과는 사정이 다르다고 본다. 한일 양국 간에 통상항해조약을 가능한 한 조속히 체결하자고 하는 데는 양측의 의견이 일치하고 있으며 경과 규정의 내용에 관하여서는 한일 양국 모두 관계 부의 의견이 많을 것이며 또 한일 간에 합의하려면 상당히 시간이 걸릴 것이므로, 본조약에 경과 규정을 두기보다는 국교 정상화 후 조속히 통상항해조약을 체결하도록 하는 것이 좋은 것이다.

일본 측이 제시한 제3차 초안에 대한 한국 측의 의견을 말하겠다.

히로세: 좋다.

최 전문위원: 전문에 있어서, 제 현안의 해결에 관한 규정이 빠져있는데 이것을 넣

는 것이 좋겠고, 샌프란시스코 평화조약과 유엔 결의에 관한 규정은 본조에 유엔 결의에 관한 규정이 있으니 전문에서는 삭제하여도 좋을 것이다. 본문에 있어서, 제1조의 외교 관계 수립에 관하여 한국 측은 원칙만을 규정하고 추후 한일 양국 간의 선언 등의 형식으로 추후 대사관 및 영사관을 설치하려는 입장이었다. 한국 측 초안 제1조의 평화 관계 규정은 기본관계에 비추어 유지하는 것이 좋을 것이다. the only lawful Government라는 표현에 관하여, 유엔 결의에 그런 표현이 없다고 일본 측이 주장하지만, 동 결의 제2항에 규정된 lawful Government와 다음에 나오는 only such Government를 종합하여 고려하여 보면 only lawful Government가 되는 것이다.

다음 일본 측 안 제6조의 무효 확인 조항에 관하여서 null and void를 도입한 것은 일본 측이 노력한 결과라고 생각하나 have become이라고 하게 되면 일본 측의 입장만이 너무 확실히 나타나는 반면 한국 측의 입장은 곤란하게 된다.

마쓰나가: lawful Government에 관하여 일본 측도 여러 가지로 연구하였는데 미국이 한국에 대한 승인을 통고할 때와 영국이 한국에 대한 승인을 통고할 때의 예를 보면 유엔 결의를 그대로 인용하고 있다. 이와 같은 예에 따라 유엔 결의를 그대로 인용하게 되면 한국 측의 입장이 곤란하게 될 것으로 생각하여 일본 측 안과 같은 표현을 택하게 된 것이다. 한국 정부를 the only lawful Government라고 규정한 조약의 예가 있는지, 있다면 참고하고 싶다. 일본 측 안의 표현에 대한 alternative draft가 있으므로 소개하겠는데, "is the only Government in Korea having been declared as a lawful Government in the Resolution 195(Ⅲ)……"라는 것이다.

이 수석: 동 alternative proposal은 좀 더 검토하여 보기로 하겠다. have been null and void라고 하면 어떤가.

마쓰나가: null and void는 ab initio의 성격이 강하다. 따라서 부내에서 null and void라고 하면 have become이라 하더라도 소급효과가 있다고 하여 반대하는 의견이 강하였다. 일어로 직역하면 '무효가 되었다'가 될 것인데, 정부는 샌프란시스코 평화조약 시 무효가 되었다고 하나 무효가 된 사실 자체는 소급하는 것이 아닌가 하는 질문이 국회에서 있을 때에는, 정부는 샌프란시스코 조약 이후 무효가 되었다고 설명할 생각이다. are와 have been는 상호 간에 별로 다르지 않다고 보며 are를 수락할 수 없는 바와 같이 have been도 수락하기 곤란하다.

최 전문위원: 한국 측 안 제1조는 어떤가. F. C. N. Treaty[22]가 체결되게 될 때 F.를 빼면 될 것이다.

마쓰나가: 한국 측이 기본 조약이란 말을 쓰고 있지만 일본 측이 볼 때 기본적인 조약은 우호통상항해조약이라고 생각한다. F. C. N. Treaty가 없으면 우호통상의 기초가 이룩되었다고 할 수 없을 것이다. F. 관계는 우선 체결하고 C. N.은 다음에 한다는 생각에 대하여 동의하여 말하기는 곤란하다.

이 수석: 오늘 오후에 개최되는 한·일 간의 수석대표 회담에서 기본관계 문제가 논의될 것으로 생각한다. 오늘 회의는 이 정도로 하고 다음 회의는 내일 오전 10:30에 개최하기로 하는 것이 어떤가.

히로세: 이의 없다(회의는 12:20에 폐회하였음).

---

22 Friendship, Commerce and Navigation Treaty, 우호통상항해조약

39. 기본관계조약 문안에 관한 청훈 전문

번호: JAW-02236

일시: 102139[1965. 2. 10]

수신인: 외무부 장관
발신인: 수석대표

연: JAW-02234

1. 연호 보고와 같이 일본 측은 금 10일 11차 기본 위에서 일본 측 안을 제시하였음.

2. 당 대표단으로서는 시나 외상 방한 이전까지 기본 조약의 공동초안을 작성한다는 목표로 교섭을 진행하고 있어 명 11일에 12차 기본위를 개최하고 13일에 수석대표 회담을 개최하여 공동 초안 작성을 완료할 위계인바, 이를 위하여 하기 각 항을 청훈하오니 필히 명 11일 중에 회시 앙망함.

3. 협정 전문에 "BELIEVING THAT A JUST AND EQUITABLE…"이라는 표현으로 한일 간 제 현안의 해결이 한일 장래 관계에 기여한다는 규정은 일본 측이 이를 독도 문제와 결부시키려는 입장이 강하며, THE OUTSTANDING PROBLEMS의 정확한 정의에 관하여 쌍방의 의견이 현격히 대립되며, 또한 일본 측이 이를 비준 조항에 결부시키려는 의도가 강하므로 아 측으로서는 이를 계속 주장하되, 최종 단계에서 삭제할 수 있도록 하여 주시기 바람. 이는 본문 중에 각 현안의 해결 원칙을 규정하는 문제에도 같이 적용됨.

4. 아 측 최종 제시 초안 제1조(PERMANENT PEACE AND EVERLASTING AMITY의 규정)에 관하여 일본 측은 기본 조약의 성격으로 보아 이를 규정할 필요가 없으며 금

후 체결될 것이 예상되는 우호통상항해조약에 포함될 성질의 것이라는 입장을 견지하고 있음.

0774 아 측으로서는 본조의 삽입을 계속 주장할 것인바, 본조는 통상항해 문제에 관한 잠정 규정과도 관련이 있는 것이므로 본조의 삽입 여부에 관하여는 대표단의 재량에 맡겨주시기 바람.

5. 일본 측 연호 초안 제2조의 유엔헌장에 관한 규정에 대하여는 아 측으로서는 계속 삭제를 주장할 생각이나, 일본 측이 이의 삽입을 계속 주장할 경우 받아들여도 가하올지 회시 바람.

6. 일본 측 초안 제3조의 통상항해에 관한 잠정 규정을 두는 문제에 관하여는 JAW-02235호의 일본 측 입장을 검토 바라는 바, 일본 측은 이와 같은 잠정 규정을 PROTOCOL과 같은 부속 문서에 규정하자는 입장을 취하고 있음. 이에 대하여 아 측은 AD REFERENDUM으로 현재 양국 간에 유효한 무역, 해운, 결재 등 3개 잠정 협정의 당사자, 즉 일본 측의 OCCUPIED JAPAN을 JAPAN으로 대체하여 통상항해조약이 체결될 때까지 현상을 유지하는 방법을 시사한 바 있으며, 금일 수석대표 간 회담에서 이를 장차 열릴 각료급 무역회담에 넘겨 현행 잠정 협정을 개정하는 방식을 시사한 바 있음. 일본 측은 최소한 PROTOCOL로 잠정 규정을 둔다는 원칙에만 합의하면 기본 조약에서는 일본 측 안 제3조의 (B) 항을 삭제할 수 있다는 입장인바, 이를 여하히 처리할 것인지 회시 바람. 현재 일본 측 태도로 보아 본 잠정 규정을 두려는 일본 측의 의도가 매우 강한 것으로 보이므로 당 대표단으로서는 내용 여하에 관계없이 부속 문서로 잠정 규정을 둔다는 원칙에 합의하고 넘어가지 않을 수 없는 형편인바, 이 경우에는 금후 이를 위한 소위원회(AD HOC COMMITTEE)를 두고 계속 토의시키게 될 것임. 아 측이 위와 같은 입장을 취할 경우, 일본 측이 아 측 안 제1조를 수락하도록 노력할 수 있을 것임.

0775 7. 일본 측 초안 제5조의 한국 정부 합법성 확인 문제는 일본 측이 한국 측 의도를 받아들여 본문에 규정한다는 입장을 취한다고 생색을 내었으나 아 측이 이를 받아들

일 수 없다는 입장을 취하자 아래와 같은 대안을 제시하였음. "IT IS CONFIRMED THAT THE GOVERNMENT OF THE REPUBLIC OF KOREA IS THE ONLY GOVERNMENT IN KOREA HAVING BEEN DECLARED AS A LAWFUL GOVERNMENT IN THE RESOLUTION ONENINEFIVE(Ⅲ) OF THE UNITED NATIONS GENERAL ASSEMBLY."

이와 같은 대안에 대하여 아 측은 즉석에서 받아들일 수 없다는 입장을 명시하였는바, 이를 검토하여 주시기 바람. 아 측은 계속 'THE ONLY GOVT.'를 주장할 것이며 금일 수석대표 회담에서도 이를 강력히 주장하였는바, 일본 측은 UN 결의 195호 중에 직접 이와 같은 표현이 없으며 또한 이와 같은 표현은 195호의 취지에 합치되지 않는다는 조약국의 강력한 의견이 있어 받아들이기 어렵다는 입장임. 금일 수석대표 회의에서는 일본 측이 'A LAWFUL GOVT.' 대신 'THE LAWFUL GOVT.'라는 표현은 할 수 있는 것이라는 입장을 암시한바, 동 표현도 고려 바람. 이에 관하여 당 대표단으로서는 ONLY LAWFUL 운운을 본문에 규정하느니보다 오히려 전문에 독립된 PARAGRAPH로 'BEARING IN THE MIND THE RESOLUTION 195 196(Ⅲ) OF THE U.N.G.A.'이라는 표현만은 하여 둠이 오히려 아 측 입장에 유리하지 않겠는가 하는 의견도 있는바, 이도 참고하시어 아 측이 취할 입장을 회시하여 주시기 바람.

8. 일본 측 초안 제6조의 'HAVE BECOME NULL AND VOID'는 일본 측이 아 측 입장을 받아들인 최종안이라 하고 있는바, 아 측은 이를 받아들일 수 없다는 입장을 취하고, AD REFERENDUM으로 'HAVE BEEN NULL AND VOID'를 시사한바 있으나 일본 측은 이를 받아들일 수 없다고 하고 있음. 당 대표단 견해로서는 NULL AND VOID라는 문구가 법률적으로 소급하여 무효화된다는 의미를 가지고 있는 이상 최종 단계에서 타 문제와 교환하여 일본 측 안을 수락하여 가할 것으로 사료되오니 회시 바람. 이에 관하여 일본 측은 금일 수석대표 회담에서 'NULL AND VOID'로 할 경우에는 그 뒤에 'AS BETWEEN THE REPUBLIC OF KORE AND JAPAN'을 넣으면 수락하겠다는 뜻을 암시한 바 있으니 참고하시압.

9. 일본 측 초안 제8조의 분쟁 해결 규정에 관하여 일본 측은 종래 안을 고집하고

있으며 단 아 측으로부터 어업 또는 청구권협정 등에서 BINDING SETTLEMENT(ICJ 까지 가지 않더라도)를 규정한다는 명백한 언질이 있으면 한미 우호통상항해조약 제 24조 제2항의 규정과 같은 표현의 해결 방식으로 처리할 수 있을 것이라는 입장을 암시한 바 있으니 검토 회시하여 주시기 바람.

10. 일본 측은 금일 초안에서 명확히 언질을 주지는 않았으나, 'THE HIGH CONTRACTING PARTIES'라는 표현을 쓰고 있는 점 및 전체적인 체제에도 거의 아 측 안을 전적으로 받아들이고, 또한 비공식으로 '조약'이라는 어구를 최초로 사용하는 등에 비추어 조약이라는 개념을 간접적으로 명확히 나타내기 시작하였압기 참고하시압.(주일정–외아북)

40. 기본관계조약에 대한 훈령 전문

번호: WJA-02170

일시: 121145[1965. 2. 12]

수신인: 주일 대사

대: JAW-0221802234, 02236

기본관계 문제에 관한 훈령

1. 전문 중 Considering 이하의 부분은 일본 측의 제3차 수정안이 아 측의 제2차 수정안과 내용이 동일하므로 일단 합의된 것으로 확인 바람.

2. 전문 중 Recalling 이하의 부분에 관하여는 아래와 같은 단계에 따라 교섭하시기 바람.

    가. 평화조약 규정과 유엔 결의를 상호 관련시킴으로써 "Recalling that Treaty of Peace with Japan was signed at the city of San Francisco on September 8, 1951 and that Resolution 195 (Ⅲ) was adopted by the United Nations General Assembly on December 12, 1948;"이라는 표현을 현재까지의 아 측 입장(아 측 제2차 수정안과 같은 평화조약에 관한 전문규정과 유엔 결의에 관한 본문 제2조의 규정을 두는 것)에 대한 대안으로 제시하기 바람.

    나. 일본 측이 상기와 같은 대안을 받아들이지 않을 경우 Recalling의 구절은 아 측 제2차 수정안에서와 같이 평화조약 규정만을 언급하고 유엔 결의 관계는 따로 취급함(본 전문 제7항 참조).

3. 아 측 초안 전문 중 Believing 이하의 부분은 아 측 안 대로 추진할 것이나 일본

측이 끝까지 독도 문제와 관련시킬 경우에는 본문 중 현안 문제의 해결에 관한 규정과 함께 모두 삭제하도록 함.

    4. 아 측 안 제1조(permanent peace and everlasting amity)에 관하여는 귀 건의대로 통상항해 조항에 있어서의 경과 규정과 관련하여 삽입 여부를 결정하도록 대표단의 재량에 맡김.

    5. 일본 측 안 제2조 유엔헌장에 관한 규정은 실질적으로는 무해 무독한 것으로 볼 수 있으나 전문 중 Recognizing 이하(아 측 안) 또는 Realizing 이하(일본 측 안)에서 내용을 cover하고 있으므로 삭제토록 교섭하시고 일본 측이 강력히 주장함으로써 부득이한 때에는 다른 문제에 관한 일본 측의 양보와 관련시켜 포함시키도록 하기 바람.

    6. 통상항해 조항 중 경과 규정을 두는 문제에 있어서는 조약 체결의 뜻만을 기본 조약에 규정하고 경과 규정을 둘 필요가 없으나 일본 측의 제안을 일단 검토하여 보겠다는 아 측의 종래 입장을 당분간 유지하기 바람. 이에 관하여는 경과 규정에 관한 일본 측 안을 본부에서 검토한 후 새로 훈령할 것이며 일본 측 안 내용에 관한 귀견이 있으면 알려주기 바람.

    7. 한국 정부의 유일 합법성 확인 조항에 관하여서는 아 측 제2차 수정안(…the only lawful Government … as declared in …)을 고수하기 바람.

    8. 구 조약 무효 확인 조항에 관하여는 "… are null and void"라는 것이 아 측의 최종 입장이며 이의 관철을 위하여 최대한 노력하기 바람.

    9. 분쟁 처리 조항에 관하여는 아 측의 종전 입장을 유지하기 바람. (외아북)

장관

43. 제7차 한일회담 기본관계위원회 제12차 회의 회의록

0789   제7차 한일회담 기본관계위원회 제12차 회의 회의록

1. 일시: 1965. 2. 12.(목) 10:30
2. 장소: 일 외무성 420호실
3. 참석자: 한국 측: 이규성 수석
           최광수 전문위원
           오재희 조약과장
           권태웅 전문위원
           장명하   〃
    일본 측: 히로세 다쓰오 대표
           마쓰나가 노부오 보좌
           구로코지 야스시   〃
           후쿠다 히로시   〃
           오와다 히도시[히사시] 〃
           가와무라 도모야

4. 토의 내용

(일본 측은 통상항해 조항에 추가할 경과 규정 초안을 수교하였음. 동 초안은 별첨함).

히로세: 어제 개최된 수석대표 회의에서 토의된 가운데 null and void에 관하여 김 수석대표에게 오해가 있는 것 같아 명백히 하고 싶다. 1957년 말에 양측이 서명한 바 있는 합의 문서에 null and void라는 용어가 있다 하여 동 용어가 합의한 것이 아니라

0790 는 점은 문서로써 확인 할 수 있다. 당시 그와 같은 합의 문서가 없어서는 회담이 재개가 어려울 것 같아 받아들인 것이다.

이 수석: 어제의 수석대표 회의에서 김 수석대표가 말한 취지는 null and void가 한국 측의 일방적 용어가 아니라는 것과 실제 상 동 용어를 합의하기까지에는 많은 경

위와 토의가 있었던 것이니 이 점 양해하라는 것이다. 어제의 수석대표 회의에서 표명된 한국 측의 입장을 회고하여 말하겠다. 한국 측 안 제1조에 관하여 한국 측은 우호적 관계와 국교 정상화가 함께 수립되기를 바라며, 분쟁 처리 규정에 관하여서는 사이 좋게 지나기 위하여 우호 관계를 논의하는 마당에서 싸우는 것을 규정하는 것은 좋지 않다고 생각한다. the only lawful Government의 only lawful은 꼭 필요하여, null and void라는 표현은 좋으나 have become은 곤란하다. 경과 규정에 관하여서는, 시나 외상의 방한 시기가 촉박하고 있는데 양측이 방침을 세우려면 각 관계 부와 협의하여야 할 것이며 따라서 상당한 시일이 소요될 것이므로, 기본관계는 우선 타결하고 경과 규정 관계는 한일 무역회담과 같은 별도의 기회를 만들어 토의하는 것이 좋으리라고 생각한다.

히로세: 어제 수석대표 회의에서 표명된 바 있는 일본 측 입장을 요약하여 말하겠다. 한국 측 안 제1조에 관하여, 일본 측은 우호 관계 수립에 이견이 있어서가 아니라 기본관계의 성격으로 보아 기본 조약에 동 규정을 두는 것이 부적합하다고 보는 것이다. 분쟁의 해결에 관하여, 일본 측은 한·일 양측이 친근하게 지나기 위하여서는 분쟁이 있을 경우의 해결 방도를 정하여 놓는 것이 좋다는 입장이다. 한국 측 안 제1조와 일본 측 안의 강제 관할에 관한 규정(제7조)은 상호 관련이 있으므로 두 문제를 함께 취급하여 모두 빼든지 또는 모두 넣든지, 양자택일하는 것이 어떤가. 통상항해 조항의 경과 규정에 관하여서는, 일본 측의 입장은 시나 외상 방한 전에 타결하자는 것이 아니고 어떤 형식으로 매듭을 지어 놓자는 것이다. 일본 측은 동 경과 규정을 반드시 기본 조약에 넣어서 규정하려는 것은 아니다.

이 수석: 한국 측 안 제1조를 규정하고 일본 측 안 제7조는 삭제하는 것이 좋을 것으로 생각한다.

마쓰나가: 기본 조약의 세부적 문제에 관하여 수석대표 회의에서 토의가 있었다는 사실 자체를 의외로 생각한다. 조약국으로서의 기본적 사고 방식을 말한다면 한국 측 안 제1조의 삽입은 조약적 견지에서 볼 때 한·일 양국 관계가 안정된 기반 위에 있다는 것을 의미하게 된다. 따라서 장차 체결될 통상조약에 동 규정을 넣는다는 것은 단언하여도 좋다고 생각한다. 그러나 본조약에 동 규정을 넣는 데에는 장애가 있다. 따라서 한국 측 초안 제1조는 일본 측 초안 제3조 b 항과 관련되는 것이다. 또 무역회담

을 개최한다 하더라도 동 회담에서는 수출입 균형 등이 중심 문제가 될 것이라고 생각되며 따라서 기본관계조약에서 논의하는 경과 규정 문제와는 별개의 성질의 것이 아닌가 생각한다.

0792 최 전문위원: 일본 측이 제시한 경과 규정을 기본 조약에 포함시키는 데에는 한국 측으로서 강한 저항이 있다. 어제 수석회담에서 논의된 무역회담이 개최된다면 3개의 잠정 협정을 개정하는 문제를 포함하게 될 것이다.

마쓰나가: 일본 측은 일본 측 안 제3조 (b) 항에 경과 규정을 넣고 싶다. 다만 3개의 잠정 협정을 실효시킬 것인가, 개정하여 존속시킬 것인가 하는 문제도 병행하여 토의하여야 될 것으로 생각한다. 전번 회담 시에는 잠정 협정은 경과 규정의 발효로써 실효할 것이라고 말한 바 있으나 운수성 측으로부터 port clearance, 톤세, 등 한일 간의 선박 왕래에 따르는 제 문제가 있으므로 잠정 해운협정은 통상항해조약의 발효 시까지 효력을 지속하도록 하여 달라는 요망이 있었다. 경과 규정이 기본 조약에 포함되는 여부는 조약적 입장에서 볼 때 중요하다고 생각한다. 일본 측의 입장에서 볼 때 현 조약안 중 실질적인 의의가 있는 것은 외교 관계의 설정에 관한 것이고 그 외의 것은 별로 의의가 없는 것이다. 따라서 지금도 공동선언이 적당한 형식이라고 생각하는 것이다. 그럼에도 불구하고 일본 측은 한국 측 주장에 따라 조약의 방향으로 명칭, 형식 등을 바꾸었으니, 실질적으로 조약으로써 합당한 내용이 되도록 한국 측도 양보하여 주기 바란다.

이 수석: 오늘 받은 일본 측의 경과 규정 안은 검토하겠다. 한국 측 안 1조와 일본 측 안 7조에 관하여 구체적으로 토의하자. 마쓰나가 과장의 말대로 기본 조약 각 조항 중 실질적인 것이 외교관계 개설에 관한 규정뿐이라면 I.C.J.에 회부할 만한 문제도 없다는 결론이 되지 않겠는가.

0793

마쓰나가: I.C.J. 조항은 이념적인 의의가 있으며 실질적 의의가 있을지도 모른다.

최 전문위원: 한국 측 안 1조와 일본 측 안 7조는 이미 논의한 바와 같이 밀접한 관계가 있고 한국 측 안 1조와 일본 측 안 3조도 관련성이 있으므로 1조와 7조를 삭제한다면 제3조의 b 항도 함께 삭제하는 것이 어떤가.

히로세: 3조 b항을 삭제하지 않으면 1조와 7조를 삭제하는 것도 곤란하다는 것인가. 그렇다면 2:1이 되니 곤란하다.

이 수석: 오늘은 어제보다도 더 깊이 나아간 토의를 하였다고 본다. 양측이 좀 더 검토하기로 하자. 일본 측 안의 lawful Government in Korea와 have become null and void를 일어로 번역하면 어떻게 되는가.

히로세: '조선에 있어서 합법정부' 및 '무효가 되었다'가 될 것이다.

최 전문위원: '무효가 되었다'고 하면 전에 유효한 것이 무효가 된 것이라는 의미로 해석되어 곤란하다.

히로세: 국회에서 공격을 받는 경우에는 일본 정부로서 어느 정도 회피할 수 있어야 되겠다.

최 전문위원: 우리 정부가 한국의 유일한 합법정부라는 것은 유엔 결의와 관계없이 확립된 사실이다. 유엔 결의는 이 사실을 확인할 뿐이다. 일본 측의 대안은 유엔 결의에 의하여 합법정부가 된 것 같은 인상이 너무 강하게 나타나기 때문에 곤란하다.

히로세: 일본 측 입장도 있어 유엔 결의를 언급하기로 한 것이다. 일본 측은 유엔 결의가 너무 표면에 나오는 것을 우려하여 일본 측 안과 같이 제의한 것이다. 한국 측이 홀로 유일한 합법정부라고 주장하는 것은 무방하지만 조약 형식으로 합의하려 하니 문제가 된다. the only lawful Government는 어떤 일이 있더라도 곤란하다. null and void라는 용어를 상충하는 한 since…라고 하여 제한하는 어구가 있어야 하지만 한국 측의 입장을 최대한 고려하여 have become null and void라고만 한 것이니 일본 측의 입장도 이해하기 바란다.

이 수석: 오늘은 이 정도로 하는 것이 어떤가. 내일 오후 수석대표 회의를 개최하기로 한 줄 안다. 그때에는 기본관계 문제가 다시 논의될 것이다.

히로세: 그럼 이 정도로 하자(회의는 12:25 폐회하였음).

별첨: 통상항해에 관한 일본 측 경과 규정 초안 1부

끝

첨부

43-1. 제12차 회의 시 일본 측이 제시한 통상항해에 관한 경과 규정 문서

1965. 2. 11

第3条

(a)

(b) 該当する条約又は協定が締結されるまでの間, いずれか一方の締約国は他方の締約国の国民, 産品及び船舶に対し, 次の待遇を与える. もっとも, 差別的措置であって, それを適用する締約国の通商条約に通常規定されている例外に基づくものは, 実態に相応しており, かつ, 恣意的な又は不合理な方法で適用されない限り, この待遇の許与を害するものと解してはならない. また, いずれの事項に関しても, 一方の締約国が他方の締約国に対し最恵国待遇を与えることが実質的に内国民待遇を与えることとなるときはいつでも, この一方の締約国は, 他方の締約国が最恵国待遇に基づき与える待遇よりも有利な待遇を与える義務を負わない.

(i) 貨物の輸出及び輸入に対する, 又はこれに関連する関税, 課金, 制限その他の規制に関する最恵国待遇

(ii) 一般的にすべての外国人に同様に適用される法令及び規制に従って, 入国, 旅行, 滞在, 居住及び出国を許されること.

(iii) 海運, 航海及び輸入貨物に関する内国民待遇及び最恵国待遇並びに自然人, 法人及びこれらのものの利益に関する最恵国待遇

번역　　　　　　　　　　　　　　　　　　　　　　　　　1965. 2. 11

제3조

(a)

(b) 해당 조약 또는 협정이 체결될 때까지 어느 일방 체약국은 타방 체약국의 국민, 생산품 및 선박에 대하여 다음과 같은 대우를 한다. 다만, 차별적 조치로서 그것을 적용하는 체약국의 통상조약에 통상적으로 규정된 예외에 근거한 것은 현실에 합당하고, 자의적이거나 불합리한 방법으로 적용되지 않는 한, 이 대우의 허용을 해치는 것으로 해석되어서는 아니 된다. 또한, 어느 사항에 관하여도 일방 체약국이 타방 체약국에 대하여 최혜국 대우를 부여하는 것이 실질적으로 내국민 대우를 부여하는 것이 될 때에는 언제든지 이 일방 체약국은 타방 체약국이 최혜국 대우에 근거하여 부여하는 대우보다 유리한 대우를 부여할 의무를 부담하지 아니한다.

(i) 화물의 수출 및 수입에 대한 또는 이와 관련된 관세, 부과, 제한 및 기타 규제에 관한 최혜국 대우

(ii) 일반적으로 모든 외국인에게 동일하게 적용되는 법령 및 규정에 따라 입국, 여행, 체류, 거주 및 출국이 허용되어야 한다.

(iii) 해운, 항해 및 수입 화물에 관한 내국민대우 및 최혜국 대우 및 자연인, 법인 및 이들의 이익에 관한 최혜국 대우

47. 제7차 한일회담 기본관계위원회 제13차 회의 회의록

0801   제7차 한일회담 기본관계위원회 제13차 회의 회의록

1. 일시: 1965. 2. 15, 15:00
2. 장소: 일 외무성 420호실
3. 참석자: 한국 측: 이규성 수석
　　　　　　최광수 전문위원
　　　　　　권태웅 전문위원
　　　　　　장명하　　〃
　　　　일본 측: 히로세 다쓰오 대표
　　　　　　마쓰나가 노부오 보좌
　　　　　　구로코지 야스시　〃
　　　　　　후쿠다 히로시　　〃
　　　　　　오와다 히도시[히사시]　〃

4. 토의 내용

히로세: 지난 2. 12의 수석대표 회담 시에 논의한 바 있는 only lawful Government 에 관한 일본 측 안을 문서로 정리하였다(일본 측 제시함). 일본 측은 최종적 입장을 제시하였으므로 이 이상의 양보는 생각할 수 없다. 일본 측의 최종 절충안은 시나 외상의 방한 기간에 가조인(initial) 한다는 전제하에 제시한 것이므로 양측의 가조인이 안 될 경우에는 원상으로 복귀하지 않을 수 없을 것이다. 일본 측은 또 하나의 방도로써

0802   이미 합의한 점을 정리한 요강안을 만들어 initial하는 방식을 고려하고 있으며 필요하다면 본 위원회에서 제시하거나 한국에 가지고 가서 제시할 생각이 있다.

마쓰나가: 일본 측 안 제6조의 null and void 조항에 관하여서는 have become이든지 have no effect든지 좋다는 입장이다. only lawful Government 조항에 관하여서는 일본 측 안에 as is specified로 되어 있으나, as is described, as is declared 등

의 alternative가 있다. 한국 측이 끝내 한국 측 주장을 고수한다면 이번에 initial 할 의사를 포기할 생각이다.

이 수석: 일본 측 안 5, 6조에 관하여 본 위원회 대표로서 이야기할 수 있는 것은 모두 말하였다. 양측이 만족스러운 표현을 발견하지 못한 것은 유감이다. 본국에 일본 측의 입장을 보고하겠다.

마쓰나가: 이번 기회에 initial이 안 되면 백지로 돌아오게 된다. 현재와 같은 입장까지 일본 측이 양보한 것은 여러 가지 경위와 전제에 기인한 것이다. 예를 들어 말하면 I.C.J.와 통상 관계 경과 규정에 일본 측이 양보한 것은 시나 외상이 방한 전까지는 충분히 토의할 여유가 없다는 시간적인 이유가 많은데 이번에 initial이 안 된다면 그러한 이유가 없어질 것이다. 이 점 양해 바란다.

이 수석: 이번에 initial이 안 되면 일본 측 입장이 시발점으로 복귀하게 될 것이라는 데 대하여서는 이의가 있다. 이번 기회에 기본관계만이라도 합의하여 다른 제 현안 해결의 선도적 역할을 하도록 하여야 할 것이다. 일본 측 안 5조와 6조에 관한 일본어 안은 되어 있는가.

마쓰나가: 필요하다면 내일 중에라도 preliminary 한 Draft는 제시할 수 있다.

최 전문위원: 이번 일본 측 안은 the only such lawful Government in Korea as is specified……로 되어 있는데, 전번의 수석대표 회의에서 우시로쿠 국장은 such only lawful Government as declared……라고 제안하였고, 우시바 심의관은 the를 그 앞에 붙여도 좋다고 제안한 것으로 기억하고 있으며 대표부는 이미 본부에 그와 같이 보고하였다.

히로세(마쓰나가, 오와다): 그 당시 일본 측이 어떻게 말하였는지 정확히 기억하지 못하고 있으나 의미는 이번의 일본 측 안과 같이 the only such lawful Government 이었다. as is specified의 is도 들어가야 된다고 생각한다.

이 수석: 한국 측은 일본 측이 (the) such only lawful Government in Korea as declared …… 라고 제안한 것으로 생각하고 있으니 이 점 우시로쿠 국장 등에게 재차 확인하여 달라. 경과 규정에 관한 일본 측의 제안은 본부에 보고하였으나 본 위원회에서 토의한다는 합의는 없는 것으로 안다.

히로세: 본 위원회에서 토의하자는 것은 일본 측의 제안이며, 무역회담에서 토의

한다는 합의도 없었는 줄 안다. 일본 측으로서는 경과 규정에 관한 협의 시기와 장소에 관하여, 기본 조약안과 동시에 합의 서명하게 되기 바란다.

이 수석: 기본 조약안 중의 미합의점, 경과 규정의 협의에 관한 합의 및 해저전선의 분할과 동 전선의 사용료 등은 서울에서 결정하도록 하는 것이 좋겠다.

히로세: 일본 측으로서 이의 없다.

이 수석: 양측 안 중의 미합의점과 조문의 배열에 관하여 협의하기로 하자.

최 전문위원: 한국 정부의 유일 합법성에 관한 규정과 전 조약의 무효 확인에 관한 규정 이외에 전문의 Recalling 이하의 항, 유엔헌장의 원칙에 관한 조문(일본 측 안), 및 기타 어구 등에 있어서 차이점이 있다. 특히 일본 측 안 제2조의 유엔헌장의 원칙에 관하여서는 한국은 유엔의 회원국이 아니므로 동 규정을 둔다면 어떤 효과가 있게 되는지 검토 중이다.

히로세: 수석대표 회의에서 한국 측 안 1조, 일본 측 안 제7조와 3조 b 항이 떨어졌는데 2조도 빼자고 하면 곤란하다.

마쓰나가: 일본 측은 will과 shall을 구별하여 사용하고 있는데 shall은 obligation을 발생하나 will은 의지를 표시하므로 shall보다는 강하지 않다. 일본 측 안 유엔헌장의 원칙 규정에 있어서 (a)항과 (b)항은 표리 관계를 이루고 있으므로 하나라도 빠지면 불완전하게 될 것이며, 동 조를 뺀다면 전문의 관계 규정도 삭제하여야 할 것이므로 그렇게 되면 조약으로 할 이유가 전연 없어진다.

이 수석: 한국 측은 한·일 양 외상 간에 initial할 것을 생각하고 있다. 그러나 시나 외상이 initial 않는다면 서울에서 그 내용을 보도하고 initial은 일본에서 한일 양 수석 대표 간에 하는 것이 좋을 것이다.

히로세: initial(가조인) 하는 데 대한 합의는 대신의 정치적 책임으로 가능하며 동 가조인을 하더라도 조약으로서의 구속력은 없는 것으로 알고 있다. 일본 정부는 관례상 실제 가조인하는 경우 각료가 아니라 국장이 하도록 하고 있으며 initial을 하기 전에 각의의 결정을 거치도록 되어 있다. 또 각의 결정에서는 initial 하는 자를 지명하지 않는 것이 관례이다.

최 전문위원: 전문의 샌프란시스코 평화조약 및 유엔 결의 195호에 관하여 다음과 같은 3가지 방안이 있다.

1. Recalling that the Treaty of Peace with Japan was signed at …… on September 8, 1951 and that the Resolution 195 (Ⅲ) was adopted by …… on December 12, 1948 ;

2. Recalling the relevant provisions of the Treaty of Peace with Japan signed at …… Bearing in mind the Resolution 195 (Ⅲ) adopted of ……

3. 아 측 제2차 초안과 같이 샌프란시스코 평화조약의 관계 규정만 언급한다.

상기 3안 중 제2안의 Bearing in mind는 하나의 예로 든 것에 불과하다.

마쓰나가: 제1안과 같이 사실만 recall하면 의미가 달라진다. 또 relevant provisions를 빼면 곤란하다. 제2안은 검토할 수 있다고 생각한다. 한국 측의 최종안이 정리되기 바란다. 일국의 외무대신이라도 해외에 출장하게 되면 본국에 청훈하여야 하게 되므로 교섭 내용이 복잡해지면 곤란하게 될 것이다.

이 수석: 조문의 배열에 관하여서는 어떻게 생각하는가.

히로세: 일본 측은 현재의 일본 측 안에 따르는 것으로 생각하는데 한국 측의 의견이 있으면 들려 주기 바란다.

최 전문위원: 제1조: 과거 조약의 무효 확인, 제2조: 유일한 합법정부, 제3조: 외교 및 영사 관계 수립, 제4조: 통상항해 조항, 제5조: 민간항공 조항, 제6조: 비준의 순서로 하고자 하며 유엔헌장의 원칙 관계를 규정한다면 제2조와 제3조 사이에 추가하면 될 것이다.

마쓰나가: 확인적 성격의 규정은 실질적, 실체적인 규정의 뒤에 두는 것이 조약상 조문 배열의 관례이므로 한국 측 안처럼 조문을 배열하는 것은 곤란하다.

최 전문위원: 실질적인 것은 외교관계 수립, 통상항해 조항 등이므로 앞에 규정하고 기타는 그 뒤에 규정하자는 일본 측의 입장은 이해하나, 한국 측의 기본 입장은 과거를 청산하고 새로운 관계를 수립하는 데 있으므로 외교 관계 수립 등의 규정은 조약 무효 등의 규정 뒤에 두려는 것이다.

히로세: 한국 측의 입장은 이해하나 일본 측은 원래 무효 조항과 유일한 합법정부 관계 조항은 규정하지 않으려 하였던 것이며 그 후 양보하여 규정하기로 한 것인데 이것을 다시 제1조와 2조에 규정하자는 것은 곤란하다.

이 수석: 한국 측의 조문 배열에 관한 제1안은 전문의 규정 순서와도 일치하는 것

이다.

히로세: 일본 측으로서 동 한국 측 안을 수락하기는 곤란하다.

최 전문위원: 절충안을 제시하겠다.

제1조: 외교관계, 제2조: 과거 조약의 무효,

제3조: 유일한 합법정부, 제4조: 유엔헌장의 원칙,

제5조: 통상항해 조항, 제6조: 민간항공협정,

제7조: 비준의 순서로 하는 것이 어떤가.

히로세: 나의 책임으로 한국 측 제안을 수락하겠다. 그러면 wording에 대하여 상호 다른 점을 절충하여 가기로 하자(양측은 양측 안의 wording을 상호 조정하였으며 그 결과 1965. 2. 15 자 주일정 722-54로 별첨한 안과 같이 정리되었음).

마쓰나가: 유엔헌장의 원칙에 관한 조문 (a)항 Principle of the Charter of the United Nations에서 Principle의 p가 대문자로 되고 기타 유엔헌장의 원칙 관계 규정에서는 동 p가 소문자로 되어 있는데 상기 (a)항은 유엔헌장 규정을 직접 refer하여 그대로 인용하고 있기 때문에 대문자로 표시한 것이다.

다음 같은 조문 (b)항의 in accordance with는 전문과의 관례로 보아 in conformity with로 하고 싶다.

이 수석: initial은 어떻게 할 생각인가.

히로세: 일본 측은 우시로쿠 국장, 한국 측은 이에 대응하는 정부 직원이 initial하면 될 것이다. 대신은 initial 하지 않는 것이 관례이므로 시나 대신이 가서명하기는 곤란할 것이다. 우시로쿠 국장을 한일회담 수석대표 대리로 하여 김 수석대표 간에 서명하게 하는 것도 한 가지 방법이 될 것이다. initial 한다면 우선 영문에만 하고 한국어와 일어 조약문은 추후 확정하도록 하는 것이 좋을 것이다.

이 수석: 양측이 정리한 안을 내일 상호 대조하여 내용을 확인하도록 하는 것이 어떤가.

히로세: 이의 없다(회의는 17:00에 폐회하였음).

끝

52. 기본관계조약 가조인 관련 보고 전문

번호: JAW-02346

일시: 161146[1965. 2. 16]

수신인: 김동조 대사
발신인: 이규성 공사

1. '기본관계에 관한 조약'은 작 15일의 위원회에서 한국 정부의 유일 합법성의 확인 및 구 조약 등의 무효 확인에 관한 표현의 2개 점을 남겨놓고 기타의 제 문제점을 전부 해결하여 조약 전체에 합의하였습니다.

2. 히로세 참사관이 금조, 본직에게 연락하여온 바에 의하면 가조인이 될 경우 그 당사자는 이제까지의 각종 선례를 연구하였으나 외무대신이 가조인을 한 예가 없어 결국 우시로쿠 국장이 하기로 결정되었다 합니다. 이 경우 필요하다면 우시로쿠 국장을 수석대표 대리로 임명할 수 있다 합니다. 또한 우시로쿠 국장이 가조인함이 한국 측 사정으로 어려울 경우에 서울에서 양 외상이 기본관계조약을 가조인한다는 원칙 및 일자에 합의하고 동 일자에 도쿄에서 양측 수석대표 간에 가조인하는 방법이 있지 않겠는가 하는 의견을 표명하여 왔으니 참고하시기 바랍니다. 가조인 시는 우선 영문 원본에 가조인하고 번역문은 후에 부치게 되겠으나, 일본 측은 잠정 번역문은 금반 가지고 갈 것이라고 합니다.

끝

55. 기본관계조약 관련 보고 전문

0822   번호: JAW-02355

일시: 161613[1965. 2. 16]

수신인: 외무부 장관
발신인: 주일 대사

제목: 기본관계조약 에 관한 보고

1. 당부 최 정무관장은 금일 14:00부터 약 1시간 일 외무성 히로세 참사관 및 마쓰나가 조약과장과 회합하여 작 15일의 기본관계 위원회 제13차 회의에서 합의된 조약안의 상호 확인을 행하였음.

2. 주일정 722-54로 보고한 초안과 틀림없음을 확인하였던바 하기점을 정정하였으니 양지 바람.

(1) 전문 제4항의 'HAVE RESOLVED TO CONCLUDE THE PRESENT TREATY' 다음에 ON BASIC RELATIONS를 삽입키로 하였음.

(2) 제5조를 아래와 같이 수정하였음.

THE HIGH CONTRACTING PARTIES WILL ENTER INTO NEGOTIATIONS AT THE EARLIEST PRACTICABLE DATE FOR THE CONCLUSION OF TREATIES OR AGREEMENTS TO PLACE.......

(이는 아 측이 제5조와 제6조의 표현을 동일하게 한다는 의미에서 이와 같이 제의하여 결정된 것임.)

3. 미해결점에 관하여는 아래의 3개 사항을 확인하였음.
(1) 전문의 RECALLING 이하의 항에 관하여는 JAW-02350으로 보고한 바와 같은

아 측의 3개 방안이 PENDING으로 되어 있음을 확인함.

(2) 제2조의 ARE와 HAVE BECOME의 대립이 있음을 확인함.

(3) 제3조에 관하여 아 측 원안에 대립해서 일본 측이 "…THE ONLY LAWFUL GOVERNMENT IN KOREA IN (WITHIN) THE MEANING (SENSE) OF…" 및 "THE ONLY SUCH LAWFUL…AS IS…"의 안이 있다는 것인바, 이에 부가하여 아 측은 일본 측이 "THE SUCH ONLY LAWFUL…AS DECLARED IN…"의 표현을 제의한 것으로 이해하고 있다고 하였음. 일본 측의 양 개 표현에 관하여는 금일중으로 일문 번역문을 제시하겠다고 하였음.

(4) 일본 측은 1910년 이전의 중요조약인 을사보호조약, 합방조약 등에서 '한국 정부', '한국 황제 폐하' 등의 표현이 있음에 비추어 EMPIRE OF KOREA의 표현으로써 금후 문제가 없을 것인가를 다짐하여 왔음. 아 측은 일단 EMPIRE OF KOREA가 당시의 국호이었던 만큼 이로써 문제가 없을 것이라는 입장을 표명하고 이를 본국에 보고하겠다고 한바 차점 검토 바람.

4. 통상항해 조항의 경과 규정에 관한 양해 사항에 대하여 일본 측은 아래와 같은 수정안을 제의하여 왔음.

모년 모월 모일에 투자 서명된 (INITIAL)된 기본관계에 관한 조약 초안에 관하여 다음과 같이 양해된다.

(1) 양국 정부의 대표자는 동 조약 제5조에 관하여 동 조약의 발효부터 통상항해에 관한 조약 또는 협정의 체결까지의 기간에 적용될 잠정적 규정(ARRANGEMENT)(현재 사실상 적용되고 있는 '무역협정', '금융협정' 및 '잠정 해운협정'의 개폐에 관한 조치를 포함)에 관하여 동의하기 위하여 기본관계 위원회에서 계속 협의하는 것으로 한다.

(2) 양국 정부의 대표자는 해저전선 문제에 관하여 일본국과의 평화조약 제4조 C항의 원칙을 확인하기 위한 규정(ARRANGEMENT)에 관하여 동의하기 위해 기본관계 위원회에 있어서 계속 협의하는 것으로 한다.

5. 상기 일본 측 안의 (1)에 대하여는 JAW-02350에 제1항(2)에서 보고한 바와 같은 아 측 입장을 재차 표명하고 (2)에 대하여는 해저전선의 균등 분할 문제 이외에 제

3국의 사용료 문제도 포함되어 늦어도 기본 조약 조인 시까지 해결되어야 할 것이라는 입장을 표명하여 두었음.

6. 일본 측은 서울에서 본 기본관계조약 안이 한국어 안(가역)이 제시되기를 희망한다 하므로 준비하시기 바라며 일본 측은 일어 안(가역)은 나카에 법규과장이 휴대할 것이오니 그리 아시기 바람. 또한 서울에서 가조인하게 될 경우에는 아 측이 원본 등을 준비하여야 할 것임. (주일정-외아북)

56. 기본관계조약 공동초안 등 송부 공문

0825   주일정 722-56   1965. 2. 17

수신: 외무부 장관

제목: 기본관계조약 초안 및 관계 문서 송부

1965. 2. 16 오후 한일 양측이 교환한바 있는 기본관계조약 초안 및 관계 문서를 별첨 송부합니다.

별첨: 1. 기본관계조약에 관한 한국 측 영문 초안 2부
　　　 2. 기본관계조약에 관한 일본 측 영문[일문] 초안 2부
　　　 3. 동 조약 제3조의 규정에 관한 일본 측 대안(일 영문) 2부
　　　 4. 통상항해에 관한 잠정규정 및 해저전선 문제에 관한 일본 측 초안 2부

　　　　　　　　　　　　　　　　　　　　　　　　수석대표 김동조[직인]

첨부

56-1. 1965. 2. 15 자 기본관계조약 한국 측 영문 공동초안

CONFIDENTIAL

TRANSLATION

1965. 2. 15

Joint Draft

TREATY ON BASIC RELATIONS
BETWEEN THE REPUBLIC OP KOREA AND JAPAN

The Republic of Korea and Japan,

Considering the historical background of relationship between their peoples and their mutual desire for good neighborliness and for the normalisation of their relations on the basic of the principle of mutual respect for sovereignty:

Recognizing the Importance of their close cooperation in conformity with the principles of the Charter of the United Nations to the promotion of their mutual welfare and common interests and to the maintenance of international pease and security:

Recalling the relevant provisions of the Treaty of Peace with Japan signed at the city of San Francisco on September 8, 1951 end the Resolution 195(Ⅲ) adopted by the United Nations General Assembly on December 12, 1948;

Have resolved to conclude the present Treaty on Basic Relation have accordingly appointed as their Plenipotentiaries,

The Government of the Republic of Korea:

_____

_____

The Government of Japan:

_____

Who, having communicated to each other their full powers found to be in good and due form, have agreed upon the fallowing articles:

Article I

Diplomatic and consular relations shall be established between the High Contracting Parties. The High Contracting Parties shall exchange diplomatic envoys with the Ambassadorial rank without delay. The High Contracting Parties will also establish consulates at locations to be agreed upon by the two Governments.

Article II

Korean Proposal:

It is confirmed that all treaties or agreements concluded between the Empire of Korea and the Empire of Japan on or before August 22, 1910 are null and void.

Japanese Proposal:

It is confirmed that all treaties or agreements concluded between the Empire of Japan and the Empire of Korea on or before August 22, 1910 become null and void. (have no effect)

Article III

Korean Proposal:

It is confirmed that the Government of the Republic of Korea is the only lawful Government in Korea as declared in the Resolution 195(III) of the United Nations General Assembly.

Japanese Proposal

It is confirmed that the Government of the Republic of Korea is the only such lawful Government in Korea as is specified in the Resolution 195(III) of the United Nations General Assembly.

Article IV

(a) The High Contracting Parties will be guided by the Principles of the Character[Charter의 오기]] of the United Nations in their mutual relations.

(b) The High Contracting Parties will cooperate in confirmity with the Principles of the Character[Charter의 오기]] of the United Nations in promoting their mutual welfare end common interests.

Article V

The High Contracting Parties will enter into negotiations at the earliest practicable date for the conclusion of treaties or agreements to place their trading, maritime and other commercial relations on a stable and friendly basis.

Article VI

The High Contracting Parties will enter into negotiations at the earliest practicable date for the conclusion of an agreement relating to civil air transport.

Article VII

The present Treaty shall be ratified. The instruments of ratification shall be exchanged at …… as soon as [possible.] [The present Treaty shall enter into force as] from the date on which the instruments of ratification are exchanged.

IN WITNESS WHEREOF, the respective Plenipotentiaries have signed the present Treaty and have affixed thereto their seals.

DOWN in duplicate at _____ on this _____ day of _____ of the year one thousand nine hundred _____ in the Korean, Japanese, and English languages, each text being equally authentic. In case of any divergence of interpretation, the English text shall prevail.

FOR THE REPUBLIC OF KOREA

FOR JAPAN

번역 3급비밀

번역

1965. 2. 15

대한민국과 일본국 간의 기본관계에 관한
조약 공동초안

대한민국과 일본국은,

양국 국민 간의 관계의 역사적 배경과 선린우호 및 주권 상호 존중의 원칙에 기초한 관계의 정상화에 대한 상호 열망을 고려하고;

상호 복지와 공동 이익의 증진 및 국제평화와 안보의 유지를 위해 국제연합 헌장의 원칙에 부합하는 긴밀한 협력의 중요성을 인식하며;

1951년 9월 8일 샌프란시스코에서 체결된 일본과의 평화조약의 관련 조항과 1948년 12월 12일 유엔총회에서 채택된 결의 195(Ⅲ)을 상기하면서;

본 기본관계에 관한 조약을 체결하기로 결정하고 이에 따라 전권위원을 임명한다.

대한민국 정부

_____

_____

일본국 정부

_____

_____

위 전권위원은 서로의 모든 권한이 선량하고 정당한 형태임을 확인한 후, 아래 조항에 동의했다.

제1조

양 체약 당사국 간에 외교 및 영사 관계가 수립된다. 체약 당사국은 지체 없이 대사급 외교사절을 교환한다. 체약 당사국은 또한 양측 정부가 합의하는 장소에 영사관을 설치한다.

제2조

한국 제안

1910년 8월 22일 또는 그 이전에 대한제국과 일본제국 사이에 체결된 모든 조약 또는 협정은 무효임을 확인한다.

일본 제안

1910년 8월 22일 또는 그 이전에 일본제국과 대한제국 사이에 체결된 모든 조약 또는 협정은 무효가 됨을 확인한다(효력이 없음을).

제3조

한국 제안

대한민국 정부는 유엔총회 결의 제195(Ⅲ)호에 선언된 바와 같이 대한민국의 유일한 합법정부임을 확인한다.

일본 제안

대한민국 정부가 유엔총회 결의 제195(Ⅲ)호에 명시된 바와 같이 대한민국에서 유일하게 합법적인 정부임을 확인한다.

제4조

(a) 양 체약 당사국은 상호 관계에서 국제연합 헌장의 원칙에 따른다.

(b) 양 체약 당사국은 상호 복지를 증진하고 공동의 이익을 증진함에 있어서 국제연합 헌장의 원칙을 확인하면서 협력한다.

제5조

양 체약 당사국은 무역, 해상 및 기타 상업 관계를 안정적이고 우호적인 기초 위에 놓기 위한 조약 또는 협정의 체결을 위하여 가능한 한 빠른 시일 내에 협상을 개시한다.

제6조

양 체약 당사국들은 민간 항공운송에 관한 협정 체결을 위해 가능한 가장 빠른 시일 내에 협상을 개시한다.

제7조

본조약은 비준한다. 비준서는 즉시 _____ 에서 교환되어야 한다. 본조약은 비준서가 교환된 날로부터 효력을 발생한다.

이상의 증거로서 각 전권위원은 본조약에 서명하고 날인한다.

본조약은 ____ 년 일천구백 년 ____ 일에 한국어, 일본어 및 영어로 각 본문이 동등하게 진본임을 확인하면서 ____ 2통 작성되었다. 해석에 차이가 있을 경우 영문본이 우선한다.

대한민국을 위하여

일본국을 위하여

첨부

56-3. 1965. 2. 16 자 기본관계조약 일본 측 초안[23]

0832   未定稿

1965. 2. 16

日本国と大韓民国との間の基本関係に関する条約(案)

　　日本国及び大韓民国は,
　　両国民間の関係の歴史的背景と善隣関係及び主権の相互尊重の原則に基づく両国間の関係の正常化を相互に希望することとを考慮し,
　　両国の共通の福祉及び共同の利益の増進のため並びに国際の平和及び安全の維持のために両国が国際連合憲章の原則に適合して緊密に協力することが重要であることを認め,
　　1951年9月8日にサン・フランシスコ市で署名された日本国との平和条約の関係規定及び1948年12月12日に国際連合総会で採択された決議195(Ⅲ)を想起し,

0833　　この基本関係に関する条約を締結することに決定し, よって, その全権委員として次のとおり任命した.
　　日本国政府

　　大韓民国政府

　　これらの全権委員は, 互いにその全権委任状を示し, それが良好妥当であると認められた後, 次の諸条を協定した.

23　편집자가 56번 문서에 기재된 유첨 순서대로 문서의 순서를 바꾸었음.

第1条

両締約国間に外交及び領事関係が開設される。両締約国は、大使の資格を有する外交使節を遅滞なく交換するものとする。また、両締約国は、両国政府により合意される場所に領事館を設置する。

第2条

1910年8月22日以前に大日本帝国と大韓帝国との間で締結されたすべての条約及び協定は、無効となったこと(効力を有しないこと)が確認される。

第3条

大韓民国政府は、国際連合総会決議195(Ⅲ)に明記されているような朝鮮にある合法的な政府として唯一のものであることが確認される。

第4条

(a) 両締約国は、相互の関係において、国際連合憲章の原則を指針とするものとする。

(b) 両締約国は、その共通の福祉及び共同の利益を増進するにあたって、国際連合憲章の原則に適合して協力するものとする。

第5条

両締約国は、その貿易、海運、その他の通商の関係を安定したかつ友好的な基礎の上に置くために、条約又は協定を締結するための交渉を実行可能な限りすみやかに開始するものとする。

第6条

両締約国は、民間航空運送に関する協定を締結するための交渉を実行可能な限りすみやかに開始するものとする。

第7条

この条約は批准されなければならない。批准書は、できる限りすみやかに で交換するものとする。この条約は、批准書の交換の日に効力を生ずる。

以上の証拠として、下名の全権委員は、この条約に署名調印した。

196 年 月 日に で、ひとしく正文である日本語、韓国語及び英語により本書2通を作成した。解釈に相違がある場合には、英語の本文による。

日本国のために

大韓民国のために

번역　미정고

1965. 2. 16

일본국과 대한민국 간의 기본관계에 관한 조약(안)

일본국 및 대한민국은

양국 국민 간의 관계의 역사적 배경과 선린 우호 관계 및 주권의 상호 존중의 원칙에 입각한 양국 관계의 정상화를 상호 희망하고 있는 것을 고려하고;

양국의 공동의 복지 및 공동이익의 증진과 국제평화 및 안전의 유지를 위하여 양국이 국제연합헌장의 원칙에 따라 긴밀히 협력하는 것이 중요하다는 것을 인정하며;

1951년 9월 8일 샌프란시스코에서 서명된 일본국과의 평화조약의 관계 규정 및 1948년 12월 12일 유엔총회에서 채택된 결의 195(Ⅲ)을 상기하면서;

이 기본관계에 관한 조약을 체결하기로 결정하고, 이에 따라 그 전권위원을 다음과 같이 임명한다.

일본국 정부
대한민국 정부

이들 전권위원들은 서로 그 전권위임장을 제시하고, 그것이 양호하고 타당하다고 인정한 후 다음과 같은 조항을 합의했다.

제1조

양 체약국 사이에 외교 및 영사 관계를 개설한다. 양 체약국은 대사의 자격을 가진 외교사절을 지체 없이 교환한다. 또한 양 체약국은 양국 정부가 합의하는 장소에 영사관을 설치한다.

제2조

1910년 8월 22일 이전에 대일본제국과 대한제국 사이에 체결된 모든 조약 및 협정은 무효(효력을 갖지 않음)가 되었음을 확인한다.

제3조

대한민국 정부는 국제연합총회 결의 195(III)에 명시된 바와 같이 조선에 있는 합법적인 정부로서 유일한 것임을 확인한다.

제4조

(a) 양 체약국은 상호 관계에 있어서 유엔헌장의 원칙을 지침으로 한다.

(b) 양 체약국은 그 공동의 복지 및 공동의 이익을 증진함에 있어서 유엔헌장의 원칙에 따라 협력한다.

제5조

양 체약국은 그 무역, 해운, 기타 통상의 관계를 안정적이고 우호적인 기초 위에 놓기 위하여 조약 또는 협정을 체결하기 위한 협상을 가능한 한 신속하게 개시한다.

제6조

양 체약국은 민간항공운송에 관한 협정을 체결하기 위한 협상을 가능한 한 신속하게 개시한다.

제7조

이 조약은 비준되어야 한다. 비준서는 가능한 한 신속하게 교환하여야 한다. 이 조약은 비준서 교환일에 효력을 발생한다.

이상의 증거로서, 아래 전권위원은 이 조약에 서명 조인하였다.

196 년 월 일자로 정문인 일본어, 한국어 및 영어로 본 서 2통을 작성하였다. 해석에 차이가 있는 경우에는 영어 본문에 따른다.

일본국을 위하여

대한민국을 위하여

첨부
56-4. 기본관계조약 제3조의 규정에 관한 일본 측 대안

(Draft)

1965. 2. 16

Article III

It is confirmed that the Government of the Republic of Korea is the only lawful Government in Korea in the sense of the Resolution 195(III) of the United Nations General Assembly.

第3条

大韓民国政府は、国際連合総会決議195(III)の意味における朝鮮にある唯一の合法的な政府であることが確認される.

번역   대한민국 정부는 유엔총회 결의안 195(III)의 의미에서 조선의 유일한 합법적인 정부임이 확인된다.

첨부

56-2. 통상항해에 관한 잠정 규정 및 해저전선 문제에 관한 일본 측 2. 13 자 초안 영문번역본 초안[24]

0831 (Preliminary translation)

1965. 2. 13

(Draft)

The following understanding is reached regarding Article Ⅲ of the Draft Treaty on Basic Relations which is initialed on _____, 1965;

The Representatives of the two Governments will continue discussions at the Committee on Basic Relations with a view to agreeing on interim arrangements (including measures concerning revision or repeal of the Trade Agreement, Financial Agreement and Interim Shipping Agreement which are currently applied in practice) to be applied during the period from entry into force of the said Treaty to conclusion of Treaties or agreements on commerce and navigation.

번역 (예비 번역)

1965. 2. 13

(초안)

1965년 _____에 이니셜된 기본관계에 관한 조약 초안 제3조에 관하여 다음과 같이 합의한다;

양국 정부 대표는 위에서 말한 조약의 발효로부터 통상 및 항해에 관한 조약 또는 협정의 체결까지의 기간 동안 적용될 잠정 협정(현재 실질적으로 적용되고 있는 무역협정, 금융협정 및 잠정 해운협정의 개정 또는 폐지에 관한 조치를 포함한다)에 합의하기 위하여 기본관계위원회에서 협의를 계속한다.

---

24 편집자가 56번 문서에 기재된 유첨 순서대로 문서의 순서를 바꾸었음.

첨부

56-5. 통상항해에 관한 잠정 규정 및 해저전선 문제에 관한 일본 측 2. 16 자 초안

(案)

1965. 2. 16

　年　月　日に頭字署名された基本關係にする條約草案に關し, 次のとおり了解される.

(イ) 兩國政府の代表者は, 適當な會合で現在適用されている「貿易協定」, 「金融協定」及び「暫定海運協定」並びにその他の合議事項に關して檢討するものとする.

(ロ) 兩國政府の代表者は, 海底電線問題に關し, 日本國との平和條約第4條c項の原則を確認するための取極について同意するため, 基本的關係委員會において引き續き協議するものとする.

　年　月　日

번역

(안)

1965. 2. 16

　년　월　일에 머리글자로 서명된 기본관계에 관한 조약 초안에 관하여 다음과 같이 양해한다.

(가) 양국 정부 대표들은 적절한 회의에서 현재 적용되고 있는 '무역협정', '금융협정'과 '잠정 해운협정' 및 기타 합의사항에 관하여 검토하기로 한다.

(나) 양국 정부 대표는 해저전선 문제와 관련하여 일본국과의 평화조약 제4조 c 항의 원칙을 확인하기 위한 협상에 동의하기 위해 기본관계위원회에서 계속 협의한다.

　년　월　일

58. 기본관계 미해결점에 관한 토의 상황 통보 및 교섭 지시 전문

번호: WJA-02252

일시: 191105 [1965. 2. 19]

수신인: 주일 대사대리

1. 기본관계 미해결점에 관하여 작일 토의가 진행되었는바(연 국장, 동북 및 조약과장, 우시로쿠, 구로다, 나카에 참석), 결과를 아래와 같이 알려드림.

가. 구 조약 무효 확인 조항: 아 측은 are null and void를 고집한 데 대하여 일본 측은 are already null and void를 제시하였음.

나. 합법성 확인 조항: the only lawful government의 부분을 확정시켰으며 (only 앞뒤에 such 같은 단어를 삽입하는 form은 고려하지 않기로 하였음), as declared in에 대신하여 as referred to in, as recognized in, as stipulated in(아 측 안), as specified(일본 측 안)의 안들이 제시되어 상호 검토하기로 하였음.

다. 전문 recalling 이하의 부분 및 통상 항해 조항 중 경과 조치 등에 관한 별도 합의 문제에 관하여는 원칙적인 합의를 보았음.

라. 상기 가. 및 나.항에 관하여는 각자 상부에 보고한 후 금 19일 재차 회합하기로 하였음.

2. 아 측으로서는 전기 1항 가에 있어서 are null and void를 끝까지 고수하며 나에 있어서는 전기 4개 대안 중 어느 하나로 낙착시킬 생각인바, 귀하는 즉시 우시바 수석대리와 접촉하여 아 측 안을 일본 측이 수락하도록 절충한 후 결과를 조속히 보고하시압. (외아북)

장관

59. 기본관계 미해결점에 관한 교섭 결과 보고 전문

번호: JAW-02415

일시: 191547[1965. 2. 19]

수신인: 외무부 장관 귀하
발신인: 주일 대사대리

대: WJA-02252

대호 지시에 따라 당부 이규성 공사는 금일 12:50에 우시바 수석대표 대리와 면담 절충한바 동 결과를 아래와 같이 보고함.

1. 금조 우시바 심의관과 후지사키 조약국장이 사토 수상을 방문하고 양측 입장을 보고한 후 새로운 훈령을 받아 이를 서울에 타전하였다 함.

2. 'ARE NULL AND VOID'에 관하여는 한국 측으로부터 'ARE HEREBY NULL AND VOID'이라는 제안이 있어 일본 측으로서는 HEREBY라는 용어가 좋지 않으며 ALREADY라는 표현이 좋을 것으로 생각이 드나 한국 측이 이를 주장하니 그대로 낙착 지으라는 내용으로 훈령을 하였다고 함(이 공사가 받은 인상으로서는 일본 측이 'ARE NULL AND VOID'를 수락하기가 어려울 듯함). 또한 일본 측은 'ARE HEREBY NULL AND VOID'라고 할 경우에라도 INNITIAL 시에 그것이 소급하여 무효화된다는 해석이 아니라는 점을 구두로라도 표명하고 INITIAL 하겠다는 것임.

3. 한국 정부의 유일 합법성 문제에 관하여는 일본 측으로서는 'AS DEFINED IN', 'AS RECOGNIZED IN', 'AS STIPULATED IN', 'AS SPECIFIED IN'의 4개 대안이 제기되어 있는 것으로 보고를 받았으며 'AS SPECIFIED IN'이 일본 측 안이라고 보고를

받고 있지 않다고함. 이에 관하여 우시바 심의관은 일본 측 입장으로서는 상기한 바와 같은 4개 대안을 수락하기 어려우므로 'IN THE SENSE OF THE DECLARATION IN'의 표현을 하도록 훈령하였다고 함(이와 관련하여 이 공사가 받은 인상으로는 일본 측이 최종 단계에서 'AS SPECIFIED IN'의 표현을 수락할듯함).

4. 우시바 심의관은 작일 주로 실무자 간에서 이 문제가 논의되었으므로 이를 원만히 해결하기 위하여 시나 외상에게 외무부 장관 또는 국무총리와 접촉하여 정치적인 해결을 기도하도록 하라는 훈령을 하였다고 말하였음.

5. 일본 측은 또한 오늘 저녁 7시 또는 명일 아침 7시에 서울과 이 문제에 관하여 다시 연락하게 되어 있다고 부언하였음.

6. 우시바 심의관은 일본 측으로서도 금번 시나 방한 시에 기본관계에 관한 조약안을 INITIAL 하기를 희망한다는 의사를 표명한 바 있음.(주일정 - 외아북)

60. 기본관계조약 가조인 결과 통보 전문

번호: WJA-02280

일시: 201300 [1965. 2. 20]

수신인: 주일 대사대리

기본관계조약에 완전한 합의를 얻어 금 20일 오후 2시 외무부에서 연 아주국장과 우시로쿠 국장 사이에 가조인하게 되었음. 중요 부분의 합의 내용은 아래와 같음.
  (1) Recalling 이하의 부분: 일본 측 안대로 하기로 함.
  (2) 구 조약 무효 확인 조항: are already null and void로 함.
  (3) 유일 합법성 조항: as specified in으로 함.
  (4) 통상항해 별도 합의: 원칙적인 합의를 보고 구체적인 문서를 만드는 것은 도쿄에서 추후 하기로 함. (외아북)

장관

62. 통상항해 조항 및 해저전선 문제에 관한 별도 양해에 따른 교섭 지시 내부재가 문서

0851   기안자: 동북아과 김태지

과장[서명]　국장[전결 서명]

기안년월일: 1965. 2. 23

분류기호·문서번호: 외아북 722-2945

경유·수신·참조: 주일 대사

발신: 장관

제목: 한일 간 기본관계조약 에 있어서 통상항해 조항 및 해저전선 문제에 관한 별도 양해

표기에 관하여 별첨과 같은 양해가 1965. 2. 20 한일 양측 간에 이루어졌는바, 공식 문서로 작성하는 절차는 도쿄에서 행하기로 되었으므로 일본 측과 협의하여 필요한 절차를 취하시기 바람.

유첨: 전기 양해에 관한 문안 1부

끝

첨부

62-1. 통상항해 조항 및 해저전선 문제의 양해에 관한 문안

0852   (안)

  1965년 2월 20일 기본관계에 관한 조약 초안에 대한 가조인에 제하여 다음과 같이 양해되었다.

  (가) 양국 정부의 대표자는, 적당하다고 인정되는 회합에 있어서, 사실상 적용되는 것으로 하여 1952년 4월 28일에 합의되어 현재 적용되고 있는 '무역협정', '금융협정' 및 '잠정 해운협정'과 또한 기타 필요한 사항에 대하여 검토할 것으로 한다.

  (나) 양국 정부의 대표자는, 해저전선 문제 (주) 분할 뿐만 아니라, 제3국으로부터 지불된 사용료 문제를 포함하는 것으로 양해됨에 관항, 일본국과의 평화조약 제4조 (C) 항에 관한 조치에 대하여 동의를 얻기 위하여, 적당하다고 인정되는 회합에 있어서, 계속하여 협의하는 것으로 한다.

(주) 분할 뿐만 아니라, 제3국으로부터 지불된 사용료 문제를 포함하는 것으로 양해됨.

67. 기본관계 문제의 교섭 경위 관련 자료 송부 내부재가 문서

0858
기안자: 동북아과 김태지
과장[서명]　국장[전결, 과장이 대결]
기안년월일: 65. 3. 9
분류기호·문서번호: 외아북 722
경유·수신·참조: 주일 대사
발신: 장관

제목: 자료 송부

시나 에쓰사부로 일본 외상 방한과 기본관계 문제의 교섭 경위에 관한 자료를 별첨과 같이 종합하여 송부하오니 참고하시기 바랍니다.

유첨: 동 자료 각 1부

끝

첨부

67-1. 기본관계 문제에 관한 교섭 경위 자료

0864

한일 간 기본관계조약에 관한 교섭 경위
1965년 2월
외무부 아주국

0865

내용

1. 기본관계 문제에 관한 교섭 경위
2. 기본관계조약에 관한 양측 최초 안 대조표
3. 기본관계조약 양측 입장 대조표(한일 외상회담 직전 현재)
4. 기본관계 문제 실무자 회의 토의 요약
5. 대한민국과 일본국 간의 기본관계에 관한 조약(국문)
6. 대한민국과 일본국 간의 기본관계에 관한 조약(영문)

0866

기본관계 문제에 관한 교섭 경위

1965. 2. 20

1. 한일 간의 기본관계조약 이 1965. 2. 20 양국 간에 가조인됨으로써 한일회담의 현안의 하나인 기본관계 문제에 관하여 양측간에 최종적인 합의를 얻게 되었다. 이로써 제2차 세계대전의 종료 이후 한일 간의 과거 관계로 말미암아 발생된 제 현안 문제 해결을 위하여 개최된 한일회담이 1951년 10월 20일 최초로 시작을 본 이래 만 13년 4개월 만에 우선 기본관계 문제에 관하여 조약 문안에 대한 합의에 이르게 되었으며, 이에 따라 다른 현안 문제에 관한 교섭도 촉진되리라고 기대된다.

2. 기본관계 문제는 문자 그대로 양국 간의 기본관계를 다루는 것이며 기본관계조약 이라는 국제조약상 관례가 드문 명칭을 빌리게 된 것은 양국 간의 특수한 과거 관계에 비추어 일어난 것이다. 한국은 제제2차 세계대전의 결과 독립을 다시 찾게 되었

으며, 한편 일본은 1952년 4월 28일에 발효한 평화조약으로 주권을 회복함에 양국 간의 국교 관계를 정상화시킬 필요가 생겼는바, 금번 가조인된 기본 조약은 이러한 목적과 아울러 과거 관계를 청산하기 위함을 목적으로 하고 있는 것이다.

3. 기본관계 문제는 제1차 한일회담 개시 이래 한일회담의 의제의 하나로 되어 기본관계 위원회에서 논의되어 왔다. 회담 초기인 제1차, 제2차, 제3차 회담에서는 양측 간에 조약안을 교환한 바 있으나 당시 일본 측이 회담 자체에 소극적인 태도를 가졌고 양측간 견해의 차가 현저히 노정됨으로써 효과적인 성과를 거두지 못하였으며, 이후 제4차 회담과 제5차 회담에서는 다른 현안 문제의 토의를 선행시키고 추후 기본관계 문제를 다룬다는 양해하에 회담이 진행된 만큼 토의가 없었다.

4. 기본관계 문제에 관한 토의를 비교적 활발히 가지게 된 것은 제6차 말기 및 제7차 회담에서 비롯하는바, 제6차 회담에 있어서는 2차에 걸치는 회의를 가지는데 그쳤고, 작년 12월 3일부터 열린 제7차 회담에 들어서 비로서 본격적인 토의에 들어갔다.

5. 본격적인 토의에 들어감에 제하여 아 측으로서는 기본관계조약 에 있어서 특히 강조를 두어 충분히 관철하여야 할 것으로 아래와 같은 점을 고려하였다.
  1) 기본관계 합의 문서의 형식과 명칭에 있어서는 조약으로 한다.
  2) 과거 대한제국과 일본제국 간에 체결된 조약 및 협정 등의 무효 확인 조항을 둔다.
  3) 대한민국 정부의 유일 합법성 확인 조항을 둔다.
  이에 대하여 일본 측은 아래와 같은 점들을 최초 강력히 주장하였다.
  (1) 기본관계 합의 문서의 형식과 명칭은 공동선언으로 한다.
  (2) 구 조약 무효 확인 조항은 둘 필요 없다.
  (3) 유엔 결의가 인정하는 한도 내에 있어서 대한민국 정부의 유일 합법성은 인정하나 현실적으로 관할권이 이남에만 미친다는 사실이 고려되어야 한다.
  (4) 독도 문제도 현안 문제의 하나로 다루어져야 한다.
  전기 문제점들은 양측이 다 같이 심각히 고려하여야 하는 점들인 만큼 최초부터 양측은 현격한 견해의 차이를 노정시켰으나 많은 우여곡절을 거쳐 외상회담 직전까지 전기 각 문제점 가운데서 대한민국 정부의 유일 합법성 확인 조항과 구 조약의 무효 확인 조항에 있어서의 표현 문제를 제외하고 다른 문제점에 관하여 아래와 같이 합의를 얻게 되었다.

(1) 기본관계의 합의 문서의 형식과 명칭을 조약으로 한다.
(2) 독도 문제는 기본관계조약에서 언급하지 않기로 한다.

6. 일본 시나 외상이 65. 2. 17 방한한 기회에 개최된 외상회담에 제하여 양측은 남은 두 문제의 표현 문제에 있어서 여러 가지 대안을 상호 제시하여 교섭을 진행시킨 결과 유일 합법성 확인 조항에 있어서는 "1948년 12월 12일 유엔총회에서 채택된 결의 195(III)에서 명시된 바와 같이 대한민국 정부가 한반도에 있어서 유일한 합법정부임을 확인한다"는 규정으로, 구 조약 무효 확인 조항에 있어서는 "대한제국과 일본제국 간에 체결되었던 모든 조약 및 협정이 이미 무효임을 확인한다"는 것으로 낙착되었으며 마침내 모든 문제에 최종적인 합의가 이루어지게 된 것이다.

7. 위와 같은 합의가 있었으므로, 1965. 2. 20 한일 양 외상이 참석한 자리에서 아측으로부터는 연하구 아주국장, 일본 측으로부터는 우시로쿠 도라오 아세아국장이 본 조약을 가조인 하였다.

8. 양국 간에 가조인된 조약 문안은 별첨과 같으며 교섭 과정에 있어서 양측이 유지하였던 입장은 별첨표와 같다.

기본관계조약에 관한 양측 최초 안 대조표

1965. 1. 26 현재

문제별	한국 측	일본 측
1. 명칭	대한민국과 일본국 간의 기본 조약	일본국과 대한민국 간의 ……
2. 전문	양국의 과거 관계의 청산의 필요성을 고려하며, 또한 선린관계 및 주권 상호 존중의 원칙에 입각한 양국 간의 관계의 정상화를 상호 희망함을 고려하고,	양국의 선린관계를 서로 희망함을 고려하고,
	양국의 공동의 복지 및 공동의 이익을 증진하고 아세아 및 기타 지역에 있어서의 평화 및 안전을 유지하는데 긴밀히 협력함이 의의 깊은 것임을 인식하고,	양국의 공동의 복지를 증진할 것을 희망하고, 양국 간의 외교관계의 설정이 국제평화 및 안전의 유지에 기여함을 인정하고,
	양국 간 현안 문제의 공정하고 공평한 해결이 양국의 장래 관계의 안정된 기초 수립에 크게 기여할 것임을 확신하고,	
		일본국이 1951년 9월 8일 샌프란시스코시에서 서명된 일본국과의 평화조약 제2조 (a)에 의하여 한국의 독립을 승인한 것을 고려하고 국제연합 총회가 1948년 12월 12일에 조선의 독립문제에 관한 결의 195(III)을 채택한 것을 상기하고,

3. 본문		
가. 영속적 평화와 영구적 우호 관계 조항	(제1조) 양 체약 당사국 간과 국민 간에 영속적 평화 영구적 우호 관계가 존재한다.	
나. 한국 정부의 유일 합법성 확인 조항	(제2조) 대한민국 정부는 한반도에 있어서 유일한 합법정부임을 확인한다.	
다. 구 조약 무효 확인 조항	(제3조) 1910년 8월 22일 또는 그 이전에 대한제국과 일본제국 간에 체결된 모든 조약 및 협정이 무효임을 확인한다.	
라. 외교 영사 관계 수립 조항	(제4조) 양 체약 당사국은 외교 및 영사 관계를 수립한다.	(제2조) 일본국과 대한민국 간에 외교 및 영사 관계가 개설된다. 양국은 대사의 자격을 가지는 외교사절을 지체없이 교환한다. 또한 양국은 양국 정부에 의하여 합의된 장소에 영사관을 설치한다.
마. 통상항해 조항	(제5조) 양 체약 당사국은 양국의 무역, 해운 및 기타 통상 상의 관계를 안정되고 우호적인 기초위에 두기 위한 조약 또는 협정을 가능한 한 조속히 체결하기 위하여 노력한다.	(제4조) (가) 일본국과 대한민국은 양국의 무역, 해운 및 기타 통상 상의 관계를 안정되고 우호적인 기초 위에 두기 위하여 조약 또는 협정을 체결하기 위한 교섭을 실행 가능한 한 조속히 개시한다. (나) 관계 조약 또는 협정이 체결되는 동안…
바. 민간항공 운수 조항	(제6조) 양 체약 당사국 민간 항공운수에 관환 협정을 가능한 한 조속히 체결하기 위하여 노력한다.	(제5조) 일본국과 대한민국은 민간 항공 운수에 관한 협정에 관한 협정을 체결하기 위한 교섭을 실행 가능한 한 조속히 개시한다.

사. 현안 문제 해결 원칙 및 별도 협정 조항	(제7조-제11조) 재일한인 법적지위 문제, 일반청구권 문제, 어업 문제, 선박 청구권 문제, 문화재 청구권 문제에 관한 규정을 둠. 토의 진행에 따라 추후 안을 제출키로 함.	(제1조) 일본국과 대한민국은 양국 간의 외교 관계의 개설에 앞서 해결 또는 처리됨이 희망된다고 고려되는 제 현안이 금일 서명된 하기의 관계 제 협정에 의하여 해결 또는 처리되었음을 확인한다. …………………
아. 해저전선 분할 관계	(제12조) 대한민국과 일본국은 연결하는 해저전선은 이등분으로 분할되는바, 한국은 한국의 중점 시설과 연결되는 전선의 반분을 보유하고 일본은 남은 전선 및 연결되는 중점 시설을 보유한다.	
자. 비준 및 용어	(제13조) 본조약은 비준되며 비준서는 가능한 한 조속히…에서 교환된다. 본조약은 비준서가 교환된 날로부터 효력을 발생한다. …에서 동등히 정문인 한국어, 일본어 및 영어로 본 서 2통을 작성하였다. 해석에 상위가 있을 경우에는 영어본에 따른다.	(제7조) 본…은, 비준되어야 한다. 비준서는 제1조에 열거된 관계 제 협정 가운데서 비준을 요하는 협정의 비준서가 모두 교환된 후 가능한 한 조속히…에서 교환된다. 본…은, 비준서가 교환된 날로부터 효력을 발생한다. (제8조) 본…은 일본어, 한국어, 및 영어로 작성된다. 해석에 상위가 있을 경우에는 영어본에 따른다.

차. 유엔헌장 원칙 준수 조항		(제3조) (가) 일본국과 대한민국은, 양국의 상호 관계에 있어서, 국제연합헌장 제2조의 원칙을 지침으로 한다. (나) 일본국과 대한민국은, 국제연합 헌장의 원칙에 따라 협력하며, 특히 경제 분야에 있어서의 우호적 협력을 통하여 양국의 공동의 복지를 증진한다.
카. 분쟁 처리 조항		(제6조) 본…의 해석 및 적용에서 발생하는 분쟁은 우선 교섭에 의하여 해결하며, 교섭 개시부터 6개월의 기간 내에 해결이 이루어지지 않을 경우에는 어느 일방 체약국의 요청에 의하여 국제사법재판소에 결정을 위하여 부탁한다.

기본관계조약 양측 입장 대조표

(한일 외상회담 개최 직전 현재)

(65. 2. 18)

문제점	한국 측	일본 측
1. 명칭	대한민국과 일본국 간의 기본관계조약 (합의)	
2. 전문		
가. 과거 관계를 표현하는 구절	양국 국민 간 관계의 역사적 배경과 주권 상호 존중의 원칙에 의거한 우호 선린관계 및 양국 관계의 정상화에 관한 양국의 공통적인 희망을 고려하고, (합의)	
나. 유엔헌장 원칙에 따라 공동복지향상과 국제평화 안전 유지를 위하여 협력한다는 구절	국제연합헌장의 원칙에 따라 양국의 공동복지 및 공통의 이익의 증진과 또한 국제 평화와 안전의 유지를 위하여 밀접하게 협조함이 중요함을 인식하고, (합의)	
다. 평화조약의 관계 조항을 인용하는 구절	ㄱ) 서기 1951년 9월 8일 샌프란시스코시에서 서명된 일본국과의 평화조약의 관련 조항을 회고하고, ㄴ) 서기 1951년 9월 8일 샌프란시스코시에서 서명된 일본국과의 평화조약의 관련 조항을 회고하고, 서기 1948년 12월 12일 국제연합총회에서 채택된 결의 195(Ⅲ)호를 유념하고,	서기 1951년 9월 8일 쌘프란시스코 시에서 서명된 일본국과의 평화조약의 관련 조항과 서기 1948년 12월 12일 국제연합총회에서 채택된 결의 195(Ⅲ)를 회고하고,

		ㄷ) 일본국과의 평화조약이 1951년 9월 8일 샌프란시스코시에서 서명되었음과 결의 195(Ⅲ)호가 1948년 12월 12일 국제연합총회에서 채택되었음을 회고하고, ㄹ) 일본 측 안과 같음. (잠정적으로 일본 측 안을 수락)	
라. 현안 문제의 해결이 장래 관계의 기초 수립에 기여한다는 구절	삭제키로 함.	
3. 본문		
가. 항구적 평화와 영속적 우호관계에 관한 조항	삭제키로 함.	
나. 한국 정부의 유일 합법성 확인 조항	대한민국 정부가 국제연합총회 결의 195(Ⅲ)에서 <u>선언된</u> 바와 같<u>이</u> 한국에 있어서 유일한 합법적인 정부임을 확인한다.	대한민국 정부가 국제연합총회 결의 195(Ⅲ)가 <u>의미하는 범위 내에서</u> 한국에 있어서 유일한 합법적인 정부임을 확인한다. (대안) 대한민국 정부가 국제연합총회 결의 195(Ⅲ)에서 <u>선언된(명시된, 기술된)</u> 바와 같은 (그러한) 합법적인 정부임을 확인한다.
다. 구 조약의 무효 확인 조항	서기 1910년 8월 22일 또는 이전에 대한제국과 일본제국 간에 체결된 모든 조약 또는 협정이 <u>무효임을</u> 확인한다.	서기 1910년 8월 22일 또는 이전에 대한제국과 일본제국 간에 체결된 모든 조약 또는 협정이 <u>무효로 되었음을</u> 확인한다.

	라. 외교 및 영사 관계 수립에 관한 조항	양 체약 당사국 간에 외교 및 영사 관계가 수립된다. 양 체결 당사국은 지체없이 대사급 외교사절을 교환한다. 양 체결 당사국은 또한 양국 정부에 의하여 합의된 장소에 영사관을 설치한다. (합의)
0878	마. (1) 통상항해조약 체결 조항	양 체결 당사국은 무역, 해운, 기타 통상 관계를 안정되고 우호적인 기초위에 두기 위하여 실행 가능한 한 조속히 조약 또는 협정 체결을 위한 교섭을 개시한다. (합의)
	마. (2) 경과 조치	경과 규정을 본문에 삽입하지 않되 추후 적절한 회합에서 주로 현행 3개 잠정 협정 테두리 안에서 검토키로 함.
	바. 민간항공운수 협정	양 당사국은 민간항공 운수에 관한 협정 체결을 위한 교섭을 실행 가능한 한 조속히 개시한다. (합의)
	사. 비준 조항	본조약은 비준되며 비준서는 가능한 한 조속히…에서 교환된다. 본조약은 비준서가 교환되는 일자로부터 효력을 발생한다. (합의)
	아. 유엔헌장에 관한 조항	(a) 양 당사국은 상호간의 관계에 있어서 국제연합 헌장의 원칙을 지침으로 한다. (b) 양 당사국은 국제연합 헌장의 원칙에 따라 양국이 공동복지와 공통의 이익을 증진시킴에 있어서 협력한다. (합의)
	자. 제 현안 해결원칙에 관한 조항	삭제키로 함.
0879	차. 분쟁 처리 조항	삭제키로 함.
	카. 해저전선 분할 관계 조항	기본관계조약 에서 조항을 삭제하고 대신 별도 합의에 맡기기로 함.

기본관계 문제 실무자 회의 토의 요약

1. 회의 개최 일시 및 장소: 1965. 2. 18, 15:00~17:30 외무부 회의실
2. 회의 참석자: 한국 측: 아주국장 연하구
   동북아과장 김정태
   조약과장 오재희
   일본 측: 아세아국장 우시로쿠 도라오
   북동아과장 구로다 미즈오
   법규과장 나카에 오스케
3. 토의 내용

미해결로 남아 있던 아래 문제점에 관한 토의의 골자는 아래와 같음.

(1) 전문 (평화조약의 관계 조항 및 유엔 결의의 인용)에 관하여

아 측은 '한국 정부의 유일 합법성'에 관한 규정에 있어서 한국 측 입장이 충분히 반영될 때에는 일본 측의 주장을 수락할 수 있다는 입장을 취하였음.

(2) 구 조약 무효 확인 조항에 관하여

아 측은 구 조약이 'are null and void'라는 입장을 취하였는바, 일본 측으로부터 아래의 순서에 따른 잠정적인 대안이 제시되었음. 이러한 대안중 양측은 마지막에 제시된 'are already null and void'를 검토한 후, 상부에 보고하기로 하였으며, 일본 측도 위의 잠정적 제안에 관하여 본국 정부에 청훈하기로 하였음.

　가. ⋯are confirmed (as) null and void now.
　나. ⋯have been invalidated and are null and void.
　다. ⋯are already null and void.

(3) 한국 정부의 유일 합법성 확인 조항에 관하여

상호 간 여러 가지 대안이 아래와 같이 잠정적으로 제의되었는바, 상호 검토하고 이에 대한 최종적인 입장은 추후 결정하기로 하였음.

한국 측:
　가. ⋯as recognized by⋯
　나. ⋯as stipulated by⋯

일본 측:

가. ⋯as meant in⋯

나. ⋯as defined by⋯

다. ⋯as specified by⋯

일본 측은 이에 관하여 본국 정부에 청훈하기로 하였음.

(4) 통상항해 조항 중 경과조치 및 해저전선 분할에 관한 별도 합의 문제에 관하여

가. 통상항해 조항 중 경과 조치

양국 정부의 대표자는 적절한 회합에서 현재 적용되고 있는 3개 잠정 협정 및 기타 양측간에 합의된 사항을 검토할 것으로 한다는 선에 따를 것을 합의하였음.

나. 해저전선 분할 문제

평화조약 제4조 C 항에 관련되는 사항에 대한 처리를 위하여 적절한 방법으로 협의하기로 한다는 것으로 합의하였음.

(가역)

대한민국과 일본국 간의 기본관계에 관한 조약

대한민국과 일본국은, 양 국민 간의 관계의 역사적 배경을 고려하여 또한 선린관계 및 주권 상호 존중의 원칙에 입각한 양국 간의 관계의 정상화를 상호 희망함을 고려하고, 양국의 공통의 복지 및 공동의 이익을 증진하고 국제평화 및 안전을 유지하는 데 양국이 국제연합헌장의 원칙에 합당하게 긴밀히 협력함이 중요하다는 것을 인식하고, 1951년 9월 8일 샌프란시스코 시에서 서명된 일본국과의 평화조약의 관계 규정 및 1948년 12월 12일 국제연합 총회에서 채택된 결의 제195(III)호를 상기하며, 본 기본관계에 관한 조약을 체결하기로 결정하고, 따라서 그 전권위원을 다음과 같이 임명하였다.

대한민국

⋯⋯⋯⋯⋯⋯⋯⋯⋯⋯⋯⋯⋯⋯

일본국

⋯⋯⋯⋯⋯⋯⋯⋯⋯⋯⋯⋯⋯⋯

0884   이들 전권위원은, 그 전권위임장을 상호 제시하고, 그것이 양호 타당하다고 인정한 후, 다음의 조항에 합의하였다.

제1조

양 체약 당사국 간에 외교 및 영사 관계를 수립한다. 양 체약 당사국은 대사급 외교사절을 지체없이 교환한다. 또한 양 체약 당사국은 양국 정부에 의하여 합의되는 장소에 영사관을 설치한다.

제2조

1910년 8월 22일 또는 그 이전에 대한제국과 일본제국 간에 체결된 모든 조약 및 협정이 이미 무효임을 확인한다.

제3조

대한민국 정부가 국제연합 총회의 결의 제195(Ⅲ)호에 명시된 바와 같이, 한반도에 있어서의 유일한 합법정부임을 확인한다.

제4조

(가) 양 체약 당사국은 양국의 상호 관계에 있어서, 국제연합 헌장의 원칙을 지침으로 한다.

(나) 양 체약 당사국은, 양국의 공통의 복지 및 공동의 이익을 증진함에 있어서, 국제연합 헌장의 원칙에 합당하게 협력한다.

제5조

0885   양 체약 당사국은, 양국의 무역, 해운 및 기타 통상 상의 관계를 안정되고 우호적인 기초 위에 두기 위한 조약 또는 협정을 체결하기 위하여 실행 가능한 한 조속히 교섭을 시작한다.

제6조

양 체약 당사국은, 민간항공운수에 관한 협정을 체결하기 위한 교섭을 실행 가능한 한 조속히 시작한다.

제7조

본조약은 비준되어야 한다. 비준서는, 가능한 한 조속히……비준서를 교환한다. 본조약은 비준서가 교환된 날로부터 효력을 발생한다. 이상의 증거로서, 각 전권위원은 본조약에 서명 날인하였다.

196 년 월 일……에서, 동등히 정문인 한국어, 일본어 및 영어로 본 서 2통을 작성하였다. 해석에 상위가 있을 경우에는 영어본에 따른다.

대한민국을 위하여

일본국을 위하여

TREATY ON BASIC RELATIONS BETWEEN THE REPUBLIC OF KOREA AND JAPAN

The Republic of Korea and Japan,

Considering the historical background of relationship between their peoples and their mutual desire for good neighborliness and for the normalization of their relations on the basis of the principle of mutual respect for sovereignty;

Recognizing the importance of their close cooperation in conformity with the principles of the Character of the United Nations to the promotion of their mutual welfare and common interests and to the maintenance of international peace and security; and,

Recalling the relevant provisions of the Treaty of Peace with Japan signed at the city of San Francisco on September 8, 1951 and the Resolution 195(III) adopted by the United Nations General Assembly on December 12, 1948;

Have resolves to conclude the present Treaty on Basic Relations and have accordingly appointed as their Plenipotentiaries,

The Republic of Korea:

....
....

Japan:

....
....

Who having communicated to each other their full powers found to be in good and due form, have agreed upon the following articles:

Article I

Diplomatic and consular relations shall be established between the High Contracting Parties. The High Contracting Parties shall exchange diplomatic envoys with the Ambassadorial rank without delay. The High Contracting Parties will also establish consulates at locations to be agreed upon by the two Governments.

Article II

It is confirmed that all treaties or agreements concluded between the Empire of Korea and the Empire of Japan on or before August 22, 1910 are already null and void.

Article III

It is confirmed that the Government of the Republic of Korea is the only lawful Government in Korea as specified in the Resolution 195(Ⅲ) of the United Nations General Assembly.

Article IV

(a) The High Contracting Parties will be guided by the Principles of the Character of the United Nations in their mutual relations.

(b) The High Contracting Parties will cooperate in conformity with the principles of the Character of the United Nations in promoting their mutual welfare and common interests.

Article V

The High Contracting Parties will enter into negotiations at the earliest practicable date for the conclusion of treaties or agreements to place their trading, maritime and other commercial relations on a stable and friendly basis.

Article VI

The High Contracting Parties will enter into negotiations at the earliest practicable date for the conclusion of an agreement relating to civil air transport.

Article VII

The present Treaty shall be ratified. The instruments of ratification shall be exchanged at …… as soon as possible. The present Treaty shall enter into force as from the date on which the instruments of ratification ate exchanged.

IN WITNESS WHEREOF, the respective Plenipotentiaries have signed the present Treaty and have affixed thereto their, seals.

DONE in duplicate at …………, this ………… day of …………… of the year one thousand nine hundred and sixty- …………… in the Korean, Japanese, and English languages, each text being equally authentic. In case of any divergence of interpretation, the English text shall prevail.

FOR THE REPUBLIC OF KOREA:

FOR JAPAN:

69. 기본관계조약 일본문 텍스트에 관한 문제 보고 전문

번호: JAW-06487

일시: 2012100[1965. 6. 20]

수신인: 외무부 장관
발신인: 수석대표

대: WJA-06302

가. 한일기본 조약 일본문 텍스트에 관하여 다음과 같이 양측의 견해 차이가 해소되지 못하고 있는바 본 건에 관하여 지급 회시 바람.

1. 제2조 중 ALREADY를 일본 측은 '모하야'로 주장하고 아 측은 '수대니'로 하여야 한다고 주장하고 있음.

2. 제3조 규정 중 'AS SPECIFIED……'를 일본 측은 '아끼라까니 시메사레데 이루 도오리노…', 또는 '…고도구…'로 하여야 한다고 주장하고 있음. 즉 문제의 부분을 일본 측은 형용사적으로 표현하고자 하며 아 측은 부사적으로 표현하여야 한다고 주장하는 것임.

나. 이상의 문제점 외에는 일본 측 표현을 그대로 수락하였으며, 특히 제3조 중의 'IN KOREA'를 '조오센(조선)니 아루'라고 표현하는 데 동의하였음을 참고하시기 바람. 이 문제에 관하여 아 측은 일본이 텍스트에도 '한반도'라고 표현하도록 강력히 주장하였으나 일본 측이 불응하여 결국 전술한 바와 같이 낙착되었음.(주일정-외아북)

70. 기본관계조약 일본문 텍스트 관련 본부 지시 전문

번호: WJA-06312

일시: 211130[1965. 6. 21]

수신인: 한일회담 수석대표

대: JAW-06487

1. 'ALREADY'는 우선 '스데니'로 주장하되, 부득이한 경우 '모하야'를 수락하여도 가함.

2. 'AS SPECIFIED …'에 관하여는 '아끼라까니 시메사레데 이루 도오리노…' 또는 '…고도구'를 '메이지(명시)사레데 이루 도오리…' 또는 '…고도구…'로 하도록 하시기 바람.(외아북)

시나 에쓰사부로 일본 외상 방한,
1965. 2. 17~20

분류번호 : 724.32 JA 1965
등록번호 : 1500
생산과 : 동북아주과/의전과
생산연도 : 1965
필름번호 : C-0013
파일번호 : 01
프레임번호 : 0001~0368

1965년 2월 17일~20일간 이루어진 시나 에쓰사부로 일본 외상의 방한 관련, 사전 교섭, 방한 일정, 일본 언론 보도 동향, 각종 연설문, 공동성명문, 감사 서한 및 시나 외상 방한 결과 보고서(방한 시 예방 인사와의 면담 기록, 1, 2차 외상 회담 기록 등)가 수록되어 있다. 한일 양국은 시나 외상의 방한을 계기로 기본관계조약 안에 가서명하였다.

1. 일정 및 사전교섭

1. 이동원 외무부 장관의 시나 외상 초청 서한

October 13, 1964

Excellency,

It is my great pleasure to extend my personal and cordial greetings to Your Excellency through Ambassador Dong Jo Kim who has been nominated for the post in Tokyo as Your Excellency have been informed.

I have been deeply concerned over the fact that, in spite of the mutual efforts exerted by our two Governments, there has been little progress in the talks for normalization of the relations between our two countries. Under these circumstances, I have the opinion that a visit to Korea by a very distinguished statesman of Japan like your good self may provide a good opportunity for us to discuss ways to overcome the present impasses in the talks, and I have the honour to invite Your Excellency to visit Korea at your earliest convenience. Ambassador Dong Jo Kim will be pleased to discuss with Your Excellency details of your tour.

I am looking forward to welcoming Your Excellency in Seoul in the near future. I avail myself of this opportunity to renew to Your Excellency the assurances of my highest consideration.

Tong won Lee
Minister

His Excellency Etsusaburo Shiina
Minister of Foreign Affairs
Japan

1964년 10월 13일

각하

각하께 알려드린 바와 같이 도쿄 주재 대사로 내정된 김동조 대사를 통해 각하께 개인적이고 따뜻한 인사를 드리게 된 것을 매우 기쁘게 생각합니다.

저는 그동안 양국 정부의 상호 노력에도 불구하고 양국 관계 정상화를 위한 대화가 별다른 진전을 보이지 못하고 있는데 대해 깊은 우려를 해 왔습니다. 이러한 상황에서 각하와 같은 일본의 저명한 정치가가 방한하는 것이 현재의 대화 교착상태를 극복하기 위한 방안을 논의하는 데 좋은 기회가 될 수 있을 것으로 생각하며, 각하의 조속한 방한을 초청하게 된 것을 영광으로 생각합니다. 김동조 대사가 각하와 방한에 관한 세부 사항을 기꺼이 논의할 것입니다.

가까운 시일 내에 서울에서 각하를 뵙게 되기를 고대합니다. 이 기회를 빌려 각하께 다시 한 번 최고의 배려를 약속드립니다.

이동원
장관

시나 에쓰사부로 각하
외무대신
일본

3. 김동조 주일 대사의 시나 외상 면담 예정 사실 보고 전문

번호: JAW-11202

일시: 101905 [1964. 11. 10]

수신인: 외무부 장관 귀하

발신인: 주일 대사

연: (1) JAW-11167, (2) JAW-11198

1. 본직은 11. 12(목) 11:00에 시나 외상과 면담하기로 되었음. 동 면담은 양측이 단독으로 행할 것임.

2. 일 외상 방한 문제에 관하여서는 금후의 상세한 일정 등에 비추어 연내에는 사실상 불가능하다는 결론임.

3. 본직이 시나 외상과 면담 시에는 시나 외상의 연내 방한 가능성 여부를 재확인한 후 이것이 불가능하다는 결론일 경우에는 연호 (1)의 제5항에서 보고한 바와 같이 명년 초 될 수 있는 대로 빠른 시기에 방한한다는 데 합의를 보고(가능하면 구체적 일자 명기) 이를 연내에 양측이 공동으로 발표하자는 내락을 구할 작정임. 이와 관련하여 본직은 일본 측이 원한다면 본직 부임 시에 휴대한 장관의 정식 초청장을 수교하겠음.

4. 한일회담 재개 시기에 관하여는 특히 연내 재개 가능성에 대한 일본 측의 의향을 타진코자 하는 바 일본 측이 제반 사정으로 연내 재개가 어렵다는 입장을 취할 경우에는 본직으로서는 연내 재개를 고집하지 않고 일 외상 방한 이후에 즉각 재개키로 한다는 것을 전항의 발표와 동시에 발표토록 할 것을 제의코자 함.

5. 전 2항과 같은 발표를 함에 있어서는 아 측으로서 동 발표를 계기로 현재 억류 중인 일어선 및 어부를 석방하여 줄 것을 일본 측이 강력히 주장할 것으로 사료됨을 참고하여 주시기 바람.

6. 전기한 바와 같은 발표의 시기는 본직이 본국 정부와의 협의를 마치고 돌아와서 일본 측과 이를 발표하는 것으로 함이 좋을 것으로 사료됨.

7. 이와 같은 발표를 함과 관련하여 본직은 회담 재개의 분위기 조성을 위한 정지 작업을 촉진할 것을 강력히 요구하겠음.

8. 일 외상과 본직 간의 면담에 관하여 상기와 같은 방침으로 임하여도 가하온지 명일중으로 회시하여 주시기 바람.(외아북-주일정)

6. 시나 외상 면담과 관련한 훈령 전문

번호: WJA-11128

일시: 111900[1964. 11. 11]

수신인: 주일 대사

대: JAW-11202호

1. 시나 외상의 방한을 아 측이 원하는 이유는 회담 재개 이전에 일본 측으로부터 '외상 방한'이라는 우호적인 '제스처'를 바라자는 것이며, 연내에 동 방한이 도저히 불가능할 경우에는 대호 3항에 따라 교섭할 것을 양승함.

2. 외상 방한이 연내에 실현되지 못하는 경우, 회담의 재개를 위하여는 이를 위한 계기를 만들 필요가 있으며, 이러한 계기는 일본 측이 만드는 것이 좋으므로, 일본 측을 그러한 방향으로 유도하는 동시에, 구체적으로 어떠한 계기를 마련할 수 있는가를 타진 보고 바람.

3. 이상과 같은 방향으로 일본 측을 유도하는 바, 일본 측이 회담의 연내 재개가 도저히 불가능하다는 입장을 취할 경우에는, 그 구체적인 이유와 일본 측의 재개에 대한 의도를 확인 귀국 바람.

4. 억류 중인 일어선 및 어부 문제에 관하여는 현 단계에서 논의할 문제가 아니므로 일본 측의 주장만을 듣고 귀국 협의하시기 바람.

5. 전번에 휴대한 시나 외상에 대한 장관 초청장은 작성일 자가 오래된 것이므로, 수교할 필요가 있을 시에는 귀하 일시 귀국 시에 재작성하여 수교토록 하시압.

6. 외상 방한 및 회담 재개에 관한 발표는 대호 6항과 같이 귀하의 본국과의 협의를 끝마치고 귀임한 후에 하시기 바람.(외아북)

장관

10. 김동조 대사의 시나 외상 면담 결과 보고 전문[25]

번호: JAW-11247

일시: 121541[1964. 11. 12]

수신인: 외무부 장관
발신인: 주일 대사

본직은 금 12일 11:00부터 약 50분간 시나 일 외상과 면담한바, 그 결과를 아래와 같이 요약 보고함(이규성 참사관, 우시로쿠 아세아국장 동석).

1. 일 정부의 기본 태도

사토 수상의 취임 및 시나 외상의 유임에 축의를 표하고 신내각의 출범을 환영하는 바라 하였음. 이에 대하여 일 외상은 이제까지 이케다 수상도 한일회담의 타결을 위하여 노력하여 왔었으나, 신 수상은 특히 야마구치 현 출신으로 한일관계 해결에 정열을 가지고 있는 것으로 보인다고 하였음. 그러나 그간 이와 같은 태도가 각 현안을 무작정 서둘러 해결한다는 것은 아니고, 조속 해결의 여부는 어디까지나 내용에 좌우될 것이라고 말하였음.

2. 일 외상 방한 문제

(1) 본직의 타진에 대하여 일 외상은 원칙적으로 찬동한다는 것을 확인한 후, 정부의 제반 스케줄 및 자기 자신의 사정으로 보아 연내 방한은 사실상 불가능하다고 말하였음.

(2) 명년 초에 방한할 수 있는 가능성에 대하여서는, 수상이 연 초에 방미하는 문제도 있으므로, 수상과 상의해 보아야 할 것이라고 하고, 그 결과를 곧 본직에게 회답

---

[25] 1455번 파일의 38번 문서와 동일한 문서임.

하겠다고 하였음.

　(3) 외상 방한을 사전에 공동으로 발표하는 데 관하여서도 이의가 없는듯한 태도를 보이면서 역시 곧 일본 측 입장을 회답하겠다고 하였음.

　3. 한일회담 재개
　(1) 재개 시기: 일본 측은 조기 재개의 원칙을 재확인하였으나, 구체적 재개 일자에 관하여서는 신 내각이 발족한 지 일천하여 아직 정부 방침이 확정되지 못하였으므로 곧 관계 각성, 특히 대장성 및 농림성과 협의하여 구체적으로 개재 가능 일자를 회답하겠다고 하였음. 이와 관련하여 일본 측은 연내 재개의 가능성이 희박한 듯한 태도를 보이면서, 12월 중에는 임시국회가 열리고 있을 것이며, 특히 동 국회가 사토 신 내각이 최초로 맞이하는 국회인 만큼, 회담이 연내에 재개된다 하더라도 실질적인 토의의 진전은 기대하기 어려울 것이라는 의견을 표명하였음. 일본 측은 회담 재개 일자가 확정되면 이를 공동으로 발표하는 데 대하여는 이의가 없다고 하였음.

　(2) 재개 방법: 회담 재개의 방법에 관하여 일본 측은 어업 문제의 토의에 중점을 두고 싶다고 하였음. 이에 관하여 일본 측은 해결이 가능한 문제부터 해결해 나간다는 데는 이의가 없으나, 어업 문제가 진전을 보지 않는 한 사실상 타협안에 대한 토의가 실질적으로 진행되기 어려울 것인바, 이는 회담 도중에 어선 나포 문제가 발생하여 회담 진행이 어려워질 것으로 예상되기 때문이라고 말하였음. 이에 대하여 본직은 어업 문제에 중점을 두자는 일본 측 태도에 변동이 없다면 오히려 어업 문제만을 먼저 토의하는 것이 옳다고 생각하나, 일본 측이 어민 3, 40만의 이익만을 위하여 어업회담만을 개최함으로써 1억 일본 국민의 이익을 무시할 수는 없는 것으로 생각된다 하고, 해결이 가능한 것부터 해결해 나가자는 것은 반드시 각 현안을 개별적으로 해결하자는 것이 아니며, 제 현안의 문제점에 대한 DIVERGENT VIEWS를 좁혀나가자는 견지에서 전면 회담을 재개하여 전면적 토의를 진행시킴이 옳을 것으로 생각한다고 주장하였음.

　또한 본직은 일본 측이 농상 회담의 재개를 희망하는 것으로 보이나, 이와 같은 회담은 성격상 정치적 회담임으로 꼭 농상 간의 회담이 아니라도 외상, 법상 또는 총리 간의 정치적 회담도 생각할 수 있는 만큼 이러한 정치적 회담은 필요에 따라 개최 여부를 검토하도록 하자고 말하였음. 회담 재개 방법에 관하여서는 결국 양측 의견이 평행하였기 때문에 결론을 보지 못하고 일본 측이 아 측 입장을 참작하여 검토한 후 곧 일본 측 입장을 회답하겠다고 하였음.

4. 회담 재개를 위한 정지 작업

(1) 일 외상이 문제를 먼저 제기하여 한국 측에 정식으로 통보할 성질의 것은 아니나 자기와 아카기 농상 간에 이야기된 것을 내통하여 준다 하면서 일 농상으로서는 냉동선 11척 문제는 곧 해결할 방침이며 해태 50만 속의 구입은 연내에는 곤란하나 명년 초에는 해결할 의향이라고 말하고 회담의 재개에 있어서나 또는 정지 작업을 추진함에 있어 억류 중인 일 어부 및 어선의 석방이 불가결하다는 일본 측 입장은 확고하다고 말하였음.

(2) 이를 받아 우시로쿠 국장은 제21차 수석대표 간 비공식 회담에서 발언한 바를 되풀이하여 내주 중에라도 2천만 불 차관협정이 조인되면 이를 계기로 한국 측에서 일 어부 및 어선을 석방하여 주고 일본 측으로서도 즉시 냉동선 11척에 대한 수출 및 방어 수입 외화 쿼터의 증액 조치를 취한 후 시기를 보아 해태 문제를 해결토록 함이 좋지 않겠는가 하는 의견을 말하였음.

(3) 이에 대하여 본직은 일본 측 입장도 이해는 할 수 있으나 한국 측 사정으로써는 일본 측이 말하는 조치가 취하여지기 전에 일 어부 및 어선을 석방함은 매우 어렵다는 것을 설명하고 또한 정지 작업과 관련하여 금번 시행을 보는 2건의 플랜트 이외에 현안 중인 '폴리아크릴', '냉간 압연'의 2건도 연내에 실현을 보아야 할 것이라고 하고 이와 관련하여 아 측이 일본 측에서 원하는 사항을 확인하여 준 이상, 금후 건건이 이를 확인하려 하지 말고 금번 '노트'를 포괄적인 것으로 해석하여 앞으로는 업자의 신청이 있으면 자동적으로 이를 허가하도록 조치하여 달라고 하였음. 일 외상은 잘 알겠다고 하면서, 잔여 2건의 플랜트도 조속 실현되도록 노력하겠다고 하였음.

(4) 일본 측은 정지 작업에 관련하여 어느 문제를 어떤 순서로 시행하는가에 관하여 다시 일본 측 입장을 검토하여서 아 측에게 회답하겠다고 하였음.

5. 동남아 외상회담 본직은 WJA-11122호로 지하신 바에 따라 일 외상에게 동남아

외상회담의 목적 및 참가 예정국과 일 정부 초청에 관련한 그간의 경위를 설명한 후 일 외상으로서도 이에 반드시 참가하여야 할 것임을 강조하니 참가 의향이 있으면 언제라도 정식 초청장을 보내도록 하겠다고 말하였음. 일본 측은 수상 및 당과 상의하여 회답하겠다고 하였는바 우선은 FAVOURABLE한 반응을 보이는 듯 하였음.

6. 중공 문제

본직은 극히 비공식으로 중공 문제에 관한 일본 정부의 정책 및 태도를 참고로 문의한 바 일본 측은 곧 이를 종합하여 본직에게 알려주겠다고 하였음.

7. 종합 보고 및 관측

(1) 본직은 본국 정부의 훈령에 의하여 협의차 오는 14일(토), 늦어도 16일(월)까지는 일시 귀국할 예정이라고 한바 일본 측은 본 보고 제2항의 (2), (3), 제3항의 (1), (2) 및 제4항의 (4)에서 언급된 일본 측 회답을 그 시일 안에 아 측에게 주겠다고 하였음.

(2) 정지 작업에 관련한 수상의 일본 측 태도로 보아 해태 50만 속은 명년 3월경에 신 회계 연도 (4월)부터 시작되는 신년도 쿼터를 앞당겨서 구입할 것으로 보이며 억류인 어선 및 어부 문제에 관하여서는 정지 작업의 추진, 외상 방한, 회담 재개 등과 관련한 현지 실정으로보아 금반 2천만 불 차관 협정이 조인됨을 계기로 양측에서 상호 발표함이 없이 석방하여 줌이 좋을 것으로 사료됨.

(3) 본 면담에서 시나 외상이 본직에게 표명한 의견은 전반적으로 일 외무성 관리의 보고 및 의견과 동 외상이 아카기 농상과 접촉한 내용을 기초로 한 것으로 관찰되며 신 수상의 방침이 반영된 것은 없는 것으로 보이는바 특히 일 외무성 관리진으로서는 신 수상이 한일 관계에서 열성을 가지고 종래에 비하여 빠른 템포로 나가려는 태도 (수상의 첫 기자회견에서 표명된 바와 같은)에 의식적으로 BRAKE를 걸려고 한 것으로 보임. 따라서 본직은 조속한 시일 내에 사토 수상과 만나 서상한 아 측 입장을 재강조하는 듯이 그의 반응을 듣고 또한 일 외상의 회답을 받아 금주 말에서 내주 초(14~16)에 귀국하겠음.(외아북-주일정)

19. 시나 외상에 대한 새로운 초청 서한

November 23, 1964

Excellency,

It is with great pleasure to extend to Your Excellency my personal and cordial greetings through Ambassador Dong Jo Kim who is returning to his post in Tokyo today.

I wish to express to Your Excellency my firm belief that it has been the uninterrupted desire of our two nations seeking the normalization of their relations at an earliest opportunity. I am convinced, in this connection, that a visit to Korea by a highly distinguished statesman of Japan will immensely contribute towards achieving this common objective of ours.

With the foregoings in mind, I have the honour and privilege to extend to Your Excellency on behalf of my Government the most cordial invitation to visit my country. I sincerely hope that Your Excellency accept the invitation, and find it convenient to take the trip in the early January of next year, or, if not, at an earliest possible date thereafter.

Please accept, Your Excellency, the assurances of my highest consideration.

Tong Won Lee
Minister

His Excellency
Etsusaburo Shiina
Minister for Foreign Affairs
Japan

1964년 11월 23일

각하

　오늘 도쿄에 부임하는 김동조 대사를 통해 각하께 개인적이고 따뜻한 인사를 드리게 된 것을 매우 기쁘게 생각합니다.

　조속한 시일 내에 양국 관계를 정상화하는 것이 양국의 한결같은 염원이라는 저의 확고한 믿음을 각하께 표명하고자 합니다. 이와 관련하여 저는 일본의 저명한 정치가가 한국을 방문하는 것이 이러한 공동의 목표를 달성하는 데 크게 기여할 것이라고 확신합니다.

　이상과 같은 점을 염두에 두고, 나는 우리 정부를 대표하여 각하께 우리나라를 방문해 주실 것을 정중히 초청하는 영광과 특권을 가지게 되었습니다. 각하께서 이 초청을 수락하여 내년 1월 초에, 또는 그렇지 않다면 그 이후 가능한 빠른 시일 내에 방문하실 수 있기를 진심으로 바랍니다.

　각하, 제가 최대한 배려하겠다는 약속을 받아주시기 바랍니다.

이동원
장관

시나 에쓰사부로 각하
외무대신
일본

21. 이동원 외무부 장관의 방한 초청에 대한 시나 외상 답신 서한 보고 전문

번호: JAW-12003

일시: 011129[1964. 12. 1]

수신인: 장관
발신인: 주일 대사

1. 외아북 722-666(64. 11. 23) 지시에 따라 일 외상에 수교한 이동원 장관 명의의 초대장에 대하여 시나 외상으로부터 다음 내용과 같은 답한에 접하였기 이를 보고하오며 동 답한은 추후 파우치 편에 송부하겠음.(주일정-외아북)

2. 동 내용은

EXCELLENCY,

WITH GREAT PLEASURE, I RECEIVED YOUR EXCELLENCY'S LETTER OF NOVEMBER 23 FORWARDED TO ME THROUGH MR. DONG JO KIM.

LET ME EXPRESS MY SINCERE GRATITUDE FOR YOUR EXCELLENCY'S CORDIAL INVITATION EXTENDED TO ME TO VISIT YOUR COUNTRY.

EVER SINCE MY APPOINTMENT AS MINISTER FOR FOREIGN AFFAIRS IT HAS BEEN MY EARNEST DESIRE TO VISIT AS MANY FRIENDLY COUNTRIES AS POSSIBLE, IN ORDER THAT I MAY GET PERSONALLY ACQUAINTED WITH THEIR NATIONAL LEADERS SO THAT I MAY CONTRIBUTE TOWARDS THE PROMOTION OF JAPAN'S AMICABLE RELATIONS WITH THEM.

THE ACTUAL DATE OF MY VISIT TO YOUR COUNTRY IS UNDER CLOSE EXAMINATION, TAKING INTO ACCOUNT VARIOUS SCHEDULES OF MINE

AND OF MT GOVERNMENT.

I HOPE THAT THE TRIP WILL BE REALIZED BY THE MIDDLE OF FEBRUARY.

I AM LOOKING FORWARD TO SEEING YOUR EXCELLENCY IN THE VERY NEAR FUTURE.

SINCERELY YOURS,

ETSUSABURO SHIINA

HIS EXCELLENCY
TONG WON LEE,
MINISTER FOR FOREIGN AFFAIRS,
REPUBLIC OF KOREA

번역

각하

11월 23일 자 각하의 서한을 김동조 씨를 통해 전달받았습니다.

각하께서 저에게 귀국을 방문하라는 따뜻한 초청장을 보내주신 데 대해 진심으로 감사를 표합니다.

저는 외무대신으로 임명된 이후 가능한 한 많은 우방국들을 방문하는 것이 저의 간절한 소망이었습니다. 그 나라 지도자들과 개인적으로 친분을 쌓아 일본과 우호적인 관계를 증진하는 데 기여하기 위해서입니다.

저의 귀국 방문 일정은 저와 정부의 여러 일정을 고려하여 면밀히 검토 중입니다.

2월 중순까지는 방문이 실현되기를 희망합니다.

가까운 시일 내에 각하를 뵙기를 고대하고 있습니다.

시나 에쓰사부로

이동원 각하
외교부 장관
대한민국

28. 시나 외상 방한 관련 외무성 북동아과장과의 협의 결과 보고 전문

번호: JAW-02021

일시: 021018 [1965. 2. 2]

수신인: 외무부 장관
발신인: 주일 대사

당부 최 정무과장은 1일 늦게 일 외무성 구로다 북동아과장과 시나 외상 방한 일정에 관한 사무 타합을 한 바, 동 결과를 아래와 같이 보고함.

1. 일본 측은 그간 시나 외상의 방한 일정에 관하여 국회 예정, 특히 중의원에서의 예산심의 진행 상황 등과 견주어가면서 신중히 검토하여 왔던바, 금반 국회 일정이 어느 정도 명백하여졌으므로 3박 4일 체재를 원칙으로 (1) 17일(수)에서 20일(토), 또는 (2) 18일(목)에서 21일(일)까지의 양안으로 잠정적으로 결정하고 이와 같은 일정에 대한 한국 정부의 내락을 얻고자하므로 가부를 조속히 알려주기 바란다고 하였음.
 (참고로 중의원은 예산위에서 2월 8일까지 종합 질문, 그 후 약 5일간 일반 질문이 있으며, 이에 이어 각 분위가 20일까지 계속되나 외상이 15, 16일경까지는 필히 참석하여야 된다 함.)

2. 일본 측으로서는 주말 관계 등으로 보아 제1안으로 추진코자 하고 있으나 국회의 예산심의가 1, 2일 지체되면 제2안이 될 것이라 하며, 한국 정부의 내락이 있는 대로 곧 국회 측과 절충하여 일정을 확정시키겠다고 말하였음. 이와 관련하여 일본 측은 사회당 등 야당이 외상 방한의 지연 작전을 취하고 있으므로 사전에 한국 측에서 누설되지 않도록 하여 주기를 바란다면서, 현재로서 전기 양안보다 지연될 리는 없을 것으로 생각되나 국회의 반응 여하에 따라서는 다소 지연될 가능성이 전혀 없는 것이 아니라는 뜻의 표명이 있었음.

3. 아 측은 일본 측의 일정 안을 곧 본국 정부에 보고하여 가부를 알려주겠다 하고, 본건은 한국 정부와의 사전 협의를 거쳐 양국 정부가 일정을 결정하고 이를 서울과 도쿄에서 동시 발표토록 조치가 취하여 져야 할 것이라고 한바, 일본 측은 이에 합의하였음. 또한 거반 일본 신문 지상 등에 일제히 일정 예상이 보도되었던 경위 등을 지적하고 일본 측으로서도 사전에 누설되는 일이 없도록 극히 신중히 다루어야 할 것이라고 한 바, 일본 측도 동감을 표명하였음.

4. 일정에 관한 공동 발표는 가능한 한 조속한 시일 안에 행하기로 합의하였던바, 그전에 전기 일정 안이 국회에 타진될 경우 사전에 누설되는 것을 방지하기 위하여 아국 정부의 내락이 있는대로 서울과 도쿄에서 동시에 "일 외상 방한을 2월 중순까지 실현시킨다는 계획으로 양국 정부가 협의 중에 있으며 결정되는 대로 양 수도에서 공동 발표 될 것이다"는 뜻으로 신문에 비공식으로 LEAK 하기로 하였으므로 여차 양지하여주시기 바람.

5. 일본 측이 내락을 구하여온 방한 일정 안은 현재 일본 측의 국내 사정으로 보아 그때 이외에 여유가 없을 것으로 보이므로 당부로서는 본국의 준비 등에 지장이 없으시다면 일본 측의 양안을 내락하고 선택은 일본 측의 국내 사정에 일임하는 형식으로 함이 좋을 것으로 사료되옵기 구신하오니 참고하여 주시기 바람.

6. 일본 측은 3박 4일을 원칙으로 3, 4일 내로 일본 측이 희망하는 잠정적인 일정을 비공식으로 제의할 것이라는바 아 측이 구상하고 있는 일정이 있으시면 우선 송부하여 주시거나 혹은 특별히 포함할 사항이 있으시면 우선 알려주시기 바람. (주일정 – 외아북)

29. 시나 외상 방한 관련 본부 입장 통보 전문

0553   번호: JAW-02061

일시: 031848[1965. 2. 3]

수신인: 장관
발신인: 주일 대사

대: WJA-02030

시나 외상 방한 일정

1. 대호에 따라 일본 측에게 제1안으로 결정할 것을 요망한 바 일본 측은 이에 따라 추진하겠다고 함.

2. 현재 일본 측의 전망으로는 명 4일 하루 국회와 절충을 하면(주: 국회 각파 국회 대책위원장 회의에서 결정한다 함) 결정을 볼 수 있을 것이므로 빠르면 5일 아침까지에는 최종 결정을 내릴 수 있다 함. 이에 따라 곧 공동발표 조치를 합의키로 하였음.

3. 일정이 일단 결정되어 공동발표 후에는 변경이 없을 것임.

4. 중간 단계에서 LEAK 하는 데 관하여는 금일 당지 석간 각 신문에 서울발 교도통신으로 외상 방한 일정에 관하여 일본 측의 정식 제의가 있어 2월 중순 방한이 확정되었다고 보도되고 있어 일본 측으로서는 좀 난처한 입장이라 하면서 중간 LEAK 단계를 두지 않고 조속히 결정하여 공동발표를 행하자고 하므로 이에 동의하였음.

5. 체한 일정 및 수행원에 관하여는 결정에 좀 더 시일을 요한다고 하며 6일(A) 오후에 연, 우시로쿠 양 아주국장이 외상 방한에 관하여 협의키로 예정되었는바 그때 구체적으로 제시하겠다 함. (주일정-외아북)

30. 시나 외상 방한 일정 발표 관련 보고 전문

0554　　번호: JAW-02150

일시: 081447[1965. 2. 8]

수신인: 장관

발신인: 주일 대사

1. 시나 일 외상의 방한 일정 발표에 관하여는 일본 측의 대국회 절충이 예상보다 지연되어 결국 9일 오후 4시에 서울과 도쿄에서 아래와 같은 내용 공동 발표키로 하였음.

　일본국 시나 외무대신은 대한민국 이동원 외무부 장관의 초청에 의하여 2. 17일부터 20일까지 한국을 친선 방문하게 되었다.

　이와 같은 발표는 10일 조간에 당지에서 게재될 것을 양지하시기 바람.

3. 일본 측이 희망하는 방한 기간 중의 스케줄에 관하여는 곧 일본 측의 안을 제시하겠다고 하고 있는바, 현재까지 일반적인 일본 측의 생각은 아래와 같음.

　가. 시나 외상이 예방하는 상대로는 대통령, 국무총리, 부총리 겸 경제기획원 장관, 외무부 장관을 예상하고 있다 함.

　나. 양 외상 간의 회담 회수, 시간 등에 관하여는 구체적인 조정을 희망함.

　다. 체재 일자 등으로 보아 일선이나 지방 방문은 피하고 회담에 중점을 두려는 생각을 가진 듯하며 서울의 명소 구경 또는 서울에서 왕복 2시간을 넘지 않는 거리의 여행이라면 할 수 있을 것이라는 의향을 가진 듯함.

4. 수행원에 대하여는 우시로쿠 국장의 수행이 확실할뿐 기타 경제협력국에서의 참석 여부, 기타 각성의 수행원이 조정되지 않아 좀 늦어질 것이라 함. (주일정 - 외아북)

32. 시나 외상 방한에 관한 공동 발표문 재가 문서

시나 일본외상 방한에 관한 공동 발표문
(65. 2. 9, 16:00 발표 예정)

일본국 시나 외무대신은 대한민국 이동원 외무부 장관의 초청에 의하여 2. 17부터 20까지 한국을 친선방문하게 되었다.

참고: 수행원에 대하여는 우시로쿠 국장의 수행이 확실할 뿐 기타 경제협력국에서의 참석 여부, 기타 각성의 수행원이 조정되지 않아 좀 늦어질 것이라 함.

34. 시나 외상 방한 일정 협의 결과 보고 전문

번호: JAW-02179

일시: 091212[1965. 2. 9]

수신인: 외무부 장관 귀하
발신인: 주일 대사

1. 당부 최 정무과장과 일 외무성 구로다 북동아과장은 금 9일 10:30 시나 외상 방한 일정에 관하여 협의하였음.

2. 일본 측은 아래와 같은 일정 안을 제시하였음.

2월 17일 (수)

11:30 하네다 출발(JAL 정기편)
13:30경 김포 도착 공항 행사(성명 낭독) 후 숙소행
15:30 예방 대통령, 국무총리, 외무부 장관(부총리)
19:00 (한국 측 주최 리셉션 및 만찬)

2월 18일(목)

9:30 국군 묘지 참배(화환 봉정)
11:00~5:00 제1차 회담. 오후 서울 시내 방문(비원, 국악원 등)
19:00 일본 측 내부의 석식

2월 19일(금)

9:00 제2차 회담
11:00 공장 시찰(자동차로 인천행)

17:00 서울귀환 (자동차로)
19:00 (일본 측 주최 리셉션 및 만찬회)

2월 20일(토)
09:00 제3차 회담(30분 정도 – 공동성명 초안 합의)
10:30 기자회견(한일 양국인 기자)
15:30 서울 출발, 서북 항공기 편
17:12 하네다 도착

3. 상기와 같은 일정에 대하여 일본 측은 시나 외상이 공장사찰을 희망한다는 점과, 19일 저녁에 일본 측 주최 리셉션 및 만찬을 행한다는 점을 고려하여 주기 바라며, 그 외는 한국 측의 의향에 따르겠다는 입장임.

4. 당부로서는 우선 일본 측에 예방 대상자에 국회의장을 추가할 것을 말하여 합의되었으며, 기타 일정은 일본 측 안을 참고로 적의 작성하시어 통지하여 주시기 바라는 바, 판문점 및 일선 방문이 포함됨이 좋을 것으로 사료됨.

5. 수행원 명단에 대하여는 계속 재촉한바 일본 측은 아직도 최종적 결정을 못 보고 있으나 우시로쿠 아세아국장이 SENIOR 수원이 될 것이며, 그 외는 각성 실무자급의 수원이 될 것이라 함(명단은 나오는 대로 시급 보고하겠음).

추이: 상기 일정은 금일 발표 시 참고하셔도 가함.(주일정 – 외아북, 외의건)

37. 시나 외상 방한 관련 일본 언론 보도 동향 보고 전문

0566   번호: JAW-02206

일시: 101149 [1965. 2. 10]

수신인: 장관
발신인: 주일 대사

당지 아사히, 요미우리 등 10일 자 주요 신문 조간은 시나 외상 방한에 관한 기사를 1면에서 크게 취급하고 있는바, 기사 요지는 다음과 같음.

한일 양국 정부는 9일 오후 4시 시나 외상은 이동원 한국 외무부 장관의 초청에 의하여 2월 17일부터 20일까지 한국을 친선방문하기로 되었다"라고 발표하였다. 현직 외상의 방한은 고사카 전 외상의 방한에 이어 두 번째로 양국 정부는 금번 시나 방한에 의하여 목하 도쿄에서 제7차 전면 회담이 조기 타결로 향하여 급진전할 것을 기대하고 있다.

금차의 시나 외상의 방한은 일단 '친선방문'이라는 간판을 내세우고 있지만 이미 대강 타결을 맞이하고 있는 한일교섭에 좀 더 고차적인 견지에서의 정치적 판단을 가미시켜 한꺼번에 타결에 접근시키기 위한 '정치회담'을 행하는 것이 정말 목적으로 간주되고 있다. 일본 정부로서는 금번 시나 방한을 의의 있는 것으로 만들기 위하여 9일의 각의에서 대한 어선 수출의 승인을 하는 등 배려를 보이고 차제에 타결 무드를 고조시켜서 현안 해결에의 발판을 공고히하는 한편 이에 대한 한국 측의 동향을 주목하고 있다.

서울회담에서 결말을 보지 못할 문제 등은 계속 이어서 도쿄에서의 전면 회담에서 심의하고 3월 중에라도 또 다시 정 총리가 내일하여 사토 수상 등과 회담 정치 해결에 들어갈 것으로 기대되고 있다.

0567   이 결과 5월까지에는 타결, 조인의 전망이 높아져 양국 정부의 회담 타결에의 열의

가 일단 강화되는 것과 수발하여 양국 야당의 이에 대한 반대, 저지의 움직임도 격화되게 될 것이다.

  2. 한편 이상과 같은 시나 외상의 방한이 공식으로 발표된 후 사회당의 가쓰마타 국제국장 등은 9일 오후 원내에서 하시모토 관방장관 등과 만나 시나 외상의 방한을 중지할 것을 정식으로 요청하였다고 전하여지고 있음.(주일정-외아북)

46. 시나 외상 방한 수행원 명단 및 일정 보고 전문

0580   번호: JAW-02277

일시: 121645[1965. 2. 12]

수신인: 장관

발신인: 주일 대사

일외상 방한 수행원 명단 및 일정

1. 일 외상 방한시에 수행할 수행원(외상 포함 10명은 전원 외무성 직원)은 다음과 같음.
   1) 아세아국장 우시로쿠
   2) 북동아 과장 구로다
   3) 조약국 법규과장 나카에
   4) 비서관 이와세 시게루(岩瀨繁)
   5) 비서관 오모리 세이치(大森誠一)
   6) 북동아 사무관 구로코지 야스시(黑河內康)
   7) 아세아국 사무관 이마다 유타카(今田豊)
   8) 정보문화국 보도과 사무관 센고쿠 다카시(仙石敬)
   9) 정보문화국 보도과 사무관 쓰치야 요사쿠(土屋洋作)

0581   2. 외상 방한 중의 한국어 통역에 대하여는 외상이 PREPARED TEXT(예, 공항서의 도착 성명 및 DINNER SPEECH 등)의 경우에는 전 북동아 과장 마에다 씨가, 기타 한국 정부 요로와의 면담 시에는 한국 측에서 통역을 세워 줄 것을 요청하고 있음.

3. 일행은 17일(수) 외상과 동도 출발할 것이나, 외상 방한 준비 관계로 보도과 사무관 쓰지야만이 16일에 출발한다 하옵기 이를 보고함.(외아북, 외의전, 주일정)

63. 시나 외상 방한 일정 통보 전문

번호: WJA-02207

일시: 151650[1965. 2. 15]

수신인: 주일 대사

대: JAW-02330

1. 시나 외상의 일정은 다음과 같이 확정하였으며, 당지에서도 금일 오후 발표하였음.

2. 18일의 대통령 오찬은 발표하여도 좋으며, 20일의 총리 오찬은 발표 않도록 하시압. 판문점 및 일선 사찰은 당지에서는 발표하였으니 양지 바람.

3. 마에다 씨 제의에 의하여, 18일 14:00시 1차 회담 후 시간이 남으면 시내 고적을 관광키로 했으며 20일 공장 시찰은 09:30시부터 한 시간 반 동안 영등포의 한 공장만 시찰키로 하였음.(외의전)

장관

첨부

63-1. 시나 외상 방한 일정 문서

PROGRAM FOR

His Excellency Etsusaburo Shiina The Minister of Foreign Affairs of Japan

Wednesday, 17 February 1965

13:30 Arrive at Kimpo International Airport via JAL

– Inspection of Honor Guard –

14:00 Depart for Chosun Hotel

14:20 Arrive at the Hotel

15:30 Courtesy Call on H.E. Tong Won Lee, the Minister of Foreign Affairs

16:00 Courtesy Call on H.S. Il Kwon Chung, the Prime Minister

16:30 Courtesy Call on H.S. Key Young Chang, the Deputy Prime Minister and the Minister of Economic Planning Board

18:00~19:30 Reception by the Minister of Foreign Affairs and Mrs. Lee (Chosun Hotel – Ball Room)

20:00 Dinner by the Minister of Foreign Affairs, ROK (Walker Hill – Korean Pavilions)

Thursday, 18 February 1965

09:10 Depart the hotel for ROK National Cemetary

09:30 Wreath Laying Ceremony at the Cemetary

10:00 Courtesy Call on H.E. Hyo Sang RHEE the Speaker of National Assembly

11:40 Courtesy Call on H.E. Chung Hee Park, the President of the Republic of Korea

12:00 Luncheon by the President (The Blue House)

14:00 Meeting (First) between the Ministers (Office of the Minister)

20:00 private dinner at the hotel

Friday 19 February 1965

09:00 Meeting (Second) between the Ministers (the Foreign Minister's Residence)

11:30 Depart for Yongsan heliport

11:45 Depart for VI ROK Corps

12:15 Arrive, Headquarters VI ROK Corps

12:15~12:30 Briefing at Headquarters (Luncheon by Maj. Gen. Shin HAN, Commanding General)

13:30–15:00 Tour around the Observation Post

15:00 Depart VI ROK Corps for Panmunjom

15:40~16:20 Tour around the Conference Area

16:30 Depart Panmunjom for Seoul

17:10 Arrive at the hotel

18:00~19:30 Reception by the Minister of Foreign Affairs of Japan (Bando Hotel)

20:00 Dinner by the Minister of Foreign Affairs of Japan

Saturday, 20 February 1965

09:30~10:40 Sightseeing around the City

11:00 Farewell Call on the Minister of Foreign Affairs

12:30 Press Conference (Chosun Hotel)

14:50 Depart For Kimpo international Airport

15:30 Depart for Japan via North-West Airlines

번역

프로그램

시나 에쓰사부로 일본 외무상 각하

1965년 2월 17일 수요일

13:30　　　JAL편으로 김포국제공항 도착
　　　　　　　- 의장대 사열 -
14:00　　　조선호텔로 출발
14:20　　　호텔 도착
15:30　　　이동원 외무부 장관 예방
16:00　　　정일권 국무총리 예방
16:30　　　장기영 부총리 겸 경제기획원 장관 예방
18:00~19:30 외무부 장관 내외 주최 리셉션(조선호텔 - 볼룸)
20:00　　　외무부 장관 만찬(워커힐 - 한국관)

1965년 2월 18일 목요일

09:10　　　국립묘지로 출발
09:30　　　국립묘지 화환 헌화식
10:00　　　이효상 국회의장 예방
11:40　　　박정희 대통령 예방
12:00　　　대통령 오찬(청와대)
14:00　　　외무부 장관 회담(1차) (장관 집무실)
20:00　　　개별 만찬

1965년 2월 19일 금요일

09:00　　　외무부 장관 회담(2차) (외무부 장관 관저)
11:30　　　용산 헬기장으로 출발
11:45　　　대한민국 제6군단으로 출발
12:15　　　대한민국 제6군단 본부 도착

12:15~12:30   사령부 브리핑(사령관 한신 소장 주최 오찬)
13:30~15:00   관측소 견학
15:00   판문점으로 출발
15:40~16:20   회담장 둘러보기
16:30   판문점에서 서울로 출발
17:10   호텔 도착
18:00~19:30   일본 외상 주최 리셉션(반도호텔)
20:00   일본 외상 주최 만찬

1965년 2월 20일 토요일
09:30~10:40   시내 관광
11:00   외무부 장관 고별 예방
12:30   기자회견(조선호텔)
14:50   김포 국제공항으로 출발
15:30   노스웨스트 항공편으로 일본으로 출발

2. 의제

74. 시나 외상 방한 시 한일 외상회담에서 논의될 문제점에 대한 대표부 의견 보고 공문

0650   1965. 2. 15   주일정 722-49

수신: 외무부 장관

제목: 한일 외상회담에서 논의될 문제점에 대한 의견 상신

오는 2. 17~20으로 예정된 시나 일 외상의 방한 시, 한일 양국 외상회담에서 논의될 것으로 예상되는 중요 문제점에 대하여 본직의 의견을 구신합니다.

주일 대사 김동조[직인]

0651   1. 시나 일 외상 방한의 성격
(1) 시나 외상은 금반 방한에 관하여 당초 실질적인 외교교섭을 목적으로 하지 않는 단순한 친선 방문임을 전제로 한 바 있으나, 그후 교섭의 진행 사항 등을 고려하여 단순한 친선 방문에 국한치 않고, 한국 측이 제기한다면 실질적인 내용을 가진 토의 또는 교섭에 응하겠다는 태도를 가지게 된 것으로 관측됨.
(2) 그러나 시나 외상으로서는 이제까지의 실무 교섭을 통하여 이미 합의된 사항을 확인하거나 또는 대립점이 명백히 됨으로써 정치적인 판단만을 필요로 하는 문제점을 제외하고 교섭의 구체적인 내용에 들어가 절충하려는 의사는 없는 것으로 보이며, 또한 금반 일 외상의 수행원 명단으로 보아 현안 전반에 걸쳐 광범위한 교섭을 할 수 있는 진용이 되지 못하는 바임.

2. 한일 외상회담에서 논의될 중요 문제점

(1) 한일회담 조기 타결 방침의 재확인과 금후 교섭의 방향

회담 조기 타결에 관한 양국 정부의 기본 방침 재확인 및 공동성명에 동 취지 발표가 있을 것으로 사료되는바, 아 측으로서는 이번 기회에 금후 회담 진행의 방향, 조인 또는 비준 등의 처리 방안 및 서기 등에 관한 일본 정부의 복안을 타진함이 좋을 것으로 사료됨.

(2) 기본관계

(가) '대한민국과 일본국과의 기본관계에 관한 조약' 안이 수개 미합의점을 남겨놓았을 뿐이므로 외상회담에서 동 미합의점에 대한 합의가 이루어지면 이에 가조인할 수 있을 것임. 본직은 본조약안이 한일회담에 있어서 최초로 합의되는 실질적인 문서인 만큼 양국 외상 간에 가조인함이 좋을 것으로 사료하며, 시나 외상에게도 이를 종용하고 있음. 단, 일본 측은 국내 절차상 기술적 난점이 있다는 바, 양 외상 간에 가조인이 이루어지지 못할 경우에는 우선 내용을 서울에서 공표하고 본직이 도쿄로 귀임하여 다카스기 수석과 가조인할 수 있을 것임.

(나) 조약안의 미합의점 중 한일 외상회담에서 토의 해결되어야 할 문제점은

(ㄱ) 대한민국 정부의 유일 합법성의 확인

(ㄴ) 구 합병조약 등의 무효 확인의 2개 문제점인바 양측 입장과 표현 등에 관하여는 별도 공문(주일정 722-48 참조), 양 문제점의 실질적인 비중을 고려할 때 대한민국의 유일 합법성의 확인이 중요함은 두말할 것도 없음. 그러나 유일 합법성의 확인 규정에 대하여는 일본 정부로서도 정치적인 문제이며, 또한 현재의 일본 측 안이 실무 당국의 저항에도 불구하고 본직의 측면 정치교섭을 통하여 제시케 된 경위 등이 있는 만큼 일본 측이 아 측 안을 수락하는 것은 매우 어려울 것으로 관측됨. 따라서 아 측으로서는 "... are null and void"는 아 측 안을 관철시키고, 유일 합법성 확인에 관하여서는 "...such only lawful ... as...."의 표현으로 하되 양측의 번역문에서 such의 표현을 강하게 하지 않는 방법으로 타결할 것을 건의함. 기타 소소한 표현상의 미 해결점은 실무 교섭으로써 해결될 수 있을 것임.

(3) 재일한인의 법적지위

아 측으로서는 영주권자의 자손의 범위를 '1대'에 한하지 않고 '직계비속'이란 표현

으로 자자손손에 미치도록 한다는 원칙과 처우에 있어 권리 자체의 성질상 일본인에게만 허용되는 권리를 제외하고는 내국민 대우를 부여한다는 원칙을 강하게 주장하여 합의토록 하실 것을 건의함.

(4) 어업 문제

(가) 금년도 속개 회담에서는 주로 규제 조치의 내용에 관한 토의가 있었는 바, 일본 측 출어 척수에 있어서 일본 측은 이미 제시하였던 최고 출어 척수 외에 월별(또는 계별) 최고 출어 척수 및 각 수역별로 중요 어업의 어획량을 비공식으로 제시한 바 있음. 일본 측은 여사한 새로운 자료의 제시로 출어 척수를 어획량과 결부시킴으로써 해결의 실마리를 찾을 수 있지 않을까 생각을 가진 듯 하나, 규제 문제, 특히 출어 척수에 관하여 실무 교섭으로써 이 이상의 진전이 매우 어려운 것이 사실임.

(나) 한편 아 측은 그간 어업협력에 관하여 일본 측으로부터 통상 민간 상업 차관의 조건보다 유리한 조건으로 1억 불의 어업협력 차관을 확보할 것을 목표로 교섭을 추진하여 왔으나, 일본 측은 규제 문제 특히 출어 척수의 대강만이라도 해결을 보지 못하면 대장성 등 관계성의 반발로 어업 협력에서 결심을 하기 어렵다는 태도를 취하고 있으며, 어업 협력소위원회의 개최도 아 측의 누차에 걸친 촉구에도 불구하고 아직 실현되지 못하고 있는 바임.

(다) 이와 같이 실무 교섭의 진전이 매우 어려운 사정하에서 일본 측은 제주도 주변의 기선 문제, 어업협력 문제 및 규제 문제는 포괄하여 고위정치 절충으로써 타결하지 않을 수 없을 것이라는 생각을 가진 듯함. 이와 같은 경우, 일본의 국내 정치 체제로 보아 어업 문제는 아카기 농상의 손으로 대강을 타결하지 않으면 안 되며 시나 외상으로서는 금반 외상회담에서 어업 문제의 구체적인 교섭을 할 수 없는 입장이라 함. 아카기 농상은 어업 문제의 대강 타결을 위하여 언제라도 각료 회담에 응할 용의가 있음을 비공식으로 표명하고 있으며, 동 각료 회담의 장소는 서울 또는 도쿄 어느 편이라도 구애하지 않는다는 생각을 가진 것으로 보임. 단, 서울에서 개최될 경우에는 아카기 농상으로서는 참의원에서 예산안에 대한 종합 질문이 있을 3월 10일경 이전, 빠르면 2월 중에라도 방한할 수 있을 것이라는 비공식 의향이 표명된 바 있음. 아 측은 이와 같은 일본의 비공식적인 의향을 본국 정부에 보고하겠다는 정도로 응수하였으며, 아 측 태도의 표명은 보류하고 있는 바임.

(라) 서상한 경위에 비추어, 금반 외상회담에서는 어업 문제의 구체적 내용에 관한 토의가 어려울 것으로 보이며, 따라서 1억 불의 협력 차관에 대한 언질을 얻기가 매우 어려울 것으로 보임. 아 측이 이를 강하게 주장할 경우, 일본 측은 규제수역에서의 평등한(사실상 숫자상의) 공동규제의 원칙 및 일본 어업실적 및 실태 존중의 원칙을 강하게 주장할 가능성이 있음. 금차 회담에서는 금후의 어업교섭의 전반적인 방향, 특히 일본 측이 새로이 제시한 규제 척수에 관한 자료의 처리 방안, 또는 어업 문제에 관한 고위정치회담(즉 각료회담)의 개최 여부 및 이에 합의할 경우, 이에 따른 구체적인 토의가 있어야 할 것으로 사료됨.

(5) 청구권 문제(문화재 및 선박 포함)

그간 개최되지 않고 있던 청구권위원회 및 문화재 소위원회의 개최 일자가 결정되어야 할 것이며, 선박 문제에 관하여서는 양측의 입장이 기본적으로 대립되어 있는 만큼 금반 외상회담에서 정치절충으로 이의 금후 처리 방안을 결정토록 하여야 할 것임.

(6) 한일 간 각료급 무역회담의 개최

(가) 그간 당 대표부로서는 한일 양국 간 무역 불균형의 시정 및 한국산 농수산물의 대일 수출 증대를 통한 통상 확대의 필요성을 기회 있을 때마다 각계 각층에 강조한 바 있으며, 이를 위하여 한일 양국 간의 각료급 무역회담을 조속한 시일 내에, 가능하면 3월 중에 개최하도록 비공식으로 제의한 바 있음. 이에 관하여 일본 측은 그간 관계 각성 간에 협의를 거쳐 무역회담을 개최한다는 원칙을 결정하였으며, 시기 및 장소에 관하여는 아직 검토 중인 것으로 관측됨. 따라서 금반 외상회담에 있어서는 일본이 한국산 제1차 산품 수입 증대를 통한 무역 불균형의 시정을 강력히 요구하고 이를 위하여 각료급 무역회담을 3월 중에 개최하도록 합의함이 좋을 것으로 사료함.

(나) 농수산물의 대일 수출 증대와 관련하여 아 측으로서는 지난 2월 6일의 정 총리, 사토 수상 간의 회담에서 언급이 있었던바, 한국산 해태 수입에 대한 제한 조치를 전면적으로 해제하든가, 또는 현 쿼터를 대폭 증대(500만 속까지)시키도록 강력히 요망함이 필요한 것인바, 일본 측은 제한 조치의 전면적 해제에는 아직도 강한 반발을 보이고 있음. 또한 기타 농수산물의 쿼터 증가도 요구되어야 할 것이며, 대한 어선 수출금지 조치의 해제도 강력히 요망되어야 할 것이나, 금차 외상회담에서 해결을 보기가 매우 어려울 것으로 관측됨.

(다) 기본관계에 관한 조약안을 토의함에 있어서 아 측이 통상항해조약이 체결될 때까지 잠정 조치로 현행 잠정 협정을 수정하는 교섭을 무역회담에서 행하여도 좋겠다는 입장을 표명한 바 있음을 참고 바람.

(7) 독도 문제 및 주한대표부 설치 문제

일본 측은 이 2개 문제점을 외상회담에서 제기할 가능성이 있음. 특히 주한대표부 문제를 제기할 의향은 이미 표명한 바 있으므로 이에 대하여는 가능한 한 회담 말기에 잠깐 Touch 하는 정도로 하여 회담의 분위기를 경화하지 않도록 일본 측의 주의를 환기한 바 있음(또한 일본 측은 재한 일상사 과세 문제의 해결을 요망할 가능성이 있음).

(8) 이 장관 방일 초청

시나 외상은 이번 기회에 이 외무부 장관이 일본을 방문할 것을 공식으로 초청할 것임.

3. 공동성명

아 측은 상기한 바와 같은 토의 또는 합의 내용을 골자로 하는 공동성명(별첨 아 측 안 참조)을 발표하는 데 관하여 일본 측의 의향을 비공식으로 타진한바, 일본 측은 너무 구체적인 사항을 포함시키는 것이 어렵다는 입장을 표명한 바 있음(별첨 일본 측 Comment 참조).

4. 도착 성명

아 측은 그간 시나 외상이 도착 성명에서 한국 국민의 민족적 감정을 고려한 발언을 하도록 종용하여 왔으나 일본 측은 시나 외상의 정치적 입장을 보아 이와 같은 발언을 도착 성명에서 행하기가 어려우므로 이를 서울에서의 기자단 회견 시 기자로부터 질문이 있으면 그와 같은 취지로 답변하겠다는 태도를 표명하여 왔음. 아 측은 계속 도착 성명 및 공동성명에서 이와 같은 표현이 나오도록 노력하겠음. 일본 측 도착 성명 초안은 별첨과 같음.

끝

75. 시나 외상 방한 시에 있을 회담의 의제 및 한국 측 입장 문서

시나 외상 방한 시에 있을 회담의 의제 및 아 측 입장

1965. 2. 15
아주국

 시나 외상은 65. 2. 17부터 20일까지 외무부 장관 초청에 의하여 우리나라를 방문하는바, 주일 대사는 시나 외상 방한의 기본 성격을 아래와 같이 보고하여 왔다.

 (1) 시나 외상은 금반 방한에 관하여 당초 실질적인 외교교섭을 목적으로 하지 않는 단순한 친선 방문임을 전제로 한 바 있으나, 그 후 교섭의 진행 사항 등을 고려하여 단순한 친선 방문에 국한치 않고, 한국 측이 제기한다면 실질적인 내용을 가진 토의 또는 교섭에 응하겠다는 태도를 가지게 된 것으로 관측됨.

 (2) 그러나 시나 외상으로서는 이제까지의 실무 교섭을 통하여 이미 합의된 사항을 확인하거나 또는 대립점이 명백히 됨으로써 정치적인 판단만을 필요로 하는 문제점을 제외하고 교섭의 구체적인 내용에 들어가 절충하려는 의사는 없는 것으로 보이며, 또한 금번 일 외상의 수행원 명단으로 보아 현안 전반에 걸쳐 광범위한 교섭을 할 수 있는 진용이 되지 못하는 바임.

 정부로서는 주일 대사가 보고한 위와 같은 시나 외상 방한의 성격을 염두에 두되 금번 기회를 회담 촉진을 위하여 최대한도로 이용하기 위하여 아래와 같은 의제 및 입장에 입각하여 일본 측과 접촉코자 한다.

 1. 한일회담에 대한 기본방침
 아 측으로서는 금번 기회에 회담 조기 타결에 관한 일본 측의 기본방침을 재확인함과 아울러 금후 회담의 진행 방향, 조인, 비준 등의 시기 문제에 관한 일본 정부의 복안을 타진함이 필요하다. 이를 위하여 아 측은 아래와 같은 입장을 취하기로 한다.
 (1) 한일회담을 조기에 타결하고 국교를 정상화한다는 한국 정부의 기본방침에는

변동이 없다.

(2) 일본이 최근에 한일회담의 조기 타결에 대한 적극적인 태도 표시를 한 데 대하여 한국 정부로서는 만족하게 생각하며 앞으로 계속하여 적극적이고 결정적인 태도를 유지할 것을 희망한다.

(3) 한국과 일본이 위치해 있는 동북아세아의 정세와 동남아세아의 정세는 날이 갈수록 긴박해져 가고 있다. 한일회담은 양국 이익의 증진을 위하여서 뿐만 아니라 급변해 가는 아세아 및 세계 정세에 대처하는 자유 진영의 역량을 증가시키는 데에도 커다란 의미가 있는 것인 만큼 이의 타결은 더욱 시급한 것이라고 생각한다.

2. 한국 국민의 대일 감정

한일회담 진행에 있어서 가장 어려운 국내 문제는 과거의 일제 침략에 대한 국민감정과 한일 간의 장래 관계에 대한 경계심 또는 불안감이다. 이러한 문제점에 관하여 일본 측에 충분히 설명하고 정부가 이 문제에 대처하기 쉽도록 제반 여건을 조성하는 데 관한 일본 측의 협력을 요청할 필요가 있다. 따라서 이 문제에 관하여는 아래와 같은 입장을 취하기로 한다.

(1) 한국 국민은 양국 사이에 있었던 불행하였던 과거로 말미암아 아직도 좋지 않은 대일 감정을 가지고 있거나 일본에 대하여 불안감을 가지고 있는 것이 현실이다.

(2) 일본 측이 이러한 한국 국민의 대일 감정을 허심탄회하게 인식하고 이의 불식을 위하여 필요한 구체적인 조치를 취하는 것은 원만한 한일회담의 추진을 위하여 극히 필요한 일이다.

3. 상대방 국내 정세에 대한 세심한 고려

한일회담 진행 과정에 있어서 일본 측은 가끔 아국 국민감정을 자극하는 발언 또는 처사를 하고 있으며 이로 말미암아 상당한 지장이 초래되고 있다. 한일회담의 원만한 진행을 위하여는 한일 양국이 서로 일하기 쉬운 여건을 조심스럽게 조성해 나가야 할 필요가 있는 만큼 아래와 같은 입장을 취하기로 한다.

(1) 한일 양국은 모든 면에서 극히 가까운 관계에 있으므로 양국 국민은 한일 관계에 관하여 과도할 정도로 예민하여 이에 따라 뜻하지 않은 파문이 일어나기도 하였다

(일본 국회에서의 질의응답 내용, 중요 인사의 발언 내용, 자극적인 신문 보도 등).

(2) 한일회담의 원만한 추진을 위하여는 불필요한 파문을 방지하여야 할 것이며 이러한 의미에서 양측은 상호의 입장을 항상 세심히 고려하는 것이 요청된다.

4. 한일회담의 현안

주일 대사가 보고한 시나 외상 방한의 성격 및 수행원의 구성으로 보아 현안의 구체적인 면에 이르는 토의는 어렵다고 생각되나 원칙적인 의견 교환을 행함으로써 앞으로의 현안 해결의 실마리를 찾아두는 것이 필요하다. 따라서 아래와 같은 입장을 취하기로 한다.

(1) 과거 회담의 평가와 앞으로의 운영 원칙

아래와 같이 7차 회담의 성과가 적지 않았음을 지적하고 앞으로 전면적으로 위원회를 개최한다는 입장을 취한다.

(가) 제7차 회담 개최 이후 회담이 상당한 진전을 보였으며 특히 기본관계 문제에 있어서 많은 성과가 있었음은 만족하게 생각한다.

(나) 앞으로 더욱 적극적인 태도로 회담에 임하여 제 현안이 조속히 해결될 것을 희망하는 바이며 이런 뜻에서 아직 개최를 보고 있지 못한 청구권위원회, 문화재위원회, 선박위원회의 조속한 개최를 희망한다.

(2) 기본관계

기본관계 문제에 있어서는 가장 많은 진전이 있었으나 미해결 문제로 '대한민국 정부의 유일 합법성의 확인'과 '구 조약의 무효 확인'의 두 문제가 남아 있다(양측 입장 대조표 참조).

위와 같은 미해결 문제점은 전부 아국 국민감정에 직결되는 문제이므로 우선 지금까지의 아 측 입장을 그대로 유지토록 하고 일 외상과의 절충 경위를 감안하여 가조인 여부 문제와 더불어 최종 결정토록 하기 위하여 아래와 같은 입장을 취하기로 한다.

(가) 기본관계 문제에 있어서는 "한국이 유일한 합법정부이다"라는 문제와 '구 조약의 무효 확인'에 관한 문제가 남아 있는바, 이는 한국 국민감정과 직결되는 문제인 만큼 한국 측 입장을 일본 측이 존중하여 주기 바란다.

(나) 이 두 문제에 관해서는 원칙 면에 있어서는 양측이 이미 합의하였고, 다만 표

현상의 문제가 남았는바,

　　한국 측으로서는

　　　　1) 유일 합법성 문제에 있어서 as recognized 또는 as referred to로 하고
　　　　2) 구 조약 무효 확인 조항에 있어서는 as[are의 오기] null and void를 수락하여 주기 바란다.

(3) 재일한인의 법적지위

법적지위 문제는 교포 사회에서 지대한 관심을 가지고 있으며 특히 조총련 계열이 이 문제를 이용할 가능성이 있음에 비추어 신중을 요하는 문제인 만큼 아래와 같이 지금까지의 교섭의 성과가 컸음을 만족하게 생각한다는 뜻을 표시함과 아울러 가장 중요한 문제점에 대한 일본 측의 신축성 있는 태도를 요청토록 한다.

(가) 법적지위 문제에 있어서 최근에 많은 진전이 있었는바, 재일한인이 일본국 내에서 평화롭고 안정된 생활을 영위할 수 있는 법적지위와 처우가 부여되는 것이 한국뿐만 아니라 일본을 위하여서 필요하다는 점에 대하여는 일본도 이론이 없는 것으로 안다.

(나) 협정상 영주권자의 자손에 대한 영주권 문제에 있어서 일본 측은 한정하려 하고 있는바, 이는 교포 사회에 막대한 불안감을 주게 될 것이므로 협정상의 영주권자와는 같지 않더라도 '자손'이 안심하고 영주할 수 있는 어느 정도의 보장이 있어야 한다. 이 경우 협정상의 영주권자와의 차이는 영주권 부여의 조건과 강제퇴거 사유에 있을 것인바, 한국 측으로서는 신축성 있는 입장을 취할 수 있을 것이다.

(다) 영주권자가 일본에서 안심하고 살 수 있게 하기 위하여는 영주권이 부여됨과 아울러 처우 문제에 관한 보장이 필요하다. 따라서 이들에 대하여 권리 자체의 성질상 일본인에게만 허용되는 권리를 제외하고는 일본 국민과 같은 처우를 받을 수 있도록 함이 필요하다.

(4) 어업 문제

어업 문제에 관하여 주일 대사는 아래와 같이 지금까지의 교섭 경위와 전망을 보고하여 왔다.

(가) 금년도 속개 회담에서는 주로 규제 조치의 내용에 관한 토의가 있었는바, 일본 측 출어 척수에 있어서 일본 측은 이미 제시하였던 최고 출어 척수 외에 월별(또

는 개별) 최고 출어 척수 및 각 수역별로 중요 어업의 어획량을 비공식으로 제시한 바 있다. 일본 측은 여사한 새로운 자료의 제시로 출어 척수를 어획량과 결부시킴으로써 해결의 실마리를 찾을 수 있지 않을까 하는 생각을 가진 듯하나, 규제 문제, 특히 출어 척수에 관하여 실무 교섭으로서 이 이상의 진전이 매우 어려운 것이 사실이다.

(나) 한편 아 측은 그간 어업협력에 관하여 일본 측으로부터 통상 민간상업 차관의 조건보다 유리한 조건으로 1억 불의 어업협력 차관을 확보할 것을 목표로 교섭을 추진하여 왔으나, 일본 측은 규제 문제 특히 출어 척수의 대강만이라도 해결을 보지 못하면 대장성 등 관계 성의 반발로 어업협력에서 결심을 하기 어렵다는 태도를 취하고 있으며, 어업협력소위원회의 개최로 아 측의 누차에 걸친 촉구에도 불구하고 아직 실현되지 못하고 있다.

(다) 이와 같이 실무 교섭의 진전이 매우 어려운 사정하에서 일본 측은 제주도 주변의 기선 문제, 어업협력 문제 및 규제 문제는 포괄하여 고위 정치절충으로써 타결하지 않을 수가 없을 것이라는 생각을 가진 듯하다. 이와 같은 경우, 일본의 국내 정치 체제로 보아 어업 문제는 아카기 농상의 손으로 대강을 타결하지 않으면 안 되며 시나 외상으로서는 금반 외상회담에서 어업 문제의 구체적인 교섭을 할 수 없는 입장이라 함. 아카기 농상은 어업 문제의 대강 타결을 위하여 언제라도 각료회담에 응할 용의가 있음을 비공식으로 표명하고 있으며, 동 각료회담의 장소는 서울 또는 도쿄 어느 편이라도 구애하지 않는다는 생각을 가진 것으로 보임. 단, 서울에서 개최될 경우에는 아카기 농상으로서는 참의원에서 예산안에 대한 종합 질문이 있을 3월 10일경 이전, 빠르면 2월 중에라도 방한할 수 있을 것이라는 비공식 의향이 표명된 바 있음. 아 측은 이와 같은 일본 측의 비공식적인 의향을 본국 정부에 보고하겠다는 정도로 응수하였으며, 아 측 태도의 표명은 보류하고 있는 바임.

(라) 서상한 경위에 비추어, 금반 외상회담에서는 어업 문제의 구체적 내용에 관한 토의가 어려울 것으로 보이며, 따라서 1억 불의 협력 차관에 대한 언질을 얻기가 매우 어려울 것으로 보임. 금차 회담에서는 금후의 어업교섭의 전반적인 방향, 특히 일본 측이 새로이 제시한 규제 척수에 관한 자료의 처리 방안, 또는 어업 문제에 관한 고위 정치회담(즉 각료회담)의 개최 여부 및 이에 합의할 경우, 이에 따른 구체적인 토의가 있어야 할 것으로 사료됨.

위와 같은 주일 대사의 보고에 비추어 금번의 일 외상 방한 시에는 원칙적인 문제만 언급함이 가할 것이라고 생각되므로 아래와 같은 입장을 취하기로 한다.

(가) 어업 문제는 당초에 비교하면 약간의 진전이 있었으니 아직 대강 합의에도 이르지 못하고 있음은 유감이다.

(나) 어업 문제는 어업자원의 최대 지속적 생산성을 보장하고 연안국으로서 한국의 어민의 이익이 존중되도록 해결되어야 한다. 한일 양국이 현재 어업회담에서 논의하고 있는 관계 수역은 모두 한국에 인접한 해역이며 따라서 한국은 연안국의 위치에 있으므로 일본 측은 연안국으로서의 한국의 어민의 이익에 대하여 배려하여야 하며 그러한 정신에서 규제 문제의 해결에 임해 주기 바란다.

(다) 어업 문제가 어려운 이유 중의 하나는 한일 어업 세력의 격차이며 이의 사정은 어업 문제 해결에 있어서 불가결한 것이다. 따라서 일본 측의 어업협력에 대한 충분한 배려(통상의 상업 차관보다는 유리한 어업 차관 1억 불)를 바란다.

(라) 어업 문제의 신속한 해결을 위하여 64년 4월에 중단되었던 어업 각료회담을 필요하다면 수산 제품에 대한 제한 및 금지 조치 및 어선 대한 수출 제한 조치를 해제하고 어업협력 자금에 대한 일본 측의 약속이 있다는 전제하에 다시 개최할 용의가 있다. 한국으로서는 이러한 회담을 3월 중에 서울에서 개최함이 좋다고 생각한다. 농상회담을 서울에서 할 경우 제1차 회담으로 원칙적인 문제에 관하여만 단기간 회담한다.

(5) 청구권, 문화재 및 선박 문제

본 문제는 1964. 4월 이래 위원회 토의가 중단되어 있는 만큼(선박 문제는 1963. 3월 이래 중단 상태에 있음) 조속한 일괄 타결을 위하여 본 문제에 관한 위원회의 개최만을 요청하는 입장을 취하기로 할 것이며 실질 내용에 언급이 있을 경우에는 종전 입장을 유지토록 한다.

5. 평화선에 대한 일 어선 침범

최근에 국내 보도기관은 일본 어선의 평화선 침범, 일 순시선의 비호행위 및 일본 어선의 아국 국민에 대한 가해 사실을 보도하여 국민감정을 자극한 만큼 이 사실을 일본 측에 설명하고 적절한 조치를 요청하기 위하여 아래와 같은 입장을 취하기로 한다.

(1) 평화선에 대한 일본 어선의 대규모 침범이 빈발하고 있으며 국내 신문이 이를 보도하여 한국 국민이 자극되고 있다. 회담이 중대한 단계에 이른 만큼 일본 측은 특히 한국 국민을 자극하는 평화선의 대거 침범이 없도록 하여 주기 바란다.

(2) 일본 순시선이 한국 연안 가까이 정박하여 한국 경비정의 동태를 감시하고 있는 사실은 한국의 국민감정을 자극시키고 있다. 일본 순시선이 한국 연안 지근 거리에 접근하는 일이 없도록 하여 주기 바란다.

(3) 최근에 일본 어선이 한국 연안 어민의 어망 등 어구를 탈취해간 사건이 수차에 걸쳐 발생하였다. 이러한 사실로 말미암아 한국 국민은 더욱 더 자극을 받고 있는 바, 이러한 사건이 재발하지 않도록 하여 주기 바라는 동시에 탈취된 어망 등 어구에 대한 보상이 실시되도록 하여 주기 바란다.

6. 통상 확대

한일 간의 무역 역조를 시정하고 아국의 대일 수출을 증가시키는 것이 원만한 한일 회담의 추진을 위하여 극히 필요한 것인 만큼 아래와 같은 입장을 취하기로 한다.

(1) 한일 간의 건전한 관계를 위하여는 무엇보다도 현재의 무역 불균형 상태가 시정되어야 한다. 이러한 견지에서 일본 측은 한국 상품에 대하여 가하고 있는 제반의 금지 및 제한 조치를 철폐하고 관세율을 인하할 것이 요청된다. 특히 수산물에 가해지고 있는 제한 조치는 금번 기회에 철폐될 것이 요청된다.

(2) 한일 간의 무역 확대를 위하여 제반의 금지 또는 제한 조치를 철폐하는 외에 양국은 기본적인 면에서 한일 무역을 확대토록 노력하여야 할 것이다. 이를 위하여는 양측이 서로 생산능력 및 시장성을 검토하여 무역 관계를 개발하는 태도를 취하여야 할 것이다.

(3) 일본 측은 현재 한국에 대한 신조 어선의 수출을 금지하고 있는바, 이러한 금지 조치는 일본이 수입하는 한국 상품에 대한 금지 또는 제한 조치와 더불어 철폐되어야 한다. 특히 어선에 대한 금수조치의 해제는 어업 문제의 해결을 위하여서도 요청되는 바이다.

7. 통상회담의 개최

주일 대사는 각료급 무역회담의 조속한 개최의 필요성을 일본 측에 역설하였으며 일본 측은 이에 대하여 관계 각 성이 개최 원칙을 결정하였으며 시기 및 장소에 관하여는 검토 중인 것으로 관측된다고 보고하여 왔다. 따라서 본 문제에 관하여는 아래와 같은 입장을 취하기로 한다.

(1) 한일 간의 통상 관계를 원활히 하고 무역 확대를 기하기 위하여 조속한 시일 내에 양국 각료급 회담을 개최하는 것이 희망된다.

(2) 한국으로서는 이러한 회담을 3월 중에 도쿄에서 개최함이 좋다고 생각한다.

8. 재한 일인 상사에 대한 과세

재한 일인 8개 상사에 대하여 아국 세무 당국은 64. 9월에 합계 65,918,034원에 달하는 법인세 및 영업세를 부과하였는바, 일본 외무성은 이 문제가 시작될 당시부터 관심을 표시하고 일인 상사가 과세 자체를 부인하는 것은 아니나,

(1) 과세율이 부적당하였으므로 이를 시정하여 줄 것,

(2) 무신고 납부 또는 무감찰에 의한 가산세가 부가되었는바, 이는 가혹한 것이므로 면제하여 줄 것,

(3) 앞으로의 영업을 보장하기 위하여 영업 감찰을 발급하여 주는 것이 필요하다고 하였다.

이 문제에 관하여는 아래와 같은 입장을 취하기로 한다.

이 문제는 과세를 함으로써 영업 행위를 시인하여 주는 결과가 생기는 것으로서 정부의 과세 자체가 타당치 못한 처사였음을 인정치 않을 수 없다. 그러나 기히 고지서가 발부되고 정부의 국회 증언에서도 본 세금의 징수를 확약한 바 있으므로 이를 징수치 않을 수 없는 입장에 있다. 따라서 이상 두 가지 점을 고려하여 현 단계에서는 아측은 세납액의 강제 회수를 할 것을 보류하도록 하고 일본 측은 영업 감찰 문제를 제기하지 않기로 한다.

9. 독도

주일 대사는 일본 측이 독도 및 주한 대표부 설치 문제를 제기할 가능성이 있음을 보고하여 왔다. 이 두 문제는 아국의 국민감정과 직결되는 문제인 만큼 극히 신중을 요하는 것이므로 아래와 같은 입장을 취하기로 한다.

0673　　　(1) 독도 문제는 한일회담의 의제에 포함되지 않은 문제이며 지금까지 외교 계통을 통하여 절충해온 문제이다. 본 문제를 한일회담과 결부시켜 절충할 수 있는 입장에 있지 않으므로 앞으로도 외교 계통을 통하여 절충토록 하되 우리 영토권은 끝끝내 주장한다.

　　　(2) 국교가 정상화되면 곧 대사 교환이 있게 될 것이다. 국교 정상화를 눈앞에 두고 있는 현 시기에 주한 일본 대표부를 설치함은 이로 말미암아 오히려 조기 타결에 역효과가 날 우려가 있다. 일본 측이 현재 출장원 대우 개선을 요구하는 경우에는 이러한 역효과가 발생하지 않으리라는 정도에서 편의를 배려할 용의는 있는 것으로 회답한다.

　　10. 외상회담

　　일본 측은 외상회담을 위한 예비회담에 참석할 의향을 표명하여 왔는바, 예비회담뿐만 아니라 본회담에도 참석케 하기 위하여 아래와 같은 입장을 취하기로 한다.

　　　(1) 일본 측이 외상회담 개최를 위한 예비회담에 참석할 의향을 표시한 것은 한국 정부는 만족하게 생각한다.

　　　(2) 예비회담에는 현재로서는 6개국이 참석할 예정이며, 태국에서 3월 초에 개최될 예정인바, 동 예비회담이 성공적으로 진행되어 외상회담이 개최될 수 있도록 일본 측이 협조해 줄 것을 바라는 바이며 일본이 예비회담뿐만 아니라 외상회담에도 참석할 것을 간곡히 희망하는 바이다.

0674　　11. 일본 측에 의한 외무부 장관 초청

　　일 외상은 이번에 외무부 장관이 일본을 방문토록 정식으로 초청할 것으로 보이는바, 일본 측으로부터 초청이 있을 시에는 수락하기로 한다.

　　12. 공동성명

　　일 외상이 방한 일정을 끝마치고 일본으로 돌아가기에 앞서 공동성명이 있을 것인바, 별첨 안이 최대한으로 반영되도록 노력한다.

3. 언론 보도

87. 시나 외상 방한 관련 일본 언론 보도 동향 보고 전문

번호: JAW-02310

일시: 141231[1965. 2. 14]

수신인: 장관
발신인: 주일 대사

1. 당지 14일 자 각 신문 조간은 시나 외상 방한을 계기로 한일교섭이 급진전하고 있다고 보도하고 특히 기본 조약에 관하여는 쌍방 대강 타결되어 서울에서 이에 대한 가서명이 있을 것이라고 전하고 있음. 또한 각 신문 보도는 어업 문제에의 해결을 기도하기 위하여 2월 중이라도 농상회담을 개최하기를 일본 측이 제의할 방침이라고 보도하고 있음.

2. 각 신문 보도에 의하면 일본 정부는 한국 정부로부터 타진을 받은 각료급 한일 무역회담의 개최에 관하여 13일 외무성에서 외무, 통산, 농림, 대장의 관계 4성의 회의를 개최하고 한일 무역회담에 관하여 검토한 결과 동 회의를 개최에 응해도 좋다라는 기본적 태도를 결정한 바 있다고 보도하고 있음. 따라서 17일 방한하게 될 시나 외상과 이 외무부 장관 사이에 이 문제에 관하여 의견을 교환하게 될 것이며 빠르면 3월 중에 이 회담이 개최될 가능성도 있다고 보도하고 있음. 또한 신문 보도에 의하면 시나 외상의 방한 등 최근 한일회담 타결 무드가 급속히 고조된 것을 반영하여 금번 한국 재계로부터 일본 재계에 '한일 경제위원회'(가칭)를 신설하려는 제안이 있어 일본 측도 일한 경제 협회를 중심으로 이를 받아들일 준비를 진행시키고 있다 함. 동 신문 보도에 의하면 이 위원회는 한일회담 타결 후 일본으로부터 한국에 제공될 청구권을 원활하게 실시하려는 것이 중요한 목적이라고 함. 이 때문에 일본 재계는 3, 4월경 제

3차 방한 사절단을 파견하여 동 위원회의 구체화에 관해 한국 측과 협의, 가을경에 동 위원회 설치를 실현할 것이라 함.

3. 14일 자 요미우리 조간은 제2면 톱 기사로서 동지 서울 주재 시마모토 특파원과 이 외무부 장관 사이의 한일 관계에 관한 단독 인터뷰 기사를 게재하고 있는바 동 기사는 일문일답 형식으로 되어 있는데 동 기사 요지는 다음과 같음.

ㄱ. 긴박한 세계정세에 비추어보아 하루라도 빨리 '14년 교섭'에 종지부를 찍지 않으면 안 된다.

ㄴ. 시나 외상과는 2회에 걸쳐 정치 회담을 행하여 제 현안을 토의할 것인바, 협조의 정신만 있으면 이야기의 매듭을 질 수 있다고 믿는다.

ㄷ. 차제에 한국 측도 호혜 평등의 원칙으로서 양보할 것은 양보할 용의가 있다.

ㄹ. 야당, 학생, 어민의 반발도 예상하고 있지만 작년에 비하여 미묘한 변화를 보이고 있어 대규모 반대는 없을 것이라고 생각한다.

ㅁ. 금년을 '굴욕의 을사년'으로부터 '희망의 을사년'으로 하겠다는 등 적극적인 결의를 표명하였다.

4. 당지 각 신문 보도에 의하면 중공은 13일 미국의 북월맹 폭격에 관하여 강경한 비난 성명을 발표하였다고 보도하고 있는바 그 서명 요지는 다음과 같음.

ㄱ. 미국은 한국 동란에서 이미 커다란 교훈을 받는 것인데 인도차이나에서 또 다시 이러한 교훈을 받으려고 하고 있는 것인가.

ㄴ. '우리들은 북월맹과 인도차이나 인민을' 어떻게 원조하여 '미 침략자를 패주시킬 것인가'를 알고 있다.

ㄷ. '전 세계의 인민과 사회주의 진영의 인민은 궐기하여' 모든 가능하고 유효한 조치를 취하여 베트남과 인도차이나 인민의 싸움을 지원하여야 된다. 그러나 동 성명에서 중공이 어떠한 구체적인 조치를 취할 것인가에 관하여는 명백히 하고 있지 않음.(주일정 – 외아북, 외아남)

91. 시나 외상 방한 관련 일본 언론 보도 동향 보고 전문

번호: JAW-02347

일시: 161158[1965. 2. 16]

수신인: 장관
발신인: 주일 대사대리

1. 당지 아사히, 요미우리 및 도쿄 등 16일 자 주요 조간지는 시나 외상의 방한에 따르는 기사를 동 외상의 방한 일정과 더불어 대서특필 보도하였으며, 시나 외상은 방한 중 기본 조약에 관하여 가조인하게 될 것이라고 보도하고 있음. 또한 요미우리 및 도쿄는 '외상 방한에 부친다'라는 표제하에 사설을 게재하고 있는 바, 동 사설 요지는 각기 외상의 방한은 한일교섭에 새로운 전기를 가져올 것이라고 논평하고 호혜 평등과 호양의 정신으로서 쌍방 현안 문제를 해결하도록 노력하여야만 된다고 말하고 한일 양국은 '공존 공영'의 관계에 있다는 인식으로서 제 현안 타결을 시도하여야만 된다고 주장하고 있음.

2. 한편 각 신문 보도에 의하면 일본 사회당은 시나 외상의 방한 저지에 전력을 기울일 것을 동당 긴급 집행위원회에서 결정, 어제에 이어서 오늘 및 명일의 중의원 예산위원회 및 본회의에서 한일 관계에 대한 정부 측 태도를 추궁할 것이라 하며 경우에 따라서는 시나 외상 불신임 결의안의 제출도 고려하고 있다고 보도되고 있음.(주일정-외아북)

99. 시나 외상 방한 관련 일본 언론 보도 동향 보고 전문

번호: JAW-02388

일시: 171724[1965. 2. 17]

수신인: 장관

발신인: 주일 대사대리

1. 17일 자 당지 각 석간지는 시나 외상의 방한 기사를 제1면 톱에서 대서특필하였으며, 서울 발신 기사로서 시나 외상의 한국 도착 광경 및 동 외상의 도착 성명과 더불어 이 외무부 장관의 환영사를 게재하였음. 한편 시나 외상의 방한에 반대하는 '젠각구랭' 및 사회당계의 데모대가 오늘 아침 시나 외상의 방한을 저지하고자 한 공항 근처에서 격렬한 데모를 벌였는데 약 1,200명의 경시청 기동대와 약 3시간에 걸쳐 옥신각신 난투가 벌어졌었다 함. 신문 보도에 의하면 이 데모로 130명의 부상자가 났다 하며 데모 대원 중 43명이 공무집행 방해죄 및 기타 법령에 위반으로 경찰에 검거되었다 함.

2. 금일 일본 참의원 본회의에서는 베트남 정세 및 한일관계 등에 관한 질의가 있었던데 이중 한일관계에 관하여 사회당 의원이 (1) 시나 외상은 한국이 베트남에 파병한 바 있고, 또한 국회가 개회 중에 있는데 어째서 방한하지 않으면 안 되는 것인가. (2) 한일회담의 타결은 군사동맹으로 연결될 우려는 없는가라고 정부 측 태도를 추궁한 바 있었는데 사토 수상은 이에 대하여 다음과 같이 답변한 것으로 보도되었음.

(1) 시나 외상의 방한은 친선우호를 깊이 하기 위한 것이다. 한국의 베트남 파병은 한국이 결정한 것으로서 이에 관하여 이러쿵저러쿵 이야기할 바는 아니다.

(2) 동북아세아 군사동맹과 같은 생각을 하고 있지 않다는 것은 이 계제에 특히 명백히 해 두고 싶다.(주일정-외아북)

100. 시나 외상 방한 관련 일본 언론 보도 동향 보고 전문

번호: JAW-02394

일시: 181035[1965. 2. 18]

수신인: 장관
발신인: 주일 대사대리

　18일 자 당지 각 조간지는 어제에 이어서 시나 외상의 방한 기사를 제1면 톱에서 대대적으로 보도하고 있으며 동 외상 방한을 계기로 양국 간의 국교 정상화의 기운은 고조되고 있다고 보도하고 또한 시나 외상은 한국으로부터 공항 도착 시 의장대 사열 및 일본 국기 계양 등으로서 국빈격 대우를 받고 있다라는 등 호감적인 보도를 하고 있음.
　또한 각 신문은 서울로부터의 보도를 인용하여 시나 외상이 "서울 체재 중 가능하면 기본 조약 초안에 가조인하고 싶다"라고 기자들에게 말한 바 있다고 인용 보도하고 역시 서울 발신 기사로서 박 대통령이 한국 정부로서는 3월 말까지는 한일회담을 종료시켜 5월까지는 양국 관계를 정상화할 생각이다라고 말한 것으로 보도되고 있음.
　한편 각 신문들은 시나 외상이 조선호텔로 향하는 도중 데모대에 부딪혔다는 보도도 하고 있는 바 각 신문은 이를 크게 보도하고 있지는 않고 대개의 경우 2단 기사 내지 3단 기사로 간단하게 취급하고 있음. (주일정-외아북)

101. 시나 외상 방한 관련 일본 언론 보도 동향 보고 전문

번호: JAW-02407

일시: 191021 [1965. 2. 19]

수신인: 장관
발신인: 주일 대사대리

19일 자 각 조간 신문들은 서울에서의 제1차 한일 외상회담에 관하여 대대적으로 보도하고 있으며 동 신문 보도에 의하면 어제 회담에서는 '한일 기본 조약' 초안에 관한 구체적인 의견 조정을 하였다 함.

그러나 한국 측은 동 조약 검토에 있어서 과거의 보호, 합방조약의 '무효시점' 및 한국 정부의 '관할권' 문제 등에 있어서 예상 이상으로 강경한 태도를 내밀고 있어서 교섭은 비교적 미묘한 국면으로 접어들고 있다고 보도되고 있음.

이 때문에 시나 외상은 어제 밤 사토 수상에게 이에 관한 판단을 요청하는 청훈을 하였다고 보도되었고, 동 기본 조약은 20일 오전에는 가조인될 공산도 있다고 전하여지고 있음. (주일정-외아북)

4. 연설문

90. 시나 외상 한국 도착 성명 관련 교섭 결과 보고 전문[26]

번호: JAW-02341

일시: 161028[1965. 2. 16]

수신인: 장관
발신인: 주일 대사대리
사본: 김동조 대사

1. 시나 외상 도착 성명에 아국 국민의 민족적 감정을 고려한 발언이 포함되도록 계속 노력하였아오나 일본 측은 국내 대책 및 시나 외상의 정치적 위치에 비추어 이를 직접적인 표현으로 도착 성명에 포함시키기가 매우 어려우며, 이와 같은 표현은 한국에서의 기자회견에서 기자단의 질문에 응하여 이를 행하겠다는 입장을 취하고 있음.

2. 따라서 현재로써는 주일정 722-49 별첨의 일본 측 안을 하기와 같이 정정하도록 하였으니 차지 양지 바람.
(1) 일본 측 초안 제4항을 아래와 같이 정정함.
"본인은 이 기회에 박 대통령 각하 및 정 국무총리 각하에게 인사를 드림과 동시 이 외무부 장관 각하를 비롯한…"
(2) 일본 측 초안 제5항을 아래와 같이 정정함.
"일한 양국은 옛날부터 일의대수의 인국으로서 사람의 교류는 물론 문화적으로도 경제적으로도 깊은 관련이 있었습니다. 양국 간의 긴 역사 중에는 유감스럽게도 불행한 기간도 있었습니다만 그러나 금년이야말로 이 수천 년에 미치는 긴 역사적 관련을

---

26 편집자가 문서의 순서를 바꾸었음.

배경으로 하고 또한 적극적인 자세로 양국 간의 항구적 선린 우호 관계를 확립함에 의하여 새로운 역사를 창조하고 양국이 서로 제휴하여 번영해나갈 출발점을 만드는 것이 우리들 상호의 희망…"

(3) 일본 측 초안 최종 항을 "본인의 금반의 귀국 방문이 양국 친선의 목적을 위하여…"로 정정함.(주일정-외아북)

102. 시나 외상 한국 도착 성명 관련 일본 측 수정 결과 보고 전문

번호: JAW-02369

일시: 162020[1965. 2. 16]

수신인: 장관
발신인: 주일 대사대리
참조: 김동조 대사

1. 시나 외상의 도착 성명에 관하여 구로다 북동아과장이 10:30에 연락하여온 바에 의하면 시나 외상의 도착 성명 안을 결재하는 과정에서 한국 측의 요망을 충분히 고려한 표현이 되도록 하라는 명령이 있어 아래와 같이 동내용으로 정정한다고 하옵기 이를 보고함.

2. 일본 측 초안 제5항을 아래와 같이 정정함.

"일한 양국은 옛날부터 일의대수의 인국으로서 사람의 교류는 물론 문화적으로도 경제적으로도 깊은 관련이 있었습니다. 양국 간의 긴 역사 중에 불행한 기간이 있었던 것은 참으로 유감된 바이로서 깊이 반성하는 바입니다. 그러나 금년 이야말로 이 수천 년에 미치는 긴 역사적 관련을 배경으로 하고 또한 적극적인 자세로 양국 간의 항구적인 선린 우호 관계를 확립하고 이에 의하여 양국이 상호 제휴하여 번영해나갈 새로운 역사의 출발점을 만드는 것이 우리 상호의 희망..."

3. 그 외 아래와 같은 자구 수정을 하겠다고 함.

(1) 일본 측 초안 2항 중 '귀국의 아름다운 풍토를 눈앞에 하고'를 '귀국의 아름다운 풍토에 접하여'로 정정

(2) 일본 측 초안 제4항 중 '이 외무부 장관 각하를 비롯한' 다음을 아래와 같이 정정함.

귀국의 지도자 여러분과 양국이 공통의 관심을 가지는 문제에 관하여 무릎을 맞대고 간담할 것을 기대하고 있습니다. (주일정-외아북)

103. 시나 외상 한국 도착 성명문

0753   김포공항에 있어서 시나 대신의 스테이트멘트[27]

1965년 2월 17일

이 장관 각하 한국 관민 여러분

오늘은 정중한 마중을 받아 진심으로 감사드리는 바입니다.

이번 이 외무부 장관의 초대를 받아 귀국의 땅을 밟게 된 것을 본인은 충심으로 기쁘게 생각합니다.

0754 본인은 오래전부터 귀국의 아름다운 풍토를 접촉하여 귀국의 생생한 나라 만들기의 모습을 보고자 바랬던 것입니다.

이제 그 소원이 실현되어 본인은 마음 깊이 감동하고 있습니다.

본인은 이 기회에 박 대통령 각하 및 정 국무총리 각하께 인사 말씀을 드리는 동시에 이 외무부 장관 각하를 비롯하여 귀국의 지도자 여러분과 양국의 공통된 관심을 갖고 있는 문제에 대하여 흉금을 털어놓고 간담할 것을 기대하고 있습니다.

0755 일한 양국은 예부터 일의대수의 인국으로서 사람의 교류는 물론 문화적이나 경제적으로도 깊은 관련이 있습니다만 양국간의 오랜 역사 중에는 불행한 기간이 있었던 것은 참으로 유감스러운 일로서 깊이 반성하는 바입니다. 그러나 금년 이야말로 수천 년에 이르는 역사적 유래를 배경으로 하여 또한 전진적 자세로서 양국 간에 항구적인 선

0756 린 우호 관계를 확립하여 이로 말미암아 서로 제휴하며 번영해 나가는 새로운 역사의 출발점으로 삼는 것은 우리들 상호 간의 희망하는 바이라고 믿고 있습니다.

본인의 이번의 귀국 방문이 양국 친선의 목적을 위하여 공헌하고 특히 우리들의 공통의 소원인 일한 국교 정상화의 조속한 실현의 한 도움이 되기를 소원하면서 인사 말씀으로 하겠습니다.

---

27 한글 번역문

105. 시나 외상 방한에 제한 이동원 외무부 장관 환영사

0759   시나 에쓰사부로 일본국 외상 방한에 대한 이동원 외무부 장관의 환영사

1965. 2. 17

시나 외무대신 각하,

본인은 각하가 본인의 초청을 수락하시고 오늘 대한민국을 방문하시게 된 것을 기쁘게 생각하며 충심으로 환영하는 바입니다.

새삼스럽게 말씀드릴 필요도 없이 한일 두 나라는 지리적으로 가장 가까운 위치에 있으며 각 분야에 걸쳐 깊은 역사적 관계가 있을 뿐만 아니라 양국이 모두 민주주의를 정치의 기초로 삼고 있다는 점에서 그 관계는 당연히 밀접한 것이어야 하겠습니다.

그러나 최근세에 있어서 양국은 좋지 않은 관계에 놓여 있었으며 이러한 과거 관계에서 연유하는 제문제의 미해결로 인하여 아직도 국교의 정상화를 보지 못하고 있음은 심히 불행한 일이라 하지 않을 수 없습니다.

각하도 잘 아시는 바와 같이 대한민국은 자유의 평화를 수호하기 위한 대공 전선의 최전방에서 싸우고 있으며 자유와 평화를 사랑하는 국가라면 항상 긴밀한 유대를 갖고자 원하고 있습니다.

대한민국 정부는 이러한 견지에서, 지리적으로 가까운 위치에 있고 민주주의를 신봉하는 일본국과 과거 관계에서 유래하는 모든 문제를 하루속히 해결하여 새로운 선린 우호 관계를 수립할 것을 희망하고 있는 것입니다. 다행히 지금 한일 양국은 한일 회담을 통하여 과거 어느 때보다도 국교 정상화를 위한 적극적인 노력을 아끼지 않고 있습니다. 이러한 시기에 각하가 대한민국을 방문하시게 된 것은 실로 의의 깊은 일이라 아니할 수 없습니다.

본인은 각하께서 이번 방한을 통하여 한일 양국이 불행하였던 과거를 깨끗이 청산하고 신의와 신뢰에 입각한 영속적이고 새로운 우호 관계를 수립할 수 있는 계기를 마련할 수 있게 되기를 기대하는 바이며 이로써 인사에 대하고자 합니다.

107. 이동원 외무부 장관 주최 만찬 시 동 장관 인사말

이동원 외무부 장관 초대 만찬에 있어서의 동 장관의 인사말

(1965. 2. 17)

시나 외무대신 각하, 신사 여러분

오늘 바로 이웃인 일본국의 외무대신이신 정계의 중진으로 계시는 시나 에쓰사브로 각하를 모시어 환영의 자리를 마련할 수 있게 된 것을 한없이 기쁘게 생각하여 마지않습니다.

시나 외무대신 각하는 여러분도 잘 아시다시피 일찍이 관계에 투신하시고 후에 정계로 옮겨 활약하시는 동안 해박한 지식과 달견으로 상공, 통산 등 장·차관을 역임하셨을 뿐만 아니라 자유민주당의 최고 간부의 한사람으로서 일본국의 전후 부흥과 발전에 기여하시어 오늘에 이르고 있으며 또한 작년 7월 외무대신의 중책을 맡으신 이래 변전하는 국제 정세에 대처하여 예리한 통찰력과 고매한 식견으로 국사를 처리하고 계신 것입니다.

돌이켜 보건대 한일 양국은 가장 가까운 이웃으로서 오랜 기간 각 분야에 걸쳐서 밀접한 관계를 지녀왔던 것은 부인하지 않습니다. 그러나 유감스럽게도 양국 간의 현안 문제가 아직 해결되지 않음으로써 우호 선린 관계의 기초가 되는 국교 정상화가 아직 실현되어 있지 않습니다. 다행히 그간 양국에서 오래된 교섭에 하루속히 종지부를 찍기 위하여 그간에 노력을 기울인 결과 기번 청구권 문제에 있어서 해결 원칙에 관한 대강의 합의를 얻었고 극히 최근에는 기본관계 문제, 재일한인 법적지위 문제 등에 있어서 상당한 진척이 있었음은 고무적이라고 볼 수 있으나 이와 같이 앞으로 공동의 노력을 계속한다면 현안 문제의 전면적 타결에 의한 국교 정상화가 이루어질 날도 멀지 않다는 기대를 가질 수 있게 된 것입니다.

눈을 돌려 우리들 양국을 둘러싸고 있는 국제 정세의 움직임을 본다면 공산 세력의 위협은 날로 점증하고 있으며 처처에서 그들은 자유 진영 국가의 안전을 파괴하려고 책동하고 있습니다. 극히 최근에 베트남을 위시한 동남아 제국에 있어서 일어나고 있는 사태는 우리의 심각한 주목을 끌고 있으며 자유 진영 제국이 결속하여 공산 세력의 위협에 대처하지 않는다면 필경은 공도 전망의 운명에 놓이리라는 점을 절감케 하고 있습니다. 이와 같은 중요한 시기에 시나 외무대신 각하께서 본인의 초대를 수락하시어 한국을 방문하셨는바 이 기회에 한일 양국 간의 현안 문제와 그 밖에 공동의 관심과 이해 관계를 가진 문제에 관하여 서로 기탄없는 솔직한 의견을 교환할 수 있게 된 것은 양국을 위하여 의의 있는 일이라고 아니할 수 없습니다. 앞으로 며칠 안 되는 시나 외무대신 각하의 한국 체재 기간 중 행하여질 의견의 교환이 한일 간 현안 문제 타결을 위한 중요한 발판이 됨으로써 하루속히 양국의 국교 정상화가 이루어지고 양국이 극동에서 뿐만 아니라 아세아에 있어서 자유 진영 세력의 중추가 될 것을 바라마지 않습니다.

　본인은 여기서 한일 양국의 영원한 우호 관계와 공동 번영을 위하여 축배를 올리고자 합니다.

108. 이동원 외무부 장관 주최 만찬 시 시나 외상 인사말

0769   **이동원 외무부 장관 초대 만찬에 있어서의 시나 외상의 인사말(1965. 2. 17)**
(실제로 인사할 때에는 다소 내용을 즉석에서 변경하였음)

　　본인은 오늘 아침 동경의 하네다 공항을 출발하여 2시간에 서울의 공항인 김포에 도착하였습니다. 흰구름 위를 날으는 비행기로부터 한국의 아름다운 산야를 내려다 보고 또한 김포 도착 후 지금까지 몇 시간 아름다운 서울의 거리를 보며 총리를 비롯하여 많은 한국의 여러분들로부터 따뜻한 마음이 어린 말씀을 들어 참으로 고마웠습니다.

　　특히 오늘 저녁은 한국 정서가 넘치는 이 워커힐의 한국관에 초대하여 주셔서 정말로 즐거운 기분을 갖게 하여 주셨습니다.

　　일본과 한국은 수천 년 전부터 이웃 나라였습니다. 그리고 앞으로 5백 년 후, 천 년 후도 이웃 나라일 것입니다. 먼 옛날 일본인의 조상의 상당한 부분은 귀국으로부터, 혹은 귀국을 통하여 일본으로 흘러들어왔습니다. 오래된 아세아의 훌륭한 문화는 이 한국의 땅에 있어서 더욱 풍부한 것으로 되어 여러분의 조상들에 의하여 일본에 전하여 졌습니다. 이러한 의미에서 일본과 한국은 지리적으로는 물론, 민족적으로도 문화적으로도 이웃인 것이라고 본인은 생각합니다.

　　오늘 저녁 이와 같은 이 장관 각하를 비롯하여 여러분과 환담을 나누고 있으니 이 이웃 사이라는 실감이 자연히 일어나서 참으로 즐거운 느낌이 들게 됩니다. 본인은 이 장관 각하가 우리나라를 근일 내 방문하여 주셔서 도쿄에 있어서 이 이웃 사이라는 기분을 만끽하여 주실 것을 바라는 것입니다. 한마디 본인의 가슴으로부터 끓어오르는 생각을 말씀드려 보았습니다.

110. 시나 외상 주최 만찬 시 동 외상 인사말

0772　　　　　　시나 외상 초대 만찬에 있서서의 동 외상의 인사말(1965. 2. 19)

오늘 이 자리에 이 장관 각하를 비롯하여 여러분을 맞이하여 간담할 수 있는 기회를 얻게 된 것을 마음으로부터 기쁘게 생각하는 바입니다.

오늘 저녁도 그렇습니다만 이번 귀국을 방문함에 제하여 시종 마음 어린 환영을 받아 본인으로서는 충심으로 즐겁게 여기는 바입니다.

본인은 이번 이 외무부 장관 각하에 대하여 멀지 않은 장래 일본을 방문하여 주시도록 초대의 말씀을 올렸습니다만, 이번 귀국에서 받은 환영을 생각하면 그곳의 상응하는 접대를 할 수 있을 것인지 저희들로서는 걱정이 앞서는 것입니다. 본인은 이전부터 귀국을 방문하여 아름다운 풍경을 직접 보며 귀국에 여러분들이 훌륭히 국가 건설을 위하여 노력하고 계시는 모습을 보는 것이 염원이었습니다.

이번 국제 공산주의에 대처하는 국토 방위의 노력과 또한 경제 건설에 매진하고 계시는 모습을 보고 깊은 감명을 받았습니다.

본인은 한일 양 국민이 자유세계의 번영과 아세아의 평화 확보를 위하여 긴밀히 노력하지 않으면 안 되고 양 국민은 이를 위하여 서로 손잡고 가지 않으면 안 된다고 믿고 있습니다.

귀국과 일본은 먼 옛날로부터 경제, 문화 등 각 분야에 있어서 깊은 관련을 가져온 사이이며 일의대수의 가장 친한 사이의 국가였던 것입니다.

현재의 한일 양국 관계는 솔직히 말씀드려 자유세계가 요청하고 있는 정도로, 또한 오래된 역사적 단계로 보아 아직 친밀하다고 말할 수 없습니다.

0773　우리들은 힘을 다하여 양국 관계를 자유세계가 필요로 하고 있는 데까지 옛날의 평등 호혜의 시대의 양국 관계의 선까지 끌어가지 않으면 안 된다고 믿고 있습니다.

여러분께서도 그와 같은 생각을 가지고 계시리라 추측하는 바입니다.

본인은 물론 지난날의 한일 양국 관계가 한국 국민의 마음에 깊은 상처를 남겨놓고 있다는 것을 잘 알고 있습니다.

본인은 이 상처를 아물게 하기 위하여 힘을 다하고 나아가서 일본에 대하여 친애의 정으로 바꾸게 되도록 염원하고 있습니다.

이를 위하여서 일본 국민은 성의를 가지고서 노력하지 않으면 안 된다고 생각하고 있습니다.

또한 이를 위하여 우리들은 양국 간의 인적 교류를 활발히 함으로써 양국의 관계를 정상화시키지 않으면 안 되는 것입니다.

본인은 양국 관계를 정상화시키기 위하여 전력을 다하여 노력할 생각임을 다시 한 번 강조하는 바입니다. 다행히도 이번 방문에 있어서 귀국의 수뢰자 여러분으로부터 일한 국교 정상화에 대한 열의를 접하여 본인은 마음 든든히 생각함과 동시에 깊이 감격하였습니다. 이에 잔을 들어 이 외무부 장관 각하의 건강하심을 빔과 동시에 일한 양 국민의 영원한 우호를 위하여 건배하고자 합니다.

112. 시나 외상 주최 만찬 시 이동원 외무부 장관 답사 요지문

시나 외상 주최 만찬 시의 이동원 외무부 장관의 답사 요지
(1965. 2. 19 20시 반도호텔)

1. 짧은 체재 기간 중 시나 외상과 더불어 오랜 기간 동안 미해결로 있었던 기본 조약을 해결하고 기타 문제에 관하여도 이해를 깊게 할 수 있었음을 흔쾌히 생각한다.

2. 시나 외상의 걸음걸이는 자유세계에서 역사적 걸음걸이라고 □□될 수 있는 걸음걸이이다. 시나 외상은 방한에 제하여 반세기에 걸쳐 미결 상태에 있었고 세계 각국이 모두 해결 곤란이라고 보아온 문제를 해결하고 한일 우호 관계 수립을 위한 기초를 마련했다.

3. 시나 외상은 판문점 및 일선 지방을 시찰하였는데 시나 외상이 시찰한 일선은 한국의 일선일뿐만 아니라 자유세계의 일선이며 일본의 일선이다. 일본이 대국적 견지에 입각하여 이를 보아주기 바란다.

4. 한국 국민은 과거 관계로 인한 예민한 반일 감정을 가지고 있다. 그러므로 시나 외상 방한에 있어 불쾌한 일이 없도록 노력하였는바 계란 세례 정도의 예고는 있었으나 조용히 맞이할 수 있었다. 이러한 기적은 시나 외상의 자유 애호 정신, 관용, 겸손, 고매한 인격을 한국 국민이 느끼게 함으로써 가능한 것이었다.

5. 시나 외상은 연로하였다 하나 대단히 젊은 느낌을 준다. 연소한 본인이 오히려 젊음에 있어서는 모자라는 느낌이다.

6. 시나 외상이 남긴 아름다운 인상은 영원히 남을 것이며, 시나 외상의 한일 문제 타결을 위한 노력은 한국 역사에 영원히 기록될 것이다.

7. 다시 방한할 것을 희망하는 바 그때에는 국교 정상화가 이미 실현되어 있기를 바라는 바이다.

113. 기자회견 석상에서의 시나 외상 인사말

0782

시나 외상 기자회견 석상에서의 인사말

　3박 4일의 짧은 그러나 다채로운 일정을 마치고 얼마 안 있어 귀국을 등지게 됨에 제하여, 본인은 이 외무부 장관을 비롯한 귀국 수뇌 여러분 그리고 국민 여러분께서 베풀어 주신 따듯한 대접에 대하여 심심한 사의를 표하고자 합니다. 본인은 귀국 측의 따듯한 배려와 자유스러운 분위기 속에서 귀국 수뇌 여러분들과 무릎을 맞대고 이야기하고 우리들의 공통의 관심을 가지는 제 문제에 관해서 솔직히 의견을 교환하였습니다.

　본인은 판문점을 방문하고, 국제 공산주의의 위협으로부터 자국을 방위하고자 하는 한국의 굳은 결의를 제 눈으로 직접 보았습니다.

　본인은, 또한, 귀국의 진지한 경제 건설의 자세를 직접 접하는 기회를 가지고 강한 인상을 받았습니다. 본인은 귀국 관민의 여러분들이 일치단결하여 나라 만들기를 위해 매진하고 계시는 것에 대하여, 깊은 경의를 표하는 바입니다.

0783

　극동의 역사가 시작된 이래, 일한 양국은 가장 친근한 인국으로서, 깊은 연관이 있고, 귀국의 풍요한 문화와 전통을, 수천 년이라는 긴 세월에 걸쳐서 아 국에 대하여 커다란 영향을 미쳐, 양국은 여러 가지 혜택을 받아왔습니다. 장구한 일한 간에 역사 중에는 유감스럽게도 불행한 과거도 있고, 그러한 시기에 한국민이 받으신 마음의 상처에 관하여, 한국민이 가지고 계시는 준엄한 실정을 본인은 잘 이해하고 있습니다. 특히 귀국에 있어서는 금년이 을사의 해라고 불려지고 있는 것도 잘 알고 있습니다. 평화를 표방하는 금일의 일본 국민은, 성의를 가지고 귀국민과의 선린 우호 관계를 추진함으로써 그와 같은 귀국민의 심정을 아 국에 대한 친애의 정으로까지 이끌어가고자 하는 결의를 가지고 있습니다.

　본인은 양국 간에 국교를 정상화하고, 우호 제휴의 실을 거두는 일이야말로 일본 국민의 진의를 한국민의 가슴속까지 알려 한국민의 마음의 얼키고 설킴을 제거하는 유일한 길이라고 믿고 있습니다. 본인은 이와 같은 신념에 기초하여, 열의를 가지고, 일한 국교 정상화의 조기 실현의 예의 노력하고 있습니다.

한국의 안전과 번영이 없이는 일본의 안정과 번영은 기대할 수가 없습니다. 이러한 의미에서 일한 국교 정상화의 노력은 호혜 평등의 긴밀한 관계를 수립하려고 하는 노력인 것입니다. 이것이 나아가서는 아세아의 번영과 평화에 통하는 길이라는 것을 확신하는 바입니다. 특히 '을사의 해'라고 일컬어지고 있는 금년, 본인은 귀국을 방문할 기회를 가질 수 있은 것에 깊은 감개를 품는 것이온바, 일한 양 국민이 오랫동안 자랑을 가지고 금년을 영광있는 '을사의 해'라고 부를 수 있도록, 금년이야말로 일한 회담이 타결해서, 일한 양국 관계가 새로이 발족하는 것을 본인은 기원하며, 또한 이를 위하여 노력할 것을 말씀드리고 인사로 대하는 바입니다.

5. 공동성명서

115. 이동원 외무부 장관과 시나 외상 간의 공동성명서

이동원 외무부 장관과 시나 외상 간의 공동성명서

1965. 2. 20 서울

1. 대한민국 이동원 외무부 장관의 초청으로 일본국 시나 에쓰사부로 외무대신은 1965년 2월 17일부터 20일까지 대한민국을 방문하였다. 양 외상은 동 기간 중 우호적인 분위기에서 3차에 걸쳐 회담하였다. 한편 시나 대신은 박정희 대통령 이효상 국회의장 정일권 국무총리 및 장기영 부총리를 예방하였다.

2. 양 외상은 현하 국제 정세와 현재 진행 중인 한일회담을 포함하는 공동 관심사에 관하여 의견을 교환하였다. 양 외상은 한일 양국이 아세아 및 기타 각 지역에 있어서 정의, 자유, 번영에 입각한 영속적 평화를 유지하는 것이 공동 목적이며 한일회담의 원만한 타결은 한일 양국에 현저한 이익을 초래할뿐만 아니라 전 자유 진영의 이익에도 부합됨을 재확인하였다.

3. 이 장관은 과거 어떤 기간에 걸쳐 양국 간에 있었던 불행한 관계에서 연유하는 한국 국민의 대일 감정을 설명하였다. 시나 대신은 이 장관의 설명에 유념하고 그와 같은 과거 관계에 대하여 유감의 뜻을 표명하였으며 깊이 반성하는 바이라고 말하였다.

시나 대신은 한일회담을 성실히 진행시킴으로써 양국 간에 새로운 우호 관계를 수립하는 것이 정의와 평등과 상호 존중에 기초하는 양 자유 국민의 공동 번영에 크게 공헌할 것이라는 굳은 신념을 피력하였다.

4. 양 외상은 한일회담의 최근의 교섭 결과를 검토하였다. 양 외상은 공정 타당한 기초에서 한일회담을 조속히 그리고 원만히 타결하기 위하여 결단성 있는 최선의 노력을 경주하겠다는 강한 결의를 표명하였다.

5. 양 외상은 대한민국과 일본국 간의 기본관계에 관한 조약안이 금일 가조인된 데

대하여 만족의 뜻을 표시하였다. 양 외상은 이러한 가조인은 제 현안의 전면 타결을 위하여 의의 깊은 일보 진전이라는 점에 의견을 같이하였다.

6. 양 외상은 재일한인의 법적지위 및 처우 문제에 관한 현재의 토의가 성공적인 결실을 맺고 이로써 재일한인이 평화롭고 행복하고 안정된 생활을 영위할 수 있게 되기를 희망하였다. 양 외상은 또한 이 문제의 원만한 타결은 한일 양 국민 간의 우호 관계를 증진하는 데 있어서 중요한 교량적 역할을 하게 될 것이라는 견해를 표명하였다.

7. 양 외상은 양국 간의 어업 문제가 합리적으로 해결됨이 요망된다는 의견을 표명하였으며 또한 그러한 해결은 양국 어민의 이익에 부합되어야 한다는 점을 확인하였다. 양 외상은 어업 문제의 적절한 해결책을 모색하기 위하여 가능한 한 조속히 농상회담이 개최되기를 희망하였다.

8. 양 외상은 양국 간의 건전하고 상호 이익이 되는 무역 관계를 유지하는 것이 극히 중요하다는 점을 재확인하면서 양국 정부가 더욱 규정된 기초 위에서 상호 간의 무역을 확대하기 위하여 긴밀히 협력하여야 되겠다는 것에 합의하였다. 이러한 사실을 염두에 두고 양 외상은 양국의 수출 능력의 증진에 대한 가능성 문제를 포함한 양국 간의 무역 관계를 토의하기 위하여 조속한 시일 내에 회담을 개최할 것에 합의하였다.

9. 시나 대신은 이 장관이 일본을 방문하도록 정중히 초청하였다. 이 장관은 시나 대신의 초청을 감사히 수락하고 가능한 한 속히 방일할 수 있게 되기를 바란다고 말하였다.

10. 양 외상은 금반의 회담이 매우 유익하였으며 양국 간의 제 현안과 공동 관심사에 대한 상호 이해를 깊게 하였음을 인정하였다. 양 외상은 이 장관의 방일 시에 있을 차기 회담에서 토의를 계속할 것에 합의하였다.

116. 이동원 외무부 장관과 시나 외상 간 공동성명서 영문본

JOINT COMMUNIQUE

Seoul, February 20, 1965

(not to be released until 14:20)

1. At the invitation of Dr. Tong Won Lee, Foreign Minister of the Republic of Korea, Mr. Etsusaburo Shiina, Foreign Minister of Japan visited the Republic of Korea from February 17 through 20, 1965. During the visit, the two Foreign Ministers had three consecutive talks in an amicable atmosphere. Foreign Minister Shiina, in the meantime, paid courtesy calls on President Chung Hee Park, Speaker of the National Assembly Hyo Sang Lee, Prime Minister Il Kwon Chung and Deputy Prime Minister Key Young Chang.

2. The two Foreign Ministers exchanged their views on the current international situation and matters of mutual interests including the Korea-Japan Overall Talks now underway. They reaffirmed that the two countries shared the common objective of a lasting peace based on justice, freedom and prosperity for all peoples in Asia and other parts of the world, and that successful conclusion of the Korea-Japan Overall Talks would be of significant benefit to their two countries and would serve the interests of the whole free world as well.

3. Foreign Minister Lee explained the sentiments of Korean people toward Japan arising from the unfortunate relations between the two nations during a certain period in the past. Foreign Minister Shiina took note of the remarks made by Foreign Minister Lee and expressed his deep regret and reflection

over such relations in the past. He emphasized his long cherished belief that the establishment of new amicable relations between the two countries by proceeding the Korea-Japan Overall Talks with utmost sincerity would conduce greatly to mutual prosperity of the two free nations based on justice, equality and mutual respect.

4. The two Foreign Ministers reviewed the recent proceedings of the Korea-Japan Overall Talks. They expressed firm determination to exert their utmost and resolute efforts to attain an early and successful conclusion of the Talks on a fair and equitable basis.

5. The two Foreign Ministers expressed their satisfaction over the initialing today of the text of the Treaty on Basic Relations between the Republic of Korea and Japan. They agreed that the initialing of the text was an important step toward the overall solution of other outstanding problems between the two countries.

6. The two Foreign Ministers expressed their desire that the present discussions on the legal status and treatment of the Korean residents in Japan would bring about a fruitful result and that thereby they would lead a peaceful, happy and secure life. They further noted that the satisfactory solution of this problem would become an important bridge in promoting the friendly relationship between the peoples of the Republic of Korea and Japan.

7. The two Foreign Ministers expressed the desirability of achieving a reasonable settlement of the fishery problem between the two countries. They further stated that such agreement should prove to be consistent with the interests of the fishermen of both countries. The two Foreign Ministers expressed their hope that a meeting between the Ministers of Agricultural Affairs of the two countries would be held at an earliest possible date for the purpose of exploring an appropriate solution of this problem.

8. The two Foreign Ministers, reaffirming the vital importance to both

countries of maintaining a healthy and mutually beneficial trade relations between the two countries, agreed that the both governments should closely cooperate toward expanding mutual trade on a more balanced basis.

With this in mind, they agreed to convene a conference as the earliest opportunity to discuss the trade relations between the two countries including the possibilities to develop their export capacities.

9. Foreign Minister Shiina extended his cordial invitation to Foreign minister Lee to visit Japan. Foreign Minister Lee accepted the invitation with gratitude and expressed his desire that he would make his trip as soon as possible.

10. The two Foreign Ministers agreed that their talks were very fruitful and deepened mutual understanding on various outstanding problems between the two countries and other matters of common interests. They further agreed to continue their discussions at the next meeting when Foreign Ministers Lee visits Japan.

6. 감사 서한

123. 시나 외상의 이동원 외무부 장관 앞 감사 서한 보고 전문

번호: PTLT.19/22-3 JK 3222

일시: 201909[1965. 2. 20]

수신인: HIS EXCELLENCY TONG WON LEE
　　　　MINISTER OF FOREIGN AFFAIRS
　　　　SEOUL

EXCELLENCY: PLEASE ACCEPT MY HEARTFELT GRATITUDE FOR ALL THE HOSPITALITY AND KINDNESS YOUR EXCELLENCY EXTENDED TO MYSELF AND MY PARTY DURING OUR STAY IN YOUR COUNTRY.

IT WAS A MOST PLEASANT AND FRUITFUL STAY AND WE HAVE JUST COME HOME WITH MANY HAPPY MEMORIES.

I SHOULD ALSO LIKE TO EXPRESS MY THANKS THROUGH YOU TO YOUR COLLEAGUES WHO RECEIVED ME WITH CORDIAL WARMTH.

I AM LOOKING FORWARD TO SEEING YOUR EXCELLENCY IN THE VERY NEAR FUTURE IN TOKYO.

SINCERELY YOURS,
ETSUSABURO SHIINA
MINISTER FOR FOREIGN AFFAIRS OF JAPAN

[번역]

번호: PTLT.19/22-3 JK 3222

일시: 201909

수신인: 이동원 각하
     외무부 장관
     서울

각하: 저희 일행이 귀국에 머무는 동안 각하께서 저와 저희 일행에게 베풀어 주신 모든 환대와 친절에 대해 진심으로 감사드립니다.

가장 즐겁고 유익한 체류였으며 우리는 많은 행복한 추억을 안고 귀국했습니다.

또한 따뜻한 온정으로 저를 맞이해 준 동료들에게도 각하를 통해 감사를 표하고 싶습니다.

가까운 시일 내에 도쿄에서 각하를 다시 뵙기를 고대합니다.

진심으로 당신의 것입니다,

시나 에쓰사부로

일본 외무대신

124. 시나 외상의 박정희 대통령 등 앞 감사 서한 송부 공문

0823   주일정 772-09   1965. 2. 27

수신: 외무부 장관

제목: 시나 외상 서한 송부

　시나 외상으로부터 과반 한국 방문 시 한국 정부의 각별한 환대와 호의에 감사한다는 요지의 서한을 박 대통령, 정 국무총리, 장기영 부총리에게 각각 전달하여 달라고 송부하여 왔으므로 이를 별첨 송부하오니 적의 조치하여 주시기 바랍니다.

유첨: 1. 박 대통령 앞 서한 1통
　　　2. 정 국무총리 앞 서한 1통
　　　3. 장 부총리 앞 서한 1통

　끝

주일 대사 김동조[직인]

첨부

124-1. 시나 외상의 박정희 대통령 앞 감사 서한

0824　謹啓

今般李外務部長官の御招待により貴國を訪問しました節は, 閣下をはじめ貴國政府の方々から心のこもったおもてなしをうけましたことに対し, 深く御禮申し上げます. その上, 御多用中にもかかわらず, 閣下に親しく御目にかかる機會を得, さらに, 午餐にお招きいただきましたことは, 望外の光榮と存じております.

　私は, 今回の貴國訪問により, 貴國の事情をこの肌で感じとり, 貴國の奥剱な國造りの姿をこの目で見ましたことは, 非常に貴重な經驗でした. 特に板門店 等を訪れ, 貴國が國土と自由とを 防衛するため努力を傾注しておられる姿をまのあたり拜見し, 深い感銘をうけました.

0825　私は貴大統領閣下および貴國政府首脳の方々が日韓國交正常化に対しいたいておられるなみなみならぬ熱意を感得し, 深く感動いたしました. これにより, 私は私自身の日韓交渉妥結のための決意を一層固くした次第であります.

　閣下の御健康を心からお祈り申し上げます.

　謹言

昭和四十年二月二十五日

椎名悦三郎

朴正熙大統領閣下

번역　근계

　금번 이 외무부 장관의 초청으로 귀국을 방문하게 되어 각하를 비롯한 귀국 정부 인사들의 따뜻한 환대에 깊은 감사의 말씀을 드립니다. 또한, 바쁘신 와중에도 불구하고 각하를 가까이서 뵙고 오찬에 초대해 주신 것을 뜻밖의 영광으로 생각합니다.

　저는 이번 귀국 방문을 통해 귀국의 사정을 피부로 느끼고, 귀국의 험난한 국가 건설의 모습을 이 눈으로 본 것은 매우 귀중한 경험이었습니다. 특히 판문점 등을 방문하여 귀국이 국토와 자유를 수호하기 위해 노력하는 모습을 직접 보고 깊은 감명을 받았습니다.

저는 귀 대통령 각하 및 귀국 정부 수뇌부가 한일 국교 정상화에 대해 갖고 계신 남다른 열정을 느끼고 깊은 감동을 받았습니다. 이를 통해 저 자신의 한일교섭 타결을 위한 결의를 더욱 굳건히 다지게 되었습니다.

각하의 건강을 진심으로 기원합니다.

근언

1965년 2월 25일

시나 에쓰사부로[서명]

박정희 대통령 각하

첨부

124-2. 시나 외상의 정일권 국무총리 앞 감사 서한

0826　謹啓

　　過日貴國を訪れました際には, 閣下をはじめ皆様方からお心のこもったおもてなしをうけ, お礼の申し上げようもございません. 閣下には, お忙しい中を貴重な時間を割かれ, 十分お話する機會を與えられましたのみならず, 午餐にお招き下さいましたことは, 望外の幸せと存じております. その上スヴエニアとして何より結構なお土産まで頂載いたしまして重ね重ね誠に有難うございました. 厚く御礼申し上げます.

　　私みとって今度旅行は, 實に樂しく, 有益えあり, かつ印象深いものでありました. 悠々たる貴國の風景は今も瞼に浮かび, また, 貴國民の心に直接接し, 学びえたところの數々は私の胸深く殘こっております.

0827　　私は日韓國交正常化に對し 閣下をはじめ貴國政府首腦の方々がいだいておられる強い熱意と, そのために貴國政府がはらっておられるなみなみならぬ努力に深い感銘を受けました.

　　私は, 今度の貴國訪問を通じて, 兩國永遠の親善友好のため, 私としてなしうる最善をつくす決意を一層固めた次第であります.

　　閣下と再びお會いできる日を待ち望んでおります.

　　謹言

昭和四十年二月二十五日
椎名悅三郎

鄭一權 國務總理 閣下

번역　근계

　　지난번 귀국을 방문했을 때 각하를 비롯한 여러분께서 베풀어주신 환대에 대해 감사의 말씀을 전합니다. 각하께서 바쁘신 와중에도 귀중한 시간을 할애하여 충분한 대화를 나눌 수 있는 기회를 주셨을 뿐만 아니라, 오찬에 초대해 주신 것은 정말 뜻밖의 행운이라고 생각합니다. 게다가 기념품서 무엇보다도 상당한 선물까지 챙겨주셔서 거듭 감사드립니다.

저에게는 이번 여행은 정말 즐겁고 유익하고 인상 깊은 여행이었습니다. 유유자적한 귀국의 풍경은 지금도 눈에 선하고, 귀국의 국민들의 마음을 직접 접하고 배울 수 있었던 많은 것들이 가슴 깊이 남아있습니다.

저는 각하를 비롯한 귀국 정부 수뇌부의 한일관계 정상화에 대한 강한 열정과 이를 위해 귀국 정부가 기울이고 있는 남다른 노력에 깊은 감명을 받았습니다.

저는 이번 방문을 통해 양국의 영원한 우호친선을 위해 제가 할 수 있는 최선의 노력을 다하겠다는 결의를 더욱 굳게 다졌습니다.

각하와 다시 만날 날을 손꼽아 기다리고 있습니다.

근언

1965년 2월 25일

시나 에쓰사부로[서명]

정일권 국무총리 각하

첨부

124-3. 시나 외상의 장기영 부총리 앞 감사 서한

0828 　謹啓
　　今般の貴國訪問にあったては閣下とお会いし, 兩國共通の關心を有する問題について率直にお話しし合う機會を得ましたことは私の大きな喜びであります. 特に, 閣下が貴國經濟の建設につきお話し下さいましたことは, ヴィジョンに滿ちて, 深い感銘を受けました.
　　また, 閣下をはじめ貴國政府の方々から緩かいおもてなしをうけ, 極めて有意義に過さていただいたことに対し, 深くお礼申し上げます.
　　私としては, 今度の貴國訪問を通じて, 一日も早く兩國間に眞の善隣友好關係を樹立し, 日韓兩國手を携えて, 相互の繁榮のために協力する道を開くべきであることを一層痛感し, そのために最善をつくす決意であります.

0829 　貴國の繁榮と閣下 御健康とを祈ってやみません.
　　謹言

　　　　　　　　　　　　　　　　　　　　　　　　昭和四十年二月二十五日
　　　　　　　　　　　　　　　　　　　　　　　　　　　　椎名悅三郎

張基榮副總理 閣下

번역　근계

　　금번 귀국을 방문하여 각하를 뵙고 양국의 공통 관심사에 대해 허심탄회하게 이야기할 수 있는 기회를 갖게 된 것을 매우 기쁘게 생각합니다. 특히, 각하께서 귀국의 경제 건설에 대해 말씀해 주신 내용은 비전으로 가득 차 있어 깊은 감명을 받았습니다.

　　또한, 각하를 비롯한 귀국 정부 관계자들로부터 따뜻한 환대를 받아 매우 뜻깊은 시간을 보내게 된 것에 대해 깊은 감사를 드립니다.

　　저로서는 이번 방한을 통해 하루빨리 양국 간에 진정한 선린 우호 관계를 수립하고, 한일 양국이 손을 맞잡고 상호 번영을 위해 협력할 수 있는 길을 열어야 한다는 것을 더욱 뼈저리게 느꼈으며, 이를 위해 최선의 노력을 다할 각오입니다.

귀국의 번영과 각하의 건강을 기원합니다.

근언

1965년 2월 25일

시나 에쓰사부로[서명]

장기영 부총리 각하

7. 결과 보고

125. 시나 에쓰사부로 일본 외상 방한에 관한 보고서

0831　　　　　　　시나 에쓰사부로 일본국 외무대신 방한에 관한 보고

　　　　　　　　　　　　　　1965년 2월

　　　　　　　　　　　　　　외무무 아주국

0832　　　　　　　　　　　　　　내용

시나 에쓰사부로 일본 외상 방한 보고

시나 에쓰사부로 일본 외상 방한 일행 명단

시나 에쓰사부로 일본 외상 방한 일정

시나 에쓰사부로 일본 외상 약력

이동원 외무부 장관의 초청 서한

시나 에쓰사부로 외상의 답한

시나 에쓰사부로 외상의 도착 성명

이동원 외무부 장관의 환영사

시나 외상의 이동원 외무부 장관 예방 시 면담 내용

시나 외상의 정일권 국무총리 예방 시 면담 요록

시나 외상의 장기영 부총리 겸 경제기획원 장관 예방시 면담 요록

시나 외상의 이효상 국회의장 예방 시 면담 요록

외상회담 제1차 회의 내용

외상회담 제2차 회의 내용

양국 외상의 공동성명(국문)

양국 외상의 공동성명(영문)

양국 외상 공동성명에 관한 양측 최초 안 대조 및 최종 발표 내용

정일권 국무총리의 사토 에사쿠 일본 수상에 대한 친서

시나 에쓰사부로 일본 외상 방한 보고

1. 방한 경위

이동원 외무부 장관이 64. 11. 23에 송부한 초청에 따라 방한한 것임(별 1. 장관 초청 서한 및 수락 서한 참조).

2. 체한 중의 행동

별첨 3의 일정표에 따라 행동하였는바, 특기 사항은 아래와 같음.

(1) 도착 성명에서 과거 관계에 대하여 깊이 반성한다 하여 아 국 국민감정을 어느 정도 완화시켰다.

(2) 외상회담을 통하여 아세아 정세 및 한일 간의 제 현안을 토의하여 상호 이해를 깊이하였을 뿐만 아니라, 기본관계조약의 가조인을 실현케 하였다.

(3) 판문점 및 일선 지대의 사찰, 아 국 고위층과의 접촉을 통하여 반공 한국에 대한 인식을 깊이 하였으며, 한국의 현실과 이에 관련하는 일본의 위치를 몸으로 느꼈을 것이다.

(4) 이한 시의 고별 성명에서 다시 한일 간의 과거 관계에 언급하고 한일 간의 장래에 관한 자신의 적극적인 신념을 피력함으로써 아 국민의 국민감정을 다시 한 번 완화시켰다.

3. 평가

아 국의 국민감정을 완화시킨 사실(도착 성명, 공동성명, 고별 기자회견), 아 국 고위층과 진지한 토의를 행한 사실, 기본관계조약을 아 측 입장이 대폭 반영된 가운데에 가조인케 되었다는 사실로 말미암아, 한일회담의 원만한 해결을 위한 기초를 마련하였다고 판단한다.

0835 **시나 에쓰사부로 일본 외상 일행 명단**

시나 에쓰사부로(椎名悅三郎)	외무대신
우시로쿠 도라오(後宮虎郎)	외무성 아세아국장
가토 다다오(加藤匡夫)	외무성 경제국 차장
아카자와 쇼이치(赤澤璋一)	통산성 통상국 경제협력부장
마에다 도시카즈(前田利一)	참사관
구로다 미즈오(黑田瑞夫)	외무성 아세아국 북동아과장
나카에 요스케(中江要介)	외무성 조약국 법규과장
이와세 시게루(岩瀨繁)	비서관
오모리 세이치(大森誠一)	비서관
센고쿠 다카시(仙石敬)	외무성 정보문화국 보도과 사무관
구로코지 야스시(黑河內康)	외무성 아세아국 사무관
이마다 유타카(今田豊)	외무성 아세아국 사무관
쓰치야 요사쿠(土屋洋作)	외무성 정보문화국 보도과 사무관

0836 **시나 에쓰사부로 일본 외상 방한 일정**

2월 17일(수)

13:30	김포 국제공항 도착(일본항공기 편)
	의장대 사열
14:00	조선호텔 도착
15:30	외무부 장관 예방
16:00	국무총리 예방
16:30	부총리 겸 경제기획원 장관 예방
18:00~19:30	외무부 장관 내외 주최 리셉션(조선호텔)
20:00	외무부 장관 주최 만찬(워커힐)

2월 18일(목)

09:10	국군묘지 향발
09:30	국군묘지 헌화
10:00	국회의장 예방
12:00	대통령 각하 주최 오찬(청와대)
14:00	외무부 장관과의 제1차 회담(외무부 회의실)
20:00	만찬(조선호텔)

2월 19일(금)

09:00	제2차 회담(외무부 장관 공관)
11:30	용산 헬리콥터장 향발
11:45	6군단 향발
12:15	6군단 사령부 도착
12:15~14:40	군단지역 시찰(군단장 주최 오찬)
14:40	판문점 향발
15:15	판문점 도착(휴식)
15:40~16:20	회담 지역 시찰
16:30	서울 향발
17:10	호텔 도착
18:00~19:30	일본 외무대신 주최 리셉션(반도호텔)
20:00	일본 외무대신 주최 만찬

2월 20일(토)

09:30~10:40	서울 시내 및 근교 관광
11:00	외무부 장관 이한 예방(장관실)
14:20	기자회견(조선호텔)
14:50	김포공항 향발
15:30	이한(서북 항공 편)

0838 **시나 에쓰사부로 일본 외상 약력**

1898. 1. 6	일본국 이와테 현 미스사와 시에서 출생(당 67세)
1923. 3	도쿄제국대학 법학부 졸업
1923. 4	농, 상무성에 취직
1940. 12	상공성 총무국장
1941. 10	상공 차관
1955. 2	중의원 의원에 초선 그후 연속 4회 당선
1959. 6	내각 관방장관
1960. 7	자유민주당 정무조사회 회장
1960. 12	통산대신
1964. 7	외무대신

0839-0840 **시나 외상 도착 성명**

[103번 문서에 동일한 내용의 문서가 수록되어 있으므로 이곳에서는 생략함]

0841-0842 **시나 에쓰사부로 일본국 외상 방한에 제한 이동원 외무부 장관의 환영사**

[104번 문서에 동일한 내용의 문서가 수록되어 있으므로 이곳에서는 생략함]

0843 시나 외무대신의 이동원 외무부 장관 예방 시 면담 내용

1. 예방 일시 및 장소: 1965. 2. 17, 15:30부터 약 20분간 외무부 장관실
2. 예방자: 시나 외무대신 일행 전원
3. 면담 내용 요지

(1) 이 장관은 먼저 시나 외상이 한국을 방문하여 주신 데 수고가 많다고 치하하고 금번 외상의 방한 기간이 짧고 일정이 벅찰 것으로 생각되나 한일관계 역사상 의의 있는 것이 되기 바란다고 하는 동시에 특히 한일 양국은 지리적으로나 역사적으로나 밀접한 관계를 지녀왔는데 아직 국교가 정상화되어 있지 않음은 유감스러운 일로써 현안 문제를 조속히 타결시켜야 할 것인바, 이러한 중대한 시기에 폭이 넓고 훌륭한 인격을 갖춘 시나 외상의 역할에 기대를 크게 거는바이라고 말하였음. 이 장관은 계속하여 한국 정부로서도 과거 관계 일소에 의한 조속한 국교 정상화의 실현을 위하여 최선의 노력을 다할 각오라고 하고 특히 한국민의 대일 감정의 해소를 위하여는 일본 측의 성의 표시가 필요한바, 시나 외상의 한국 도착 성명 내용은 그와 같은 점에서 협조적이었다고 생각한다고 하는 동시에 비행장 연도에서의 약간의 불상사랄까 하는 것은

0844
국민감정의 표시라고도 할 것이나 정부로서는 외상 체한 중 불편함이 없도록 최선을 다할 것이라고 말하였음.

(2) 시나 외상은 이상과 같은 인사에 대하여 감사하며 비행장에서 오는 도중 여러 가지 깊은 감명을 받았다고 하고 현재 한일회담이 진행 중에 있는바, 이번 방문이 현안 문제 해결을 위하여 조금이라고 기여할 수 있는 것이 된다면 영광으로 생각한다고 하였음. 또한 계속하여 일본의 국민에게도 불행하였던 양국 간 관계에 관한 인식이 있으며, 일본 정부로서는 적극적인 태도로 현안 문제의 조속한 타결을 위하여 최대한 노력할 생각인바, 자신으로서도 미력하나마 온갖 정성을 기울여 힘써 볼 생각임을 강조하였음. 시나 외상은 짧은 기간이나마 기탄없는 의견을 교환함으로써 방문이 뜻있는 것이 되기를 바란다고 하였음.

(3) 이 장관은 우시로쿠 국장과 마에다 참사관이 한일 간 모든 문제에 있어서 여러 가지로 힘을 쓰고 있다고 치하의 말을 하였음.

0845   **일본 시나 외상의 국무총리 예방 시의 면담 요록**

(1965. 2. 17, 16:00~6.30, 국무총리실)

1. 국무총리는 시나 외상이 국회 예산심의 등으로 분주함에도 불구하고 방한한 데 대하여 사의를 표하고 한국에 관하여 전문한 바 많겠지만 백문이 불여일견인 만큼 금반 방한 기간 중 한국의 생생한 모습을 보고 갈 것을 당부하였음.

2. 총리는 시나 외상의 대통령 예방 시에 대통령으로부터 말씀이 있겠지만, 한일회담의 타결을 위한 한국 정부의 결의는 어느 때보다도 굳은 것이라 하고 일본 측도 이에 상응하는 결의를 가져 주기 바란다 하였음.

3. 총리는 자세한 이야기는 외무부 장관이 할 것이므로 원칙적인 문제에 관하여 느낀 몇 가지를 이야기하겠다 하고 아래와 같이 말하였음.

4. 총리는 첫째로 어업 문제에 언급하고 아래와 같이 말하였음.
 (1) 수일 전에 남해 및 서해안을 시찰하고 어민과 접촉할 기회가 있었는바, 한국 어민의 감정이 강함을 알았으며, 이는 이해를 구하는 설명뿐만 아니라 어민이 수긍할 수 있는 실제 행동이 있기 전에는 풀어지기 어려운 것임을 느끼고 왔다.
 (2) 전번에 사토 수상을 만났을 시에도 말했지만 일본 측이 현재 실시하고 있는 어0846   선의 대한 수출금지 또는 해태의 수입 제한 조치 등을 중지하면, 한국 어민이 한일 어업 문제의 해결이 자기 자신에게 이득을 초래하는 것임을 직접 느끼고 감정을 많이 완화시킬 수 있으리라고 생각되므로 일본 측의 깊은 배려가 요청된다.
 (3) 한국 정부는 지금까지 농업 및 산림업에 비교적 중점을 두고 정책을 시행하였으며, 수산 부분은 소홀히 취급된 경향이 있었는데 앞으로는 어민을 지원하는 정책을 실시할 것인 만큼, 일본 측이 한국 어민의 감정을 풀 수 있는 실제 행동을 취해 준다면, 양자가 합치되어 적지 않은 효과가 나타날 것이다.

5. 총리는 둘째로 한일회담에 관한 정치문제에 언급하고 아래와 같이 말하였음.

(1) 전기한 어민과는 달리 정치적인 이유로 회담을 반대하는 경우가 있는바, 예를 들면 김-오히라 합의를 백지화하라고 요구하여 회담을 반대하는 경우가 그것이다.

(2) 이러한 반대에 대처할 수 있는 기술적인 수단은 여러 가지가 있겠지만 그 중의 하나는 김-오히라 회담을 통하여 합의된 청구권 액수 중 '1억 불 이상'에 관련하여, 일본 측이 한국 경제 건설에 필요한 상업 차관은 적극적으로 제공하겠다는 태도를 취하고 한국이 요청하는 공장 시설 등을 1억 불 외에 2.5억 또는 3억 불까지 제공하겠다고 약속하는 방법을 생각할 수 있다.

(3) 이러한 방법을 취하면 김-오히라 합의의 '1억 불 이상'이 변경되었다고 말할 수 있으므로 정치적인 반대에 대의명분이 없게 되어 회담 추진이 용이하게 될 것이므로 이에 대한 일본 측의 배려가 요청된다.

6. 시나 외상은 솔직한 의견을 말해 준 데 대하여 사의를 표명한 후, 아래와 같이 말하였음.

(1) 금반 방한에 있어 한국 관민이 보여 준 환영에 감사한다.

(2) 일본에 있어서는 일부의 소수 국민 및 정당을 제외하고 회담의 성공을 바라고 있다. 새로운 역사를 만드는 것인 만큼, 열의를 가지고 임하겠는바. 총리의 지도를 얻어 성공으로 이끌어 가고자 한다.

(3) 총리가 언급한 점에 관하여는 앞으로 농상회담도 있는 만큼 동 회담에서 원만히 처리되도록 노력하겠다.

일본 시나 외상의 경제기획원 장관 예방 시의 면담 요록

(1965. 2. 17, 16:30~17:00, 경제기획원 장관실)

1. 경제기획원 장관은 아 국의 무역 자유화 계획에 언급하고 이를 설명함으로써 인사로 시작된 화제를 한일 무역 불균형에 옮기게 되었음.

2. 경제기획원장, 차관의 현재의 불균형 상태의 시정은 정치적인 의미에서의 국교 정상화를 보강하는 경제면에서의 국교 정상화라고 설명하고 이의 긴급한 필요성을 강조하였음.

3. 시나 외상 및 수행원(경제국 차장 및 통산성 경제협력부장)은 일본은 현재 수입품목의 93%를 자유화하고 있으며 비 자유화 품목이 7%인바, 이는 대체로 1차 생산품으로 야당뿐만 아니라 여당 의원으로부터의 정치적 압력이 있어 해결이 어렵다 하였음.

일본 측은 또한 비 자유화 품목은 그것이 한국 산품이기 때문이 아니며 일본의 경제 구조에 연유하는 것으로 앞으로 외화 할당을 증가시키는 방법 등으로 개선해 나가야 할 것이라 하였음.

4. 일본 측은 작년에 합의된 바 있는 2,000만 불 차관에 언급하고 이의 실시 시기를 물었음. 경제기획원 장관은 3월 초에도 실시할 수 있게 될 것이라 하고, 이는 단일 변동 환율의 실시 문제와도 관련되는 것이라 하였음.

5. 일본 측은 무역 불균형 문제가 언급되었을 시에, 한국 미를 수입하게 되면 대폭의 개선이 가능하다 하고 작년 말에 중단된 미곡 수출 교섭에 언급하였음. 경제기획원 장관은 국내에서의 미곡 대책이 끝나는 3월 초에 3만 톤의 수출을 추진할 수 있게 될 것이라 하였음.

0850 **일본 시나 외상의 국회의장 예방 시의 면담 요록**

(1965. 2. 17, 10:00~10:30, 국회의장실)

1. 이 의장은 시나 외상의 방한에 대하여 사의를 표한 후, 시나 외상이 금반 방한을 기회로 정부 관계자와 솔직한 의견 교환을 행하여 양국의 국교 정상화가 하루 속히 있게 되기를 바란다 하였음.

2. 시나 외상은 일본 국민의 대부분이 국교 정상화를 원하고 있으며 양국이 상부상조하여 공동 번영해 갈 것을 희망하고 있다 하였음.

3. 이 의장은 한국의 현실에 언급하고 남에는 민주주의가 실시되어 있는 반면, 북은 공산주의에 의하여 점거되고 있는바, 이러한 실정에서 국교 정상화를 한다 하여 일본이 한국의 절반과 국교 정상화를 한다고 생각하면 부당한 일이라 하지 않을 수 없으며 한국의 전부와 국교 정상화를 한다는 입장을 취하여야 한다 하였음. 이 의장은 이어서 일본에는 사회당 및 공산당 등의 좌익 세력이 있는 줄 아는데 한국으로서는 일본이 하루속히 완전한 민주주의로 되기를 희망되는 바이라 하였으며, 한편 일본은 한국이 하루속히 국토를 통일하기를 기다리고 한국과의 국교 정상화는 전 한국과 하는 것이라고 생각하기를 바란다하는 동시에, 이점에 관한 일본 측의 태도에 불철저한 면이 있다 하였음.

0851 4. 시나 외상은 이 의장 발언이 전부 타당한 것이라 한 후, 일본은 지금 공산국과 정경 분리 정책에 따라 공존하고자 하고 있는바, 이는 다만 공산국과는 무력 충돌은 하지 않는다는 것이며 이와 제휴하여 경제 및 문화의 발전을 도모하려는 것은 아니라 하였음.

시나 외상은 이어서 한국이 하루속히 통일을 이룩하여 자유 진영에 많은 편익을 초래하기 바란다 하였음.

5. 라 부의장은 일본 국회에서 시나 외상이 한일[국] 방문은 협상이나 조약의 서명을 위한 것이 아니고 친선을 목적으로 하는 것이라고 답변한 것으로 들었는바, 김포에

서 행한 착한 제1성이라든가 또는 신문에 게재된 기사를 보면 다분히 정치적인 면이 있다고 생각되었다. 분주한 틈에 방한한 만큼 그러한 것은 많이 수긍이 가고 납득이 가는 것이라고 느꼈다고 말하였음.

6. 시나 외상은 한일 간에서 국교 문제를 논의하고 있는 때 인만큼, 이를 위한 기운을 높이는 것이 금반 방한의 목적이라 하는 동시에, 회담 내용을 취급하게 되는 경우에는 이를 피하지 않겠다 했다. 시나 외상은 이어서 자기의 방한으로 회담이 한 발자국이라도 전진하기를 열열히 바라며, 그런 취지에서도 방한한 것이라 하였음.

7. 라 부의장은 판문점을 시찰하지 않고는 한국의 현실을 이해할 수 없는 것이니 반드시 판문점을 방문하라고 권고하였음.
시나 외상은 판문점 방문이 일정에 들어 있다 하였음.

0852 **한일 외상회담 제1차 회의 내용 요약**

1. 개최 일시: 1965. 2. 18, 14:00
2. 참석자: 한국 측: 외무부 장관 이동원
   외무부 차관 문덕주
   주일 대사 김동조
   아주국장 연하구
   통상국장 전상진
   동북아과장 김정태
   조약과장 오재희
   청와대 파견관 양달승

   일본 측: 외무대신 시나 에쓰사부로
   아세아국장 우시로쿠 도라오
   경제국 차장 가토 다카오
   통산성 경제협력부장 아카자와 쇼이치
   관방 참사관 마에다 도시카즈
   북동아과장 구로다 미즈오
   법규과장 나카에 요스케

3. 회의 내용

0853 가. 개회 벽두 이 장관은 시나 외상 방한을 계기로 한일 간 현안 문제에 관한 의견을 교환하게 된 것을 기쁘게 생각하며 이번의 의견 교환에 의하여 현안 문제 해결에 따른 한일 간 장래 관계 마련을 위한 발판이 이루어지기 바란다는 인사말을 한 데 대하여 시나 외상은 동감이며 서로 공동의 목표를 향하고 있는 것이므로 흉금을 털어 협조하면 안 될 것이 없다고 생각한다고 하였음.

나. 시나 외상은 계속하여 일본의 대 아세아 정책에 관하여 아래와 같이 설명하였음.

(1) 일본은 대 중공 문제에 있어서 미국과는 다른 입장을 염두에 두고 있다. 일본으로서는 정식 국교를 자유중국과 가지고 있으나 한편 중공이 사실상 7억의 인구와 영토의 대부분을 가지고 있다는 사실을 무시할 수 없다. 또한 미국과 입장을 달리할 수

밖에 없는 이유는 일본은 대륙과 역사적으로 밀접한 관계를 이어왔다는 데 있으며 따라서 어디까지나 '정경분리의 원칙'에 따라 임할 생각이다.

(2) 중공의 유엔 가입 문제에 관하여 일본으로서는 이번 안되더라도 장래 어떻게 될 것인지 우려를 가지고 있으며 이에 관하여는 국제적인 여론의 움직임을 따라 행동할 생각을 가지고 있다.

(3) 중공이 극동 및 동남아세아 근린 국가에 대하여 가하고 있는 정치, 경제 면에 있어서의 공세 내지 영향을 일본은 단순히 대안의 불로는 보고 있지 않다. 그 영향을 어떻게 하여서든지 없애야겠다는 생각을 가지고 있다.

(4) 베트남 문제에 있어서 일본은 군사적으로는 어쩔 수 없고 평화적 수단 즉 경제, 문화적인 면에서의 수단으로서 침투를 방지하도록 노력할 생각이다. 경우에 따라서는 경제적인 면에서의 원조가 더 효과를 거둘 수도 있으리라고 생각한다.

(5) 인도네시아와 말레이시아 간 분쟁에 관하여는 말레이시아에 대하여 우호적인 생각을 가지고 있으나 한편 인도네시아와의 관계도 양호한 상태에 있으므로 군사력 증강에 도움이 되지 않는 면에서 인도네시아에 경제협력을 제공할 생각이다. 또한 이 분쟁 해결을 위하여 도움이 된다면 일본으로서 무슨 역할이라도 담당하여 볼 생각이다.

(6) 베트남 문제에 관하여 한국에서는 군대를 파견하기로 하였고 현지에는 군인 출신 대사가 가 있는 것으로 알고 있는바, 이 문제에 관하여 한국 측에서 토의를 희망하면 토의하여 볼 용의가 있다.

다. 이 장관은 시나 대신이 일본 입장으로서의 대 아세아 정책을 말한 데 대하여 어떤 점은 이해가 가는 것도 있으나 어떤 것은 의견을 말하여 둘 필요가 있다고 생각한다고 하고 다음과 같이 말하였음.

(1) 우선 대 중공 문제에 있어서 일본은 정경 분리의 기본 입장에 서서 경제적인 관계는 유지하겠다고 하고 있는데 이는 우리의 깊은 관심을 갖게 하는 것이며 원칙적인 이해관계와 정신적인 이해관계를 다룸에 있어서 깊은 주의가 기울여져야 할 것으로 생각한다. 중공은 이념에 있어서 민주주의를 신봉하는 국가를 파괴하려고 하는 것이며 중공이 커지고 영향력이 많아지면 궁극적으로는 일본에 대한 공포가 되는 것이다.

(2) 중공과의 관계와 관련하여 우리나라에게 특히 관심을 끌게 하는 것은 일본이

북괴와 경제적인 관계를 맺고 있다는 것이다. 구체적으로 북한과의 자유 왕래 문제, 최근의 평양에 있어서의 일본의 견본시 등은 우리의 깊은 주의를 끌고 있는 것이며 우리는 북한이 명확히 불법 세력이라고 국제적으로도 낙인되어 있다는 점을 고려하고 일본이 접촉에 신중을 기할 것을 강력히 희망한다.

(3) 최근의 중공의 핵실험 등은 자유 아세아 제국에 정치적, 심리적 협위를 가중하고 있는 바, 이에 대처하여 아세아 자유 제국이 공존 공영할 수 있는 방책이 강구되어야 할 것이다. 특히 일본은 국가의 비중으로 보아 또한 국제적 지위로 보아 마땅히 지도적인 국가가 되어야 하므로 적극적인 견지에서 동남아 외상 회의에 임하여 주기 바란다. 아 국이 동 회의를 제창한 이유는 일본과 같은 민주 지도적인 국가를 중심으로 자유 아세아의 형성에 체계를 세우려는 것이며 한국이 헤게모니를 쥐려는 것은 아니다.

(4) 한국 정부는 베트남 문제가 비단 베트남에만 관계가 있는 것이 아니라 자유 아세아제국 나아가서 전 자유세계에 미치는 것이라고 생각한다. 한국으로서는 평화와 안전보장을 위한 기본원리인 집단안전 보장의 이념 하에 베트남과 이를 지원하는 미국의 노력에 도움을 주기 위하여 금년 초 베트남 정부의 정식 요청이 있었고 미국으로부터도 희망적인 의사표시가 있었으므로 그에 따라 후방근무를 위한 공병대를 파견케 된 것이다. 문 차관은 이 장관의 설명에 보충하여 한국 정부로서는 한국 동란 시 자유 진영 제국으로부터 도움을 받은 일이 있고 좌시할 수 없다는 생각에서 후방 특히 수해복구 활동을 주 목적으로 하는 공병대를 파견케 된 것이라고 말하였음.

라. 시나 외상이 베트남 파병 요청이 정확히 언제 있었는가에 관하여 질문한 데 대하여 이 장관은 3월경이라고 답변하였으며 베트남 파병 문제가 한국에서 하나의 정치 문제가 되고 있다고 말하였음.

마. 우시로쿠 국장이 중공이 베트남에 직접 개입하지 않을까 하는 의문을 제기한 데 대하여 문 차관은 베트남 사태가 한국 동란 시와 입장이 다르므로 개입할 명분이 없기 때문(베트남 정부가 직접 싸우고 있는 것은 월맹이 아니라 베트남 내 공산 게릴라인 월공과의 것이므로 어디까지나 국내적인 싸움이라는 성격에서)에 과연 중공이 개입할지는 의문이라고 하고 그렇기 때문에 외상회의 같은 것을 개최하여 그러한 문제들을 검토하여 보자는 것이라고 말하였음.

바. 한일 문제에 관하여, 이 장관은 한국 정부 및 정계는 물론 국민이 모두 한일회담 현안의 조속한 일괄 타결로 한일 간 국교 정상화의 실현을 희망하고 있음에 비추어 기술적인 문제를 장관 간의 회담에서 취급하는 건도 어떨지 모르지만 우선 기본관계 문제에 있어서는 이제 새삼스러이 양측의 견해를 되풀이할 필요가 없을 정도로 서로의 입장을 잘 알고 있고 따라서 이번 기회에 한 번 능률적으로 이야기하여 이를 해결함으로써 회담 전반의 타결에 밝은 전망을 갖도록 함이 어떨까 생각한다고 한 데 대하여 시나 외상을 대리하여 우시로쿠 국장이 일본 측으로서도 동감이며 기본관계 문제에 있어서는 표현을 어떻게 하는가 하는 것만이 문제로 남아 있으므로 시간 절약을 위하여 표현을 여러 가지로 연구하여 곧 결정하면 좋겠다고 하였음. 이어 김 대사가 기본관계 문제에 관하여 아직 미해결 중인 두 가지 중요한 문제점, 즉 한국 정부의 유일 합법성 확인 조항 및 구 조약 무효 확인 조항에 관하여 일본 측의 호의적인 양보를 요청하였음.

사. 양측은 우선 기본관계 문제에 있어서 남은 문제를 검토하기 위하여 국장급 회의 (한국 측: 연 국장, 김 과장, 오 과장, 일본 측: 우시로쿠 국장, 구로다 과장, 나카에 과장)를 열어 상호 간의 견해를 단축시켜 해결을 시도하다가 안 되는 것은 외상회담으로 올려 논의하자고 하여 외상회담을 중단하였음.

한일 외상회담 제2차 회의 내용

1. 개최 일시 및 장소: 1965. 2. 19, 09:00부터 약 3시간, 외무부 장관 공관
2. 참석자: 한국 측: 외무부 장관 이동원
   외무부 차관 문덕주
   주일 대사 김동조
   아주국장 연하구
   일본 측: 외무대신 시나 에쓰사부로
   아세아국장 우시로쿠 도라오
   경제국차장 가토 다카오
   통산성 경제협력부장 아카자와 쇼이치
3. 회의 내용

이 장관: 기본관계 문제에 관하여는 이미 원칙 문제에 합의를 얻은 바 있고 청구권 문제에 있어서는 원칙적인 합의가 있으나 앞으로 양측간 조화를 조성할 필요가 있다고 생각하며, 법적지위 문제로 상당한 정도로 이야기가 다가왔다고 생각한다. 앞으로 선박위원회를 따로 개최할 필요가 있으며 어업 문제에 있어서는 어업협력에 관하여 일본 측이 한국의 사정을 이해하여 충분한 고려 있기를 바란다.

문 차관: (보충 설명) 한국 측으로서는 선박 문제가 재산청구권에 포함되어 해결될 수는 있다고 생각하며 문화재 문제에 있어서도 한국 국민의 감정과 희망을 고려하여 일본 측에서 호의적인 태도를 보여 주었으면 한다.

시나: 어업협력 문제가 중요한 것이라고 생각하나 이 문제는 본인의 소관 밖의 것으로 본인으로서는 아카기 농림대신과 잘 이야기하여 볼 생각이다.

김 대사: 어업 문제 해결을 위하여 제2차 농상회담의 개최가 필요하다고 생각하며 개최하는 경우 장소는 서울이 가할 것이다.

시나: 돌아가서 연구하여 보겠고 어업 문제는 일본 측도 농상이 처리하는 것으로 지금 생각하고 있기 때문에 아카기 농상과 의논하여 보겠다.

김 대사: 어업 문제에 관한 어떠한 중요점에 대한 언질을 줄 수 없겠는가.

시나: 이 자리에서 어려우며 돌아가서 연구하여 보도록 하겠다.

가토: 농상회담을 계기로 각종 제한 조치의 해제 문제도 고려함이 가하며 그 이전에는 곤란하다고 생각한다.

김 대사: 각종 무역 제한 조치의 해제 문제는 그 이전에 해결을 해야 할 것으로 생각한다. 일본 측이 그러한 면에서 성의를 보여 주면 회담 추진에 좋은 영향을 가져오는 것이다.

법적지위 문제에 있어서는 가) 영주권의 부여 범위, 나) 퇴거 강제, 다) 처우 문제의 제 점이 기본적인 문제가 되는바, 조속히 양측이 합의에 이르게 될 것을 희망한다.

우시로쿠: 일본 측으로서는 영주권의 부여 범위 문제에 있어서 좀 더 탄력적인 고려를 할 생각이며 일반 외국인보다 나은 조건으로 대우할 생각을 가지고 있다. 또한 선박위원회 관계도 이야기해 볼 용의를 가지고 있다.

가토: 어선 11척의 대한 수출 문제는 해결이 되었고 기타 비슷한 문제는 농상회담에서 하는 것이 좋을 것이다.

아카자와: 재한 일본 상사 과세 문제에 관하여 고려하여 줄 것을 희망한다.

이 장관: 이 문제에 관하여서는 우선 당분간 현재 상태를 유지하여 잠깐 잊어버리자고 시나 외상과 이야기한 바 있었다. 동남아 외상회담 이야기인데 이것은 일본이 성공 여부에 관한 열쇠를 쥐고 있다고 생각하므로 일본 정부에서 충분한 생각을 기울여 적극적인 태도로 임하여 주었으면 한다.

시나: 잘 알았다. 그 문제는 아이디어 면에서가 아니라 외교상 곤란한 점도 있으므로 외교상 문제로 검토하여 보겠다.

우시로쿠: (보충 설명) 이에는 대국회 문제가 있으며 동 회담에는 말레이시아가 참석하는 반면, 인도네시아는 참석치 않기 때문에 양국이 현재 분규 상태에 있고 일본으로서는 인도네시아에 대한 문제도 있고 하여서 외교상 문제가 되는 것이다. 인도네시아 문제가 일본으로 보아서 중요하다.

이동원 외무부 장관과 시나 외무대신 간의 공동성명

[115번 문서에 동일한 내용의 문서가 수록되어 있으므로 여기서는 생략함]

0886~0889 JOINT COMMUNIQUE

[116번 문서에 동일한 내용의 문서가 수록되어 있으므로 여기서는 생략함]

0890 **양국 외상 공동성명에 관한 양측 최초 안 대조 및 최종 발표 내용**

1965. 2. 22 아주국

문제별	한국 측 안	일본 측 안	최종 발표
1. 서문	시나 외상은 65. 2. 17~20까지 한국을 방문, 한국 정부 지도자들을 예방하였다.	한국 측 안과 동일	원안대로 합의 발표
2. 양 외상의 공통 관심사 토의	… 회담의 타결은 한일 양국과 전 자유 세계의 이익에 부합됨을 재확인하였다.	한국 측 안과 동일	원안대로 합의
3. 한국민의 대일 감정	불행한 과거에서 유래하는 한국민의 대일 반감을 인식하고 이러한 반감이 어떠한 방법으로 먼저 제거되어야 한일회담이 원만히 타결될 것이다. 일본국이 행한 일련의 침략 행위가 한국민의 전통 있는 독립 의지를 좌절시키고 한국민에게 심한 고통을 주었음을 인정하고 그와 (0891) 같은 불행한 과거는 일본 측의 겸손한 사과와 한국의 재건을 돕겠다는 일본국 정부의 결의 및 협조에 의해서만 복구될 수 있다.		시나 외상은 한국 국민의 대일 감정에 대하여 유감의 뜻을 표하고 깊이 반성하는 바라 말하였다. 시나 외상은 한일회담을 성실히 진행시킴으로써 양국 간의 새로운 우호 관계는 수립될 수 있을 것이라는 굳은 신념을 피력하였다.

문제별	한국 측 안	일본 측 안	최종 발표
4. 한일회담 조기 타결의 필요성	… 현안의 공평하고 원만한 타결이 건전한 양국 관계의 기초를 닦는 데 공헌할 것이라는 점과 현안의 조속하고 원만한 타결에 적극적이고 결단성 있는 노력을 경주할 것이다.	한국 측 안과 동일함.	… 양 외상은 공정 타당한 기초에서 회담을 조기에 원만하게 타결하기 위하여 결단성 있는 최선의 노력을 다할 것이다.
5. 기본 조약 가조인	기본관계조약 안이 가조인되었다. 이것은 기타 현안 문제의 일괄 타결을 위한 의의 깊은 일본 전진이다.	… 일보 전진이다. 한일 전면회담은 잔존하는 제 문제에 관한 토의를 추진하여야 할 것이다.	한국 측 안대로 합의
6. 재일한인 법적지위 문제	양국 간에 있었던 특수한 역사적 배경에 감하여 재일한인에게 일본국 내에서 평화롭고 안정된 생활을 영위할 수 있는 법적지위와 처우가 부여되어야 하고 이 문제의 원만한 해결이 한일 양 국민의 우호 증진에 교량이 될 것이다.	재일한국인이 일본국에 있어서 안정된 생활을 영위하고 또한 일본 사회의 번영에도 공헌할 수 있게 되기를 희망하면서…	법적지위 문제에 관한 현재의 토의가 성공적인 결실을 맺고 이로써 재일한인이 평화롭고 안정된 생활을 영위할 수 있게 되기를 희망하고…
7. 어업 문제	어업협정은 어업자원의 최대 지속적 생산성의 원칙과 양국 어민의 이익에 부합되도록 규정되어야 한다. 어업 발전을 위하여 양국의 협조가 요망된다. 양측은 1억 차관을 고려하겠다.	양국 어민의 이익에 합치하는 합리적인 어업협정을 체결함으로써 어업 문제를 조속하고 원만히 해결한다. 농상회담의 조속 개최가 요망된다.	어업 문제가 합리적으로 해결될 것과 이것이 양국 어민의 이익에 부합되어야 한다는 점을 확인하였다. 농상회담을 조기에 개최한다.

문제별	한국 측 안	일본 측 안	최종 발표
8. 무역 관계	양국 간 무역 불균형을 시정하여 건전하고 호혜적인 교역 관계를 수립함이 중요하다. 현존하는 금지 및 제한 조치의 금지 및 교역 관계의 긴밀화, 교역량의 증대를 위하여 3월에 장관급 회담을 열기로 한다.		… 양국 간의 수출 능력 증진에 대한 토의를 위한 무역회담 개최에 합의하였다.
9. 주한 일본 대표부 설치 문제		한일 간 의견 소통을 긴밀히 하기 위하여 1952년도의 양국 간 합의에 따라 주한 일본국 대표부를 조속히 설치하기로 한다.	삭제
10. 이 장관 초청	시나 외상은 이 장관을 초청, 이 장관은 이를 수락	한국 안과 동일	원안대로 합의
11. 외상회담 평가	금번 토의가 유익하였고 차기 외상회담에서 토의를 계속할 것에 합의하였다.	한국 안과 동일	원안대로 합의

이동원 외무부 장관 일본 방문, 1965

분류번호 : 724.31 JA 1965
등록번호 : 1486
생산과 : 동북아주과
생산연도 : 1965
필름번호 : C-0011
파일번호 : 11
프레임번호 : 0001~0467

이 파일에는 이동원 외무부 장관의 네 차례(1965. 3. 10~11 방미를 위한 환승 차 잠시 방일, 3. 23~4. 3 공식 방문, 6. 20~24 한일협정 서명을 위한 방문, 12. 12~15 한일협정 비준을 위한 최종 교섭 목적의 방문)에 걸친 일본 방문과 관련한 외교문서가 수록되어 있다. 사료를 가급적 연대순으로 정리한다는 본 사료집의 편집 기준에 따라 이곳에서는 1965. 3~4월 중 이루어진 1, 2차 방문에 관한 기록(방일 계획, 일정, 연설문, 방일 결과 보고서 등)만을 수록하였으며, 3차 및 4차 방문 기록은 뒤에 수록할 것이다.

이동원 장관은 두 번째 방일시 3. 23~27 간의 공식 방문 일정을 모두 마친 후에도 일본과의 청구권 및 법적지위 문제에 관한 '대강'의 합의에 이르지 못하자 귀국 일정을 미루고 교섭에 전념, 결국 1965년 4월 3일 청구권, 법적지위에 관한 '합의사항' 및 관련 부속 문서에 가서명할 수 있게 되었으며, 이 시기 한일 간에 농상회담도 함께 개최되어 어업 문제에 관한 '합의사항'도 함께 가서명하였다.

1. 2차 방문, 1965. 3~4
1-1. 일정 및 의제

1. 이동원 외무부 장관 방일 및 방미 계획 재가 문서

0011   기안자: 미주과 이재석
과장[서명]   국장[서명]   차관[서명]   장관[서명]   국무총리[서명]   대통령[서명]
협조자 서명: 총무과장[서명]   방교국장[서명]   아주국장[서명]   기획관리실장[서명]
기안년월일: 65. 2. 19
경유수신참조: 건의

제목: 외무부 장관의 방일 및 방미 계획

일본 외상의 방일 초청에 의한 외무부 장관의 일본 방문 및 한일회담 타결에 대비한 미국 정부 고위당국자들과의 외교교섭과 유엔총회에서의 한국 문제 토의 지연에 대비한 유엔 본부와의 교섭을 위한 방미 계획을 아래에 의하여 시행할 것을 건의합니다.

1. 방문 일정(서울 출발 3월 8일, 귀임 3. 27, 20일 간)
   가. 일 외상과의 회담 3. 9~12(제1차)
   나. 유엔사무총장과의 회담 3. 15~17
   다. 화부[워싱턴 D.C.] 당국자들과의 회담 3. 18~22(총영사관장 회의 참석 포함)
   라. 일 외상과의 회담 3. 24~26(제2차)
2. 수행원 3명: 구미 국장, 국제연합과장, 장관 비서관
3. 경비 내역
   가. 항공료(서울-도쿄-뉴욕-워싱톤-도쿄-서울): 예산 구미국 유력 인사 초청비
      1등 $1,634.40 × 1인 = $1,634.40
      2등 $1,057.00 × 3인 = $3,171.00
              소계 $4,805.40

나. 일당(예산: 구미국 유력 인사 초청비)
  (1) 일본
      장관 $4.00 × 1.60 × 14일 × 1인 = $89.60
      부이사관 $4.00 × 1.35 × 14일 × 1인 = $75.60
      서기관 $4.00 × 1.30 × 14일 × 2인 = $145.60
  (2) 미국
      장관 $4.50 × 1.60 × 6일 × 1인 = $43.20
      부이사관 $4.50 × 1.35 × 6일 × 1인 = $36.45
      서기관 $4.50 × 1.30 × 6일 × 2인 = $70.20
                              소계 $460.65

다. 숙박비 (예산: 구미국 유력 인사 초청비)
  (1) 일본
      장관 $8.00 × 1.60 × 13일 × 1인 = $166.40
      부이사관 $8.00 × 1.35 × 13일 × 1인 = $140.40
      서기관 $8.00 × 1.30 × 15일 × 2인 = $270.40
  (2) 미국
      장관 $8.50 × 1.60 × 6일 × 1인 = $81.60
      부이사관 $8.50 × 1.35 × 6일 × 1인 = $68.85
      서기관 $8.50 × 1.30 × 6일 × 2인 = $132.60
                              소계 $860.25

라. 판공비 $1,000 (유엔총회비)

마. 정보비 $1,500 (유엔총회비)
                              $500 (한일회담비)
                      소계 $2,000
                      총계 $8,126.30   끝

3. 이동원 장관 방일 일정 관련 일본 측과의 협의 결과 보고 전문

번호: JAW-03142

일시: 081637 [1965. 3. 8]

수신인: 외무부 장관 귀하

발신인: 주일 대사

금 8일 당 대표부는 장관님의 3. 10 방일 및 방일 중의 일정에 관하여 일 외무성 당국과 협의회의를 가졌으므로 그 결과를 아래와 같이 보고함.

1. 방일 및 방일 중의 일정
3. 10일 17:10   NWA8편 하네다 공항 도착(공항에는 시나 외상이 출영 예정임).
         19:00   시나 외상 주최 비공식 만찬
3. 11일 09:30~10:00 사토 수상 예방
         15:00~15:30 한일 무역회담 주재
         21:30   NWA 8편 하네다공항 출발, 향미

2. 시나 외상과의 비공식 회합은 TENTATIVELY 무역회담이 끝난 직후 약 1시간 내지 1시간 30분 간 갖기로 하였음(단, 당시의 사정에 따라 무역회담 개최 전이 될 가능성도 있음).

3. 외무성 측은 장관님의 3. 10 방일은 비공식적인 것이나 정중히 접대하고자 한다는 의향임.

4. 당 대표부 측은 WJA-3-57 전문 내용에 따라 장관님의 방미 귀로의 공식 방일일 (23일부터 시작)을 일본 측에 통보하였는 바 일본 측은 거반에 있었던 시나 외상의 방한을 고려하여 한국 측이 시나 외상에게 베푼 접대에 못지 않은 정중한 접대를 할

의향이라고 말하면서 준비 관계로 장관님의 최종적으로 확정된 공식 방일 일정, 공식 수원 명단 및 체일 기간을 가능한 한 조속히 알려달라고 요망하여 왔으므로 장관님께서 당지에 기착하시는 11일 중에 최종 결정을 내려 일본 측에 통보할 수 있도록 준비하여 주시압.

  5. 장관님의 공식 방일 기간 중 일 외무성 측은 신간선과 비행기를 이용한 관서 지방 관광 여행(교토 등)을 고려하고 있다고 하면서 장관님의 이에 대한 의향을 문의하여 왔음.

  6. 장관님의 3. 10~11까지의 체일 기간 중 특히 추가할 사항이 있으면 동 추가사항과 상기 각항 중 일본 측이 문의하여 온 사항에 관하여 회시하여 주시기 바람.(주일정-외아북)

4. 이동원 방일 일정 관련 본부 입장 통보 전문

0016   번호: WJA-03131

일시: 101445 [1965. 3. 10]

수신인: 주일 대사

대: JAW-03142

1. 장관의 공식 방일 일정은 3. 23~27까지로 함. 장관 일행은 하와이로부터 3. 23(화) 17:40 하네다 착, 일본항공 편으로 착일 할 예정임(일본항공 본사에 장관 일행의 하와이 도쿄간 예약을 하시기 바람. 본 예약은 당지에서도 행할 것인바, 확실을 기하기 위하여 귀지에서도 조치할 것을 지시함).

2. 장관 방일 시의 공식 수행원 명단에 관하여는 결정되는 대로 추보하겠음.

3. 장관의 일본 체재 중의 일정에 관하여는 장관이 금 10일 일본에 도착한 후 귀지에서 상의 결정토록 하시압.(외아북)

5. 이동원 장관 방일 수행원 건의 전문

0017   번호: WUN-0315

일시: 121910[1965. 3. 12]

수신인: 장관(주유엔 대표부)

1. 장관님의 공식 방일 시의 공식 수행원을 아래와 같이 건의하오니 지금 회시 바랍니다.
   주일 대사, 방희 공사, 이규성 공사, 아주국장, 통상국장, 법무국장, 상역국장, 수산국장, 오재희 조약과장, 양달승 비서, 김재춘 비서(이상 11명)

2. 이상의 명단 이외에 청구권위원회가 장관 방일 시 이전에 개최되고 경제기획원 기획 담당 차관보가 도일하고 있을 경우에는 동 차관보도 공식 수행원 명단에 포함코자 함.(외아북)

차관

12. 이동원 외무부 장관 방일 도착 성명 전달 전문

번호: WJA-03340

일시: 201710[1965. 3. 20]

수신인: 주일 대사

연: WJA-03220, 대: JAW-03382

1. 연호 전 2항에 관련하여 3과 같이 이동원 장관의 도착 성명 내용이 확정되었으니 조처하여 주시압.

2. 외무부 장관 체일 일정에 관한 대호 전 내용에 대하여서는 이의 없음.

3. '이동원 외무부 장관의 도착 성명'

시나 에쓰사부로 외무대신 각하, 일본의 관민 여러분, 오늘 시나 외무대신 각하의 초청을 받아 귀국을 방문하게 된바 이와 같이 성대한 영접을 받게 되어 감사하는 바입니다.

새삼스럽게 말씀드릴 필요도 없이 한일 양국은 지금 한일 양국 간의 새로운 선린 우호 관계를 수립하기 위한 역사적 과업을 성취하기 위하여 진지한 노력을 하고 있습니다. 특히 지난번 시나 외상 각하께서 한국을 방문하신 결과로서 기본관계조약에 가조인을 보게 되어 한일 양국 간의 현안 문제 해결에 큰 진전을 보게 되고 현재 일찍이 보지 못한 우호적인 분위기 속에서 회담이 진행되고 있는 것을 여러분과 함께 동경해서 마지않는 바입니다.

본인은 이번 방일 기회에 천황폐하, 사토 수상 각하, 중의원 및 참의원 의장 각하를 예방하고 아울러 시나 외무대신 각하를 비롯한 귀국의 지도자 여러분과 한일 양국 국민이 당면한 역사적 과업을 하루빨리 끝내는 데 있어서 미해결 문제로 남아 있는 여러 문제들에 관하여 흉금을 털어놓고 의견 교환을 하고자 하며 이 기회에 그간 오랜 세월을 두고 미해결로 되어 온 한일회담이 타결되어 양국의 새로운 선린 관계가 수립되기를 희구해서 마지않는 바입니다.

한일 양국은 불행한 과거를 가졌으나 지리적으로 가장 가까운 위치에 있을 뿐만 아니라 현재와 같이 민주주의 이념을 신봉하는 양국인 만큼 양국 간의 노력이 하루 속히 성공적인 결실을 맺게 되기를 바라는 바입니다.

한일 양국 간의 조속한 현안의 원만한 해결이야말로 새로운 우호 관계의 기초가 되는 것이며 이러한 제 현안이 양국의 공동 번영을 위한 대승적인 견지에서 하루 속히 공평 타당하게 그리고 원만하게 해결되어 시나 외무대신 각하가 한국을 방문했을 때에 말씀하신 바와 같이 금년이야말로 국교 정상화가 실현되어 이해를 새로운 '영광된 해'로 양국 역사에 기록할 수 있게 되기를 바라는 바입니다.

본인은 본인의 귀국 방문이 양국 간의 노력에 조금이라도 도움이 되기를 기대하면서 인사에 대하고자 합니다.

추기: 위의 도착 성명 속의 '천황폐하'에 관하여 '폐하'가 일본국의 공식 경칭인지 여부를 확인하여 적의 사용하시압.

장관

13. 이동원 외무부 장관 방일 시 외상회담 개최 관련 일본 측 견해 보고 전문

번호: JAW-03429

일시: 201211 [1965. 3. 20]

수신인: 외무부 장관
발신인: 주일 대사

대: WJA-03260, 연: JAW-03382

1. 일본 측은 이 외무부 장관의 방일 기간 중에 4차에 걸치는 외상회담을 개최할 것을 제의하여 왔는바 당부는 동 외상회담이 금번의 이장관 방일 기간 중 한일 간의 제 현안에 관한 토의를 추진함에 있어서 가지게 되는 중요성을 고려하여 대호 지시에 따라 일본 측에 대하여 동 외상회담의 의제 및 운영방식에 관한 일본 측의 견해 표명을 요망한 바 있음.

2. 당부로서는 동 외상회담의 의제 및 운영방식을 아래와 같이 하는 것이 이 장관의 방일 기간을 최대한 활용할 수 있는 것으로 사료함.

제1차 회담(3. 24) - 이 장관의 방미 결과 등 일반 국제 정세, 법적지위 문제 특히 영주권의 부여 범위(자자손손에게 영주권을 부여하자는 것) 및 대일 청구권 문제를 토의함.

제2차 회담(3. 25) - 무역 관계를 중심으로 회담을 진행시키고 가능한 한 무역에 관한 조인트 코뮈니케에 합의하도록 함.

제3차 회담(3. 26) - 제1차 외상회담에 이어 영주권의 부여 범위 및 대일청구권 문제를 재차로 토의함.

제4차 회담(3. 27) - 금후에 있어서의 한일회담 전반의 운영방식에 관한 토의와 이 외무부 장관의 방일에 관한 '조인트 코뮤니케'에 합의하도록 함.

  3. 당부는 상기 2항과 같은 의제 및 운영방식에 관하여 일본 측과 미리 협의 결정하여 두기 위하여 3. 22에 한일 수석대표 회담을 개최할 것을 고려하고 있음.

  4. 이상과 같은 당부의 복안을 금 20일 일본 측에게 비공식으로 통보하고 이에 대한 일본 측의 의견을 알려줄 것을 요망하였음.

  5. 본 건에 대한 본부의 견해와 기타 참고 사항에 관하여 지급 회시 바람.(주일정-외아북)

15. 이동원 외무부 장관 방일 일정 보고 전문

번호: JAW-03454

일시: 221149[1965. 3. 22]

수신인: 장관

발신인: 주일 대사

이 외무부 장관 일행의 일본 공식방문 일정은 아래와 같음(그 상세한 내용은 다음 파우치 편으로 발송할 것임). 본 일정은 확정된 것이 아니며 이에 관한 신문 발표는 한일 양측이 동시에 행할 예정임.

23일 17:40 - 하네다 도착, 의장대 사열 후 영빈관 향발
24일 10:30 - 중의원 예방
   11:00 - 참의원 예방
   11:30 - 일본 사토 총리대신 예방
   12:00 - 동 총리 주최 오찬회(총리 관저)(동서자: 일본 측: 장관 7명, 자민당 간부, 외무성 간부 및 한일회담 관계 간부. 한국 측: 차 농림부 장관, 대표부 공사 및 연 아주국장)
   15:00 - 제1회 외상회담(외무성 접견실)
   18:00 - 시나 대신 주최(부처) 리셉션(힐튼호텔)
   20:00 - 시나 대신 주최 만찬회
25일 09:00 - 제2회 외상회담(외무성 접견실)
   11:45 - 주식 및 관극(가부키자)
   15:00 - 소니 코퍼레이션 공장 시찰
   18:00 - 유지 국회의원 주최 환영 리셉션(호텔 오쿠라)
26일 10:30 - 제3회 외상회담(외무성 접견실)

　　　　12:00 - 경제단체연합회, 상공회의소 및 일한경제협회 공동 주최 환영 오찬회
　　　　　　　　(도쿄 프린스호텔)
　　　　16:00 - 일본 천황 알현
　　　　18:00 - 김동조 대사부터 주최 리셉션(도쿄 프린스호텔)
　　　　20:00 - 이 장관 주최 만찬회
　27일　09:00 - 제4회 외상회담(외상관저)
　　　　11:00 - 이 장관 일행 하네다 출발(주일정-외아북-외의전)

18. 이동원 외무부 장관 방일에 즈음한 시나 외상 환영사 보고 전문

0040 번호: JAW-03466

일시: 221536[1965. 3. 22]

수신인: 외무부 장관
발신인: 주일 대사

1. 이 외무부 장관 방한에 즈음한 시나 대신의 환영사를 다음과 같이 입수하였으므로 그 전문을 보고함.

2. 동 환영사는 3. 23 18:00 이 외무부 장관의 도착 성명과 함께 공동 발표하기로 일본 측과 합의한 것임.

시나 대신의 환영사 전문

금일 각하를 일본 정부의 공식의 빈객으로서 이곳에 맞이하게 된 것을 진심으로 기쁘게 생각하는 바입니다. 과반 각하의 초대를 받아 귀국에서 마음속으로부터의 따뜻한 대접을 받은 저로서는 특히 이날을 대망하여 왔습니다. 이 일한 양 국민의 긴밀한 우호 관계를 유지하고 서로 손을 잡고 공존공영의 길을 걸어야 한다는 것은, 양국 민의 번영과 복지를 위하여는 말할 것도 없으며, 특히 금일과 같이 복잡한 국제 정세 하에 있어서 아세아, 나아가서는 세계의 평화를 위하여 극히 중요한 공통의 책무라고 믿는 바입니다. 일한 국교 정상화를 위한 교섭은 양 국민의 이해에 의하여 급진적으로 그 타결의 기운이 무르익어가고 있습니다. 본인은 곤란이 겹치고 또한 다년간에 걸친 이 교섭에 이제야말로 종지부를 찍고 일한 양국 우호 제휴의 신시대를 획하는 날이 다가올 것을 굳게 믿어 의심하지 않는 바입니다.

0041 일한 양 국민 간에 호혜 평등의 원칙에 따르는 깊은 상호 경애와 협력의 정신을 배

양하는 일이야말로, 이와 같은 신시대의 발족을 가능하게 하고, 또한, 이를 굳건히 움직일 수 없는 것으로 하는 소위인 것입니다.

본인은 각하의 금일의 방일이, 양 국민의 가슴속에 협력의 불길을 일으키는 그 이상 없는 계기가 될 것으로 확신합니다.

저는, 외무부 장관 각하의 체재가 역사적인 것이 되도록 비는 바입니다.(주일정-외아북)

1-2. 활동 사항(외상회담 등)

20. 사토 수상 주최 오찬회에서의 양측 인사문

0123   번호: JAW-03514

일시: 241553[1965. 3. 24]

수신인: 외무부 장관
발신인: 주일 대사

금일 12시부터 14시 사이에 사토 수상 주최의 오찬회 석상에서 있었던 양측 인사문은 각각 다음과 같으며 동 오찬회는 예정보다 30분 늦게까지 열리었는바 오찬회 석상에서의 중요한 담화 내용은 추후 보고하겠음.

1. 사토 총리대신의 인사

이동원 장관 각하

지난번에 장관 각하께서 방미 차 도쿄에 들렀을 때에 짧은 시간이었습니다마는 처음으로 뵐 수 있는 기회를 가질 수 있었던 것은 참으로 다행한 일로 생각합니다.

이번에 각하가 공식으로 우리나라를 방문하시는 기회에 오늘 여기에 각하를 초대하여 환담할 기회를 얻은 것은 본인으로서는 새로운 기쁨입니다. 일본 정부 및 국민을 대표하여 마음으로부터 환영하는 바입니다. 지난번에 각하가 도쿄에 들렀을 때에 한마디 감사의 말씀을 드렸습니다마는 시나 외무대신이 귀국을 방문하였을 때 귀국 정부가 베풀어 주신 후의에 대하여 이 자리에서 다시금 감사드리는 바입니다.

박정희 대통령 각하, 정일권 국무총리 각하, 귀 장관 각하를 비롯한 대한민국 조야 여러분들의 정성어린 환영을 우리나라 국민에게 깊은 감명을 준 것이라고 말하여

0124   도 과언이 아닙니다. 본인으로서 여러분들의 대접을 진심으로 기쁘게 느꼈습니다. 일

한 양 국민은 여러 가지 의미에서 가장 가까운 이웃입니다. 유감스러운 일이지만 최근세에 이르러서 불행한 시기가 있었기 때문에 일한 양 국민의 마음은 멀리 떨어졌었습니다.

이 일은 양 국민에 있어서 가장 불행한 일이었다고 생각됩니다.

그러나 우리 일한 양 국민은 많은 공통점을 가지고 있습니다. 서로 얼굴이 닮았고 말도 비슷합니다. 시나 대신이 귀국을 방문했을 때 얼굴은 윤보선 씨와 아주 닮았다고 하였다는데 우리들은 인종적으로 아주 가까운 사이에 있습니다. 언어도 같은 어원의 말이 많다고 들었습니다. 또 역사를 살펴보면 백제 성명왕의 불교전래, 왕인 박사의 논어, 천자문들의 전래 같은 사실이 우리나라의 문화적 발전과는 끊을래야 끊을 수 없는 중요한 일로서 국민이 익히 알고 있으며 옛날부터 귀국의 문화는 우리나라에 크나큰 영향을 준 것입니다.

이와 같이 많은 공통점과 오랜 연혁을 가진 일한 양국이 같은 동아세아에 위치하여 유동하는 국제 정세 속에서 각기 나라를 유지하여 나가는 것을 생각하면 본래 일한 양국은 서로 협력하고 친교를 깊게 하는 것이 극히 자연스러운 일이라고 느낍니다. 본인은 양국 국교의 정상화를 정강의 중요한 하나로써 미력합니다만 이 일을 실현하려고 결심하고 있습니다. 최근 일한회담이 타결된 기세가 일어나고 있는 일은 여러분과 함께 축하하여 마지않습니다. 이것은 일한 양국의 지도자들의 비상한 경의와 노력에 의한 것이며 또 양 국민의 마음이 다시 유대를 갖게 되어 타결이 가능하게 된 것이라고 생각됩니다. 일한 양국 간의 영원한 우호 관계를 확립한다는 것은 양 국민의 번영과 복지에 있어서는 없어서는 안 될 것이며 세계평화와 안전에 있어서도 대단히 중요한 일로 생각됩니다.

그러나 양국 간의 정치적 경제적 문화적인 협력은 마음의 유대를 바탕으로 하지 않는 한 불가능하다고 생각할 수 있습니다. 그런고로 본인은 양 국민의 마음의 유대가 중요하다고 통감하고 있습니다. 우리들은 본래의 마음에 돌아가서 상호 신뢰와 존경으로 흉금을 털어놓고 이야기할 때에 우리들의 우정을 저해하는 것은 없어지고 깊은 친애와 인정이 우러나지 않을 수 없으리라고 생각합니다.

그렇게 되면 우리들은 평등 호혜의 입장에 서서 서로 손을 잡고 협력할 수 있으리라고 믿는 바입니다. 일한 양 국민이 가장 가까운 이웃 국민답게 긴밀한 우호 관계를 수립될 날은 생각하기보다는 훨씬 가까운 장래의 일이라고 생각합니다.

앞으로 5년 이후에 현재를 회고하면 어찌하여 저러한 문제를 오랫동안 논의하였던가 의아하게 생각하며 아마도 격세의 감을 가질 정도로 친밀한 관계가 이루어졌을 것입니다. 본인은 그때가 하루속히 올 것을 빌어 마지않습니다.

여기에 잔을 들어서 여러분들과 함께 이 장관 각하의 건강을 위하여 또 일한 양국 간의 영원한 우호 관계 수립을 위하여 건배하겠습니다.

2. 이동원 외무부 장관 인사

사토 총리대신 각하, 귀빈 여러분, 본인은 사토 총리대신 각하의 초대를 받아 오늘 여러 귀빈들과 오찬을 같이하게 된 것을 영광으로 생각하는 바이며 이와 같은 기회를 만들어 주신 사토 총리 각하의 호의에 대하여 사의를 표하는 바입니다.

사토 총리 각하의 고매한 인격과 위대한 정치적 영도에 관하여서는 일본 국민은 물론 한국 국민도 주지하는 바라고 생각합니다. 특히 사토 총리께서 한일 양국 간의 제 현안 타결과 국교 정상화에 대하여 강한 열의를 가지신 분이라는 것도 널리 알려진 사실이라고 하겠습니다.

본인은 이번 미국을 방문하여 존슨 대통령, 험프리 부통령, 러스크 국무장관 등 미국 정부의 여러 지도자들과 최근의 국제 정세와 자유세계의 안전보장 등 제반 문제에 관하여 의견을 교환하였습니다. 동 미국 방문을 통하여 본인은 자유세계가 당면하고 있는 제 사태의 중대성과 세계에 있어서 아세아가 차지하고 있는 중요성을 한층 더 실감하게 되었습니다.

시나 외무대신 각하께서 지난 2월 한국을 방문하였을 때 한일 간의 기본관계에 관한 조약을 가조인하게 된 것은 기억에 새로운 바 있습니다. 동 가조인을 계기로 하여 한일 양국 내에 양국 간의 현안 타결을 촉구하는 분위기가 고조되고 양국 대표들 간에 제 문제점에 관한 논의가 활발히 진전되고 있는 것은 다행한 일이라고 생각합니다. 한국 정부는 일본과의 국교 정상화를 금년 중에 실현할 수 있게 되길 바라고 있사오며 시나 외무대신께서도 한국을 방문하신 때를 전후하여 같은 내용의 희망을 피력한 바 있는 것으로 알고 있습니다.

본인이 이번 일본에 체재하는 동안 한일 양국 간에 개재하고 있는 제 현안의 타결과 국교 정상화를 위하여 조금이라도 도움이 되는 역할을 하고자 하오니 사토 총리 각하께서도 적극 협력하여 주실 것을 바라마지 않는 바입니다. 이상으로써 본인의 인사 말씀에 가늠하고자 하는 바입니다. 감사합니다.

사토 수상의 건강과 한일 국교 정상화를 위하여 축배를 올리는 바입니다.

3. 이상 내용을 양측에서 발표하기로 하였으니 본부에서 각 신문사에 발표하여 주시기 바람.(주일정, 외아북)

21. 제1차 한일 외상회담 결과 보고 전문

번호: JAW-03523

일시: 242109[1965. 3. 24]

수신인: 국무총리(참조: 대통령 비서실장, 외무부 차관)
발신인: 외무부 장관

본직은 금 24일 15:00에 예정대로 시나 외상과 제1차 한일 외상회담을 개최하였는바, 동 결과를 아래와 같이 보고드립니다.

1. 먼저 공식회의를 열고 약 15분간 양 외상은 간단히 한일회담의 조기 타결과 조속한 국교 정상화를 강조하는 인사를 교환하였음.

2. 이어 양측은 참석 인원을 축소하고 실질적인 토의에 들어가서 약 1시간 20분간 제 문제에 관하여 의견을 교환하였는바, 동 요지는 아래와 같음.
(참석자: 아 측: 이 장관, 김 대사, 이규성 공사, 연하구 아주국장, 최광수 정무과장
    일본 측: 시나 외상, 다카스기 수석대표, 우시바 외무심의관, 우시로쿠 아세아국장, 야나기야 1등서기관)

(1) 본직은 먼저 금반 미국을 방문하여 존슨 대통령, 험프리 부통령, 러스크 국무장관, 번디 차관보 등 미국 정부 수뇌부와 회담한 내용을 중심으로 아래와 같이 일반 국제 정세에 관하여 발언하였음.

(A) 존슨 대통령, 러스크 국무장관 등은 한일회담의 진행에 비상한 관심을 표명하고 이의 조속한 타결을 강력히 희망하고 있는 듯하였으며, 특히 거반 시나 외상 방한 시에 기본관계조약이 가조인된 것은 한일 양국 간에 새로운 역사를 창조하는 출발점이라 하여 매우 경축한다는 뜻을 표명하였다.

(B) 인도차이나 사태에 관하여 의견을 교환하였는바, 동 문제는 미국에서 매우 물의의 대상이 되고 있으며, 미국 정부로서는 베트남 사태를 대규모의 전쟁으로 확대되

는 것을 피하면서 평화적, 인도적으로 해결하려 하는 듯하였으며, 정책 수립에 매우 고민하는 듯이 보였다. 존슨 대통령은 본직에게 베트남 사태에 관하여 충고를 구하므로 본인은 한국전쟁 발발 직전의 미국의 대한 정책의 경우들을 설명하고 미국이 힘과 행동으로써 자유 베트남을 수호한다는 강력한 데몬스트레이션을 할 필요가 있으며, 만일 미국이 베트남에서 철퇴한다면 자유 아세아에 심리적, 정치적으로 큰 재해를 가져오게 할 것이며, 한국이나 일본의 안전보장에 좋지 않은 영향을 줄 것이라 하였다.

(C) 러스크 장관이나 번디 차관보는 동남아 외상회담에 깊은 관심을 표명하고 이의 성공을 바라고 있었으며, 이의 성공을 위하여서는 일본의 참가가 필요하다는 것을 본인이 말하였다. 일본의 국내적 난관이 있는 것은 이해하나 일본 정부의 참가를 재삼 촉구하는 바이다.

(D) 특히 험프리 부통령은 대아프리카 외교에 깊은 관심을 가지고 있었는데, 현재 동 지역에서 백인에 대한 감정이 좋지 않은 만큼 아세아의 자유 국가들이 적극적인 대아프리카 외교를 전개하여야 하며, 미국이 이를 뒷받침하여야 한다는 적극적인 의견 교환이 있었다.

(E) 본인은 이번에 재한 미군의 지위에 관한 행정협정에 관하여 미국 정부와 의견을 교환할 기회를 가졌는바, 미 측은 한국 측 입장을 전면적으로 존중하여 조속히 동 협정이 체결 되도록, 가능하면 5월에 박 대통령께서 방미하시기 전에 해결을 보도록 하자는데 거의 의견을 같이 하였다.

(2) 다음은 한일회담에 관한 토의에 들어갔는바, 동 요지는 아래와 같음.

(A) 일본 측은 금반 어업 문제의 대강이 타결됨으로써 회담 타결의 전망이 밝아졌다 하고 가능한 한 이 장관 체일 중에 법적지위 및 청구권 등에 관하여도 대강의 타결을 이루기를 희망한다고 하였음. 이에 대하여 아 측은 금반 이 장관의 공식 방일을 계기로 법적지위, 청구권 등의 완전한 타결을 보기를 희망하며, 적어도 정치적으로 해결을 요하는 문제점은 차제에 전면적으로 해결하도록 하자고 한바, 일본 측도 이에 동감을 표명하였음. 단 시기적으로 보아 협정 전문에 관한 합의는 어려울 것이며 대강 타결이 될 것이라는 의견이 있었음. 이와 관련하여 일본 측은 아 측으로부터 시사가 있었던 기본 조약의 본조인은 종래 일본 정부의 현안 일괄 타결이란 일괄된 방침에 비추어 어렵겠다는 의견 표명이 있었음.

(B) 아 측은 금번 이 장관 방일을 계기로 각 현안의 대강 타결을 보게 되면 4월 말경까지 늦어도 대통령께서 방미하시는 5월 중순까지는 조인을 완료토록 하자고 한 바 일본 측도 동감을 표명하였음. 일본 측은 이와 같이 현안 문제가 해결되어가는 과정에 독도 문제에 관하여서도 해결의 방안을 강구하여 두어야 할 것이라는 의견을 표명하였으나 아 측은 우선 현재 토의 대상이 되고 있는 각 현안을 해결함이 선결 문제라는 입장을 표명하였음.

(C) 법적지위 문제에 관하여 일본 측은 장래 일본 국내에 영구히 소수민족 문제를 남겨 두는 해결 방식은 일본 측으로서는 수락하기 어렵다는 입장을 표명하면서 다만 일본 측으로서는 재일한인의 자자손손이 일본국에서 사실상 안주하도록 하는 데는 이의가 없으니 외상회담 후에 즉시 양측 대표에 연, 우시로쿠 양 아주국장을 포함하여 해결 방안을 검토시켜 외상회의를 올리도록 하자고 하여 이에 응하였음. 아 측은 재일한인의 자자손손에 영주권이 부여되어야 할 것이라는 입장을 강조하여 설명하였음.

(D) 일본 측은 청구권 문제에 관하여 김-오히라 회담에서 유상, 무상의 경제협력에 합의함으로써 부수적으로 청구권 문제가 소멸되었으며, 따라서 한국의 선박, 문화재에 관한 청구권도 소멸한 것이라는 입장을 표명하였음. 이에 대하여 아 측은 김-오히라 양해에 의하여 일반청구권 문제만이 3억, 2억, 1억 이상의 무상, 유상 공유의 형식으로 해제되었고 문화재, 선박의 청구권은 아직 남아 있는 것이라는 입장을 분명히 하였음. 아 측은 특히 그렇지 않아도 국내에서 배지 운운으로 물의가 많은 김-오히라 양해 사항을 이와 같이 해석함은 한국 국민의 감정을 자극하는 커다란 정치적 문제라 하고 또한 일본 측이 한일회담의 타결이 성숙한 시기에 이와 같은 주장을 할 뿐만 아니라 평화선 내에서 나포된 일 어선 및 어부의 손해 보상(합 약 4,000만 불)을 청구함은 회담 전반에 암영을 던지는 것이라 하였음. 또한 아 측은 어부의 피해보상 운운은 완전히 문제 밖이며 어선에 대한 피해보상 문제는 일본 측이 종래와 같이 권리를 유보한다는 주장을 한다면 그것은 그대로 일본 측 주장이고 우리는 계속하여 선박 문제에서 청구를 주장하지 않을 수 없으며 이에 대하여는 일본 측의 정치적 제스처를 바라는 바라 하였음. 또한 아 측은 1억 이상의 상업 차관의 상한을 고정시킴으로써 실질적으로 김-오히라 양해 내용을 변경하여 금반 양 외상 간에서 청구권 대강에 합의함으로써 김-오히라 양해 사항의 백지화 운운 등의 문제를 해결할 수 있을 것이라 한바 일본 측도 동 조를 표

명하고 아 측에게 구체안의 제시를 요망하여 왔으므로 아 측은 차기 외상회담에서 이의 구체안을 제시하기로 하였음.

3. 신문 발표에 관하여는 양 외상이 국제 정세에 관한 의견을 교환하고 한일회담의 각 문제점을 REVIEW하는 동시에 금후 진행 방안을 검토하였다는 것으로 하기로 하였음. (주일정 – 외아북)

22. 이동원 외무부 장관의 사토 수상 예방 결과 보고 전문

번호: JAW-03560

일시: 261404[1965. 3. 26]

수신인: 국무총리(참조: 대통령 비서실장, 중앙정보부장, 외무부 차관)
발신인: 외무부 장관

1. 이 외무부 장관은 김 대사, 방 공사, 이 공사 및 연 아주국장을 대동하여 3. 24, 11:40 사토 일 수상을 예방하였음(일본 측 하시모토 관방장관, 우시바 외무성 심의관 등 배석). 이 장관은 우선 금반의 일본 도착 시 일본 정부가 새로운 의전 절차를 마련하여서까지 의장대 사열, 양국 국가 취주, 한국기 게양 등 극별한 접대를 하여준 데 대한 사의를 표한 바, 사토 수상은 시나 외상이 서울에서 받은 환영에 대한 답례라고 하면서 환영의 뜻을 표하였음.

2. 이 장관은 존슨 미 대통령과 러스크 국무장관으로부터의 사토 수상에 대한 안부를 전하고 미국 정부 측이 기본 조약의 가조인을 기뻐하고 있으며 한일 문제의 장래에 대하여 희망적인 견해를 가지고 있다는 것을 사토 수상에게 알리고 존슨 대통령이 금번의 이 장관 일본 방문 시 제 현안이 타결되기 바란다고 하면서 사토 수상 편의 이에 대한 애용이 오히려 강할지 모른다고 말한 바 있다고 하였음.

이 장관은 또한 자유세계 여론이 한일회담 타결을 희망하고, 국내적으로는 일본 국민이 계몽되어 한일 양국 간의 제 현안의 타결을 역사적 사명이라고 생각하고 있어 지금이 좋은 현안 타결의 기회가 될 것이라고 말하였음. 사토 수상은 이에 동감을 표하고, 제 현안을 뒤에 문제가 남지 않는 방향으로 훌륭히 타개하도록 하려 한다고 말하였으며 박 대통령 각하와 장 총리께서도 한일 간의 현안 타결에 적극적인 것으로 안다고 부언하였음.

3. 이 장관은 양국 간에 아직도 조그마한 문제가 좀 남아 있는데 이번 일본을 방문한 기회에 특히 이 문제들에 관해 타결을 보고 싶다고 전제하고, 첫째는 재일한인의 법적지위 문제 특히 영주권의 부여 범위에 관한 문제라고 말하였음. 이 장관과 김 대사는 현재의 일본 측 안에 따른다면 (1) 조총련으로 하여금 국적 없이 사상운동을 할 수 있게 하고, 한일 간의 법적지위 협정의 적용을 받게 되면 강제퇴거 사유에 의하여 한국에 가야 하게 된다는 등 공산권의 선전에 빠지게 되며, (2) 한일 양국이 합작하여 영주권을 주지 않음으로써 20세에 달한 재일교포에 대하여 이들을 한국으로 징집하여 가려 한다는 비난을 면하기 어렵다는 점을 지적하고, 영주권 부여 여부에 대하여 일본 측이 자유재량을 갖게 되는 것은 곤란하니, 재일교포 자자손손에게 영주권 또는 거주권을 보장하여 주도록 하자는 것이 아 측의 주장이라고 말하였음. 그 한 예로서 요사이 교포 가정에 배포되고 있는 위조 징집 영장을 들어 구체적으로 설명하였음.

이에 대하여 사토 수상은 공산주의자의 활동이 허용되고 있는 것이 한국과 다른 일본의 특수성이라고 말하고 재일교포는 한국계와 북한계가 잡거하고 있어 북한계 교포를 어떻게 처리하는가 하는 문제가 일본으로서 곤란하다고 말하였음(사토 수상의 문의에 답하여 우시바 외무심의관은 동 영주권 부여 범위 문제는 검토하고 있다고 말함).

4. 이어 이 장관은 두 번째 문제로써 청구권에 관한 김-오히라 메모가 한국의 중요한 정치 문제가 되고 있으며 동 메모의 배후에 비밀이 있지 않은가 하는 의혹을 추궁하는 것이 야당 측의 슬로건이 되어 있는데, 일본 측은 동 김-오히라 메모로써 문화재와 선박 반환 문제가 소멸되는 것으로 양해되었다고 하나 김종필 씨 자신이 이를 부인하고 있고 가령 일본 측의 주장과 같이 소멸하는 것을 양해되었다고 하게 되면 국내적으로 큰 문제가 되어, 도쿄에서 서명된다고 하더라도 서울에서 비준되지 못하게 됨으로써 현안의 역효과를 가져올 우려가 있다고 하면서 문화재 문제와 선박 반환 문제를 별도로 취급할 것을 주장하였음.

사토 수상은 문화재에 관하여서는 민간에서 반환 운동을 일으키고 있으므로(예: 호시지마 시로 의원) 사유 문화재에 대하여서도 전망이 서게 될 것이라고 말하였음.

5. 이 장관은 문화재와 선박 반환 문제는 국민감정 상 고려하지 않을 수 없다고 하

면서 청구권 문제와 법적지위 문제는 이번에 타결하는 것이 좋겠다고 강조하였는바 사토 수상은 이에 대하여 자기도 어떤 결심을 할 때가 온 것으로 안다고 하면서 나포 선박에 대한 일본 측의 배상청구, 독도 등의 문제와 함께 이 장관의 체재 중 처리하는 방향으로 고려하겠다고 말하였음.(주일정-외아북)

23. 이동원 외무부 장관의 후나다 중의원 의장 및 시게무네 참의원 의장 예방 결과 보고 전문

0135   번호: JAW-03561

일시: 261344[1965. 3. 26]

수신인: 국무총리
발신인: 외무부 장관
(참조: 대통령 비서실장, 중앙정보부장, 외무부 차관)

1. 금 24일 10:30 외무부 장관은 후나다 중의원 의장을 방문하고 후나다 의장에게 한일회담의 타결을 지원하여 주고 있는데 대한 사의를 표명하였음. 약 30분간 개최된 동 회담에서 이 장관은 이번 비망 기간 중의 기자회견에서 이 장관이 한국군 1개 사단을 베트남에 추가 파견할 것처럼 보도된 데 대하여 이것은 기자들의 SPECULATION에 불과한 것이라고 천명하였음.

2. 이어 11:00~11:30 시게무네 참의원 의장을 예방하고 대국적 견지와 한국민의 대일 감정을 함께 고려하는 가운데 한일회담을 조속히 타결하여야 할 것이라고 강조하면서 동 의장의 협조를 요망하였음.

24. 시나 외상 주최 만찬회 보고 전문

0136　　번호: [판독 불가]

일시: 250922[1965. 3. 25]

수신인: 국무총리
발신인: 외무부 장관
참조: 대통령 비서실장, 외무부 차관, 중앙정보부장

이 외무부 장관 일행은 예정대로 3. 24의 일정을 종료하였음. 24일 20시부터 22시까지 개최된 시나 대신 주최 만찬에서 행하여진 시나 외무대신과 외무부 장관의 인사는 각각 아래와 같음.

시나 외무대신 인사

이 외무부 장관 각하를 비롯하여 이 자리에 참석하신 여러분 오늘 저녁 이곳에 이 외무부 장관을 맞이하여 환영 만찬회를 열고 인사 말씀드리는 것은 본인은 대단히 기쁘게 생각하는 바입니다.

지난 2월 17일부터 나흘 동안 본인이 한국을 방문하였을 때는 한국 관민 여러분들로부터 받은 환대에 대하여 여기서 또 한 번 감사의 뜻을 표하는 바입니다. 본인이 한국에서 귀국 관민이 일치단결하여 국가 건설에 매진하고 있는 모습을 눈으로 보고 크게 감명을 받았습니다. 그리고 귀국 정부가 의욕적인 경제건설 계획을 세워 그 실현에 진지한 노력을 하고 있는 것을 보고 매우 마음이 든든하였습니다. 본인은 또 판문점을 0137　방문하여 국제 공산주의의 위협에 대하여 귀국이 굳게 지키고 있는 모습을 직접 보고 깊은 감명을 받았습니다. 또 한편으로 본인은 과거의 불행한 일한 관계로 인하여 한국 국민들이 우리나라에 대하여 극히 엄한 감정을 가지고 있다는 것을 곰곰이 느꼈습니다.

본인은 이러한 한국 국민들의 대일 감정을 대일 우호 감정으로 전환시키기에는 일한 국교를 정상화하고 일본 국민이 성의를 가지고 한국 국민과 협조할 수밖에 없다는 결론에 도달하였습니다. 말하자면 일한 관계의 과거를 배려하면서 양국의 장래의 참된 친선관계를 수립할 계기로 하겠다는 결의를 굳게 한 것입니다. 본인은 일한 관계의 장래의 친선과 협조의 모습을 전망하여 보고 싶습니다. 일한 양국은 같은 동아세아에 자리 잡고 또 가장 가까운 이웃 나라이며 같은 자유 진영의 멤버입니다. 이 양국이 긴밀한 우호 관계를 가지고 아세아의 번영과 평화를 달성하기 위하여 협조하는 것은 자유세계의 단결에 있어서도 세계의 평화에 있어서도 극히 중요한 의의를 가지고 있는 것입니다.

아세아 정세는 현재 유동적이며 세계의 괴로움을 모으고 있는 것 같습니다. 양국이 자유와 평화와 번영의 이상을 실현하기 위하여 협력할 것을 양국뿐만 아니라 아세아에 있어서도 가장 중요한 문제라고 생각됩니다.

지금 무역회담이 개최되고 있습니다. 이러한 양국은 가장 가까운 이웃 나라로서 무역 관계는 긴밀하지 않으면 안 될 사이에 있습니다. 본인은 귀국의 경제 건설의 성과에 비추어 작년의 무역액 왕복 일억 오천만 불은 멀지 않아 균형된 기초 위에 더욱 확대될 '포텐시알리티'가 있다고 믿고 있습니다.

양국의 번영은 상호 간의 번영에 의존하고 있습니다. 국가는 이웃 나라의 번영이 없어서는 번영하지 못합니다. 경제 면에 있어서도 우리들은 앞으로 가급적 면밀하게 연락하여 호혜 평등의 토대 위에서 공영하기 위하여 서로 도와야 합니다. 본인은 일한 간의 경제협력 문제에 관하여 말씀드리겠습니다. 한국 국민의 일부에서는 일한 관계의 과거를 기억하고 있어서 일한 경제협력을 하면 안 된다고 주장하는 사람도 있다고 듣고 있습니다. 본인은 이것은 불행한 오해라고 생각합니다. 신흥국에 대한 경제협력 문제는 세계가 직면하고 있는 최대의 문제의 하나입니다. 작년에 유엔경제개발회의가 열렸을 때에 한국도 참가하여 선진 제국과 개발 도중의 제국 간의 이해를 깊게 하는 등의 성과를 얻은 일은 우리의 기억에 새로운 것입니다.

우리나라는 이 정신에 따라 호혜 평등의 기반 위에 서서 가능한 한 경제협력을 할 각오입니다. 이러한 경우에 우리나라 깊은 관심을 가지고 경제협력을 할 나라의 하나는 가장 가까운 이웃 나라인 한국입니다. 우리는 원조를 한다는 것보다도 우리의 도의적 의무로서 경제협력을 한다는 마음입니다.

이러한 우호국의 협력은 경제적 침략이라고는 할 수 없습니다. 물론 경제협력은 이것을 받는 나라의 국내 법령에 따라 하는 것이니 받아드리는 나라의 정책은 충분히 번영시킬 수가 있습니다.

본인은 한국 국민이 극히 높은 교육 수준을 가지고 또 매우 근면한 것을 알고 있습니다. 이 높은 교육 수준과 근로 의욕이야말로 국가 경제 번영에 있어서는 보배입니다. 이러한 의미에서 본인은 한국 경제의 장래는 양양하다고 믿고 있습니다. 이처럼 양국은 손을 잡고 서로의 경제 건설을 추진할 때에 양국의 번영은 얼마나 조장될 것인지 참으로 기대할 만한 일이라고 생각됩니다.

또 양국이 문화적으로 협력할 수 있는 분야는 매우 광범위하다고 생각됩니다.

수천 년에 걸쳐 밀접한 문화 교류가 있었던 양 국민 간에는 다른 나라에서는 보지 못할 문화적 협력의 기반이 있다고도 생각됩니다.

이상과 같이 일한 양국 관계의 전망을 간단히 말씀드렸습니다마는 이것만으로도 우리들 장래의 우호 관계는 아주 풍성한 결실을 이어 오리라고 믿습니다. 우리들의 앞길에는 큰 끝이 있습니다. 본인은 이상과 같은 끝을 하나씩 실현하기 위하여 이 장관 각하와 손을 잡고 나아가는 기쁨과 희망을 나누고자 합니다. 여기에 잔을 들고 여러분들과 같이 이 장관 각하의 건강과 일한 양 국민의 영원한 우호 관계를 위하여 건배하겠습니다.

이 외무부 장관의 인사말

시나 외무대신 각하, 이 자리에 모이신 귀빈 여러분, 시나 외무대신 각하께서 저를 일본에 초청하여 주시고, 저의 방문 기간을 통하여 여러 가지로 따뜻하게 접대하여 주신 데 대하여 감사하는 바이며 우리 국민도 시나 대신 각하를 통한 일본 국민의 친절과 호의에 대하여 감사하게 생각할 것으로 믿는 바입니다.

오늘 저녁은 대단히 가족적인 분위기가 되어서 김 대사의 명령을 거역하여 미리 마련된 원고에 의지하지 않고 제가 느끼고 감명한 바를 즉석에서 말하고자 하는 바입니다. (박수) 제가 외무부 장관이 된 것은 1년 정도에 불과합니다마는 직책 관계로 많은 여행을 하였습니다. 그간 여러 나라의 수도에서 이와 비슷한 기회를 많이 가졌습니다만 이곳에서 제가 만찬을 대접받는 느낌이 아니고 가족들과 같이 자리를 같이하는 것과 같은 저의 기분을 고백하지 않을 수 없습니다. 그 이유는 일본과 한국이 지리적으로 가깝다는 것뿐 아니라 시나 외무대신께서 말한 바와 같이 양국이 모두 자유 진영에 속하며 한국의 일선은 곧 일본의 일선이라는 데 있으며 또 정서적 의미에 있어서도 양국민이 느끼는 바가 같고 기타 여러 가지 면에 있어서 서로 유사한 데가 많기 때문입니다.

제가 작년 12월에 유럽을 여행할 기회가 있어 독일, 영국, 프랑스 등 여러 국가의 수도에서 국가 원수, 외무부 장관 등 외국인과 자리를 같이할 기회가 있었습니다. 이들 외국인들은 모두 한일관계에 비상한 관심을 표시하고 양국이 자유세계에 속하며 지리적으로도 근접하고 있는데 국교 관계는 아직도 비정상적인데 그것은 무슨 이유냐고 하는 질문을 받고 부끄러워 머리를 들지 못하였습니다. 영국에 가서 귀국의 시마주영대사에게 이에 관한 이야기를 하고 나와 같이 조그마한 국가의 외무부 장관이 머리를 들지 못하겠는데 일본과 같은 큰 나라로서는 어떻게 머리를 들 수 있겠는가고 말한 바 있습니다. 전번 시나 대신께서 한국을 방문하신 후 기본관계조약이 맺어져 이번 제가 미국을 방문하였을 때 미국의 모든 사람들로부터 많은 찬사를 들어 이때 비로소 머리를 들 수 있었습니다. 앞으로 비단 머리를 들 수 있을 뿐 아니라 얼굴에 웃음을 띠우면서 자랑할 수 있는 좋은 관계가 조속히 맺어지기를 바라는 바입니다. (박수) 오늘 저녁 리셉션에서 모 대사가 저기 걸려있는 한일 양국 국기를 보고 대단히 반가워하였습니다. 양국 국기가 저처럼 가까이 걸린 것은 이번이 처음인 것으로 알고 있으며 이처럼 가까이 만든 것은 시나 외상의 노력의 결과라고 생각하는 바입니다.

시나 외상의 한국 방문은 짧은 기간이었으나 시나 외상 자신의 인격, 정신, 사상들을 통하여 한국 일본과 민주 일본이 어떻게 한국에 와서 과거의 역사를 깊이 반성한다고 말한 적이 있는 것으로 압니다.

오늘 저녁 여러 지도자를 만나서 이웃을 사랑하고, 이웃에 대해서 친선관계를 이룩하려는 기분이 극히 강하다고 느꼈으며, 따라서 멀지 않아 우리 국민은 일본에 대하여 곡해한 것은 반성하는 시간이 곧 올 것으로 알며 그러한 시간이 곧 오기를 바라는 바입니다. (박수)

훌륭하신 사토 수상을 비롯한 여러 내각 여러분과 여기 모이신 지도자들이 이러한 정신을 받들어 한일 양국이 친선을 도모할 뿐 아니라 좋은 우호 관계를 맺는 데 노력하고 있으므로 본인은 한국의 한 지도자로서 최선을 다하여 이러한 노력에 협조하고자 합니다. 여러분들의 훌륭한 사상, 인격, 정신적인 마음의 자세로서 일본은 세계적으로 존경받는 나라가 되었습니다. 한국은 이웃 나라로서 또 아세아의 일국으로서 일본이 역사에 빛나는 국가가 되어 줄 것을 비는 바입니다. 마지막으로 저의 희망을 말씀드린다면 제가 다시 여러분을 만나게 될 때에는 양국의 국교 정상화가 이루어진 후가 되고 오늘 저녁과 같이 경찰이 우리의 주위를 포위할 필요가 없는 우호적 분위기가 되기 바랍니다.

   시나 외무대신 각하의 건강과 양국의 우호 관계 증진을 위하여 축배를 올리는 바입니다.(주일정-외아북)

25. 제2차 한일 외상 회담(청구권 문제) 결과 보고 전문

번호: JAW-03535

일시: 251346[1965. 3. 25]

수신인: 국무총리
발신인: 외무부 장관
참조: 경제기획원 장관, 대통령 비서실장, 외무부 차관

1. 금 25일 10:00~11:00에 걸쳐 양국 외상 간에 청구권 문제에 관한 회담이 있었음.
   참석자: 한국 측- 이 장관, 김 대사, 이 공사, 김 차관보.
   일본 측- 시나 외무대신, 우시바 심의관, 우시로쿠 국장

2. 아 측은 상금도 미해결점이 많은 청구권 대강의 내용을 차제에 명확히 하여 양 외상 간에서 공식으로 합의에 도달할 것을 목적으로 하는 '청구권 문제 해결에 관한 합의사항'(하기 참조) 안을 일본 측에 제시한바 이에 대하여 일본 측이 표시한 견해 중 중요한 점은 아래와 같음.

   1) 어업협력 차관을 상업 차관과 구별하여 또 하나의 다른 범주의 것으로 할 수는 없고 원칙적으로 상업 차관의 범주에 속하는 것으로 하여 상업 차관 속의 어업협력 차관이라는 SUB-CATEGORY를 두어 차관의 조건 등에 있어서는 특별히 따로 구별하여 다루는 것을 고려할 수 있을 것이라고 시사함.

   2) 정부 차관의 상환 기간 문제에 있어서 7년 거치 후 20년 상환은 수락하기 곤란하다 함.

   3) 선박 문제에 있어서 일본 측의 나포 어선 등 청구권도 표현이 되어야 할 것이며, 이에 관한 한국에 대한 혹종의 제공이 있다 하더라도 의무로써 제공될 수는 없다함.

3. 이 문제에 관하여는 명일의 외상회담에서도 계속하여 논의될 것임.

4. '청구권 문제 해결에 관한 합의사항' (안)

1) 대한민국의 대일 청구권 문제를 해결하고 양국 간의 경제협력을 증진하기 위하여, 일본국은

    가. 무상 3억 불

    나. 정부 차관 2억 불

    다. 상업 차관 (　) 억 불

    라. 어업협력 차관 9천만 불을 대한민국에 제공한다.

2) 제공 내용

    가. 무상

        ㄱ. 제공 기간은 10년간으로 하되, 양국 간의 합의에 의하여 6년간까지 단축할 수 있다.

        ㄴ. 양국 간 청산계정 상의 미 청산금은 무상 3억 불에서 삭감, 해결하는 것으로 하되, 한국의 실질적 수취액이 매년 2,550만 불 이상이 되어야 한다.

    나. 정부 차관

        ㄱ. 제공 기간은 10년간으로 하되 양국 간의 합의에 의하여 6년간까지 단축할 수 있다.

        ㄴ. 차관의 이자는 연 3.5 퍼센트, 상환은 7년 거치 후 20년간 균등 상환하는 것으로 한다.

    다. 상업 차관

        일본 정부 관여하에 수출입은행에 의한 가장 유리한 조건으로 제공되는 것으로 한다.

    라. 어업협력 차관

        (양국 농상회담에서 합의된 바에 의함)

3) 한일 양국 간의 문화재 문제를 해결하고 문화 협력을 증진하기 위하여 일본국은 양국이 합의하는 품목의 한국 문화재를 대한민국에 인도하는 것으로 한다.

4) 한일 양국 간의 선박 문제를 해결하기 위하여 일본국은 양국이 합의하는 척수와 톤수의 신조선을 대한민국에 무상 제공하기로 한다.

5. 이상으로써 대한민국과 일본국 간의 청구권은 완전히 그리고 최종적으로 해결된 것으로 한다. (주일정 - 외아북)

27. 제3차 외상회담 결과 보고 전문

번호: JAW-03574

일시: 261516[1965. 3. 26]

수신인: 국무총리(참조: 대통령 비서실장, 중앙정보부장, 외무부 차관)

발신인: 외무부 장관

제3차 외상회담 보고

본직은 금 26일 오전 10:30~12:00에 제3차 외상회담을 개최한바 동 결과를 아래와 같이 보고합니다.

참석자: 한국 측- 이 장관, 김 대사, 이 공사, 김 차관보, 연 국장, 최 정무과장

일본 측- 시나 외상, 다카스기 수석대표, 우시바 심의관, 우시로쿠 국장, 야나기야 서기관

1. 금일 회담에서는 한일회담의 각 문제점에 관하여 광범한 의견을 교환하였는바 특히 법적지위 문제와 청구권 문제에 관하여 아래와 같은 토의가 있었음.

(1) 법적지위 문제: 시나 외상은 제1차 외상회담에 이어 아 측에서 제시한 안을 심중히 검토하였으나 일본 측의 국내적 입장으로 보아 협정상의 영주권이 부여된 자의 자손에 대한 영주권 및 처우 문제에 있어서는 일본 정부가 협정의 정신 및 목적을 충분히 존중하여 그들이 부모와 다름없게 일본국에서 안주할 수 있도록 호의적인 배려를 한다는 취지를 공표하고 동 내용을 각서로 한국 측에 수교하는 방식으로 해결할 수밖에 없다고 하고 자자손손에게 영주권을 부여한다는 LEGAL COMMITMENT는 곤란하다고 하였음.

본직은 현재 한일회담이 최종 단계에 와 있으며 재일한인의 감정이 매우 격앙되어 있는 사정 등을 참작하여 일본 측이 대국적인 견지에서 정치적으로 이를 해결하여야 할 것이라고 하고, 이들에 대한 퇴거 강제 사유나 처우 문제는 몰라도 영주권 부여만은 법적인 구속력을 가지는 규정이 되어야 하며 MORAL OBLIGATION만 지는 것으

로 되어서는 안 된다는 입장을 강조하였음. 이와 같이 양측의 입장이 심각히 대립을 보였으므로 이에 관하여는 다시 오후 실무자 회의를 열어 여러 가지 ALTERNATIVE를 검토하여 이를 외상회담에 올려 해결키로 하였음.

(2) 청구권 문제: 본직은 먼저 작일 아 측이 제시한 안 'JAW-03535 참조'에 대한 일본 측의 견해를 타진하였던바, 시나 외상은 흥정하는 것이 아니라 최종적인 입장을 표시하는 것이라고 전제하고,

가. 선박 청구권 문제에 있어서는 서로의 선박 청구권이 남을 여지가 없게 완전히 상쇄하는 방식으로 해결하자고 하고(이러한 해결 방식에는 대장대신의 반대가 있으나 한국 측이 동 방식에 동의한다면 힘써서 그렇게 하도록 하겠다고 함.)

나. 1억 이상의 상업 차관에 관하여는 무작정 총액을 정할 수는 없으니까 상업 차관이라는 원칙 하에 그 속에 들어간 어업협력 차관의 금액, 또 여러 PROJECT 별로 금액을 기입하는 방식으로 하면 금액이 많아질 수 있으며, 또 상기 PROJECT 내용은 추후에도 변경이 가능하다는 단서를 붙이는 동시 그 이상의 상업 차관도 가능하다고 하는 방식으로 해결함이 어떻겠느냐고 제의하였음.

다. 이에 대하여 본직은 선박 문제에 있어서 원칙적으로 대일 선박청구권과 나포 어선을 상쇄할 수는 없는 것이라는 입장을 명시하고, 다만 실질적으로 어떻게 이것을 처리할 것이냐 하는 면에서 일본 측 안을 검토하여 보겠으며, 특히 일본 측에서 종래 선박청구권을 강력히 주장하여 온 아 측의 입장을 세워주는 뜻에서 정치적인 GESTURE가 있어야 할 것이라고 하였음.

또한 상업 차관에 있어서는 현 단계에서 구체적인 PROJECT 별로 나누는 것은 곤란하다 하고, 다만 부문별로 대분한 것, 예컨대, 중공업 부문, 경공업 부문, ……하는 식으로 액수를 표시함은 여하할 것인가고 한바, 일본 측은 좋다고 하였음.

2. 이상과 같은 금반 회담의 토의 결과를 토대로 양측 대립점을 정치적 절충으로 해결하기 위하여 본직은 오늘 기회 있는 대로 시나 외상[과] 의견을 교환하고 또한 본직 주최 만찬회가 끝난 후 오늘 22:00시부터 다시 비공식으로 회담을 개최키로 하였음.(주일정-외아북)

28. 이동원 외무부 장관의 일본 정계 주최 리셉션 및 경제계 주최 오찬 참석 결과 보고 전문

번호: JAW-03576

일시: 261612[1965. 3. 26]

수신인: 국무총리
발신인: 외무부 장관 이동원
참조: 대통령 비서실장, 중앙정보부장, 외무부 차관

1. 작 25일 저녁에 본직은 기시 전 수상, 가야 전 법무대신 등 일본의 중진 국회의원 100여 명이 본직을 환영하기 위하여 개최한 파티에 참석하였습니다.

동 석상에서 본직은 기시, 가야 씨 등 중요 국회의원 등에게 한일회담의 조속한 타결과 국교 정상화를 위하여 협조하여 줄 것을 당부하였던 바 그들은 쾌히 그와 같은 방향으로 협조하겠다는 의견 표명이 있었습니다.

2. 상기 파티가 끝난 후에 본직은 현재 심각한 대립을 보이고 있는 현안 각 문제점에 관한 양측 입장의 절충을 위하여 시나 외상, 다카스기 수석대표, 우시바 심의관을 KOREA HOUSE로 비공식으로 초대하여 심야까지 상호 격의 없는 의견을 교환한 바 있습니다.

3. 또한 금 26일 요정에 일본 상공회의소, 경제단체연합회 및 일한경제협회의 3개 단체가 공동으로 주최한 본직의 환영 오찬에 참석하였습니다. 동 석상에는 일본의 최고위급 재계, 경제계의 중진이 30명 내지 100명 정도 참석하였으며, 시나 외상과 경제 관계 각 대신도 참석하여 매우 건설적인 분위기에서 오찬을 같이 하면서 의견을 교환한 바 있습니다.

29. 한일 비공식 외상회담 개최 결과 보고 전문

0150   번호: JAW-03596

일시: 270533[1965. 3. 27]

수신인: 국무총리
발신인: 외무부 장관
참조: 대통령 비서실장, 중앙정보부장, 외무부 차관

1. 작 26일 밤 10시에 시작된 비공식 외상회담은 금 27일 새벽 5시 10분에 일단락되었습니다.

2. 법적지위 문제에 관하여는 이미 보고한 바와 같으며 청구권 문제는 최종 결론을 보지 못하였습니다.

3. 본직은 귀국일 자를 1일 연기하여 명 28일 서북 항공기 편으로 귀국하겠습니다. (주일정 - 외아북)

30. 재일한인 법적지위 협정 관련 교섭 결과 보고 전문

0151   번호: JAW-03598

일시: 270547[1965. 3. 27]

수신인: 국무총리
발신인: 외무부 장관
참조: 대통령 비서실장, 중앙정보부장, 외무부 차관

1. 작일 밤 10시부터 금일 새벽 3시까지 계속된 외상회담에서 재일한국인 법적지위 협정에 포함될 일부 규정의 요강으로써, 아래와 같이 한일 양측 간에 '이니셜' 하기로 합의됨. '이니셜' 할 내용은 다음과 같음.

  (1) 다음에 규정된 대한민국 국민의 영주 신청을 허가하는 것으로 한다.

   A. 종전 이전부터 계속하여 일본국에 거주하는 자

   B. A의 직계비속으로서 종전 이후 협정 발효 5년 이내에 일본국에서 출생하고 계속하여 거주하는 자.

   C. A 및 B의 자로서 협정 발효로부터 5년이 끝난 이후에 일본국에서 출생한 자

  (2) 일본국 정부는, 전기 (1) 항에 의하여 영주를 허가받은 자의 직계비속으로서 일본국에서 출생한 자의 거주에 관하여는, 대한민국 정부의 요청이 있는 경우 협정 발효 후 25년을 경과하기까지의 기간에 있어서는 협의를 행한다. 이 협의에 있어서는 이 협정의 기초로 되어 있는 정신 및 목적을 존중하는 것으로 한다.

  (3) 퇴거 강제 사유(협정 발효 후의 범위만을 대상으로 한다)

   (4개 항목은 이미 합의하여 보고된 바와 같음)

0152 (4) 협정에 포함될 기타의 대우에 관하여는 계속 토의하기로 한다.

2. 청구권 및 경제협력에 관한 문제는 금일 오전 3시 이후 비공식 외상회담에서 계속 토의가 진행 중에 있음.

31. 청구권 문제 관련 합의사항 보고 전문

번호: JAW-03614

일시: 271303[1965. 3. 27]

수신인: 국무총리(참조: 경제기획원 장관, 대통령 비서실장), 중앙정보부장

발신인: 외무부 장관

작 26일 하오 10시부터 익 27일 05:30분까지 계속된 한일 외상 간 비공식 회담에서 일본 측에서 제시한 '한일 간에 청구권 문제 해결에 관한 이-시나 장관 간에 의견의 합치를 본 내용(안)'을 다음과 같이 보고함.

1. 무상 경제협력
   1) 금액 총액 3억 불
   2) 기간 10년 균등, 단 재정 사정에 따라서는 쌍방의 합의에 따라 단축 실시할 수 있음.

2. 유상 경제협력
   1) 금액 총액 2억 불
   2) 기간 10년
   3) 조건
      가. 금리 3.5 퍼센트
      나. 상환 기간 7년 거치 기간을 포함한 20년

3. 통상의 민간 차관
   1) 성격: 민간 계약에 기초하여 일본국의 관계 법령에 따라 공여됨.

동 차관은 국교 정상화의 전후를 불문하고 공여되는 것으로 함.

2) 금액: 통상의 민간 차관의 성격상 차관 총액의 최하한 및 최상한을 규정하지 않는 것이 원칙이지만 일본국으로서는 결과적으로 3억 불 이상에 달하는 것에 이의가 없음. 동 차관은 어업협력을 위한 민간 차관의 합의액 9천만 불을 포함하고 또한 한국의 경제개발 5개년 계획에 따라서 한국 측이 제시하는 프로젝트를 고려해 넣는 것임.

4. 무역상의 대한 채권(4,573만 불)
  1) 상환 기간: 10년간 균등분할, 금리 없음.
  2) 상환 방법: 현금결제를 원칙으로 하나 한국 측이 외환 사정 또는 내자 사정으로 희망하는 경우에는 매년도 한국의 요청에 의하여 당해 연도에 있어서의 일본으로부터의 무상 공여액의 감액에 의하여 지불된 것으로 간주한다.

5. 청구권의 해결
  본 양해 성립 시에 있어서 한일 양국 및 양 국민 간의 재산 및 청구권 문제는 샌프란시스코 평화조약 제4조에 규정된 것을 포함하여 완전 또한 최종적으로 해결된 것으로 한다. 단, 한일 양국 및 양 국민의 재산권과 양국 및 양 국민 간에 존재하는 채권, 채무 관계로써 종전 후 통상의 거래, 계약 등으로부터 발생한 관계에 기한 것은 영향을 받지 않는다.

6. 한일 문화 협력의 일환으로써 국유문화재 약간을 인도하기로 한다.(주일정-외아북)

32. 청구권 문제 관련 국무총리 훈령 전문

0155   번호: WJA-03465

일시: 271800[1965. 3. 27]

수신인: 외무부 장관(주일 대표부)

대: JAW-03614호

청구권 문제에 대하여 명분이 설 수 있도록 계속 최선의 노력을 하여 주시기 바랍니다.

국무총리

36. 3월 27일 비공식 한일 외상회담 결과 보고 전문

번호: JAW-03626

일시: 280650[1965. 3. 28]

수신인: 국무총리
발신인: 주일 대사
참조: 대통령 비서실장, 중앙정보부장, 외무부 차관

1. 27일 21:30에서 28일 00:30까지에 개최된 비공식 한일 외상회담에서 청구권 문제에 관하여 양 외상은 (1) 유상 2억의 공여기간에 관하여 7년 거치 후 13년 상환으로 하되 단, 재정 사정에 따라 양측 합의에 의하여 상환 기간을 연장할 수 있다는 규정과 (2) 상업 차관을 '3억 불' 이상으로 표현한다는 양 개 원칙에 합의하였음.

2. 상기 합의에 따라 양측은 곧이어 한일 외상 간의 합의사항의 초안 작업에 들어갔는바, 일본 측은 (1) 금번 양 외상 간의 청구권 문제에 관한 합의사항 내용이 현재 한일 농상 간에서 행하여지고 있는 어업교섭이 조속히 대강에 관한 합의에 달하고 계속하여 행하여지는 교섭의 결과 어업에 관한 협정이 성립되는 것을 조건으로 하여 한일 양국 간에서 유효한 합의가 될 성격의 것이라는 주석과,

  (2) '나포 어선에 관한 합의(불공표)'라는 제목으로 장차 양국 합의에 의하여 설정될 전관수역 외의 공해에서 일방국이 타방국의 어선 및 국민에 대하여 권리를 행사하는 것은 여하한 명목에 의하여도 허용되지 않음이 명확히 되는 것을 조건으로 나포 어선에 관한 청구를 주장하지 않는다는 것을 제시함으로써 청구권 문제에 관한 양 외상 간 합의사항의 초안 작업이 난항에 들어갔음.

3. 양측은 양측 수석대표를 포함하는 회의(아 측: 김 대사, 이 공사, 김 차관보, 연 아주국장, 이 한은 이사, 최 정무과장, 오 조약과장. 일본 측: 우시바 심의관, 우시로쿠 아세아국

장, 구로다 북동아과장, 야나기야 서기관, 아쓰기 대장성 외채과장 등)를 개최하고 토의한 결과 일본 측은 금조 04:00경에 전기 2의 양 개 안을 철회하였음. 이어 곧 '한일 간 청구권 문제의 해결과 경제협력에 관한 합의사항'의 초안에 들어갔는바, 새벽 06:00시까지 약 반 정도의 작업을 완료하였음. 그러나 일본 측은 동 합의사항이 각의의 양승을 얻어야 하므로 시간적으로 이 장관의 금조 귀국 시간에 맞추어 INITIAL함이 불가능하다는 입장을 보여 전기 초안 작업은 일단 06:00 지나 중단하였음.

4. 따라서 이 장관은 귀국 일정을 다시 1일간 연장하여 명 29일 아침에 전기 청구권 합의사항에 INITIAL할 예정이며, 작일 INITIAL하기로 일단 합의되었던 법적지위 대강은 당지 실정에 감하여 이를 금번에는 행하지 않기로 하였음.

5. 이 장관은 일단 공식 방일 일정을 끝마친 형식을 취하기 위하여 금일 영빈관에서 나와 도쿄 근교에서 일박한 후 명조 09:00에 일 외무성에서 공식 외상회담을 열고 전기 청구권 합의사항에 INITIAL하기로 하였음.

6. 초안 작업을 위한 회의는 금일 16:00에 재개키로 하였음.(주일정 – 외아북)

37. 청구권 대강 합의사항에 관한 양측 합의 문안 보고 전문

번호: JAW-03627

일시: 280716[1965. 3. 28]

수신인: 국무총리
발신인: 주일 대사
참조: 대통령 비서실장, 중앙정보부장, 외무부 차관

JAW-03626

연호로 보고한 바와 같이 청구권 대강의 합의사항 초안 중 양측이 문안에 합의한 부분은 아래와 같음.

한일 간의 청구권 문제 해결 및 경제협력에 관한 합의사항

(1965. 3. 29에 도쿄에서)

이동원 외무부 장관 시나 에쓰사부로 외무대신 간에서 다음의 사항이 합의되었다.

1. 무상공여(생산물 및 용역)

총액 3억 불, 10년간 균등 공여. 단, 재정 사정에 의하여 양국 정부의 합의가 있으면 앞당겨 실시할 수 있다.

2. 장기 저리 차관(경제협력 기금에 의한)

총액 2억 불, 10년간 균등 공여. 금리는 3.5% 상환 기간은 7년의 거치 기간을 포함하여 20년으로 한다. 단. 상환 기간의 재정 및 자금 사정에 의하여 합의가 있으면 상환 기간을 연장할 수 있다.

3. 통상 민간 상업 차관

(미합의)

4. 한일 OPEN 계정 잔고 중 확정된 대한 청구권(약 4,573만 불)

(1) 10년간 균분 불, 금리 없음.

(2) 매년도 한국의 요청에 의하여 일본 측의 새로운 동의를 요함이 없이 당해 연도에 있어서의 일본으로부터의 무상공여의 감액에 의하여 현금 지불로 된 것으로 한다.

5. 청구권의 해결

(미합의)

6. (문화재 문제) (미합의)

38. 법적지위 요강 가조인 관련 동향 보고 전문

0163   번호: JAW-03637

일시: 282149[1965. 3. 28]

수신인: 장관
발신인: 수석대표

1. 26일 10:30~27일 05:30분 사이에 개최된 비공식 외상회담에서 법적지위 요강에 대한 가조인을 당초 27일 실시하려던 것을 28일로 연기했으나, 26일 밤 일본 측은 동 요강 중 2의 중단 "대한민국 정부의 요청인........협의한다"의 '협의한다'를 '협의할 용의가 있다'로 합의한 것으로 주장함에 이르러 양측은 정면으로 대립하여 동 요강의 가조인을 실시 못하고 있음.

2. 가조인이 예정대로 안 되고, 민단의 요망도 있어 이미 합의를 본 본점에 첨가하여 기타의 '처우'로 법적지위 요강에 포함하려고 하고 있으나, 일본 측은 기타의 '처우'를 포함하여 가조인 할 의사가 없다고 비공식으로 전하고 있음.

3. 법적지위 요강의 가조인 전망에 대하여는 수시 보고하겠음.(주일정-외아북)

39. 제4차 한일 외상회담 결과 보고 전문

0164   번호: JAW-03649

일시: 291330 [1965. 3. 29]

수신인: 국무총리
발신인: 외무부 장관
참조: 대통령 비서실장, 중앙정보부장, 외무부 차관

1. 금 29일 10:30부터 11:15까지에 걸쳐 외무성에서 외상회담이 개최되었음.
    참석자: 한국 측: 이 장관, 김 대사, 이 공사, 김 차관보, 연 국장, 최 과장, 오 과장.
    일본 측: 시나, 우시바, 우시로쿠, 야나기야)

2. 본직은 우선 본직의 방일 중에 청구권과 법적지위 문제에 관한 가조인을 조속히 끝마치고 귀국할 예정이었는데, 어제까지 마치려던 청구권 문제에 관한 합의사항 문안 작성 작업에 있어서 외상 간의 양해를 표현함에 견해가 상치되고 일본 측에서 이미 양해된 사항을 재 문제화 시키는 등 실무적 정리 작업이 난항하고 있음은 유감스러우며 법적지위 문제에 있어서도 예컨대 재협의 조항에 있어서 일본 측이 '계속 협의를 행한다'고 양해되었던 원칙을 '협의를 행할 용의가 있다'는 표현으로 후퇴한 것은 유감스럽다고 하고 법적지위 문제에 있어서 영주권, 처우, 퇴거 강제 사유는 가장 중요한 3개 원칙인데 영주권과 퇴거 강제 사유만을 이번 가조인에서 취급하고 처우 문제를 누락시킴은 금후 여러 가지 문제를 야기시킬 가능성이 있음에 비추어 처우 문제도 포함시킴이 좋으며 한국 측이 처우에 관한 제안을 언제라도 제시할 용의가 있으므로 상호 검토한 후 처우 문제도 포함하여 가조인하자고 하였음.

0165   3. 이에 대하여 시나 외상은 청구권 문제에 관하여는 대장성에서 좀 딱딱한 태도를 취하고 있는 것 같은데 자기로서는 외상 간에서 양해된 내용을 다시 문제화시키는 일

이 없도록 노력하겠으므로 계속 문안 작성 작업을 진행시킴이 좋겠다고 하고 법적지위 문제에 관하여서는 이미 각의의 동의를 얻은 문안이므로 다시 처우 문제를 추가시킴은 국내적으로 어려우나 원칙만이라면 추가를 고려할 수 있을 것이라고 하였음. 이와 관련하여 시나 외상은 현재 어업 문제 대강을 단시일 내에 가조인하기 어렵지 않을까 일본 측은 불안감을 가지고 있다고 하고 일본 측의 입장은 어업 문제의 가조인을 우선 하거나 적어도 청구권 문제 가조인과 동시에 하여야 하며 청구권 문제에 대한 가조인이 어업 문제 가조인보다 선행되는 경우에는 청구권 가조인 후 늦어도 2, 3일 내에 어업의 가조인이 된다는 명확한 전망이 있어야 한다고 하였음.

4. 아 측은 어업협력 주관에 관하여 아카기 대신이 이미 9,000만 불 중 4,000만 불의 대 영세어민 차관은 이자 5퍼센트, 그 외 5,000만 불은 통상어업 차관의 조건(이자 5.75퍼센트)으로 한다는 언질을 주었음에도 불구하고 일본 측이 문안 정리작업 시에 있어서 9,000만 불 전체를 통상의 상업 차관으로 취급하고 특별한 고려를 하지 않겠다는 것은 유감스럽다고 한 데 대하여 일본 측은 재판관할권 및 단속에 있어서 기국주의를 명백히 하여 주면 어업협력에 관하여는 한국 측이 요망하는 표현으로 할 수 있을 것(단 금리를 숫자로 명확히 5퍼센트로 표시하는 것은 곤란함)이라고 하였음.

5. 양측은 본직이 31일 NWA 편으로 귀국한다는 전제로 이를 목표로 청구권, 법적지위, 어업의 3개 문제에 관한 가조인을 할 수 있도록 문안 작업을 계속 촉진시키기로 하였음.

(주: 외상회담이 끝난 후 즉시 아 측으로부터 김 대사, 방 공사, 연 국장, 이 법무국장, 일본 측으로부터 우시바, 우시로쿠, 야기 등이 모여 처우 문제에 관한 토의에 들어갔음.)

41. 청구권, 법적지위 및 어업 문제에 관한
최신 합의사항 요청 전문

번호: WJA-03518

일시: 31145 [1965. 3. 31]

수신인: 주일 대사

대: JAW-03668

대호 전문의 장관 지시에 따라 청구권, 법적지위 및 어업 문제에 관한 합의사항을 가조인 함에 앞서 국무회의 의결을 얻고자 하는바, 이에 필요하오니 전기 각 현안 문제에 관한 최신의 합의사항 또는 대립점을 시급히 알려주시기 바랍니다.

외무부 차관

42. 청구권 합의사항 국내 절차 준비 완료 통보 전문

번호: WJA-03536

일시: 312010[1965. 3. 31]

수신인: 외무부 장관(주일 대표부)

대: JAW 03711(원안: 청구권위원회)

1. 대호 보고 접수하였으며, 즉시 상부에 대한 보고를 위하여 조치하였음. 귀하, 김 대사 및 대표부 관계관의 노고를 치하함.

2. 명 1일 09:30에 임시 국무회의를 개최하고 필요한 국내 절차를 취할 준비가 되어 있음을 통지함. 따라서 전기 국내 절차가 명조에 취해진다는 전제하에 가조인 조치를 추진하시기 바람.

3. 합의된 문안 중의 '공여'라는 어구는 아 국의 통용어가 아니므로 '제공'으로 수정하여 국무회의에 상정할 위계임. 따라서 문안을 한일 양국어로 작성할 시에는 아 측은 '제공'이라는 어구를 사용하고 일본 측은 '공여'를 사용하는 방편을 취하시기 바라며, 이 점에 관하여 일본 측의 양해를 얻으시기 바람.

4. 대호에 의하면 어업 및 법적지위 문제에 관하여도 명일 가조인 될 것으로 예상되는 바, 이에 관하여도 명조에 국내 절차를 취할 위계임으로 문안이 확정되는 대로 금야 중에 보고 바람. 외무부 관계 직원은 금야 철야 대기함.(외아북)

국무총리

43. 청구권, 법적지위 및 어업 문제 합의사항 가조인 관련 보고 전문

0171   번호: JAW-03718

일시: 312122[1965. 3. 31]

수신인: 국무총리(참조: 대통령 비서실장, 외무 차관, 중앙정보부장)
발신인: 외무부 장관

대: WJA – 03536

1. 이미 보고한 바와 같이 청구권 문제에 관하여는 합의사항 문안 작성을 완료하였고 법적지위 문제도 어느 정도 합의에 달할 수 있는 소지가 마련되었으며, 어업도 합의사항 문안 작성에 있어 어느 정도 진척을 본 바 있으므로 오는 4. 2(금요일)에 3개 현안에 대한 합의 문서의 이니셜을 동시에 행할 예정으로 있습니다.

2. 합의 문서에 관하여는 명일 귀국하는 이규성 공사가 가능한 한의 합의 문안을 전부 휴대할 예정이며 명일 13시경에 서울 도착할 것이므로, 도착 후 제반 준비를 필하여 17시경 정부에 이를 보고할 수 있을 것이니 각의를 개최하여 심의토록 하여 주시기 바랍니다.

44. 법적지위 문제 합의사항 및 대립점 보고 전문

번호: JAW-04003

일시: 011112[1965. 4. 1]

수신인: 국무총리
발신인: 외무부 장관
참조: 외무 차관, 대통령 비서실장, 중앙정보부장

대: WJA-03518

각의에 부의할 법적지위 문제 중 합의사항 및 대립점

1. 합의점
가. 법적지위 문제 요강
(1965. 3. 27 외상회담에서 합의된 것. JAW-03598 참조)
이 외무부 장관과 시나 외무대신은 다음 사항에 합의하였다.
1) 다음에 기재된 대한민국 국민의 영주 신청을 허가하도록 한다.
A) 종전 이전부터 계속하여 일본에 거주하는 자
B) A)의 직계 비속으로서 종전 이후 양국 간의 협정 발표 5년 이내에 일본국에서 출생하여 계속 거주하는 자
C) A) 및 B)의 자로서 양국 간의 협정 발효일로부터 5년이 경과하는 날 이후에 일본국에서 출생한 자.
2) 일본국 정부는 1)에 의하여 영주가 허가된 자의 직계 비속으로서 일본에서 출생한 자의 거주에 대하여는 대한민국 정부의 요청이 있으면 양국 간의 협정 발표 후 25년을 경과할 때까지에 협의할 용의가 있다(설명 1).
이 협의에 있어서는 동 협정의 기초가 되고 있는 정신과 목적을 존중한다.

3) 1)에 의하여 영주가 허가된 자의 퇴거 강제 사유(양국 간의 협정 발효 이후 행위에 의한다)

A) 일본국에 있어서 내란에 관한 죄 또는 외환에 관한 죄를 범한 것으로 인하여 금고 이상의 형에 처해진 자(집행유예의 언도를 받은 자 및 내란에 부화수행한 것으로 인하여 형에 처해진 자를 제외한다).

B) 일본국에 있어서 국교에 관한 죄를 범한 것으로 인하여 금고 이상의 형에 처해진 자 및 외국의 원수, 외교사절 또는 그 공관에 대한 범죄 행위에 의하여 금고 이상의 형에 처해 지고 일본국의 외교상의 중대한 이익을 해한 자

C) 영리의 목적을 가지고 마약류의 취체에 관한 일본국의 법률에 위반하여 무기 또는 3년 이상의 징역 또는 금고에 처해진 자(집행유예의 언도를 받은 자를 제외한다.) 및 마약류의 취체에 관한 일본국의 법령에 위반하여 양국 간의 협정의 효력 발생일 이후 3회(단, 동 협정의 효력 발생의 날 이전에 3회 이상 형에 처해진 자에 대하여는 2회) 이상 형에 처해진 자

D) 일본국의 법률령에 위반하여 무기 또는 7년을 초과하는 징역 또는 금고에 처해진 자

4) 퇴거명령의 조치를 받은 자와 인도에 관하여 대한민국 정부는 일본국 정부의 요청에 의하여 협력한다(설명 2).

5) 양국 간의 협정에 포함될 기타의 대우에 관한 사항은 계속하여 논의한다.

(설명 1)

3. 27 합의한 요강에 있어 아 측은 2)의 중단을 "…25년을 경과할 때 협의한다."로, 일본 측은 "…협의할 용의가 있다."로 대립되었으나 3. 31에 있은 김 대사, 우시바 심의관 회담에서 일본 측은 이미 상기의 요강은 각의의 의결을 본 것이므로 일본 측 주장대로 둔다면, 한국 측 주장을 고려에 넣어 한국 측이 협의를 제의할 때에는 하시든지에 응한다는 일본 측 입장을 천명하는 서한을 수교하겠다고 하여 이 문제는 합의된 것임(서한 미접수 중).

(설명 2)

일본 측은 요강을 공포용과 미공포용으로 구분하여 이니샬은 미공표용에 할 것인바 전기 4)는 미공표용에만 규정된 것으로 이 문제는 합의된 것임.

나. 법적지위 문제 중 대우에 관한 합의사항(1965. 3. 31 법적지위 회합에서 일본 측이 제시한 것.)

__년 __월 __일에 이니셜 된 합의된 5)에 의한 이 외무부 장관과 시나 외무대신 간의 토의의 과정에 있어서 다음 사항이 합의되었다(설명 3).

협정에 의하여 영주가 허가된 자의 일본국에서의 교육 및 생활보호 등에 (설명 4) 관한 사항 또한 협정에 의하여 영주가 허가된 자(영주 신청을 행한 유자격자 포함)가 일본국에서 영주할 의사를 포기하고 대한민국에 귀국 시에 휴대하는 재산 및 일본국에 있어서 소유한 자금의 대한민국에의 송금에 관한 사항에 대하여는 타당한 고려가 이루어 질 것으로 한다(설명 5).

또 위에 관하여 계속하여 토의할 것에도 합의하였다(설명 6).

(설명 3)

3. 31 법적지위 회합에서는 대우에 관한 안을 기초로 토의했으나 단시간의 합의에 이루기 어려운 것을 상호 양해하여 대우에 관한 원칙만은 규정하기로 하여 일본 측 요청으로 휴회에 들어갔음.

재개된 회합에서 일본 측은 상기 가항의 요강이 이미 각의의 의결을 본 점과 대우에 관한 합의사항을 상기 요강에 포함하는 수속상, 형식상 난점을 들어 상기한바 '양해 요강' 형식으로 규정하자 했었으나, 일본 측은 더 한 번 상기 대우에 관한 원칙을 요강 5에 포함 규정할 것인지, 또는 별도로 금일 회합 시 제안한 것처럼 규정할 것인가는 명 4월 1일 회답 할 것이나 동 양해 사항 내용("협정에 의하여 영주가….타당한 고려가 이루어질 것으로 한다.")은 장차 협정 본문에 그대로 규정될 것이라고 말하였음. 이에 대하여는 아 측은 동의하였음.

(설명 4)

교육 및 생활보호 등의 '등'은 아 측이 생활보호만으로는 사회보장이 무의미하고 아 측 안에 열거된 제 제도의 적용을 강력히 주장함에 이르러 '등'으로 이를 합의한 것인 바 이에 대하여는 일본 측 내부에도 의견의 대립이 있음을 작일 현재로 한국 측이 일단 염두에 두어 달라고 말하였음(JAW-03715 참조).

(설명 5)

타당한 고려…에 대하여 아 측은 그 표현을 수정하여 '충분한 고려' 또는 '호의적인 고려'로 표현하고자 하고 있음.

(설명 6)

3. 31 회합에서 합의한 내용 중 말미의 부분에 대하여 아 측은 "또 위에 관한 사항에 대하여는 협정에 넣기 위하여 앞으로 계속하여 토의할 것에도 합의하였다"로 수정하자고 제의하였다(본조인식까지는 결정되어야 한다는 취지임).

2. 대립점

전후 입국자 문제와 이산가족 재회 문제에 대하여는 일본 측이 당초 의사를 번복하여 어떠한 형태로라도 규정할 수 없다고 한 데 대하여 아 측은 외상회담 후 발표될 공동선언에 언급할 것을 목표로 이 문제는 외상 간의 정치적 절충에 넘기려 함(JAW03715 참조).

3. 금일(4. 1) 1차 더 실무자 회합을 가지면 전후 입국자 및 이산가족 재회 문제를 외상회담에서 정치적으로 한 번 더 취급하는 외에는 합의될 것으로 사료됨.

4. 법적지위 실무자 회합을 금 1일 13:00시에 개최키로 되었으니 법적지위에 대한 각의에 양승 여부를 13:00시 이전에 지시하여 주시기 바랍니다.(외아북)

46. 이동원 외무부 장관 및 차균희 농림부 장관 귀국 일정 보고 전문

번호: JAW-04052

일시: 021956[1965. 4. 2]

수신인: 국무총리

발신인: 주일 대사

참조: 대통령 비서실장, 중앙정보부장, 외무 차관, 농림부 차관

이 외무부 장관과 차균희 농림부 장관은 각각 아래와 같은 일정을 마치고 명 4월 3일 서북 항공편으로 귀국할 예정이옵기 보고함.

1. 이동원 외무부 장관

03:40	힐튼호텔 발
08:45~09:15	외무성 착
	외상 회담(접견실)
	(법적지위 및 청구권에 관한 합의사항의 이니셜에 입회하고 공동 코뮤니케 합의)
09:15	외무성 발
09:20	오쿠라호텔 착
09:25~09:55	내외 기자회견(장소: 긴게이노마)
09:55	오쿠라호텔 발
10:00	총리 관저 착, 이국 인사
10:20	총리 관저 발
10:50	하네다 공항 착
011:00	서북 항공기 편 출발, 귀국

2. 차균희 농림부 장관

08:55	게이힌칸 숙소 발
09:15	농림성 분실 착
	농상회담
	(어업 문제에 관한 합의사항의 이니셜에 입회하고 공동 코뮈니케 합의)
09:50	농림성 분실 발
10:00	총리 관저 착, 이국 인사
10:20	총리 관저 발
10:50	하네다공항 착
11:00	서북 항공기 편 출발 귀국.(주일정-외아북)

1-3. 공동성명서

47. 한일 외상 공동성명서 내용 보고 전문

0183   번호: JAW-04061

일시: 030601[1965. 4. 3]

수신인: 국무총리
발신인: 외무부 장관
참조: 대통령 비서실장, 중앙정보부장, 외무 차관

연: JAW-04059호

1. 연호로 보고한 바 있는 오늘 아침 09:25에 발표 예정이었던 한일 외상 공동 코뮈니케는 일정을 당겨서 09:00에 발표하기로 하였음.

2. 서울에서도 전기 시각에 동 코뮈니케를 '프레스 리리스'하여 주시기 바람. 당 코뮈니케 국문 텍스트는 다음과 같음.

공동성명서

1965년 4월 3일

이동원 대한민국 외무부 장관은 시나 에쓰사부로 일본국 외무대신의 초청으로 1965년 3월 23일부터 4. 3일까지 일본국을 방문하였다.

양 외상은 매우 우호적인 분위기 속에서 회담을 가졌다. 이 외무부 장관은 천황폐하를 알현하였으며, 사토 에사쿠 총리대신 후나다 나카 중의원 의장 및 시게무네 유조 참의원 의장을 예방하였다.

이동원 외무부 장관과 시나 외무대신은 금년 2월의 시나 외상의 대한민국 방문 시에 가졌던 일련의 회담에 이어서 최근의 국제 정세, 현재 진행 중인 한일회담 및 그 밖의 여러 가지 양국의 공동관심사에 관하여 기탄없이 의견을 교환하였다. 양 외상은 한일회담의 최근의 진척 상황을 신중히 검토하고, 회담을 성공리에 타결시킴으로써 가능한 한 조속히 한일 국교 정상화를 실현시킴이, 비단 양국에 대하여 커다란 이익이 될 뿐만 아니라 자유세계 전체를 위하여서도 의의가 깊다는 것을 재확인하였다.

양 외상은 청구권 및 경제협력 문제에 관하여 행하여진 토의를 검토하였으며, 이 문제에 관하여 개재되었던 의견의 차이를 해결하기 위하여 노력하였다. 양 외상은 본 건에 관한 합의사항에 오늘 '이니셜'하게 된 데 대하여 만족의 뜻을 표명하였다. 양 외상은 이 합의사항에 따라서 가능한 한 조속히 만족할 만한 해결에 이르기 위하여 토의를 계속할 것에 의견의 일치를 보았다.

이를 위하여 양 외상은 한일 전면회담이 청구권 및 경제협력위원회가 되도록이면 조속히 활동을 개시하여야만 된다는 데 의견의 일치를 보았다.

오늘 재일한국인의 대우에 관한 합의사항에 이니셜을 함에 있어서, 양 외상은 재일한국인이 이 합의된 사항에 따라서 평화스럽고 행복한 또한 안정된 생활을 영위한다는 데 대한 그들의 희망을 재차 표명하였다.

양 외상은 이 문제 해결이 한일 양국 사이의 우호적인 관계를 증진하는 데 크게 기여할 것을 기대하였다. 이와 관련하여 이 외무부 장관은 재일한국인의 이산가족 문제에 언급하고, 또한 전후에 일본에 와서 거주하고 있는 한국인에 대하여 인도적인 대우를 하여야 될 것이라는 데 대한 그의 희망을 피력하였다.

양 외상은 오늘 대한민국과 일본국 간의 어업 문제에 관한 합의사항에 이니셜이 행하여진 데 대하여 유의해서, 장기에 긍한 어려운 교섭을 통하여 의의 있는 성과를 올린 양국의 농상 차균희 씨 및 아카기 무네노리 씨에 대하여 심심한 경의와 감사의 뜻을 표명하였다.

양 외상은 장기간 현안으로 되어 온 어업 문제의 해결에 의하여 양국의 관계 어민이 커다란 이익을 얻고 금후 상호 번영의 생활을 영위할 것을 충심으로 희망하였다.

양 외상은 그들의 회담이 결실 있는 성과를 올렸다는 데 대하여 깊은 만족의 뜻을 표명하였다. 양 외상은 금반의 일련의 각료회담을 통하여 한층 고조된 한일회담 조기 타결의 기운이 계속 유지되고, 또한 양국 정부의 끊임없는 노력으로써, 양국 간의 영구적 우호 관계 수립이라는 대국적 견지에 기초를 둔 상호 이해와 협력의 정신에 입각하여 극히 가까운 장래에 모든 현안이 성공리에 해결되기를 충심으로 희망하였다.
(주일정-외아북)

이상

48. 한일 외상 공동 코뮈니케 영문본 보고 전문

번호: JAW-04059

일시: 030257[1965. 4. 3]

수신인: 국무총리
발신인: 외무부 장관
참조: 대통령비서실장, 중앙정보부장, 외무 차관

오늘 아침 9시 25분에 발표가 예정되고 있는 한일 외상 공동 코뮈니케의 전문을 아래와 같이 보고함.(주일정-외아북)

(APRIL 3 1965)

JOINT COMMUNIQUE

AT THE INVITATION OF MR. ETSUSABURO SHIINA, MINISTER FOR FOREIGN AFFAIRS OF JAPAN, DR. TONG WON LEE, MINISTER OF FOREIGN AFFAIRS OF THE REPUBLIC OF KOREA VISITED JAPAN FROM MARCH 23 THROUGH APRIL 3, 1965. THE TWO FOREIGN MINISTERS HELD MEETINGS IN A MOST AMICABLE ATMOSPHERE. FOREIGN MINISTER LEE WAS GIVEN AUDIENCE BY HIS MAJESTY THE EMPEROR AND PAID COURTESY CALLS ON MR. EISAKU SATO, PRIME MINISTER, MR. NAKA FUNADA, SPEAKER OF THE HOUSE OF REPRESENTATIVES AND MR. YUZO SHIGEMUNE, PRESIDENT OF THE HOUSE OF COUNCILLORS.

FOREIGN MINISTER SHIINA AND FOREIGN MINISTER LEE, FOLLOWING THE SERIES OF MEETINGS THEY HAD HELD ON THE OCCASION OF THE FORMER'S VISIT TO THE REPUBLIC OF KOREA LAST MONTH, HAD A FRANK EXCHANGE OF VIEWS ON THE CURRENT INTERNATIONAL SITUATION, ON THE JAPAN-KOREA OVERALL TALKS NOW IN PROGRESS AND ON VARIOUS

PROBLEMS OF COMMON CONCERN TO BOTH COUNTRIES.

THE TWO FOREIGN MINISTERS CAREFULLY REVIEWED THE RECENT PROCEEDINGS OF THE JAPAN-KOREA OVERALL TALKS AND REAFFIRMED THEIR BELIEF THAT IT IS NOT ONLY IN THE BEST INTEREST OF BOTH COUNTRIES BUT ALSO OF SIGNIFICANT BENEFIT TO THE REST OF THE FREE WORLD TO BRING ABOUT A SUCCESSFUL CONCLUSION OF THE TALKS AND THEREBY REALIZE THE NORMALIZATION OF JAPAN-KOREA RELATIONS AT THE EARLIEST PRACTICABLE DATE.

THE TWO FOREIGN MINISTERS MADE A REVIEW OF THE DISCUSSIONS THAT HAD BEEN MADE OVER THE CLAIMS PROBLEM AND THE ECONOMIC COOPERATION AND ENDEAVORED TO SOLVE THE DIFFERENCES OF VIEWS THAT HAD EXISTED CONCERNING THIS PROBLEM. THE TWO FOREIGN MINISTERS EXPRESSED THEIR SATISFACTION OVER INITIALING TODAY OF THE AGREED POINTS ON THIS MATTER. THEY AGREED THAT THE DISCUSSION SHOULD BE CONTINUED ON THE BASIS OF THE AGREED POINTS WITH A VIEW TO REACHING A SATISFACTORY AGREEMENT AT THE EARLIEST PRACTICABLE DATE.

FOR THIS PURPOSE THE TWO FOREIGN MINISTERS AGREED THAT THE CLAIMS AND ECONOMIC COOPERATION COMMITTEE OF THE OVER-ALL TALKS SHOULD START FUNCTIONING AS SOON AS POSSIBLE.

ON THE OCCASION OF INITIALING TODAY OF THE AGREED POINTS ON THE TREATMENT OF KOREAN RESIDENTS IN JAPAN, THE TWO FOREIGN MINISTERS REITERATED THEIR HOPE THAT KOREAN RESIDENTS IN JAPAN WOULD LEAD A PEACEFUL, HAPPY AND SECURE LIFE UNDER AN AGREEMENT TO BE CONCLUDED BETWEEN THE TWO COUNTRIES IN LINE WITH THE ABOVE AGREED POINTS. THEY FURTHER EXPECTED THAT THE SOLUTION OF THIS PROBLEM WOULD GREATLY CONTRIBUTE TO PROMOTING THE FRIENDLY RELATIONS BETWEEN THE TWO NATIONS.

IN THIS CONNECTION, FOREIGN MINISTER LEE REFERRED TO THE PROBLEM OF SEPARATED FAMILIES INVOLVING KOREAN RESIDENTS IN JAPAN, AND ALSO EXPRESSED HIS DESIRE THAT HUMANE TREATMENT WOULD BE GIVEN TO KOREANS WHO CAME TO STAY IN JAPAN AFTER THE WAR.

THE TWO FOREIGN MINISTERS, NOTING THAT THE AGREED POINTS ON THE FISHERIES PROBLEMS BETWEEN JAPAN AND THE REPUBLIC OF KOREA WAS INITIALED TODAY, EXPRESSED THEIR DEEP RESPECT AND GRATITUDE TO MR. MUNENORI AKAGI AND MR. KYUN HEE TSCHA, AGRICULTURAL MINISTERS OF THE TWO COUNTRIES, FOR THE SIGNIFICANT RESULT WHICH THEY HAD ACHIEVED THROUGH LONG AND DIFFICULT NEGOTIATIONS.

THE TWO FOREIGN MINISTERS EARNESTLY HOPED THAT THE FISHERMEN CONCERNED OF BOTH COUNTRIES WOULD RECEIVE GREAT BENEFIT FROM THE SETTLEMENT OF THE LONG-PENDING FISHERIES ISSUE AND WOULD HENCEFORTH ENJOY MUTUAL PROSPERITY.

BOTH FOREIGN MINISTERS EXPRESSED DEEP SATISFACTION OVER THE FRUITFUL RESULTS THEIR MEETINGS HAD PRODUCED. THEY EARNESTLY DESIRED THAT THE MOMENTUM FOR AN EARLY CONCLUSION OF THE TALKS ACCELERATED BY THE PRESENT SERIES OF MINISTERIAL MEETINGS WOULD BE SUSTAINED, AND THAT A SUCCESSFUL SETTLEMENT OF ALL THE PENDING PROBLEMS WOULD BE ATTAINED IN A VERY NEAR FUTURE THROUGH THE UNTIRING EFFORTS OF THE PART OF THE TWO GOVERNMENTS AND IN THE SPIRIT OF MUTUAL UNDERSTANDING AND COOPERATION BASED ON A LONG-SIGHTED STANDPOINT OF ESTABLISHING EVER-LASTING FRIENDSHIP BETWEEN THE TWO NATIONS.

1-4. 서한

49. 이동원 외무부 장관의 박정희 대통령 친서 휴대 관련 협조전

0197　분류기호: 외의전 33

제목: 일본 수상에 대한 대통령 친서

수신: 아주국장　　　　　　　　　　　　　발신 일자: 1965. 3. 12
　　　　　　　　　　　　　　　　　　　　(발신 명의) 의전실장 백인환[서명]

　금반 장관께서 방미 차 출발하실 때 별첨 사본과 같은 대통령 각하 친서를 휴대하였기 참고하시기 바랍니다.

유: 친서 국, 영문 사본 각 1통

　끝

첨부

51-1. 박정희 대통령의 사토 일본 수상 앞 친서

0198
　　일본 수상
　　사토 에사쿠

　　각하
　　금반 귀국을 방문하게 되는 이동원 외무부 장관을 통하여 각하에게 본인의 정중한 인사 말씀을 드리게 된 것을 기쁘게 생각하는 바입니다.
　　본인은 이 기회에 귀국의 시나 외무대신이 지난달 우리나라를 방문한 데 대하여 사의를 표명하고자 합니다. 그의 적시의 방한은 한일 양국 간의 공동목표인 현안 문제의 해결과 국교 정상화의 실현을 위하여 크게 공헌하였으며 특히 그 때에 한일 간의 기본관계조약에 가조인을 하게 된 것은 의의 깊은 일로서, 이 가조인을 위한 시나 외무대신의 성의와 노력에 대하여 치하의 말씀을 드리고자 합니다.
　　이동원 장관은 본인이 특히 신임하는 사람으로, 금반 이 장관의 귀국 방문이 전기한 양국 간의 공동목표 달성을 위하여 많은 도움이 될 것으로 믿습니다. 특히, 각하의 높으신 영도력에 의하여, 청구권, 어업, 재일한인 법적지위 등 양국 간의 미해결 현안들이 이 장관의 방일 기간 중에 해결을 보게 될 것을 진심으로 바라는 바입니다.
　　본인은 이 친서를 통하여 각하의 건승과 귀국의 번영을 기원하고자 합니다.

　　　　　　　　　　　　　　　　　　　　　　　　　　　　　　1965년 3월 10일

첨부
51-2. 박정희 대통령의 사토 일본 수상 앞 친서 영문본

His Excellency Eisaku Sato
The Prime Minister of Japan

Excellency,

It is a great pleasure for me to extend my personal and cordial greetings to Your Excellency through Dr. Tong Won Lee, my Minister of Foreign Affairs who is visiting your great country.

I wish to express at this opportunity my deep appreciation for the recent visit of Mr. Etsusaburo Shiina, the Minister for Foreign Affairs of Japan, to my country. His timely visit has made a great contribution toward the early settlement of the pending issues and the normalization of relations between our two countries which has been our long standing objectives. The noteworthy event of a particular significance during Minister Shiina's stay in Korea was the initialing of the Treaty on the Basic Relations between the two countries. I wish to commend highly the sincerity and earnest efforts demonstrated by your Foreign Minister in attaining such accomplishments.

As I place a complete trust and confidence on Minister Lee, I hold no doubt that his visit will further contribute to the successful conclusion of the talks between our two Governments. It is my strong desire that during Minister Lee's visit, such matters under the deliberations as the Korean Property Claims, the Fisheries Issue and the Legal Status of Korean Residents in Japan will be able to reach at a satisfactory conclusion with Your Excellency's noble leadership.

I sincerely hope that this message will find Your Excellency in good health and further wish for the continued prosperity of Japan.

>Most cordially
>
>/sgd/ Park Chung Hae

March 10, 1965

52. 이동원 외무부 장관의 시나 외상 앞 감사 서한 전문

번호: PTL-5

일시: 031520[1965. 4. 3]

His Excellency
Etsusaburo Shiina
Foreign Ministry, Tokyo

Excellency,

With warmest sentiments I would like to express to Your Excellency my heartfelt gratitude for your most cordial reception and hospitality accorded me and my party.

I have just returned to my country. It was my genuine personal pleasure that I was able to renew our friendship and to exchange views with Your Excellency and distinguished leaders of Japan during my visit. I am especially grateful for and impressed by the brilliant display of Your Excellency's guidance and statesmanship, without which we were unable to reach the accords.

The successful results which we mutually share will certainly constitute the most promising landmark in the brighter future of our relations that will be long honoured.

With my warmest regards, I remain,

Sincerely yours,
Tong Won Lee
Minister of Foreign Affairs

번역 번호: PTL-5

일시: 031520 [1965. 4. 3]

시나 에쓰사부로 각하
외무성, 도쿄

각하

각하께서 저와 제 일행에게 베풀어 주신 따뜻한 영접과 환대에 진심으로 감사를 표합니다.

저는 이제 막 고국으로 돌아왔습니다. 이번 방문 기간 동안 각하 및 일본의 저명한 지도자들과 함께 우리의 우정을 새롭게 하고 의견을 교환할 수 있었던 것은 개인적으로 큰 기쁨이었습니다. 특히 각하의 지도력과 정치력이 없었다면 우리가 합의에 도달할 수 없었을 것이라는 점에서 각하의 탁월한 지도력에 감사와 감명을 받았습니다.

우리가 상호 공유한 성공적인 결과는 양국 관계의 밝은 미래에 가장 유망한 이정표가 될 것이며 오랫동안 영광스럽게 기억될 것입니다.

따뜻한 안부를 전합니다,

이동원 외무부 장관

53. 차균희 농림부 장관의 아카기 농림대신 앞 감사 서한

번호: PTL-6

일시: 031520[1965. 4. 3]

His Excellency
Munenori Akagi
Minister for Agriculture and Forestry

Excellency,

I have just returned my country. I am deeply grateful for the most cordial reception and hospitality Your Excellency accorded me during my stay in Japan.

Looking back difficulties and obstacles we had in the course of our negotiation, I am sure that the successful results which we mutually share owed a great deal to Your Excellency's tireless efforts and patience toward normalizing the relations of our two countries.

I sincerely hope that the successful results of our talks on fishery problem will constitute one of the most important and promising starting points for the brighter future in the relations of our two countries.

Thanking once again for Your Excellency's kindness, I remain,

Sincerely yours,

Kyun Hee Tscha
Minister of Agriculture and Forestry

번역   번호: PTL-6

일시: 031520[1965. 4. 3]

아카기 무네노리 각하
농림부 장관

각하

   저는 방금 귀국했습니다. 일본에 머무는 동안 각하께서 저를 따뜻하게 맞아주시고 환대해 주신 데 대해 깊이 감사드립니다.

   협상 과정에서 우리가 겪었던 어려움과 장애물을 돌이켜보면, 우리가 상호 공유하는 성공적인 결과는 양국 관계 정상화를 위한 각하의 지칠 줄 모르는 노력과 인내심에 힘입은 바가 크다고 확신합니다.

   저는 이번 어업 문제 회담의 성공적인 결과가 양국 관계의 밝은 미래를 위한 가장 중요하고 유망한 출발점이 되기를 진심으로 희망합니다.

   각하의 친절에 다시 한 번 감사드립니다.

차균희
농림부 장관

1-5. 보고서

59. 이동원 외무부 장관 일본 공식방문 기록

0210

이동원 외무부 장관 일본 공식방문 기록
1965. 4. 12
주일 대표부 정무과

0211

내용

1. 이동원 외무부 장관의 일본 공식방문 보고
2. 이동원 외무부 장관 방일 일행 명단
3. 이동원 외무부 장관의 방일 일정
4. 이동원 외무부 장관의 도착 성명
5. 시나 일 외상의 환영사
6. 이 외무부 장관의 후나다 나카 중의원 의장 예방 시 면담 내용
7. 이 외무부 장관의 시게무네 유조 참의원 의장 예방 시 면담 내용
8. 이 외무부 장관의 사토 총리 예방 시 면담 내용
9. 시나 외상주최 만찬회 석상에 있어서의 동 외상의 인사말
10.   〃   이 외무부 장관 인사말
11. 일한경제협회 등 경제단체 주최 오찬회에 있어서의 인사말
12. 일 천황에 대한 인사말
13. 이 외무부 장관 주최 만찬회 석상에 있어서의 이 장관의 인사말
14.   〃   시나 외상의 인사말
15. 내외 기자회견 석상에 있어서의 귀국 인사말
16. 한일 무역회담에 관한 공동성명서(국문)
17. 한일 외상회담에 관한 공동성명서(국, 영문)
18. 이동원 외무부 장관 일본 공식방문 접대 요령서(일 외무성)

0212   1. 이동원 외무부 장관의 일본 공식방문 보고

방일 경위

이동원 외무부 장관은 지난 2월 17일부터 20일까지 행하여진 바 있는 시나 에쓰사브로 일본 외상의 한국 공식방문에 대한 답례로서, 2월 20일 발표된 한·일 양 외상 간의 공동성명에서 합의된 바에 따라, 일본 외상의 초청에 응하여 일본을 공식으로 방문하게 된 것임. 이 외무부 장관은 3. 23의 일본 방문에 앞서 3. 12 도쿄를 경유하여 미국을 방문하고 존슨 대통령, 험프리 부통령, 러스크 국무장관, 멕나마라 국방장관 등과 만나 한·미 간의 제 현안에 관하여 협의한 바 있음.

방일 중의 활동

이 외무부 장관은 별첨 안 일정표와 같이 활동하였는바, 이중 특기 사항은 다음과 같음.

(1) 대일청구권 및 경제협력에 관한 대강에 합의하였음.

(2) 재일한인의 법적지위 및 대우에 관한 요강에 합의하였음.

(3) 한일 간의 무역에 관한 합의의사록에의 이니셜을 실현케 하는 동시에 한·일 간의 무역에 관한 양 외상의 공동성명을 발표하였음.

(4) 한일 양측이 어업 문제에 관한 합의사항에 이니셜하는 데 간접적으로 기여하였음.

(5) 이 장관의 일본 방문에 관한 양 외상 간의 공동성명을 발표하였음.

0213   (6) 일본의 정치지도자들과 한일 간의 제 현안과 국제 정세에 관한 의견을 교환함으로써 상호 간의 이해를 증진하였음.

2. 이동원 외무부 장관 방일 일행 명단

이동원 외무부 장관

김동조 주일 대사

방희 주일 공사

이규성 주일 공사

김영준 경제기획원 기획차관보

연하구 외무부 아주국장

전상진 외무부 통상국장
이경호 법무부 법무국장
김우근 상공부 상역국장
이봉래 농림부 수산국장
오재희 외무부 조약과장
양달승 대통령 비서실 비서관
장명하 주일 대표부 2등 서기관
이병호 외무부 장관 비서관

3. 이동원 외무부 장관의 방일 일정

3. 23(화) 18:10 하네다 국제공항 착(일본항공기 편)
         양국 국가 연주, 의장대 사열, 도착 인사 교환
         18:30 모터케이드
         19:00 영빈관(숙소) 착
         20:00 시나 외상 주최 비공식 만찬회(요정 신기라쿠)

3. 24(수) 10:30 후나다 중의원 의장 예방
         11:00 시게무네 참의원 의장 예방
         11:40 사토 수상 예방
         12:00 사토 수상 주최 오찬회
         13:00 제1회 외상회의
         18:00 시나 외상 부처 주최 만찬회(도쿄 힐튼호텔)
         20:00 시나 외상 주최 만찬회(도쿄 힐튼호텔)

3. 25(목) 09:00 제2회 외상 회의
         12:40 가부키 관극
         15:00 소니 회사 시찰
         18:00 유지 국회의원 주최 환영 리셉션(호텔 오쿠라)

3. 26(금) 10:30 제3회 외상 회의
         12:15 일한경제협회, 경제단체연합회, 일본

0215   　　　　상공회의소 주최 오찬회(도쿄 프린스호텔)
　　　　　　　16:00 천황 알현
　　　　　　　18:00 김동조 대사 부처 주최 리셉션(도쿄 프린스호텔)
　　　　　　　20:00 이 장관 주최 만찬회(영빈관)
　　　　　　　22:00 비공식 외상회의(영빈관) (3. 27, 05:10까지 회의, 예정된 일본 출발, 귀국 일자를 연기하기로 함)
　　　3. 27(토)　09:00 제4회 외상회의
　　　　　　　21:30 비공식 외상회의(영빈관) (3. 28, 04:00까지 회의 계속)
　　　3. 29(월)　09:30 비공식 외상회의(외무성)
　　　4. 3(토)　09:10 제5회 외상회의
　　　　　　　09:30 내외 기자회견(호텔 오쿠라)
　　　　　　　10:10 사토 수상 예방, 이국 인사
　　　　　　　11:10 서북 항공기 편 출발, 귀국

0216　　　　　　**이 외무부 장관의 사토 총리 예방 시 면담 내용**

　　　　　　　　　　　　　　　　　　　　　1965. 3. 24, 11:40~12:30
　　　　　　　　　　　　　　　　　　　　　　　　　　　총리 관저

　1. 이 외무부 장관은 금번 일본 방문 시, 일본 정부가 새로운 의전 절차를 마련하면서까지 양국 국가 취주, 의장대 사열, 한국기 게양 등 각별한 접대를 하여준 데 대하여 사의를 표하였음. 이에 대하여 사토 수상은 전번 시나 외상이 한국을 방문하였을 때 동 외상이 서울에서 받은 환대에 대한 답례라고 하면서, 이 장관의 일본 방문을 환영하는 바이라고 말하였음.

　2. 이 장관은 존슨 미 대통령과 러스크 국무장관으로부터의 사토 수상에 대한 안부를 전하는 동시에 존슨 대통령은 기본 조약의 가조인을 기뻐하면서 이번 이 장관의 방일 시 제 현안이 타결되기를 바란다고 하였으며, 제 현안 타결에 대한 의욕에 있어서

는 사토 수상이 이 장관보다 더 많은 의욕을 가지고 있을 것이라고 말한 바 있음을 전언하였음. 이 장관은 또한 자유세계의 여론이 한일회담의 타결을 기대하고 있으며, 국내적으로도 일반 국민이 계몽되어 한일 간의 제 현안 타결을 역사적 사명이라고 생각하게 되었으므로 지금이 제 현안 타결의 좋은 기회라고 말하였음. 사토 수상은 이에 대하여 동감이라 하면서, 뒤에 문제를 남기지 않는 방향으로 제 현안을 훌륭히 타결하고 싶다고 하면서, 박 대통령과 정 총리도 자기와 같이 적극적인 생각을 가지고 있는 것으로 안다고 말하였음.

3. 이 장관은 아직도 양국 간에 문제가 남아 있는데, 이번의 일본 방문 기회에 이들 제 문제에 관한 타결을 보고 싶다고 전제하고 교포의 법적지위에 관하여 영주권의 부여 범위를 자자손손에까지 미치도록 하여야 할 것이라는 것과 청구권에 관한 김-오히라 메모와 관련하여 문화재 및 선박 반환 문제를 별도로 타결하도록 하여야 할 것이라는 점에 관한 아 측의 입장을 설명하였음.

사토 수상은 일본 국내에서 공산주의자의 활동이 허용되고 있는 것이 한국과 다른 일본의 특수성이라고 하면서 재일교포는 한국계와 북한계가 잡거하고 있어 북한계 교포에 대한 문제도 있다고 말하였음. 문화재에 관하여 사토 수상은 민간에서도 반환 운동이 추진되고 있다고 하면서 사유 문화재에 대하여서도 어떤 전망이 서게 될 것이라고 말하였음.

선박 문제에 관하여 사토 수상은 다른 제 현안과 함께 조속히 타결하여야 할 줄 안다고 하면서 특히 법적지위 및 청구권에 관하여서는 이 장관의 방일 기간 중 어떤 결정을 할 필요가 있다는 뜻을 표명하였음.

0218   이동원 외무부 장관의 시게무네 유소 참의원 의장 예방 시의 면담 내용

1965. 3. 24, 11:00~11:30
참의원 귀빈실

1. 이 외무부 장관은 시게무네 참의원 의장에 대하여 참의원이 한일회담을 타결하도록 지원하고 있는 데 대하여 사의를 표하였음. 시게무네 의장은 이에 대하여 일본 국회가 최선을 다하여 한일회담을 타결하려는 사토 총리를 중심으로 하는 일본 정부에 대하여 적극적인 태도로 임하고 있다고 말하였음.

2. 이 외무부 장관은 대국적 견지에서 또 한국민의 대일감정을 고려하면서 한일회담을 조속히 타결하여야 한다고 강조하였음. 이 장관은 이어 작년 12월 박 대통령을 모시고 독일을 방문하였을 때 독일 정부 고위층은 모두 독·프 관계의 예를 들면서 한, 일 양국도 조속히 국교를 정상화하여 상호 협조하도록 하여야 할 것이라고 충고한 바 있으며, 영국에 들렀을 때도 영국 지도자들이 한일회담에 커다란 관심을 표시하였었으며 이에 관하여 시마 주영 일본대사에게 이야기한 바도 있다고 말하였음. 시게무네 의장은 이에 대하여 동감이라고 하면서 한일회담 타결을 위하여 진력할 것을 다짐하였음.

0219   이동원 외무부 장관의 후나다 나카 중의원 의장 예방 시의 면담 내용

1965. 3. 24, 10:30~10:50
중의원 귀빈실

1. 이 외무부 장관은 후나다 중의원 의장에 대하여 한일회담을 타결하도록 지원하고 있는 데 대하여 사의를 표하였음. 이에 대하여 중의원 의장은 일본 정부가 사토 국무총리를 중심으로 한일회담 타결에 강한 의욕을 가지고 있으며 일본 국회 특히 자유민주당 출신 국회의원들도 한일회담 타결에 적극적인 자세로 임하고 있음을 지적하면

서, 한국의 정국도 안정되어 있는 것으로 생각됨으로 이 기회에 한일회담이 원만히 타결되기를 바란다고 말하였음.

2. 후나다 중의원 의장은 이 외무부 장관의 방미 도중 기자회견에서 한국군 1개 사단을 베트남에 추가 파견하겠다고 말하였다는 보도에 언급하였으므로 이 외무부 장관은 그러한 내용의 말을 한 일이 없음을 언명하면서 동 보도는 어디까지나 기자들의 '스페큘레이션'에 불과하다고 답변하였음.

이동원 외무부 장관의 기자회견 석상에 있어서의 귀국 인사말

1965. 4. 3 09:25
오쿠라호텔

오늘 아침 일본을 떠나 귀국함에 제하여 본인은 시나 외무대신 각하를 비롯한 일본 정부의 지도자 여러분과 일본 국민들이 베풀어 주신 환대와 호의에 대하여 깊은 사의를 표하는 바입니다.

본인은 이번 일본에 체재하는 동안, 일본국과 일본 국민 통합의 상징인 천황폐하 알현을 비롯하여 사토 국무총리대신 각하 및 시나 외무대신 각하를 비롯한 일본국의 지도자 여러분을 만나 뵈옵게 된 데 대하여 기쁘게 생각하고 있으며 또한 일본의 현대적 산업시설을 시찰하고 일본이 나날이 눈부시게 발전하고 있는 모습에 접하고 감명 깊게 느끼고 있습니다.

한일 양국은 오랜 옛날부터 지리적·민족적, 또는 문화적으로 가장 가까운 이웃 나라로서 상호 간의 교류를 깊이 하여 왔습니다. 양국 간의 관계가 불행하였던 시기도 없지 않았으나 이것은 어디까지나 일시적 현상이었고 양국이 서로 갈망하고 있는 국교 정상화가 가까운 장래에 이루어지고 새로운 선린 우호 관계가 수립될 것을 확신합니다.

이와 같은 점에서 본인이 이번 일본 정부의 여러 지도자들과 솔직한 의견을 교환하여 상호 간의 이해를 증진하게 된 것은 의의 있는 일이라고 생각하는 바입니다.

특히 본인은 한일 양측의 진지한 협의의 결과, 양국 정부가 지난 3월 27일 한일 간의 무역에 관한 합의의사록에 '이니셜'하고 오늘 아침 재일 한국인의 처우 및 법적지위에 관한 요강과 청구권 문제의 대강에 합의하고 각각 '이니셜'하게 되었음을 만족스럽게 생각하는 바입니다.

양국 정부의 이와 같은 지극히 중요한 문제점에 관한 합의는 한일 양국 간의 제 현안 해결에 있어서 획기적 진전이라고 믿으며 일본 정부와 더불어 동경하여 마지않는 바입니다.

한일 양국의 우호 관계는 양 국민뿐 아니라 아세아 나아가서는 세계의 번영과 평화를 위하여 크게 요청되는 바라고 하겠습니다. 한일 양국 대표들 간에 추진되고 있는 나머지 문제점에 관한 교섭이 좋은 성과를 거두어 하루 속히 한일 간의 국교가 정상화되기를 바랍니다.

마지막으로 본인은 본인의 일본 방문 기간 중 시나 외무대신 각하가 베풀어 주신 환대와 호의에 대하여 다시 한번 사의를 표하는 동시에 일본 국민의 안녕과 번영을 축원하면서 본인의 귀국 인사에 대신하는 바입니다.

이동원 외무부 장관 주최 만찬회에 있어서의 인사말

1965. 3. 26, 20:00
영빈관

시나 대신 각하, 귀빈 여러분.

오늘 시나 대신 각하를 비롯한 귀빈 여러분을 모시고 자리를 같이하게 된 것을 진심으로 기쁘게 생각하는 바입니다. 본인이 이번 일본에 도착한 이래 여러 가지로 시나 외무대신 각하의 각별하신 환대를 받아 즐거운 일정을 보낼 수 있어 대단히 만족스럽게 생각합니다.

본인의 체재 기간 중 매일 회합을 가져 한일 양국 간의 제 현안에 관하여 솔직한 의견을 교환하여 상호 간의 이해를 증진한 것은 하나의 좋은 성과라고 하겠습니다.

금후에 있어서도 한일 양국 간에 고조되고 있는 제 현안 타결 기운을 양국 간의 국교 정상화라는 공동 목표가 달성될 때까지 지속시켜 나가도록 노력할 필요가 있을 것입니다. 한일 양국 지도자들이 이제 조금만 더 양측의 입장을 접근시킬 수 있게 되면 양국이 오랫동안 대망하여 온 국교 정상화가 실현되리라고 생각합니다.

인접국 간에는 항상 여러 가지 문제가 많은 것입니다. 한일 양국 간에 가령 현재 논의되고 있는 제 문제가 모두 해결된다 하더라도 이로써 양국 간의 모든 문제가 해결된 것이라고 할 수는 없는 것입니다. 양국이 지향하고 있는 국교 정상화는 국교 정상화 그 자체뿐 아니라 양국 간의 관계가 긴밀하게 됨에 따라 부단히 생겨나게 될 여러 가지 문제를 신속하고 원만하게 해결할 수 있는 '공통의 광장'을 이룩한다는 데에도 커다란 의의가 있는 것으로 사료합니다.

한일 양국은 서로 '가깝고도 먼 나라'라고 하는 말을 흔히 듣습니다. 한일 양국이 '가까운 나라'라는 것은 지리적, 역사적 및 민족적 관점에서 본 표현이며 '먼 나라'라는 것은 주로 현재 양 국민이 서로 간직하고 있는 국민감정 면에서 본 표현이라고 생각합니다. 지난 2월에 시나 외무대신 각하 일행을 한국으로 맞이하고 이번에는 본인이 일본을 공식방문하게 됨으로써 한일 양국은 서로 '가깝고도 가까운 나라'라는 인식을 양국 국민에게 조금이라도 줄 수 있었다면 다행한 일이라고 생각하는 바입니다.

본인은 여기서 잔을 들어 시나 외무대신 각하의 만수무강하심을 빔과 동시에 한일 양국의 영원한 우호 관계와 공동 번영을 위하여 축배를 올리고자 합니다.

이 외무부 장관 주최 만찬회 석상에 있어서의 시나 외상의 인사말(요지)

1965. 3. 26, 20:00
영빈관

이 외무부 장관 각하, 귀빈 여러분,

오늘 이동원 외무부 장관 각하를 비롯한 여러 귀빈들과 만찬을 같이하게 된 것을 충심으로 기쁘게 생각하는 바입니다. 본인이 지난번 한국을 방문하여 각별한 환대를 받은 바 있습니다만은 이어서 이번에 이 장관 각하를 일본으로 모시게 된 것은 의의 깊은 일이라고 생각합니다.

한일 양국은 수천 년 이래 일의대수의 이웃 나라로서 상호 간에 긴밀한 유대를 가지고 오늘에 이르렀습니다. 일본의 문화, 언어, 전통 등 여러 부분에 있어서 한국의 영향을 받지 않은 것이 거의 없으며 민족적으로도 일본인 중에는 한국민의 후예가 많은 것으로 알고 있습니다.

본인이 지난 번 한국을 방문하였을 때 본인의 얼굴이 윤보선 민정당 총재와 비슷하다는 말을 들었습니다만 본인 자신 지난번 어느 날 한국의 신문을 보았는데 윤보선 씨의 사진이 게재되고 있다고 생각하면서 기사 내용을 읽어 보니 그 사진은 윤 씨의 것이 아니라 본인의 사진인 것을 알고 놀란 일도 있습니다. 여기 계신 여러분들을 돌아보면 어느 분이 한국 분이고 어느 분이 일본 분인지 얼굴만 보아서는 알 수 없습니다. 구태여 구별한다고 하면 젊은 분은 한국분이고 나이든 분은 일본 분이라고나 할 수 있을 정도라고 하겠습니다.

한일 간의 제 현안이 어려운 문제를 많이 내포하고 있다는 것을 본인도 알고 있습니다. 그러나 외교교섭은 당사자가 자기의 입장을 고집하기만 하여서는 타결되지 않는 것이므로 상호 간 자기의 주장을 양보하지 않을 수 없을 것입니다.

오늘 밤 만찬이 끝나는 대로 시작하기로 되어 있는 비공식 회담에서는 대국적 견지에서 조속히 양측의 합의점을 발견하게 되기 바랍니다. 본인은 결심 여하에 따라 대폭적으로 양보할 의사를 가지고 있사옴을 말씀드리며 오늘 저녁의 회담이 성과 있는 것이 되기를 바라는 바입니다.

마지막으로 이동원 외무부 장관 각하의 건승과 한일 양국 간의 우호 선린 관계를 위하여 축배를 들고자 합니다.

천황 알현 시의 인사문

1965. 3. 26, 16:00
천황 처소

폐하

오늘 일본국 및 일본 국민 통합의 상징이신 폐하에게 알현하게 된 것을 무상의 영광으로 생각하오며 이와 같은 배알의 기회를 베풀어 주신 데 대하여 깊이 감사합니다.

박 대통령 각하께서는 오늘 폐하를 배알하는 기회에 대통령 각하 자신과 한국 국민으로부터의 정중한 문안 말씀을 폐하에게 드리도록 특히 본인에 당부하신 바 있습니다.

폐하의 만수무강과 일본 국민의 영속적인 번영을 축원하는 바입니다.

경제단체연합회, 일본상공회의소, 일한경제협회, 공동 주최 오찬회에 있어서의 인사말

1965. 3. 26, 12:00
도쿄 프린스호텔

회장, 회두, 신사 여러분,

오늘 여러분들과 자리를 같이하게 된 것을 기쁘게 생각하는 바입니다. 본인은 이와 같은 성대한 자리를 마련하여 주신 일한경제협회, 경제단체연합회 및 일본상공회의소 측 여러분들의 호의에 대하여 사의를 표하고자 합니다.

한 나라의 국력과 국민의 생활 수준이 그 나라의 경제력에 의존한다는 것은 새삼스럽게 지적할 필요도 없을 것입니다. 일본이 제2차 세계대전 후 거의 기적적인 속도로 부흥하고 발전하여 오늘날 개발된 국가의 대열에 참여하게 된 것은 실로 일본 경제인 여러분들의 부단한 노력으로써 이룩된 공적이라고 하겠습니다.

현대 국가로서 경제적으로 완전히 고립하여 존립할 수 있는 나라는 아마 하나도 없을 것입니다. 인구의 증가와 인재의 계발에 따르는 수요의 격증과 다양화, 수요에 따르는 공급 능력의 제약 등 여러 가지 이유로, 각국은 상호 간에 유무상통하는 교역 관계를 유지하고 확장하지 않으면 안 되기 때문입니다.

한일 양국은 이웃 나라로서 오랜 옛날부터 교역 관계를 맺어 왔으며 오늘날에 있어서도 상당히 활발한 경제교류가 행하여지고 있는 것이 사실입니다. 다만 한일 간의 국교가 정상화되지 않고 있어 양국 간의 경제교류가 적지 않은 제약을 받고 있으므로, 한국 정부는 하루 속히 양국 간의 제 현안을 안결하여 국교를 정상화시킴으로써 경제교류를 촉진하고자 노력하고 있는 바입니다.

현재 진행되고 있는 한일 무역회담은 물론 한일 전면회담도 궁극적으로는 한일 양국 경제인 간의 경제활동을 촉진하는 것을 주요한 내용으로 한다고 하겠습니다.

본인은 이 자리를 빌어 여러분들에게 한일 양국의 공동 이익과 균형된 경제 발전을 위하여 금후 더욱더 활약하여 주실 것을 당부하오며 인사에 대신하는 바입니다.

감사합니다.

0229-0231　[시나 외무대신 주최 만찬에서의] **시나 외무대신 인사**

[1965. 3. 23, 20:00]

[도쿄 힐튼호텔]

[24번 문서에 동일한 내용의 문서가 수록되었으므로 이곳에서는 생략함]

0232-1234　[시나 외무대신 주최 만찬에서의] **이 외무부 장관의 인사말**

1965. 3. 24, 20:00

도쿄 힐튼호텔

[24번 문서에 동일한 내용의 문서가 수록되었으므로 이곳에서는 생략함]

0235　**시나 대신의 환영사**

1965. 3. 23, 17:40

도쿄, 하네다공항

[18번 문서에 동일한 내용의 문서가 수록되었으므로 이곳에서는 생략함]

0236-0237　**이동원 외무부 장관의 도착 성명**

1965. 3. 23, 17:40

도쿄, 하네다공항

[12번 문서에 동일한 내용의 문서가 수록되었으므로 이곳에서는 생략함]

0238-0239　**공동성명서**

1965년 4월 3일

[47번 문서에 동일한 내용의 문서가 수록되었으므로 이곳에서는 생략함]

0238-0242　(April 3, 1965)

Joint Communique

[48번 문서에 동일한 내용의 문서가 수록되었으므로 이곳에서는 생략함]

한일 무역회담에 관한 공동성명

1965. 3. 27

 1. 1965년 3월 시나 일본국 외무대신이 한국을 방문하였을 시에, 이동원 대한민국 외무부 장관과의 사이에 그 개최가 합의된 한일 무역회담은 동년 3월 11일부터 27일까지 도쿄에서 개최되었다. 개최 및 폐회 시에는 이동원 장관 및 시나 대신이 출석하였다.

 2. 회의는 양국 정부기관의 대표 간에서 시종 극히 우호적인 분위기 속에서 행하여졌다. 한국 측으로부터는 김동조 주일 대표부 대표 이하 관계 각 부의 간부, 일본 측으로부터는 우시바 외무심의관 이하 관계 각 성의 간부가 출석하였다.

 3. 양국 대표는 한일 간의 무역이 대세로써 증가를 보이고 있고 그 결과 양국의 대외무역 전체에서 점하는 비중도 매우 크게 된 것을 환영하였다. 그러나 한국 측 대표는 최근 수년간에 있어 한국 측에서는 매년 5천만 불 내지 1억 불 정도의 수입 초과를 나타내고 있는 것에 대하여 일본 측의 주위를 환기시키면서 이와 같은 역조가 항구화하면 양국 간의 무역이 건전한 발전을 기할 수 없다는 것을 강조하였다.

 이에 대하여 일본 측 대표는 한일 간에 무역의 밸런스가 1964년도에 있어서는 상당히 개선되었다는 것을 지적하는 동시에 이 경향은 금후의 양국 간의 무역의 보다 더 건전한 발전을 약속한 것으로 생각한다고 말하였다. 양국 대표는 한일 무역의 균형 문제에 있어서는 한국 1차 산품의 대일 수출 증대도 물론 중요하지만 한국에 있어서의 보세가공 수출 및 개발 수출에 관한 협력 등에 의하여 장기적으로 무역 규모 확대의 과정에 있어서 균형화를 도모하여 나가야 할 것도 필요하며 지근한 거리에 있는 한일 양국 간에 있어서는 상호 선린 우호의 정신에 입각하여 서로 협력하면 극히 다대한 무역 발전의 가능성이 있다는 것에 관하여 의견이 일치되었다.

 4. 일본 측 대표는 한국의 1차 산품 특히 농수산물에 대한 수입 자유화 문제는 사회적, 정치적 고려에서도 심중히 처리할 필요가 있다고 말하는 한편 그의 수입 증대에

관하여는 금후에도 그 방향으로 노력을 경주하겠다는 뜻을 표명하고, 양국 대표는 해태, 어패류, 축산물, 쌀, 엽연초, 무연탄, 인삼, 흑연 및 한천 등에 관하여 한국 측의 제 요망에 대하여 진지한 토의를 하여 이들 요망이 실현되도록 하기 위한 제반 조치 중 가능한 것부터 점차 강구할 것에 의견의 일치를 보았다.

5. 양국 대표는 한국에 있어서의 현행 보세가공 수출 제도에 관한 한일 간의 협력을 위하여 금후 더욱 검토를 계속하여야 될 것이나 할 수 있는 것은 구체적인 사례에 따라 이를 행할 것에 합의하였다.

6. 양국 대표는 한국의 공업화 분야에 있어서도 한국의 수출력의 증대를 위하여 긴밀히 노력할 것에 의견의 일치를 보았다. 이를 위하여 일본 측 대표로부터 정부의 기술 협력 기관을 통한 기술 지도자의 파견 또는 한국의 기술 연구생의 접수도 적극적으로 고려할 뜻을 말하였다.

또한 일본 측 대표는 한국의 1차 산품 개발의 수입 가능성을 조사하기 위하여 조사단의 파견을 고려할 것을 약속하였다.

7. 양국 대표는 현재 양국 간에 사실상 적용되고 있는 무역, 재정 및 해운에 관한 3 협정을 현상에 맞도록 조속히 개폐할 필요가 있으며 그것을 위하여 금후 계속해서 교섭할 것에 합의하였다.

8. 양국 대표는 무역을 목적으로 하는 양 국민의 왕래, 상대국에 있어서의 체재 등이 가능한 한 원활히 행하여지도록 양국 정부가 고려할 것에 합의하였다.

9. 그 외에 일본으로부터의 어선, 어구의 한국에의 수출 문제 및 양국 간의 밀무역 억제 문제에 관하여도 토의하였다.

10. 양국 대표는 끝으로 금년 중의 적당한 시기에 서울에서 다시 무역회담을 개최할 것에 합의하였다.

1-6. 한일회담 청구권, 법적지위, 어업 문제에 관한 합의사항

72. 한일회담 청구권, 법적지위, 어업 문제에 관하여 1965. 4. 3에 이니셜된 합의사항

0306

한일회담

청구권, 법적지위, 어업 문제에 관하여 1965. 4. 3에 이니셜된 합의사항

1965. 4. 10

외무부 아주국

0307

목차

한일 간의 청구권 문제 해결 및 경제협력에 관한 합의사항

재일한국인의 법적지위 문제에 관한 합의사항

한일 간의 어업 문제에 관한 합의사항

0308

한일 간의 청구권 문제 해결 및 경제협력에 관한 합의사항

0309

한일 간의 청구권 문제 해결 및 경제협력에 관한 합의사항

1965년 4월 3일 도쿄에서

이동원 외무부 장관과 시나 에쓰사부로(椎名悅三郞) 외무대신 간에 다음의 사항이 합의되었다.

1. 무상 제공(생산물 및 용역)

총액 3억 불, 10년간 균등 제공, 단, 재정 사정에 따라서는 양국 정부 합의에 의하여

조상 실시할 수 있다.

2. 장기 저리 차관(경제협력기금에 의함)

총액 2억 불, 10년간 균등 제공, 금리는 연 3.5%, 상환 기간은 7년의 거치 기간을 포함하여 20년. 단, 재정 및 자금 사정에 따라서는 쌍방 합의에 의하여 상환 기간을 연장할 수 있다.

3. 민간신용제공(상업 베이스에 의거한 통상 민간신용제공)

(1) 민간신용제공 총액은 3억 불 이상에 달하는 것으로 기대된다.

(2) 어업협력을 위한 민간신용제공 9,000만 불 및 선박 도입을 위한 민간신용제공 3,000만 불은 상기 (1)에 포함되며, 또한 관계 법령의 범위 내에서 용이하게 하는 것으로 한다.

4. 한일 청산계정 잔고에 대하여 확인된 대일 채무(약 4,573만 불)

(1) 10년간 균등 분할 지불, 이자는 없음.

(2) 매년도 한국의 요청에 의하여 일본 측의 새로운 동의를 요함이 없이 당해 연도에 있어서의 일본으로부터의 무상 제공 중에서 감액함으로써 현금 지불로 간주하는 것으로 한다.

5. 청구권의 해결

관계 협정의 성립 시에 존재하는 한일 양국 및 양 국민의 재산과 양국 및 양 국민 간의 청구권에 관한 문제는 샌프란시스코 평화조약 제4조에 규정된 것을 포함하여 완전히 그리고 최종적으로 해결된 것으로 한다.

단, 한일 양국 및 양 국민의 재산권과 양국 및 양 국민 간의 채권·채무 관계로서, 종전 후 통상의 거래, 계약 등으로부터 생긴 관계에 의거한 것은 영향을 받지 아니한다.

6. 한일 간의 문화재 문제 해결 및 문화 협력 증진에 관련하여 품목 기타에 관한 협의를 하고 일본국은 한국에 대하여 한국 문화재를 인도한다.

(불공표) (번역)

(합의의사록)

1965년 4월 3일, 도쿄에서

금일 '이니셜'된 일한 간의 청구권 문제 해결 및 경제협력에 관한 합의사항(이하 '합의사항'이라 함)의 교섭에 있어서 다음의 양해가 확인되었다.

　1. 합의사항 5에 있어서 완전히 그리고 최종적으로 해결된 것으로 되는 일한 양국 및 양 국민의 재산과 양국 및 양 국민 간의 청구권에 관한 문제에는 한일회담에 있어서 한국 측으로부터 제출된 '한국의 대일청구요강'(소위 8항목)의 범위에 속하는 모든 청구권이 포함되어 있으며, 따라서 관계 협정의 발효에 의하여 동 대일청구요강에 관하여는 여하한 주장도 할 수 없게 된다는 것이 확인된다.

　2. 합의사항 5에 있어서 완전히 그리고 최종적으로 해결된 것으로 되는 전기의 재산 및 청구권에 관한 문제에는 현재까지 대한민국에 의한 일본 어선의 나포로부터 생긴 모든 청구권이 포함되고 있으며 관계 협정의 발효에 의하여 그와 같은 모든 청구권은 이제는 대한민국 정부에 대하여 주장할 수 없는 것으로 됨이 확인된다.

　(불공표)　(번역)
　근계

　금일 '이니셜' 된 일한 간의 청구권 문제 해결 및 경제협력에 관한 시나 외무대신과 이 외무부 장관 간의 합의사항 제3항(2)에 관하여, 다음과 같이 알려드립니다.

　금번 시나 외무대신과 이 외무부 장관 간에 양해된 바와 같이 선박 수출을 위하여 기대되는 민간신용제공 3,000만 불에 대하여서 금리 5.5퍼센트 정도를 목표로 합니다.

　경구

1965년 4월 3일

외무성 아세아국장 우시로쿠 도라오(後宮虎郎)

외무부 아주국장 귀하

(재일한국인의 법적지위 문제에 관한)

합의사항

(법적지위 문제에 관한) 합의사항

1965. 4. 3 도쿄에서

이 외무부 장관과 시나 외무대신 간에 다음의 사항이 합의되었다.

1. 다음에 기재된 대한민국의 국민의 영주 신청을 허가하는 것으로 한다.

가. 종전 이전부터 계속하여 일본국에 거주하는 자

나. 가.의 직계 비속으로서 종전 이후 협정 발효 5년 이내에 일본국에서 출생하여 계속 거주하는 자

다. 가. 및 나.의 자로서 협정 발효일로부터 5년이 경과한 날 이후에 일본국에서 출생한 자

2. 일본국 정부는 1.에 의하여 영주가 허가된 자의 직계 비속으로서 일본국에서 출생한 자의 거주에 관하여는 대한민국 정부의 요청이 있으면 협정 발효 후 25년을 경과할 때까지는 협의를 행할 용의가 있다. 이 협의에 있어서는 동 협정의 기초가 되고 있는 정신과 목적을 존중하는 것으로 한다.

3. 1.에 의하여 영주가 허가된 자의 퇴거 강제 사유(협정 발효 이후의 행위에 의한 것)

가. 일본국에 있어서 내란에 관한 죄 또는 외환에 관한 죄를 범한 것으로 인하여 금고 이상의 형에 처하여진 자(집행유예의 언도를 받은 자 및 내란에 부화수행한 것으로 인하여 형에 처하여진 자를 제외한다).

나. 일본국에 있어서 국교에 관한 죄를 범한 것으로 인하여 금고 이상의 형에 처하여진 자 및 외국의 원수, 외교사절 또는 그 공관에 대한 범죄 행위에 의하여 금고 이상의 형에 처하여지고 일본국의 외교상의 중대한 이익을 해한 자.

다. 영리를 목적으로 마약류의 취체에 관한 일본국의 법령에 위반하여 무기 또는 3년 이상의 징역 또는 금고에 처하여진 자(집행유예의 언도를 받은 자를 제외한다) 및 마약류의 취체에 관한 일본국의 법령에 위반하여 동 협정의 효력 발생일 이후 3회(단, 동 협정의 효력 발생일 이전에 3회 이상 형에 처하여진 자에 대하여는 2회) 이상 형에 처하여진 자.

라. 일본국의 법령에 위반하여 무기 또는 7년을 초과하는 징역 또는 금고에 처하여진 자.

4. 퇴거 명령의 조치를 받은 자의 인수에 관하여, 대한민국 정부는 일본국 정부의 요청에 따라 협력한다.

5. 협정에 포함될 기타의 대우에 관한 사항은 계속해서 논의한다.

추가된 합의사항

1965년 4월 3일, 도쿄에서

1965년 4월 3일에 이니셜 된 합의된 사항 5.에 의거한 이 외무부 장관과 시나 외무대신 간의 토의의 과정에 있어서 다음의 사항이 합의되었다.

1. 협정에 의하여 영주가 허가된 자의 일본국에서의 교육 및 생활보호 등에 관한 사항, 또한 협정에 의하여 영주가 허가된 자(영주 신청을 행할 유자격자를 포함한다)로서 일본국에서 영주할 의사를 포기하고 대한민국으로 귀국하는 자가 귀국 시에 휴행하는 재산 및 그가 일본국에 있어서 소유하는 자금의 대한민국으로의 송금에 관한 사항에 대하여는 타당한 고려가 베풀어지는 것으로 한다.
2. 또한, 위에 관하여는 가능한 한 조속히, 늦어도 협정이 성립할 때까지 합의에 도달하도록 계속해서 토의한다.

(번역)

(야기 입국관리국장으로부터 이 법무국장에게 보내는 서한)

근계

금일 이니셜된 재일한국인의 대우에 관한 시나 외무대신과 이 외무부 장관 간의 합의사항에 관하여 다음과 같이 알려드립니다.

일본국 정부는, 재일한국인의 대우에 관한 협정이 체결되었을 때에는 전기 합의사항 2의 규정을 내용으로 하는 동 협정의 조항에 따라서 대한민국 정부로부터 협의하자는 요청이 있으면 협의를 행함에 동의할 것에 법적으로 코미트하게 됩니다.

경구
1965년 4월 3일
법무성 입국관리국장 야기 마사오(八木正男)

법무부 법무국장 이경호 귀하

한일 간의 어업 문제에 관한 합의사항

한일 간의 어업 문제에 관한 합의사항

차균희 대한민국 농림부 장관과 아카기 무네노리(赤城宗德) 일본국 농림대신 간에서 한일 간의 어업 문제에 관한 교섭과 관련하여 다음의 양해에 도달하였다.

1. 어업에 관한 수역에 대하여

가. 양국은 각기 자국의 연안의 기선으로부터 측정하여 12리까지의 수역을 동국이 어업에 관하여 배타적 관할권을 행사하는 수역으로서 설정하는 권리가 있음을 상호 인정한다. 단, 동 어업에 관한 수역의 설정에 있어서 직선기선을 사용하는 경우에는, 그 직선기선은 타방 국가의 정부와 협의하여 결정하는 것으로 한다.

나. 양국 정부는 일방국이 자국의 어업에 관한 수역에 있어서 타방 국가의 어선이 어업에 종사하는 것을 배제하는 데에 대하여 상호 이의를 제기하지 아니한다.

다. 양국의 어업에 관한 수역이 중복되는 부분에 대하여는 그 부분의 최대의 폭을 표시하는 직선을 이등분하는 점과 양국의 어업에 관한 수역이 중복하는 부분이 끝나는 2점을 각각 연결하는 직선에 의하여 2분 한다.

라. 가.의 단서에 의하여 대한민국이 결정하는 동국의 가의 어업에 관한 수역의 직선기선은 다음과 같은 것으로 한다(교환 서한).

　(1) 장기갑 및 달만갑을 연결하는 직선에 의한 만구의 폐쇄선

　(2) 화암추 및 범월갑을 연결하는 직선에 의한 만구의 폐쇄선

　(3) 1.5 미암, 생도, 홍도 우여암, 상백도 및 거문도를 순차로 연결하는 직선기선

　(4) 소록도, 서격열비도, 어청도, 직도, 상왕등도 및 횡도(안마군도)를 순차로 연결하는 직선기선

마. 양국 정부는 잠정적 조치로서 가에 의하여 설정되는 어업에 관한 수역을 구역하는 선과 다음의 각각의 선에 의하여 둘러싸이는 수역은 당분간 대한민국의 어업에 관한 수역에 포함되는 것을 확인한다.

(교환 서한)

(1) 북위 33도 43분 15초와 동경 127도 21분과의 교점, 북위 33도 47분 30초와 동경 127도 13분과의 교점 및 우도의 진동(眞東) 12리의 점을 연결하는 직선

(2) 북위 33도 56분 25초와 동경 125도 55분 30초와의 교점과 북위 33도 24분 20초와 동경 125도 56분 20초와의 교점을 통과하는 직선

바. 대한민국(일본국) 정부는 그 감시선에 의한 일본국(대한민국) 어선의 어업에 관한 수역 침범의 사실의 확인과 어선 및 선원의 취급에 대하여 국제 통념에 따라서 공정 타당하게 처리할 용의가 있다(일방적 선언).

2. 공동규제수역(대한민국의 어업에 관한 수역을 제외한다)의 범위

가. 북위 37도 30분 이북의 동경 124도의 경선

나. 다음의 각 점을 순차로 연결하는 선

(1) 북위 37도 30분과 동경 124도와의 교점

(2) 북위 36도 45분과 동경 124도 30분과의 교점

(3) 북위 33도 30분과 동경 124도 30분과의 교점

(4) 북위 32도 30분과 동경 126도와의 교점

(5) 북위 32도 30분과 동경 127도와의 교점

(6) 양국의 어업에 관한 수역의 중복하는 부분이 끝나는 남단의 점

다. 양국의 독점 어업수역이 중복하는 부분의 최대의 폭을 표시하는 직선을 이등분하는 점과 양국의 독점 어업수역의 중복하는 부분이 끝나는 2점을 각각 연결하는 직선

라. 다음의 각 점을 순차로 연결하는 점

(1) 양국의 독점 어업수역이 중복하는 부분이 끝나는 북단의 점

(2) 북위 35도 30분과 동경 130도와의 교점

(3) 북위 37도 30분과 동경 131도 10분과의 교점

(4) 우암령 정점

3. 공동규제수역 내에 있어서의 잠정적 어업규제 조치의 내용에 대하여

가. 양국 정부는 공동규제수역에 있어서의 어업자원의 최대 지속적 생산성을 확보

하기 위하여 필요한 보존 조치가 충분한 과학적 조사에 의하여 실시될 때까지의 기간 저인망, 선망 및 60톤 이상의 어선에 의한 고등어 외낚시 어업에 관하여 잠정적 어업 규제 조치를 실시한다(톤이라 함은 총 톤수에 의하는 것으로 하고, 선내 거주구 개선을 위한 허용 톤수를 삭감한 톤수에 의하여 표시한다).

나. 잠정적 어업규제 조치는 양국에 각각 적용되는 것으로 하고, 그 내용은 다음과 같다.

(1) 최고 출어 척수 또는 총수(공동규제수역 내에 있어서의 조업을 위하여 감찰(증명서)을 소지하고 또한 표식을 부착하여 동시에 동 수역 내에 출어하고 있는 어선의 척수 또는 총수의 최고한도를 말한다)

(가) 50톤 미만의 어선에 의한 저인망 어업에 대하여는 115척

(단, 일본국은 공동규제수역 중 대한민국의 경상북도와 경상남도와의 경계선과 해안선과의 교점과 북위 35도 30분과 동경 130도와의 교점과를 연결하는 직선 이북의 동해의 수역에 있어서는 동시에 조업할 수 있는 일본국의 저인망 어선은 25척을 상회하는 일이 없다는 것, 11월 1일부터 익년의 4월 30일까지의 기간 이외에 있어서는 조업을 하지 않는다는 것, 수심 300미(米) 이천(以淺)의 부분에 있어서는 조업하지 아니하는 것 및 새우의 혼획을 매 항해의 총 어획량의 20%를 초과하지 아니하는 범위 내에 멈추어야 한다는 것을 확인한다.)(일방적 성명)

(나) 50톤 이상의 어선에 의한 저인망 어업에 대하여는,

① 11월 1일부터 익년의 4월 30일까지의 기간에 있어서는 270척

② 5월 1일부터 10월 31일까지의 기간에 있어서는 100척

(다) 40톤 이상의 어선에 의한 선망 어업에 대하여는,

① 1월 16일부터 5월 15일까지의 기간에 있어서는 60통

② 5월 16일부터 익년의 1월 15일까지의 기간에 있어서는 120통

(라) 60톤 이상의 어선에 의한 고등어 외낚시 어업에 대하여는 15척

단, 조업 기간은 6월 1일부터 12월 31일까지로 하고 조업 구역은 대한민국의 경상 북도와 경상남도와의 경계선과 해안선과의 교점과 북위 35도 30분과 동경 130도와의 교점과를 연결하는 직선 이남, 동경 125도 30분 이동으로서 제주도의 서측에 있어서는 북위 33도 35분 이남의 수역으로 한다.

(마) 대한민국의 어선과 일본국의 어선과의 어획 능력의 격차가 있을 동안 대한민

국의 출어 척수 또는 통수는 양국 정부 간의 협의에 의하여 본 협정의 최고 출어 척수 또는 통수를 기준으로 하고 그 격차를 고려하여 조정된다.

(2) 어선 규모

(가) 저인망 어업 가운데

① 트롤 어업 이외의 것에 대하여는 30톤 이상 170톤 이하

② 트롤 어업에 대하여는 100톤 이상 550톤 이하

단, 50톤 이상의 어선에 의한 저인망 어업(대한민국이 동해에 있어서 인정하고 있는 60톤 미만의 새우 저인망 어업은 제외한다)은 동경 128도 이동의 수역에 있어서는 행하지 않기로 한다.

(나) 선망 어업에 대하여는 망선 40톤 이상 100톤 이하

단, 본 양해 시에 일본국에 현존하는 100톤 이상의 선망 망선 1척은 예외로서 인정된다.

(다) 60톤 이상의 어선에 의한 고등어 외낚시 어업에 대하여는 100톤 이하

(3) 망목(해중에 있어서의 내경으로 한다.)

(가) 50톤 미만의 어선에 의한 저인망 어업에 대하여는 33밀리미터 이상

(나) 50톤 이상의 어선에 의한 저인망 어업에 대하여는 54밀리미터 이상

(다) 선망 어업에 대하여는 33밀리미터 이상

(전갱이 또는 고등어를 대상으로 하는 선망의 주요 부분의 망목으로 한다)

(4) 광력

(가) 선망 어업에 대하여는 1통당 10킬로와트 이하의 등선 2척 및 7.5킬로와트 이하의 등선 1척으로 하고, 합계 27.5킬로와트 이하

(나) 60톤 이상의 어선에 대한 고등어 외낚시 어업에 대하여는 10킬로와트 이하

(5) 감찰(증명서) 및 표식에 대하여

(가) 공동규제수역에 출어에는 어선은 각기의 정부가 발급하는 감찰(증명서)를 소지하고, 또한 표식을 부착하기로 한다.

(나) 감찰(증명서) 및 표식의 총수는 잠정적 규제 조치의 대상이 되는 어업별로 해당 어업에 관한 최고 출어 척수와 동수로 한다.

(다) 감찰(증명서) 및 표식의 총수는 어업의 실태에 비추어 50톤 이상의 저인망 어

업에 대하여는 그 최고 출어 척수의 15%까지, 50톤 미만의 저인망 어업에 대하여는 그 최고 출어 척수의 20%까지 각각 증가 발급할 수 있다.

① 감찰(증명서) 및 표식은 항구 내에 있어서의 경우를 제외하고 해상에 있어서 한 어선으로부터 다른 어선에 인도되는 일이 없도록 양국 정부는 행정지도를 하는 것으로 한다(합의의사록).

② 감찰(증명서) 및 표식은 금후 계속 협의하여 정한다.

③ 일방국의 정부는 자국의 출어 어선의 정오 위치 보고에 의거하여 어업별 출어 상황을 월별로 집계하여 매년 적어도 4회 타방국의 정부에 통보하다(합의의사록).

4. 연간 총 어획 기준량에 대하여

0333　공동규제수역 내에 있어서의 저인망 선망 및 60톤 이상의 어선에 의한 고등어 외낚시 어업에 의한 연간 총 어획 기준량은 15만 톤(이하 10%의 변동이 있을 수 있다)으로 하는 것, 또한 일본국의 15만 톤의 내역은 50톤 미만의 어선에 의한 저인망 어업에 대하여는 1만 톤, 50톤 이상의 어선에 의한 저인망 어업에 대하여는 3만 톤 및 선망 어업과 60톤 이상의 어선에 의한 고등어 외낚시 어업에 대하여는 11만 톤이라는 것. 연간 총 어획 기준량은 최고 출어 척수 또는 통수에 의하여 조업을 규제함에 있어서 지표가 되는 수량이라는 것, 또한 어느 일방국도 공동규제수역 내에 있어서의 저인망, 선망 및 60톤 이상의 어선에 의한 고등어 외낚시 어업에 의한 연간 총어획량이 15만 톤을 초과한다고 인정하는 경우에는 어기 중에 있어서도 연간 총어획량을 16만 5천 톤 이하에 멈추게 하기 위하여 출어 척수 또는 통수를 억제하도록 행정지도를 행한다(합의의사록).

0334　어느 일방국의 정부는 자국의 출어 어선에 의한 공동규제수역 내에 있어서의 그 어획량의 보고 및 양륙항에 있어서의 조사를 통하여 어업별 어획량을 월별로 집계하고 그 결과를 매년 적어도 4회 상대국 정부에 통보한다(합의의사록).

5. 단속 및 재판관할권에 대하여

가. 어업에 관한 수역의 외측에 있어서의 단속(정선 및 임검을 포함한다) 및 재판관할권은 어선이 속하는 국가만이 행사한다.

나. 어느 일방국의 정부도 그 국민 및 어선이 잠정적 어업규제 조치를 성실하게 준수할 것을 확보하기 위하여 적절한 지도 및 감독을 행하고 위반에 대한 적당한 벌칙을 포함하는 국내 조치를 실시한다.

다. 일방국의 감시선은 타방국의 어선이 현재 잠정적 어업규제 조치를 명백하게 위반하고 있다고 충분히 믿을만한 상당한 이유가 있는 사실을 발견하였을 때에 즉시 이를 그 어선이 속하는 국가의 감시선에 통보할 수가 있다. 당해 타방국의 정부는 해당 어선의 단속 및 이에 대한 재판관할권의 행사에 당하여 그 통보를 존중하기로 하고, 그 결과 취하여진 조치를 당해 일방국의 정부에 대하여 통보한다(합의의사록).

라. 일방국의 정부는 타방국의 정부의 요청이 있을 때에는 잠정적 어업규제 조치에 관하여 자국 내에 있어서의 단속의 실시상황을 시찰하도록 하기 위한 편의를, 이를 위하여 특히 권한을 부여받은 타방국의 공무원에게 가능한 한 부여한다(합의의사록).

6. 연안어업에 종사하는 어선의 자주 규제에 대하여

가. 양국 정부는 각각 다음의 취지의 일방적 성명을 행한다.

(1) 대한민국 정부의 성명

"잠정적 어업규제 조치의 적용의 대상이 되지 않는 종류의 어업에 종사하는 대한민국의 어선으로서, 공동 규제 수역 내에 출어하는 어선 가운데 60톤 미만 25톤 이상의 고등어 외낚시의 조업 기간은 6월 1일부터 12월 31일까지로 하고, 그 조업 구역은 공동규제수역 내의 가운데 대한민국의 경상북도와 경상남도와의 경계선과 해안선과의 교점과 북위 35도 30분과 동경 130도와의 교점과를 연결하는 직선 이남, 제주도의 서측에 있어서의 북위 33도 30분 이남의 수역으로 하는 것"

(2) 일본국 정부의 성명

"잠정적 어업규제 조치의 적용의 대상이 되지 않는 종류의 어업에 종사하는 일본국의 어선으로서 공동규제수역 내에 있어 동시에 연안 어업에 종사하는 것의 척수는 1,700척을 상회하는 일이 없을 것이라는 것, 이들 일본국의 어선 가운데 60둔 미만 25둔 이상의 고등어 외낚시 어선의 조업 기간은, 6월 1일부터 12월 31일까지로 하고, 그 조업 구역은 공동규제수역 내의 가운데 대한민국의 경상북도와 경상남도와의 경계선과 해안선과의 교점과 북위 35도 30분과 동경 130도와의 교점과를 연결하는 직선

이남, 제주도의 서측에 있어서의 북위 33도 30분 이남의 수역으로 하고, 또한 그 척수는 175척을 상회하는 일이 없을 것이라는 것"

나. 양국 정부는 연안 어업의 조업의 실태에 관하여 정보의 교환을 행하고 어장 질서를 유지하기 위하여 필요할 때에는 협의를 행한다(합의의사록).

7. 공동규제수역 내에 출어하는 양국의 포경 어업에 종사하는 어선의 자주 규제에 대하여

양국 정부는 공동규제수역 내의 고래자원의 상태에 깊은 관심을 가지고 있으므로, 공동수역에 있어서, 소형 포경어업의 조업 척수를 현재 이상으로 증가시키거나 그 어업 노력을 현재 이상으로 증대시키거나 하지 않으며, 또한 대형 포경 어선은 금후에도 현재 정도 이상으로 출어시키지 않을 것을 확보할 의도이라는 뜻으로 각각 일방적 성명을 행한다.

8. 국내 어업금지수역 등의 상호 존중에 대하여

가. 대한민국 정부가 현재 설정하고 있는 저인망 및 트롤 어업에 대한 어업금지수역과 일본국 정부가 현재 설정하고 있는 저인망 및 어망 어업에 대한 어업금지수역 또한 저인망 어업에 대한 동경 128도, 동경 128도 30분, 북위 33도 9분 15초 및 북위 25도의 각선으로 둘러싸인 수역에 대하여 양국 정부가 각각 상대국의 이들의 수역에 있어서 당해 어업에 자국의 어선이 종사하지 않도록 하기 위하여 필요한 조치를 취한다(합의의사록).

나. 대한민국 정부가 전기의 대한민국의 어업금지수역 내의 서해(황해)의 부분에 있어서 대한민국의 50톤 미만의 저인망 어업 및 동 수역 내의 동해의 부분에 있어서 대한민국의 새우 저인망 어업에 관하여 실시하고 있는 제도는 예외적으로 인정된다(합의의사록).

다. 일방국의 감시선이 가.에서 말한 그 국가의 수역에 있어서 타방국의 어선이 조업하고 있음을 발견하였을 경우에는 그 사실에 대하여 당해 어선의 주의를 환기함과 동시에 조속히 그 뜻을 해당 타방국의 감시선에 통보할 수 있다. 당해 타방국 정부는 당해 어선의 단속 및 이에 대한 재판관할권의 행사에 당하여 그 통보를 존중하기로 하

고 그 결과 취하여진 조치를 해당 일방국의 정부에 통보한다(합의의사록).

9. 공동 자원조사 수역에 대하여

공동규제수역의 외측에 공동 자원조사 수역이 설정된다. 그 수역의 범위 및 동 수역 내에서 행하여지는 조사에 대하여는 어업공동위원회가 행하여야 할 권고에 입각하여 양국 정부의 협의 후에 결정된다(어업공동위원회가 공동규제수역 내에서 행하는 자원조사에 대하여는 계속 토의하여 결정한다).

10. 어업공동위원회의 구성 및 임무 등에 대하여는 계속 토의하여 결정한다.

11. 협정의 해석 및 적용에 관한 분쟁에 대하여는 계속 토의하여 결정한다.

12. 양국의 어선 간의 조업의 안전 및 질서를 유지하기 위하여 필요한 조치에 대하여는 계속 토의하여 결정한다.

13. 어업협정의 전문의 취지에 대하여

어업협정의 전문의 취지는 다음과 같으며 전문에 포함되어야 할 기타 사항에 대하여는 계속 토의하여 결정한다.

가. 양국이 공통의 관심을 가지는 수역에 있어서의 어업자원의 최대지속적 생산성이 유지되어야 함을 희망하고,

나. 전기의 자원의 보존 및 그 합리적 개발과 발전을 기도함이 양국의 이익에 도움이 됨을 확신하고,

다. 공해 자유 원칙이 이 협정에서 특별한 규정이 있는 경우를 제외하고는 존중되어야 함을 확인하고

라. 양국의 지리적 근접성과 양국 어업의 교착으로부터 발생하는 일이 있는 분쟁의 원인을 제거함이 요망됨을 인정하고

마. 양국 어업의 발전을 위하여 상호협력하기를 희망하고

14. 무해통항에 대하여

공해 및 어업에 관한 수역에 있어서의 무해통항(어선은 어구를 격납한 경우에 한한다)은 국제법규에 따라야 함이 확인된다(합의의사록).

15. 어업협력에 관하여

양국 정부는 양국의 어업의 발전과 향상을 기도하기 위하여 기술 및 경제의 분야에 있어서 가능한 한 상호 밀접하게 협력하기로 한다.

이 협력 가운데는 다음의 것을 포함한다.

가. 어업에 관한 정보 및 기술을 교환하는 것

나. 어업 전문가 및 기술자를 교류시키는 것

(교환 서한)

0342 한국 측 김명년 대표의 일본 측 와다 대표 앞 서한

본인은 금일 행하여지는 '한·일 간의 어업 문제에 관한 합의사항'의 이니셜에 관하여, 이에 사용되는 한국어 문안은 일본어로 된 정식 문안의 한국어 번역이라는 점 및 한국어로 된 정식 문안은 수일 내로 상기 일본어로 된 정식 문안을 기초로 하여 일본 측과 협의하여 작성될 것이라는 점을 기술합니다.

1965년 4월 3일

한국 측 대표 김명년

일본 측 대표
와다 마사아키 귀하

0343 (번역)

근계

금일 '이니셜'된 일한 간의 어업 문제에 관한 합의와 청구권 문제 해결 및 경제협력에 관한 합의 제3항 (2)에 관하여 다음과 같이 알려 드립니다.

기히 귀 장관과 본인 간에서 합의된 바와 같이, 어업협력을 위하여 기대되는 민간신용제공 9,000만 불 중 영세어민용 4,000만 불에 대하여서는 금리 5퍼센트 정도를 목표로 하고 잔여 5,000만 불에 대하여서는 금리 5.75퍼센트 정도를 목표로 합니다.

경구

1965년 4월 3일

일본국 농림대신 아카기 무네노리(赤城宗德)[서명]

0344
目次
一. 日韓間の請求權問題解決及び經濟協力に関する合意事項
一. 合意された事項(法的地位)
一. 日韓間の漁業問題に関する合意事項

0345
日韓間の請求權問題解決及び經濟協力に關する合意事項

0346
(不公表)
日韓間の請求權問題解決及び經濟協力に關する合意事項

一九六五年四月三日に東京で

椎名悅三郎外務大臣と李東元外務部長官との間で次の事項が合意された.

1. 無償供與(生産物及び役務)

總額三億ドル, 十年間均等供與, 但し財政事情によつて兩國政府合意の上くり上げ實施し得る.

2. 長期低利借款(經濟協力基金による)

0347
總額二億ドル, 十年間均等供與, 金利は年三.五％, 償還期間は七年の据置期間を含み二十年.

ただし, 財政及び資金事情によつて雙方合意の上償還期間を延長しうる.

3. 民間信用供與(商業ベースに基づく通常の民間信用供與)

(1) 民間信用供與總額は三億ドル以上に達することが期待される.

(2) 漁業協力のための民間信用供與九〇〇〇萬ドルおよび船舶輸出のための民間信用供與三〇〇〇萬ドルは前記(1)に含まれ, かつ關係法令の範圍内において容易化されるものとする.

0348
4. 日韓オープン勘定殘高について確認された對韓債權(約四五七三萬ドル)

(1) 十年間均等払い, 金利なし.

(2) 毎年度韓國の要請により, 日本側の新たな同意を要せずに, 當該年度における

日本よりの無償供與よりの減額により現金支拂とみなすこととする.

　5. 請求權の解決

　關係協定の成立時に存在するに日韓兩國および兩國民の財産ならびに兩國および兩國民の間の請求權に關する問題は, 桑港平和條約第四條に規定するものを含めて完全かつ最終的に解決されたことになる.

　但し, 日韓兩國および兩國民の財産權ならびに兩國および兩國民の間の債權債務關係であつて, 終戰後通常の取引, 契約等から生じた關係に基づくものは影響を受けない.

　6. 日韓間の文化財問題の解決および文化協力の增進に關連し, 品目その他につき協議の上日本國より韓國に對し韓國文化財を引渡す.

　　（不公表）

合意議事錄

　本日イニシアルされた日韓間の請求權問題解決及び經濟協力に關する合意事項（以下「合意事項」という.）の交換において次の了解が確認された.

　合意事項5において完全かつ最終的に解決されたことになる日韓兩國及び兩國民の財産並びに 兩國及び兩國民の間の請求權に關する問題には, 日韓會談において韓國側から提出された「韓國の對日請求要綱」（おわゆる八項目）の範圍に屬するすべての請求權が含まれており, したがって, 關係協定の發效により, 同對日請求要綱に關しては, いがなる主張もなしえないこととなることが確認される.

　2. 合意事項5において完全かつ最終的に解決されたことになる前記の財産及び請求權に關する 問題には, 現在までに大韓民國による日本漁船の拿捕から生じたすべての請求權が含まれており, 關係協定の發效により, それらのすべての請求權は, もはや大韓民國政府に對して主張しえないこととなることが確因される.

0352　（不公表）

謹啓

本日イニシアルを了した日韓間の請求權問題解決および經濟協力に関する椎名外務大臣と李外務部長官との合意事項第三(2)に関し次のとおり申し上がます．

今般椎名外務大臣と李外務部長官との間で了解されたとおり，船舶輸出のために期待される民間信用供與三,〇〇〇万ドルについては金利五.五パーセント程度を目途とします．

敬具

昭和四十年四月三日

外務省アジア局長　後宮虎郎

外務部亞洲局長　延河龜　貴下

0353　　　　　　　　　　　合意された事項（法的地位）

0354　（不公表）

（合意された事項）

一九六五年四月三日に東京で

椎名外務大臣と李外務部長官との間で次の事項が合意された．

一．次に掲げる大韓民國國民の永住申請を許可することとする．

(a) 終戰以前から引き續き日本國に居住する者

(b) (a)の直系卑屬で終戰以後協定發效五年以内に日本國で出生し引き續き居住するもの

0355　(c) (a)及び(b)の子で協定發效の五年より後に日本國で出生したもの

二．日本國政府は，一により永住を許可された者の直系卑屬で日本國で出生したものの居住については，大韓民國政府の要請があれば協定發效後二五年を經過する

までは協議を行なう用意がある．この協議にあたつては，この協定の基礎となつている精神及び目的を尊重するものとする．

　三．一により永住を許可された者の退去強制事由(協定發效以後の行爲によるもの)

　　(a) 日本國において內亂に關する罪又は外患に關する罪を犯したことにより禁錮以上の刑に處せられた者(執行猶豫の言渡しを受けた者及び內亂に付和隨行したことにより刑に處せられた者を除く．)

　　(b) 日本國において國交に關する罪を犯したことにより禁錮以上の刑に處せられた者及び外國の元首，外交使節又はその公館に對する犯罪行爲により禁錮以上の刑に處せられ，日本國の外交上の重大な利益を害した者

　　(c) 營利の目的をもつて麻藥類の取締りに關する日本國の法令に違反して無期又は三年以上の懲役又は禁錮に處せられた者(執行猶豫の言渡しを受けた者を除く．)及び麻藥類の取締りに關する日本國の法令に違反して，この協定の效力發生の日以後三回(ただし，この協定の效力發生の日の前に三回以上刑に處せられた者については二回)以上刑に處せられた者

　　(d) 日本國の法令に違反して無期又は七年をこえる懲役又は禁錮に處せられた者

　四．退去強制の措置を受けた者の引取りに關し，大韓民國政府は日本國政府の要請に應じ協力する．

　五．協定に含まれるその他の待遇についての事項は，引き續き討議する．

(不公表)

(追加の合意された事項)

　　　　　　　　　　　　　　　　　　　一九六五年四月三日に東京で

一九六五年四月三日にイニシアルされた合意された事項五による椎名外務大臣と李外務部長官との間の討議の過程において次の事項が合意された．

　一．協定により永住を許可された者の日本國における教育及び生活保護等に關する事項並びに協定により永住を許可された者(永住申請を行なう資格を有する者を含

0359 む.)で日本國で永住する意思を放棄して大韓民國に歸國するものが歸國時に携行する財産及びその者が日本國において所有する資金の大韓民國への送金に關する事項については, 妥當な考慮が拂われるものとする.

　二. なお, 右に關しては, できる限りすみやかに, おそくとも協定が成立するまでに合意に到達するよう引き續き討議する.

0360 　（不公表）

拝啓

本日イニシアルされた在日韓國人の待遇に關する椎名外務大臣と李外務部長官との間で合意された事項二に關し, 次のとおりお知らせします.

日本國政府は, 在日韓國人の待遇に關する協定が締結されたときは, 前記の合意された事項二の規定を内容とする同協定の條項に基づき, 大韓民國政府より協議したいとの要請があれば協議を行なうことに同意するよう法的にコミットされることになります.

　　　　　　　　　　　　　　　　　　　　　　　　　敬具

0361 　　　　　　　　　　　　　　　　　　　　昭和四十年四月三日
　　　　　　　　　　　　　　　　　　法務省入國管理局長 八木正男

法務部法務局長 李坰鎬 殿

0362 　　　　　　　日韓間の漁業問題に関する合意事項

0363 　（不公表）

　　　　　　　日韓間の漁業問題に関する合意事項
　　　　　　　　　　　　　　　　一九六五年四月三日に東京で

日本國農林大臣赤城宗德と大韓民國農林部長官車均禧との間で日韓間の漁業問題に関する交渉に関連して次の了解に到達した.

1. 漁業に關する水域について

　（イ）兩國は,おのおのが自國の沿岸の基線から測定して十二マイルまでの水域を,同國が漁業に關して排他的管轄權を行使する水域として設定する權利があるてとを相互に認める.ただし,この漁業に關する水域の設定に際して直線基線を使用する場合には,その直線基線は,他方の國の政府と協議の上決定するものとする.

　（ロ）兩國政府は,一方の國が自國の漁業に關する水域において他方の國の漁船が漁業に從事することを排除することに相互に異議を申し立てない.

　（ハ）兩國の漁業に關する水域が重複する部分については,その部分の最大の幅を示す直線を二等分する点と兩國の漁業に關する水域が重複する部分が終わる二点とをそれぞれ結ふ直線により二分する.

　（ニ）（イ）のただし書により大韓民國が決定する同國の漁業に關する水域の直線基線は,次のとおりとする(交換書簡)

　　（i）長 岬及び達萬岬を結ふ直線による灣口の閉鎖線

　　（ii）花巖湫及び凡月岬を結ふ直線による灣口の閉鎖線

　　（iii）一.五メートル巖,生島,鴻島,于汝巖,上白島及び巨文島を順次結ふ直線基線

　　（iv）小鈴島,西格列飛島,於靑島,稷島,上旺嶝島及び橫島(鞍馬群島)を順次結ふ直線基線

　（ホ）兩國政府は暫定的措置として,（イ）により設定される漁業に關する水域を畫る線と次のそれぞれの線とにより圍まれる水域は,當分の間大韓民國の漁業に關する水域に含まれることを確認する(交換書簡).

　　（i）北緯三十三度四十八分十五秒と東經百二十七度二十一分との交点,北緯三十三度四十七分三十秒と東經百二十七度十三分との交点及び牛島の眞東十二マイルの点を順次結ふ直線

　　（ii）北緯三十三度五十六分二十五秒と東經百二十五度五十五分三十秒との交点と北緯三十三度二十四分二十秒と東經百二十五度五十六分二十秒との交点を結ふ直線

　（ヘ）日本國政府(大韓民國政府)は,その監視船による大韓民國(日本國)漁船の漁業に關する水域侵犯の事實の確認と漁船及び乘組員の取扱いとについて,國際通念に從い公正妥當に處理する用意がある(一方的聲明).

0369　　2. 共同規制水域(大韓民國の漁業に關する水域を除く.)の範圍

　　(イ) 北緯三十七度三十分以北の東經百二十四度の經線

　　(ロ) 次の各点を順次に結ぶ線

　　　　(i) 北緯三十七度三十分と東經百二十四度との交点

　　　　(ii) 北緯三十六度四十五分と東經百二十四度三十分との交点

　　　　(iii) 北緯三十三度三十分と東經百二十四度三十分との交点

　　　　(iv) 北緯三十二度三十分と東經百二十六度との交点

　　　　(v) 北緯三十二度三十分と東經百二十七度との交点

0370　　　(vi) 兩國の漁業に關する水域が重複する部分が終わる南端の点

　　(ハ) 兩國の漁業に關する水域が重複する部分の最大の幅を表示す直線を二等分する点と兩國の漁業に關する水域の重複する部分が終わる二点とそれぞれ結ぶ直線

　　(ニ) 次の各点を順次に結ぶ線

　　　　(i) 兩國の漁業に關する水域が重複する部分が終わる北端の点

　　　　(ii) 北緯三十五度三十分と東經百三十度との交点

　　　　(iii) 北緯三十七度三十分と東經百三十一度十分との交点

　　　　(iv) 牛巖嶺高頂

0371　　3. 共同規制水域內における暫定的漁業規制措置の內容について

　　(イ) 兩國政府は, 共同規制水域においては, 漁業資原の最大の持續的生產性を確保するために必要とされる保存措置が十分な科學的調査に基づいて實施されるまでの間底曳, 旋網及び六十トン以上の漁船による鯖釣漁業につき, 暫定的漁業規制措置を實施する. (トンとは, 總トン數によるものとし, 船內居住區改善のための許容トン數を差し引いたトン數により表示する.)

　　(ロ) 暫定的漁業規制措置は, 兩國のそれぞれに適用されるものとし, その內容は, 次のとおりとする.

0372　　　(i) 最高出漁隻數又は統數(共同規制水域內においての操業のため證明書(鑑札)を所持し, かつ, 標識を附着して同時に同水域內に出漁している漁船の隻數又は統數の最高限度をいう.)

　　　　i 五十トン未滿の漁船による底曳漁業については百十五隻

　　　（ただし，日本國政府は，共同規制水域のうち，大韓民國の慶尚北道と慶尚南道との境界線と海岸線との交點と北緯三十五度三十分と東經百三十度との交點とを結ぶ直線以北の日本海(東海)の水域においては，同時に操業することができる日本國の底曳漁船は，二十五隻を上回ることがないこと，十一月一日より翌年の四月三十日までの期間以外においては操業しないこと，水深三百メートル以淺の部分においては操業しないこと及びえびの混獲を每航海の總漁獲量の二十パーセントをこえない範圍内にとどめるべきことを確認する(一方的聲明).)

　　　　ii 五十トン以上の漁船による底曳漁業については，
　　　　　イ 十一月一日より翌年の四月三十日までの期間においては二百七十隻
　　　　　ロ 五月一日より十月三十一日までの期間においては百隻

　　　　iii 四十トン以上の網船による旋網漁業については，
　　　　　イ 一月十六日より五月十五日までの期間においては六十統
　　　　　ロ 五月十六日より翌年の一月十五日までの期間においては百二十統

　　　　iv 六十トン以上の漁船による鯖釣漁業については十五隻

　　　　ただし，漁業期間は六月一日より十二月三十一日までとし，操業區域は大韓民國の慶尚北道と慶尚南道との境界線と海岸線との交點と北緯三十五度三十分と東經百三十度との交點とを結ぶ直線以南，濟州島の西側においては北緯三十三度三十分以南の水域とする.

　　　　v 日本國の漁船と大韓民國の漁船との漁獲能力の格差がある間，大韓民國の出漁隻數又は統數は，兩國政府間の協議により，この協定の最高出漁隻數又は統數を基準とし，その格差を考慮して調整される.

　　(ii) 漁船規模

　　　　i 底曳漁業のうち
　　　　　イ トロール漁業以外のものについては三十トン以上百七十トン以下
　　　　　ロ トロール漁業については百トン以上五百五十トン以下

　　　　ただし，五十トン以上の漁船による底曳漁業(大韓民國が日本海(東海)において認めている六十トン未滿のえび底曳漁業を除く.)は，東經百二八度以東の水域におい

ては,行なわないこととする.

　ii 旋網漁業については網船四十トン以上百トン以下

　　ただし,この了解の時に日本國に現有する百トン以上の旋網網船一隻は,例外として認められる.

　iii 六十トン以上の漁船による鯖釣漁業については百トン以下

(iii) 網目(海中における內徑とする.)

　i 五十トン未滿の漁船による底曳漁業については三十三ミリ、メートル以上

　ii 五十トン以上の漁船による底曳漁業については五十四ミリ、メートル以上

　iii 旋網漁業については三十ミリ、メートル以上

　　(鯵又は鯖を對象とする身網の主要部分の網目とする.)

(iv) 光力

　i 旋網漁業については一統につき,十キロ、ワット以下の燈船二隻及び七、五キロ、ワット以下の燈船一隻とし,計二十七、五キロ、ワット以下

　ii 六十トン以上の漁船による鯖釣漁業については十キロ、ワット以下

(v) 證明書(鑑札)及び標識

　i 共同規制水域內に出漁する漁船は,それそれの政府が發給する證明書(鑑札)を所持し,かつ,標識を付着するものとする.

　ii 證明書(鑑札)及び標識の總數は,暫定的漁業規制措置の對象とする漁業別に當該漁業に關する最高出漁隻數と同數とする.

　　ただし,漁業の實態にかんがみ,五十トン以上の底曳網漁業についてはその最高出漁隻數の十五パーセントまで,五十トン未滿の底曳網漁業についてはその最高出漁隻數の二十パーセントまで,おのおの增加發給することに合意する.

　iii 證明書(鑑札)及び標識は,港內における場合を除き,海上において一の漁船から他の漁船に引き渡されることがないよう兩國政府は行政指導することとする.(合意議事錄)

　iv 證明書(鑑札)及び標識は,今後引き續き協議して定める.

　v 一方の國の政府は,自國の出漁漁船の正午位置報告に基づき漁業別出航狀況を月別に集計して每年少なくとも四回他方の國の政府に通報する.(合意議事錄)

4. 年間總漁獲基準量について

共同規制水域內における底曳, 旋網及び六十トン以上の漁船による鯖釣漁業による年間總漁獲基準量は, 十五萬トン(上下十パーセントの變動がありうる.)とすること竝びに日本國については, この十五萬トンの內譯は, 五十トン未滿の漁船による底曳漁業については一萬トン, 五十トン以上の漁船による底曳漁業については三萬トン及び旋網漁業と六十トン以上の漁船による鯖釣漁業については十一萬トンであること, 年間總漁獲基準量は, 最高出漁隻數又は統數によつて操業を規制するにあたり指標となる數量であること, さらに, いずれの國も共同規制水域內における底曳, 旋網及び六十トン以上の漁船による鯖釣漁業による年間總漁獲量が, 十五萬トンを超過すると認める場合には, 漁期中においても年間總漁獲量を十六萬五千トン以下にとどめるため出漁隻數又は統數を抑制するよう行政指導を行なう. (合意義事錄)

それぞれの國の政府は, 自國の出漁漁船による共同規制水域內におけるその漁獲量の報告及び水揚げ港における調査を通じ, 漁獲量を月別に集計し, その結果を每年少なくとも四回相手國政府に通報する. (合意議事錄)

5. 取締り及び裁判管轄權について

(イ) 漁業に關する水域の外側における取締り(停船及び臨檢を含む)及び裁判管轄權は, 漁船の屬する國のみが行使する.

(ロ) いずれの國の政府も, その國民及び漁船が暫定的漁業規制措置を誠實に遵守することを確保するため適切な指導及び監督を行ない, 違反に對する適當な罰則を含む國內措置を實施する.

(ハ) 一方の國の監視船は, 他國の國の漁船が現に暫定的漁業規制措置に明らかに違反していると信ずるに足りる相當の理由のある事實を發見したときは, 直ちにこれをその漁船の屬する國の監視船に通報することができる. 當該他方の國の政府は, 當該漁船の取締り及びこれに對する裁判管轄權の行使にあたつて, その通報を尊重することとし, その結果とられた措置を當該一方の國の政府に對し通報する. (合意議事錄)

(ニ) 一方の國の政府は, 他方の國の政府の要請がおつたときは, 暫定的漁業規制措置に關し, 自國內における取締りの實施狀況を視察させるための便宜を, このために

權限を與えられた他方の國の政府の公務員に對し, 可能な限り與える. (合意議事錄)

6. 沿岸漁業に從事する漁船の自主規制について

(イ) 兩國政府は, それぞれ次の趣旨の一方的聲明を行なう.

(i) 日本國政府の聲明

「暫定的漁業規制措置の適用の對象とならない種類の漁業に從事する日本國の漁船で共同規制水域內において同時に沿岸漁業に從事するものの隻數は, 千七百隻を上回ることがないであろうこと, これらの日本國の漁船のうち六十トン未滿二十五トン以上の鯖釣漁船の操業期間は, 六月一日より十二月三十一日までとし, その操業區域は, 共同規制水域內のうち大韓民國の慶尙北道と慶尙南道との境界線と海岸線との交点と北緯三十五度三十分と東經百三十度との交点とを結ぶ直線以南, 濟州島の西側においては北緯三十三度三十分以南の水域とし, また, その隻數は, 百七十五隻を, 上回ることがないであろうこと」

(ii) 大韓民國政府の聲明

「暫定的漁業規制措置の適用の對象とならない種類の漁業に從事する大韓民國の漁船で共同規制水域內に出漁するもののうち六十トン未滿二十五トン以上の鯖釣漁船の操業期間は, 六月一日より十二月三十一日までとし, その操業區域は, 共同規制水域內のうち大韓民國の慶尙北道と慶尙南道との境界線と海岸線との交点と北緯三十五度三十分と東經百三十度との交点とを結ぶ直線以南, 濟州島の西側においては北緯三十三度三十分以南の水域とすること.」

(ロ) 兩國政府は, 沿岸漁業の操業の實態に關して情報の交換を行ない, 漁場秩序を維持するため必要なときは, 協議を行なう(合意議事錄).

7. 共同規制水域內に出漁する兩國の捕鯨漁業に從事する漁船の自主規制について

兩國政府は, 共同規制水域內の鯨資源の狀態に深い關心を有しているので同水域において, 小型捕鯨漁業の操漁隻數を現在以上に增加させたり, この漁獲努力を現在以上に增大させたりせす, また, 大型捕鯨漁船は今後とも現在程度以上出漁させないことを確保する意圖である旨それぞれ一方的聲明を行なう.

8. 國內漁業禁止水域等の相互尊重について

(イ) 大韓民國政府が現在設定している底曳及びトロール漁業についての漁業禁止水域と日本國政府が現在設定している底曳及び旋網漁業についての漁業禁止水域竝びに底曳漁業についての東經百二十八度, 東經百二十八度三十分, 北緯三十三度九分十五秒及び北緯二十五度の各線で圍まれた水域とにつき, 兩國政府がそれぞれ相手國のこれらの水域において當該漁業に自國の漁船が從事しないようにするため必要な措置を執る. (合意議事錄)

(ロ) 大韓民國政府が前記の大韓民國の漁業禁止水域內の黃海(西海)の部分において大韓民國の五十トン未滿の底曳漁業及び同水域內の日本海(東海)の部分において大韓民國のえび底曳漁業に關して實施している制度は例外的に認定められる(合意議事錄).

(ハ) 一方の國の監視船が, (イ)に掲げるその國の水域において他方の國の漁船が操業していることを發見した場合には, その事實につき當該漁船の注意を喚起するとともにすみやかにその旨を當該他方の國の監視船に通報することができる. 當該他方の國の政府は, 當該漁船の取締り及びこれに對する裁判管轄權の行使にあたつてその通報を尊重することとし, その結果執られた措置を當該一方の國の政府に對し通報する(合意議事錄).

9. 共同資源調査水域について

共同規制水域の外側に共同資源調査水域が設定される. その水域の範圍及び同水域內で行なわれる調査については漁業共同委員會が行なうべき勸告に基づき, 兩國政府の協議の上決定される.

(漁業共同委員會が共同規制水域內で行なう資源調査については, 引き續き討議の上決定する.)

10. 漁業共同委員會の構成及び任務等については引き續き討議の上決定する.

11. 協定の解釋及び適用に關する紛爭については引き續き討議の上決定する.

12. 兩國の漁船同の操業の安全及び秩序を維持するために必要な措置については

引き續き討議の上決定する.

0391　13. 漁業協定の前文の要旨について
　　漁業協定の前文の要旨は次のとおりとし, 前文に含まれるべきその他の事項については引き續き討議の上決定する.
　　(イ) 兩國が共通の關心を有する水域における漁業資源の最大の持續的生産性が維持されるべきことを希望し.
　　(ロ) 前記の資源の保存及びその合理的開發と發展を圖ることが兩國の利益に役立つことを確信し.
　　(ハ) 公海自由の原則がこの協定に時別の規定がある場合を除くほかは尊重されるべきことを確認し.

0392　(ニ) 兩國の地理的近接性と兩國漁業の交錯から生ずることのある紛爭の原因を除去することが望ましいことを認め,
　　(ホ) 兩國漁業の發展のため相互協力することを希望し,

　　14. 無害通航について
　　領海及び漁業に關する水域における無害通航(漁船は漁具を格納した場合に限る.)は, 國際法規に從うものであることが確認される(合意議事錄).

　　15. 漁業協力について
　　兩國政府は, 兩國の漁業の發展と向上を圖るため技術及び經濟の分野においてできる限り相互に密接に協力するものとする.

0393　この協力のうちには次のことを含む.
　　(イ) 漁業に關する情報及び技術を交換すること.
　　(ロ) 漁業專門家及び技術者を交流させること. (交換書簡)

0394　　拜啓
　　本日イニシャルを了した日韓間の漁業問題に關する合意ならびに請求權問題解決

および經濟協力に關する合意第三項(2)に關し,次のとおり申し上げます.

　かねて貴長官と私との間で合議されていたとおり,漁業協力のために期待される民間信用供與九,〇〇〇萬ドルのうち零細漁民向け四,〇〇〇萬ドルについては金利五パーセント程度を目途とし,殘りの五,〇〇〇萬ドルについては金利五.七五パーセント程度を目途とします.

　　　　　　　　　　　　　　　　　　　　　　　　　敬具
　　　　　　　　　　　　　　　　　　　　　　昭和四十年四月三日
　　　　　　　　　　　　　　　　　　　　日本國農林大臣 赤城宗德

大韓民國農林部長官 車均禧 閣下

청구권 관계 회의 보고 및 훈령, 1965, V.1, 1965. 3. 18~4. 3까지의 교섭

분류번호 : 723.1 JA 정 1965 V. 1
등록번호 : 1467
생산과 : 동북아주과
생산연도 : 1965
필름번호 : C1-0014
파일번호 : 02
프레임번호 : 0001~0116

1965년 4월 3일 이동원 외무부 장관과 시나 에쓰사부로 외상 간 청구권 문제에 관한 '합의사항'에 합의가 이루어지기까지의 교섭 과정(1965년 3월 20일부터 개최된 제7차 한일회담 청구권위원회 실무자 간 회의, 청구권 문제에 관한 4자 회담, 이동원 장관의 방일에 따른 시나 외상과의 회담 등)에 관한 기록과 훈령, '합의사항'의 내용 등이 수록되어 있다.

5. 제7차 한일회담 청구권위원회 한국 측 대표단 명단 통보 전문

번호: WJA-03244

일시: 161760[1965. 3. 16]

수신인: 주일 대사

1. 3. 18부터 개최 예정인 청구권위원회의 아 측 대표를 아래와 같이 결정하였음
수석대표: 이규성 공사 및 김영준 경제기획원 기획담당 차관보
대표: 이상덕(한은 이사), 전상진(통상국장)

2. 청구권위원회 토의를 위하여 본국으로부터 정재덕 경제기획원 경제기획국 물동계획과장, 이화균 통상국 경제협력과 서기관, 박정서 한은 외국부 차장을 파견함. 따라서 위원회에 참석할 전문위원 및 보좌에 관하여는 귀부 관계 직원 및 오재희 과장 또는 앞으로 파견될 본부 직원을 적의 귀하 재량으로 결정하시기 바람.

3. 본부에서 이번에 청구권협정문 초안 작업에 참여한 직원으로 파견 예정에 있는 직원은 이화균 서기관, 김태지 및 김윤택 사무관임을 참고로 첨언함.

4. 무역회담을 위하여 본부 통상국장 및 통상진흥과장을 파견 중인바 적절한 시기에 통상진흥과장을 소환하고 경제협력과장을 파견할 것이므로 회담 진전에 따라 그 시기를 알리시기 바람.(외아북)

장관

11. 제7차 한일회담 청구권 관계 실무자 회의 개최 결과 보고 전문

번호: JAW-03445

일시: 211715[1965. 3. 21]

수신인: 장관

발신인: 주일 대사

1. 제8차 수석대표 간 회담(보고(JAW-03360 참조)에서 합의된 바에 따라 20일 15:00~16:10에 걸쳐 청구권 관계 실무자 회의가 개최되었음.

참석자: 한국 측-최광수, 오재희, 정재덕, 이화균, 김태지,

일본 측-야나기야 북동아과 사무관, 대장성 외제과장 및 동 과 사무관,

조약과 및 북동아과 실무자 3명

2. 동 회담에서 일본 측은 수석대표 간 회의의 양해에 따라 본 실무자 회의에서 양측의 견해 대사를 하여 견해 대사 후 정리된 단일 안은 수석대표에 보고한 후 토의 진행 방안을 결정하도록 하자고 제의하고 일본 측의 견해 대사 관계 자료를 제시하였음. 이에 대하여 아 측은 견해 대사의 선행에 이의 없으며 아 측의 자료도 곧 제시하겠다고 하였음. 따라서 양측은 3. 22(월) 오전 중에 다시금 실무자 회의를 열어 양측의 견해 대사 자료를 검토하여 단일 안으로 정리한 후 동일 오후에 개최되는 수석대표 간 회의에 올리며 수석대표 간 회의에서 양측의 견해 대립점에 관한 토의 진행 방안을 결정하기로 하였음.

3. 양측의 견해 대사 자료는 파우치 편으로 송부하겠으며, 청구권 관계 제 보고는 경제기획원에 사본을 송부하여 주시기 바람.(주일정-외아북)

12. 청구권 문제 관련 청훈 전문

번호: JAW-03444

일시: 211725[1965. 3. 21]

수신인: 외무부 장관
발신인: 주일 대사

1. 일본 측은 선박 및 문화재 문제를 일반청구권 문제의 해결과 관련시켜 포괄 해결하려는 의도를 가지고 있으며(3. 20의 청구권 관계 실무자 회의에서 일본 측이 제시한 견해 대사 자료에 의하면 선박 및 문화재에 관한 항목을 포함시켜 특히 선박 문제에 관하여는 김-오히라 양해에 나포 어선에 관한 권리를 가지고 있다는 아 측의 입장을 기술하고 있으며) 앞으로 일반청구권 해결 원칙을 미해결점에 관한 교섭을 할 때 일본 측은 이 문제들도 같이 해결을 짓자는 태도를 취할 것으로 판단되는바, 아 측이 선박 및 문화재 문제에 관하여 취할 입장을 조속히 지시하여 주시기 바람.

2. 일반청구권 문제 해결원칙 중 미해결점에 관하여는 3. 22(월) 오후의 수석대표 간 회의에서 토의될 것이므로 시급히 훈령하여 주시기 바람.

13. 청구권 문제에 관한 훈령 전문

번호: WJA-3359

일시: 221345[1965. 3. 22]

수신인: 주일 대사

대: JAW-03444

대호 전문 취지를 명확히 파악하기 어려운 점이 있으나 우선 다음과 같이 회보함.

1. 선박 문제에 관하여서는 종전 협의한 방침에 따라 신조선 대양 화물선으로 대치 반환함으로써 일괄 해결하는 방침을 유지할 것이므로 그에 따라 교섭하시기 바라며, 구체적인 톤수는 추후 지시할 것임.

2. 문화재 문제에 있어서도 종전 입장을 견지하되 다만 민간 소유물이라도 특히 국민의 관심이 많은 국보에 대하여서는 그 일부를 반환받도록 교섭하여 주시압.

3. 또한 선박 및 문화재의 처리 방안은 종전의 교섭 경위로 보아 일반청구권과는 별도로 처리하여야 할 것이므로 이러한 방향(귀전 JAW-12071, 제7차 회담 제1차 본회의 보고)에서 교섭하시기 바람.(외아북)

14. 제7차 한일회담 청구권 관계 실무자 회의 개최 결과 보고 전문

번호: JAW-03470

일시: 221558[1965. 3. 22]

수신인: 외무부 장관 귀하
발신인: 주일 대사

청구권 관계 실무자 회의 보고

3월 20일에 이어 금 22일 오전 11시부터 약 1시간에 걸쳐 청구권 관계 실무자 회의가 개최되었음.

참석자는 아 측으로서 최광수 과장 대신 김정태 과장 외 전일과 같으며 일본 측 명단은 전일과 같음.

아 측은 아 측의 입장을 표시하는 대사 관계자료를 제시하였으며, 양측은 양측이 각기 제시한 자료가 문제점의 명칭 및 입장 설명 등에 있어서 상위가 현저하여 단일 안 작성이 곤란함에 비추어 단일 안을 작성치 않고 각자의 입장 설명 자료를 각기 상부에 보고함으로써 그 처리와 검토에 관하여는 수석대표 간 회의에 맡기도록 합의하였음.

아 측의 제시자료는 별도 송부하겠음.(주일정 – 외아북)

15. 청구권 관계 대사 자료 송부 공문

1593   주일정 722-101   1965. 3. 22
        수신: 외무부 장관

제목: 청구권 관계 대사 자료 송부

03445 및 03470에서 언급된 양측의 청구권 관계 대사 자료를 별첨과 같이 송부합니다.

유첨: 양측의 제시자료 각 3부

끝

주일 대사 김동조[직인]

첨부

15-1. 청구권 문제에 관한 한국 측 입장 문서

청구권 문제에 관한 한국 측 입장

1965. 3. 22

1. 김-오히라 합의의 성격

  소위 김-오히라 양해라 함은 한국이 일본에 대하여 가지는 일반청구권을 해결하기 위한 대강을 말하는 것임. 이에 수반하는 효과로서 평화조약 제4조 (a) 및 (b)에 규정된 청구권 문제가 완전히 그리고 최종적으로 해결된 것임(일반청구권에 관련되는 부분에 한함).

2. 대일 일반청구권의 해결 방법의 대강

  (1) 무상 제공

    가. 금액: 총액 3억 불

    나. 제공 기간: 10년, 단, 6년까지 단축 가능

  (2) 장기 저리 정부 차관

    가. 금액: 총액 2억 불

    나. 제공 기간: 10년, 단, 6년까지 단축 가능

    다. 조건: ㄱ. 금리: 3.5퍼센트

          ㄴ. 상환 기간: 7년 거치 후 20년

  (3) 상업 차관

    가. 금액: 1억 불 이상으로 협정에 명시

    나. 조건: ㄱ. 정부 관여

          ㄴ. 수출입은행에 의한 가장 유리한 조건

3. 청산계정 상의 미 청산금 해결

  가. 해결 원칙: 무상 제공에 포함하여 탕감 해결

나. 해결 방법: 무상 3억 불의 제공기간에 걸쳐 균등 탕감, 단, 일본 측 입장대로 3년간에 균등 탕감할 경우에는 무상 제공의 한국 측의 실질적 수취액이 매년 최저 2,550만 불이 되어야 함.

4. 청구권 해결의 효과

　가. 평화조약 제4조 (a) 및 (b)에 규정된 청구권 문제가 완전히 그리고 최종적으로 해결된 것임(일반청구권에 관련되는 부분에 한함).

　나. 선박 문제(한일 양국이 주장하는 선박 청구권을 말함)는 일반청구권과 관련 없음.

　다. 문화 문제는 일반청구권과 관련 없음.

5. 명목 문제

　가. "청구권 문제를 해결하고 경제협력을 증진하기 위한다"는 것으로 함.

　나. 청구권 해결 문제는 제공과 동일 조에 규정.

첨부

15-2. 청구권 문제에 관한 일본 측 입장 문서

1597
청구권 문제에 관한 일본 측의 입장(가역)

65. 3. 22

I. 소위 오히라-김 양해의 성격

  소위 오히라-김 양해라 함은 일본이 한국에 대하여 한국 경제의 개발, 발전에 기여할 것을 희망하고 무상, 유상의 경제협력을 제공하기로 하고, 그 수반적 효과로서 샌프란시스코 평화조약 제4조 (a)에 규정된 한국 측의 대일청구권은 완전 또한 최종적으로 소멸하기로 되어 있다.

II. 경제협력의 제공

  (1) 무상협력

    가) 금액   총액 3억 불

    나) 제공 기간 10년 간(매년 3,000만 불씩)

    다) 조상 실시 ① 재정 사정에 의하여 또한 양국 합의에 의한 조상 실시

                ② 조상분을 포함하는 매년이 제공액의 최고 한은 2,550만 불

  (2) 유상협력

    가) 금액   총액 2억 불

    나) 제공 기간 10년간

    다) 조건   ① 금리 3.5%

                ② 상환 기간 7년 정도의 거치를 포함한 20년

    라) 조상실시   연체 채권 상환 조치의 결과, 당해 연도에 있어서의 한국 대외 기대자금에 부족이 생겨 5개년 계획 수행에 지장이 생길 때에는 고려. 단, 무상을 조상한 경우는 고려할 수 없다.

1598
  (3) 통상 차관

    가) 금액   통상 차관의 성질상, 총액은 명시하지 않음. 단, 한국 측이 국내

에 향하여 '1억 불 이상'으로 설명함은 무방함.

나) 조건 　　① 정부 불관여

　　　　　　② 융자조건은 민간 상담에 의하여 결정

다) 실시시기　국교 정상화 전이라도 가능한 조치

(주) 상기 이외의 특별한 경제협력을 제공할 수 없다.

[이하는 누락되어 있어 편집자가 번역한 내용을 추가함]

번역

Ⅲ. 미해결 채권

(1) 상환 기간　3년 간 균분

(2) 지불 방법　① 현금 결제

　　　　　　　② 한국 외화 사정, 내자 사정에 따라, 즉 한국 측 요청에 따라, 당해연도 무상 제공액으로부터 감액에 의해 지불하는 것으로 할 수 있음.

Ⅳ. 청구권 해결의 내용

(A) 한국 측 재산 및 청구권

1. 평화조약 제4조 (a)의 범위 내에서 해결

2. 선박에 대해서는 한국 측에 청구권 없음. 어느 것이든 오히라-김 양해에 의해 해결

3. 문화재에 관해서는 한국 측에 청구권 없음. 단, 권리 의무의 문제를 떠나, 문화 협력의 일환으로 약간의 국유문화재의 증여를 고려

(B) 일본 측 재산 및 청구권

1. 평화조약 4조 (b)의 범위 내에서 해결

2. 국유대여 선박에 관하여는 일본 측에 반환 청구권 있음.

3. 나포 어선에 관하여는 일본 측에 청구권 있음.

Ⅴ. 명목 문제　① 무상, 유상공여는 '경제협력으로써' 행할 것을 명기

　　　　　　② 청구권 해결은 별조(別條)에 규정

請求権問題に関する日本側の立場

40. 3. 22

I. いわゆる大平・金了解の性格

いわゆる大平・金了解とは日本が韓国に対し韓国の経済の開発, 発展に寄与することを希望して無償, 有償の経済協力を供与することとし, その随伴的効果としてサン・フランシスコ平和条約第4条(a)に規定された韓国側の対日請求権は完全かつ最終的にすることとなるというものである.

II. 経済協力の供与

(1) 無償協力
　　(i) 金額　総額　3億ドル
　　(ii) 供与期間　10年間(毎年3,000万ドルずつ)
　　(iii) 繰上実施　① 財政事情により, かつ, 両国合意の上, 繰上実施
　　　　　　　　　② 繰上分を含む毎年の供与額の最高限は2,550万ドル

(2) 有償協力
　　(i) 金額　総額　2億ドル
　　(ii) 供与期間　10年間
　　(iii) 条件　① 金利 3.5%
　　　　　　　② 償還期間 7年程度の据置を含め20年
　　(iv) 繰上実施　焦付債権償還措置の結果, 当該年度における韓国対外期待資金不足となり5ヵ年計画遂行に支障が生ずる時は考慮. 但し, 無償を繰上げた場合は考慮出来ない.

(3) 通常借款
　　(i) 金額　通常借款の性質上, 総額は明示せず. 但し, 韓国側が国内に向って「1億ドル以上」と説明することは妨げない.
　　(ii) 条件　① 政府不関与
　　　　　　　② 融資条件は民間商談により決定

(iii) 実施時期国交正常化前でも可能なような措置

注 上記以外の特別の経済協力は供与し得ない.

III. 焦付債権

(1) 償還期間 　3年間均分
(2) 支払方法 　① 現金決済
　　　　　　　② 韓国外貨事情, 内資事情により, かつ, 韓国側要請により, 当該年度無償供与額からの減額により支払いと見做し得る

IV. 請求権解決の内容

(A) 韓国側財産及び請求権
 1. 平和条約第4条(a)の範囲内で解決
 2. 船舶に関しては韓国側に請求権なし
 　いずれにしても大平・金了解により解決
 3. 文化財に関しては韓国側に請求権なし
 　但し, 権利義務の問題を離れ, 文化協力の一還として若干の国有文化財の贈与を考慮

(B) 日本側財産及び請求権
 1. 平和条約4条(b)の範囲内で解決
 2. 国有貸与船舶に関しては日本側に返還請求権あり
 3. 拿捕漁船に関しては日本側に請求権あり

V. 名目問題　　① 無償, 有償供与は,「経済協力として」行なうことを明記
　　　　　　　② 請求権解決は別条に規定

16. 제7차 한일회담 청구권 관계 4자 회담 개최 결과 보고 전문

번호: JAW-03455

일시: 231443[1965. 3. 23]

수신인: 외무부 장관
발신인: 수석대표(주일 대사)

1. 금 23일 오전 10시부터 11시까지 청구권 관계 4자 회담이 개최되었음.
   참석자: 한국 측: 김 대사, 이 공사, 김 차관보
   일본 측: 후지타 히사지로 외무성 배상 담당 심의관, 사다키 대장성 이재국장

1. 아 측은 먼저 청구권협정의 구체적 교섭에 앞서 해결이 필요한 원칙적인 미해결 문제점의 조속한 해결이 필요하므로 이 문제점들을 4자회담에서 토의 해결하는 동시에 청구권위원회도 병행하여 조속히 열어서 구체적인 교섭을 개시하자고 제의한 데 대하여 일본 측은 그보다 앞선 전제, 즉 선박 및 문화재 문제가 김-오히라 합의에 의하여 해결되었는가 아닌가에 관한 양측의 견해 차이가 먼저 해결되어야 하며 이 전제가 해결되지 않고서는 구체적인 다른 문제의 토의에 들어갈 수 없으므로 이 문제에 관한 외상회담에서의 정치적인 절충이 있은 후 다시 회합을 가지자고 하였음. 따라서 앞으로 일단 청구권 문제에 관한 회합은 외상회담 후까지 미루기로 하였음.

17. 제7차 한일회담 청구권 관계 외상회담 결과 보고 전문[28]

번호: JAW-03535

일시: 251346[1965. 3. 25]

수신인: 국무총리
발신인: 외무부 장관
참조: 경제기획원 장관, 대통령 비서실장, 외무부 차관

1. 금 25일 10:00~11:00에 걸쳐 양국 외상 간에 청구권 문제에 관한 회담이 있었음.

참석자: 한국 측- 이 장관, 김 대사, 이 공사, 김 차관보.

일본 측- 시나 외무대신, 우시바 심의관, 우시로쿠 국장

2. 아 측은 상금도 미해결점이 많은 청구권 대강의 내용을 차제에 명확히 하여 양 외상 간에서 공식으로 합의에 도달할 것을 목적으로 하는 '청구권 문제 해결에 관한 합의사항'(하기 참조) 안을 일본 측에 제시한바 이에 대하여 일본 측이 표시한 견해 중 중요한 점은 아래와 같음.

1) 어업협력 차관을 상업 차관과 구별하여 또 하나의 다른 범주의 것으로 할 수는 없고 원칙적으로 상업 차관의 범주에 속하는 것으로 하여 상업 차관 속의 어업협력 차관이라는 SUB-CATEGORY를 두어 차관의 조건 등에 있어서는 특별히 따로 구별하여 다루는 것은 고려할 수 있을 것이라고 시사함.

2) 정부 차관의 상환 기간 문제에 있어서 7년 거치 후 20년 상환은 수락하기 곤란하다 함.

---

[28] 1486번 파일(이동원 외무부 장관 일본 방문)에 동일한 문서(25번)가 수록되어 있으나 교섭의 흐름에 대한 독자의 이해를 돕기 위해 이곳에 재수록하였음.

3) 선박 문제에 있어서 일본 측의 나포 어선 등 청구권도 표현이 되어야 할 것이며 설사 이에 관한 한국에 대한 혹종의 제공이 있다 하더라도 의무로써 제공될 수는 없다고 함.

3. 이 문제에 관하여는 명일의 외상회담에서도 계속하여 논의될 것임.

4. '청구권 문제 해결에 관한 합의사항'(안)
1) 대한민국의 대일청구권 문제를 해결하고 양국 간의 경제협력을 증진하기 위하여 일본국은,
　가. 무상 3억 불
　나. 정부 차관 2억 불
　다. 상업 차관 (　)억 불
　라. 어업협력 차관 9천만 불을 대한민국에 제공한다.
2) 제공 내용
　가. 무상
　　ㄱ. 제공 기간은 10년간으로 하되, 양국 간의 합의에 의하여 6년간까지 단축할 수 있다.
　　ㄴ. 양국 간 청산계정 상의 미 청산금은 무상 3억 불에서 삭감, 해결하는 것으로 하되, 한국의 실질적 수취액이 매년 2,550만 불 이상이 되어야 한다.
　나. 정부 차관
　　ㄱ. 제공 기간은 10년간으로 하되 양국 간의 합의에 의하여 6년간까지 단축할 수 있다.
　　ㄴ. 차관의 이자는 연 3.5 퍼센트, 상환은 7년 거치 후 20년간 균등 상환하는 것으로 한다.
　다. 상업 차관
일본 정부 관여하에 수출입은행에 의한 가장 유리한 조건으로 제공되는 것으로 한다.

라. 어업협력 차관

(양국 농상회담에서 합의된 바에 의함.)

3) 한일 양국 간의 문화재 문제를 해결하고 문화 협력을 증진하기 위하여 일본국은 양국이 합의하는 품목의 한국 문화재를 대한민국에 인도하는 것으로 한다.

4) 한일 양국 간의 선박 문제를 해결하기 위하여 일본국은 양국이 합의하는 척 수와 톤수의 신조선을 대한민국에 무상 제공하기로 한다.

5. 이상으로써 대한민국과 일본국 간의 청구권은 완전히 그리고 최종적으로 해결된 것으로 한다.(주일정-외아북)

18. 제7차 한일회담 제3차 외상회담 결과 보고 전문[29]

번호: JAW-03574

일시: 261516[1965. 3. 26]

수신인: 국무총리(참조: 대통령 비서실장, 중앙정보부장, 외무부 차관)

발신인: 외무부 장관

제3차 외상회담 보고

본직은 금 26일 오전 10:30~12:00에 제3차 외상회담을 개최한바, 그 결과를 아래와 같이 보고합니다.

참석자: 한국 측 – 이 장관, 김 대사, 이 공사, 김 차관보, 연 국장, 최 정무과장
　　　　일본 측 – 시나 외상, 다카스기 수석대표, 우시바 심의관, 우시로쿠 국장,
　　　　　　　　 야나기야 서기관

1. 금일 회담에서는 한일회담의 각 문제점에 관하여 광범한 의견을 교환하였음. 특히 법적지위 문제와 청구권 문제에 관하여 아래와 같은 토의가 있었음.

(1) 법적지위 문제: 시나 외상은 제1차 외상회담에 이어, 아 측에서 제시한 안을 신중히 검토하였으나, 일본 측의 국내적 입장으로 보아 협정상의 영주권이 부여된 자의 자손에 대한 영주권 및 처우 문제에 있어서는 일본 정부가 협정의 정신 및 목적을 충분히 존중하여 그들이 부모와 다름없게 일본국에서 안주할 수 있도록 호의적인 배려를 한다는 취지를 공표하고, 동 내용을 각서로 한국 측에 수교하는 방식으로 해결할 수밖에 없다고 하고, 자자손손에게 영주권을 부여한다는 LEGAL COMMITMENT는

---

[29] 1486번 파일(이동원 외무부 장관 일본 방문)에 동일한 문서(27번)가 수록되어 있으나 교섭의 흐름에 대한 독자의 이해를 돕기 위해 이곳에 재수록하였음.

곤란하다고 하였음.

본직은 현재 한일회담이 최종 단계에 와 있으며 재일한인의 감정이 매우 격앙되어 있는 사정 등을 참작하여 일본 측이 대국적인 견지에서 정치적으로 이를 해결하여야 할 것이라고 하고, 이들에 대한 퇴거 강제 사유나 처우 문제는 몰라도 영주권 부여만은 법적인 구속력을 가지는 규정이 되어야 하며, MORAL OBLIGATION만 지는 것으로 되어서는 안 된다는 입장을 강조하였음. 이와 같이 양측의 입장이 심각히 대립을 보였으므로 이에 관하여는 다시 오후 실무자 회의를 열어 여러 가지 ALTERNATIVE를 검토하여 이를 외상회담에 올려 해결키로 하였음.

(2) 청구권 문제

본직은 먼저 작일 아 측이 제시한 안 'JAW-03535 참조'에 대한 일본 측의 견해를 타진하였던바, 시나 외상은 흥정하는 것이 아니라 최종적인 입장을 표시하는 것이라고 전제하고,

가. 선박청구권 문제에 있어서는 서로의 선박청구권이 남을 여지가 없게 완전히 상쇄하는 방식으로 해결하자고 하고(이러한 해결 방식에는 대장대신의 반대가 있으나, 한국 측이 동 방식에 동의한다면 힘써서 그렇게 하도록 하겠다고 함.)

나. 1억 이상의 상업 차관에 관하여는 무작정 총액을 정할 수는 없으니까 상업 차관이라는 원칙하에 그 속에 들어갈 어업협력 차관의 금액, 또 여러 PROJECT 별로 금액을 기입하는 방식으로 하면 금액이 많아질 수 있으며, 또 상기 PROJECT 내용은 추후에도 변경이 가능하다는 단서를 붙이는 동시 그 이상의 상업 차관도 가능하다고 하는 방식으로 해결함이 어떻겠느냐고 제의하였음.

다. 이에 대하여 본직은 선박 문제에 있어서 원칙적으로 대일 선박청구권과 나포 어선을 상쇄할 수는 없는 것이라는 입장을 명시하고 다만 실질적으로 어떻게 이것을 처리할 것이냐 하는 면에서 일본 측 안을 검토하여 보겠으며, 특히 일본 측에서 종래 선박청구권을 강력히 주장하여 온 아 측의 입장을 세워주는 뜻에서 정치적인 GESTURE가 있어야 할 것이라고 하였음.

또한 상업 차관에 있어서는 현 단계에서 구체적인 PROJECT 별로 나오는 것은 곤란하다 하며 다만 부문별로 대분한 것. 예컨대 중공업 부문, 경공업 부문, ……하는 식으로 액수를 표시함은 여하할 것인가 한바, 일본 측은 좋다고 하였음.

3. 이상과 같은 금반 회담의 토의 결과를 토대로 양측 대립점은 정치적 절충으로 해결하기 위하여 본직은 오늘 기회 있는 대로 시나 외상 의견을 교환하고 또한 본직 주최 만찬회가 끝난 후 오늘 저녁 22:00시부터 다시 비공식으로 회담을 개최키로 하였음.(주일정-외아북)

19. '한일 간 청구권 문제 해결에 관한 이-시나 장관 간 합의 내용' 보고 전문[30]

번호: JAW-03614

일시: 271303[1965. 3. 27]

수신인: 국무총리(참조: 경제기획원 장관, 대통령비서실장, 중앙정보부장)

발신인: 외무부 장관

작 26일 하오 10시부터 익 27일 05:30분까지 계속된 한일 외상 간 비공식 회담에서 일본 측에서 제시한 '한일 간에 청구권 문제 해결에 관한 이-시나 장관 간에 의견의 합치를 본 내용(안)'을 다음과 같이 보고함.

1. 무상 경제협력
   1) 금액 총액 3억 불
   2) 기간 10년 균등, 단 재정 사정에 따라서는 쌍방의 합의에 따라 단축 실시할 수 있음.

2. 유상경제협력
   1) 금액 총액 2억 불
   2) 기간 10년
   3) 조건
      가. 금리 3.5퍼센트
      나. 상환 기간 7년 거치 기간을 포함한 20년

---

[30] 1486번 파일(이동원 외무부 장관 일본 방문)에 동일한 문서(31번)가 수록되어 있으나 교섭의 흐름에 대한 독자의 이해를 돕기 위해 이곳에 재수록하였음.

3. 통상의 민간 차관

1) 성격: 민간 계약에 기초하여 일본국의 관계 법령에 따라 공여됨. 동 차관은 국교 정상화의 전후를 불문하고 공여되는 것으로 함.

2) 금액: 통상의 민간 차관의 성격상 차관 총액의 최하한 및 최상한을 규정하지 않는 것이 원칙이지만 일본국으로서는 결과적으로 3억 불 이상에 달하는 것에 이의가 없음. 동 차관은 어업협력을 위한 민간 차관의 합의액 9천만 불을 포함하고 또한 한국의 경제개발 5개년 계획에 따라서 한국 측이 제시하는 프로젝트를 고려에 넣는 것임.

4. 무역상의 대한 채권(4,573만 불)

1) 상환 기간: 10년간 균등분할, 금리 없음.

2) 상환 방법: 현금 결제를 원칙으로 하나 한국 측이 외환 사정 또는 내자 사정으로 희망하는 경우에는 매년도 한국의 요청에 의하여 당해 연도에 있어서의 일본으로부터의 무상 공여액의 감액에 의하여 지불된 것으로 간주한다.

5. 청구권의 해결

본 양해 성립 시에 있어서 한일 양국 및 양 국민 간의 재산 및 청구권 문제는 샌프란시스코 평화조약 제4조에 규정된 것을 포함하여 완전 또한 최종적으로 해결된 것으로 한다. 단, 한일 양국 및 양 국민의 재산권과 양국 및 양 국민 간에 존재하는 채권, 채무 관계로서 종전 후 통상의 거래, 계약 등으로부터 발생한 관계에 기한 것은 영향을 받지 않는다.

6. 한일 문화 협력의 일환으로서 국유 문화재 약간을 인도하기로 한다.(주일정-외아북)

20. 제7차 한일회담 비공식 한일 외상회담 결과 보고 전문[31]

번호: JAW-03626

일시: 280650

수신인: 국무총리

발신인: 주일 대사

참조: 대통령 비서실장, 중앙정보부장, 외무부 차관

1. 27일 21:30에서 28일 00:30까지에 개최된 비공식 한일 외상회담에서 청구권 문제에 관하여 양 외상은 (1) 유상 2억의 공여 기간에 관하여 7년 거치 후 13년 상환으로 하되 단, 재정 사정에 따라 양측 합의에 의하여 상환 기간을 연장할 수 있다는 규정과 (2) 상업 차관을 '3억 불' 이상으로 표현한다는 양 개 원칙에 합의하였음.

2. 상기 합의에 따라 양측은 곧이어 한일 외상 간의 합의 사항의 초안 작업에 들어갔는바, 일본 측은 (1) 금번 양 외상 간의 청구권 문제에 관한 합의사항 내용이 현재 한일 농상 간에서 행하여지고 있는 어업교섭이 조속히 대강에 관한 합의에 달하고 계속하여 행하여지는 교섭의 결과 어업에 관한 협정이 성립되는 것을 조건으로 하여 한일 양국 간에서 유효한 합의가 될 성격의 것이라는 주석과 (2) '나포 어선에 관한 합의(불공표)'라는 제목으로 장차 양국 합의에 의하여 설정될 전관수역 외의 공해에서 일방국이 타방국의 어선 및 국민에 대하여 권리를 행사하는 것은 여하한 명목에 의하여도 허용되지 않음이 명확히 되는 것을 조건으로 나포 어선에 관한 청구를 주장하지 않는다는 안을 제시함으로써 청구권 문제에 관한 양 외상 간 합의사항의 초안 작업이 난항에 들어갔음.

---

[31] 1486번 파일(이동원 외무부 장관 일본 방문)에 동일한 문서(36번)가 수록되어 있으나 교섭의 흐름에 대한 독자의 이해를 돕기 위해 이곳에 재수록하였음.

3. 양측은 양측 수석대표를 포함하는 회의(아 측: 김 대사, 이 공사, 김 차관보, 연 아주국장, 이 한은 이사, 최 정무과장, 오 조약과장, 일본 측: 우시바 심의관, 우시로쿠 아세아국장, 구로다 북동아과장, 야나기야 서기관, 아쓰기 대장성 외채과장 등)를 개최하고 토의한 결과 일본 측은 오늘 새벽 04:00경에 전기 2의 양 개 안을 철회하였음. 이어 곧 "한일 간 청구권 문제의 해결과 경제협력에 관한 합의사항"의 초안에 들어갔는바, 06:00시까지 약 반 정도의 작업을 완료하였음. 그러나 일본 측은 동 합의사항이 각의의 양승을 얻어야 하므로 시간적으로 이 장관의 새벽 귀국시간에 맞추어 INITIAL 함이 불가능하다는 입장을 보여 전기 초안 작업은 일단 06:00 지나 중단하였음.

4. 따라서 이 장관은 귀국 일정을 다시 1일간 연장하여 명 29일 아침에 전기 청구권 합의사항에 INITIAL 할 예정이며, 작일 INITIAL 하기로 일단 합의되었던 법적지위 대강은 당지 실정에 감하여 이를 금번에는 행하지 않기로 하였음.

5. 이 장관은 일단 공식 방일 일정을 끝마친 형식을 취하기 위하여 금일 영빈관에서 나와 도쿄 근교에서 일박한 후 내일 아침 09:00에 일 외무성에서 공식 외상회담을 열고 전기 청구권 합의사항에 INITIAL 하기로 하였음.

6. 초안 작업을 위한 회의는 금일 16:00에 재개키로 하였음.(주일정 - 외아북)

26. 청구권 문제 관련 김동조 대사와 우시바 심의관 간 회담 결과 보고 전문

번호: JAW-03711

일시: 311719[1965. 3. 31]

수신인: 국무총리
발신인: 장관
참조: 대통령 비서실장, 중앙정보부장, 외무부 차관

1. 금 31일 11:30~13:30에 걸쳐 외무성에서 김 대사와 우시바 심의관 간의 회담에서 청구권 문제에 관한 토의가 행하여 졌음.
   참석자: 한국 측- 김 대사, 연 국장, 오 과장
          일본 측- 우시바, 야나기야

2. 동 회담에서 그간 수일간에 걸쳐 교섭되어온 양 외상 간의 '합의사항' 문안(가조인을 위한 것)에 대하여 아래와 같이 최종적 협의를 끝마쳤음

한일 간의 청구권 문제 해결 및 경제협력에 관한 합의사항(1963. 3 도쿄에서) 이 외무부 장관과 시나 외무대신 간에 다음의 사항이 합의되었다.

  1) 무상 공여(생산물 및 용역)

   총액 3억 불, 10년 간 제공, 단, 재정 사정에 따라서는 양국 정부 합의에 의하여 단축(구리아게) 실시할 수 있다.

  2) 장기 저리 차관(경제협력 기금에 의함)

   총액 2억 불, 10년 간 균등 공여, 금리는 연 3.5%, 상환 기간은 7년의 거치 기간을 포함하여 20년, 단: 재정 및 자금 사정에 따라서는 쌍방 합의에 의하여 상환 기간을 연장시킬 수 있다.

  3) 민간신용 공여(상업 베이스에 의한 통상의 민간신용 공여)

(1) 민간신용 공여 총액은 3억 불 이상에 달할 것으로 기대된다.

(2) 어업협력을 위한 민간신용 공여 9,000만 불 및 선박 도입을 위한 민간신용 공여 3,000만 불은 상기 (1)에 포함되며, 또한, 관계 법령의 범위 내에서 공여하게 된다.

4. 한일 청산계정 사항과 확인된 대일 채무(약 4,573만 불)

(1) 10년간 균분불, 금리 없음.

(2) 매년도 한국의 요청에 의하여 일본 측의 새로운 동의 없이 당해 연도에 있어서의 일본으로부터의 무상공여 중에서 감액함으로써 현금 지불로 간주하는 것으로 한다.

5. 청구권의 해결

관계 협정의 성립 시 존재하는 한일 양국 및 양 국민의 재산과 양국의 양 국민의 청구권에 관한 문제는 샌프란시스코 평화조약 제4조에 규정된 것을 포함하여 완전 또한 최종적으로 해결된 것으로 한다. 단, 한일 양국 및 양 국민의 재산권과 양국 및 양 국민의 채권 채무 관계로써, 종전의 통상의 거래, 계약 등으로부터 생긴 관계에 의거한 것은 영향을 받지 않는다.

6. 한일 간의 문화재 문제 해결 및 문화 협력 증진에 관련하여 양국은 품목 기타에 관한 협의를 하고 일본국은 한국 문화재를 대한민국에 인도한다

3. 전기 '합의사항'은 가능하면 영문으로 작성하여 가조인하고, 여의치 못하면 한·일 양국어로 할 것임.

4. 본 '합의사항'은 다른 현안에 관한 '합의사항'과 함께 가조인될 것인바, 현재의 관측으로 보아 명 1일 아침 일찍이 가조인될 것으로 예상됨.

따라서 본 건에 관한 국무회의 절차를 앙망하며, 그 결과를 금 20시까지 시급 지시 바람.

28. 청구권 관련 국내 조치 준비 완료 통보 전문[32]

번호: WJA-09536

일시: 312010[1965. 3. 31]

수신인: 외무부 장관(주일 대표부)

대: 03722

1. 대호 보고 접수하였으며, 즉시 상부에 대한 보고를 위하여 조치하였음. 귀하, 김 대사 및 대표부 관계관의 노고를 치하함.
2. 명 1월 09:30시에 임시 국무회의를 개최하고 필요한 국내 절차를 취할 준비가 되어 있음을 통지함. 따라서 전기 국내 절차가 명조에 취해진다는 전제하에 가조인 조치를 추진하시기 바람.
3. 합의될 문안 중의 '공여'라는 어구는 아국의 공용어가 아니므로 '제공'으로 수정하여 국무회의에 상정할 위계임. 따라서 문안을 한일 양국어로 작성할 시에는 아 측은 '제공'이라는 어구를 사용하고 일본 측은 '공여'를 사용하는 방편을 취하시기 바라며, 이점에 관하여 일본 측의 양해를 얻으시기 바람.
4. 대호에 의하면 어업 및 법적지위 문제에 관하여도 명일 가조인될 것으로 예상되는바, 이에 관하여도 명조에 국내 절차를 취할 위계임으로 문안이 확정되는 대로 금야 중에 보고 바람. 외무부 관계 직원은 금야 철야 대기함.(외아북)

국무총리

---

32 1486번 파일(이동원 외무부 장관 일본 방문)에 동일한 문서(42번)가 수록되어 있으나 교섭의 흐름에 대한 독자의 이해를 돕기 위해 이곳에 재수록하였음.

29. 청구권에 관한 '합의사항' 관련 보고 전문

번호: JAW-03716

일시: 311809[1965. 3. 31]

수신인: 국무총리(참조: 대통령비서실장, 중앙정보부장, 외무부 차관)

발신인: 외무부 장관

연: JAW-03711, 대:WJA-03518

연호로 보고한 청구권에 관한 '합의사항' 문안에 관하여 특히 다음의 제 점에 유념하여 주시기 바람.

1. 동 합의사항은 쌍방 간의 입장을 타협적으로 표현한 것이므로 그 표현의 변경은 매우 어려운 것으로 보임. 따라서 기본적인 원칙에 이의가 없는 한 표현은 확정된 것임.

2. 본 '합의사항'에 의하여 김-오히라 양해에 관하여 이미 선박과 문화재 청구권이 소멸되었다는 일본 측 입장과 기타 해석상의 차이가 해소되는 것이므로(제5항에 따라 아 측의 선박 청구권은 소멸되고 그 대신 제3항에 규정된 선박 협력을 위한 민간신용 공여 3천만 불이 이에 대치되는 것임. 또한 동 선박 신용 공여는 연리 5.5퍼센트의 조건으로 제공되는 것인바 전기 이자율에 관하여는 가조인하는 관계자 명의의 별도 서한에 의하여 약속받도록 되었음.)

3. 평화선 내의 일본 어선 나포에 관련된 일본의 대한 청구권 일체가 역시 동 제5항에 따라 소멸되는 것이라고 쌍방 간에 합의되었으나 아 측의 요구에 따라 일본 측은 동 청구권에 관한 주장을 철회한다는 뜻의 별도 외교문서를 아 측에 주기로 하였음.

4. 동 제3항에 규정된 어업협력을 위한 민간신용 공여 9천만 불의 이자율(4천만 불은 5퍼센트, 5천만 불은 5.75퍼센트)의 문서상의 표시는 통상 간의 합의에 의하여 별도 처리하자고 합의되었음.

5. 문화재 문제에 관하여는 일본 측 주장은 김-오히라 메모에 의하여 이미 소멸되

었다는 주장인바 아 측은 5항과는 관계없다는 의미에서 6항이 신설된 것임. 아 측은 어디까지나 '문화재 문제 해결'이라는 입장에서 일본국으로부터 한국 문화재를 인도 받아 온다는 입장을 견지한다는 취지이오나 상반된 양국 정부의 견해 차이는 상금 완전 조정을 보지 못하고 있으며 이 문제는 결국 인도를 위한 협의에 있어서 쌍방의 기본적 자세에 차이를 가져올 수도 있을 것으로 최악의 경우 인도받을 종류와 양에 관하여 권리 주장을 강하게 내세울 수 없을는지도 모르겠다는 것을 양해하시기 바람.

32. 청구권 문제 합의사항 제5항에 관한 보고 전문

번호: JAW-03723

일시: 310051 [1965. 3. 31]

수신인: 국무총리 (참조: 대통령비서실장, 외무 차관, 중앙정보부장)

발신인: 주일 대사

연: JAW-03716

연호 전문 제5항의 문화재 문제에 관하여는 일본 측 주장은 김-오히라 메모에 의하여 한국이 일본에 대하여 한국 문화재 인도를 청구하는 권리가 소멸되었다는 주장인바 아 측은 김-오히라 메모에 관한 양해는 한국 문화재청구권이 소멸되지 않고 있다는 주장을 견지하고 따라서 금반 이 외무 장관과 시나 외상 간의 청구권에 관한 합의사항 문안 제5항 하에서는 한일 간의 청구권이 전반적으로 완전히 소멸하고 해결된다는 일반적인 원칙에 합의하고 한국 문화재청구권을 제6항으로써 해결하자는 타협안을 합의하였습니다. 제6항이 가지는 의의는 어디까지나 한국 문화재청구권이 존재한다는 견지에서 '문화재 문제 해결'이라는 용어를 삽입하되 일본국으로서는 또한 문화 협력을 증진한다는 견지에서 일본국이 대한민국에 한국 문화재를 인도하겠다는 입장임을 밝힌 것입니다. 이와 같이 한국 문화재 인도에 관한 기초적인 원리가 한국이 청구권으로써 권리 행사를 하겠다는 입장과 일본은 권리의 존재 자체는 부인하나 문화 협력의 일환으로써 한국 문화재를 인도하겠다는 쌍방의 기본적 자세에 차이가 있으므로 이 양자의 견해 차이를 근본적으로 명백히 해결하지 못하고 문화재 문제에 관한 이-시나 양해사항의 문화재에 관한 제5항과 같은 표현으로 타협이 된 것이오니 결과적으로는 문화재 인도에 관한 구체적 교섭에 있어서 아 측이 일본 측의 우호적인 협조를 촉구하고 권리주장을 강하게 내세울 수는 없는지 모르겠다는 것을 양해하시기 바랍니다.

34. 청구권 문제 합의사항 수정 관련 보고 전문

번호: JAW-04035

일시: 021055[1965. 4. 2]

수신인: 장관
발신인: 주일 대사

연: JAW-03711

청구권 관계 합의 문안 중 아래와 같은 점이 수정되었음.

　가. '무상공여'는 일본 측은 '무상공여', 아 측은 '무상 제공'으로, '신용공여'는 일본 측은 '신용공여' 아 측은 '신용제공'으로 표현함.
　나. "선박 협력을 위한…"는, 아 측은 "선박 도입을 위한…"으로 하고 일본 측은 "선박 수출을 위한…"으로 표현함.(주일정-외아북)

35. 한일회담 청구권 문제 및 법적지위 문제 가조인을 위한 국무회의 심의 의결 요청서

의안번호 제　　호　　　　의결사항

의결년월일 1965. 4

(제　회)

한일회담 청구권 문제 법적지위 문제에 대한 가조인

제출자: 국무위원 이동원(외무부 장관)

제출년월일: 1965. 4

1. 의결 주문

　　한일회담 청구권 문제의 해결 원칙에 관한 별지 1의 합의사항 및 법적지위 문제에 관한 별지 2의 합의사항에 가조인할 것을 의결한다.

2. 제안 이유

　　한일회담 청구권 문제의 해결 원칙에 관한 합의사항과 법적지위 문제에 관한 합의사항을 확정하고 동 합의사항에 따라 관계 협정문을 작성하고자 함.

3. 주요 골자

　　생략

4. 참고 사항

1639~1641	별지 1	

한일 간의 청구권 문제 및 경제협력에 관한 합의사항

[생략]

1642~1644	별지 2	

법적지위 문제에 관한 합의사항

[생략]

1645	

양해 요강

[생략]

36. 청구권 문제 합의사항의 영문 작성 관련 보고 전문

번호: JAW-04037

일시: 021056

수신인: 장관
발신인: 주일 대사

연: JAW-03711

1. 청구권 관계 합의문 안을 영문으로 작성하는 작업은 양측 문안의 현격한 표현 대립으로 영문에 의한 합의문 안이 단시일 내에 작성될 가능성이 없으므로 양국어로 각각 작성, 가조인하는 방법으로 낙착 지으려고 함.

37. 청구권 문제 합의사항 문안 최후 확정 교섭 결과 보고 전문

번호: JAW-04056

일시: 030107

수신인: 국무총리(참조: 대통령비서실장, 중앙정보부장, 외무부 차관)

발신인: 외무부 장관

연: JAW-03711
대: WJA-04044

1. 금 3일 16:00부터 약 1시간 30분에 걸쳐 청구권 문제 문안을 최후로 확정짓기 위하여 연 국장과 우시로쿠 국장 간에 회합이 개최되었음.

2. 동 회합에서 일본 측은 합의사항 제5항(청구권의 해결)의 내용을 상당히 변화시키는 문안을 제출하여 동 항의 수정을 제안하였는바 이에 대하여 아 측은 표현 문제까지 포함하여 이미 양측 간에 합의된 내용을 변화시키는 것은 있을 수 없으며 더구나 아 측으로서는 국무회의까지 통과한 내용을 이제 와서 고칠 수는 없는 입장이라고 강력히 주장함으로써 결국 원래 합의된 내용대로 확정시켰음.

3. 대호 지시는 회의 직후 접하였는바 (1) 교섭 지시된 자구 수정 내용이 표현상의 문제일 뿐 실질적인 부득이한 변경을 필요로 하는 것은 아니라는 판단, (2) 아 측이 이미 합의된 내용을 변화시킬 수 없다는 굳은 입장을 일본 측에 대하여 취하고 있으며 새로이 합의된 내용 및 자구를 변경시키려고 할 시에는 일본 측은 기히 합의된 내용에 대한 계속적인 변경을 되풀이하고 있는 형편이고, (3) 현 단계에 있어서는 무엇보다도 조속히 양측의 합의 내용을 확정시켜 예정대로 명조까지 합의사항 확인을 완료시킴이

필요하다는 것을 종합 고려하여 자구 수정 제의는 하지 않고 몇 개 자구를 한일 문 상호 번역의 기회를 포착, 아 측에 유리하게 한국어 본문을 REFINE한 것 외 거반 합의된 내용대로 사용키로 되었음.

    4. 이상의 사정에 감하여 이제 합의사항 내용을 변경시키는 것은 불가능한 상태에 있는바 대호 지시 자구 수정 문제에 관하여 어떻게 할 것인지 조속히 회시하여 주시기 바람.

    5. 합의사항은 한국어 및 일본어의 2개 어로 작성키로 하였으며, 나포 어선에 대한 일본 측의 청구 철회와 어업협력 및 선박 도입을 위한 신용제공에 관한 별도 문서의 문안은 상금 미조정으로 확정되지 않았는바, 확정되는 대로 보고 위계임.

38. 청구권 문제 합의사항 수정 관련 본부 지시 전문

번호: WJA-04058

일시: 030300

수신인: 외무부 장관

대: JAW-04056

어구의 수정이 사실상 불가능할 경우에는 이미 합의된 문안대로 처리하시압.(외아북-주일정)

국무총리

39. 청구권 문제 합의사항 최종 문안 보고 전문

번호: JAW-04058

일시: 030217[1965. 4. 3]

수신인: 국무총리
발신인: 외무부 장관
참조: 대통령비서실장, 중앙정보부장, 외무부 차관

연: JAW-04056

일본 측과 최종적으로 합의된 금조 '이니셜' 할 청구권 관계 합의사항의 내용은 아래와 같음.

한일 간의 청구권 문제 해결 및 경제협력에 관한 합의사항

1965. 4. 3, 도쿄에서

이동원 외무부 장관과 시나 에쓰사부로오 외무대신 간에 다음의 사항이 합의되었음.

1. 무상 제공(생산물 및 용역)

총액 3억 불, 10년 간 균등 제공, 단, 재정 상태에 따라서는 양국 정부의 합의에 의하여 단축 실시할 수 있다.

2. 장기 저리 차관(경제협력 기금에 의함)

총액 2억 불, 10년 간 균등 제공, 금리는 연 3.5퍼센트, 상환 기간은 7년의 거치 기간을 포함하여 20년, 단, 재정 및 자금 사정에 따라서는 쌍방 합의에 의하여 상환 기간을 연장할 수 있다.

3. 민간신용 제공(상업 베이스에 의거한 통상의 민간신용 제공)

　(1) 민간신용 제공 총액은 3억 불 이상에 달하는 것으로 기대된다.

　(2) 어업협력을 위한 민간신용 제공 9,000만 불 및 선박 도입을 위한 민간신용 제공 3,000만 불은 상기 (1)에 포함되며, 또한 관계 법령의 범위 내에서 용이하게 하는 것으로 한다.

4. 한일 청산계정 잔고에 대하여 확인된 대일 채무(약 4,573만 불)

　(1) 10년간 균등 분할 지불, 금리는 없음.

　(2) 매년도 한국의 요청에 의하여 일본 측의 새로운 동의를 요함이 없이 당해 연도에 있어서의 일본으로부터의 무상 제공 중에서 감액함으로써 현금 지불로 간주하는 것으로 한다.

5. 청구권의 해결

관계 협정의 성립 시에 존재하는 한일 양국 및 양 국민의 재산과 양국 및 양 국민 간의 청구권에 관한 문제는 샌프란시스코 평화조약 제4조에 규정된 것을 포함하여 완전히 그리고 최종적으로 해결된 것으로 한다. 단, 한일 양국 및 양 국민의 재산권과 양국 및 양 국민 간의 채권 채무 관계로서, 종전 후 통상의 거래, 계약 등으로부터 생긴 관계에 의거한 것은 영향을 받지 아니한다.

6. 한일 간의 문화재 문제 해결 및 문화 협력 증진에 관련하여 품목 기타에 관한 협의를 하고 일본국은 한국에 대하여 한국 문화재를 인도한다.(외아북-주일정)

41. 청구권 문제 관련 합의의사록 내용 보고 전문

번호: JAW-04079

일시: 061042[1965. 4. 6]

수신인: 외무부 장관
발신인: 주일 대사

4. 3 하네다공항에서 일본 정부 측의 요청으로 연 아주국장과 우시로쿠 일 외무성 아세아국장 간에 이니셜된바 있는 합의의사록 전문은 아래와 같음.

아래

(불공표)

1965. 4. 3에 도쿄에서

금일 이니셜된 한일 간의 청구권 문제 해결 및 경제협력에 관한 합의사항(이하 '합의사항'이라고 함)의 교섭에 있어서 다음의 양해가 확인되었다.

1. 합의사항 5.에 있어서 완전히 그리고 최종적으로 해결된 것으로 된 한일 양국 및 양 국민의 재산과 양국 및 양 국민 간의 청구권에 관한 문제에는, 한일회담에 있어서 한국 측으로부터 제출된 '한국의 대일청구요강'(소위 8항목)의 범위에 속하는 모든 청구권이 포함되어 있으며, 따라서 관계 협정의 발효에 의하여 대일청구요강에 관하여서는 어떠한 주장도 할 수 없게 된다는 것이 확인된다.

2. 합의사항 5.에 있어서 완전히 그리고 최종적으로 해결되게 된 전기의 재산 및 청구권에 관한 문제에는, 현재까지 대한민국에 의한 일본 어선의 나포로부터 생긴 모든

청구권이 포함되어 있으며, 관계 협정의 발효에 의하여 이들 모든 청구권은 이미 대한민국 정부에 대하여 주장할 수 없는 것으로 한다는 것이 확인된다.

추기: 상기 합의의사록 원본은 파우치 편에 송부할 예정임.

주일 대사

42. 청구권 문제 관련 이니셜된 문서 송부 공문

1655   주일정 722-111   1965. 4. 6
        수신: 외무부 장관

제목: 1965. 4. 3 이니셜된 청구권 관계 문서 송부

1965. 4. 3 이동원 외무부 장관과 시나 일 외상의 입회하에 이니셜된바 있는 한일 간의 청구권 관계 문서 원본 및 사본을 송부하오니 사수하시기 바랍니다.

유첨: 1. 한일 간의 청구권 문제 해결 및 경제협력에 관한 합의사항(국문, 일문) 원본 각 1부 및 사본 각 2부
      2. 상기 합의사항에 관한 합의의사록(일문) 원본 1부 및 사본 2부
      3. 상기 합의사항 제3항 (2)에 관한 외무성 아세아국장의 연하구 외무부 아세아국장 앞 서한(일문) 원본 1부 및 사본 2부
   끝

                                                    주일 대사 김동조[직인]

첨부

42-1. 한일 간의 청구권 문제 해결 및 경제협력에 관한 합의사항, 합의의사록 및 서한

1656~1665   [1486번 파일 72번 문서에 동일한 문서가 수록되어 있으므로 여기서는 생략함]

청구권 관계 회의 보고 및 훈령, 1965, V.2, 1965.4.3 가서명 이후의 청구권 및 경제협력위원회, 1965.4~6

분류번호 : 723.1 JA 청 1965 V. 2
등록번호 : 1468
생산과 : 동북아주과
생산연도 : 1965
필름번호 : C1-0014
파일번호 : 03
프레임번호 : 0001~0476

1965년 4월 3일 청구권 문제에 관한 양국 간 '합의사항'이 작성된 이후 이를 토대로 청구권협정 조문화를 위해 개최된 각종 회담(청구권 및 경제협력위원회 회의, 과장급 회의, 뉴오타니호텔 회담, 힐튼호텔 회담 등)의 기록, 관련 훈령 및 합의 문안(협정 및 부속 문서)이 수록되어 있다. 양국은 청구권 문제의 해결에 관한 협정 제2조 조문과 관련 합의의사록 조문에 관해 마지막까지 의견 대립을 보이다가 협정 조인 바로 전날인 6월 21일에 합의에 도달했다.

1. 청구권 및 경제협력위원회 개최 관련 보고 전문

번호: JAW-04199

일시: 101237[1965. 4. 10]

수신인: 장관
발신인: 수석대표
참조: 경제기획원 장관

대: WJA-04127

　1. 청구권 및 경제협력위원회의 개최 일자에 관해서는 아직 일본 측과 합의하지 못하였으나 동 위원회를 내주 중간 경에 개최하도록 노력 위계임. 지금까지 일본 측과 협의 경과로 보아 동 위원회 소관 사항을 원칙적인 문제(청구권 정산)에 관한 토의는 그 준비에 있어서 시일을 요할 것으로 관측되며 나머지 실시 세목(소위 경제협력)에 관한 토의는 비교적 단시일 내에 착수할 수 있을 것으로 예상됨.

　2. 동 위원회 토의의 진행 방법 기타 관련 사항에 대한 협의를 위하여 12일(월) 오전 중에 이규성 공사는 일 외무성 니시야마 경제협력국장과 비공식으로 회담하기로 하였음. 일본 측과의 협의상 필요하오니 정순근 경제협력과장을 명 11일(월) 필히 도쿄로 파견해 주시기 바람.

　3. 제1항에서 언급된 청구권 청산에 관한 일본 측과의 토의에 있어서는 법적 문제 기타 어려운 문제점이 많이 제기되고 논의될 것으로 예상되므로 이에 대한 신중하고 철저한 대비책이 강구되어야 할 것으로 사료됨.

　4. 청구권 및 경제협력위원회 개최 일자는 추후 확정되는 대로 보고하겠으나 전술한 제반 사정을 감안할 때 무상 및 유상 제공의 도입 절차부터 먼저 토의될 것으로 예상되므로 이에 필요한 대표단 인원이 내주 초에 도쿄로 파견되어야 할 것으로 관측됨.(주일정-외아북)

2. 청구권 및 경제협력위원회 개최 관련 사전 회합 결과 보고 전문

번호: JAW-04247

일시: 131920[1965. 4. 13]

수신인: 외무부 장관
발신인: 주일 대사

1. 금 13일 이 공사는 정순근 경제협력과장을 대동하고 외무성 니시야마 경제협력국장을 방문하여 16:00부터 약 1시간 20분간에 걸쳐 청구권 및 경제협력 문제에 관한 회합을 가졌는바, 내용은 아래와 같음(일본 측으로서 요시노 참사관 및 오카다 경제협력과장 동석)

2. 이 공사는 앞으로 청구권 및 경제협력 문제에 관한 협정 작성 작업 특히 실시 세목에 관한 부분에 대한 토의를 촉진시키자고 하고 그 토의 진행 방안에 관한 이야기를 하자고 제의한 데 대하여 니시야마는 장래 3억 및 2억에 관한 실시 절차 문제 토의는 경제협력국에서 주관하게 될 것이나 일본 측으로서는 5월에 있을 예정이라는 조인에 있어서는 지난번 이-시나 외상 간 합의사항의 내용에 몇 개의 원칙을 추가하여 정비한 협정을 조인하고 그 조인된 협정이 비준될 동안 천천히 실시 절차에 관한 토의를 행하려는 생각이라고 하고 그 이유는 실시 절차에 관한 토의가 시간적인 여유가 필요하며 또한 실시 절차 내용을 만드는 것에 앞서 관계자의 방한 기타 등에 의한 한국 내 경제 사정의 파악이 선행되어야 하기 때문이라고 하였음.

그는 따라서 일본 측으로서는 현재 실지 절차에 관한 구체적인 토의 준비가 되어 있지 않다고 하였음. 이에 대하여 이 공사는 그것이 일본 측의 태도라면 지금까지 일본 측이 말하여온 바와 큰 차이가 있고 이미 수석대표 간에서 실시 절차에 관한 토의를 촉진시키자고 한 양해와도 다르지 않은가 하고 추궁하였던바 니시야마는 위와 같은 일본 측 입장을 우시바 심의관도 이미 알고 있다고 하였으며 한국 측이 구체적인 협정을 꼭 조인해야겠다는 입장이라면 전체 조인은 연기될 수밖에 없지 않겠는가라고 하였음.

3. 아 측이 비공식적이라도 우선 실시 절차에 관한 토의에 들어가자고 요구하였던 바 일본 측은 준비가 전혀 되어 있지 않으므로 한국 측의 이야기를 듣는 정도의 것이라면 들을 수 있다는 극히 소극적인 태도였음.

4. 일본 측은 이-시나 합의사항에 어떤 것을 추가 보충할 것인가에 관하여 금일 아세아국과 경제협력국 간에 의견 조정에 관한 회합이 개최되고 있다고 하였음.

5. 이상과 같이 니시야마가 말한 일본 측의 태도가 지금까지 일본 측이 말한 바와 근본적으로 다름에 비추어 본직은 우시바 심의관을 통하여 일본 측의 명확한 태도를 추궁할 예정임.(주일정-외아북-외통협)

4. 청구권 관계 비공식 회합 개최 결과 보고 전문

번호: JAW-04284

일시: 151559[1965. 4. 15]

수신인: 장관

발신인: 수석대표

1. 금 15일 10:00부터 약 1시간 청구권 관계 비공식 회합이 개최되었는바 내용을 아래와 같이 보고함.

참석자: 한국 측- 이 공사, 정순근 과장, 문희철 과장, 김태지 사무관

일본 측- 니시야마 경협국장, 오카다 경협과장, 오쿠라 대장성 투자제1과장, 아쓰미 대장성 외채과장, 구마가이 통산성 자본협력과장 외 3명

2. 아 측은 지난 수석대표 간 회합에서 청구권 및 경제협력 관계 위원회도 내주부터 토의에 들어가기로 양해한 바도 있어 오늘은 그에 앞서 예비적인 모임인 성격의 건이라는 전제로 먼저 이-시나 외상의 합의사항이 나오게 된 경위를 설명한 후 동 합의사항을 조속히 협정으로 구체화시켜야 할 필요가 있다는 견지에서 앞으로 청구권 및 경제협력 문제의(특히 소위 실시 절차에 관한 부분의) 토의 진행 방안 및 기본적인 원칙 문제 등에 관한 아 측의 생각을 아래와 같이 설명하였음.

가. 한국 측으로서는 청구권 및 경제협력 문제도 실시 절차를 포함하여 완전히 합의하여 다른 현안 문제와 동시에 조인하여야 된다는 입장이다. 따라서 시간적으로 촉박함에 비추어 빨리 토의를 시작하기 위하여 아 측 대표단은 금주 말까지 여기 도착할 예정으로 있다.

나. 실시 절차 문제에 관하여는 일본 측 준비가 되어 있지 않다면 우리 측의 안을 먼저 제시하여도 좋으며 이에 대하여 일본 측도 가급적 속히 대응하는 안을 제시하여야 할 것이다.

다. 실시 절차에 관한 합의 문서를 작성함에 있어서는 일본이 타국과 체결한 배상협정을 MODEL로 하되 한국의 특수한 사정이 함께 고려되어야 할 것으로 생각하는바, 합의문서화 시키는 방법으로서는,

　ㄱ) 기본적인 협정에 이-시나 합의사항에 있는 3억, 2억, 3억 플러스 '알파'에 관한 규정과 그중 3억 및 2억의 실시 절차 중 원칙적인 부분에 관한 규정이 포함되어야 하며,

　ㄴ) 3억과 5억에 관한 실시 세목, 2억 플러스 알파에 관한 실시 절차, OA의 청산 절차 등은 각각 별도 문서로 규정하도록 한다.

3. 이에 대하여 일본 측은 청구권 및 경제협력 문제에 관한 앞으로의 토의 진행 방안 자체에 관하여 관계부처 간의 의견 조정이 아직 되어 있지 않으나 현재의 느낌으로서는 소위 원칙적인 문제는 아세아국과 대장성 이재국(이재국 사토 참사관이 주관할 것이라고 함), 실시 세목은 경제협력국(나시야마 국장이 주관)이 다루게 될 것인바, 결국 다루어지는 문제의 성격상 분리된 회합을 가져 진행시켜야 할 것으로 생각된다고 하고 두 개의 회합이 병행될 경우 어느 한쪽의 토의가 진척되지 않는다면(일본 측은 소위 실시 세목에 관한 부분은 의외로 토의가 잘되고 소위 원칙적인 문제에 있어서 견해의 대립이 심각하여질 가능성이 있지 않겠느냐고 함) 전체적인 밸런스가 취해지지 않는 사태가 오지 않을까도 생각된다고 함.

일본 측은 조속히 첫 대면을 하고 한국 측 안을 먼저 제시한다는 한국 측 생각에 이의 없으나 앞으로 전반적인 운영을 어떻게 할 것인지, 즉 청구권 관계를 2개로 나누어 토의하는 문제, 또한 나누어 토의할 경우 전체적인 컨트롤을 어떻게 할 것이냐는 문제 등에 관하여는 위원회 개최 전 수석대표 간 회의에서 결정되어야 할 것으로 생각된다고 함.

따라서 양측은 이러한 상황을 양측 수석대표에게 각각 보고함으로써 수석대표 간 회의에서 이러한 문제를 조속히 결정짓도록 하기로 합의하였음.

추기: 동 회의 후 이 공사가 우시로쿠 국장에 대하여 4. 19 청구권 및 경제협력위원회를 개최할 것으로 제안하였던바 우시로쿠 국장은 부내 의견 조정 후 알려주겠다고 함.(주일정-외아북, 외통협)

5. 청구권 및 경제협력 문제 관련
일 외무성 조약국 참사관 면담 결과 보고 전문

번호: JAW-04315

일시: 161816[1965. 4. 16]

수신인: 외무부 장관

발신인: 수석대표

1. 이 공사는 금 16일 오후 2시부터 약 30분간 외무성 조약국 사토 세이지, 요와다 와타루 양 참사관을 방문하고 면담을 가졌는바 내용을 아래와 같이 보고함.

(사토 참사관은 앞으로 청구권 및 경제협력 문제 가운데서 소위 청구권에 관한 부분을 주관하기로 되어 있음)

2. 사토 참사관은 청구권 및 경제협력 문제 등 소위 청구권에 관한 부분을 자신이 주관하게 되었다고 하고 현재 관계 각 성에서 주로 개인 관계 청구권에 관하여 어떠한 문제가 있는가 조사·연구 중에 있는바, 이에는 어떠한 문제가 있는가 뽑아서 클래시화이[classify]하는 문제와 클래시화이 한 다음 그러한 문제를 법적으로 여하히 처리할 것인가의 문제(현존하는 일본 국내법만으로 처리 가능한가, 한국과의 협정에 규정되어야 할 것인가, 또한 한국과의 협정에 규정되는 경우 국내법과 관련시키는 문제 등)가 있어서 이러한 연구가 필요하고 또한 법적인 문제가 많아서 법제국과의 접촉도 필요하므로 시간이 걸릴 것 같다고 함.

이에 대하여 이 공사는 아 측으로서는 이-시나 합의사항에 의하여 일단 개인 관계 청구권이 소멸되었다 하는 것이 확인되었고, 따라서 앞으로의 문제는 그것을 양국이 각각 국내적으로 어떻게 소화시킬 것인가가 남는 것으로 생각한다고 하고 아 측으로서는 이에 관한 별반 준비가 없는데 개인 관계 청구권 하나하나를 따로따로 검토하는 경우 일본 측의 처리 여하는 반사적으로 아 측에게도 영향이 있을 수 있다는 고려도 할 수 있으므로 일본 측의 생각을 조속히 알려주었으면 한다고 함.

3. 이 공사는 여하간 위원회를 조속히 열어놓고 토의 진행 방안도 이야기하고 서로의 입장도 제시하였으면 한다고 하였던바 사토는 자신의 생각으로서는 우선 첫 대면을 빨리하는 것이 좋지 않겠느냐고 말하였음.(주일정 - 외아북, 외통협)

10. 제7차 한일회담 청구권 및 경제협력위원회 제1차 회의 회의록

1712 제7차 한일회담 청구권 및 경제협력 위원회 제1차 회의 회의록

1. 개최 일시: 1965. 4. 20, 15:00~15:50
2. 개최 장소: 외무성 회의실
3. 참석자: 한국 측 수석대표   이규성[주일 대표부 공사][33]

           교체 수석대표 김영준[경제기획원 기획차관보]

           〃 전상진[외무부 통상국장]

           대표 이상덕[한은 이사]

           전문위원 정순근[외무부 통상국 경제협력과장]

           〃 정재덕[경제기획원 경제기획국 물동계획과장]

           〃 오재희[주일 대표부 정무과장]

           〃 이화균

           〃 김형근[외무부 통상국 경제협력과 서기관]

           보좌 김태지[외무부 아주국 동북아과 사무관]

     일본 측 대표 니시야마 아키라(西山昭)[34][외무성 경제협력국장]

           〃 사토 쇼지(佐藤正二)[외무성 관방심의관]

           〃 사다케 히로시(佐竹 浩)[대장성 이재국장]

           〃 와타나베 마코토(渡辺誠)[대장성 국제금융국장]

           〃 와타나베 야에이지(渡辺弥栄司)[통산성 무역진흥국장]

           보좌 무라이 시치로(村井七郞)[대장성 관방재무조사관]

---

33 한국 측 대표단의 직책은 사료 다른 부분에 나와 있는 것을 참조로 하여 편집자가 추가하였음.
34 일본 측 대표단의 이름에 대한 일본어 표기는 사료 1719~1721쪽에 수록된 '제7차 일한전면회담 청구권 및 경제협력 위원회 일본 측 명부'를 참조하여 편집자가 이곳에 추가하였으며, 2차 회의 이후 동일한 인물이 참석하는 경우에는 생략하였음.

"	아쓰미 겐지(渥美謙二)[대장성 이재국 외채과장]
"	다루미즈 기미마사(垂水公正)[이재국 국제금융국 투자과 과장보좌]
"	야나기야 겐스케(柳谷謙介)[외무성 북동아과 서기관]
"	구로코지 야스시(黑河內康)[외무성 아시아국 북동아시아과 사무관]
"	니시야마 다케히코(西山健彦)[외무성 경제협력국 경제협력과 사무관]
"	가토 준페이(加藤淳平)[외무성 경제협력국 배상조정과 사무관]
"	마쓰나가 노부오(松永信雄)[외무성 조약과장]
"	구마가이 센지(熊谷善二)[통산성 무역진흥국 자본협력과장]
"	니와야마 게이이치로(庭山慶一郎)[경제기획청 조정국 참사관]
"	사사부치 이사무(笹淵勇)[경제기획청 조정국 경제협력과장]

4. 토의 내용

니시야마: 오늘은 청구권 및 경제협력위원회의 첫 모임이고 첫 대면을 하게 되었으니 일본 측 대표를 소개하겠다(일본 측 대표 인사).

이 수석: 한국 측 대표를 소개하겠다(한국 측 대표 인사). 우리 측 대표단 멤버 중 아직 도착되지 않은 사람(외무부 김정태 부이사관, 재무부 및 경제기획원 사무관급 실무자)이 있으며 이들은 모레쯤 도착할 것이다.

니시야마: 첫 회합인데 무슨 얘기할 것이 있는가?

이 수석: 오늘은 첫 대면의 회합이므로 특별히 말할 것은 없지만, 청구권 및 경제협력위원회의 앞으로 진행 방안들에 관한 우리 측의 생각을 몇 가지 말할까 한다. 토의 진행 방안 등에 관하여서는 이미 니시야마 국장과 사토 참사관을 따로 만났을 때 얘기한 바도 있고 그 기회에 우리 측의 생각도 얘기했다고 생각하지만 다시 이 자리에서 되풀이하여 본다면 결국 이 위원회의 임무는 금월 초 양국 간에 합의를 본 이-시나 외상 간 합의사항을 구체화시키는 일을 하는 것으로 생각한다. 한국 측으로서는 각 현안 문제에 관한 협정의 정식 조인 시까지 청구권 및 경제협력 문제에 있어서는 그 실시 절차까지 포함하여 완전히 양국 간에 합의가 이루어질 것을 희망하고 있다. 그런데 시간적으로 과연 그러한 희망을 달성할 수 있을 것인가가 문제가 되는데 일본 측에서는 그때까지 모든 것을 다 마치기가 어려울 것이라는 생각을 가지고 있는 것으로 알고 있다. 그간의 여러 가지 회합에서 받은 인상으로는 일본 측이 특히 청구권 소멸에 관한 소위

원칙 문제에 있어서는 여러 가지 골치 아픈 점이 많다는 생각인 것으로 알고 있는데 우리 측으로서는 이-시나 합의사항 제5항에 규정되어 있는 대로 완전 그리고 최종적으로 모든 청구권이 해결되었다고 해석할 수 있으므로 이 문제에 관하여는 앞으로 양국이 각각 국내적으로 여하히 소화하며 처리할 것인가 하는 문제만이 남아 있는 것이며 따라서 별반 문제가 없지 않은가 생각하고 있다. 다만 이 문제에 관하여는 일본 측에서 여러 가지 문제가 있다고 하므로 일본 측의 생각을 알려주면 그것을 듣고 토의에 협조할 생각을 가지고 있다. 이와 관련하여 한 가지 말하고자 하는 것은 일본 측에서 북한에 관한 문제에 무슨 처리가 있어야 하겠다고 생각하고 있는 것 같으나 우리 측으로서는 지난 번 가조인을 본 양국 간 기본관계조약에서 이에 관한 지침이 될 만한 규정이 두어졌으므로 그것은 그것으로써 처리하면 별반 문제가 없다고 생각한다.

우리 측으로서는 실시 절차에 관한 합의 문서를 조속히 만들어야겠다고 생각하는데 일본과 각 국과의 배상협정을 고려하고 이-시나 합의사항을 바탕으로 하여 아국의 특수한 사정을 또한 고려하여 만들어야 할 것으로 생각한다. 지금까지 일본 측과의 비공식 접촉에 의하여 느끼는 바로는 일본 측에서는 5월 중순의 조인 시까지 청구권 및 경제협력 문제에 관하여 실시 절차까지 모든 것을 합의함은 시간적으로 어려울 것이므로 우선 이-시나 합의사항에 약간을 보완하는 것을 만들어 조인하고 그것의 국회 비준 전까지 상세한 절차에 관한 것을 만든다는 입장으로 알고 있는데 이와 관련하여 우리 측의 느낌을 잠깐 말할까 한다. 솔직히 말하여 평화선 문제와 청구권 문제는 서로 관련이 있고 평화선 문제에 있어서는 우리 측이 양보를 많이 했다는 사정이 있다. 이러한 사정도 있으므로 평화선 문제에 관한 협정만 먼저 하는 것은 생각할 수 없다. 이러한 우리 측의 생각도 머리에 두고 솔직한 말로 이-시나 합의사항에 어느 만큼의 것을 보완하는 것인지 일본 측의 생각을 말하여 주었으면 한다. 여하간 우리 측에서 앞으로 일본 측의 생각도 듣는다는 것을 전제로 우리 측 안을 제시할 것인바 우리 측 안에 대하여 코멘트함으로써 토의를 촉진시켜 빨리 결론을 내도록 하였으면 한다.

본 위원회는 이-시나 합의사항을 구체화시키는 문제에 관한 토의를 하게 되어 있으므로 아까도 말한 바 있는 소위 원칙 문제에 관하여 일본 측에서 법적인 해석 문제가 많다고 하니 일본 측의 생각을 알려 주면 우리 측에서 적당한 사람을 내서 듣고 토의하도록 하게 할 생각이다.

1716   니시야마: 지금 이 대표가 말씀한 데 조금 내용에 문제가 있다고 생각한다. 우선 소위 청구권 해결에 관한 문제는 본인으로서는 잘 모르고 사토 대표가 알고 있으므로 그가 나중에 설명하는 것으로 하고 소위 경제협력 문제에 관하여 말한다면 한국 측에서는 모든 세목까지 다 조인 전까지 결정되어야 한다는 생각인 것 같으나 그것이 실제로 가능할 것인지 걱정이 있다. 결국 실제적으로는 본 협정에 집어넣어야 할 사항들을 뽑아서 집어넣어 우선 본 협정을 조인하도록 하는 것이 순조롭지 않을까 생각한다. 그런데 구체적으로 어떤 것을 어느 정도 본 협정에 집어넣을 것인가는 앞으로 양측 간의 토의에 의하여 결정하도록 하였으면 한다.

　사토: 한국 측은 소위 청구권 소멸에 관한 문제가 이-시나 합의사항에 의하여 해결되어 버렸다고 하나 구체적으로 어떤 것이 소멸되었는가 하는 것을 확실히 하여 두어야겠다는 것이 일본 측의 생각이다. 이것은 국내적으로 여러 가지 조치가 필요하므로 본 협정에 집어넣어야 할 것으로 생각한다. 여하간 토의 진행에 있어서는 소위 원칙 문제와 경제협력 문제와는 밀접한 관련이 있으므로 평행적으로 해나가는 것이 좋다고 생각한다.

　사다케: 우선 청구권 소멸에 관한 문제와 경제협력 문제는 일심동체라고도 할 수 있으므로 어느 한쪽을 선행시킴은 곤란하다고 생각한다. 청구권 소멸의 문제에 관하여 이 대표께서는 쉬운 것 같이 말씀하셨지만 사실 이 문제는 파고들면 들수록 점점 더 어렵게 느껴진다. 특히 여러 가지 개인의 청구권이 없어진다는 것이므로 중대한 것이다.

1717   우선 소위 북한 문제에 관하여는 청구권 문제의 경우 그 법률 관계를 확실히 해둘 필요가 있기 때문에 그 효력이 미치는 지역과 대상이 어떤 것인가 밝혀둘 필요가 있다고 생각한다.

　또한 종전 전에 있던 조선총독부의 법적지위랄까, 즉 조선총독부와 한국 정부와의 관련(청구권과 관련하여 계승되었느냐의 여부)을 명확히 하여 둘 필요가 있다고 생각하는데 그것은 예컨대 총독부에서 취급한 간이생명보험(이에는 한국인, 일본이, 제3국인이 모두 가입되어 있음) 또는 우편저금 등의 처리에 있어서 문제가 된다고 보며 이러한 것은 일본 정부의 처리나 한국 정부의 처리가 표리가 맞아야 되는 성질의 것이라고 생각한다. 그 밖에 재일한국인의 청구권의 처리 문제, 즉 소멸의 대상과 범위, 제2차 세계대전 종결의 시점 등이 이에 있어서 문제가 된다고 생각하며, 또한 이-시나 합의사항에 의하면 제2차 세계대전 후의 통상적인 채권 채무 관계는 소멸되지 않는다고 되어 있는데 소멸되지 않는 청구권의 범위(제2차 세계대전 종결의 시점 등이 문제가 됨)를 명확히 하여 둘 필요가 있을 것이다. 이와 같이 그 밖에도 청구권의 내용이 각양각색이므로 여러 가지 복잡한 문제가 있어서 문제가 많은데 후일 여러 가지 분쟁이 생기는 것을 막아야 할 것이며 따라서 이에 관한 서로의 연구가 필요하다고 생각한다.

사토: 여하간 이 문제는 쌍방이 다 똑같은 문제가 있을 것이라고 생각되며 그러한 점에서 양측의 협력이 절대로 필요할 것이라고 생각한다.

이 수석: 지금까지 청구권 문제 해결의 경위로 보면 각종의 청구권이 덩어리로 해결된 것으로 되었는데 그다음 그것을 어떻게 처리할 것인가는 결국 각각 국내의 문제로 취급되어야 할 것으로 생각하나 일본 측이 이 문제에 관한 양측의 협력이 필요하다고 하므로 아 측으로서는 상호 토의에 협조한다는 데 이의가 없으며 토의의 편의상 두 가지 문제를 병행해서 토의하여도 무방하다고 생각하나 위원회 전체는 하나가 되어야 할 것이다. 우리 측으로서는 청구권 및 경제협력 문제를 조속히 토의하여 나갔으면 하는 생각이므로 일본 측이 좋다면 내일이라도 회의를 열었으면 한다.

니시야마: 소위 청구권 소멸 문제와 경제협력 문제는 내용 면에 있어서는 관련이 있으나 실무적으로는 따로 취급할 수 있기 때문에 인원을 따로따로 나누어서 토의를 진행시킴이 좋지 않을까 생각한다.

이 수석: 토의의 편의상 인원을 나누는 것은 생각할 수 있을 것이다.

사토: 청구권 소멸 관계는 금주는 무리하고 내주 초에나 토의를 할 수 있을 것이다.

니시야마: 일본 측이 회의를 고의로 연장시킬 생각은 없으며 전력을 다하여 토의를 빨리 끝내도록 노력하겠지만 지금까지 이에 관한 회합이 없었으므로 그 전에 충분한 의견의 교환이 있어야 할 것이다.

이 수석: 14년간의 긴 교섭에 종지부를 찍는 것이므로 빨리 하도록 하자. 실시 절차에 관하여는 우리 측에서 기본적인 생각을 언제라도 말할 수 있다. 아까도 말하였지만 위원회 전체는 하나로 되어야 할 것이다.

니시야마, 사토: 다음 회합에 관하여서는 여기서 정할 수 없고 내부 조정 후 알려주겠다.

이 수석: 알겠다. 오늘은 이만 하도록 하자.

14. 제7차 한일회담 청구권 및 경제협력위원회 제2차 회의 회의록

1737   제7차 한일회담 청구권 및 경제협력 위원회 제2차 회의 회의록

1. 개최 일시: 1965. 4. 21, 10:45~11:50
2. 개최 장소: 외무성 회의실
3. 참석자: 한국 측 수석대표   이규성
            교체 수석대표   김영준
              〃   전상진
            대표   이상덕
            전문위원   정순근
              〃   정재덕
              〃   오재희
              〃   이화균
              〃   김형근
            보좌   김태지
         일본 측 대표   니시야마 아키라
              〃   와다나베 마코토
              〃   와다나베 야에이지
              〃   다카시마 세쓰오(高島節男)[경제기획청 조정국장]
            보좌   아카자와 쇼이치(赤澤璋一)[통산성 무역진흥국 경제협력과장]
              〃   무라이 시치로
              〃   아쓰미 겐지
1738   〃   오쿠라 기미오(大藏公雄)[대장성 국제금융국 투자1과장]
              〃   구마가이 센지

보좌   사사부치 이사무
  〃   야나기야 겐스케
  〃   구로코지 야스시 외 수명

4. 토의 내용

니시야마: 오늘은 한국 측에서 준비한 안이나 생각을 말하게 되어 있는 것으로 알고 있는데, 준비한 것이 있으면 말하여 주면 좋겠다. 한국 측 입장을 들은 다음 질문할 것이 있으면 질문하도록 하겠다.

이 수석: 그러면 우리 측의 개략적인 생각을 김 대표가 설명할 것이다.

김 대표: (별첨과 같은 내용을 구두로 설명함.)

야나기야: 지금 구두로 설명한 것을 문서로 받을 수 있겠는가?

이 수석: 추후 정리가 되는 대로 주겠다.

니시야마: 지금 한국 측이 설명한 데 대하여 의문이 나는 점 등에 관하여 질문을 하고자 한다. 합의의사록에는 무엇을 포함시킬 것을 예상하고 있는가?

김 대표: 협정문에 관한 해석 등을 포함시키는 것을 생각하고 있다.

니시야마: 부속서는 어디에 붙는 것인가?

김 대표: 본 협정에 붙는 것이다.

니시야마: 부속서에 기재될 사업 부문 열거 시 개략적이나마 액수는 표시하는 것이 아닌가?

김 대표: 액수 표시는 생각하지 않고 있다.

니시야마: 부속서의 사업 부문을 무상 제공이나, 장기 저리 차관을 통털어 하나로 만드는 것 인가?

김 대표: 그렇다. 무상 제공이나 장기 저리 차관이나 통틀어 하나로 만드는 것은 정부 또는 공공 부분에 중점을 두고 또한 10년에 걸진 장기적인 것이므로 미리부터 구체적으로 정하여 두는 것은 불편한 점도 있기 때문이다. 구체적인 것은 연차 실시계획으로써 결정하여 나갈 것을 생각하고 있다.

니시야마: 그렇다면 연차 실시계획에서 세부적인 사업이 결정될 텐데 일본으로부터 도입되는 자금이 한국의 어떠한 경제개발계획에 근거로 소화될 것인지 계획에 관

한 설명을 해줄 수 있겠는가?

김 대표: 현재 제1차 5개년 계획이 진행 중에 있고 이어서 제2차 5개년 계획이 실시될 텐데 제2차 5개년 계획에는 한일회담 타결의 전망도 확실치 않은 점도 있고 해서 일본으로부터 들어올 자금은 반영되어 있지 않고 있다. 따라서 일본으로부터 들어올 자금에 관하여는 이제부터 계획을 하여야 하므로 장래 계획을 지금 말할 단계에는 있지 않다.

구마가이: 아까 한국 측에서는 부속서를 작성함에 있어서 무상 제공과 장기 저리 차관의 사업 부문을 통틀어 하나에 기재한다고 말하였는데 그래도 사업의 성질상 조금 차이가 있어야 할 것으로 생각하는데 어떤가?

김 대표: 우리 측으로서는 무상 제공으로 도입하는 것이나 장기 저리 차관으로 도입하는 것을, 이것은 무상 제공으로, 저것은 장기 저리 차관으로 하는 식으로 나눌 수 없고 같은 부문에서 무상 제공으로 들여올 수도 있고 장기 저리 차관으로도 들여올 수 있도록 개략적인 부문 기술을 하자는 것이며 이것은 우리 측 국내 계획이나 기타 사정상 그렇게 할 수밖에 없다.

와타나베: 한국 측에서는 장기 저리 차관의 상환이나 민간신용 제공에 있어서의 상환이나 상환에 있어서 현물로 하겠다는 생각이 있는데 무슨 이유에서 그러한가?

김 대표: 그것은 한일 양 당사자가 서로 이익이 될 수도 있다고 판단하는 경우도 있을 것이며 장차 한일 간의 경제 분야에 있어서의 협력이나 국제 분업의 양상도 고려해서 그러한 것이다.

와다나베: 이를테면 일본이 인도네시아에 대하여 한 Production Sharing System 방식의 예와 비슷하게 생각하는가?

김 대표: 그렇다.

구마가이: 장기 저리 차관에 있어서도 구매 계약을 조달청에서 체결한다고 하는데 실제로 도입하는 민간업자와 조달청 간에 관계되는 것은 국내적으로 별도로 조치를 생각하고 있는가?

김 대표: 그렇다.

아카자와: 무상 제공과 장기 저리 차관의 프로젝트를 지금까지의 경우(PVC, 시멘트 등)와 같이 하나하나 국회의 동의를 요하게 되는 것인가?

이 수석: 사적인 견해이나 특별법에 의하여 하나하나 동의를 요할 필요는 없게 할 수도 있지 않을까 생각한다.

구마가이: 그것은 무상 제공이나 장기 저리 차관에 있어서 모두 그러한가?

김 대표: 그렇다.

니시야마: 질문하는 데 외람된 느낌이 있으나 3억 불을 국가사업에 전부 소화시킬 수 있는 계획이 서 있는가?

김 대표: 공공사업을 중시한다는 것뿐이지 전부 공공사업에 관한 것만 하겠다는 것이 아니다.

니시야마: 그렇다면 민간이 하는 사업도 포함될 수 있다는 것인가?

김 대표: 물론 그렇다.

아카자와: 원자재의 범위 이야기인데 일본이 수입하는 것, 예를 들면, 원면 같은 것도 포함될 것인가?

김 대표: 일본이 수입하는 그러한 것까지는 고려하고 있지 않다.

니시야마: 서비스는 프로젝트와 관련 없는 것도 고려하고 있는가?

김 대표: 특허권 등의 구입 같은 것이 고려될 수 있다고 생각한다.

일본 측: 사절단의 대우 문제에 관하여 타국의 배상 사절단은 구매 계약 체결 당사자가 되므로 대우에 대한 의의가 있는데 한국의 경우 조달청에서 전부 구매한다면 어떨까 생각하는데.

김 대표: 사절단은 결국 구매 계약의 당사자가 안 되는 것뿐 그 외의 임무는 같은 것이 되지 않겠는가.

구마가이: 상사 중재에 관하여 조금 더 구체적으로 설명하여 줄 수 있겠는가.

정순근 의원: 한국에는 아직 상사중재위원회가 없지만 다른 예도 있으므로 장차 이에 관한 양국 간의 별도 arrangement를 고려하고 있다.

이 수석: 이상 우리 측의 입장을 일본 측에서 조속히 검토하는 동시에 일본 측의 안을 제시하여 주었으면 한다.

니시야마: 글쎄, 일본 측으로 보아서 전례가 있는 것도 있고 없는 것도 상당히 있는 것 같은데… 여하간 지금 말씀한 한국 측의 입장에 관한 요지를 문서화한 것을 주면 빨리 검토하도록 하겠다.

이 수석: 다음 회의는 어떻게 할 것인가. 금요일 오후쯤 하는 것이 어떤가?

니시야마: 다음 회의를 이 자리에서 정하기는 어렵고 별도로 연락하겠으나 금주는 어렵지 않을까 생각한다.

야나기야: 신문 발표에 관하여, 한국 측에서 일반적인 입장에 관한 설명이 있었다고 함이 어떤가?

이 수석: 좋은데 구체적인 내용은 건드리지 않기로 하자.

야나기야: 알겠다.

니시야마: 그러면 오늘은 이만하자.

13. 제7차 한일회담 청구권 및 경제협력위원회 제2차 회의 시 한국 대표 발언 요지[35]

첨부

4월 21일 청구권 및 경제협력위원회
제2차 회의에서의 한국 측 대표의 발언 요지

1965년 4월 21일

청구권 및 경제협력 문제에 관한 합의 문서로서는 기본적인 협정으로 '대한민국과 일본국 간의 청구권 해결 및 경제협력에 관한 협정'을 맺고 별도 문서로 동 협정 실시 세목에 관한 교환 공문, 민간신용 제공 실시 절차(소위 3억 불 이상에 관한 부분)에 관한 교환 공문, 협정에 관한 합의의사록을 작성하는 것으로 한다. 그밖에 한일 청산계정상 확인된 대일 채무(대한 채권)에 관한 교환 공문을 만드는 것으로 한다.

기본적인 협정을 비롯한 각종 합의 문서에 포함될 사항에 관한 한국 측의 입장은 아래와 같다.

1. 기본 협정 전문에는 양국 간의 청구권 문제를 해결하고 경제협력의 증진을 희망한다는 내용을 기술하도록 한다.
2. 기본 협정에 소위 이-시나 합의사항 중 제1항, 제2항, 제3항 및 제5항을 규정하도록 한다.
3. 무상 제공 3억 불의 제공 및 실시방식
   가. 일본이 제공하는 생산물 및 용역 중 생산물은 자본재 및 원자재로 한다.
   나. 한국 정부는 각 연도 개시에 앞서 부속서에 열거한 사업의 부문 가운데서 선택되는 생산물 및 용역을 조달하기 위한 실시 계획을 결정하여 일본 정부에 통고한다.

---

35 편집자가 문서의 순서를 바꾸었음.

단, 일본 정부가 이에 이의를 제기할 때에는 합동위원회의 권고에 따라 처리한다.

다. 한국 정부(조달청)가 당사자가 되어 일본국 국민 또는 법인과 직접 구매 계약을 체결한다.

라. 구매 계약(변경 포함)은 기본 협정과 동 부속 문서의 규정에 합치되어야 하며, 당해 연도의 실시 계획의 시행을 위한 것이어야 한다.

마. 한국 정부는 구매 계약서 사본을 일본 정부에 송부한다. 일본 정부가 계약에 이의가 있을 때에는 계약서 사본 접수일로부터 14일 이내에 그 뜻을 한국 정부에 통고하여야 한다. 한국 정부는 일본 정부의 이의가 타당하다고 인정할 경우에는 계약을 수정할 것이며 일본 정부와 조정이 안 될 경우에는 합동위원회의 권고에 따라 처리한다.

바. 사실상 구매 계약을 체결할 수 없는 사항에 대하여는 양국 정부 간 합의에 의하여 구매 계약 없이 제공할 수 있도록 한다.

사. 일본 정부는 한국 정부가 구매 계약에 의하여 지불하여야 할 대금(구매 계약 없이 제공되는 경우 그 비용에 충당하기 위한 것을 포함)을 지불함으로써 그 지불에 관련된 생산물 및 용역을 한국에 제공한 것으로 간주한다.

4. 장기 저리 차관의 제공 및 실시방식

가. 무상 제공의 제공 및 실시방식 중 가…나…다…라…마…사…에 기술한 것은 장기 저리 차관의 경우에 있어서도 같다.

나. 한국 정부는 실시계획에 따라 생산물 및 용역을 조달하기 위한 차관계약을 일본 정부(경제협력기금)와 체결한다.

5. 부속서에는 무상 제공과 장기 저리 차관에 의하여 실시할 부분을 일괄하여 표시한다.

6. 청구권 및 경제협력 관계 협정의 시행을 위하여 한국 정부의 사절단을 일본국에 설치하도록 하며, 동 사절단에 대한 대우에 있어서는 일본국이 타국과 체결한 배상협정에 따라 설치된 배상 사절단에 대한 경우와 같도록 한다.

7. 협정 실시상 양국 정부의 이견을 조정하기 위한 협의기관으로 합동위원회를 설치한다.

8. 구매 계약에 관한 분쟁 또는 이와 관련하여 발생하는 분쟁은 앞으로 양국 정부의 합의에 의하여 이루어지는 상사중재위원회에 해결을 부탁하며 구매 계약에는 그러한

취지의 규정이 포함되어야 한다.

9. 장기 저리 차관의 상환

　가. 연 1회 일괄 상환하며 상환은 현물 및 통상의 방법으로 하도록 한다.

　나. 원리금 지불의 기산일은 최종 선적일자로 한다.

10. 민간신용 제공

　가. 일본 정부는 민간신용 제공을 용이하게 하고 촉진시키는 것으로 한다.

　나. 민간신용 제공의 진행 상황을 양국 정부가 수시 검토하도록 한다.

　다. 상환은 현물 및 통상의 방법으로 한다.

11. 은행의 지정 및 지불 문제

　가. 거래 은행은 한국은행 재일지점을 포함하여 복수 은행으로 한다.

　나. 지불 의무의 이행 시기는 일본 정부가 수권 은행에 불입한 날짜로 한다.

　다. 지불 이행 한도액 산정의 환율은 일본국이 거래 은행에 지불하는 일자의 IMF 평가에 의한다.

12. 일본국 법인의 해석

일본국의 법인은 종전 후 계속 일본에 거주하는 대한민국 국민이 지배하는 법인을 포함하는 것으로 한다.

13. 협정 해석에 관한 분쟁 해결

일차적으로 외교 경로를 통하여 해결하고 해결되지 않았을 때에는 중재에 부탁하는 것으로 한다.

15. 청구권 및 경제협력위원회 제2차 회의 시 한국 측 발언 요지 관련 본부 지시 전문

번호: WJA-04283

일시: 221155

대: JAW-04396

대호의 구두 설명을 서면화하여 일본 측에 제시하는 문제는 별도 훈령 위계이오니 보류하시기 바랍니다. (외아북)

16. 청구권 및 경제협력위원회 회의 관련 청훈 전문

번호: JAW-04412

일시: 221338[1965. 4. 22]

수신인: 외무부 장관
발신인: 수석대표
참조: 경제기획원 장관

1. 4. 22 당지 조간 신문들은 21일 서울발 공동통신을 인용하여 민주공화당의 '대일 청구권 수입 기본방침 안'을 크게 취급하고 내용을 상세히 보도하였음.

2. 차기 회의에서 일본 측으로부터 이에 대한 설명을 요구할 것이 예상되므로 이에 대하여 아 측이 취할 입장을 조속히 지시하여 주시기 바람.

3. JAW-04396호로 송부한 아 측 대표 발언 요지 중 하기점을 수정하여 금일 일본 측에 송부하였음.

　(1) 3. 나. 한국 정부는 각 연도 개시에 앞서 부속서에 열거한 사업의 부문 가운데서 선택되는 생산물 및 용역을 조달하기 위한 실시계획을 결정하여 일본 정부에 통고한다. 단, 일본 정부가 이에 이의를 제기할 때에는 합동위원회의 권고에 따라 처리한다.

　(2) 3. 라. 한국 정부는 구매 계약서 사본을 일본 정부에 송부한다. 일본 정부가 계약에 이의가 있을 때에는 계약서 사본 접수일로부터 14일 내에 그 뜻을 한국 정부에 통고하여야 한다. 한국 정부는 일본 정부의 이의가 타당하다고 인정할 경우에는 계약을 수정할 것이며 일본 정부와 조정이 안될 경우에는 합동위원회의 권고에 따라 처리한다.

4. 청구권 및 경제협력 문제에 관한 훈령이 시달되지 않고 있어 교섭에 지장이 막심하므로 조속히 훈령하여 주시기 바람.(주일정-외아북)

17. 청구권 및 경제협력위원회 제2차 회의 시 한국 측 발언 요지 관련 대표단 보고 전문

번호: JAW-04431

일시: 221735[1965. 4. 22]

수신인: 장관(참조: 경제기획원 장관)

발신인: 수석대표

대: WJA-04283, 연:JAW-04412

1. 연호 보고와 같이 아 측 대표의 발언 요지를 문서로 작성하여 일본 측에 수교하였음.

2. 청구권 및 경제협력 문제에 관하여 아 측은 당초부터 각 현안에 관한 협정 조인시까지 늦어도 (5월 중순 경을 목표) 가능한 한 조속히 실시 세목 절차를 포함하여 완전한 합의에 이르러야 한다는 전제하에 일본 측에 대하여 조속히 토의를 개시할 것을 요구하여 온 것이며, 일본 측이 토의의 준비가 되어 있지 않다고 하므로 토의를 촉진시키기 위하여 일본 측도 조속히 대응하는 아 측의 입장을 제시한다는 것으로 하여 아 측의 입장을 먼저 제시하게 된 것임은 지금까지의 위원회 보고 등으로 이미 보고한 바와 같고, 이것은 그렇게 함으로써 일본 측을 토의에(특히 일본 측이 뒤로 미루어도 좋지 않으냐는 실시 절차에 관한 문제 토의에) 빨리 끌어드림과 동시에 아 측 안을 토의의 기초로 할 수 있다는 점도 함께 고려하여서 한 것임.

이리하여 이미 훈령되어 있는 안중 최초 단계의 것을 추려 아 측의 입장을 만들어 제2차 위원회 회의에서 구두로 우선 설명하였으며 과거 보고의 예에 따라 발언 요지를 문서화 한 것을 작성하는 대로 수교하기로 약속하였던 것임. 금일 아 측 대표의 발언 요지를 일본 측에 수교한 것은 (가) 그간의 공식, 비공식적인 접촉을 통한 감촉이나 작일 아 측 입장을 설명한 후에 있어서의 일본 측의 일반적인 반응을 종합하여 보면 일본 측은 아 측 안을 일단 토의의 기초로 할 수는 있으나 그대로 받아들이기는 거의 불가능하다는 인상이라는 점, (나) 아 측이 제시한 입장이 최초 단계의 안이므로 장래 교섭에 있어서 지장을 가져오지는 않으리라는 점, (다) 아 측의 문서로 된 입장 제시가 늦어지면 그만큼 일본 측의 검토와 입장 표명도 늦어짐으로써 회의의 템포를 늦추게 할 것이라는 점등을 종합 판단하여 이를 수교한 것이며, 본부의 훈령을 화급히 송부하여 주시기 바랍니다.(주일정-외아북)

18. 대일청구권 교섭 지침 내부재가 문서

1749   기안과: 동북아과

과장[인장] 국장[인장] 차관[인장] 장관[후열] 부총리[후열] 국무총리[후열]

기안년월일: 65. 4. 24

분류기호·문서번호: 외아북 722-958

경유·수신·참조: 한일회담 수석대표

발신: 장관

제목: 대일청구권 교섭 지침

1. JAW-04412에 대한 지시임.

2. 청구권위원회에서의 대일 교섭에 대하여 아 측이 취할 입장을 65. 4. 20부터 65. 4. 23까지 부총리 주재하에 재검토하고 별첨과 같이 시달하오니 이에 따라 교섭하시기 바람.

3. 별첨 지시에 의한 교섭상 문제되는 점은 수시 본부에 청훈하시기 바람.

유첨: 교섭 지침

끝

첨부

18-2. 대일청구권 교섭 지침 문서

대일청구권 교섭 지침

1. 명목과 정신(전문)

　가. 청구권은 한국의 일본에 대한 청구권이며, 우리 입장으로서는 이 청구권의 문제를 우선 확인하는 것이 절대 필요하다. 청구권의 존재의 시기는 제2차 세계대전 전후로 한다.

　나. 이미 한일 양국 간에 가조인된 기본관계에 관한 조약의 정신을 언급함으로써, 청구권 해결이 양국 간의 역사적 배경, 주권의 상호 존중, 공동복리 및 국제 평화와 안전에 일조가 된다는 것을 연결시킬 수 있다.

　다. 일본의 대한청구권은 처음부터 언급하지 않는 것이 우리에게 희망되는 바이나, 일본 측이 강경한 태도로 나오는 경우, 여사한 일본 측의 대한청구권의 말소를 확인시킨다는 것도 오히려 우리 측이 요청할 바이므로 샌프란시스코 조약(일본과의 평화조약) 제4조에 의하여 그 포기가 확인된 것임. 또한 일본의 대한청구권 운운은 그로부터 야기될 국내적 문제를 감안하여 우리 측으로서는 이를 명기치 않음이 좋을 것임.

　그러나 이 문제로 인하여 교섭이 곤란한 경우에는 전술한 바와 같이 우리 측이 오히려 유리한 면이 있으므로 '샌프란시스코조약'을 언급함에 의하여 이를 수락함도 가함.

　라. 일본이 한국에 대하여 청구권을 해결함에 있어서 충분한 채무이행을 하지 아니하였다는 여운을 남기기 위하여 이 청구권의 해결을 일본의 경제적 역량의 범위 내에서라고 할 것이 필요하다. 이는 국내적인 액수 불만에 의한 비난의 문제도 있으므로 굳이 고수하지 아니하여도 무방함.(이상 협정 초안의 명칭 및 전문)

　마. 금차의 청구권의 해결이 양국 간의 청구권 문제가 최종적으로 해결된 것이라는 취지로 교섭할 것.(초안 제1안)

　바. 무상, 유상이라는 용어가 주는 좋지 않은 어감을 피하기 위하여 상기 용어를 사용하지 말고, 청구권의 해결, 경제협력이라는 말로서 3억, 2억, 1억 +α 포괄하도록 할 것.(초안 제1안)

1753 대한민국과 일본국 간의 청구권 해결 및 경제협력에 관한 협정(안)

(제1안)

전문:

대한민국과 일본국은 제2차 세계대전 종결의 전후에 대한민국의 일본국에 대한 청구권의 존재를 확인하고,

196_년 _월 _일 _에서 서명된 대한민국과 일본국 간의 기본관계에 관한 조약의 정신을 상기하고,

일본국의 경제적 역량의 범위 내에서 이러한 청구권 문제의 해결과 양국 간의 경제협력의 증진을 희망하여,

다음과 같이 합의하였다.

(제2안)

전문:

대한민국과 일본국은 제2차 세계대전의 종결의 전후에 양국 간에 청구권이 존재하였음을 확인하고,

1951년 9월 8일 샌프란시스코시에서 서명된 일본국과의 평화조약 제4조 (a) 및 (b)의 규정의 취지에 따라 규정된 청구권 및 1965년 _월 _일 MM에서 서명된 대한민국과 일본국 간의 기본관계에 관한 조약의 정신을 상기하고,

일본국의 경제적 역량의 범위 내에서 이러한 청구권 문제의 해결과 양국 간의 경제협력의 증진을 희망하여,

다음과 같이 합의하였다.

1754 대한민국과 일본국 간의 경제협력에 관한 협정의 실시 세목에 관한 교환 공문

1755 (제1안)

본인은 금일 서명된 대한민국과 일본국 간의 청구권 해결 및 경제협력에 관한 협정에 언급하는 것을 영광으로 생각합니다. 대한민국 정부는 양국 정부가 동 협정 제9조

의 규정에 따라 다음과 같이 합의할 것을 제안합니다.

(제2안)

………………동 협정 제10조………………

1. 계약

1. (제1안)

대한민국과 일본국 간의 청구권 해결 및 경제협력에 관한 협정(이하 '협정'이라 칭함) 제4조 제2항에서 말한 구매 계약은 일본 원으로 통상의 무역상의 절차에 따라 체결한다.

1. (제2안) …………제4조 제2항 및 제4조에 말한 구매 및 차관계약은 일본 원으로 통상의 상업상의 절차에 따라 체결한다.

2. (제1안) 없음.

(계약의 책임 문제는 제1안에서는 설치하지 아니하나 일본 측의 태도 여하에 따라서는 수락 가능)

2. (제2안)

구매 및 차관계약의 실시에 관한 책임은 계약 당사자만이 진다.

3. (제1안) 없음.

(사절단 추천 문제는 제1안에서 설치하지 아니함.)

3. (제2안)

일본국 정부는 사절단에 대하여 구매(및 차관) 계약을 체결할 자격을 가진 일본국의 국민 및 법인을 추천할 수 있다. 그러나 대한민국 정부 또는 그가 위임하는 자(또는 사절단)는 이와 같이 추천된 자와만 구매(및 차관) 계약을 체결하도록 구속받지 아니한다.

4. (세1안) 없음.

(교섭 제1안으로서 설치하지 아니함.)

4. (제2안)

수송, 보험 또는 검사와 같이 부수적인 용역의 제공을 필요로 하고 또한 이를 위한 지불이 협정 제1조 제1항에 의거하여 행하여 지도록 되어 있는 모든 구매 계약은 이와 같은 용역이 일본 국민 또는 일본국의 법인에 의하여 행하여진다는 취지의 규정을 포함하여야 한다.

2. 지불

2. (제1안)

대한민국 정부는 자기의 선택에 의하여 일본국 내의 2 이상의 공인 외환은행과 약정을 체결하고 자기 명의의 필요한 계정을 개설하고 그 은행에 일본국 정부로부터의 지불의 수령 또는 지불의 실시를 수권하고 그 약정의 내용을 일본국 정부에 통고한다. 단, 전기 외환은행에는 한국은행 도쿄지점을 포함하는 것으로 한다. 특별계정은 무이자로 할 것을 양해한다.

5. (제2안)

협정 제7조에 규정한 사절단은 자기의 선택에 의하여 일본국 내의 2 이상의 공인 외환은행과 약정을 체결하고 자기 명의의 구매 및 차관 계정을 개설하고 그 은행에 일본국 정부로부터의 지불의 수령 또는 지불의 실시를 수권하고 그 약정의 내용을 일본국 정부에 통고한다. 구매 및 차관 계정은 무이자로 할 것을 양해한다.

3. (제1안)

대한민국 정부 또는 그가 위임한 자는 구매 계약의 규정에 의거하여 지불의 의무가 발생하기 전의 적당한 기간 내에 지불 금액 및 대한민국 정부 또는 그가 위임하는 자가 동 계약자에게 지불하여야 할 일자를 기재한 지불 청구서를 일본국 정부에 송부하여야 한다.

6. (제2안)

('대한민국 정부 또는 그가 위임하는 자'를 '사절단'으로 대치)

4. (제1안)

일본국 정부는 지불 청구서에 표시된 금액을 전 항의 대한민국 정부 또는 위임하는 자에 의한 지불 일자의 전 일까지 상기 제1항에 정하는 은행에 지불하여야 한다.

7. (제2안)

('대한민국 정부 또는 그가 위임하는 자'를 '사절단'으로 대치)

5. (제1안)

일본국 정부는 협정 제4조 제3항의 규정에 의한 생산물 및 용역의 제공에 필요한 비용에 충당하기 위한 지불도 전 항에서 규정한 바와 같은 방법으로 행한다.

8. (제2안)

6. (제1안)

전기 제4 및 전 항의 규정에 의거하여 지불되는 금액은 필요한 구매 계정에 대기하며 다른 여하한 자금도 동 계정에 대기하지 아니한다. 동 계정은 전기 제3항 및 전 항의 목적을 위하여서만 차기를 한다.

9. (제2안)

…… 제7항 및 …… 구매 및 차관 계정 ……

…… 제6항 및 ……

7. (제1안)

대한민국 정부 또는 그가 위임한 자가 규정에 불입된 자금의 전부 또는 일부를 계약의 해제 또는 기타의 사유로 인출하지 않았을 경우에는 미불금액은 일본국 정부와 적당한 약정을 한 후에 전기 제3항 및 제5항의 목적을 위한 지출에 충당한다.

10. (제2안)

사절단이 …… 구매 및 차관 계정 ……

…… 제6항 …… 제8항 ……

8. (제1안)

계정에서 지불된 금액의 전부 또는 일보가 대한민국 정부 또는 그가 위임하는 자에게 반환되었을 경우에는 그 반환된 금액은 전기 제6항의 규정에 불구하고 계정에 대기한다. 전 항의 규정은 이들 금액에 대하여 준용한다.

11. (제2안)

…… 사절단 …… 제9항 …… 구매 및 차관 계정 ……

9. (제1안)

협정 제6조 제2항의 규정의 적용에 있어서 '지불을 행한 때'라 함은 지불이 일본국 정부에 의하여 전기 제2항에서 정한 은행에 대하여 행하여 진 때를 말한다.

12. (제2안)

협정 제6조 제2항의 ……

제5항 ……

10. (제1안)

협정 제6조 제2항의 규정에 따라 일본국 정부가 협정 제1조 (가) 및 (나)에 의거한 의무를 이행하는 것으로 되는 한도액의 산정은, 일본국 정부가 결정하고, 또한 국제통화기금이 동의하는, 일본 원의 아메리카합중국 불에 대한 평가로서, 다음에 기재되는 일자에 적용되는 것에 의하여 지불 금액에 동등한 아메리카합중국 불의 액수를 결정함으로써 행한다.

13. (제2안)

 동

가. (제1안)

구매 계약에 관한 지불의 경우에는 일본국 정부가 당해 계약에 의한 금액을 제2항에서 정한 은행에 지불하는 일자.

나. (제2안)

구매 및 차관계약에 관한 지불의 경우에는 일본국 정부가 당해 계약을 확인한 일자.

나. (제1안)

기타의 경우에는 각 경우에 있어 양국 정부가 합의하는 일자 단, 합의하는 일자가 없을 때에는 일본 정부가 제2항에서 정한 은행에 지불을 하는 일자.

나. (제2안)

 동

3. 차관의 상환

14. (제2안)

협정 제1조 (나)에서 말한 생산물 및 용역의 조달은 국제 교역에 있어서 행하여 지는 통상의 무역상(또는 상업상) 방식에 의하여 양국의 관계 법령에 따라 행한다.

11. (제1안)

대한민국 정부는 매년 반제액을 일괄하여 상환한다.

15. (제2안)

 동

12. (제1안)

이 차관은 원본의 상환 및 이식의 지불을 현물 또는 통상의 방법으로 하고 양국 정부 합의로써 수시 결정한다.

16. (제2안)

　　동

4. 사절단

전적으로 사절단에 근무할 것을 목적으로 일본국에 입국하여 거주하는 대한민국 국민에 한하여 협정 제7조 제6항의 규정의 적용을 받는 것으로 하고 일본국에 있어서의 과세를 면제한다.

2. 대한민국 정부는 구매 계약의 체결 및 실시에 관하여 사절단을 대표하여 행동하는 권한이 부여된 사절단의 장 및 기타 직원의 성명을 일본국 정부에 수시 통고하고 일본국 정부는 그 성명을 일본국의 관보에 고시한다. 이 사절단의 장 및 기타 직원의 권한은 일본국의 관보에 별제 고시가 있을 때까지는 계속되고 있는 것으로 간주한다.

본인은 또한 본 공한 및 전기의 제안의 귀국 정부에 의한 수탁을 확인시키는 각하의 회한을 동 협정 제9조(제8조 1항)의 규정에 의거한 동 협정의 실시에 관한 세목에 대한 양 정부 간의 합의를 구성하는 것으로 간주할 것을 제안함을 영광으로 생각합니다.

이 기회에 각하에 대하여 거듭 본인의 지대한 경의를 표합니다.

　년　월　일　　에서

대한민국 전권위원

일본국 전권위원　　　　　　각하

대한민국과 일본국 간의 청구권 해결 및 경제협력에 관한 협정 제1조 (다)에 관한 교환 공문

(제1안)

본인은 오늘 서명된 대한민국과 일본국 간의 청구권 해결 및 경제협력에 관한 협정에 언급하는 것을 영광으로 생각합니다.

대한민국 정부는 양 정부가 동 협정 제1조 (다)에서 규정된 상업 차관에 관하여 다음과 같이 합의 할 것을 제안합니다.

(제1안)

일본국은 연간 1천만 아메리카합중국 불($10,000,000) 이상의 일본 원의 상업 차관 (이하 '차관'이라 함)을 일본 정부의 관여와 수출입은행에 의한 가장 유리한 조건하에 일본국의 민간 상사 또는 국민에 의하여 체결되는 적당한 계약에 의하여 10년 간에 걸쳐 대한민국 정부, 민간 상사 또는 국민에 제공한다.

(제2안)

("일본 정부의 관여 …… 조건하에"를 삭제)

2. (제1안)

전 항의 차관을 양국 정부가 매년 합의하는 계획의 실시에 필요한 일본국의 생산물 및 일본인의 용역의 대한민국에 의한 조달에 충당한다. 대한민국 정부는 차관을 희망하는 대한민국의 민간 상사 또는 국민의 자격의 기준을 결정한다.

2. (제2안)

차관은 상업상의 기초에 의하여 또한 양국 간의 관계 법령에 따라서 실시한다. 대한민국 정부는 매년 차관의 계약의 대상이 될 수 있는 투자 부문 및 사업계획을 결정하고 또 그와 같은 차관을 희망하는 대한민국의 민간 상사 또는 국민의 자격의 기준을 결정한다.

3. (제1안)

일본국 정부는 일본 수출입은행이 전 제1항의 규정에 따라 체결되는 계약에 의거하여 차관을 실시하는데 필요한 자금을 확보할 수 있도록 모든 조치를 취한다.

(제2안)

일본국 정부는 관계 법령의 범위 내에서 일본 수출입은행이 전 제1항의 규정에 따라 체결되는 계약에 의거하여 차관을 실시하는데 필요한 자금을 확보할 수 있도록 모든 조치를 취한다.

(제3안)

양 정부는 관계 법령의 범위 내에서 차관의 제공을 용이하게 하고 또한 촉진한다. 차관에 관하여 일본 정부가 취할 것을 필요로 하는 용이화 및 촉진화의 조치는 일본국의 민간 상사 또는 국민과 대한민국 정부, 민간 상사 또는 국민 간의 계약으로서 일본 수출입은행으로부터 통상의 범위 내에서 융자를 받고 있는 것에 관하여 현재 취해지고 있는 조치와 같은 것으로 한다.

4. (제1안)

양국 정부는 이 약정의 원활한 운용을 위하여 차관을 위한 계약의 체결 및 이행의 상황을 수시 공동으로 검토한다.

(제2안)

　　동

5. (제1안)

대한민국 정부는 전기 제1항의 규정에 따라 체결되는 계약에 의거하여 실시될 원금의 상환 및 이자의 지불이 현물 또는 통상의 방법으로 실시되도록 필요한 조치를 취한다.

(제2안)

차관의 조건은 당해 계약 당사자 간에 아래와 같은 원칙에 입각하여 합의한다.

　가. 차관은 현물 또는 통상의 방법에 의하여 분할하여 반제한다.

　나. 차관은 관계 법령의 범위 내에서 최장기, 최저리로 한다.

6. (제1안)

　없음.

(제2안)

대한민국 정부는(한국은행은) 차관의 원금의 상환 및 이자의 지불을 보증한다.

7. (제1안)

양국 정부는 대한민국 정부, 민간 상사 또는 국민이 전기 제2항에 따라 결정되는 계획을 실시하기 위하여 조달되는 생산물 및 용역의 각 년도 조달 계획을 매년 협의에 의하여 작성한다.

(제2안)

동

8. (제1안)

차관을 위한 계약으로부터 또는 이와 관련하여 발생하는 분쟁은 당해 계약의 당사자 간의 합의에 의거한 중재에 따라 또는 그 분쟁에 대하여 관할권을 가진 나라의 통상의 소송 절차에 따라 해결한다.

(제2안)

동

9. (제1안)

이 약정은 10년간 효력을 가진다. 단 본 협정의 효력 발생일로부터 9년이 경과한 후 그 10년의 기간의 말일까지에 동 협정 제1조 제1항에서 정한 금액에 달하지 않는다고 인정될 때에서는 양 정부는 어느 일방의 정부의 요청에 의하여 이 약정의 유효 기간을 연장하기 위하여 협의하기로 한다.

(제2안)

동

본인은 또한 본 공한 및 전기의 제안이 귀국 정부에 의한 수탁을 확인하며 각하의 회한을 동 협정 제1조 제3항의 상업 차관 실시에 관한 양 정부 간의 합의를 구성하는 것으로 간주할 것을 제안함을 영광으로 생각합니다.

이 기회에 각하에 대하여 거듭 본인의 지대한 경의를 표합니다.

　년　월　일　　　에서

대한민국 전권위원

일본국 전권위원 _____ 각하

20. 청구권 관련 훈령에 대한 재 청훈 전문

번호: JAW-04514

일시: 271428 [1965. 4. 27]

수신인: 장관
발신인: 수석대표
참조: 경제기획원 장관

1. 외아북 722-956(65. 4. 24)을 접수하였음.
2. 상기 훈령에 대하여 아래 사항을 청훈하오니 조속히 재지시 바람.

　가. 2억 불의 장기 저리 차관의 제공을 '협정 발효일로부터 10년의 기한 내에' 한다는 부분은 '삭제 별도 합의'라고 되어 있는 바, 동 기간 문제는 이-시나 합의사항의 일부로써 본 협정의 근본이 되는 사항인 만큼 이것만을 분리하여 다른 문서에 포함시킴은 교섭상 어려울 것으로 예상되며 다른 문서에 분리한다 하더라도 명문화되어 있는 이상 실질적 의의가 없을 뿐만 아니라(동 기간 문제는 이미 이-시나 합의로서 공개되어 있음) 차관 조항 전체를 본 협정에서 분리하자는 일본 측의 제안을 유발할 가능성이 있으므로 추후 교섭에 지장이 있을 것으로 사료됨.

　나. 구매 계약의 분쟁 해결의 가장 편리한 방도가 상사 중재이나, 아국은 아직 상사중재가 국내법상 제도화되어있지 않고 있으므로 이를 규정하는 경우 일본의 상사중재에 부탁하는 것으로 될 우려가 있음. 그러나 앞으로 아국이 이를 국내법상 제도화할 수 있으며 이러한 경우 다른 나라의 경우와 같이 양국 간의 협정을 체결하여 대등한 입장에서 상사중재를 할 수 있는 것임(이러한 협정에서는 어떠한 성질의 분쟁이 어느 나라의 상사중재에 회부되는가 하는 기준, 즉 '피고지 주의' 또는 '양륙지 주의' 등을 규정함).

　2. 일의 아 측 발언 요지 제8항의 상사중재위원회는 상술한 방법을 말한 것인바, 다만 이 경우 이러한 상사중재를 제도화할 때까지의 잠정적 조치를 어떻게 할 것인가 하

는 것이 문제가 되는 것임. 이에 있어서는 아 측 제1안에 의한 일반중재를 고려할 수 있는데 대호 훈령에 의하면 "동 기간 내에 제3의 중재위원의 선정에 관하여 합의하지 못하였을 때는 일반 대상자는 제3의 중재인을 임명할 것을 국제사법재판소장에게 요청할 수 있다"는 부분을 삭제하게 되어 있는 바 그러한 경우 제3의 중재위원의 선정에 합의하지 못하였을 때 어떻게 할 것인지 무슨 방도가 있어야 할 것임.

다. 대호 훈령 별첨물의 대조표 제(10) 항 중 최종선인 '3억의 경우(무상의 경우임) 같다'는 것을 '불가'라고 한 이유가 불분명하므로 설명하여 주시기 바람.

3. 상기점의 대표단의 재 청훈 요망 사항은 앞으로 일본 측의 태도를 보아가면서 수시로 앙청할 예정이며, 특히 상기점은 일본 측과의 교섭에서 필요에 따라서는 우리 측의 입장을 곧 알려야 할 경우도 예상됨에 비추어 조속히 지시하여 주시기 바람.(주일정 - 외아북, 외통협)

23. 대표단 재 청훈에 대한 본부 훈령 전문

번호: WJA-04385

일시: 291605

수신인: 한일회담 수석대표

대: JAW-04514

1. 청훈 2항 '가'에 대하여

장기 저리 차관의 제공 기간을 가급적 단축되도록 교섭하되, 일본 측이 이를 강경히 거부하든가 장기 저리 차관에 관한 조항을 본 협정에서 분리할 것을 주장할 가능성이 있는 경우에는 '협정 발효일로부터 10년이 기간 내에'를 본 협정에 명시할 수 있음.

2. 청훈 2항 '나'에 대하여

소정의 기간 내에 제3의 중재위원의 선정에 관하여 합의하지 못하였을 때에는 양국 정부 간의 협의기관으로 설치될 합동회의(협정 초안 제8조 참조)에 회부하여 그 권고에 따라 처리하도록 할 것.

3. 청훈 2항 '다'에 대하여

장기 저리 차관의 제공, 실시 방식은 '개별적인 사업계획 합의서'(또는 '차관계약')을 체결하는 경우를 제외하고는 '3억'(무상 제공)의 경우와 동일하게 할 수 있음.(외아북)

29. 제7차 한일회담 청구권 및 경제협력위원회 제3차 회의 회의록

1781 청구권 및 경제협력 위원회 제3차 회의 회의록

1. 개최 일시: 1965년 4월 30일 10:00~12:20
2. 개최 장소: 외무성 회의실
3. 참석자: 한국 측 수석위원 이규성
           교체수석 김영준
           〃   전상진
           대표   이상덕
           전문위원 정순근
           〃   김정태
           〃   정재덕[경제기획원 경제기획국 물동계획과장]
           〃   김형근
           보좌   김태지
           〃   강신조
           〃   주병국
        일본 측 수석   니시야마
           보좌   아카자와
           〃   미카나기 기요히사(御巫淸尙)[외무성 경제협력국 배상조정과장]
           〃   오쿠라
           〃   구마가이
           〃   다루미즈
           〃   아다 다다아키(阿多忠明)[경제기획청 조정국 경제협력과 사무관]
1782   〃   오키

　　　　　보좌　　　가야바 에이조(萱場英造)[대장성 이재국 외채과 사무관]
　　　　　 〃 　　　야나기야
　　　　　 〃 　　　구로코지
　　　　　 〃 　　　가토
　　　　　 〃 　　　니시야마

4. 토의 내용

니시야마: 지난번 한국 측으로부터 기본 입장의 골자를 들어 참고가 되었다. 그동안 일본 측으로써도 그것을 검토하여 보았으며 검토하여 본 결과 문제점이 많고 불명한 점도 적지 않으므로 오늘도 질문을 계속하였으면 한다. 그리고 시간이 있으면 왜 이러한 것이 문제가 되는지 그 이유도 밝혀 가면서 질문하겠다.

이 수석: 귀측에서 질문이 있다면 우선 질문점을 전부 먼저 듣고 답변하도록 하겠다.

니시야마: 그러면 우리 측의 질문사항을 제시하겠다.

1. 자금의 사용 계획에 관하여

　가. 무상 제공과 장기 저리 차관에 관한 구체적인 사업계획(사용 대상 등)

　나. 무상 제공과 장기 저리 차관에 관한 실시 방식을 한데 묶어서 같이 하려는 이유

　다. 원자재가 차지하는 비중, 원자재의 품목 및 내용

　라. 프로젝트의 시행에 필요한 현지 공사비의 조달(예를 들어 원자재를 판매하여 내자를 적립할 계획인가)

2. 한국의 자금 수입 태세에 관하여

　가. 사절단과 조달청과의 관계

　나. 공공 부문 및 민간 부문에 있어서의 조달과 조달청과의 관계

　다. 조달을 조달청이 전담하여야 하는 이유

　라. 유상에 있어서 계약 당사자가 실수요자가 아닌데 상환 관계 지불보증을 누가 할 것인지

우선 이상의 질문사항에 대한 답변을 들었으면 좋겠다.

김 대표: 1. 가.에 대하여 자금의 구체적인 사용 계획에 관여하는 지난번에도 말한 바 있지만 현재로써는 제시할 수 없는 형편이나 회의가 진행됨에 따라서 이에 관한 이야기는 자연히 나오겠고 대강에 관하여서는 다음 회의에서 이야기할 수 있겠다.

우리 측으로서는 무상 제공과 장기 저리 차관은 원칙적으로 공공 부문에 사용하는 것으로 하지만 일부 민간사업이 포함되는 경우도 있을 것이다. 또한 그중 상당한 부문을 원자재 도입에 사용할 생각을 가지고 있다.

니시야마: 그러면 다음 회의에서 설명이 가능한가.

김 대표: 그때까지는 준비가 어려울 것이다.

니시야마: 한국의 입장의 기초는 말해줄 수 있겠느냐?

김 대표: 아 측이 부속서에 열거할 것으로 생각하고 있는 정도의 내용은 다음 회의에서 설명할 수 있을 것이다.

오쿠라: 그런데 특히 장기 저리 차관에 관하여서는 한국 측의 사용 계획이 일본의 경제협력기금법에 위배되지 않도록 하여야 할 문제가 있다.

김 대표: 그것은 알고 있다. 다만 우리의 국내 사정 때문에 지금 말할 수 없다는 것뿐이며 가급적 다음 기회에 많이 설명하도록 하겠다.

니시야마: 1. 나.에 대하여 한국 측은 생산물 가운데 원재료를 포함시키고 있는데 일본 측으로서는 2억 불은 원재료를 전혀 생각할 수 없고 3억 불도 자본재를 원칙으로 하고 있다.

김 대표: 우리 측으로서는 본 협정에 자본재 및 원자재라고 규정하여 놓고 구체적인 도입계획은 연차 실시계획을 만들 때 정하였으면 하고 생각하고 있다.

니시야마: 일본으로서는 원재료는 없는 외화를 소비하여 도입하여야 하므로 자본재를 원칙으로 하고 있으며 배상도 그렇게 하였다.

김 대표: 일본 측에 있어서 원재료 구입에 외화 의존도가 많다는 사정은 어느 정도 이해할 수 있지만 우리 측의 형편을 말한다면 자본재로 공장을 들여오는 경우에 그 충분한 가동을 위하여 원자재가 절대로 필요한 것이다. 지금까지의 다른 나라에서 들여오는 차관의 경우에 있어서도 그러한 점이 있었고 따라서 이번 일본으로부터 도입되는 자금을 충분히 활용하기 위하여서는 이 점에 관하여 일본 측에서 특별한 고려가 있기를 강력하게 희망한다. 그 외 우리 측으로서는 기타 상품의 도입도 고려하고 있다.

니시야마: 다만 원칙을 말하였을 뿐이다. 앞으로 통상의 무역도 점차 확대될 것이니 원재료 같은 것은 통상무역에 의하여 거래되는 것이 일본 국민에 대한 설명을 위해서도 필요한 일이다.

오쿠라: 원재료가 안 된다는 말은 아니며 원재료가 차지하는 비중이 문제가 된다. 구체적인 표현은 나중에 절충하도록 하겠지만 예컨대 자본재가 90%이고 원재료가 10%가 된다든가 하여야 할 것이다.

김 대표: 이것은 우리에게 매우 중요한 문제이다. 우리의 희망은 적어도 무상에 있어서는 원자재를 위주로 하고 자본재를 부수적으로 하는 것으로 하였으면 좋겠다. 왜냐하면 자본재가 들어오더라도 내자 조달이 안 되면 공장의 원만한 운영이 불가능하다.

AID 사업이 잘 안 되는 것도 이런 데 원인이 있었다. 즉 내자 및 공장 가동을 위한 소요 원료 등이 큰 문제이다.

니시야마: 지금 내자 문제가 나왔는데 현실의 구체적인 예 같은 것을 설명하여 주었으면 좋겠다. 모처럼 설치된 공장이 내자나 원재료의 결핍으로 돌지 못한다면 큰 문제임으로 일본 측은 깊은 관심을 가지고 있는데 자세히 설명 바란다.

김 대표: 설명을 하자면 시간이 많이 걸릴 터인데 이 문제는 따로 자리를 마련하여 설명함이 어떨까 한다. 여하튼 국내 자금 사정은 여의치 않으며 그래서 아까도 원자재 이야기가 나왔다. 또 청구권이 해결되면 개인 청구권에 대한 보상도 하여야 하는데 그 재원이 또 문제가 되는바 그 조달도 역시 원자재에 의존하여야 할 것이다. 한국 정부의 방침이 공공 부문에 중점을 두고 있으므로 그 내자 조달을 위하여 원자재의 도입이 필요하다.

오쿠라: 지금 원재료로서 내자 조달을 한다 하는데 예를 들어서 시멘트라면 어떠한 공장 건설에 필요한 양 이상의 것을 도입하여 그 잉여분을 처분하여 현금을 마련한다는 뜻인가.

김 대표: 조금 말의 뉘앙스가 다른데 어떤 특정 프로젝트에 링크시키는 것이 아니고 그 물품 자체를 처분하여 조달하는 것을 뜻하고 있다.

아카자와: 결국 지금까지의 말을 들어보면 원재료의 사용 방도는 크게 나누어 3가지가 있는데 첫째는 일한 협력 프로젝트에 링크된 공사용 원자재인데 이것은 현지 공사비 조달용과 건설된 공장의 가동을 위한 것으로 구분된다. 둘째는 외화를 절약하기 위한 것, 즉 국제 수지 개선 방도로서 통상의 무역을 대체하기 위한 것이고 셋째는 국내 통화의 조달만을 목적으로 하는 즉 예산 지원용 원재료로 구분이 되는 것 같은데

그렇게 생각하는가.

김 대표: 대개 그렇다. 우리는 지금 이 세 가지 카테고리를 전부 고려하고 있다. 다음 기회에 좀 더 설명하겠다.

니시야마: 한국으로서는 유·무상 도입에 따른 자금계획이 있어야 할 것으로 보는데 그것이 어떻게 되어 있는지 알았으면 한다.

아카자와: 상품, 예를 들어 트랜지스터 라디오나 자전거, 텔레비전 등도 원재료에 포함이 되는가 그렇지 않으면 순수한 원료 예를 들어 생사 같은 것만을 고려하고 있는가?

김 대표: 원자재에는 그러한 것이 포함되는 것이 아니지만 우리 측의 희망으로써는 기타 상품(완제품) 등이 도입되도록 희망한다.

이 수석: 3억, 2억을 통합하여 이를 합리적으로 사용하는 것이 우리의 입장이다. 국내 사정도 있고 해서 지금 구체적으로 사업계획을 밝히지 못하지만 부속서 작성을 위한 부문별 제시는 할 수 있을 것이며 구체적인 것은 연차계획 작성 시에 논의할 예정이다. 국내 자금 조달의 목적도 있으므로 원자재가 차지하는 비중은 우리의 생각이 일본 측의 예상보다 클 것으로 본다.

오쿠라: 경제협력기금법도 있고 하므로 우리 측으로서는 3억과 2억을 구분하지 않을 수 없을 것으로 본다. 즉, 2억에서는 원재료는 도대체 문제도 되지 않는다. 그리고 3억에서도 원재료는 가급적 적게 하기를 희망하고 있다.

니시야마: 2억에 직접 원재료를 포함하는 것은 불가하다.

이 수석: 배상에서 원재료를 제공한 실례가 있지 않은가?

미카나기: 배상에는 없고 엔 차관에 좀 있었다(전체의 1/60 정도). 인도의 경우를 보면 그것도 인도 정부의 정상적인 외화 할당을 감축시키지 않았고 통상의 무역에 추가되는 정도였다.

정 위원: 인도 외 다른 나라도 있지 않았는가?

아카자와: 그것은 딴 나라의 경우 논 프로젝트(non-project)로서 배상협정 속에 있었다.

정 위원: 논 프로젝트란 무엇인가?

가토: 그것은 기계류 같은 것을 의미하는데 원재료와는 뉘앙스가 다르다.

이 수석: 한국 측이 말하는 원자재와 일본 측이 말하는 원재료의 개념이 다른 것 같

은데 무엇이 원재료인가?

가토: 시멘트, 스틸 바 등은 원재료가 아니다.

니시야마: 3억과 2억은 경제협력으로써 사용해 주기 바란다. 이것은 우리 국내 대책 상 필요하다.

김 대표: 질문 2. 가.에 대하여 공공 부문을 조달청이 일괄하여 구입하는 이유로는 양국이 지리적으로 근접해 있기 때문에 불편이 없고 또 다른 나라 배상 사절단들의 실적은 우리의 인상에 좋지 않았기 때문에 조달청이 일괄 구매하기로 한 것이다.

니시야마: 사절단의 인상이 좋지 않았다는 것은 무엇을 의미하는 것인가? 기탄없이 설명하여 주기 바란다.

이 수석: 우리 국내에서 일반적으로 인상이 좋지 않은데 그것은 경비만 쓰고 별다른 실적이 없었기 때문이다. 조달청에는 유능한 진영이 정비되어 있기 때문에 조달청에게 구매 업무를 전담시키려는 것이다. 사절단은 구매 계약의 당사자가 되지 않는 것 외에는 배상 사절단의 임무와 같은 임무를 띠며 일본 측과의 연락, 시장조사, 합동회의 및 기타 교섭 등에 임하게 된다.

니시야마: 그 정도의 일이라면 한국 대표부에서도 할 수 있지 않은가?

김 대표: 취급 액수도 많고 조사 업무도 많기 때문에 좀 곤란할 것이다.

니시야마: 대표부의 기능을 확장시키면 되지 않는가?

김 대표: 안 될 것은 없을 것이다.

아카자와: 사절단과 조달청이 양립하게 되면 일본 업자들은 두 군데를 다 상대하여야 하므로 매우 불편할 것으로 예측된다. 물론 이것은 한국의 국내적인 문제이기는 하지만 염려가 된다. 그리고 구매 계약지는 도쿄가 되지 않으면 곤란하지 않겠느냐?

김 대표: 계약지가 도쿄가 되어야 한다는 이유는 무엇인가?

오쿠라: 물건이 일본의 물건이고 배상의 경우에도 그렇게 하였지만 우선 번잡을 피할 수 있다는 것이다. 계약을 체결할 때 수정할 때 매번 입자들이 한국에 가야 되지 않겠는가? 또 차관의 공여 여부는 경제협력기금의 자주적 판단에 달려 있고 또 계약에 관한 적용 법률도 일본법이 아니면 여러 가지 복잡한 문제가 야기될 것이다.

니시야마: 장기 저리 차관의 조달과 조달청의 관계는 어떻게 되는가?

김 대표: 장기 저리 차관은 한국 정부와 협력기금 간의 차관계약이 체결된 후 한국

정부는 실수요자와 전대 계약을 체결하게 되는데 이것은 AID 방법에 따른 것이다. 장기 저리 차관의 차주는 어디까지나 정부이며 따라서 상환에 대한 책임도 정부가 지게 된다.

오쿠라: 연간 2,000만 불을 기금이 한국 정부와 loan contract를 체결할 때 어떠한 부문별로 하는 것인가 혹은 사업별로 하는 것인가?

김 대표: 사업별로 하는 것이다.

오쿠라: 전대 조건은 일정할 것인가?

김 대표: 일정하지 않을 것이다.

니시야마: 그렇다면 일본과 한국의 민간 상사 간의 관계는 전혀 없게 되는 것인가.

김 대표: 이 문제는 설명을 필요로 하는데, 3억과 2억은 정부 및 공공 부문에 치중하지만 그렇다고 해서 민간사업을 전적으로 배제하고 있는 것은 아니다. 이러한 순수한 민간사업에 대하여는 정부가 전대는 하지만 구매는 조달청과 관계가 없다. 조달청은 정부 및 국영기업체의 사업에 따른 구매를 하고 순수한 민간사업의 구매는 민간사업체 자체가 한다.

그러나 민간사업자금의 상환에 대한 책임은 역시 정부가 진다.

니시야마: 그러니까 예를 들어 전력공사 등 공기업체에 관한 조달은 조달청이 한다는 것인가?

김 대표: 그렇다.

니시야마: 그러나 nego에는 전력공사가 관여하여야 하지 않는가.

김 대표: 그렇다.

니시야마: 이때 조달청은 어느 정도 nego에 개입할 수 있는가. 만일 양자가 다 관여한다면 일본 업자로서는 양자에게 다 이야기하여야 된다는 불편이 있지 않겠는가?

김 대표: 물품의 선택은 supplier와 buyer가 하지만 그 물건을 어디서 얼마에 사는가는 조달청이 결정한다.

정(재) 위원: 원가 계산은 실수요자가 하여 조달청에 제출하면 조달청이 이를 체크한다. 그리고 검사는 조달청이 하지만 그것이 불가할 때에는 국제검사기관에 의뢰한다.

오쿠라: 공고 입찰 및 낙찰은 모두 조달청이 하는가.

정(재) 위원: 그렇다.

이 수석: 우리나라에서는 국내 조달과 국외 조달을 막론하고 미국의 CPA 방법에 따라 중앙 조달을 하고 있다.

구마가이: 3억에서 실수요자가 민간인이 될 수 있는가.

김 대표: 원자재에 한하여서는 될 수 있다.

오오끼: 그때의 조달은 어떻게 하는가?

김 대표: AID 방식인데 한국은행에서 공매한다.

정(재) 위원: 추가 설명을 하면 조달은 3가지 방법으로 구분된다. 장기 저리 차관의 경우 차관계약은 정부 대 정부 베이스로 한국 정부와 일본 정부 또는 경제협력기금과 차관계약(loan contract)을 체결한다. 다음 구매 단계에 들어가서 둘로 나누어지는데 정부 및 정부 기업체가 사업주가 되는 경우는 정부 구매기관인 조달청이 일괄해서 일본의 공급자(법인 또는 국민)와 구매 계약을 체결하고 직접 구매를 하며 사업주가 민간이 되는 경우가 있다고 가정하면 그 구매 계약은 민간과 민간 사이에 구매 계약이 성립될 수 있는 것이다. 그 밖에 원자재 구매는 한국은행을 통한 AID/SA 방식에 의거하여 민간 대 민간 사이에 구매 계약을 체결하고 조달하게 되는 것이다.

오키: 그렇다면 원자재의 구매에는 조달청이 전혀 개입하지 않는가.

정(재) 의원: 그렇다

김 대표: 다시 한 번 구매 과정을 설명하면, 먼저 L/C를 개설하고 구매 계약을 체결하면 사절단을 경유하여 일본 정부의 확인을 얻어 계약이 성립된다. 그다음 물품이 조달되면 물품 공급자로부터 대금이 청구가 있을 것이고 이에 대하여 지불하면 종결되는 것이다.

니시야마: 세부 조달 방법 같은 것은 앞으로 실시 세목을 토의할 때 충분히 이야기가 될 것이니 오늘은 이 정도로 하자. 그리고 지금 말한 조달 과정을 알아보기 쉽게 도표로 만들어 주시 않겠는가.

김 대표: 좋다.

이 수석: 오늘 질문한 사항을 서면으로 받을 수 있는가.

니시야마: 좋다.

니시야마: 아직 문제가 많이 남아 있으나 오늘은 이만하고 앞으로 기회 있는 대로

질문을 하겠다. 그런데 우선 지금까지 확정된 일본 측의 생각을 밝혀 두고 싶다.

첫째로 현물에 의한 상환은 반대하며 둘째로 3억 플러스 알파(민간신용 제공)에 관한 것을 본 협정에 넣는 데는 반대한다.

이 수석: 오늘 일본 측이 주로 질문만 하였는데 일전 우리 측에서 제시한 입장에 대한 일본 측 반응의 전부인가.

오쿠라: 아니다. 아직도 문제가 많이 남아 있다.

이 수석: 이런 식으로 가면 시간이 너무 걸릴 것 같고 서로 질의응답만 교환할 것이 아니라 일본 측에서도 안을 내놓고 토의 단계에 들어가야 하지 않을까 생각한다.

오쿠라: 일본 측도 빨리 일본 측의 생각을 정리하려고 매일 같이 회의를 하고 노력 중이나 워낙 문제가 많기 때문에 아직은 그럴 단계에 있지 않으나 여하간 빨리하는 방향으로 하여 보자.

정(순) 의원: 아까 3억 플러스 알파에 관한 것을 본 협정에 집어넣을 수 없다고 하였는데, 이-시나 합의사항에 있는 것 정도도 집어넣을 수 없다는 것인가.

니시야마: 어디에 넣을지 구체적인 방안을 결정한 것은 없지만 여하간 본 협정에 넣는 데는 반대한다.

이 수석: 다음 회의는 어떻게 할 것인가? 5월 4일에 하는 것이 어떤가?

니시야마: 일본 측으로서는 4일에 각 성 간 회의를 개최할 예정이므로 4일에 개최하는 것은 어렵고 빨라서 6일경이 되지 않겠는가 생각한다.

이 수석: 우리의 희망으로서는 빨리하여야겠다는 것인데, 질의응답만 하고 있으면 진척이 안 되므로 조속히 구체적인 토의에 들어가도록 노력하자.

니시야마: 알겠다. 오늘은 이만하자.

34. 제7차 한일회담 청구권 및 경제협력위원회 제4차 회의 회의록

1805　청구권 및 경제협력위원회 제4차 회의 회의록

1. 개최 일시: 1965년 5월 7일, 10:30~12:00
2. 개최 장소: 외무성 회의실
3. 참석자: 한국 측　수석대표　이규성
　　　　　　　　　교체수석　김영준
　　　　　　　　　　〃　　　전상진
　　　　　　　　　대표　　　이상덕
　　　　　　　　　　〃　　　김봉은
　　　　　　　　　전문위원　김정태
　　　　　　　　　　〃　　　정순근
　　　　　　　　　　〃　　　최광수
　　　　　　　　　　〃　　　정재덕
　　　　　　　　　　〃　　　김형근
　　　　　　　　　보좌　　　김태지
　　　　　　　　　　〃　　　강신조
　　　　　　　　　　〃　　　주병국
　　　　　일본 측　대표　　　니시야마
　　　　　　　　　보좌　　　아카사와
　　　　　　　　　　〃　　　미카나기
　　　　　　　　　　〃　　　오쿠라
1806　　　　　　　　　〃　　　구마가이
　　　　　　　　　　〃　　　야나기야

보좌 가야바
　　〃   구로코지
　　〃   니시야마

4. 토의 내용

이 수석: 오늘 새로 추가된 대표단원을 소개하겠다(김봉은 한국은행 이사와 최광수 동북아과장을 소개함).

니시야마: 지난번 회의에서 3억 불, 2억 불 및 기타에 관하여 참고자료를 요청하였었는데 준비가 되었는가?

이 수석: 되었다. (도입 절차에 관한 도표를 제시함)

니시야마: 그러면 무상 3억 불, 유상 2억 불의 사용계획에 관하여 설명하여 주기 바란다.

김 대표: 사용 계획의 대강을 설명하겠다. 누차 말한 바와 같이 우리는 유상·무상의 구별 없이 일괄하여 계획하고 있으므로 설명도 양자의 구분 없이 포괄적으로 하겠다. 기개발계획과의 관련성에서 보면 현재 제4차년을 맞이하고 있는 제1차 5개년 계획과 67년부터 71년까지의 제2차 5개년 계획에는 청구권에 의한 재원은 전혀 반영되어 있지 않다. 앞으로 청구권이 해결되면 그 때에 가서 이 재원을 추가하여 경제계획에 반영시킬 예정이다.

우선 청구권 사용상의 기본방침을 말하자면 3억 불은 수익성이 적은 사업과 자본의 회임 기간이 긴 부문, 예를 들어 농업 분야, 그리고 사회간접자본 및 고용 효과가 큰 사업 등에 중점적으로 사용할 것이며 또한 내자 조달을 위하여 상당한 양의 원자재를 희망하고 있다. 유상 2억 불로서는 기간 공장의 설립, 전원 개발, 철도, 해운 등에 집중적으로 사용할 계획이다.

이상의 기본방침에 입각한 구체적인 부문은

1. 원자재 및 기타 상품의 도입(주로 무상으로)
2. 농업 증산 및 수산 개발
3. 수력발전소 건설
4. 송, 변, 배전 시설
5. 선박 도입(3천만 불에 의하여 도입되는 선박과는 별도)

6. 선박 건조 자재

7. 철도사업

8. 철도공작창 시설 개량

9. 항만 시설

10. 제철, 제강 공장

11. 기계 제작 공장

12. 질소 비료 공장(상업 차관으로 가능하면 불필요, 이 자금 사용 시는 복합비료)

13. 산업 기계 기기 및 부분품의 도입

14. 농업용 중기계 및 토목, 건설용 중기계

15. 공업 소유권 및 기술 진흥을 위한 설비 도입

16. 석유 화학 공장

17. 기타 양국 간에 합의된 생산물 및 용역

들이다.

니시야마: 앞으로 청구권을 받게 되면 현재 진행 중인 5개년 계획을 변경할 것인가?

김 대표: 우리의 경제개발계획은 매년 연차 실시계획을 수립하고 있으므로 일본의 자금이 들어오면 1차 계획의 제5차년인 내년도 계획에 추가자원으로서 반영될 것이다.

니시야마: 제2차 5개년 계획은 언제까지 수립될 것인가.

김 대표: 금년 말까지면 대략 성안이 될 것이다.

니시야마: 무상 3억과 유상 2억이 일체라는 의미는 무엇인가? 그리고 이것의 혼용을 생각하고 있는가? 예를 들어 비료 공장을 짓는데 소요 자금의 일부분은 무상으로 충당하고 나머지는 유상분으로 충당한다든가 하는 일은 없겠는가?

김 대표: 비료 공장을 예를 들어서는 좀 이상하지만 가령 철도 부문을 예로 들면 그 부문 내에서 어떤 사업은 무상 분으로 하고 다른 사업은 유상 분으로 충당하는 것이 있을 것이다. 그리고 유상으로 하는 사업도 그 내자는 무상으로 들어온 원자재를 판매하여 충당할 수 있을 것이다.

니시야마: 이 자금과 정부 예산의 관계는 어떻게 되는가?

김 대표: 일본에서 도입되는 자금은 모두 앞으로 설치될 회계로서 분리하여 취급될

것이다.

니시야마: 청구권에 의거한 프로젝트의 현지 공사비에 대하여 한국 정부의 일반예산에서는 전혀 출자하지 않는가?

김 대표: 무상·유상을 합한 5억 불의 사업에 대하여 일반 회계에서는 일체 출자하지 않는다. 청구권 사용에 관한 국민들의 관심이 매우 깊기 때문에 오해를 사지 않기 위하여 이들 프로젝트는 내·외자를 막론하고 모두 일본 돈으로 되어야 한다는 것이 매우 중요하다. 그래서 국내화를 발생하는 '논 프로젝트'의 도입이 요망된다.

아카자와: 철도의 경우 임금의 상당 부분도 원자재를 도입하여 매각하고 그 판매 대전을 특별 회계에 적립하여 그것으로 지불한다는 말인가?

김 대표: 바로 그 말이다. 5억 불에 의한 프로젝트는 소요경비 전체를 자체 재원에서 염출하여야 한다. 그리고 이것을 분명히 하기 위하여 사절단의 경비 같은 것은 이 특별 회계와는 관계없이 일반 회계에서 지출하여야만 국민의 오해를 방지할 수 있을 것이다.

니시야마: 그러면 필요한 내자를 어느 정도로 보고 있는가?

김 대표: 선박 등과 같이 내자가 전혀 필요 없는 것도 있지만 공업 부문은 내자와 외자의 비율이 대략 50:50이 될 것이고 내자 비율이 제일 큰 것은 70:30까지도 있겠지만 전반적으로 보아 내자 재원을 위한 것만도 최소한 1억 5천만 불을 상회할 것이다.

구마가이: 그러면 무상 3억 불의 반 이상이 되지 않는가?

김 대표: 그렇다. 만일 내자를 발생하는 재원이 없다면 모처럼 받은 경제협력이 아무런 성과도 거두지 못하게 될 것이다. 그렇게 되면 우리가 곤란한 것은 말할 것도 없지만 일본으로서도 좋지 않을 것이다. 정치적인 이야기지만 우리나라에서는 일본이라면 매우 신경이 날카롭다. 국민에게 일본이 달라졌다는 것, 그리고 진심으로 우리를 도와주려고 하고 있다는 것을 입증하기 위해서도 이것을 분리하여 독립된 사업이 이루어져야 된다.

오쿠라: 우리도 그런 사정을 잘 알지만 3억 불의 반 이상을 내자로 써버린다면 결국 그만큼은 아무런 형태도 남지 않게 될 것이다. 그러나 기계 같은 것이라면 형태가 남아 있기 때문에 일본 측으로서는 그것을 중요시한다. 그러니까 무엇이든 그 전체가 일본 것으로 되었다고 하기보다는 한일 간에 힘을 합하여 만든 것이라는 데 의미가

있다. 내자 조달용이 전연 안 된다는 말은 아니지만 반 이상이라면 일본 측도 딱하기 때문에 조정이 필요하다고 생각한다.

김 대표: 일본 측으로서는 그렇게 생각할 수 있을 것이다. 그러나 농업 증산을 예를 들면 일본의 자금으로 일본에서 사들여온 생산물을 생각할 때 불도저, 농기구 등 극히 제한된 것으로 실제 얼마 안되며 오히려 개간, 관개 또는 경지정리 등에 소요되는 노임 등 내자 소요 부문이 더 크지 않는가? 아까 내자로 사용하면 형태가 없어진다는 말을 하였는데 그것은 그렇지 않다. 우리나라 국민의 교육 수준이 높기 때문에 기계가 어디서 왔느냐는 별로 문제가 되지 않으며 오히려 완성된 사업이 무엇이냐가 더 중시 된다. 미국의 원조도 근래에 와서 방향이 달라졌는데 당초에는 지금의 일본과 같은 생각을 가지고 있었으나 내자의 조달난으로 유휴 공장들이 속출하여 원조의 보람이 없어졌으므로 PL 480 또는 AID/SA 등으로 대충자금 적립에 치중하게 된 것이다. 자금을 이런 방식으로 사용하는 것이 일본의 입장을 살리는 것이 될 수 있는 것이 아니겠는가?

이 수석: 여기에는 두 가지의 사고방식이 있는데 하나는 내자를 포함한 전체 자금을 청구권으로 충당한다는 것과 또 하나는 시설재만을 이것으로 충당하고 내자는 고려하지 않는다는 것인데 현재 한국의 실정으로 보아서는 후자를 채택하기가 어렵다.

오쿠라: 잘 알고 있다. 그러나 우리는 한국이 필요 없다는 기계를 가져가라는 이야기는 아니다. 우리가 납득할 수 있는 프로젝트에 부수되는 내자 부분은 무방하지만 그것이 3억 불의 6, 7할이 된다면 상당한 양의 소비재가 들어가게 될 것인데 그렇게 되면 통상의 무역도 저해될 것으로 염려된다.

내자 조달용 원재료는 잘 팔리는 것이라야 할 것이며 잘 팔린다는 것은 한국에서 그만큼 수요가 많다는 것을 의미하는데 그런 것이 비중이 너무 커지면 우리 국민에게 할 말이 없어진다. 경제협력의 개념이 아직은 국제적으로도 분명치는 않지만 대내적으로 설명이 되지 않기 때문에 여하튼 반 이상은 곤란하다.

김 대표: 이에 관하여 좀 더 자세히 설명하겠다. 우리나라에서 청구권 자금이 어떻게 사용되는가 하는 문제는 식자 간에서만 문제가 되는 것이 아니라 전국적으로 농촌에서도 많은 관심을 가지고 있다. 물론 산업계에서는 이 자금으로 공장을 질 것을 주장하고 있지만 그렇게 되면 이것을 아는 사람은 전 국민의 극소 부분에 불과하며 나

머지 사람들은 거의 혜택을 입지 못하게 된다. 이러한 제 점을 고려할 때 이 돈은 주로 농, 수산 및 제3차 산업 부문에 할당하여야 할 것이다. 지난번 회담 시 민간신용 1억 불 이상을 5억 불 이상으로 요구한 것도 이와 관련이 된다. 즉 민간신용으로서는 주로 공장을 건설하고 유, 무상의 자금으로는 제1차 및 제3차 산업에 투자하여 원료의 생산과 외부경제의 조성에 충당하려는 생각인 것이다.

니시야마: 미국은 남아도는 잉여 농산물 같은 것을 주어서 그렇게 되었겠지만 일본은 그렇지 않다.

아카자와: 경제협력으로 일본에서 들어오는 것은 모두 달라라고 볼 수 있는데 그 귀중한 달라를 원으로 바꾸어 써버린다는 것은 매우 아까운 일이다. 정치를 떠나 순수한 경제적 입장에서 보았을 때 그렇다. 토목공사는 과연 내자가 많이 든다는 것을 알 수 있지만 이런 종류의 사업은 공장과는 성격이 다르다. 플랜트에 부수되는 내자는 이해할 수 있지만 기타 전부의 내자라면 좀 생각할 문제이다.

김 대표: 도입 자금의 효율성으로 보아 내자 조달을 위한 원자재의 도입은 절대적이며 순수한 민간사업이 포함될는지 그 여부는 아직 확인할 수 없지만 혹시 순 민간사업이 포함된다면 그 현지 공사비는 실수요자 자체의 부담이 될 것이다.

니시야마: 농업이 한국의 경제계획 상 중요한 정책이라는 것을 잘 이해가 간다. 그러나 과거 배상에서 소비재를 극히 제한하였었는데 한국에 대하여서만 예외적인 혜택을 준다면 딴 나라에 대한 수습이 어려우며 한국의 식량 증산 7개년 계획을 전부 일본 자금에 의존한다는 것은 무리가 아닌가? 물론 그때에도 내자 조달용으로 공여한 예가 있기는 하지만 그것은 예외 였으며 만일 이것이 원칙이 된다면 우리 국민이 납득하지 않는다.

한국에 대하여는 배상보다도 경제협력적인 성격이 많다고 생각한다. 그러므로 일본으로 부터의 자금은 한국 경제개발계획의 전체적 자금계획 중 일부로 사용하는 것이 가할 것이며 이것을 전혀 분리 사용하는 데에는 의문이 있다.

김 대표: 일본으로부터 오는 자금은 식량 증산 7개년 계획 같은 것의 수행에 소용되는 자금의 극히 일부분밖에 되지 않을 것이다. 다만 사업 수행에 있어서 청구권 관계 자금은 다른 자금과 혼동시키지 않고 독립된 것으로 투자가 되어야 함이 좋다는 것이다. 즉, 어떤 지역의 개간이 일본 자금으로 되었다는 것이 들어나는 것이 좋으며 가

능한 한 전국적으로 그 사용 효과가 미쳐야 좋다는 것이다. 또한 귀하의 말대로 과연 경제협력의 성격이 더 많다면 더욱 우리가 원하는 물자를 그대로 우리가 받아야 할 것이 아닌가?

니시야마: 이것은 매우 큰 문제이니만큼 이에 관한 일본 측의 생각을 유보하여 두며 다음 이야기로 넘어가자.

이 수석: 일본 측도 내자의 필요성을 인식하였을 것으로 믿으나 다만 그 비율이 문제인데 앞으로 한국의 경제 사정이 호전된 후라면 모르지만 현재의 재정 사정으로서는 어려운 점이 있어서 내자 발생용 원자재의 비중을 크게 하지 않을 수 없다. 통상의 무역을 저해한다는 문제는 현재 양국의 무역 균형에 차이가 많고 또 대일 수입은 증가 일로에 있지만 수출은 지난번 무역회담에서도 느낀 바 있지만 별로 늘 것 같지 않다. 또 연간 1,500만 불의 원자재라는 것은 전체 수입액의 10분의 1밖에 안 되니까 통상의 무역에 이렇다 할 영향을 미치지 않을 것이다. 사실상 일본이 생각하는 것처럼 어려운 문제가 아니라고 본다. 이러한 한국의 사정을 이해하고 원자재 문제는 우리 측에서 가장 중요하게 생각하고 있는 문제의 하나인 만큼 일본 측에서 적극적인 태도로 고려가 있기를 희망한다.

아카자와: 국민에 대한 설명이나 정치적 사정과의 관련성 등을 떠나서 원자재를 포함시키는 것은 무역 불균형을 시정하겠다는 생각도 가지고 있는가?

김 대표: 그렇지는 않다. 통상의 무역에 별로 영향이 없다는 말이다. 내 개인의 생각이지만 국교 정상화 후에는 수입이 늘 것이 분명하다. 3억 이상이 들어오면 after service만 하더라도 대단한 것이고 또 공장 운영을 위한 원료도 계속 다량이 필요하다. 일제 공장의 after service는 일본에서밖에 할 수 없지 않은가?

이 수석: 국제수지 개선 면에서는 큰 도움이 안 된다. 양국의 무역 균형은 6배의 격차가 있는데 이것이 수년 내에 메워지지는 않을 것이다.

아카자와: after service와 원료 이야기를 했는데 그러면 내자 조달용 원재료에는 공장 운전용의 원료가 포함되어 있지 않다고 해석해도 좋은가?

김 대표: 공장을 건설하면 maintenance도 있고 하니 들어가는 경우도 있을 것이다. 한도가 책정되면 들고 안 들고가 문제가 되지 않는다.

니시야: 특별 회계의 수입액은 일본 물건을 처분한 후에야 결정되게 되는가?

김 대표: 그전에 결정된다. 환율에 따라 결정되는 것이다.

아카자와: 조달청에서 원재료를 구입하여 팔게 되어 있지 않은가? 그러니 물건을 팔아야 얼마가 되는지 알지 않겠는가?

김 대표: 그렇지 않다. 원자재는 조달청과 관계없으며 한은을 통하여 구매권을 판다는 것뿐이지 판매 대전을 특별 회계에 적립하는 것이 아니다. 그래서 특별 회계에 들어가는 것은 그 당시 환율에 의거 환산된 액수만이 들어간다.

니시야마: 그렇게 되면 실수요자는 돈을 벌게 되지 않는가?

김 대표: 벌 수도 있고 손해 볼 수도 있을 것이다.

니시야마: 상당히 벌 것 같다. 그렇게 되면 또 일본이 특정인에게 폭리를 보게 하였다는 비난도 있을 수 있지 않은가? 이것은 필리핀, 인도네시아 등에 심각한 영향을 미칠 것 같다.

김 대표: 특별 회계는 장사하는 것이 아니다.

오쿠라: 3억과 2억은 성격이 다른데 같은 것으로 보면 문제가 커지며 무리가 가기 때문에 아무래도 나누어 생각하여 주었으면 한다.

이 수석: 이 문제는 재원의 각도에서 보는 관점과 한도액의 각도에서 보는 관점의 차이인데 결국 큰 문제점이 없지 않은가?

오쿠라: 재원이 전해 다르니까 그렇지 않다.

김 대표: 앞으로 프로젝트나 연차 계획들을 토의하게 되면 무상과 유상의 구분이 자연히 확실해질 것이다.

오쿠라: 협정의 해석 여하에 따라서는 2억으로서도 원재료를 사서 팔 수 있게 된다면 야단이다.

구마가이: 아까 사업계획에서 말한 농업 부분 또는 수산 부분 등은 여기에 부수되는 농기구나 어망, 가공 공장 등도 포함되는 것인가?

김 대표: 그렇다.

구마가이: 어항의 개선도 포함되어 있는가?

김 대표: 있을 테지만 잘 모르겠다. 좀 더 조사해서 알려주겠다.

구마가이: 선박을 도입한다고 했는데 여기에는 어선도 포함되어 있는가?

김 대표: 아니다. 여기에는 화물선과 외항선만이 포함되어 있다.

니시야마: 언제쯤 사업계획에 관하여 좀 더 구체적으로 알려 줄 수 있겠는가?

김 대표: 지금 계획이 진행 중에 있는데 끝나는 대로 알려 주겠다.

구마가이: 철도공작창은 차량 제작을 위한 시설인가?

김 대표: 이것은 이미 있는 공작창 시설을 보수하는 것이다.

이 수석: 공작창은 차량의 제작도 하기 위한 시설을 의미한다.

구마가이: 기계 제작 공장은 민간사업인가?

김 대표: 아니다. 정부 관리 공장에 대한 것을 생각하고 있다.

니시야마: 무슨 기계를 제작하는 곳인가?

김 대표: 주로 공작기계 등이다.

니시야마: 비료 공장은 민간 차관이 안 되는 경우에 한다는데 그것은 무슨 뜻인가?

이 수석: 지금 일본 측과 교섭이 진행 중에 있는 그 비료 공장이 안 되면 하겠다는 말이다.

니시야마: 그러면 본 사업 부문 속에 포함된 비료 공장은 민간사업인가?

김 대표: 아니다. 여기 것은 정부투자다.

구마가이: 아까 설명한 사업 부문 중에서 내자의 비중이 비교적 큰 것은 항목 2, 3, 4, 7, 9 등인데 지금 나의 개략적인 계산에 의하면 1억 5천만 불이 안 될 것 같다.

김 대표: 앞으로 구체적으로 참고될 만한 사항을 더 설명하겠다.

니시야마: 장기 저리 차관 2억 불은 연간 2천만 불밖에 안 되며 귀국에서는 2억 불은 프로젝트 베이스로 한다는데 이것은 매년 어떻게 짜는 것인가?

김 대표: 매년 지불 베이스로 2천만 불이 되며 실제로는 연차 계획에 따라 집행되는 것이다.

니시야마: 그러면 입찰 등은 어떻게 하는가?

김 대표: 정부 및 정부 기업체의 경우는 조달청이 공고 입찰을 통하여 일본에 공급자와 구매 계약을 체결한다.

구마가이: 그러면 최초의 입찰액은 매우 커질 수 있지 않겠는가?

김 대표: 그렇다.

니시야마: 차관 형태는 어떻게 되는가?

김 대표: 협정 자체를 차관협정으로 볼 수도 있다. 그러나 귀국의 법률관계로 일본

해외경제협력기금과의 차관협정이 체결되어야 한다면 한국 정부가 일본경제협력기금과의 agreement를 체결할 수 있다. 이 경우에 이미 차관액, 상환 기간, 기타 상환 조건이 결정되어 있으므로 개별적인 차관협정을 체결할 필요는 없다고 생각한다. 사업별로는 사업계획합의서(프로젝트 어그리먼트)를 체결할 수 있다.

니시야마: 그것은 기금과 관계됨으로 좀 더 연구해 보아야겠다. 조달청 관계를 설명할 수 있겠는가?

김 대표: 아 측이 제시한 도표에 상세히 설명되어 있다.

니시야마: 그럼 오늘 회의는 이만하고 다음 회의는 될 수 있는 대로 빨리하도록 하자.

이 수석: 다른 위원회에서도 다 그렇게 하고 있지만 우선 날짜를 정하는 것이 좋겠다. 다음 월요일은 어떤가?

니시야마: 월요일은 좀 어렵고 화요일 오후 2시 30분으로 하였으면 좋겠다.

이 수석: 동의한다.

39. 제7차 한일회담 청구권 및 경제협력위원회 제5차 회의 회의록

1829 청구권 및 경제협력위원회 제5차 회의 회의록

1. 개최 일시: 1965년 5월 11일, 14:30~15:30
2. 개최 장소: 외무성 회의실
3. 참석자: 한국 측 수석대표 이규성
　　　　　　　　교체 수석 김영준
　　　　　　　　　〃　　　전상진
　　　　　　　　대표　　　김봉은
　　　　　　　　전문위원 정순근
　　　　　　　　　〃　　　정재덕
　　　　　　　　　〃　　　김형근
　　　　　　　　보좌　　　김태지
　　　　　　　　　〃　　　강신조
　　　　　　　　　〃　　　주병국
　　　　　　일본 측 대표 니시야마
　　　　　　　　보좌　　　오카다 아키라(岡田晃)[외무성 경제협력국 경제협력과장]
　　　　　　　　　〃　　　아카자와
　　　　　　　　　〃　　　구마가이
　　　　　　　　　〃　　　미카나기
　　　　　　　　　〃　　　야나기야
　　　　　　　　　〃　　　가야바
1830　　　　　　　　〃　　　니시야마
　　　　　　　　　〃　　　가토

보좌   다루미즈
" 　　구로코지

4. 토의 내용

니시야마: 지난번 한국 측이 제시한 입장에 대하여 오늘은 일본 측의 회답을 준비하였으므로 이에 제시할까 한다. 여기에 포함된 사항 이외에 협정문에 들어가야 할 사항도 있으므로 이것만이 전부는 아니다. 따라서 이 이외에도 문제점이 있다는 것을 전제로 한국 측 입장에 대한 답변이라는 형식을 취하여 만들었다(니시야마는 별첨 회답 문서를 대부분 그대로 읽어 내려갔으나 아래 몇 가지에 관하여는 보충적인 설명이 있었음).

(1) 3. 라.에 관하여

한국 측 안에 의하면 실시계획의 시행을 위한 것이라고 되어 있는데 일본 측은 시행을 위한 것이 아니라 계획 자체에 합치되어야 하는 것으로 생각한다고 함.

(2) 3. 바.에 관하여

사실상 구매 계약을 체결할 수 없는 사항은 사절단의 경비 같은 것을 예상할 수 있으나 한국 측이 사절단의 경비는 별도로 한국 정부에서 공급한다고 하므로 이에 해당하는 것이 구체적으로 어떤 것인지 알고 싶다고 함.

(3) 13.에 관하여

다른 현안 문제의 경우와도 관련이 되므로 같은 방식으로 되어야 한다고 생각하는데 최종적으로는 국제사법재판소에 해결을 부탁하도록 하여야 된다고 함.

이 수석: 일본 측의 회답 문서에 대하여 우선 의문나는 점을 아 측이 질문하도록 하겠다.

김 대표: 9.의 나에 대해서 좀 더 구체적으로 설명을 하여주기 바란다.

다루미즈: 인도, 파키스탄 차관의 경우는 양국에 대한 채권국 회의에서 일본이 약속한 차관액에 관련하여 일본과 인도 및 파키스탄 정부 대표 간에 교섭 체결된 차관계약에서 제1회 분할 상환으로부터 최종회의 분할 상환까지의 상환 계획표를 결정하고 있다. 이 상환 계획에는 미리 지불기일과 지불액을 확정지어 있다.

김 대표: 알겠다. 1개의 프로젝트의 경우는 그럴 수가 있으나 청구권의 케이스와 같은 많은 프로젝트일 때는 차관금을 사용하지 않고서도 이자가 발생케 될 결과가 되지 않겠는가.

오쿠라: 그렇지는 않다. 돈을 사용하지 않고 이자가 발생하는 일은 없다.

김(봉) 대표: impact loan[36]이라면 몰라도 이러한 경우에는 대부계약과 프로젝트를 일치시킬 때에는 실제 돈을 사용하지 않고도 이자를 지불하게 되는 경우가 생기는가?

다루미즈: 선적 완료된 후에 선적 완료에 따라 확정일자에 확정금액을 지불하는 것이니까 그런 염려는 없다.

김 대표: 이자 기산일은 언제인가?

다루미즈: 이자 발생은 실제 돈을 지불한 날짜로부터 기산한다.

이 수석: 일본의 국제상사중재협회의 내용에 관하여 설명하여 줄 수 있겠는가?

구마가이: 국제상사중재협회는 1953년에 사단법인으로 설립되었는데 여기에는 현재 217명의 중재인이 있다. 중재인은 상사 거래에 관한 실무 또는 법률에 밝은 사람들이고 그 내역을 국적별로 보면 일본인이 97명, 미국인이 91명, 영국인이 18명, 프랑스인이 7명, 인도인이 3명, 파키스탄인이 1명으로 되어 있다. 상사분쟁이 생겼을 때 양 당사자는 1명 이상의 중재인을 합의에 의하여 선정하고 중재를 부탁하게 되는데 보통은 3명의 중재인이 중재하는 것으로 되어 있으며, 중재에 있어서 어느 일방 당사자가 어느 중재인은 공평을 해할 염려가 있다고 생각할 때에는 배제할 수 있도록 함으로써 중재의 공평이 보장되도록 되어 있다. 지난번 제시된 한국 측 안의 구체적인 의도가 무엇인지 잘 알 수 없는데, 즉 한국의 상공회의소에 강제력을 가진 중재의 권한이 국내법상 규정되도록 법적 조치가 예정되어 있기 때문에 이에 부탁하려는 것인지 또는 제3국의 중재기관에 부탁하려는 것인지 분명치 않으나 여하간에 이에 관하여 한국 측의 참고를 위하여 말한다면 지금까지 일본이 35개국과 상사중재에 관한 협정을 맺고 있는데 제3국의 상사중재기관을 사용하는 것으로 규정된 것은 하나도 없다는 것이다. 또한 한국 측 입장대로 한다면 장래 언제 중재기관이 생길지 모르므로 과도적인 처리가 문제가 되며 일본이 체결한 배상협정을 보면 전부 일본의 국제상사중재협회를 사용한다는 것으로 되어 있는 것이다. 그리고 배상협정에는 그렇게 되어 있지만 실제로 상사분쟁이 중재협회에 부탁된 예는 없다.

이 수석: 일본 국제상사중재협회에 관한 자료를 얻을 수 있겠는가?

---

36 용도를 규제받지 않는 외화 차입금

1833 구마가이: 여기 정관이 있으므로 1부 드리겠다.

김 대표: 귀측의 회답 문서 11. 가.에 한국은행 일본지점을 포함하는 것이 전례도 없고 인정될 수 없다고 하였는데 전례라 함은 배상협정의 경우를 말하는 것인가?

니시야마: 배상협정에도 그렇고 차관협정에도 그렇다.

김 대표: 그 외 특별한 이유라도 있는가? 가령 법제 면에서라든지…

오쿠라: 법제 면에서는 실시 불가능한 것은 아니다.

오카다: 인도의 경우에도 재일 지점은 있으나 인정되어 있지 않고 타국 은행의 재일 지점을 지정 은행으로 하지 않는다는 것은 일본의 정책적인 고려에서인 것이다.

오쿠라: 일본의 지정 은행의 service도 생산물 및 용역 중의 용역의 하나가 된다.

정(순) 위원: 회답 문서 3. 가.에 "가능한 한 탄력적으로 실시할 용의가 있다"라고 되어 있는데 구체적으로 어떻게 하겠다는 것인지.

니시야마: 구체적으로는 매년 작성되는 연차 실시계획을 만들 때 조정을 한다는 것을 생각하고 있다.

오쿠라: 보충적으로 설명한다면 본 협정에는 원자재를 제공한다느니 하여 못 박아 규정하지 않고 대신 연차 계획을 만들 때 탄력적인 태도를 취하겠다는 것으로 여기서는 일본 측의 기본적인 사고방식을 말한 것이다.

정(순) 위원: 회답 문서 5.에 보면 부속서를 기본 협정에 부치는 것에 반대하고 한국 측이 희망하는 경우에는 교환 공한에 기재할 것을 생각한다고 하고 있는데, 교환 공문이라 한다면 어떠한 것을 생각하고 있는가?

1834 니시야마: 글쎄. 거기까지는 아직 구체적으로 생각하고 있지 않다.

정(순) 위원: 민간신용 제공 관계인데 본 협정에 집어넣지 않는다고 하고 있는데, 별도의 합의 문서에 아 측이 지난번 아 측의 문서 가운데 제시한 점 등을 규정할 것을 고려하고 있지 않은가?

니시야마: 일본 측으로서는 우선 본 협정에서부터 집어넣지 않으려고 해 보고 있는 것이다.

오쿠라: 본 협정에서는 우선 규정하지 않고 교환 공문 같은 것을 논의할 때 그때 가서 검토하고자 한다.

이 수석: 계약지를 도쿄로 해야겠다는 이유를 설명하여 줄 수 있겠는가?

니시야마: 이것은 여러 면에서 검토하고 있는 중이다. 다른 나라와의 배상협정의 경우도 그렇고 실무자로 하여금 설명케 하겠다.

가토: 배상협정의 경우 모두 도쿄가 계약지로 되어 있으며 라오스, 캄보디아에 대한 경제 및 기술 협력 제공의 경우에 있어서는 계약지가 각각 라오스, 캄보디아로 되어 있으나 실제로 계약을 체결하고 실시에 옮기는 과정에 있어서 여러 가지 절충하여야 할 사항이 많은데 일일히 비행기를 타고 가서 절충하여야 하기 때문에 시간적으로도 그렇고 기타 노력의 낭비도 많은 불편이 있었던 것이다. 이러한 이유에서 불편을 제거한다는 점에서 계약지는 도쿄로 하였으면 하고 희망하고 있는 것이다.

니시야마: 우리 측에서 질문할 것이 있는데 한국 측 생각은 조달청이 전적으로 구매를 행하고 민간업자는 구매를 하지 않는 것으로 되어 있는 것 같은데…

김 대표: 그 점은 지난번에도 말하였지만 아국의 조달청은 정부 및 정부 관리 기업체를 위한 구매를 전적으로 맡고 있고 3억 및 2억에 관한 구매는 대부분 정부 또는 정부 관리 기업체를 위한 것으로 생각하고 있기 때문에 원칙적으로 조달청이 구매 계약의 당사자가 되어 구매를 하는 것으로 되어 있으나 end user가 민간업자가 될 경우에는 업자의 희망에 따라 조달청이 대신 구매하여 주는 경우도 있고 업자가 자기 자신이 구매를 하고자 할 때에는 자신이 할 수 있도록 되어 있다. 그런데 지금까지의 경향으로 보아서는 조달청에 구매를 부탁하는 경우가 많다.

니시야마: 가령 제철소의 경우에 있어서는 민간사업이 될 텐데 업자가 자기 자신이 구매하려는 때에는 자신이 당사자가 될 수 있다는 것인가?

김 대표: 그렇다. 즉, 관계 법령에 의하면 원칙적으로 민간업자가 구매할 수 있도록 되어 있다. 경제기획원령 제25호가 그런 것이다.

니시야마: 그 법령을 줄 수 있겠는가?

김 대표: 추후 주겠다.

니시야마: 또 한 가지 질문할 것이 있는데 청구권 및 경제협력 관계 협정이 체결될 경우 한국 측으로서도 국회에 갈 필요가 있을 것인데 2억의 경우 프로젝트 어그리먼트도 국회에 갈 필요가 있겠는가?

김 대표: 장기 저리 차관의 경우 2억 전체에 관한 loan agreement를 일단 국회에서 동의를 받게 되면 그 후 개별적으로 맺어지는 프로젝트 어그리먼트는 국회에 갈 필요

가 없을 것이다.

오카다: 연차 실시계획은 어떻게 될 것인가?

김 대표: 우리 행정부로서는 국회에 가지 않도록 할 생각을 가지고 있다.

오카다: loan agreement의 경우, 국회에 보고하는 것에 그치는 것인가 또는 동의를 얻어야 되는가?

김 대표: 국회의 동의를 얻어야 된다.

오카다: 2천만 불의 경우는 국회에 보고한 것으로 알고 있는데…

전 대표: 그것은 법적으로 보고의 의무는 없으나 정치적인 뜻에서 보고한 것이다.

이 수석: 그러면 오늘 회의는 이만하고 다음 회의는 내일 오후쯤 여는 것이 어떤가.

니시야마: 다른 스케줄도 있으므로 오는 14일(금) 오후 2시 30에 열기로 한다.

이 수석: 좋다.

첨부

39-1. 청구권 및 경제협력위원회 제5차 회의 시 일본 측이 제출한 한국 안에 대한 회답 문서

日韓経済協力の合意方式及び実施方法についての韓国案に対する回答

昭40.5.10

経済協力局

1. 趣旨は結構であるが, 具体的表現は後日検討したい.

2. 椎名・李メモの第3項(3億ドル以上の民間信用供与)を基本協定に含めることはこの種民間信用供与の性格上全く問題にならない.（このことは大平・金会談以来日本側が終始明確にしてきたところである.）同メモのその他の項目の内容を含めることには異議なりが, 具体的な表現方法は, 合意事項のままではなく, 当然, 更にelaborateするものとする.

3. イ 日本側としては原則として資本財を供与することを考えているが, 韓国側の事情をよく考えて, できるだけ弾力的に実施する用意はある.

　ロ 韓国案は不可.「両政府の協議により」実施計画を決定することとする.

　ハ 契約締結権を持った使節団を東京に設置し, 東京で契約を結ぶことにするのが便利だと考える. 契約を一度結んだ後でも, 日本政府からいろいろと修正をお願いすることが多いと考えられ, そのような場合一々東京とソウルとの間を往復するのは手続的にみてきわめて煩鎖であると考えられる.

　ニ 契約は, 協定及び附属文書の規定ならびに当該年度の実施計画に合致しなければならない　 こととしたい.

　ホ 韓国案は全く不可. 契約本書を日本政府が承認してはじめて契約が発効することとする.

　ヘ 韓国側はどのような対象についてこの方式によることを考えているか.

　ト 異議なし.

4. イ 有償経済協力はプロジェクトに対してのみ行なうこととしたい. 3.ロ, ハ, ニ,

ホ, トについても, 有償経済協力は海外経済協力基金との間の貸付契約に基づいて行なうものであるから, 無償経済協力の場合とは異なる点が多いので, さらに検討の後申し上げる.

　　ロ 貸付契約は韓国政府と海外経済協力基金との間で締結されるが具体的にどのような態様とするかは目下検討中である.

　5. 今後10年の間には経済協力の対象が種々変動する可能性があり, 従って, 基本協定の付属とした場合には, 将来変動の要ある際に柔軟性を失なうおそれがあるので, 付属書を基本協定につけることは反対である. 韓国側が強く希望する場合には対象部門くらいを交換公文に載せることは考えられるが, この場合でも, 無償と有償の対象部門は分ける必要がある.

　6. 前記3.のホのとおりである.

　7. 具体的な構成, 機能等は今後の討議にまつとして, 設置の原則には異議なし.

　8. 日本の国際商事仲裁協会を利用することにしてほしい.

　9. イ　年2買いの償還とすべきである. 現物償還は認められない.

　　ロ　韓国案は不可. 印パ借款と同様. 貸付契約の日を起算日とする確定期日の確定額支払とする.

　10. 民間信用供与は前記2のとおり協定に規定しない.

　11. イ 韓国銀行日本支店を含めることは前列もなく認められない.

　　ロ 無償のみについての規定であると了解するが異議なし.

　　ハ これも無償のみの規定と了解するが, 算定のための為替レートは, 支払の日ではなく契約承認の日及び契約によらない場合はその旨の両政府間合意の日のIMF平価とする.

　12. ほかの国とのふり合いもあるので認められない. 日本人が実質的に支配する日本法人だけとする.

　13. 協定案交検討の時に検討したい.

38. 한국 측 안(청구권 및 경제협력위원회 제4차 회의 시 제출)에 대한 일본 측 회답 문서 보고 전문[37]

번호: JAW-05159

일시: 111709[1965. 5. 11]

수신인: 외무 장관
발신인: 주일 대사
참조: 경제기획원 장관

연: JAW-05893

5. 11 개최된 청구권 및 경제협력위원회 제5차 회의에서 일본 측이 제시한 회답 문서의 내용은 다음과 같음.

(회답 문서)
별첨물
일한 경제협력의 합의 방식 및 실시 방법에 관한 한국 안에 대한 회답
 1. 취지는 좋으나 구체적 표현은 후일 검토하고자 함.
 2. 시나.이 메모의 제3항(3억 불 이상의 민간신용 공여)를 기본 협정에 포함시키는 것은 여사한 민간신용 공여의 성격상 전연 문제가 되지 않음.
 (이 건은 오히라.김 회담 이래 일본 측이 계속 분명히 하였던 점임) 동 메모의 기타의 항목에 내용을 포함시킨 데 대하여는 이의 없으나 구체적인 표현 방법은 합의사항 그대로가 아니라 마땅히 더 부연하여야 할 것임.

---

[37] 이 문서에는 앞 39-1번 일본 측 회답 문서의 한글 번역 내용이 담겨 있으며, 편집자가 문서의 순서를 바꾸었음.

3. 가. 일본 측으로서는 원칙적으로 자본재를 공여할 것을 생각하고 있으나 한국 측의 사정을 잘 참작하여 가급적 탄력있게 실시할 용의가 있음.

나. 한국 안은 불가, '양 정부의 협의에 의하여' 실시계획을 결정하는 것으로 함.

다. 계약체결권은 갖는 사절단을 도쿄에 설치하고 도쿄에서 계약을 체결토록 하는 것이 편리하다고 생각함. 계약을 일단 체결한 후에도 일본 정부가 여러 가지 수정을 요청하는 경우가 많을 것으로 생각되며 그러한 경우 일일이 도쿄와 서울 간을 왕복한다는 것은 절차상으로 보아 매우 번잡하다고 사료됨.

라. 계약은 협정 및 부속 문서의 규정 그리고 당해 연도의 실시계획에 합치하지 않으면 안 되는 것으로 하고자 함.

마. 한국 안은 전혀 불가, 계약 정본을 일본 정부가 승인하여 비로소 계약이 발효하는 것으로 한다.

바. 한국 측은 어떠한 대상에 대하여 이 방식을 채택할 것을 고려하고 있는가.

사. 이의 없음.

4. 가. 유상경제협력은 프로젝트에 대하여만 행하고자 함. 3. 나. 다. 라. 마. 사.에 관하여도 유상경제협력은 해외경제기금과의 대부계약에 의거하여 행하는 것임으로 무상 경제협력의 경우와는 다른 점이 많기 때문에 더욱 검토한 후 의견을 제시하였음.

나. 대부계약은 한국 정부와 해외경제협력기금 간에 체결되지만 구체적으로 어떠한 형식으로 할지는 아직 검토 중임.

5. 금후 10년 동안에는 경제협력의 대상이 여러 가지로 변동될 가능성이 있으므로 기본 협정에 부속시켰을 경우에는 장차 변경의 필요가 있을 때 융통성을 잃어버릴 우려가 있으므로 부속서를 기본 협정에 첨부하는 것을 반대함.

한국 측이 강하게 희망하는 경우에는 대상 부문 정도를 교환 공문에 기재하는 것을 생각할 수 있지만 이러한 경우에도 무상과 유상의 대상 부문은 구분할 필요가 있음.

6. 전기 3의 다.와 같음.

7. 구체적인 구성, 기능 등은 금후의 토의에 맡기되 설치의 원칙에는 이의 없음.

8. 일본의 국제상사중재협회를 이용하기를 희망함.

9. 가. 연 2회의 상환으로 하여야 함. 현물 상환은 인정할 수 없음.

나. 한국 안은 불가. 인도, 파키스탄 차관과 같이 대부계약임을 기산일로 하는 확

정기일의 확정액 지불로 함.

  10. 민간신용 공여는 전기 2와 같이 협정에는 규정하지 아니함.

  11. 가. 한국은행 일본지점을 포함시키는 것은 전례에도 없으며 인정할 수 없음.

      나. 무상에만 관계되는 규정이라고 이해하는바 이의 없음.

      다. 이것도 무상에만 관계되는 규정이라고 이해하는바 산정을 위한 환율은 지불일이 아니라 계약을 승인한 날이며 계약이 없는 경우에는 양 정부가 합의한 일자의 'I. M. F'" 평가로 함.

  12. 다른 나라와의 관계도 있으므로 인정할 수 없음. 일본인이 실질적으로 지배하는 일본 법인으로 함.

  13. 협정 안문 검토 시 검토하고자 함.

    (추이)

일본 측으로부터 회의 후 동문서는 원래 부내 의견 조정 시의 자료로 만들었던 것을 그대로 제시한 것임으로 어구의 표현이 ROUGH한 점이 있기 때문에 양해하여 달라는 통고가 있었음.(주일정 – 외아북, 외통협)

41. 제7차 한일회담 청구권 및 경제협력위원회 제6차 회의 회의록

1848   청구권 및 경제협력위원회 제6차 회의 회의록

1. 개최 일시: 1965년 5월 14일, 14:30~17:00
2. 개최 장소: 외무성 회의실
3. 참석자: 한국 측   수석대표   이규성
                    교체 수석   김영준
                    〃   전상진
                    대표   김봉은
                    전문위원   김정태
                    〃   정순근
                    〃   정재덕
                    〃   오재희
                    〃   박정서
                    〃   김형근
                    보좌   김태지
                    〃   강신조
                    〃   주병국
           일본 측   대표   니시야마
                    보좌   아카자와
                    〃   오카다
                    〃   구마가이
                    〃   오쿠라
1849   〃   미카나기

보좌	야나기야
〃	다루미즈
〃	가토
〃	니시야마
〃	구로코지

4. 토의 내용

이 수석: 이번에 새로 우리 측 대표단에 포함되게 된 한국은행 박정서 외국부 차장을 소개하겠다(아 측에서는 별첨과 같은 '코멘트'를 회의 벽두 일본 측에 제시하였음).

니시야마: 지금 한국 측으로부터 문서를 받았는바 이에 관하여 설명하여 줄 수 있겠는가?

이 수석: 우리 측의 설명에 들어가기 전에 지난번 일본 측에서 제시한 문서 가운데 3개의 점에 관하여 검토 중이라고 하고 있는데 그동안 이에 관하여 일본 측에서 안이 준비되어 있다면 먼저 들려주면 좋겠다.

니시야마: 그 3개의 점이라는 것은 어떤 어떤 것인가?

이 수석: 4. 가, 4. 나, 그리고 13 등이다.

니시야마: 이러한 문제들은 앞으로 한국 측의 이야기도 듣고 우리 측의 안을 만들려고 생각하고 있다.

김 대표: 그러면 지금 제시한 우리 측 '코멘트'에 관하여 설명하겠다. 우리 측의 입장을 좀 더 구체적으로 설명하고자 하는 것이다.

(아 측 '코멘트'를 설명하였음.)

니시야마: 이제 전반적으로 한국 측 '코멘트'를 들었는바 우리 측이 우선 듣고서 느낀 바를 몇 가지 말할까 한다. 지난번 일본 측 입장을 문서로 제출하였을 때에도 말하였지만 우리 측 문서 가운데 포함되어 있는 사항만 협정에 규정되는 것이 아니고 거기에서 언급되지 않은 다른 사항도 협정에 포함될 수 있는 것이며 또한 우리 측이 제시한 문서는 그것 그 자체가 협정 문안으로 되는 것이 아니고 협정문에 포함될 사항을 내용적으로 실체만을 검토하는 것을 목적으로 하고 있는 것이다. 둘째로 전반적으로 보아 어떤 점에 관하여는 서로 오해가 있는 것 같은 점도 느껴지지만 전반에 걸친 양 측의 기본적인 사고방식은 평행선을 긋고 있는 것 같아서 이것은 상당히 걱정되는 문

제라고 생각한다.

청구권 및 경제협력 문제에 있어서 청구권에 관한 소위 원칙적인 부분과 경제협력에 관한 부분을 어떻게 안문에 조합을 시킬 것인가 생각할 때 우리 측으로서는 결국 청구권 및 경제협력에 관한 협정이라는 형식으로 될 것으로 생각은 하지만 한국에 대한 우리 측의 제공은 어디까지나 배상과 같이 의무적으로 주는 것이 아니라 그것보다는 경제협력이라는 기본적인 사고를 가지고 있다. 한국 측은 위와 같은 우리 측 생각과 다른 생각을 가지고 있는 것 같은데 그렇다면 사상에 근본적인 차이가 큰데 그러한 차이를 어떻게 좁힘으로써 협정으로 이끌 것인가 이를 위하여는 양측의 지대한 노력이 필요할 것으로 생각한다.

그러면 구체적으로 한국 측의 '코멘트'에 관하여 질문을 할 예정인데, 첫째로 제목에 관하여 한국 측이 청구권 및 경제협력이라고 하고 있으나 우리 측의 생각은 약간 다르며 이것은 앞으로 더욱 설명할 것이다. 둘째로 협정의 구성에 관하여 3억 플러스 알파는 협정문에 포함될 실질적인 필요가 없다고 생각한다.

오쿠라: 이에 관련하여 한가지 말하고 싶은 것은 일본 측 문서에 한국 측 안에 대응하는 안을 기재하지 않았다고 해서 그것이 반드시 한국 측의 안을 그대로 받았다는 것을 의미하는 것은 아니라는 것이다. 그러한 것들은 앞으로 더욱 한국 측과 이야기를 해 보아서 결정할 것들이기 때문에 우선은 언급하지 않고 있는 것이다. 그리고 전문에 관하여 한국 측은 일본이 한국 안을 원칙적으로 받아들인 것으로 양해한다라고 하고 있는데 한국 측의 의미하는 원칙적으로라는 것이 무엇인지 잘 모르겠으나 여하간 일본 측으로서는 청구권과 경제협력이라는 두 개의 기둥(니혼 다테)을 세운다는 생각 밑에 한국 측 안에 찬성하는 것이다.

야나기야: 청구권 및 경제협력이라는 것에 관하여는 종래부터 양측의 입장이 대립되어 온 것으로 생각한다. 일본 측은 종래부터 '한국의 경제개발을 위하여' 제공한다는 입장을 취하여 왔다.

김 대표: 이 문제는 오랫동안 논의되어 온 것인데 결국 지난 번 이-시나 합의사항이라는 결과로 나타났다. 이-시나 합의사항을 보면 청구권 및 경제협력이라고 되어 있어서 경제협력이라는 것도 있으나 청구권적인 성격이 엄연히 표현되어 있다. 결국 처음 한국 청구권의 해결이라는 것으로 이야기가 시작되다가 일본 측의 경제협력이라

는 생각이 나와서 두 가지 다 집어넣게 된 것이다.

니시야마: 이-시나 합의사항은 여러 가지로 해석될 수 있다. 그런데 여하간 현실적으로 현재 우리가 하고 있는 회의는 경제협력 관계를 다루고 있는 것이 아닌가?

김 대표: 청구권과 경제협력 쌍방을 모두 다루고 있다.

오쿠라: 청구권 및 경제협력 문제는 청구권의 소위 원칙적인 부분을 다루는 회합과 경제협력을 다루는 회합으로 나누어져 있으며 여기서는 경제협력을 다루고 있다.

니시야마: 우리는 한국에 대한 것이 배상과는 다르고 경제협력이라는 면이 강하다는 생각이다.

이 수석: 지금까지의 수석대표단 회의 또는 기타 회합을 통하여 본인이 이해하고 있는바 우리 측의 기본적인 생각을 말한다면 이 위원회에서는 청구권과 경제협력 문제를 모두 다루게 되어 있는 것이며 현재 우리가 토의의 대상으로 삼고 있는 것은 절차 문제인 것이다. 이러한 우리 측의 생각을 일본이 받지 않는다면 결국 평행선으로 나가게 될 것이다. 우리도 일본의 한국에 대한 제공이 배상이 아니라 특수한 것이라는 생각이나 그 표현은 청구권 및 경제협력이라는 표현으로 되어야 할 것이다.

니시야마: 이 수석도 말하다시피 배상이 아니기 때문에 경제협력이라는 것이다. 이-시나 합의사항 중 어떤 것은 국회에 가야 하는 국회 사항이 되고 어떤 것은 교환공문 같은 국회에 갈 필요가 없는 사항이 되는 것인지는 앞으로 결정할 문제고 이-시나 합의사항에 있는 그대로가 모두 본 협정에 포함되어야 한다는 것은 이-시나 합의사항이나 기타 어느 것에서도 합의된 것이 없다.

이 수석: 이-시나 합의사항 자체가 협정 안문이 되는 것은 아니나 합의사항의 원칙을 협정 문안에 집어넣자는 것이고 구체적으로 어떻게 할 것인가는 토의하여 나가면 된다고 생각한다.

니시야마: 여하간 이에 관하여는 서로의 오해가 없어야 할 것으로 생각한다.

이 수석: 결국 우리가 현재 다루고 있는 것 중에 실질적인 문제라는 것은 원자재의 제공에 관한 문제, 구매방식에 관한 문제, 계약지에 관한 문제, 상사중재에 관한 문제, 3억 플러스 알파에 관한 문제 등이 될 것이며 이러한 실질적인 문제들을 하나씩 하나씩 처리해 나가면 지금 우리가 논의하고 있는 것은 문제가 안 되리라고 본다.

오쿠라: 현재 여기서 우리가 다루고 있는 문제는 경제협력에 관한 문제이고 청구권

의 소위 원칙적인 문제는 다른 회합에서 취급하게 된다.

김 대표: 청구권 및 경제협력위원회가 마치 두 개 있는 것 같이 말하지만 우리가 알고 있는 바로는 위원회는 어디까지나 하나이고 다만 일본 측에서 청구권의 원칙적인 문제를 좀 더 구체적으로 논의할 필요가 있다고 주장하므로 이것을 받아들여 따로 ad hoc committee를 구성해서 이 문제를 다루어 보기로 한 것이 아닌가. 따라서 본 위원회에서는 청구권과 경제협력의 두 가지 문제를 모두 다루는 것이다.

니시야마: 결국 협정 안문을 작성할 때에는 두 가지 다 포함되게 되겠지만 여기서 지금 하고 있는 것은 경제협력에 관한 것이다.

김 대표: 경제협력만을 한다는 것은 이상하다. 청구권 및 경제협력에 관한 도입 절차를 토의하고 있는 것이다.

니시야마: 청구권의 의미가 포함은 되어 있으나 한국 측에서는 청구권의 대가라는 생각이 있는 것 같은데 우리 측에서는 그렇게 생각하고 있지 않고 따라서 기본적인 사고의 차이가 있는데 이것은 시정 조정되어야 한다고 생각한다.

김 대표: 이것은 상당히 중요한 문제인데 청구권과 경제협력이 양립되어 있어서 이것을 같이 청구권 및 경제협력위원회에서 다루는 것으로 되어야 한다.

이 수석: 문제는 청구권과 경제협력을 같이 협정문에 집어넣는 것인데 단순히 경제협력만을 한다는 것은 안 된다.

니시야마: 우리 측으로서는 한국에 대한 것이 배상과 같지 않지만 일종의 정치적인 협력이라는 의미에서 제공하는 것으로 생각하고 있으며 일본의 일방적인 의무에 입각해서 제공하는 것으로 되면 곤란하다. 여하간 본의 아니게 형식적인 문제에 관하여 토의가 길어졌는데 서로 상식을 가지고 상대방에 입장도 감안하면서 합리적으로 하나씩 하나씩 토의하여 나가면 되지 않을까 생각한다. 다시 한번 말하는 것이지만 한국 측에서 이 돈은 우리가 받아야 하는 것이니 마음대로 하여야겠다고 하면 곤란하다.

김 대표: 전혀 의무가 없다고 하는 것은 말이 되지 않는다. 물론 청구권 일방적인 주장도 과거의 상호 간의 이견 대립의 입장에서 볼 때 문제가 되지마는 최소한도 청구권 해결에다가 경제협력이라는 생각이 가미되어서 결국 청구권 및 경제협력이라는 것으로 되는 것이 아닌가? 우리 국내의 일반 국민의 감정이 청구권을 받아들이는 생각으로 일관되어 있으므로 만일 청구권이라는 표현이 달라진다면 이것은 중대한 문제가

야기될 것이다.

니시야마: 그것은 결국 문안 작성 시의 문제가 되는 것이라고 보며 여하간 일본 측의 생각이 어떠한 것인지 알아 주기 바란다.

김 대표: 다시 한번 되풀이하지만 청구권 및 경제협력위원회는 어디까지나 한 개의 위원회라는 것을 말하여 둔다.

니시야마: 그렇다면 전체적인 위원회는 하나고 그 밑에 성격상 두 개의 소위원회가 있는 것이라고 할 것인가?

정(순) 위원: 지금 논의되고 있는 두 개 소위원회 문제는, 본 위원회의 과거의 토의 경위를 보면 자명한 것이다. 원래부터 두 소위원회가 있었던 것이 아니며 아 측은 이-시나 합의로서 청구권 문제는 완전 해결되고 절차만이 남은 것으로 이해했던 것인데 일본 측이 소위 법적 문제가 있다고 말하여오므로 그러면 그것을 ad hoc base 그룹에서 들어 보자는 것이었다. 따라서 3억, 2억, 3억+α를 토의하는 것은 경제협력위원회이고 청구권위원회는 법적 문제만 토의한다는 식의 idea는 아 측으로서는 전혀 돌연한 것이다.

니시야마: 이것은 결국 형식론이 되는 것이 아닌가? 그러면 한국에 대한 제공은 정치적인 관계가 깊은 일한 양국 간의 우호적인 관계를 위한 경제협력이라고 할 것인가?

이 수석: 청구권이라는 것이 들어가야 한다.

김 대표: 일본 측의 생각을 이해하기 곤란한데 배상은 아니나 그러나 청구권에 연유하는 것이라는 것은 인정하여야 할 것이 아닌가?

니시야마: 한국 측은 청구권에 대가라는 생각인데 경위에 관하여 야나기야 서기관으로 하여금 설명케 하겠다.

야나기야: 1962년 말의 김-오히라 합의에 이르게 된 경위를 보면 한국 측에서는 청구권과 경제협력을 위한 것이라는 것이었으나 일본 측의 생각은 어디까지나 경제협력이 주라는 생각이었다.

정(순) 위원: 동 문제의 시초가 청구권에서 시작된 것이지 한국의 사정이 어려워 도와 달라는 데서 시작한 것이 아니지 않느냐?

야나기야: 그것은 알고 있다.

니시야마: 여하간 문안 작성 시 구체적인 표현을 할 때 얘기하기로 하고 토의를 빨

리 진행시키자.

이 수석: 일본 측의 생각은 알겠으나 한국 측의 입장은 어디까지나 경제협력만이라고 하여 진행시키기는 곤란하다는 입장을 알아주기 바란다.

니시야마: 우리 측은 경제협력이 주라는 생각이다.

이 수석: 상당한 논쟁이 벌어졌는데 여기서 약 5분간 일단 휴회하고 다시 이야기를 계속하자.

(약 5분간 휴회)

니시야마: 그러면 다시 이야기를 계속하자.

이 수석: 결국 일본 측의 입장은 순수한 경제협력이라는 것인가?

니시야마: 그렇다.

오카다: 순수한 상업 베이스에 의한 것은 물론 아니나 정치적인 성격을 가진 경제협력이라고 할 것이다.

오 위원: 순수한 경제협력이라고는 볼 수 없고 청구권 및 경제협력을 위한 것이라고 하여야 된다.

야나기야: 일본 측의 생각은 어디까지나 경제협력이라는 입장에서 제공하려는 것이다.

오 위원: 일본 측이 그렇게 이야기하지만 원래 경위를 보면 한국의 청구권 문제를 해결하기 위하여 교섭이 시작되었고 청구권을 해결함에 있어서 뒤에 경제협력이라는 말이 나오게 되었다. 따라서 정치적인 경제협력으로 제공한다는 것은 있을 수 없다.

니시야마: 이 문제는 너무 건드리지 않고 넘어가기로 하고 여하간 우리로서는 빨리 협정문을 만들어 내는 것이 중요하지 않겠는가?

이 수석: 그러면 오늘 우리가 제출한 문서에 대하여 귀측이 질문하여 주기 바란다.

니시야마: 그러면 우리 측에서 구체적인 질문을 하도록 하겠다.

오카다: 10항에 관하여 교환 공문에 집어넣겠다는 것은 어떤 의미인가?

김 대표: 본 협정에 이-시나 합의사항에 있는 것을 규정하고 구체적인 것은 교환 공문에 따로 규정하자는 뜻이다.

구마가이: 3항 가.에 관하여 전전번 회의에서 1억 5천만 불 이상이나 현지 통화가 필요할 것이며 그와 같은 액수가 채산된다는 데 대한 관계 자료를 제시하겠다고 하였

는데 받을 수 있겠는가?

김 대표: 본국 정부에서 아직 오지 않았으므로 오는 대로 설명하도록 하겠다.

구마가이: 그러한 자료는 앞으로 협정이 체결된 후 실지 실시 단계에 있어서 매년의 연차 실시계획 작성 시 원자재가 차지하는 비율이 어떻게 될 것인지 모르므로 실시계획 작성 시의 관계 자료로서 필요한 것이다.

김 대표: 원자재의 비율 문제에 관하여는 양국 정부에서 어떤 ceiling을 정하는 방법도 생각할 수 있다고 본다.

미카나기: 한국 측이 최초로 제시한 문서에는 '기타 상품'이라는 것이 없고 이번 문서에는 기타 상품이 들어가 있는데…….

김 대표: 생산물의 내용을 좀 더 구체적으로 표시하기 위한 것이며 기타 상품을 포함시키고 있는 것은 원자재의 개념을 분명히 표시한 것이다.

미카나기: 요전번 상품 말이 나왔을 때 우리 측에서 상품은 곤란하다는 이야기를 하였는데…

김 대표: 우리 측이 말하는 원자재와 귀측에서 말하는 원재료의 개념도 다른 바도 있고 과거 누차에 걸쳐서 설명한 바와 같이 내자 조달이 가능한 물자를 일정한 비율로 꼭 받아들여야 할 형편이 있기 때문이다.

오카다: 전번 문서에서 장기 저리 차관은 무상 제공과 실시 방식이 같다고 하고 이번에는 검토 중이라고 하여 조금 다른 느낌이 있는데…

김 대표: 귀측의 5월 10일 자 회답 중에 이 문제에 대하여 '아직 검토 중'이라고 되어 있으므로 그것을 기다리는 까닭이다.

미카나기: 3항의 나. 가운데의 '연차 실시계획'에 저촉되는가 아닌가는 조금 이상하지 않은가?

김 대표: 그것은 우리 측 문서의 착오인데 연차 실시계획이 아니라 '부속 문서'로 대치하여 주었으면 한다.

니시야마: 조달청 구매에 대한 법 규정을 줄 수 있는가?

김 대표: 경제기획원령 25호의 text를 주겠다.

(니시야마 대표에게 전달함.)

니시야마: 그 내용을 간단히 설명하여 줄 수 있겠는가?

김 대표: 차관의 구매는 원칙적으로 조달청이 하게 되어 있으며 다만 순 민간업자가 end user일 때의 구매는 업자가 선택권을 가지게 되어 있으며 직접 구매할 때는 상공부 장관의 수입 허가를 얻어야 한다.

니시야마: 그것 때문에 계약지가 반드시 서울로 되어야 한다는 이유는 되지 않는 것이 아닌가?

김 대표: 우리 국내적인 관계 규정의 내용만을 말한 것이다. 구매 문제에 관하여 한마디 더 할 것은 사절단에 현지 구매원이 있다 하더라도 결국 본부의 훈령하에 움직이게 되는 것이므로 조달청 구매와 다를 것이 없게 된다는 것이다. 조달업무에 숙달된 인원은 제한되어 있으므로 일본에 상당한 인원이 파견된다면 미국 지역 구매, 유럽 지역 구매 및 기타 지역 구매에 있어서 상당한 지장이 있을 것이다. 이러한 사정으로 우리는 조달청 구매를 하는 것이 실질적으로 시간의 천연을 초래한다든지 또 절차의 복잡성을 가져온다는 등의 문제는 염려될 것이 없을 것이다.

아카자와: 한국 측의 말대로 한다면 사절단은 연락관과 같은 것이 되는데, 우리가 기대하는 사절단도 큰 문제에 있어서까지 모든 것에 관한 전권을 가진 것을 기대하고 있는 것은 아니다. 다만 계약에 서명할 수 있고 적은 문제에 관하여 수정권을 가지고 있는 정도면 족한 것이다. 그런데 한 가지 질문할 것이 있는데 조달청 구매를 하여야 하겠다는데 정치적인 고려도 있는가?

김 대표: 그런 점도 있다.

아카자와: 그러면 정치적인 고려가 중요한 요소가 되는가?

김 대표: 중요하다.

니시야마: 한국에 제공하는 물건은 일본에 있으므로 여기서 하는 것이 간단하기 때문에 좋으며, 서울에서 계약을 체결하게 되면 전부 서울로 가야 하기 때문에 복잡하게 된다.

김 대표: 이렇게 생각하여 주기 바란다. 원래 물건을 사고 팔 때에는 서로의 사정을 잘 알고 교섭하게 되는 것인데 도쿄에서 하게 된다면 공급자가 현지의 사정이 어떤지도 알아야 되지 않겠는가? 한국은 일본 상사가 서울에 가서 하는 것이 현실적이라고 본다.

니시야마: 2억의 경우면 몰라도 3억의 경우는 그렇지 않지 않은가?

김 대표: 그것은 그렇지 않다. 3억의 경우도 2억의 경우나 마찬가지다. 예를 들자면 발전소 건설에 있어서 구매 계약을 하려면 현지답사, 설계상의 상호 간의 절충 등 구매 계약이 이루어질 때까지 사업기관과 공급자 사이에 빈번하고 긴밀한 현지(한국 내)의 왕래가 있어야 하지 않겠는가? 그러므로 형식상 도쿄에서 계약한다는 것은 실질적으로는 무의미한 것이 되지 않겠는가? 한국은 거리도 가깝고 하므로 오고 가는 것은 별반 문제가 안 될 것이다.

이 수석: 과거의 경험으로 이야기한다면 조달청 사람이 여기에 2, 30인 와 보았자 문제가 안 되며, 실제에 있어서 서울에 가서 이야기하여야 되도록 되어 있다. 국교 정상화가 되면 왕래가 빈번하게 될 것이고 그렇게 되면 여러 가지 편의의 제공도 있게 될 것이다. 계약서에 서명하는 것이야 간단하겠지만 그동안까지의 과정이 문제이다.

니시야마: 이 문제는 상당히 중요하므로 우리도 잘 검토하여 보아야겠다.

구마가이: 3항 마.에 관하여 일본 정부가 계약을 check하는 것은 인정한다는 것인가? 일본 정부의 확인이 있어야 계약이 성립되어 지불하게 되는데 계약이 먼저 성립되어 발효하게 되면 곤란하지 않은가?

김 대표: 우리 정부에서 계약을 승인할 때에는 협정문 부속 문서 및 연차계획에 저촉되는가의 여부를 충분히 검토한 후에 결정하는 것이므로 일본 정부가 check한다 하더라도 결국은 협정이나 연차 실시계획에 맞는가 안 맞는가를 check하는 것이 되지 않겠는가? 서로의 해석상의 차이가 있을 때에는 일방적으로 결정할 수 없고 그 차이점을 합동위원회에 부의해서 처리하여야 할 문제가 아니겠는가?

구마가이: 배상협정의 경우에 있어서는 합치 여부를 일본 정부가 인증하게 되어 있는데, 인증 없이 계약이 성립되면 곤란하게 된다고 생각한다. 그리고 하나하나 다 합동위원회에 간다면 시간이 오래 걸리지 않겠느냐?

김 대표: 이 문제는 더 검토하여 보자. 요는 어떻게 하는 것이 빨리 될 것인가라는 관점에서 연구하면 되지 않겠는가?

아카자와: 참고로 배상협정에 있어서 계약의 내용을 검토하는 경우를 말한다면 형식적인 것만이 아니라 내용적인 검토도 하고 있다. 즉 통상 무역 관계도 있으므로 가격이라든지 국내 생산 가능성 같은 것을 검토하고 있다.

정(순) 위원: 일본 측은 연차 실시계획 등에 있어 한국에 제공할 물건에 대하여 이미

check가 되어 있는데, 그것을 implement하는 구매에 있어 다시 승인할 필요가 없다고 본다. 더욱이 price check를 하겠다고 하는데, 그러면 일본 정부는 일반 민간 상업에까지 간여하겠다는 말인가?

아카자와: 다른 나라와의 배상에서도 가격을 check하고 있다.

구마가이: 상사중재 문제에 관하여 일본의 국제상사중재협회 '만의' 이용은 받아들일 수 없다고 하는데 구체적으로 어떤 것을 생각하고 있는가?

정(순) 위원: 전에 설명한 것 같이 양국이 평등한 입장에 선 중재를 말한다. 즉, 한국의 국내법이 조정되어 상사중재가 가능하게 된 후의 상사중재협정에 의한 것을 생각하며, 그 과도 조치는 더 양측이 협의하면 좋겠다.

아카자와: '만의' 뜻은 무엇이냐?

정(순) 위원: 일본의 상사중재협의만으로는 안 되겠다는 말이다.

아카자와: 일본의 국제상사중재협회를 이용하는 경우 상사분쟁이 생겼을 때 중재인은 일본인만 하게 되는 것이 아니므로 반드시 일본만 유리하게 되는 것은 아니다.

정(순) 위원: 이에는 우리 국내적인 문제도 있다.

김 대표: 여하간 이 문제도 더 서로 연구하여 보자.

오카다: 6항에 관하여 대우 문제에 관한 한국 측의 입장은 전에 제시한 문서에 있는 그대로인가?

김 대표: 그렇다.

아카자와: 사절단 경비는 어떻게 되는가?

김 대표: 사절단 경비는 3억이나 2억에서 지출되는 것이 아니다.

니시야마: 다시 밝혀 두지만 한국 측이 제시한 문서는 양해한다느니 해석한다느니 하고 있는데 일본 측에서 의견 표시가 없다고 하여서 그대로 한국 측 안을 받아들였다고는 할 수 없다.

미카나기: 11항 가. (3)에 관하여 배상협정의 경우를 말한다면 은행수수료는 실제로 배상자금에서 지출되고 있다.

김(봉) 대표: 은행수수료는 통례적으로 수입자와 수출자, 즉 accounty와 beneficiary 간의 계약에 의해서 accounty 부담으로 하느냐 beneficiary 부담으로 하느냐가 결정되는 것인데 통상적으로는 수출자, 즉 수익자 측에서 일어나는 은행수수료는 수익자 부담으로 되는 것이 원칙이다. 따라서 은행수수료는 어디까지나 수익자인 상사의 부담으로 지불될 것이지 은행수수료가 협력기금이나 청구권기금에서 지출될 성질의 것이 아니라고 생각한다.

미카나기: 그러면 은행수수료는 일본으로부터 제공되는 자금에서 내는 것인가 아닌가?

김(봉) 대표: 반드시 청구권 자금에서 은행수수료까지 지불할 필요는 없지 않은가?

김 대표: 우리 측으로서는 청구권 자금에서는 지불하지 않는다는 것이 전제가 된다.

구마가이: 요전번 일본이 현물로 상환한 예가 있다고 하였는데 그 예를 들어주었으면 한다.

김 대표: 미얀마 같은 데는 그렇게 하지 않았는가?

구마가이: 그것은 commercial loan이며 일본의 차관이 아니다.

김 대표: 그러면 새로운 예를 만들면 되지 않겠는가? (웃음) 여하간 더 연구하여 보자.

니시야마: 장기 저리 차관의 원리금 상환에 관하여 한국 측이 오해하고 있는 것 같은데 관계자로 하여금 설명케 하겠다.

오쿠라: 원본은 확정일 지불이므로 대상물의 조속한 제공이 없어서 거치 기간을 먹어 들어가는 경우가 있을 수도 있지만 이자의 경우는 돈의 지불 없이 이자가 발생하는 일은 없다.

김 대표: 일본 측의 그와 같은 관례는 우리로서는 특수한 예가 되므로 더 검토해야겠다. AID 차관이나 독일로부터의 차관의 경우와는 현격한 차가 있다.

니시야마: 오늘 질문은 이만 그치도록 하고 여하간 조속히 문안을 작성하도록 진행시킴이 타당하다고 생각되는데 다음 회의를 어떠한 식으로 진행할 것인지는 연구하여 볼 필요가 있기 때문에 연구한 후 다음 회의 개최에 관하여 추후 연락하겠다.

이 수석: 알겠다.

첨부

40-1. 청구권 및 경제협력에 관한 합의 방식과 실시 방법에 대한 일본 측 회답에 관련한 한국 측의 코멘트[38]

(별첨)

청구권 및 경제협력에 관한 합의 방식과 실시 방법에 대한 일본 측 회답에 관련한 한국 측의 코멘트

1965. 5. 14

제목: 일본 측으로부터 제출된 문서의 제목에 있어서 청구권이라고 말하는 용어가 누락되어 있는바 이것은 청구권 및 경제협력으로 표현되어야 한다.

협정의 구성: 한국 측이 전에 제출한 문서에 협정의 구성에 대하여 기술하고 있는바 이것은 한국 측의 안과 같이 수락한 것으로 양해한다.

1항 한국 안을 원칙적으로 받은 것으로 양해한다.

2항

    가. 3억 불 이상의 민간신용제공은 이-시나 합의사항에 규정된 바를 기본 협정에 반드시 포함시켜야 할 것이다. 그 이유는 이-시나 합의사항은 이미 양국 국민에 공표되어 주지의 사실로 되어 있으므로 기본 협정에 포함되는 것은 당연한 것이기 때문이다.

    나. 이-시나 합의사항을 ELABORATE 하는 문제에 대하여 한국 측으로서는 이-시나 합의사항을 그대로 기술하는 것을 원칙으로 생각하고 있으나 일본 측이 이것을 어떻게 ELABORATE 할 것을 바라고 있는지 먼저 설명하여 줄 것을 희망한다.

3항

    가. 원자재 도입에 관하여 일본 측이 한국 측의 사정을 이해하고 있는 것으로 생

---

[38] 이 문서는 청구권 및 경제협력위원회 제6차 회의 결과에 대한 보고 전문의 첨부물로 되어 있는 것을 이곳에 수록한 것임.

각하며, 본 협정에 있어서는 '자본재, 원자재 및 기타 상품'으로 표현하는 것으로 양해한다.

나. 무상 3억 불에 의하여 도입되는 대상의 선정은 상환과는 관계없는 것으로 도입되는 생산물과 용역이 본 협정 또는 연차 실시계획에 저촉되는지 여부를 검토함으로써 족한 것이며 성질상 협의의 대상으로 될 수 없는 것이다.

다. (1) 계약체결권을 가진 사절단이 설치되어야 한다는 이유가 일본 측의 설명에 의하면 편의상의 이유 때문이라고 말하고 있는바. 계약의 확정, 변경, 수정 등은 실질적으로 본국 정부의 훈령 없이 행할 수 없는 것이므로 시간적인 절차의 번잡성은 사절단 구매 또는 조달청 구매 어떠한 경우에 있어서든지 별반 차이가 없는 것이며,

(2) 또한 한국 정부의 조달청은 내외자 조달에 숙달된 기관이며 양국 간의 거리가 가까운 점 등을 생각한다고 하더라도 시간을 낭비할 염려는 전혀 없을 것이다.

라. 한국 안과 같은 의미로 해석한다.

마. 계약 통고의 문제에 관하여 구매 계약은 양국 간에 일단 합의된 것의 구체적 실시를 위하여 행하여지는 것으로 일본 측이 계약이 협정 또는 연차 실시계획에 저촉되는지 여부를 CHECK 하는 것 외 따로 계약을 승인하는 문제는 성질상 생길 수 없을 뿐더러 필요 없는 것이다.

바. 더욱 검토하고자 한다.

사. 합의된 것으로 양해한다.

4항

가. 일본 측이 검토 중에 있다고 말하고 있으므로 일본 측의 안을 기다리고 있다. 또한 '무상 경제협력', '유상경제협력'라고 말하는 표현은 과거 교섭상 확정된 '무상 제공' '장기 저리 차관'라는 표현을 사용하는 것이 적당하다고 생각한다.

나. 검토 중에 있다고 말하고 있으므로 일본 측의 안을 기다리고 있다.

5항 검토하여 보고 싶다.

6항 사절단의 대우 문제에 관하여는 한국 측의 안과 같이 받아들인 것으로 해석한다.

7항 합의된 것으로 양해한다.

8항 일본의 국제상사중재협회 만의 이용을 받아들일 수 없다.

9항
    가. 한국 측의 안을 받아들일 것을 희망한다.
    나. 대부계약일은 기산일로 하는 것은 자금 사용 전에 기산하는 결과로 되므로 불가하다.

10항 본항은 교환 공문에 집어넣는 것으로 이해한다.

11항
    가. 다음 이유에 의하여 한국은행 재일 지점은 포함되어야 한다.
      (1) 한국은행 재일 지점은 일본에 있어서 갑종 외환은행으로 인가되어 있다.
      (2) 수권자의 사절단의 실제 거래상의 편의라는 면에 있어서도 포함되어야 한다.
      (3) 은행수수료는 원칙적으로 수익자 부담이나 그 지불은 국제 통례에 따라 전혀 상업상의 기초 위에 행하여지는 것이며 본 협정에 있어서 규정될 일본인의 용역과는 관계없다.
    나. 합의된 것으로 양해한다.
    다. 환율의 적용은 결재일, 즉 지불일의 율에 따르는 것이 당연하다.

12항 일본에 거주하는 대한민국 국민이 지배하는 법인도 포함되어야 한다. 그 이유는
  (1) 일본 법인이다.
  (2) 일본의 상업 발전에 기여하고 있다.
  (3) 재일한국인의 특수한 처우 문제와 관련하여 특별한 배려가 있어야 한다.

13항 더욱 검토하고자 한다.

42. 제7차 한일회담 청구권 및 경제협력위원회 제7차 회의 결과 보고 전문[39]

번호: JAW-05563

일시: 311644[1965. 5. 31]

수신인: 외무부 장관

발신인: 수석대표(참조: 경제기획원 장관)

1. 금 5. 3, 11:30~12:30까지 일 외무성 회의실에서 개최된 청구권 및 경제협력위원회 제7차 회의에서 일본 측은 다음과 같은 7개의 협정 문안을 제시하였음.

 1) 재산 및 청구권에 관한 문제의 해결 및 경제협력에 대한 대한민국과 일본국 간의 협정

 2) 대한민국과 일본국 간의 무상 경제협력의 실시에 관한 협정

 3) 대한민국과 일본국 간의 무상 경제협력의 실시에 관한 협정의 실시 세목에 관한 교환 공문

 4) 재산 및 청구권에 관한 문제의 해결 및 경제협력에 관한 대한민국과 일본국 간의 협정 제1조 1항 (A) 및 2항의 규정의 실시에 관한 교환 공문

 5) 재산 및 청구권에 관한 문제의 해결 및 경제협력에 관한 대한민국과 일본국 간의 협정 제1조 1항 (B)의 규정의 실시에 관한 교환 공문

 6) 한일경제협력합동위원회에 관한 교환 공문

 7) 재산 및 청구권에 관한 문제의 해결 및 경제협력에 관한 대한민국과 일본국 간의 협정 제2조에 관한 교환 공문

2. 상기 7개의 협정 문안에 대하여 일본 측에서 간단한 제안설명이 있었음. 이 협정 문안은 명 6. 1 귀국하는 문희철 서기관 편에 송부 위계임.

---

39 제7차 회의의 회의록은 사료에 누락되어 있음.

3. 6. 1, 오전 10:30에는 도입 절차에 관하여 회의를, 오후 2:30에 법적 문제에 관한 회의를 개최할 예정임.

(이하 암호)

4. 청구권협정의 기본 협정에 해당되는 1) 합의의 협정 문안은 별첨과 같으며 이 중 제2조 법적 문제에 관하여 정부의 POSITION을 지시하여 주기 바람.

5. 금일 회의의 내용은 회의록으로 보고 위계임.

(JAW-05563의 별첨)

재산 및 청구권에 관한 문제의 해결 및 경제협력에 관한 대한민국과 일본국 간의 협정 전문

양국 간의 제 현안이 해결되고 외교관계가 설정되는 것을 고려, 일본이 한국의 경제 및 사회의 발전에 기여하기 위하여 협력하는 것을 희망, 양국 및 양국 국민 간의 재산 및 청구권에 관한 문제를 완전히 그리고 최종적으로 해결하는 것을 희망하여, 다음과 같이 협정함.

1. 한국의 경제 및 사회의 발전에 기여하기 위한 경제협력으로써

(A) 3억 불과 동등한 가치를 갖는 일본국의 생산물 및 일본국의 용역을 협정 발효일부터 10년간에 걸쳐 무상 제공함. 각 년도 제공 액수는 3억 불을 한도로 하며 이 제공 액수는 차년의 공여액에 가산하는 것으로 함. 일본국의 재정 사정이 허락하는 경우 양 정부 합의에 의하여 증액할 수 있음.

(B) 2억 불의 장기 저리의 대불을 협정 발효일로부터 10년의 기간에 걸쳐 행함. 일본국은 해외경제협력기금이 대부를 하기 위하여 필요로 하는 자금을 확보할 수 있도록 조치를 취함.

2. (A) 청산계정 잔고 45,729,398.08불을 10년간 균등 변제(무이자)

(B) 한국 정부의 요청이 있을 때에는 무상 3억에서 감액함.

3. 양 정부 간의 협의기관으로서 한일경제협력합동위원회를 설치함.

4. 본조의 실시를 취하여 필요한 약정을 체결함.

제2조

1. 어느 일방의 체약국도 자국 및 그 국민(법인 포함)의 재산, 권리 및 이익으로서 이 협정의 서명일에 타방 체약국의 관할하에 있는 것에 관하여 타방 체약국이 이미 취하였거나 또는 금후 하게 될 조치의 효력을 승인하고 또한 동일 이전에 발생한 사유에 기하여 타방 체약국 및 그 국민에 대한 자국 및 그 국민의 일체의 청구권을 포기한다.

2. 1.의 규정은 다음 사항에 관하여는 적용되지 아니한다. 단, 이 협정의 서명일까지 각 체약국이 취한 특별한 조치의 대상으로 된 것에 관해서는 차한에 부재한다.

(A) 일방 체약국의 국민으로서 1945년 9월 2일 이전부터 이 협정 서명일까지 계속하여 타방 체약국에 거주하는 자의 재산 권리 및 이익

(B) 양국 및 양국 국민 간의 무역 재개 후에 있어서의 통상의 접촉의 결과로서 1의 재산 권리 및 이익에 해당하는 것으로 된 것.

제3조

이 협정 및 이 협정에 기하여 체결될 약정의 해석 미적용에 관하여 발생하게 될 일체의 분쟁에 관하여는 우선 교섭에 의하여 해결하는 것으로 하며 일방 체약국에 의한 교섭의 요청을 받은 날로부터 6개월 이내에 해결이 이르지 못하였을 경우에는 이는 일방의 체약국의 요청에 의하여 국제사법재판소에 결정을 위하여 부탁되는 것으로 한다.

제4조

비준 조항

끝

첨부

42-1. 청구권 및 경제협력위원회 제7차 회의 시 일본 측이 제시한 협정 및 부속 문서(안)[40]

1921 　　　　　　　　　　　　　　　　　　　　　　　　　(四〇・五・三一)

財産及び請求権に関する問題の解決並びに経済協力に関する
日本国と大韓民国との間の協定及び関連文書

　1. 財産及び請求権に関する問題の解決並びに経済協力に関する日本国と大韓民国との間の協定

　2. 日本国と大韓民国との間の無償の経済協力の実施に関する協定

　3. 日本国と大韓民国との間の無償の経済協力の実施に関する協定の実施細目に関する交換公文

　4. 財産及び請求権に関する問題の解決並びに経済協力に関する日本国と大韓民国との間の協定第一条1(a)及び2の規定の実施に関する交換公文

　5. 財産及び請求権に関する問題の解決並びに経済協力に関する日本国と大韓民国との間の協定第一条1(b)の規定の実施に関する交換公文

　6. 日韓経済協力合同委員会に関する交換公文

　7. 財産及び請求権に関する問題の解決並びに経済協力に関する日本国と大韓民国との間の協定第二条に関する交換公文

40　이하 일본 측 협정 및 부속 문서(안)은 이 목록에 따라 순서를 바꾸어 수록하였음.

[번역]

재산 및 청구권에 관한 문제의 해결 및 경제협력에 관한 대한민국과 일본국 간의 협정 및 관련 문서

(1965. 5. 31)

1. 재산 및 청구권에 관한 문제의 해결 및 경제협력에 관한 일본국과 대한민국 간의 협정
2. 일본국과 대한민국 간의 무상 경제협력의 실시에 관한 협정
3. 일본국과 대한민국 간의 무상 경제협력의 실시에 관한 협정의 실시 세목에 관한 교환 공문
4. 재산 및 청구권에 관한 문제의 해결 및 경제협력에 관한 일본국과 대한민국 간의 협정 제1조 1(a) 및 2의 규정의 실시에 관한 교환 공문
5. 재산 및 청구권에 관한 문제의 해결 및 경제협력에 관한 협정 제1조 1(b)의 규정의 실시에 관한 교환 공문
6. 한일경제협력공동위원회에 관한 교환 공문
7. 재산 및 청구권에 관한 문제의 해결 및 경제협력에 관한 일본국과 대한민국 간의 협정 제2조에 관한 교환 공문

(四〇・五・三一)

財産及び請求権に関する問題の解決並びに経済協力に関する 日本国と大韓民国との間の協定(案)

日本国及び大韓民国は,

両国間の諸懸案が解決され, 外交関係が設定されるべきことを考慮し,

日本国が大韓民国における経済及び社会の発展に寄与するため協力することについて協定することを希望し,

両国及び両国国民の財産並びに両国及び両国国民の間の請求権に関するすべての問題を完全かつ最終的に解決することを希望して,

次のとおり協定した.

第一条

1　日本国は，大韓民国における経済及び社会の発展に寄与するための経済協力として，同国に対し，

(a) 現在において千八十億円(一〇八，〇〇〇，〇〇〇，〇〇〇円)に換算される三億合衆国ドル(三〇〇，〇〇〇，〇〇〇ドル)に等しい円の価値を有する日本国の生産物及び日本人の役務を，この協定の効力発生の日から十年の期間にわたって無償で供与するものとする．各年における生産物及び役務の供与は，現在において百八億円(一〇，八〇〇，〇〇〇，〇〇〇円)に換算される三千万合衆国ドル(三〇，〇〇〇，〇〇〇ドル)に等しい円の額を限度とし，各年における供与がこの額に達しなかったときは，その残額は，次年以降の供与額に加算されるものとする．ただし，各年の供与の限度額は，日本国の財政事情が許す場合は，両締約国政府の合意により増額されることができる．

(b) 現在において七百二十億円(七二，〇〇〇，〇〇〇，〇〇〇円)に換算される二億合衆国ドル(二〇〇，〇〇〇，〇〇〇ドル)に等しい円の額までの長期低利の貸付けで，両締約国政府が合意する事業の実施に必要な日本国の生産物及び日本人の役務の大韓民国による調達に充てられるものをこの協定の効力発生の日から十年の期間にわたって行なうものとする．この貸付けは，日本国の海外経済協力基金により大韓民国政府に対し行なわれるものとし，日本国政府は，同基金がこの貸付けを各年において均等に行ないうるために必要とする資金を確保することができるように，必要な措置を執るものとする．

2(a) 大韓民国は，両締約国間の清算勘定の残高として千九百六十一年四月二十二日の交換公文により両締約国政府間で確認されている日本国の債権である四千五百七十二万九千三百九十八合衆国ドル八セント(四五，七二九，三九八，〇八ドル)をこの協定の効力発生の日から十年の期間内に，次のとおり無利子で返済するものとする．

第一回から第九回までの年賦払の額　各年四百五十七万三千合衆国ドル(四，五七三，〇〇〇ドル)

第十回の年賦払の額　四百五十七万二千三百九十八合衆国ドル八セント(四，五七二，三九八・〇八ドル)

(b) (a)の各年の賦払金について大韓民国の要請があったときは，その要請のあった金額に相当する1(a)の規定による生産物及び役務の供与並びに(a)の規定による賦払金の支払が行なわれたものとみなし，これにより，1(a)による生産物及び役務の供与の額並びにその年の供与の限度額は，1(a)の規定にかかわらずその金額だけ減額されるものとする．

3　両締約国政府は，この条の規定の実施に関する両政府間の協議機関として，両政府の代表者で構成される日韓経済協力合同委員会を設置する．

4　両締約国政府は，この条の規定の実施のため，必要な取極を締結するものとする．

第二条

1　いずれの一方の締約国も，自国及びその国民(法人を含む．)の財産，権利及び利益であってこの協定の署名の日に他方の締約国の管轄の下にあるものについて他方の締約国がすでに執り又は今後執ることのあるすべての措置の効力を承認し，また，同日以前に生じた事由に基づく他方の締約国及びその国民に対する自国及びその国民のすべての請求権を放棄する．

2　1の規定は，次のものには適用しない．ただし，この協定の署名の日までにそれぞれの締約国が執った特別の措置の対象となったものについては，この限りでない．

(a) 一方の締約国の国民で，千九百六十五年九月二日以前からこの協定の署名の日まで引き続き他方の締約国に居住するものの財産，権利及び利益

(b) 両国及び両国国民間の貿易の再開後における通常の接触の結果として1の財産，権利及び利益に該当することになったもの

第三条

この協定及びそれに基づいて締結される取極の解釈及び適用に関して生ずることのあるすべての紛争については，まず交渉により解決を図るものとし，一方の締約国による交渉の申入れの日から六箇月以内に解決に至らなかったときは，いずれか一方の締約国の要請により，国際司法裁判所に決定のため付託されるものとする．

第四条

1　この協定は，批准されなければならない．批准書は，できる限りすみやかにで交換されるものとする．

2 この協定は, 批准書の交換の日に効力を生ずる.

以上の証拠として, 下名は, この協定に署名した.

千九百六十五年 月 日に東京で, 日本語, 韓国語及び英語により本書二通を作成した. 解釈に相違があるときは, 英語の本書による.

日本国のために

大韓民国のために

번역 (1965. 5. 31)

재산 및 청구권에 관한 문제의 해결 및 경제협력에 관한 대한민국과 일본국 간의 협정(안)

일본국 및 대한민국은

양국 간의 제반 현안이 해결되고 외교관계가 설정되어야 한다는 점을 고려하고,

일본국이 대한민국의 경제 및 사회 발전에 기여하기 위하여 협력하는 것에 대하여 협정하기를 희망하며,

양국 및 양국 국민의 재산과 양국 및 양국 국민 간의 청구권에 관한 모든 문제를 완전하고 최종적으로 해결하기를 희망하면서,

다음과 같이 협정하였다.

제1조

1. 일본국은 대한민국의 경제 및 사회 발전에 공헌하기 위한 경제협력으로서 대한민국에 대하여

(a) 현재로써 천팔십억 엔(108,000,000,000엔)으로 환산되는 3억 미국 달러(300,000,000달러)에 해당하는 엔의 가치를 가지는 일본국의 생산물 및 일본인의 용역을 이 협정의 효력 발생일로부터 10년간에 걸쳐 무상으로 공여한다. 각 연도의 생산물 및 용역의 공여는 현재로서는 백팔억 엔(10,800,000,000엔)으로 환산되는 삼천만 미국 달러(30,000,000달러)에 해당하는 엔의 금액을 한도로 하고, 각 연도의 공여가

이 금액에 미치지 못했을 때 그 잔액은 다음 연도 이후의 공여액에 가산되는 것으로 한다. 단, 각 연도의 공여 한도액은 일본국의 재정 사정이 허락하는 경우 양 체약국 정부의 합의에 의해 증액할 수 있다.

(b) 현재로써 칠백이십억 엔(72,000,000,000엔)으로 환산되는 2억 미국 달러(200,000,000달러)에 상당하는 금액까지 장기 저리의 차관으로 양 체약국 정부가 합의하는 사업의 실시에 필요한 일본국 생산물 및 일본인의 용역의 대한민국에 의한 조달에 충당할 수 있는 것을 이 협정의 효력 발생일로부터 10년의 기간에 걸쳐 실시하기로 한다. 이 차관은 일본국의 해외경제협력기금에 의하여 대한민국 정부에 행하며, 일본국 정부는 동 기금이 이 차관을 각 연도에 균등하게 행하기 위하여 필요한 자금을 확보할 수 있도록 필요한 조치를 취하여야 한다.

2. (a) 대한민국은 양 체약국 간의 청산계정 잔액으로서 1961년 4월 22일의 교환 공문에 의하여 양 체약국 정부 간에 확인된 일본국의 채권인 미화 사천오백칠십이만 구천삼백구십팔 달러 팔 센트(미화 45,729,398.08달러)를 이 협정의 효력 발생일로부터 10년의 기간 내에 다음과 같이 무이자로 상환한다.

제1회부터 제9회까지의 연부금의 금액 매년 사백오십칠만삼천 달러(4,573,000달러)

제10회 연부금의 금액 사백오십칠만이천삼백구십팔 달러 팔 센트(4,572,398.08달러)

(b) (a)의 각 연도의 분납금에 대하여 대한민국의 요청이 있는 경우에는 그 요청이 있는 금액에 해당하는 1(a)의 규정에 의한 생산물 및 용역의 제공과 (a)의 규정에 의한 분납금의 지급이 이루어진 것으로 보며, 이에 따라 1(a)의 규정에 의한 생산물 및 용역의 제공액 및 그 해의 1(a)의 규정에도 불구하고 그 금액만큼 감액되는 것으로 한다.

3. 양 체약국 정부는 이 조의 규정의 이행에 관한 양 정부 간의 협의기구로서 양 정부 대표로 구성된 한일경제협력공동위원회를 설치한다.

4. 양 체약국 정부는 이 조의 규정의 이행을 위하여 필요한 협정을 체결한다.

제2조

1. 어느 일방의 체약국은 자국 및 그 국민(법인을 포함한다)의 재산, 권리 및 이익으로써 이 협정의 서명일에 타방 체약국의 관할하에 있는 것에 대하여 타방 체약국이 이미 취하였거나 앞으로 취할 모든 조치의 효력을 승인하고, 또한 같은 날 이전에 발생한 사유에 근거하여 타방 체약국 및 그 국민에 대한 자국 및 그 국민들의 모든 청구권

을 포기한다.

2. 1의 규정은 다음의 것에는 적용하지 아니한다. 다만, 이 협정의 서명일 이전에 각 체약국이 취한 특별한 조치의 대상이 된 것에 대해서는 그러하지 아니하다.

　(a) 일방 체약국의 국민으로서 1965년 9월 2일 이전부터 이 협정 서명일까지 계속하여 다른 쪽 체약국에 거주하고 있는 자의 재산, 권리 및 이익

　(b) 양국 및 양국 국민 간의 무역 재개 후의 통상적인 접촉의 결과로 1의 재산, 권리 및 이익에 해당하게 된 것.

제3조

이 협정 및 이에 근거하여 체결되는 협정의 해석 및 적용에 관하여 발생할 수 있는 모든 분쟁에 대하여는 우선 협상에 의한 해결을 도모하고, 일방 체약국의 협상 신청일로부터 6개월 이내에 해결에 이르지 못한 경우에는 어느 일방 체약국의 요청에 따라 국제사법재판소에 결정을 위해 회부된다.

제4조

1. 이 협정은 비준되어야 한다. 비준서는 가능한 한 신속하게 　 에서 교환되어야 한다.

2. 이 협정은 비준서 교환일에 효력을 발생한다.

이상의 증거로 아래인은 이 협정에 서명했다.

1965년 　월　 일에 도쿄에서, 일본어, 한국어 및 영어로 본 서를 2통 작성했다. 해석에 차이가 있을 때는 영어로 된 본 서에 따른다.

일본국을 위하여

대한민국을 위하여

(四〇・五・三一)

日本国と大韓民国との間の無償の経済協力の実施に関する協定(案)

　日本国及び大韓民国は,

　千九百六十五年　月　日に東京で署名された財産及び請求権に関する問題の解決並びに経済協力に関する日本国と大韓民国との間の協定(以下「基本協定」という。)第一条1(a)の規定の実施に関する協定を締結することを希望し,

　次のとおり協定した.

第一条

　日本国が,基本協定第一条1(a)の規定に基づき,経済協力として大韓民国に無償で供与する日本国の生産物及び日本人の役務は,大韓民国の経済及び社会の発展に寄与するものでなければならない.

第二条

　両国政府は,日本国が供与する生産物及び役務を定める年度実施計画(以下「実施計画」という。)を協議により決定するものとする.

第三条

　1. 日本国が供与する生産物は,資本財とする.ただし,大韓民国政府の要請があったときは,両政府間の合意により,資本財以外の生産物を供与することができる.

　2. 日本国の生産物及び日本人の役務の供与は,日本国と大韓民国との間の通常の貿易が阻害されないように,かつ,外国為替上の追加の負担が日本国に課されないように,実施されなければならない.

　3. 日本国が供与する生産物及び役務は,日本国内において営利目的のために使用されてはならない.

　生産物及び役務の供与は,基本協定及びこの協定に定める場合を除いては,通常の商業,貿易及び役務の取引に適用される日本国の関係法令に定めるもの以外の制限又は規制を受けないものとする.

第四条

　1. 第六条1の使節団は,生産物及び役務の供与が行なわれるため,大韓民国政府に

代わって，日本国民又はその支配する日本国の法人と直接に契約を締結するものとする．

2．1の契約(その変更を含む．)は，(i) 基本協定第一条1(a)及びこの協定の規定，(ii) 両政府が基本協定第一条1(a)及びこの協定の実施のため行なう取極の規定及び(iii) 適用される実施計画に合致し，かつ，日本国政府の承認を得なければならない．この項に定めるところに従って承認を得た契約は，以下「承認契約」という．

3．すべての承認契約は，その契約から又はこれに関連して生ずる紛争が一方の契約当事者の要請により，両政府間で行なわれることがある取極に従って商事仲裁委員会に解決のため付託される旨の規定を含まなければならない．両政府は，正当になされたすべての仲裁判断を最終的なものとし，かつ，執行することができるようにするため必要な措置を執るものとする．

4．1の規定にかかわらず，生産物及び役務の供与は，契約によることが適当でないと認められる場合は，契約なしで，両政府間の合意により行なうことができる．

第五条

1．日本国政府は，第六条の使節団が承認契約により負う債務並びに前条4の規定による生産物及び役務の供与の費用に充てるための支払を，第八条の規定に基づいて定める手続によって，行なうの支払を，第八条の規定に基づいて定める手続によって，行なうものとする．この支払は，日本円で行なうものとする．

2．日本国は，1の規定に基づく円による支払を行なうことにより，及びその支払を行なった時に，その支払に係る生産物及び役務を，基本協定第一条1(a)の規定に従い，大韓民国に供与したものとみなされる．

第六条

1．大韓民国政府は，基本協定第一条1(a)及びこの協定の実施(承認契約の締結及び実施を含む．)を任務とする同政府の唯一かつ専管の機関として，大韓民国政府の使節団(この協定において「使節団」という．)を東京に設置する．

2．使節団の事務所の構内及び記録は，不可侵とする．使節団は，暗号を使用することができる．使節団に属し，かつ，直接その任務の遂行ため使用される不動産は，不動産取得税及び固定資産税を免除される．使節団の任務の遂行から生ずることがあ

る使節団の所得は,日本国における課税を免除される.使節団が公用のため輸入する財産は,関税その他輸入について又は輸入に関連して課される課徴金を免除される.

3. 大韓民国の国民である使節団の長及び使節団の上級職員二人は,国際法及び国際慣習に基づいて一般的に認められる外交上の特権及び免除を与えられる.

4. 大韓民国の国民であり,かつ,通常日本国内に居住していない使節団のその他の職員は,自己の職務の遂行について受ける報酬に対する日本国における課税を免除され,かつ,日本国の法令の定めるところにより,自用の財産に対する関税その他輸入について又は輸入に関連して課される課徴金を免除される.

5. 承認契約から若しくはこれに関連して生ずる紛争が仲裁により解決されなかったとき,又は当該仲裁判断が履行されなかったときは,その問題は,最後の解決手段として,日本国の管轄裁判所に提起することができる.この場合において,必要とされる訴訟手続上の目的のためにのみ,使節団の法務部長の職にある者は,訴え,又は訴えられることができるものとし,そのために使節団における自己の事務所において訴状その他の訴訟書類の送達を受けることができるものとする.ただし,訴訟費用の担保供する義務を免除される.使節団は,2及び3に定めるところにより不可侵及び免除を与えられてはいるが,前記の場合において管轄裁判所が行なった最終の裁判を,使節団を拘束するものとして受諾するものとする.

6. 最終の裁判の執行に当たり,使節団に属し,かつ,その任務の遂行のため使用される土地及び建物並びにその中にある動産は,いかなる場合にも強制執行を受けることはない.

第七条

1. 両政府は,生産物及び役務の供与が円滑かつ効果的に行なわれるため必要な措置を執るものとする.

2. 大韓民国は,日本国が生産物及び役務を供与することができるようにするため,利用することができる現地の労務,資材及び設備を提供するものとする.

3. 生産物又は役務の供与に関連して大韓民国内において必要とされる日本国民は,その作業の遂行のための大韓民国への入国,同国からの出国及び同国における滞在に必要な便宜を与えられるものとする.

4. 日本国の国民及び法人は, 生産物又は役務の供与に関連して生ずる所得に関し, 大韓民国における課税を免除される.

5. 日本国により供与される生産物は, 大韓民国の領域から再輸出されてはならない.

6. いずれの一方の国の政府も, 日本国により供与される生産物の運送及び保険に関し, 公正かつ自由な競争を妨げることがある他方の国の国民及び法人に対する差別的措置を, 直接又は間接に執らないものとする.

7. この条の規定は, 基本協定第一条1(b)に定める貸付けによる生産物及び役務の調達についても適用されるものとする.

第八条

この協定の実施に関する手続その他の細目は, 両政府間で協議により合意するものとする.

第九条

1 この協定は, 批准されなければならない. 批准書は, できる限りすみやかに で交換されるものとする.

2 この協定は, 批准書の交換の日に効力を生ずる.

以上の証拠として, 下名は, この協定に署名した.

千九百六十五年 月 日に東京で, 日本語, 韓国語及び英語により本書二通を作成した. 解釈に相違があるときは, 英語の本書による.

日本国のために
大韓民国のために

(1965. 5. 31)

일본국과 대한민국 간의 무상 경제협력의 실시에 관한 협정(안)

일본국 및 대한민국은

1965년 월 일에 도쿄에서 서명된 재산 및 청구권에 관한 문제의 해결 및 경제협력에 관한 일본국과 대한민국 간의 협정(이하 '기본 협정'이라 한다.) 제1조 제1항(a)의 규정의 실시에 관한 협정을 체결하기를 희망하면서

다음과 같이 합의하였다.

제1조

일본국이 기본 협정 제1조 1(a)의 규정에 따라 경제협력으로서 대한민국에 무상으로 제공하는 일본국의 생산물 및 일본인의 용역은 대한민국의 경제 및 사회 발전에 기여하는 것이어야 한다.

제2조

양국 정부는 일본국이 공여하는 생산물 및 용역을 정하는 연도별 실시계획(이하 '실시계획'이라 한다.)을 협의하여 결정한다.

제3조

1. 일본국이 공여하는 생산물은 자본재로 한다. 다만, 대한민국 정부의 요청이 있을 때에는 양국 정부 간의 합의에 의하여 자본재 이외의 생산물을 공여할 수 있다.

2. 일본국의 생산물 및 일본인의 용역의 공여는 일본국과 대한민국 간의 정상적인 교역이 저해되지 않도록, 그리고 일본국에 외환 상의 추가적 부담이 부과되지 않도록 실시되어야 한다.

3. 일본국이 공여하는 생산물 및 용역은 일본국 내에서 영리 목적으로 사용되어서는 안 된다.

생산물 및 용역의 제공은 기본 협정 및 이 협정에서 정하는 경우를 제외하고는 통상적인 상업, 무역 및 용역의 거래에 적용되는 일본국의 관계 법령에 규정된 것 이외의 제한 또는 규제를 받지 아니한다.

제4조

1. 제6조 1항의 사절단은 생산물 및 용역의 제공을 위하여 대한민국 정부를 대신하

여 일본 국민 또는 그 지배하는 일본국 법인과 직접 계약을 체결한다.

2. 1의 계약(그 변경을 포함한다)은 (i) 기본 협정 제1조 1(a) 및 이 협정의 규정, (ii) 양국이 기본 협정 제1조 1(a) 및 이 협정의 이행을 위하여 실시하는 협정의 규정 및 (iii) 적용 가능한 실시계획에 부합하고, 일본국 정부의 승인을 얻어야 한다. 이 항에 규정된 바에 따라 승인을 얻은 계약을 이하 '승인계약'이라 한다.

3. 모든 승인계약은 그 계약으로부터 또는 이와 관련하여 발생하는 분쟁이 한쪽 계약 당사자의 요청에 따라 양 정부 간에 행해지는 협정에 따라 상사중재위원회에 해결을 위해 회부된다는 조항을 포함하여야 한다. 양국은 정당하게 이루어진 모든 중재판정을 최종적인 것으로 하고, 집행할 수 있도록 필요한 조치를 취한다.

4. 1의 규정에도 불구하고, 생산물 및 용역의 제공은 계약에 의한 것이 적절하지 않다고 인정되는 경우에는 계약 없이 양 정부 간의 합의에 의하여 행할 수 있다.

제5조

1. 일본국 정부는 제6조의 사절단이 승인계약에 의하여 부담하는 채무 및 전조 4의 규정에 의한 생산물 및 용역 제공의 비용에 충당하기 위한 지불을 제8조의 규정에 따라 정하는 절차에 따라 지불을 행한다. 이 지불은 일본 엔화로 행하는 것으로 한다.

2. 일본국은 제1항의 규정에 의한 엔화에 의한 지급을 행함으로써, 그리고 그 지급을 행한 때에 그 지급에 관한 생산물 및 용역을 기본 협정 제1조 1(a)의 규정에 따라 대한민국에 공여한 것으로 본다.

제6조

1. 대한민국 정부는 기본 협정 제1조 1(a) 및 이 협정의 이행(승인계약의 체결 및 이행을 포함한다.)을 임무로 하는 동 정부의 유일하고 전속적인 기관으로서 대한민국 정부사절단(이 협정에서 '사절단'이라 한다)을 도쿄에 설치한다.

2. 사절단 사무실의 구내 및 기록은 불가침으로 한다. 사절단은 암호를 사용할 수 있다. 사절단에 속하고 직접 그 임무 수행에 사용되는 부동산은 부동산 취득세 및 고정자산세를 면제한다. 사절단의 임무 수행에서 발생할 수 있는 사절단의 소득은 일본국에서의 과세를 면제받는다. 사절단이 공용을 위하여 수입하는 재산은 관세 기타 수입에 관하여 또는 수입과 관련하여 부과되는 과징금을 면제한다.

3. 대한민국 국민인 사절단장 및 사절단의 고위직원 2명은 국제법 및 국제관습에

따라 일반적으로 인정되는 외교상의 특권 및 면책이 주어진다.

4. 대한민국 국민으로서 통상 일본국 내에 거주하지 않는 사절단의 다른 직원은 자기 직무수행에 관하여 받는 보수에 대한 일본국에서의 과세를 면제받고, 일본국 법령이 정하는 바에 따라 자가용 재산에 대한 관세 기타 수입에 관하여 또는 수입과 관련하여 부과되는 과징금을 면제받는다.

5. 승인계약으로부터 또는 이와 관련하여 발생한 분쟁이 중재에 의해 해결되지 않거나 해당 중재 판정이 이행되지 않은 경우, 그 문제는 최후의 해결 수단으로 일본국의 관할 법원에 제기할 수 있다. 이 경우 필요한 소송 절차상의 목적을 위해서만 사절단 법무부장의 직위에 있는 자는 소송을 제기하거나 소송을 당할 수 있으며, 이를 위해 사절단 내 자신의 사무실에서 소장 기타 소송서류의 송달을 받을 수 있다. 다만, 소송비용의 담보 제공 의무를 면제받는다. 사절단은 2 및 3에 규정된 바에 따라 불가침 및 면책이 주어지기는 하나, 전항의 경우 관할 법원이 행한 최종 재판을 사절단을 구속하는 것으로 받아들여야 한다.

6. 최종 재판의 집행에 있어서 사절단에 속하고 그 임무 수행을 위하여 사용되는 토지 및 건물과 그 안에 있는 동산은 어떠한 경우에도 강제집행을 받지 아니한다.

제7조

1. 양국은 생산물 및 용역의 제공이 원활하고 효과적으로 이루어질 수 있도록 필요한 조치를 취한다.

2. 대한민국은 일본국이 생산물 및 용역을 공여할 수 있도록 하기 위하여 이용할 수 있는 현지의 노동력, 자재 및 설비를 제공한다.

3. 대한민국은 생산물 또는 용역의 공여와 관련하여 대한민국 내에서 필요한 일본국민이 그 작업의 수행을 위하여 대한민국에 입국, 출국 및 체류에 필요한 편의를 제공하여야 한다.

4. 일본국 국민 및 법인은 생산물 또는 용역의 제공과 관련하여 발생하는 소득에 대하여 대한민국에서의 과세를 면제받는다.

5. 일본국에 의하여 공여된 생산물은 대한민국 영역으로부터 재수출되어서는 아니된다.

6. 어느 일방의 정부도 일본국이 공여하는 생산물의 운송 및 보험에 관하여 공정하

고 자유로운 경쟁을 저해할 수 있는 다른 일방의 국민 및 법인에 대하여 직접 또는 간접적으로 차별적인 조치를 취하지 아니한다.

7. 이 조의 규정은 기본 협정 제1조 1(b)에 규정된 대여에 의한 생산물 및 용역의 조달에 대해서도 적용한다.

제8조

이 협정의 이행에 관한 절차 및 기타 세부 사항은 양 정부 간에 협의하여 합의한다.

제9조

1) 이 협정은 비준되어야 한다. 비준서는 가능한 한 신속히 교환되어야 한다.
2) 이 협정은 비준서 교환일에 효력을 발생한다.

이상의 증거로 아래 서명인은 이 협정에 서명하였다.

1965년 월 일에 도쿄에서, 일본어, 한국어 및 영어로 본 서 2통을 작성하였다. 해석에 차이가 있을 때는 영어로 된 본 서에 따른다.

일본국을 위하여

대한민국을 위하여

日本国と大韓民国との間の無償の経済協力の実施に関する協定の実施細目に関する交換公文(案)

(日本側書簡)

　書簡をもって啓上いたします．本　は，本日署名された日本国と大韓民国との間の無償の経済協力の実施に関する協定(以下「協定」という．)に言及する光栄を有します．日本国政府は，両国政府が協定第八条の規定に基づいて次のとおり合意することを提案いたします．

　Ⅰ．実施計画

　1．協定第二条の年度実施計画(以下「実施計画」という．)は，両政府がその始期及び終期を合意する年度について決定されるものとする．

　2．実施計画の案は，両政府が実施計画をその適用される各年度の開始に先だって合意しうるように適当な時間的余裕をもって，大韓民国政府により提出されるものとする．ただし，第一年度実施計画については，この限りでない．

　3．実施計画は，当該年度中に大韓民国による調達が予定されている日本国の生産物及び日本人の役務を掲げるものとする．

　4．実施計画に掲げる生産物及び役務に係る契約の見積額の総計は，当該年度における支払可能額を妥当な範囲以上にこえてはならない．

　実際の支払が当該年度の支払限度額に達する様考慮して定める．

　5．実施計画は，いずれか一方の政府の要請に基づき，かつ，他方の政府がやむをえないものと認めた場合に限り，両政府間の合意により修正することができる．

　Ⅱ．契約及び承認契約

　1．協定第四条1の契約(以下「契約」という．)は，日本円で商業的条件により締結されるものとする．

　2．協定第四条1にいう日本国民の支配する日本国の法人(以下「日本国の法人」とい

う.)は，(a)日本国の法律に基づいて設立され，(b)その株式又は持分の過半を日本国民が所有し又は支配しており，かつ，(c)業務執行に関する法人の意思を決定する機関の構成員及び法人を代表する役員のそれぞれ過半数が日本国民であるものでなければならない．

 3. 協定第四条2の承認契約(以下「承認契約」という．)の実施に関する責任は，協定第六条1の使節団(以下「使節団」という．)及び協定第四条1の日本国民又は日本国の法人で承認契約の当事者であるもののみが負うものとする．

 4. 承認契約であって，輸送，保険又は検査のような附随的役務の供与を必要とし，かつ，そのための支払が協定に従って行なわれることとなっているものは，すべて，これらの役務が日本国民又は日本国の法人によって行なわれるべき旨の規定を含まなければならない．

 5. 協定第四条3の商業仲裁委員会とは，日本国の国際商業仲裁協会をいう．

Ⅲ. 支払

 1. 日本国政府は，日本国の法律に基づき外国為替公認銀行として認可され，かつ，日本国民によって支配されている日本国の銀行のうちから，協定の実施に関する業務を行なう銀行を指定する．

 2. 使節団は，1の日本国政府が指定した銀行と取極を行ない，自己の名義で特別勘定を開設してそれらの銀行に日本国政府からの支払の受領等を授権し，かつ，日本国政府に対しその取極の内容を通告するものとする．特別勘定は，利子を附さないものとする．

 3. 使節団は，承認契約の規定に基づいて，支払の義務が生ずる期日前に十分な余裕をもって，支払金額，2の銀行のうち支払が行なわれるべき銀行(以下「銀行」という．)の名及び使節団が関係契約者に支払を行なうべき期日を記載した支払請求書を日本国政府に送付するものとする．

 4. 日本国政府は，支払請求書に受領したときは，使節団が関係契約者に支払を行なうべき期日前に，銀行に請求金額を支払うものとする．

 5. 日本国政府は，また，協定第四条4の規定に従って両政府が合意する供与に係る

支払を,4に定めると同一の方法で,行なうものとする.

6. 4及び5の規定に基づいて日本国政府が支払う金額は,特別勘定に貸記するものとし,他のいかなる資金も,特別勘定に貸記されないものとする.特別勘定は,3及び5の目的のためにのみ借記を行なうものとする.

7.. 使節団が特別勘定に貸記された資金の全部又は一部を承認契約の解除その他によって引き出さなかった場合には,未払金額は,両政府間の合意により3及び5の目的のための支払に充てられるものとする.

8. 特別勘定から支払われた金額の全部又は一部が使節団に返還された場合には,その返還された金額は,6の規定にかかわらず,特別勘定に貸記するものとする.その返還された金額は,両政府間の合意により,3及び5の目的のための支払に充てられるものとする.

9. 協定第五条2の規定の適用上,「支払を行なった時」とは,支払が日本国政府により銀行に対して行なわれた時をいう.

10. 日本国が協定第五条2の規定に従い大韓民国に供与したものとみなされる生産物及び役務の額の決定に当たっては,日本円で支払われた金額から換算される合衆国ドルの等価額が計算の基礎となるものとするものとする.前記の換算に用いられる為替相場は,日本国政府が正式に決定しかつ国際通貨基金が同意した日本円の合衆国ドルに対する平価で次に掲げる日に適用されているものとする.

(a) 承認契約に関する支払の場合には,日本国政府が当該契約を承認した日

(b) その他の場合には,各場合につき両政府間で合意する日.ただし,合意した日がないときは,日本国政府が支払請求書を受領した日とする.

IV. 使節団

大韓民国政府は,契約の締結及び承認契約の実施に関して使節団のために及びこれに代わって行動する権限を与えられる使節団の長,法務部長その他の職員の氏名を日本国政府に随時通報するものとし,日本国政府は,その氏名を日本国の官報で公示するものとする.前記の使節団の長及び法務部長その他の職員の権限は,日本国の官報で別段の公示が行なわれるまでの間は,継続しているものとみなされる.

1916[41] 本　は、さらに、この書簡及び前記の提案の貴国政府による受諾を確認される閣下の返簡を日本国と大韓民国との間の無償の経済協力の実施に関する協定第八条の規定に基づく同協定の実施に関する細目についての両政府間の合意を構成するものとみなすことを、同協定のその他の手続細目は両政府の当局の間で合意するとの了解の下に、提案する光栄を有します.

本 は、以上を申し進めるに際し、ここに閣下に向かって敬意を表します.

번역

(1965. 5. 31)

일본국과 대한민국 간의 무상 경제협력의 실시에 관한 협정의 실시 세목에 관한 교환 공문(안)

(일본 측 서한)

서한을 통해 알려드립니다. 본　은 오늘 서명된 일본국과 대한민국 간의 무상 경제협력의 실시에 관한 협정(이하 '협정')을 언급하는 영광을 가집니다. 일본국 정부는 양국 정부가 협정 제8조의 규정에 따라 다음과 같이 합의할 것을 제안합니다.

I. 실시계획

1. 협정 제2조의 연도별 실시계획(이하 '실시계획'이라 한다.)은 양국이 그 개시 및 종료 시기를 합의하는 연도에 대하여 결정한다.

2. 실시계획안은 양국이 실시계획을 그 적용되는 각 연도의 시작에 앞서 합의할 수 있도록 적절한 시간적 여유를 가지고 대한민국 정부가 제출한다. 다만, 1차년도 실시계획에 대해서는 그러하지 아니하다.

3. 실시계획은 해당 연도 중에 대한민국이 조달할 예정인 일본국 생산품 및 일본인의 용역을 열거하여야 한다.

4. 실시계획에 기재된 생산물 및 용역에 관한 계약의 추정 금액의 총합은 해당 연도

41　이 부분은 사료 원문에 편철이 잘못되어 있어 편집자가 내용에 맞게 이곳으로 옮긴 것임.

의 지급 가능 금액을 합리적인 범위 이상으로 초과하여서는 아니된다.

실제 지급이 해당 연도의 지급한도액에 도달하도록 고려하여 정한다.

5. 실시계획은 어느 일방 정부의 요청에 따라, 그리고 타방 정부가 부득이하다고 인정하는 경우에 한하여 양 정부 간의 합의에 따라 수정할 수 있다.

II. 계약 및 승인계약

1. 협정 제4조 1항의 계약(이하 '계약'이라 한다.)은 일본 엔화로 상업적 조건에 따라 체결한다.

2. 협정 제4조 1항에서 말하는 일본 국민이 지배하는 일본국 법인(이하 '일본국 법인'이라 한다.)은 (a) 일본국 법률에 따라 설립되고, (b) 그 주식 또는 지분의 과반수를 일본 국민이 소유 또는 지배하고 있으며, (c) 업무 집행에 관한 법인의 의사를 결정하는 기관의 구성원 및 법인을 대표하는 임원의 각각 과반수가 일본 국민이어야 한다.

3. 협정 제4조2의 승인계약(이하 '승인계약'이라 한다.)의 실시에 관한 책임은 협정 제6조 제1항의 사절단(이하 '사절단'이라 한다.) 및 협정 제4조1의 일본 국민 또는 일본국 법인으로서 승인계약의 당사자인 자만이 책임을 진다.

4. 승인계약 중 운송, 보험 또는 검사와 같은 부수적 용역의 제공을 필요로 하고 그 대가가 협정에 따라 지급되는 모든 승인계약은 이러한 용역이 일본 국민 또는 일본국 법인에 의해 수행되어야 한다는 규정을 포함하여야 한다.

5. 협정 제4조 3의 상업중재위원회라 함은 일본의 국제상업중재협회를 말한다.

III. 지불

1. 일본국 정부는 일본국 법률에 따라 외국환 공인은행으로 인가되고 일본 국민이 지배하는 일본국 은행 중에서 협정의 이행에 관한 업무를 수행할 은행을 지정한다.

2. 사절단은 제1항의 일본국 정부가 지정한 은행과 협의를 하고 자기 명의로 특별계좌를 개설하여 그 은행에 일본국 정부로부터의 지불금 수령 등을 수권하고, 일본국 정부에 그 협의를 통지한다. 특별계정은 이자를 붙이지 않는 것으로 한다.

3. 사절단은 승인계약의 규정에 따라 지급 의무가 발생하는 기일 전에 충분한 여유를 가지고 지급금액, 2의 은행 중 지급이 이루어져야 할 은행(이하 '은행'이라 한다.)의

이름 및 사절단이 관련 계약자에게 지급해야 할 기일을 기재한 지급청구서를 일본국 정부에 송부한다.

4. 일본국 정부는 지급청구서를 수령한 경우, 사절단이 관련 계약자에게 지급해야 할 기일 전에 청구금액을 은행에 지급하여야 한다.

5. 일본국 정부는 또한 협정 제4조 4항의 규정에 따라 양국이 합의한 공여에 관한 지급을 4에 규정된 것과 동일한 방법으로 실시한다.

6. 일본국 정부가 제4조 및 제5조의 규정에 따라 지급하는 금액은 특별계정에 대 지급하며, 다른 어떠한 자금도 특별계정에 대 지급할 수 없다. 특별계정은 3 및 5의 목적을 위해서만 차입을 행한다.

7. 사절단이 특별계정에 대여한 자금의 전부 또는 일부를 승인계약의 해지 등으로 인출하지 아니한 경우, 미지급금은 양국 정부 간 합의에 따라 3 및 5의 목적을 위한 지급에 충당한다.

8. 특별 회계에서 지급된 금액의 전부 또는 일부가 사절단에 반환된 경우, 그 반환된 금액은 6의 규정에도 불구하고 특별 회계에 대 지급한다. 그 반환된 금액은 양국 정부 간의 합의에 따라 3 및 5의 목적을 위한 지불에 충당한다.

9. 협정 제5조2의 규정을 적용함에 있어서 '지급을 행한 때'라 함은 지급이 일본국 정부에 의하여 은행에 대하여 행하여진 때를 말한다.

10. 일본국이 협정 제5조2의 규정에 따라 대한민국에 공여한 것으로 간주되는 생산물 및 용역의 금액의 결정에 있어서는 일본 엔으로 지급된 금액에서 환산된 미국 달러의 등가액을 계산의 기초로 한다. 상기 환산에 사용되는 환율은 일본 정부가 공식적으로 결정하고 국제통화기금(IMF)이 동의한 일본 엔화의 미국 달러에 대한 등가 물가로서 다음 각 호의 날짜에 적용되는 환율로 한다.

(a) 승인된 계약에 관한 지불의 경우, 일본국 정부가 해당 계약을 승인한 날.

(b) 그 외의 경우에는 양 정부 간에 합의한 날. 다만, 합의된 날짜가 없는 경우에는 일본국 정부가 지급청구서를 수령한 날로 한다.

IV. 사절단

대한민국 정부는 계약의 체결 및 승인계약의 이행에 관하여 사절단을 위하여 그리고 이를 대신하여 행동할 권한이 부여된 사절단장, 법무부장 기타 직원의 성명을 수시로 일본국 정부에 통보하고, 일본국 정부는 그 성명을 일본국 관보에 공고한다. 상기 사절단장 및 법무부장 기타 직원의 권한은 일본국 관보에 별도의 공지가 있을 때까지 계속 유지되는 것으로 간주한다.

    본   는 또한 이 서한 및 상기 제안에 대한 귀국 정부의 승낙을 확인하는 각하의 회신을 일본국과 대한민국 간의 무상 경제협력의 실시에 관한 협정 제8조의 규정에 의한 동 협정의 실시관련 세목에 관한 양국 정부 간의 합의를 구성하는 것으로 간주하는 것을, 동 협정의 기타 절차 세부 사항은 양국 정부 당국 간에 합의한다는 양해하에 제안하는 영광을 얻게 되었습니다.

    본   은 이상과 같이 말씀드림에 있어 각하께 경의를 표합니다.

財産及び請求権に関する問題の解決並びに経済協力に関する日本国と大韓民国との間の協定第一条1(a)及び2の規定の実施に関する交換公文(案)

(日本側書簡)

　書簡をもって啓上いたします. 本　は, 本日署名された財産及び請求権に関する問題の解決並びに経済協力に関する日本国と大韓民国との間の協定(以下「協定」という.)第一条1(a)及び2の規定の実施に関し, 両国政府が次のとおり合意することを提案する光栄を有します.

　1. (a) 協定第一条1(a)にいう無償の経済協力の各年における供与が, 前年の供与の限度額に達しなかったときは, 両政府は, 供与残額を確認し, その残額の加算につき協議するものとする.

　　(b) (a)の各年における供与がその年の供与の限度額と, その前年までの供与残額のうち(a)の規定によりその年の供与額に加算された額との合計額に達しなかった場合にも, (a)の規定を適用するものとする.

　2. 協定第一条2(a)にいう日本国の債権である額の返済に関し, 大韓民国は, 第一回の年賦払を翌年以降の第一回の支払期日と同一の日までに行なうものとする.

　3. 協定書一条2(b)に基づく大韓民国政府の要請は, 日本国の財政上の慣行を考慮して, 2にいう支払期日が属する日本国の会計年度(各年四月一日から翌年の三月三十一日まで)が始まる暦年の前年の十月一日までに, 当該支払期日に支払われるべき支払金について行なわれるものとする. ただし, 第一回(及び第二回)の支払につきその要請は, 協定の効力発生の日に行なわれるものとする.

　4. 大韓民国の要請は, 協定第一条2(a)にいう各年の賦払金の金額又は一部について行なうことができる.

　5. 大韓民国の要請が3にいう期日までに行なわれず, かつ, 賦払金の全額又は一部の支払が2にいう支払期日までに行なわれなかったときは, 3の規定にかかわらず, その賦払金の全額又は一部について協定第一条2(b)に基づく大韓民国の要請があった

ものとみなすこととする.

　本 は, さらに, その書簡及び前記の提案の貴国政府による受諾を確認される閣下の返簡を, 協定第一条1(a)及び2の規定の実施に関する日本国政府と大韓民国政府との間の合意を構成するものとみなすことを提案する光栄を有します.

　本　は, 以上を申し進めるに際し, ここに閣下に向かって敬意を表します.

[번역]

(1965. 5. 31)

재산 및 청구권에 관한 문제의 해결 및 경제협력에 관한 협정 제1조 1(a) 및 2의 규정의 실시에 관한 대한민국과 일본국 간의 교환 공문(안)

(일본 측 서한)

서한을 통해 알려드립니다. 본　은 오늘 서명된 재산 및 청구권에 관한 문제의 해결 및 경제협력에 관한 대한민국과 일본국 간의 협정(이하 '협정'이라 한다.) 제1조 1(a) 및 2의 규정의 이행에 관하여 양국 정부가 다음과 같이 합의할 것을 제안하는 영광을 갖습니다.

1. (a) 협정 제1조 1(a)항에서 말하는 무상 경제협력의 각 연도별 공여가 전년도 공여 한도액에 도달하지 못한 경우, 양국은 공여 잔액을 확인하고 그 잔액 추가에 대하여 협의한다.

　(b) (a)의 각 연도의 공여가 그 연도의 공여 한도액과 그 전년도까지의 공여 잔액 중 (a)의 규정에 따라 그 연도의 공여액에 가산된 금액의 합계액에 도달하지 못한 경우에도 (a)의 규정을 적용한다.

2. 협정 제1조 2(a)에서 말하는 일본국의 채권인 금액의 상환에 관하여 대한민국은 제1차 연부금을 다음 해 이후의 제1차 지급기일과 동일한 날까지 지급한다.

3. 협정서 제1조 2(b)에 따른 대한민국 정부의 요청은 일본국의 재정 상의 관행을 고려하여 2의 지급기일이 속하는 일본국의 회계 연도(매년 4월 1일부터 다음 해 3월 31일까지)가 시작되는 연도의 전년도 10월 1일까지 해당 지급기일에 지급하여야 할

지급금에 관하여 행해지는 것으로 한다. 다만, 제1차(및 제2차) 지급에 대한 요청은 협정 발효일에 이루어져야 한다.

4. 대한민국의 요청은 협정 제1조 2(a)에서 말하는 각 연도별 분납금의 금액 또는 일부에 대하여 할 수 있다.

5. 대한민국의 요청이 3에 따른 기일까지 이루어지지 아니하고, 부납금의 전액 또는 일부가 2에 따른 지급기일까지 지급되지 아니한 때에는 3의 규정에도 불구하고 그 부납금의 전액 또는 일부에 대하여 협정 제1조 2(b)에 따른 대한민국의 요청이 있는 것으로 본다.

본 은 또한 이 서한 및 상기 제안에 대한 귀국 정부의 수락을 확인하는 각하의 회신을 협정 제1조 1(a) 및 2의 규정의 실시에 관한 일본국 정부와 대한민국 정부 간의 합의를 구성하는 것으로 간주할 것을 제안하는 영광을 갖습니다.

본 은 이상과 같이 말씀드림에 있어 각하께 경의를 표하는 바입니다.

財産及び請求権に関する問題の解決並びに経済協力に関する日本国と大韓民国との間の協定第一条1(b)の規定の実施にかんする交換公文(案)

(日本側書簡)

　書簡をもって啓上いたします．本 は，本日署名された財産及び請求権に関する問題の解決並びに経済協力に関する日本国と大韓民国との間の協定(以下「協定」という．)第一条1(b)の規定の実施に関し，両国政府が次のとおり合意することを提案する光栄を有します．

　1．協定第一条1(b)に定める貸付けは，大韓民国政府と海外経済協力基金との間で締結されることとなる基本借款契約及び事業別借款契約に基づき行なわれる．

　2．両政府は，1にいう基本借款契約及び事業別借款契約が次の各項を基礎とする諸条件を含むよう，配慮するものとする．

　(a) 貸付けの実行は，合理的な程度に各年均等に配分して行なわれる．

　(b) 元金の償還期間は，それぞれの事業別借款契約の効力発生の日から起算して七年の据置問題を含む二十年とし，金利は，年三・五パーセントとする．

　(c) 元金の償還は，二十七回の継続した均等半年賦により行なわれ，利子の支払は，元金の随時の未償還残高について半年ごとに行なわれる．

　(d) 元金の償還及び利子の支払は，日本国にある外国為替公認銀行に対するアメリカ合衆国ドルの売却によって取得される日本円で行なわれる．

　(e) 貸付けの実行，元金の償還及び利子の支払に関して徴収されることがある銀行の手数料及び経費は，大韓民国政府又は大韓民国の輸入者により負担される．

　3．海外経済協力基金は，貸付け及びそれから生ずる利子につき又はそれらに関連して課される大韓民国の租税その他の課徴金を免除される．

　4．両政府は，西区の財政事情及び海外経済協力基金の資金事情が許す場合には，合意により，2(b)にいう償還期間が延長されるよう配慮するものとする．

　5．両政府は，貸付けの対象として海外経済協力基金により選定される事業につい

て合意するため毎年協議を行なう.

　本　は,さらに,この書簡及び前記の提案の貴国政府による受諾を確認される閣下の返簡を,協定第一条1(b)の規定の実施に関する日本国政府と大韓民国政府との間の合意を構成するものとみなすことを提案する光栄を有します.

　本　は,以上を申し進めるに際し,ここに閣下に向かって敬意を表します.

번역

(1965. 5. 31)

재산 및 청구권에 관한 문제의 해결 및 경제협력에 관한 일본국과 대한민국 간의 협정 제1조 1(b)항의 규정의 실시에 관한 교환 공문(안)

(일본 측 서한)

　서한을 통해 알려드립니다. 본 서한은 오늘 서명된 재산 및 청구권에 관한 문제의 해결 및 경제협력에 관한 일본국과 대한민국 간의 협정(이하 '협정'이라 한다.) 제1조 1(b)항의 규정의 이행에 관하여 양국 정부가 다음과 같이 합의할 것을 제안하는 영광을 갖습니다.

　1. 협정 제1조 1(b)항에 규정된 차관은 대한민국 정부와 해외경제협력기금 간에 체결될 기본 차관계약 및 사업별 차관계약에 따라 이루어진다.

　2. 양 정부는 제1항의 기본 차관계약 및 사업별 차관계약이 다음 각 항을 기초로 하는 제반 조건을 포함하도록 배려한다.

　(a) 대출의 실행은 합리적인 범위 내에서 매년 균등하게 배분하여 실시한다.

　(b) 원금의 상환 기간은 각 사업별 차관계약의 효력 발생일로부터 7년의 거치 기간을 포함하여 20년으로 하고, 이자율은 연 3.5퍼센트로 한다.

　(c) 원금의 상환은 27회 연속된 균등 반기별 분할 상환으로 이루어지며, 이자의 지급은 원금의 미상환 잔액에 대해 반기별로 이루어진다.

　(d) 원금의 상환 및 이자의 지급은 일본국에 있는 외국환 공인 은행에 미국 달러를 매각하여 취득한 일본 엔화로 이루어진다.

(e) 대출의 실행, 원금의 상환 및 이자의 지급과 관련하여 징수될 수 있는 은행의 수수료 및 경비는 대한민국 정부 또는 대한민국 수입자가 부담한다.

　3. 해외경제협력기금은 대출 및 그로부터 발생하는 이자에 대하여 또는 이와 관련하여 부과되는 대한민국의 조세 기타 과징금을 면제한다.

　4. 양 정부는 양국의 재정 사정 및 해외경제협력기금의 자금 사정이 허락하는 경우에는 합의에 따라 2(b)의 상환 기간이 연장될 수 있도록 배려한다.

　5. 양 정부는 해외경제협력기금에 의해 대출 대상으로 선정되는 사업에 대한 합의를 위해 매년 협의를 진행한다.

　본　은 또한 이 서한 및 상기 제안에 대한 귀국 정부의 수락이 확인되는 각하의 회신을 협정 제1조 1(b)항의 규정의 실시에 관한 일본국 정부와 대한민국 정부간의 합의를 구성하는 것으로 간주할 것을 제안하는 영광을 갖습니다.

　본　은 이상과 같이 말씀드림에 있어 각하께 경의를 표하는 바입니다.

(四〇・五・三一)

日韓経済協力合同委員会に関する交換公文(案)

(日本側書簡)

　書簡をもって啓上いたします. 本　は, 本日署名された財産及び請求権に関する問題の解決並びに経済協力に関する日本国と大韓民国との間の協定(以下「協定」という.)第一条3に定める日韓経済協力合同委員会に関し, 両国政府が次のとおり合意することを提案いたします.

　1. 日韓経済協力合同委員会は, 東京に設置する.
　2. 日韓経済協力合同委員会は, 両政府がそれぞれ任命する代表一人及び代表代理数人により構成される.
　3. 日韓経済協力合同委員会は, 一方の政府の代表の要請によって会合するものとする.
　4. 日韓経済協力合同委員会は, 次の事項に関し協議を行なうことを任務とする.
　　(a) 日本国と大韓民国との間の無償の経済協力の実施に関する協定に基づく実施計画の決定及び修正, 契約の承認並びに支払に関する手続
　　(b) (a)にいう実施計画の決定及び修正
　　(c) 協定第一条1(b)にいう事業の決定
　　(d) (a)にいう契約の承認
　　(e) 協定第一条1の規定の実施状況の検討(随時の供与及び貸付けの実施総額の算定を含む.)
　　(f) 協定第一条2の規定に基づく大韓民国による賦払金の返済
　　(g) 協定第一条1の規定に基づく経済協力が両国間の経済関係の増進に寄与するための措置
　　(h) 協定及びその実施のための取極の実施に関するその他の事項で, 両政府が合意により日韓経済協力合同委員会に付託するもの
　　本　は, さらに, この書簡及び前記の提案の貴国政府による受諾を確認される閣

下の返簡を, 協定第一条3に定める日韓経済協力合同委員会に関する日本国政府と大韓民国政府との間の合意を構成するものとみなすことを提案する光栄を有します.

本　は, 以上を申し進めるに際し, ここに閣下に向かって敬意を表します.

번역

(1965. 5. 31)

한일 경제협력공동위원회 관련 교환 공문(안)

(일본 측 서한)

서한을 통해 알려드립니다. 본　은 오늘 서명된 재산 및 청구권에 관한 문제의 해결 및 경제협력에 관한 일본국과 대한민국 간의 협정(이하 '협정'이라 한다.) 제1조 3항에 규정된 한일경제협력공동위원회에 관하여 양국 정부가 다음과 같이 합의할 것을 제안합니다.

1. 일한경제협력공동위원회는 도쿄에 설치한다.
2. 일한경제협력공동위원회는 양국이 각각 임명하는 대표 1인 및 대표 대리인 몇 명으로 구성한다.
3. 일한경제협력공동위원회는 어느 일방 정부 대표의 요청에 따라 회의를 개최한다.
4. 일한경제협력공동위원회는 다음 사항에 관하여 협의하는 것을 임무로 한다.
    (a) 일본국과 대한민국 간의 무상 경제협력의 실시에 관한 협정에 따른 실시계획의 결정 및 수정, 계약의 승인 및 지불에 관한 절차
    (b) (a)의 실시계획의 결정 및 수정
    (c) 협정 제1조 1(b)에서 말하는 사업의 결정
    (d) (a)에 따른 계약의 승인
    (e) 협정 제1조 제1항의 규정에 따른 실시 상황 검토(수시 제공 및 대여의 실시 총액 산정 포함)
    (f) 협정 제1조 2항에 따른 대한민국에 의한 부납금의 상환

(g) 협정 제1조 1항에 따른 경제협력이 양국 간 경제 관계 증진에 기여하기 위한 조치

　(h) 협정 및 그 이행을 위한 협정 이행에 관한 기타사항으로서 양국이 합의하여 일한경제협력공동위원회에 회부하는 사항

　본　은 또한 이 서한 및 상기 제안에 대한 귀국 정부의 수락이 확인되는 각하의 회신을 협정 제1조 3항에 규정된 일한경제협력공동위원회에 관한 일본국 정부와 대한민국 정부 간의 합의를 구성하는 것으로 간주할 것을 제안하는 영광을 갖습니다.

　본　은 이상과 같이 말씀드림에 있어 각하께 경의를 표하는 바입니다.

(四〇・五・三一)

財産及び請求権に関する問題の解決並びに経済協力に関する日本国と大韓民国との間の協定第二条に関する交換公文(案)

(日本側書簡)

　書簡をもって啓上いたします。本　は，本日署名された財産及び請求権に関する問題の解決並びに経済協力に関する日本国と大韓民国との間の協定第二条に関し，両国政府間の次の了解を確認する光栄を有します。

　1. 前記の協定第二条の規定により，日韓会談において韓国側から千九百五十二年二月二十日に提出された「韓国の対日請求要綱」(その後の修正及び補足を含む。)の範囲に属するすべての財産，権利及び利益並びに請求権に関しては，いかなる主張もなされえないこととなる。

　2. 同協定第二条の規定により，同協定の署名の日までに大韓民国による日本漁船のだ捕から生じた日本国の大韓民国に対するすべての請求権に関しては，いかなる主張もなされえないこととなる。

　本　は，以上を申し進めるに際し，ここに重ねて閣下に向かって敬意を表します。

　千九百六十五年 月 日

(韓国側書簡)

　書簡をもって啓上いたします。本　は，本日付けの閣下の次の書簡を受領したことを確認する光栄を有します。

(日本側書簡)

　本　は，さらに，前記の了解を大韓民国政府に代わって確認する光栄を有します。
　本　は，以上を申し進めるに際し，ここに重ねて閣下に向かって敬意を表します。

　　　　　　　　　　　　　　　　　　　　　　　　　千九百六十五年　 月　 日

번역   (1965. 5. 31)

재산 및 청구권에 관한 문제의 해결 및 경제협력에 관한 대한민국과 일본국 간의 협정 제2조에 관한 교환 공문(안)

(일본 측 서한)

 서한을 통해 알려드립니다. 오늘 서명된 재산 및 청구권에 관한 문제의 해결 및 경제협력에 관한 대한민국과 일본국 간의 협정 제2조에 관하여 양국 정부 간 다음과 같은 합의를 확인하게 되어 영광으로 생각합니다.

 1. 전기 협정 제2조의 규정에 따라 한일회담에서 한국 측이 1952년 2월 20일에 제출한 「한국의 대일청구권요강」(그 후의 수정 및 보완을 포함한다.)의 범위에 속하는 모든 재산, 권리 및 이익 및 청구권에 관해서는 어떠한 주장도 할 수 없게 된다.
 2. 동 협정 제2조의 규정에 의하여 동 협정 서명일 이전까지 대한민국에 의한 일본 어선의 나포로부터 발생한 일본국의 대한민국에 대한 모든 청구권에 관하여는 어떠한 주장도 할 수 없게 된다.
 본   은 이상과 같이 말씀 드림에 있어 각하께 경의를 표하는 바입니다.

                                                               1965년   월   일

(한국 측 서한)

 서한을 통해 알려드립니다. 본인은 오늘 자 각하의 다음 서한을 수령하였음을 확인하는 영광을 가집니다.

(일본 측 서한)

 본   은 또한, 대한민국 정부를 대신하여 상기 양해 사항을 확인하는 영광을 가집니다.
 본   은 이상과 같이 말씀드림에 있어 각하께 경의를 표하는 바입니다.

                                                               1965년   월   일

45. 제7차 한일회담 청구권 및 경제협력위원회 제1차 과장급 전문가 회의 회의록

1927   청구권 및 경제협력위원회 제1차 전문가 회의 회의록

    1. 개회 일시: 1965. 6. 1, 10:30~2:00
    2. 개회 장소: 외무성 420호실
    3. 참석자: 한국 측 정순근   전문위원
                   정재덕   〃
                 박정서   〃
                 강신조   보좌
                 허승   〃
                 주병국   〃
          일본 측 미카나기
                 오카다
                 구마가이
                 구마다
                 야마구치
                 가토
                 니시야마 외 3인
    4. 토의 내용
   정순근: 요전번 회의에서 대체적인 설명이 있었으나 어려운 표현들이 있으므로 좀 더 자세한 내용을 질문하고자 한다.
   미카나기: 토의의 진행 방법으로써 어제 회의에서 결정된 바에 따라 이 회의에서는 청구권 법적 문제를 제외한 것을 다루며 사무 레벨에서 합의되는 것은 합의되는 대로 처리하고 합의에 달하지 못하는 것은 상위급 회에서 다루도록 하는 것이 좋겠다.

정순근: 우리도 같은 생각이다.

미카나기: 토의의 편의상 기본 협정과 무상 협정으로 부르는 것이 어떻겠는가?

정순근: 무상 협정이라는 표현은 우리 측에서 인정한 바 없으므로 협정 1, 협정 2라고 부르는 것이 좋겠다. 그리고 협정의 구성 문제에 있어서 일본 측 제안에는 7가지가 있으나 어느 쪽이 국회에 제출되는 것인지 다시 한번 설명하여 달라.

미카나기: 이것은 일본 국 내 수속 상의 문제로서 소위 협정이라 하는 것, 즉 1과 2가 국회에 제출되고 이의 비준을 얻어야 되는 것이다.

정순근: 협정 제의 내용에 있어서 어느 부분이 국회의 승인을 요하는 성질의 것인지 지적하여 주기 바란다. 이것을 알고자 하는 이유는 협정 제2 중에서 국회의 승인을 요하는 부분만을 발췌하여 협정 1과 합치고 국회에 회부되지 않을 부분을 교환 공문 3과 합쳐 구별함이 어떻겠는가 하는 생각이기 때문이다.

미카나기: 이것은 일본 국내의 제도상의 문제인바 불필요한 것이 기재되어 있는 것은 사실이다. 그러나 종래의 선례도 있으므로 협정 전체에 대한 구성상 국회의 승인을 얻는 것이며 필요한 부분만을 추려서 얻는 것은 체제상 곤란한 점이 있다.

정순근: 사절단의 특권 같은 문제는 협정 1에 포함시켜서 국회의 승인을 얻어야 될 것으로 생각이 되나 제공되는 생산물의 내용 규제 등의 3조나 계약 및 지불 절차 등과 같은 구절은 국회에 승인을 얻지 않아도 되는 것이 아닌가?

미카나기: 번잡하니 하나에 합치는 것이 좋다는 이야기인가?

정순근: 그렇다.

미카나기: 1965년 4월 3일 자 이-시나 합의사항에 충실하기 위하여 협정 1의 특별한 기본 협정과 협정 2의 무상의 실시에 관한 협정으로 나눈 것이다.

정순근: 전번 회의에서는 3억 미국 달러를 교환 공문으로 규정한다는 이야기를 들은 바 있지만 이번에 이것을 제의한 특별한 이유가 있는지? 만약 있으면 이에 대해서 설명하여 주기 바란다.

미카나기: 이것은 니시야마 국장이 말한 대로이다. 즉 이 회의에서는 무상 3억, 유상 2억을 다룰 뿐이며 따라서 우리의 토의 범위도 여기에 그치는 것이다.

정순근: 3억 미국 달러에 대한 교환문서를 이 단계에서 작성할 단계가 아닌가?

미카나기: 이에 대하여 답변할 권한은 나에게 부여되어 있지 않다.

정재덕: 3억 미국 달러는 이-시나 합의사항에도 포함되어 있는 것이므로 당신이 말한 대로 이에 충실하여야 한다는 점에서도 이것을 기본 협정에 포함시켜야 함이 당연한 것이 아닌가?

정순근: 협정 구조상에는 일본 안에 아넥스(부속서)가 전혀 포함되어 있지 않은데 어떠한 형식으로든지 표시하여야 되지 않겠는가?

미카나기: 과거 다른 나라와의 배상협정에도 부속서가 있었던 것이나 별로 실효가 없었으며 앞으로 10년간 한국 측의 경제 사정도 상당한 변화가 있을 것으로 예상되므로 부표를 붙여 보았대야 별 의의가 없을 것으로 생각된다. 이에 대한 한국 측 희망이 있으면 제시하여 주기 바란다.

정순근: 아넥스는 Annual Schedule을 작성하는 기본이 되는 것이므로 그 후에 설사 변화한다 하더라도 Guide Line이나 Principle로서 필요한 것으로 생각한다.

미카나기: 이것은 형식과 사실 중 어느 쪽이 중요하냐 하는 문제이다. 지금부터의 경제 변동을 고려하여 좀 더 확실하게 하자는 것이다.

정재덕: 우리가 구체적인 프로젝트를 표시하여 붙이겠다는 것이 아니고 대상 프로젝트의 포괄적인 부분만을 명시하여 둠이 좋겠다는 것이고 10년 동안에 한국의 경제 사정이 상당히 변할 것이라는 이야기지만 일본이 배상을 한 제3국의 예, 즉 필리핀의 예만 들더라도 20년이라는 장기의 공여 기간의 것이라도 부속서를 붙였던 실례가 있지 않은가?

미카나기: 나의 경험으로 보아 실제 운용상 부속서는 아무 의미가 없다는 것뿐이며 한국의 경제 변동이 10년 동안에 많을 것이라는 것은 아니다.

정순근: 아넥스는 이를 꼭 이대로 시행하게 된다는 것이 아니나 일본이 막연히 협력하는 것이 아니라 이러한 사업을 위하여 사용한다고 국민에 대하여 명백히 알려주는 것은 양국이 모두 필요한 것이 아닌가?

미카나기: 구체적 안이 있으면 제출하여 주었으면 고맙겠다.

정순근: 협정의 제목에 관한 이야기인데 이것도 이 회의에서 다루는 것인가?

미카나기: 이 회의에서 다룰 수 있다.

정순근: 그렇다면 일본 측의 협정 명칭은 수락할 수 없음을 명백히 말하여 둔다.

미카나기: 한국 측이 내세우고 있는 전제를 잊고 있는 것은 아니다.

정순근: 무상의 경제협력의 실시에 관한 협정이라 하지 않고 다른 표현 방법을 쓸 수 없겠는가?

오카다: 그러면 어떻게 제목을 붙였으면 좋겠는가?

정순근: 이-시나 합의사항에 있는 대로 청구권 해결 및 경제협력이라는 표현을 하여야 되지 않겠는가?

미카나기: 이-시나 합의사항의 전체를 기본 협정으로써 그렇게 표현하였고 협정 2는 그중에 일부분을 취급한 것이기 때문에 '무상의 경제협력의 실시에 관한 협정'이라고 표현한 것이다.

정순근: 부분적이긴 하나 무상 경제협력이라고 표현하는 것은 너무 일방적인 해석이며 우리는 어디까지나 청구권 해결 및 경제협력이라 표현함이 마땅하다고 생각한다.

구마가이: 유상의 경우도 그러한 표현을 하겠다고 하는 것인가?

정순근: 그렇다.

미카나기: 이것은 근본 문제인데 국회에 제출할 때 편의를 위하여 그렇게 한 것이다.

정재덕: 재산 및 청구권에 관한 문제의 해결이라 하여 제목에다 재산이라는 말을 더 붙인 데는 무슨 이유가 있는가?

미카나기: 이것은 전번 회의에서 마쓰나가 과장이 설명한 바 있으며 이것은 법적 문제를 다루는 데서 결말지을 것으로 안다.

정순근: 기본 협정의 제1조에 일본이 대한민국에 있어서의 경제 및 사회 발전에 기여하기 위하여 협력한다는 구절은 삭제되든가 완전히 달리 표현되어야 하며 우리 입장으로서는 결코 받을 수 없는 구절이다.

미카나기: 이것은 전문을 받아서 이를 표현한 것뿐이며 그 외의 의미는 없다.

정순근: 그렇다면 전문이 수정되면 이것도 따라서 수정될 것으로 안다. 그리고 제1조 1 (a)에 있어서 1,080억 '엔'으로 환산되는 3억 합중국 불에 동등한 원의 가치를 가지는 일본국의 생산물 및 일본인의 역무라는 표현을 썼는바 Key Currency는 어디까지나 달러임에도 불구하고 '엔'화처럼 이중 삼중의 표현을 쓴 것은 무슨 이유인가?

미카나기: 1,080억이라 한 것은 현재의 환율이 360대 1임으로 3억 불에 해당한 '엔'

화 금액을 계산의 편의상 적은 것이다. Key Currency는 달러라고 하더라도 실제 지불 면에 있어서는 '엔'으로 행하여지는 것이므로 장래의 rate 변동도 고려한 것이다.

정순근: 이것은 무의미한 규정이므로 1,080억 원이라는 것은 빼면 어떻겠는가?

미카나기: 자꾸 다른 나라의 배상의 예만 들어서 미안하지만 다른 나라의 경우에 있어서 이렇게 규정하여 불만이 일어난 예가 없다. 또한 한국의 경우에 있어서 선례와 달라야 하는 아무런 이유도 존재하지 않는다고 생각한다.

정순근: 현재 Dollar로 환산하여 얼마가 되는가 표시할 필요가 있다면 다른 방법으로도 표현할 수 있겠는가?

구마다: 우리 일본인으로 이 표현을 보면 달러가 Key Currency라고 하는 것은 명백하며 영문으로 번역할 때에도 이것은 그렇다.

정순근: '공여하는 것으로 한다'라는 이중적 표현의 의미는 무엇인가?

미카나기: 영어로 shall이라는 의미이다. 따라서 의무를 확실히 하기 위한 것이며 타국과의 조약에도 이런 것이 많이 나온다.

정순근: 제1조 1 (a)에 있어서 공여 한도액을 '일본국의 재정 사정이 허용하는 경우'라고 표현하였는데 이것은 일본의 재정 사정에만 한하는 일방적인 표현이다.

미카나기: 돈을 내는 것이 일본 측이므로 일본의 재정 사정이라고 한 것이다.

정순근: 이것은 어디까지나 빌리는 측의 사정에 따라야 하는 것이며 빌려주는 쪽이 주머니가 비어있으면 빌려준다는 문제 자체가 제기되지 않지 않겠는가?

구마다: 한국 측에서 증액 요청이 있을 때라도 일본 측의 재정 형편에 따라서는 이에 응할 수 없는 경우도 있다는 것이다.

정재덕: 양 체약국 정부의 합의에 의하여 증액할 수 있다고 되어 있으므로 특히 일본국의 재정 사정이 나쁠 때에는 일본 정부가 합의하지 않으면 될 수도 있는 것이므로 그 문제는 없지 않겠는가?

미카나기: 사실은 그렇지만 이것을 명확히 하기 위하여서 한 것이다.

정순근: 일본국의 재정 사정이 허용하는 경우라 하지 않고 한국의 재정 사정이라고 수정하고 싶지만 '재정 사정…' 운운은 이것을 빼어도 되지 않겠는가? 표현의 방법에 있어서 일본국의 재정 사정이라고 하는 것은 너무나 일방적이 아닌가?

정재덕: 이-시나 합의사항에 의하면 무상 제공 3억 불은 재정 사정에 따라서는 양

국 정부 합의에 의하여 조상 실시할 수 있다고 되어 있다. 이는 금액 증액과 증여 기간의 단축의 두 가지를 의미하는 것으로 알고 있으며 일본 측도 그러한 발언이 있었는데 이 조문에는 기간 단축이 빠져있는 것은 어떻게 된 것인가?

미카나기: 기간을 단축할 수 있는 조항이 빠져있는 것은 사실이지만 이것은 한국 측에 유리한 것이다.

정순근: 한국 측에 유리하냐 불리하냐 하는 것은 우리가 결정할 것이라고 보는데 …

미카나기: 금액과 연한을 전부 조상하면 최종 연도의 이유가 없어진다. 금액은 조상한다하더라도 기한은 조상하지 않고 이유를 남겨두는 것이 좋을 것이다.

정순근: 양국 정부의 윗사람들이 이 규정을 둔 것은 근본적으로 증여 기간 10년 동안 한국의 사정 여하에 따라서는 7년으로라도 단축할 수도 있게 하기 위한 것이라고 본래 뜻대로 표현하여야 되지 않겠는가.

미카나기: 과거의 경험으로 보면 연한의 조상으로 인하여 잔액을 어떻게 처리하여야 할지 곤란한 경우가 있었다.

정순근: 1조 1 (b)에 있어서 차관이라고 하지 않고 대부라고 하였는데 차관과 대부는 차이가 있는 것인가?

미카나기: 전혀 없다. 이것은 협정 제1조 일부의 규정의 실시에 관한 교환 공문에도 차관계약이라고 하는 말이 들어있다.

정순근: 그렇다면 차관으로 용어를 통일하는 것이 좋겠다.

미카나기: 베트남의 경우에 있어서도 대부라고 한 전례가 있으며 대부라고 함은 일본의 법률용어이므로 우리는 이 용어로 사용되어야 한다.

정순근: 제1조 1 (b)에서 일본국의 해외경제협력기금으로부터 대한민국 정부에 대하여 행하는 것으로 표현되어 있으나 이것은 일본 정부가 기금을 통하여 한국 정부에 행하는 것으로 구절을 수정하여야 된다고 본다.

미카나기: 이것은 이-시나 합의사항의 표현을 그대로 옮긴 것이다.

정순근: 제1조 1 (a)의 말미에 잔액을 차년 이후의 공여액에 가산한다는 규정이 있는데 이후라는 말은 필요 없지 않은가?

미카나기: 차년 이후라고 하면 여유가 있으므로 편의상 한 것이다.

정순근: 제1조 1 (b)의 말미에 "일본국 정부는 기금이 이 대부를 각 년에 있어서 균

등으로 행하기 위하여 필요한 자금을 확보할 수 있도록 필요한 조치를 취한다"고 되어 마치 일본 정부가 취하는 조치는 균등을 위한 것 같이 표현되어 있는데 여기에는 필요한 자금의 확보라고 규정하고 균등 문제를 별도 문장으로 하여야 한다.

미카나기: 각 년 균등 공여는 이-시나 메모에도 표시되어 있는 것으로서 균등이라는 용어를 빼는 것은 우리로서는 곤란하다.

정순근: 차관 조건(금리, 상환 기간, 조상) 문제는 기본 협정에 포함시켜야 하지 않겠는가?

미카나기: 기본 협정에 포함시킬 필요는 없다고 본다.

정재덕: 기본 협정은 이-시나 합의사항에 충실하기 위하여 한 것이라니 이 차관 조건도 그 안에 당연히 포함되어야 되지 않겠는가?

미카나기: 대부 조건을 일일이 국회에 내놓는다는 것은 우리로서는 곤란하다. 이것은 양국 정부 간에서 별도로 잘 정하면 되는 것으로 안다. 대부 조건이라는 것은 참고로 될 뿐이지 국회의 심의사항은 되지 않는다.

정순근: 과거 양국 간에 체결된 2,000만 불은 현재 한 푼도 소화되지 않고 있다. 이는 실제로선 5.75퍼센트라는 이자를 정해 놓고도 한국의 수입업자로 보면 7~8퍼센트라는 고율의 이자 부담이 되기 때문에 소화가 잘 안 되는 실정인 것이다. 이번 장기 저리 차관의 이자 3.5퍼센트라 하는 것도 일본 국내 업자와의 관계상 이런 문제가 생긴다면 곤란하며 이는 어떻게 되는지 설명하여 달라.

오카다: 이 3.5라 하는 것은 한국 정부가 기금에 대하여 상환할 때 적용되는 금리이므로 그러한 염려는 없다.

니시야마: 2,000만 불은 Supplier Credit이고 장기 저리 차관은 직접 차관이므로 근본적으로 다른 것이다.

정순근: 제1조 2의 오픈 어카운트는 청구권과 성질상 전혀 관계없고 양국 간의 무역에 의하여 생긴 빚을 청산하는 것이므로 본 협정에 규정하는 것은 체제상 받아들일 수 없으며 별도의 교환 공문으로 하여야 된다고 본다.

미카나기: 2항의 전단보다 후단이 중요한 것으로 안다. (b)는 이-시나 메모에도 있는 바와 같이 3억 불 중에서 차감한다는 것을 표시하기 위한 것이며 (b)가 있기 때문에 (a)가 들어간 것이다.

정순근: 별개의 교환 공문으로 하여야 할 것이다.

미카나기: 국회에 제출하는 기본 협정에는 연간 3천만 불로 되어 있으나 실제로는 이 청산계정 때문에 4백 50만 불이 적은 금액을 제공하게 되는 것이므로 이 사실을 국회에 대하여 확실히 하여야 하지 않겠는가?

정순근: 이-시나 메모에 들어 있었다 하더라도 협정의 형식 여하를 불문하고 양국 간에 약속만 하면 되는 것이므로 교환 공문으로 하여도 무방하지 않겠는가? 국회 관계가 있다면 본 협정에 이에 관한 교환 공문을 refer하는 한 구절만 집어넣고 역시 별도 공문으로 하면 해결된다고 본다.

미카나기: 국회와의 관계가 달라진다. 3억 불이라 하는 것은 표면상에 내세운 금액이므로 이 청산계정으로 인하여 실제의 생산물 및 용역의 공여 없이 금액이 줄어들기 때문이다.

구마다: 이 청산계정은 무이자로 10년간에 상환하게 되는 것이므로 국회의 동의를 필요로 하는 것이다.

정순근: 기본 협정 제1조 2 (b)에 있어서 각 년의 부불금에 대하여는 대한민국의 요청이 있을 경우라고 되어 있는데 요청이 없을 경우에 지불하지 않아도 된다고 해석되지 않는가?

미카나기: 요청이 없을 경우라 함은 cash로 지불한 경우일 것이므로 3천만 불을 그대로 제공하면 되는 것이다. 따라서 따로이 쓸 필요가 없다.'

정순근: 기본 협정 제3조 3 일한경제협력합동위원회라는 표현을 사용하였는데 이것도 청구권 및 경제협력을 위한 위원회라는 식으로 고쳐야 되지 않겠는가?

미카나기: 오늘은 이만하고 내일 오전에 회의를 다시 개최하는 것이 어떤가?

정순근: 좋다. 오전 10:30에 재차 회의하기로 하자.

48. 제7차 한일회담 청구권 및 경제협력위원회 제2차 과장급 전문가 회의 회의록

1942   청구권 및 경제협력위원회 제2차 과장급 전문가 회의 회의록

1. 개회 일시: 1965년 6월 2일, 10:30~12:30
2. 개회 장소: 외무성 235호실
3. 참석자: 한국 측   정순근   전문위원
                    정재덕   〃
                    박정서   〃
                    강신조   보좌
                    허승   〃
                    주병국   〃
          일본 측   미카나기
                    구마다
                    니시야마
                    가토 외 6인

4. 토의 내용

정순근: 어제 이어 오늘도 질문을 계속하였으면 한다. 먼저 어제 질문에 추하여 일본인의 역무라고 하는 정의를 설명하여 주기 바란다.

미카나기: 이 역무라 함은 선박, 수송이나 파견자의 교육·훈련 등을 말하는 것이다.

정순근: 그렇다면 Patent는 어떻게 되는가?

미카나기: 특허료가 역무에 포함된다는 것을 말하는 것인가?

1943   일본 측(통상성): 일본의 특허 사용료는 역무 속에 포함되는 것이지만 일본이 외화로 지불하는(외화부담) 외국의 특허료는 제외된다.

정순근: 무상 협정에 대한 질문을 하겠는데 먼저 제1조에 "대한민국의 경제 및 사회

의 발전에 기여하는 것이 아니면 안 된다는 표현은 기본 협정의 전문과 관련되므로 별도 위원회에서 다루겠지만 이것을 실시협정에도 표시하는 것은 불필요하지 않는가? 따라서 제1조에는 실시에 관한 문제만을 넣어야 하지 않겠는가? 따라서 "경제협력으로서 대한민국에 무상으로 공여하는 일본국의 생산물 및 일본인의 역무"라 하지 않고 단순히 대한민국이 요청하는 생산물 또는 역무라 하면 어떻겠는가?

미카나기: 이것은 기본 협정 제1조 1에 쓴 것을 그대로 옮긴 것이다. 또한 조약적 견지에서도 목적을 써야 하는 것이므로 일단 이를 확실히 한 것이다. 따라서 기본 협정의 전문이 수정되면 이것도 수정될지도 모른다.

정순근: 목적을 명확히 한다는 것은 좋으나 기본 협정에 규제되어 있는 이상 이를 따라 실시 협정에도 몇 번이고 되풀이할 필요는 없다고 본다.

정재덕: 제2조의 연도 실시계획에 대한 문제인데 우리 입장으로는 한국 측이 실시계획을 만들어서 일본 측에 통고한다는 것인데 만일 일본 측의 이의가 있을 때 제3국의 예에 있어서는 어떠한 점을 체크하는지 알고 싶다.

미카나기: 이것은 종래의 배상의 경우와 조금 다르다고 생각하며 금후의 일한 경제협력이라 하는 방법을 통하여 3억 불을 제공하는 것이므로 일본 측으로서는 실시계획에 개입하여야 하리라고 생각한다.

정순근: 우리 입장은 어디까지나 통고한다는 입장인데 일본 측이 이의가 있을 때에 한하여 협의한다는 표현만으로 족하지 않겠는가?

구마다: 배상의 경우도 이와 같이 협의에 의하여 결정한다고 되어 있다.

정순근: 제3조의 1에 일본국이 공여하는 생산물은 자본재라고 되어 있으나 전번 회의에서는 일본 측이 이를 탄력적으로 고려한다는 표현을 쓰겠다는 의향을 표시한 것 같은데…

미카나기: 내 독단적인 이야기인지 모르지만 나로서는 이를 반대한다는 입장은 아니다. 단지 그 이유는 일본이 여러 나라와 유상 무상의 경제협력을 하고 있으며 종래의 선례를 따른 것뿐이다. Local cost의 부족으로 곤란을 겪고 있는 나라가 많은 것으로 알고 있는데 한국에 대하여 이러한 지원을 위한 원자재를 공급하면 딴 나라가 이러한 요청을 하여올 때 일본은 매우 곤란한 입장에 서게 된다. 근본적 생각은 이에 반대하지 않는다는 것을 확실히 말하여 둔다.

정순근: 근본적으로 반대하지 않는다는 그것은 조문 상 어디에 표시되어 있는가?

미카나기: 필요하다면 구체적인 표현 방법을 제시하여 달라. 다만 공표를 하지 않는 교환 공문 같은 것으로도 할 수 있을 것으로 본다.

정재덕: 이 문제는 우리 측으로는 매우 중대한 것이다. 적어도 무상의 부분에 있어서만은 원자재가 자본재보다 비중이 커야 한다는 것을 다시 한 번 확인하여 둔다.

미카나기: 비율의 문제는 후에 검토하기로 하자.

정순근: 제3조 2에 '통상의 무역이 저해되지 않도록'이라고 되어 있는데 사실을 이야기하면 실제적으로 상당한 영향을 미칠 것으로 생각한다. 여기서 통상의 무역이 저해된다고 하는 것은 어느 정도의 것을 이야기하고 있는지 알고 싶다.

미카나기: 이것은 통상무역과 경합이 되지 않도록 하고자 하는 것이며 한국 측의 이러한 의견이 있었다는 것을 말하여 두겠다.

정순근: 제3조 2에 '외화의 추가 부담'이라고 되어 있는데 구체적으로 어느 정도를 말하는 것인가?

가토: 예를 들면 특수 자동차에 있어서 엔진이 독일제야 하는 경우 이를 수입하기 위하여 외화 부담이 된다는 것이다. 따라서 수입률이 50~60퍼센트를 초과하는 것은 곤란하고 대략 20퍼센트 미만이면 상관없다.

정재덕: 원자재의 경우와 반제원료의 경우는 어떻게 되는가?

미카나기: 적건 크건 간에 추가의 외화 부담이 되는 것은 전부 배제하고자 하는 것이다.

정순근: 우리 측이 일본에서 생산되지 않는 것을 요구할 리가 없을 것이므로 이것을 빼주기 바란다.

미카나기: 극단의 예를 하나 들겠는데 전자계산기를 미국에서 구입하여 일본에서 조립한 것을 말하면 곤란하지 않겠는가?

정순근: 우리 측이 요구할 경우에 일본 정부는 이를 검토할 것이므로 문제가 없다고 보는데…

미카나기: 검토를 한다 하더라도 이러한 물건을 제공하기 곤란하다는 문서상의 근거가 필요하기 때문이다.

정순근: '통상무역 저해'라든가 '외화의 추가 부담'이라는 것은 여기서 일단 빼기를

바란다.

구마다: 다른 나라와의 배상협정에도 이와 같은 규정이 들어있다.

정순근: 제3조 3에 "일본국 내에 있어서 영리 목적을 위하여 사용하여서는 안 된다." 어떠한 경우를 생각한 것인가?

미카나기: 일본에서 무상으로 가지고 간 것을 다시 일본에 파는 경우이다. 또한 한국과 일본은 인접국이니까 때로는 매우 곤란한 문제가 있다. 이러한 것을 사전에 방지하고자 하는 것이다.

정순근: 상호 협의하에 가지고 간 물건을 그대로 다시 판다는 것은 생각할 수 없는 이야기니 이 표현은 삭제하는 것이 좋겠다. 제3조 4에 통상의 상업 무역 및 용역의 거래에 적용되는 일본국의 관계 법령에 정하여 두는 이외의 제한 또한 규제를 받지 않는다고 한 것은 무슨 말인가?

미카나기: 이것은 일본이 자기 손을 붙들어 맨 것이다. 보통의 배상의 협정의 경우에는 이러한 것이 들어 있지 않으나 태국 정부의 희망에 따라서 넣은 것을 옮긴 것이다.

정순근: 이러한 규정이 없다 하더라도 다른 나라의 경우에도 별문제가 없던 것으로 삭제해 주기 바란다.

미카나기: 일단 의견으로 받아두겠다.

정순근: 계약 당사자와의 문제에는 여러 차례 이야기하였지만 사절단을 두되 조달청 계약으로 한다는 종래의 입장에 변함이 없다.

미카나기: 사절단이라고 하는 명칭은 바꾸어도 좋다. 예를 들면 조달청 도쿄지부라고 한다던가… 단지 계약체결권을 가지고 있는 것으로 족하다.

정순근: 솔직히 이야기하면 사절단을 도쿄에 두고자 하는 일본 측의 주장은 재판관할 같은 문제를 생각하고 있는 것이 아닌가?

미카나기: 재판이라는 문제는 생각도 하지 않고 있다.

정순근: 무슨 이유로 반드시 사절단이 계약에 사인하지 않으면 안 되는지 의심스럽다.

미카나기: 이것은 보통의 무역과 다소 다르다고 생각한다. 실질적으로 물건 사 가는 것은 한국 측이지만 이의 대금은 일본 정부의 국고 수표로 지불되므로 실제 문제로서

계약의 수정이 필요한 경우에 시간적으로 늦어지는 경우가 많기 때문이다.

정재덕: 계약 자체는 조달청이 하고 지불 같은 것은 사절단이 할 수도 있지 않겠는가?

정순근: 제4조 2에 '승인계약'이라 하고 수속 절차는 전혀 언급되지 않았는데 승인 확인 인증의 용어에 있어 무슨 효력의 차이가 있는가?

미카나기: 여기서는 양 당사자가 서명하는 것만으로는 발효하지 않고 일본 정부가 승인함으로써 비로소 효력을 발생한다는 뜻이다.

정재덕: 계약 당사자, 즉 일본 국민 또는 법인과 조달청 간에 체결될 계약 자체에 대하여 기본 협정 및 부속 문서와 실시계획에 저촉 여부만을 체크하면 되는 것이지 기타 무엇을 체크할 필요가 있는가?

미카나기: 일일이 체크하지 않아도 될 경우가 있겠지만 국고 수표를 끊는 일본 정부로서는 계약 내용을 충분히 실사하여야 하지 않겠는가?

박정서: 승인과 인증과는 실제로 차이가 있는가? 우리가 알기에는 승인이라 함은 Approval, 인증이라 함은 Verification이라고 생각하는데 그런가?

미카나기: 그렇다. 승인이라 하는 것은 인증보다 강한 표현인 것으로 안다.

정순근: 실시계획의 협의부터 시작하여 계약의 승인에 이르기까지 일일이 감독한다는 것은 재고의 여지가 있지 않은가? 그리고 중재 판단은 최종적인 것인가?

미카나기: 중재로써 해결이 안 되었을 경우에는 재판에 가는 것으로 한다.

정순근: 그렇다면 최종적이라고 할 수 없지 않은가?

미카나기: 중재 판단 자체는 최종적인 것으로서 판단의 결과가 집행이 되지 않았을 경우에 재판 문제가 생기는 것이다.

정순근: 분쟁 해결을 상사중재위원회에 거는 문제에 대하여는 우리 포지션은 종전과 다름이 없다. 계약에 의하지 않고 생산물 및 역무를 제공하는 문제에 대해서는 지금 현재로서는 유보하여 두고 후에 다시 말하겠다.

미카나기: 전번 회의에서 사절단 경비라든가 은행 수수료는 여기서 쓰지 않는다고 하였으므로 유학생을 일본에 파견할 경우 같은 것을 생각할 수 있다. 견습생에도 프로젝트에 수반하는 경우와 관련하지 않은 경우로 나눌 수 있다.

정재덕: 지금 현재로는 프로젝트와 관련 없는 견습생의 파견은 고려하지 않음을 말하여 둔다.

정순근: 사절단의 대우 문제에 있어서 우리가 넣고 싶은 것은 조달청이 구매 계약을 하지만 그 밖의 업무를 하는 사절단을 실시하는 경우의 특권을 말하는 것이다.

미카나기: 여기에서 규정된 것은 계약 당사자인 사절단으로서의 특권이므로 조달청 구매를 할 경우에는 이러한 특권 면제는 부여될 수 없음을 확실히 하여 둔다.

정순근: 대한민국이 현지의 노무, 자재 및 설비를 제공하도록 되어 있는데 다른 나라도 이렇게 되어 있는가?

미카나기: 그렇다.

정순근: 제7조 3의 일본 국민에 대한 한국의 입국, 출국 및 체재에 필요한 편의라 함은 당연한 것으로써 불필요한 조항이 아닌가? 성질상 우리가 요청한 사람이 들어오고 입국하게 될 것이므로 따로 규정할 필요가 없지 않겠는가?

미카나기: 극단의 경우 예를 들면 전반적인 일본인 입국 금지 같은 경우에 특수 취급하여 두도록 한 규정이다. 비록 무용의 규정이라고 하기는 하지만 현재 무용이라는 것이 10년 후에 어떻게 달라지려는지 알 수 없지 않은가?

정순근: 우리 측은 이러한 규정의 유무에 관련 없이 편의를 보아줄 것이니 염려할 필요가 없지 않은가? 그리고 일본국의 국민 및 법인에 대한 과세·면세 문제는 검토 후 다시 이야기하겠다. 일본에 의하여 공여된 생산물의 재수출금지 조항은 가공수출까지 포함하는 것인가?

미카나기: 가공무역은 포함하지 않는 것으로 알며 이를 명확히 하기 위하여서는 합의의사록에 써도 좋다고 생각한다.

정순근: 운송 및 보험에 관한 차별적 조치를 취하지 않는다는 조항 두지 않고 상호 편리한 대로 하면 되는 것이 아닌가?

미카나기: 일반의 자유 경쟁에 맡기고 정부로서는 차별적 조치를 하지 않도록 한다는 것이다.

정순근: 우리의 포지션은 Buyer에 맡기자는 것으로 이 조항은 삭제하여 두기 바란다.

오후 3시에 다시 속개키로 합의하였음.

50. 제7차 한일회담 청구권 및 경제협력위원회 제3차 과장급 전문가 회의 회의록

1951 청구권 및 경제협력위원회 제3차 과장급 전문가 회의 회의록

1. 개회 일시: 1965. 6. 2, 15:00~17:00
2. 개회 장소: 가유회관
3. 참석자: 한국 측 정순근   전문위원
             정재덕   〃
             박정서   〃
             강신조   보좌
             허승   〃
             주병국   〃
  일본 측 미카나기
          구마다
          니시야마
          가토 외 6인

4. 토의 내용

정순근: 오전에 이어 질문을 계속하기로 한다. 먼저 실시계획의 시기 및 종기에 대하여 설명하여 달라.

가토: 협정상으로는 연도가 정하여지지 않으나 실시계획에서 연도가 결정된다.

정순근: 처음부터 연도를 정하는 것이 좋지 않겠는가? 예를 들어 10월 1일에 시작하였을 경우 종기는 후년의 9월 30일이 되는지 또는 2월 31일이 되는지 명확하지 않지 않는가?

미카나기: 이것은 협정이 언제 발효하느냐 하는 문제와 관련이 있는 것이다.

정재덕: 초년도의 문제는 그렇겠지만 2차년도 이후에는 한국과 일본과 회계 연도가

다르므로 여러 가지 문제가 있다고 보는데.

정순근: 실시계획 2에 '적당한 시간적 여유'라고 하였는데 회계 연도 개시 1개월 또는 2개월 전에 제출하여야 된다는 것을 말하는가?

미카나기: 회계 연도 개시 전에는 실시계획이 이루어지면 된다는 것이다.

정순근: 3항에 일본의 생산물 및 역무를 열거한다고 하였는데 이것은 쇼핑 리스트와 같은 구체적인 것을 말하는가?

미카나기: 그렇다. 원자재, 자본재 등 품목별 금액을 말하는 것이다. 요청하면 실시계획의 견본을 보여줄 수 있다.

가토: 실시계획의 내용은 공포하지 않는 것이 원칙이지만 필리핀 정부는 이를 공고한 바 있으므로 이것을 참고하는 것이 좋을 것이다.

정순근: 생산물 및 역무에 관련된 계약의 견적액이라 하는 것은 Commitment 베이스와 Disbursement 중의 어느 쪽을 이야기하는 것인가?

미카나기: 이것은 실제 지불액을 베이스 기준으로 이야기하는 것이다.

정순근: 그렇다면 연간 지불액에 달할 경우라고 하면 되지 않겠는가?

미카나기: 타당한 범위 이상을 넘을 수 없다는 것인가?

정순근: 실시계획은 일방 정부의 요청에 의하여 타방 정부가 불가피하다고 인정한 경우에만 양 정부의 합의에 의하여 수정할 수 있다고 되어 있으나 정부 간의 합의라는 조항이 들어있는 이상 부득이 하다고 인정하는 경우라는 것을 빼어도 좋지 않은가? 우리로서는 대한민국 정부가 요청하는 경우에 한하여 수정 가능하다는 표현으로 하는 것이 좋다고 생각한다.

가토: 실시계획의 수정은 부득이한 경우에만 하는 것이다. 이것은 일본 업자가 이 실시계획을 기초로 하여 상담을 진행할 경우도 있을 수 있는 것이므로 자주 수정하는 것은 일본 측으로서는 곤란한 것이다.

정순근: 계약을 상업 조건에 따라 체결한다고 되어 있는데 무역적 조건으로 표현을 고치면 어떤가?

박정서: 상업적 조건과 무역적 조건에 차이가 있는가? 무역적 조건은 상업적 조건에 비하여 과세 및 기타에서 좀 특혜가 있는 것이 아닌가?

가토: 이것은 물론 차이가 있다. 그것은 외화를 송금하여 와 가지고 지불하는 것이

아닌 일본 엔으로 지불하기 때문이다.

구마다: Commercial base라고 한 의미이다.

박정서: Commercial base라는 일반적인 의미뿐이라면 상업적 조건이라는 말이 나쁜 의미로 해석될 우려가 있으니 다른 표현 방법으로 하는 것이 어떻겠는가?

미카나기: 다른 표현 방법이 있으면 검토하여 보겠다.

정순근: 계약 및 승인계약의 2에 일본국 법인의 규정이 있는데 재일한국인 법인은 배제된다는 말인가?

미카나기: 이것은 일본의 생산물 및 역무를 제공하는 것이니까 한국인의 역무는 관련이 없다.

정순근: 다른 나라와의 협정에도 이러한 표현이 있는가?

미카나기: 이것은 특수한 경우로써 다른 나라의 경우는 이러한 것이 없다.

정순근: 계약의 실시에 관한 책임은 일본 국민 또는 일본 법인인 계약 당사자가 지도록 되어 있는데 이러한 규정을 두면 일본 정부가 개입하여 해결하지 않으면 안 될 문제가 생길 경우에는 곤란하지 않겠는가?

미카나기: 이것은 공동위원회에 걸면 해결될 줄 안다.

정순근: 수송, 보험 또는 검사와 같은 부수적 역무의 공여를 필요로 하는 것은 일본 국민 또는 일본국의 법인에 의하여 행하여 져야 한다는 것을 일일이 계약마다 쓰라는 것인가?

미카나기: 그렇지는 않다. C.I.F.인 경우에는 I(보험료), F(선임)가 가격에 포함되어 있으므로 I와 F는 일본인의 역무여야 한다는 것이다.

정재덕: 이것은 협정 2 제7조와 모순되는 조항이 아닌가?

미카나기: 그렇지는 않다. FOB인 경우에는 전혀 적용되지 않는다.

정순근: 상사중재위원회는 일본국의 국제상사중재협회라고 말하여야 되는가?

미카나기: 국제상사중재협회는 현재 설치되어 있고 국제적인 성격을 띠고 있기 때문이다. 한편 한국에는 아직도 이러한 것이 없지 않은가?

정순근: 우리도 곧 만들 계획이다.

미카나기: 이미 설치되어 있는 이러한 국제기관을 사용하는 것에 대한 의견은 어떤가?

정순근: 중재라고 하는 것은 상사중재만이 중재가 아니니까 우리나라에서 이러한

기구를 설치하기까지의 기간에 잠정적 조치로서 제3자에 대한 의뢰도 고려하고 있으며 이 문제에 대한 우리의 Position을 후에 얘기하겠다.

박정서: 은행의 지정은 일본의 종래의 방법에 의하면 사절단이 지정하는 것으로 알고 있는데 일본 측 안에 의하면 일본이 지정하는 것으로 되어 있으니 어떻게 된 것인가? 또 한국은행 재일지점은 대장성 공인 외환은행이며 이 협정에 의한 구매에 있어서 체약국인 한국 측 편의를 위하여서도 당연히 지정 은행의 하나로 지정되어야 할 것으로 생각되는데 여하?

미카나기: 이것은 종래의 예에 따른 것이다. 한국은행 재일지점을 지정 은행으로 하는 문제에 대하여서는 생각해본 바 없다.

구마다: 이것은 종래의 배상의 회의와 다른 경제협력이라 하는 것이므로 일본 측의 편의에 따라야 하지 않겠는가?

정순근: 그렇지 않다. 우리는 배상보다 더 강한 청구권으로 보고 있다.

정재덕: 미국 AID 자금의 경우에 있어서도 L/Com 은행은 우리가 지정하여 왔다.

정순근: 은행이 취급하는 업무량의 비율(Proportion) 문제라면 다른 해결 방법이 있지 않은가 생각된다.

미카나기: 일단 의견으로서 받아두겠다.

정순근: 일본국 정부는 지불 청구서를 수령하였을 때에 사절단이 관계 계약자에 지불을 행하기 기일 전에 은행에 지불 청구금액을 지불하도록 되어 있으나 이것은 즉시 지불되도록 되어야 하지 않겠는가?

미카나기: 이것은 단지 사무적 절차상의 시간의 여유를 가지자는 것뿐이며 지불을 연기하고자 하는 저의가 있어서 한 것이 아니니 이 점을 양해하여 주기 바란다.

가토: 일본 정부가 지불하지 않으면 지불 의무의 면책이 되지 않는 것이니 별로 문제가 되지 않는다고 본다.

정순근: 일본국 정부의 지불 금액을 특별재정에 대기 또는 차기한다고 표시되어 있는데 이와 같은 표현을 꼭 할 필요가 있는가?

미카나기: 이것은 자금의 경리를 구분해서 불필요한 자금의 유입을 방지하고 목적 외에 유용되는 것을 막기 위한 조항이다.

정순근: 계약의 해제로 인하여 인출되지 않은 미불금액을 사용하는 것을 몇 가지로

제한하였는데 이것은 다른 프로젝트에는 쓸 수 없다는 말인가?

니시야마: 다른 프로젝트라 하더라도 새로운 계약이 체결되고 이것이 승인만 되면 쓸 수 있는 것이다.

정순근: 합중국 불화에 환산일은 실제 지불일을 기준으로 하여야 하지 않겠는가?

니시야마: 실제 지불일을 기준으로 할 때에는 사무적으로 여러 가지 불편한 경우가 일어날 수가 있다. 또한 평가의 절하 등에 문제가 생길 경우에는 더욱 곤란한 문제가 생긴다.

정순근: 사절단의 장 또는 기타 직원의 권한은 일본국의 관보에 별단의 고시가 행하여지기까지는 계속하는 것으로 간주한다고 되어 있는데 이는 특권과 관련이 있는 것인가?

미카나기: 관보에 기재하는 것은 계약 담당관이 누구라는 것을 공고하기 위함이다.

정순근: 현재 제출된 일본 안대로 한다면 본국 정부의 발령이 났다 하더라도 일본국의 관보에 기재되기까지는 그대로 있게 되는 결과가 되는 것이니 불합리하다.

미카나기: 타국과의 예에도 똑같은 규정이 있는 것으로써 한국 측을 불필요하게 규제하기 위한 것이 아님을 양해하여 주기 바란다.

정순근: 교환 공문 4의 청산계정 처리 문제에 대해서는 원칙적으로 이의는 없지만 구체적 표현 방법은 draft 단계에서 조정토록 하였으면 한다. 그리고 협정의 효력 발생일에 제1회 연부불을 하도록 되어 있는데 이것은 연도 내에만 하면 되는 것으로 본다.

미카나기: 일본 측으로서는 대한민국의 요청이 있을 경우와 없을 경우를 구분하여 생각하고 요청이 없을 경우라는 것은 현금으로 지불할 경우를 생각한 것이다. 그리고 대한민국의 요청은 일본국의 회계 연도가 개시되기 전년의 10월 1일까지로 규정한 것은 현금의 지불 여부를 확인하고 정부의 예산 편성에 참고하기 위한 것이다.

정순근: 오전 회의에서도 말한 바와 같이 현금으로는 지불되지 않는 것이니 불필요한 조항이라고 생각한다.

미카나기: 우리는 이-시나 합의사항을 하나의 헌법으로 생각하고 여기에 기재된 사항을 충실하게 이를 그대로 옮기기 위하여 상당한 연구 끝에 이 교환 공문을 작성한 것이다.

정순근: 단순히 그것 때문에 이 교환 공문을 만들었다는 말인가?

미카나기: 그렇다.

정순근: 우리 측으로서는 불필요한 것이라 생각되므로 이 교환 공문은 뺄 수 있다고 본다.

미카나기: 이-시나 합의사항에 요청이 있을 경우라도 명백히 규정되어 있으므로 일본 측으로서는 필요하다고 생각한다.

정순근: 합동위원회의 구성 자체에는 별로 의의가 없으나 합동위원회가 실질적으로 무엇을 행하느냐 하는 것은 draft 단계에서 조정하여야 할 것으로 본다. 그리고 합동위원회의 관장 사항 중 (8)에 있는 경제협력의 양국 간의 경제 관계 증진에 기여하기 위한 조치라고 하는 표현은 이를 삭제하고 여기에 3억 α의 시행 관계를 추가하였으면 좋겠다.

미카나기: 3억 α 문제는 일단 여기에서는 빼고 이에 대한 결정이 이루어지면 추가로 넣을 수도 있지 않겠는가 생각된다.

정순근: 위원회의 명칭 문제인데 이를 연락관 회의 정도로 생각하고 있다.

미카나기: 일단 의견으로 받아두겠다.

정순근: 유상경제협력협정에 있어서 한국 정부와 해외경제협력기금과의 체결되는 것은 기본 차관계약과 사업별 차관계약의 두 가지가 되는 것인가?

미카나기: Master Contract라는 것이 있고 여기에 의거한 사업별 차관계약이 있게 되는 것이다.

정순근: 차관계약은 하나로 하면 좋겠다.

미카나기: 한국 측의 사정은 잘 알겠지만 제도상 불가능한 것으로 본다.

정재덕: 제도상 불가능하다는 것은 무엇을 말하는 것인가?

기금: 지금 제도상 불가능하다고 말하였는데 그런 것이 아니고 Master Contract가 체결될 경우에 프로젝트별로 이에 의거하여 확정하여야 된다는 것이다.

정순근: 여기서는 일본 정부가 기금과의 관계에 있어서는 아무런 관여도 하지 않는 입장으로 되어 있는데 중국의 경우를 보면 프로젝트를 열거하는 것으로 하는데 이를 전반적으로 수정하여야 된다고 본다.

구마다: 일본의 현행 법률 상 융자조건은 기금이 정하도록 되어 있다.

정순근: 아까 이-시나 합의사항을 헌법과 마찬가지라고 하니 연 3.5퍼센트 거치 기간 7년을 포함하는 상환 기간 20년 그리고 상환 기간을 연장할 수 있다는 단서 규정을 기본 협정에 규정하여야 하지 않겠는가?

구마다: 융자조건은 기금법에 의하여 기금이 정하도록 되어 있으므로 일본 정부로서도 이 기금법을 존중하여야 되지 않겠는가?

정순근: 양국 정부가 기본 차관계약 및 사업별 차관계약이 여기서 열거한 조건을 포함하도록 배려한다고 하였는데 이 배려한다는 표현은 필요 없다고 본다.

박정서: 차관에 대한 원금의 상환 기산점은 돈을 빌린 날이라던가 물자를 실제 인수한 날로부터 기산하는 것이 합리적인 원칙이 아닌가? 서독 차관 및 AID 차관의 경우에도 모두 실제 지불일을 기준으로 하고 있다.

정순근: 원금의 상환을 27회로 한 것은 무엇인가?

구마다: 이것은 거치 기간이 지나면 즉시 지불하고 마지막에도 지불하므로 27회가 된다는 것이다.

니시야마: 원금의 수시 미상환 잔고에 대한 이자 지불은 실제 지불일을 기준으로 한 것이다.

정순근: 반년 불이라는 표현 대신에 이를 연 1회로 하는 것이 우리 측의 입장이다.

박정서: 원금의 상환 및 이자의 지불은 일본국에 있는 외환은행에 미 불을 팔아서 얻은 일본 돈으로 행하기로 되어 있으므로 실제 1불당 360엔에 빌린 돈을 외환은행 창구에서 Buying rate에 의하여 356엔 80전에 구득한 일본 돈으로 상환하는 결과가 되므로, 우리 측의 막대한 손해가 되는바 미화를 기준으로 IMF 평가액 일본 원 360원 해당액을 빌려 간 것이니 상환도 동일한 원칙에 따라 미화 1불당 360원 해당 일본 원으로 이루어지도록 조치함이 공평 타당하지 않은가? 적용 환율에 관한 결정 권한은 대장대신에 있으므로 대장대신 재량하에 이 원칙에 따라 대부 및 상환 시의 환율 적용을 동일률로 할 수 있을 것으로 생각하는데 여하?

구마다: 종전의 예를 따른 것뿐이다.

정순근: 현물 상환도 아울러 고려하여 주기 바란다.

미카나기: 현물 상환이라는 것은 구체적으로 어떠한 경우를 예상하는 것인가?

정순근: 차관은 형식상으로 기금을 통하여 하는 것이지만 일본의 업자를 통하여 한

국 측이 수입하는 것이므로 일본 업자와 한국의 업자가 원한다면 현물을 상환하는 경우도 생각할 수 있지 않겠는가?

구마다: 직접 차관의 경우 현물 상환이라 하는 것은 인정할 수 없다.

미카나기: 달러로서의 지불은 실제로는 원으로 지불될 것이므로 일본 엔으로 상환하여야 되며 기본 화폐는 달러라 하더라도 이것은 단순히 계산 근거에 지나지 않는 것이다.

정순근: 은행 수수료 및 경비는 한국 정부 또는 한국의 수입자가 부담토록 되어 있는데 이는 일반적인 무역 관례에 따라서 수익자 부담으로 하여야 된다고 본다.

박정서: 한국에서 일어나는 경비는 수입자가 부담하고 일본에서 생기는 것은 일본의 수출업자가 부담하는 것이 공정하고 통상 무역 관례에 따르는 것으로 생각한다.

미카나기: 해외경제협력기금의 대부 및 이로부터 생기는 이자에 대하여는 한국의 조세 기타의 과징금을 면제토록 하는 데 대해서는 이의가 없는가?

정순근: 이는 더 검토토록 유보하여 주기 바란다.

미카나기: 그렇다면 앞으로 이의가 생길지도 모른다는 의미인가?

정순근: 그렇다. 양 정부는 일본국에 재정 사정 및 해외경제협력기금의 자금 사정이 허하는 경우에는 합의에 의하여 상환 기간이 연장된다고 하였는데 이-시나 합의사항은 이러한 일본국의 일방적인 것이 아니다.

박정서: 이 차관에 대한 한국 측의 상환보장은 어떠한 형태로 되어야 하는가?

니시야마: 한국의 법률 의견서(legal opinion)의 형태면 된다.

내일 오후 3시에 다시 모이기로 하고 산회하였음.

53. 제7차 한일회담 청구권 및 경제협력위원회
제4차 과장급 전문가 회의 회의록

제4차 청구권 및 경제협력위원회 과장급 전문가 회의 회의록

1. 개회 일시: 1965. 6. 3, 15:00~17:00
2. 개회 장소: 외무성 234호실
3. 참석자: 한국 측 정순근   전문위원
              정재덕   〃
              박정서   〃
              강신조   보좌
              허승   〃
              주병국   〃
        일본 측 미카나기
              구마다
              니사야마
              가토
              야마구치 외 6인

4. 토의 내용

미카나기: 어제 일본 측 제안에 대한 한국 측의 질문에서는 (1) 의미를 확실히 하기 위한 것과 (2) 원칙적인 의견 대립이 생긴 것 그리고 (3) 이견은 없었으나 표현 방법이 다른 것의 세 가지로 구분할 수 있을 것 같다. 따라서 의견이 일치하지 않는 것은 일치하지 않는 것대로 추리고 표현 방법의 문제가 되는 것은 기초위원회(drafting Committee)에서 다루고 이외의 것은 금후 심의 대상에서 일단 빼고자 하는데 어떤가?

정순근: 좋다고 생각한다.

미카나기: 어제 회의에서 문제가 되었던 점을 정리하고자 하는데 여기에서 빠진 것

이 있으면 지적하여 주기 바란다.

1. 국회에 제출하는 문서의 양식에 있어서 협정 2 중 국회에 제출되지 않아도 되는 부분은 추려내고 국회에 제출하여야 하는 부분만을 협정 1에 합치고자 하는 한국 측 요청이 있는데 대하여는 일본 측으로는 그대로 두고 싶다.

2. 3억+α를 기본 협정에 포함시키는 문제에 대해서는 현 단계로서는 기본 협정에 포함할 수 없다는 것이 일본 측의 입장이니 양해하여 주기 바란다.

3. 부표의 형식으로 Project의 포괄적인 사업 부문을 명시하고자 하는 한국 측 제안에 대하여는 구체적인 안이 있으면 제출하여 주기 바란다.

4. 협정 2의 제목이 문제되었는 데 표현 방법은 재검토할 용의가 있다. 그리고 기본 협정 전문과 관련된 부분은 이 그룹의 검토 외로 하고자 한다. 따라서 기본 문제와 관련된 것은 일단 토의하지 않기로 한다.

5. 기본 협정 1조 1 (a)에 있어서 3억 불을 일본 엔으로 환산하여 1,080억으로 표현한 데 대해서는 이것이 IMF 평가에 의한 환산이며 산출기초는 미불이지만 실지는 원으로 지불한다는 점이라던가 일본 정부가 국회에 제출하는 정부의 대표로서 다른 표현보다는 이것이 합리적이라고 생각되므로 그대로 두고 싶다.

6. 기본 협정 제1조 1 (a)에 있어서 차년 이후란 말을 삭제할 것을 요청하였는데 이것은 예산상 사정을 여유 있게 하기 위하여 역시 그대로 두고 싶다.

7. 일본국의 재정 사정이 허가하는 경우라 한 것은 한국의 재정 사정을 고려하지 않은 일방적인 표현이라 하므로 이 표현 방법을 [기초위원회]에 돌리도록 한다.

정순근: 기초위원회에 돌린다면 문구의 표현은 조정되겠지만 정책상 이견이 있는 것은 의논의 여지가 생기는 것이므로 조정될 수 없지 않겠는가?

미카나기: 양쪽의 요구조건을 만족시킬 수 있는 표현 방법을 모색하기 위하여 기초위원회에 돌리겠다는 것이다.

8. 기본 협정 제1조 1 (a)의 각 년도 공여 한도액의 증액 문제는 공여 연한을 단축할 수 있는 규정도 포함시켜야 한다는 주장에 대하여는 청산계정을 10년간의 분할 상환이라는 문제와도 관련하여 기간 단축 문제는 고려할 수 없는 입장이다.

정순근: 공여 기간 단축 문제에서 예를 들면 10년을 7년으로도 줄일 수 있다는 것인데 청산계정 청산과 관련된다는 이유만으로 본질적으로 중요한 것을 뺀다는 것은

납득이 가지 않는다.

미카나기: 9. 기본 협정 제1조 1 (b)의 대부라는 말은 차관과 전혀 똑같은 의미이다. 그리고 일본의 법률용어로는 차관이라는 말이 없으며, 해외경제협력기금법에도 대부라는 말로 표현되어 있다.

10. 기본 협정 제1조 1 (b)가 "대부는 일본국의 해외경제협력기금으로부터 대한민국 정부에 대하여 행한다"고 되어 있는바 이것은 기금법에 의하여 기금이 실제 대부하는 것이므로 일본국 정부가 해외경제협력기금을 대한민국 정부에 대하여 행한다는 표현은 할 수 없다. 일본 법률상 기금에 의하여 행한다는 것이 적절한 표현이며 이것은 이-시나 합의사항에도 그대로 나타나고 있다.

11. 유상 2억 원의 실시에 따른 차관 조건을 기본 협정에 넣는다는 것은 일본 정부의 국회 문제와 대부의 방법 두 가지 이유 때문에 고려할 수 없다.

12. 유상 2억의 금리 연 3.5퍼센트라는 것은 직접 차관이므로 추가되지 않을 것이다.

미카나기: 본질적으로 이의가 없다는 것이 아니라 10년은 움직이지 않겠다는 것이 일본 측 입장이다.

정순근: 양국 정부가 합의하도록 되어 있으므로 일본 재정상 곤란한 경우에는 응하지 않으면 될 수도 있는 것이 아닌가?

정순근: 차관이 협력기금에 의하여 대한민국 정부에 공여된다고 하는 것은 바꾸어 말하면 일본 정부로서는 아무런 조치를 취하지 않아도 좋다는 이야기가 되지 않겠는가?

미카나기: 그런 염려는 하지 않아도 좋을 것이다.

구마다: 기본 차관계약은 본 협정의 서명일에 동시에 체결하게 될 것이므로 일본 정부가 필요한 조치를 취하겠다는 사실이 명백하여진다.

정순근: 정부 대 정부 베이스 차관이므로 차관계약도 정부 대 정부로 하여야 되지 않겠는가?

구마다: 일본의 특별법에 의하여 설립된 독립기관인 기금이 빌려주는 것이므로 이것은 어디까지나 당사자는 기금이 되어야 한다. 인도, 파키스탄의 경우에도 역시 같은 표현을 썼다.

미카나기: 13. 협정 2의 제1조 2 (b) '대한민국의 요청이 있을 경우에는'이라는 용

어가 불필요하다는 한국의 요청에 대하여는 일본 측으로는 그대로 남겨두고 싶다.

14. 공동위원회의 명칭 문제는 기본 협정의 전문 등 기타 문제와 관련이 있으므로 우선은 우리의 논의 대상에서는 빼기로 한다. 무상 협정의 전문 및 제1조는 별도로 논의된 바에 따르기로 하고 우선은 그대로 두는 것으로 한다.

15. 제2조의 "연도 실시계획은 협의에 의하여 결정하는 것으로 한다"는 표현은 일본 측으로는 경제협력이라는 대전제를 앞세우므로 그대로 두고자 한다.

16. 1) 제3조의 "일본국이 공여하는 생산물은 자본재로 한다. 단, 대한민국의 정부의 요청이 있을 경우에는 양 정부 간의 합의에 따라 자본재 이외의 생산물을 공여할 수 있다"에 있어서 자본재로 한다는 것은 종래의 선례를 따른 것이지만 한국 측의 입장을 고려하여 표현을 좀 달리하고자 하는 때에는 기초위원회에 기하는 것으로 한다.

2) 통상의 무역 저해와 외환의 추가 부담의 조항은 그대로 남겨둔다.

3) 영리 목적 사용금지 조항은 앞으로의 불미 사태를 미연에 방지하기 위한 것이나 이를 별도로 나타낸다면 불필요하다고 생각한다.

4) "일본의 관계 법령에 정한 이외의 제한 또는 규제를 받지 않는다"는 표현을 수정하고 싶으면 기초위원회에 돌리는 것으로 한다.

17. 4조 1 계약 당사자는 사절단으로 한다는 문제에 대하여서는 사절단이라는 명칭을 변경하는 것은 무방하여도 계약 당사자로서의 권한을 가져야 한다는 것은 반드시 필요하다. 4조의 2 승인계약은 중요한 문제로서 승인 수속을 확실히 해달라는 것이라면 이는 별도로 협의할 문제이다.

정순근: 이때까지의 일본의 배상의 경우에 있어서는 계약을 먼저하고 나중에 인증을 받도록 한 것이 아닌가?

미카나기: 그렇지 않다. 모두 일본 정부의 승인을 받은 후에 발효하였다.

가토: 필리핀은 인증이 발효 요건이 아니었지만(필리핀의 국내 사정에 의함) 다른 나라의 경우에 있어서는 인증이 모두 발효 요건이었다.

정순근: 이것은 기본적인 의견 차이지만 일일이 승인받는다는 것은 매우 곤란하다고 생각한다.

미카나기: 일본으로서는 납세자의 세금을 자원으로 국고에서 대금을 지불하는 것이므로 최종적으로는 확인하여야 한다는 것이다

정순근: 그와 같은 절차가 필요하다면 그 수속 세목에 대하여는 언제 정하는가?

미카나기: 18. 제4조 3의 "중재 판단을 최종적인 것으로 한다"는 제6조 5와 모순된다는 것에 대하여는 좀 더 검토하고 싶다.

정순근: 6조 계약자와 계약 당사자의 규정 내용에는 한국 측으로는 의견이 있으나 이것은 근본적인 문제이므로 여기에서는 더 이상 이야기하지 않겠다는 것을 양해하여 주기 바란다.

미카나기: 19. 7조 2의 "대한민국은 일본국이 생산물 및 역무를 공여할 수 있도록 하기 위하여 이용할 수 있는 현지의 노무 자재 및 설비를 제공하는 것으로 한다"는 것은 필요할 경우 제공을 받는다는 것이므로 그대로 두고자 한다.

20. 3의 일본 국민의 한국에 대한 출입국 편의를 제공하는 문제는 현재로는 당연하겠지만 장차에 약속을 위하여 그대로 두고자 한다.

21. 4의 일본 국민 및 법인은 생산물 또는 역무의 공여에 관련하여 발생한 소득에 관하여 대한민국에 있어서의 과세를 면제한다는 것은 현재 한국 측에서 본국 정부에 청훈 중이라 하므로 그 결과를 기다리겠다.

22. 5의 일본으로부터 공여된 생산물의 대한민국 영역으로부터의 재수출금지 조항은 좀 더 연구할 필요가 있으므로 일본 측의 입장을 유보코자 한다. 6의 차별적 조치 금지 조항은 일본 정부로서는 필요하다고 봄으로 그대로 두는 것이 좋겠다.

23. 무상의 실시 세목에 대한 교환 공문에 있어서 무상에 관한 한 기준은 지불 베이스나 만일 이를 한국 측이 확실히 할 필요가 있다면 기초위원회에 걸도록 한다.

24. 5의 "실시계획은 일방 정부의 요청에 의하여 또한 타방 정부가 부득이하다고 인정한 경우에 한하여 양 정부 간의 합의에 따라 수정할 수 있다"는 표현을 수정하기 위하여 기초위원회에 걸도록 한다.

25. 무상의 실시 세목에 관한 교환 공문 2. 1) '상업적 조건'이라는 표현은 종전의 예에 따른 것이나 이를 따로이 표현하기 원한다면 기초위원회에 걸도록 한다.

26. 2의 일본 측 법인의 정의에 있어서 기준에 규정 방법을 별도 문서로 하는 것을 검토 중이며 재일한국인을 포함시키는 것은 무상 3억과는 아무런 관련이 없는 것이므로 이는 반대이다.

27. 3의 계약 당사자의 문제는 기본 문제와 관련되므로 우선 그대로 두고 4의 수송,

보험 또는 검사와 같은 부수적 업무의 공여를 일본 국민 또는 법인으로 제한하는 규정은 필요하다고 인정되므로 그대로 둔다.

28. 5의 중재기관 문제는 역시 그대로 둔다.

29. 3 지불에 있어서의 지정 은행 문제는 지정권자와 지정 대상 은행의 2가지를 포함하고 있는데 현안대로 두고 싶다.

30. 10의 환산율의 문제는 확립된 선례이므로 역시 그대로 둔다.

31. 4의 "사절단의 직업 내 권한은 일본국의 관보에 별단에 공시가 행하여지기까지는 계속하는 것으로 간주한다."

32. 청산계정 교환 공문 2의 있어서 최초의 지불은 협정의 효력 발생일에 한다는 것은 한국 측이 현금지불을 고려하지 않고 있다 하므로 서한으로 그 의사를 표시하면 될 것이다.

33. 3의 "대한민국 정부의 요청은 일본국에 재정상의 관행을 고려하여…"라는 문구를 삭제하고자 하는 한국 측의 요청은 이-시나 합의사항에도 기록되어 있는 것이므로 우리 단계에서 폐기할 수 없다.

정순근: 한국 정부가 요청 공한을 제출하든 안 제출하든 같은 문제이므로 결론으로는 이 교환 공문이 전혀 필요 없는 것으로 생각한다.

유상의 실시에 관한 교환 공문 2에 있어서 "양 정부는 1에 말하는 기본 차관계약 및 사업별 차관계약이 다음의 각 항을 기초로 하는 제 조건을 포함하도록 배려하는 것으로 한다"에 있어서 기초로 한다는 말과 배려한다고 하는 말은 좀 이상하다.

구마다: 차관 조건은 기본 차관계약에 반드시 들어가는 것이므로 일본 정부로서는 배려한다는 말밖에는 법률적으로 할 수 없는 것이다.

미카나기: 배려한다는 말은 차관계약이 본 협정과 동시에 체결될 것이므로 그다지 염려할 필요가 없을 것이다.

정재덕: 기본 차관계약과 사업별 차관계약으로 차관계약을 이중으로 맺지 않으면 안 되는 이유가 이해할 수 없다.

니시야마: 기본 차관계약에는 원칙적인 것만 규정하고 사업별 차관계약을 구체적인 사업별로 체결하는 것이다.

정재덕: 2의 전문에 '기초로 한다'고 되어 있으므로 협력 기금이 이외에 따로이

까다로운 조건을 붙일 우려가 있다고 생각한다.

미카나기: 34. 원금의 상환 기산일은 사업별 차관계약의 효력 발생일로 하도록 한다.

박정서: 차관계약 효력 발생일로 하는 것은 사무적으로 번잡하다는 일 때문인가?

구마다: 사무적으로 번잡하다는 것도 하나의 이유가 될 수 있지만 종래의 선례도 이렇게 되어 있다. 차관계약이 발효하면 기금으로서는 이에 따른 자금 조치를 하여야 하는 것이므로 부득이하다고 본다.

미카나기: 35. 원금의 상환은 한국 측은 연부로 주장하고 있는 데 반하여 일본 측은 종래의 선례에 따라 반년부로 하고자 한다.

36. 원금의 상환 및 이자의 지불 방법은 일본 측의 현안대로 하고 싶다. 이자 지불의 기산일을 확실히 하기 위하여 이를 기초위원회에 검토하도록 하며

37. 은행의 수수료 및 경비는 경제협력기금과 상의할 때에 설명 들어주기 바란다.

38. 4의 재정 사정 및 경제협력기금에 자금 사정이라는 표현은 기초위원회에서 적절한 표현 방법을 모색도록 하겠다.

39. 합동위원회에 부탁 사항도 기초위원회에서 아울러 검토토록 한다.

오늘 회의에서 기초위원회로 넘기기로 한 것은 내일 아침 10시에 정순근, 정재덕 한국 측과 미카나기, 야마구치 일본 측 사이에 구체적인 작업을 하기로 하고 또한 내일 3시에 경제협력기금과 의견 교환을 하기로 하였음.

54. 제7차 한일회담 청구권 및 경제협력위원회 도입 절차에 관한 기초위원회 제1차 회의 결과 보고 전문

1974 번호: JAW-06103

일시: 041525[1965. 6. 4]

수신인: 외무부 장관
발신인: 수석대표
참조: 경제기획원 장관

**청구권 및 경제협력위원회 도입 절차에 관한
제1차 DRAFTING COMMITTEE 회의 보고**

1. 일시 및 장소: 6. 4, 10:00~3:00 외무성
2. 참석자: 한국 측 정순근 경제협력과장, 김동휘 조약과장, 정재덕 물동계획과장, 허승 사무관
   일본 측 미카나기 외무성 국제경제과장, 야마구치 사무관, 가토 사무관, 니시야마 사무관
3. 토의 내용
   가) 생산물 등 제공에 대한 관계 법령에 의한 제한 문제에 관한 문서 2의 제3조 4항을 완전히 삭제하기로 함.
   나) 실시계획에 기재할 계약의 견적 액수 문제에 대하여는 "실시계획에 기재할 생산물 및 용역에 관한 계약의 견적액의 총계는 당해 연도에 있어서의 실제의 지불이 당해 연도의 지불한도액에 달하도록 고려하여 정한다"라고 일본 측 안을 수정하기로 함.
   다) 장기 저리 차관의 이자 지불의 기산일을 문서상에 규정하기로 함.
   라) 장기 저리 차관의 상환 기간 연장 문제에 대하여 '양국의 재정 사정 및 해외경제 협력기금의 자금 사정에 따라서는'으로 일단 결정하고 각각 보고하기로 함.

마) 합동위원회의 명칭은 별도로 하고, 기능 중 '협정 1조1의 규정에 기한 경제협력이 양국간의 경제 관계의 증진에 기여하도록 하기 위한 조치'라는 항목을 삭제하자는 우리 측 제안에 대하여, 일본 측은 그러한 제안이 있었다는 보고를 하겠다고 함.
    (일본의 의견은 유보하겠다고 함.)
바) 문서 3. 1.의 5중 '어느 일방 정부의 요청에 기하여, 또한 타방 정부가 불가피하다고 인정한 경우에 한하여'라는 부분을 삭제한다고 말한바, 일본 측은 보고하겠다고 함.(주일정 – 외아북)

55. 정순근-미카나기 과장 간 양자 협의 결과 보고 전문

번호: JAW-06113

일시: 041942[1965. 6. 4]

수신인: 장관
발신인: 수석대표

6. 4 오후 3시부터 6까지 정순근-미카나기 과장과의 양자 회합의 결과를 다음과 같이 보고함.

1. 3억 알파를 별도 공문으로 규정하는 것과 부속서를 별도 교환 공문으로 하는 것은 일본 측이 고려할 수 있을 것이라는 비공식 의견이 있었음.

2. 합동위원회의 명칭에 대하여는 '한일청구권 및 경제협력을 위한 연락관 회의'라는 표현을 고려한다고 말하였던바 미카나기는 특별한 고유 명칭을 붙이지 않고 '양국 대표로 구성되는 합동위원회'로 함도 생각할 수 있을 것이라는 사견을 말하였음.

3. 협정 문안 2의 제1조를 전문 수정하여 그 대신으로 "대한민국이 요청하는 생산물을 제공한다"는 식의 규정을 주장하였던바 그는 차라리 양측에다 그러한 조항들을 규정하지 않아도 가능한 일이 아닌가라는 사적 견해를 말함.

4. 원자재의 비용 문제에 있어서 기본 협정에 "일본국이 제공하는 생산물은 주로 자본재로 한다"만을 규정하고 비공개의 교환 공문으로 원자재의 제공 총액과 원자재의 품목 정도를 정하는 방식을 그가 생각하고 있는 것으로 관측되었음.

5. 계약 없이 구매하는 규정은 이를 삭제할 수 있을 것으로 본다는 개인 의견이었음.

6. 사절단 계약 구매지에 관하여는 일본 측이 강경한 태도임.

7. 그는 이상이 일본 각 성과 협의하지 않은 그의 비공식 의견이므로 이것이 발표되면 대단히 난처할 것이므로 대표단에도 말하지 않을 것을 부탁하였음.

8. 동 2자 회합은 명일 다시 계속될 것임.

9. 월요일(6. 7) 오전 10시에 과장급 전문가 회의를 개최함.(주일정-외아북)

56. 일본 해외경제협력기금 당국과의 제1차 회합 결과 보고 및 청훈 공문

1978   주일정 722-192

1965. 6. 7

수신: 외무부 장관
발신인: 수석대표
참조: 경제기획원 장관

제목: 기금 당국과의 회의 보고 및 청훈

1965. 6. 4(금)일본 경제협력기금 당국자와 회합한 내용을 다음과 같이 보고합니다. 기본 차관계약과 사업별 사업계획 합의서의 형태를 취하는 경우에 대비하여 아 측이 제시할 기본 차관계약 및 사업계획 합의서의 내용에 대하여 조속히 회시하여 주시기 바랍니다.

유첨: 회의보고서 1부

끝

수석대표 김동조[직인]

첨부

56-1. 일본 해외경제협력기금 당국과의 제1차 회합 기록

1. 회의 일시: 1965. 6. 4(금), 오후 3~5시
2. 장소: 해외경제협력기금 회의실
3. 참석자: 한국 측 정재덕   경제기획원 물동계획과장
            강신조   〃   경제협력국 사무관
            주병국   재무부 외환관리국 사무관
            박정서   한국은행 외국부 차장
      일본 측 요시카와 협력기금 총무부 총무과장
            요시하라 〃   총무부 총무과장대리
            가마이   〃   업무부 제3과장
            에다   〃   채무3과장대리
            외무성 및 경제기획청 사무관 각 1명

4. 토의 내용

가. 기금의 성격

기금은 '해외경제협력기금법'에 의하여 설립된 특수 법인체이며 독자적 판단에 의하여 업무를 수행하고 있어서 정부로부터 간섭을 받지 않으며 구체적인 업무는 기금의 독자적 운영에 맡기고 있으므로 '교환 공문'에는 일본 정부로서는 '배려한다'(일본 제안문서 5의 2항)는 표현밖에 할 수 없다는 경제기획청 당국자로부터의 설명이 있었는데 대하여 아 측은 이 문제는 협정문서 토의 시에 취급될 문제로서 여기서는 언급하지 않기로 하자고 하였음.

나. 기본 차관계약 체결

기금 당국자는 기본 차관계약이 협정 서명 안에 같이 서명될 예정이므로 양측에서 긴밀한 접촉을 통하여 조속한 시일 내에 기본 차관계약의 형태 및 내용에 대하여 합의를 하여야겠다고 말한 데 대하여 아 측으로 현재로서는 협정 문서 작성에 전념하여야 할 실정이므로 이 차관계약도 급한 것은 인정하나 협정문 작성이 일단락된 다음에 조속히 협의하여야 될 것이라고 하였음.

다. 사업별 사업계획합의서

(1) Pro Ag 형태를 하려는 이유

(한국 측 설명)

가) 기본 차관계약을 체결하고 또 사업별 차관계약을 체결하는 이중성을 피하고자 함.

나) 행정 절차상의 번잡성을 피하고 매년의 제공한도액을 계획대로 사용하고 미사용으로 인하여 이월되는 액이 없도록 하자면 국회에 사업별로 하나하나 동의받는 절차를 생략할 수 있는 가능성

* 부내 참조

이 이유는 일본 측에 대한 설명상 제시한 것이며 앞으로 제정될 관계 법규의 규정에 따라 결정될 것이나 대표단의 판단으로서는 사업별 차관계약을 체결하는 경우 일본 측이 개별사업 추진에 있어서 추가 부담 조항이라든지 사소한 문제, 예를 들면 전대에 대한 관여, 지불 보증 문제 등을 들추어내는 가능성을 미리 막아두자는 의도에서 Pro Ag를 주장하고 있음.

(2) Pro Ag에 포함될 내용

(한국 측의 개략적 설명)

1. 사업개요
2. 사업의 자금계획
3. 〃 경제적 타당성
4. 〃 재정적 타당성
5. 〃 기술적 타당성
6. 지불 조항(이자, 상환, 지불 등)
7. 기타(발효일, 대표 지명, 통신, 수송 등)

부표(상환 계획표) 등이 포함될 수 있다고 말하였음.

(3) 일본 측 반응

일본 측은 한국 측 설명을 듣고 더 검토하여 일본 측 태도를 결정하겠다고 하였으며 사업별 차관계약이 국회의 동의를 받아야 하는 법적 근거를 질문한 데 대하여 다음 회합 시 제시할 것을 약속하였음.

라. 지불 절차

일본 측은 실무급에서 현재 연구 중이나 현재로서는 별첨표 중 L/A(Letter of Authorization) 형식을 택할 것에 의견이 모아지고 있다고 하였으며, 한국 측은 L/A 방식에 대하여 더 검토하여 다음에 의견을 제시하겠다고 하였음.

마. 기타

(1) 전대 계약 사본 송부

한국 정부가 사업주와 전대 계약을 맺는 경우 그 전대 계약 사본을 정보 목적으로 기금에 줄 수 있겠는가라고 질문한 데 대하여 정보 목적만이라면 사본을 보낼 수 있을 것이라고 말하였음.

(2) 사업주와 직접 통신

기금이 사업주와 사업 수행에 관련하여 직접 통신을 교환할 수 있는가라고 질문한 데 대하여 Por Ag 말미에 관계자의 주소를 기재하게 되므로 그때의 결정에 따라 정부를 통하거나 혹은 직접으로 교환할 수 있을 것이라고 하였음.

(3) 한국 정부 내의 주관부처와의 연락

한국 정부 내의 주관부처는 누구이며, 이 주관부처의 관계관이 사절단에 포함되는가라는 질문에 대하여 현재로서는 경제기획원이 주관부처이며 사절단의 성격이 결정됨에 따라 확정될 것이나 포함될 가능성이 있다고 답변하였음.

(4) 차기 회합

6월 9일(수) 하오 2시에 다시 회합하기로 합의하였음.

57. 청구권 및 경제협력위원회 제5차 과장급 전문가 회의 결과 보고 전문[42]

번호: JAW-06138

일시: 071448[1965. 6. 7]

수신인: 외무부 장관
발신인: 주일 대사
참조: 경제기획원 장관

청구권 및 경제협력위원회 제5차 과장급 전문가 회의 보고

1. 일시 및 장소: 65. 6. 7, 10:30~11:30, 외무성
2. 참석자
   한국 측: 정순근 경제협력과장, 정재덕 물동계획과장, 박정서 한은 외국부 차장 외 3명
   일본 측: 미카나기 외무성 국제협력과장, 구마다 대장성 투자제2과장, 야나기야 서기관 외 10명
3. 토의 내용
   가) 금일 회의에서는 지금까지 제4차에 걸친 과장급 전문가 회의, 3회의 정순근-미카나기 회합 및 DRAFTING COMMITTEE에서 양측 간 의견이 미합의된 49개의 내용을 각각 수석대표에게 보고하기로 하였으며, 그 내용 중 중요한 것은 다음과 같음.
   1) 민간신용에 관한 규정을 기본 협정에 포함하는 것
   2) 협정에 부속서를 부대사업 부문을 열거하는 것
   3) 무상 3억 제공 중 연간 제공액의 증액만이 아니고 기간 단축 문제도 규정되어야

---

[42] 제5차 과장급 전문가 회의는 회의록이 사료에 수록되어 있지 않음.

한다는 문제
4) OA를 협정에서 분리하여 별도 문서로 규정할 것(OA는 영문임)
5) 장기 저리 차관의 조건을 본 협정에 규정하는 것
6) 실시계획의 작성을 한국 정부가 하고 일본 정부에 통고하는 문제
7) 원자재 제공 문제
8) 통상무역 저해, 외환의 추가 부담, 일본국에서의 영리 목적을 위한 사용 등의 규정을 삭제하는 것
9) 계약 당사자가 조달청이 되는 것
10) 계약은 발효 후 일본 정부에 송부하고 계약의 명칭을 구매 계약으로 하는 문제
11) 계약에 관한 분쟁은 양국의 약정에 따라 설치될 상사중재기관에 의하며 잠정적으로 일반중재 절차에 따라서 해결하는 것
12) 생산물 및 용역의 제공에 재일한국인의 법인을 포함한다는 것
13) 거래 은행은 한국이 지정하고 한국은행 재일지점을 포함한다는 것
14) 환율의 결정일은 지불일로 한다는 것
15) 장기 저리 차관의 원금의 상환 및 이자의 지불은 연 1회로 하며 기산일은 최종 선적일로 현물 상환도 가능하도록 한다.
16) 차관의 실시에 관한 수수료 과징금 등도 수익자 부담으로 한다.
17) 기금에 의한 차관 대상의 선정은 불가하며 한국 정부가 선정하도록 한다.
18) 장기 저리 차관에 있어 사업별 차관계약이 불필요하다는 점.

나) 오늘 회의 중 일본 측이 새로운 주장을 한 것은 장기 저리 차관의 상환 문제와 관련하여 동 차관의 성격이 '원 차관'이므로 차관을 줄 때에는 미 불을 기준으로 하여 2억 불에 해당한 원의 액을 제공하나 상환에 있어서는 미 불과는 관계없이 실제 대부한 '원의 액수' 만큼을 상환하여야 한다고 주장함. 이에 대하여 우리 측은 이것은 지금까지 토의와는 전혀 다른 것이며 차관이 2억 불을 기준으로 하여 이루어지니 상환도 2억 불을 기준으로 하여야 할 것이라고 반박하였음. 일본 측은 원 차관이므로 상환에서는 원을 기준으로 하여야 한다고 고집하였음.

다) 이상 정리된 상환 외에도 본국 정부의 훈령에 따라서는 아 측에서 제기할 의견이 많이 있을 것으로 생각하며 협정의 전문과 기타 전문과 관계된 조항의 표현은 청

구권의 해결이라는 어구가 포함되어야 하며 이것은 청구권 법적 문제에 관한 토의와 결과에 따라 수정될 것이라고 명백히 하였음.

　　라) 아 측에서는 이상의 제 문제점을 제외하고 협정의 해결이 없이는 조문화가 무의미하다고 말하고 수석대표(김영준, 니시야마) 간의 회의의 결과 조문화가 가능하게 되면 언제라도 조문화에 착수하겠다고 말함.(주일정-외아북)

58. 청구권 및 경제협력 협정 교섭 관련 청훈 공문

주일정 722-195

1965. 6. 9

수신: 외무부 장관
참조: 경제기획원 장관

제목: 청구권 및 경제협력 협정 교섭

대: 외아북 722-986(1965. 5. 7)

　한일회담 청구권 및 경제협력 위원회에서의 지금까지의 교섭 결과, 아래 사항에 관한 일본 측의 입장이 대단히 강경하온바, 이에 대하여 대호 공한으로 하달하신 훈령을 재고하시와 아 측이 취할 수 있는 최종적인 입장을 지급 지시하여 주시기 바랍니다.
　1. 원자재 문제
　원자재 문제는 일본 측에서 호의적인 고려를 할 것으로 관측되나, 1억 5천만 불($150,000,000)의 확보는 어려울 것으로 보이므로 최저 1억 불($100,000,000) 이상이 되도록 하는 데 대한 가부
　2. 계약지와 구매 계약의 당사자
　계약지는 도쿄로 하며, 구매 계약의 당사자는 사절단이 되어야 한다는 일본 측의 입장이 대단히 강경함. 사절단의 도쿄 구매의 일본 안 수락 여부
　3. 계약의 승인
　계약은 일본 정부의 승인이 없이는 발효되지 아니한다는 입장이 대단히 강경함. 다만, '승인'이라는 용어 대신에 다른 표현으로 대치할 수는 있을 것으로 관측되나, 어느 경우에도 한국의 일방적인 통고로서는 불가능할 것 같으니 이[에 대한] 수락 여부
　4. 3억 플러스 '알파'(민간신용)

교환 공문으로 민간 신용제공에 관하여 규정하는 것은 가능할 것으로 관측되나 본 협정에 포함시키기는 불가능할 것 같으므로, 이를 교환 공문만으로서 규정하는 방식을 수락할 수 있는지의 여부

5. 연차 실시계획

한국 정부가 연차 실시계획을 작성하여 통고하는데 그치는 입장은 이를 관철하기가 불가능하며, 협의에 의하여 이를 작성한다는 입장을 취하는 문제의 가부

6. 구매 계약에 관한 분쟁

본 협정에서의 분쟁의 해결을 일본의 상사중재위원회에 수락한다는 규정을 두는 것은 피할 수 있으나, 교환 공문 등에 의하여 일본의 기관을 이용한다는 규정을 두지 않을 수 없는바, 이에 대한 수락 여부

끝

주일 대사 김동조[직인]

60. 청구권 및 경제협력 분쟁 해결 조항에 관한 일본 측 안 보고 전문

번호: JAW-06227

일시: 102110[1965. 6. 10]

수신인: 장관
발신인: 수석대표

JAW-06226

금 10일(목) 제시된 일본 측의 분쟁 해결 조항 안은 아래와 같음.

제9조(협정 본문)

1. 본 협정의 해석 및 실시에 관한 양 체약국 간의 분쟁은 먼저 외교상의 경로를 통하여 해결하는 것으로 한다.

2. 제1항의 규정에 의하여 해결할 수 없었던 분쟁은 어느 일방 체약국의 정부가 타방 체약국의 정부로부터 분쟁의 중재를 요청하는 공한을 접수한 날로부터 30일의 기간 내에 각 체약국 정부가 임명하는 각 1명의 중재위원과, 이와 같이 하여 선정된 2명의 중재위원이 동 기간 후의 30일의 기간 내에 합의하는 제3의 중재위원 또는 동 기간 내에 그 2명의 중재위원이 합의하는 제3국의 정부가 지명하는 제3의 중재위원과의 3명의 중재위원으로 성립되는 중재위원회에 결정을 위하여 부탁하는 것으로 한다.

단, 제3의 중재위원은 양 체약국 중의 어느 국가의 국민이어서는 안된다.

3. 어느 일방 체약국의 정부가 당해 기간 내에 중재위원을 임명하지 아니하였을 때, 또는 제3의 중재위원 혹은 제3국에 대하여 당해 기간 내에 합의되지 아니하였을 때는, 중재위원회는 양 체약국 정부가 각각 30일의 기간 내에 선정하는 국가의 정부가 지명하는 각 1명의 중재위원과 이들 정부가 협의에 의하여 결정하는 제3국의 정부가 지명하는 제3의 중재위원으로서 규정되는 것으로 한다.

4. 양 체약국 정부는 본조의 규정에 의거한 중재위원회의 결정에 복하는 것으로 한다.

(합의의사록)

중재위원회에 관하여,

제9조 제3항에서 말하는 양 체약국 정부가 각각 선정하는 국가 및 이들 국가의 정부가 협의에 의하여 결정하는 제3국은 일본국 및 대한민국의 쌍방과 외교관계를 가지고 있는 국가 가운데에서 선정되는 것으로 한다.(주일정-외아북)

62. 청구권 및 경제협력 협정 조문화 작업을 위한 뉴오타니 회의 시작 보고 전문

번호: JAW-06237

일시: 111423[1965. 6. 11]

수신인: 외무 장관(참조: 국무총리, 대통령비서실장)
발신인: 수석대표

청구권 회담 보고

1. 청구권 및 경제협력에 관한 협정조문화작업을 촉진하기 위한 회담은 금 11일(금) 오전 10시부터 당지 호텔 뉴오타니에서 시작되었음.

참석자는 아래와 같음.

한국 측: 김 대사, 이 공사, 김 경제기획원 차관보, 전 통상국장, 김 한은 이사 외 실무자 8명

일본 측: 우시바 심의관, 니시야마 경제협력국장, 아카자와 통산성 경제협력부장 외 8명

2. 오전 11시 45분까지 계속된 오전 회의에서는 아 측이 금일 제시한 협정안에 대한 설명을 완료하고, 무상, 유상 및 민간신용 제공의 실시에 관한 관계 규정의 토의와 조문화 작업에 들어갔음.

3. 오후 회의는 2시부터 개최되고 있음.(주일정-외아북)

66. 청구권 및 경제협력에 관한 뉴오타니 회담 보고 전문

번호: JAW-06269

일시: 121756[1965. 6. 12]

수신인: 외무부 장관 귀하

발신인: 주일 대사

참조: 국무총리, 경제기획원 장관, 청와대 비서실장, 중앙정보부장

청구권 및 경제협력에 관한 뉴오타니 회담 보고

1. 청구권 및 경제협력 협정에 관한 실질적 토론과 교섭이 완료됨.
2. 협정 문안 작성은 명 13일 중으로 완료될 예정임.
3. 회담을 통하여 양측 간에 합의된 다음의 사항을 일본 측 관계 각 성에 협의 조정과 소관 대신의 결재를 얻은 연후에 내주 월요일 오후에 확정될 것이며 이에 따라 조문 작성이 될 것임.

가. 구매 계약지

구매기관은, 자본재에 관하여는 조달청, 원자재에 관하여는 실수요자로 한다.

계약 문제는, 제(1)안으로서, 협정문에서 전연 표현하지 않는다(실지로는, 자본재의 서울 계약, 원자재의 도쿄 또는 서울 계약을 서로 양해한다). 단, 이러한 방안은 계약지를 명시하지 않는 것이 법 이론상 가능한지를 법제국에 문의하여 결정하겠다고 일본 측은 말하고 있음.

제(2)안으로서는 계약지는 서울로 하고 분쟁이 발생하였을 경우 중재는 피고의 거주지의 상사중재에 의하고 재판에 있어서의 준거법도 피고의 거주지 법률을 적용하는 것으로 한다.

이상 제2안 중 제1안이 불가하면 제2안으로 한다.

나. 민간신용 제공

교환 공문에 규정하기로 하고 다음의 요지를 포함하도록 한다.

(1) 3억 불 이상을 용이하게 하고 촉진시킨다.

(2) 제3국에 제공한 것 중에서 가장 유리한 조건으로 한다.

(3) 어업협력 자금과 선박 자금은 조건에 있어서 특별히 고려한다.

다. 내자 조달을 위하여 무상 3억 불 중에서 자본재 이외의 생산물을 1억 5천만 불 이상 제공한다는 것을 비공개 교환 공문으로 한다.

라. 은행 지정은 일본의 국고 대리점 중에서 한국 정부가 지정한다.

(한국은행 재일지점은 일본의 국고 대리점이 아님)

마. 유사 2억 불의 상환은 자유[일본] 원으로 한다.

바. 일본 법인에 재일교포를 포함시키는 것은 도저히 불가함. 단, 협정문 상 표현하지 않고 기록상 아 측이 이를 양해한 것으로 함.

사. 유상 2억 불은 아 측 안대로 기본 차관계약과 사업계획합의서로 하되 사업계획합의서에 포함시킬 내용을 교환 공문에 구체적으로 열거 표시한다.

4. 유상 2억 불의 제공조건을 본 협정에 넣지 않고 교환 공문에 표시한다.

5. 수송 및 보험을 50대 50의 비율로 하자는 아 측 제의에 대하여 일본 측은 실제로는 양해하나 문서상으로 규정하는 것은 곤란하다고 함. 그 이유는 2천만 불 차관의 경우 한국의 신문에 발표되었고 또한 공화당에서도 대일청구권 사용에서 50대 50 비율을 발표하였으며 또한 최근 동아일보에서 청구권 일본 협정안을 전부 보도한 전례 등으로 보아 서로 비공개 문서로서도 문서화할 수 없다는 것임. 그 이유는 OECD 관계로 인함.

6. 협정 명칭 및 전문, 이-시나 합의사항에 제5항의 표현에 관한 문제점에 관하여는 내주 월요일 이후의 정치적 협상에 넘겨야 할 형편임.

7. 이상 각 항에 관하여는 도쿄에서 발표될 때까지 서울에서 발표하지 않도록 해주시기 바람.(주일정-외아북)

10. 청구권 문제에 관한 긴급 청훈 전문[43]

번호: JAW-06257

일시: 121100[1965. 6. 12]

수신인: 외무부 장관
발신인: 수석대표

청구권 문제에 관한 긴급 청훈

1. 무상 3억의 구매 방식에 관하여 일본 측은 제반 배상협정과의 관련 및 국내적 이유 등으로 법적인 계약지는 일본(도쿄)이 되어야 한다는 입장을 강하게 주장하고 있음(즉 재판 시의 준거법을 일본법령에 의한다는 입장임).

2. 일본 측 입장을 받아줄 경우에는 표현상 하기 2개의 방안이 있는바, 어느 방안이 국내 대책 상 정부 입장에 유리할 것인지 판단하여 금일중에 회시하여 주시압.

  가. 계약체결의 실제 행위(NEGOTIATION)는 서울에서 행하도록 하고 협정으로 아 측의 최종 계약 행위(계약에 대한 정식 서명)는 도쿄에 주재하는 관계관(예컨대 조달청 주재관)이 함으로써 법적인 계약지는 일본으로 하는 것.

  나. (AID 차관계약 등과 같이) 한국의 입장대로 계약을 서울에서 체결하되 각 계약마다 분쟁 조항을 설정하여 계약에 분쟁이 생겨 소송을 할 경우에는 일본법령에 준거한다는 조항을 계약에 삽입하여야 한다는 규정을 두게 할 것.

3. 계약의 분쟁에 대한 상사중재 및 소송의 관할 재판소는 피고지 주의(피고가 거주하는 지역의 재판소가 관할) 일단 양해한 바 있음.(아북, 통협)

---

43 이 문서는 6887번 파일에 수록되어 있는 것을 편집자가 이곳으로 옮김.

67. 청구권 교섭 지침 청훈에 대한 회신 전문

번호: WJA-06174

일시: 121930

수신인: 한일회담 수석대표

대: 주일정 722-195(65. 6. 9), JAW-06257

1. 대호 청훈 사항에 대하여 아래와 같이 회시합니다.

  (1) 원자재 문제

  무상 제공 중에서의 원자재 PORTION은 1억 5천만 불을 확보할 수 있도록 하시기 바람.

  (2) 계약자와 구매 계약 당사자 문제

  대호 전문 2. 가. 또는 나. 방식의 채택에 관하여 귀하의 재량에 맡김으로 최선의 판단으로 교섭하시기 바람.

  (3) 계약 승인 문제

  우선 아 측의 종래 입장을 강력히 주장하시기 바람. 계약에 관한 일본 정부의 CHECK에 관하여 여하한 경우에 있어서도 '승인'이라는 용어는 불가하고(승인계약이라는 것도 구매 계약으로 되어야 함.) 가능한 한 '인증(VERIFICATION)'이라는 용어보다도 더 TONE DOWN된 표현을 발견하여 대체토록 하시기 바람.

  (4) 3억 플러스 알파의 규정 문제

  교환 공문으로 규정하여도 무방하나 규정될 내용에 관하여는 귀하의 재량에 따라 가능한 한 기 훈령에 의거하여 4. 3 합의 내용 이상으로 아 측의 의도가 많이 반영되도록 노력하시기 바람.

  (5) 연차 실시계획

  일차적으로 아 측이 통고하고 이에 이의 있을 때 합동위원회에서 협의하는 것으로 하시기 바람.

(6) 구매 계약의 분쟁 해결

가능한 한 종래의 입장을 유지할 것이나, 부득이하면 귀 건의(주일정 722-195)에 따라 처리하시기 바람.

2. 기타 문제점 중 중요한 사항에 관하여 아래와 같이 훈령합니다.

(1) 협정의 구성

일본 측 제안(7개의 합의) 문서로 만드는 것은 원칙적으로 가하나 아래와 같은 아 측의 입장이 반영되도록 하시기 바람.

　가. 일본 측 1. 및 2.의 1 두 개의 협정을 하나로 묶도록 하되, 아 측의 의무가 되는 규정은 가능한 한 교환 공문으로 내려 규정토록 할 것.

　나. 일본 측이 제시하고 있는 교환 공문 외에 청산계정에 관한 교환 공문(이것은 기본 협정에서 분리하도록 하시기 바람), 3억 플러스 알파에 관한 교환 공문, 사업 대상 부문에 관한 교환 공문 등이 추가되어야 할 것임.

(2) 자금의 명목

무상 '경제협력'의 '경제협력'은 반드시 삭제되어야 하며, 기타 부분에 있어서의 그와 같은 표현도 삭제되어야 할 것임. 일본 측은 기본 협정 전문 중에 제2단 '한국의 경제 사회 발전에 기여…' 운운의 표현은 곤란하다고 생각됨.

(3) 청구권의 해결에 관한 규정

신중히 일본 측의 설명을 검토하고 특히 소멸의 대상이 되는 청구권의 내용을 파악한 후 귀하의 재량으로 최선을 다하시기 바람. 이에 관하여 합의할 수 있는 내용을 귀하의 의견과 함께 사전 보고하시기 바람.

(4) 협정 분쟁 해결

어업협정의 예에 따라 귀하의 재량에 따라 교섭하시기 바람.

3. 기타의 문제점에 관하여는 귀하의 재량에 따라 아 측의 입장이 가능한 한 많이 반영되도록 노력하시기 바람.

4. 이상의 지침을 참작하시고 귀 대사가 최선을 다하여 가능한 한 조속히 타결될 수 있도록 재량껏 처리하시기 바람.(외아북)

69. 청구권 및 경제협력 사업 부문 교환 공문 관련 보고 전문

번호: JAW-06290

일시: 141626[1965. 6. 14]

수신인: 장관
발신인: 주일 대사
참조: 경제기획원 장관

제목: 사업 부문에 관련한 교환 공문

사업 부문에 관한 교환 공문에 관련하여 당초에 아 측은 타국의 예로 보아 일본 측에서 협정 부속서에 사업을 구체적으로 열거하자고 주장할 가능성을 예측하고 주도권 문제 등에 관련하므로 포괄적인 사업 부문만을 열거하는 정도로 일본 측에 제의한 바 있으나 일본 측은 실제 제안문서에서는 부속서를 제의하여 왔던바, 아 측은 당초 이에 대하여 교환 공문을 제출하는 것을 고려하였으나 그 뒤 대표단으로서는 연차 실시계획을 아 측이 작성하는 주도권 문제와 일본 측의 관여 문제 등을 참작하여 여러 가지로 검토한 결과 부속서 교환 공문을 작성치 않기로 결정하고 일본 측에도 그 뜻을 정식으로 회의 석상에서 전달한 바 있음을 보고합니다.(주일정-외아북)

70. 청구권 및 경제협력 관련 뉴오타니 회담 속개 보고 전문

번호: JAW-06298

일시: 141719[1965. 6. 14]

수신인: 외무부 장관
발신인: 주일 대사
(참조: 국무총리, 경제기획원 장관, 청와대 비서실장, 중앙정보부장)

1. 금 6. 14(월) 오후 3시부터 청구권 및 경제협력에 관하여 호텔 뉴오타니에서 회담을 속개하였음. 한국 측은 이 공사 이하 관계 실무자 전원, 일본 측은 니시야마 경제협력국장 이하 관계 실무자 전원이 참석하였음. 금후 회담에서는 지난 주말까지 양측 간에서 합의되지 못한 각 문제점에 관한 토의를 거쳐 협정 전반에 걸친 조문화 작업을 촉진시킬 예정임.

2. 금일 회담에서 한일 양측은 3억 플러스 알파의 민간신용에 관한 교환 공문 안을 교환하였음.

그 내용은 아래와 같음.
한국 안: 본인은 1965년 4월 3일의 이동원 대한민국 외무부 장관과 시나 에쓰사부로 일본국 외무대신 간의 양국 간의 청구권 문제 해결 및 경제협력에 관한 합의사항 3의 민간신용 제공에 관하여 양국 정부가 다음과 같이 합의한 것을 제안하는 영광을 가집니다.

1. 일본국 정부는 3억 합중국 불(300,000,000불) 이상에 달하는 것이 기대되는 상업 베이스에 기한 통상의 민간신용(이하 '신용'이라 함)이 일본 국민(법인을 포함함)에 의하여 대한민국 정부 또는 대한민국 국민(법인을 포함함)에 대하여 행하여지는 것을 관계 법령의 범위 내에서 용이하게 하고 또한 촉진하는 것으로 한다.

2. 1항의 신용제공은 일본국에 의하여 제3국에 부여되었거나 또는 부여될 동종의 신용제공의 조건 가운데에서 가장 유리한 조건에 따라 행하여지는 것으로 한다.

3. 어업협력을 위한 9천만 합중국 불(90,000,000불)과 신용제공 및 대한민국 정부 또는 대한민국 국민(법인을 포함함)에 의한 선박 도입을 위한 3천만 합중국 불(300,000,000불)은 전기 제1항과 금액에 포함되며 별도로 정하는 절차에 따라 일본국 정부에 의하여 특별한 배려가 행하여지는 것으로 한다.

본인은 본 공한과 전기의 제안을 귀국 정부가 수락함을 확인하는 각하의 회한을, 대한민국과 일본국 간의 1965년 4월 3일 청구권 문제 해결 및 경제협력에 관한 합의사항 3의 신용제공의 실시에 관한 양 정부 간의 합의를 구성하는 것으로 간주함을 제안하는 영광을 가집니다.

일본 측 안(가역): 본인은 일본국 국민이 대한민국 정부 또는 국민에 대하여 행할 상업상의 민간신용 제공에 관하여 양국 정부의 대표 간에 도달된 다음의 양해를 확인하는 영광을 가집니다.

1. 3억 합중국 불(300,000,000불)의 액을 넘는 상업상의 기초에 의한 통상과 민간신용 제공이, 일본국 국민에 의하여 체결될 수 있는 적당한 계약에 의거하여, 대한민국 정부 또는 국민에 대하여 행하여지는 것이 기대된다.

2. 1항의 제공에는, 9천만 합중국 불(90,000,000불)의 액에 달하는 것이 기대되는 어업협력을 위한 민간신용 제공 및 3천만 합중국 불(30,000,000불)의 액에 달하는 것이 기대되는 선박 수출을 위한 민간신용 제공이 포함된다. 이들 어업협력을 위한 민간신용 제공 및 선박 수출을 위한 민간 신용제공은, 관계 법령의 범위 내에서 용이화 되는 것으로 한다. (주일정 - 외아북)

72. 청구권 및 경제협력 관련 힐튼호텔 회담 시작 보고 전문

번호: JAW-06324

일시: 151847[1965. 6. 15]

수신인: 외무부 장관
발신인: 수석대표
사본: 국무총리, 경제기획원 장관, 청와대 비서실장, 중앙정보부장

금 15일 18:00시부터 한일 양측 대표는 힐튼호텔에서 청구권 및 경제협력 문제의 미해결 문제점의 토의 및 조문화 작업을 시작하였는바, 상세한 것은 별도로 보고할 것임.(외아북-주일정)(외통협)

73. 청구권 및 경제협력 관련 교섭 진행 상황 보고 전문

번호: JAW-06341

일시: 161356[1965. 6. 16]

수신인: 외무 장관
발신인: 수석대표
참조: 국무총리, 경제기획원 장관, 중앙정보부장, 청와대 비서실장

연: JAW-06234

1. 연호로 보고한 청구권 및 경제협력에 관한 회의는 금일(6. 16) 아침 6시 30분까지 계속되었음.

2. 동 회의에서 협정의 제목, 전문, 제2조(청구권 소멸 문제) 및 협정에 관한 분쟁의 해결 문제 등을 제외하고 기타사항에 관하여 거의 모두 합의에 도달하고 조문화를 완료하였음.

3. 계약은 도쿄에 설치될 사절단 또는 한국 정부의 인가를 받은 자가 도쿄에서 계약에 서명하도록 하고, 계약에 관한 분쟁의 해결은 행위지 법에 의한 행위지의 재판 관할로 한다는데 합의하였음. 이 문제는 지금까지 아 측이 조달청에 의한 서울 계약을 주장하여 왔으며, 일본 측도 일단 이에 동의하였던 것이나, 이와 관련하여 일본 측은 계약을 조달청에 의하여 서울에서 체결하는 조건으로 비공개의 문서로, (가) 계약의 성립 요건은 일본법에 의한다. (나) 계약의 분쟁 해결의 준거법은 일본법으로 한다. (다) 계약 분쟁의 관할은 일본 재판소가 한다는 3대 조건을 규정할 것을 강력히 요구하였음. 따라서 계약지를 서울로 하면서 이상 3 조건을 합의하는 것보다는 차라리 사절단 계약으로 하는 것이 보다 나은 것으로 판단되었고, 또한 계약에 관한 입찰공고

낙찰자 결정 등 계약체결의 서명 이전까지의 절차를 서울에서 할 수 있다는 양해도 있었으므로 사절단에 의한 도쿄 계약으로 합의하였음.

4. JAW-06272로 보고한 청구권 소멸에 관한 토의는 금 16일로 연기되었음.

5. 양측은 본건 협정 미결문제점 토의와 조문화 작업 정리를 위하여 금 16일 힐튼호텔에서 오후 4시부터 회담을 속개하기로 합의하였음.

6. 상세한 내용은 별도 보고 위계임.(주일정-외아북)

76. 기금과의 차관계약 체결 관련 보고 전문(서비스 전문)[44]

번호:

일시: [1965. 6. 17]

종별: 서비스
수신인: 통상국장 대리
발신인: 통상국장

다음 전문을 경제기획원 장관에게 전달하시고 그 결과를 조속 회보하여 주시기 바람.

제목: 기금과의 차관계약 체결

6. 16(수)일본 경제협력 기금 당국이 제시한 차관계약 안을 가지고 현재 교섭을 진행 중이나, 합의한다면 차관계약을 체결하여야 할 것인바 다음 사항에 대하여 지시하여 주시기 바람.
① 차관 시 계약에 가서명할 것인가 혹은 본 서명할 것인가
② 누가 서명할 것인가
③ 헌법 제54조, 56조 어느 조문의 규정에 근거할 것인가.

이상

---

[44] 외교부가 재외공관과 주고받는 전문에는 공식적인 전문(형식적으로 장관과 재외공관장 간의 전문)과 직원이 업무 연락 등을 위해 개인 명의로 개인에게 보내는 서비스 전문으로 구별되는데, 이 전문은 후자에 속하는 것임. 이 전문에는 전문 번호와 일시가 기재되어 있지 않으나 요즘에는 서비스 전문에도 전문의 일련번호를 부여하는 것이 일반적임.

77. 일본 기금과의 기본 차관계약 체결 관련 전언통신문

전언통신

1965. 6. 17

수화자: 경제협력과 양세훈

송화자: 경제기획원 경제기획국장

제목: 일본 기금과의 기본 차관계약 체결에 관한 건

가. 기본 차관계약은 본 협정 조인과 동시에 정식 서명토록 하고

나. 서명은 외무부 장관이 하든지 또는 외무부 장관의 위임을 얻어 주일 대사나 김 차관보가 할 수 있다고 생각하나 이는 외무부가 정하도록 할 것이며,

다. 기본 차관계약은 현행 AID 및 서독 재정 차관과 마찬가지로 헌법 제56조를 적용받는 것으로 해석할 것.

단, 용어는 '기본 차관협정'(Agreement)으로 함이 가함.

78. 청구권 관계 협정 제2조의 청구권의 해결 문제에 관한 일본 측 안 보고 전문

번호: JAW-06394

일시: 171917[1965. 6. 17]

수신인: 외무부 장관 귀하
발신인: 수석대표

청구권 관계 협정 제2조의 청구권의 해결 문제에 관련하여 일본 측은 아래와 같은 안을 제시하여 왔아옵기 보고함.

아래 '제2조 안'

1. 양 체약국은 양 체약국 및 그 국민(법인을 포함)의 재산 권리 및 이익과 양 체약국 및 그의 국민 간의 청구권에 관한 문제가 1951년 9월 8일에 샌프란시스코에서 서명된 일본국과의 평화조약 제4조(A)에 규정된 것을 포함하여 완전하고도 최종적으로 해결된 것으로 되는 것을 이에 선언한다.

2. 본조의 규정은 다음의 것(본 협정의 서명일까지에 각각의 체약국이 취한 특별한 조치의 대상이 된 것을 제외)에 영향을 미치는 것은 아니다.

   (A) 일방의 체약국의 국민으로서 1947년 8월 15일부터 본 협정 서명일까지의 사이에 타방의 체약국에 거주한 사실이 있는 자의 재산 권리 및 이익

   (B) 일방의 체약국 및 그의 국민의 재산 권리 및 이익으로서 1947년 8월 15일 이후에 있어서의 통상의 접촉의 과정에 있어서 취득된 또는 타방의 체약국의 관할하에 들어간 것

3. 2의 규정에 따를 것을 조건으로 하여 일방의 체약국 및 그의 국민의 재산 권리 및 이익으로서 본 협정의 서명일에 타방의 체약국의 관할하에 있는 것에 대한 조치 및

일방의 체약국 및 그의 국민의 타방의 체약국 및 그의 국민에 대한 모든 체약권으로써 동일 이전에 발생한 사유의 기인하는 것에 관하여는 여하한 주장도 할 수 없는 것으로 한다.

합의의사록(안) (청구권 조항 관계)

제2조 2에 관하여

1. '특별한 조치'라 함은 일본국에 대하여는 제2차 세계대전의 종결의 결과로서 발생한 사태에 대처하여 1945년 8월 15일 이후 일본국에서 취해진 전후 처리를 위한 모든 조치(1951년 9월 8일에 샌프란시스코에서 서명된 일본국 간의 평화조약 제4조에 의거한 특별협정을 고려하여 취해진 조치를 포함)를 말한다.

2. '거주'라 함은 외국인 등록을 행하고 1년 이상 거주한 자를 말한다.(외아북, 외통협)

첨부

78-1. 청구권 관계 협정 제2조의 청구권의 해결 문제에 관한 일본 측 안[45]

(四〇・六・一七)

第二条(案)

1. 両締約国は, 両締約国及びその国民(法人を含む.)の財産, 権利及び利益並びに両締約国及びその国民の間の請求権に関する問題が, 千九百五十一年九月八日にサン・フランシスコで署名された日本国との平和条約第四条(a)に規定されたものを含めて, 完全かつ最終的に解決されたことになることをここに宣言する.

2. この条の規定は, 次のもの(この協定の署名の日までにそれぞれの締約国が執った特別の措置の対象となったものを除く.)に影響を及ぼすものではない.

(a) 一方の締約国の国民で, 千九百四十七年八月十五日からこの協定の署名の日までの間に他方の締約国に居住したことがあるものの財産, 権利及び利益

(b) 一方の締約国及びその国民の財産, 権利及び利益であって, 千九百四十七年八月十五日以後における通常の接触の過程において取得され又は他方の締約国の管轄の下に入ったもの

3. 2の規定に従うことを条件として, 一方の締約国及びその国民の財産, 権利及び利益であってこの協定の署名の日に他方の締約国の管轄の下にあるものに対する措置並びに一方の締約国及びその国民の他方の締約国及びその国民に対するすべての請求権であって同日以前に生じた事由に基づくものに関しては, いかなる主張もすることができないものとする.

(四〇・六・一七)

合意議事録(案)(請求権条項関係)

---

[45] 이 문서에 대한 한글 번역은 앞의 78번 문서에 수록되어 있음.

第二条2に関し,

1.「特別の措置」とは,日本国については,第二次世界大戦の終結の結果として生じた事態に対処して,千九百四十五年八月十五日以後日本国において執られた前後処理のためのすべての措置(千九百五十一年九月八日にサン・フランシスコ市で署名された日本国との平和条約第四条に基づく特別取極を考慮して執られた措置を含む.)をいう.

2.「居住」とは,外国人登録を行なって一年以上居住した者をいう.

79. 기본 차관계약 체결 관련 경제기획원 입장 통보 전문

번호: WJA-06260

일시: 181045 [1965. 6. 18]

수신인: 한일회담 수석대표
참조: 통상국장

경제기획원에 문의하였던바, 기본 차관계약 체결에 관하여는 일본의 해외경제협력기금이 AID와는 달리 법인체이므로 동 기금과의 차관계약은 헌법 제54조에 해당하는 것으로 사료된다 하니 계약 서명은 현지에서 현안 제 협정을 서명하는 전권대표가 또는 동대표가 지정하는 자가 본 서명토록 하시기 바람.(외통협)

장관

82. 청구권 관계 협정 제2조 청구권의 해결에 관한 조문 관련 청훈 전문

번호: JAW-06421

일시: 181812[1965. 6. 18]

TO: 외무부 장관

연: JAW-06394

1. 청구권 관계 협정 제2조의 청구권의 해결에 관한 조문에 관하여 일본 측은 연호로 보고한 바와 같은 조문안을 최종안이라 하여 우시바 심의관이 직접 제시하여 왔음.

2. 아 측은 일본 측 안이 약간의 improvement는 있으나 아직도 몇 가지 점에서 수락할 수 없음을 밝히고 교섭의 진전을 위하여 아 측의 기본 입장을 가능한 한 일본 측 안에 접근된 안을 제시하고 장시간 토의하였음.

3. 제1항에 있어서는 첫머리의 '본 협정의 체결에 관하여'는 아 측 안에서 삭제하기로 하고 맨 끝은 '해결된 것으로 됨을 확인한다'로 하기로 하였음(아직 샌프란시스코 평화조약 4조 (a)만을 언급하는가, 4조 전반을 언급하는가의 대립이 있음).

4. 그러나 제2항과 제3항에 관하여서는 일본 측이 자기 측 안을 받아드리지 않는 한 토의에 응할 수 없으며, 일본 측 안이 최종 입장이라는 것을 고집하고 있음.

5. 일본 측 안은 지금까지 청구권 대상이 되지 않았던 우리 교포 또는 기타 재일 재산에 중대한 영향을 미칠 우려가 있는바, 일본 측의 입장이 상기 보고와 같이 강경함에 비추어 대표단으로서는 일본 측 안을 수락할 수 있을는지, 또는 아 측 안과 대비하여 어느 정도의 수정이 있으면 가할지 또는 아 측 안을 고집할 것인지 법적 면에서 신중 검토하시와 지급 훈령하여 주시기 바람.(외아북 – 외통협)

6. 이상 청훈에 대하여 금일 오후 10시까지 지급 회답 바람.

수석대표

첨부

82-1. 우시바 심의관이 김 대사에게 수교한 청구권 관계 협정 제2조 문안

(四〇・六・一八) (저녁)

2. この条の規定は, 次のもの(この協定の署名の日までにそれぞれの締約国が執った特別の措置の対象となったものを除く.)に影響を及ぼすものではない.

(a) 一方の締約国の国民で, 千九百四十五年八月十五日以前からこの協定の署名の日まで引き続き他方の締約国に居住するものの財産, 権利及び利益

(b) 一方の締約国及びその国民の財産, 権利及び利益であって, 千九百四十五年八月十五日以後における通常の接触の過程において取得され又は他方の締約国の管轄の下に入ったもの

번역 (1965. 6. 18) (저녁)

2. 이 조의 규정은 다음의 것(이 협정의 서명일 이전에 각 당사국이 취한 특별 조치의 대상이 된 것은 제외한다)에 영향을 미치지 아니한다.

(a) 일방 체약국의 국민으로서 1945년 8월 15일 이전부터 이 협정 서명일까지 계속하여 타방 체약국에 거주하고 있는 자의 재산, 권리 및 이익

(b) 일방 체약국 및 그 국민의 재산, 권리 및 이익으로서 1945년 8월 15일 이후 통상적인 접촉의 과정에서 취득하거나 타방 체약국의 관할하에 들어간 것

88. 청구권 관계 협정 제2조 청구권의 해결에 관한 조문 한국 측 제시안 보고 전문

번호: JAW-06420

일시: 181813[1965. 6. 18]

수신인: 장관

발신인: 수석대표

연: JAW-06421

청구권협정 제2조에 관하여 아 측이 제시한 안은 아래와 같음.

다음

제2조(안) 1965년 6월 17일 제안

1. 양 체약국은 본 협정 체결에 따라 양 체약국 및 그의 국민(법인을 포함)의 재산, 권리 및 이익과 양 체약국 및 그의 국민의 사이의 청구권에 관한 문제가 1951년 9월 8일 샌프란시스코시에서 서명된 일본국과의 평화조약 제4조에 규정된 것을 포함하여, 완전 그리고 최종적으로 해결된 것을 확인한다.

2. 본조 규정은 다음의 것(본 협정의 서명의 날까지에 각각의 체약국이 취한 특별한 조치의 대상으로 된 것은 제외함)에 영향을 미치는 것은 아니다.

(A) 일방 체약국의 국민으로서 1945년 8월 15일부터 본 협정의 서명의 날까지의 사이에 타방 체약국에 거주한 일이 있는 자의 재산, 권리 및 이익과 양국 및 양국 국민 간의 청구권

(B) 일방의 체약국 및 그의 국민의 재산, 권리 및 이익으로서 1945년 8월 15일 이후에 있어서의 통상의 접촉의 과정에 있어서 취득되고 또한 타방 체약국의 관할하에 있는 것으로 된 것

2090 　　(C) 일방의 체약국 및 그의 국민의 타방 체약국 및 그의 국민에 대한 청구권으로서 1945년 8월 15일 이후에 있어서의 통상의 접촉으로부터 발생한 관계에 기인하는 것

　　3. 2의 규정에 따를 것을 조건으로 하여, 일방 체약국 및 그의 국민의 재산, 권리 및 이익으로서 본 협정의 서명의 날에 타방 체약국에 있는 것으로 특별 조치의 대상이 된 것 또는 되어야 할 것에 대한 조치와 일방 체약국 및 그의 국민의 타방 체약국 및 그의 국민에 대한 모든 청구권으로서 동일 이전의 사유에 기인하는 것에 관하여는 여하한 주장도 할 수 없는 것으로 한다.

　　합의의사록(안)
　　제2조에 관하여,
　　특별한 조치라는 것은, 일본국에 대하여는 제2차 세계대전의 종결의 결과로서 발생한 사태에 대처하여, 1945년 8월 15일 이후의 일본국에 있어서 취해진 전후 처리를 위한 모든 조치(1951년 9월 8일 샌프란시스코시에서 서명된 일본국과의 평화조약 제4조에 의거한 특별 약정을 고려하여 취하여진 조치를 포함함)를 말한다.

　　거주 운운은 삭제함.(주일정 – 외아북 – 외통협)

89. 차관계약 서명자에 대한 신임장 발행 요청 전문

번호: JAW-06437

일시: 190124[1965. 6. 19]

수신인: 장관
발신인: 수석대표

해외경제협력기금의 유상 2억 불에 관한 차관계약의 조인에 필요하오니 김영준 경제기획원 차관보에 대한 서명을 위한 신임장을 발행하여 주시기 바람.(주일정-외아북)

90. 김영준 차관보에 대한 신임장 발행 내부재가 문서

기안자: 동북아과

과장[대리 서명]　국장[서명]　차관[서명]　장관[인장]

협조자 서명: 방교국장[서명]　경제기획원 장관

기안년월일: 65. 6. 19

경유·수신·참조: 건의

제목: 대일청구권 자금 중 유상 2억 불에 관한 차관계약 서명을 위한 신임장 발행

　대일청구권 해결에 따라 도입되는 자금 중 유상 2억 불의 실시에 관하여는 아국 정부와 일본의 해외경제협력기금 간에 기본 차관계약을 체결키로 되었는바, 정부를 대표하여 하기인으로 하여금 동 계약에 서명토록 하기 위하여 동인에 대하여 신임장을 발행할 것을 건의합니다.

부처명	직위	성명	비고
경제기획원	기획차관보	김영준	한일회담 청구권 및 경제협력 위원회 대표

91. 청구권 및 경제협력 협정 제3조 분쟁 해결 규정의
일본 측 안 수락 관련 보고 전문

번호: JAW-06

일시: 190123 [1965. 6. 19]

수신인: 장관
발신인: 수석대표

금 18일 하오 11시 30분 일본 측은 청구권 및 경제협력 협정 제3조 분쟁 해결 규정 안을 제시하였는바 동 규정안은 어업협력의 당해 규정과 동일한 것으로 아 측은 이를 수락하였음을 보고함.(주일정 외아북)

93. 유상 2억 불 차관계약 합의 보고 전문

번호: JAW-064

일시: 190159[1965. 6. 19]

수신인: 장관
발신인: 수석대표
참조: 경제기획원 장관

1. 유상 2억 불에 대한 차관계약을 위하여 일본 측 안에 대한 아 측 수정안을 제출하여 6. 18일 새벽 1시부터 해외경제협력기금 당국자와 협의한 결과 하오 5시 대체로 아 측 수정안대로 합의되어 최종 결론을 봤음.

2. 이에 대한 한국어, 일본어의 차관계약안과 부속서인 PROJECT AGREEMENT, L/A 및 NOTICE OF ADVANCE의 양식을 명일 귀국하는 최광수 과장이 휴대할 것임.

3. 시간 관계로 영어의 정본은 조인 후 작성하게 될 것임.

94. 청구권협정 등 교섭 현황 보고 전문

번호: JAW-06450

일시: 190720[1965. 6. 19]

수신인: 외무 장관

발신인: 수석대표

사본: 대통령, 국무총리, 경제기획원 장관, 농림장관 각하

교섭 현황을 보고함(19일 07:00 현재).

 1. 어업협정은 유효 기간을 제외하고는 10개 문서로 구성되는 전 협정은 작성 완료. 연안 어업에 관한 보완 조항 작성은 포기되었고, 상호 승선, 합동 순시 등 여하 7개 보완 조항은 전부 안문 작성에 성공

 2. 청구권 관계 문서는 제2조 안문 작성만 남기고 차관계약을 포함하여 21개 조약문 작성 완료됨.

 3. 법적지위 협정은 법무대신의 전후 입국자 처리 문제에 관한 성명서를 포함한 4개 협정문 작성 완료함.

 4. 문화재 협정은 4개 문서, 협정 조약문 작성 완료.

 5. 따라서 청구권협정 제2조와 어업협정 유효 기간 문제를 제외하고는 한일회담 관련 전 조약문 일본어 원문 작성은 완료하고 한국분 원문을 조합 중에 있음.

 6. 본국에서 파견된 회담 대표, 실무자 및 대표부 관계 직원의 헌신적인 노력으로 22일 본조인 서명이 확실하게 된 것을 다행으로 생각함.(주일정-외아북)

96. 청구권 및 경제협력에 관한 협정의 합의의사록 문안 합의 보고 전문

번호: JAW-06484

일시: 201827[1965. 6. 20]

수신인: 외무 장관

청구권 및 경제협력에 관한 협정의 합의의사록이 6. 19 다음과 같이 합의되었음을 보고함.

대한민국과 일본국 간의 재산 및 청구권에 관한 문제의 해결과 경제협력에 관한 협정에 대한 합의의사록(안)

대한민국 정부 대표와 일본국 정부 대표는 금일 서명된 대한민국과 일본국 간의 재산 및 청구권에 관한 문제의 해결과 경제협력에 관한 협정(이하 '협정'이라 함) 및 관련 문서에 관하여 다음의 양해에 도달하였다.

1. 협정 제1조 1에 관하여

일본국이 제공하는 생산물 및 용역은 일본국 내에 있어서 영리 목적을 위하여 사용되지 아니한다는 데에 의견의 일치를 보았다.

2. 제1 의정서 제2조 1에 관하여

(A) 대한민국 대표는 협정 제1조의 1의 규정에 의거한 제공 또는 차관에 의하여 행하여진 사업의 수행상 필요하다고 예상되는 대한민국의 국내 자금 확보를 위하여 대한민국과 일본국 정부가 1억 5천만 아메리카합중국 불(150,000,000불)과 동등한 일본 원의 액수를 초과하는 자본재 이외의 생산물을 제공할 것을 기대한다는 취지를 진술하였고, 일본국 대표는 이에 대하여 고려할 용의가 있다는 취지의 답변을 하였다.

(B) 일본국이 제공하는 생산물은 무기 및 탄약을 포함하지 아니한다는 데에 의견의 일치를 보았다.

3. 제1 의정서 제2조 2에 관하여

외국환에 있어서의 추가 부담이 일본국과 과하여지는 경우라 함은, 당해 생산물을 제공하기 위하여,

(A) 특히 높은 외화 부담이 필요로 되는 경우 및

(B) 동등한 품질의 일본국의 생산물에 의하여 대치할 수 있는 수입품 또는 독립적인 기능을 가지는 수입 기계 부분품의 구입에 있어서 외화 부담이 필요로 되는 경우를 말한다는 데에 의견의 일치를 보았다.

4. 제1 의정서 제3조에 관하여

(A) 동 조 1에 대하여 대한민국 대표는 계약의 체결이 일본국 내에서 행하여진다는 것 및 이 계약의 체결이라 함은 서명을 의미하며, 서명에 이르기까지의 입찰, 공고 기타 행위에 대하여는, 대한민국 정부(조달청)가 행하는 경우에는 원칙적으로 대한민국에서, 기타의 경우에는 대한민국 또는 일본국에서 이러한 행위가 행하여진다는 것을 양해한다고 진술하였고, 일본국 대표는 이에 대하여 이의가 없다는 취지의 답변을 하였다.

(B) 동 조 2의 계약으로서 수송, 보험 또는 검사와 같은 부수적인 용역의 제공을 필요로 하고, 또한 이를 위한 지불이 제1 의정서에 따라서 행하여지기로 되어 있는 것은 모두 그러한 용역이 일본 국민 또는 일본국의 법인에 의하여 행하여져야 한다는 취지의 규정이 포함되어야 한다는 것이 양해되었다.

5. 제1 의정서 제6조 4에 관하여

일본국에 의하여 제공되는 생산물이 가공(단순한 조립가공 또는 이와 같은 정도의 가공은 제외함)또는 양 정부 간에 합의될 기타의 처리가 가하여진 후 대한민국의 영역으로부터 수출되었을 경우에는 동 조 4의 규정은 적용되지 아니한다는 데에 의견의 일치를 보았다.

6. 협정 제1조 1 (B)의 규정의 실시에 관한 교환 공문에 관하여,

(A) 동 교환 공문 2 나.의 사업계획 합의서의 효력 발생일이라 함은, 사업계획합의서에 별도의 규정이 없을 경우를 제외하고, 각각의 사업계획 합의서의 서명일을 의미한다는 것이 양해되었다.

(B) 동 교환 공문 2 가.의 차관 이행이라 함은, 일본 측의 수출자와 대한민국 측의 수입자 간에 체결되는 계약의 정하는 바에 따라, 해외경제협력기금이 대한민국 정부를 위하여, 일본 측의 수출자에 대하여 지불을 하고, 동 기금에 개설되는 대한민국 정부의 계정에 차기하는 일자임이 확인되었다(불공포).

대한민국과 일본국 간의 청구권에 관한 문제의 해결과
경제협력에 관한 협정에 대한 합의의사록

대한민국 정부 대표와 일본국 정부 대표는, 금일 서명된 대한민국과 일본국 간의 재산 및 청구권에 관한 문제의 해결과 경제협력에 관한 협정(이하 '협정'이라 함) 및 관련 문서에 관하여 다음과 같은 양해에 도달하였다.

1. 협정 제1조에 관하여

동 조 1 (A)의 단서 규정에 의하여 각 년의 제공의 한도액이 증액되는 경우에는, 그 증액은 각 년의 제공의 한도액이 제2 의정서 제1조에서 정하는 당해 연도의 연부불의 액수 이하로 되지 않는 범위 내에서, 최종 제공의 한도액으로부터 순차적으로 앞당겨 행하여지는 것이 양해되었다.

2. 제1 의정서 제6조에 관하여

동 조 5의 규정의 적용에 대하여 양국 정부가 양국에 있어서의 수송 및 보험의 실정을 고려하여, 합동위원회에서 협의한다는 것이 양해되었다.

3. 제1 의정서의 실시 세목에 관한 교환 공문에 관하여

계약으로부터 또는 이와 관련하여 발생하는 분쟁은 당해 계약의 일방 당사자가 거

주하는 국가에 상사중재 기관이 설립되어 있지 아니한 때에는 동 교환 공문 II 3의 규정에 불구하고, 타방 당사자가 거주하는 국가에 있는 상사중재 기관에 회부된다는 것이 양해되었다.(주일정 – 외아북)

(주: 이상 '불공포' 부분은 금후에 있어서 대외적으로 발표하지 않기로 합의된 것임으로 취급에 유의바람)

106. 청구권협정 제2조 관련 훈령 요청 전문[46]

대: WJA-06277

65년 6월 19일

외무부 장관 귀하

청구권협정 2조는 아침까지의 교섭에서 아직 타결을 보지 못함. 교착 상태를 타개하기 위하여 다음과 같은 타협안을 일본 측에 제시코자 하오니 가부를 지급 훈령하여 주시기 바람.

타협안 내용

1. 일본 안 2항 (a) 교포 재산에 관하여 47년 8월 15일 일자를 수락한다.

단, 1) 합의의사록의 거주에 관한 규정은 삭제한다. 이로써 47년 8월 15일 이후에 귀국한 자로서 일본에서 외국인 등록을 하지 않았거나 거주기간 1년 이상인 자가 구제되고 현재 일본 거주자 중 비합법적 거주자도 구제 대상

    2) 합의의사록 형식으로 45년 8월 15일부터 47년 8월 15일까지 귀국자의 재산, 권리, 이익 중 부동산(특별조치 대상은 제외)은 일본이 취할 조치의 대상으로 안 한다는 약속을 받는다. 유가증권 등을 8개 항목 조로 당연히 주장할 수 없는 것으로 해석됨.

2. 2항의 (b) 통상 접촉 개시 일자는 45년 8월 15일로 계속 주장하되 최종적으로는 무역 재개일(47. 8. 15)을 수락한다.

3. 3항의 '조치'는 특별 조치의 대상이 된 것 또는 되었어야 할 것으로 대상을 한정하는 문구를 협정 문안에 첨가하도록 노력하고 최종적으로 합의의사록으로 약속을 받

---

[46] 이 전문은 수기로 작성되어 있음.

는다. 이로써 장차 취할 조치의 대상은 전후처리적인 특별 조치의 대상만으로 한계가 명확하게 됨.

4. 합의의사록 2항 거주 규정을 상기 1에 따라 삭제토록 한다. 삭제 불능 시는 외국인 등록 조건은 삭제하고 1년 이상 거주만을 수락한다.

수석대표

107. 기금과의 차관계약 체결에 관한 보고 전문

번호: JAW-06489

일시: 2021100 [1965. 6. 20]

수신인: 외무 장관(참조: 경제기획원 장관)
발신인: 수석대표

기금 당국과의 차관계약 체결에 관하여 다음과 같이 보고함.

1. 차관계약의 법적 근거는 훈령(WJA6260)에 따라 헌법 제54조로 하였음.
2. 차관계약은 6. 22 한국어와 일본어로 서명하기로 결정하였으며, 시간 관계로 영어문서는 약간 지연될 것이나 서명 일자는 마찬가지로 6. 22자로 하기로 합의하였음.
3. 차관계약에는 경제기획원 장관을 대리하여 김영준 경제기획원 차관보가 서명하기로 결정하였음. (주일정 – 외아북)

109. 청구권협정 제2조에 관한 교섭 결과 보고 전문

번호: JAW-06490

일시: 210109[1965. 6. 21]

수신인: 외무 장관
발신인: 수석대표

대: WJA-06277

1. 청구권협정 제2조에 관하여 19일 저녁 밤 및 20일 아침 3차에 걸친 일본 측과의 회의(전 통상국장과 사토 심의관)와 금일 오후의 우시바 심의관과의 교섭을 통하여, 본국 정부의 승인을 조건으로 다음과 같은 문안에 합의하였아오니 본부 승인 여부를 지급 회전하여 주시기 바람.

2. 중요 내용
1항 평화조약 4조 (A), 4조 (B)는 이미 일본 측이 수락하여 이번 협정 시 문제가 안 되는 것이며 (C)는 해결 방법은 합의하였으나 완전 해결은 안된 것이라는 고려에서 (A)만을 기재함.

2항 (A) 재일교포 또는 교포였던 사람의 재일 재산에 있어 1947년 8월 15일은 45년부터 그때까지 약 100만 명의 귀환자가 있으므로 일본 측이 절대 양보할 수 없는 것이며 굳이 45년도로 할 경우에는 법적지위와 같이 계속 거주하는 자만을 대상으로 할 수밖에 없다고 함. 따라서 합의의사록 일본 안중 거주에 관하여 외국인 등록 조건을 삭제하고 1년 이상 거주를 47년 8월 15일까지 1년이 된 자로 포함토록 수정하고 또한 45년부터 47년간에 귀국한 자라도 일본 소재 부동산은 실질적으로 영향을 안 받는다는 양해하에 47년 8월 15일을 수락키로 함.

(B) 항은 우리 요구대로 1945년 8월 15일을 일본이 수락함. 합의의사록에 전후 귀

환자에 대한 규정을 두었는데 이는 한일 양국에 다 필요한 해석이라고 사료됨. '취득되고 또는' 에 대하여는 적절한 해명을 받고 원안에 합의하였음. 2항에서 청구권에 인용되지 않은 것은 일본은 청구권을 개인의 채권 등이 아닌 외교법권적인 정부 청구권으로 해석한다 하므로 개인의 청구권은 재산, 권리 및 이익에 포함된다는 뜻의 합의의사록을 작성함. 3항의 조치에 대하여는 합의의사록에 있는 대로 취할 조치의 성격을 인정하였음.

3. 4. 3 합의서의 합의의사록은 본 협정 2조에 대한 여러 가지 합의의사록 내용의 하나로 삽입키로 하였음. 표현 중 한국 측 8개 항목에 속하는 것은 청구가 되고 일본 측 나포 어선 관계는 청구권으로 된 것은 전자는 실제 재산에 대한 처분을 포함하는 것이며 후자는 나포 선박에 관련한 실체권은 이미 한국 국내법에 의하여 존재하지 않고 일본 정부의 청구권만이 남아 있었다는 해석에 근거함.

첨부물

제2조(합의안)

1. 양 체약국은 양 체약국 및 그 국민(법인을 포함함)의 재산, 권리 및 이익과 양 체약국 및 그 국민 간의 청구권에 관한 문제가, 1951년 9월 8일에 샌프란시스코시에서 서명된 일본국과의 평화조약 제4조 (A)에 규정된 것을 포함하여, 완전히 그리고 최종적으로 해결된 것이 된다는 것을 확인한다.

2. 본조의 규정은 다음의 것(본 협정의 서명일까지 각기 체약국이 취한 특별 조치의 대상이 된 것을 제외한다)에 영향을 미치는 것이 아니다.

　(A) 일방 체약국의 국민으로서 1947년 8월 15일부터 본 협정의 서명일까지 사이에 타방 체약국에 거주한 일이 있는 사람의 재산, 권리 및 이익

　(B) 일방 체약국 및 그 국민의 재산, 권리 및 이익으로서 1945년 8월 15일 이후에 있어서의 통상의 접촉의 과정에 있어 취득되었고 또는 타방 체약국의 관할하에 들어오게 된 것

3. 2의 규정에 따르는 것을 조건으로 하여, 일방 체약국 및 그 국민의 재산, 권리 및 이익으로서 본 협정의 서명일에 타방 체약국의 관련하에 있는 것에 대한 조치와 일방 체약국 및 그 국민의 타방 체약국 및 그 국민에 대한 모든 청구권으로서 동일자 이전에 발생한 사유에 기인하는 것에 관하여는 어떠한 주장도 할 수 없는 것으로 한다.

합의의사록

협정 제2조에 관하여

(A) '재산, 권리 및 이익'이라 함은 법률상의 근거에 의거하여 재산적 가치가 인정되는 모든 종류의 실체적 권리를 말하는 것으로 양해되었다.

(B) '특별 조치'라 함은, 일본국에 관하여는, 제2차 세계대전 전후 상태의 종결의 결과로서 발생한 사례에 대처하여, 1945년 8월 15일 이후 일본국에서 취해진 전후 처리를 하기 위한 모든 조치(1951년 9월 8일 샌프란시스코시에서 서명된 일본국과의 평화조약 제4조 (A)에 의거하는 특별 약정을 고려하여 취해진 조치를 포함한다)를 말하는 것으로 양해되었다.

(C) '거주한'이라 함은 동 조 2 (A)에 기재한 기간 내의 어떠한 시점까지면 그 나라에 계속하여 1년 이상 거주한 것을 말하는 것으로 양해되었다.

(D) '통상의 접촉'에는 제2차 세계대전의 전투 상태의 종결의 결과 일방국의 국민으로서 타방국으로부터 귀환한 자(지점 폐쇄를 행한 법인을 포함한다)의 귀환 시까지의 사이에 타방국의 국민과의 거래는 종전 후에 발생한 특수한 상태 하에 있어서의 접촉을 포함하지 않는 것으로 양해되었다.

(E) 동 조 3에 의하여 금후 취할 수 있는 '조치'라 함은 동 조 1에서 말하는 양 체약국 및 그 국민 간의 청구권에 관한 문제를 해결하기 위하여 취하여질 각 체약국의 국내 조치를 말하는 것으로 의견의 일치를 보았다.

(F) 한국 측 대표는 제2차 세계대전의 전투 상태의 종결 후 1947년 8월 15일까지의 사이에 귀국한 한국 국민이 일본국 내에 소유하는 부동산에 대하여 신중한 고려가 베풀어질 수 있도록 희망을 표명하고, 일본 측 대표는 이에 대하여 신중히 검토할 것임을 대답하였다.

(G) 동 조 1항에서 완전히 그리고 최종적으로 해결된 것으로 되는 양국 및 그 국민

의 재산, 권리 및 이익과 양국 및 그 국민 간의 청구권에 관한 문제에는 한일회담에 있어서 한국 측으로부터 제출된 '한국의 대일청구권'(소위 8항목)의 범위에 속하는 모든 청구가 포함되어 있고, 따라서 동 대일청구요강에 관하여는 어떠한 주장도 할 수 없게 됨을 확인하였다.

(N) 동 조 1항에 있어서 완전히 그리고 최종적으로 해결된 것이 되는 양국 그 국민의 재산, 권리 및 이익과 양국 및 그 국민 간의 청구권에 관한 문제에는, 본 협정의 서명일까지에 대한민국에 의한 일본 어선의 나포로부터 발생한 모든 청구권이 포함되어 있고, 따라서 그러한 모든 청구권은 이미 대한민국 정부에 대하여 주장할 수 없게 되었음을 확인하였다.

본직을 비롯한 현지 교섭대표로서는 상기 합의안은 제2조 타결을 위하여 일본 측과 타협할 수 있는 마지막 안이라고 사료하오니 수락토록 21일 오전 중으로 회전 바랍니다.

청구권 관계 회의 보고 및 훈령, V.3, 미해결 문제 토의 및 조문화 작업, 1965

분류번호 : 723.1 JA 1965
등록번호 : 6887
생산과 : 동북아주과
생산연도 : 1965
필름번호 : C1-0030
파일번호 : 05
프레임번호 : 0001~0343

청구권협정 조문화 작업과 관련한 각종 회의(뉴오타니 및 힐튼호텔 회의, 법적문제소위원회 회의 등) 기록과 관련 훈령, 협정 및 합의의사록 문안 등이 수록되어 있다. 회의 기록을 통해 청구권협정 제2조에 관한 양국 간 교섭이 협정 조인 직전까지 계속되었음을 알 수 있다. 이 항목에 수록된 다수의 문서들 가운데 1468번 파일에 기수록된 문서들은 이곳에서 생략하였다.

1. 뉴오타니 및 힐튼 회담
(협정 조문화 작업 촉진 및 미해결 문제점의 토의·조문화 작업, 6. 11~21)

[이 항목에 수록된 문서들은 대부분 1468번 파일에 동일한 문서들이 수록되어 있으므로 이곳에서는 생략함.]

2. 청구권 및 경제협력위원회 법적문제소위원회, 6. 2~22

44. 제7차 한일회담 청구권 및 경제협력위원회 법적문제소위원회 제1차 회의 결과 보고 전문

0253   번호: JAW-06052

일시: 021927[1965. 6. 2]

수신인: 장관
발신인: 수석대표

청구권 및 경제협력위원회 법적문제소위원회 회의 보고(제1차)

금일(수) 14:30~17:30까지 외무성에서 개최된 법적문제소위원회 회의를 다음과 같이 보고함.

1. 참석자: 한국 측: 전상진 국장, 김정태 1등 서기관, 최광수 동북아과장,
   오재희 정무과장.
   일본 측: 사토 심의관, 마쓰나가 조약과장, 대장성 외채과장 외 4명

2. 회의 내용
일본 측 마쓰나가 조약과장으로부터 일본 측의 '협정안 표제', '재산 및 청구권에 관한 문제의 해결 및 경제협력에 관한 일본국과 대한민국과의 협정' 안의 전문, 동안 제2조, 및 '재산 및 청구권에 관한 문제의 해결 및 경제협력에 관한 일본국과 대한민국과의 협정 제2조에 관한 교환 공문' 안에 관한 설명이 있었음.

그 후 아 측은 동 협정안 전문 및 제2조에 대하여 질문을 하였음.

질문 요지

가. 제2조 1항의 '타방의 체약국이 이미 취한 또는 취할 수 있는 모든 조치'의 구체적인 대상과 내용이 무엇인지.

나. 제2조 2항의 '체약국이 취한 특별한 조치의 대상'의 구체적인 대상과 내용이 무엇인가.

다. 기타 어구에 관하여 일본 측의 설명을 요구하였음.

4. 명 6. 3(목)도 계속 회의를 가지고 일본 안에 대한 질문을 계속할 예정임.(주일정 - 외아북)

45. 제7차 한일회담 청구권 및 경제협력위원회
법적문제소위원회 제2차 회의 결과 보고 전문

번호: JAW-6082

일시: 031831[1965. 6. 3]

수신인: 외무부 장관

발신인: 수석대표

청구권 및 경제협력위원회 법적문제소위원회 회의 보고(제2차)

금 3일 14:30~16:30까지 외무성에서 개최된 법적문제소위원회 회의를 보고함.

1. 참석자: 한국- 전상진 국장, 김정태, 최광수.
   일본- 사토 심의관, 마쓰나가 조약과장, 외채과장 외 4명

2. 회의 내용

금일의 회의에서도 작일의 회의에 이어 일본 측 협정안 제2조에 대하여 계속 질문을 행하였으며 이에 대한 일본 측 답변이 있었다. 일본 측 답변을 통하여 일본 측 협정안의 의도가 명확하게 된 점은 대략 다음과 같다.

가) 일본 측 협정안 제2조 2항에 표현되어 있는 것은 우리의 입장에서 볼 때는 협정 서명일 당시에 한국 또는 한국민의 모든 재산에 대하여 일본이 이미 취했거나 앞으로 취할 모든 조치의 효력을 승인한다는 것이다. 따라서 우리가 대일청구권 외에 실질적으로 재일한인의 재산을 포함해서 모든 한국 또는 한국민의 재산이 조치의 대상이 되어 있다는 것이다. 한편, 일본 재산은 아 측 입장에서 보면 아국에 현존하는 것이 없으므로 2조 1항의 규정은 일본 측 입장만을 위한 규정이다.

나) 제2조 2항에 (A) (B)의 예외 규정을 두고 있는데, 이것에 관해서도 일본 측 협

정안에 있는 '특별 조치'라고 하는 것이 전후처리로서 일본이 이미 취한 조치, 예컨대 재외상사령, 패쇄기관령 등의 거래통제에 관한 조치 등이 이에 포함되고 또 예외가 되는 것이므로 사실상 제2항 (A)에서 규정하고 있는 재일한인이라 하더라도 실제적으로는 현재 현실적으로 소유하고 있는 재산 권리 이외에 일본 측 협정안 제1항에서 규정된 조치에 대한 예외적인 혜택을 받을 수 없다는 점이 확실해졌다.

　　다) 기타 일본 측 협정안 중 어구로서 문제되고 있는 점도 일본 측이 의도한 바가 명확해졌다.

3. 아 측은 이와 같은 일본 측 협정안과 같은 취급 방법은 청구권 문제 본래의 문제점에서 심히 이탈한다는 점을 지적하고 명 4일 오후 회의에서 일본 측 안에 대한 아 측의 전반적인 입장을 설명하기로 하고 폐회하였음.(아북)

46. 청구권 및 경제협력에 관한 협정 관련 청훈 전문

0257　　번호: JAW-06119

일시: 051109[1965. 6. 5]

수신인: 외무부 장관
발신인: 수석대표
참조: 경제기획원 장관, 재무부 장관

청구권 및 경제협력에 관한 일본 측 제안의 다음 사항에 대하여 청훈하오니 조속히 회보하여 주시기 바랍니다.

1. 무상 3억 불의 실시협정(7조 제3항)
"일본국의 국민 및 법인은 생산물 또는 용역의 공여에 관련하여 발생된 소득에 관하여 대한민국에 있어서의 관세가 면제된다." 및

2. 유상 2억 불의 실시를 위한 교환 공문(3)
"해외경제협력기금은 대부 및 이로부터 생기는 이자에 대하여 또는 이와 관련되어 과하여지는 대한민국의 조세 기타의 과징금은 면제된다"고 규정하였을 경우의 국내 세법상의 구체적 면세 내용과 동 규정의 수락 여부.(주일정-외아북)

47. 경제협력자금 과세 문제에 관한 훈령 전문

수신: 주일 대사

대: JAW-06119

　대호 전문으로 청훈한 과세 문제에 관하여 아국의 기본 방침은 과세에 의한 코스트 상승을 초래하는 경우에 대한 면세와 최소한 제3국인(미국인 용역)에 비하여 불리하게 대우하지는 않을 것을 고려하고 있는바, 이에는 다음 사항이 문제점이 되고 있으므로 일본 측에 대해 충분히 설명하고 결과를 보고하시기 바람.

　1. 3억 불의 실시(협정 7조 3항)
　가. 일본국의 국민 및 법인이 생산물 또는 용역 제공과 관련하여 한국 내에서 발생할 수 있는 소득원은
　　(1) 일본인의 기술 용역 제공에 있어서 플랜트 도입에 따른 일본인 기술자의 한국 내 취업
　　(2) 플랜트 도입에 따른 건설공사
　　(3) 구매 계약지가 서울이 되는 경우 공급자(입찰자)의 상행위 등으로 예측되는 바, 이외에 발생할 수 있는 다른 경우가 무엇인지. '제공과 관련하여'라는 자구에 대한 일본 측 의도
　나. 이상 3개의 경우에 대하여는 현 국내 세법상(소득세법, 영업세법, 법인세법) 과세의 대상이 되고 있음.
　다. 상기 (1), (2) 항에 있어서는 미국인에 대한 경우 한미기술원조협정에 의하거나, 또는 외자도입촉진법의 적용을 받는 경우에 있어서 일정 기간 면세하고 있음.
　라. 일본인이 해외사업에 있어서 현지국 법에 의해 납세한 경우에는 일본 정부가 전액 또는 일정액을 한도로 감면세 혜택을 받고 있다 함.

마. 용역제공자가 아국 내에서 '외국기관'이라고 해석될 경우 6개월 이상 거주자에 대하여는 아국인과 같이 과세 대상이 되고 6개월 이내 거주자에 대하여는 지불지에 따라 과세 대상이 됨. 즉, 지불지가 일본일 경우 과세할 수 없음.

2. 2억 불의 실시(교환 공문 3)

해외 경제협력기금이 수익을 목적으로 하지 않는 공적 법인이므로 이자 소득에 대하여는 과세하지 않고 있으나(AID의 경우와 같음.), 교환 공문에 '… 또는 이와 관련하여 과하여지는'이 상기 '가' 항의 경우를 의미하는 것인지 또는 그의 다른 경우가 있는지.

2억 불의 실시에 있어서 일본 측 초안 협정 제1조 1 (b)의 규정의 실시에 관한 교환 공문 2조(특히 (b)항)에 규정된 바를 본 협정에 규정하고 1조의 기본 차관계약은 체결하고 사업별 차관계약 대신 사업계획합의서(PROJECT AGREEMENT)로 할 것을 고려하고 있는바, 이와 관련하여 일본 측이 구상하는 기본 차관계약의 규정 사항이 무엇인지 기금의 지불조건들 제 규정 사항의 실제를 파악한 후 청훈에 대하여 결정코자 하니 기금이 타국에 공여한 기본 차관계약서 사본 또는 사업계획합의서 사본을 구득하여 송부하시기 바람.(주일정 722-192 참조) (외통협)

50. 제7차 한일회담 청구권 법적문제소위원회 제3차 회의 결과 보고 전문

번호: JAW-06272

일시: 131319[1965. 6. 13]

수신인: 장관
발신인: 수석대표

청구권 법적문제 회의 보고

1965. 6. 12 개최된 청구권 법적문제소위원회의 회의 내용을 다음과 같이 보고합니다.

1. 회의 일시: 1965. 6. 12, 하오 3~6시
2. 회의 장소: 오타니호텔
3. 참석자

　한국 측: 전상진 통상국장, 김정태 부이사관, 최광수 동북아과장, 오재희 주일 대표부 정무과장, 김봉은 한은 이사 외 1인

　일본 측: 사토 심의관, 마사나가 조약과장, 아쓰미 외채과장, 외무성 법무성 실무자 6명

4. 토의 내용

6월 11일 청구권 및 경제협력위원회에서 아 측이 제시한 '대한민국과 일본국 간의 청구권 문제 해결 및 경제협력에 관한 협정(안)' 제2조 1, 2항에 대하여 일본 측으로부터 질문이 있어서 답변을 하였으며 양측 안을 대조하면서 장시간 토의를 계속하였는 바 일본 측은 6. 14 아 측 안에 대한 회답을 하기로 합의하였음.

제2조 (아 측 안)

1. 이 협정의 체결에 의하여 이 협정 서명일에 존재하는 양 체약국 및 양 체약국 국

민의 재산과 양 체약국 및 양 체약국 국민 간의 청구권에 관한 문제는 1951년 9월 8일 샌프란시스코에서 서명된 일본국과의 평화조약 제4조에 규정된 것을 포함하여, 완전히 또한 최종적으로 해결된 것으로 한다.

  2. 1의 규정은 다음의 것에는 영향을 주지 않는 것으로 한다.

    (A) 일방의 체약국의 국민으로서, 1945년 8월 15일 이전부터 이 협정의 서명일까지 계속하여 타방의 체약국에 거주하는 자의 재산과 청구권(단 이 협정의 서명일까지에 각각의 체약국이 취한 특별한 조치의 대상이 된 것에 대하여는 제외됨)

    (B) 양 체약국 및 양 체약국 국민의 재산권과 양 체약국 및 양 체약국 국민 간의 채권 채무 관계로서 1945년 8월 15일 이후에 있어서의 통상 접촉으로부터 발생한 관계에 근거한 것.

52. 청구권 해결 문제에 관한 제2조 관련 협의 결과 보고 전문

번호: JAW-06311

일시: 151302[1965. 6. 15]

수신인: 장관
발신인: 수석대표

연: JAW-06272

1. 청구권 문제 중 법적인 청구권의 해결 문제에 관련된 제2조를 토의하기 위하여 다시 14일 20시 30분부터 23:45까지 아 측 전 통상국장, 일본 측 사토 심의관 이하 관계 실무자들이 참석하여 회담하였는바, 양측 의견이 대립된 채 결론을 보지 못하고 산회하였음.

2. 일본 측은 6. 11에 제시한 아 측 안(제2조)을 여러 각도로 검토한 결과 동안이 4. 3 합의사항과 같은 표현을 조문화한 것이나, 이는 4. 3 합의사항이 단지 문제의 요강만을 기술한 정치적 문서이므로 그대로 조문화할 수 없는 것이기 때문에 일본 측으로서는 이를 받아들일 수 없다고 하고 별도 보고와 같은 일본 측 안을 제시하였음.

3. 새로이 제시된 일본 측 안은 사실상 일본 측의 제1차 안과 차이가 없으며, 일본 측 안에 대한 진의를 더욱 캐본 결과 일본 측으로서는 예컨대 재일한국[인] 및 한국인 재산 전반에 대하여 일단 차압 조치와 같은 처분을 행하고, 하나하나 문제가 없는 것을 해제해 나가는 것과 같은 방법도 고려하고 있는 듯하므로 아 측으로서는 여하한 경우에도 일본 측 안과 같은 방식으로는 받아들일 수 없다는 것을 일일이 예를 들어 설명하고 일본 측의 재고를 촉구하는 동시에 아 측 안에 따라 문제를 해결토록 강력히 촉구하였음.

4. 그러나 일본 측은 이 이상 토의에 응하지 않으려는 태도를 보이므로 아 측은 토의를 그 자리에서 계속 시키든가 또는 15일 일찍이 토의를 재개할 것을 제의하였던바 일본 측은 내부 의견을 조정하여 15일 오후에나 토의를 재개할 수 있다는 태도를 보여 일단 산회하였음.

5. 토의가 재개되면 아 측 안에 따라 조문화되도록 강력히 추진 위계임.(주일정-외아북)

53. 청구권협정 제2조에 관한 일본 측 안(6. 14 자) 내용 보고 전문

번호: JAW-06312

일시: 151303[1965. 6. 15]

수신인: 외무 장관
발신인: 수석대표

연: JAW-06311

연호로 보고한 일본 측의 제2조에 대한 6. 14 자 안은 다음과 같음.

다음에 열거한 것을 제외하고는 일방의 체약국 및 그 국민의 재산 권리 및 이익으로써 본 협정 서명일에 타방 체약국 관할하에 있는 것에 대하여서 당해 타방 체약국은 여하한 조치도 취할 권리를 갖고 있으며, 또한 어느 일방의 체약국도 동일 이전에 발생한 사유에 의거한 타방 체약국 및 그 국민에 대한 자국 그 국민의 모든 권리를 포기한다.

가. 일방 체약국의 국민으로서 1945. 9. 2 이전부터 본 협정 서명일까지 계속 타방 체약국에 거주한 자의 재산, 권리 및 이익(단, 본 협정 서명일까지 각 체약국이 취한 특별한 조치의 대상이 되었던 것은 제외한다)

나. 일방 체약국 및 그 국민(법인을 포함한다)의 재산, 권리 및 이익으로서 양국 및 양국 국민 간의 1945. 8. 15 이후에 있어서 통상의 접촉의 결과로서 타방 체약국 관할하에 있게 된 것(단, 본 협정 서명일까지 각 체약국이 취한 특별한 조치의 대상이 되었던 것을 제외한다).(주일정 – 외아북)

51. 청구권협정 제2조에 관한 일본 측 안(6.14 자)[47]

(四〇 · 六 · 一四)

第二条(案)

　次に掲げるものを除くほか，一方の締約国及びその国民の財産，権利及び利益であってこの協定の署名の日に他方の締約国の管轄の下にあるものについては，当該他方の締約国は，いかなる措置をも執る権利を有し，また，いずれの一方の締約国も，同日以前に生じた事由に基づく他方の締約国及びその国民に対する自国及びその国民のすべての請求権を放棄する．

　(a) 一方の締約国の国民で，千九百四十五年九月二日以前からこの協定の署名の日まで引き続き他方の締約国に居住するものの財産，権利及び利益(ただし，この協定の署名の日までにそれぞれの締約国が執った特別の措置の対象となったものを除く．)

　(b) 一方の締約国及びその国民(法人を含む．)の財産，権利及び利益であって，両国及び両国国民間の千九百四十七年八月十五日以後における通常の接触の結果として他方の締約国の管轄の下に，あることになったもの(ただし，この協定の署名の日までにそれぞれの締約国が執った特別の措置の対象となったものを除く．)

47　편집자가 문서의 순서를 바꾸었음. 위 문서에 대한 한글 번역문은 53번 문서를 참조 바람.

54. 제7차 한일회담 청구권 및 경제협력에 관한 회의 결과 보고 전문

0280　　번호: JAW-06341

일자: 161356[(1965. 6. 16)]

[이 문서는 1468번 파일의 73번 문서로 기수록되었기에 이곳에서는 생략함]

56. 청구권 관계 협정 제2조의 청구권의 해결 문제에 관한 일본 측 안 보고 전문

0286　　번호: JAW-06394

일시: 171917[1965. 6. 17]

[이 문서는 1468번 파일의 78번 문서로 기수록되었기에 이곳에서는 생략함]

57. 청구권 관계 협정 제2조 청구권의 해결에 관한 조문 관련 청훈 전문

0323   번호: JAW-06421

일시: 181812[1965. 6. 18]

[이 문서는 1468번 파일의 82번 문서로 기수록되었기에 이곳에서는 생략함]

59. 청구권 관계 협정 제2조 청구권의 해결에 관한 조문 한국 측 제시 안

0298   번호: JAW-06420

일시: 181813[1965. 6. 18]

[이 문서는 1468번 파일의 88번 문서로 기수록되었기에 이곳에서는 생략함]

60. 청구권협정 제2조 관련 훈령 전문

0300   번호: WJA-06277

일시: 182300[1965. 6. 18]

수신인: 수석대표

대: JAW-06421

청구권 관계 협정 제2조에 관하여는 일본 측 안 대로 하는 경우 재일교포를 포함하여 아국 국민의 재산권에 심각한 영향을 미치게 될 것 임에 비추어 문제가 중대함으로 계속 강행 입장을 지속하여 주시기 바람.(외아북)

장관

62. 청구권협정 등 교섭 현황 보고 전문

0303   번호: JAW-06450

일시: 190720[1965. 6. 19]

[이 문서는 1468번 파일의 94번 문서로 기수록되었기에 이곳에서는 생략함]

63. 청구권협정 제2조 관련 훈령 요청 전문

0304   [이 문서는 1468번 파일의 106번 문서로 기수록되었기에 이곳에서는 생략함]

65. 청구권협정 제2조에 관한 교섭 결과 보고 전문

0313   번호: JAW-06490

일시: 210109[1965. 6. 21]

[이 문서는 1468번 파일의 109번 문서로 기수록되었기에 이곳에서는 생략함]

67. 청구권협정 제2조 및 합의의사록에 관한 대표단 건의 전문

0318   번호: JAW-06504

일시: 211326[1965. 6. 21]

수신인: 국무총리

발신인: 외무부 장관

(참조: 외무 차관, 청와대 비서실장, 중앙정보부장)

JAW-06490으로 청훈한 청구권협정 제2조 및 이에 관련한 합의의사록에 관하여서는 법무부 법무국장을 포함한 대표단 전문지식을 총동원하여 검토한 결과 우리 측에 만족한 내용으로 타결된 것이라 하오니 본직으로서 이 문안으로 합의함이 적당하다고 사료함.

따라서 문안 표현에 정부로서 별도 재교섭 지시가 온다면 명일 조인이 불가능하다는 실정을 참작하여 주시기 바람.

68. 청구권협정 제2조에 대한 합의의사록 수정 관련 보고 전문

0319   번호: JAW-06515

일시: 211541[1965. 6. 21]

수신인: 외무부 장관

발신인: 수석대표

청구권 기본 협정 제2조에 대한 합의의사록 안은 이미 보고한 바와 같은바, 동 안 중 다음 수정을 보고함.

1. (B)항 중 '전후처리를 하기 위한'을 '전후처리를 위한'으로 수정
2. (B)항 중 '평화조약 제4조 A에 의거하는'을 '평화조약 제4조 A의 규정에 의거하는'으로 수정.
3. (C) 항 중 '그 나라에'를 '그 국가에'로 수정.
4. (D) 항 중 '접촉을 포함하지 않는 것으로'를 '접촉이 포함되지 않는 것으로'로 수정
5. (E) 항 서두를 '동 조 3에 의하여 취하여질 조치는'으로 수정
6. (E) 항 중 '양 체약국'을 '양국'으로 수정
7. (F) 항 중 '8. 15까지의 사이에'를 '8. 15 전에'로 수정
8. (F) 항 말미를 '검토한다는 취지의 답변을 하였다'로 수정
9. (G) 항 서두를 '동 조 1에서 말하는 완전히 그리고 최종적으로 해결된 것으로 되는'으로 수정
10. (G) 항 중 '한국의 대일청구권'을 '한국의 대일청구요강'으로 수정
11. (H) 항 서두를 '동 조 1에서 말하는'으로 수정
12. (H) 항 말미를 '주장할 수 없게 됨을 확인하였다'로 수정(주일정 – 외아북)

69. 어업협정 및 청구권 제2조의 교섭 관련 상황 보고 전문

번호: JAW-06519

일시: 211630 [1965. 6. 21]

수신인: 외무부 장관
발신인: 수석대표

대: WJA-06320

1. 어업협정의 유효 기간에 관하여 금 21일 15시 30분 본직과 우시바 심의관과의 회의에서 일본 측은 기히 북한 연안 어업에 관한 일본 측의 설명내용(JAW-06507)을 한국 측이 수락하는 조건으로 하여 협정 유효 기간을 5년으로 하고 폐기 통고가 있은 후 1년간 효력을 존속시키는 일·미·가 형태에 의거할 것을 제의하여 왔으므로 실질적으로는 6년에 합의하였음.

2. 청구권 제2조에 관하여서는 금조의 외무부 장관 건의 전문대로 결정될 것을 전제로 조약문 작성을 하고 있음.

3. 나머지 남은 한가지 문제는 잘 처리될 것으로 예상됨.

4. 따라서 이상 보고를 참작하여 이미 보고한 바와 같이 명일 있을 조인 스케줄을 즉시 발표하시기 바람. (주일정 - 외아북)

70. 청구권협정 제2조 관련 본부 입장 통보 전문

0321   번호: WJA-06335

일시: 211840[1965. 6. 21]

수신인: 수석대표

대: JAW-06519

1. 대호 1항은 이를 양승함.

2. 청구권 제2조에 관하여는 문제의 중대성에 비추어 현재 관계부 장관 회의를 개최 신중 논의 중에 있으므로 그리 아시고 진행시켜 주시기 바람. (외아북)

장관

71. 청구권협정 제2조 관련 훈령 전문

번호: WJA-06339

일시: 212255 [1965. 6. 21]

수신인: 외무부 장관, 주일 대사

대: JAW-06504

1. 대호로 청훈하신 청구권협정 제2조의 규정에 관하여서는 문제의 중대성에 비추어 국무총리, 이후락 실장 및 관계 각료 연석하에 신중히 검토한 결과 아래와 같은 결론을 내렸으므로 금일 밤중으로 곧 시나 외무대신과 회담하시어 이의 관철을 위하여 최선의 노력을 다하시기 바랍니다.

   (가) 일본 측 안 제2조 2항의 (A)에 관하여는 47. 8. 15 대신 45. 8. 15이 되도록 할 것.

   (나) 거주의 정의를 규정한 합의의사록 (C)를 삭제토록 할 것.

   (다) 합의의사록 (D) 및 (F)도 삭제토록 할 것.

2. 이상의 선에 따라 귀하의 최선을 다하여 교섭하시되, 그 결과와 전망에 관하여 가능한 한 조속히 늦어도 명조 8시까지 보고하시기 바랍니다. 정부는 이에 따라 정부의 최종 방침을 재 훈령할 것입니다.

3. 귀하의 건투와 성공을 바랍니다. (외아북)

72. 청구권협정 제2조 관련 본부 훈령에 대한 대표단 건의 전문

번호: JAW-06531

일시: 220232[1965. 6. 22]

수신인: 외무부 차관 귀하
발신인: 장관, 수석대표

대: WJA-06339

1. 대호로 훈령된 청구권 제2조 및 합의의사록에 관하여는, 일본 측으로서는 현재의 안이 최종적 타협안이라는 입장을 취하고 있을 뿐만 아니라 교섭의 단계로 볼 때 현시점에서의 재교섭은 불가능 시 됨.

2. 위를 참작하여 명조 08:00시까지 다시 훈령 바람.(주일정 - 외아북)

73. 청구권협정 제2조 관련 본부 훈령 통보 전문

번호: WJA-06344

일시: 220825 [1965. 6. 22]

수신인: 외무부 장관, 수석대표

연: WJA-06339
대: JAW-06531

대호 전문 접수하였아오며, 귀지 사정은 충분히 이해하오나, 문제가 중대함에 비추어 아 측 입장의 관철을 위하여 일차 노력하여야 한다는 결정이 있었으니 금일 오전 중으로 최단 시간 내에 시나 외상과 접촉이시고 그 결과를 알려주시기 바랍니다.(아북)

외무부 차관

75. 청구권협정 제2조 관련 본부 훈령 전문

0328   번호: WJA-06353

일시: 2211451 [1965. 6. 22]

수신인: 외무부 장관, 주일 대사

대: JAW-06531

청구권 제2조 문제에 관하여는 대호 귀견과 같이 처리하시기 바랍니다. (외아북)

외무부 차관

청구권 및 경제협력에 관한 협정 관련 자료, 1963~1965

분류번호 : 723.22 조 624 청 1963-65
등록번호 : 1580
생산과 : 조약과
생산연도 : 1965
필름번호 : J-0024
파일번호 : 10
프레임번호 : 0001~0427

1963년부터 1965년 사이에 작성된 청구권 및 경제협력에 관한 협정 관련 자료(교섭 방침 및 훈령, 협정 및 부속 문서 안, 한일 양측 입장 대조표 등)이 수록되어 있다. 사료에 따르면 한국 정부는 1964년 4월에 이미 청구권 및 경제협력에 관한 본 협정, 기금 차관 협정, 본 협정 조문에 관한 교환 공문, 의정서 등의 초안을 작성하고, 이를 토대로 일본 측과 교섭에 임하도록 하였다.

1. 청구권 세목에 관한 교섭방침 훈령 문서

외정북 722-351   1963. 3. 18

수신: 주일 대사

제목: 청구권 세목에 관한 교섭방침

　1. 일반청구권 문제의 세목에 관하여는, 별첨 1. '대일청구권 세목 협정 교섭에 관한 기본 방침'에 열거한 각 사항을 염두에 두고, 별첨 2. '한일 간 청구권 해결 및 경제협력에 관한 협정에 대한 방침'에 의거하여 교섭하시압.

　2. 청구권협정의 체제는 기본적인 사항을 규정하는 본 협정과 세부 절차를 규정하는 부속 문서로 될 것인바, 이에 관하여는 기술적인 면을 검토하고 일본 측 의향을 타진한 후 건의하시압.

　3. 협정의 전문(명목 문제를 포함) 및 청구권 해결의 내용(김-오히라 합의 내용에 대한 상호 간 견해 차이의 조정을 포함)은 예비교섭에서 논의할 문제이므로 본 훈령에 포함시키지 않았는바, 이 문제에 관하여는 예비교섭 제20차 회의 및 제23차 회의 시에 문서로 일본 측에 제시한 아 측 입장을 참고 하시압.

　4. '협정에 대한 방침' 중에는 일본 측의 입장과 정면으로 대립하는 사항도 있을 것인바, 이러한 사항을 제시할 시에는 현재 회담 분위기가 상당 정도 저하되어 있음을 염두에 넣고 충분한 설명을 가하여 아 측 입장을 이해시키도록 특별히 노력을 하시압.

유첨: (1) 대일청구권 세목 협정 교섭에 관한 기본 방침
　　　(2) 한일 간 청구권 해결 및 경제협력에 관한 협정에 대한 방침
　끝

　　　　　　　　　　　　　　　　　　　　　　　　　　외무부 장관 김용식

별첨 1
1-1. 청구권 세목에 관한 교섭방침 문서

0006
대일청구권 세목 협정 교섭에 관한 기본방침

1. 일본의 경제는 대일평화조약 서명 당시에 비하여서는 물론, 동남아 제국과의 배상협정 체결 당시에 비하여서도, 비약적으로 발전하여 재정 사정도 현저히 좋아졌으므로, 한국에 대한 무상 제공 및 차관의 지불방식 및 절차 등은 동남아 제국과의 배상협정을 기준으로 하여 결정할 것이 아니라 한국 측의 사정에 맞도록 결정되어야 한다.

2. 무상 제공 및 차관은 한국의 외환 사정이 호전되도록 사용한다. 따라서 현재 KFX로 충당하고 있는 물자의 도입 또는 시설의 건설을 일본으로부터의 무상 제공 및 차관으로 충당하도록 노력한다.

3. 무상 제공 및 차관의 사용에 있어서는 가급적으로 한국 측이 주도권을 가지도록 하며, 특히 무상 제공의 사용에 있어서는 일본 측의 간여가 기술적으로 불가능하도록 한다. 이를 위하여 사용계획은 한국 측이 수립하도록 하고 이에 대한 일본 측의 간섭이 불가능하도록 한다.

4. 가급적으로 일본에 대한 경제 의존도가 높아지지 않도록 할 것이며, 이를 위하여 '프로젝트'와 직결되는 사용을 피하고, 프로젝트에 사용하더라도 시설 이후 의존의 필요성이 계속되지 않도록 선정된 부문에 사용한다.

5. 구매 지역은 원칙적으로 일본으로 될 것이나 한국 측이 필요하다고 인정할 경우에는(또는 일본 측과의 합의에 의하여) 그 외 지역으로부터의 구매를 가능케 하는 기술적 조정을 할 수 있도록 한다.

0007
6. 공급자의 선정은 한국 측이 독자적으로 하며, 그 방법은 원칙적으로 공개경쟁입찰에 의하도록 한다.

별첨 2

1-2. 한일 간 청구권 해결 및 경제협력에 관한 협정에 대한 방침 문서

한일 간 청구권 해결 및 경제협력에 관한 협정에 대한 방침

1. 무상 제공 지불 내용 및 방식

　가. 무상 제공 지불의 내용은 '일본국의 생산물 및 일본인(법인 포함)의 용역'으로 한다.

　나. 협정에는(따라서 사업명을 명기하지 않고) 매년도 실시계획(schedule)으로 당해 연도에 도입할 생산물 및 용역의 종류와 금액을 한국 측이 합의에 의하여(이 경우에 일본 측이 강경히 반대하면 한국 측이 작성한 계획을 양측이 합의하여 결정한다) 부속서와 실시계획의 내용은 양국 정부 합의하에 수정할 수 있다.

　다. 제1차 년도의 실시계획은 협정 발효 후 60일 이내에 결정하고 그 후의 실시계획은 매년도 개시 60일 이전에 결정한다.

　라. 일본 정부는 매년도 예산 확정 후 당해 연도의 무상 제공 액을 한국은행 도쿄지점의 계정상에 적립한다. 이 조치로서 일본 정부는 당해 연도의 무상 제공 지불 의무를 이행한 것으로 한다. 한국 측은 통상의 L/C basis에 의하여 동 금액의 한도까지 실시계획에 의하여 결정된 생산물 및 용역을 도입한다.

　(이러한 방식에 일본 측이 불응할 경우에는 "본항에 의하여 제공된 생산물 및 용역의 대가는 일본 정부가 제3항 마.에 규정된 절차가 끝난 후 한국은행 도쿄지점을 포함한 한국 측이 지정하는 일본의 외환은행에 예치하고 이 조치로서 일본 정부는 당해 연도의 무상 제공 지불 의무를 그 액만큼 이행한 것으로 한다"는 방식을 취한다)

　마. 무상 제공으로 도입하는 생산물 및 용역은 다음과 같은 안에 의하여 도입하도록 한다.

　　제1안: 생산물과 용역(극히 필요한 경우에 한함)으로 하되, 전액을 프로젝트와 관련시키지 않는다. 생산물은 투자용 자재(예컨대 비료, 산업기계, 철강재 등)에 치중하고 가급적 소수 품목으로 제한하도록 한다. 가급적으로 KFX로서 일본지역에서 수입하고 있는 품목으로 하되, 불가능한 경우에는 일본지역이 타 지역보다 유리한 품목으로 한다.

제2안: 생산물과 용역(극히 필요한 경우에 한함)으로 하되, 그중 50%까지만 프로젝트와 관련시키며 나머지는 프로젝트와 관련시키지 않는다. 프로젝트에 관련되지 않는 생산물의 도입은 제1안에 준하고, 프로젝트에 관련되는 생산물의 도입은 철도, 항만, 해운 등의 순위에 따라서 완제품(finished goods)에 치중한다. 프로젝트와 관련되는 생산물의 도입에 있어서는 자본형성 효과를 고려하여 기술조사나 명세서의 합의에 시간 및 자금이 허비되지 않는 사업에 치중한다.

제3안: 생산물과 용역(극히 필요한 경우에 한함)으로 하되, 매년도 도입액의 3분의 2까지를 프로젝트에 연관시키고 나머지는 프로젝트에 관련시키지 않는다. 기타의 기준은 원칙적으로 제2안과 같다.

2. 차관의 제공 및 상환 방식

가. 차관(수출입은행에 의한 차관을 정부 관여 차관으로 주장하는 입장에서는 이를 포함)은 대한민국 정부가 추진 또는 승인하는 정부 및 민간 사업 실시에 소요되는 자금에 충당한다. 본항의 차관의 대상이 되는 투자 부문의 선정과 순위의 결정은 대한민국 정부가 한다.

나. 본항의 차관을 실시하기 위하여 대한민국 정부와 일본국 정부는 본 협정 발효 후 60일 이내에 대부계약을 체결한다(대부계약은 필요한 경우에는 일방국 정부와 타방국 정부 대행기관 간에 또는 쌍방국의 정부 대행기관 간에 체결할 수 있으나, 위 경우에 대행기관은 독자적인 자격이 아니라 정부를 대신하는 자격으로 계약을 체결한다). 본항의 대부계약은 2억 불 단일계약(수출입은행의 차관을 정부 관여로 주장하는 경우에는 이를 1억 불 단일계약)으로 하며 금리는 연 율 3.5퍼센트(수출입은행의 차관이 정부 관여하에 제공되는 경우에는 양측이 합의한 비율)을 일률적으로 적용한다.

다. 양국 정부는 대한민국 정부가 결정한 계획의 실시를 위하여 조달될 생산물 및 용역의 각 연도별 조달을 매년 협의로서 작성한다.

라. 본항에 의한 대부의 실시 방식은 국제간 교역에 있어서 행하여지는 통상의 상업상 방식(L/C 방식)으로 양국 관계 법령에 따라 행하도록 한다.

마. 본항에 의한 대부금의 상환은 대한민국 정부가 매년 변제액을 일괄하여 상환

토록 한다(이에 있어서 가능하면, 상환 기간 후반에 변제액을 증액시켜가는 불균등 분할 상환으로 한다).

바. 상환 자원은

제1안: 전액 대한민국 통화로 한다.

제2안: 전액을 현물로 한다.

제3안: 현물 또는 통상의 방법으로 하고 양국 정부 합의 하에 그시 그시 결정한다.

3. 구매 방식

가. 구매는

제1안: 현 AID 방식에 준하여 원칙적으로 민간 구매로 하되, 관수는 조달청에서 구매하도록 한다. 구매 계약 체결지는 한국으로 한다.

제2안: 일본에 구매 사절단(가칭)을 두어서 구매한다.

구매 계약 체결지는 일본으로 한다.

제3안: 구매 계약 체결지는 한국 또는 일본으로 한다.

나. 구매 계약은 한국 측의 당사자(1, 2안의 경우에 있어서는 조달청 또는 민간, 제3안의 경우에 있어서는 구매 사절단)가 일본 국민 또는 일본국의 법인과 직접 체결한다.

다. 재일교포의 참여를 가능하도록 한다. 따라서 동남아 제국과의 배상협정에 있는 '일본 국민 또는 일본국의 법인과 계약을 체결'한다는 표현으로 한다(이에 있어서 제3국인이 지배하는 법인은 제외하자는 일본 측 주장이 있으면 이에 동의한다).

라. 구매 계약은 (1) 협정의 규정, (2) 양국 정부가 협정의 이행을 위하여 제정한 규정 및 (3) 년도 실시계획에 부합되어야 한다.

마. 한국 정부는 계약서 안의 사본을 일본 정부에 송부한다. 계약서 안에 대하여 이의가 있을 경우에는 일본 정부는 동 사본 접수일로부터 1주일 이내에 그의 의견을 한국 측에 통고한다. 한국 측은 일본 정부가 제출한 의견을 검토하고 필요하다고 인정할 경우에는 이에 따라 계약안을 수정한다(단, 일본 측에서 강력히 요구하는 경우에는 일본 정부가 사전에 계약안을 검토하여 1주일 이내에 (또는 최장 2주일 이내에) 인증한다는 방식으로 한다. 이 경우에 일본 정부는 계약안의 내용이 전기 라.항에 열거한 기준에

명백히 위배되는 경우를 제외하고는 인증을 거부 또는 지연할 수 없도록 한다).

바. 양국 간의 합의에 따라 구매 계약 이외의 방식으로도 무상 제공 및 차관 제공이 가능하도록 한다.

4. 구매 사절단(가칭)

(본항은 구매 방식에 있어서 한국 측의 제3안이 채택되었을 경우에만 해당되는 것이며, 제1안 또는 제2안이 채택되었을 경우에는 주일 대사관에 필요 인원을 파견하는 등 방식으로 현지 사무를 담당시킬 것을 구상하고 있음)

가. 협정 시행에 있어서는 한국 정부의 대행기관으로서 '사절단'을 일본에 설치한다. 사절단은 일본 정부의 합의에 의하여 도쿄 또는 기타에 필요한 사무소를 둘 수 있다.

나. 사절단의 사무실의 구내 및 기록은 불가침이다.

다. 사절단의 부동산에 대하여는 부동산 소득세 및 재산세가 면제된다.

라. 사절단의 업무 수행에 따르는 소득에 대하여는 면세한다.

마. 공용을 위한 수입 재산에 대하여는 관세 및 기타의 과징금을 면제한다.

바. 일본 정부는 사절단의 업무 수행에 필요한 행정지원을 제공한다.

사. 사절단장과 상근직원 2인 및 사무소장에 대하여는 외교 특권과 면제가 부여된다(단, 인원은 양국 정부 합의에 따라서 증가할 수 있다).

아. 기타 사절단 직원의 보수에 대하여는 과세가 면제되며 자용재산 수입에 대한 관세와 기타 과징금이 면제된다.

자. 사절단의 경비는 일본 정부가 일본 엔화로 부담하고 그 액을 당해 연도의 무상 제공 분에서 공제한다.

5. 공동위원회

가. 양국 대표로서 구성되는 공동위원회를 설치하여 협정 시행에 따른 협의와 필요한 권고를 하게 된다.

6. 분쟁의 해결

(본항에 있어서 사절단의 설치를 전제로 하는 사항은 한국 측의 구매에 관한 제2안이 채

택되었을 경우에 한하여 적용되는 것이며, 제1안이 채택되었을 경우에는 한국 측의 소송 당사자가 될 법무관을 별도로 일본에 파견 또는 한국은행 도쿄지점에 주재시킨다)

　가. 양국 정부는 분쟁이 없도록 항상 협의 노력한다.

　나. 계약에 관한 분쟁은 양국 정부가 정하는 절차에 따라 상사중재위원회에 회부한다.

　다. 나.항의 결정에 불복이 있을 경우에는 관할권을 가진 국가의 법정에 제소한다.

　라. 이 경우에 사절단에서는 사절단의 법무관이 소송의 당사자가 된다. 단 소송비용 담보 제공 의무는 면제한다.

　마. 관할 재판소의 최종 결정은 양 당사자를 구속한다.

　바. 사절단이 소유 및 사용하는 토지 건물 및 동산은 강제집행을 할 수 없다.

　사. 협정 시행 및 해석에 관한 분쟁은 1차적으로 외교 경로를 통하여 해결한다.

　아. 사.항이 불가능할 경우에는 3인 중재위원회를 구성한다.

　　위원은 각국이 임명하는 위원 1명씩과 각국 위원이 합의 선출하는 제3국인 위원 1명으로 한다.

　자. 각국 위원은 중재 요청 공문 접수 후 30일 이내에 임명하며 제3국 위원은 그 후 30일 이내에 임명한다.

　차. 자. 항의 기간 내에 임명되지 않을 경우에는 국제사법재판소 의장에게 그 임명을 의뢰한다.

　카. 본항에 의한 판결은 양국 정부를 구속한다.

7. 기타

　가. 본 협정에 대한 선적에 대하여 일본 정부는 금융, 통관, 과세, 기타의 모든 면에 있어서 일반 수출에 의한 선적과 동일한 대우를 부여한다.

　나. 본 협정에 의한 대한 선적은 F.O.B.에 의거하며, 기타 부대 경비는 통상무역에 있어서와 같이 한국 내 소요경비는 한국 측 수입업자가 일본 내 부대 경비는 일본 측 수출업자가 각각 부담토록 한다.

　다. 본 협정의 실시 연도는 협정 발효일을 기준으로 한다.

3. 청구권 관계 연석회의 자료 송부 관련 협조전

0024   제목: 청구권 관계 연석회의 자료 송부

수신: 배부처 참조
발신: 정무국장
연월일: 63. 2. 18

내 2. 21에 개최 예정인 청구권 관계 연석회의에서는 당국에서 작성한 별첨 시안을 토의의 기초로 하고자 하오니 검토하여 주시기 바랍니다.

유첨: 한일 간 청구권 해결 및 경제협력에 관한 협정에 대한 방침(안)

정무국장 진필식[황호을 대리 서명]

배부처: 통상국(참조: 경제협력과장)
방교국(참조: 조약과장)

첨부

3-1. 한일 간 청구권 해결 및 경제협력에 관한 협정에 대한 방침 문서

0025

한일 간 청구권 해결 및 경제협력에 관한 협정에 대한 방침
(외무부 정무국 시안)

1. 협정의 체제, 협정의 목적 및 일본에 의한 지불금의 내용

(본항은 협정 세목을 토의하는 자리보다는 예비절충 또는 그 이상 레벨의 회합에서 결정될 것이므로 언급하지 않음)

2. 지불의 내용 및 방식

가. 공여액 지불의 내용은 '일본국의 생산물 및 일본인(법인 포함)의 역무'로 한다.

나. 재일교포의 참여를 가능하도록 한다. 따라서 동남아 제국과의 배상협정에 있는 '일본국민 또는 그가 지배하는 일본국의 법인과 계약을 체결'한다는 표현은 '일본국민 또는 일본국의 법인과 계약을 체결'한다는 표현으로 한다(이에 있어서 제3국인이 지배하는 법인은 제외하자는 일본 측 주장이 있으면 이에 동의한다).

다. 생산물 및 역무의 내용은 '협정 부속서 (1)에 계기한 사업에 필요한 생산물 및 역무'로 하고 '연도 실시계획'으로 매년도에 도입할 생산물과 용역의 종류와 금액을 양국 정부 합의하에 구체적으로 정한다. 단, 부속서와 실시계획은 양국 정부 합의하에 수정할 수 있다.

0026 라. 제1차 연도의 시행계획은 협정 발효 후 60일 이내에 작성하고, 그 후의 시행계획은 매년도 개시 이전에 작성하도록 한다.

마. 생산물은 원칙적으로 자본재로 하되, 한국 정부가 요청하는 경우에는(이 경우에 일본 측이 강력히 요청한다면, 한국 정부가 요청하는 경우에는 양국 정부 합의하에 따라서) 자본재 이외의 생산물로 할 수 있게 한다.

바. 본항에 의하여 제공된 생산물 및 역무의 대가는 사절단의 요청에 따라 일본 정부가 한국은행 도쿄지점 또는 사절단이 지정한 일본의 외환은행에 사절단의 명의로 예치한다. 이 조치로서 일본 정부는 당해 연도의 지불 의무를 그 예치액만큼 이행한 것으로 한다.

3. 차관의 제공 방식

　가. 차관 제공 대상 사업은 협정 부속서 (2)에 계기한 사업으로 한다. 단, 양국 정부 합의하에 수정할 수 있다.

　나. 한국 정부는 매년도 개시 이전에 협정 부속서 (2)에 계기한 사업 중에서 당해 연도부터 착수할 사업을 선정하여 차관 신청서를 제출한다.

　다. 일본 정부는 차관 신청을 접수 검토한 후 당해 연도 차관액을 '사절단'의 명의로 한국은행 도쿄지점에 예치한다(이 경우 일본 측이 강력히 요청하면 사절단이 정하는 일본의 외환은행에 예치하기로 한다).

　라. 일본 정부는 차관 제공에 필요한 자금 조치를 강구한다.

4. 차관의 원본과 이자의 상환

　가. 이자는 매년도 수입분에 대하여 그 거치 기간이 만료된 익일부터 기산(단, 거치 기간 내에도 이자가 발생되도록 결정하는 경우에는 당해 연도 차관액이 지정 은행에 예치된 익일부터 기산)하되, 기산일로부터 1년이 경과한 날로부터 지불 의무가 발생된다. 한국 정부는 지불 의무가 발생한 날로부터 　일 이내에 다.항에 정하는 방법에 따라서 이자를 지불한다.

　나. 원본은 매년도 수입분에 대하여 그 거치 기간이 만료된 후 20년간(단, 거치 기간이 상환 기간 내에 포함되는 경우에는 13년간)에 균등히 분할 상환한다. 원본의 상환 의무는 거치 기간 만료 후 1년이 경과한 익일부터 발생된다. 한국 정부는 원본 상환 의무가 발생된 날로부터 　일 내에 라.항에 정하는 방식에 따라서 원본을 상환한다.

　다. 이자의 지불은 한국의 생산물로서 한다. 단, 일본 측이 강력히 반대하는 경우에는 통상의 방법, 즉 미불을 일본의 외환은행에서 매각한 대금인 일본 엔화로서 한다.

　라. 원본의 상환은 한국의 생산물 또는 통상의 방법으로 한다.

5. 사절단

　가. 협정 시행에 있어서는 한국 정부의 대행기관으로서 '사절단'을 일본에 설치한다. 사절단은 일본 정부의 합의에 의하여 도쿄 또는 기타에 필요한 사무소를 둘 수 있다.

　나. 사절단의 사무실의 구내 및 기록은 불가침이다.

　다. 사절단의 부동산에 대하여는 부동산 소득세 및 재산세가 면제된다.

라. 사절단의 업무 수행에 따르는 소득에 대하여는 면세한다.

마. 공용을 위한 수입 재산에 대하여는 관세 및 기타의 과징금을 면제한다.

바. 일본 정부는 사절단의 업무 수행에 필요한 행정지원을 제공한다.

사. 사절단장과 상근 직원 2인 및 사무소장에 대하여는 외교특권과 면제가 부여된다(단, 인원은 양국 정부 합의에 따라서 증가할 수 있다).

아. 기타 사절단 직원의 보수에 대하여는 과세가 면제되며 자용 재산 수입에 대한 관세와 기타 과징금이 면제된다.

자. 사절단의 경비는 일본 정부가 일본 엔화로 부담하고 그 액을 당해 연도의 공여액 제공분에서 공제한다.

6. 공동위원회

가. 양국 대표로서 구성되는 공동위원회를 설치하여 협정 시행에 따른 협의와 필요한 권고를 하게 한다.

7. 계약의 체결

가. 사절단은 일본 국민 또는 일본국의 법인(일본 측이 요청하는 경우에는 제3국이 지배하는 일본국의 법인은 제외)과 직접 계약을 체결한다.

나. 계약은 (1) 협정의 규정, (2) 양국 정부가 협정 이행을 위하여 작성한 규정 및 (3) 연도 실시계획에 부합되어야 한다.

다. 일본국 정부는 필요한 경우에는 계약 사본의 제출을 사절단에 요구할 수 있으며, 또한 그 의견을 사절단에게 제출할 수 있다. 사절단은 일본 정부가 제출한 의견을 검토하고 필요한 경우에는 계약을 수정하고 그 결과를 일본 정부에 통고한다(단, 일본 측이 강력히 요구하는 경우에는, 일본 정부가 사전에 전기 나.항에서의 부합 여부를 검토하여 14일 내에 인증한다는 방식으로 한다. 이 경우 검토에 통과하지 못한 계약안은 위원회에 회부하여 그 권고에 따라 처리한다).

라. 양국 간의 합의에 따라서 '계약' 이외의 방식으로 생산물 및 용역을 제공할 수 있다.

8. 분쟁의 해결

가. 양국 정부는 분쟁이 없도록 항상 협의 노력한다.

나. 계약에 관한 분쟁은 양국 정부가 정하는 절차에 따라 상사중재위원회에 회부

한다.

　　다. 나.항의 결정에 불복이 있을 경우에는 관할권을 가진 국가의 법정에 제소한다.
　　라. 이 경우 사절단에서는 사절단의 법무부장이 소송의 당사자가 된다. 단 소송비용 담보 제공 의무는 면제한다.
　　마. 관할재판소의 최종 결정은 양 당사자를 구속한다.
　　바. 사절단이 소유 및 사용하는 토지 건물 및 동산은 강제집행을 할 수 없다.
　　사. 협정 시행 및 해석에 관한 분쟁은 1차적으로 외교 경로를 통하여 해결한다.
　　아. 사.항이 불가능할 경우에는 3인 중재위원회를 구성한다.
　　위원은 각국이 임명하는 위원 1명씩과 각국 위원이 합의 선출하는 제3국인 위원 1명으로 한다.
　　자. 각국 위원은 중재 요청 공문 접수 후 30일 이내에 임명하며 제3국 위원은 그 후 30일 이내에 임명한다.
　　차. 자.항 기간 내에 임명되지 않을 경우에는 국제사법재판소 의장에게 그 임명을 의뢰한다.
　　카. 본항에 의한 판결은 양국 정부를 구속한다.

9. 기타

　　가. 본 협정에 의하여 구매한 생산물은 일본 정부의 동의 없이 재수출할 수 없다.
　　나. 한국 정부는 본 협정에 의한 생산물 및 용역의 수입에 필요한 내자 및 현지 용역을 부담한다.
　　다. 본 협정에 의한 생산물 및 용역의 제공에 수반되는 수송, 보험 등에 관한 비용은 한국 정부가 요청하는 경우에는 무상 지불액에서 공제하는 방식으로 지불할 수 있다. 단 이 경우에는 일본 국민 또는 일본국의 법인만이 사절단과 계약을 체결한다.
　　라. 본 협정에 의한 대한 선적에 대하여 일본 정부는 금융, 통관, 과세, 기타의 모든 면에 있어서 일반 수출에 의한 선적과 동일한 대우를 부여한다.
　　마. 연도는 역년으로 한다.

7. 청구권 관계 협정 정부안 송부 공문

외아복 722-223   1964. 4. 14

수신: 주일 대사

제목: 대일재산청구권 관계 협정안 송부

   1. 한일 간의 청구권 관계 협정이 정식으로 기초될 경우에 대비하여 청구권 관계 협정의 정부안을 작성하여 송부하니 이를 'Standard Form'으로서 사용하시기 바람.

   2. 동 협정은 본 협정과 3개의 교환 공문 및 1개의 합의의사록 합계 5종으로 구성되어 있는바, 그중 상업 차관에 관한 교환 공문(대한민국과 일본국 간의 청구권 해결 및 경제협력에 관한 협정 제1조 제3항에 관한 교환 공문)은 상업 차관도 정부 간여로서 실시하고자 하는 정부 입장을 반영하기 위하여 준비된 것이나 교섭 결과에 따라 수정 또는 철회될 수 있는 것임을 참고로 첨언함.

유첨: 1. 대한민국과 일본국 간의 청구권 해결 및 경제협력에 관한 협정 4부

       2. 대한민국과 일본국 간의 청구권 해결 및 경제협력에 관한 협정의 실시 세목에 관한 교환 공문 4부

       3. 대한민국과 일본국 간의 청구권 해결 및 경제협력에 관한 협정 제1조 제1항과의 관련하에 한일 간 청산계정 잔고를 처리하는 것에 관한 교환 공문 4부

       4. 대한민국과 일본국 간의 청구권 해결 및 경제협력에 관한 협정 제1조 제3항에 관한 교환 공문 4부

       5. 대한민국과 일본국 간의 청구권 및 경제협력에 관한 협정에 관한 합의의사록 4부.

   끝

                                                          외무부 장관 정일권

첨부

7-1. 대한민국과 일본국 간의 재산 및 청구권에 관한 문제의 해결과 경제협력에 관한 협정

대한민국과 일본국 간의 재산 및 청구권에 관한
문제의 해결과 경제협력에 관한 협정

　대한민국과 일본국은, 양국 및 양국 국민의 재산과 양국 및 양국 국민 간의 청구권에 관한 문제를 해결할 것을 희망하고, 양국 간의 경제협력을 증진할 것을 희망하여, 다음과 같이 합의하였다.

제1조

1. 일본국은 대한민국에 대하여

　(a) 현재 1천 80억 일본 원(108,000,000,000원)으로 환산되는 3억 아메리카합중국 불(300,000,000불)과 동등한 일본 원의 가치를 가지는 일본국의 생산물 및 일본인의 용역을 본 협정의 효력 발생일로부터 10년 기간에 걸쳐 무상으로 제공한다. 각 년에 있어서의 생산물 및 용역의 제공은 현재에 있어서 1백 8억 일본 원(10,800,000,000원)으로 환산되는 3천만 아메리카합중국 불(30,000,000불)과 동등한 일본 원의 액수를 한도로 하고, 각년에 있어서의 제공이 본 액수에 미달되었을 때에는 그 잔액은 차년 이후의 제공액에 가산된다. 단, 각년의 제공 한도액은 양 체약국 정부의 합의에 의하여 증액될 수 있다.

　(b) 현재에 있어서 7백 20억 일본 원(72,000,000,000원)으로 환산되는 2억 아메리카합중국 불(200,000,000불)과 동등한 일본 원의 액수에 달하기까지의 장기 저리의 차관으로써, 대한민국 정부가 요청하고 또한 3의 규정에 근거하여 체결된 약정에 의하여 결정되는 사업의 실시에 필요한 일본국의 생산물 및 일본인의 용역을 대한민국이 조달하는 데 있어 충당될 차관은 본 협정의 효력 발생일로부터 10년의 기간에 걸쳐 행한다. 본 차관은 일본국의 해외경제협력기금에 의하여 행하여 지는 것으로 하고, 일본국 정부는 동 기금이 본 차관을 각년에 있어서 균등하게 이행하는데 필요한 자금을 확보할 수 있도록 필요한 조치를 취한다.

전기 제공 및 차관은 대한민국의 경제 발전에 유익한 것이 아니면 아니된다.

2. 양 체약국 정부는 본조의 규정의 실시에 관한 사항에 대하여 권고를 향할 권한을 가지는 양 정부 간의 협의기관으로서 양 정부의 대표자로 구성될 합동위원회를 설치한다.

3. 양 체약국 정부는 본조의 규정의 실시를 위하여 필요한 약정을 체결한다.

제2조

(……………………………………………………)

제3조

(……………………………………………………)

제4조

1. 본 협정은 비준되어야 한다. 비준서는 가능한 한 조속히 …에서 교환한다.

2. 본 협정은 비준서가 교환된 날에 효력을 발생한다.

이상의 증거로서, 하기 전권 위원은 본 협정에 서명하였다.

1965년　월　일 도쿄에서 …로 본 서 …통을 작성하였다.

대한민국을 위하여　　　　　　일본국을 위하여

첨부
7-2. 제1 의정서

0041
제1 의정서

대한민국과 일본국 간의 재산 및 청구권에 관한 문제의 해결과 경제협력에 관한 협정(이하 '협정'이라 함)에 서명함에 있어서 하기 대표는 각자의 정부로부터 정당한 위임을 받아, 협정 제1조 1(a)의 규정의 실시에 관하여 협정의 불가분의 일부로 인정되는 다음의 규정에 합의하였다.

제1조

일본국이 제공하는 생산물 및 용역을 정하는 연도 실시계획(이하 '실시계획'이라 함)은 대한민국 정부에 의하여 작성되고 양 체약국 정부 간의 협의에 의하여 결정된다.

제2조

1. 일본국이 제공하는 생산물은 자본재 및 양국 정부가 합의하는 기타의 생산물로 한다.

2. 일본국의 생산물 및 일본인의 용역의 제공은 대한민국과 일본국 간의 통상의 무역에 현저히 저해되지 아니하도록 하며 또한 외국환에 있어서의 추가 부담이 일본국에 과하여 지지 아니하도록 실시된다.

0042
제3조

1. 제5조 1의 사절단 또는 대한민국 정부의 인가를 받은 자는 실시계획에 따라 생산물 및 용역을 취득하기 위하여 일본 국민 또는 그가 지배하는 일본국의 법인과 직접 계약을 체결한다.

2. 1의 계약(그의 변경을 포함함)은, (1) 협정 제1조 1(a) 및 본 의정서의 규정 (2) 양 정부가 협정 제1조 1(a) 및 본 의정서의 실시를 위하여 행하는 약정의 규정 및 (3) 당시에 적용되는 실시계획에 합치되어야 한다. 이러한 계약은 전기 기준에 합치되는 것 인가에 여부에 대하여 인증을 받기 위하여, 일본국 정부에 송부된다. 이 인증은 원칙적으로 14일 이내에 행하여 진다. 소정의 기간 내에 인증을 받지 못할 때에는 그 계약은 협정 제1조 2의 합동위원회에 회부되어 합동위원회의 권고에 따라 처리된다. 동

권고는 합동위원회가 동 계약을 접수한 후 30일 이내에 행한다. 본항에서 정하는 바에 따라 인증을 받은 계약은, 이하 '계약'이라 한다.

3. 모든 계약은, 그 계약으로부터 또는 계약과 관련하여 야기되는 분쟁은 일방 계약 당사자의 요청에 의하여, 양 정부 간에 행하여 질 약정에 따라 상사중재위원회에 해결을 위하여 회부된다는 취지의 규정을 포함하여야 한다. 양 정부는 정당하게 이루어진 모든 중재 판단을 최종적인 것으로 하고 또한 집행될 수 있도록 하기 위하여 필요한 조치를 취한다.

4. 1의 규정에 불구하고, 생산물 및 용역의 제공이 계약에 의거 실행할 수 없다고 인정될 경우에는, 양 정부 간의 합의에 따라 계약 없이 실행할 수 있다.

제4조

1. 일본국 정부는, 제5조 1의 사절단 또는 대한민국 정부의 인가를 받은 자가 계약에 의하여 지는 채무와 전조 4의 규정에 의한 생산물 및 용역 제공의 비용에 충당하기 위한 지불을 제7조의 규정에 의거하여 정하는 절차에 따라 행한다. 이 지불은 일본 원으로 한다.

2. 일본국은 1의 규정에 의거한 지불을 함으로써 그 지불을 행한 때에, 그 지불이 될 생산물 및 용역을 협정 제1조 1(a)의 규정에 따라, 대한민국에 제공한 것으로 간주한다.

제5조

1. 대한민국 정부는, 동 정부의 사절단(이하 '사절단'이라 함)을 일본국 내에 설치한다.

2. 사절단은 협정 제1조 1(a) 및 본 의정서의 실시를 임무로 하며, 그 임무에는 다음의 사항이 포함된다.

(a) 대한민국 정부가 작성한 실시계획의 일본국 정부에의 제출

(b) 대한민국 정부를 위한 계약의 체결 및 실시

(c) (b)의 계약 및 대한민국 정부의 인가를 받은 자가 체결하는 계약의 인증을 받기 위한 일본국 정부에의 송부

3. 사절단의 임무의 효과적인 수행을 위하여 필요하며, 또한 오로지 그 목적을 위하여 사용되는 사절단의 일본국에 있어서의 사무소는, 도쿄 및 양 정부 간에 합의하는

기타 장소에 설치할 수 있다.

4. 사절단의 사무소의 구내 및 기록은 불가침으로 한다. 사절단은 암호를 사용할 수 있다. 사절단에 속하며 또한 직접 그 임무의 수행을 위하여 사용되는 부동산은, 부동산 취득세 및 고정 자산세가 면제된다.

사절단의 임무의 수행으로부터 발생되는 사절단의 소득은, 일본국에 있어서의 과세가 면제된다. 사절단이 공적 목적으로 수입하는 재산은, 관세 기타 수입에 관하여 또는 수입에 관련하여 부과되는 과징금이 면제된다.

5. 사절단은, 타 외국 사절단에 통상적으로 부여되는 행정상의 원조로서 사절단의 임무의 효과적인 수행을 위하여 필요로 한 것을 일본국 정부로부터 부여받는다.

6. 대한민국의 국민인 사절단의 장, 사절단의 상급 직원 2명 및 3의 규정에 따라 설치되는 사무소의 장은 국제법 및 국제 관습에 따라 일반적으로 인정되는 외교상의 특권 및 면제를 받는다. 사절단의 임무의 효과적인 수행을 위하여 필요하다고 인정될 때에는, 전기 상급 직원의 수는 양국 정부 간의 합의에 따라 증가할 수 있다.

7. 대한민국의 국민으로서 통상 일본국 내에 거주하고 있지 아니하는 사절단의 기타 직원은, 자기의 직무 수행상 받는 보수에 대한 일본국에 있어서의 과세가 면제되며 또한 일본국의 법령에 정하는 바에 따라 자기용 재산에 대하여 관세, 기타 수입에 대하여 또는 수입에 관련하여 부과되는 과징금이 면제된다.

8. 계약 또는 이와 관련하여 야기되는 분쟁이 중재에 의한 해결을 보지 못한 때, 또는 동 중재 판단이 이행되지 아니한 때에는, 그 문제는 최후의 해결 수단으로서, 계약지의 관할재판소에 제기할 수 있다.

이 경우에 있어서, 필요한 소송 절차상의 목적을 위하여서만 사절단의 법무부장의 직에 있는 자는 2(b)의 계약에 관하여 제소하며 또는 응소될 수 있으며, 이를 위하여 사절단의 자기 사무소에 있어서 소장 기타의 소송 서류의 송달을 접수할 수 있다. 단, 소송비용의 담보 제공 의무가 면제된다. 사절단은 4및 6에 정하는 바에 따라, 불가침 및 면제가 부여되나, 전기 경우에 있어서, 관할재판소가 행한 최종 재판이 사절단을 구속하는 것으로 수락한다.

9. 최종의 재판 집행에 있어서, 사절단에 속하며 또한 그 임무 수행을 위하여 사용되는 토지 및 건물과 그 안에 있는 동산은, 어떠한 경우에 있어서도, 강제집행을 받지

아니한다.

제6조

1. 양 정부는 생산물 및 용역의 제공이 원활하고 효과적으로 행하여 지도록 하기 위하여 필요한 조치를 취한다.

2. 생산물 또는 용역의 제공과 관련하여 대한민국 내에 있어서 필요로 하는 일본 국민은, 그 작업 수행을 위하여 대한민국에의 입국, 동국으로부터의 출국 및 동국에 있어서의 체재에 필요한 편의가 부여된다.

3. 일본국의 국민 및 법인은 생산물 또는 용역의 제공으로부터 발생하는 소득에 대하여 대한민국에 있어서의 과세가 면제된다.

4. 일본국이 제공하는 생산물은 대한민국의 영역으로부터 재수출되어서는 아니된다.

5. 어느 일방 체약국의 정부도, 일본국이 제공하는 생산물의 수송 및 보험에 관하여, 공정하고도 자유로운 경쟁을 방해하는, 타방 체약국의 국민 및 법인에 대한 차별적 조치를 직접 또는 간접으로 취하지 아니한다.

6. 본조의 규정은 협정 제1조1(b)에 정하는 차관에 의한 생산물 및 용역의 조달에 대하여도 적용된다.

제7조

본 의정서의 실시에 관한 절차 기타의 세목은 양 정부 간의 협의에 의하여 합의한다.

이상의 증거로서, 하기 대표는 본 의정서에 서명하였다.

1965년 월 일 도쿄에서 동등히 정본인 한국어 및 일본어로 본 서 2통을 작성하였다.

대한민국을 위하여   일본국을 위하여

첨부

7-3. 제2 의정서

제2 의정서

대한민국과 일본국 간의 재산 및 청구권에 관한 문제의 해결과 경제협력에 관한 협정(이하 '협정'이라고 함)에 서명함에 있어서, 하기의 대표는 각자의 정부로부터 정당한 위임을 받고, 또한 협정의 불가분의 일부로 인정되는 다음의 규정에 합의하였다.

제1조

대한민국은 대한민국과 일본국 간의 청산계정의 잔액으로서 1961년 4월 22일 자 교환 공문에 의하여 양 체약국 정부 간에 확인되어 있는 일본국의 채권인 4천 5백 7십 2만 9천 3백 9십 8 아메리카합중국 불 8센트($45,729,398.08)를 협정의 효력 발생일로부터 10년의 기간 내에 다음과 같이 분할하여 변제한다.

이 경우에 있어서는 무이자로 한다. 제1회부터 제9회까지의 연부불의 액 – 각년 4백 5십 7만 3천 아메리카합중국 불($4,573,000) 제10회의 연부불의 액 – 4백 5십 7만 2천 3백 9십 8 아메리카합중국 불 8센트($4,572,398.08)

제2조

전 조의 각년의 부불금에 대하여 대한민국의 요청이 있을 경우에는, 그 요청이 있은 금액에 상당한 협정 제1조 1(a)의 규정에 의한 생산물 및 용역의 제공과 전 조의 규정에 의한 부불금의 지불이 된 것으로 간주하고 이에 의하여 협정 제1조 1(a)의 규정에 의한 생산물 및 용역의 제공액 및 그 해의 제공 한도액은 동 조 1(a)의 규정에 불구하고 그 금액만큼 감액된다.

제3조

제1조에서 언급한 일본국의 채권액의 변제에 관하여, 대한민국은 제1회의 연부불을 협정의 효력 발생일에 행하는 것으로 하고, 제2회 이후의 연부불은 각년에 있어서 제1회의 지불 일자와 동일한 일자까지에 행한다.

제4조

제2조에 의한 대한민국 정부의 요청은 일본국의 재정상의 관행을 고려하여 전 조의

규정에 회합 지불 일자가 속하는 일본국의 회계 연도가 시작되는 익년의 전년의 10월 1일까지에 당해 지불 일자에 지불하여야 할 부불금에 대하여 행하여진다. 단, 제1회의 지불 및 본란의 규정에 의할 수 없는 경우에는 제2회)의 지불에 대한 요청은 협정의 효력 발생일에 행하여진다.

제5조

대한민국의 요청은 제1조에서 언급한 각년의 부불금의 전부 또는 일부에 대하여 행할 수 있다.

제6조

대한민국의 요청이 제4조의 규정에 의한 일자까지에 행하여지지 않고, 또한 부불금의 전부 또는 일부의 지불이 제3조의 규정에 의한 지불 일자까지에 행하여지지 않았을 경우에는, 그 부불금의 전부 또는 일부에 대하여 제2조에 따라 대한민국의 요청이 있었던 것으로 간주한다.

이상의 증거로서 하기 대표는 본 의정서에 서명하였다.

1965년   월   일 도쿄에서 동등히 정본인 한국어 및 일본어로 본 서 2통을 작성하였다.

대한민국을 위하여   일본국을 위하여

첨부

7-4. 협정 제1조 1(b)의 규정의 실시에 관한 교환 공문(안)

대한민국과 일본국 간의 재산 및 청구권에 관한 문제의 해결과 경제협력에 관한 협정 제1조 1(b)의 규정의 실시에 관한 교환 공문(안)

(일본 측 서한)

각하,

본 …는 금일 서명된 일본국과 대한민국 간의 재산 및 청구권에 관한 문제의 해결과 경제협력에 관한 협정(이하 '협정'이라 함) 제1조 1(b)의 규정의 실시에 관하여, 양국 정부가 다음과 같이 합의할 것을 제안하는 영광을 가집니다.

1. 협정 제 1조 1(b)에 정하는 차관은 대한민국 정부와 해외경제협력기금 간에 체결되는 차관계약 및 사업별의 사업계획 합의서에 의거하여 행하여진다.

2. 양 정부는 1에서 언급한 차관계약 및 사업계획 합의서에는 다음의 제 조건이 포함되는 것임을 양해한다.
   (a) 차관의 이행은 합리적인 정도로 각년 균등히 배분하여 행한다.
   (b) 원금의 상환 기간은 각각의 사업계획 합의서의 효력 발생일로부터 6개월 후에 시작되는 7년의 거치 기간을 포함한 20년의 기간으로 하고 금리는 연 3.5 퍼센트로 한다.
   (c) 원금의 상환은 14회에의 계속된 균등 연부불로 행하며 이자의 지불은 차관이 이행된 일자 일후에 원금의 그때 그때의 미상환 잔액에 대하여 반년마다 행한다.
   (d) 차관액은 일본원으로 대출된 금액으로 환산되는 아메리카합중국 불의 동 가액을 기초로 하여 계산하며 그 환산에서 사용되는 외환율은 일본국 정부가 정식으로 결정하고 또한 국제통화기금이 동의한 일본 원의 아메리카합중국 불에 대한 평가로서 각각의 사업계획 합의서에 효력 발생일에 적용되어있는 것으로 한다.

(e) 원금의 상환 및 이자의 지불은 교환 가능한 일본 원으로 행한다.

3. 양국의 재정 사정 및 해외경제협력기금의 자금 사정에 따라서는 합의에 의하여 2(b)에서 언급한 상환 기간이 연장될 수 있다.

4. 해외경제협력기금은 차관 및 동 차관으로부터 발생되는 이자에 대하여 또는 그와 관련하여 부과되는 대한민국의 조세, 기타의 과징금이 면제된다.

5. 양 정부는 대한민국 정부가 제시하는 차관의 대상이 되는 사업 및 그 연도 실시 계획을 결정하기 위하여 매년 협의한다.

본 …은 또한 본 서한 및 전기 제안에 대한 귀국 정부에 의한 수락을 확인하는 각하의 회한을 협정 제1조 1(b)의 규정의 실시에 관한 일본국 정부와 대한민국 정부 간의 합의를 구성하는 것으로 간주할 것을 제안하는 영광을 가집니다.

본 …은 이 기회에 각하에 대하여 경의를 표합니다.

첨부

7-5. 상업상의 민간신용 제공에 관한 교환 공문(안)

상업상의 민간신용 제공에 관한 교환 공문(안)

(일본 측 서한)

1965년 월 일

각하,

본인은, 일본국의 국민이 대한민국 정부 또는 국민에 대하여 행하는 상업상의 민간신용 제공에 관하여, 양국 정부의 대표자 간에 도달한 다음의 양해를 확인하는 영광을 가집니다.

1. 3억 아메리카합중국 불($300,000,000)의 액수를 초과하는 상업상의 기초에 의한 통상의 민간신용 제공이, 일본국의 국민에 의하여 체결되는 적당한 계약에 의거하여 대한민국 정부 또는 국민에 대하여 행하여질 것으로 기대되며, 이러한 신용제공은 관계 법령의 범위 내에서 용이하게 되고 또한 촉진된다.

2. 1의 제공에는 9천만 아메리카합중국 불($90,000,000)의 액수에 달할 것이 기대되는 어업협력을 위한 민간신용 제공 및 3천만 아메리카합중국 불($30,000,000)의 액수에 달할 것이 기대되는 선박 수출을 위한 민간신용 제공이 포함되며, 이러한 신용제공의 일본국 정부에 의한 승인에 있어서는 가능한 한 호의적으로 배려되는 것으로 한다.

본인은 각하에게 새로이 본인의 변함없는 경의를 표하는 바입니다.

상업상의 민간신용 제공에 관한 교환 공문(안)

(회한)

1965년   월   일

각하,

본인은 금일 자 각하의 다음과 같은 서한을 접수하였음을 확인하는 영광을 가집니다.

(일본 측 서한)

본인은 각하의 서한에 진술된 양해를 확인하는 영광을 가집니다.

본인은 각하에게 새로이 본인의 변함없는 경의를 표합니다.

첨부

7-6. 청구권협정 제1조 2의 합동위원회에 관한 교환 공문(안)

대한민국과 일본국 간의 재산 및 청구권에 관한 문제의 해결과
경제협력에 관한 협정 제1조 2의 합동위원회에 관한 교환 공문(안)

(한국 측 서한)

1965년   월   일

각하,

본 …는 금일 서명된 대한민국과 일본국 간의 재산 및 청구권에 관한 문제의 해결과 경제협력에 관한 협정(이하 '협정'이라 함) 제1조 2에서 정하는 합동위원회에 관하여, 양국 정부가 다음과 같이 합의할 것을 제안합니다.

1. 합동위원회는 도쿄에 설치한다.
2. 합동위원회는 양 정부가 각각 임명하는 대표 1명 및 대표 대리 수명으로 구성된다.
3. 합동위원회는 일방 정부의 대표의 요청에 의하여 회합한다.
4. 합동위원회는 다음의 사항에 관한 권고를 위하여 협의를 행하는 것을 임무로 한다.
   (a) 제1 의정서에 의거한 연도 실시계획, 계약의 인증 및 지불에 관한 절차
   (b) (a)에서 언급한 연도 실시계획에 관한 문제
   (c) 협정 제1조 1(b)의 규정의 실시에 관한 교환 공문 5에서 언급한 사업 및 그 연도 실시계획에 관한 문제
   (d) (a)에서 언급한 계약의 인증
   (e) 협정 제1조 1의 규정의 실시 상황의 검토(수시의 제공 및 차관의 이행 총액의 산정을 포함함)
   (f) 협정 제1조의 규정의 실시에 관한 기타의 사항으로서 양 정부가 합의에 의하여 합동위원회에 회부하는 것

본 …은 또한 본 서한 및 전기 제안에 대한 귀국 정부에 의한 수락을 확인하는 각하의 회한을 협정 제1조 2에서 정하는 합동위원회에 관한 대한민국 정부와 일본국 정부 간의 합의를 구성하는 것으로 간주할 것을 제안하는 영광을 가집니다.

본…은 이 기회에 각하에 대하여 경의를 표합니다.

첨부

7-7. 청구권협정 제1 의정서의 실시 세목에 관한 교환 공문

제1 의정서의 실시 세목에 관한 교환 공문

(일본 측 서한)

1965년　월　일

각하,

본인은 금일 서명된 일본국과 대한민국 간의 재산 및 청구권에 관한 문제의 해결과 경제협력에 관한 협정(이하 '협정'이라 함)의 제1 의정서(이하 '의정서'라 함)에 언급하는 영광을 가집니다. 일본국 정부는, 양국 정부가 의정서 제7조의 규정에 의거하여 다음과 같이 합의할 것을 제시합니다.

I. 실시계획

1. 의정서 제1조의 연도 실시계획(이하 '실시계획'이라 함)은 양 정부가 그 시기 및 종기를 합의하는 연도에 대하여 결정된다.

2. 실시계획의 결정은 원칙적으로 다음과 같이 행하여진다.

　(a) 제1년도를 제외한 각 연도의 실시계획은 그 적용되는 연도의 개시에 앞서 결정된다. 이를 위하여 당해 연도의 실시계획은 그 연도의 개시에 앞서 적어도 60일 전에 협의를 위하여 일본국 정부에 제출된다.

　(b) 제1년도의 실시계획은, 협정 효력 발생일로부터 60일 이내에 결정된다. 이를 위하여 동 연도의 실시계획은 가능한 한 조속히 일본국 정부에 제출된다.

3. 실시계획에는, 당해 연도 중에 대한민국에 의한 조달이 예정되는 일본국의 생산물 및 일본인의 용역을 열거한다.

4. 실시계획은 양 정부 간의 합의에 의하여 수정할 수 있다.

II. 계약

1. 의정서 제3조 1의 계약은, 일본 원으로 통상의 상업상의 절차에 따라 체결된다.

2. 의정서 제3조 2의 계약(이하 '계약'이라 함)의 실시에 관한 책임은 의정서 제5조 1의 사절단(이하 '사절단'이라 함) 또는 대한민국 정부의 인가를 받은 자 및 의정서 제3조 1의 일본국 국민 또는 일본국의 법인으로서, 계약의 당사자인 자만이 진다.

3. 제3조 3의 적용상, 상사중재위원회라 함은, 계약의 어느 일방 당사자가 중재에의 회부를 요청한 경우에 있어서의 타방 당사자가 거주하는 국가에 있는 상사중재 기관을 말한다.

III. 지불

1. 대한민국 정부는 일본국의 법률에 의거하여 외국환 공인 은행으로 인가되었으며 또한 일본 국민에 의하여 지배되는 일본국의 은행 중에서 의정서의 실시에 관한 업무를 행할 은행을 지정한다.

2. 사절단 또는 대한민국 정부의 위임을 받은 기관(이하 '기관'이라 함)은 1에 규정하는 지정 은행과 약정을 하여 대한민국 정부의 명의로 특별계정을 개설하고 그러한 은행에 일본국 정부로부터의 지불의 수령 등을 수권하고 또한 일본국 정부에 대하여 그 약정의 내용을 통고한다. 특별계정은 무이자로 한다.

3. 사절단 또는 기관은, 계약의 규정에 의거하여 지불 의무가 발생한 일자 이전에 충분한 여유를 두고, 지불금액, 2의 지정 은행 중 지불이 행하여져야 할 은행(이하 '은행'이라 함)의 명칭 및 사절단 또는 기관이 관계 계약자에게 지불을 행하여야 할 일자를 기재한 지불 청구서를 일본국 정부에 송부한다.

4. 일본국 정부는 지불 청구서를 수령하였을 때에는 사절단 또는 기관의 관계 계약자에 지불을 행하여야 할 일자 전에 은행에 청구금액을 지불한다.

5. 일본국 정부는 또한 의정서 제3조 4의 규정에 의하여 양 정부가 합의하는 제공에 관한 지불을 4에 정하는 바와 같은 방법으로 행한다.

6. 4 및 5의 규정에 의거하여 일본국 정부가 지불하는 금액은 특별계정에 대기하는 것으로 하고 기타의 어떠한 자금도 특별계정에 대기되지 아니한다. 특별계정은 3 및 5의 목적만을 위하여 차기한다.

7. 사절단 또는 기관이 특별계정에 대기된 자금의 전부 또는 일부를 계약의 해제 기타에 의하여 인출하지 않았을 경우에는 미불금액은 양 정부 간의 협의에 의하여 3 및

5의 목적을 위한 지불에 충당된다.

8. 특별계정으로부터 지불된 금액의 전부 또는 일부가 사절단 또는 그 기관에 반환되었을 경우에 그 반환된 금액은 6의 규정에 불구하고 특별계정에 대기한다. 그 반환된 금액은 양 정부 간의 협의에 따라 3 및 5의 목적을 위한 지불에 충당한다.

9. 의정서 제 4조 2의 규정의 적용상, '지불을 행한 때'라 함은 지불이 일본국 정부에 의하여 은행에 대하여 향하여진 때를 말한다.

10. 일본국의 의정서 제4조 2회 규정에 따라 대한민국에 제공한 것으로 간주되는 생산물 및 용역의 액수를 결정함에 있어서는 일본 원으로 지불된 금액으로부터 환산되는 아메리카합중국 불의 등가액이 계산의 기초로 된다.

전기의 환산에 사용되는 외환들은 일본국 정부가 정식으로 결정하고 또한 국제 통화 기금이 동의한 일본 원의 아메리카합중국 불에 대한 평가로서 다음에 열거하는 일자에 적용되는 것으로 한다.

(a) 계약에 관한 지불의 경우에는 일본국 정부가 당해 계약을 인증한 일자

(b) 기타의 경우는 각 경우에 있어서 양 정부가 합의하는 일자, 단, 합의한 일자가 없을 경우에는 일본국 정부가 지불 청구서를 수령한 일자로 한다.

IV. 사절단

대한민국 정부는 계약에 관하여 사절단을 대표하여 행동하는 권한이 부여된 사절단의 장 기타의 직원의 성명을 일본국 정부에 수시 통고하고, 일본국 정부는 그 성명을 일본국의 관보에 공시한다. 전기의 사절단의 장 기타의 직원의 권한은 일본국의 관보로 별도의 공시가 있을 때까지는 계속되는 것을 간주한다.

본 …은, 또한 본 서한 및 전기 제안에 대한 귀국 정부에 의한 수락을 확인하는 각하의 회한을, 의정서 제7조의 규정에 의거하여 의정서의 실시 세목에 관한 양국 정부 간의 합의를 구성하는 것으로 간주할 것을, 의정서의 기타 절차 세목은 양국 정부 당국 간에 합의할 것이라는 양해하에, 제안하는 영광을 가집니다.

본 …은 이 기회에 각하에 대하여 경의를 표합니다.

제1 의정서의 실시 세목에 관한 교환 공문(안)

(대한민국 측 회한)

1965년   월   일

각하,

본 …은 금일 자 각하의 다음과 같은 서한을 접수하였음을 확인하는 영광을 가집니다.

(일본 측 서한)

본 …은 각하의 서한에 언급된 제안을 본국 정부를 대표하여 동의하며 또한 각하의 서한과 본 회한을 대한민국과 일본국 간의 재산 및 청구권에 관한 문제의 해결과 경제협력에 관한 협정의 제1 의정서의 실시 세목에 대한 양국 정부 간의 합의를 구성하는 것으로 간주할 것을 동의하는 영광을 가집니다.

본 …은 각하에게 새로이 본인의 변함없는 경의를 표합니다.

첨부
7-8. 협정에 대하여 합의될 의사록

0063   (불공표)

대한민국과 일본국 간의 청구권에 관한 문제의 해결과
경제협력에 관한 협정에 대한 합의된 의사록

　대한민국 정부 대표와 일본국 정부 대표는, 금일 서명된 대한민국과 일본국 간의 재산 및 청구권에 관한 문제의 해결과 경제협력에 관한 협정(이하 '협정'이라 함) 및 관련 문서에 관하여 다음과 같은 양해에 도달하였다.

　1. 협정 제1조 1(a)에 관하여
　대한민국 대표는, 동 조 1(a)의 단서 규정에 의하여, 각년의 제공의 한도액이 증액되는 경우에는, 그 증액은 각년의 제공의 한도액이 제2 의정서 제1조에서 정하는 당해 연도의 연부불의 액수 이하로 되지 않는 범위 내에서, 최종년의 제공의 한도액으로부터 순차적으로 앞당겨 실시한다는 양해를 진술하였고, 일본국 대표는 이에 동의하였다.

　2. 제1 의정서 제6조 5에 관하여
　대한민국 대표는 양 정부가 양국에 있어서의 수송 및 보험의 실정을 고려하여, 동 항 규정의 적용에 대하여 합동위원회에서 협의한다는 것이 양해한다는 취지를 진술하였고, 일본국 대표는 이에 동의하였다.

0064　3. 제1 의정서의 실시 세목에 관한 교환 공문 II 3에 관하여
　일본국 대표는, 계약으로부터 또는 이와 관련하여 발생하는 분쟁은, 당해 계약의 일방 당사자가 거주하는 국가에 상사중재 기관이 설립되어 있지 아니한 때에는, 동 항의 규정에 불구하고, 타방 당사자가 거주하는 국가에 있는 상사중재 기관에 회부된다는 것을 양해한다는 취지를 진술하였고, 대한민국 대표는 이에 양승하였다.

첨부

7-9. 청구권협정에 대하여 합의된 의사록(안)

대한민국과 일본국 간의 재산 및 청구권에 관한 문제의 해결과
경제협력에 관한 협정에 대하여 합의된 의사록(안)

대한민국 정부 대표와 일본국 정부 대표는, 금일 서명된 대한민국과 일본국 간의 재산 및 청구권에 관한 문제의 해결과 경제협력에 관한 협정(이하 '협정'이라 함) 및 관련 문서에 관하여 다음과 같은 양해에 도달하였다.

1. 협정 제1조 1에 관하여

일본국 대표는 일본국이 제공하는 생산물 및 용역은 일본국 내에 있어서 영리 목적을 위하여 사용되지는 아니함을 양해한다는 취지를 진술하였고, 대한민국 대표는 이에 동의하였다.

2. 제1 의정서 제2조 1에 관하여

(a) 대한민국 대표는 협정 제1조 1의 규정에 의거한 제공 또는 차관에 의하여 행하여지는 사업의 수행상 필요하다고 예상되는 대한민국의 국내 자금 확보를 위하여, 대한민국은 일본국 정부가 1억 5천만 아메리카합중국 불($150,000,000)과 동등한 일본 원의 액수를 초과하는 자본재 이외의 생산물을 제공할 것을 기대한다는 취지를 진술하였고, 일본국 대표는 이에 대하여 고려할 용의가 있다는 취지의 답변을 하였다.

(b) 일본국 대표는, 일본국이 제공하는 생산물은 무기 및 탄약을 포함하지 아니한다고 양해하는 취지를 진술하였고, 대한민국 대표는 이에 대하여 이의가 없다는 취지의 답변을 하였다.

3. 제1 의정서 제2조 2에 관하여

일본국 대표는, 외국환에 있어서의 추가 부담이 일본국에 과하여지는 경우라 함은, 당해 생산물을 제공하기 위하여,

1. 특히 높은 외화 부담이 필요로 되는 경우 및

2. 동등한 품질의 일본국의 생산물에 의하여 대치할 수 있는 수입물 또는 독립적인 기능을 가지는 수입 기계 부분들의 구입에 있어서 외화 부담이 필요로 되는 경우를 말한다고 진술하였고, 대한민국 대표는 이를 양승하였다.

4. 제1 의정서 제3조 1에 관하여

대한민국 대표는, 계약의 체결이 일본국 내에서 행하여진다는 것 및 이 계약의 체결이라 함은 서명을 의미하며, 서명에 이르기까지의 입찰, 공고 기타 행위에 대하여는, 대한민국 정부(조달청)가 행하는 경우에는 원칙적으로 대한민국에서, 기타의 경우에는 대한민국 또는 일본국에서 이러한 행위가 행하여진다는 것을 양해한다고 진술하였고, 일본국 대표는 이에 대하여 이의가 없다는 취지의 답변을 하였다.

5. 제1 의정서 제3조 2에 관하여

일본국 대표는, 계약으로써 수송, 보험 또는 검사와 같은 부수적인 동의의 제공을 필요로 하고, 또한 이를 위한 지불이 제1 의정서에 따라서 행하여지기로 되어 있는 것은 모두 그러한 용역이 일본 국민 또는 일본국의 법인에 의하여 행하여 져야 한다는 취지의 규정이 포함되어야 함을 양해한다고 진술하였고, 대한민국 대표는 이에 동의하였다.

6. 제1 의정서 제6조 4에 관하여

대한민국 대표는, 일본국에 의하여 제공된 생산물의 가공(단순한 조립가공 또는 이와 같은 정도의 가공은 제외함) 또는 양 정부 간에 합의된 기타의 처리가 가하여진 후 대한민국에 영역으로부터 수출되었을 경우에는 동항의 규정은 적용되지 아니한다고 양해하는 취지를 진술하였고, 일본국 대표는, 이에 동의하였다.

7. 협정 제1조 1(b)의 규정의 실시에 관한 공문 2(b)에 관하여

일본국 대표는, 사업계획 합의서의 효력 발생일이라 함은, 각각의 사업계획 합의서에 별도의 규정이 있을 경우를 제외하고, 각각의 사업계획 합의서의 서명 일을 의미

한다고 양해하는 취지를 진술하였고, 대한민국 대표는 이에 동의하였다.

8. 협정 제1조 1(b)의 규정 실시에 관한 교환 공문 2(c)에 관하여

일본국 대표는, 동항의 차관 이행일이라 함은, 일본 측의 수출자와 대한민국 측의 수입자 간에 체결되는 계약의 정하는 바에 따라, 해외경제협력기금이 대한민국 정부를 위하여, 일본국의 수출자에 대하여 지불을 행하고, 동 기금에 개설되는 대한민국 정부의 개정에 차기되는 일자라고 진술하였고 대한민국 대표는 이를 양승하였다.

18. 대일청구권 교섭의 문제점이 기재된 문서

대일청구권 교섭의 문제점[48]

청구권 세목의 각 문제점에 있어 양국 간에 심각한 의견 대립이 예상되는데 그 근본적 원인은 일본이 무상, 유상 및 상업 차관의 명목을 '경제협력'으로 보는 것이고 우리 측은 이를 '청구권 해결과 경제협력의 증진'으로 보는 데 있음.

이러한 양국의 기본적 입장의 차이에 의하여 난항이 예상되는 청구권 실시 세목의 중요한 문제점은 다음과 같음.

1. 사업 선정에 있어 일본의 관여 문제

일본은 전술한 바와 같이 청구권이 경제협력이라는 주장에 입각하여 사업 선정에 있어 다른 나라와의 배상협정에서보다 더 강한 관여를 주장할 것이 예상됨.

아국 측은 가능한 한 일본의 관여를 배제하여야 할 것이나, 최종적으로는 다른 나라와의 경우와 같이 일본과의 합의에 의하여 사업을 선정한다는 선으로 낙착될 것이 예상되는 것임.

2. 원자재(소비재) 도입 문제

다른 나라와의 배상협정에서 일본은 자국의 수출 위축을 막기 위하여 자본재를 원칙으로 하고 소비재를 예외적으로 인정하는 규정을 두고 있는데 아국에 대하여도 이러한 선을 고집할 것으로 보임.

이것이 수락되는 경우에는 우리 정부의 청구권 사용 부문에 있어 원자재의 다량 도입이 불가능할 것이 예상되므로 이에 대한 국내적인 대책 및 방침이 조속 확립되어야 할 것임.

---

48 작성일자 불명.

3. 구매 방식

현재의 우리 입장은 조달청 구매 방식을 취하는 것인데 일본이 경제협력의 명목에 입각하여 서울에 유솜[USOM][49]과 같은 그들의 기구 설치까지를 제의할 위험성이 있는 것이며, 또한 다른 나라와의 배상협정의 예를 따라 도쿄에 설치될 사절단 구매 방식을 고집할 것이 예상됨. 만일 일본 측 주장대로 낙착되는 경우, 우리의 구매 방식을 근본적으로 재검토하여야 할 것임.

4. 직접 조달, 간접 조달

조달에 있어서 일본은 그들이 구매를 하여 한국에 제공하는 간접 조달의 방법을 주장할지도 모름. 그러나 종국적으로는 다른 나라와의 경우에 있어서와 같이 우리가 일본 업자와의 계약을 통하여 직접 조달하는 방법으로 합의될 수 있을 것으로 보임.

만일 일본이 경제협력이라는 명목으로 간접 조달을 고집한다면 구매 방식, 사절단의 설치, 일본의 관여 등 제 문제에 대한 우리의 입장이 근본적으로 전복되는 것임.

5. 은행 지점 문제

거래 은행을 한국은행 도쿄지점을 포함하여 2개 이상의 복수 은행으로 함으로써 한은 도쿄지점을 통한 대금결제를 하도록 하는 것이 우리의 입장이나 일본이 다른 나라의 배상협정의 경우에 수상 국가의 은행의 참여를 배제한 전례로 보아 한은 도쿄지점의 포함을 수락치 않을 것이 예상됨.

6. 해운(수송) 문제

국내 조치로 전액 F.O.B. 구매를 하여야 하나, 일본은 과거 대한 2천만 불 원자재 차관 교섭에 있어서와 같이 Free Shipping을 1차적으로 주장할 것이 예상됨. 종국적으로는 양국 간의 비율이 50대 50으로 낙착될 가망이 있을 것임.

---

[49] United States Operations Mission, 미국의 대외 원조 기관

7. 재수출 문제

다른 나라와의 예를 보아 청구권 자금에 의하여 제공될 생산물의 원형 재수출은 불가하다 할지라도 아국의 수출구조의 특성을 고려하여 가공수출은 가능하도록 교섭하여야 할 것임.

8. 민간신용 공여(3억 알파)의 규정 유무

일본은 3억 알파가 순수한 민간업자 간의 Credit라는 점에 입각하여 문서에 의한 합의(협정 또는 교환각서 등)까지도 불필요하다는 주장을 고집할 것이 확실한바, 아 측 입장으로서는 어떠한 형식이든 3억 알파에 대한 문서상의 합의에 의한 일본 측의 보장을 얻고자 하는 것이며, 이것이 불가능할 경우에는 청구권 전체에 대한 재검토가 불가피할 것임.

9. 구매 계약에 관한 분쟁의 해결

일반 중재 절차에 따라 해결하도록 하는 것이 아국 측의 제1차적인 입장임. 일본은 과거 타국과의 배상협정의 전례에 따라 일본 상사중재위원회에 의한 해결을 주장할 것이 예상됨.

이 경우 우리 측은 "앞으로 양국 간 합의에 의하여 설치될 한일상사중재 위원회에 부탁한다"라고 할 수 있음. 아국의 상사중재가 제도화되기까지 잠정적으로는 일본의 상사중재위원회에 의한 해결이 불가피할 것으로 보임.

10. 국내적 준비 태세 문제

　가. 청구권 자금에 의한 사업 확정

　나. 입법 조치

　다. 특별 회계

　라. 국내 청구권 자금 관리 기관 설치안의 완성

　마. 일본에 주재시킬 사절단에 대한 구상

참고
이-시나 합의사항

1. 무상 제공

   10년간 3억 불 단축 실시 가능

2. 장기 저리 차관

   10년간 2억 불 연리 3.5퍼센트 상환 기간 7년 거치 포함 20년. 연장 가능

3. 민간신용 공여

   어협 자금 9,000만 불, 선박 도입 자금 3,000만 불 포함 3억 불 이상 기대

   관계 법령의 범위 내에서 용이화

4. 청산계정 잔고 처리

   금리 없이 10년간 균등 지불

5. 청구권 해결

   협정 성립시 존재하는 양국 및 양 국민 간의 재산과 청구권에 관한 문제는 대일평화조약 제4조에 규정된 것을 포함하여 완전히 최종적으로 해결된 것으로 한다.

23. 대일청구권 교섭 세부 훈령 문서

(훈령 안)[50]

1. 외아북 722-905(65. 3. 17)로 시달한 훈령은 65. 4. 3 한일 양측 대표 간에 가조인된 청구권 문제 대강의 내용과 배치되는 사항을 제외하고는 앞으로도 계속하여 교섭의 지침이 되는 것임.

2. 교섭상 우리 측이 최종적으로 수락 가능한 사항은 하기 대일청구권 교섭 세부 훈령에 의거할 것이나, 이는 교섭 진행상 부득이한 경우에 한하여 우리 측이 최종적으로 수락할 수 있는 가능선이므로 대표단은 전항의 제1차 지침에 따라 동 최종선 이상으로 합의될 수 있도록 최선의 노력을 경주하시기 바람.

대일청구권 교섭 세부 훈령

가. '3억 불' 및 '2억 불'은 어떠한 경우에도 '청구권 해결 및 경제협력의 증진'이라는 동일한 한정 규정의 적용을 받는 것으로 하며, 이는 동일한 문서에 규정되는 것이 희망되나, 위와 같은 동일한 한 정규정의 적용을 받는 한 '3억 불' 및 '2억 불'은 별개의 문서에 규정하여도 가하다.

나. 상업 차관(민간신용 공여)을 청구권 해결의 협정에 포함하기 어려운 경우에는 별도 교환 공문으로 규정 합의한다. 어떠한 경우에도 일본이 주장하는 '협정의 불필요……'은 수락할 수 없다.

다. 청구권 해결 중 3억 불의 제공, 실시 방식
 1. 10년간 균등 제공(초안 제1조 (가))

---

50 작성일자 불명.

양국 정부 합의에 따라 단축 실시할 수 있도록 함.

2. 제공의 개시 일자

협정 발효일(초안 제1조 (가) 및 제4조 1, 2항)

3. 제공물

일본의 생산물과 일본인의 용역으로 함(초안 제1조 (가)).

가) Project(생산물과 용역)의 선정에 있어서의 일본의 관여 문제(초안 제2조 1항)

양국 정부가 합의하는 선까지 수락 가하나 계획 Project 선정에 대한 관여는 배제한다.

나) 일본 생산물의 성격(초안 제1조 2항)

일본이 자본재 원칙을 고집하는 경우에는 이를 수락하되 상당한 양의 원자재 도입이 가능토록 단서 규정을 둔다.

다) 양국 간의 통상무역의 저해 금지 문제

협정에 명시하는 선까지 수락할 수 있음(초안 제2조 3항, 제2안의 2안).

라) 일본에 의한 외환 추가부담의 회피 문제

통상의 무역 저해 금지 문제와 관련하여 협정에 명시하는 선까지 수락할 수 있음. 다만 추가 부담을 '특별한'이라는 용어로 한정한다(초안 제2조 제3항 2안의 2안).

마) 일본 생산물의 재수출 문제

3억 불에 의하여 도입될 생산물을 원형대로 재수출하지 않을 것을 협정에 명시하는 선까지 수락 가능하나, 다만, 가공수출은 가능하도록 여지를 남길 것(제3안 중 7조 5항).

바) 일본인의 용역의 성격(초안 제1조, 제2조)

일본인의 용역은 구체적으로 사업 수행을 위하여 필요한 일본인의 전문가 기술자로 하며, 수송, 검사, 보험 등의 용역비가 3억 불 중에서 지불되는 경우에는 일본인만의 용역이 불가피할 것. 따라서 3억 불에 대하여 F.O.B. 구매 계약이 우리 측의 기본 입장이므로 최악의 경우에는 50대 50의 선을 유지할 것.

4. 실시 방식

가) 연차 실시계획

1) 한국 정부가 부속서에 열거한 사업 또는 그 이외의 사업에 필요한 생산물과

용역을 조달하기 위하여 연차 실시계획을 작성하고, 이를 일본 정부와 합의한다(초안 제3조 1항).

2) 제1차년도의 실시계획 작성 기간은 실시년도 개시 전 60일 이내로 하고, 제2차년도부터는 30일 이내로 한다(동 초안 제3조 2항).

나) 회계 연도

일본 측 회계 연도를 기준으로 하는 것은 수락 가능하며, 제1차 회계 연도는 협정 발효일로부터 당해 연도 말까지로 한다.

다) 구매 방식과 사절단 문제(계약 당사자)

사절단을 설치하나 구매의 주도권은 조달청이 가지고자 함.

라) 구매 절차

1) 사절단이 구매 계약서의 사본을 일본 정부의 확인을 위하여 제출하고 일본 측은 14일 이내에 계약서에 대하여 이의를 제출할 수 있음(동 제3조 1, 2항).

2) 일본 측의 반대 의견을 우리가 받아들일 수 없는 경우에는 양국 간의 협의기관으로 구성될 합동위원회에 회보하며, 합동위원회는 30일 이내에 이에 대한 결정을 하여 권고를 하도록 한다(동 제4조 1, 2항).

3) 성질상 구매 계약을 체결할 수 없는 사항에 관하여는 양국 정부의 합의에 의하여 구매 계약의 절차 없이도 생산물 및 용역이 제공될 수 있는 규정을 둔다(동 제4조 3항).

4) 구매 계약은 상업상의 절차에 따라 체결한다는 규정은 수락 가능하다(실시 세목 초안 제1항).

마) 계약상의 책임

계약상의 책임은 계약 당사자만이 진다(실시 세목 초안 제2안의 제2항).

바) 계약자 추천

일본 정부가 계약 당사자가 될 일본 업자를 추천할 수 있도록 하나 한국 정부는 이에 구속받지 아니하는 것으로 한다(실시 세목 초안 제2안의 제3항).

라. 장기 저리 차관 2억 불의 제공, 실시 방식

1. 차관 제공 기간 및 연간 제공액

총액 2억 불을 10년간 균등 제공(협정 초안 제1조 (나)).

2. 차관의 조건

금리는 3.5퍼센트 상환 기간은 7년의 거치 기간을 포함하여 20년, 단, 재정 및 자금 사정에 따라서는 양국 간의 합의에 의하여 상환 기간을 연장할 수 있다(협정 초안 제1조 (나)).

3. 차관 제공 개시 일자

협정 발효일로 한다(협정 초안 제1조 (나) 및 제3조 1, 2항).

4. 차관 제공물

일본인의 생산물 및 용역으로 한다(협정 초안 제2조 1항).

가) 차관 제공물

양국이 합의하여 결정한다(협정 초안 제1조 1항).

나) 일본 생산물의 성격

자본재 원칙 문제를 수락 가능(협정 초안 제2조 3항)

다) 일본인의 용역의 성격

3억 불의 경우와 같음.

5. 정부 차관 실시 방법

가) 연차 실시계획(제3조 1, 2항)

3억 불의 경우에 준함.

나) 회계 연도

3억 불에 준함

6. 차관의 상환

가) 원본의 상환과 이자의 지불은 연 2회에 걸쳐 실시한다(실시 세목 초안 제11항).

나) 상환은 현물 또는 통상의 방법에 의한다(동 제12항.)

다) 이자 지불의 기산일

Each Shipment를 최종선으로 한다(실시 세목 초안 13항).

라) 원금 상환의 시기

이자 지불의 기산 시점으로부터 7년 거치 후 8년째로부터 상환을 실시한다(실시 세목 초안 3항).

마. 상업 차관의 실시 방식

1. 민간신용 제공액은 어업협력 자금 9.000만 불, 선박도입 자금 3,000만 불을 포함하여 3억 불 이상으로 한다(협정 초안 제1조 (다)).

2. 상업 차관의 실시는 일본국의 법규 내에서, 수출입은행 자본의 가능한 한도라는 선까지 수락 가능하다((다)에 관한 실시 세목 제3항).

3. 상업 차관의 실시는 양 정부가 수시 공동으로 검토케 한다(동 제4항).

4. 상환은 현물 또는 통상의 방법으로 한다(동 제5항).

바. 거래 은행, 은행 계정 및 지불방식

1. 거래 은행

한국은행 도쿄지점을 포함하는 2 이상의 일본국 내의 외환은행을 지정할 수 있도록 한다. 단, 일본 측이 한은 도쿄지점의 독점을 우려하는 경우 일정한 비율을 정할 수 있다(실시 세목 초안 제2항).

2. 은행 계정 문제

3억 불의 계정은 설정하나, 장기 저리 차관 2억 불의 계정은 설정하지 아니할 수 있다(동 제2항).

3. 지불 방식

가) 일본국이 사절단이 지불하여야 할 일자의 전일까지 거래 은행에 불입한다(동 제3, 4, 5항).

나) 지불금액은 일본국과 합의하여 차기의 같은 목적을 위한 지불에 충당한다(동 제7항).

다) 반환금액은 계정상 대기하며, 미불금액에 준하여 취급한다(동 제8항).

라) 지불 의무의 이행 시기는 일본 정부가 거래 은행에 지불을 행한 날짜로 한다(동 제9항).

마) 지불 이행 한도액 산정의 환율 결정 시기

일본 정부가 계약을 확인(인증)한 날짜로 한다(동 제10항).

사. 분쟁의 해결

1. 제1 교섭안

가) 구매 계약에 관한 분쟁(협정 제9조 1항)

1) 일방 당사자의 요청에 의하여 공제에 의하여 해결하도록 하며, 구매 계약에 여사한 취지가 포함되도록 한다.

2) 중재위원은 3명으로 하며, 분쟁 당사자가 각 1명씩 임명하고 이렇게 임명된 2명의 중재자가 제3의 중재인을 임명한다. 소정 기간(예컨대 30일) 내에 제3의 중재인 임명에 합의하지 못한 경우에는 합동위원회에 제3의 중재인 임명을 요청할 수 있다.

3) 이와 같이 하여 이루어진 중재 재정을 최종적인 것으로 하고 양 당사자를 구속하는 것으로 한다.

나) 본 협정의 해석 및 실시에 관한 분쟁(협정 초안 제9조 2항)

1) 정부 간의 외교상의 경로를 통하여 해결한다.

2) 외교상의 경로를 통하여 해결하지 못하였을 때에는 그 분쟁을 전기 구매 계약에 관한 분쟁의 해결 방법(중재)에 준하여 해결한다. 단, 본 문제는 청구권협정 만의 문제가 아니고 한일회담 전반에 걸친 각 협정, 조약 등에 동일하게 규정되어야 할 것이므로 해결 방법 자체를 신축성 있게 교섭할 수 있다.

2. 최종 교섭안

가) 구매 계약에 관한 분쟁(동 제9조 1항)

상사중재위원회에 해결을 부탁할 수 있다.

나) 본 협정의 실시 및 해석에 관한 문제(동 제9조 2항)

제1교섭 안의 경우와 같다.

0218   아. 기타

1. 소득세 면제

3억 불의 제공과 관련하여 일본인 및 일본 법인의 용역 제공으로부터 발생하는 소득에 대하여 소득세를 면세한다는 조항을 수락할 수 있다(협정 초안 제2안의 제7조 제4항).

2. 부속서에 열거될 사업의 성격

구체적인 사업명을 부속서에 열거할 것을 일본 측이 고집하는 경우에는 이를 수락할 수 있으나, 용역을 위한 Project는 수락 곤란하다.

3. 일본국 법인의 해석 문제

합의의사록에 이를 규정하지 아니하고 일본인이 지배하는 법인만으로 한다는 것은 수락할 수 없다.

37. 일본 측에 제시한 대일청구요강 8개 항목 청구의 내용 문서

<u>일본 측에 제시한 8개 항목 청구의 내용</u>[51]

0347

1. 조선은행을 통하여 반출된 지금 및 지은의 반환

   지금　249,633,198.61그램

   지은　　67,541,771.20그램

2. 1945년 6월 9일 현재의 일본 정부의 대조선총독부 채무의 변제

  (1) 체신부 관계

   가. 우편저금, 진체저금, 위체저금 등

     우편저금　1,153,674,783,326

     진체저금　　126,197,800,025

     우편위체　　 76,179,397,452

      합계　　1,361,051,980,803

    중에서

     우편저금　1,019,633,809,327

     진체저금　　111,054,064,022

     우편위체　　 67,037,869,758

      합계　　1,197,725,743,107

   나. 국채 및 저축채권 등

    제5항에 포함

   다. 간이생명보험 및 우편연금 관계

    1945년 9월 15일 현재 대장성 예금부에 예입된 총액

    148,840,050,012 중 한국인분 135,444,445,51

51　작성일자 불명.

라. 해외 위체저금 및 채권
　　　　69,987,800,780
　　　마. 태평양 미육군사령부 포고 3호에 의하여 동결된 한국 수취금
　　　　45,516,884,800
　　(2), (3), (4), (5) 등은 토의 유보

3. 1945년 6월 9일 이후 한국으로부터 진체 혹은 송금된 금원의 반환
　　(1) 6월 9일 이후 조선은행 본점으로부터 재일 동경지점에 진체 또는 송금된 금원
　　　제5항 (1)에서 포함 설명
　　(2) 기타 금융기관을 통하여 송금된 금원
　　토의 유보

4. 1945년 6월 9일 현재 한국에 주사무소를 둔 법인의 재일 재산의 반환
　　(1) 연합군 폐쇄 기관령에 의하여 폐쇄, 청산된 한국 내 금융 기관의 재일 지점 재산
　　(2) SCAPIN 1965호에 의하여 폐쇄된 한국 내 본점 보유 법인의 재일 재산
　　　법 이론 토의로 시종

5. 한국 법인 또는 자연인의 일본국 또는 일본 국민에 대한 일본 국채, 공채, 일본 은행권, 피징용 한인의 미수금, 보상금 및 기타 청구권의 변제
　　(1) 일본 유가증권

　　　일본 국채　　　　　　7,371,189,000.69
　　　조선식량증권 및 식량증권　152,006,330.08
　　　일본 저축권　　　　　　18,673,950.00
　　　일본 정부 보증사채　　　833,246,100.00
　　　일본 지방채　　　　　　1,327,500.00
　　　일본 사채　　　　　　261,941,514.00
　　　저축보국채권　　　　　　4,380,027.00
　　　기타 증권　　　　　　92,417,791.29
　　　일본 주식　　　　　　29,348,350.00
　　　합 계　　　　　　8,765,080,574.56

0349

(2) 일본계 통화

일본 은행권	1,491,616,748.00	(소각분)
	6,442,831.00	(현물보유분)
일본 정부 지폐	23,800,042.00	(소각분)
	1,781,538.00	(현물보유분)
일본 군표	216,183.36	
일본 은행 소액지폐	218,301.65	
중국 중앙준비은행권	1,418,056.72	
합 계	1,525,493,702.13	

(3) 피징용 한인 미수금

       237,000,000.00

(4) 전쟁에 의한 피징용자의 피해에 대한 보상

생존자 1인당 200불	186,000,000불
사망자 〃 1,650불	128,000,000불
부상자 〃 2,000불	50,000,000불
합 계	364,000,000불

(5) 한국인의 대일본 정부 청구 은급 관계

임금	35,120인	289,645,000원
일시금	20,268인	16,549,970원
계	55,388인	306,194,970원

(6) 기탁금

세관에 기탁한 통화	10,510,200.58
조선은행권과 교환된 일은권	48,714,690.00
구조총련에 기탁되어 현재 일본 정부에 차압된 것	54,550,000.00
합 계	113,774,890.58

0350 　　(7) 한국인의 대일본인 또는 법인에 대한 청구

　　　　생명보험 책임준비금 청구액 438,000,000원

　　　　기타는 제6항에 넘김.

　6. 한국인의 대일본 정부 및 개인에 대한 권리 행사

　　　금액 표시 항목이 아님.

　7. 전기 제 재산 및 청구권으로부터 발생된 제 과실의 청구

　8. 전기 반환 및 결제는 협정 성립 후 즉시 개시되어 6개월 내에 종료할 것.

38. 일반청구권 문제에 관한 한일 양국의 견해 비교표

	일반청구권 문제	
		1964. 12. 30
문제별	한국 측	일본 측
1. 명목 문제	가) "청구권 문제를 해결하고 경제협력을 증진하기 위한다"는 것을 협정 전문에 규정한다. 나) 협정 본문에 일본 측이 주장하는바 내용의 것을 규정하는 것에 반대한다.	가) 같음 나) 전기 전문 규정 외 본문에 "3억 불을 무상 경제협력으로, 2억 불 정부 차관은 유상경제협력으로 제공한다"는 것을 규정한다.
2. 청산계정 상 채무의 상환 기간 문제	공여액 3억 불에 관하여 청산계정의 채무($4,573만)를 공여액에 포함시켜 해결하기로 합의한 바에 따라 그 금액으로부터 탕감함에 있어서는 공여액의 지불 기간(10년 또는 단축 가능)에 균등 탕감시킴이 가장 타당한 방법이라고 생각한다 (1963. 1. 23, 예비교섭 제23차 회의에서 제시).	1. 한국 측은 청산계정의 채무액을 3년간에 균등 상환한다. 2. 단 한국 측이 그 외화 사정이나 내자 사정 등으로 말미암아 희망하는 경우에는 매년도 한국 측에 의하여 당해 연도에 있어서의 일본으로부터의 무상공여액을 채무상환 상당액만큼 감액하고 이것으로 한국 측이 동 채무를 지불한 것으로 간주하기로 한다. 3. 상기의 1. 및 2.의 조치의 결과 당해 연도에 있어서의 한국 측의 대외 기대자금이 부족되고 그로 인하여 한국의 5개년 계획의 수행에 지장을 초래하는 경우에는 일본 측으로부터의 유상경제협력의 단축 실시를 고려한다(1962. 12. 26, 예비교섭 제21차 회의에서 제시).

0406	3. 해외경제협력기금 차관의 상환 기간 문제	상환 조건은 이를 "매년 차관액 수입분에 대하여 각각 거치 기간 7년 후 20년간에 균등 분할하여 상환한다"로 하여야 한다(1963. 1. 23, 예비교섭 제23차 회의에서 제시).	본 건 차관의 조건은 연리 3.5퍼센트 상환 기간 20년 이내로 한다. 전 항에 있어서 "상환 기간 20년 이내로 한다"라고 한 것은 해외경제협력기금 업무방법서에 이와 동양(同樣)의 규정이 있는 것을 인용한 것인데 일본 정부로서는 구체적인 상환 기간으로서는 오히라-김 회담의 취지에 따라서 20년 정도를 염두에 두고 있다. 전 항에 있어서 거치 기간에 언급하지 않은 것은 세목에 관하여는 금후의 교섭으로써 순차적으로 결정해가는 것이 타당하다고 생각하였기 때문인데 일본 정부로서는 오히라-김 회담의 선에 따라서 일단 7년 정도를 염두에 두고 있다(1962. 12. 26, 예비교섭 제21차 회의에서 제시).
0407			(한국 측이 상환 기간에 관하여 전기와 같은 입장을 제시한 데 대하여 일측은 1963. 1. 28의 예비교섭 제24차 회의 석상에서 거치 기간 7년은 상환 기간 20년 중에 포함되는 것이라고 설명한 바 있다.)
	4. 수출입은행의 차관의 성격	수출입은행의 차관에 관하여는 "수출입은행에 의한 가장 유리한 조건의 차관 1억 불 이상을 일본 정부 관여에 의하여"라고 명시하여야 한다(1963. 1. 23, 예비교섭 제23차 회의에서 제시).	프로젝트의 종류, 금액, 금융기관(수출입은행 및 기타의 민간 금융기관) 조건 등은 모두 민간의 통상의 상담에 맡기며, 따라서 또한 특히 차관의 상환도 정하지 않으나 일본 정부는 이러한 종류의 차관에 관하여는 일한 국교 정상화 이전에도 실시가 가능하도록 조치한다.

0408			전 항에 있어서 총액을 명시하지 않은 이유는 이러한 종류의 신용 공여의 성질상 미리 총액을 정부 간에서 결정한다는 것은 불합리하기 때문이다. 그러나 만약 한국 측이 국내 대책 상 어떠한 구체적 금액에 언급할 필요가 있다면 예컨대 1억 불 이상이라는 표현을 사용하여도 상관없다. '금융기관(수은 및 기타의 민간 금융기관)'이라고 한 취지는 상업 베이스에 의한 통상의 신용 공여는 개개의 프로젝트별로 수은과 시중은행의 협조융자에 의하여 행한다는 것이 우리나라에 있어서의 현행 방법이므로 그 사실을 기술하였음에 불과하다(1962. 12. 26, 예비교섭 제21차 회의에서 제시).
0410	5. 세목 협정	세목 협정안을 제출하고 토의를 요구함.	어업 문제에 있어서 해결의 대강이 이루어지지 않은 한 토의를 기피함.

39. OA 문제의 상환 기간 관련 훈령 전문

번호: WJ-16153

일시: 171620[일시 불명]

수신인: 주일 대사

대: JW-05289

1. OA 문제에 있어서 상환 기간을 아 측이 주장하여온 기간보다 짧은 기간으로 정할 경우, 무상 제공 3억 불의 지불 기간이 단축되어 아 측의 실질적인 이익이 보장될 수 있다면, 일본 측이 주장하는 3년 상환 기간에 합의할 방침임.

2. 기금 차관에 관하여는 적절한 시기에 "20년 상환 기간으로 하되, 최초 7년간은 거치 기간으로 한다"는 입장을 취할 방침인바, 이러한 양보는 OA 문제를 아 측 입장에 유리하게 유도하는 교섭 재료로 사용할 위계임.

3. 위와 같은 일반 방침을 염두에 두고 OA 및 기금 차관의 상환 기간 문제에 관하여 아래 안에 따라 교섭할 것을 훈령함.
   (1) OA 문제
     가. 아래의 교섭안을 순차적으로 일본 측에 제시하여 가면서 교섭함.
       (ㄱ) 제1안: 최초 3년간은 연 4,500만 불씩, 4차년부터 8차년까지는 연 3,000만 불씩, 9차년은 1,500만 불
       (ㄴ) 제2안: 최초 3년간은 연 4,500만 불씩, 4차년부터 10차년까지 연 2,357만 불
       (ㄷ) 제3안: 최초 3년간은 연 4,050만 불씩, 4차년부터 8차년까지는 연 3,000만 불씩, 9차년은 2,850만 불
       (ㄹ) 제4안: 최초 3년간은 연 4,050만 불씩, 4차년부터 10차년까지는 연 2,550만 불씩

나. 무상 제공의 지불 기간이 장차에 있어서 또다시 단축될 수 있도록 하기 위하여 "쌍방 합의에 의하여 단축할 수 있다"는 규정을 정식 협정 체결 시에 규정한다는 합의 사항을 쌍방에 확인하여야 함.

(2) 기금 차관 문제

20년 상환 기간으로 하되, 최초 7년간은 거치 기간으로 한다(단, 이는 일본 측에서 OA 문제에 관한 아 측 안을 수락하는 것을 전제로 하는 것이며, 귀하가 필요하다고 판단할 경우에는 사전에 non-committal basis로 일본 측에 시사하여도 무방함).

4. 제3항의 합의를 함에 있어서는 "1962. 11. 12의 김-오히라 합의의 제3항에 의한 수출입은행에 의한 상업상 차관 1억 불 이상이 국교 정상화 전에도 실시된다"는 사실을 가능한 한 형식화된 형태(예: 교환 공문, 합의의사록)로 상호 확인하도록 하시압.(동북)

문화재위원회 회의 개최 계획, 1965

분류번호 : 723.1 JA 정 2965
등록번호 : 6888
생산과 : 동북아주과
생산연도 : 1965
필름번호 : C1-0030
파일번호 : 06
프레임번호 : 0001~0073

본 파일에는 제7차 한일회담 문화재소위원회 개최와 관련한 훈령, 문화상의 협력에 관한 협정 일본 측안(최초 안) 및 일본 측의 반환 문화재 목록이 담긴 '일한 간의 문화 협력에 관한 의정서 부속서'(1965년 6월 작성)가 수록되어 있다. 제7차 한일회담에서는 문화재소위원회 회의가 1965. 4. 24.~6. 16간 다섯 차례, 문화재 전문가 회의가 1965년 5월 17일 한차례, 그리고 반환 문화재 목록과 관련하여 1965년 6월 18일 힐튼호텔에서 연속적으로 회의가 개최되었으나 공개된 한국 측 사료에서 이 회의 기록들은 발견되지 않았다.

1. 제7차 한일회담 문화재 반환 관련 문교부 측의 최종 요구 요강 송부 공문

0004

문교부

문화재 1060-2(72.5316)   1965. 1. 9

수신: 외무부 장관

제목: 한일회담에 관련된 문화재 반환

1965. 1. 8일 귀부에서 개최된 회의에서 대일 청구 문화재의 목록 제출 요구에 대하여 별첨과 같이 '문화재 반환에 관한 문교부 측의 최종 요구 요강'을 제출합니다.

유첨: 문화재 반환에 관한 문교부 측의 최종 요구 요강

끝

문교부 장관 윤천주[직인]

첨부

1-1. 문교부 측의 문화재 반환 관련 최종 요구 요강

0005 문화재 반환에 관한 문교부 측의 최종 요구 요강

1. 1962년 2월 21일에 아 측에서 수교한 반환 청구 목록에 의하여 계속 추진할 것이며 그중 국유물에 관하여는 원칙적으로 일본 측에서도 반환 대상이 되는 바이다. '인도'라는 용어하에 접수가 될 것이다.

사유물에 대하여서는 난관이 예상되지마는 그 명목을 '기증'이라는 형식을 취하더라도 반드시 반환을 청구할 것은 다음과 같음.

0006 1. 오구라 다케노스케(小倉武之助) 수집품
2. 데라우치 마사다케(寺內正毅) 수집 한적(韓籍) 서화
3. 일본 측에 있어서의 지정된 한국 문화재
4. 석조물 중 석굴암의 합룡불(合龍佛) 2구(二軀) 및 소석탑(小石塔)

이상

2. 제7차 한일회담 문화재 문제에 관한 훈령 내부재가 문서

0007   기안자: 동북아과 홍순영
        과장[서명]   국장[서명]   차관[서명]   장관
        기안년월일: 65. 3. 17
        분류기호 문서번호: 외아북 722
        경유·수신·참조: 주일 대사
        발신: 장관

문화재 문제에 관한 훈령

 1. 문화재 문제에 관하여는 별첨 '문화재 문제에 관한 훈령'에 따라 교섭할 것을 훈령합니다.
 2. 토의를 진행시킴에 있어서는 별첨 문서에 표시된 입장을 최저선으로 하여 문제가 타결되도록 교섭하시기 바랍니다.
 3. 본 훈령은 외아북 722-166(64. 3. 14)호 훈령에 대치하는 것입니다.

유첨: 동 훈령

  끝

첨부

2-1. 문화재 문제에 관한 훈령 문서

0008
문화재 문제에 관한 훈령

1965. 3. 17

1. 명목 및 형식

다음과 같은 요지의 의정서 형식을 채용하여 해결한다.

(설명 1 참조)

'대한민국 정부와 일본국 정부 간의(문화재 및) 문화 문제에 관한 의정서(발췌)(안) (주) (설명 2 참조)'

(전문)

대한민국 정부와 일본국 정부는 양국 간의 문화에 관한 역사적인 깊은 관계와 대한민국이 그의 역사적 문화재에 대하여 가지는 깊은 관심을 고려하고, 또한 양국 간의 학술과 문화의 발전 및 연구에 기여하기 위하여 다음과 같이 협정한다(설명 3 참조).

0009

설명 1. 일본 측이 제시한 '일본국 정부와 대한민국 정부 간의 문화상의 협력에 관한 의정서 요강'은 그 제목이나 내용에 있어서 아 측이 1957. 12. 31의 오랄 스테이트먼트의 선례보다도 훨씬 정중하게 취급한 것임으로 '의정서'로 한다는 방식은 받아들이기로 한다. 또한 일본 측 이용의 편의 제공 문제는 실질적으로 중대한 이해관계를 가지는 문제가 아니라고 생각되므로 문화 협력 면을 강조하는 듯한 표현을 적절한 표현으로 대치하는 정도의 수정을 가함으로써 받아들이는 것이 문제 해결을 촉진하는 방도라고 생각된다.

설명 2. 아 측의 입장은 원래 한일 간의 문화 협력 문제와는 상관없이 한국 문화재를 반환받아야 한다는 것이지만, 반환 의무는 없으나 문화 협력의 견지에서 기증한다는 일본 측 입장을 전혀 무시하고서는 교섭의 타결을 기할 수 없으므로 '문화재 및 문화 문제에 관한 의정서'라는 제목을 제시하여 교섭하기로 한다. 단, 명목 문제에서 아 측이 신축성을 가짐으로써 더 많은 품목은 반환 받을 수 있다던가 또는 기타 부득이한 사정이 있을 경우에는 제목은 '문화 문제에 관한 의정서'라는 정도로 받아들이기로 한다.

설명 3. 일본 측에서는 문화재의 반환에 관한 조항에 있어서 '대한민국에 있어서의 학술 및 문화발전 및 연구에 기여하기 위하여 대한민국이 그 역사적 문화재에 대하여 가지는 깊은 관심을 고려하여'라는 표현을 사용하였는데, 이러한 표현을 사용하면 '문화 협력의 견지에서 기증

(제1)

대한민국 정부와 일본국 정부는 양국 간의 문화 관계를 증진시키기 위한 방도를 조속히 강구하기로 한다(주). (설명 4 참조)

(제2)

일본국 정부는 본 의정서의 효력 발생 후 가능한 한 조속히 부속서에 명시되는(설명 5 참조) 한국 문화재를 대한민국 정부에 대하여 인도(turn over)하는 것으로 한다. (설명 6 참조)

(제3)

대한민국 정부와 일본국 정부는 각기 자국의 미술관, 박물관, 도서관 및 기타 자료 편집시설이 보유하는 문화재를 타방국의 국민으로 하여금 연구케 하는 기회를 주기 위하여 가능한 한의 편의를 제공하는 것으로 한다(주). (설명 7 참조)

한다는' 일본 측 입장이 너무 강조되어, '응당 반환받아야 할 것을 반환 받는다'는 아 측 입장은 전혀 말소되는 것으로서, 이대로는 받아들이기 곤란한 것이나, 그렇다고 이러한 표현을 전혀 삭제하자는 것은 일본 측에게 난점이 많을 것이므로 이를 전문 중에 적절히 삽입하여 양측이 각기 자기 측에게 편리한 해석을 할 수 있는 여지를 남겨둠으로써 해결하고자 하는 것이다.

설명 4. 일본 측 안에는 '양 국민 간의 문화교류를 긴밀히 하기 위한 협정을 체결할 목적으로 조속히 교섭을 개시'하자고 되어 있는바, 이는 문화협정의 체결을 의미하는 것이다. 그러나 일본과의 문화협정 체결은 일본 출판물, 영화 등 일본 문화의 한국에의 급격한 진출을 용이하게 하는 것에 불과하므로 일본 측 제의를 정면으로 거부하지는 않지만 완곡하게 이를 피하여 하는 것이다.

설명 5. 일본 측 입장은 일부의 국유분만 기증한다는 것인데 반하여 아 측 입장은 국가와 개인이 점유하는 것을 공히 반환받아야 한다는 입장이므로, 교섭 결과 국가 점유분만으로 결정되더라도 부속서에 민간 점유분은 명시하지 않으면 되는 것이므로 의정서에는 일본 측이 주장하는 바와 같은 '일본 정부가 소유하는'이란 표현은 사용하지 않기로 한다.

설명 6. 일본 측의 입장은 '기증한다'는 것이고 아 측의 입장은 '반환한다'는 것인데, 양측 입장은 그대로는 도저히 타결될 수 없는 것이므로 이를 1957. 12. 31의 오랄 스테이트먼트의 선례에 따라서 인도(turn over)라는 중립적 표현으로 해결하도록 한다.

설명 7. 이는 어디까지는 고고학적 문화재를 대상으로 하는 것이므로 이로 인하여 일본 문화의 급격한 침투를 초래하리라고는 생각되지 않는다.

2. 반환 대상 품목

(1) 아 측이 1962. 2. 28에 일본 측에 제시한 목록에 따라 반환(인도) 받도록 한다.

(2) 일본의 국유하에 있는 문화재에 있어서는 아래와 같은 입장을 취한다.

　(가) 고고, 미술품

　1) 도쿄, 교토 양 대학분

　최종 단계에서는 철회한다(주). (설명 8 참조)

　2) 도쿄 박물관 소장품

　최후까지 전 품목 반환은 강력히 요구하는 태도를 견지하여 최대한의 반환이 실현되도록 한다(주). (설명 9 참조)

　(나) 전적

　가능한 최대한도로 실물 반환이 실현되도록 하고 그 외에 현재 일본 각 도서관, 문고 등에 보관하고 있는 임진란 시에 탈거한 귀중 도서의 복사 제공을 요구한다(주). (설명 10 참조)

　(다) 체신 문화재

　최대한의 반환을 요구한다.

설명 8. 양 대학의 고고학 교실에 있는 약간의 고고, 미술품에 대하여 일본 측은 대학의 것은 관할도 다르고 반환 공작이 곤란하다는 입장을 취하고 있으므로 아 측에서도 대학의 연구기관을 존중한다는 명분 하에 최종 단계에서는 이를 철회하도록 한다.

설명 9. 아 측 요구 품목에 대부분은 이 항목에 속하고 있는데 (총 969점) 이에 대하여 일본 측 (특히 도쿄박물관 측)은 이것이 동 박물관 소장 한국품의 전부인 만큼 전부 반환하는 것은 곤란하다는 주장을 하고 있으므로 전부는 반환받기는 어려울 것이므로 최대한의 반환이 실현되도록 한다.

설명 10. 본항의 주요 해당 품목은 궁내청 도서료 보관의 한적, 기록 류가 주인 바, 이에 대하여는 아 측의 목록상의 준비가 없고 다만 교토대학 '가와이문고' 157권의 목록만을 준비하고 있다. 아 측에서는 관동대진재 시에 도쿄대학 소장품 중 제1차적으로는 실물 전부 반환을 주장할 것이나, 이것이 여의치 않을 경우에는 현재 일본 각 도서관, 문고 등에 보관하고 있는 임진란 시에 탈거한 귀중 도서의 복사 제공을 요구하도록 한다(현재 이들 전적의 마이크로필름이 동양문고에서 작성한 것이 있음).

(3) 일본 민간인이 보유하고 있는 문화재는 민간인 유지들의 협력을 얻어 자진 '기증'의 방도로 주요한 문화재의 반환이 가능하도록 추진하는바, 일본 정부는 이러한 기증을 장려한다는 뜻을 합의의사록 등에 규정하도록 교섭한다.

이 경우 끝까지 확보하여야 할 우선품목(優先品目)은 다음과 같다.

    (가) 오구라 수집품(小倉武之助 蒐集品)

    (나) 데라우치 수집 한적, 서화(寺內正毅 수집 韓籍, 書畵)

    (다) 일본 국보로 지정된 한국 문화재

    (라) 석조물 중 석굴암의 합룡불 2구(合龍佛 二軀) 및 소석탑(小石塔)

4. 제7차 한일회담 문화재위원회 개최 관련 일본 측 제의 보고 전문

번호: JAW-04348

일시: 191550[1965. 4. 19]

수신인: 외무부 장관

발신인: 수석대표

1. 아 측이 그간 문화재위원회의 조속한 개최를 촉구한 데 대하여 일본 측은 위원회를 4월 21일(수) 오후에 개최할 것을 제의하여 왔음.

2. 전기 일자에 위원회를 개최하도록 문화재 관계 대표 단원을 명 20일(화) 파견해 주시기 바라며 그것이 불가능한 경우에는 위원회 개최 일자 절충에 필요하오니 파견 가능 시기를 조속히 알려주시기 바람.

3. 본 건에 관하여 지급 회시 바람.(주일정-외아북)

5. 문화재위원회 회의 개최 관련 본부 입장 통보 전문

0015   번호: WJA-04245

일시: 191840[1965. 4. 19]

수신인: 수석대표

대: JAW-04348

문화재 관계 대표 단원(황수영, 이홍직 양 대표 및 문화재 관리국 사무관 1명)은 내 21일(수)에 출발케 할 예정이오니 이를 참작하여 위원회의 개최 일자를 적어 변경하여 주시압.(외아북)

장관

6. 제7차 한일회담 문화재 문제 관련 훈령 내부재가 문서

0016   기안자: 동북아과

과장[서명]   국장[서명]   차관[서명]   장관[서명]   국무총리[서명]

협조자 성명: 문교부 장관

기안년월일: 65. 4. 20

분류기호 문서번호: 외아북 722

경유·수신·참조: 한일회담 수석대표

발신: 장관

제목: 문화재 문제에 관한 훈령

1. 지난 4. 3 '이니셜'된 한일 양국 간의 '청구권 문제 해결 및 경제협력에 관한 합의 사항' 6.에 따라서 인도되어야 할 한국 문화재의 품목을 결정하기 위하여 세부 훈령에 따라서 교섭하시기 바라며, 의정서의 안문 작성과 품목에 관한 교섭은 병행하시기 바랍니다.

2. 본 훈령과 저촉되지 않는 한 이미 훈령한 외아북 722-166(64. 3. 14) 훈령도 교섭에 있어 지침으로 하시기 바랍니다.

3. 별첨 '대한민국과 일본국 간의 문화재 문제 해결 및 문화 협력에 관한 의정서' 안을 기준으로 교섭하시기 바랍니다.

유첨: 1. 문화재 문제에 관한 세부 훈령
     2. 대한민국과 일본국 간의 문화재 문제 해결 및 문화 협력에 관한 의정서(안)
끝

첨부

6-1. 문화재 문제에 관한 세부 훈령 문서

문화재 문제에 관한 세부 훈령

1. 명목 및 형식

일본 측이 '일본국 정부와 대한민국 정부 간의 문화상의 협력에 관한 의정서 요강'을 1962년 말에 아 측에 제시한 점에 비추어 의정서로 하되, 그 명칭은 '대한민국과 일본국 간의 문화재 문제 해결 및 문화 협력에 관한 의정서'로 한다.

2. 의정서의 문안

의정서의 전문 및 본문은 별첨의 의정서(안)에 의하되, 아래의 입장에 감안하여, 의정서 문안 작성의 교섭 과정에 따라서 수석대표 재량하에 어구를 수정한다.

가. 의정서 전문

문화재 반환이라는 아 측의 기본 입장이 가급적 반영되며, 부득이 할 경우에도 양측이 각기 자기 측에게 편리한 해석을 할 수 있도록 한다.

나. 일본 측 의정서 요강 제1에 대하여

일본 측은 요강 제1에서 문화협정을 체결하기 위한 교섭을 개시할 것을 규정하고 있는바, 이는 일본 출판물, 영화 등 일본 문화의 급격한 진출을 용이하게 하는 결과를 초래케 될 것이므로 동 제의를 완곡하게 피하도록 한다.

다. 일본 측 요강 제2에 대하여

일본 측은 일부의 국유분만 인도한다는 입장인바, 국유만이 아니라 사유의 문화재도 공히 반화되어야 한다는 아 측 입장에 따라서 '일본 정부가 소유하는'이란 표현은 사용하지 않기로 한다.

라. 일본 측 요강 제3에 대하여

이는 고고학적 문화재를 대상으로 하는 것이므로 일본 문화의 급격한 침투를 초래하리라고는 생각되지 않으므로 일본 측 안을 수락한다.

3. 반환 대상 품목

　가. 아 측이 1962. 2. 28 일본 측에 제시한 목록에 따라서 반환 받도록 한다.

　나. 일본 민간이 보유하고 있는 문화재는 민간인 유지들의 협력을 얻어 자진 '기증'의 방도로 주요한 문화재의 반환이 가능하도록 추진하는바, 일본 정부는 이러한 기증을 장려한다는 뜻을 합의의사록 등에 규정하도록 교섭한다.

　　이 경우 확보하여야 할 우선품목(優先品目)

　　(가) 오구라 수집품(小倉武之助 蒐集品)

　　(나) 데라우치 수집 한적, 서화(寺內正毅 收集 韓籍, 書畵)

　　(다) 일본 국보로 지정된 한국 문화재

　　(라) 석조물 중 석굴암의 합룡불 2구 및 소석탑(合龍佛 二軀 小石塔)

첨부

6-2. 문화재 문제 해결 및 문화 협력에 관한 의정서(안)

0020 **대한민국과 일본국 간의 문화재 문제 해결 및 문화 협력에 관한 의정서(안)**

대한민국과 일본국은

양국 간의 문화에 관한 역사적인 깊은 관계와 대한민국이 그의 역사적 문화재에 대하여 가지는 깊은 관심을 고려하고,

양국 간의 학술과 문화의 발전 및 연구에 기여할 것을 희망하여 다음과 같이 협정한다.

제1조

대한민국 정부와 일본국 정부는 양국 간의 문화 관계를 증진시키기 위한 방도를 조속히 강구하기로 한다.

제2조

일본국 정부는 본 의정서의 효력 발생 후 가능한 한 조속히 부속서에 명시되는 한국 문화재를 대한민국 정부에 대하여 인도(turn over) 하는 것으로 한다.

제3조

대한민국 정부와 일본국 정부는 각기 자국의 미술관, 박물관, 도서관 및 기타 자료 편집시설이 보유하는 문화재를 타방국의 국민으로 하여금 연구케 하는 기회를 주기 위하여 가능한 한의 편의를 제공하는 것으로 한다.

0021 이상의 증거로써 하명은 각자의 정부로부터 정당한 위임을 받아 본 의정서에 서명하였다.

1965년 월 일에 ……에서 동등히 정문인 한국어, 일본어 및 영어로 본 서 2통을 작성하였다. 해석에 상위가 있을 경우에는 영어의 정문에 의한다.

7. 문화재위원회 회의 관련 청훈 전문

0024   번호: JAW-06247

일시: 111735[1965. 6. 11]

수신인: 장관
발신인: 수석대표

연: JAW-06244

연호로 보고한 문화재위원회 회의에 관련하여 아래 사항을 청훈함.

1. 일본 측은 문화재 인수 후의 전시 및 보관에 관하여 관심을 표시하고 있는바, 아측이 인수 후 전시를 할 의향이 있는지의 여부(이에 관하여는 구두로만 일본 측에 회시할 의도임)

2. 인수인계의 장소(57년에 166점은 일본에서 인수인계 되었음).(외아북)

8. 문화재위원회 관련 청훈에 대한 회신 전문

번호: WJA-06178

일시: 140925[1965. 6. 14]

수신인: 한일회담 수석대표

대: JAW-06247

대호에 관하여 아래와 같이 훈령함.

1. 문화재 인수 후의 전시 문제에 관하여는 구두로 아 측이 인수 문화재를 적절히 관리(전시 포함)할 것임을 일본 측에 알리는 데 그치고 합의 문서상 아 측이 법적 의무를 부담치 않는 것으로 하시기 바람.

2. 인수인계의 장소 문제에 관하여는 이와 관련하여 물품의 확인, 운송 등 문제도 있다고 생각되는바, 현지(일본)에서 아 측 관계자가 인도 물품을 확인하고 정식 인수인계는 한국에서 행함이(따라서 운송 관계 비용은 일본 부담) 가할 것으로 사료되므로, 이러한 입장을 염두에 두고 일본 측 반응을 타진한 후 대표단의 견해를 조속히 건의하여 주시기 바람(외아북).

끝

장관

9. 문화상의 협력에 관한 협정 일본 측 안(최초 안)

(四〇・六・一五)

最初案

文化上の協力に関する日本国と大韓民国との間の協定(案)

　日本国政府及び大韓民国政府は,

　両国間の文化に関する伝統的な深い関係にかんがみ, 相互の間の文化交流及び友好関係を今後一層発展させることを希望して,

　次のとおり協定した.

第一条

　両締約国政府は, 文化, 学術, 科学, 技術, 芸術, 教育及びスポーツ分野における両締約国の国民の間の良好なかつ有効な協力を維持するため, できる限りの便宜を相互に与えるものとする.

第二条

　日本国政府は, 大韓民国における学術の発展及び文化の研究に寄与するため及び大韓民国国民が同国の歴史的文化財について有する深い関心を考慮して, 大韓民国政府に対し附属書に掲げる日本国政府所有の文化財を, できる限りすみやかに引き渡すものとする.

第三条

　各締約国政府は, 自国の領域において, 他方の国の国民に対し, 美術館, 博物館, 図書館その他資料編集施設の利用についてできる限りの便宜を与えるものとする.

第四条

　1. この協定は批准されなければならない. 批准書は, できる限りすみやかに　で交換されるものとする.

　2. この協定は, 批准書の交換の日に効力を生ずる.

以上の証拠として,下名は,この協定に署名した.

千九百六十　年　月　日に東京で,日本語及び韓国語英語により本書二通を作成した.

日本国政府のために

大韓民国政府のために(1965. 6. 15)

번역　최초안

문화 협력에 관한 대한민국과 일본국 간의 협정(안)

일본국 정부 및 대한민국 정부는

양국의 문화에 관한 전통적으로 깊은 관계를 고려하여 상호 간의 문화교류 및 우호관계를 앞으로 더욱 발전시켜 나가기를 희망하며 다음과 같이 협정하였다.

제1조

양 체약국 정부는 문화, 학술, 과학, 기술, 예술, 교육 및 스포츠 분야에서 양 당사국 국민들 간의 양호하고 효과적인 협력을 유지하기 위해 가능한 한 최대한의 편의를 상호 제공하기로 한다.

제2조

일본국 정부는 대한민국에서의 학술발전 및 문화연구에 기여하기 위하여 그리고 대한민국 국민이 동국의 역사적 문화재에 대하여 가지는 깊은 관심을 고려하여 대한민국 정부에 대하여 부속서에 열거된 일본국 정부 소유의 문화재를 가능한 한 신속하게 인도한다.

제3조

각 체약국 정부는 자국의 영역에서 상대국 국민에게 미술관, 박물관, 도서관 기타 자료 편집시설의 이용에 관하여 가능한 한 편의를 제공하여야 한다.

제4조

1. 이 협정은 비준되어야 한다. 비준서는 가능한 한 신속하게 교환되어야 한다.

2. 이 협정은 비준서 교환일에 효력을 발생한다.

이상의 증거로 아래 서명인은 이 협정에 서명하였다.
196 년 월 일에 도쿄에서 일본어 및 한국어 영어로 본 서 두 통을 작성하였다.

일본 정부를 위하여
대한민국 정부를 위하여

11. 일한 간의 문화 협력에 관한 의정서 부속서[52]

0033   1965年 6月

日韓間の文化協力に関する議定書付屬書
(일한 간의 문화 협력에 관한 의정서 부속서)

0034   目次(목차)

I. 陶器, 出土品および石造美術(도기, 출토품 및 석조 미술)	1
II. 圖書(도서)	10
III. 遞信關係 品目(체신 관계 품목)	20

0035~0073   I. 陶器, 出土品および石造美術(도기, 출토품 및 석조 미술)

1

(品名)(품명)	(數)(수)
(1) 白磁托及盞(백자탁 및 잔)	1組(조)
(2) 白磁小碗(백자소완)	1
(3) 青白磁盒子(청백자합자)	1
(4) 白磁盒子(백자합자)	1
(5) 白磁劃花文盌(백자획화문완)	1
(6) 白磁劃花文碗(백자획화문완)	1
(7) 青白磁劃花文盂(청백자획화문우)	1

---

52 이 부속서는 일본 측이 한국에 반환하는 문화재 명부인바, 편집자가 0034~0055에 수록된 의정서 부속서 상의 품목에 0056~0073의 추가분을 더하고, 일본 측 사료를 참조하여 최종 명부를 작성한 것임. 일문(또는 한자) 우측 또는 하단에 한글 번역문을 기재함.

(8) 白磁劃花蓮花文盂(백자획화연화문우)　　　　　　　　　　　　1

(9) 靑白磁劃花文盂(청백자획화문우)　　　　　　　　　　　　　1

(10) 靑白磁劃花文唾壺(청백자획화문타호)　　　　　　　　　　　1

(11) 靑白磁劃花文盤(청백자획화문반)　　　　　　　　　　　　　1

(12) 白磁草花浮文壺(백자초화부문호)　　　　　　　　　　　　　1

(13) 白磁印花文盒子(청백자인화문합자)　　　　　　　　　　　　1

(14) 靑磁托子(청자탁자)　　　　　　　　　　　　　　　　　　　1

(15)　〃　　　　　　　　　　　　　　　　　　　　　　　　　　1

(16) 靑磁盃(청자배)　　　　　　　　　　　　　　　　　　　　　1

(17)　〃　　　　　　　　　　　　　　　　　　　　　　　　　　1

(18)　〃　　　　　　　　　　　　　　　　　　　　　　　　　　1

(19) 靑磁碗(청자완)　　　　　　　　　　　　　　　　　　　　　1

(20)　〃　　　　　　　　　　　　　　　　　　　　　　　　　　1

(21)　〃　　　　　　　　　　　　　　　　　　　　　　　　　　1

(22)　〃　　　　　　　　　　　　　　　　　　　　　　　　　　1

(23)　〃　　　　　　　　　　　　　　　　　　　　　　　　　　1

(24)　〃　　　　　　　　　　　　　　　　　　　　　　　　　　1

(25) 靑磁鉢(청자발)　　　　　　　　　　　　　　　　　　　　　1

(26)　〃　　　　　　　　　　　　　　　　　　　　　　　　　　1

(27)　〃　　　　　　　　　　　　　　　　　　　　　　　　　　1

(28) 靑磁壺(청자호)　　　　　　　　　　　　　　　　　　　　　1

(29) 靑磁鉢(청자발)　　　　　　　　　　　　　　　　　　　　　1

(30)　〃　　　　　　　　　　　　　　　　　　　　　　　　　　1

(31)　〃　　　　　　　　　　　　　　　　　　　　　　　　　　1

(32) 靑磁劃花鳳凰文鉢(청자획화봉황문발)　　　　　　　　　　　1

(33) 靑磁甁(청자병)　　　　　　　　　　　　　　　　　　　　　1

(34) 靑磁盒盆子(청자합자)　　　　　　　　　　　　　　　　　　1

(35) 靑磁劃花蓮文鉢(청자획화연문발)　　　　　　　　　　　　　1

(36) 靑磁劃花草花文鉢(청자획화초화문발)   1

(37) 靑磁雕花蓮瓣文鉢(청자조화연변문발)   1

(38) 靑磁劃花蓮文水注(청자획화연문수주)   1

(39) 靑磁劃花草花文甁(청자획화초화문병)   1

(40) 靑磁劃花文盒子(청자획화문합자)   1

(41) 靑磁劃花盒子蓋(청자획화합자개)   1

(42) 靑磁雕花唐草文碗(청자조화당초문완)   1

(43) 靑磁繡花唐草文碗(청자수화당초문완)   1

(44) 〃   1

(45) 靑磁唐草文碗(청자당초문완)   1

(46) 靑磁劃花文盆(청자획화문배)   1

(47) 靑磁繡花牡丹文鉢(청자수화모란문발)   1

(48) 靑磁雕花牡丹文鉢(청자수화모란문발)   1

(49) 靑磁唐草文鉢(청자당초문발)   1

(50) 靑磁雕花蓮瓣文鉢(청자조화연변문발)   1

(51) 靑磁繡花牡丹文鉢(청자수화모란문발)   1

(52) 靑磁繡花唐草文鉢(청자수화당초문발)   1

(53) 靑磁繡花草花文鉢(청자수화초화문발)   1

(54) 靑磁繡花文皿(청자수화문명)   1

(55) 靑磁蓮瓣文水注(청자연변문수주)   1

(56) 靑磁盃及托子(청자배 및 탁자)   1組(조)

(57) 〃   1組(조)

(58) 靑磁象嵌文盌(청자상감문완)   1

(59) 靑磁象嵌雲鳳文鉢(청자상감운봉문발)   1

(60) 〃   1

(61) 靑磁象嵌雲鶴文鉢(청자상감운학문발)   1

(62) 靑磁象嵌菊唐草文鉢(청자상감국당초문발)   1

(63) 靑磁象嵌菊花文鉢(청자상감국화문발)   4

(64) 靑磁象嵌花卉文鉢(청자상감화훼문발)	1
(65) 靑磁象嵌龜甲文鉢(청자상감구갑문발)	1
(66) 靑磁象嵌花丸文鉢(청자상감화환문발)	1
(67) 靑磁象嵌菊唐草文鉢(청자상감국당초문발)	1
(68) 〃	1
(69) 靑磁象嵌唐草文鉢(청자상감당초문발)	1
(70) 靑磁象嵌菊丸文鉢(청자상감국환문발)	1
(71) 〃	1
(72) 〃	1
(73) 〃	1
(74) 靑磁象嵌花鳥文鉢(청자상감화조문발)	1
(75) 靑磁象嵌菊花文皿(청자상감국화문명)	1
(76) 靑磁象嵌雲鶴文瓶(청자상감운학문병)	1
(77) 靑磁象嵌蘆菊文瓶(청자상노국문병)	1
(78) 靑磁象嵌花文瓶(청자상화문병)	1
(79) 靑磁象嵌花卉文小瓶(청자상감화훼문소병)	1
(80) 〃	1
(81) 靑磁象嵌菊文小瓶(청자상감국문소병)	1
(82) 靑磁象嵌双鳥文盒子(청자상감쌍조문합자)	1
(83) 靑磁象嵌草花文盒子(청자상감초화문합자)	1
(84) 靑磁象嵌花文盒子(청자상감화문합자)	1
(85) 靑磁象嵌唐草文盒子(청자상감당초문합자)	1
(86) 靑磁象嵌菊花文盒子(청자상감국화문합자)	1
(87) 靑磁象嵌菊文盒子(청자상감국문합자)	1
(88) 靑磁皿(청자명)	1
(89) 〃	1
(90) 白磁繡花龍文壺(백자수화용문호)	
合計(합계)	97

2

(品名)(품명)	(數)(수)
(1) 金製太環式耳飾[53](금제태환식이식)	1連(연)[54]
(2) 金製頸飾[55](금제경식)	1連(연)
(3) 玉製頸飾(옥제경식)	1連(연)
(4) 金製指輪[56](금제지륜)	2
(5) 銀製指輪(은제지륜)	2
(6) 金製釧[57](금제천)	1対(대)[58]
(7) 銀製釧(은제천)	1対(대)
(8) 金製太環式耳飾	1対(대)
(9) 玉製頸飾(옥제경식)	1連(연)
(10) 金製太環式耳飾(금제태환식이식)	1対(대)
(11) 金製頸飾(금제경식)	1連(연)
(12) 金製耳飾(금제이식)	3
(13) 金環[59](금환)	3
(14) 太環(태환)	1
(15) 金銅製杏葉[60](금동제행엽)	2
(16) 銀製帶金具(은제대금구)	4
(17) 金銅製柄頭[61](금동제병두)	1

---

53 금으로 만든 두꺼운 귀걸이
54 한 묶음
55 금목걸이
56 금반지
57 금팔찌
58 한 쌍
59 금반지
60 말안장 장식구
61 칼자루 머리

(18) 金銅製雲珠[62]殘欠[63](금동제운주잔결)		2
(19) 水晶算盤玉(수정산반옥)		1
(20) 瑠璃小玉(유리소옥)		7連(연)
(21) 瑠璃切小玉(유리절소옥)		9
(22) 瑠璃小玉(유리소옥)		3
(23) 陶製盌[64](도제완)		19
(24) 陶製壺[65](도제호)		50
(25) 陶製橫瓮[66](도제횡옹)		3
(26) 陶製燻[67](도제훈)		7
(27) 陶製竈具[68](도제조구)		1括(괄)[69]
(28) 陶製蓋[70](도제개)		3
(29) 陶製台[71](도제대)		5
(30) 陶製異形土器(도제이형토기)		8
(31) 陶製馬殘欠及馬頭部(도제마잔결 및 마 두부)		3
(32) 異形陶俑[72](이형도용)		1
(33) 陶製骨壺[73](도제골호)		8
(34) 環頭大刀(환두대도)		5
(35) 金銅製鐶(금동제환)		17

---

62 말띠 꾸미개, 말 장식구
63 일부가 없어져서 불완전한 모습의 유물
64 도기 그릇
65 도기 병
66 도기 항아리
67 도기로 만든 나발(악기)
68 도기로 만든 조리설비
69 한 다발
70 도기로 만든 뚜껑
71 도기로 만든 받침대
72 특이한 모양의 인물형
73 도기로 만든 뼈 담는 그릇

(36) 金銅金具(금동금구) 3

(37) 鐵製杏葉(철제행엽) 4

(38) 陶製脚付鉢[74](도제각부발) 1

(39) 金環(금환) 1

(40) 銅環(동환) 1

(41) 水晶製勾玉[75](수정제구옥) 1

(42) 硬玉製勾玉(경옥제구옥) 2

(43) 水晶製管玉(수정제관옥) 1

(44) 碧玉製管玉(벽옥제관옥) 2

(45) 銅製馬鐸[76](동제마탁) 1

(46) 銅製鈴[77](동제령) 1

(47) 梵字銘文宇瓦[78](범자명문우와) 1

(48) 施釉塼[79](시유전) 5

(49) 鬼瓦[80](石佛寺)(귀와)(석불사) 1

(50) 土造佛座像(토조불좌상) 1

(51) 靑銅器殘欠(청동기조각) 1括(괄)

(52) 銅製柄頭[81](동제병두) 1

(53) 金銅製帶金具(금동제대금구) 1具(구)

(54) 銅製帶金具(동제대금구) 3

(55) 銀製垂飾具[82](은제수식구) 1

---

74 도기로 만든 다리가 달린 주발
75 수정으로 만든 곡옥
76 말 장식용 동제 방울
77 동제 방울
78 산스크리트어가 새겨진 기와
79 시약이 칠해진 기와
80 귀신이 새겨진 기와
81 동으로 만든 칼 끝자락 장식
82 은으로 만든 옷 장식

(56) 銅製鐎斗[83]殘片(동제초두잔편)		3
(57) 水晶勾玉(수정구옥)		1
(58) 硬玉勾玉(경옥구옥)		1
(59) 硬玉丸玉(경옥환옥)		1
(60) 陶製片耳付大埦(도제편이부대완)		1
(61) 陶製脚付盤(도제각부반)		1
(62) 綠釉骨壺(녹유골호)		1
(63) 綠釉倬及盞(녹유탁 및 잔)		1組(조)
(64) 銅造釋迦如來立像(善山出土)(동조석가여래입상)(선산출토)		1軀(구)
(65) 銅造鍍金菩薩立像(新羅)(동조도금보살입상)(신라)		1軀(구)
(66) 銀製簪[84](은제잠)		1
(67) 鐵製簪(철제잠)		1
(68) 帶金具(대금구)		8
(69) 金銅製鈴(금동제령)		33
(70) 木造金箔阿彌陀如來像(목조금박아미타여래상)		1軀(구)
(71) 石棺(석관)		3
(72) 木棺金具(목관금구)		1
(73) 高麗鏡[85](고려경)		50
(75) 經箱[86](銅製)(경상)(동제)		1
(76) 唐草毛彫守入[87](銀製)(당초모조수입)(은제)		2
(77) 經筒樣器殘欠[88](金銅製)(경통양기잔결)(금동제)		1
(78) 銀腕輪(金象嵌)[89](은완륜)(금상감)		1

---

83 동으로 만든 다리 셋에 자루가 있는 남비
84 은으로 만든 비녀
85 고려 시대 거울
86 동으로 만든 장방형 상자
87 보관 상자
88 경전(經典)을 넣거나 경문(經文)을 새기어 경총(經塚)에 묻는 통
89 금을 상감한 은팔찌

(79) 銅製水瓶(동제수병)   1

(80) 響銅製鋺(在銘)(향동제완)(재명)   1

(81) 銅製壺(三耳雷渦帶文)[90](동제호)(삼이뇌와대문)   1

(82) 小刀鞘[91](銀製)(소도초)(은제)   1

(83) 石塔舍利裝置遺物(慶尙北道聞慶郡鳳棲里所在)

    (석탑사리장치유물)(경상북도 문경군 봉처리 소재)   1括(괄)

(84) 扇錘[92](金銅製七宝文透彫)(선추)(금동제칠보문투조)   1

3

(品名)(품명)   (數)(수)

(1) 石造多羅菩薩像(석조다라보살상)   1軀(구)

(2) 石造獅子(석조사자)   2

II. 圖書(도서)

統監府藏書(통감부 장서)

(書名) (서명)	(編著者) (편저자)	(刊寫年次) (간사연차)	(冊數) (책수)
(1) 愚伏先生文集 (우복선생문집)	鄭經世 (정경세)	道光 24版 (도광 24판)	10
(2) 四溟堂大師集 (사명당대사집)	釋惟政 (석유정)	順治 9版 補刻 (순치 9판 보각)	1
(3) 白沙先生集 (백사선생집)	李恒福 (이항복)	雍正 4版 (옹정 4판)	5

---

90   세 개의 귀가 달린 긴 목의 병
91   작은 칼집
92   부채 장식

	(書名) (서명)	(編著者) (편저자)	(刊寫年次) (간사연차)	
(4)	楓泉集 (풍천집)	金祖淳 (김조순)	咸豊 4 木活 (함풍 4 목활)	8
(5)	農叟隨聞錄 (농수수문록)	李聞政 (이문정)	同治寫 (동치사)	3
(6)	金忠壯公遺事 (김충장공유사)	正祖命編 (정조명편)	嘉慶 元版 (가경 원판)	2
(7)	梁大司馬実記 (양대사마실기)	正祖命編 (정조명편)	嘉慶 4版 (가경 4판)	5
(8)	萬機要覽 (만기요람)	李萬運 (이만운)	道光寫 (도광사)	11
(9)	月沙先生集 (월사선생집)	李廷龜 (이정구)	康熙 59版 (강희 59판)	22
(10)	璿源系譜紀略 (선원계보기략)	李太王熙命編 (이태왕희명편)	光緒 9版 (광서 9판)	8
(11)	辛壬紀年提要 (신임기년제요)	具駿遠 (구준원)	同治寫 (동치사)	5
			11部(부)	90冊(책)

曾禰荒助獻上本(소네 아라스케 헌상본)

	(書名) (서명)	(編著者) (편저자)	(刊寫年次) (간사연차)	
(12)	畏齊存守錄 (외제존수록)	宋吳獵 (송오렵)	同治寫 (동치사)	2
(13)	讀書雜抄 (독서잡초)		光緒寫 (광서사)	4
(14)	廿一種祕書(有欠) (입일종비서)(결본 있음)	淸, 汪士漢 等 (청, 왕사한 등)	咸豊6寫 (함풍6사)	8

(15)	精選古事黃眉 (정선고사황미)	明, 鄧百拙 (명, 등백졸)	咸豊寫 (함풍사)	5
(16)	山堂肆考 (산당사고)	明 彭大翼, 張幼學 編 (명 팽대익, 장유학 편)	同治寫 (동치사)	50
(17)	四部書 (사부서)	許筠 (허균)	咸豊寫 (함풍사)	4
(18)	註釋白眉故事 (주석백미고사)	明, 許以忠 (명, 허이충)	道光寫 (도광사)	5
(19)	間情錄 (간정록)	朴永世 (박영세)	光緖9寫 (광서9사)	3
(20)	錦溪筆談 (금계필담)	徐有英 (서유영)	同治3寫 (동치3사)	2
(21)	陶菴三官記 (도암삼관기)	李縡 (이재)	道光寫 (도광사)	1
(22)	景德傳燈錄 (경덕전등록)	宋, 釋道原 (송, 석도원)	同治寫 (동치사)	10
(23)	金剛經石註 (금강경석주)	淸, 石成金 註 (청, 석성금 주)	同治寫 (동치사)	1
(24)	六祖大師法寶壇經 (육조대사법보단경)	唐, 法海 (당, 법해)	咸豊10寫 (함풍10사)	1
(25)	宙衡 (주형)	李縡 (이재)	光緖寫 (광서사)	10
(26)	易學啓蒙要解 (역학계몽요해)	世祖命編 (세조명편)	乾隆寫 (건륭사)	4
(27)	經筵問答 (경연문답)	南溟學 (남명학)	嘉慶寫 (가경사)	1
(28)	三書輯疑 (삼서집의)	權尙夏 (권상하)	同治寫 (동치사)	2

(29)	四書正文(孟子欠) (사서정문)(맹자 누락)	康熙寫 (강희사)		1
(30)	詩傳正文 (시전정문)	正祖命編 (정조명편)	嘉慶寫 (가경사)	3
(31)	詩傳正文零本 (시전정문영본)	正祖命編 (정조명편)	光緖寫 (광서사)	1
(32)	周易 (주역)	朴齊家 (박제가)	同治寫 (동치사)	2
(33)	中庸或問 (중용혹문)	宋, 朱熹 (송, 주희)	道光寫 (도광사)	1
(34)	精選東萊先生左氏博議句解 (정선동래선생좌씨박의구해)	宋, 呂祖謙 (송, 여조겸)	乾隆寫 (건륭사)	2
(35)	論語 一名魯論註誦 (논어 일명 노론주송)	宋, 朱熹 註 (송, 주희 주)	同治寫 (동치사)	3
(36)	靑江子 (청강자)	淸, 魏初晤 (청, 위초오)	光緖寫 (광서사)	7
(37)	南華經註解刪補 (남화경주해산보)	朴世堂 (박세당)	嘉慶寫 (가경사)	5
(38)	句解南華眞經 (구해남화진경)	宋, 林希逸 (송, 임희일)	道光寫 (도광사)	5
(39)	學箴通弁 (학부통변)	明, 陳健 (명, 진건)	嘉慶寫 (가경사)	2
(40)	家禮要解(欠本) (가례요해)(결본)	朴世采 (박세채)	乾隆寫 (건륭사)	1
(41)	檢身錄 (검신록)	李縡 (이재)	道光寫 (도광사)	1
(42)	因知記 (인지기)	明, 羅欽順 (명, 나흠순)	嘉慶寫 (가경사)	1

(43)	靑莊館士小節 (청장관사소절)	李德懋 (이덕무)	咸豐寫 (함풍사)	2
(44)	朱子大全箚疑補 (주자대전차의보)		嘉慶寫 (가경사)	3
(45)	朱書谷迸 (주서곡병)	金壽增 (김수증)	嘉慶寫 (가경사)	1
(46)	朱書類彙 (주서류휘)	姜治伝 (강치전)	道光寫 (도광사)	2
(47)	常変通攷 (상변통고)	柳長源 (유장원)	嘉慶寫 (가경사)	11
(48)	聖學輯要 (성학집요)	李珥 (이이)	道光寫 (도광사)	4
(49)	薛文淸公讀書錄要語 (설문청공독서록요어)	明, 吳廷擧 編 (명, 오정거 편)	道光寫 (도광사)	1
(50)	兩賢傳心錄 (양현전심록)	正祖命編 (정조명편)	乾隆39寫 (건륭39사)	4
(51)	礼疑類輯 (예의류집)	朴聖源 (박성원)	道光寫 (도광사)	15
(52)	老州雜識 (노주잡식)	吳熙常 (오희상)	道光寫 (도광사)	2
(53)	經史注解 (경사주해)	鄭順朝 (정순조)	同治寫 (동치사)	1
(54)	小華詩評 (소화시평)	洪萬鍾 (홍만종)	嘉慶寫 (가경사)	1
(55)	才子彙書 (재자휘서)	淸, 金聖歎 (청, 김성탄)	道光寫 (도광사)	8
(56)	東坡源流 (동파원류)		道光寫 (도광사)	1

(57)	王無功集 (왕무공집)	唐, 王績 (당, 왕적)	道光寫 (도광사)	1
(58)	霞谷集 (하곡집)	鄭齊斗 (정제두)	道光寫 (도광사)	21
(59)	錦帶詩文鈔 (금대시문초)	李家煥 (이가환)	嘉慶寫 (가경사)	1
(60)	絅菴集 (경암집)	申琓撰·靖夏 編 (신완선·정하 편)	雍正元寫 (옹정원사)	7
(61)	屐園集 (극원집)	李晩秀 (이만수)	同治寫 (동치사)	3
(62)	三知菴集 (삼지암집)	朴某 (박모)	咸豐寫 (함풍사)	10
(63)	詩賦 (시부)	沈晟 等 (심성 등)	道光寫 (도광사)	19
(64)	守黙堂遺稿 (수묵당유고)	尹行儼 (윤행엄)	道光寫 (도광사)	3
(65)	雙溪遺稿 (쌍계유고)	李福源 (이복원)	道光寫 (도광사)	5
(66)	太湖集 (태호집)	洪元燮 (홍원섭)	道光寫 (도광사)	5
(67)	東海公遺稿 (동해공유고)	趙琮鎭 (조종진)	咸豐寫 (함풍사)	11
(68)	欒城集 (란성집)	宋蘇轍 (송소철)	乾隆寫 (건륭사)	25
(69)	李太白文集輯註 (이태백문집집주)	淸, 王琪 (청, 왕기)	道光寫 (도광사)	8
(70)	韓客巾衍集 (한객건연집)	李德懋 (이덕무)	光緒寫 (광서사)	8

(71)	景陵輓章 (경릉만장)	趙寅永 等 (조인영 등)	道光寫 (도광사)	1
(72)	元詩別裁集 (원시별재집)	淸, 張景星 等 (청, 장경성 등)	咸豊寫 (함풍사)	3
(73)	香山律 (향산률)	唐, 白居易 (당, 백거이)	嘉慶寫 (가경사)	3
(74)	古詩歸 (고시귀)	明, 鍾惺·譚元春 編 (명, 종성·담원춘 편)	咸豊寫 (함풍사)	4
(75)	宋詩別裁集 (송시별재집)	淸, 張景星 等 (청, 장경성 등)	咸豊寫 (함풍사)	3
(76)	貞蘇閣集 (정소각집)	朴齊家 (박제가)	道光寫 (도광사)	3
(77)	東詩簡選 (동시간선)	成侃 等 (성간 등)	乾隆寫 (건륭사)	1
(78)	東坡詩選(有欠) (동파시선)(결본 있음)	明, 譚元春 (명, 담원춘)	乾隆·嘉慶寫 (건륭·가경사)	6
(79)	東坡律 (동파율)	宋, 蘇軾 (송, 소식)	嘉慶寫 (가경사)	2
(80)	坡詩英選 (파시영선)	宋, 蘇軾 (송, 소식)	嘉慶寫 (가경사)	3
(81)	李義山詩集(有欠) (이의산시집)(결본 있음)	唐, 李商隱 (당, 이상은)	咸豊寫 (함풍사)	1
(82)	陸律分韻 (육률분운)	正祖命編 (정조명 편)	咸豊寫 (함풍사)	13
(83)	陸律分韻 (육률분운)	鄭期遠 (정기원)	道光寫 (도광사)	2
(84)	鮚埼亭集鈔 (길기정집초)	淸, 全祖望 (청, 전조망)	嘉慶·道光寫 (가경·도광사)	3

(85)	皇明文鈔 (황명문초)	明, 宋濂 等 (명, 송렴 등)	同治寫 (동치사)	29
(86)	古文抄選 (고문초선)	明, 胡時化 (명, 호시화)	同治元寫 (동치원사)	1
(87)	增定古文析義 (증정고문석의)	淸, 林雲銘 評註 (청, 임운명 평주)	道光寫 (도광사)	15
(88)	執對 (집대)	南九萬 等 (남구만 등)	乾隆寫 (건륭사)	2
(89)	手圈柚珍 (수권유진)	正祖命編 (정조명편)	嘉慶寫 (가경사)	12
(90)	望溪文集 (망계문집)	淸, 方苞 (청, 방포)	嘉慶寫 (가경사)	4
(91)	茅鹿門抄評 柳柳州文 (모록문초평 유유주문)	明, 茅坤 (명, 모곤)	朝鮮版 (조선판)	3
(92)	臨軒功令 (임헌공령)	正祖命編 (정조명편)	道光寫 (도광사)	4
(93)	情史類略抄 (정사류략초)	明, 馮夢龍 (명, 빙몽룡)	道光18寫 (도광18사)	1
(94)	倡善感義錄 (창선감의록)	金道洙 (김도수)	同治寫 (동치사)	2
(95)	大明正德皇遊江南傳 (대명정덕황유강남전)		同治寫 (동치사)	4
(96)	刪補文苑楂橘 (사보문원사귤)		道光寫 (도광사)	2
(97)	古今韻會擧要 (고금운회거요)	元, 熊忠 (원, 웅충)	光緖寫 (광서사)	12
(98)	書訣 附解蒙筆訣 (서결 부해몽필결)	李匡師 (이광사)	嘉慶寫 (가경사)	1

(99) 白月栖雲之塔碑名 (백월서운지탑비명)	崔仁浣·金生 書 (최인연·김생 서)	明拓 (명탁)	3
(100) 広彙 (광휘)		道光寫 (도광사)	5
(101) 攷事撮要 (고사촬요)	魚叔權 等 編 徐命膺補 (어숙권 등 편 서명응보)	寫 사	7
(102) 性命圭旨 (성명규지)	明, 尹繼先 (명, 윤계선)	乾隆寫 (건륭사)	4
(103) 日纂 (일찬)	明, 鄭瑄 (명, 정선)	嘉慶寫 (가경사)	1
(104) 鄭氏遺書 (정씨유서)	淸, 王復 (청, 왕복)	嘉慶寫 (가경사)	2
(105) 周易口訣義 (주역구결의)	唐, 史徵 (당, 사징)	道光寫 (도광사)	2
(106) 二程全書 (이정전서)	宋, 朱熹 編 (송, 주희 편)	乾隆版 (건륭판)	15
(107) 詩話類聚 (시화류취)		嘉慶寫 (가경사)	1
(108) 安和堂私集 (안화당사집)	馬聖麟 (마성린)	嘉慶3自筆 (가경 3 자필)	2
(109) 東萊呂太史集 (동래여태사집)	宋, 呂祖謙 (송, 여조겸)	乾隆6寫 (건륭6사)	16
(110) 樊川集 (번천집)	唐, 杜牧 (당, 두목)	嘉慶寫 (가경사)	2
(111) 山谷律 (산곡률)	宋, 黃庭堅 (송, 황정견)	嘉慶寫 (가경사)	1
(112) 東人詩賦 (동인시부)	申尙權 (신상권)	道光寫 (도광사)	4

(113)	宛丘遺集 (완구유집)	申大羽 (신대우)	道光版 (도광판)	2
(114)	儷文註釋 (여문주석)	柳近 (유근)	道光寫 (도광사)	8
(115)	虞草新志 (우초신지)	淸, 張潮 (청, 장조)	道光寫 (도광사)	10
(116)	賸草殘墨 (잉초잔묵)	金正喜 (김정희)	光緒寫 (광서사)	1
(117)	我々錄 (아아록)	南紀濟 (남기제)	道光寫 (도광사)	1
(118)	紀事(英宗朝) (기사)(영종조)		道光寫 (도광사)	2
(119)	聽政日記 (청정일기)	正祖命編 (정조명편)	乾隆42寫 (건륭42사)	2
(120)	分黨事略 (분당사략)	南紀濟 (남기제)	同治寫 (동치사)	2
(121)	爛余 (난여)	金在魯 (김재로)	嘉慶寫 (가경사)	26
(122)	史選 (사선)		同治寫 (동치사)	3
(123)	三藩紀事本末 (삼번기사본말)	淸, 楊陸榮 (청, 양육영)	咸豐寫 (함풍사)	2
(124)	湍相年譜(係年錄) (단상연보)(계년록)	李敬倫 (이경윤)	乾隆10寫 (건륭10사)	2
(125)	南溪先生年譜 (남계선생연보)		康熙寫 (강희사)	2
(126)	感恩源流錄 (감은원류록)	鄭順朝 (정순조)	同治寫 (동치사)	1

(127) 羹牆錄 (갱장록)	李福源 等 (이복원 등)	道光寫 (도광사)	4
(128) 說苑 (설원)	漢, 劉向 (한, 유향)	同治寫 (동치사)	5
(129) 世說新語補 一名枕史 (세설신어보 일명 침사)	明, 王世貞 (명, 왕세정)	嘉慶寫 (가경사)	10
(130) 增定 智囊補 (증정 지낭보)	明, 馮夢龍評 (명, 빙몽용평)	嘉慶寫 (가경사)	10
(131) 地球典要 (지구전요)	崔漢綺 (최한기)	咸豐寫 (함풍사)	7
(132) 震維勝覽 (진유승람)	李重煥 (이중환)	光緒寫 (광서사)	1
(133) 擇里志附路程記 (택리지부노정기)	李重煥 (이중환)	同治寫 (동치사)	1
(134) 東國名山記 (동국명산기)	成海應 (성해응)	明治42活 (명치42활)	1
(135) 嶺誌要選 (영지요선)		道光寫 (도광사)	1
(136) 名山記 (명산기)	明, 壬士性 等 (명, 임사성 등)	乾隆寫 (건륭사)	1
(137) 欽欽新書 (흠흠신서)	丁若鏞 (정약용)	道光寫 (도광사)	10
(138) 公車類輯 (공차류집)	南公轍 等 (남공철 등)	咸豐寫 (함풍사)	8
(139) 空牒 (공첩)		架慶寫 (가경사)	4
(140) 國朝名臣疎箚書啓 (국조명신소차서계)	閔開 等 (민개 등)	光武7寫 (광무7사)	3

(141) 朱子封事 (주자봉사)	宋, 朱熹 (송, 주희)	雍正寫 (옹정사)	1
(142) 疏箚 勉論言引陳援 (소차 면론언인진원)	鄭元容 等 (정원용 등)	同治寫 (동치사)	16
(143) 圖民錄 (도민록)	淸, 袁守定 (청, 원수정)	道光寫 (도광사)	2
(144) 牧民心書 (목민심서)	丁若鏞 (정약용)	同治寫 (동치사)	16
(145) 增修 無冤錄 (증수 무원록)	具宅奎 編·具允明 訂 (구택규 편·구윤명 정)	道光寫 도광사	2
(146) 注擬考 (주의고)		嘉慶寫 (가경사)	3
(147) 綸綍彙鈔 (윤불휘초)	憲宗命編 (헌종명편)	咸豐寫 (함풍사)	4
(148) 農政新編 (농정신편)	安宗洙 (안종수)	光緒寫 (광서사)	3
(149) 尉繚子直解 (위료자직해)	明, 劉寅 (명, 유인)	同治寫 (동치사)	2
(150) 演機新編 (연기신편)	安命老 (안명로)	同治寫 (동치사)	1
(151) 孫武子直解 (손무자직해)	明, 劉寅 (명, 유인)	同治寫 (동치사)	3
(152) 孫武子直解 (손무자직해)	明, 劉寅 (명, 유인)	寫 (사)	2
(153) 萬里燭 附 習武誌 (만리촉 부 습무지)	李止淵 (이지연)	道光寫 (도광사)	1
(154) 唐荊川先生纂輯 武編 (당형천선생찬집 무편)	明, 唐順之 (명, 당순지)	道光寫 (도광사)	12

(155)	兵學指南 (병학지남)	正祖命編 (정조명편)	寫 (사)	1
(156)	洴澼百金方 (병벽백금방)	淸, 惠龍酒民·丘呈福校 (청, 혜룡주민·구정복교)	同治寫 (동치사)	10
(157)	唐太宗李衛公問對直解 (당태종이위공문대직해)	明, 劉寅 (명, 유인)	同治寫 (동치사)	3
(158)	六韜直解 (육도직해)	明, 劉寅 (명, 유인)	同治寫 (동치사)	3
(159)	修養須知 (수양수지)	朱本中 (주본중)	同治寫 (동치사)	1
(160)	簡草 (간초)	光武3寫 (광무3사)		1
(161)	玉纂 (옥찬)	同治寫 (동치사)		13
(162)	新註 道德經 (신주 도덕경)	朴世堂 (박세당)	嘉慶寫 (가경사)	1
(163)	韻會玉篇 (운회옥편)	崔世珍 (최세진)	光緖寫 (광서사)	2
	合計(합계)		163部(부)	852冊(책)

III. 遞信關係 品目(체신관계 품목)

(品名)(품명)   數(수)

(1) 湖南電報分局標札(호남전보분국표찰)   1枚(매)

(2) 電報司標札(전보사표찰)   1″

(3) 永登浦電話支所標札(영등포전화지소표찰)   1″

(4) 洪州郵遞司標札(홍주우체사표찰)   1″

(5) 遞傳夫帽前章額(체신부모전장액)   1面(면)

(6) 郵電線路圖本(우전선로도본)   1軸(축)

(7) 郵便集配人制帽(우편집배인제모)		1個(개)
(8) 草鞋[93](초혜)		3足(족)
(9) 錢函(전함)		1個(개)
(10) 郵遞司郵遞集配遞送人人名揭示札(우체사우체집배체송인인명게시찰)		1枚(매)
(11) 永登浦郵遞司用諸印(영등포우체사용-제인)		2個(개)
(12) 雜印(잡인)		9個(개)
(13) 安東郵遞司使用郵便日附印(안동-우체사사용-편일부인)		1個(개)
(14) 全州　　〃　　　(전주　〃　　)		1 〃
(15) 晉州　　〃　　　(진주　〃　　)		1 〃
(16) 南原　　〃　　　(남원　〃　　)		1 〃
(17) 洪州　　〃　　　(홍주　〃　　)		1 〃
(18) 韓國 時代の旗(한국시대의 깃발)		2枚(매)
(19) 電信送付(韓國電報司創設時代諺文用) 　　(전신송부)(한국전보사창설시대언문용)		1枚(매)
(20) 永登浦郵便電報電信支司罫版[94](영등포우편전보전신지사괘판)		4個(개)

93　짚신
94　인찰지(印札紙)를 박는 판(版)

법적지위위원회 회의록 및 훈령,
V. 1, 제1차~제24차

분류번호 : 723.1 JA 법 1964-65 V. 1
등록번호 : 1457
생산과 : 동북아주과
생산연도 : 1965
필름번호 : C1-0012
파일번호 : 07
프레임번호 : 0001~0322

1964년 12월 7일~1965년 4월 16일간 개최된 제7차 한일회담 법적지위위원회 제1차 ~제24차 회의 기록 및 관련 훈령, 양측이 제시한 협정(안) 등이 수록되어 있다.

회의에서는 재일한인에 대한 영주권 부여 범위, 재일한인의 퇴거 강제 사유 및 재일한인에 대한 사회보장 문제(교육, 생활보호 등)가 계속 논의되었으며, 양측은 재일한인에 대한 사회보장 문제의 구체 내용을 제외하고는 대부분의 쟁점에 대해 합의에 도달한다.

이동원 외무부 장관의 방일을 통해 1965년 4월 3일 청구권, 어업 문제와 함께 재일한인 법적지위 문제에 관해서도 '합의사항'에 합의가 이루어졌는데, 이 합의사항에는 영주권 부여 범위와 퇴거 강제 사유에 관한 내용이 포함되었고, 사회보장 문제는 합의사항과 함께 작성된 양해요강에서 계속 협의해 나간다는 내용이 담겨있다.

2. 제7차 한일회담 법적지위위원회 제1차 회의 회의록

0899   제7차 전면회담 법적지위위원회 제1차 회의 회의록

1. 일시: 1964. 12. 7, 15:00~15:40
2. 장소: 외무성 회의실
3. 참석자: 한국 측: 방희　　　대표
　　　　　　　　연하구　　　〃
　　　　　　　　이경호　　　〃
　　　　　　　　권일　　　　고문
　　　　　　　　최광수　　　전문위원
　　　　　　　　이경훈　　　　〃
　　　　　　　　강상황　　　보좌
　　　　　　　　안세훈　　　　〃
　　　　　일본 측: 히라가[겐타](平賀健太)　　　민사국장
　　　　　　　　야기[마사오](八木正男)　　　입관국장
　　　　　　　　도미타[마사노리](富田正典)　　입관차장
　　　　　　　　가유미[요시미](家弓吉己)　　　민사국 제5과장
　　　　　　　　이케가미[쓰토우](池上 努)　　　입관국 참사관
　　　　　　　　나카에[요스케](中江要介)　　　조약국 법규과장
　　　　　　　　하마모토[야스야](浜本康也)　　　〃　법규과 사무관
0900　　　　　다니구치[사와카즈](谷口禎一)　　조약과 사무관
　　　　　　　　야나기야[겐스케](柳谷謙介)　　　북동아과 사무관
　　　　　　　　쓰루타[쓰요시](鶴田剛)　　　　　　　〃

4. 토의 내용

　(회의 벽두 양측 수석대표에 의하여 각각 자기 대표단원의 소개가 있은 후, 양 수석대표로

부터 각각 인사의 말이 있었음)

야기: 오래간만에 회담이 재개되어 만나게 되니 반갑다. 과거 법적지위위원회는 상호 간 우호적인 분위기 속에서 많은 진전이 있어 왔다고 전임 수석위원 오가와 국장에게 듣고 있다. 일본 측의 금년 3월 9일 협정안의 제안이 있은 후 4월 22일 한국 측의 협정안이 제출되었었는데, 한국 측 안이 일본 측과 회의에서 논의하여 합의된 내용과 거리가 먼 제안이어서 당시 일본 측으로서는 오가와 국장과 조약국장 등이 대단히 유감스럽게 생각하였다는 바를 들은 바 있다.

금반 새로운 분위기 속에서 회담을 재개함에 이르러 우호적인 분위기 속에서 논의하기를 희망하고 있으니, 금후에는 지금까지 한일 양측 간에 대략 합의를 보았던 점을 기초로 하여 회담에 임하고 싶은데, 한국 측의 의견은 어떠한지 묻고 싶다.

방 대표: 지난 12월 3일 한일 양국의 새로운 역사를 창조하고자 제7차 한일 전면회담이 개최되었으며 자국 국민은 물론, 자유 진영 제국도 갈망하던 바이오, 금차 회담의 실현은 상호 이해와 노력의 결과로서 실로 경하하여 마지않는 바입니다.

금일은 여기서 재일한인의 법적지위위원회의 제1차 회의가 열려서 일본 측 대표단과 더불어 자리를 같이하여 과거의 불행했던 양국 관계를 청산하고, 양국의 친선과 번영에 기여하는 재일한인 법적지위를 확립하고, 특수한 지위에 있는 그들의 안주와 행복을 위하여 진지하게 토의를 교환하여 장차에 있어, 그들에게 화근을 남기지 않도록 근본적 해결이 요망되는 바입니다.

회고하건대, 제6차 회담까지에 있어서 미합의점이 있으면서도 다행히 많은 진전이 엿보이며 금차에 있어서는 서로 알고 있는 상호 간의 주장과 간격을 서로서로 좁혀서 해결하는 동시에 그 중요도에 있어 영주권이나 퇴거 강제 사유에 못지 않은 처우의 문제도 같이 해결하여 교포의 복지를 위하여 명확한 도표가 구축되기를 진실로 희망하는 바입니다. 최후로 이 위원회에서는 상호가 공히 허심탄회하고 이해와 겸양과 협조의 정신에 입각해서 성실하게 토의를 시종함으로써 재일한인의 장래가 행복하도록 염원하면서 인사에 대합니다.

(인사의 말을 끝마치고 이어) 앞으로의 회담에서는 양측이 상호 토의한 결과를 확인하는 것부터 시작했으면 좋겠는데, 일본 측 의향은 어떤가?

야기: 좋다. 그리고 회의의 진행 방법에는 공식, 비공식회합이 있겠는데 어떻게 하

겠는가?

방 대표: 공식회합의 형식을 취하되, 내용은 비공식회합으로 개최하도록 하자.

야기: 회담 후 발표하는 문제는 어떤가? 회의 종료 후 상호 이야기된 점을 발표하도록 함이 좋겠다.

0902 방 대표: 적절히 회합에 따라 발표하도록 하자. 단, 회합의 신문 발표 담당관은 지금 정하자.

야기: 일본 측은 마에다 북동아과장을 지정한다.

방 대표: 한국 측은 최광수 정무과장을 지정한다.

야기: 다음 회의는 언제 개최하겠는가.

방 대표: 과반 본회담에서 아 측 수석대표가 말했듯이 회의의 능률을 올리기 위해서도 최소 매주 2회 이상 개최하도록 함이 어떠할지, 우리 측은 언제나 준비가 되나 일본 측이 어떠할지.

야기: 일본 측은 임시국회 등으로 곤란하니 그때그때 마다 적당히 정하자.

방 대표: 오늘 어업위원회는 실질적 토의에 들어갔는데, 본 위원회도 내용에 관한 토의를 하였으면 좋겠는데 어떤가.

야기: 오늘 논의함이 괜찮을는지(머뭇거리면서) 어업 문제와 달라서 무엇부터 해야 좋을지.

방 대표: 일본 측 사정이 그렇다면 내일부터 논의하도록 하자.

야기: 좋다. 그런데, 일본 측으로는 과반 3월 9일에 제안한 것은 어디까지나 양측이 논의한 선을 기초로 하였는데, 한국 측이 4월 22일에 제안한 것은 전에 상호 논의한 선에서 상당히 거리가 먼 제안인데, 그 이유는 무엇이며, 그 후 한국 측 제안에 변화가 있는지 묻고 싶다.

방 대표: 그것이 한국의 최종적인 안으로서 당시 이경호 대표가 제안하면서 설명하였을 것으로 알고 있다. 일본 측이 필요하다고 한다면, 추후에 충분히 이에 대하여 설명하겠다. 그런데 아 측으로서는 영주권, 퇴거 강제는 충분히 논의하였지만, 처우에 관해서는 별로 논의한 바 없어 새로이 이 문제를 논의하였으면 한다.

0903 야기: 과반 4. 22일 한국 측 제안을 보면 그 끝머리에 처우에 관한 제안은 추후에 제출하도록 되어 있는데 어떻게 할 것인지.

방 대표: 처우에 관한 제안은 앞으로 어느 정도 논의해 나가다가 제출하려 한다.

야기: 앞으로 실질적 토의를 빈번히 개최함이 좋겠는데, 공식회합은 딱딱하니 비공식회합을 개최하여 Free Talking을 하면 좋겠다. 그리고 오늘은 이 정도로 그쳤으면 한다.

방 대표: 일본 측의 의견에 동감한다. 그러면, 명일 몇 시가 좋겠는가.

야기: 명일 오후 3시 가유회관에서 개최하였으면 좋겠다.

방 대표: 좋다. 이미 말한 대로 명일 회담은 형식은 공식회합으로 하되, 비공식 내용으로 회합을 하자. 신문 발표는 어떻게 할 것인가.

야기: 양측 대표단의 소개, 각 수석대표의 인사교환, 회의 진행 방법을 협의하고 명일 회담을 개최하기로 하였다는 내용으로 하면 어떻겠는가.

방 대표: 좋다.

4. 제7차 한일회담 법적지위위원회 제2차 회의 회의록

0906   제7차 전면회담 법적지위위원회 제2차 회의 회의록

1. 일시: 1964. 12. 8, 15:00~16:45
2. 장소: 가유회관
3. 참석자: 한국 측: 방희   대표
                    이경호   〃
                    연하구   〃
                    권일   고문
                    최광수   전문위원
                    이경훈   〃
                    강상황   보좌
                    안세훈   〃
          일본 측: 히라가   민사국장
                    야기   입관국장
                    도미타   입관차장
                    가유미   민사국 제5과장
                    이케가미   입관국 참사관
                    야나기야   북동아과 사무관
                    하마모토   법규과 사무관

0907   4. 토의 내용

야기: 여태까지의 회담 경위를 Review하는 의미에서 6차 회담 시의 일본 측 입장을 말하겠다. 금년 3월까지 양측이 회담에서 논의하여 대략 합의에 도달하였으므로 일본 측은 이를 기초로 하여 안을 제출하였는데, 한국 측도 4월 22일에 안을 제출하였고, 5월 6일에 이경호 국장으로부터 이에 대한 설명이 있었다. 한국 안에 대하여 일

본 측으로부터 도미타 차장이 의견을 진술하였는데, 그 요지는 한국 측 안의 협정상 영주권의 범위가 사실상 넓어서 이를 받아들일 수 없다. 협정상 영주권의 범위를 넓히면 넓힐수록 일반 영주권과 그 권리의 내용을 구별하기 곤란하며, 특수한 영주권으로서의 의의가 없다고 하여 '영주권의 범위의 실질적 확대'에 반대 의사를 표명한 바 있었다. 2월 7일에 수석대표 간 비공식회합에서도 나카가와 조약국장이 한국 측의 제안은 Shock라고 말하고, 이로 해서 1년여의 노력이 허사로 돌아가고 출발점으로 도로 돌아갔다고 말했다. 또한 우시로쿠 아세아국장은 일본 측이 내부적으로 법무성의 강경한 이론을 누르고서 당시 회담의 타결 분위기를 위하여 한국 측과 의견이 일치된 점을 기초로 하여 제출함에 이르렀는데 한국 측 안이 제출되자 법무성 측에서는 태도를 경화함에 이르렀다고 언급한 일이 있었다.

5월 14일 오가와 국장이 한국 측 안은 일본 측 안에서 장점만을 빼고 그에 추가한 정도로밖에 볼 수 없어 실망할 수밖에 없다. 한국 측도 일본 측의 항의를 본국에 보고하였다고 했는데 본국의 별다른 지시가 있는지 알려 달라고 한 일이 있다. 이상이 6차 회담 당시의 대략 경위인바, 이제 7차 회담에 들어와서 우리가 명심할 바는 과거 상호 회의 석상에서 논의를 거듭하여 합의된 점을 기초로 회담의 타결에 기여하도록 되기를 바란다.

방 대표: 어제 첫인사에서 말했듯이 그간 양측이 영주권, 퇴거 강제 등에 대하여 충분한 검토를 해 와서 그 대립점도 너무나 잘 아는 것이니 앞으로는 이 간격을 좁혀가면 되는 것으로, 처우 문제도 상호 토의해 나가면서 그 대립점을 드러내고 이를 좁혀가자는 것이 우리의 주장으로 이 또한 회담 진행을 능률적으로 운영함이 될 것이다.

도미타: 그러나 우리 측으로서는 영주권의 범위가 우선 결정되어야 한다고 본다. 지금 한국 측 안으로 볼 때는 협정상 영주권을 사실상 자자손손에게 부여하려는 것인데, 전에 이천상 대표 때도 자손의 영주권 범위는 자자손손이라고 주장하지 않고 20년 이후에 다시 교섭하여 정하자고 하였었다. 그러니 일본 측으로서는 영주권 범위, 즉 대상을 우선 정하여야 한다고 본다.

방 대표: 우선 금주는 처우에 관하여 논의하고 내주에는 영주권 등을 논의해도 되지 않겠는가.

이케가미: 문서로는 제출되지 않았어도 대개 이야기가 된 것이 아니냐. 교육 문제

며, 재산 문제고 서로 잘 이야기되지 않았는가.

방 대표: 이야기한 정도로는 안 된다. 일차 서로 Review하자.

도미타: 그러나 영주권의 범위가 결정되어야 딴 문제도 협의할 수 있다.

이 대표: 협정상의 영주권의 부여 범위는 첫째, 1945년 전쟁 종료 당시부터 계속 거주한 자와 둘째, 협정 발효 후 5년까지에 출생한 영주권자의 자에게 협정상 영주권을 부여한다는 데 대하여는 의견이 일치되었는데, 셋째, 그 후에 출생한 자는(첫째, 둘째 항목의 자손) 출입국관리법상의 영주권을 부여하되 그 퇴거 강제 사유를 1, 2항목 해당자에 대한 퇴거 강제 사유와 동일하게 함으로써 한국 측이 사실상 협정상 영주권을 그들에게도 부여하라는 데 대하여 일본 측의 반대로 미합의 중에 있다. 따라서 협정영주권을 받지 못하는 자손의 퇴거 강제 문제를 어떻게 할 것인가가 양측의 의견 대립점이 되고 있다.

이케가미: 한국 측 안 5조 3항에 규정된 것이 문제이다.

도미타: 한국 측 안이 종전에 합의된 것을 미표시하게 된 경위를 설명하여 줄 수 없는가.

최 전문위원: 영주권의 범위에 대하여 다시 한번 한국 측 입장을 이야기하겠다. 금년 3월 중순 이 참사관과 본인이 본국에 정무 협의 차 귀국하였을 때 사무적 타합을 한 일이 있었는데, 그 때 한국 측 안을 작성할 때에 일본 측 안을 참고로 하여 법률 전문가, 재일교포 대표와 의논하여 정한 것이다. 물론 한국 측 안에서도 영주권의 범위가 제일 기초가 되었다. 최초 한국 측은 협정 발효 20년 이내에 출생한 자에게도 협정상 영주권을 부여하도록 주장했는데, 그 후 협정 발효 5년 이내에 출생한 자로 한일 양측이 합의함에 이르렀으므로 일본의 출입국관리법상의 퇴거 강제 사유만은 영주권자의 자에게 적용하지 않도록 해주기를 바랐다. 즉, 부자간에 퇴거 강제에 있어서 차이를 없애자는 것이다. 특히 이에 대하여는 재일교포 간에 여론이 비등하고 여망이 컸던 관계로 한국 정부로서는 장기적 입장에서 협의하여 퇴거 강제 만은 부자가 동일하게 규정되어야 한다고 봄에 이르렀던 것이다. 또한 소요죄에 대하여는 최초 양측의 논의 시에는 정치적 소요, 즉 협의의 소요죄만을 논의해 왔었는데, 일본 측은 일반적, 즉 비정치적 소요죄까지 포함하려는 가능성을 보임에 이르러 소요죄를 우리 측 안에서 삭제함에 이른 것이다. 과반 본 위원회에 출석하였든 이천상, 문인구 대표도 일본 측의 입장이 소요죄를 퇴거 강제 사유로 인정하지 아니하는 것으로 이해하고 있다. 이

에 대해서는 차후 구체적으로 설명하겠다.

이케가미: 우리가 그러면 하나 질문하겠는데, 그렇다면 퇴거 강제에 있어 부모와 자식이 동일하면 그 처우에 있어서는 달라도 괜찮게 생각하는지.

최 전문위원: 처우에 대하여는 그렇게 돼도 불만이 없다.

도미타: 협정상 영주권은 일대에 한해야 하므로, 부모와 자식이 별개의 지위를 갖게 되는 사정은 우리도 이해할 수 있으나, 협정상 영주권을 못 받는 자손에 대하여는 성인이 되어 외국인의 지위를 선택하는 경우, 일반 외국인처럼 규정하여야지, 일반의 외국인보다 우월한 지위를 갖는 것은 불합리하게 보는 것이 우리의 입장이다.

최 전문위원: 그러나 재일한인의 특수한 역사적 배경을 고려할 때 강경히 반대하니 할 수 없다. 자자손손이 내려갈수록 권리의 성질이나 양이 위축되기 때문이다.

야기: 그렇다면 재일한인은 장래 특수지위를 갖는 소수민족으로서 일본에 남게 되지 않겠는가. 일대에 있어서는 괜찮겠지만 2대 이후로 내려가면 민족의식도 박약해지고, 도리어 박해를 받게 되지 않겠는가. 한국 측은 협정이 되면 재일한인의 퇴거 강제를 염려하나 이는 일본을 불신하는 데서 오는 것이며, 우리가 지금도 이를 엄격히 시행하려면 할 수 있는 것을 상호 좋게 하기 위하여 자제하고 있는 것이다. 또한 국제 통념에 비추어서도 불우한 소수 사람을 타국에 남겨두는 것은 수치스러운 일이라 생각한다.

히라가: 최초 일본 측 입장은 영주권의 부여 범위를 협정 발효 선으로 주장하였던 것을 그 후에 신청 기간 5년 선까지 양보했던 것이며, 2세에 대하여는 성인이 달할 때까지 영주하도록 하게 하고 그 지위를 성년 시에 선택하도록 하되, 퇴거 강제에 있어서 빈곤, 질병을 이유로 하지 않는다고 양보하였던 것이다. 그런데 한국 측이 제안한 것을 보면 그 표현이 자자손손에게 부여되도록 되어 있으니 기왕에 장시간 논의한 것이 허사가 되었다.

이 대표: 일본 측이 양보한 것은 사실이다. 작년 1월에 본인이 이 회담에 참석하였을 때, 이미 한일 양측은 1945년 종전 이전부터 계속하여 거주하는 자에 대하여 협정상 영주권을 부여하는 데 합의했고, 그 자손에 대하여는 일본 측이 샌프란시스코 평화조약 때까지 출생한 자손에게만 협정상 영주권을 주겠다고 주장한 데 대하여, 한국 측이 협정 발효 20년까지에 출생한 자에게 부여하고, 이후 출생한 자는 그자가 성년에 달할 때, 즉 20년 이후에 양측이 협의하자고 주장했었다. 나는 그때 일본 측이 평화조

약을 기준으로 하여 영주권을 부여한다는 데 이해가 안 되니, 그 이론적 근거를 설명하여 달라고 하였더니, 일본 측의 설명에 의하면, 1952년의 샌프란시스코 평화조약 시까지 재일한인은 일본 국적을 보유했다는 이론에 기인한 것이었다. 그러나 나는 그 이론적 모순을 지적하여 1945년 종전 당시부터 1952년 미일평화조약 시까지 재일한인은 참정권도 없었고, 외국인으로 등록되었고, 또 당시의 일본 통치의 주권자인 연합군사령관도 재일한인을 일본인으로 취급하지 아니하였다. 그러므로 재일한인은 그 당시에도 외국인이었었다. 따라서 일본 측의 주장에는 합리성이 없다 하였다. 그 후, 양측이 상호 양보하여 협정 발효 이후 5년 선까지의 선에서 합의된 것이 아닌가. 그런데 일본 측은 협정 발효 5년 이후에 출생한 자에 대하여는 일본 입관령 상의 영주권을 부여하되, 그 손자부터는 부여할 수 없다고 하였다. 이에 대하여 우리 측은 자자손손에게 이를 부여하자 하였다. 이리해서 현재 영주권의 범위에 관해서도 양측의 의견대립이 생겼지만, 퇴거 강제 사유에 관해서도, 일본 측은 협정상 영주권을 못 받는 자손에게는 빈곤, 질병을 이유로 퇴거시키지 않겠다고 하여 협정상 영주권자에 대한 퇴거 강제 사유와 그 자손인 입관령 상의 영주권자에 대한 퇴거 강제 사유와, 일반 외국인에 대한 퇴거 강제 사유를 구별하고 있는데, 한국 측은 입관령 상의 영주권을 가지는 자에게도 협정상의 퇴거 강제 사유를 적용시키라고 하여 대립된 의견을 주장하고 있다. 또한 일본 측은 처우 문제에 대하여도 논의하였다고 하나, 과반 본 위원회에서 본인이 문의한 데 대하여 오가와 국장은 곤란한 표정으로 웃기만 하고, 쓰루타 사무관은 처우 문제는 협정에 포함되지 않는다고 했었다. 앞으로 처우에 관한 문제도 상호 주장을 밝혀 검토해가며 간격을 좁혀감이 토의를 합리적으로 진행하는 방법이라고 생각한다.

방 대표: 일본 측은 영주권의 범위의 재론만을 고집하는데, 능률적 회의의 진행을 위해서 금주는 처우 문제를, 내주는 영주권 문제를 논의함이 좋지 않을까 본다.

이케가미: 처우 문제는 협정 본문에 포함되지 않고 부속 문서에 포함된다는 것이 우리의 입장이다. 그리고 영주권 문제가 논의되지 않고서는 처우를 논할 수 없는 것은 영주권의 부여 범위가 기본이기 때문이다. 기본 문제에서 양측이 너무나 거리가 떨어져 있으니 처우 문제를 논의할 필요가 없다고 본다.

이 대표: 그러면 처우 문제를 부속 문서에 포함하여 제출할 수 있겠는가.

방 대표: 처우에 대하여 논의했다고 하나 형식상 지금 남은 것이 없다. 교포의 제일

관심사이니 논의하자.

히라가: 영주권의 범위가 정해지지 않고서는 퇴거 강제가 정해지지 않고, 나가서 처우도 정할 수 없지 않은가.

이케가미: 현재 일본의 내부적 사정으로 외무성, 법무성 외에도 통산, 대장, 후생, 문부 각 성 실무자도 영주권의 범위가 정해지지 않고는 여타 문제를 논의할 수 없다는 태도이다.

이 대표: 처우 문제는 교육, 재산, 직업에 관한 권리이며, 사회보장, 재산반출 및 송금 문제도 논의할 여지가 많다.

이케가미: 사회보장 문제는 법률, 지방자치단체의 조례, 규칙에 정하는 바에 따라 운영되고 있는데, 협정에 규정하면 도리어 현재에 비하여 불리한 경우가 많다고 본다.

이 대표: 그러나 상호 주장 점을 아직 명백히 들어내지 않고 있는데, 주장 점을 나열하게 되는 것만 해도 큰 의의가 있지 않겠는가.

야나기야: 각 성의 실무자 태도가 영주권의 범위가 정해지지 않고는 구체적 협의를 꺼리는 상태이다.

이케가미: 각 성에서는 현재 영주권의 부여 범위가 협정 발효 당시까지인 것으로 알고 있다. 발효 이후 5년으로 합의된 것도 모르고 있는 상태이다.

이 대표: 처우 문제 중 교육권, 직업권, 사회보장 등에 관하여는 영주권 범위와 관련 없이 논의할 수 있는 것이다. 과반 일본 측과 논의했으나 확실하지 않은 점이 많으니 논의하자는 것이다.

야기: 그러면 금주에 1회에 한하여 처우를 논한다면 어떻겠는가.

이 대표: 금주 언제가 좋겠는가.

도미타: 10일(목) 오후 2시로 하자.

이 대표: 10일 오후 2시 반으로 하자.

야나기야: 장소는 가유회관으로 하자.

이 대표: 좋다.

이케가미: 신문 발표는 어떻게 하겠는가.

최 전문위원: 6차 회담의 양측 입장을 Review 하였다고 하자.

도미타: 좋다.

6. 제7차 한일회담 법적지위위원회 제3차 회의 회의록

0915   제7차 한일회담 법적지위위원회 제3차 회의 회의록

1. 일시: 1964. 12. 10, 14:30~16:45
2. 장소: 가유회관
3. 참석자: 한국 측: 방희　　　대표
　　　　　　　　이경호　　　 〃
　　　　　　　　최광수　　　전문위원
　　　　　　　　이경훈　　　 〃
　　　　　　　　안세훈　　　보좌
　　　　일본 측: 야기　　　 대표
　　　　　　　　이케가미　　입관국 참사관
　　　　　　　　하마모토　　법규과 사무관
　　　　　　　　쓰루타　　　북동아과 사무관

4. 토의 내용

　방 대표: 오늘 처우에 관한 토의에 앞서 우리 측 입장을 이야기하겠다. 첫째. 전전에 이주한 한인은 일본이 일본만을 위한 정치적, 경제적 정책에 의하여 부득이 온 사람들이라는 역사적 사실을 들어 그 기원이 불행했고, 그 기인이 일본 측에 있었음을 명확히 말하는 바이며, 둘째, 전후에도 많은 차별대우를 받는 어려운 환경에서 오늘날 현실적으로 60만이란 적지 않은 비중을 갖고 있는데 본인이 부임 이후 접촉한 교포마다 차별대우로 인한 곤경을 이야기하며, 조속한 한일회담의 타결과 더불어 차별 없는 생활이 되기를 희구하고 있다. 셋째, 일본 정부는 조속하고도 국민에 납득이 가는 타결을 천명하고 있으나, 특히 법적지위 문제에 있어서는 일본 국민과 더불어 60만 교포가 납득이 가는 선에서 타결되어야 할 것이며, 넷째, 이를 위한 공동의 책임과 노력은 물론이려니와 어떤 의미에서는 일본 측이 보다 교포의 행복한 장래를 위하여 아량과

성의를 베풀어야 할 것이다. 다섯째, 영주권을 얻고 일본에 거주하는 교포는 그 처우에 있어서 일본인과 동등한 것으로써 선량한 교포는 건전한 생활을 영위할 수 있도록 함과 동시에 일본 측은 소수 민족 문제로 걱정하고 있으나, 그렇다면 도리어 재일한인이 고국으로 돌아가는 데 있어 모든 재산을 자유롭게 가져갈 수 있는 길이 마련되어야 하겠고, 재일한인 중 귀화를 원하는 사람이 있을 때는 쉽게 되도록, 즉, 과거 일정 때와 같이 경제적으로나 기타 방법으로 몰아냄으로써 일본에 원한을 가지면서 살거나, 돌아가거나, 귀화한다면, 양국을 위해서 불행한 일이라 생각한다. 다음으로 처우에 대한 구체적인 설명을 이 대표가 할 것이다.

이 대표: 처우에 관하여 한국 측이 지금까지 주장한 점을 대략 정리하여 말하겠다.

첫째는, 고용[교육] 문제인데, (1) 영주권자는 일본 국민과 동등하게 의무교육을 받도록 해야 하고, (2) 상기한 자가 상급학교에 진학함에 있어서 동등한 기회를 부여해야 하며, (3) 협정영주권자가 설립한 사립학교(각종 학교)로서 대한민국 정부가 인가를 부여한 경우에는 동 학교 수료자에 대하여 일본국 정부는 상급학교 진학에 있어서 외국에서의 동급의 학교 수료자와 동등한 자격을 인정하여야 하며, (4) 일본의 사립학교법에 의거하여 사립학교(정규학교)를 설립하는 데 있어서 일본 정부는 협조해야 한다.

둘째는, 사회보장 문제인데, (1) 영주권자는 일본 국민과 동등하게 일본국의 기본적인 사회보장제도의 혜택을 부여해야 하며, (2) 영주권자 중 극빈자에게는 '당분간 계속하여' 생활법에 의한 생활보호의 보장을 받게 해야 한다.

셋째는, 재산반출 및 송금 문제인데, (1) 협정영주권자가 대한민국에 영주 귀국할 시는 일체의 재산을 과세 없이 반출해야 하며, (2) 그중 직업 용구, 휴대품, 이삿짐을 전량을 반출해야 하며, (3) 영주귀국자가 금제품을 제외한 이들 물품의 반출을 위해 일본 정부에 Export License를 신청하면, 일본 정부는 자동적으로 이를 승인하도록 한다. (4) 또한 송금에 있어서 최초 송금액을 초과하는 금액은 한은 도쿄지점에 특수계정을 설치하여 예치하고, 일본국 내 비용 및 수입 물자 대금의 결제에 사용하게 하며, (5) 처분 못하고 이곳에 남는 부동산 등의 물품이 처분된 때에는 대금도 상기 계정에 예치하여 사용할 수 있게 해야 하고, 그동안에 그 부동산에서 생기는 과실의 송금이 보장되어야 한다.

야기: 한국 측 안에 대하여 일본 측이 확실히 좋다고 한 점은 무엇인가. 그러면 개별

적으로 응답해 나가자.

이케가미: 영주권자가 일본 내에 설치한 학교에 대한 인정 문제(전기 교육 문제의 3, 4절)는 곤란하다.

야기: 현재 한국의 학교 수료자를 외국 학교 졸업자로 보고, 예컨대 일본서 입학하기 힘든 와세다대학 등도 외국인에게 주어진 정원 내에서 무난히 입학되고 있다고 알고 있다. 그러나 동대 같은 것은 문부대신의 인정을 받은 자만이 시험에 응시할 자격이 있지 않느냐.

이 대표: 예를 들면 한국학원의 경우, 그 이수 과목이 일본 학교와 같고, 일본어로 교수하는 이외, 단지 한국 역사와 한국어를 배운다는 것밖에 다른 점이 없는데, 일본 정부에 의해 정규학교로 인정이 안 되고 있는 것은 불합리하다고 본다. 조총련계 학교는 민족교육이라 하여 일본어도 사용하지 않고 적화 혁명 분자나 양성하고 있으므로, 이를 한국 정부가 인가할 수 없으나, 한국학원을 한국 정부가 인가하면 일본국 내에서 이를 정규학교로 인정하지 아니한다는 것은 불합리한 것이니 한국 정부가 인가하면 일본도 인가해 주기 바란다.

방 대표: 한국 정부가 일본에 있는 한국인 학교를 인가하는데, 일본 정부가 일본에 있는 일본식 학교를 인가하지 않는 것은 이해가 안 된다.

이 대표: 한국학원 졸업생이 상급학교(대학)에 진학하려면, 현재에는 Case by Case로 특별 인정을 받아야 하는데 앞으로는 일반적으로 그 진학 자격이 인정되어야 한다고 본다.

이케가미: 내 자신도 한국학원에 가보았지만, 교원들의 말에 의하면 졸업 때가 가까워오면 곤란해진다는 것이다. 선생이나, 학생이 졸업 후의 진학이 여의치 않아 비관한다는 이야기를 들었다. 그러나 문부성 측 의견은 강경하여 학교의 소재지가 일본이어서 곤란하고, 일본의 교육의 기본을 문란시킬 우려가 있어 Case by Case로밖에 인정할 수 없다는 것이다.

야기: 검정시험을 치르면 되지 않겠는가.

쓰루타: 현재 한인 학교로 안 되고 있는 것은 오사카의 백두학원과 금강학원뿐인데, 그것은 평화조약 이전에 일본인이 설립한 학교로 보아 인정했었다. 원칙으로는 평화조약으로 재일한인이 일본 국적을 이탈했으니, 그 인가를 취소했었어야 할 것이다.

이 대표: 그렇지 않다. 재일한인은 종전부터 평화조약 발효 시까지 일본인으로서의 국적을 가진 것이 아니고, 한국인으로서의 국적을 가졌으며, 일본 정부도 이들에게 참정권을 주지 아니하고 외국인 등록을 시켜서 외국인으로 취급하여 왔다. 그러므로 외국인이 설립한 학교를 인정한 선례가 있는데, 지금이라고 못할 것은 없다.

방 대표: 일본 측 의견을 들어보니 그 입장도 잘 알겠으나 우리 교포의 사정을 잘 고려하여 우리 안이 채택되도록 문부성과 잘 협의해 주기 바란다.

쓰루타: 일본에 장기 체류하는 이상 일본 학교에 들어감이 당연한 일이다.

이 대표: 영주권자의 대다수는 현재와 같이 장래에도 일본 학교에 들어가게 될 것이라 생각한다. 그러나 우리가 제일 주장하고 싶은 점은 우리 국어, 역사를 예외적으로 배우고는 있지만, 일본에서 일본어로 일본 학교와 같은 과정을 배우는 학교라면 인가해야 마땅하다는 것이다.

이케가미: 한국학원 같은 것은 각종 학교로 보고 있고 외국서도 외국인 학교는 그렇게 인정함이 원칙이라 알고 있다.

이 대표: 한국서는 중국인 화교가 설립한 학교를 졸업한 자에게도 일률적으로 상급학교 진학 자격을 주고 있다. 한국과 중국은 역사적으로 우호 국가이고, 이웃 나라이며, 같은 동양 민족이므로 이런 문제도 우호적으로 해결하고 있다.

방 대표: 재일교포가 자식에게 민족의식을 주고 싶은 의욕을 갖는 것이 당연하다. 이런 점에서 민족교육을 하게 되는 것이며 장래에 대한 근본적 생각도 이런 점에서 고려해야 할 것이다.

이케가미: 일본의 국·공립학교에 진학을 원한다면 누구나 취학할 수 있도록 하자는 것이 일본 측의 생각이다.

방 대표: 재일한인의 상급학교 진학을 지금처럼 막는 것은 도리어 민족의식을 고취하는 것이 되며 일본에 대하여 나쁜 영향을 주는 것이다.

이 대표: 작년 4월 본 위원회에서 문부성 담당자가 언급하기를 상급계(사립) 진학은 개별적으로 동등히 진학되나, 영주권자가 설립하는 사립학교 설립 인가 사무는 법률상 각 도, 부, 현 등 관청의 인가를 얻어야 하는데 한국인 학교는 정치적 문제도 있고 하여 곤란하다고 하였는데 그럴 필요가 없지 않는가.

이케가미: 한인 학교를 인가하면 조총련 학교도 인가해 주어야 되지 않겠는가.

이 대표: 그것은 공산당의 정치학원이며 보통학교라 볼 수 없다.

이케가미: 예컨대, 인가 사무는 지방의 현지사가 관장하는데 지사 입장이 약하다. 현재 신용조합도 민단계와 조총련계의 두 가지가 있어 골치 아픈 때가 많다고 한다.

야기: 한인 학교만 인정한다면 장래 만약 북괴와 국교를 맺게 되는 경우 어떻게 되겠는가.

이 대표: 북괴와 국교를 맺을 수 없다고 본다. 우리의 의견은 협정 부속 문서에 우선적으로 포함되도록 하자는 것이다. 그리하여 재일한인이 사립학교 설치법에 의한 설립을 하여 인가 신청이 있을 때는 이에 협력하여 줄 수 있도록 flexible한 표현을 하여 장래 영주권자가 학교 설립할 때에 이에 협조해주면 될 것이다.

이케가미: 실제는 어려운 문제다.

이 대표: 사회보장에 이어서 국가 건강보험 등에도 가입할 수 있게 해야 할 것이 아닌가.

이케가미: 그것은 법률, 지방자치단체의 조례, 규칙이 정하는 바에 따라 동일 지방에 사는 모든 한국인이 원한다면 전부가 동시에 강제 가입하게 되어 있다.

쓰루타: 시, 정, 촌 등 지방자치단체의 조례, 규칙이 정하는 바에 따르는바, 대개는 강제 가입인데, 빈민자의 생활보호는 후생성과도 합의되어 당분간 보장하는 것으로 알고 있다.

이 대표: 그러면 사회보장은 협정에 포함됨이 곤란하다는 것인가.

이케가미: 협정에 포함함이 아무 의의 없다. 생활보호는 국가가 주는 것이니 괜찮지만, 보험 문제 등은 강제가입 문제이므로 국가가 일방적으로 규정하여 명령하는 것이 이상한 것이다.

이 대표: 그러나 협정에 규정하여 전체적으로 지방자치단체에 appeal하는 데 의의가 있지 않겠느냐.

이케가미: 각 법률에서 규정함에 따라 다른데, 예컨대 15인 이상의 중소기업체 같은 것은 한인 경영이라도 강제 가입하게 되어 있다.

이 대표: 실제 한인인 경우 은행에서 차금한다는 것이 어렵다. 이런 점에서 협정 문서에 포함되는 것은 정치적 의의가 큰 것이다.

야기: 구체적으로 한국 측은 어떻게 표현하였으면 하는 것인지.

이 대표: 우리 주장은 기본적인 사회보장제도에 있어서 일본 국민과 동등하게 취급되도록 구체적 규정은 피하고 flexible 하게 하자는 것이다.

방 대표: 실제 실행이 곤란하면 원칙만을 정하면 된다.

이케가미: 생활보호는 괜찮으냐.

이 대표: 빈곤자를 당분간 보장하는 것은 합의된 것이니 그만 토의하고, 기타 혜택을 받을 수 있는 것은 동일하게 해달라는 것이다.

0920 쓰루타: 사회보장의 혜택은 받아서 이로운 것도 있지만, 규정함으로써 도리어 불리한 것도 있다.

이 대표: 유리하든 불리하든 사회보장의 효과를 동일하게 규정하도록 하면 되지 않겠는가. 좌우간 구체적인 토의는 다음에 또 하자.

이케가미: 좋다. 서로 나열하여 보자.

야기: 재산반출에 대하여는 대장, 통산성과 이야기해야 될 텐데.

이케가미: 원칙은 합의한 것 아닌가. 구체적 내용에 있어서는 미합의이다. 즉, 재산은 몰수하지 아니하되, 일본의 외환 사정을 고려하여 점차적으로 반출한다는 것이다.

야기: 재산반출 및 송금에 있어서는 외환관리법에 의한 외환 사정을 고려해야 할 것이다.

이 대표: 영주 귀국할 한인의 재산이 실제는 그리 많지 않으니 염려할 필요 없다.

야기: 송금의 액수는 문제가 적다. 단지, 학교의 인가, 사회보장 문제가 큰 문제다. 우리 자체 내에서 검토해 보아서 관계자가 다음 적당한 때 출석하도록 하겠다.

방 대표: 우리가 알기로는 영주귀국자의 재산반출 건이 1개월에 2, 3건에 불과하다. 그러니 그리 큰 문제가 아니다.

이 대표: 우리도 재산 처분의 송금 문제로 일본의 외화 사정이 악화됨을 염려하는데, 현재 귀국자의 경우 1인당 평균 2,000불 미만으로 알고 있다. 그러니 최초 송금액을 1만 불로 해야 별 문제 없고, 또 재산이 많은 사람이 가져가는 경우에도 물품 매각 대금을 외화로 가져가는 것보다 일본에도 도움이 되게 특수계정을 설치하고 일본 내에서의 비용 및 수입 물자 대금 청산에 쓰겠다는 것이다.

최 위원: 우리 주장은 최초 송금액 이외는 일본의 외화 사정에 영향을 주지 않는 한도 내에서 특수계정을 설치하겠다는 것이다.

0921 이케가미: 원화로 한은 도쿄지점에 예치하여 국내에서 물자 결제 대금으로 쓰거나, 또는 국내 비용에 쓰는 것은 무환수출이 되어 곤란하며, 일본에 들어올 외화를 못 들어오게 하는 결과가 된다.

이 대표: 그렇지 않다. 한국에서 물자를 수입하는 경우라면 이케가미 씨 말이 옳지만, 이것은 일본에서 살던 사람이 한국으로 영주 귀국하는 경우이므로, 처음부터 외화 수입이(일본에의) 예상되지 아니하는 경우이므로 무환수출이라고 볼 수 없는 경우이다.

야기: 금액 문제는 기술적인 문제이니 다음 기회에 실무자를 참석시켜 이야기하되, 내주는 영주권 문제를 이야기하자.

방 대표: 오늘 처우 문제를 충분히 토의 안 했으니 처우 문제를 더욱 이야기하자. 더욱 우리의 설명에 대하여 일본 측도 안이 있을 것이니 같이 이야기했으면 좋다고 본다.

이케가미: 우리의 대안은 대략 3월에 안을 제출할 때 처우는 부속 문서에 정하되, 여태까지 이야기한 바와 같다. 첫째, 교육 문제는 (1) 의무교육을 받게 하고 (2) 상급학교 진학에 있어 국, 공립학교 졸업자는 상급학교 진학을 인정하고 그 외는 부속 문서에 포함시킬 필요가 없다는 것이 문부성 견해이며 둘째, 사회보장은 빈곤자에 대하여 당분간 생활보호를 하는 외에 여타의 것은 확답할 수 없고 셋째, 재산반출은 원칙으로 자유이나, Export License에 대하여는 통산성의 견해가 Case by Case로 처리한다는 것이며 최초 송금액 5,000불을 인정한다는 것 외에는 상의가 안 되어 있고, 특수계정을 설치하는 문제는 협의 안 되고 있다.

야기: 3월까지에 양측이 토의하여 합의된 점을 일본 측 안은 기초로 했던 것이며, 토의는 그 정도로 그치는 것으로 하자.

이 대표: 원칙만 대강 토의된 것인데, 원칙뿐만 아니라 내용에 깊이 들어가서도 토의하자는 것이다. 협정문에 재산반출, 물품도 직업, 휴대품은 반출한다 하면 되는 것이지 Case by Case 운운할 필요가 없는 것이다.

쓰루타: 그러나 통산성 견해는 재산반출의 Export license는 자동적으로 안 된다는 것이다.

방 대표: 오늘은 이 정도로 마치고 다음 회합은 다음 주에 언제 개최함이 좋겠는가.

이케가미: 다음 주는 영주권, 퇴거 강제 사유에 대하여 토의하자.

야기: 전번까지 회합에 참석하였던 담당자가 많이 바뀌어 차주는 곤란하다.

이 대표: 내용은 여하간에 회합 일자를 정하자.

야기: 14일(월요일) 14:30로 정하자.

방 대표: 과반 회합 시 야나기야 사무관이 일본 측으로 준비된 안이 있다 했으니, 그 안을 설명하여 일본 측의 의견을 청취하도록 하자.

야기: 좋다.

8. 제7차 한일회담 법적지위위원회 제4차 회의 회의록

0924   제7차 한일회담 법적지위위원회 제4차 회의 회의록

1. 일시: 1964. 12. 15, 14:30~16:30
2. 장소: 가유회관
3. 참석자: 한국 측: 방희　　　대표
　　　　　　　　 이경호　　　 〃
　　　　　　　　 이경훈　　　전문위원
　　　　　　　　 안세훈　　　보좌
　　　　　 일본 측: 야기　　　대표
　　　　　　　　 이케가미　　입관국 참사관
　　　　　　　　 하마모토　　법규과 사무관
　　　　　　　　 쓰루타　　　북동아과 사무관

4. 토의 내용

　이 대표: 전번 회합에서 처우에 관하여 말하였을 때 한 가지 빠진 것을 부가하겠다. 처우에 있어서 권리의 성질상 일본인에게만 부여되어야 하는 권리, 예를 들면 참정권 같은 것을 제외하고는 재일한인에게도 일본 국민과 동등한 권리가 부여되어야 하며, 특히 경제적, 사회적인 활동을 하는 데 있어서 차별대우를 받지 아니하여야 한다는 점이다.

　야기: 구체적으로 어떠한 것인지 이야기해 달라.

　이 대표: 재일한인이 종전 이전부터 광업권이나, 선박소유권도 갖고 있는 경우에 그

0925 러한 기득권이 존중되어야 하지만, 일반적으로 말하여 광업권이나 선박소유권은 참정권 등과 같이 외국인이 못 가지는 권리이므로, 그러한 권리까지 요구하는 것은 아니다. 그러나 그러한 권리를 제외하고는 직업이나 사회적 활동을 하는 데 있어서 일본인과 차별 대우를 하여서는 안 된다는 것이다.

이케가미: 광업권은 광산 소유권과 광산 차유권으로 나누어 볼 수 있는데, 1952년 이후 2년의 경과 기간을 두어 정리되어 현재는 외국인에게는 한 건도 인정이 안 되어 있다. 또한 선박 소유권도 사실상 일본인 명의로만 되어 있다. 이러한 특별한 경우를 제외하고는 이 문제에 관하여 사실상 외국인에게 차별을 인정 안 하고 있다.

이 대표: 사회보장에 관한 일본의 현행법령을 봤으나 미심한 점이 많으므로 사회보장에 관한 법령의 실지 적용에 관하여 문의해 보겠다. 노동기준법 제3조를 보면 "사용자는 노동자의 국적, 신조 또는 사회적 신분을 이유로 임금 노동시간 기타의 노동조건에 관하여 차별적 대우를 하여서는 안 된다"고 규정하고 있는데, 이와 같은 균등대우 조항이 모든 사회보장 입법에 규정되어 있지 아니하는 것으로 안다.

이케가미: '일본인'이라고 법률에 명시되어 있지 않은 한 일반적으로 외국인에게도 적용되는 것이다. 일본의 최고 재판소의 판례도 그렇게 되어 있다. 단지 생활보호법, 국민연금법은 '일본인'이라 표시되어 있다.

야기: 사회보장에 있어서 국민건강보험 등은 가입에 있어서 자의가 아니고 강제성을 띠고 있지 않은가?

이 대표: 국민연금법 및 국민건강보험법의 관계 조항을 명시하여 주기 바란다.

이케가미: 국민연금법 제7조는 동 법이 일본 국민에게만 적용된다고 되어 있고, 국민건강보험법 제3조 제1항 8호와 후생성령인 국민건강보호법 시행규칙 제1조에 의하면 시, 정, 촌의 조례가 정하는 바에 의거하여 외국인도 가입할 수 있도록 규정되어 있다.

이 대표: 현재 재일교포의 이야기에 의하면 현재에는 재일한인이 부동산을 취득할 때에 통산대신의 허가를 받지 않아도 되지만 만일 한일 국교가 정상화하면 토지매매에 이르기까지 대신 허가를 받게 되어 불편한 점이 많아질 것이라고 하는데, 그렇게 되지 아니한다는 것을 명백하게 하여, 그들이 안심할 수 있도록 부속 문서에 이에 관한 원칙을 대강 정하여 영주권을 취득한 재일한인이 부동산 취득에 있어 대신 허가를 받지 않아도 된다고 하였으면 한다. 특히 현재 조총련계는 회담의 결과가 교포에게 불리하다고 악선전을 함으로써 민단계로 하여금 회담을 방해케 하려고 하고 있다.

야기: 그렇게 걱정이 된다면 구체적으로 어떻게 표현하고자 하는지?

이 대표: 구체적 표현은 피하고 flexible하게 표현하자는 것이다. 나중에 더욱 검토,

논의할 것이로되, 영주권을 받은 재일한인이 경제, 사회적 분야에서 활동함에 있어 일본 국민과 차별을 받지 않도록 한다고 규정해도 될 것이라 본다. 또한 재산취득 등에 있어서의 주무대신의 허가를 받지 않도록 원칙만 정하면 된다고 본다.

이케가미: 우리도 내부적으로 대장성, 통산성 실무자와 협의해 보겠다. 사회보장 문제에 있어서 빈민자의 생활보호는 당분간 하기로 되어 있으나, 기타 문제는 현행법령이 적용되어야 할 것으로 알고 있다.

이 대표: 영주권자는 은행의 융자에 관하여 부당한 차별을 받아서는 안 된다.

이케가미: 영주하게 되면 그런 차별은 없을 것이다. 주택금융 같은 것은 상환에 있어 장기간을 요하는 관계로 영주하는 자에게는 차별 안 될 것이다. 우리도 한국 측이 여사한 권리를 금지하는 입법을 삼가달라는 취지는 이해하겠다.

쓰루타: 한국 측이 주장하는 바대로 해준다는 것은 어려운 것이고 그렇다면 일본인으로 귀화하는 것이 좋지 않겠는가?

이 대표: 그러나 우리 교포, 특히 1세는 민족의식이 강하고, 2세 이후에 가서 선택에 따라 귀화하는 경우가 있어도 우리가 협정으로 귀화를 강요하는 인상을 주어서는 안 된다고 본다.

이케가미: 협정으로 영주권의 범위가 좁혀진다면 재일한인의 귀화를 촉진한다고 본다는 것인가?

방 대표: 우리의 주장은 한일회담으로 우리 민단 교포의 권익이 옹호되어야지, 도리어 불리하게 되어서야 조총련계 등 공산 세력의 조량을 활발하게 하는 것을 막자는 것이다.

쓰루타: 재일한인을 차별하고 있는 것은 국민건강보험의 경우 정도이다. 재한일본인의 처우는 어떤지?

이 대표: 재한일인은 대개가 한국인의 처 또는 내연의 관계에 있으니 문제가 되지 않는다.

이케가미: 우리도 더욱 내부적으로 협의하여 재고하여 보겠다. 그러면 구체적으로 어떻게 표현하면 좋을지? 재일한인이나, 재한일본인이나, 상호주의의 입장에서 생각할 수 있지 않겠는가?

이 대표: 협정에 이를 명시하면 이에 따라 국내법을 제정하게 될 것이며, 이런 면에

서 협정에 포함하는 것은 의의가 있다.

이케가미: 현재 국민건강보험에 있어서 그 적용에 차별이 있는데, 문제는 시, 정, 촌 등 지방자치단체 역원 측, 일선에서 일을 담당하고 있는 자가 큰 골칫거리다. 우리 자료에 의하면 평화조약 시부터 1960년 9월까지 생활보호법에 의한 빈민 보호비가 150억 원이나 된다. 작년 현재 요(要)구호자가 5만 9천 명이다. 연간 32억, 그중 국가가 26억 원을 보조하고 있다. 우리로서도 이러니 큰 부담이고 지방 말단에 있어서는 마찰과 불평도 많다.

야기: 재일한인이 일본 내에서 설립한 각종 학교 졸업자의 진학 자격 인정 문제는 역시 한국 측으로 중대시하는가?

이 대표: 그렇다. 특히 각종 학교의 고등학교 졸업생에 대하여 그 진학 인정 문제는 큰 문제이다. 그들에 대하여도 정규학교 졸업자와 동등하게 자격을 인정해야 할 것이다.

이케가미: 그러나 한국인이 설립했으니 외국인의 각종 학교인 점은 변함없다. 문부성 측도 이에 대하여 강경하다.

야기: 그러나 문부성은 무슨 이론적 근거로 그런지, 우리도 내년 초 회담의 재개 시까지는 내부적으로 잘 협의해 보겠다.

이케가미: 재산반출 문제에 있어서는 뭐 다른 의견이 없는지?

이 대표: 양측이 최초 송금액 5,000불과 10,000불을 주장한 외는 아무런 의견의 접근이 없다. 특히 최초 송금액을 제외한 잔여액의 특수계정 설치 문제에 대하여는 일본 측이 무환수출로 보는데 이는 당초부터 이곳 교포가 영주귀국 시의 문제니 무환수출 운운할 것이 못 된다. 그리고 실제에 있어서도 영주 귀국할 사람이 많지 않다고 본다.

방 대표: 다음 회의는 언제 하겠느냐? 17일이 어떨지.

야기: 좋다. 17일(목) 14:30에 하자.

쓰루타: 신문 발표는 무엇이라 하겠는가?

이 전문위원: 교육 문제와 사회보장 문제에 대하여 논의했다고 하자.

이케가미: 좋다.

끝

10. 제7차 한일회담 법적지위위원회 제5차 회의 회의록

0932　　제7차 한일회담 법적지위위원회 제5차 회의 회의록

1. 일시: 1964. 12. 17, 14:30~16:40
2. 장소: 가유회관
3. 참석자: 한국 측: 방희　　　　대표
　　　　　　　　　이경호　　　　〃
　　　　　　　　　연하구　　　　〃
　　　　　　　　　권일　　　　　고문
　　　　　　　　　최광수　　　　전문위원
　　　　　　　　　이경훈　　　　〃
　　　　　　　　　안세훈　　　　보좌
　　　　　일본 측: 야기　　　　　대표
　　　　　　　　　가유미　　　　민사국 제5과장
　　　　　　　　　이케가미　　　입관국 참사관
　　　　　　　　　하마모토　　　법규과 사무관
　　　　　　　　　쓰루타　　　　북동아과 〃

4. 토의 내용

　야기: 오늘은 금년으로써는 최후의 회의인데, 무엇을 이야기했으면 좋을지 자유토의를 하면 어떻겠는가?

　이케가미: 전후 입국자의 문제를 어떻게 했으면 좋을지 협정에 넣기는 곤란하니, 성질상 우호통상항해조약에 넣어야 한다고 보는데…….

0933　이 대표: 전후 입국자는 두 가지로 구분해 보아야 되는데, 첫째 종전 이전부터 살고 있다가 전후 일단 귀국했다가 다시 들어와 있는 자와, 둘째 종전 이후 들어왔으나 상당히 오랫동안 생활하고 있어 생활의 근거가 이곳에 있는 자가 있다. 첫째의 범주에

속하는 사람들은 종전 이전부터 계속 체류한 자로 보아야 할 것이므로 '계속'의 개념 규정에 있어서 이곳에 생활의 근거를 갖고 생활하는 자는 일본에 계속하여 거주한 자로 보아야 할 것이고, 둘째의 범주에 속하는 사람들은 그 실적을 고려하여 일반 입관령상의 영주권을 부여하는 것이 우리 안의 기초가 되어 있다.

이케가미: 전후 입국자 문제를 협정에 넣는다는 것은 우스운 일이다. 그들의 생활 근거가 일본이라 하나 여러 가지 경우가 있으니 Case by Case로 처리할 것이지 일률적으로 규정할 필요가 없다고 본다.

이 대표: 전후 입국자에 대한 원칙만을 합의의사록에 정하고, 구체적인 해결은 협정 적용의 기술적 문제이니 Case by Case로 해결하면 되지 않는가?

최 위원: '계속 거주한 자'에 관련하여 재일한인으로서 종전 이전부터 거주하던 자가 여권 없이 일시 귀국했다가, 다시 돌아왔는데, 그것이 입관령이 제정된 1946년 전후의 혼란기에 들어온 관계로 밀입국자로 되어 있는 사례가 있는데, 이러한 자에게는 협정상의 영주권이 부여되어야 하지 않겠는가?

이케가미: 그러한 사람에 대하여도 특별재류 허가를 부여하여 거주하게 하고 있다. 전후 밀입국자의 70퍼센트 이상이 특별재류 허가를 받아 거주하고 있는 실정이다.

이 대표: 한일협정이 발표되면 영주권자는 한국에 갔다 올 때 반드시 재입국이 되어야 하고, 따라서 일본 정부는 그들에게 재입국 허가를 해주어야 할 의무를 지게 될 것인데, 영주권을 받은 자가 일시 본국에 갔다 재입국할 때 그 기간에 있어 제한이 있는지?

이케가미: 영주권자도 재입국 허가 기간 이내에 돌아오지 않으면 일본국에 입국할 수 없다. 대개 최고 1년의 재입국 허가 기간이 부여된다.

야기: 물론 영주권자가 재입국 허가 기간에 대하여 고의과실 없이 무지로 기한 내에 못 들어왔다 하면 다시 입국 허가가 부여되어 영주 허가는 그대로 보유하게 된다.

이 대표: 이산가족의 재회 문제인데, 가령 협정상의 영주권을 받은 자가, 한국에 있는 자와 결혼을 하였을 경우, 자기의 배우자를 일본에 데려와서 살고자 할 때는 이들이 같이 거주할 수 있도록, 이를 협정 합의의사록에 규정하였으면 한다.

이케가미: 이 문제도 우호통상항해조약에 규정될 문제라 본다.

야기: 미국서는 외국인이 3년 이상 거주할 때는 영주권이 부여되고 영주권자와 결혼한 그의 배우자도 이주하여 같이 살 수 있지 않은가?

가유미: 금년 6월의 미국 대심원의 판례를 보면 그것이 미국 헌법에 위배된다는 내용의 것을 본 일이 있다.

이 대표: 국적 확인 조항에 관하여 우리 측은 "재일한인은 대한민국 헌법과 국적법에 규정된 바에 따라 결정된다"는 규정을 협정에 포함하려는데, 어떻게 생각하는가?

0935 이케가미: 그것은 당연한 이야기며, 협정에 포함할 필요는 없다고 본다.

권 고문: 하나 질문하겠는데, 재일한인의 본국법에 관하여 그 재판이 기준으로 하는 법률은 무엇에 따르고 있는지?

이케가미: 한국의 민법 및 민사소송법이다.

이 대표: 그렇지 않은 사례를 우리가 알고 있다. 가령 재판할 때 국제사법의 준거법에 관하여 한국법을 본국법으로 적용하는 경우도 있고, 북괴의 법률에 따르고 있는 일도 있어서 일본의 판례가 혼란되어 있는 것을 볼 수 있다.

이케가미: 재판에 대하여는 행정부가 명령할 수 없는 것이다. 그러한 관계로 판례에 따라서는 그럴 수도 있다. 그러나 우리가 국회에서의 질의에서도 이를 명확히 하고 있듯이 한국법에 의거하고 있으며, 이점 야당 측이 집요하게 추궁하고 있는 점이다.

최 위원: 그렇다면 협정에 이를 명백히 규정하면 좋지 않겠는가?

이 대표: 오늘 최종 회의고 하니 하나 기본적인 것을 일본 측에 문의하겠는데, 협정이 발효한 후, 협정에 의거하여 영주권 신청 기간 내에 이를 신청하지 않는 자에 대하여 그자가 협정 이후 퇴거 강제 사유에 해당하였을 때 그 자를 일반 입관령에 의거하여 퇴거 강제를 집행할 것인가? 왜 이것을 질문하느냐 하면 작년 국회서 일본 외상이 답변한 바에 의하면 협정영주권자와 한국민이 아니라고 자칭하여 협정영주권을 받지 않은 자(예컨대 좌익계)의 퇴거 강제 집행에 있어서, 동등하게 대우할 수밖에 없다고 했는데, 그 근거가 무엇인지?

0936 야기: 정세에 따라서 결정할 수밖에 없으나 이러한 자는 어떠한 기회에 송환할 수밖에 없다. 협정영주권자는 권리로써 재류하는 것이고, 그렇지 않은 자는 불안한 상태에서 재류하는 것으로써, 협정영주권자는 그 처우에 있어서 다르지 않은가? 즉 권리의 실질에 있어 차이가 있는 것이다.

이 대표: 그렇다면 퇴거 강제에 있어 본인이 원하지 않는 한 퇴거 강제되지 않고 일본에 잔류할 수 있지 않은가?

이케가미: 퇴거 강제를 당할 자를 인도받은 대상이 없으니 강제 송환을 못하는 것이다. 북괴로 가기를 원하나 북괴 측에서 받지 않으니 일정 기간 놔두었다가 적당한 기회에 송환하려는 것이다.

이 대표: 그렇다면 협정에 의해 영주권을 신청하여 영주권을 받은 자보다도 그렇지 않은 자가 유리한 것이 아니냐? 협정영주권자는 퇴거 강제 사유가 있을 때 퇴거 강제되고, 좌익계의 비 협정영주권자는 퇴거당하지 아니한다면 협정으로써 유리한 법적지위를 얻는 것이라고 어떻게 민단 교포에게 납득시키겠는가? 그러니 협정상 영주권을 받은 자에 대하여는 유리한 법적지위가 확보되고, 현재 한일회담을 분쇄하려는 좌익분자 및 이들 추종자는 비밀 협정에 의해서도 퇴거 강제에 있어 협정영주권자보다 불리하도록 하여야 된다고 생각한다.

야기: 그러나 협정영주권자는 자유로 본국에 왕래하고 또한 처우에 있어서 일본 내국인 대우를 받게 되지 않는가?

이케가미: 지금도 한국인은 퇴거 강제를 안 해도 중국 사람에게는 하고 있다. 이는 1957년 각서에 따라 우리가 자제하고 있기 때문이다.

이 대표: 그렇다면 앞으로 협정 발효 후 협정영주권을 받지 못한 한국인으로 퇴거 강제될 자가 북괴에 가고자 하나 북괴에서 인도받지 않는다면, 우리에게 인도하면 되지 않겠는가?

이케가미: 그것은 곤란하다.

이 대표: 협정으로 재일한인이 영주권을 신청하여 받으면 이론상이나 법률상으로는 그 지위가 유리하게 되나, 실제상 이들이 그렇지 않은 자보다 불리하게 되어 전후 모순에 빠지게 된다.

권 고문: 오늘 아침 일본 신문에 보도된 북괴에의 왕래 인정 문제는 어떻게 된 것인가?

야기: 그것은 근거 없는 소리로 기자들이 일방적으로 쓴 것이다.

최 위원: 그런 면에서도 하나의 해결책은, 딴 위원회에서도 그렇지만 협정에 협정 대상인 재일한인을 포괄적으로 명시하여 국적 확인 조항을 삽입하면 되지 않겠는가?

쓰루타: 그러나 일본 측으로는 1948년 유엔 결의에 따라 현실적으로 한국의 통치권이 미치는 한국만이 대상이 되지 않느냐? 그래야만 우리로서는 대국회 관계에 있어서도 비준을 받을 수 있다.

야기: 한국이 38도 선에 의하여 남북으로 분리되어 있기 때문에 생기는 곤란한 문제이다. 앞으로 통일되거나 남북이 완전히 딴 나라가 되지 않는 한, 이 문제는 해결되기 힘들 것이다. 정치적 문제로 우리로서도 현실을 무시할 수는 없다. 또한 우리로서는 내부적으로 볼 때, 사회당, 민사당의 야당만이 문제가 아니라, 자민당, 또는 정부 부처 내에서도 우리가 시달리는 입장이니 우리가 곤란한 경우가 많다.

이 대표: 누누히 주장하는 바이지만, 퇴거 강제에 있어서 협정의 결과, 도리어 협정 영주권을 받은 자가 불리한 영향을 받는다는 것은 이해하기 곤란한 일이다.

야기: 우리로서도 곤란하다. 한국 측의 입장도 잘 알겠으니 우리 혼자의 힘으로 될 문제가 아니다.

방 대표: 그러면 오늘은 이 정도로 논의하자.

쓰루타: 신문 발표는 어떻게 하겠는가?

이 위원: 법적지위 전반에 대하여 논의했으되, 전후 입국자, 이산가족 문제와 영주권에 대하여 이야기했다 하자.

이케가미: 좋다.

최 위원: 본 위원회의 21일의 본회의를 위한 의사 정리 문제는 당 대표부와 일본 외무성과 협의하도록 하자.

야기: 좋다.

11. 재일한인 법적지위 문제 관련 청훈 전문

번호: JAW-01234

일시: 211015[1965. 1. 21]

수신인: 장관

발신인: 주일 대사

65. 1. 21부터 속개되는 법적지위 문제 토의에 있어서 다음 사항을 교섭 지침으로 하고자 하는바, 이에 대한 본부의 의견을 회시하여 주시기 바랍니다.

1. 처우에 관한 아 측 안을 문서로써 일본 측에게 제시하여야 할 경우에는 외아북 722-234 (64. 4. 17) 아 측 협정안 중 유첨 2의 제6조 이하의 아 측 안을 제시하겠음.

2. 아 측은(외아북 722-234) 제5조 제1항의 협정영주권자의 직계비속의 미성년자의 퇴거 강제 사유에 관하여는 영주권자의 퇴거 강제 사유에 해당되는 경우일지라도 성년에 달할 때까지는 퇴거를 강제당하지 않는다라는 취지를 새로이 규정할 것을 주장함(본부에서 작성된 문건에 관한 해결 방안이 "여하한 경우에도 퇴거를 강제당하지 않는다"라는 아 측 입장을 일본 측 안 제4조 1항의 표현 방식에 따라 표현을 중성화하고자 하는 것임).

3. 협정영주권자의 직계비속의 성년 후의 퇴거 강제에 관하여는 일본 입관령 제24조에 규정된 사유 중 다음 4개 항의 사유를 최종 단계에 가서 수락하는 방향으로 교섭함.

(1) 마약범으로서 유죄 판결자(4의 '지')

마약범의 최고 형량이 1년 이상 또는 2년 이상으로 규정되어 있으므로 2년 이하의 형량 규정은 실질적인 의미가 없음.

(2) 일반범(4의 '리')

1년 이상의 유죄 판결자로 되어 있으나 형량은 3년 이상으로 주장함.

(3) 일본국 헌법 또는 그 밑에 성립한 정부를 폭력으로 파괴할 것을 기도하는 파괴활동자 4의 '오', 본항은 성년 후의 영주 또는 귀환의 부대조건이므로 논리상 불가피할 것임.

(4) 일본국의 이익 또는 공안을 해한 자(4의 '오')

본항은 영주권자의 퇴거 강제 사유 중 '퇴거 상의 중대한 이익을 해한 자'라는 사유와 상호관련성이 있으므로 영주권자의 퇴거 강제 사유의 토의 결과에 따라 아 측 입장을 변할 것임(외아북).

14. 제7차 한일회담 법적지위위원회 제6차 회의 회의록

0946   제7차 전면회담 법적지위위원회 제6차 회의 회의록

1. 일시: 1965. 1. 21, 10:30~11:30
2. 장소: 외무성 회의실
3. 참석자: 한국 측: 방희   대표
            이경호   〃
            권일   고문
            권태웅   전문위원
            강상황   보좌
            안세훈   〃
    일본 측: 야기   입관국장
            니이야   민사국장
            나카무라   입관국 차장
            가유미   민사국 제5과장
            가와지마   입관국 총무과장
            이케가미   입관국 참사관
            다니구치   조약과 사무관
            쓰루타   북동아과 사무관

0947   4. 토의 내용

야기: 오늘은 금후의 회담 진행에 관하여 이야기하자. 우리 측은 민사국장도 새로 임명되고 좀 더 내부적으로 연구해야겠다. 전번 한국에 출장 갔던 일은 어떠했는지?

방 대표: 한국에 가 있는 동안 대통령, 국무총리 각하와 관계 각료의 참석하에 여러 번 회의가 개최되었다. 또한 여당 지도자뿐만 아니라, 야당 지도자와도 만나 이야기하여 대체로 양해하는 선까지 분위기를 조성하였다.

어제의 수석대표 간 회의에서도 법적지위와 기본관계위원회는 2월 중으로 타결되도록 이야기되었다 한다. 본 위원회는 상당히 우호적인 분위기 속에 운영되어 왔으니 서로 성의를 보여 크게 성과 있게 되기를 바란다. 본 위원회에서 가급적 진전을 시도하고, 그래도 해결되지 않는 문제에 대한 의견 조정은 수석대표 간 회의에 넘겨 조정되도록 될 것이라 본다. 또한 그간 다카스기 수석대표 발언으로 어수선했으나, 어제 다카스기 씨가 이에 대한 성명을 발표했으므로 우리가 본국에 보고했으니 앞으로 잘 되지 않을까 한다.

야기: 동 발언이 더욱 공산계 신문에 보도되어 악용됐으니 곤란했다. 그런 발언을 할 사람이라면 수석대표로서의 임명을 수락하지 않았을 것이다.

방 대표: 본인은 그런 취지로서 말한 것은 아니었을 것이다. 기자회견 내용이 아카하타(赤旗)에 보도된 것이 우리나라 동아일보에 게재됨에 이르러 말썽을 일으키게 된 것이다. 앞으로 이러한 일이 회담에 악용되는 것을 볼 때에도 우리는 서로 성의로 대처하여 여사한 일을 미연에 방지해야 할 것이다. 어제 다카스기 씨의 해명 이후 도쿄 주재 한국 특파원들도 기사를 보냈으니 잘 되리라 믿는다.

야기: 지난번 박 대통령이 기자회견에서 되든, 안 되든 연내에는 회담을 타결해야겠다고 말한 것 같은데…….

방 대표: 그것은 대통령의 연두교서에서 그렇게 언급되어 있다. 그러면 구체적 이야기로 앞으로 회의의 진행 방법은 종래와 동일하게 하면 어떻겠는가?

야기: 우리 쪽 사정이 있어서……, 국회 관계가 어찌될지?

니이야: 통상 국회에서의 법안심의 및 예산편성 관계로 2월 하순과 3월 하순이 바빠지게 될 것 같다.

방 대표: 어제 수석대표 간 회합에서 시나 외상 방한 시까지를 우선 목표로 하여 매주 2회 정도 회의를 개최하도록 이야기되었다는데, 우리 생각으로는 방한 시기를 2월 10일경 전후로 보아, 그 이전에 있어서 퇴거 강제 문제, 영주권의 범위를 이야기하되, 1월 하순쯤 처우에 관한 안을 교환하여 이를 토대로 이야기해보고, 최종 단계에는 전반적으로 Review 하였으면 하는데, 일본 측으로서는 처우에 관한 안이 준비되고 있는지?

이케가미: 아직 안 되어 있다. 2월 중순경이 되야 하겠다.

방 대표: 2월 10일경 상호 안을 교환하여 이야기하도록 하자.

0949 야기: 좋다. 그러면 퇴거 강제에 대하여는 전문가 회합에서 검토하겠는가?

이 대표: 퇴거 강제 전반에 관하여 쌍방의 주장에 큰 차이가 있었을 때에는 퇴거강제분과위원회가 필요하였다. 그러나 퇴거 강제 문제가 많이 정리되었기 때문에, 제6차 회담 때에, 나는 퇴거강제위원회를 따로 둘 필요가 없다 하여, 지금까지 퇴거 강제 사유도 본 위원회에서 토의하여 왔었다.

방 대표: 그러면 인원만 좀 줄여서 개최하도록 하자.

이 대표: 그러면 오늘 퇴거 강제에 대하여 구체적으로 우리 의견을 말하겠다. 퇴거 강제 사유로서 본 위원회에서 토의되고 있는 4개의 사항 중에서, 첫째, 일본 측은 내란죄, 외환죄와 소요죄를 퇴거 강제 사유로 들었었는데 과거에 소요죄에 대하여 상호 논의를 한 결과, 한국 측은 일본의 파괴활동방지법 제4조 2항에 규정된 소요죄만은 일단 받아들이기로 하였으나, 그 후에 다시 소요죄를 퇴거 강제 사유로서 인정할 수 없다 하였다. 이번에 우리 측은 이를 잘 고려한 결과, 소요죄를 다시 받아들이는 방향으로 고려하고 있으나, 현재 일본 측 안의 소요죄는 일반 형법상의 소요죄를 의미하게 되어 파괴활동방지법 상의 소요죄뿐만 아니라 '해산 불응죄'까지도 포함하게 되어 부당하다.

이와 같은 광의의 소요죄는 본회의 석상에서 토의된 바 없고, 또 한국 측이 이를 받아들이기로 한 바도 없었다. 이렇게 광의의 소요죄를 우리가 수락한다면 재일교포의 단체적 활동은 직접 간접으로 영향을 많이 받게 되기 때문에, 우리는 이를 반대한다. 그러니, 이를 '일본국 헌법 또는 그 밑에 성립한 정부를 폭력으로 파괴할 것을 목적으로 하는 소요죄'로 명시하면 어떻겠는가?

0950 야기: 어느 나라든지 '정치적 목적'을 가진 행동에 대하여는 서로 꺼리지 않고 있느냐? 현재 '소요죄'는 구체적으로 그 형량이 어떠했는지?

이케가미: '소요죄'는 그리 많이 적용되지 않고 있다. 한국 측으로서는 민단계와 조총련계가 충돌했을 때 소요죄를 적용하지 않나 우려하나, 그리 문제되지 않는다. 안보 소동 때와 '헤거티' 사건 때도, 이를 소요죄로 기소 안 했던 정도이다.

이 대표: 조총련계가 민단계 사무소를 습격하였을 때, 소요죄로 기소된 일이 있다. 그러나 이러한 소요죄를 퇴거 강제 사유로 하는 것은 부당하다고 본다. 양측이 과거의

회의에서 퇴거 강제 문제를 논의한 때에는 일본 헌법이나 이에 따라 성립한 일본 정부를 폭력으로 파괴하려는 목적을 가진 소요죄로 우리는 알고 있다.

이케가미: 1950년 당시에는 소요죄를 적용한 자는 한국인 관계로 시모노세키, 고베 등지에서 미군 헌병이 마구 잡아들였을 때도 200명 정도였으며, 52년 이후에는 이 정도로는 적용되지 않았다. 더욱 근래는 없다.

이 대표: 우리는 과거 훈령에 따라서 소요죄를 삭제함에 이른 것인데, 당시 오가와 국장이 상당히 이에 대해 분개하는 태도였다. 회담 진행상 상호 신뢰를 가져오기 위해서도 우리는 소요죄를 받아들이기로 하겠으나, 일본 측 안이 소요죄를 내란죄, 외환죄와 함께 규정하여, 내란죄와 외환죄에 준하는 소요죄라는 취지가 엿보이는데, 일본 측이 이 취지에 따라, 소요죄를 '일본국 헌법 또는 이에 따라 성립된 정부를 폭력으로 파괴하려는 목적을 가진 소요죄'로 한정한다든지, 단서를 붙이든가 해서 한정한다면 우리는 소요죄를 받아들일 수 있다.

야기: 소요죄에 관해서만 길게 정의를 붙일 수도 없으니, 부속문에 이를 규정하든가 하여, 기술적으로 조절하면 될 것이다. 그러나, 소요죄에 대하여는 법무성 형사국장과 의논해야 할 것이다.

니이야: '불해산죄' 같은 것은 조총련에 해당될 경우도 있고, 반대로 민단의 경우도 있을 것이다. 이로 인해 소요죄를 적용하게 된다 해도 그 내용이 협의의 것이라면 괜찮을 것이다.

이 대표: 민단과 조총련이 충돌했을 때의 소요죄를 퇴거 강제 사유로 할 수는 없다. 소요죄의 목적이 일본 정부를 타도할 목적의 것이라면 우리도 수락할 수 있고, 협정 본문이나 부속 문서 어디에 규정되어도 좋다. 내란죄, 외환죄에 관련한 앞에 말한 중대한 소요죄라면 형기에 관한 차이점을 제외하고, 우리도 수락할 용의가 있다.

니이야: 그러면 내부적으로 우리도 형사국장과 이 문제를 협의하여 다음 회의 때 이야기하겠다.

이 대표: 다음으로 아편범에 대하여, 일본 측 안은 '영리의 목적을 가지고 마약류 취체법령에 위반하여 무기 또는 2년 이상의 형을 받은 자'를 퇴거 강제시킨다고 하였고, 또 상습범이란 말이 없어진 대신 '협정 발효 이전의 형을 포함하여 3회 이상의 형을 받은 자'로 되어 있는데, 우리로서는 협정 발효 이전의 전과는 불문에 부치기로 하고,

앞으로 서로가 잘해가자는 의미에서 협정 이전의 행위는 제외하고, 발효 이후의 행위로 인하여 3회 이상의 형을 받은 자라면 수락할 용의가 있다. 그러나 협정 발효 이전의 형까지 포함한다면, 민단도 설득하기 어렵고, 이로 해서 회담 타결을 방해하는 분자들에게 악선전의 구실만 주게 된다. 또 우리가 일본의 현행법령을 자세히 조사해보니 영리를 목적으로 한 마약범에 대한 형이 최저 3년도 있고, 1년 이상도 있다. 그러므로 영리를 목적으로 하는 아편범에 있어서는 3회 이상의 형을 받은 자로 하고, 기타의 자는 3회 이상의 형을 받은 자로 하되, 집행유예의 선고를 받은 자는 제외한다면, 우리는 이를 수락할 용의가 있다.

이케가미: 작년에 형법 개정 시에 상습범이란 어구가 삭제됐고, 아편범은 대개 1년 이상이며, 무기가 포함되었다.

이 대표: 재작년 4~7월에는 2년 또는 3년 이상으로 이야기해 오다가 일본 측이 형법을 개정하여 영리를 목적으로 한 마약범에 대한 형의 최저형을 인상하였다. 그러므로 한국 측은 3년 이상으로 작정함에 이르렀다.

이케가미: 한국인으로서 기소되어 판결된 마약범을 보면 1962년 마약을 수입한 범죄일 때 4년이었고, 기타는 대개 1, 2년이었다. 마약취체법을 1963년 2월에 개정했는데, 마약 수입범의 형이 제일 무겁고, 기타는 대개 1년 이상이다.

이 대표: 아편범에 대하여는 형이 가중되는 것이 국제적인 입법 예인 것이며, 우리도 이런 악질적인 행위에 대하여는 처벌함에 협력하고 싶으나, 영리 목적의 마약범에 대하여 현행법의 최저형이 1년 또는 3년 이상이니 일본 측 안의 2년 이상을 3년 이상으로 수정하기 바란다.

이케가미: 우리 의도는 3회 이상의 형을 받은 상습적 범법자가 나타날 때 강제 퇴거할 수 있게 협정 발효 이전의 형을 포함하자는 것이다.

이 대표: 그런 상습범은 발효 이후에도 나타나니 염려할 것 없다. 그리고 우리 안의 마약범에 관한 규정은 그 행위가 협정 발효 이후를 말하는 것이다. 우리는 일본 측이 양보하면 우리도 양보하려는 것이니 서로 잘 해 보도록 하자.

야기: 오늘 논의한 것은 중요한 것이니 우리도 내부적으로 상의해 보겠다. 그러면 오늘은 이 정도로 하자.

이 대표: 그러면 오늘 우리가 제안한 수정안에 대한 회답을 다음 회의에서 듣기로

하자.

    나카무라: 27일, 29일은 어떤가?

    방 대표: 좋다. 가유회관에서 하자. 시간은 2시 반이 어떻겠는가?

    야기: 좋다. 신문 발표는?

    이 대표: 회의 진행 방법과 퇴거 강제 사유 중, 내란, 외환 소요죄와 마약범에 대하여 논의하였다로 하자.

    이케가미: 좋다.

15. 법적지위 문제 관련 훈령 공문

외아북 722-866 1965. 1. 23

수신: 제7차 한일회담 수석대표

제목: 법적지위 문제에 관한 훈령

대: JAW-01234

1. 대호로 청훈한 법적지위 교섭방침에 관하여는 귀하 재량에 일임함으로, 아 측 이익이 최대한도로 반영되도록 노력하시기 바랍니다.

2. 작년에 양측이 제시한 협정 요강 제4조는 퇴거 강제 사유를 규정하고 있는 바, 동 4조 규정과 아 측이 의도하고 있는 영주권자의 직계비속에 관한 퇴거 강제 사유를 별도 문서(예: 의정서 등)로 규정할 수 있다면, (1) 협정체제로 보아 교포가 가질 수 있는 가능한 오해를 감소시킬 수 있으며, (2) 영주권자와 그의 직계비속 간에 있는 구별이 필요 이상으로 노출되지 않는 결과를 가져올 수 있다고 생각됩니다.

금번 아 측은 법적지위 문제에 있어 종전의 강한 입장을 완화할 것을 예정하고 있는바, 이를 계기 삼아 퇴거 강제 사유를 별도 문서에 규정토록 하고 본 협정에는 "별도 문서 규정에 의하지 않는 한 퇴거를 강제하지 않는다"라고만 규정할 수 있도록 노력하시기 바랍니다.

끝

외무부 장관 이동원

16. 재일한인의 법적지위와 처우에 관한 한일 양측 협정안 비교 문서

0957

일본 측 제안(64. 3. 6)

일본국에 재류하는 특정의 대한민국 국민의 법적지위에 관한 협정안

전문
일본국 및 대한민국은, 일본국에 재류하는 특정의 대한민국 국민에 대하여 특정한 사항에 관하여 일본국에 재류하는 기타의 외국인과 다른 법률상의 지위가 부여되어야 함이 필요하다고 인정함으로, 따라서 다음과 같이 협정하였다.

제1조

0958
다음에 열거하는 자로서 제2조의 영주 허가를 얻은 자는 일본국에 영주할 수 있다.
(1) 1945년 9월 2일 이전부터 계속하여 일본국에 재류하는 대한민국 국민.

한국 측 대안(64. 4. 22)

일본국에 거주하는 대한민국 국민의 법적지위와 처우에 관한 협정안

전문
대한민국과 일본국은, 태평양전쟁의 전투가 종결된 날 이전부터 일본국에 거주하는 대한민국 국민 및 그의 직계비속이 일본국에 거주하게 된 역사적 배경의 특수성을 고려하고, 그들에게 특별한 법적지위와 처우를 부여하여 일본국에서의 안주를 보장함이 필요하다고 인정함으로, 따라서 다음과 같이 협정하였다.

제1조
본 협정에서 '일본국에 거주하는 대한민국 국민'이라 함은 대한민국 국적법에 규정된 요건에 해당하는 자를 말한다.

제2조
다음에 규정된 대한민국 국민은 본 협정에 정하는 바에 따라 일본국에 영주할 수 있다.
(1) 태평양전쟁의 전투가 종결된 날 이전부터 일본국에 계속하여 거주하는 자.

(2) (1)에 규정된 자의 직계비속인 대한민국 국민으로서 1945년 9월 3일 이후 이 협정의 효력 발생일부터 5년의 기간이 경과하는 날까지 일본국에서 출생하고 그 후 계속하여 일본국에 재류하는 자.

제2조

(1) 제1조에 규정된 자로서 일본국에 영주하고자 하는 자는 일본국 정부에 대하여 동 정부가 정하는 수속에 따라 이 협정의 효력 발생일로부터 5년 이내에 영주 허가를 신청하여 그 허가를 받아야 한다. 전기의 신청 및 허가에 대하여는 수수료는 징수하지 아니하는 것으로 한다.

(2) 제1조 (2)에 규정된 자로서 이 협정의 효력 발생일로부터 4년 11개월을 경과하는 날 이후에 출생하는 자에 대하여는 1의 규정에 불구하고 영주 허가의 신청 기간을 출생일로부터 30일 이내로 한다.

제3조

(2) 본조 제1항에 규정된 자의 직계비속으로서 태평양전쟁의 전투가 종결된 날의 익일부터 본 협정에 의한 영주 신청 기간이 종료하는 날까지에 출생하여 일본국에 계속하여 거주하는 자.

제3조

(1) 제2조의 규정에 해당하는 자로서 일본 국에 영주하고자 하는 자는 본 협정의 효력 발생일로부터 5년 이내에 양국 정부가 합의하는 절차에 따라 일본국 정부에 영주신청서를 제출하여야 한다.

(2) 본조의 규정에 의하여 일본국 정부에 영주신청서를 제출함에 있어서는 여하한 수수료도 징수되지 아니한다.

(3) 제2조 제2항에 규정된 자로서 본 협정의 효력 발생일로부터 4년 10개월을 경과하는 날 이후에 출생한 자에 대하여는 본조 1의 규정에 불구하고 영주신청서의 제출 기간을 출생일로부터 6개월 이내로 한다.

제4조

제2조의 규정에 의거하여 영주 허가를 받은 자는 그 자가 이 협정의 효력 발생일 이후 다음에 규정하는 자 중 어느 하나에 해당하는 자로 된 경우를 제외하고는 일본국으로부터의 퇴거를 강제당하지 아니한다.

(1) 내란에 관한 죄, 외환에 관한 죄 또는 소요죄를 범하여 금고 이상의 형에 처해진 자 (집행유예의 언도를 받은 자 및 내란 및 소요에 부화수행한 것으로 인하여 형에 처해진 자를 제외함).
(2) 영리의 목적을 가지고 마약류 취체에 관한 일본국 법령에 위반하여 무기 또는 2년 이상의 징역 또는 금고에 처해진 자. (집행유예의 언도를 받은 자를 제외함) 및 마약류 취체에 관한 일본국 법령에 위반하여 이 협정의 효력 발생일 이전에 처해진 형을 포함하여 3회 이상 형에 처해진 자.
(3) 1. 및 2.에 규정된 자를 제외하고 무기 또는 7년을 초과하는 징역 또는 금고에 처해진 자.
(4) 일본국의 외교상의 중대한 이익을 해하는 행위를 행한 자.

1) 본 협정에 의하여 일본국에 영주하는 자는 본 협정의 효력 발생일 이후의 행위에 의하여 다음 각 호에 규정하는 사유에 해당되는 자가 된 경우를 제외하고는 여하한 경우에도 일본국으로부터의 퇴거를 강제당하지 아니한다.

(1) 내란에 관한 죄 또는 외환에 관한 죄를 범하여 2년 이상의 금고 또는 징역의 형을 받은 자. 단, 집행유예의 언도를 받은 자와 내란에 부화수행한 것으로 인하여 형을 받은 자를 제외한다.
(2) 영리를 목적으로 마약류 취체에 관한 일본국 법령을 위반하여 3년 이상의 금고 또는 징역의 형을 받은 자 또는 마약류 취체에 관한 일본국 법령을 위반하여 2회 이상 형에 처해진 자로서 다시 3년 이상의 금고 또는 징역의 형을 받은 자. 단, 집행유예의 언도를 받은 자는 제외한다.
(3) 흉악한 범죄로 인하여 10년 이상의 금고 또는 징역의 형을 받은 자.
(4) 금고에 관한 죄를 범하여 2년 이상의 금고 또는 징역의 형을 받은 자. 단, 집행유예의 언도를 받은 자를 제외한다.
2) 미성년 시의 행위에 의하여 본조 제1항 각 호에 대하여 규정된 사유에 해당하는 자로 된 경우에는 일본국으로부터의 퇴거를 강제당하지 아니한다.

제4조

(1) 제2조의 규정에 의거하여 영주 허가가 부여된 자의 자(子)로서 일본국에서 출생하고 또한 대한민국 국민인 자는 일본국 정부가 정하는 수속에 따를 것을 조건으로 하여 성년에 달할 때까지 계속하여 일본국에 재류할 수 있으며, 또한 제3조 열거된 어떤 자가 된 경우를 제외하고는 일본국으로부터의 퇴거를 강제 당하지 아니한다.

(2) (1)의 규정에 의거하여 일본국에 재류하는 자가 성년에 달한 날로부터 30일 이내에 영주 허가를 신청한 때에는, 그자는, 소행이 선량하고 또한 일본국 헌법 또는 그 밑에 성립한 정부를 폭력으로 파괴할 것을 기도하거나 주장하고 또는 이를 기도하거나 주장하는 정당 기타의 단체를 결성하거나 이에 가입한 일이 없는 한, 영주는 허가되며, 또한 빈곤 또는 질병을 사유로 하여 일본국으로부터의 퇴거를 강제당하지 아니한다.

제5조

(1) 본 협정 제2조의 규정에 의하여 일본국에 영주하는 자의 직계비속은 성년에 달할 때까지 계속하여 일본국에 거주할 수 있다.

(2) 본조 제1항의 자가 성년에 달한 후 1년 이내에 일본국에서의 영주 허가를 신청하는 경우엔 제4조 제1항에 규정된 사유가 없는 한, 그자의 영주는 허가된다.

(3) 본조 제2항의 규정에 의하여 영주가 허가된 자의 퇴거 강제에 관하여는 제4조의 규정에 준한다.

19. 제7차 한일회담 법적지위위원회 제7차 회의 회의록

0965   제7차 전면회담 법적지위위원회 제7차 회의 회의록

1. 일시: 1965. 1. 27, 14:30~16:00
2. 장소: 가유회관
3. 참석자   한국 측: 방희   대표
                  이경호   〃
                  권일   고문
                  권태웅   전문위원
                  안세훈   보좌
           일본 측: 야기   입관국장
                  니이야   민사국장
                  나카무라   입관국 차장
                  가유미   민사국 제5과장
                  가와지마   입관국 총무과장
                  이케가미   입관국 참사관
                  하마모토   법규과 사무관
                  쓰루타   북동아과 사무관

0966   4. 토의 내용

　야기: 전반 회의에서 퇴거 강제 사유에 대하여 한국 측이 제안한 데 대하여 그간 우리 측이 내부적으로 검토한 결과, 우리 측 의견을 말하고자 한다. 소요죄에 관하여 우선 결론부터 말하면 제한적인 형용사를 붙인다는 것은 기술적으로 곤란하고, 더욱 최근에 이를 적용한 일이 드물다. 마약범에 대하여도 '영리의 목적'을 삭제하는 조건으로 한국 측 안대로 3년 이상으로 하는 데 찬성하며, 상습범의 3회 이상이란 회수 계산에 관하여는 종래 우리 주장대로 협정 발효 이전부터 기산해야 된다는 것이다.

나카무라: 소요죄로서 적용될 형량은 상당한 사건이어야 한다. 실제 적용될 사례는 희소하다.

이케가미: 재일한인에게 실제 적용된 일로서는 민단계와 조총계가 심하게 충돌한 경우에 적용한 일이 2건인가 있을 뿐이다.

이 대표: 최초에 소요죄가 퇴거 강제 사유로서 토의되었을 때는 파방법 제4조 2항의 소요죄를 의미하였었는데, 그 후에 제출된 일본 측 안을 보면 일반 형법상의 소요죄를 말하게 되어 파방법 제4조 2항의 소요죄뿐 아니라 해산 불응죄 등도 포함되어 너무나 광의의 것이 되었다. 그러므로 소요죄를 퇴거 강제 사유로서 인정한다면 파방법에서 말하는 소요죄 중 지난 회의 때 한국 측이 제시한 내용으로 수정되어야 한다. 만약에 일본 측이 말하는 것처럼 이것이 실제 적용된 사례가 없다고 한다면 소요죄를 퇴거 강제 사유에서 빼버리는 것이 옳지 않겠는가?

나카무라: 특정한 지역의 정일과 질서를 문란하게 하는 경우 이외에는 소요죄를 적용한 사례는 없다.

이 대표: 처음에 회담에서 퇴거 강제 사유가 논의될 때에는 파방법 4조 2항의 소요죄가 토의의 대상이 되었는데, 일본 측의 협정안에 표시된 소요죄는 일반 형법상의 소요죄이며, 만약에 이를 수정하여 규정하지 않는다면, '해산 불응죄'까지 포함하게 되어, 예컨대 집회나 시위를 하였을 때, 경찰이 해산명령을 3회 내어도 해산을 안 할 때에도 퇴거 강제를 당하게 되어, 한국 측은 이를 도저히 받아들일 수 없다.

나카무라: 소요죄에 '집회 불해산죄'는 포함되지 않는다는 것이 우리 입장이다. 단, 그 표현에 있어 소요죄를 제한하는 형용사를 붙이는 것은 추후 더욱 검토해 보고자 한다.

니이야: 소요죄의 경우 판결에 목적이 표시 안 될 것이니, 한국 측이 제안한 것을 받아들이기 곤란하다.

이 대표: 우리로서는 과반 회의에서 최종선을 이야기하였다. 그런데 일본 측 의견이 소요죄에 관한 우리 제안을 받아들이기 힘들다면, 우리는 본국 정부나 민단에 대하여 납득할 수 있는 설명을 할 수 없다. 소요죄에 관하여는 한국 측이 제안한 정의를 규정하기로 하되, 그 표현을 상호 검토하기로 하자. 그리고 판결 이유 중에는 소요죄의 목적이 표시될 것이나, 만약에 안 된다면, 재일한인이 범한 소요죄가 일본 헌법이나, 일

본 정부를 타도할 목적을 가진 소요죄냐 아니냐를 판정하기 위한 공동위원회를 설치하면 될 것이다.

니이야: 일본 측 안에 표시된 소요죄는 아닌 게 아니라 광의로 해석될 가능성이 있다. 일본 측은 형법 107조의 소요죄를 제외하고, 형법 106조 3항의 부화 수행자에 대한 조항도 제외된 소요죄를 주장한다. 그러나 소요죄냐 아니냐의 판정을 위하여 공동위원회까지 설치할 필요는 없다고 본다.

이 대표: 일본 측 안대로 한다면, 형법 제107조는 물론이고, 형법 106조에 관하여는 부화수행자 이외에는 일본 측서는 적용한다고 보는데, 일본 헌법이나 일본 정부를 폭력으로 파괴하려는 목적을 가진 소요죄가 아니면 안 된다. 그 목적이 명확하지 않은 소요죄는 받아들일 수 없다.

이케가미: 우리가 과반 제출한 자료를 보더라도 그리 기우할 필요가 없다고 본다. 파방법 4조 2항과 형법 106조 정도의 것이 될 것이다.

이 대표: 그러나 해석 여하에 따라서는 얼마든지 적용될 수 있다고 본다. 그러니 일본 헌법이나 그 헌법하에 성립한 정부를 폭력으로 파괴하려는 목적을 가진 소요죄, 즉 내란, 외환죄에 준하는 소요죄로 보아 가자. 과반 본국에 갔을 때 우리 장관도 '정치적 목적을 가진 소요죄'라고 하는 것도 반대하였었다.

방 대표: 그 표현을 잘 고려하여 일차 더 이야기 해 보도록 하자.

이 대표: 거듭 말하게 되거니와, 최초에(4, 5년 전에) 퇴거 강제 사유를 논의할 때에는 소요죄가 없던 것이, 일본 측이 파괴활동방지법 제4조 2항을 퇴거 강제 사유로 제안하게 되어 소요죄가 들어온 것인데, 이에 대하여 상호 검토하여, 파방법 4조 2항의 13개 중에 12개를 일본 측이 철회하고 하나만 남겼던 일이 있지 않았는가? 그러므로 파방법 제4조 2항의 소요죄나, 일본 헌법 또는 일본 정부를 폭력으로 파괴하려는 목적을 가진 소요죄만을 한정하여 받아들일 용의가 있다는 것이 한국 측 의견이다.

이케가미: 우리는 소요죄의 적용이 이 이상 없을 것으로 알며 넣은 것이다.

이 대표: 국가를 파괴 활동하는 소요죄는 규정해야겠지만 적용되지 않을 것이라면 아예 빼버리는 것이 옳지 않겠느냐?

나카무라: 나의 사견이지만 이렇게 표시하면 어떻겠는가? '일본 정부의 정치상 주의 또는 시책에 반대 운운'으로 하면 어떻겠는가?

이 대표: 시책반대 운운하지만, 만약 사회당이 집권하였을 때 재일한인이 그 시책에 반대하는 소요죄를 범하였다 하여 퇴거 강제한다면 곤란하다. 시책이라는 것은 그 범위가 넓어서 걱정인 것이다. 혹은 합법적으로 공산당이 집권했을 때 그 시책에 반대하는 소요죄를 범하였다 하여 퇴거 강제당할 수는 없다.

이케가미: 시책에 단순히 반대하는 게 아니고 폭력을 가지고 파괴 행동을 하는 것을 말하며, 실제 적용할 일이 없을 것이다.

이 대표: 실제 적용될 일이 없는 것을 조약이나 협정에 규정한다는 것은 무의미하지 않은가? 막연한 정의는 필요하지 않다.

나카무라: 우리도 더욱 검토해 보겠다.

방 대표: 금주 금요일까지 대답해줄 수 있겠는가?

이케가미: 좀 힘들지 않을까 한다.

이 대표: 다음으로 그러면 일본 측이 말한 마약범에 대한 우리 의견을 말하겠다. 우리 안은 영리를 목적한 것은 3년 이상, 비영리적인 것은 협정 이후 3회 이상 범법했을 때로 되었었는데 협정 이전의 것을 포함한다는 것은 곤란하다. 즉 발효하자마자 강제 퇴거되어야 하는 것이니, 국교 수립으로 서로 잘하자는 것이 의의가 없지 않은가?

나카무라: 우리 안은 마약 3범의 계산에 대하여 최종의 3회는 협정 발효 이후의 것을 말하게 된다.

이 대표: 일본 측 안을 잘 보면 협정 발효 이후에 범하지 않아도 이전 것만 가지고 3회 범법으로 볼 수도 있다. 마약범에 대하여는 종래 아 측의 태도가 강경하여 어떠한 경우에도 이를 받아들일 수 없다는 것이었다. 그 후에 이를 받아들이되, 협정 발효 후의 것을 받아들이기로 하여 협정 이전의 죄는 청산시켜 주자는 것이 당초의 의도였다. 협정 발효 후 3회 이상 범법한 자는 상습범으로서 처벌, 추방하는 것은 우리도 찬성이나, 협정을 계기로 우호적 견지에서 고려해야 할 것이 아닌가?

권 고문: 우리 민단의 의견도 협정 발효를 계기로 입관령 위반 등 모든 사범에 대하여 대국적으로 은사를 베풀어달라는 것이다.

나카무라: 마약 상습범을 종전 후 최근 10년 이내에 2회 이상 범한 자로 한다고 표현하면 어떨까?

이 대표: 마약범에 대하여는 우리는 설득에 곤란한 입장이다. 작년 본인이 지방 출

장 시에도 이를 설득하기에 애를 썼는데, 협정 이전의 형을 가산한다면 더 이상 검토할 의욕이 없다. 협정 이전의 형을 가산하지 않는다 하여 마약의 취체가 안 될 것은 아니라고 본다.

방 대표: 협정 이전을 포함하게 되면 악선전을 면치 못한다.

이케가미: 앞으로 마약에 대하여는 한국이 공동 조사를 하자고 제의할 때가 오리라 본다. 그처럼 서로가 절실한 문제다.

이 대표: 우리는 중국인의 마약범에 대하여도 은혜적으로 취급하여 퇴거 강제를 유보하고 있다.

권 고문: 실제 아편범으로는 중국인이 많지 한국인은 적은 것이 통계적으로도 확실하다.

니이야: 마약 상습범의 기산에 대하여 협정 발효 이후부터 계산한다는 한국 측 입장을 고려하여 협정 발효 후 2회 정도로 함에 대해서는 어떻게 생각해볼 수 있겠는가?

방 대표: 지난 회의에서 이야기한 것이 우리의 최종안으로써 협정 이후 3회 이상도 더 이상 고려할 여지가 없다.

이 대표: 마약범에 대하여는 최초 영리를 목적으로 한 경우 5~6년 이상이었는데, 그 후 마약범은 악성인 것에 감하여 우리가 양보함에 이르른 것이다.

이케가미: 마약범은 보통 3년 이상, 입관령 사범은 1년 이상인데, 우리가 너무 양보한 것이다.

야기: 우리도 일단 내부적으로 이야기된 것이기 때문에 더 조정하기가 곤란하다.

이 대표: 일본이 현재의 선에서 양보하지 않는 한 더 이상 이야기하기 곤란하다. 그렇다면 다음 29일 회의는 그만두자.

나카무라: 요다음 회의에서는 퇴거 강제 사유 중, 소요죄, 마약범을 제외한 사유를 이야기하면 어떻겠는가?

이 대표: 소요죄와 마약범에 관한 합의부터 하고서 다음을 토의하자.

방 대표: 과반 회의에서 이야기한 바대로 각 분과위원회에서 미해결된 문제에 대하여는 수석대표 간 회의에서 논의하기로 했으니 금차 금요일 논의하고, 안 되면 다음 화요일 논의하며, 그래도 미해결이면 다음 수석대표 간 회의에 넘기도록 하자.

야기: 본 위원회의 토의는 가능한 한 본회의에서 해결하자. 그리 고차의 정치적 절

충에 넘길 문제가 안 된다. 그러나 본인이 대신한테 지시받기도 한국 측이 작년 4월에 제출한 안이 일본이 동년 3월에 제출한 안보다 후퇴한 것으로, 당초 상호 합의한 선과 대차가 있다는 것이었다. 이미 내부 절충이 되어있는 것을 또 조정하여 금주 금요일까지 될 것 같지 않다.

이 대표: 작년 4월의 우리 안은 자손의 퇴거 강제 사유를 협정영주권자의 것에 준한다는 것과, 소요죄를 제외했던 점을 빼고는, 그때까지 우리가 주장해온 선에서 제안한 것이며, 일본 측 안이 양측의 합의선에서 나왔다는 것은 오해이다.

방 대표: 일본 측 안이 양측의 합의선에서 낸 것이고, 더 이상 양보할 수 없다는 취지라면, 우리로서는 중대한 문제라 하지 않을 수 없다. 좀 더 일본 측이 탄력적으로 고려해 보기 바란다.

이 대표: 일본이 작년 3월 안이 최종안이라면 더 이상 논의하기 곤란하다.

니이야: 마약범의 상습성 계산에 대하여 이전이냐, 이후이냐로 수립되었는데, 여태까지 이야기가 3회 이상 기산을 하자는 데는 동일 의견이었다 한다면 회수를 조절하여 해결 방안을 삼을 수 있지 않은가?

이 대표: 3회 이상을 이하로 제한함은 곤란하다. 재고를 하려면 일본이 양보해야 할 것이다. 상호 간에 납득을 해야 하겠지만, 우리는 퇴거를 당하는 사람을 걸머지고 있으니 우리 측이 더욱 괴로운 것이다.

이케가미: 우리도 납득하기 어렵다. 그런 자(마약 상습범)를 일본에 영주토록 보증한다는 나쁜 인상을 주게 되기 때문이다.

니이야: 그러면 하나의 타개책으로 협정 발효 이전의 형을 가산하는 경우에는 5회 이상 또는 협정 발효 후의 형을 대상으로 하는 때는 3회 이상으로 함이 어떻겠는가?

이케가미: 5범은 모르되, 현재 4범은 있다.

권 고문: 우리 사견이나, 그렇다면 원칙적으로 협정 발효 이후 3회 이상으로 하되, 협정 발효 전의 3회 이상의 상습범에 대하여는 협정 발효 후 2회 정도로 하면 어떻겠는가?

야기: 우리도 그것이 합리적이라 보는데 니이야 국장의 제안과 권고문의 제안을 어떻게 생각하는가? 우리도 좀 더 내부적으로 검토해 보겠다.

이 대표: 우리도 내부적으로 검토해 보겠다. 그럼 29일 회의는 어떻게 하겠는가?

니이야: 일단 개최할 것으로 정해 놓고, 마약범에 대한 내부 조정이 되고 상호 준비가 되면 예정대로 개최하고 준비 미비이면 다음 화요일(2월 2일)에 개최하자.

방 대표: 좋다. 다음은 29일 14:30, 그 다음은 2월 2일(화) 10:30으로 일단 정하도록 하자.

0974 쓰루타: 신문 발표는 어떻게 하겠는가?

이 대표: 퇴거 강제 사유 중 소요죄, 마약범에 대하여 토의했다고 하자.

야기: 좋다.

끝

22. 제7차 한일회담 법적지위위원회 제8차 회의 회의록

0979   제7차 한일 전면회담 법적지위위원회 제8차 회의록

1. 일시: 1965. 1. 29, 14:30~16:00
2. 장소: 가유회관
3. 참석자: 한국 측: 방희   대표
           이경호   〃
           권태웅   전문위원
           안세훈   보좌
   일본 측: 야기   입관국장
           니이야   민사국장
           나카무라 입관국 차장
           가유미   민사국 제5과장
           이케가미 입관국 참사관
           하마모토 법규과 사무관
           다니구치 조약과 사무관
           쓰루타   북동아과 사무관

4. 토의 내용

야기: 우리 측이 내부적으로 의견 조정을 해 보았으나, 소요죄에 관하여 한국 측 희망대로 그 내용을 한정하는 형용사가 적당한 것이 없다. 소요죄에 있어서 불해산죄를 제외하고, 형량을 5년 이상으로 하였으면 어떨까 한다. 마약범에 대하여 타협책으로 나온 횟수 즉 협정 이후 3회를 원칙으로 하되, 협정 이전에 3회인 자에 대하여는 협정 이후 2회 정도로 하는데 대하여는 이의가 없다.

이 대표: 우리도 본국에 청훈한 결과 지난 회의에서 나온 타협안, 즉 영리를 목적으로 하는 경우 이외에는 협정 발효 후 3회 이상 유죄판결을 받은 때(단, 집행유예의 경우

를 제외)를 원칙으로 하되, 협정 이전에 3범 이상인 자에 대하여는 2회로 한다는 타협안에 대하여는 좋다고 지시가 왔다. 그러면 비영리의 마약범에 대하여는 양측이 완전 합의한 것으로 하자.

니이야: 좋다.

이 대표: 그러나 마약범에 있어서 '영리'란 말을 떼면 일률적으로 3년 이상이 되니 비영리범에 대한 협정 이후 3회 운운하는 것이 무의미하게 되어 전후 모순에 당착하게 된다. 그러니 '영리'란 말을 넣어 우리 안대로 3년 이상으로 규정하도록 하자.

이케가미: 마약범은 우리 조사로는 3범째 때 대개는 2년 혹은 3년 이상인 것이 없었다. 그리고 소요죄 중 불해산죄도 3년 이하니 그리 염려할 것 없다.

니이야: '영리'란 말을 빼고 형량을 높이면 어떻겠는가?

이 대표: '영리'라고 넣어야 한다. 소요죄의 형량을 3년 이상으로 한다는 것은 추후 우리가 고려하여 해답하겠으나 '영리'라고 넣어야지 구별이 되지, 그렇지 않으면 우리에게 심히 불리하게 되어 받을 수 없다.

야기: 만약 앞으로 형법이 개정되어 마약범의 형량이 가중되면 협정으로 인하여 불리할 텐데 그런 것도 생각해야 되지 않겠는가?

이 대표: 협정 후에 마약에 관한 처벌 법규를 개정하는 문제 같은 것은 일본의 국내 문제이고, 현재에 있어서는 현재의 일본법을 기준으로 토의해야 할 것이 아닌가?

나카무라: 그러나 법을 운용하는 측의 사정이 있다. 또한 여타의 죄형과 함께 병합죄가 될 때, 예컨대 절도범에 마약범죄가 병합되어 판결되는 경우도 있지 않겠느냐?

이 대표: 그러한 경우에는 마약에 몇 년, 절도에 몇 년으로 분리하여 판결하여 달라고 하면 될 것 아닌가?

나카무라: 강도와 마약에 각각 형벌을 가하게 될 때는 마약범으로 퇴거 강제시킬 것인가도 문제다.

이 대표: 병합죄에 대한 세부적인 문제는 추후에 이야기하고 우선 마약범에 대하여 원칙적인 퇴거 강제 사유를 논의하자.

나카무라: '영리'란 말을 넣으려면 2년 이상으로 하여야 한다.

니이야: 요는 악성을 구별하자는 것인데, 영리를 넣으면 형량을 내려야 할 것이다.

이 대표: 우리로서는 '영리'란 말을 뺀다는 것은 생각조차 안 했다. 마약의 수입, 제

조가 보통 형량이 3년 이상이고 기타의 영리는 1년 이상이니 '영리'를 넣어 3년으로 해도 되지 않겠느냐? 본 위원회에서 최초에 마약범이 논의될 때 영리와 비영리적(상습범)을 구별한 것은 일본 측이 아닌가?

이케가미: 그러나 마약범을 기소하는 검찰로 볼 때는 '영리'라 할 때에는 기소하기 힘든 실정이다.

이 대표: 당초에 마약에 관하여는 본 위원회에서 논의 시에 우리 안에 없고, 우리로서는 도저히 수락 안 하고자 한 것이었다. 그런데 일본 측이 '영리를 목적하는' 마약범과 기타의 악성적인 마약범으로서 상습범을 구별하여 퇴거 강제 사유로서 토의하여 온 것인데, 이제 와서 '영리'란 것을 구별하기 힘들다고 한다면 그러한 것을 왜 최초에 일본 측 안에 넣었는지 이해가 안 된다.

나카무라: 다른 죄와의 병합죄가 아니더라도 재판 판결은 대개 영리적인 마약범과 단순한 마약범을 합하여 형량을 정하게 되니, 이 점을 고려하여 협정에 있어서 분명히 해두어 법 적용을 용이하게 하자는 것이다. 그렇다면 '영리'를 떼고 4년 이상이라면 어떻겠는가?

이 대표: 우리도 고려해 보겠다.

이케가미: 마약범에 대한 토론 경위를 이야기하면 당초 한국 측이 반대한 것을 악성인 것을 넣자고 합의되어 영리를 목적한 것과, 상습범을 넣어 논의하다가, 그 후 집행유예 언도를 받은 자를 제외하고, 형량이 올라가 2년 이상이 된 것이다.

나카무라: 그때는 딴 죄와의 병합죄는 생각 안 했지 않은가? 또 악성에 대하여 죄명으로 보느냐, 형기(량)로 보느냐가 문제다.

이케가미: 고려하였다. 악성은 죄명과 형량 양방으로 보고 있다.

이 대표: 현재 논의되는 마약범을 그냥 4년 이상으로 보는 것과 소요죄 5년 이상 문제는 일차 우리도 검토하겠다. 그러나 마약범 중 영리범을 빼는 것은 곤란하다. 내란, 외환죄에 대하여는 우리는 2년 이상을 주장하고 일본은 유죄판결을 받은 경우를 주장하여 대립되고 있으나 내란, 외환죄는 1년 형이라는 예외이며, 대개 2년 이상이니 합의 볼 수 있지 않느냐?

이케가미: 내란, 외환죄를 범한 자에 대하여 형량을 1년이니 2년 이상이니 하는 것은 우스운 일이 아닌가?

이 대표: 내란 죄목의 3항만이 형량이 1년 이상이니 2년 이상이라 해도 문제될 것 없지 않느냐?

나카무라: 외국인이 내란, 외환죄까지 범하면 퇴거당하지 않는다는 것은 생각할 수도 없고 대의명분이 서지 않지 않느냐?

니이야: 퇴거 강제 사유의 제3의 범주인 '7년 초과'의 문제와 이 문제와 관련해 보면 어떻겠느냐? 한국 측이 일반 범죄에 대한 7년 초과를 받을 용의가 있다면, 우리는 내란, 외환, 소요와 마약에 관한 한국 측 의견을 어느 정도 받아들일 용의가 있다.

이 대표: 그러면 퇴거 강제 사유에 대한 우리 측의 의견을 다 말하겠다. 셋째 항목에 있어서 '흉악범'이란 말을 빼고 10년 이상의 형을 받은 자로 해야 하며, 일본 측의 7년 초과의 형을 받을 수 없다. 넷째 항목에 관하여는 국교에 관한 죄를 범하여 2년 이상의 형기로 해야 한다는 것이 우리 측의 훈령 내용이다.

다니구치: 그러나 외국인이 국교에 관한 죄를 범한다는 것은 국장에 대한 손상을 준 경우 등 희소한 경우뿐이다. 외국인이 일본에서 거주하면서 국제법의 관례상 갖추어야 할 태도가 있지 않겠는지?

이 대표: 외국인으로서 갖추어야 할 태도에 대하여는 우리도 알고 있다. 그러나 퇴거 강제하는 외국인에 대하여 납득할 만한 기준이 정해져야 하는 것이다. 그 의미에서 일본 측이 말하는 '일본국의 중대한 외교상의 이익을 침해하는 행위'라는 것은 첫째, 외교상의 이익이란 말의 내용이 불분명하고, 둘째는 '중대한'이라는 정도의 기준이 애매하다.

이케가미: 외교상의 중대 이익은 일본 정부가 그때그때 사정에 따라 인정하도록 하자는 것이다.

니이야: 한국 측의 주장대로 중대한 외교상의 이익이란 말은 두 가지 점에서 애매하다. 우리도 한 번 더욱 검토를 해 보겠다.

나카무라: 한국 측이 지적한 바와 같이 '중대한 외교상의 이익'이란 말이 애매하니 명확한 기준이 포함된 적당한 표현이 문제인데, 서로가 상호 생각해 보자.

이 대표: 다음 회의 때까지 일본 측에서 안을 제출하면 우리도 함께 검토해 보겠다.

이케가미: 외교상 중대 이익에 대하여는 인정 자체는 일본이 하되, 퇴거 30일 전에 한국 측에 통고하여 실질적으로 협의를 하는 안은 어떻겠는가?

이 대표: 전반 본 위원회에서 누차 논의하였으나 그 결정 자체를 양측이 합의하여 한다면 재고해야 하겠으나, 지금 이케가미 씨가 말한 안은 한국 측으로 받아들일 수 없다.

니이야: 한국 현행 법령에는 국교에 관한 죄가 있는지?

이 대표: 현행 형법에 규정되어 있다.

0985 이케가미: 요는 인정이 문제다. 공동위원회 같은 것도 생각은 할 수 있으나 거기에도 난점은 있다.

이 대표: 우리 생각도 그렇다. 기준을 최초부터 확실히 정하여 두자는 것이다. 외교상 중대한 이익이 손상되었다면 퇴거를 해야 하되 그 기준을 정하자는 것이다.

야기: 서로 그 사정은 아나, 문자로 표현이 곤란한 것이 문제다. 한 번 외무성 조약국에서 잘 안을 생각하여 다음에 제출하도록 하기 바란다. 여하간 여타 3개의 퇴거 사유와 결부해서 상호 조정하여 보자. 우리로서는 실무자와 협의한 결과 '7년 이상'에 대하여는 그 이상 양보할 수 없다는 것이었다.

이 대표: 그렇다면 만약 우리가 '7년을 초과하고'를 받아준다면 일본 측은 마약범에 대하여 영리는 3년 이상, 내란, 외환과 특수한 소요죄는 2년 이상으로 받을 용의가 있는가? 물론 집행유예 언도자와 부화수행자는 제외하기로 이미 합의되어 있다.

나카무라: 내란, 외환죄 등에 형기를 두는 것은 어렵다.

니이야: 그러면 내가 타협안을 내보겠다. '7년을 초과하는 형을 받은 자'에 대하여는 우리 입장이 강경하니, 일본 안대로 하고, 또 내란, 외환죄에 형기를 부치는 것은 대의명분이 안 서니, 이것도 일본 안대로 하되, 소요죄를 빼고, 마약에 대하여는 영리로 3년 이상을 받도록 하여 한국 측에 양보하면 어떻겠는가?

이 대표: 그런 정도라면 우리도 어느 정도 고려할 여지가 있으니, 본부에 청훈하여 다음 회의에서 이에 대하여 다시 논의하기로 하자.

0986 나카무라: 마약범에 대하여 협정을 기준하여 이후로 할 때는 그 행위 시로 보겠느냐? 판결 시로 기준하여 보겠는가?

이 대표: 그것은 그리 중대한 문제가 아니니 다음에 이야기하자.

야기: 그것은 다음에 이야기하며, 협정문에 넣을 때까지 논의하면 될 것이다.

방 대표: 퇴거 강제 사유에 대하여는 외교상 중대 이익을 제외한 외에는 이 정도로

이야기하고, 다음 회의 시까지 내부 조정을 하여 오늘 나온 문제에 대하여 의견을 교환하자. 그리고 처우에 관한 안은 준비가 되었는지?

이케가미: 아직 안 되었다. 범위를 어느 정도로 잡아야 할지 경제활동이나 금융 문제를 포함하는 것 등이 문제다.

이 대표: 여태까지 다 이야기한 것을 포함하면 된다.

니이야: 각 성 실무자와의 의견 조정이 필요하지 않겠는가?

이케가미: 너무 상세히 규정하면, 조약과 법률이 저촉하는 문제가 있다. 물론 조약의 효력이 우선하니, 현행 법령에 대한 고려가 필요하다.

이 대표: 처우에 대한 대략적인 원칙이 정하여지면 되는 것이다. 여태까지 이야기는 됐으되 안으로 표시되지 않았으니 일차 서로 안을 교환하여 논의하자는 것이다.

야기: 부속 문서 정도로 표시되어도 괜찮을 것이다. 이 정도로 오늘 회의는 끝마치자.

쓰루타: 신문 발표는 어떻게 하는지?

이 대표: 퇴거 강제 사유 전반에 대하여 이야기했다 하자.

야기: 다음 회의는 2월 2일(화) 10:30에 하자.

방 대표: 좋다.

끝

25. 제7차 한일회담 법적지위위원회 제9차 회의 회의록

0992   제7차 한일 전면회담 법적지위위원회 제9차 회의록

1. 일시: 1965. 2. 2, 10:30~12:00
2. 장소: 가유회관
3. 참석자: 한국 측: 방희   대표
                이경호   〃
                오재희   조약과장
                권태웅   전문위원
                안세훈   보좌
         일본 측: 야기   입관국장
                니이야   민사국장
                나카무라 입관국 차장
                이케가미 입관국 참사관
                하마모토 법규과 사무관
                다니구치 조약과 사무관
                쓰루타   북동아과 사무관

4. 토의 내용

이 대표: 과반 회의에서 이야기하였던 퇴거 강제 사유 중, 양측이 일응 합의를 본 문제, 즉 첫째, 내란과 외환죄에 관하여는 유죄판결을 받은 자로 하되, 집행유예의 언도를 받은 자와 내란죄에 관하여 부화수행한 자는 제외하도록 하고, 둘째, 마약범에 대하여는 '영리를 목적으로' 하는 경우 3년 이상으로 하며, 셋째, 기타의 범죄에 관하여는 7년을 초과하는 형을 받은 자로 하자는 데 대하여 본국에 청훈을 하였던바, 훈령 내용이 퍽 환영하는 뜻은 아니었으나 그대로 받도록 하라는 요지였다.

0993   야기: 우리 측도 내부적으로 이야기하였던바 불만하다는 의견이 많았으나 지난번

이야기한 대로 받기로 하였다. 그러고 보니 상호 같은 입장이다.

이 대표: 그렇다면 퇴거 강제 사유 중 1, 2, 3 항에 대하여는 상호 합의한 것으로 정하자. 이를 다시 한번 정리하여 보면,

(1) 내란죄는 또는 외환죄를 범하여 유죄판결을 받은 자, 단, 집행유예의 언도를 받은 자와 내란죄에 관하여 부화수행한 것으로 인하여 유죄판결을 받은 자는 제외한다.

(2) 마약범에 있어서는, 영리를 목적으로 하는 경우에는 3년 이상의 형을 받은 자, 기타의 마약범에 있어서는 협정 발효 후 3회 이상 유죄판결을 받은 자로 하되, 협정 발효 전에 3회 이상 형을 받은 자에 있어서는 협정 발효 후 2회 이상 유죄판결을 받은 자로 한다. 마약범의 경우에도 집행유예의 언도를 받은 자는 제외한다.

(3) 기타의 범죄에 있어서는 7년을 초과하는 형을 받은 자((2)와 (3)에 관하여는 그 가족 구성 등을 고려하여 인도적인 처우를 하기로 한다는 문제도 고려해 넣기로 하고)로 하기로 한일 양측이 합의된 것이다.

그 다음으로 4항의 외교상의 중대 이익에 관한 문제인데, 일본 측에서 내부적으로 검토한 안을 오늘 이 회의에서 제시해 주기 바란다.

나카무라: 외교상의 중대 이익을 어떻게 표현할 것인가에 대하여 생각해 보았다. 우리로서는 무전 연락으로 교신을 하는 것은 전파법 위반으로, 또 외교문서의 절취는 주거침입 등으로 처벌해야 한다는 점을 고려하여 보고자 하는데, 어떻게 표현해야 좋을지? 묘안이 없다. 대개 상기한 바와 같은 행위로 범죄를 일으켰을 때 재판소에서 이를 재판한 판결에 대하여 법무대신이 외교상에 중대한 이익이라고 인정한 것으로 보려 한다.

이 대표: 그래도 불분명하니 어떤 것이 구체적으로 일본국의 중대한 외교상의 이익에 해당할는지 검토해 보자.

이케가미: 퇴거 강제는 재판관의 인정만을 갖고서는 불합리하기 때문에 재판 판결을 일단 받게 하여, 판결문서에 나타난 것을 더 한번 대신이 외교상의 중대한 이익을 침해하였는지 인정을 받고저 하는 것이다.

이 대표: 그러나 우리로서는 그 외교상 중대한 이익이란 것이 불분명하니, 국교에 관한 죄를 제외하고, 어떤 것을 일본 측이 규정하려는지? 같이 이야기하기로 하자.

이케가미: 국교에 관한 죄목은 형법 개정으로 국기 국장에 관한 모욕죄만이 남게

되어, 우리로서는 외교상 중대 이익을 상기 말한 범위로 확대하여 보지 않을 수밖에 없다.

야기: 우리가 열거한 것은 한국 측으로 볼 때에는 받기에 불리한 것이 있을 것으로도 본다.

니이야: 우리로서는 어디까지나 외교에 관한 범죄 행위로 유죄판결을 받은 것 중에서도 다시 검토하여, 일본국에 중대한 외교상의 이익을 침해하였는지 재검토하여 그렇지 않은 것은 제외하자는 취지이다.

나카무라: 절도죄는 일반범죄인데, 외교상 기밀문서의 절도 같은 것은 일반범죄로 보다는 외교상 중대 이익을 손상한 면에서 보아야 한다. 그것도 판결받은 범죄 행위에 대하여 주무대신의 인정을 받으니 괜찮다.

이 대표: 퇴거 강제 사유 중 딴 것은 모두 잘 해결되었으니, 외교상의 중대 이익을 침해한 행위도 중요한 것만을 구체적으로 규정하여 표현하기로 하자. 1945년 이후 현재까지 재일한인이 외교상 중대 이익을 해친 일이 있는지? 그런 것을 고려해 보아도 되지 않겠는가?

이케가미: 실제 그러한 사례는 없었다. 또 입관령으로 다스려도 된다 할지 모르나 동 법령으로 처벌 안 되는 것이 있다. 우리 측으로서는 외교상의 중대 이익을 다음과 같이 규정해 보고자 한다. '국가의 원수, 외교사절 또는 그 공관에 대한 범죄 행위 등 외교를 저해하는 범죄 행위에 의하여 형에 처해진 자로서 그 행위가 특히 일본국의 외교상의 중대한 이익을 해한 것으로 인정되는 자'로 하고자 한다.

이 대표: '국가의 원수, 외교사절 또는 그의 공관에 대한 범죄 행위'라는 표현은 명확하지만, '… 등의 외교를 저해하는 범죄 행위'는 막연한 표현이니 곤란하다.

나카무라: 우리로서는 외교 기밀의 절취 등 간첩행위 같은 것은 이에 포함하여 보고자 한다. 현행 일본법령에는 간첩행위를 처벌하는 규정이 없다. 그러나 간첩행위를 한 자까지 퇴거시키지 못한다는 것은 있을 수 없다.

야기: 표현이 문제라면 외교상의 중대 이익에 대하여 원칙만 대강 정하고, 자세한 것은 부속 문서에 정하던지, Spy에 대하여는 비밀 교환 공문에 표시하면 어떨는지?

쓰루타: 안보조약 때도 대국회 관계에 있어 비밀 교환 공문이 있냐고 추궁을 받은 일이 있었다. 그래서 이는 곤란하다.

0995   이 대표: 일본 측 설명을 들어보면 간첩행위를 규제하는 현행 법률도 없다는데, 구태여 이를 퇴거 강제 사유로 규정할 필요가 없을 것 같으며, Spy 관계는 여기서는 빼고, 그런 것은 입관령으로써 규제하도록 하면 되지 않겠느냐?

이케가미: 그러나 실제 간첩행위로 인하여 외교상의 중대 이익이 손상될 위험성이 있다. 외교상 중대 이익에 대하여는 당초 우리는 인정만으로 퇴거시키려 한 것이 한국 측이 굳이 반대하여 우리 선을 유죄판결의 선에까지 양보한 것이었다.

방 대표: 그렇다면 이 문제는 먼저 국교에 관한 죄, 그리고 일본 측이 아까 제시한 안에 있어 간첩행위까지 보는 정도로 우선 대립시켜 두고 더 이야기하자.

니이야: 구체적 표현은 일차 검토해 보도록 하자.

나카무라: 외교상 중대 이익은 현재는 예측할 수 없으나 금후에 나타날 것을 생각해서이다.

니이야: 예컨대, 주거침입으로 체포되어 조사 결과, Spy 행위가 있는 것 같은 사례가 있을 때 한국 측이 이를 받아들일 수 있을는지?

방 대표: 다음에 또 이야기하고, 다음 회의는 처우에 관한 안을 교환하도록 하자. 그리하여 양측에서 서로 검토하기로 하고, 오늘 회의는 이 정도로 끝맺자. 다음 회의는?

야기: 2월 5일(금) 14:30에 하자.

방 대표: 좋다.

26. 제7차 한일회담 제10차 법적지위위원회 회의 결과 보고 전문[95]

번호: JAW-02106

일시: 051616[1965. 2. 5]

수신인: 외무부 장관 귀하
발신인: 주일 대사

제10차 법적지위위원회 회의 보고

65. 2. 5, 14:30~15:30까지 가유회관에서 개최된 제10차 법적지위위원회의 회의 내용을 아래와 같이 보고함.

1. 퇴거 강제 사유 제4항에 관하여 토의를 계속한 결과 일본 측은 다음과 같은 수정안을 제시하였음.

"외국의 원수, 외교사절 또는 그외 공관에 대한 범죄 행위, 기타 국교에 관한 죄에 의하여 금고 이상의 형에 처해진 자로서 외교상의 중대한 이익을 저해하는 것으로 인정되는 자"

이에 대하여 아 측은 본국 정부에 청훈하여 아 측의 입장을 다음 회의 시에 밝히겠다고 말하였음.

2. 현재 대표단의 의견으로는 전기 1의 일본 측 수정안은 (1) 그 범위가 명확히 한정되었다는 점, (2) 금고 이상의 형에 처해진 자로 하여 재판소의 유죄판결이 나는 심사과정을 설정한 점, (3) 현재의 아 측 입장에 비하여 별로 불리한 점이 없을 뿐만 아

---

[95] 제10차 회의는 사료에 회의록이 누락되어 있음.

니라 일본 측으로서는 최대한으로 아 측 안에 접근하여 온 점으로 미루어 전기 일본 측 수정안을 수락함이 좋을 것으로 사료되는바, 이에 대한 본부의 의견을 다음 회의 시까지 회시하여 줄 것을 청훈합니다.

3. 이에 양측은 처우에 관한 협정안을 상호 교환하였음. 아 측은 외아북 722-234 유첨 2와 재산반출 및 송금에 관한 아 측 입장을 문서로 하여 수교하였음. 일본 측의 처우에 관한 부속 문서 및 아 측이 제시한 안은 금일 파우치 편으로 송부함.

4. 다음 회의는 65. 2. 9, 14:30에 개최하기로 하였음.(주일정-외아북)

수석대표

28. 법적지위 처우에 관한 양측 안 송부 공문

1000 주일정 722-34　　　　　　　　　　　　　　　　　　　1965. 2. 5

수신: 외무부 장관

제목: 법적지위 처우에 관한 양측안 송부

제7차 한일 전면회담 법적지위위원회 제10차 회의에서 양측이 교환한 '처우'에 관한 안을 별첨과 같이 송부합니다.

유첨: 1. '처우'에 관한 안(일본 측) 2부
　　　 2. '처우'에 관한 안(아 측) 1부
끝

　　　　　　　　　　　　　　　　　　　　　　　　　　　수석대표 김동조

첨부

28-1. 법적지위 처우에 관한 일본 측 부속 문서 안(제10차 회의 시 제시)

(討議用資料)

(昭和四〇・二・五)

附属文書の骨子(案) (処遇に関する部分)

次の趣旨を合意議事録にとどめることにする.

一. 教育

日本国政府は, 協定第二条の規定に基づいて永住の許可を受けた大韓民国国民で引き続き日本国に在留するものが日本国の公立の小学校および中学校への入学を希望する場合には, 原則としてその入学が認められるよう措置する用意がある.

二. 生活保護

(1) 日本国政府は, 協定第二条の規定に基づいて永住の許可を受けた大韓民国国民で引き続き日本国に在留するものに対し, 生活保護に関する日本国法令に規定すると同様の利益を引き続き当分の間享受させる用意がある.

(2) 大韓民国政府は, 在日韓国人の生活を安定させ, 貧困者を救済するためできる限りの措置を講ずる用意がある.

三. 持帰り財産

協定第一条に掲げる者で永住の目的で大韓民国に帰還するものに対しては,

(1) その所有する携帯品, 引越荷物及び職業用具の携行が認められる. ただし, 麻薬, 火薬類, 風俗を害するおそれのある文書, 国宝等いわゆる輸出禁制品についてはこの限りではない.

(2) その所有する資金について一世帯当り百八十万円までを携行することが認められ, 百八十万円を超えるものについては日本国法令の認める範囲内で追って送金することが認められる.

[번역] (토의용 자료)

(1965. 2. 5)

부속 문서 골격(안) (처우에 관한 부분)

다음 취지를 합의의사록에 남기기로 한다.

1. 교육

일본국 정부는 협정 제2조의 규정에 따라 영주 허가를 받은 대한민국 국민으로서 계속 일본국에 재류하는 자가 일본국의 공립 초등학교 및 중학교에 입학을 희망하는 경우에는 원칙적으로 그 입학을 인정할 수 있도록 조치할 준비가 되어있다.

2. 생활보호

(1) 일본국 정부는 협정 제2조의 규정에 따라 영주 허가를 받은 대한민국 국민으로서 계속 일본국에 재류하는 자에 대하여 생활보호에 관한 일본국 법령에 규정된 것과 같은 혜택을 당분간 계속 누릴 수 있도록 할 용의가 있다.

(2) 대한민국 정부는 재일한국인의 생활을 안정시키고 빈곤자를 구제하기 위해 가능한 모든 조치를 취할 용의가 있다.

3. 반출재산

협정 제1조에 열거된 자로서 영주할 목적으로 대한민국에 귀국하는 자에 대하여는

(1) 그 소유하는 휴대품, 이삿짐 및 직업 용구의 휴대가 허용된다. 다만, 마약, 화약류, 풍속을 해칠 우려가 있는 문서, 국보 등 이른바 수출금지품에 대해서는 그러하지 아니하다.

(2) 그 소유하는 자금에 대해 1가구당 180만 엔까지 휴대가 허용되며, 180만 엔을 초과하는 것에 대해서는 일본국 법령이 인정하는 범위 내에서 추후 송금하는 것이 허용된다.

첨부

28-2. 법적지위 처우에 관한 한국 측 안(제10차 회의 시 제시)

일본국에 거주하는 대한민국 국민의 법적지위와 처우에 관한 협정(안)

1965. 2. 5

제6조

본 협정에 의하여 일본국에 영주하는 자는 권리 자체의 성질상 일본 국민에게만 허용되는 권력을 제외하고는 일본 국민과 동등한 처우를 받는다.

제7조

1. 본 협정에 의하여 일본국에 영주하는 자는 일본 국민과 동등하게 의무교육을 받을 수 있다.

2. 본조 제1항의 규정에 의하여 의무교육을 받은 자가 상급학교에 진학함에 있어서는 일본 국민과 균등한 기회가 부여된다.

3. 본 협정에 의하여 일본국에 영주하는 자가 설립하는 사립학교로서 대한민국 정부의 지정을 받는 경우에는 동 학교 수료자에 대하여 일본국 정부는 상급학교 진학에 있어서 외국에서의 동급의 학교 수료자와 동등한 자격을 인정하기로 한다.

제8조

1. 본 협정에 의하여 일본국에 영주하는 자는 일본 국민과 동등한 사회보장의 혜택을 받을 수 있다.

2. 본 협정에 의하여 일본국에 영주하는 자 중 극빈자는 당분간 '생활보호법'의 적용을 계속하여 받을 수 있다.

제9조

1. 본 협정에 의하여 일본국에 영주하는 자가 대한민국으로 영주할 목적으로 귀국할 때에는 그의 모든 재산을 과세 없이 반출할 수 있다.

2. 본조 제1항에 규정된 귀국자의 재산반출 및 송금의 구체적 방법에 관하여는 별도로 양국 정부가 협의하여 정한다.

영주귀국자의 재산반출 및 송금

1965. 2. 5

1. 휴대품, 직업 용구, 이삿짐은 전부 제한 없이 반출한다.

2. 전기 1. 이외의 재산은 금지품을 제외하고 일본 정부에 수출 허가를 신청하여 반출하도록 하되 수출 허가는 자동적으로 부여되도록 한다.

3. 최초 송금액은 1세대당 미화 10,000불로 한다.

4. 1) 최초 송금액을 초과하는 금액은 한국은행 도쿄지점에 특수계정을 설정하여 예치하고

　가) 일본 국내 비용 및 일본국으로부터의 수입 투자대금의 결제에 사용할 수 있으며

　나) 일본국 관계 법령의 범위 내에서 송금을 보장한다.

2) 처분이 안 되어 일본국에 남겨놓고 오는 재산(유체, 무체의 재산을 포함)은 하시라도 처분하였을 시에는 전기 1)의 적용을 받도록 하며 처분하기 전에 발생하는 과실의 송금은 보장한다.

29. 법적지위 퇴거 강제 사유 관련 훈령 전문

번호: WJA-02118

일시: 091035[1965. 2. 9]

수신인: 주일 대사

대: JAW-02106

대호 청훈 건에 관하여는 일본 측 수정안인 "외국의 원수, 외교사절 또는 그의 공관에 대한 범죄 행위, 기타 국교에 관한 죄에 의하여 금고 이상의 형에 처해진 자로서 외교상의 중대한 이익을 저해하는 것으로 인정되는 자"로 할 것을 원칙적으로 양승하는 바, "단, 집행유예의 언도를 받은 자는 제외한다"는 규정을 첨가토록 하시기 바람.(외아북)

장관

31. 제7차 한일회담 법적지위위원회 제11차 회의 회의록

1011   제7차 한일 전면회담 법적지위위원회 제11차 회의록

1. 일시: 1965. 2. 9, 14:30~17:00
2. 장소: 가유회관
3. 참석자: 한국 측: 방희   대표
              이경호   ″
              오재희   조약과장
              최광수   정무과장
              권태웅   전문위원
              안세훈   보좌
     일본 측: 야기   입관국장
              니이야   민사국장
              나카무라 입관국 차장
              가유미   민사국 제5과장
              스가노마 입관국 총무과장
              이케가미 입관국 참사관
              다니구치 조약과 사무관
              하마모토 법규과 사무관
              쓰루타   북동아과 사무관

1012   4. 토의 내용

야기: 퇴거 강제 사유 중 넷째 항목인 외교상의 중대 이익에 관하여 과반 회의에서 니이야 국장이 "외국의 원수, 외교사절 또는 그 공관에 대한 범죄 행위 또는 국교에 관한 죄에 의하여 금고 이상의 형에 처해진 자로서 그 행위가 특히 일본국의 외교상의 중대한 이익을 해하는 것으로 인정되는 자"로 표현한다고 제시한 것으로 알고 있는데,

후단의 '… 그 행위가 특히 일본국의 외교상의 중대한 이익을 해하는 것으로 인정되는 자'란 문구를 삭제하여 상기와 같은 범죄 행위가 있어 유죄판결을 받으면 퇴거시키도록 하였으면 한다. 일본에 대한 외교상 중대 이익을 손상한 범죄 행위는 유죄판결로 규정되어야지, 새삼 행정권이 인정한다는 것은 애매한 점이 있다. 또한 그러한 범죄 행위가 있어도 그것이 일본의 외교상의 중대 이익을 침해하였는지의 여부가 판결문에 표시되지 아니하는 난점이 있다. 법무대신이 외교상의 중대 이익을 침해하였는지를 인정하는 기준도 불명백하다.

이 대표: 지난번 회합 후, 니이야 국장이 본인에게 일부러 전화를 걸어 설명하는 것을 들어 일본 측의 입장도 알고 있다. 지금 야기 국장의 말을 들으니, 첫째, 외교상 중대 이익을 침해하는 퇴거 강제 사유에 관하여 위에서 말한 범죄 행위에 대한 판결에 있어, 판결문만을 보아서는 그 이유를 알 수 없다는 것에 대하여는 판결의 전 취지를 종합하여 보게 되니 걱정할 필요가 없고, 둘째, 법무대신이 인정하기 곤란하다 하나, 여사한 범죄 행위 중에서 특히 일본국의 중대한 외교상의 이익을 침해한 것만 선택하여 인정하는 것이니 걱정할 필요가 없다고 본다. 일본 측이 그와 같은 범죄 행위로 "그 행위가 특히 일본국의 외교상의 중대한 이익을 해하는 것으로 인정되는 자"를 삭제한다면, 단순한 범죄 행위(업무상 과실, 상해나 단순한 절도)를 한 자도 당연히 퇴거당하게 되어, 일본의 외교상의 중대한 이익을 침해하지 아니하면서 퇴거당하게 되는 모순이 생긴다. 범죄 행위로 보아서 그 형이 무거워도 외교상 아무러한 의의가 없는 것도 있고, 반면 형으로 보아서는 가벼운 것도 외교상 이익으로 보아 중대한 경우가 있을 것이다. 그러니 지난번 회의에서 합의된 대로 정하고, 후단을 삭제하지 아니하기로 하자.

야기: 그러나 우리로서 생각할 때에는 판결에 있어서 시간이 걸린다. 이에 대하여 외무성과도 협의했는데 강경한 입장이다.

이 대표: 우리 생각도 재일한인이 일본에 대하여 외교상 중대한 이익을 손상시켰다면 당연 퇴거되어야 한다고 본다. 그러나 서로가 납득할 수 있는 논리와 기준으로 퇴거되어야 한다. 현재 일본 입관령에도 퇴거에 있어 법무대신이 인정하게 되어 있지 않느냐? 니이야 국장이 말한 것이 우리로 볼 때에도 논리적으로 타당하다고 본다.

방 대표: 외무성 측이 강경론이라면, 그 이유를 구체적으로 설명해 달라.

야기: 외교상의 중대 이익에 대하여 최초의 안을 냈을 때로 돌아가서 말해보면 어떻

겠느냐?

방 대표: 우리도 일본 측 입장을 이해한다. 그러나 '인정'을 삭제해야 될 합리적인 이유를 설명해 달라는 것이다.

니이야: 우리로서 국내 사정도 있다. 퇴거 강제 사유에 있어 내란, 외환죄 등 모두가 형기로 구별되고 있는데, 외교상 중대 이익에 대하여 그 판결이란 Screen에 법무대신의 인정이란 것이 가중되어 우리가 퇴거하고자 하는 대상이 시간적으로 너무 오래 걸리는 문제가 있다.

이 대표: 그렇기 때문에 당초 우리는 공동위원회 같은 것을 설치하고 협의하자고 한 것이 아니었는가?

야기: 외교상 중대 이익에 대하여 형기로 끊는 문제도 생각할 수 있지 않을까?

이케가미: 그렇게 되면 한국 측 주장과 동일해진다. 한국 측이 국교의 죄로 2년 이상의 형기를 주장했었다. 그러면 외교상 중대 이익에 대하여 공관에 대한 범죄 행위는 형기 몇 년 이상, 딴 것은 금고 이상으로 하는 것도 하나의 해결 방법이다.

이 대표: 우리로서는 과반 회의 후 니이야 국장이 이야기한 내용대로 본부에 청훈하였던바, 훈령이 왔는데 대개 좋다는 내용이었고, 집행유예의 언도를 받은 자를 제외하라는 훈령이었다. 그런데 이제 일본 측이 번안하여 전단은 두고, 후단을 삭제하자고 나온다면, 우리로서는 대단히 입장이 곤란하다. 그러나 전단의 형기를 높여 형기로 끊어서 논의하자면, 우리도 참고로 하겠다. 몇 년으로 끊으면 좋다고 생각하느냐?

야기: 이 문제에 대하여 외무성과 일차 더 협의해 보겠다.

나카무라: 외교상 중대 이익의 손상에 대하여는 관계 대신의 인정에 맡기도록 하자.

다니구치: 그러나 동일한 사건이 주무대신의 인정 여하에 따라서는 달라질 수도 있어 동일성의 문제가 있지 않겠는가?

이 대표: 조약이나 법률의 제정에 있어서는 시행 후에 법 적용이 여러 가지로 달라지는 것을 예상해야 되는 것이다. 우리로 볼 때는 이 문제는, 예컨대 절도라도 단순한 절도와, 외교상 중대한 이익을 해치는 절도로 볼 수 있듯이, 외교상 중대 이익을 해쳤나, 안 했나 하는 것을 판결을 받도록 하고, 그 위에 일본 측의 주무대신에 의해 인정하는 것이니, 일본이 걱정할 필요는 없다고 본다.

이케가미: 종래에 비한다면 한국 측의 생각이 크게 진전된 것이다. 최초에는 외교상

1015 중대 이익의 존재 여부의 인정을 양측서 하자고 주장했었는데, 이제 유죄판결이 있은 연후에, 인정은 일본 측에 맡긴다는 것이니 큰 진전이라 보아야 할 것이다.

야기: 우리로 볼 때는 상호 논의한 당사자이므로 이해가 되나, 장래 이 규정을 운영할 당사자를 고려할 때는 명백히 할 것은 해야 한다.

이 대표: 그러니 일정 형기 이상으로 보던지, 주무대신의 인정을 두던지, 이자택일 하는 방법으로 고려해보자. 그러나 이 항목이 외교상의 중대한 이익을 침해하는 자를 퇴거시키는 것임을 생각할 때에는, 지난번 회의에서 정한 대로 하는 것이 합리적일 것이다.

다니구치: 이것은 일반법에 대한 특별법 제정이나 마찬가지이니, 객관적 판단 기준이 있어야 될 것이다.

이케가미: 그러면 외교상 중대 이익에 대하여는 이 정도로 논의하고 처우에 대하여 이야기하자.

이 대표: 다음 회의 때까지 이 문제에 대한 일본 측의 회답을 바란다.

이케가미: 한국 측 안을 보니 6조에서는 원칙을 표시하고, 7조 이하는 중복된 규정 같이 보인다.

이 대표: 중복되는 규정도 있으나, 7조 이하는 중요하다고 본 것을 예시한 것이다.

이케가미: 6조는 협정 본문에, 그 이하는 합의의사록에 규정하면 어떻겠는가?

이 대표: 그것도 하나의 방법이다.

권 위원: 6조는 원칙을 제시하고, 9조는 재산반출 및 송금의 원칙을 제시한 것이니, 6조, 9조만 협정 본문에 표시해도 될 것이다.

이케가미: 그렇게 해도 좋다. 그런데, 한국 측 안 6조의 '… 권리 자체의 성질상…' 이란 것은 실정법적인 것을 의미하는지? 자연법적인 의미로 보는 것인지?

이 대표: 우리 생각은 실정법 또는 국제관례상 일반적으로 외국인에 허용 안 되는 것을 빼고, 그 외는 적용토록 해달라는 것이다. 즉, 참정권 이외에도 광업소유권, 선박 소유권, 수로 안내권 등을 제외하고는 일률적으로 일본 국민과 동일한 처우를 해달라는 것이다.

1016 야기: 한국 측 안 7, 8, 9조가 규정되면, 6조는 불필요하지 않느냐?

이 대표: 그렇지 않다. 원칙을 천명해야 되니 6조는 규정해야 할 것이다. 또한 현재

재일한인의 부동산 매매에 대하여는 주무대신의 허가가 필요 없는데, 협정이 되면, 통상 재산의 매매에 대한 허가를 받도록 된다고 허위 선전을 하여 회담을 방해하는 자들이 있으니, 이런 것도 별도로 규정하거나, 6조로 가지고 해결해야 한다.

다니구치: 협정의 기술적 문제로서 최혜국 대우로 규정하면 되지 않을는지?

최 위원: 우호통상항해조약으로 하여 최혜국 규정을 삽입한다는 일본 측의 생각이 일리는 있으나, 재일한인은 특수한 입장에 있어 내국민 대우가 안 되면 불안감을 준다. 당초 4차 회담에서 우리는 이에 대하여 National Treatment Except Franchise 였었다.

나카무라: 한국 측 안 6조에서 말하는 권리가 여러 가지 있을 것인데, 한국 측에서 주장하는 것을 구체적으로 제시한다면, 검토하여 6조와 같은 일반규정을 두도록 할 용의가 있다.

이케가미: 현재도 빈곤자에 대한 생활보호와 교육 문제는 일반 외국인에게 부여되지 않는다는 것이 입법의 근본 취지이다.

니이야: 한국 측이 주장하는 것이나, 우리 입장이나 더 검토하여 표현을 잘하면 된다.

이케가미: 한국 측 안 제7조 1항의 '…동등하게 의무교육의…'의 '동등'함이란 무엇을 의미하는지?

이 대표: 일반 일본인처럼 교육의 기회균등을 갖도록 보장해달라는 것으로 꼭 그렇게 표현 안 해도 내용이 통하면 되는 것이다.

이케가미: 한국 측 안 제7조 2항은 무의미하다고 본다. 제7조 3항의 '지정'은 무엇을 의미하는지?

이 대표: 표현은 어쨌든, 그런 취지라는 것이니, 추후에 상호 검토하여 표현을 고칠 것은 고치도록 하자. 제7조 3항의 '지정'이란, 인가가 국내에 한한 뜻으로 쓰여, '지정'이라고 표현한 것으로, 대한민국 정부가 지정한 학교에 대하여 진학 자격을 인정해 달라는 것이다.

니이야: 교육 문제에 대하여는 문부성과 논의해 보았는지?

이케가미: 어느 정도 이야기하였다. 그러나 근본적으로 문부성은 일본 국내의 학교 체계를 문란하는 학교 설립 인가는 안 된다는 것이다.

니이야: 일본 정부와 한국 정부가 협의하여 인가하는 한인계 학교는 괜찮을 것 아닌가?

이 대표: 좋다. 그것도 하나의 방법이 될 것이다. 한국학원은 각종 학교로 취급되고 있다.

니이야: 일본법령에 의거하여 설립한 학교법인에 의한 학교는 괜찮은 것 아닌가?

최 위원: 우리의 주장은 종래 학교 설립에 있어서 일본 정부의 인가를 받고자 한 것인데, 일본 정부가 문교 정책상 학교 체계를 문란시킨다고 반대하기에 이르러 우리 정부가 지정한 학교 수료자에 대하여 상급학교 진학에 있어서 일본 정부가 동급학교 수료자와 같이 학력 인정을 해달라는 것으로 태도가 변경된 것이다. 종래에는 일본 측이 Case by Case의 입장을 취해 왔던 것이다.

야기: 한국학원의 이수 과정은 어떤지?

이 대표: 모두 일본의 일반 동급학교와 동일한 내용이다. 다만 한국어와 한국 역사를 더 배울 뿐이다.

이케가미: 대개 취지는 알겠으니 일차 검토해 보겠다. 어느 나라나, 외국 학교의 설립을 인정 안 하고 있다. 그리고 한국 측 안 제8조 2하의 생활보호는 "… 생활보호법의 적용을 계속하여 받을 수 있다."를 "… 생활보호를 계속하여 받을 수 있다…"로 표현하도록 하자.

이 대표: 좋도록 하자.

이케가미: 한국 측 안 제8조 1항의 '사회보장'은 무엇을 의미하는지?

이 대표: 우리로서는 우리 교포가 일본에서 세금을 납부하고 있으니 일본 국민과 동일하게 사회보장 입법의 적용을 받게 해달라는 것이다.

이케가미: 국민건강보험, 연금법, 모자보호법 등에 정해진 것을 제외하고는 재일한인들에게도 적용되고 있다. 그러니, 한국 측 안에서 말하는 '사회보장'이란 구체적으로 어떤 것인지? 열거해 주기 바란다.

이 대표: 우리도 구체적인 것을 제시하겠다. 그리고 일본 측 안 생활보호 (2)항에 "대한민국 정부는… 조치를 강구할 용의를 가진다"는 삭제하도록 하자.

방 대표: 다음 회의 시에 '외교상 중대 이익'에 대하여 결론을 내리고, 처우에 대하여 정리하게 될는지?

야기: 그렇게 되리라 본다.

이케가미: 그러나 '사회보장' 문제는 각 시, 정, 촌에서 조례로 정하게 되어 있어 일률적으로 정하기 어렵다

최 위원: 사회보장 문제는 우리로서 중요하니, 일본인과 동등한 대우를 해주길 바란다. 우리 생각으로서는 일본인에게만 적용되는 '사회보장' 내용을 이야기해주면 검토에 있어서 상호 도움이 된다고 본다. 우리 안 7, 8, 9조에 대하여도 예시적인 이야기가 진전되면 6조의 원칙도 이에 따라 규정될 수 있다.

이케가미: 검토해 보겠다.

이 대표: 그러면 일본 측에서 외국인에게 적용하기 곤란한 것을 제시하고, 우리도 우리가 희망하는 제도를 열거하여 쌍방에서 접근해 가면 진전되리라 본다.

이케가미: 좋다. 그렇게 하자. 그런데, 사회보장의 적용을 첫째, 지방자치단체의 조례, 둘째, 강제가입제, 셋째, 가입금이 필요한 이 3 조건이 있어 여의치는 않다.

이 대표: 지방자치단체에 대하여는 협정에 규정되면, 위반사항이 있을 때 제재하면 되지 않느냐?

야기: 다음 회의는 12일(금)에 하고, 내주에 다시 할 것인가?

방 대표: 일본 외상 방한으로 일본 측 준비가 어떨지?

이케가미: 우선 금주 금요일에 하고, 그때 가서 협의하자.

나카무라: 다음에는 딴 것도 이야기하자. 영주권이나, 신청 기간 등…

이케가미: 이미 모두 합의되어 있다.

이 대표: 자손의 퇴거 강제 사유, 영주권 부여 범위에 대하여 논의하자.

이케가미: 좋다.

쓰루타: 신문 발표는?

이 대표: 처우에 관하여 상호 의견 교환했다 하자.

이케가미: 좋다.

33. 제7차 한일회담 법적지위위원회 제12차 회의 회의록

1022   제7차 한일 전면회담 법적지위위원회 제12차 회의록

1. 일시: 1965. 2. 12, 10:30~12:30
2. 장소: 가유회관
3. 참석자: 한국 측: 방희   대표
             이경호   〃
             오재희   조약과장
             이경훈   전문위원
             권태웅   〃
             안세훈   보좌
         일본 측: 야기   입관국장
             나카무라   입관국 차장
             가유미   민사국 제5과장
             이케가미   입관국 참사관
             다니구치   조약과 사무관
             하마모토   법규과 사무관
             쓰루타   북동아과 사무관

4. 토의 내용

야기: 퇴거 강제 사항 중 제4항목의 외교상의 중대 이익을 침해하는 경우에 대하여는 과반 회의 시까지 누차 논의되었으나 결론이 나지 않아, 우리도 내부적으로 재검토하였으나 그래도 내부적으로 결론이 나지 못하였다. 서로 입장이 같고 내부적으로는 얘기하면 알겠는데, 표현이 문제이니, 일응 이 정도로 이야기하기로 하고, 이 문제는 최후 단계에 가서 논의하면 어떨까 한다.

이 대표: 상호 간에 이야기하여 이미 합의한 점은 합리적인 합의라고 보는데, 그것

을 확인하지 않고 이를 최후 단계로 미루는 것은 불가하니 결정을 짓는 것이 좋겠다.

방 대표: 이 문제를 수석대표 간 회의에까지 가져가기도 그렇고… 좀 더 검토해 보도록 하자.

야기: 퇴거 강제 사유 중 여타 3개의 것을 제외하고, 이 항목은 정치적으로 탄력성 있게 해결하여야 할 문제인데, 외교상 중대 이익에 대하여 너무 제한적으로 규정한다는 것은 불합리하다고 본다.

이 대표: 과반 회의에서 이 문제에 대하여는 외국의 원수, 외교사절 또는 그 공관에 대한 범죄 행위 또는 국교에 관한 범죄로 금고 이상의 형에 처해진 자에 대하여 일본 정부가 '외교상 중대한 이익이 침해되었는지의 인정'을 하든가, 또는 후단의 부분을 삭제하는 경우에는 전단의 형량을 가중하든가 하는 2자 택 1을 하라고 일본 측에게 요청하였던 것이다. 그러나 우리의 생각으로는 여사한 범죄 행위 중에는 단순한 절도, 업무상 과실치상 등의 외교상의 중대 이익과 관계없는 사항이 포함되어 있으므로, 형기로 끊어서 일정한 형량 이상을 받은 자를 퇴거시키는 것은 불합리하다고 볼 수 있으니, 역시 일본 정부가 외교상의 중대 이익의 침해된 여부를 인정 하는 것이 합리적일 것 같다. 이 문제에 대하여 일본 측에서 곤란하게 생각한다면 무엇이 그리 곤란한지 설명해 달라.

야기: 금일 오후의 수석대표 간 회합에서 이 문제를 논의해 보도록 하는 것은 어떨까?

방 대표: 금일 수석대표 간 회합에서 논의하자면 서로 그 이유가 확실해 가지고 올려야 하지 않겠는가?

하마모토: 한국 측이 염려하듯이 공관에 대한 범죄 행위로서 단순 절도도 있을 수 있다. 그러나 이 문제에 관하여 한국 측에는 납득할 만한 객관적 판단기준을 규정한다는 것은 힘들다. 우리의 입장은 현행 입관령에서와 같이 장래 이 협정의 운영에 지장을 주지 않을 정도로 탄력적인 규정을 두어야 하고, 단순 절도 같은 것은 실지 운용에 있어서 정상을 참작하게 될 것이라고 본다.

이 대표: 우리 서로가 말하는 목표는 동일하니, 단순한 절도나 업무상 과실 상해 등은 '외교상 중대 이익을 침해'하지 않는다고 명백히 규정되도록 해야 할 것이다.

야기: 이 문제에 대하여는 최초에 논의하게 된 선으로 돌아가 '일본국의 중대한 외교상의 이익을 침해한 자'라고 하도록 하자.

이 대표: 우리도 그렇다면 종전의 우리 주장대로 국교에 관한 죄로 2년 이상의 유죄를 언도받은 자로 보아야 한다고 주장하지 않을 수 없다.

나카무라: 협정 조문만 보아도 단순한 것은 포함되지 않는다는 것을 알 수 있지 않겠느냐?

이 대표: 그렇게 생각할 수 없다. 외교상 중대 이익을 침해한 여부에 대한 인정을 일본이 하든지 또는 예를 들면 공관에 대한 범죄 행위 중 외교상의 이익을 침해하는 범죄 행위와 그렇지 않은 범죄 행위를 구별하여 자세히 한정하든지 또는 아예 공관에 대한 범죄 행위가 불분명한 개념이니 삭제하든지 하자. 즉 형법 법규처럼 명확히 규정하기 전에는 우리로서는 받을 수 없다.

이케가미: 우리도 이에 대하여는 한정해야 한다고는 본다.

방 대표: 오늘 수석대표 간 회합에 이 문제를 제기해 본다 해도 오늘은 주로 기본관계위원회 문제를 상정케 되리라 보는데, 어떻게 한정을 하는 표현을 할 것인지 외무성 측서 말해보라.

다니구치: 외무성 측으로서는 의의를 한정해보는 데는 원칙적으로 이의 없다.

야기: 최초의 논의한 선에 가서 보면 어떻겠느냐?

이 대표: 그것은 회담에 있어서 합의하자고 전진해 나가는 것이 아니고, 합의가 안 되도록 후퇴하자는 것이 아닌가? 외교상의 이익을 침해하는 범죄 행위를 대체로 결정해놓고, 그중에서 외교상의 중대 이익을 침해하는 것이 아닌 행위만 삭제하기로 하여, 양측 의견이 접근해온 것이 있었던 것을 다시 상기해보라.

다니구치: 외교상의 중대 이익을 침해하는 범죄 행위를 한 자를 퇴거시키자는 원칙은 같으면서도 견해의 차이가 있다.

이 대표: 같은 외국 공관에 대한 범죄 행위라도, 외교상의 중대한 이익을 침해하는 것과 단순한 절도 행위로 그치는 것이 있으니, 이 인정을 일본 측이 하는 것인데, 이를 곤란하다니 우리가 도리어 이해 못하겠다. 본인이 3년간 본 위원회에 나와 보아도 이렇게 이해키 어려운 때는 처음이다. 문제는 명백하다. 외교상 중대한 이익을 침해하였는지 여부의 인정을 일본 측이 독자적으로 하는 것이 아닌가?

야기: 그러니 최초에 논의한 선으로 돌아가자.

이 대표: 일본 측은 되풀이하여 최초의 선으로 돌아가자 하나, 그러면 우리는 국교

의 죄의 선으로 돌아가며, 회담을 깨는 것과 마찬가지다.

야기: 이 문제만 추후 결정하도록 하자. 우리도 1차 생각해 보겠다.

이케가미: 협정 본문에는 '일한 양국의 외교상의 이익을 침해하는 행위'를 한 자를 퇴거시킨다고 하고, 지금 논의된 퇴거 강제 사유는 전부 부속 문서에 규정하면 어떤가?

이 대표: 현재 협정 본문에 넣기로 한 퇴거 강제 사유를 부속 문서에 넣고, 본문에는 간단히 "한일 양국의 외교상의 이익을 침해하는 자를 퇴거시킨다"고 규정하자는 제의에는 원칙적으로 이의가 없다. 그러나 그 원칙에 따라 퇴거시킬 자를 결정하는 사항, 즉 부속 문서에 규정할 사항 중에서, (1) 내지 (3)까지는 이미 합의되었으나, (4)를 어떻게 하자는 것인가? 이를 어떻게 하자는 문제가 결정되어야 하지 그렇지 않으면 이 문제는 그것으로 해결될 수 없지 않은가?

방 대표: 외교상 중대 이익에 대하여는 현재 쌍방의 입장이 평행선으로 달리고 있다. 민단에서도 금반 개최된 중앙위원회에서 법적지위에 대하여 상당한 관심을 경주하고 있었다. 외교상 중대 이익에 대하여도 물론 반대하는 입장이다. 그러니 이 문제에 대하여 자꾸 오래 끌 것이 아니라 오늘 논의하여 한정적인 표현을 붙이도록 하여 결말을 내자. 그리고 오늘은 협정 발효 5년 이후에 태어날 협정영주권자의 자손의 영주권의 범위에 관하여 논의하자.

야기: 그러나 외교상 중대 이익에 대하여 충분히 논의했으되, 결론이 안 났으니 더 이야기하자.

이케가미: 하기는 이 문제를 수석대표 간 회합에까지 올릴 필요는 없고 이 회합에서 결정짓도록 하자.

방 대표: 3차 회합에 걸쳐서 논의해도 결론이 안 나오니 시간 소비 아닌가?

이케가미: 좀 더 냉각기간을 두고 상호 검토하자.

다니구치: 우리도 일차 내부적으로 여태까지의 회합의 경위를 정리 검토해 보겠다.

야기: 회담의 최종기에 논의하도록 하자.

이 대표: 그것은 곤란하다.

방 대표: 퇴거 사유에 대하여는 그러면 오늘은 이 정도로 이야기하고, 협정 발효 후 5년 이후에 태어날 협정영주권자의 자손의 영주권의 범위에 대하여 이야기하자.

야기: 협정영주권자의 자손에 대한 영주권의 부여 범위에 대한 우리의 기본적인 태

도는 "권리의 내용이 크면, 그 부여 범위가 좁아지고, 그 부여 범위가 넓어지면 권리의 내용은 적어진다"는 생각이다.

협정영주권자의 자손은 현재 태어나지도 않은 대상자들이다. 기왕에 협정 발효 후 5년 이내에 태어나는 자까지는 협정영주권을 부여하기로 하였다. 그러나 그 이후에 태어날 자들에 대하여는 어디서 끊느냐가 문제다. 한국 측은 그자가 성년에 달할 때까지는 계속하여 거주하되 그 이후는 그 때에 가서 양국 정부가 협의하자고 하고 있다. 그렇다면 금년에 협정이 되어도 협정 발효 후 5년은 1970년, 그때부터 또 20년 이후는 1990년경이 될 것이다. 1990년에 가서 협의한다는 것은 결정을 뒤로 미루어 곤란한 문제이니, 1990년에서 끊든지 어느 세대로 끊는 방법을 생각해 보자.

방 대표: 세대에서 끊자는 일본 측 주장의 진의는 자에서 끊고자 하는 것인가?

이케가미: 당초 본 위원회에서 논의의 대상이었던 것은, 전전부터 거주하는 재일한인이었다. 그렇던 것이 그 후에 출생한 한인의 처리 문제가 현실화되어 우리의 주장점이 전쟁 종료 선에서 일보 후퇴하여 협정 발효 5년까지로 양보되었는데, 협정 발효 5년 이후에 출생한 자에 대하여는 그자가 성년에 달할 때까지는 부모와 동등한 대우를 하고, 그가 성년에 달하면 영주권을 주되, 그 이후에 출생한 손까지 영주권을 주는 것은 도저히 안 될 말이다.

이 대표: 그러나 우리 입장도 고려해야 한다. 부모는 협정영주권을 부여받았는데 자식까지만 영주권이 부여되고, 손자 이후에는 영주권이 부여되지 않는다면, 손자 이후부터는 안심하고 거주할 수 없다는 불안정한 지위가 되니, 부모에게 준 영주권에 준하는 영주권을 손자 이후에도 주어야 한다. 작년 본 위원회에서 우리 측이 자자손손에 영주권을 부여하고, 퇴거 강제 사유도 협정영주권자의 경우를 준용하도록 하여야 한다 하여 오가와 국장이 크게 흥분한 일이 있었다. 우리도 자손의 퇴거 강제 사유에 대하여는 우리의 기왕 주장한 점도 수정할 용의가 있다. 만약 일본 측이 손자의 대에 가서 재일한인을 전부 추방하고자 하는 의사가 아니라면 재일한인이 안정감을 갖고 살 수 있도록 해주어야 할 것이 아닌가?

그러니 협정영주권자의 자라고만 1대에 한해볼 것이 아니라 우리 주장대로 직계비속에 대하여 영주권을 주되, 그들의 퇴거 강제 사유에 있어 서로 쌍방이 탄력성 있게 고려한다면 될 것이 아닌가?

방 대표: 협정영주권자의 직계비속에 대하여는 성년에 달할 때까지는 계속하여 거주하고 성년에 달한 후에 영주권을 신청하는 경우에는 일본 정부에 대한 정치적 파괴활동을 하지 않는 한 영주권이 부여되길 바란다.

나카무라: 한국 측 주장대로 한다면, 협정영주권자의 자의 지위는 협정영주권자와 일반 입관령상의 영주권자와의 중간에 놓이는 특수한 영주권이 부여되는 것이다. 비근한 예를 들면, 협정영주권은 1등, 일반영주권은 3등이라면 이는 2등이라 볼 수 있겠다.

야기: 그러면 그런 자의 자는 또 어떻게 되느냐?

이 대표: 그것은 물론 직계비속이니 당연히 중간의 영주권이 부여되어야 한다. 2등의 자도 2등의 대우를 받아야 할 것이 아닌가?

야기: 우리도 재일한인을 그냥 몰아내고자 하는 것은 아니다.

이 대표: 현재 회담을 반대하는 측에서는 이를 악선전의 재료로 삼아, 아비와 자식이 법적지위가 달라져 자식의 대에 대하여는 모두 몰아내게 된다고 악선전하고 있다. 그러니 이런데 편승되어 이용 안 당하도록 분명히 잘해주어야 한다고 본다.

이케가미: 그러나 우리로 볼 때는 대대 자손의 문제는 협정 발효 후, 새로 체결될 한일 간의 우호통상항해조약에서 규정될 문제로 본 위원회에서 논의할 성질이 아니라 본다.

이 대표: 손자 이후에게 영주권을 주는 것은 명목적으로 보아주면 되는 일이다. 실질적으로는 2, 3대가 가면 사정도 달라지고 하는 것이니 염려할 필요가 없다.

이케가미: 우리도 명목적으로나마 대내적으로 납득이 되어야 하니 피차 마찬가지다. 우리도 자손의 영주권에 대하여는 강경하나, 자의 퇴거 강제 사유는 탄력성 있게 고려할 수 있다. 예컨대, 입관령 제24조 중 마약범, 1년을 초과하는 형, 파괴활동법에 의한 범죄 등을 제외한 사소한 퇴거 강제 사유는 탄력성 있게 생각할 수 있다.

방 대표: 그러나 우리로서는 확실히 해두어야 할 것을 해두어야 한다고 본다. 직계비속인지 아닌지 명백히 해야 할 것이다. 다음 회의는 언제 하겠는가? 2월 19일(금) 14:30으로 일단 정하자. 그리하여 협정영주권자의 자에 대한 퇴거 강제 사유 등에 대하여 이야기하자.

나카무라: 좋다. 영주권의 부여 범위를 끊은 다음에, 그 범위 내에서의 퇴거 강제 사

유를 논의하자.

쓰루타: 신문 발표는?

이 대표: 퇴거 강제 사유 중 외교상 중대 이익에 관한 것과 협정영주권자의 자에 대하여 논의했다 하자.

이케가미: 좋다.

34. 재일한인 법적지위 문제 일본 측 협정안 관련 지시 전문

번호: WJA-02157

일시: 180915[1965. 2. 18]

수신인: 주일 대사

대: 주일정 722-43

대호 공문 '재일한인의 법적지위에 관한 일본 측 협정안의 검토'와 관련하여 다음과 같이 지시합니다.

1. 재일한인의 법적지위 문제에 관한 한국 측 협정안은 현재 본부에서 작성 중에 있는 바, 이것이 성안되는 대로 대호 공문 말미에 대표단에서 건의한 바와 같이 일본 측에 한국 측 대안으로서 제시할 위계임.

2. 따라서 법적지위 관계 회합에서는 일본 측 협정안에 대한 아 측의 질의 또는 의견을 제시하는 형식으로 토의를 진행시키기 바라며, 일본 측 안을 협정안 작성의 기초로 하는 것처럼 수정 또는 삭제를 제의하는 방식은 피하여 주시기 바람.(외아북)

장관

35. 법적지위에 관한 훈령 내부재가 문서

동북아과 선준영

과장[서명] 국장[서명] 차관[서명] 장관

기안년월일: 65. 2. 23

문서번호: 외아북 722-847

수신: 주일 대사

발신: 장관

제목: 법적지위에 관한 훈령

법적지위 문제 중 협정상의 영주권자의 자손에 관한 문제에 대하여는 외아북 722-766(65. 1. 23) 훈령으로 아 측 입장을 지시하였는바, 앞으로의 교섭에 있어서는 본 문제에 관하여 아래 지침에 따라 교섭할 것을 훈령함.

1. 협정상의 영주권자의 자손에 대한 영주권은 외아북 722-767(65. 1. 25) 별첨 4항 지시를 견지하면서 특정 시점을 설정함이 없이 자자손손에게 부여되도록 한다.
2. 협정상 영주권자의 자손의 퇴거 강제 사유에 관하여는 대표단이 JAW-01234(65. 1. 21)로 청훈했으며 본부가 외아북 722-766(65. 1. 23)로 훈령한 입장이 관철되도록 노력하고, 처우에 관하여는 협정상의 영주권자와 같은 처우가 되도록 노력하는바, 일본 측과 최종 단계에서까지 합의를 보지 못할 시에는 영주권은 상기 1항과 같이 하고, 퇴거 강제 사유 및 처우에 관하여는 일반 외국인보다 실질적으로 유리한 보장을 한다는 원칙을 협정문 또는 부속 문서에 규정하고 이 문제에 관하여는 양국 정부가 협정 성립 후에도 계속 절충한다는 합의를 행하는 방법으로 처리한다.

끝

37. 제7차 한일회담 법적지위위원회 제13차 회의 회의록

1036   제7차 한일 전면회담 법적지위위원회 제13차 회의록

1. 일시: 1965. 2. 23, 14:30~16:30
2. 장소: 가유회관
3. 참석자: 한국 측: 방희   대표
             이경호   〃
             최광수   전문위원
             권태웅   〃
             안세훈   보좌
        일본 측: 야기   입관국장
             니이야   민사국장
             나카무라 입관국 차장
             가유미   민사국 제5과장
             이케가미 입관국 참사관
             다니구치 조약과 사무관
             하마모토 법규과 사무관
             쓰루타   북동아과 사무관

4. 토의 내용

야기: 과반 회의에 계속하여 오늘 회의에서는 처우 문제를 논의할지?

이 대표: 퇴거 강제 사유 제4항목인 "외국의 원수, 외교사절 또는 그 공관에 대한 범죄행위와 국교에 관한 죄를 범하고 금고 이상의 형을 받은 자 중 일본국의 외교상 중대한 이익을 해한 자"를 퇴거시킨다고 일단 합의한 점에 대한 일본 측의 결론을 내었는가?

1037

야기: 그저 못 결정하였다. 좀 더 냉각 기간을 두고 최종 단계에 결정하도록 하자. 시간 절약을 위하여 합의에 도달하기 용이한 문제부터 이야기하여 진전시켜 나가자.

그런데, 처우에 있어서 한국 측 안의 제6조의 규정은 포괄적인 규정으로서 우리로서는 받아들이기 어렵다.

이 대표: 사회보장에 대하여는 과반 회의에서도 논의하였지만, 일본 측에서 도저히 재일한인에게는 적용할 수 없는 것을 구체적으로 열거하여 주면, 그것을 상호 검토하여 결정해 나가기로 하자.

이케가미: 우리로서 외국인에게 적용하기 곤란한 것을 열거하면, 1. 생활보호법, 2. 전상병자전몰자유가족보호법, 3. 모자복지법, 4. 미귀환자유수가족등원호법, 5. 국민연금법, 6. 국민건강보험법의 6가지인데 이중 생활보호법에 대하여는 이미 양측이 당분간 빈곤자에 대하여 생활보호를 하여준다고 합의되어 있고, 그 외의 것은 일본 국민에게만 적용되도록 규정되었거나 지방자치단체의 조례에 의거 규정하게 되었으므로 재일한인에게는 적용할 수가 없게 되어 있다.

이 대표: 국민건강보험법의 적용에 관하여 일본 측은 종시 시, 정, 촌의 조례에 의거하므로 곤란하다 하나, 국가가 이를 적용하도록 지도할 수 있지 않겠는가? 또 전상병자전몰자유가족원호법은 일본 국민으로서 제제2차 세계대전에 출전한 사람들에 대한 유가족원호법이니, 이를 재일한인이라 하여 적용 못한다면 이상하지 아니한가? 그럼 참고로 외국인에게 적용하고 있는 사회보장제도도 열거해 달라.

이케가미: 일반 외국인에게 적용되고 있는 것으로는 정신박약자복지법, 건강보험법, 노동자재해보상보험법, 선원보험법, 실업보험법, 후생연금보험법, 일고노동자건강보험법 등이 있다.

나카무라: 지금 열거한 사회보장의 적용이 외국인에게도 적용된다고 명문으로 규정되었느냐? 또한 민단계 사람들도 이를 알고 있는지?

이케가미: 입법의 근본 취지가 일본 국민에게만 적용한다하여 명시되지 않은 이상 일반 외국인에게도 적용된다.

이 대표: 우리 입장은 적용받을 수 없는 것을 꼭 적용하라는 것은 아니고, 일본 측이 재일한인에게 적용할 수 있는 것과, 적용하지 않는 것을 함께 이야기해 줄 때 상호 검토하여 잘해보자는 것이다.

나카무라: 재일한인 중에 전상자 같은 것은 있지 않을까?

이 대표: 그렇다. 전상병자전몰자유가족등원호법과 미귀환자유수가족등원호법은

당연히 적용되어야 한다. 일본을 위한 전쟁에서 전상을 당하였거나, 전사한 자가 있고, 증용 당하여 지금까지 생사를 모르는 사람이 허다하다.

이케가미: 이들에 대하여는 생활보호법으로 '생활보호'의 견지에서 구제해 주고 있다.

이 대표: 그러나 생활보호법의 적용과 전상 병자 전몰자나 미귀환자에 대한 관계 법 적용과는 내용상 다르지 않느냐?

야기: 전쟁상병자 같은 것은 봐주어야 할 것 아닌가?

가유미: 종래 전상병자로 일본인으로 귀화하여 혜택을 받은 예도 있다.

이케가미: 전상병자에 대하여 관계법을 적용하게 될 때에는 생활보호법의 적용은 없어진다.

야기: 혜택을 주도록 해야 할 것이다. 만약 이들에게 이 규정을 적용하게 된다면 법률을 개정해야 되지 않는지? 또한 청구권과의 관련은 어찌될지?

최 위원: 청구권 내용에는 지불되지 않은 급료, 전사자, 징용자에 대한 보상급여, 지불을 받았으되 가져가지 못한 것 등이 포함되므로 위에서 말한 범주의 사람에게는 일본 측이 계속해서 은전을 베풀어야 할 것이다. 이전에, 한국에 일단 돌아간 자는 몰라도 계속 일본에 체류하는 자로 앞으로 영주권을 받을 이러한 자에 대하여는 일본 측이 고려해야 할 것이다.

방 대표: 실지 이러한 사람으로서 진정해온 사람만도 16~17인 있다.

이케가미: 일차 관계 성의 관계자와 타협은 해보겠다.

최 위원: 5년 전엔가 화태(사할린섬)에서 송환되어 온 자 중에는 상당인이 한국인이란 말을 들었다.

이케가미: 그렇다. 하여간 한 번 후생성 관계자와 논의해 보겠다.

이 대표: 국민연금법의 적용 내용은 어떤가?

이케가미: 이것은 직장에 관계없이 매월 100원인가 낸 자로 65세엔가 달한 후 매월 1,000원가량 주는 것인데 너무 적다 하여 약 10,000원으로 올리려 하나 여타 보험과의 관계 및 국가 부담의 문제가 있어서 취급이 곤란하다. 실업보험도 홋카이도 냉해로 그 금액이 10여 배 증액되어야 할 처지라 한다.

이 대표: 일본에서 세금을 내면서 살고 있는 것이니 국민연금 정도는 보아주면 되지

않겠느냐?

이케가미: 이 문제는 정치적 절충으로 해결될 문제가 아닌가 한다.

야기: 한 번 관계 성과 이야기하여 정리해보자.

하마모토: 협정에 규정하면 장래에 있어서 그 시행을 약속하는 취지가 되니, 새로이 입법을 해야 하는 것도 있으며 제6조와 같은 포괄적인 것을 규정하는 것은 곤란하다.

니이야: 법률과 협정이 접촉하면 조약이 우선하지 않느냐? 규정할 것을 규정함이 좋지 않겠는가?

이 대표: 각국이 일률적은 아니다. 한국은 조약과 법규를 동일하게 국내법으로 취급하고, 영국은 조약에 규정하면 법률 개정의 의무를 정부가 부담한다고 해석하고 있다. 요컨대 협정에 규정하면 이에 저촉되는 법을 집행하는 의무가 생기게 되며, 조약이 법률에 우선하는 결과가 된다.

이케가미: 조약과 법률이 접촉할 때 그 효력에 있어 일본은 헌법에 동일한 것으로 되어 있어 조약에 따라 별도로 법률의 제정 또는 개정을 보지 않고 시행할 수 있는 것도 있다.

이 대표: 법률이 조약에 저촉되면, 그 저촉되는 부분은 무효가 되니, 시행은 나중 문제로 우선 우리가 주장하는 것으로 규정할 만한 것이면 규정하자는 것이다.

이케가미: 하여간 구체적으로 어떻게 열거할 것인가는 관계 성과 논의하여 보겠다.

이 대표: 일일이 열거하지 않아도 원칙만 정하면 된다. 사회보장을 위한 후생 입법은 어디까지나 경제적 약자를 살리자는 것이니 아주 안 될 것은 없다고 본다.

니이야: 그럼 관계 성과 협의해 보고 한국 측에 납득할 수 있도록 설명해주겠다.

방 대표: 기본 조약은 과반 시나 외상 방한 시 가조인까지 하였다. 어업 문제도 3월 초에 양국 농상회담이 열리게 되었다. 본 위원회에서도 문제의 논의에 Pitch를 올려 조급히 타결하게 되길 바란다. 다음 회의 때까지 각 성과 협의한 결과를 이야기해 줄 수 있겠는가?

이케가미: 국회 예산심의 관계로 각 성의 실무자 특히 과장급 이상이 국회에 나가고 있어 곤란하다.

방 대표: '외교상의 중대한 이익을 해한 자'에 대하여는 누차 협의했어도 결론이 안 나왔으니, 다음 24일 수석대표 간 회합에 올려 논의하면 어떻겠느냐?

야기: 좋다. 그렇게 하자. 다음으로 영주권의 부여 범위에 대하여 협정 발효 후 5년

까지에 태어난 자에 대하여 영주권을 부여한다는 것에 대하여 법무 차관에게 문의하였던바, 내부적으로 그런 합의를 한 기억이 없다고 대답하였다.

이 대표: 그것은 일본 측의 내부 문제이다. 그렇게 쌍방이 합의하였고 일본 측의 안에도 그렇게 명시되어 있다.

이케가미: 그러면 앞으로 재산반출 및 송금, 처우, 자의 영주권 문제를 논의하겠는가?

최 위원: 그렇다. 재산반출 및 송금 문제는 정리할 수 있다.

이케가미: 재산반출 및 송금 문제에 있어, 한국 측이 말하는 최초 송금액 외에 남는 돈에 대하여 한은 도쿄지점에 특수계정을 두는 문제는 곤란하다고 생각한다.

최 위원: 우리로서는 일본서 돈을 쓸 때 Transfer 되니, 그 운영에 있어 마찬가지라 본다.

이케가미: 재산반출 및 송금 문제에 대하여는 대장, 통산성과 일차 논의해 보겠다. 그런데 우리로서는 한국 측이 내국민 대우를 원하여 제6조와 제8조 1항과 같은 것은 포괄적인 규정을 두고자 하는데, 너무 포괄적이니 이를 빼고, 사회보장으로 재일한인에게 특별히 고려할 것을 열거하도록 하였으면 한다.

최 위원: 그러나 우리로서는 원칙을 중시하니 6조, 8조 1항 같은 것은 두어야 한다고 본다.

이케가미: 그러나 61년도인가 예비절충에서는 양측이 합의사항을 확인하였을 때 한국 측은 처우 문제로서는 '생활보호'만을 제기하였었다.

최 위원: 그렇지 않다. 그때까지 일응 합의 본 것이 생활보호뿐이었다. 그 후 많은 진전이 있었지 않느냐?

이 대표: 우리로서는 "재일한인이 사회적, 경제적 활동을 함에 있어 일본인에 비하여 차별대우를 받지 않는다"고 규정하자는 것이다.

방 대표: 다음 금요일(26일) 2:30에 하겠는가?

이케가미: 좋다.

쓰루타: 신문 발표는?

이 대표: 처우 중 사회보장 문제에 대하여 논의하고 회담을 급속히 진전시키도록 하자고 이야기하였다 하자.

야기: 좋다.

39. 제7차 한일회담 법적지위위원회 제14차 회의 회의록

1045   제7차 한일 전면회담 법적지위위원회 제14차 회의록

1. 일시: 1965. 2. 26, 14:30~16:30
2. 장소: 가유회관
3. 참석자: 한국 측: 방희   대표
              이경호   〃
              권일   고문
              오재희   조약과장
              권태웅   전문위원
              안세훈   보좌
       일본국: 야기   입관국장
              니이야   민사국장
              나카무라   입관국 차장
              가유미   민사국 제5과장
              이케가미   입관국 참사관
              다니구치   조약과 사무관
              사이키   법규과 사무관
              쓰루타   북동아과 사무관

1046   4. 토의 내용

    야기: 금반 외무성 측과 일련의 회합을 가졌었는데, '일본국의 외교상 중대한 이익을 저해'한다는 것에 대하여는 전반 회의에서 우리가 제안한 것 중에, 국교에 관한 죄는 현재 국기, 국장에 대한 모독죄 정도뿐이니 이에 대하여는 일본국의 중대한 외교상의 이익을 침해하는 여부를 다시 인정할 필요가 없으므로, 국교의 죄에 대하여는 금고 이상의 형을 받은 자는 퇴거시키도록 하고, 외국의 원수, 외교사절 또는 그 공관에

대한 범죄 행위에 대하여서만, '일본국의 중대한 외교상 이익을 저해한 자'인가를 행정권이 판단하게 하도록 하였으면 한다. 우리 생각으로는 더욱 국교의 죄를 퇴거 강제 사유 제4항과 따로 떼어 제1항에 추가하는 것이 어떨까 한다. 그리고 지난 수석대표 간 회합(2월 24일)에서 김 대사가 법적지위에 대하여 언급한 바를 정식 문서로 하여 제출하면 어떨까 한다.

이 대표: 지금 말한 일본 측의 제안 내용을 본국 정부에 보고하고 청훈을 하여 훈령에 따라야 수락 여부를 결정할 것이다. 그러나 우리로서는 첫째, 일본 측 생각과 같이 국교의 죄로 금고 이상의 형을 받은 자를 분리하여 이를 퇴거 강제 제1항에 추가하는 것은 불합리하다고 본다. 왜냐하면 역시 국교에 관한 죄는 외교상의 문제로 퇴거시키는 것이니, 이를 제4항에 넣어야 하고, '외교상의 중대한 이익이 저해'되었는지 여부의 인정이 논리상 필요하다고 보기 때문이다.

하여간 일본 측의 제안을 본국에 청훈하여 일차 검토하겠다. 일본 측 제안을 정리한다면 "외국의 원수, 외교사절 또는 그 공관에 대한 범죄 행위에 의하여 금고 이상의 형을 받은 자로서 일본국의 중대한 이익을 저해하는 것으로 인정되는 자 또는 국교에 관한 죄에 의하여 금고 이상의 형을 받은 자"로 될 것이다. 둘째, 김 대사가 이야기한 것에 대하여는 다음에 문서로써 자세히 제출하겠거니와, 그 취지는 다음과 같다. 여태까지의 회합에서는 양측이 전쟁 종료 이전부터 계속하여 일본에 거주한 재일한인과 그 직계비속으로서 본 협정 발효 이후 5년까지에 출생한 자로 일응 합의되어 있다. 이에 대하여 우리로서는 협정 발효 후 5년이 되는 그 이튿날부터 태어난 자에 대하여도 영주권을 부여하도록 하되 성년이 될 때까지는 부모와 동일한 대우를 하고, 그들이 성년에 달한 이후의 퇴거 강제 사유와 처우에 대하여는 협정 후 양국 정부가 계속하여 협의하도록 하자는 것이다.

이케가미: 여태까지 이야기한 것과는 매우 다른 내용이 되는데….

이 대표: 물론 그렇다.

이케가미: 비근한 예를 들면 여태까지 우리가 이야기해 온 대상은 색깔이 있었다면 즉, 우리가 서로 간에 합의한 협정영주권을 부여할 범위가 색깔이 붉었다면 이는 색깔이 하얗다는 이야기 같다.

야기: 만약 이러한 자에 대하여 영주권만 부여하고 그 퇴거 강제 사유와 처우에 대

하여 양국 정부가 협의를 하였으되, 합의되지 않을 때는 이들에게 영주권은 부여되지만 그 처우와 퇴거 강제 사유는 입관령상의 것이 되지 않겠느냐?

이 대표: 그렇다. 영주권은 1945. 8. 15 이전부터 일본국에 계속하여 거주하여 온 자와 그의 자손에게 일률적으로 부여한다. 그러나 협정 발효 후 5년까지에 출생한 자손까지에 영주권을 주는 문제는 완전히 합의가 되었고, 그들에 대한 퇴거 강제 사유와 처우도 합의가 되어 가고 있다. 그러나 협정 발효 후 5년 이후에 출생한 자에 대하여 자자손손 영주권을 주는 데 합의한다면, 그들에 대한 퇴거 강제 사유와 처우는 협정 발효 후에 다시 협의하여 결정하자는 것이, 한국 측의 신 제안의 줄거리이다. 그러므로 '협정 발효 후 5년 후에 출생한 자의 퇴거 강제 사유와 처우에 대한 협의'는 협정 발효 후에도 계속하여 할 것이지만, 그 자들이 성년에 달하는 최초의 날인 25년 후까지에 이 협의가 되지 아니한다면, 물론 일본 측이 지적하는 대로 그들에게 협정상의 처우와 퇴거 강제 사유가 적용되지 아니할 것이다. 그러나 우리는 협의하려고 노력해야 할 것이고 안 된다는 예상은 할 필요가 없다.

권 고문: 우리 민단으로서는 첫째 종전일을 기준으로 할 것이 아니고 샌프란시스코 강화조약을 기준으로 하여 그때부터 계속하여 일본국에 거주하는 한인에게 협정영주권을 주어야 한다고 주장 요구한다. 둘째로 그 자손은 부모의 영주권자로서의 지위를 상속 계승한다고 생각한다. 그러나 지금 한국 측 제안 내용이 일응 영주권을 부여는 한다 하되, 협정 발효 이후 5년이 된 익일부터 태어나는 자는 퇴거 강제와 처우가 확실해지지 않는 이상 불안정하다. 그러니 내 사견으로는 협정영주권자의 자식 및 손자까지 협정영주권을 부여하도록 해주길 바란다.

우리들 재일한인의 2세에 대하여 일본 정부가 좀 더 성의를 갖고 해결하여 주기 전에는, 이들을 불행한 데로 모는 것이 된다. 반동적 세대를 양성한다는 것은 양국을 위하여도 좋지 않을 것으로 본다.

야기: 그렇다면 부모의 지위를 자식도 계승하여 대우하도록 할 때 반대로 부가 퇴거 강제 당하면 자식도 퇴거 강제 당하여야 되지 않겠느냐?

이케가미: 한국 측은 퇴거 강제를 상당히 염려하는 모양인데 그런 것을 너무 걱정할 필요 없다. 또한 우리로서는 몇 대에 걸쳐 협정영주권을 부여한다는 내용의 협정을 체결하고자 할 때는 국회 관계에 있어서 납득을 못 시킬 것이다.

이 대표: 우리 안의 내용은 1965년 금년에 협정이 체결되어 발효하여 1970년 1월 1일이 협정 발효 후 5년이 되는 날이라 가정할 때 이 이후에 태어난 자도 영주권은 있으되 퇴거 강제며 처우의 내용이 뒷받침을 안 하고 있으니 내용이 없다. 그러나, 성년에 달할 때까지는 일응 부모와 동일하게 대우하고 협정 후, 늦어도 1990년 1월 1일이 되기 전에 이들에 대하여 퇴거 강제와 처우를 협의하자는 것이니 논의해 나가면 서로 납득할 수 있다고 믿는다. 그러나 협의의 내용이 일반 외국인보다는 유리한 내용의 것이 되어야 할 것이다. 다음 회의 때는 서면으로 제출하겠다.

이케가미: 그러면 협정 발효 5년 이후에 태어난 자의 자도 미성년인 동안은 부모와 동일하냐?

이 대표: 그렇다. 부모와 동일한 내용의 영주권이다.

이케가미: 협정에 '양국 정부가 계속 협의한다'는 규정을 하는 것은 좀 우스운 것 같은데…

이 대표: 거듭 이야기하거니와, 우리 제안대로 하게 된다면 영주권의 부여 범위에 있어서는 협정 발효 5년이 되는 날 이후에 태어난 자에게도 영주권을 부여하고, 이들이 성년에 달하기 이전에 양국 정부가 재협의하여 성년 후의 대우 등을 정한다는 것이니 우스울 것 없다.

권 고문: 김 대사 의견대로 된다면 협정 발효 이후 5년이 경과된 익일부터 출생한 자에 대하여 사후에 대한 아무러한 보증이 없게 되는 것이다. 그러니 무엇인가 사후 보증이 있어야 할 것이다.

이 대표: 일반 외국인보다 유리한 조건으로 처우가 합의될 것이니 그리 걱정할 필요가 없다.

나카무라: 재일한인은 퇴거 강제를 두려워하는데 입국관리령을 보면 제50조 법무대신의 재결의 특례를 보아도 제1항에 영주권을 받은 자나, 제2항에 과거에 일본국에 본적을 가졌던 자에 대하여는 일본 국민이 외국인으로 있다 다시 일본 국민이 된 것과 동일하게 취급하도록 되어 있으니 재일한인이 앞으로 웬만하면 바로 퇴거된다고 걱정할 필요 없다.

권 고문: 현재 특별재류 허가를 받고 있는 재일한인이 얼마나 되는지? 알 수 있는가?

이케가미: 밀입국자를 포함하여 2만 명가량 된다.

권 고문: 재일한인의 처우에 대하여, 특히 장래에 있어서 재일한인을 쫓아내는 것이 목적이 아니라면 좀 더 일본 측이 성의를 가지고 임해야 할 것이다.

이케가미: 이에 대하여는 상호 간 장기간 협의해온 것이 아니냐? 그리고 대대 자자 손손이 영주권을 부여하라는 것은 좀 곤란한 이야기다.

이 대표: 전번 김 대사께서 여러 사람을 만나서 영주권의 범위에 대하여 이야기하였더니, 모두 찬성하는 의사를 표명하고 있었다는 이야기다.

방 대표: 우리 생각은 대강 이상 같은 내용이니 그 토의는 다음 회의 시 하도록 하자.

야기: 다음 회의 시까지 간단히 그렇게 안이 준비되겠는지? 우리도 내부적으로 검토할 필요가 있으니, 지금 이 대표가 말한 내용을 문서로 써서 줄 수 없는가?

이케가미: 김 대사가 과반 수석대표 간 회합에서 언급한 안을 다음 회의 때까지 제출할 수 있겠는가? 그리고 오늘 이 대표가 말한 내용을 간단히 요약하여 써 달라.

이 대표: 좋다. 그러면 지금 우리 제안의 내용을 써주겠다.

(백지에 기록하여 일본 측에게 수교하였음. 내용은 다음과 같음)

1. 협정 제　조의 자(1945년 종전의 날 이전부터 계속하여 일본국에 재류하는 자 및 그의 자손으로서 본 협정 발효 후 5년까지에 출생한 자)의 직계비속으로서 본 협정 발효 후 5년 이후에 출생한 자는 일본국에 영주할 수 있다.
2. 1항의 자가 성년에 달할 때까지는 그자의 부 또는 모와 동등한 대우를 한다.
3. 1항의 자가 성년에 달한 후의 퇴거 강제 사유와 처우에 관하여는 본 협정 발효 후 계속하여 양국 정부가 협의하여 정한다. 단, 일반 외국인보다는 유리한 지위가 부여되도록 한다.

방 대표: 다음의 의제를 토의하자. 전쟁 종료일에 대한 양측의 해석이 다른데?

이케가미: 전쟁 종료의 날은 1945. 9. 2로 정하는 데 이의가 있는가?

이 대표: 협정문에는 태평양전쟁의 전투가 종료한 날로 하고, 그 해석에 있어서 한국은 8. 15, 일본은 9. 2로 하여도 될 것이다. 왜냐하면 그렇게 해도 현실 문제 해결에는 지장이 없다.

이케가미: 조약 당국에서 납득이 안 되어서 그렇다.

야기: 이런 문제는 지엽말단의 문제이니, 다음에 이야기하자. 조약국으로서도 문제가 많이 될 것이다.

방 대표: 내일부터라도 논의하도록 하자. 내일 회의는 할 수 있겠는가?

쓰루타: 우리 내부 사정으로 가서 협의하여 연락해 주겠다.

방 대표: 내일은 전문과 전쟁종료일에 대하여 논의하자. 그러면 3. 1일(월) 14:30에 하자.

이케가미: 좋다. 신문 발표는?

이 대표: 자손의 영주권의 범위에 대하여 이야기하였다 하자.

이케가미: 좋다.

40. 법적지위 문제에 관한 협정안 송부 공문

주일정 722-70   1965. 2. 27

수신: 외무부 장관

제목: 법적지위 문제에 관한 협정안 작성

1. 재일한인의 법적지위 문제에 관하여 그동안 위원회에서 토의된 성과와 영주권을 자자손손에 부여하되 퇴거 강제 사유와 처우에 관하여는 협정 발효 후 5년 이라는 시점의 전후에 출생하는 자를 구별하여 별도로 규정한다는 전제하에 별첨과 같이 제1안 및 제2안을 작성하였습니다.

2. 제1안은 JAW-0253호 제3항에 보고한 바와 같은 내용으로 작성한 것이며 제2안은 종전의 아 측안(외아북 722-234(64. 1. 17 자))을 토대로 하여 작성한 것입니다.

3. 제1안 및 제2안을 검토 수정하여 일본 측에 제시할 아 측 안을 시급히 확정하여 회시하여 주시기를 청훈합니다.

유첨: 법적지위 협정안 제1안 1부
             " 제2안 1부

끝

수석대표 김동조[서명]

첨부

40-1. 법적지위 문제에 관한 협정안(제1안)

(제1안)

일본국에 거주하는 대한민국 국민의 법적지위와 처우에 관한 협정(안)

1965. 2. 27

대한민국과 일본국은,

태평양전쟁의 전투가 종결된 날 이전부터 일본국에 거주하는 대한민국 국민이 일본국에 거주하게 된 역사적 배경의 특수성을 고려하고,

그들과 그들의 자손에게 특별한 법적지위와 처우를 부여하여 일본국에서의 안주를 보장함이 한일 양 국민 간의 우호 증진을 위하여 기여함을 인정하여,

따라서 다음과 같이 협정하였다.

제1조

일본국 정부는 1945. 8. 15 이전부터 일본국에 계속하여 거주하는 대한민국 국민과 그의 직계비속에 대하여 일본국에서의 영주권을 부여한다.

제2조

1. 제1조에 규정된 자로서 일본국에 영주하고자 하는 자는 양국 정부가 합의하는 절차에 따라 본 협정의 효력 발생일로부터 5년 이내에 일본국 정부에 영주신청서를 제출하여야 한다.

3. 본조의 규정에 의하여 일본국 정부에 영주신청서를 제출함에 있어서는 여하한 수수료도 증수되지 아니한다.

2. 본 협정 제1조에 규정된 자로서 본 협정의 효력 발생일로부터 4년 10개월을 경과하는 날 이후에 출생하는 자에 대하여는 본조 제1항의 규정에 불구하고 영주신청서의 제출 기간을 출생일로부터 6개월 이내로 한다.

제3조

1. 본 협정 제1조 및 제2조의 규정에 의하여 일본국에 영주하는 대한민국 국민으로

서 1945. 8. 15 이전부터 일본국에 계속하여 거주하는 자 및 1945. 8. 16 이후 본 협정의 효력 발생일로부터 5년의 기간이 경과하는 날까지 출생하는 그의 직계비속(이하 '제3조 제1항에 규정된 자'로 표현한다)은 본 협정의 효력 발생일 이후의 행위에 의하여 다음에 규정하는 사유의 하나에 해당하는 자가 된 경우를 제외하고는 여하한 경우에도 일본국으로부터의 퇴거를 강제당하지 아니한다.

(1) 내란에 관한 죄 또는 외환에 관한 죄를 범하여 금고 이상의 형을 받은 자. 단, 집행유예의 언도를 받은 자와 내란에 부화수행한 것으로 인하여 형을 받은 자를 제외한다.

(2) 영리의 목적으로 마약류 취체에 관한 일본국 법령을 위반하여 3년 이상의 금고 또는 징역의 형을 받은 자. 또는 마약류 취체에 관한 일본국 법령을 위반하여 본 협정 발효 후 3회 이상 형을 받은 자 또는 본 협정 발효 전에 마약류 취체에 관한 일본국 법령을 위반하여 3회 이상 형에 처해진 자로서 본 협정 발효 후 2회 이상 형을 받은 자. 단, 집행유예의 언도를 받은 자를 제외한다.

(3) (1) 및 (2)에 규정된 자를 제외하고 7년을 초과하는 금고 또는 징역의 형을 받은 자.

(4) 외국의 원수, 외교사절 또는 그 공관에 대한 범죄 행위, 또는 국교에 관한 죄에 의하여 금고 이상의 형을 받은 자로서 일본국의 외교상의 중대한 이익을 저해하는 것으로 인정되는 자. 단, 집행유예의 언도를 받은 자를 제외한다.

2. 미성년 시의 행위에 의하여 본조 제1항 각 호에 규정된 사유에 해당되는 자로 된 경우에는 일본국으로부터의 퇴거를 강제당하지 아니한다.

제4조

1. 본 협정 '제3조 제1항에 규정된 자'는 권리 자체의 성질상 일본 국민에게만 허용되는 권리를 제외하고는 일본 국민과 동등한 대우를 받는다.

2. (1) 본 협정 '제3조 제1항에 규정된 자'는 일본 국민과 동등하게 의무교육을 받을 수 있다.

(2) 본항 (1)의 규정에 의하여 의무교육을 받은 자가 상급학교에 진학함에 있어서는 일본 국민과 균등한 기회가 부여된다.

(3) 본 협정 '제3조 제1항에 규정된 자'가 설립하는 사립학교로서 대한민국 정부의 지정을 받는 경우에는 동 학교 수료자에 대하여 일본국 정부는 상급학교 진학에 있

어서 외국에서 동급의 학교 수료자와 동등한 자격을 인정하기로 한다.

3. (1) 본 협정 '제3조 제1항에 규정된 자'는 일본 국민과 동등한 사회보장의 혜택을 받을 수 있다.

(2) 본 협정 '제3조 제1항에 규정된 자'는 생활보호에 관한 일본국 법령의 적용을 당분간 계속하여 받을 수 있다.

4. (1) 본 협정 '제3조 제1항에 규정된 자'가 대한민국으로 영주할 목적으로 귀국할 때에는 그의 모든 재산을 과세 없이 반출할 수 있다.

(2) 본 (1)항에 규정된 귀국자의 재산반출 및 송금의 절차 및 방법에 관하여는 별도로 양국 정부가 협의하여 정한다.

제5조

1. 본 협정 제1조에 규정된 자로서 본 협정의 효력 발생일로부터 5년의 기간이 경과하는 날 이후에 출생하는 자는 성년에 달할 때까지는 본 협정 '제3조 제1항에 규정된 자'의 동등한 대우를 받는다.

2. 본조 제1항에 규정된 자의 성년 후의 퇴거 강제 사유 및 처우에 관하여는 일반 외국인보다 유리한 대우를 부여하도록 양국 정부가 본 협정 발효 후 계속 협의하여 정하도록 한다.

첨부

40-2. 법적지위 문제에 관한 협정안(제2안)

(제2안)

일본국에 거주하는 대한민국 국민의 법적지위와 처우에 관한 협정(안)

1965. 2. 26

대한민국과 일본국은,

태평양전쟁의 전투가 종결된 날 이전부터 일본국에 거주하는 대한민국 국민이 일본국에 거주하게 된 역사적 배경의 특수성을 고려하고,

그들과 그들의 자손에게 특별한 법적지위와 처우를 부여하여 일본국에서의 안주를 보장함이 한일 양 국민 간의 우호 증진을 위하여 기여할 것을 인정하여,

따라서 다음과 같이 협정하였다.

제1조

다음에 규정된 대한민국 국민은 본 협정의 정하는 바에 따라 일본국에 영주할 수 있다.

1. 1945. 8. 15 이전부터 일본국에 계속하여 거주하는 자,

2. 본조 제1항에 규정된 자의 직계비속으로서 1945. 8. 16부터 본 협정에 의한 영주신청 기간이 종료하는 날까지에 출생하여 일본국에 계속하여 거주하는 자.

제2조

1. 제1조에 규정된 자로서 일본국에 영주하고자 하는 자는 본 협정의 효력 발생일로부터 5년 이내에 양국 정부가 합의하는 절차에 따라 일본국 정부에 영주신청서를 제출하여야 한다.

2. 본조의 규정에 의하여 일본국 정부에 영주신청서를 제출함에 있어서는 여하한 수수료도 징수되지 아니한다.

3. 제1조 제2항에 규정된 자로서 본 협정의 효력 발생일로부터 4년 10개월을 경과하는 날 이후에 출생한 자에 대하여는 본조 제1항의 규정에 불구하고 영주신청서의

제출 기간을 출생일로부터 6개월 이내로 한다.

제3조

1. 본 협정 제1조 및 제2조의 규정에 의하여 일본국에 영주하는 자는 본 협정의 효력 발생일 이후의 행위에 의하여 다음에 규정하는 사유의 하나에 해당되는 자가 된 경우를 제외하고는 여하한 경우에도 일본국으로부터의 퇴거를 강제당하지 아니한다.

(1) 내란에 관한 죄 또는 외환에 관한 죄를 범하여 금고 이상의 형을 받은 자. 단, 집행유예의 언도를 받은 자와 내란에 부화수행한 것으로 인하여 형을 받은 자를 제외한다.

(2) 영리의 목적으로 마약류 취체에 관한 일본국 법령을 위반하여 3년 이상의 금고 또는 종역의 형을 받은 자, 또는 마약류 취체에 관한 일본국 법령을 위반하여 본 협정 발효 후 3회 이상 형을 받은 자, 또는 본 협정의 발효 전에 마약류 취체에 관한 일본국 법령을 위반하여 3회 이상 형에 처해진 자로서 본 협정 발효 후 2회 이상 형을 받은 자. 단, 집행유예의 언도를 받은 자를 제외한다.

(3) (1) 및 (2)에 규정된 자를 제외하고 7년을 초과하는 금고 또는 징역의 형을 받은 자.

(4) 외국의 원수, 외교사절 또는 그 공관에 대한 범죄 행위 또는 국교에 관한 죄에 의하여 금고 이상의 형을 받은 자로서 일본국의 외교상의 중대한 이익을 저해하는 것으로 인정되는 자.

2. 미성년 시의 행위에 의하여 본조 제1항 각 호에 규정된 사유에 해당되는 자로 된 경우에는 일본국으로부터의 퇴거를 강제당하지 아니한다.

제4조

본 협정 제1조 및 제2조의 규정에 의하여 일본국에 영주하는 자는 권리 자체의 성질상 일본 국민에게만 허용되는 권리를 제외하고는 일본 국민과 동등한 대우를 받는다.

제5조

1. 본 협정 제1조 및 제2조의 규정에 의하여 일본국에 영주하는 자는 일본 국민과 동등하게 의무교육을 받을 수 있다.

2. 본조 제1항의 규정에 의하여 의무교육을 받은 자가 상급학교에 진학함에 있어서

는 일본 국민과 균등한 기회가 부여된다.

　3. 본 협정 제1조 및 제2조의 규정에 의하여 일본국에 영주하는 자가 설립하는 사립학교로서 대한민국 정부의 지정을 받는 경우에는 동 학교 수료자에 대하여 일본국 정부는 상급학교 진학에 있어서 외국에서 동급의 학교 수료자와 동등한 자격을 인정하기로 한다.

　제6조

　1. 본 협정 제1조 및 제2조의 규정에 의하여 일본국에 영주하는 자는 일본 국민과 동등한 사회보장의 혜택을 받을 수 있다.

　2. 본 협정 제1조 및 제2조의 규정에 의하여 일본국에 영주하는 자는 생활보호에 관한 일본국 법령의 적용을 당분간 계속하여 받을 수 있다.

　제7조

　1. 본 협정 제1조 및 제2조의 규정에 의하여 일본국에 영주하는 자가 대한민국으로 영주할 목적으로 귀국할 때에는 그의 모든 재산을 과세 없이 반출할 수 있다.

　2. 본조 제1항에 규정된 귀국자의 재산반출 및 송금의 절차 및 방법에 관하여는 별도로 양국 정부가 협의하여 정한다.

　제8조

　1. 본 협정 제1조 및 제2조의 규정에 의하여 일본국에 영주하는 자의 직계비속으로서 본 협정의 효력 발생일로부터 5년의 기간이 경과하는 날 이후에 출생하는 자는 성년에 달할 때까지 계속하여 일본국에 거주할 수 있으며, 그자의 퇴거 강제 사유 및 처우에 관하여는 본 협정 제1조 및 제2조에 규정된 자와 동등한 대우를 받는다.

　2. 본조 제1항의 자가 성년에 달한 후 1년 이내에 일본국에서의 영주 허가를 신청하는 경우에는 그 자의 영주는 허가된다.

　3. 본조 제1항 및 제2항의 규정에 의하여 일본국에 영주하는 자의 성년 후의 퇴거 강제 사유 및 처우에 관하여는 일반 외국인보다 유리한 대우를 부여하도록 양국 정부가 본 협정 발효 후 계속 협의하여 정하도록 한다.

41. 법적지위 관련 청훈에 대한 답신 전문

번호: WJA-02393

일시: 281440[1965. 2. 28]

수신인: 주일 대사

대: JAW-02533

1. 대호 청훈에 관하여는 최초의 일본 안인 "외국의 원수, 외교사절 또는 그 공관에 대한 범죄 행위에 의하여 금고 이상의 형을 받은 자로서 일본국의 외교상의 중대 이익을 저해하는 것으로 인정되는 자"가 관철되도록 고위층 회담 등을 통하여 절충하시압.

2. 상기와 같은 절충을 통하여서도 해결을 보지 못할 경우에는 청훈한 내용대로 합의함을 양승함.(외아북)

장관

42. 법적지위 관련 훈령에 대한 대표단 질의 전문

번호: JAW-03009

일시: 021033[1965. 3. 2]

수신인: 외무부 장관 귀하
발신인: 주일 대사

대: WJA-02393

　대호 전문 제1항에 "외국의 원수, 외교사절 또는 그 공관에 대한 범죄 행위에 의하여 금고 이상의 형을 받은 자로서 일본국의 외교상의 중대한 이익을 저해하는 것으로 인정되는 자"가 관철되도록 절충하라고 되어 있으나 QUOTATION의 내용이 "외국의 원수, 외교사절 또는 그 공관에 대한 범죄 행위(또는 국교에 관한 죄에) 의하여 금고 이상의 형을 받은 자로서 일본국의 외교상 중대한 이익을 저해하는 것으로 인정되는 자"의 MISTYPING인 것으로 사료하는바 이점 CLARIFY 해주시기 바람. (주일정-외아북)

43. 법적지위 협정안에 대한 본부 의견 회신 전문

번호: WJA-03013

일시: 021810 [1965. 3. 2]

수신인: 주일 대사

대: 주일정 722-70

1. 대호로 청훈한 법적지위 협정안 제1 및 제2를 원칙적으로 승인함.
2. 일본 측에 대한 제시에 있어서는 제1안을 먼저 제시토록 하시압. (외아북)

장관

44. 법적지위 관련 대표단 질의에 대한 회신 전문

번호: WJA-03014

일시: 021810[1965. 3. 2]

수신인: 주일 대사

대: JAW-03009
연: WJA-02393

연호 제1항의 QUOTATION의 내용은 "외국의 원수, 외교사절 또는 그의 공관에 대한 범죄 행위, 기타 국교에 관한 죄에 의하여 금고 이상의 형에 처해진 자로서 일본국의 외교상의 중대한 이익을 저해하는 것으로 인정되는 자"를 말하려던 것으로 연호 내용은 착오였음을 통지함.(외아북)

장관

46. 제7차 한일회담 법적지위위원회 제15차 회의 회의록

제7차 한일 전면회담 법적지위위원회 제15차 회의록

1. 일시: 1965. 3. 1, 14:30~16:30
2. 장소: 가유회관
3. 참석자: 한국 측: 방희   대표
              이경호   〃
              오재희   조약과장
              권태웅   전문위원
              안세훈   보좌
         일본국: 니이야   민사국장
              가유미   민사국 제5과장
              이케가미 입관국 참사관
              다니구치 조약과 사무관
              사이키   법규과 사무관
              쓰루타   북동아과 사무관

4. 토의 내용

방희: 그간 후생성과 처우 문제에 대하여 협의해 보았는가.

이케가미: 예산 관계로 후생성 측이 분망하여 아직 만나보지 못하였다.

방 공사: 처우 문제에 관하여 대신에게도 협의해 보았는지.

이케가미: 그것도 바빠서 협의할 여유가 없었다. 특히 후생성은 처우 관계가 전체 과에 걸쳐 있어 예산심의가 끝나야 만나 이야기하게 될 것 같다.

권 위원: 퇴거 강제 사유 제4항목에 대하여 이미 합의한 점은 보고하여 결말이 났는지.

다니구치: 표현만이 좀 달라질 것 같다. 그리고 퇴거 강제 사유 제4항에 있어 국교의 죄는 우리로 볼 때는 제4항에서 분리하는 대신 제1항에 추가함이 어떨까 보고

있다.

이 대표: 퇴거 강제 사유 제1항목인 내란, 외환죄에 관하여는 이미 논의하여 끝마쳤는데, 이에 추가하여 국교의 죄를 규정한다면, 1항목에서 소요죄를 뺀 대신에 추가한 것으로 보이게 되어 좋지 않으니 제4항목 중에 규정하기 바란다.

이케가미: 나도 이 대표와 같은 생각인데 조약국에서 자꾸 곤란하게 생각하기 때문이다.

방 대표: 다음 회의 때 다시 정리하여 내겠는가.

사이키: 이 대표가 말한 대로 제4항목을 정리하여 다음 회의 때 문안을 작성하여 제출하겠다.

니이야: 오늘은 과반 회의 때 한국 측서 제의한 내용, 즉 협정 발효 5년 이후에 출생할 자의 영주권의 범위에 대하여 토의하도록 하자.

이케가미: 전반 회의에서 한국 측이 제의한 내용 중 1항의 "1945년의 종전일 이전부터 계속하여 일본국에 재류하는 자 및 그 자손으로서 협정 발효 후 5년까지에 출생한 자의 자손으로서 협정 발효 후 5년 이후에 출생하는 자"라고 하였는데 협정 발효 후 5년까지에 출생한 자의 자손까지 함께 규정한 것은 좀 우리로서 이상하다고 생각한다.

이 대표: 우리 생각은 원칙적으로 영주권은 1945년 종전 당시부터 계속 거주한 자와 그 자손에게 다 부여하라는 것이다. 단, 1945년 종전 당시부터 계속 거주한 자 및 그 자손으로서 협정 발효 후 5년까지에 출생한 자의 법적지위와 5년 이후에 출생하는 자의 법적지위와는 내용이 다르다. 발효 이후 5년까지에 출생한 자는 이미 합의된 대로 협정영주권이 부여되는 것이고 그들에 대한 퇴거 강제와 처우는 지금 정하되 협정 발효 이후 5년이 되는 익일부터 출생하는 자에 대하여는 영주권만 부여하기로 하고 그들의 퇴거 강제와 처우는 협정 발효 후 25년간에 양국 정부가 협의하자는 것이다. 그런데 일본 측이 그 표현이 좀 어색하다 본다면 그 의견을 들어 우리 제안을 다음에 조문화하여 다시 정리하여 제출해 주겠다.

니이야: 한국 측 제안에서 말하는 '협정 발효문 후 5년 이외에 20년이란' 무엇을 말하는 것인지.

이 대표: '20년이란' 협정 발효 후 5년 후에 최초에 출생한 자가 성년이 될 때까지를

말하는 것이며, 그때까지에 양국 정부의 협의로 그들의 퇴거 강제와 처우가 협정되어야 한다는 말이다.

이케가미: 한국 측 제안에 대하여 우리의 해답을 주려면 총리대신에까지 올려 이야기하여 최종 결단을 받아야 할 것으로 본다.

방 대표: 이 문제는 이 정도로 논의하고 다른 것을 이야기하자.

이케가미: 우리로서 볼 때는 협정 발효 이후 5년이 되는 날 이후에 출생하는 자에 대하여 양국이 협의한다는 것은 지금부터 25년 이후의 일로 예측하기 어려운 일이니, 이자들에 대하여는 부속 문서에 규정하면 어떨까 생각한다.

이 대표: 우리도 그때쯤 되면 정세가 많이 변하리라고 본다.

이케가미: 그리고 이것은 좀 다른 이야기나, 국민건강보험에 대하여는 한국 측에 대하여 문의할 것은 상호주의의 입장에서 앞으로 한국서도 관계 법률에 재한일인에 대하여 고려한다면 우리로서 내국민 대우를 해줄 수 있다 보며, 현재 생활보호를 받는 자에 대하여는 적용할 수 없다는 것을 말한다.

이 대표: 이 문제에 대하여는 생활보호를 받는 자나, 전후 입국자와는 분리해서 생각해 보도록 하자. 또한 한국에서의 이에 대한 입법 전망은 현재로서 확답하기 어렵다.

쓰루타: 한국의 상호주의의 견지에서 해준다면 후생성 등 각 성에서도 예산 관계 등을 배려해서 해줄 기세를 보이고 있어 한다.

방 대표: 그러면 우리 안의 자손에 대한 영주권과 처우의 3개 항목에 대하여 일본 측 생각은 어떤가.

니이야: 아직 내부적 절충이 안 되어 확실히 대답할 수 없으나 다음 때 이야기하겠다.

이 대표: 그러면 일본 측으로는 확답할 수 없었다 하니 이 문제의 토의는 뒤로 미루고, 다음에는 한국 측 제안에 빠졌었던 전문을 제출하고 이에 대하여 이야기하자.

권 위원: (협정 전문을 수교하고 일차 읽어주었음)

이케가미: 일응 듣고 나니 지난번 시나 외상 방한 시의 공동 코뮤니케에 나온 내용과 같다.

오 과장: 그렇다. 이에 대해서는 일본서도 그 표현에 대하여 평판이 좋았던 것으로

듣고 있다.

이케가미: 우리 안에는 '특정'이란 문구가 있는데 한국 안에는 없다.

이 대표: '특정한' 한국인이란 표현은 대상자를 필요 이상으로 한정하는 인상을 주어서 불가하다. 전문 내용은 이미 작년에 작성한 것인데 이를 모방한 기본 조약이 먼저 가조인되어 내용이 똑같이 보이는 것이다.

니이야: 우리도 별 의의가 없으니 조약국에서 다시 검토해 보도록 하겠다.

이 대표: 협정 전문과 본문에서 태평양전투가 종료된 날을 우리는 1945. 8. 15로 보고, 일본 측은 1945. 9. 2로 보는데 이에 대하여는 협정문에는 '태평양전쟁의 전투가 종료된 날'로 정하고 각각 자국의 입장에서 해석하도록 하자.

이케가미: 우리로서는 모든 협정이나 법률에 1945. 9. 2로 규정하고 있어 곤란하다.

이 대표: 우리로서는 1945. 8. 15부터 동년 9. 2 사이에 일본에 들어온 사람이 없을 것으로 보는 것이므로 8. 15와 9. 2를 가지고 다투는 것은 아무 실익이 없는 일이니, '전투가 종료된 날'로 정하고 각각 유리한 대로 해석해도 무방하다는 것이다.

이케가미: 실제는 문제가 아닐 것이나, 입법상 전례를 깨트리기 때문에 문제인데 우리도 조약국에 맡겨서 검토시키겠다.

사루다: 우리로서는 1945. 9. 2 일본이 항복문서에 조인하고, 동일로 S.C.A.P.의 포고 제1호가 나와서 일본과 한국과의 관계가 끊어졌으니 일응 형식적으로는 1945. 9. 2이 옳다고 본다.

니이야: 미주리 함상에서 조인식에 한국에 관하여도 포츠담 선언의 수락으로써 통치권의 범위에 대하여 언급됐다고 볼 수 있으니 1945. 9. 2이 옳다고 본다.

이케가미: 그렇다. 1945. 8. 9은 포츠담 선언을 수락했고, 1945. 8. 15에 가서 천황제를 유지하는 조건으로 무조건 항복을 한 것이며, 1945. 9. 20에 형식적으로 볼 때 무조건 항복이 되고 전투가 종료되었던 것이다.

이 대표: 우리의 견해는 다르다. 실익이 없는 문제로 양측이 이론을 전개하는 것보다 태평양전쟁의 전투가 종료한 날로 하자.

다니구치: 이 대표의 제안을 우리도 검토해 보겠다.

방 대표: 이것도 조약에서 한번 검토해 보도록 하면 되지 않겠느냐. 이 점에 관한 일본 측의 해답은 언제 할 수 있겠느냐.

사이키: 조약국장하고 이야기해야 되니 곧 해답하기는 어렵다.

이케가미: 그러니 이제 앞으로 논의할 것은 자손의 영주권 부여 범위, 퇴거 강제 사유 제4항, 처우 문제가 남았다고 본다.

방 대표: 다음 회의는 언제 하겠는가.

사이키: 우선 정하고, 사정이 있으면 연기하자.

이 대표: 우선 3월 3일(수) 14:30로 정하고 내부 사정으로 안 되면 연락하여 3월 4일(목) 10:30로 하자.

니이야: 좋다.

쓰루타: 신문 발표는?

이 대표: 한국 측이 제안한 협정 전문에 대하여 상호 논의했다 하자.

니이야: 좋다.

48. 제7차 한일회담 법적지위위원회 제16차 회의 회의록

제7차 한일 전면회담 법적지위위원회 제16차 회의록

1. 일시: 1965. 3. 4, 11:00~12:20
2. 장소: 가유회관
3. 참석자: 한국 측: 방희　　대표
　　　　　　　　이경호　　〃
　　　　　　　　오재희　　조약과장
　　　　　　　　권태웅　　전문위원
　　　　　　　　안세훈　　보좌
　　　　일본국: 야기　　　입관국장
　　　　　　　　가유미　　민사국 제5과장
　　　　　　　　다니구치　조약과 사무관
　　　　　　　　사이키　　법규과 사무관
　　　　　　　　쓰루타　　북동아과 사무관
4. 토의 내용

　야기: 그간 법적지위 문제 중 퇴거 강제 사유와 처우 문제 등에 대하여 외무성 측의 준비가 되었는지?

　사이키: 그저 준비가 되지 않았다.

　이 대표: 퇴거 강제 사유, 제4항목에 대한 일본 측 제안에 따라 본국에 청훈하였더니, 훈령이 왔는데, 일본 측서 정 고집하면 받아들이도록 하라는 내용이었다. 그러니 퇴거 강제 사유 제4항목에 대하여는 합의한 것으로 하며 자세한 조문 작성은 추후로 미루기로 하고, 이를 정리하여 보면 "외국의 원수, 외교사절 또는 그 공관에 대한 범죄 행위에 의하여 금고 이상의 형을 받은 자로서 일본국의 외교상의 중대한 이익을 저해하는 것으로 인정되는 자 또는 국교에 관한 죄에 의하여 금고 이상의 형을 받은 자"로

될 것이다.

방 대표: 퇴거 강제 제4항인 '외교상의 중대한 이익을 저해'한 것 중에 '국교의 죄'에 대하여는 이미 합의한 대로 퇴거 강제 사유 제1항목에 추가하지 말고, 제4항목에 두는 것으로 합의한 것으로 해두자.

야기: 좋다. 그리고 처우 문제에 대하여는 이케가미 참사관이 관계 실무자와 절충 중에 있는데, 후생성만 해도 3국에 걸친 문제고 하여 상당히 시간도 걸리고, 앞으로 경우에 따라서는 본 위원회에 실무자를 참석시켜 볼까도 한다. 현재 이케가미 참사관은 과장급과 만나 협의하고 있는데, 어제 중의원에서 예산심의도 끝냈으니 협의가 진전하리라 본다.

방 대표: 협정 전문의 시점 문제는 어떻게 생각하고 있는지?

사이키: 조약국장과 만나 논의하고자 하였으나, 국회 관계로 국장을 만날 수가 없어 상금 못하였다. 오늘 오후에는 이야기될 것으로 본다.

쓰루타: 한국의 대일청구권 8항목을 보면 1945. 8. 9일이 기준이 되고 있으니, 시점 문제는 추후 더 검토해 보자.

방 대표: 시점에 대하여 잘 합의가 안 되면 우리 측 안처럼 태평양전쟁의 전투 종료일로 하면 되지 않겠는가?

사이키: 일차 조약국장과 만나 협의해야 확답하겠다.

방 대표: 내일 오후까지 결론이 나겠느냐? 내일 오후에 결론이 나면, 내일 오후에 회의를, 그렇게 안 되면 모레 토요일 오전에 회의를 열도록 하자.

사이키: 우리도 협의를 한 후 문서를 작성해야 하고, 현재 참의원에서의 심의 관계로 내일 오후까지는 결론이 나기 어려울 것이다. 내일 중으로 결론이 나리라 본다.

야기: 한국 측으로써 '시점'에 대하여 1945. 8. 15로 하는 때와 1945. 9. 2로 하는 데 있어 무슨 실제 이익이 있는 것인지?

이 대표: 우리로서는 1945. 8. 9로 하든 8. 15로 하든 9. 2로 되든 실제 이익은 없다고 본다. 다만 이론상 9. 2을 받아들이기 힘들다.

사이키: 우리로서도 '시점'에 대하여 조속히 결론을 내어서 확답하도록 노력하겠다.

방 대표: 어제 수석대표 간 회합에서 우리가 서둔 것 같이 말하여 3. 20일경 법적지위 문제를 가조인한다고 신문에 보도되었으니, 우리로서 조기 타결의 희망은 피력했

으나, 신문에 단정적으로 기사가 취급되어 곤란하다.

이 대표: 협정 전문에 대하여는 어떻게 생각하는가?

사이키: 대체적으로 좋다고 본다. 단지 전문에 시점을 두는 목적이 무엇인지 생각을 해 보았다.

쓰루타: 협정 전문을 보니 지난 2. 20일 기본 조약 가조인 후의 공동성명에서 삭제한 것이 포함되어 있는 것 같으니, 그 점 검토할 필요가 있다고 본다.

오 과장: 지난번 공동선언에서 삭제한 것은 조약 형식으로 규정함이 좋다고 보아 삭제했을 뿐이다.

다니구치: 지난번 공동선언문을 읽겠다(일차 공동선언을 읽었음).

방 대표: 그럼 과반 회의 시까지 미해결로 남겨둔 3개 문제 중, 퇴거 강제 사유 제4항목 '외교상의 중대한 이익'은 합의에 이르렀고, 협정 전문의 '시점'은 다음에 이야기하기로 하고, 지난 14차 회의에서 우리가 메모로 적어둔 자손의 영주권의 부여 범위에 관련하여 우리의 안을 오늘 제출하겠다. 합의의사록은 나중에 다시 내겠다. 우선 보고 번역하여 다음에 상호 검토해 보기로 하자.

이 대표: 이전에 제안한 한국 측 안에는 협정 전문이 없었다. 그리고 오늘 제안한 우리 안 제1조에는 1945년 종전 당시부터 계속하여 일본국에 거주한 자와 그의 자자손손에게 영주권을 주도록 규정하여 앞에 내놓고 협정 발효 후 5년이 된 익일부터 출생하는 자들의 퇴거 강제 사유 및 처우에 관하여는, 협정 후 양국 정부가 계속 협의하도록 제5조 2항에 규정하여 김 대사께서 이야기한 바대로 하였으며, 또한 이케가미 씨가 우려하던 논리의 모순이 없이 잘 정돈되었으니, 그 형식에 있어 만족하리라 본다.

권 위원: 그럼 우리 안을 제출하겠다(안을 수교한 후 일차 낭독함).

이 대표: 조문이 간결하게 되었으리라 본다.

다니구치: 한국의 정식 안으로 된 것인지?

이 대표: 하나의 토의 자료라고 생각하면 된다. 즉, 여태까지 이야기한 바를 정리하여 내놓은 것이다.

사이키: 우리도 우리의 안을 정리하여 내놓겠다. 퇴거 강제 사유에 대하여는 이미 합의되었으니 조문의 배열만 추후 협의하여 정하면 될 것이다.

이 대표: 이번 우리 안에는 국적 확인 조항은 삭제했다. 일본 측은 이에 만족하리라

고 생각한다.

쓰루타: 이미 기본 조약에서 이야기된 것이니 법적지위에서 규정할 것 없다고 생각하고 있었다.

1081 방 대표: 요다음 회의는 언제 하겠는가?

야기: 언제쯤 우리 안이 준비될지?

사이키: 퇴거 강제 사유는 이미 정리됐다고 본다. 우리 안을 하나의 토의 자료로 제출할지, 정식 안으로서 제출할지 더 협의해 보아야 하겠다.

이 대표: 퇴거 강제에 대하여는 상호 협의하여 조문을 작성해 두어도 되리라 본다.

야기: 신문에 보도된 것처럼, 법적지위에 대하여 가조인할 수 있도록 요강을 정할 수 있게 될까?

방 대표: 수석대표 간 회합에서도 어업 문제에 대하여는 요강을 낼 수 있겠다고 이야기됐으나 법적지위 문제는 그런 이야기가 없었다. 일본 측은 이케가미 참사관 출장 전에 안을 낼 수 있겠는가?

쓰루타: 이케가미 참사관이 출장으로 궐석해도 실질적으로 일을 진행할 수 있다.

야기: 합의의사록도 가조인하게 되면 함께 하게 될지?

이 대표: 합의의사록과 협정 본문이 합의되어야 완전한 것이 된다. 작년 4. 22 제출한 안 중에 합의의사록이 포함되어 있었는데, 오늘 제안한 안과 관련하여 내용이 수정되어야 할 부분이 있으니 합의의사록도 다시 정리하여 제출하겠다. 그리고 협정문은 한국어, 일어, 영어 3개 국어로 작성될 것이나, 해석에 이의가 있을 때 영문이 기본이 되니, 영문도 정리가 되어야겠다.

오 과장: 지난번 기본 조약처럼 가조인하게 되면 영문으로 하는 것이 좋을 것이니 그때까지 영문이 정리되어야 할 것이다.

1082 방 대표: 다음 회의는 언제 하겠는가?

사이키: 다음 회의를 금주에 하려면 퇴거 강제 사유 정도를 논의할 수밖에 없다.

방 대표: 일본 측이 내일까지 내부 준비가 되면 토요일 오전 10:30에 하고, 오늘 우리 안과 퇴거 강제에 대하여 금주까지 준비가 안 되면 내주 월요일 14:30에 하도록 일응 정하되 금요일 오후까지 연락해 달라.

야기: 그렇게 하자.

쯔루다: 신문 발표는?

이 대표: 우리가 문서로 안을 제출했다는 것과 퇴거 강제 사유 제4항목에 합의를 보아 퇴거 강제 사유는 모두 합의하였다고 하자.

야기: 좋다.

첨부
48-1. 법적지위 문제에 관한 한국 측 협정(안)(제16차 회의 시 제출)

1083~1086 [40-1 문서와 동일한 문서이므로 여기서는 생략함]

49. 법적지위 문제 합의의사록 관련 청훈 전문

번호: JAW-03160

일시: 091155[1965. 3. 9]

수신인: 외무부 장관

발신인: 주일 대사

1. 법적지위위원회의 앞으로의 토의 과정에 있어서 아 측이 '합의의사록'을 일본 측에 제시하여야 할 경우(JAW-03064호 4(2) 참조)에는 (1) 외아북 722-234(64. 4. 17) 별첨 1의 '합의의사록 안' 중 4의 '협정상의 영주권자의 자손의 일본국적 취득'의 규정만을 삭제하고 나머지 5개 항목은 종전의 규정대로 (2) 동 '합의의사록 안'에서 파악되어있는 협정안 조항의 숫자를 아 측 협정안 제1안의 ㅈ.항에 부합하도록 수정하여 이를 일본 측에 제시하고자 청훈합니다.

2. 전기 1과 같이 수정된 아 측 '합의의사록 안'은 다음 '파우치' 편으로 송부하겠음.

50. 법적지위 문제 합의의사록 및 일본 측 안 송부 공문

주일정: 722-86 1965. 3. 10

수신: 외무부 장관

제목: 합의의사록 및 일본 측 안 송부

연: JAW-03100

연호 전문으로 청훈한 바 있는 법적지위 '합의의사록' 및 제17차 법적지위위원회에서 일본 측이 제출한 퇴거 강제 사유에 관한 문서를 별첨과 같이 송부합니다.

별첨: 1. 합의의사록 1부
      2. 일본 측 안 1부(※제17차 회의록에 철함)

주일 대사 김동조[직인]

첨부

50-1. 법적지위 문제 한국 측 합의의사록(안)

합의의사록(안)

1965. 3.

1. (계속 거주의 정의) 협정 제1조의 '일본국에 계속하여 거주하는 자'라 함은 '일본국에 생활의 근거를 가지고 있는 자'를 의미한다.

2. (영주권 신청자의 국적증명) 협정 제2조의 규정에 의하여 영주신청서를 제출한 자 중 그 국적이 불분명한 자에 한하여 대한민국 정보는 그의 국적이 증명되도록 협조한다.

3. (퇴거 강제에 있어서의 인도적 조치) 일본국 정부는 협정 제3조 제1항에 규정된 사유에 해당하는 자라는 이유로 퇴거를 강제하고자 할 경우에는 그자의 가족구성을 감안하여 인도적인 고려를 한다.

4. (전후 입국자의 처우)

(1) 태평양전쟁의 전투가 종결된 날의 익일 이후에 일본국에 입국하여 일본국 정부로부터 재류 허가를 받고 있는 자 중 일본국에 상당한 기간 거주한 자에 대하여는 일본 국내법에 의한 영주를 허가하기로 한다.

(2) (1)에 규정된 자 중 일본국에서의 거주기간이 상당한 기간에 달하지 아니하는 자에 대하여는 앞으로도 재류할 수 있는 자격을 계속 인정하기로 한다.

(3) 태평양전쟁의 전투가 종결된 날의 익일 이후에 일본국에 입국하여 일본국 정부로부터 재류 허가는 받지 아니 하였으나 본 협정 발효일까지에 2년 이상 거주한 자에 대하여는 그 거주 실적을 참작하여 재류를 허가하도록 한다.

5. (이산가족의 재회) 일본국 정부는 본 협정 제1조에 규정된 영주권자의 직계존비속 또는 배우자로서 일본국 외에 거주하는 자에 대하여는 일본국에서의 거주를 허가하기로 한다.

52. 제7차 한일회담 법적지위위원회 제17차 회의 회의록

1093   제7차 한일 전면회담 법적지위위원회 제17차 회의록

1. 일시: 1965. 3. 8, 14:30~17:40
2. 장소: 가유회관
3. 참석자: 한국 측: 방희   대표
          이경호   〃
          오재희   조약과장
          권태웅   전문위원
          안세훈   보좌
       일본국: 야기   입관국장
          니이야   민사국장
          가유미   민사국 제5과장
          스가노마   입관국 총무과장
          사이키   법규과 사무관
          쓰루타   북동아과 사무관
4. 토의 내용

   니이야: 우리 안의 일부를 제출하겠다(퇴거 강제 사유 1항, 4항에 관한 일본 측 안을 제출하였음).

   이 대표: 퇴거 강제 사유 제1항과 제4항이 아니냐.

   사이키: 그렇다. 나머지 제2 및 3항에 대하여는 다음에 우리 안을 제출할 때 낼 것이다. 조문 작성 단계에 가서는 현재의 항목의 순서가 달라질 줄 믿는다.

   이 대표: 일본 측 안 제4항목 말미의 '… 기타의 자'의 '기타'는 무엇을 의미하느냐.

1094 사이키: '기타'란 국교의 죄를 범한 이외의 자를 말하기 위한 것이다.

   이 대표: 퇴거 강제 사유 제4항목에 있어서는 전단의 국교의 죄에 해당하던 후단의

부분에 해당하던, 그 어느 하나의 경우에 당연히 퇴거 강제할 수 있는 것인데, '기타' 라는 말을 구태여 붙여, 딴 것을 의미하는 듯한 인상을 보일 필요가 있느냐. '기타'를 삭제하여야 한다.

사이키: 그러나 전단의 국교에 관한 죄와 구별하기 위하여서 '기타'라는 것을 붙이는 것이 확실해진다. 한국 측이 정 그렇게 본다면 한번 다시 재검토해 보겠다.

이 대표: 또 제4항목 중간에 '외국의 원수, 외교사절 또는 공관…'의 '공관'은 당초 논의할 때는 '외국원수, 외교사절 또는 그의 공관…'으로 이야기되었었는데 '그의'가 빠졌으니 어찌된 것이냐.

사이키: 그러냐.

오 과장: 여태까지 논의한 바로는 '공관'을 외교상 의미로 보고 있었다. 일본 측서는 어떻게 해석할지 모르나, 공관의 개념은 해석에 따라 변할지 모르니 명확히 해두어야 할 것이다.

사이키: '공관'이라면 일반 국제법상 외교사절의 공관을 의미하여 대사관, 공사관, 영사관과 통상대표부를 말한다.

이 대표: 외교사절이라면 공관장을 의미하므로, '그의 공관'이라면 대사관 또는 공사관을 의미할 것이고, 그 반면에 그냥 '공관'이라면 영사관도 포함될 것이다. 그런데 지난번 합의 시에는 '그의 공관'이라고 합의하여 두고, 지금 와서 그냥 '공관' 하게 되면, 이야기가 다르지 않은가.

쓰루타: 이에 대해서는 아직 구체적으로 의논을 못 하였다.

사이키: 우리로서는 이는 새로운 사실로 보아 돌아가서 의논하여 다음에 회답하겠다. 회답 차제에 표현이 좀 바뀔지도 모르겠다.

이 대표: 일본 측 안 제1항, 제4항에 모두 "일본국의 형법이 개정되는 경우에는 그 개정 후의 법률에 의한다"라고 괄호 속에 규정하고 있는데, 만약 형법이 개정되어 국교의 죄에 "외교상의 중대한 이익을 저해한다"고 인정되는 후단의 범죄 행위, 즉 외국 원수, 외교사절 또는 그의 공관에 대한 범죄 행위가 포함된다면, 외교사절의 공관에 대한 단순한 절도 등도 포함될 우려가 있고 동시에 현재까지 우리가 논의한 것이 사문화되지 않겠느냐. 그러니 괄호 속에 규정한 것은 당연히 삭제하여야 한다고 본다.

사이키: 이것도 다시 검토하여 보겠다.

이 대표: 이 문제에 대하여는 당초 우리로는 General Clause라고 반대하다가, 국교의 죄만을 포함한다고 논의해왔으나, 외국의 원수, 외교사절 또는 그의 공관에 대한 범죄 행위에 대하여 일본 측이 '외교상의 중대한 이익을 저해'한 것을 인정하는 데 동의하기에 서로 합의가 된 것인데, "형법이 개정되면 그때의 법률에 의한다"는 일본 측 주장대로 한다면, 그 전제조건이 상이해진다. 그러니 현행법에 의한 국교의 죄를 의미하거나 또는 형법이 개정되면 재협의하도록 하자.

사이키: 조약문에 영문으로 쓰는 관계로 그렇게 표현해 보았다. 한국 측이 이상 말한 3가지는 가서 의논해 보고 다음에 회답하겠다.

방 대표: 이상 말한 3개 문제에 대하여 일본 측은 언제쯤 회답할 수 있는지. 그리고 협정 전문에 대하여도 언제까지 회답할 수 있는지.

사이키: 내일 하루는 걸려야 되겠다. 그리고 협정 전문은 한국 측 안대로 하기는 곤란하고, 우리로서 안을 제출하겠다. 그리고 협정 전문의 '시점'에 대하여도 태평양전쟁의 전투 종결의 날로 하는 것은 곤란하고 지금 상태로는 1945. 9. 2로 할 것을 고수하겠다.

이 대표: 태평양전쟁의 전투가 종결한 날이라는 것이 좋지 않겠느냐.

사이키: 여러 가지로 해석할 수 있다. 일본의 종전부터의 입법 체제상으로 보아 1945. 9. 2로 정하는 것이 불가피하고 또 일본에 있는 한인의 법적지위 처리란 면에서도 타당하다고 본다.

이 대표: 하나의 타협책으로서 협정 본문에는 '시점'을 '태평양전쟁의 전투 종결의 날'로 표시하고, 부속 문서에 일본 측은 1945. 9. 2로 우리 측은 1945. 8. 15로 양해한다고 각각 규정함에 어떻겠는가.

사이키: 일차 내부적으로 논의해 보겠다. 그러나 1945. 8. 15는 불합리하다고 본다.

니이야: 일본이 협정을 시행할 때에 태평양전쟁의 전투 종결의 날을 1945. 9. 2로 본다 해도, 한국 측이 그날을 1945. 8. 15로 해달라고 요구해 올 것은 아니지 않느냐.

이 대표: 그렇다.

니이야: 그렇다면 합의의사록에 일본 국내 수속 상으로는 1945. 9. 2로 기준을 삼아 영주권을 준다 하는 것을 한국 정부는 양해한다는 뜻으로 규정하면 되리라 믿는다.

사이키: 하여간 우리는 일차 검토해 보겠다.

방 대표: 후생성과의 이야기는 어찌 진전되었는지.

쓰루타: 사무적으로 절충을 하고 있으나 아직 결론이 나지 않았다. 더욱 상부와 의논하고저 한다. 그러나 곤란한 점이 많이 있어 특히 의료 문제에 있어 적자가 많기 때문에 국민건강보험, 국민연금 등에 있어서는 재일한인이 가입금조차 내지 않고 있는 것이기 때문에 곤란하다는 것이다. 그 위에 시, 정, 촌에서 규정하기 때문에 난색을 보이고 있어 더 절충을 하여야겠다.

방 대표: 얼마나 더 걸릴 것이며, 문부성과는 의논됐는지.

쓰루타: 더 걸리겠다. 그래서 처우 문제는 오늘 이야기 안 하겠다.

야기: 한국이 안을 냈으니 우리도 안을 제출하도록 하자.

사이키: 준비하겠다.

야기: 영주권의 부여 범위에 대하여 협정 발효 후 5년까지로 일응 합의한 것은 종래 내부적으로 합의된 것이 아니고, 전임 오가와 국장이 단독으로 내놓은 것이며, 이론상의 근거가 박약하므로, 반드시 이에 따라야 할지 의문이다. 우리 법무 차관도 협정 발효 5년 후까지 출생한 자에 영주권을 주는 문제는 모르겠다 하던데.

이 대표: 그것은 장시간 협의한 결과 된 것이었다. 당초 일본 측은 평화조약 시까지 출생한 자에게 우리 측은 본 협정 발효 후 20년까지 출생한 자에게 영주권을 부여하도록 각각 주장하였었는데, 일본 측이 협정 발효 시까지 양보하여 양측 주장이 접근해 왔었다. 그런데, 우리 측이 협정 발효 시까지 출생한 자에게 적용하면 영주권 신청을 3년 만에 한다고 가정할 때에 그동안에 출생하는 자는 같이 신청할 수 있도록 하여야 할 것이 아닌가고 주장함에 이르러 일본 측의 주장 선 평화조약 시와 우리의 주장 선 협정 발효 후 20년의 중간지점이 대개 협정 발효 후 5년이 되어 이 선에서 합의되었던 것이며, 일본 측이 작년 3월에 수정안을 제출하였을 때도 합의한 대로였었는데, 이런 명백한 교섭 과정과, 이에 따른 일본 측의 제안 내용을 일본의 법무 차관이 모르겠다고 한다는 것은 이해할 수 없다.

사이키: 그것은 하나의 토의 자료였었다.

이 대표: 그것은 어디까지나 그때까지 합의된 것인데, 토의 자료라 고집한다면 변경할 수 있다는 말인가.

사이키: 지난번 한국 측 안에는 영주권을 대대로 부여하라는 것이었지 않느냐.

이 대표: 그렇다. 협정 발효 후 5년까지 출생한 자에게는 퇴거 강제와 처우의 내용이 우대된 것을 전제로 영주권을 부여하기로 합의한 것이고, 그 이후의 자에 대하여서는 일본 측은 자식의 대까지만 영주권을 부여하자는 것이고, 우리는 자자손손에 영주권을 부여하되, 성년에 달하기까지는 부모와 동일하게 대우하라는 것이었고, 성년이 된 이후의 문제에 대하여는 새로운 안에서는 협정 발효 후 25년, 즉 협정 발효 후 5년이 되는 익일부터 태어난 자가 성년에 달하기 전에, 양국 정부가 협의하자는 것이었다. 그러니 이는 영주권의 범위에 대한 양측의 합의를 무시한 제안이 아니고, 합의를 전제로 미해결점에 관한 아 측 주장을 내세운 제안이니, 일본 측이 이러한 경위에 비추어 오해 말기 바란다.

사이키: 양측이 서로 합의는 되었다하나 그 입각했던 전제가 상이하였었다.

야기: 6차 회담에서 합의되었다 할지라도 7차 회담에서는 재출발하여 이를 무시하여 새로이 이야기할 수 있으니, 6차 회담 시의 합의에 구속됨이 없이 협정 발효 후 5년까지에 출생한 자에게 영주권을 주지 아니하는 새로운 안을 낼 수도 있는 것이다.

이 대표: 그렇다면 7차 회담에서 합의한 것은 퇴거 강제 사유뿐인데, 말이 안 된다.

야기: 6차 회담 말기에 오가와 국장이 한국 측 안에 대하여 상당히 격분하였다고 들었다. 작년 3월까지 논의하여 합의된 것을 갖고 출발하기로 했는데, 한국이 작년 4월에 낸 안을 보면 후퇴한 것이라고 들었었다.

이 대표: 그것은 그때까지 이야기된 중, 우리 안에서 퇴거 강제 사유 중 소요죄가 삭제되고 7년을 초과하는 형을 10년으로 그리고 협정 발효 후 5년 이후에 출생할 자에 대하여 그의 부모, 즉 협정영주권자의 퇴거 강제에 준한 퇴거 강제 사유를 부여하라는 3가지 점에 있었다. 그러나 우리가 7차 회담을 시작하면서 우리의 기왕 주장 점을 철회하고 성의를 보여 왔는데 여태까지 이야기된 것을 백지화하자는 것은 어불성설이다.

방 대표: 본인이 본 위원회의 수석대표로 취임한 이래 오가와 국장이 격분한 이상 3가지 점에 대하여 충분히 우리로서 성의를 보여 새 출발 하지 않았느냐.

쓰루타: 자자손손에 영주권을 부여하라는 것은 명확히 한국 측 안이 후퇴한 것을 의미한다.

이 대표: 거듭 그 경위를 설명하거니와, 영주권의 부여 범위를 협정 발효 후 5년까

지 일단 합의했으나, 우리가 자손 문제를 꺼내자 일본 측은 자식에게만 부여하고자 하기에, 우리가 그렇게 되면 손자는 법적지위가 불안정하니, 일본 정부가 그들을 퇴거시킬 목적이 아니라면 손자나 그 후손에게까지 영주권을 주도록 주장하였고, 일본 측도 이해성 있게 이를 논의해 보고자 하여, 협정 발효 후 5년이 되는 익일부터 출생한 자에 대한 문제는 일단 그 논의를 하였으되, 양측의 합의가 안 된 것에 지나지 아니한 것인데, 이에 대하여 한국 측이 합의를 무시한 후퇴를 한 것 같이 말하면 곤란하다. 또 이번 시나 외상 방한 시 김 대사가 자자손손에게 영주권을 줄 것을 주장하고, 영주권을 주나 그들에 대한 퇴거 강제와 처우는 '협정 후의 양국 정부 협의'에 돌리기로 한 것에 대하여, 일본 외상과 우시로쿠 국장도 찬성하였다 하기에 우리의 안을 정식 내기 전에 우리로서는 수석대표 간 회합에서 또 본 위원회에서 이야기를 먼저 하고, 그 다음에 안을 낸 것이 아니었느냐.

야기: 우리로서는 한국 측이 강경한 안을 제출함에 이르러 협정 발효 후 5년까지 출생한 자에게 영주권을 주도록 합의한 것도 우리 안에서 삭제할 것을 고려할까지 했었다. 오늘 아침 권 단장이 본인을 찾아와 이야기하는데, 협정이 되면 일본은 우리를 갖은 수단으로 퇴거 강제할 것이라고 하기에 본인은 협정 발효 5년까지 출생한 자는 문제가 없고, 그 이후 출생한 자라도 성년까지는 부모와 동일한 대우를 받으니, 협정 발효 후 5년이 된 익일부터 태어난 자로 제일 빨리 성년이 되려면 1990년이 된다고 가정할 수 있다. 그때가 되면 국제 정세도 많이 변할 것이고, 부모인들 자식이 성인이 되어 독자적으로 판단하여 자기의 갈 길을 택하도록 하면 되지 않느냐고 대답해 주었으며, 재일한인이 모두 쫓겨날 것으로 생각하나 그렇지 않다고 말했다. 또 본인이 6차 회담과 7차는 관계가 없으니 6차 회담에서 합의한 것도 7차 회담에서는 백지화할 수 있다 한 것은 그 진의가 한국 측이 강경한 안을 내었으니 우리도 교섭 기술상 그런 방향으로 안을 내고자 했을 뿐이다.

이 대표: 사실은 지난번 우리가 안을 두 개 작성했다. 하나는 종래까지 합의되거나 이야기된 선에서 약간 수정한 것이며, 자손에게 영주권은 주되 퇴거 강제와 처우도 협정 발효 후에 재협의하자는 것이었고, 다른 하나는 일 외상 방한 후 김 대사께서 일 외상과 일본 아주국장과 의논된 바 있는 새 안을 작성하라 하므로 동일한 내용을 새로운 체제로 변경한 새 안을 작성한 것인데 지난번 회의에서 제출한 것은 후자의 것이었다.

쓰루타: 지난번 수석대표 간 회합에서 이야기했을 때는 김 대사가 영주권에 대하여 언급함에 이르러 일본 측에서 일차 검토해 보겠다 했을 뿐이다.

이 대표: 그럼 오늘이라도 가서 김 대사의 이야기를 상부에 의논하여 확인해 보면 될 것이 아닌가.

오 과장: 서울회담에서는 영주권은 대대로 부여하되, 퇴거 강제와 처우는 일반 외국인보다 유리하게 해달라고 이야기되었다.

방 대표: 우리가 작년 4월에 1차 안을 제출했다가 그 후 우리가 7차 회담에서 성의를 보였었고, 이번에 수석대표 간 회합에서 1차 타진했고 본 위원회에서 1차 설명이 있은 후 제출한 것임을 거듭 강조한다.

야기: 우리로서는 여태까지의 토의 경위를 몰라서 오해했다.

이 대표: 한국 측으로서는 이미 협정 발효 후 5년까지는 합의했고 그 이후 자손에 대한 것은 계속 논의하자는 전제에서 지난번 안을 제출한 것임은 알아달라.

사이키: 우리로서는 협정 발효 후 5년까지에 합의함에 있어 조건을 붙여 합의한 것으로 알고 있다.

이 대표: 좀 더 구체적으로 이야기하면 협정 발효 후 5년까지는 합의되었고, 5년 이후에 대하여는 합의된 것이 아니고, 계속 합의가 남겨져 있는 것이다.

쓰루타: 처우에 있어서도 6차 회담에서 절충하여 생활보호만을 하기로 양측이 합의하고, 나머지 사회보장 문제는 논의하지 아니하기로 합의한 것을 알고 왔는가.

이 대표: 처우에 있어 우리가 '생활보호'만을 제안했다는 것은 금시초문이다.

사이키: 되도록 서로 문서를 교환하여 논의해야지 나중에 문제가 되었다. 우리로서는 이제부터 토의의 기초가 될 안을 제출하겠다.

오 과장: 김 대사의 구상은 회담을 속히 타결하기 위한 타결책으로서 제안된 것이었다.

이 대표: 우리는 자손의 영주권의 부여 범위가 합의되어야 여타 문제도 속히 해결되리라 본다. 이번 주 수석대표 간 회합에서 김 대사 제안을 일본 측은 확인 검토해 보아야 할 것이다.

방 대표: 요다음 회의 때는 안을 제출하겠느냐.

사이키: 일주일은 걸릴 것이다.

방 대표: 그러면 금일 회의 벽두에 이야기하든 퇴거 강제 사유 제4항과 시점 이야기는 결론을 이야기해주겠는가.

사이키: 빠르면 모레쯤 결론이 날 것이다.

야기: 시간이 많이 걸리니 처우 중 사회보장은 생활보호 교육은 의무교육 정도로 우선 두고 딴 문제를 논의하면서 회의를 진행해 가자.

방 대표: 다음 회의는 10일(수) 10:30로 정하고 내부 준비 관계로 안 되면 연락하여 11일(목) 10:30로 하도록 하자.

야기: 좋다.

쓰루타: 신문 발표는.

이 대표: 자손에 대한 영주권의 부여 범위에 대하여 상호 의논을 교환했다 하자.

스가노마: 좋다.

[제17차 회의록에 일본 측 협정 안은 첨부되어 있지 않음.]

54. 제7차 한일회담 법적지위위원회 제18차 회의 회의록

제7차 한일 전면회담 법적지위위원회 제18차 회의록

1. 일시: 1965. 3. 10, 10:30~12:00
2. 장소: 가유회관
3. 참석자: 한국 측: 방희   대표
              이경호   〃
              오재희   조약과장
              권태웅   전문위원
              안세훈   보좌
         일본국: 야기   입관국장
              니이야   민사국장
              가유미   민사국 제5과장
              스가노마 입관국 총무과장
              이케가미 입관국 참사관
              사이키   법규과 사무관
              쓰루타   북동아과 사무관
4. 토의 내용

야기: 그럼 오늘은 무엇부터 시작하겠는가?

사이키: 전반 회의에서 우리가 제출한 안에 관련하여, '외교사절의 공관'의 정의에 대하여는 '외교관계에 관한 비엔나조약'에 그 정의가 "소유자가 누구인가를 불문하고 사절단을 위하여 사용되는 건물 또는 그 일부 또는 이에 부속된 토지(사절단의 장의 주거인 건물, 토지를 포함함)를 말한다"라고 되어 있으니, 외교사절단의 공관을 의미하는 내용으로 부속 문서에 규정하면 어떨까 한다.

오 과장: 하나 질문하겠는데, 일본도 동 조약을 비준하고 비준서를 기탁하였는지?

사이키: 1964. 6월에 비준하여 비준서를 기탁하였다.

오 과장: 우리는 서명만 하고 아직 비준하지 않고 있다.

사이키: 동 조약의 규정에 의거 해석할 때에는 대사관 또는 공사관만을 의미하고, 영사관이나 통상대표부는 포함되지 않는 것이 된다.

이 대표: 일본 측이 '공관'을 '외교사절'의 공관으로 수정하여 대사관 또는 공사관과 대사 또는 공사의 저택만을 의미하며, 영사관이나 통상대표부를 의미하지 아니한다면, 우리도 대개 좋은 것으로 보겠다.

사이키: 그리고 기히 제출한 안 중 괄호 안에 규정된 '형법이 개정되었을 때…'에 대하여는 우리로서는 당연하다고 본다. 제4항목의 '기타의 자' 표현은 협정문을 영문으로 표현하는 관계상 그렇게 한 것이다.

이 대표: 영문으로 표현하기 때문에 제4항목의 '기타의 자'라고 부득이 한다는 것은 불합리하다. 현재 한국어, 일본어로 각각 표현하고 있으니, 우선은 한국어와 일본어로 정확하게 표현할 일이 아니냐? 또 일본 측이 제1, 4 양 항목의 괄호 안에 있는("일본국의 형법이 개정될 경우에는 그 개정된 법률의 규정에 의한다")라는 어구를 삭제하지 못하겠다고 고집한다면, 우리로서는 '본 협정 발효 당시의 일본국 형법에 규정된 국교에 관한 죄'라고 확실히 하는 것이 좋다고 본다.

사이키: 실제적으로 형법이 개정되면 그에 의거함이 당연한 것이다.

이 대표: 우리가 퇴거 강제 4항목에 합의한 것은 현재의 일본국의 형법의 규정에 입각하여 합의한 것이다. 그러므로 형법이 개정되면 조약의 내용도 실질적으로 변하게 되는 것이니, 일본의 형법이 개정되면 양측이 다시 협의하거나, 또는 개정 전의 법규를 기준으로 하여 조약을 해석해야 할 것이 아닌가? 일본 측이 구태여 자구 표현을 고집한다면 조문 작성에 있어서 우리 주장대로 표현하자는 것이다.

야기: 앞으로 형법이 개정되면 대개 어떠한 것을 상상하는 것인지?

이 대표: 현재 퇴거 강제 사유 제4항목 중 후단의 '외국의 원수, 외교사절 또는 그의 공관에 대한 범죄 행위'는 국교의 죄가 개정되면, 이에 포함될 수도 있는데, 그렇게 되면, 그 범죄 행위에 대하여 '일본국의 중대한 외교상의 이익이 저해되었는지'의 여부를 따질 필요가 없게 된다. 그렇게 되면 현재까지 우리가 서로 진지하게 논의한 모든 것이 사문화되기 때문이다.

니이야: 지금 일본 형법을 개정하려 하고 있다.

야기: 현재 조약 체결 후에 그 내용에 포함된 국내법이 개정되면 그 신·구법의 적용 관계는 어떠냐?

사이키: 국내법이 개정되면 새로운 것에 따르도록 되어 있다. 더욱 이 문제는 재일 한인의 문제가 아니냐?

오 과장: 그것은 조약 체약 당시, 체약국 중 어느 한 나라에 맡겨졌을 경우에 그렇게 되겠지만, 일반적으로 그렇지 않다.

이 대표: 원칙론으로 보더라도 일본 측 주장에 따를 수 없고, 또 실현적으로 보더라도 앞으로 일본 형법이 개정되는 것은 있을 수 있는 일인데, 지금까지 이 문제만 하더라도 전단에 국교의 죄와 후단에 '외국 원수, 외교사절 또는 그의 공관에 대한 범죄 행위'로 되어 있는 것이 국교의 죄가 개정되어 후단의 것이 모두 국교의 죄에 포함될 것도 예상할 수 있다. 그렇다면 장기간 논의하여 온 것이 의의 없게 되고 하니, 형법이 개정되면 그 때에 가서 재협의를 하도록 해야 한다. 우리가 여태까지 논의한 것은 현행의 일본국 법령에 입각하고 있지 않은가?

사이키: 그러나 일본은 법령이 개정되면 그에 의거한다는 것이 원칙이다.

야기: 종래는 장래 법이 개정될 문제에 대하여 논의 안 하였나?

쓰루타: 논의하여 합의한 일은 없으나 우리는 한국 측이 이 점에 관하여 별 의의가 없는 것으로 알고 있었다.

이 대표: 종래 상호 논의하였을 때는 장래 법령이 개정된다는 문제는 고려 안 하였다. 우리가 논의하는 근거는 어디까지나 현행 법령이다. 마약법만 하더라도, 종래 한국 측이 마약류 취체에 관한 법률에 위반하여 2년 이상의 형에 처해진 자로 주장하다가, 그 후에 형법의 마약범의 형량이 가중되어 2년 이상을 3년 이상으로 수정하여 합의한 일이 있다.

야기: 그러나 앞으로 형법이 개정 운운하는 것을 협정문에 규정한다면 협정 후 형법이 개정되어 모두 쫓겨난다고 하여 한일회담을 악선전하는 측에 악용당할 우려는 있다고 본다.

이 대표: 그럴 우려는 충분히 있다. 우리가 협정이 체결되기 전에, 논의 도상에 일본 형법이 개정된다면 그에 의거할 것이나, 일단 협정이 체결된 후에 형법이 개정됐을 때

그에 의거한다는 것은 어불성설이다.

가유미: 한국 측 주장은 협정 후 형법이 개정되면 재협의할 용의는 있다는 것인가?

이 대표: 용의는 있다.

사이키: 퇴거 강제에 대하여는 양측이 입각한 전제가 전혀 상이하여 있다.

오 과장: 일본 측의 이야기를 들어보니, 지금까지 양측이 논의한 것이 어디까지나 형식적인 법률로서 구속력이 없어 그런지 모르나, 우리로서는 조약 발효 당시의 법률에 입각한다는 것이 전제가 되어 있다.

사이키: 우리로서는 어디까지나 일본 법률, 그것도 문제되었을 때 당시의 법률이 기준이 되어야 한다고 본다.

이 대표: 현행 법률을 기준으로 협정문을 작성하고자 논의해 왔는데, 일본의 국내법이 개정되면 이에 의거해야 한다면 조약의 실질적 내용이 바뀌어지므로 그 때에 가서 사실의 변경에 따른 재협의가 있어야지 협의 없는 내용의 실질적 변경이 있을 수 있는가?

사이키: 협정 문구 중에 특별한 규정이 없는 한 문제된 당시의 법률을 적용해야 할 것이다.

오 과장: 우리는 정반대다. 협정에 금후 개정 법률에 의거한다고 명기했기 전에는 발효 시의 법률에 의거한다는 것이 원칙이다.

이케가미: 퇴거 강제를 논의 당시, 예컨대 외환, 내란죄를 이야기했을 때는 그 죄목이란 점에서 이야기했지 그 형량에 비추어 생각한 것은 아니지 않느냐?

이 대표: 아니다. 형량을 어느 정도 고려하면서 이야기한 것이다. 예를 들면 퇴거 강제 사유의 마약범에 대하여 영리를 목적으로 하는 경우 3년으로 합의하여 협정에 규정하였는데, 법률이 개정되어 최저형이 5년이 되었다면, 협정에 3년으로 합의한 것은 무의미하게 되지 아니한가? 그러므로 죄목과 동시에 형량도 고려하면서, 토의하여 온 것이다.

사이키: 결국 이야기해 보아도 서로 입각하고 있는 전제가 상이하니 이제부터 이 문제를 논의하여 명백히 해 두어야 할 것이다.

이 대표: 우리로서는 협정에 규정된 것만을 갖고 시행하고 정세가 변하면, 그때 가서 상호 협의할 일이라 본다. 일본 측이 제출한 퇴거 강제 사유 제1, 4 항목의 괄호 속에 '형법이 개정…' 운운하여 규정한 것은 삭제하여야 하며, 만약에 일본 측이 이를 삭

제하지 아니하는 경우, 우리는 합의할 수 없다. 오히려 이를 삭제하고 '협정 발효 당시의 일본국의 형법에 규정된'이라고 규정해야 한다.

야기: 서로 입장이 다른데, 상호 협의해 보자. 그리고 종래에 이런 것이 조약으로서 있는지? 예를 들 수 있는가?

이케가미: 조약 중에 '일본국 법령에…'에 의거하여야 라는 것은 개정된 후의 일본국 법률에 의거한다는 말이다.

이 대표: 그 경우에는 조약 발효 당시의 법률에 의거한다는 의미이다.

야기: 이 논리에 대한 논쟁은 중요한 것이니 잘 의논되기를 바란다.

이 대표: 우리도 이 점은 명확히 해두고자 한다. 일본 측이 주장을 고집한다면 여태까지 이야기한 것을 모두 백지화하는 것이 된다. 일본국이 체결한 다른 나라와의 조약은 우리와는 관계가 없다. 과거나 장래가 문제가 아니고 현재 재일한인의 법적지위 문제가 토의의 기준이 되어야 하며, 장래에 가서 사정이 변하면, 조약을 개정할 일이 아닌가?

오 과장: 내 사견으로 볼 때에는 본질적인 것이 문제되면 모르되, 논쟁할 필요가 없다고 본다.

이 대표: 내 개인적 생각으로는 일본 측이 안에 이러한 것을 명기 안 했으면 도리어 순탄히 합의될 일인데, 이런 것을 규정함으로써 도리어 회의의 진전이나 분위기를 악화시켰다고 본다.

가유미: 우리로서는 당연하다고 보았기 때문에 명기했다.

야기: 그러면 협정 본문에 규정하는 것은 그만두고, 우리가 만약 이 문제에 관하여 합의한 것을 규정한다 하더라도 합의의사록 정도에 규정할 일이라 본다. 이 정도로 오늘은 끝맺자.

이케가미: 좋다. 다음 회의는?

이 대표: 12일(금) 14:30로 정하고 내부 준비가 안 되면 또 연락하자.

이케가미: 좋다.

56. 제7차 한일회담 법적지위위원회 제19차 회의 회의록

1113   제7차 한일 전면회담 법적지위위원회 제19차 회의록

1. 일시: 1965. 3. 15, 14:30~15:00
2. 장소: 가유회관
3. 참석자: 한국 측: 방희   대표
               이경호   〃
               오재희   조약과장
               권태웅   전문위원
               안세훈   보좌
         일본국: 야기   입관국장
               니이야   민사국장
               가유미   민사국 제5과장
               이케가미 입관국 참사관
               쓰루타   북동아과 사무관

4. 토의 내용

방 대표: 지난번 일본 측이 준비하여 내기로 한 안은 오늘 내기로 하겠느냐?

야기: 외무성에서는 안을 준비했으나 법무성 측이 아직 검토를 하지 못하여 오늘 제출하지는 못했다. 내일 중으로 검토를 완료하여 17일(수) 회의 시에 제출하려 한다.

1114   쓰루타: 지난번 회의에서 말한 제6차 회담 예비절충에서 양측이 확인한 합의점 및 미합의점에 관한 문서는 이것이다.

(일차 상기 문서를 제시하였기 읽어 보았음)

이 대표: 읽어 보니, 처우에 있어서는 '생활보호'만을 한국 측이 주장한 것이 아니고, 그때까지에 일응 '생활보호'에 대하여 원칙적으로 합의한 것으로, 다른 것을 주장 안 했다는 의미로는 해석되지 아니한다.

쓰루타: 그러나 그 당시로는 그것만을 주장한 것을 의미하며 각 위원회별로 합의, 미합의점을 확인한 것이었다.

이 대표: 당시의 우리 대표단이나 외무부로서는 그런 기억이 없다고 한다. 내가 그 문서를 보아도, '생활보호' 이외의 사회보장에 관한 주장을 안 하겠다는 뜻으로는 보이지 않는다.

야기: 처우에 관한 것도 안에 포함되느냐?

이케가미: 후생성에서는 처우에 관하여 관방장실에서 종합적으로 조정하여 회답하기로 하였으니, 금주 중에는 무슨 반응이 있을 것으로 본다.

방 대표: 그럼 17일 제출할 안에는 처우에 관한 것이 포함되지 않느냐?

쓰루타: 여태껏 논의한 정도나마 넣으려 한다. 영문으로 된 안도 준비 중에 있다.

방 대표: 그럼 17일(수)은 오전에 하겠느냐?

야기: 우리가 내부적인 준비 상황을 보아서 17일 오전이 될지 오후가 될지 연락하겠다. 법적지위에 대한 한국의 국내 반향은 어떤가?

권 위원: 국내에서는 별 반향이 없다. 이곳 민단에서는 상당히 주시하고 있다.

야기: 오늘은 이 정도로 그치자.

쓰루타: 신문 발표는?

방 대표: 지난번 회의에 계속하여 '영주권의 범위'에 대하여 논의했다고 하자.

이케가미: 좋다.

끝

58. 제7차 한일회담 법적지위위원회 제20차 회의 회의록

제7차 한일 전면회담 법적지위위원회 제20차 회의록

1. 일시: 1965. 3. 17, 14:00~17:00
2. 장소: 가유회관
3. 참석자: 한국 측: 방희　　대표
　　　　　　　　　이경호　　〃
　　　　　　　　　권태웅　　전문위원
　　　　　　　　　안세훈　　보좌
　　　　　　일본국: 야기　　　입관국장
　　　　　　　　　니이야　　민사국장
　　　　　　　　　마쓰나가　외무성 조약과장
　　　　　　　　　가유미　　민사국 제5과장
　　　　　　　　　이케가미　입관국 참사관
　　　　　　　　　다니구치　조약과 사무관
　　　　　　　　　쓰루타　　북동아과 사무관

4. 토의 내용

야기: 오늘은 약속한 대로 우리 안을 제출하겠는데, 조약과장이 안에 대하여 설명을 하겠다. 좀 우리 안이 딱딱한 데도 있을 것을 미리 말한다.

방 대표: 벌써 도하 각 신문에 보도되어 짐작은 하고 있다.

마쓰나가: 안에 대하여 설명하겠는데, 문제의 내용보다는 우리 안의 전 취지에 대하여 간략하게 설명을 하겠다. 더불어 우리 안이 늦게 준비된 데 대하여 미안하게 생각한다. 장시간 신중히 검토하느라고 늦었다. 내용은 어디까지나 여태까지 토의한 것을 기초로 하였다. 국제통념상 자국에 체류하는 외국인에 대한 대우는 어디까지나 국내 관할권에 속한다. 외교관에 대한 특권면제와 조약에 의해 외국군이 주둔하는 데 수반

한 특권면제의 부여는 이에 대한 예외라고 할 수 있다.

이러한 점에 비추어 재일한인의 문제도 어디까지나 일본국의 관할권에 속하는 것이며 상기의 예외는 아니다. 그러나 주지하는 바와 같이 재일한인의 역사적 특수성에 비추어 한일 국교 정상화를 위한 한일회담에서 이 문제가 논의되어, 양국이 협정을 맺어 재일한인에게 특수한 지위를 부여하도록 되어 논의 중에 있다. 즉, 우리 정부로서는 재일한인에 대하여 특수한 지위를 부여할 것을 장래에 있어서 약속하게 되는 것이다. 이런 관점에서 여태까지 상호 논의된 선에서 안을 작성했으되, 이러한 고려에서 그 표현을 고친 데도 있다.

표제를 영문 해석 관계 기타 여러 가지 면에서 고려하여 법적지위라는 것은 표현이 우스워, '대우'라고 표현하여 한국 정부에 대하여 재일한인을 특수하게 대우한다는 점에서 취급해 보고자 한다.

(이하, 전문, 제1조 이하 본문과, 합의의사록, 일본 측 서한 및 한국 측 서한을 낭독 설명하였음).

1120　야기: 15일(월)에 일차 우리 안을 보았을 때는 퍽 간단한 것 같았는데, 이제 보니 일본 측이 여태까지 본 위원회에서 논의한 모든 것을 망라한 것이다.

방 대표: 과반 수석대표 간 회합에서 이 장관 내일 시에 법적지위에 관한 협정을 가조인하자는 이야기가 나왔을 때 영주권의 부여에 있어서 '자자손손'에 주어야 된다는 우리 주장에 대하여 고위층 간의 절충에 맡기고, 기타 문제는 본 위원회에서 논의하여 가능한 한 접근시키도록 이야기가 있었으니 앞으로 문제를 합의해서 좁히는 방향으로 진전시키자.

마쓰나가: 이번 우리 안에서는 과반에 2차에 걸쳐 제출한 안에서 많이 정정된 부분이 있다. 우선 퇴거 강제 사유 제1, 제2 항목에 있어서 우리가 종래 "일본 형법이 개정되는 경우에는 개정 법률에 의거한다"라는 것에 대하여 상호 간 이론이 있었기 때문에 이번 안에서는 이를 빼고, 또 '기타의 자'를 '형에 처해진 자'로 수정하였다.

이 대표: 일본 측 안에 대한 우리의 전체적 의견은 다음 회의에서 말하기로 하고, 오늘은 우선 우리가 의문되게 생각하는 몇 가지 점에 대하여 문의하겠다.

첫째, 협정의 표제가 3차의 안 제출 때마다 달라졌는데, 1차 안에서는 '…특정한 대한민국 국민의 법적지위에 관한…'으로, 2차 안에서는 '…특정한 대한민국 국민의 법률상의 지위에 관한…', 이번 안에서는 '…대한민국 국민의 대우에 관한…'으로 되어 있어서, 일본 측 안의 표제에 표시된 '법적지위'와 '법률상의 지위'와 '대우'의 3 어구의 의미의 차이가 무엇인가 설명하여 주기 바란다.

마쓰나가: 협정에서 규정하는 내용에 따라 변할 것이다. 과반 제출한 것은 토의 자료였었다는 것을 염두에 두기 바란다. 우리로서는 법적지위나 법률상의 지위라는 개념이 불명료하고, 일본 정부가 부여하는 대우이기 때문에 '…대한민국 국민에 대한 대우'라는 것이 명확한 개념으로 보았기에 이렇게 표현하였다.

이 대표: 협정에서 규정하여 주어지는 대우라면 곧 '양국의 협정에 의하여 부여되는 법적지위'가 아니고 무엇이냐?

마쓰나가: 우리는 협정 없이도 줄 수 있는 대우라 보고, 특히 이것이 일본 정부가 일본에 있는 한국인의 취급 문제라는 관점에서 보았기 때문에, 대우라고 표현한 것인데, 물론 내용적으로는 법적지위이다.

이 대표: 일본 정부가 일본에 있는 한인을 독자적으로 취급하는 문제가 아니고, 2개국 간의 조약에 의하여 재일한인의 지위를 법적으로 정하는 대우이니 법적지위가 아니냐? 그러니 3개 안의 전문 중에 달리 표현되었던 것처럼 실질적으로 그 표현의 내용에 차이도 있다고 본다. 그리고 '특정한'이라면 제한적이라는 한국 측의 주장에 따라 '일정한'이라고 표현하였느냐?

마쓰나가: 그렇다.

이 대표: 이번 안의 전문 중에 '제3국의 국민'이라는 것은 전반의 안의 전문에 '기타 외국인'이라 한 것과 어떤 점에서 다른가?

마쓰나가: 우리는 제3국 국민이라 해야만 일본국과 한국을 제외한 외국인이 명확해 진다고 보았기 때문이다.

이 대표: 영문으로 표현하면 어떻게 되겠는가?

마쓰나가: The Third Party가 될 것이다.

이 대표: 제1조 1항에 "신청을 하였을 때는 일본국에서 영주함이 허가된다"는 표현은 "신청을 하면 당연히 허가된다"는 뜻이냐?

마쓰나가: 당연히 허가된다는 뜻이다.

이 대표: 제1조 3항에 '협정 발효 후 5년이 되는 익일부터 출생하는 자'에 대한 규

정이 작년 3월 안에 제4조 1항과 비교할 때 다르다. 그런데 "30일 이내에 신청을 했을 때에는 일본국에의 재류가 허가된다"는 것은 너무 무리한 규정이 아니냐?

마쓰나가: 작년 3월 안과 이번 안과 내용은 같다. 다만 신청 기간이 짧다는 것은 고려할 수 있다.

이케가미: 신청을 해야 한다는 것은 당연한 이야기다. 외국인에 대한 재류 허가는 일본 정부가 부여하는 자격이니 신청을 해야 하지 않느냐?

야기: 한국 측으로서 이에 대한 다른 의견이 있는지?

이 대표: 신청 기간도 물론 짧다. 여러 가지 사정이 있지 않느냐? 여행 기타 여러 가지 사정으로 신청이 지연될 가능성도 많은데, 30일 이내에 신청을 못하면, 미성년 시에 부모와 같이 영주도 못 한다는 것은 가혹하다.

마쓰나가: 협정 제1조 2항과 동 조 3항이나 모두 신청 기간을 30일로 똑같이 규정되어 있다.

이 대표: 제1조 1항의 신청 기간은 5년이 아니냐?

이케가미: 제1조 1항의 신청 기간을 5년으로 한 것은 일반적인 것이고, 제2항, 제3항은 특정적인 것이니 비교할 수 없다. 현재 재일한인의 자손이 매년 1만 명 이상 출생되는 것으로 아는데, 출생신고도 출생 후 30일 이전에 하도록 되어 잘 시행하고 있다.

이 대표: 출생신고를 안 하면 어떻게 되느냐?

이케가미: 퇴거 강제당할 것이다. 그러나 아직까지는 인도적 고려를 하여 안 하였다.

이 대표: 그렇다면 처음부터 영주 신청 기간을 길게 잡는 것이 좋지 않느냐. 다음에 제3조 1항 (b)의 '외교사절단의 공관'이란 개념과 '외교사절의 공관'이란 그 개념의 차이는 어떤 점에 있느냐?

마쓰나가: 사절은 개인을 의미하고, 사절단은 집단을 의미한다. 이것은 비엔나조약의 정의를 인용한 것이다.

이 대표: 외교사절의 공관이라고 한정하면 어떨까? 그리고 여기에 영사관을 포함하지 않는 것 아니냐? 확실히 표현하는 것이 좋다고 본다.

마쓰나가: 영사관은 포함되지 않는다. 외교사절의 공관이나 외교사절단의 공관이나

같은 뜻이다.

이케가미: 확실히 표현하고자 하여 비엔나조약의 정의를 인용한 것 아니냐?

이 대표: '외교사절의 공관'과 '외교사절단의 공관'의 개념이 같다면, '외교사절의 공관'으로 표현하자. 비엔나조약의 정의도 좋지만 우리가 상호 의논하여 정의를 규정하면 되지 않느냐?

마쓰나가: 그렇다. 한국 측의 취지가 외교사절단의 장인 공관장의 공관과 그 저택이란 뜻으로 규정하자는 것이라면 한 번 우리도 검토해 보겠다.

이 대표: 다음으로 제1조 1항 (c)에 있어 마약범에 대하여 전단의 '3년 이상'에는 집행유예 운운 규정하고, 후단의 상습범에 대하여는 규정 안 하였는데 우리는 회의 토의 경과로 보아 후단에도 집행유예에 대하여 규정해야 한다고 본다.

이케가미: 후단은 상습범을 의미하고 집행유예를 규정하기로 이야기된 기억은 없다.

이 대표: 우리는 마약범 전체에 대하여 집행유예를 규정하기로 한 것으로 확신하고 있다. 일본 측이 이 문제를 상기와 같이 불명확하게 생각한다면 명확히 규정하도록 하겠다. 다음으로 제3조의 '타당한 고려'를 한다는 뜻은 불분명한데, 이를 영어로는 어떻게 표현하냐?

마쓰나가: Due Consideration이 될 것이다.

이 대표: Due Process라면 법에 정할 수속이란 뜻이니, Due Consideration이라고 한다면 일본법령에 정한 고려를 한다는 뜻이냐? 불분명하다.

이케가미: 일본법령에 정한 바에 따라 고려한다는 뜻이다. 전에는 우리 안의 부속 문서에 규정할 것을 이번 안에서는 협정 제3조에 원칙만이라도 규정한 것이다.

이 대표: 본문에 그런 규정을 하려면 더 확실히 규정해 두는 것이 좋지 않겠느냐? 앞으로 이 점을 더 논의해 보기를 제의한다. 그리고 제4조는 당연한 이야기 아니냐? 특별법인 한일협정에 규정이 없는 것은 일반법인 일본 입관령이 적용되는 것은 당연한데, 무엇 때문에 이런 규정을 해야만 되는지 알 수 없다. 제4조와 같은 막연한 규정을 두어 오해를 가져오는 사례가 없어야 한다. 예를 들면 영주 허가를 협정에 의거 부여받았어도 따로 재류 허가를 받아야 하나하고 의심하는 사람들이 많을 것이니, 필요 없는 규정을 두지 말자. 이 점에 관련하여 하나 묻겠는데, 재일한인으로 영주 허가를

받은 자가 외국에 유학하는 경우 그러한 유학생에게는 재입국 기간을 어느 정도 허가하느냐?

이케가미: 최고 일 년이다.

이 대표: 그렇다면 영주권을 부여받을 것이 무의미하지 않느냐? 유학을 마치고 돌아와 안정하여 살도록 해야 되지 않느냐.

이케가미: 그런 유학 갈 만한 능력이 있는 사람이라면 일본이 아니어도 다른 나라에 가서 살아도 될 것이다.

방 대표: 한국인을 전쟁 전 왜정시대에는 일본 학교에 못 들어가게 하더니 이제는 한국 학교나 외국 학교에 못 들어가게 하니 우스운 일이다.

이 대표: 일본의 입관령의 근본 취지로서 재입국 기간에 대하여 제한하는 것은 알겠으나, 이를 일률적으로 영주 허가를 받은 자에게까지 동일하게 적용하는 것은 불합리하니, 이 점에 관한 특별한 규정을 부속 문서에 두어야 하겠다.

다음에 합의의사록에, 제1조에 의거 영주권의 신청 시 한국 국적을 보유한 증명문서를 제출하는 문제는 필요 없다. 대한민국 국민이니 신청하는 것이 아니냐. 작년 3월 안과 다르지 않느냐? 지난번 안에는 어디까지나 선택적이었는데, 이번 안은 증명서 제출이 원칙이 되어 있으니 곤란하다.

이케가미: 그러나 양자 간에 차이는 없다.

이 대표: 지난번까지 이야기되기는 1,000명이고 신청자를 총괄적으로 하여 대표부에 국적증명을 요청해오면 우리 정부가 협조하도록 하였던 것이니, 표현을 바꾸도록 하자. 개별적 신청을 하는 것이 곤란하고 사무 분량만 많으니 총괄적 신청을 원칙으로 하도록 규정하자. 다음에 검토 시에 더 이야기하자.

이 대표: 일본 측 서간 제1에는 공립의 소학교 또는 중학교 입학에 대하여만 규정했는데, 고등학교와 대학에 대하여는 인정 안 한다는 취지냐?

이케가미: 현재 의무교육이 중학까지이기 때문에 이렇게 규정한 것이며, 고교 이상 진학을 차별한다는 취지는 아니다.

이 대표: 그런 것이라면 고교 이상 진학에 있어 차별 대우를 하지 않는다고 규정하면 되지 않느냐?

야기: 한 번 그 표현을 생각해 보겠다.

이 대표: 이상이 오늘 제시해 준 일본 안의 의의에 대하여 우리가 의문으로 생각한 것들이다. 전체적으로 볼 때 일본 안과 한국 안의 내용의 차이를 조정하는 문제는 다음부터 검토해 나가자.

마쓰나가: 좋다.

야기: 한국 측 의견은 다음 회의 시에 말하겠느냐?

이 대표: 그렇다. 우리 입장은 지난 3월 4일 제출한 우리 최종안에 다 포함되어 있으니 그것을 보아도 되지 않느냐? 협정 발효 후 5년이 되는 익일부터 출생하는 자의 영주권의 범위는 단시일에 잘 합의 안 될 것이니 이것은 뒤로 미루고 합의 볼 것은 보아 양측의 주장의 차이를 좁혀가도록 하자.

야기: 협정 전문부터 축조적으로 논의해가자. 우리의 안도 최종안이다.

이 대표: 그것도 하나의 방법이다. 잘 안 되는 것은 놔두고, 잘 합의될 수 있는 것부터 검토해가자.

방 대표: 일본 측으로서는 어떤 것이 제일 검토하여 용의하게 합의할 것으로 보느냐?

야기: 제1조의 영주권 범위 외는 큰 차가 없지 않느냐?

이 대표: 제1조의 영주권을 '자자손손'에게 부여하는 문제를 고위층 정치적 절충에 넘긴다 하면, 퇴거 강제가 제일 합의되기 쉬운 문제라고 보니 퇴거 강제부터 이야기하자.

방 대표: 우선 처우부터 이야기하자. 처우 문제를 후생성과 이야기 끝냈느냐?

이케가미: 아직 내부 조정이 끝나지 않았다.

마쓰나가: 오늘 낸 안에 포함된 처우 외에 더 나올 것이 없다고 보는데, 한국 측이 의견을 내면 우리도 응하여 논의하겠다.

방 대표: 그럼 다음은 우선 처우에 대하여 논의하자.

야기: 내일 18일 14:30에 할 수 있겠느냐?

방 대표: 좋다.

쓰루타: 신문 발표는?

방 대표: 일본 측이 안을 내고 의문되는 점에 대하여 한국 측이 질문했다 하자.

야기: 좋다.

첨부

58-1. 법적지위 문제에 관한 일본 측 협정(안)(제20차 회의 시 제출)

(四〇・三・一七)

日本国に在留する大韓民国国民の待遇に関する
日本国と大韓民国との間の協定(案)

日本国及び大韓民国は,

日本国に在留する一定の大韓民国国民が, ある種の事項について, 日本国に在留する第三国の国民と異なる待遇を与えられることが, 両国間及び両国国民間の友好関係の増進に寄与することを考慮し, よって, 次のとおり協定した.

第一条

1. 日本国政府は, 次に掲げる者が, この協定の効力発生の日から五年以内に, この協定の実施のため同政府が定める手続に従い申請を行なったときは, 日本国で永住することを許可する.

(a) 大韓民国国民であって, 千九百四十五年九月二日以前から申請の時まで引き続き日本国に在留しているもの

(b) (a)に掲げる者の直系卑属である大韓民国国民であって, 千九百四十五年九月三日以後この協定の効力発生の日から五年以内に日本国で生まれ, その後申請の時まで引き続き日本国に在留しているもの

2. 1(b)に掲げる者であって, この協定効力発生の日から四年十一箇月を経過した日の後に生まれたものについては, 1の規定にかかわらず, 前記の申請の期限を出生の日から三十日以内とする.

3. 日本国政府は, 1の規定に従い永住することを許可された者の子であって, この協定の効力発生の日から五年を経過した日の後に日本国で生まれた大韓民国国民であるものが, その出生の日から三十日以内に, この協定の実施のため同政府が定める手続に従い申請を行なったときは, 満二十年に達するまでの間引き続き日本国に在留することを許可する.

4. 前記の申請及び許可については, 手数料は, 徴収されない.

　第二条

1. 第一条1の規定に従い永住することを許可された者並びに同条3の規定に従い在留することを許可された者は, この協定の効力発生の日以後の行為によって次に掲げるいずれかの者となった場合を除くほか, 日本国からの退去を強制されない.

　(a) 日本国において内乱に関する罪又は外患に関する罪を犯したことにより禁錮以上の刑に処せられた者(執行猶予の言渡しを受けた者及び内乱に付和随行したことにより刑に処せられた者を除く.)

　(b) 日本国において国交に関する罪を犯したことにより禁錮以上の刑に処せられた者及び外国の元首, 外交使節又は外交使節団の公館に対する犯罪行為により禁錮以上の刑に処せられ, 日本国の外交上の重大な利益を害した者

　(c) 営利の目的をもって麻薬類の取締りに関する日本国の法令に違反して無期又は三年以上の懲役又は禁錮に処せられた者(執行猶予の言渡しを受けた者を除く.)及び麻薬類の取締りに関する日本国の法令に違反して, この協定の効力発生の日以後三回(ただし, この協定の効力発生の日の前に三回以上刑に処せられた者については二回)以上刑に処せられた者

　(d) 日本国の法令に違反して無期又は七年をこえる懲役又は禁錮に処せられた者

　第三条

日本国政府及び大韓民国政府は, 第一条1の規定に従い永住することを許可された者の日本国における教育及び生活保護に関する事項並びに第一条1に従い永住することを許可されたか又はそのための申請を行なう資格を有する者で日本国で永住する意思を放棄して大韓民国に帰国するものが帰国時に携行する財産及びその帰国者が日本国において所有する資金の大韓民国への送金に関する事項については, 妥当な考慮を払うものとする.

　第四条

この協定に基づいて永住し又は在留することを許可された大韓民国国民は, この協定に定める事項以外の事項については, すべての外国人に同様に適用される日本国の法令の適用を受けることが確認される.

第五条

1. この協定は、批准されなければならない。批准署は、できる限りすみやかにで交換されるものとする。この協定は批准書の交換の日の後三十日を経過した日に効力を生ずる。

2. この協定は、この協定により利益を享有する者がいなくなったときに終了する。

以上の証拠としおって、下名は、この協定に署名した。

千九百六十 年 月 日に で、ひとしく正文である日本語、韓国語及び英語により本書二通を作成した。解釈に相違がある場合には、英語の正文による。

번역
(1965. 3. 17)

일본국에 재류하는 대한민국 국민의 대우에 관한 일본국과 대한민국 간의 협정(안)

일본국 및 대한민국은,

일본국에 재류하는 일정한 대한민국 국민이 일정한 사항에 대하여 일본국에 재류하는 제3국 국민과 다른 대우를 받는 것이 양국 간 및 양국 국민 간의 우호 관계 증진에 기여하는 것을 고려하여 다음과 같이 협정한다.

제1조

1. 일본국 정부는 다음 각 호에 해당하는 자가 이 협정의 효력 발생일로부터 5년 이내에 이 협정의 실시를 위하여 일본국 정부가 정하는 절차에 따라 신청한 때에는 일본국에 영주하는 것을 허가한다.

(a) 대한민국 국민으로서 1945년 9월 2일 이전부터 신청 시까지 계속하여 일본국에 재류하고 있는 자

(b) (a)에 열거된 자의 직계비속인 대한민국 국민으로서, 1945년 9월 3일 이후 이 협정의 효력 발생일로부터 5년 이내에 일본국에서 출생하여 그 후 신청 시까지 계속하여 일본국에 재류하고 있는 자

2. 1(b)에 열거된 자로서 이 협정 발효일로부터 4년 11개월이 경과한 날 이후에 출

생한 자에 대해서는 1의 규정에 불구하고, 상기 신청의 기한을 출생일로부터 30일 이내로 한다.

3. 일본국 정부는 제1항의 규정에 따라 영주할 것을 허가받은 자의 자녀로서 이 협정의 효력 발생일로부터 5년이 경과한 날 이후에 일본국에서 출생한 대한민국 국민인 자가 그 출생일로부터 30일 이내에 이 협정의 실시를 위하여 일본국 정부가 정하는 절차에 따라 신청을 한 경우 만 20세에 도달할 때까지 계속하여 일본국에 체류할 수 있도록 허가한다.

4. 상기 신청 및 허가에 대해서는 수수료를 징수하지 않는다.

제2조

1. 제1조 제1항의 규정에 따라 영주 허가를 받은 자 및 동 조 제3항의 규정에 따라 재류 허가를 받은 자는 이 협정의 효력 발생일 이후의 행위에 의해 다음 각 호의 어느 하나에 해당하는 자가 된 경우를 제외하고는 일본국으로부터의 퇴거를 강제당하지 않는다.

(a) 일본국에서 내란에 관한 죄 또는 외환에 관한 죄를 범하여 금고 이상의 형을 받은 자(집행유예의 선고를 받은 자 및 내란에 부화 동조하여 형을 받은 자를 제외한다.)

(b) 일본국에서 국교에 관한 죄를 범하여 금고 이상의 형을 받은 자 및 외국의 원수, 외교사절 또는 외교사절단의 공관에 대한 범죄 행위로 금고 이상의 형을 받아 일본국의 외교상의 중대한 이익을 해친 자

(c) 영리를 목적으로 마약류 단속에 관한 일본국 법령을 위반하여 무기 또는 3년 이상의 징역 또는 금고 이상의 형을 받은 자(집행유예를 선고받은 자는 제외한다) 및 마약류의 단속에 관한 일본국의 법령을 위반하여 이 협정의 효력 발생일 이후 3회(단, 이 협정의 효력 발생일 이전에 3회 이상 형을 받은 자에 대하여는 2회) 이상 형을 받은 자

(d) 일본국의 법령을 위반하여 무기 또는 7년 이상의 징역 또는 금고의 형을 받은 자.

제3조

일본국 정부 및 대한민국 정부는 제1조 제1항의 규정에 따라 영주할 것을 허가받은 자의 일본국에서의 교육 및 생활보호에 관한 사항 및 제1조 제1항에 따라 영주할 것을 허가받았거나 그 신청을 할 자격이 있는 자로서 일본국에서의 영주 의사를 포기하고 대한민국으로 귀국하는 자가 귀국 시 휴대하는 재산 및 그 귀국자가 일본국에서 소

유하고 있는 자금의 대한민국으로의 송금에 관한 사항에 대하여는 합리적인 고려를 하여야 한다.

제4조

이 협정에 따라 영주 또는 재류를 허가받은 대한민국 국민은 이 협정에서 정한 사항 이외의 사항에 대해서는 모든 외국인에게 동일하게 적용되는 일본국 법령의 적용을 받는 것을 확인한다.

제5조

1. 이 협정은 비준되어야 한다. 비준서는 가능한 한 신속하게 교환되어야 한다. 이 협정은 비준서 교환일로부터 30일이 경과한 날부터 효력을 발생한다.

2. 이 협정은 이 협정에 의하여 이익을 향유하는 자가 없어졌을 때 종료한다.

위 증거로 아래 서명인은 이 협정에 서명하였다.

196 년   월   일에 동등히 정문인 일본어, 한국어 및 영어로 본 서 2통을 작성하였다. 해석에 이견이 있는 경우에는 영어 정문에 따른다.

첨부

58-2. 법적지위 문제에 관한 협정 관련 합의의사록
(제20차 회의 시 일본 측 제출)

(昭四〇・三・一七)

日本国に在留する大韓民国国民の待遇に関する
日本国と大韓民国との間の協定についての合意された議事録

　日本国政府及び大韓民国政府のそれぞれの代表者は、本日署名された日本国に在留する大韓民国国民の待遇に関する日本国と大韓民国との間の協定の交渉において到達した次の了解を記録する。
　第一条に関し、
　第一条の規定に基づいて申請を行なう者が、その申請の際に、大韓民国の国籍を保有していることを証明する文書を提出することができないときは、大韓民国政府がその者について大韓民国の国籍を保有していることを確認する文書がこれに代わるものとみなされる。
　第二条に関し、
　1. 第二条1(b)にいう「外交使節団の公館」とは、所有者のいかんを問わず、外交使節団のために使用されている建物又はその一部及びこれに附属する土地(外交使節団の長の住居であるこれらのものを含む。)をいう。
　2. 日本国政府は、第二条1(c)又は(d)に掲げる者の日本国からの退去を強制しようとする場合には、その者の家族構成その他の事情に照らして人道的考慮を払う。

(1965. 3. 17)

일본국에 재류하는 대한민국 국민의 대우에 관한 일본국과 대한민국 간의 협정에 관한 합의된 의사록

일본국 정부 및 대한민국 정부의 각 대표는 오늘 서명된 일본국에 재류하는 대한민국 국민의 대우에 관한 일본국과 대한민국 간의 협정의 교섭에서 도달한 다음과 같은 합의를 기록한다.

제1조에 관하여

제1조의 규정에 따라 신청을 하는 자가 그 신청 시에 대한민국 국적을 보유하고 있음을 증명하는 서류를 제출할 수 없을 때에는 대한민국 정부가 그 자에 대하여 대한민국 국적을 보유하고 있음을 확인하는 서류를 제출하면 이를 대신할 수 있다.

제2조에 관하여

1. 제2조 제1항 제1호 나목에서 '외교사절단의 공관'이라 함은 소유자의 관계를 불문하고 외교사절단을 위하여 사용되고 있는 건물 또는 그 일부와 이에 부속된 토지(외교사절단의 장의 주거인 이들 물건을 포함한다)를 말한다.

2. 일본국 정부는 제2조 제1항 제1호 (c) 또는 (d)에 열거된 자의 일본국에서의 퇴거를 강제하고자 하는 경우에는 그 자의 가족구성 그 밖의 사정에 비추어 인도적 배려를 한다.

첨부

58-3. 법적지위 문제 관련 교환 공문(제20차 회의 시 일본 측 제출)

(昭四〇・三・一七)

(日本側書簡)

　書簡をもつて啓上いたします. 本　　は, 本日署名された日本國に在留する大韓民國國民の待遇に關する日本國と大韓民國との間の協定第三條に關し, 日本國政府が實行可能な限り次のことのために必要な措置を執ることを閣下に通報する光榮を有します.

　1. 第一條の規定に從い永住することを許可された者がその子を日本國の公の小學校又は中學校に入學させることを希望する場合には, その入學が認められること.

　2. 第一條の規定に從い永住することを許可された者が, 日本國國民が受けている生活保護と同様の生活保護を從前どおり當分の間享受することができること.

　3. 第三條1に掲げる者であつて, 日本國で永住する意思を放棄して大韓民國に歸國するものに關し,

　　(a) その所有する携帯品, 引越荷物及び職業用具を携行すること.

　　(b) その所有する資金を, 法令に從い, 一世帶あたり百八十萬円までに限り, 携行(大韓民國への送金を含む.)し, 及び百八十萬円をこえるものについては, 大韓民國に送金すること.

　本　　は, 以上を申し進めるに際し, 閣下に向かつて敬意を表します.

　千九百六十年　　月　　日

(韓國側書簡)

　書簡をもつて啓上いたします. 本　　は, 本日署名された日本國に在留する大韓民國國民の待遇に關する日本國と大韓民國との間の協定第三條に關する本日付けの閣下の次の書簡を受領したことを確認する光榮を有します.

(日本側書簡)

　本　　は, さらに, 大韓民國政府が日本國に在留する大韓民國國民の生活を安定させ, 及び貧困者を救濟するため, 日本國政府の要請に應じ, できる限り同政府に協力

するための措置を日本國政府とともに檢討する用意を有することを閣下に通報する光榮を有します.

1本 は,以上を申し進めるに際し,閣下に向かって敬意を表します.

번역　　　　　　　　　　　　　　　　　　　　　　　　　　(1965. 3. 17)

(일본 측 서한)

서한으로 말씀드립니다. 본　은, 금일 서명된 일본국에 재류하는 대한민국 국민의 대우에 관한 일본국과 대한민국 간의 협정 제3조에 관해, 일본국 정부가 실행 가능한 한 다음을 위하여 필요한 조치를 이행하는 것을 각하에게 통보하는 영광을 가집니다.

1. 제1조의 규정에 따라 영주하는 것을 허가받은 자가 그 자녀를 일본국의 공립 초등학교 또는 중학교에 입학시키기를 희망하는 경우에는 그 입학을 허가하는 것

2. 제1조의 규정에 따라 영주하는 것을 허가받은 자가 일본국 국민이 받고 있는 생활보호와 같은 생활보호를 종전대로 당분간 향유할 수 있도록 하는 것

3, 제3조 제1항에 열거된 자로서 일본국에서의 영주할 의사를 포기하고 대한민국으로 귀국하는 자에 대하여,

　(a) 그 소유하는 휴대품, 이삿짐 및 직업 용구를 휴대하는 것

　(b) 그 소유하는 자금을 법령에 따라 세대당 백팔십만 엔까지만 휴대(대한민국으로의 송금을 포함한다) 및 백팔십만 엔을 초과하는 것에 대해서는 대한민국으로 송금하는 것

본인은 이상과 같이 각하께 경의를 표합니다.

196 년　월　일

(한국 측 서한)

서한을 통해 말씀드립니다. 본인은 오늘 서명된 일본국에 재류하는 대한민국 국민의 대우에 관한 일본국과 대한민국 간의 협정 제3조에 관한 오늘 자 각하의 다음과 같은 서한을 수령하였음을 확인하는 영광을 가집니다.

(일본 측 서한)

본인은 또한 대한민국 정부가 일본국에 재류하는 대한민국 국민의 생활 안정 및 빈곤층 구제를 위해 일본국 정부의 요청에 응하여 가능한 한 동 정부에 협력하기 위한

조치를 일본국 정부와 함께 검토할 준비가 되어 있음을 각하께 통보하게 된 것을 영광으로 생각합니다.

본인은 이상과 같이 제안하면서 각하께 경의를 표하는 바입니다.

60. 제7차 한일 전면회담 법적지위위원회 제21차 회의 회의록

1142 제7차 한일 전면회담 법적지위위원회 제21차 회의록

1. 일시: 1965. 3. 18, 14:30~16:20
2. 장소: 가유회관
3. 참석자: 한국 측: 방희   대표
             이경호   〃
             안세훈   보좌
         일본 측: 야기   입관국장
             니이야   민사국장
             가유미   민사국 제5과장
             이케가미   입관국 참사관
             다니구치   조약과 사무관
             사이키   법규과 사무관
             쓰루타   북동아과 사무관

4. 토의 내용

 방 대표: 오늘은 어제 정한 대로 '처우'에 대하여 논의하도록 하자.

 이 대표: 일본 측 안 제3조 후단에 처우에 관련하여 '타당한 고려를 하도록 한다'의 '타당한 고려'라는 애매한 표현이니, 적절한 다른 말로 표현하였으면 좋겠다.

 야기: 따로 좋은 표현이 있는지? 말해 보아라.

1143 이 대표: 지금 바로 무엇이라고 말할 수는 없으나 너무 애매한 개념이니 구체적으로 표현하도록 하자.

 이케가미: 협정 본문 제3조의 규정을 빼고 구체적인 것으로 하여 '노트'에 넣거나, 교환 공문으로 하면 어떻겠나?

 이 대표: 역시 '처우'에 대하여 원칙적인 규정을 본문에 넣어야 한다. 일본의 의도도

알겠으나 좀 더 적절한 표현이 있으리라 생각한다.

이케가미: '빈곤자에 대한 생활보호'는 협정 본문에 규정할 성질의 것이 못 되어 일본 측 서한에 포함시켰다.

이 대표: 우리로 볼 때에는 '처우'에 대하여 본문에 규정 못 한다면 최소한도 합의의사록에라도 규정해야 한다고 생각한다. 재일한인에 대한 처우가 좋아진다고 대외적으로 설득하는 데도 좋은 인상을 줄 것 같다.

야기: 한국 측으로서는 적당한 표현을 생각해 봤는지?

이 대표: 우리도 고려해 보겠다. 그리고 '처우'에 대하여는 적극적으로 고려하겠다는 뜻으로 표현하면 어떨까? 한다. 또 하나 질문할 것은, 일본 측 안은 그 형식에 있어서 협정 본문, 합의의사록 및 서한으로 구분하고 있는데, 합의의사록과 서한과는 어떻게 구별하고 있는지?

다니구치: 합의의사록은 협정 본문에 규정된 것 중, 그 정의를 세목적으로 명확히 한 것이고 '서한'은 협정의 시행을 위하여 일본 정부가 일방적으로 약속하는 사항을 한국 정부에 통보하고, 이에 대하여 한국 정부가 서한을 수령했다는 내용이 되는 것이다.

이 대표: 합의의사록과 서한을 구별할 것 없이 서한에 포함된 내용을 합의의사록에 규정하면 어떻겠냐?

다니구치: 이론상 안 될 것은 없으나, 우리로서는 체제를 분별하는 것이 좋다고 보았기에 따로 규정했다.

이 대표: 우리가 볼 때에는, 협정 본문이나 합의의사록에 규정하면 중요시하는데 반하여 서한에 규정하면 경솔히 취급한 것 같으며, 협정의 구속력이나 시행력이란 점에서 서한은 사뭇 효력이 가벼운 것 같이 보일까? 우려된다. 그러니 일반 국민에 대한 인상을 고려하여 모두 서한에 포함된 내용도 합의의사록에 규정하도록 하자.

다니구치: 거듭 이야기하는 것이거니와, 합의의사록은 특정한 정의에 대하여 교섭을 통하여 논의한 결과 합의를 본 것이고, 서한은 일본국 정부가 협정에 관련하여 시행할 조치의 통보란 내용이다.

이 대표: 우리 안을 보아서도 알겠거니와, 우리 주장은 처우에 대하여 협정 본문에 규정하자는 것인데 일본 측의 입장이 정 그렇다면, 처우에 대하여 3조에 '타당한 고

려'라고만 규정할 것이 아니라 대강 원칙만 정하고 자세한 것은 합의의사록에 정한다라고 해야 되지 않겠느냐? 법률에 있어서 그 시행령이 수행되듯이 여태까지 논의해 온 것 중 본문에 원칙을 규정하고 그 외의 세목적인 것은 합의의사록에 규정함이 체제상으로도 정연하다고 본다.

쓰루타: 교환 공문에 규정하면 어떻겠냐?

야기: 조약에 있어서 교환 공문 형식이 있느냐?

사이키: 서한의 교환을 교환 공문이라 한다.

이 대표: 우리 안은 이미 보아 알겠지만 합의의사록에는 일본 측 서한에 포함된 내용이 다 들어 있다. 그러니 합의의사록에는 협정 본문에 규정된 것의 정의나 해석을 명확히 규정할 뿐만 아니라, 일본 측의 서한에 포함된 내용도 규정하여 형식적으로 그 체제를 갖추는 것이 좋다고 본다.

다니구치: 그러나 어제도 언급하였거니와 교육은 국내 관할권의 문제이니 너무 자세히 합의의사록에 규정하는 것은 부적당하다고 본다.

이 대표: 거듭 이야기하거니와 일본 측의 서한의 내용에 표시된 것도 합의의사록에 규정하자는 것이다. 특히 국회의 비준 문제에 있어서도 이래 가지고는 설득이 잘 안 된다.

다니구치: 우리도 오늘 한국 측이 말한 의견을 참고로 하여 더 검토해 보겠다.

쓰루타: 구체적으로 '타당한 고려'를 따로 어떻게 표현하자는 것인지?

이케가미: '타당한 고려'라 하나 '타당'이란 무엇을 의미하는지? 기준이 없어서는 납득이 안 된다고 본다.

사이키: 적당한 표현을 하도록 해 보겠다.

이케가미: 오히려 '협정 전문의 정신에 조응하여'라는 식으로 규정하면 어떨까?

니이야: '합의의사록'이란 글자 그대로 양쪽의 의사의 합의한 내용의 기록을 의미하는 것 아니냐?

사이키: 우리로서도 어제 제출한 안에 포함된 합의의사록 외에 더 합의의사록에 규정할 것이 있을 줄 안다.

이 대표: 서한을 일본 정부가 시행할 조치의 통보라 하나, 합의의사록을 양국 정부가 협의하여 합치한 의사의 표시라고 보면 서한도 일본 정부가 통고하고, 한국 정부가

승인한다는 점에서, 양국 정부의 의사의 합치이니, 일본 측의 서한에 표시된 내용을 합의의사록에 표시하여도 될 것 아니냐?

1146 다니구치: 대개의 경우 조약의 본문은 간결히 규정하고 합의의사록에 자세히 규정하고, 기타 더 자세한 것을 서한에 규정하는 것이다. 한번 내부적 검토를 하겠다.

방 대표: 처우에 있어서 '생활보호'는 협정 본문에 넣는 것이 낫지 않겠느냐?

이케가미: 일본국 정부가 배려를 베푼다는 면으로 일방적인 것이라 보아 서한에다 규정했다.

이 대표: 우리로서는 협정 본문에 넣는 것을 못 한다면, 합의의사록에라도 규정해야 한다고 생각한다.

쓰루타: 한국 측에서 여사한 의견이 있었다는 것을 상부에 보고하여 일차 검토해 보겠다.

니이야: 타 위원회의 진전 사항은 어떤지? 타 위원회와 보조를 맞춰야 되지 않을런지?

방 대표: 어업위원회도 많이 합의되고 있는 모양 아닌가?

이 대표: 교육 문제에 있어 "공립의 소학교, 중학교 진학에… 입학이 인정된다" 했는데 고등학교 이상 진학은 인정 안 되는 것인지? 한국 측 안처럼 규정하면 어떻겠냐?

쓰루타: 차별한다는 취지는 아니다. 한국 측 의견을 고려하도록 검토해 보겠다.

이 대표: 국민건강보험 등에 대하여는 아무것도 규정되어 있지 않으니 다음 회의 때는 확답을 할 수 있겠는가?

이케가미: 후생성 측이 대국회 관계로 아직도 분주하니 좀 시간이 걸리겠다.

방 대표: 하여간 이 주일 안에 후생성과 이야기가 끝난다면 다음 주에 이야기하자.

1147 야기: 합의의사록을 2개 부분으로 예컨대 A, B로 나누어서 규정하면 어떻겠냐?

이 대표: 그것은 곤란하다.

방 대표: 우리 안을 보고 우리 주장 점을 이해할 줄 믿는다. 영주권의 부여 범위는 뒤로 돌리더라도, 처우가 어제 일본 측안 정도로만 규정된다면 곤란하다. 더욱 명 19일에는 민단대회가 열리는데 법적지위에 대한 관심이 지대하다. 민단의 반발이 많으니 그 사정을 이해해 주기 바란다.

야기: 한국 정부는 언제 우리 안을 검토하는지?

방 대표: 오늘 권태웅 전문위원이 직접 갖고 갔다.

야기: 새로이 본부에 청훈할 일은 없는지?

이 대표: 우리 안이 최종안이니 별로 필요 없다.

이케가미: 다음 회의는 늦어도 23일(화)이 외무부 장관이 오기 전에 열어야 되지 않겠느냐? 우리도 그 안에 처우에 대하여 더 내부적 준비를 하겠다. 그러니 22일(월) 14:30는 어떨지?

방 대표: 좋다. 그럼 주로 처우에 대하여 이야기하자.

쓰루타: 신문 발표는?

방 대표: 처우에 대해 의견 교환을 했다 하자.

니이야: 좋다.

66. 법적지위 문제에 관한 훈령 공문

외아북 722-911 　　　　　　　　　　　　　　　　　　　　1965. 3. 22

수신: 주일 대사

제목: 법적지위 문제에 관한 훈령

　법적지위 문제에 있어서 한일 양측은 그간의 토의 경과를 참작하여 각각 새로운 협정안을 작성하여 제시하였는바(한국 측: 65. 3. 4, 일본 측: 65. 3. 17), 동 한일 양측의 협정안에 나타난 양측의 의견 차이를 조정하기 위하여 별첨과 같이 해결 방안을 훈령합니다.

유첨: 법적지위 문제에 관한 훈령 1부

　끝

　　　　　　　　　　　　　　　　　　　　　　　　　　외무부 장관 이동원

첨부

66-1. 법적지위 문제 관련 훈령 문서

법적지위 문제에 관한 훈령

65. 3. 21

1. 협정의 명칭에 관하여는 일본 측 안대로 '대우'에 관한 협정으로 한다.
2. 전문에 관하여는 일본 측 안을 토의의 기초로 하되,

   (1) '제3국의 국민과 상이한 대우'는 '제3국의 국민보다 호의적인(Favourable) 대우'로 표현하도록 한다.

   (2) '……대우를 부여함이, 양국 간 및 양국 국민 간의 우호 관계의 증진'은 '……대우를 부여함이 필요하다고 인정하고, 이러한 대우를 부여하는 것이 양국 간 및 양국 국민 간의 우호 관계 증진'으로 분리 표현토록 한다.

   (3) 아 측 안 전문의 '역사적 배경의 특수성'은 가능하면 간결하게 언급하도록 하며, 그 표현 방식과 문안은 현지 대표단의 재량에 의한다(예: "……일정한 대한민국 국민의 특수한 사정을 고려하여 그들에게 특정한 사항에 대하여……").

   (4) 기타 전문 문안을 아 측에 유리하게 표현하는 문제는 현지 대표단의 재량에 의한다(예: 일본 측 안 '재류'를 '거주'로, 일본 측 안 '특정한 사항에 대하여'의 삭제 여부 등).

3. 영주권의 부여 범위에 관하여

   (1) 제1안으로서 아 측 안 제1조 및 제5조를 일본 측이 수락하도록 정치적으로 추진한다.

   (2) 제2안으로서 다음과 같이 수정된 아 측 안 제1조와 아 측 안 제5조를 일본 측이 수락하도록 정치적으로 추진한다.

   제1조의 수정

   (a) 일본국 정부는 1945. 8. 15 이전부터 일본국에 계속하여 거주하는 대한민국 국민과 그의 직계비속으로서 1945. 8. 16부터 본 협정의 효력 발생일로부터 5년의 기간이 경과하는 날까지 출생하는 자에 대하여 일본국에서의 영주권을 부여한다.

(b) 본 협정의 효력 발생일로부터 5년이 경과하는 날 이후에 출생하는 전기 (a)의 직계비속은 성년에 달할 때까지는 계속하여 일본국에 거주할 수 있으며, 일본 측 안 제2조에 규정된 퇴거 강제 사유에 해당된 경우를 제외하고는 일본국으로부터의 퇴거를 강제 당하지 아니한다.

(c) 전기 (b)의 자가 성년에 달한 후 6개월(또는 3개월) 이내에 일본국에서의 영주를 신청하는 경우에는 그 자의 영주는 허가된다. 단, 폭력주의적 파괴 활동(문안은 64. 3. 6자 일본 측 안 제4조 2의 규정을 참조)을 한 경우에는 예외로 한다.

(3) 전기 (1) 및 (2)의 정치적 해결이 불가능한 경우에는 일본 측 안 제1조를 토의의 기초로 하되, 협정 발효 후 5년 이후에 출생하는 자(子)의 성년 후의 지위를 64. 3. 6자 일본 측 안 제4조 2의 규정의 취지에 따라 다시 추가 규정하고 동 제4조의 2의 내용을 최대한으로 유리한 조건으로 표현하도록 한다.

(예: '소행이 선량하고'의 삭제, '빈곤 또는 질병' 이외에 예외 사유의 추가 규정)

전기 (子) 이후의 후손에 대한 영주권, 퇴거 강제 사유 및 처우 문제에 관하여는 협정 발효 후 한일 양국 정부가 일반 외국인보다 유리한 대우를 부여하도록 계속하여 협의하여 정한다는 뜻을 부속 문서에 규정하도록 한다.

4. 일본 측 안 제1조에 관하여

(1) '1945. 9. 2'은 중화적인 표현으로 대치하고 그 구체적인 일자를 아 측은 '1945. 8. 15'로 해석하도록 한다.

(2) 제1조 1(b)의 '……5년 이내에 일본국에서 출생하고'와 관련하여 일시 해외 여행 중에 일본국 이외에서 출생하는 자의 구제 조치를 부속 문서에 규정하도록 한다.

(3) 제1조 2의 '4년 11개월'과 '30일 이내'는 1차적으로 '4년 6개월'과 '6개월 이내'로 하되 부득이한 경우에는 '4년 9개월'과 '3개월 이내'로 하도록 한다.

(4) 제1조에는 1964. 3. 6자 일본 측 안 제4조 2의 규정에 취지가 4로 추가되어야 할 것임(전기 3의 (3) 참조).

(5) 제1조의 기타의 표현 방식은 현지 대표단의 재량으로 아 측에 가장 유리하게 수정하도록 추진한다. (예: '이 협정의 실시를 위하여 동 정부가 정하는 수속에 따라'의 표현 중 '동 정부가'의 삭제 등)

5. 퇴거 강제 사유에 관하여는 일본 측 안 제2조의 규정을 토의의 기초로 하되

(1) 제2조 1의 '……이 협정의 효력 발생 이후 다음에 규정된'을 종전의 아 측 입장대로 '……이 협정의 효력 발생일 이후의 행위에 의하여'로 표현하도록 한다.

(2) 미성년 시의 행위에 의한 퇴거 강제에 관하여는 아 측 안 제3조 2의 규정을 두도록 한다.

(3) 일본 측 안 제2조 1(b)의 '외교사절단'의 표현에 관하여는 그 범위를 한정적으로 부속 문서에 규정한다는 것을 전제로 하여 일본 측 표현대로 한다.

(4) 기타 3개 항목에 관하여는 일본 측 문안대로 한다.

6. 처우 문제에 관하여는 아 측 안 제4조에 규정된 방향으로 추진하되

(1) 아 측 안 제4조 2의 (3)은 현재 재일한국인이 앞서 설립한 사립학교로서 아직 인가를 받지 못하고 있는 학교(예: 도쿄 한국학원)에 대한 일본 정부에 의한 학교 인가를 조건으로 하여 철회하도록 한다.

(2) 사회보장에 관하여 일본 측이 제13차 법적지위위원회(65. 2. 23)에서 제시한 5개 제도 중 재일교포가 특히 요망하는 제도를 가능한 한 최대한으로 인정하는 것을 전제로 하여 아 측 안 제4조 3의 (1)과 같은 일반적인 규정을 철회하고 임기주의적인 표현 방식으로 대치할 수 있다.

(3) 영주권 부여범 위에 관하여 전기 3의 (3)의 방식으로 타결되는 경우에는 협정 발효 후 5년 이후에 출생하는 자(子)에 대하여도 처우 조항이 적용되도록 규정한다.

7. 일본 측 안 제4조 및 제5조 2항의 규정은 이를 규정할 필요가 없으므로 이를 삭제하도록 한다.

8. 전후 입국자 문제에 관하여는 외아북 722-768(65. 1. 25)자 훈령 7의 취지에 따라 추진하도록 한다.

9. '계속 거주의 정의', '영주권 신청자의 국적증명', '이산가족의 재회' 등의 내용은 아 측 합의의사록 안(JAW-03160호 참조)에 의하여 추진하도록 한다.

68. 제7차 한일 전면회담 법적지위위원회 제22차 회의 회의록

1161   제7차 한일 전면회담 법적지위위원회 제22차 회의록

1. 일시: 1965. 3. 22, 14:30~17:00
2. 장소: 가유회관
3. 참석자: 한국 측: 방희   대표
            이경호   〃
            권일   고문
            최광수   전문위원
            오재희   조약과장
            안세훈   보좌
            김윤택   사무관
        일본국: 야기   입관국장
            니이야   민사국장
            나카무라 입관국 차장
            가유미   민사국 제5과장
            이케가미 입관국 참사관
            다니구치 조약과 사무관
            사이키   법규과 사무관
            쓰루타   북동아과 사무관

1162   4. 토의 내용

야기: 지난번 우리가 제출한 안에 대한 한국 측 논평을 해 주겠는가?

방 대표: 우리는 오늘 처우에 관하여 그간 일본 측에서 내부 조정도 되었을 것이니 같이 논의하고자 한다.

이 대표: 일본 측 안에 대한 논평보다도 과반 회의에서 약속한 대로 처우에 대하여

이야기하자. 준비가 안 되었느냐?

야기: 사무 레벨로서 내놓을 안은 지난 안이 최종안이니 더 이상 양보할 수 없으며, 영주권의 부여에 있어 소위 '자손' 문제가 해결되지 않는 한 '처우'에 대하여 더 이상 진전이 없을 것이다.

권 고문: 처우에 관련하여 민단을 대표하는 단장의 입장으로서 몇 마디 하고자 한다. 우리 민단으로서는 법적지위 문제에 있어, 첫째 자손의 영주권, 둘째 사회보장 문제, 셋째 전후 입국자 문제를 가장 중요시하고 있다.

자손의 영주권은 무엇보다도 중요시하고 있거니와 특히 사회보장 문제는 생활상 절대 우리에게 필요한 것이다. 그런데 사회보장의 적용을 가장 받아야 할 필요가 있는 우리들이 사회보장을 못 받고 있다. 개별적으로 볼 때는 국민건강보험법, 국민연금법, 전상전몰자유가족등원호법, 생활법 주택 관계와 보험 관계의 법 등이 있는데, 이런 것들은 현재로 후생성의 통달 형식으로 시행되고 있는 것이니, 일률적으로 모두 봐준다는 것은 곤란하더라도, 중요한 것은 보장되어야 하고, 영주권이 부여되면서 사회보장이 안 되고서는 무의미하다고 본다. 이 사회보장 문제는 그리 많은 예산이 드는 문제도 아니니 돌봐주려면 봐줄 수 있는 것이다.

국민건강보험 같은 것은 현재 어떤 시, 정, 촌에서는 적용되고 있는 것도 있다. 그러니 대국적인 견지에서 적용되기를 바란다. 또 사견으로 이야기하는 것은 상호주의의 원칙으로서 일본 측에서 이 문제에 대하여 고려해 준다면 장래 재한하는 일본인들에 대해서도 그런 법이 적용하게 되리라 본다.

방 대표: 요전에도 이야기해 본 것이지만 '사회보장'에 대하여는 이 이상 나올 것이 없느냐?

야기: 그렇다. 전상전몰자유가족등원호법 같은 것은 청구권 문제로써 해결될 문제 아닌가?

최 위원: 이 문제는 청구권과는 별개의 문제다.

나카무라: 전상전몰자유가족등원호법에 대하여는 지금 일본에 있는 한인만을 봐달라는 것이냐?

권 고문: 그렇다.

야기: 그러나 한국인 외에도 말레이시아, 필리핀 사람 등 여러 나라 사람들이 있지

않느냐? 우리도 딱한 사정이 있는 줄은 알지만 우리 사무 레벨에서는 이 이상 더 내놓을 것이 없다.

권 고문: 일본 측은 정치적 타결 운운하지만, 고위층 간 절충도 사무 레벨에서 기운을 조성해야 된다고 본다. 이번 회담을 계기로 우호 무드를 조성해야지, 그렇지 않고는 정상화 회담이 무의미해지며 동시에 장래 양국에 대하여 불행하게만 될 것이니, 일본 측이 잘 생각하기를 바란다.

다니구치: 한국 측이 말하는 '생활보호' 해당자나, '전장 전몰자 유가족 등'은 그 통계가 구체적으로 갖고 있느냐?

권 고문: 잘 모르겠다. 그러나 해마다 그 대상자는 감소되고 있다고 본다.

쓰루타: 그렇지 않다. 대상자는 줄지 모르나 급여 금액은 5년 전에 비해 배나 늘었다 한다. 매년 1인당 6만 원가량이라 듣고 있다.

권 고문: 우리는 민단을 통해 '생활보호' 받는 것을 장래에 퇴거 강제될 이유도 되니 될수록 안 받도록 P.R.하고 있다. 그런데 조총련은 생활보호를 많은 사람이 받아야 일본국이 재 군비를 못하게 된다고 가능한 한 이를 받으려 하고 있다. 그러니 재일한인에 대해서도 사회보장을 적용하는 대원칙을 세우도록 하자.

방 대표: 요전 회의에서 상부와 의논하여 검토한다는 것은 어찌 됐느냐?

다니구치: 몇 가지 검토했다. 협정의 형식에 있어 합의의사록과 서한에 대하여는 구분하지 않고 가능한 한 다른 형식의 문서로 하여 동일하게 규정할 것을 검토 중에 있다.

방 대표: '타당한 고려'는 어찌하겠느냐?

야기: '충분한 고려'는 어떻겠냐? 한국 측의 생각은?

이 대표: 구체적으로 논의는 안 했으나, '충분한 고려'가 '타당한 고려' 보다는 낫다고 본다.

권 고문: 동시에 오늘 이 자리를 빌어 한마디 하고자 하는 것은 입관령 위반 사범 등이 많은데, 이것은 어디까지나 한일 양국이 국교가 없는 데서 생긴 범죄이니, 은사적 견지에서 협정 발효와 동시에 모두 인도적 고려로 안정된 생활을 하도록 해주기를 바란다. 우리도 오늘 이후에는 이런 일이 없도록 상호 협력하자.

야기: 그것은 법적지위 문제 협정에 규정 안 해도 협정이 되면 한일 양국의 우호 정

신에 입각해서 자연 해결될 문제다.

나카무라: 그러나 우리가 알기로는 한일 타결이 되면 밀항자도 은사적으로 고려할 것이라 하며 현재도 많은 사람이 밀항하여 오고 있다고 들었다.

권 고문: 우리 이야기는 이곳에 와서 몇 년이고 살았든 실적이 있는 사람에 대하여 고려해 달라는 것이다.

방 대표: 사회보장에 대하여 더 논의할 것이 없는지?

야기: 우리로서는 최종안을 제출한 것이다. 한국 측이 특별한 의견이 있어 이야기 한다면 응하겠다.

방 대표: 내일 또 회의할 수 있겠느냐? 혹은 수요일 하면 어떻냐?

니이야: 오늘 월요일은 참의원 각 위원회가 휴회이나, 명일은 각 위원회가 열리므로 곤란할 것 같다.

야기: 우리로서는 별로 할 이야기가 없다.

이 대표: 우리는 오늘 일본 측이 그간 각 성과 처우에 관하여 논의한 것을 오늘 이야기하겠다 해서 온 것이었는데, 별 무 진전이었다. 그러므로 다음 회의부터는 협정 전문으로부터 축조적으로 논의하도록 하자.

쓰루타: 이 장관이 오시면 수요일은 곤란하리라 본다.

이 대표: 사무 레벨에서는 논의할 수 있다고 본다.

방 대표: 그러면 명일 하도록 하되, 안 되면 모레 수요일 10:00에 하자.

야기: 좋다.

권 고문: 또 하나 우리 민단으로서 이야기할 것은 현재 재일한인이 부동산을 매매하는 데 있어서는 외국인 재산 취득령의 예외의 혜택으로 주무 대신의 허가를 필요로 하지 않고 있는데 앞으로 협정이 되면 일반 외국인과 같이 부동산 등 매매에 있어서 일일이 주무대신의 허가를 받아야 된다고 조총련계에서 악선전을 하고 회담을 방해하고 있으니 현재와 같이 협정 후에도 재산 취득령의 효력이 계속된다고 협정 본문이나 합의의사록에 규정하였으면 한다.

이 대표: 외국인 재산 취득령에 의하면 외국인이 부동산을 매매하려면 원칙적으로 통산대신의 허가를 필요로 하는데 동령 부칙의 규정에 따라, 정령(政令)이 제정되어, 현재 재일한인은 80여 국의 외국인과 같이 부동산의 매매에 주무대신의 허가를 필요

로 하지 않고 있다. 그런데 협정이 되면 한국인은 부동산의 매매에 주무대신의 허가를 받아야 된다고 악선전을 한다는 것이다. 작년 본인이 지방 출장 시에도 이러한 허위 선전이 심하였었다. 더욱 조총련계는 무식한 사람들을 상대로 이러한 허위 선전을 하니 곤란하다. 그러니 현행 법령의 효력의 존속성을 협정상에 규정하는 것도 하나의 방법이다.

권 고문: 상기 법령은 각령이니, 협정 합의의사록 같은 데다 기득권을 존중한다 정도라도 규정하자.

야기: 우리 안 제4조 같은 일반적 규정으로 안 되느냐?

이 대표: 일반 외국인보다 불리하게 대우 안 한다고 규정되기 전에는 안 된다.

권 고문: 협정에 따라 영주권을 부여받은 자에 대한 재입국 기간은 어느 정도 해주느냐? 그것이 권리로서 재입국을 요구할 수 있는지?

야기: 재입국 기간 내에 돌아오면 되며, 권리로 볼 수는 없다.

이케가미: 재입국 기간은 최대로 1년이다.

권 고문: 영주권은 권리냐? 허가냐?

야기: 우리로서는 어디까지나 영주를 허가하는 것으로 본다.

이케가미: 협정이 되면 모두 퇴거 강제된다고 악선전한다지만 그럴 염려 없다.

방 대표: 그러면 오늘은 이 정도로 끝맺자.

야기: 좋다. 신문 발표는?

이 대표: 양측 안을 기초로 하여 논의했고, 처우는 이야기했다 하자.

이케가미: 좋다.

71. 제7차 한일 전면회담 법적지위위원회 제23차 회의 회의록

1174   제7차 한일 전면회담 법적지위위원회 제23차 회의 회의록

1. 일시: 1965. 3. 23, 15:00~17:40
2. 장소: 가유회관
3. 참석자: 한국 측: 방희   대표
          이경호   〃
          최광수   전문위원
          안세훈   보좌
          김윤택   사무관
   일본국: 야기   입관국장
          니이야   민사국장
          가유미   민사국 제5과장
          이케가미 입관국 참사관
          사이키   법규과 사무관
          쓰루타   북동아과 사무관
4. 토의 내용

　이 대표: 그러면 오늘 회합에서는 양측 안을 기초로 하여 전문부터 의견을 교환하자.

　첫째 협정의 명칭에 대하여 일본 측 안에는 '대우'라고 규정하고 있는데 작년 3. 6의 일본 측 안에는 '법률상의 지위'로 규정되어 있고, 그 이전의 일본 측 안에는 '법적지위'로 규정되어 있어서 일본 측 안이 나올 때마다 그 명칭이 상이한데, '대우'와 '법률상의 지위'와 '법적지위'의 차이가 무엇이냐?

1175　물론 명칭은 어디까지나 형식이고, 내용이 중요하다 하나 명칭도 잘 정하여야 하겠다.

　둘째로 명칭과 전문 중에 '재류하는'이라는 어구가 있는데, 우리는 '거주하는'이라

고 표시하는 것이 좋다고 생각한다.

이케가미: '법률상의 지위'는 일본 법률상의 지위 같아서 부적당하고 '법적지위'는 무슨 뜻인지 명백하지 못한 의견이 있어서 '대우'라고 한 것이다. 다음에 입관령을 비롯하여 법령 술어로서 모두 '재류하는'이라는 말을 사용하고 있다.

이 대표: 대우보다는 법적지위로 해야 한다고 생각하고, 일본 측이 원한다면 법적지위와 대우로 하여도 좋다. 그리고 일본 측이 '재류하는'이라는 표현을 꼭 써야 할 이유가 없다면 '거주하는'이라고 표시하자.

사이키: 거주하는이라고 규정하면 법률적으로 문제가 되어 법제국 심의 시에 문제가 된다.

야기: 한국 측만 '거주하는'이라 규정하면 되지 않겠는가?

사이키: 영문으로는 '재류하는'을 Reside로 표현한다.

이 대표: 영문으로는 '거주하는'이나 '재류하는'이나 Reside가 되는데, 한국어와 일어의 표현이 같아야 되지 않겠느냐? 법제국의 심의는 외무성 당국서 설득하기에 달렸지 않느냐?

방 대표: '재류'라면 단기간의 체재를, '거주'라면 장기간의 체재를 의미하는 것 같이 되는데, 우리나라에서는 이런 경우 '거주'란 용어를 사용하니, '거주'라는 것이 더욱 개념이 명확하고, 내부 설득에도 용이하다.

이케가미: '외국인등록법'에는 '거주'란 용어가 있기는 하다.

쓰루타: 한국이 통상 용어로 '거주'를 사용하는 관계라든지, 여러 가지 사정이 있다면 한번 고려할 용의가 있다.

이 대표: 거듭 이야기하는 것이지만 협정의 명칭을 '대우'라는 데 대하여는 내용으로 보아서는 괜찮을지 모르나, 명칭이 세 번 바뀌었다. 일본 측 제1차 안에서는 '법적지위'로, 제2차 안에서는 '법률상의 지위'로 이번 안에서는 '대우'로 규정하였으며, 여태까지도 본 위원회의 명칭은 외부적으로 '법적지위위원회'로 알려져 있지 않았느냐? 그러니 협정의 명칭을 '법적지위와 대우'로 규정하도록 하자.

이케가미: '법적지위'는 사실은 법률용어는 아니다. 그래서 우리 대신이 갈릴 때마다 설명하기에 급급하였다. '법적지위'란 말은 4차 회담 때부터 사용하기에 이르렀고 제1차 회담 때는 '국적 문제'로 호칭하였는데, 너무 국적을 강조하는 것 같아서 '법

적지위'라 한 것이다.

최 위원: 제4차 회담 때 양측이 내놓은 영문 안에도 이미 Legal Status and Treatment 라고 되어있었다.

방 대표: 될 수 있으면 오늘 이 회합에서 정할 수 있는 것은 정하도록 하자. 정, 정할 수 없는 것은 다음까지 기간을 두어 검토하도록 하자.

이케가미: '재류하는'을 '거주하는'으로 표현하는 것은 고려할 여지가 있으나, '대우'를 '법적지위와 대우'로 표현하는 것은 고려할 여지가 없다.

니이야: '법적지위'라는 것은 너무 포괄적인 내용같이 보이니 현재 제출된 '대우'라는 것이 명칭으로 타당하다고 본다.

최 위원: 여태까지 법적지위위원회라 하여 '법적지위'란 것이 하나의 상징으로 됐는데, '법적지위'란 말을 빼면 머리가 빠진 것 같으니, 13여 년이나 한 회의의 결과가 아무 내용도 없는 것 같이 보이니 납득시키기 곤란하다.

방 대표: 한번 더 검토해 보기를 바란다.

이 대표: 다음으로 전문 중에 '제3국 국민과 다른 대우'라고 처음 나왔는데, 이를 '제3국의 국민보다 호의적인 대우'라고 규정하면 어떻겠냐? 과거의 일본 측 안에서는 '특별한'으로 규정되었는데, 이번의 안에 표시된 '다른 대우'와 과거의 안의 '특별한 대우'의 차이는 무엇인가?

이케가미: 한국 측 주장대로 규정하면 제3국의 국민에 대하여 불리한 대우를 하는 것 같은 인상을 주어 그렇게 규정하지 말고, '제3국 국민과 다른 대우'를 삭제하고, '한인이 안주함을 보장하는' 정도로 규정하면 어떻겠냐?

이 대표: 그러면 '대한민국 국민에 호의적인 대우'라 한다면 어떨는지?

이케가미: 지난번 시나 외상 방한 시의 한일 양국 외상의 공동선언 내용을 따서 '평화로운… 안주함을 보장함을 희망하면서'라고 규정하면 어떻겠냐?

방 대표: 양측 안의 전문 내용과 공동선언 내용을 함께 비교하여 적당한 표현을 하도록 하자.

사이키: 한번 적당한 표현을 고려해 보겠다.

이케가미: 검토를 해야겠으되, 한국 측 안에 나오는 역사적 배경의 특수성을 표현하는 것만은 곤란하다.

1178   최 위원: 그러나 협정이 체결하게 된 경위는 조응하여 어느 정도 삽입해야 된다고 본다.

이 대표: 또한 전문의 '어떤 종류의 사항에 대하여'는 불필요한 표현이니 삭제하도록 하자.

이케가미: 전문이 아니어도 각 조항에 구체적으로 규정되어 생각할 일이다.

방 대표: 조금 전에 이야기한 대로, 양측 안을 기초로 하고, 그 위에 공동선언을 참작해서 뺄 것을 빼고, 넣을 것을 넣도록 해서 잘 마련하자.

이케가미: 여태까지 상호 나온 이야기로 서로 이해하게끔 되었으니, 고쳐 표현하도록 하자.

이 대표: 전문 중의 "…대우를 부여함이, 양국 간 및 양국 국민 간의 우호 관계의 증진"을 "…대우를 부여함이 필요하다고 인정하고 또 이러한 대우를 부여하는 것이 양국 간 및 양국 국민의 우호 관계 증진"으로 분리 표현하면 어떻겠느냐?

사이키: 우리 전문의 취지와 한국 측 안의 취지가 같다고 본다.

이 대표: 양쪽 안을 비교하여 취사선택하면 되지 않겠느냐?

사이키: 이 문제는 조금 전에 이야기한 '제3국의 국민과 다른 대우'란 것과 관련해서 검토하여 좋은 대로 표현해 보겠다.

이 대표: 그러면 협정 전문은 이 정도로 논의하고, 일본 측 안 제1조는 고위층의 정치적 절충에 돌리고, 일본 측 안 제2조의 퇴거 강제 사유에 대하여 이야기하자.

이케가미: 그 전에 제1조의 태평양전쟁의 종료일에 대한 견해의 차이에 대하여 논의하자. 이 날을 1945년 9월 2일로 일본 측은 해석하지만 평화조약의 발효일로 해석하는 설도 있다. 그러므로 태평양전쟁의 전투 종료일이라고 하면 불명확하다.

1179

이 대표: 그렇다면 1945년의 종전의 날로 하자.

니이야: 그럼 요전에 이야기한 바대로 부속 문서에 '태평양전쟁 전투 종료의 날'을 일본은 1945. 9. 2로 한국 측은 1945. 8. 15로 해석한다는 취지로 규정하면 되리라 본다.

이 대표: 그러면 1945년 종전의 날'로 정하고 상기와 같이 양측이 각각 양해하면 될 것이다.

사이키: 한번 더 검토하자.

이 대표: 일본 측 안 제2조 퇴거 강제 사유는 대개 합의된 것이나 동 조 제1항 (b)의 '외교사절단의 공관'에 대하여 일본 측의 합의의사록만 갖고서는 그 정의가 애매하니 '외교사절단'의 정의도 명확히 해두자.

사이키: 한국 측은 '외교사절단의 장의 저택'만을 의미하려는가?

이 대표: 아니다. 대사관 공사관과 그 공관장의 저택을 의미하도록 규정하고자 한다. 그러나 일본 측 안의 합의의사록에는 '외교사절단'의 정의가 불명확하므로, 이것도 명백하게 정하자는 취지다.

이케가미: '비엔나'조약 갖고서도 충분하지 않으냐?

이 대표: 자세히 말하면 '외교사절단의 공관'의 '외교사절단'의 정의조차 애매하니, 이도 명확히 규정하고 그런 다음에 '외교사절단의 공관'의 정의를 정하자는 뜻이다. 상기 취지를 간략히 합의의사록에 규정하면 될 것이다.

사이키: 좋다. 그렇게 하자.

이 대표: 다음으로 일본 측 안 제2조 1항 (c)의 마약법에 있어서 전단과 후단으로 나누어지는데, 전단의 '영리범'에는 "집행유예의 언도를 받은 자를 제외한다"라고 규정하고, 후단의 소위 '상습범'에는 적용 안 하는 것으로 되어 있는데, 후단의 경우에도 '집행유예 언도자'는 적용되도록 명시하자.

니이야: 후단의 경우는 3회 이상의 형을 받은 경우이니, 벌써 그 성질에 있어 집행유예 언도를 받을 수 있는 것은 초범 시에 한할 것이고 별로 중요성이 없지 않으냐, 전단과 구분하여 후단은 적용 안 하는 것이 타당하다고 본다. 재고를 바란다.

이 대표: 일본 측이 이 점을 고집한다면 우리도 청훈하여 보겠다. 그리고 일본 측 안 제2조 1항에 '본 협정의 효력 발생일 이후 다음에 규정된 자로 된 경우'를 '…이 협정의 효력 발생일 이후의 행위에 의하여'로 규정하자. 일본 측 안대로 정하면 해석상 애매한 점이 있어 곤란하다. 또 실례로 보아도 협정 발효 이전에 내란죄를 범하여 기소된 자는 협정 발효 후 재판 판결로 퇴거당하니 협정 발효로 양국이 우호 관계를 강화한다는 취지로 보아서도 부당하다.

이케가미: 법무성으로서는 크게 곤란하다.

니이야: 협정 발효를 전후하여 이러한 범주에 해당될 자는 많지 않으리라 본다.

이 대표: 협정을 전후하여 해당되는 자도 극소수이니 은사적으로 고려하기를 바

란다. 1957년 한일 각서 교환으로 퇴거 강제를 보류하고 있는 현상인데 협정 발효 이전의 범법 행위에 의하여 협정 발효와 동시에 퇴거당했다 해서는 우리는 내부적으로 설득하기 곤란하다.

이케가미: 우리 법체계나 시행상으로, 퇴거 강제를 협정 이후의 범죄 행위에 한한다는 것은 곤란하다.

이 대표: 그래도 한번 검토해 보아라.

이케가미: 이 협정 규정에 의거한다면 지금 매년 마약범으로 10명, 7년을 초과하는 자로 20명가량이 퇴거 강제당할 대상자로 보고 있다.

니이야: 연간 40명가량의 퇴거 강제 사유 해당자 중 협정 발효 전후에 걸칠 자는 그 5분의 1도 못 될 것이니 그렇게 극소수라면 한국 측 입장도 고려할 만하다.

이 대표: 그렇다면 협정 본문 제2조 1항에 "협정 발효 이후의 행위에 의하여…"로 정하면 어떠냐?

이케가미: 검토해 보겠다. 그러나 본문에는 곤란하고 합의의사록은 괜찮을까 본다.

이 대표: 그러면 협정 본문은 일본 측 제안대로 '…협정 효력 발생 이후 다음에 규정된 자로된…'로 하고 합의의사록에 '제2조 1항의 퇴거 강제 사유는 본 협정 발효 후의 행위에 의하여 형에 처해진 자만을 의미한다'는 식으로 정하되, 서로 내부적으로 더 한 번 검토하자.

이케가미: 좋다. 그렇게 하도록 하자.

이 대표: 그러면 오늘은 이 정도로 끝맺자. 다음 회의는?

쓰루타: 내일은 외상회담에서 법적지위 문제가 논의되니 열기 어려울 것 같다.

야기: 그러면 내일이나 모레 적당한 때를 상호 연락하여 정하자.

이 대표: 좋다. 신문 발표는 양측 안을 기초로 하여 전문과 퇴거 강제 사유에 대하여 논의했다 하자.

야기: 좋다.

72. 법적지위 문제 관련 훈령 전문

번호: WJA-03413

일시: 241690 [1965. 3. 24]

수신인: 주일 대사

대: JAW-03494

1. 대호 2. (1)의 협정 명칭에 관하여는 가급적이면 '법적지위와 대우'로 하도록 교섭하시기 바람.

2. 가. 대호 4. (1)의 퇴거 강제 사유에 관하여는 대호와 같이 협정 본문에서는 규정하지 않고 합의의사록에서 "제2조 1항의 퇴거 강제 사유는 본협정 발효 후의 행위에 의하여 형에 처해진 자만을 의미한다"는 것을 규정함을 양승함.

나. 대호 4. (3)의 마약범에 관하여는 가급적이면 "집행유예의 언도를 받은 자를 제외한다"는 단서 규정을 후단에도 적용시키도록 노력하시압.

다. 대호 5.의 '종전일'에 관하여는 협정문에 '1945년 종전일'로만 표시하고 합의의사록에 양측이 생각하는 일자를 규정하는 방식은 취하지 않도록 하시압. (외아북)

장관

74. 제7차 한일회담 법적지위위원회 제24차 회의 회의록

제7차 한일 전면회담 법적지위위원회 제24차 회의록

1. 일시: 1965. 4. 16, 10:30~11:30
2. 장소: 가유회관
3. 참석자: 한국 측: 방희　　대표
　　　　　　　　이경호　　〃
　　　　　　　　오재희　　전문위원
　　　　　　　　안세훈　　보좌
　　　　　　　　김윤택　　사무관
　　　　일본국: 야기　　　입관국장
　　　　　　　　니이야　　민사국장
　　　　　　　　오오와다　조약국 참사관
　　　　　　　　가유미　　민사국 제5과장
　　　　　　　　스가노마　입관국 총무과장
　　　　　　　　다니구치　조약과 사무관
　　　　　　　　사이키　　법규과 사무관
　　　　　　　　쓰루타　　북동아과 사무관

4. 토의 내용

　야기: 앞으로의 회의 진행을 어떻게 해나가겠는가?

　방 대표: 과반 수석 회담에서는 첫째로 처우에 관하여는 고위 레벨에서 이야기하자고 하였으나, 본 위원회에서 논의될 수 있는 것은 논의함이 좋다고 보며, 둘째, 전후 입국자와 이산가족의 재회 문제에 대하여는 과반 외상 공동성명에서 우리 측의 요망만을 일방적으로 삽입하였는데, 이에 대하여도 본 위원회에서 논의되기를 바라며, 동시에 앞으로 공동위원회 같은 것을 설치하여 협정사항에 있어 의의가 있을 때 처리하

도록 하였으면 한다. 셋째, 본 위원회에서 해결되거나 합의된 점에 대하여는 협정문 기초를 위한 분과위원회 같은 것을 설치하여 이에 회부하여 협정 문안을 작성하게 되기를 바란다.

우리 대표단원 2명이 근간 오게 될 것이니 분과위원회 구성에 있어서 준비를 갖추게 될 것으로 본다. 전후 입국자와 이산가족의 재회 문제에 대하여는 기왕 논의한 바도 있으니, 이에 덧붙여서 논의하고, 처우에 대하여도 본 위원회에서 논의하도록 하자.

야기: 우리는 아직 내부적으로 충분히 논의하지 못하였다. 처우에 관련하여 관계 각 성 실무자를 본 위원회에 출석시킬 것인지? 외무성 측에서 여사한 실무자들과 사전 타협을 한 후 본 위원회에서 논의함이 좋을지? 여러 가지 방법이 있겠는데 외무성 아주국 생각은 어떤지? 내 생각으로는 각 성 실무자를 본 위원회에 출석시키고, 또 소위원회를 설치하여 결정 또는 합의를 본 것은 협정 문안을 작성하도록 하여, 회의를 병행적으로 개최함이 좋다고 본다.

쓰루타: 각 성 대표가 이미 정해져 있으니 그렇게 하는 것이 좋다고 본다.

오 위원: 다른 분과위원회에서는 이미 협정문 기초를 위한 소위원회를 설치하여, 협정문 작성에 착수하고 있는 것 같으니, 여기서도 협정문 기초를 위한 소위원회를 설치하여 협정문 작성에 착수하면 어떻겠느냐?

오오와다: 협정문은 영문으로 먼저 작성할 것인가?

이 대표: 협정문은 일본어와 한국어로 먼저 작성하여, 이를 양측이 합의하면, 다시 이를 소위원회에 회부하여, 영문으로 번역하게 하고, 이 번역이 정확한가를 다시 이 위원회에서 검토하여 재합의하기로 하자.

오오와다: 그러한 방법이 좋을 것 같다.

야기: 소위원회는 몇 명으로 구성함이 좋겠는가? 우리로서는 오오와다 참사관을 위시하여 Working Group으로 소위원회를 구성하고자 한다.

방 대표: 처우는 각 성의 사정을 고려해서 본 위원회에 출석시켜, 소위원회와 병행 개최하도록 하자. 그리고 소위원회 멤버 구성은 서로 적당히 정하자.

야기: 그러나 시간적으로는 본 위원회와 소위원회가 동시 개최되지 않도록 별도 개최하도록 하자.

오오와다: 예컨대, 본 위원회를 오전에 개최하여 합의 및 결정된 것이 있으면 오후에 소위원회에서 협정 문안을 작성하도록 함이 좋을 것이라 본다.

야기: 소위원회는 언제부터 개최함이 좋겠는가? 한다면 협정 전문부터 시작할 것인지?

이 대표: 본 위원회를 더 개최하여 본 회합에서 결정된 것을 소위원회에 회부하는 것이 좋을 것 같다. 본 위원회에서 결정되지 못한 것은 소위원회에 넘겨도 진전은 없을 것이니, 본 위원회가 선행되어야 할 것이다.

야기: 좋다.

방 대표: 그러면 본 위원회를 한 번 더 개최하도록 하자.

야기: 다음 회의부터는 인원도 많으니 외무성 같은 곳에서 개최하도록 하자. 내주 21일(수) 오후가 어떻겠느냐?

방 대표: 좋다.

야기: 그러면 장소는 추후 연락하기로 하고, 회의 참석 범위는 오늘 이 멤버로만 할 것인지? 문부성 실무자 등을 부르는 것이 좋을 것인지?

방 대표: 타 부처 대표의 Level은 어떠하며 회의에 출석할 준비가 갖추어지고 있는지?

쓰루타: 대개 과장급이며 아직 구체적으로 절충 못하였다.

이 대표: 다음 회의에서 교육 문제에 대하여 논의하기로 하고 문부성에서 나오도록 하면 어떻겠느냐?

야기: 아직 각 성과 절충을 못하였으니, 우선 다음 회합은 오늘 이 멤버로 만나도록 하자.

쓰루타: 한국 측으로서는 4. 3 합의사항에 의거한 협정 문안이 작성되어 있는지?

이 대표: 우리는 작성하고 있는 중이다. 그러니 다음 회합에서는 협정 전문부터 이야기하자. 다음 회합에서는 전문부터 논의하여, 결정되는 것은 영문으로 작성하도록 하자.

오오와다: 좋다. 그리고 수요일 이전에는 협정문이 준비 안 되겠는데, 수요일 회합에서는 준비되는 대로 상호 협정문을 교환하도록 하자.

방 대표: 좋다.

오 위원: 신문 발표는 금후 회의의 진행 방법과 내주 회합에서 상호 협정문을 내도록 하였다고 하자.

야기: 좋다.

끝

77. 법적지위 문제에 관한 합의사항(1965. 4. 3) 문서

1201 [파일번호 1486의 72번 문서에 동일한 문서가 수록되어 있으므로 여기서는 생략함]

법적지위위원회 회의록 및 훈령, V. 2, 제25차~제40차

분류번호 : 723.1 JA 법 1964-65 V. 2
등록번호 : 1458
생산과 : 동북아주과
생산연도 : 1965
필름번호 : C1-0012
파일번호 : 08
프레임번호 : 0001~0271

1965년 4월 21일~6월 15일간 개최된 제7차 한일회담 법적지위위원회 제25~40차 회의 기록, 관련 훈령 및 협정(부속문서 포함) 안 등이 수록되어 있다. 양측은 1965년 4월 3일 재일한국인의 법적지위에 관한 '합의사항'을 토대로 사회보장 문제 등 채 합의되지 않은 부분에 관한 협의를 이어갔으며, 최종적으로 여타 협정과 함께 뉴오타니, 힐튼호텔에서의 조문화 교섭을 통해 협정, 합의의사록, 토의 기록 작성을 마무리하였다. 이와 함께 마지막까지 양국 간에 합의를 이루지 못한 사안에 관해서는 일본 측 법무대신의 성명(전쟁 종료 후 평화조약 발효 시까지 한국에 일시 귀국한 자와 전쟁 종료 후 일본에 입국한 자에 대한 영주 허가 관련)과 법무성 입관국장(이산가족 재회를 위한 영주허가자 근친 가족의 일본 입국 허가) 및 문부성 초등중등국장(재일한국인 자녀의 상급학교 진학 관련)의 담화를 통해 한국 측이 주장해 온 점을 보완함으로써 재일한국인의 법적지위에 관한 교섭을 완성하였다.

1. 법적지위 문제에 관한 훈령 내부재가 문서

기안자: 동북아과 권태웅

과장[서명] 국장[서명] 차관[서명] 장관[서명] 국무총리[서명]

협조자성명: 법무부 장관

기안년월일: 65. 4. 20

분류기호 문서번호: 외아북 722-963

경유·수신·참조: 한일회담 수석대표

발신: 장관

제목: 법적지위 문제에 관한 훈령

1. 65. 4. 3에 '이니셜'된 법적지위 문제에 관한 '합의사항'과 '추가된 합의사항'을 기초로 한 앞으로의 교섭에 있어서는 별첨 1의 훈령에 의거하여 주시기 바랍니다.

2. 법적지위 문제에 관한 합의사항을 조문화함에 있어서는 별첨 2의 아 측 협정 초안을 참고로 하시기 바라며, 가능한 한 이 아 측의 협정 초안보다 유리한 조건과 표현으로 협정화 하도록 하시기 바랍니다.

유첨: 1. 법적지위 문제에 관한 훈령 1부
　　　2. 아 측 협정 초안 1부

끝

첨부
1-1. 법적지위 문제에 관한 훈령 문서

법적지위 문제에 관한 훈령

1. 협정의 명칭

일본 측 안대로 '대우'에 관한 협정으로 한다. 단. 가급적이면 '법적지위와 대우'에 관한 협정으로 하도록 한다.

2. 전문

외아북 722-911(65. 3. 22) 2.의 규정에 따라 교섭한다.

3. 영주권의 부여 범위와 퇴거 강제 사유

1965. 4. 3 자의 '합의사항' 1, 2, 3의 규정에 따라 조문화하도록 한다.

4. 퇴거명령의 조치를 받은 자의 인수

65. 4. 3 자의 '합의사항' 4의 규정은 협정 본문과는 분리하여 별도 문서(합의의사록 등)로 규정하도록 한다.

5. 처우 문제

65. 4. 3 자의 '추가된 합의사항'의 취지를 감안하여 교섭하도록 하되,

가. 일반적 권리 규정에 관한 65. 3. 4 자 아 측 안 제4조 1항은 철회하고, 그 대신 "일본국에 영주하는 자는 사회활동 및 경제활동을 행함에 있어서 각인의 국적에 의하여 차별대우를 받지 아니하며(62. 3. 7 자 일본 측 문서 참조) 여하한 경우에도 어느 제3국의 국민에게 부여되는 대우보다 호의적인 대우를 향유한다"라는 표현이 되도록 교섭을 추진한다.

나. 재일한인이 설립하는 사립학교의 자격 인정 문제와 사회보장 문제에 관하여는 외아북 722-911(62. 3. 22)의 6.의 (1), (2)의 규정에 따라 교섭하되 기타 없을 수 있는 일본국 법률 혜택, 금융, 공영 주택 등도 가능한 한 확보하도록 한다.

다. 전후 입국자와 이산가족의 재회 문제에 관하여는 아 측의 종전의 입장(전후 입국자에 관하여는 외아북 722-763(65. 1. 25)의 7의 5)이 최대한으로 반영되도록 추진하다.

6. 계속 거주의 정의, 영주권 신청자의 국적증명

아 측 합의의사록 안(JAW - 03160 참조) 1 및 2에 의하여 추진하도록 한다.

7. 영주귀국자의 재산반출 및 자금의 송금

우선 종전의 아 측 입장(65. 2. 5 자 아 측 문서 참조)이 최대한으로 반영되도록 교섭한다.

첨부

1-2. 법적지위 문제 관련 한국 측 협정(안)

일본국에 거주하는 대한민국 국민의 법적지위와 대우에 관한 대한민국과 일본국 간의 협정(안)

대한민국과 일본국은,

일본국에 거주하는 일정한 대한민국 국민의 특수한 사정을 고려하여, 그들에게 제3국의 국민보다 호의적인 대우를 부여함이 필요하다고 인정하고,

이러한 대우를 부여함이 양국 간 및 양국 국민 간의 우호 관계의 증진에 기여함을 인정하여, 따라서, 다음과 같이 협정하였다.

제1조

1. 일본국 정부는 다음에 규정된 대한민국 국민이 본 협정의 효력 발생일로부터 5년 이내에, 본 협정의 실시를 위하여 정하는 수속에 따라 일본국에서의 영주를 신청할 때에는 이를 허가하는 것으로 한다.

(a) 1945년의 종전일 이전부터 일본국에 계속하여 거주하는 자

(b) (a)의 직계비속으로서 1945년의 종전일 이후 이 협정의 효력 발생일로부터 5년 이내에 일본국에서 출생하고 계속하여 거주하는 자

(c) (a) 및 (b)의 자(아들)로서 이 협정의 효력 발생일로부터 5년이 경과한 날 이후에 일본국에서 출생한 자

2. 본조 제1항 (b)에 규정된 자로서 본 협정의 효력 발생일로부터 4년 9개월을 경과한 날 이후에 출생한 자 및 본조 제1항 (c)에 규정된 자는 본조 제1항의 규정에 불구하고 영주 신청 기간을 출생일로부터 3개월 이내로 한다.

3. 본조의 규정에 의한 영주 신청 및 허가에 대하여는 여하한 수수료도 증수되지 아니한다.

제2조

1. 일본국 정부는 제1조의 규정에 의하여 영주가 허가된 자의 직계비속으로서 일본국에 출생한 자의 거주에 관하여 본 협정의 효력 발생일로부터 25년을 경과할 때까지

는 대한민국 정부의 요청이 있으면 협의를 행할 용의가 있다.

2. 본조 제1항의 협의에 있어서는 본 협정의 기초가 되고 있는 정신과 목적을 존중하는 것으로 한다.

제3조

1. 제1조의 규정에 의하여 영주가 허가된 자는 본 협정의 효력 발생일 이후의 행위에 의하여 다음에 규정된 사유의 하나에 해당되는 자가 된 경우를 제외하고는 여하한 경우에도 일본국으로부터의 퇴거를 강제당하지 아니한다.

(a) 일본국에 있어서 내란에 관한 죄 또는 외환에 관한 죄를 범한 것으로 인하여 금고 이상의 형에 처하여 진 자(집행유예의 언도를 받은 자 및 내란에 부화수행한 것으로 인하여 형에 처하여진 자를 제외한다.)

(b) 일본국에 있어서 국교에 관한 죄를 범한 것으로 인하여 금고 이상의 형에 처하여진 자 및 외국의 원수, 외교사절 또는 그 공관에 대한 범죄 행위에 의하여 금고 이상의 형에 처하여지고 일본국의 외교상의 중대한 이익을 해한 자

(c) 영리의 목적으로 마약류의 취체에 관한 일본국의 법령에 위반하여 무기 또는 3년 이상의 징역 또는 금고에 처하여 진 자(집행유예의 언도를 받은 자를 제외한다) 및 마약류의 취체에 관한 일본국의 법령에 위반하여 본 협정의 효력 발생일 이후 3회(단, 본 협정의 효력 발생일 이전에 3회 이상 형에 처하여 진 자에 대하여는 2회) 이상 형에 처하여 진 자

(d) 일본국의 법령에 위반하여 무기 또는 7년을 초과하는 징역을 또는 금고에 처하여 진 자

제4조

1. 제1조의 규정에 의하여 일본국에서의 영주가 허가된 자는 사회활동 및 경제활동을 행함에 있어서 국적에 의한 차별대우를 받지 아니하며, 여하한 경우에도 어느 제3국 국민에게 부여되는 대우 보다도 호의적인 대우를 향유한다.

2. 제1조의 규정에 의하여 일본국에서의 영주가 허가된 자는 일본국에서의 교육 및 생활보호 등에 관한 사항에 대하여 일본국 정부의 타당한 고려를 받는다.

3. 제1조의 규정에 의하여 일본국에서의 영주가 허가된 자(영주 신청을 행할 유자격자를 포함한다)로서 일본국에서 영주할 의사를 포기하고 대한민국으로 귀국하는 자가

귀국 시에 휴행하는 재산 및 그가 일본국에서 소유하는 자금의 대한민국에의 송금에 관한 사항에 대하여 일본국 정부의 타당한 고려를 받는다.

제5조

본 협정은 비준되어야 한다. 비준서는 가능한 한 조속히 교환하는 것으로 한다. 본 협정은 비준서의 교환일로부터 30일이 경과한 날에 효력을 발생한다.

이상의 증거로서, 정당히 위임받은 하기 대표자는 본 협정에 서명하였다.

196 년 월 일   에서 동등히 정문인 한국어, 일본어 및 영어로 본 서 2통을 작성하였다. 해석에 상위가 있을 경우에는 영어의 정문에 의한다.

첨부

1-3. 법적지위 문제에 관한 협정에 대한 합의의사록(안)

<u>일본국에 거주하는 대한민국 국민의 법적지위와
대우에 관한 대한민국과 일본국 간의 협정에 대한 합의의사록 (안)</u>

대한민국 정부 및 일본국 정부의 각 대표자는 오늘 서명된 일본국에 거주하는 대한민국 국민의 법적지위와 대우에 관한 대한민국과 일본국 간의 협정의 교섭 과정에서 도달한 다음의 양해를 기록한다.

제1조에 관하여.

1. 제1조 제1항의 (a) 및 (b)에서 말하는 '일본국에 계속하여 거주하는 자'라 함은 일본국에 생활의 근거를 가지고 있는 자를 말한다.

2. 대한민국 정부는 제1조의 규정에 의하여 영주 신청을 행하는 자 중 그 국적이 불분명한 자에 한하여 그의 국적이 증명되도록 협조한다.

3. 일본국 정부는 제1조의 (b) 및 (c)에 규정된 자로서 일본국 이외의 지역에서 출생하는 자가 제1조 2항의 규정에 의거하여 영주를 신청하는 경우에는 그 자의 출생 당시의 사정 등을 고려하여 이를 허가하도록 한다.

제3조에 관하여.

1. 제3조 제1항의 (b)에서 말하는 '그 공관'이라 함은 소유자의 여하를 불문하고 외교사절을 위하여 사용되고 있는 건물 또는 그 일부 및 이에 부속하는 토지를 말한다.

2. 일본국 정부는 제3조에 규정된 사유에 해당하는 자라는 이유로 퇴거를 강제하고자 할 경우에는 그 자의 기록 구성 또는 기타의 사정을 감안하여 인도적인 고려를 한다.

3. 대한민국 정부는 제3조의 규정에 의하여 퇴거명령의 조치를 받은 자의 인수에 관하여 일본국 정부의 요청에 따라 협력한다.

제4조에 관하여.

1. 제4조 제2항에 관하여.

(a) 일본국 정부는 제1조의 규정에 의하여 일본국에 영주하는 자가 일본국의 의무교육을 받고자 희망하는 경우에는 이를 인정한다.

(b) 일본국의 의무교육을 받은 자가 상급학교에 진학함에 있어서는 일본 국민과 균등한 기회가 부여된다.

(c) 일본국 정부는 제1조의 규정에 의하여 일본국에 영주하는 자에 대하여는 생활보호(이하 열거할 것…)에 관한 일본국 법령에 혜택을 일본 국민과 동등하게 받도록 조치한다.

2. 제4조 제3항에 관하여

(재산반출과 자금의 송금 사항을 추후 규정)

3. 제7차 한일회담 법적지위위원회 제25차 회의 회의록

제7차 한일 전면회담 법적지위위원회 제25차 회의록

1. 일시: 1965. 4. 21, 14:30~15:40
2. 장소: 외무성 233호실
3. 참석자: 한국 측: 방희　　대표
　　　　　　　　이경호　　〃
　　　　　　　　안세훈　　보좌
　　　　　　　　김윤택　　사무관
　　　　　일본 측: 야기　　　입관국장
　　　　　　　　니이야　　민사국장
　　　　　　　　오오와다　조약국 참사관
　　　　　　　　스가노마　입관국 총무과장
　　　　　　　　가유미　　민사국 제5과장
　　　　　　　　다니구치　조약과 사무관
　　　　　　　　사이키　　법규과 사무관
　　　　　　　　쓰루타　　북동아과 사무관

4. 토의 내용

　야기: 협정 문안을 오늘 제출하려 했으나 준비가 되지 않아 내주에 제출하려 하니, 오늘은 이미 연락한 바대로 '처우'에 대하여 논의하자.

　방 대표: 거듭 오늘 회의에서 이야기해 둘 것은 합의사항에 의거 협정 문안을 작성함에 있어 협정 본문에 관련해서 합의의사록에 규정될 것이 많다고 본다. 그러나 모든 문제점을 전부 합의의사록에 규정할 수 없으니, 사견으로써는 한일공동위원회 같은 것을 설치하여 협정 시행에 있어서 문제되는 분쟁을 해결해 나가야 할 것이라 생각한다. 또한 전후 입국자 및 이산가족의 재회 문제도 어떤 형태로든 논의되어야 할 것이

라 생각한다. 처우에 대하여는 지금까지 나온 외에 더 내놓을 것이 무엇인지 이야기해 달라.

야기: 법적지위 중 처우 문제가 제일 의견이 좁혀지지 않고 있다.

방 대표: 처우 중 교육 문제에 있어서는 현재까지 일본 측 안 내용이 의무교육을 받을 수 있다는 것과 그들의 상급학교 진학에 있어서의 균등한 기회 부여만을 확약하고 있는 형편인데, 우리로서는 영주권자가 설립한 학교에 대한 상급학교 진학 자격 부여 문제를 중시하고 있다. 그러나 일본 측은 이에 냉담한 반응을 보이고 있다. 또 교육 문제 외에도 사회보장제도에 있어서 그 보장을 확약할 것이 있을는지?

이 대표: 솔직히 말해서 사회보장제도 중 국민건강보험은 대다수의 지방에서 재일 한인에 적용하고 있고, 또 가조인 후 신문에도 보도된 것을 보아도 일반 여론이 그 적용을 지지하는 것으로 생각되니, 국민건강보험의 적용에 대하여 이를 용인할 수 있을 것이 아닌가? 또한 교육 문제 중 영주권자가 설립한 학교에 대한 진학 자격 부여도 재고해 보기를 바란다.

야기: 영주권자가 설립한 학교에 대한 진학 자격 부여 문제는 도저히 불가능한 것이다.

쓰루타: 자민당 자체 내에서도 상당한 반대가 있다고 한다.

방 대표: 가조인 후 신문 보도에 의하면 외무성 내에 외국인의 학교 제도 연구를 위한 위원회를 설치한다고 보도된 것은 어떤 이야기인가?

쓰루타: 어디까지나 신문 보도로 정확한 이야기는 아니며, 설치에 이르지 못하였다.

야기: 일차 문부성 실무자를 본 위원회에 출석시키도록 하겠다.

이 대표: 과거에 문부성 실무자 이야기는 영주권자가 설립한 학교에 진학 자격을 부여한다는 것은 일본의 교육체계를 문란시킨다는 주장뿐으로 일관하여 왔었다.

조총련에서 경영하는 학교와 같이 민족교육이라 하여 어느 한 개인에 대한 영웅 숭배 사상이나, 세계 적화를 위한 사상교육이나 하고 있는 학교를 왜 그냥 두는지 이해 못하겠다. 이에 반하여 우리 민단계 학교는 교육과정이 일본의 학교와 똑같으니 고려해 볼 여지가 있다.

쓰루타: 조총련계 학교를 단속하는 것은 법률상 곤란한 점이 있다.

방 대표: 종전 후 조총련이 민단계와 공산계로 분리될 때 한인계 학교가 대개 조총

련으로 간 일이 있었다 한다. 조총련계의 민족교육 문고에도 일본 측서 예산을 뒷받침 해주는지?

야기: 특수한 지역에 조총련계 한인들이 집중하여 거주하고 있고, 그 지역에 분교가 설치되어 있는 경우, 그 지방자치단체의 관할구역 내이므로 예산의 뒷받침을 하고 있다고 듣고 있다. 하여간 문부성 실무자를 출석시켜 확실한 견해를 듣도록 하자.

방 대표: 교육 문제로 인하여 우리 대표단이 민단 측으로부터 많은 질문을 당하고 있고, 중대한 관심을 갖고 있는데, 확답을 할 수 없으니, 권 고문도 출석시켜, 민단 입장에서의 견해도 듣게 하자.

니이야: 재일한인이 설립한 학교를 일본의 정식 학교로서 인정해 달라는 이야기는 아니라고 생각되는데?

이 대표: 우리 측은 종래 영주권자가 설립한 학교의 정식 학교 인가 문제를 철회하고, 그 학교의 졸업자에 대하여 외국에서 동등한 학교를 졸업한 자와 동등한 진학 자격을 인정해 달라는 주장으로 바꾼 것이다.

쓰루타: 교육 문제에 있어서는 과반 외상회담에서 한국 측이 내놓은 문제 3개 중 2개가 합의된 셈인데, 여타의 '학교 설립 인가' 문제는 철회하는 것인지? 이제부터의 논의는 과반 합의사항에만 기초할 것인가?

이 대표: 그렇지 않다. 제3항목에 대하여는 보류했을 뿐이다. 즉 일본 측이 교육 문제와 사회보장 문제에 있어서 일본인에 준하는 대우를 한다면 몰라도 그렇지 않다면 철회한 것은 아니다. 영주권자가 설립한 학교에 대한 진학 부여 문제는 앞으로 쌍방이 더 논의해야 할 것이다.

야기: 요컨대 토의의 과정에서 해결하자는 의미가 아닌가 생각되니, 다음에 논의해 보자. 재산반출 문제는 교육 문제의 토의 후로 돌려도 될 것이 아닌가?

이 대표: 교육 문제를 토의한 후에 재산반출 문제를 논의해도 좋다. 가조인된 것 중에도 새로이 규정할 것이 많고, 영주권만 해도 합의의사록에 넣을 것이 많다. 그런데 회의 진행 방법에 있어서 '처우' 문제의 토의와 별도로, 협정문 작성을 추진해야 할 것으로 알고 있다.

야기: 협정 문안 작성은 어떻게 진전되고 있는지?

오오와다: 협정 문안을 작성해보니 여러 가지 어려운 바가 많다. 합의된 것도 표현

이 어려운 점이 있다. 그러니 날짜를 정하여 언제 제출한다기는 곤란하다. 특히 처우 문제가 합의되지 않아 더욱 그렇다. 재산반출이나 교육 문제의 근본 취지는 협정에 규정해야겠다.

1233 이 대표: 처우 문제의 기본이 되는 점을 협정 본문에 규정하는 점은 찬성이지만, 4.3일 가조인된 추가된 합의사항 1의 '타당한 고려'를 한다는 것은 그대로 조문할 수는 없다.

오오와다: 우리로서는 그렇게 생각하지 않는다. '타당한 고려'를 구체적으로 어떻게 협정 본문에 표시할 것인지? 곤란하여, 우리로서는 한국 측의 의향을 묻고자 한 것이다.

이 대표: 교육, 사회보장, 재산반출 등의 구체적인 처우가 결정된 후, 그것이 적절한지 타당한지를 보아서 협정 본문의 표현을 모색하면 될 것이 아닌가. 그러므로 나의 생각으로는 '타당한 고려' 운운은 내용이 없는 표현이다.

야기: 지금 형편으로 협정문을 제출하기는 곤란한지?

오오와다: 조약 전체의 균형으로 보아 곤란하다.

이 대표: 처우의 논의가 끝나야 다른 문제도 조문화할 것인가?

오오와다: 그렇지 않다. 대체적으로나마 논의된 다음이라야 협정 본문과 합의의사록으로 나누어서 표현을 하게 되기 때문이다.

이 대표: 처우 문제의 토의가 끝나는 것을 기다려서 협정문을 작성한다면 시일이 천연될 것이니, 처우 문제의 토의와 협정문의 작성 작업은 병행시켜서 진행해야 할 것이고, 또 협정 본문과 합의의사록은 분리하여 토의할 것이 아니고, 동시에 토의해야 할 것이다.

야기: 과반 가조인된 요강안에 의거하여 협정 문안을 작성할 것 아닌가?

오오와다: 물론이다. 그러나 협정 문안 작성에 앞서 일차 '타당한 고려'를 어떻게 생각하는지? 한국 측의 의견을 듣고자 하는 것이다.

이 대표: 우리는 처우에 있어 생활보호는 이미 합의되었으니, …'등'에 관하여 더 구체적으로 논의하자는 것이다.

1234 그러나 영주권의 부여 범위나 퇴거 강제 같은 것은 내용도 실질적으로 확정되었으니, 조문화할 수 있다고 생각한다. 그러나, 처우 문제는 실질적으로 결정 안 되었으므

로 아직 조문화할 수 없을 것이다.

야기: 조약국으로서는 가조인된 부분 중 합의사항은 그대로 조문화하고, 추가된 합의사항은 조문화 안 될 것이라 생각하는 모양인데, 실질이 결정되지 않을 것은 조문화할 수 없다는 한국 측 의향은 어떻게 보는지?

이 대표: 표현에 있어 '타당한 고려'가 아니어도 '적절한 고려' 등으로 표현할 수 있을 것이고, 혹은 구체적으로 합의한 후 규정할 수도 있을 것이다. 그러나 처우 문제에 관하여는 실질적으로 결정된 후 조문화해야 할 것이다.

다니구치: 이미 합의를 본 영주권과 퇴거 강제도 영문으로 표현함이 곤란하니, 처우 문제는 실질적으로 결정이 선행되어야 조문화할 것이다.

이 대표: 영주권이나 퇴거 강제에 대하여 조문화 작업을 하면서 한편으로는 처우에 대하여 구체적으로 논의하도록 하자. 처우는 매주 몇 회 정도 논의하면 어떻겠느냐?

니이야: 외무성 측이 좀 더 노력하여 가능한 한 처우 문제가 어느 정도 이야기되도록 하여 같이 조문화 작업을 하는 것도 한 방법이 아니겠느냐?

이 대표: 처우가 결정되어야 여타 문제도 조문화한다는 것은 곤란한 이야기다.

오오와다: 한국 측 생각대로 회의를 병행해도 될 것이다.

이 대표: 처우 문제 해결과 협정문 조문화 작업은 일응 병행 개최하도록 하자.

야기: 다음에는 문부성 실무자를 참석시키자.

니이야: 한국 측이 말하는 한국학원 졸업자에 대한 동등한 자격 인정은 한국 내의 정규학교 졸업자와 동등하게 인정해 달라는 것인지? 한국 내 각종 학교 졸업자와 동등하게 인정해 달라는 것이냐?

이 대표: 상급학교 진학 자격에 있어서 외국학교 졸업자와 동등한 자격을 인정하라는 취지이므로 한국 내의 정규학교 졸업자와 동등한 진학 자격을 인정해 달라는 것이다. 일본 내에 있는 한국계 학교는 일본의 문교체제에 합치되니 당연한 요구라 생각한다. 다음에는 문부성 측 이야기를 듣는 한편 국민건강보험에 대하여 후생성 측 이야기도 들으면 어떻겠냐?

오오와다: 그것도 좋다. 한국 측 요망이 어떤 것인지? 먼저 알아야 하겠다.

이 대표: 우선 국민건강보험 만에 한하여 상호 논의하자는 것이다.

쓰루타: 후생성 측은 한국 측의 의견이 전체적으로 고정되어야 이에 따라 논의하

겠다는 것이다.

이 대표: 당초 우리는 사회보장 전부를 적용토록 해 달랬던 것이나, 어느 정도 좁혔고, 더욱 국민건강보험 하나라도 그 적용을 보장받는다면 딴 것에 대하여는 이해시켜 좁혀 갈 수도 있는 것이다.

야기: 그러나 문부성과 후생성 양측 실무자가 다 함께 출석하기는 어렵다.

오오와다: 문부성 측에서는 어느 정도 결론이 나온 모양이니 문부성 이야기를 먼저 듣도록 하자.

사이키: 한국 측이 처우에 대하여 요망하고 있는 바는 무엇인지?

이 대표: 과반 외상회담 기간 중 김 대사 우시바 심의관 회담에서 아 측이 열거해서 내놓은 안이 그것이다. 당시 야나기야 사무관이 동 안이 최종적이냐 묻기에 그것만 적용된다면 딴 것은 철회한다고까지 이야기한 바 있다. 처우는 일본 측이 고려해 주려면 가능한 것으로써 우리가 무리하게 주장하는 것은 아니다.

사이키: 상호 마찬가지다.

오오와다: 재산반출 및 송금에 대하여는 대장성과 나중에 논의하도록 하자.

이 대표: 우선 문부성과 후생성과 이야기한 후 대장성과 논의하도록 하자.

오오와다: 회의의 촉진을 위하여 조문 작성 작업을 어떻게 할 것인지? 구체적으로 방안을 정하자.

이 대표: 처우를 실질적으로 끝마친 후 조문화 작업을 하는 것은 늦어지니 양측이 안을 서로 내거나, 일본 측이 안을 내면 이에 기초하여 논의 수정해도 될 것이다.

야기: 금주에 협정 문안이 준비되겠느냐? 안 되면 내주에 1회가량 처우에 대하여 더 논의하자.

이 대표: 다음 회의를 모레 23일쯤 하자.

야기: 4. 23(금) 14:30에 하자.

쓰루타: 일단 회합 일자를 정하고 문부성과 타협하여 연락하겠다.

쓰루타: 신문 발표는?

이 대표: 처우에 대하여 논의하였다 하자.

야기: 좋다.

5. 제7차 한일회담 법적지위위원회 제26차 회의 회의록

1239   제7차 한일 전면회담 법적지위위원회 제26차 회의록

1. 일시: 1965. 4. 23, 14:30~15:20
2. 장소: 외무성 236호실
3. 참석자: 한국 측: 이경호   대표
               권태웅   전문위원
               안세훈   보좌
               주병국   보좌
       일본 측: 니이야   민사국장
               나카무라 입관국 차장
               오오와다 조약국 참사관
               가유미   민사국 제5과장
               이시카와[지로](石川二郎)   문부성 대신관방 참사관
               이마무라[다케토시](今村武俊) 문부성 초등중등교육국 재무과장
               다니구치 조약과 사무관
               쓰루타   북동아과 사무관

4. 토의 내용

오오와다: 과반 말한 바대로 오늘은 문부성 실무자가 참석하여 처우 중 교육 문제에 대하여 논의하기로 할까 한다.

한국 측이 3. 4 제출한 안 중 제4조 제2항(교육 문제)에 대하여 문부성에서 충분히 논의한 결과를 오늘 말하게 될 것이다.

1240   이시카와: 과반 본 위원회에서 일본 측 대표가 말하였으리라 믿지만, 한국 측에서 교육 문제에 대하여 요망하고 있는 3개 항목 중 첫째 일본 국민과 차별 없는 의무교육의 실시와 둘째 의무교육을 받은 자의 상급학교 진학에 대하여 균등한 기회를 부여하

는 데 대하여는 응할 수 있다. 그러나, 셋째 항목인 영주권자가 설립한 사립학교 수료자에 대하여 외국의 동등한 학교를 졸업한 자와 동등한 자격을 인정하는 문제는 인정할 수 없다.

이 대표: 인정할 수 없는 이유를 자세히 이야기해 달라.

이시카와: 한 말로 해서 일본의 교육제도를 문란케 할 우려가 있어 안 된다는 것이다.

이 대표: 우리 입장을 말한다면, 우리가 장래에 있어서 학교를 설립하는 일은 없을 것이다. 현재 설립되어 있는 학교 중 백두학원과 금강학원이 경영하는 학교 중 일부는 정식 학교로서 인가를 받고 있으나 그중 일부 학교와 도쿄의 한국학원은 정식 학교로서의 인정을 받지 못하고 있는데, 정식 학교로서 인정을 받지 못한 학교의 졸업자는 상급학교 진학에 있어 개별적 심사를 받고서 진학할 수 있을 뿐이고 일률적으로 그 진학 자격이 인정되지 않고 있다.

일본의 학교교육법 시행규칙 제69조에는 외국에서의 학교를 졸업한 자에 대하여는, 그 진학 자격을 특별히 인정하도록 하고 있는데, 이곳 한국학원은 그 교수과정에 있어서 일본 학교와 동일한데도 불구하고, 외국의 동등한 학교 졸업자에게 부여되는 진학 자격조차 인정받지 못하고 있으니, 이는 이해할 수 없다. 더욱 한국학원 졸업자에 대하여 한국의 동급학교 졸업자와 동일하게 상급학교에의 진학 자격을 인정해 달라는 것이므로 무리한 요구를 하는 것은 아니다.

이시카와: 학교교육법 시행규칙 제69조의 규정은 일본인으로서 외국에 가서 교육을 받고 돌아온 자에 대하여 그 상급학교 진학 자격을 인정을 하는 예외적 규정으로써 외국인에게는 적용되지 아니한다. 그러나 재일한인으로 한국학원을 졸업한 자에게는 적용할 수도 없으며, 일본에 있는 학교에 입학하면 되는 것이다.

이 대표: 일본의 각종 학교 졸업자를 정규학교 졸업자와 동등하게 인정해 달라는 것은 부당하다 하되, 학교교육법 시행규칙 제69조를 일본에 와 있는 외국인에 적용하지 않는다는 것은 부당하다.

이시카와: 한국계 2개 학원은 미군사령부가 아니고, 일본 정부에 의해 인가되었었다. 당시 인가함에 있어서 교수 과목을 일본 학교와 동등하게 한다는 것과, 일본인 학생도 입학시킨다는 조건이 붙었었다.

이 대표: 그러면 한국학원도 이상과 같은 조건을 이행한다면 앞으로 일본의 정식 학

교로서 인정할 수 있겠는가?

이시카와: 이 문제는 중국, 타이완 문제도 있어 종합적으로 검토하여야 하니 곤란하다. 우리로서는 일본 학교에 취학하여 입학 자격을 인정받는 것이 좋다고 생각한다.

이 대표: 한국 측이 제안한 제3항목에 대하여 일본 측이 이를 거부하는 이유는, 첫째, 학교교육법 시행규칙 제69조는 외국인에 대하여는 적용하지 않는다는 것과 둘째, 한국학원과 같은 각종 학교 졸업자에 대하여 진학 자격을 인정하면 일본의 교육체계를 문란시킨다는 것인가?

이시카와: 그렇다. 일본의 학교교육법 제1조에 의거하여 한국인이 학교를 설립한다 해도, 딴 외국 관계가 있어서 인가해 줄 수 없는 것이다.

이 대표: 기타 다른 이유는 없느냐?

이시카와: 솔직히 말해서 조총련계의 학교가 표면상으로는 민족교육 운운하면서 사실은 반일, 반미적인 교육을 실시하고 있는데, 재일한인의 성분을 확실히 구별하기 어렵고, 그 학교가 조총련계 학교로 안 된다는 보장도 없기 때문에 영주권자가 설립하는 학교에 대하여 설립 인가를 할 수 없다는 것이다.

이 대표: 그러면 하나 묻겠는데, 각종 학교 중 일본 정부를 파괴하는 목적으로 활동하는 학교를 왜 인정하고 있느냐?

조총련계 학교가 아침부터 저녁까지 개인숭배라는 형식으로 공산주의자의 양성과 프롤레타리아의 독재를 찬양하는 교육을 함으로써 반일적, 반미적인 교육을 하고 있는데, 이를 방치하는 것은 결국 일본국 헌법을 파괴하는 활동을 인정하는 것이 된다. 그런데 외국인이 일본국의 헌법을 파괴하는 활동을 하는 것을 그대로 묵인하는 것은 일본국의 헌법을 수호할 의무가 있는 일본 정부로서는 그 책무를 다한 것이라 볼 수 없다. 그러므로 일본 정부는 한국의 적화와 일본국의 적화, 나아가서는 세계의 적화를 목적으로 공산 교육을 하고 있는 조총련계 학교를 폐쇄해야 할 것이 아닌가. 그러한 당연히 해야 할 일은 안 하고, 한국인이 설립한 정당한 학교를 그런 것과 동시하는 격으로, 그 상급학교 진학 자격조차 인정하지 아니한다는 것은 이해할 수 없다.

이시카와: 이는 일본 정부가 책임을 지고 해결할 내정 문제다.

이 대표: 내정에 간섭하는 것은 아니다. 단지 20여 년간 역사한 현상이 계속되어 좌시할 수 없다는 것이다. 조총련계 학교가 잘 정리된다면 한국학원을 인가하는 문제는

좀 간단해 질 것이다.

이시카와: 우리도 학교 문제로 조총련계에 많이 시달리고 있다. 조총련계는 교육자금도 많이 들어온다고 듣고 있다.

이 대표: 우리가 요구한 교육 문제 제3항목에 대하여는 본 위원회에서 논의가 안 될 것 같으니 정치적 절충에 돌리도록 하자.

이시카와: 만약 일본 정부가 조총련계 학교를 정리한다면 재외국민 보호란 견지에서 외교적으로 항의할 일은 없겠는가?

이 대표: 그런 항의는 없을 것이다. 한국을 적화하기 위한 공산주의자 양성 학교를 폐쇄한다고 항의하는 대사가 있다면 정신이 나간 사람이다.

적령 아동의 80퍼센트가 일본계 학교에 나머지 20퍼센트가 한국계 또는 조총련계 학교에 취학하고 있는데, 조총련계 학교만 잘 정리된다면 우리 측 요구 제3항 문제는 문제시되지 않는다. 여하간 이 문제는 본 위원회에서는 결정되지 않을 것 같으니 당분간 그냥 보류해 두자.

권 위원: 통계에 의하면 한국인 학교가 6개 있는데, 그중 2개가 인정되고 3개 학교는 야간으로 인가되고, 나머지 하나의 도쿄 한국학원인데, 이것도 인가 안 되고 있는데 이는 평화조약 이후에 설립된 관계라 한다. 이 도쿄 학원의 인가 문제가 제일 큰 숙제다.

이시카와: 지금 별개 문제이지만, 앞으로 한일 양국 관계가 정상화되어 많은 일본인이 한국에 가게 되어 서울에 학교를 설립한다면 인가해 줄 수 있겠는가?

이 대표: 물론 인가할 것이다. 현재 화교학교에 대하여는 그 진학 자격까지 인정해 주고 있다.

권 위원: 한국학원은 설립된 지 10여 년 되었으니 그 실적을 감안하여 그 학교 졸업자에 대한 진학 자격을 인정해 달라는 것이다.

다니구치: 질문할 것은 오사카의 백두학원 같은 것을 졸업한 학생에 대하여 한국에서 진학 자격을 인정하고 있느냐?

이 대표: 대체로 진학 자격을 인정하고 있다. 특히 언어의 장해가 있어 특별지도를 하여 외국인 학생처럼 취급하고 있다.

다니구치: 본 위원회에서 논의하는 대상은 협정이 규정할 특정인에 대한 처우 아니

겠는가?

이 대표: 체제상으로는 협정영주권자와 그 자손의 교육 문제에 관련되는 한계 내에서 문제가 된다. 그러나 부수적으로 이에 있어서 혜택을 받는 자도 있는 것이다.

오오와다: 다음 회의는 언제 개최하겠으며, 그때에는 생활보호 등에 관하여 논의할까?

이 대표: 생활보호는 이미 합의된 것이니, '…등'에 관련하여 특히 국민건강보험 문제에 대한 후생성 측 견해를 듣자.

오오와다: 일응 27일(화) 14:30에 정하여 후생성 실무자를 참석시키도록 하겠다.

이시카와: 교육 문제는 더 논의 안 하겠는가?

이 대표: 이 이상 논의해도 별 진전이 없을 것이니 우리 측 요구사항 제3항목을 고위 절충에 돌리자.

이시카와: 알겠다.

쓰루타: 신문 발표는?

이 대표: 교육 문제에 대하여 논의하였다 하자.

니이야: 좋다.

7. 제7차 한일회담 법적지위위원회 제27차 회의 회의록

제7차 한일 전면회담 법적지위위원회 제27차 회의록

1. 일시: 1965. 4. 27, 14:30~15:40
2. 장소: 외무성 233호실
3. 참석자: 한국 측: 방희　　대표
　　　　　　　　　이경호　　〃
　　　　　　　　　권태웅　　전문위원
　　　　　　　　　안세훈　　보좌
　　　　　　　　　주병국　　〃
　　　　　　일본 측: 야기　　입관국장
　　　　　　　　　니이야　　민사국장
　　　　　　　　　우시마루[요시노](牛丸義野) 후생성 사회국장
　　　　　　　　　오오와다　조약국 참사관
　　　　　　　　　가유미　　민사국 제5과장
　　　　　　　　　스가노마　입관국 총무과장
　　　　　　　　　사이키　　법규과 사무관
　　　　　　　　　쓰루타　　북동아과 사무관

4. 토의 내용

야기: 오늘은 후생성 사회국장이 출석하였기 소개한다. 처우 중 사회보장 문제에 대하여 말할 것이다.

오오와다: 사회국장은 사회보장 문제를 담당하시는 분으로서 잘 알고 계시니, 여러 가지로 의견을 말할 것이다. 과반 회합에서 논의한 대로 국민건강보험에 대하여 우선 말할 것이다.

우시마루: 생활보호는 이미 합의된 것이고, 한국 측이 요망하는 사회보장 문제 중

금융 관계는 딴 부처에서 취급하는 것이라 이에 대하여는 말하지 않겠고, 국민건강보험에 대하여 우리 소견을 말하겠다. 건강보험에 대하여는 이미 전전에 법률이 제정되었었다. 이는 국민건강보험과 성질이 좀 달라 직장별로 가입하도록 되어 있다. 이에 반하여 국민건강보험은 국민건강보험법의 위임으로 시, 정, 촌의 의회의 조례에 규정하는 바에 따라 외국인에 대하여도 적용될 여지가 있다.

이 같이 국민건강보험에 대하여는 지방자치단체의 조례가 정하는 바에 따라 외국인에게 적용될 여지가 있어 이에 따라 재일한인도 동법의 적용을 받을 수 있게 되어 있다. 단지 일률적으로 적용하지 않는 폐단이 있어, 이는 '타당한 고려'라는 견지에서 행정지도로 그 적용을 촉진하고자 하고 있다.

이 대표: 국민건강보험에 있어서 외국인에 대한 적용을 조례에 위임한다는 것은 동법 몇 조에 규정되었는가?

우시마루: 국민건강보험법 제5조와 제6조 제1항 제8호의 규정에 따라 정해진 후생성령인 동법 시행규칙 제1조 제1항 제2호에 의거하여 지방자치단체의 조례로 규정하도록 되어 있다.

이 대표: 그러면 법률로써 성령으로 규정하도록 한 것을 다시 조례에 의해 규정하도록 위임하였으니, 반드시 각 시, 정, 촌의 조례로 규정하도록 할 것 없이 처음부터 성령으로 규정하여 영주권자인 재일한인 전체에게 적용하도록 하면 될 것이 아닌가.

종래에 일본 측으로부터 이 문제는 일본의 중앙정부가 이의 시행을 한국 정부에 약속을 하더라도 지방자치단체의 조례로 규정하는 것이므로 '자치권의 침해'라고 말해 왔는데, 오늘 설명을 들어보니, 재일한인 중 영주권자에게 일률적으로 이를 적용하는 데 있어서 법제도 상으로는 난점이 없다고 생각한다.

우시마루: 그러나 국민건강보험사업의 실체상 중앙정부가 법률을 정하여 일률적으로 이를 외국인에게 적용하게 하기는 곤란하다.

이 대표: 일본 측은 곤란하다 하나, 법률에서 그 적용이 불가하다고 한 것을 성령에서 가능하다 하면 법률 위반이지만, 법률에서 가능하다 한 것이기에 하위의 법규에 그 시행을 위임한 것 아니냐? 그러나 법률을 개정하지 않더라도 그 위임을 받은 성령을 개정하면 간단히 해결될 문제가 아닌가.

쓰루타: 과거에 우리가 재일한인에 대한 국민건강보험의 적용이 불가능하다고 한

것은 재정상의 이유가 많았었다.

이 대표: 재정적으로 곤란하다고 하지만 재일한인도 세금을 내고 있고 시, 정, 촌 내의 일본인에 비하여 그 수가 아주 적지 아니한가? 또 재일한인에게 실제적으로 적용한다고 정하여지면 법적으로는 문제가 없지 아니한가?

우시마루: 국민건강보험의 사업 주체가 지방자치단체다.

이 대표: 국민건강보험의 사업 주체는 지방자치단체라 하더라도 한일 양국 간의 조약으로 재일한인에게 적용할 수 있다고 규정한다면 법률상 난점은 없고, 그 해결도 간단하지 아니한가.

야기: 재일한인에게 국민건강보험을 적용한다는 조약을 체결하는 것은 조약과 국내법의 관련 상 어떻게 보느냐?

사이키: 지방자치단체로서는 조약에 규정되어도 현행법을 존중하는 의미에서 법률이 개정되어야지, 조약에 규정됐다 하여 바로 시행에 옮길 수는 없다.

이 대표: 일본 정부가 적용할 의사가 있으면 법률도 개정할 수 있는 것이다. 일본서는 조약과 법률이 저촉될 때 효력 상 그 관계가 어떻게 되는가?

사이키: 그때는 물론 법률이 개정되어야 한다.

쓰루타: 우리 정부가 국민건강보험의 적용을 약속하여 실제적으로 적용하는 것은 법률상 가능하다 하더라도, 실제 시행 가능한가는 별문제다.

사이키: 먼저 실체적으로 정해져야만 시행할 수 있는 것이다.

이 대표: 이 문제에 대한 논의는 첫째 실제 상으로 재일한인을 일률적으로 국민건강보험에 가입시키게 할 것이냐를 정하는 문제가 있고, 둘째, 그 실체적으로 정한 것은 법적으로 어떻게 정하느냐의 문제가 있는데, 실제적으로 결정만 되면 그것을 법제화하는 데는 난점이 전연 없다고 생각한다. 그런데 실제 상 문제를 좀 뒤로 돌린다면 법제도 상의 난점이 없다는 것은 밝혀진 것 아닌가?

사이키: 그러나 실제가 확실히 정해져야 하며, 조약에서 규정되기 전에 각 시, 정, 촌에서 일률적으로 적용할 수 있을지 아직 모르는 것이며 실체가 정해졌다고 가정하더라도 법 이론적으로도 난점이 없다고 책임 있는 말을 이곳에서는 할 수 없다.

이 대표: 실제론과 법률론을 혼동하여서는 안 된다. 실체적인 문제는 나중에 논의하기로 하고, 법제도 상 난점이 없다는 것은 확실하지 아니한가? 그런데도 불구하고 법

률적으로 책임을 갖고 이야기할 사람이 없다면 그러한 사람이 나와서 이야기하도록 하라.

우시마루: 법률상 재일한인에게도 국민건강보험의 적용이 개방되고 있는 것이니, 시, 정, 촌의 전체 주민의 의사 여하에 따라, 재일한인에게도 적용되도록 하면 될 것이다.

방 대표: 국민건강보험에 대하여는 협정 본문에는 언급할 수 없겠는가?

우시마루: 조례에서 규정하여 재일한인에게 적용되도록 지방자치단체에게 권장하겠다.

이 대표: 국민건강보험법을 재일한인에게 적용하는 데 관련된 법률과 성령과 조례의 실례를 참고자료로 줄 수 없는가?

우시마루: 다음에 그 관계 자료를 수교하겠다.

이 대표: 우리가 듣기에는 재일한인이 다수 거주하는 시, 정, 촌에서는 적용이 안 되고 소수 사는 곳에서는 적용된다고 들었다.

우시마루: 제도적으로 개방되어 있으니 이 문제는 재정상 고려로 해서 시, 정, 촌에 그 시행을 권장하겠다.

이 대표: 일본 측이 협정 본문 또는 합의의사록 또는 서한의 형식으로 국민건강보험의 적용을 재일한인에게 약속한다면, 간단히 해결될 수 있는 문제가 아닌가?

우시마루: 법령을 개정하여 전 대상자에 국민건강보험을 적용하기는 당장에 어려우나, 사회보장의 이념에 따라 각 시, 정, 촌에 그 적용을 권장하려는 것이다. 그 권장의 형식은 추후에 외무성과 협의하여 하겠다.

방 대표: 그러면 다음 회합 시에 지방자치단체의 이에 대한 조례와 협정에 관련한 일본 측의 약속 형식을 수교해 달라.

야기: 그렇게 하겠다.

오오와다: 국민건강보험에 대하여는 '타당한 고려'란 대전제하에 합의의사록이나 서한에 구체적으로 명시하도록 하겠다.

니이야: 국민건강보험에 대하여 한국 측이 말하는 바는, 조약에 규정되면 조례에 위임할 필요가 없다는 것인지? 혹은 시, 정, 촌에 위임하여 조례로 규정하는 전제를 그냥 두는 두 가지 중 어떤 것을 말하려는 것인가?

이 대표: 재일한인의 영주권자에게 국민건강보험을 일률적으로 적용하는 데 있어서는 법제도 상 난점이 없는 것을 확인하고자 한 것이며, 조약으로 그 원칙을 정하면, 일본 측이 이에 따라 법률이나 성령을 개정하면 될 것이 아닌가를 따진 것이다.

니이야: 타협적으로 생각하여서 후생성 측 견해가 재일한인에게도 국민건강보험이 적용할 수 있게 개방되어 있다 하니 이를 법률적으로 뒷받침하도록 하면 될 것이다.

이 대표: 일본 정부에서 할 의사가 있다면 실행에 옮길 수 있다고 생각한다.

방 대표: 정부에서 국민건강보험을 적용하려 할 때는 따로 예산상의 뒷받침이 필요하냐?

우시마루: 국민건강보험의 적용에 따라 곧 예산의 뒷받침을 요하지 아니하나, 지방자치단체에 대한 중앙정부의 보조금 급여율이 증가 일로에 있어서 지방단체의 경비의 2할 5부를 보조하고 있으므로, 어떤 의미에서 지방자치단체의 사무비 보조액의 인상 등 재정적 원조를 뒷받침으로 하여 시, 정, 촌에 설득하여 시행할 수 있도록 할 수는 있다. 그러니 가까운 장래에는 실현되리라 본다.

방 대표: 일본 측이 국민건강보험의 적용에 대하여 아 측에 문서로 약속한다면 언제쯤이면 되겠는지?

우시마루: 지방에 따라 상황을 확실히 파악을 못해 언제라고는 곧 대답할 수 없다. 즉 한인이 많이 살고 있는 곳에서는 재정적인 사정도 고려해야 할 것이다.

방 대표: 사회보장 문제 중 딴 것에 대하여는 어떻게 생각하는가?

우시마루: 한국 측에서 요청한 사회보장제도 중에는 후생성에 관련되지 않은 것도 있었다. 후생성에 관련된 것으로는 공중위생 관계 법률, 신체장해자에 대한 관계 법률, 노동자 보호 관계 법률, 아동복지법, 모자복지법 등은 국적에 의한 차별이 없으므로 재일한인에게도 적용되고 있어서, 문제는 안 될 것이다. 단, 국적에 의한 적용이 차별이 있는 것은 국민연금법과 원호 관계 법률 등 그 성질상 외국인에게는 적용할 수 없다는 취지에서 제정된 법률인데, 이는 영주권자인 재일한인에게 적용할 수 없다.

방 대표: 나병환자 구호 관계도 국적에 의한 차별이 없느냐?

우시마루: 전혀 차별이 없다. 사회복지란 견지에서 일본에 거주하고 있는 이상 차별은 없다.

방 대표: 앞서 말한 제 법률의 적용은, 시, 정, 촌에 관계없이 구별되지 않느냐?

우시마루: 법률에 국가가 시행하도록 되어 있어 시, 정, 촌에 관계없이 구별 없다.

방 대표: 일본 측 협정 문안은 언제 되겠는가?

오오와다: 빨라야 내주가 될 것이다. 처우 문제가 오늘까지 이야기된 것이라면 합의의사록이고 서한에 규정할 것인데, 재산반출 문제 등 여러 가지가 있어 딴 문제와의 균형상 금주 내에 작성되기는 어렵다. 토요일까지라도 되면 대표부로 보내든지 늦으면 내주 화요일 이전에 준비되겠다.

방 대표: 사회보장 문제 이외의 문제로 금요일 이야기할 수 있겠는가?

이 대표: 내 30일(금) 재산반출에 대하여 논의하자.

야기: 좋다.

방 대표: 그러면 다음 회합 때에는 국민건강보험 관계 자료와 어떤 형태로 규정할 것인지를 일본 측이 말해주고, 주로 재산반출과 송금에 대하여 논의하자.

야기: 그렇게 하자.

오오와다: 현재 사회보장제도로 재일한인에게 적용되는 것은 종전처럼 앞으로도 적용한다고 열거적으로 규정하면 어떻겠는가?

이 대표: 좋다. 선전적 효과가 있을 것이다.

우시마루: 현재 적용되고 있는 것을 열거하면 약 30개 종류 있다.

이 대표: 그럼 오늘은 이것으로 끝맺자.

야기: 좋다.

9. 제7차 한일회담 법적지위위원회 제28차 회의 회의록

1258   제7차 전면회담 법적지위위원회 제28차 회의록

1. 일시: 1965. 4. 30, 14:30~16:00
2. 장소: 외무성 제233호실
3. 참석자: 한국 측: 이경호   대표
            권태웅   전문위원
            안세훈   보좌
            주병국   〃

   일본 측: 야기   입관국장
            니이야   민사국장
            나카무라 입관국 차장
            오오와다 조약국 참사관
            가유미   민사국 제5과장
            스가노마 입관국 총무과장
            시모조(下條) 대장성 국제금융국 기획과장
            모리오카(森崗)   〃   기획과 사무관
            시로사키(白崎)   〃   관세국 업무과 사무관
            니시다(西田)   〃   〃   감사과 〃
            히라노(平野)   〃   〃   국제과 〃
            가야(蚊谷)   통산성 무역진흥국 무역진흥과 사무관
            하라(原)   〃   〃   〃   〃
            사이키   법규과 사무관
            쓰루타   북동아 사무관

4. 토의 내용

야기: 오늘은 재산반출과 송금에 대하여 논의하기 위하여 대장성 및 통산성의 실무자가 출석하였으니 충분한 논의를 할 수 있다고 생각한다. 한국 측에서 제시된 안을 관계 각 성에서도 검토해 보았는지? 우리로서는 3. 17 제시한 안 중에 재산반출 및 송금에 대하여 규정하고 있는데 1차 송금액이 5,000불이고, 그 나머지는 1/5씩 분할 송금하는 것으로 알고 있다. 한번 읽어보도록 하겠다.

쓰루타: (일본 측의 3. 17 안을 일차 낭독하였음.)

재산반출 및 송금에 대하여는 협정 본문 제3조에 대강이 규정되고, 자세하게는 일본 측 서한에 규정되었다.

이 대표: 우리 측 안도 일차 읽어주겠다.

권 위원: (아 측 3. 4 안을 일차 낭독하였음.)

우리 안 중 사실별로 대강을 읽었다.

일본 측 안의 '타당한 고려'란 어떤 것인지 모르겠으나, 일반 법령에 의거 반출하는 것보다 유리한 것이어야지, 국내법의 적용 정도라면 협정에 규정하기 위하여 논의하는 의미가 없다고 본다.

야기: 오늘 회합에서는 '타당한 고려'를 구체적으로 논의하느니보다는 전문가 간의 기술적인 이야기를 교환하기로 하자.

시모조: 우선 물건의 반출에 대하여 논의하고자 한다.

야기: 물건의 반출에 있어서 한국과 일본과의 차이는 무엇이냐?

가야: 일본에서 외국에 영주할 사람이 물건을 반출하는 데 있어서는 이삿짐, 직업 용구, 휴대품을 차별 없이 반출할 수 있는데, 이는 수출무역관리령 별표 5에 규정되어 있다. 단, 법령에 따라 제한이 있어 이를 초과하는 물품은 Export License를 신청하여 허가에 따라 반출할 수 있다. 단 그 허가는 한국 측이 요청하듯이 자동적일 수는 없는 것인데, 직업 용구도 수량이 많으면 영업 용구가 되기 때문이다.

권 위원: 다방을 경영하던 자가 귀국한 후 편물업을 하기 위하여, 편물기계를 가져가는 경우, 이를 직업 용구로 볼 수 있느냐?

가야: 지금까지 종사하던 직업에 관한 '직업 용구'라야만 되는 것이고, 앞으로 종사할 직업에 관한 '직업 용구'는 포함되지 아니한다.

이 대표: 직업 용구의 정의에 대하여 일본국의 관계 법령에서는 어떻게 규정하고 있는가?

가야: 특별히 규정된 것은 없고, 수출무역관리령 별표 4에 열거된 품목이다.

이 대표: 직업 용구의 정의를 이 곳서 종사하던 직업에 사용한 '직업 용구'로 한정하는 것은 타당하나, 내가 생각하기에는 직업 용구의 개념이 분명하지 아니한 것 같다. 예를 들면 택시업에 종사하는 사람이 1대의 택시를 가지고 영업을 할 때, 그 택시가 직업 용구인 것은 분명하지만, 100대를 가지고 영업하는 경우 우리는 이를 직업 용구로 보는데, 종래에 일본 측에서는 이를 직업 용구로 볼 수 없다고 하였다.

가야: 법령상 말하는 직업 용구에 해당이 안 되어도 License를 신청하여 허가되면 된다. 운수업을 하든 사람이 50대나 택시를 가져간다면 일반적인 직업 용구에는 해당되지 않는다.

시로사키: 직업 용구라 하지만 우리 세관에서 취급하고 있기는 운전수가 자기가 운전하던 택시 1대를 반출한다면 직업 용구로 보나, 수량이 많아 영업용에 사용한다면 직업 용구로 보지 않는다. 물품은 현금처럼 기준을 확실히 정할 수 없는 것이 곤란하다.

이 대표: 여태까지 본 위원회에서 논의한 바로는, 직업 용구의 정의가 불명확하여 어느 한계까지 보느냐가 문제였었다. 그러니 직업 용구의 정의를 이제부터 본 위원회에서 논의하며 결정하지 않으면 안 되겠다. 동시에 물품의 반출에 관한 License 신청에 대한 규정도 확실히 해야 할 것이다.

가야: 우리의 견해는 이삿짐, 휴대품, 직업 용구로 영주귀국자의 것이라는 것이 확실한 것은 License 없이 반출될 수 있다고 생각하며, 직업 용구가 아닌 것도 금제품이나, 상거래의 대상이 될 상품을 제외하고는 License의 신청을 하면 허가를 받으면 괜찮다고 생각한다.

이 대표: 영주를 목적으로 귀국하는 자가 판매를 목적으로 다량의 상품을 반출하여 장사를 하는 것을 무리로 봐 달라는 것은 아니다. 단지 영주 귀국하는 사람이 '포목상'인 경우, 그가 판매하던 '포목'을 그대로 한국에 가져가서 다시 포목상을 할 수 있게 해야 할 것이므로, 이러한 경우 그의 '포목'을 직업 용구로서 인정하여야 할 것이라는 의미이다.

니시다: 법령에 의거 적용하여 온 전례가 있어 이를 광의로 해석한다는 것은 곤란하다. 우리로서는 거듭 이야기하는 것이거니와, 이삿짐, 직업 용구, 휴대품으로 법령에 규정되어 있으므로, 이 개념에 합당하게 인정되는 것은 License 없이 반출하고, 이를 초과하는 것은 License를 신청하여 허가를 받아 반출하면 되지 않겠느냐?

권 위원: 작년에 본 위원회에서 재산반출 및 송금에 관하여 논의할 때 일본 측에서는 License의 발급을 탄력적으로 운용하겠다고 말하였는데, 우리로서는 자동적으로 허가됨을 바라고 있다.

쓰루타: 탄력적으로 운용하겠다는 말을 한 것은 사실이다.

가야: 탄력적으로 운용한다는 데 대하여는 여러 가지 경우가 있어 일률적으로 이야기할 수는 없으나, 요컨대 구체적 경우에 구체적으로 고려한다는 것을 말한다. 우리도 탄력적인 고려란 것을 잘 검토해 보겠다.

이 대표: 영주권자로서 영주 귀국할 사람은 현재도 매년 2~3명에 불과하다. 그리고 가져가는 금액이나 재산도 2,000불 미만이 보통이며 거액의 것이 못 된다. 이곳에서 살기도 그렇고 마지못해 가는 것이니, 반출할 재산에 대하여 신경을 그리 쓸 필요 없다. 단지 현재 논의된 재산반출의 범위가 애매하였으니, 확실히 해두자는 것이다.

시모조: 법인의 경우는 없겠느냐?

이 대표: 영주귀국자는 자연인에 한하고 법인은 아니므로 원칙적으로는 영주권을 가질 수 없는 법인이 영주귀국자가 될 수는 없을 것이다. 그러나 법인의 형식을 가진 개인의 업체가 많이 있으므로, 법인의 재산반출은 안 된다고 명확히 구별하여 말할 수는 없을 것이다.

시모조: 직업 용구라 할 때는 현재 세관의 취급으로는 휴대용 직업 용구를 의미하고 있다. 즉 생활에 필요로 하는 것이니, 카메라맨이 카메라를 2개나, 3개 휴대하는 것은 직업 용구라 할 수 있다. 즉 이 경우에는 그의 생활에 필수 불가결이라고 보는 것이 종래의 우리 세관의 견해로 되어 있다. 그러나 보통 사람이 2개의 카메라를 가져가는 것은 직업 용구가 아니다.

가야: 사실상의 직업 용구라면 직업 용구의 개념에 포함되지 아니한다 하더라도 외장 상용대상이 될 상품이 아닌 한 License는 허가된다.

이 대표: 요컨데, 영주귀국자가 자기에 직업상 사용하거나 취급하던 물품은 이를 직

업 용구로 보아 반출할 수 있게 하거나 또는 일본 측 주장대로 직업 용구에 해당되지 아니하는 부분은 이를 수출 허가를 얻어서 반출하게 하거나 하는 점은 더 검토하기로 하고, 이를 전부 반출하게 하라는 것이며, 이 점에 대하여는 일본 측도 이의 없을 것으로 생각한다. 또 조금 전에도 말했듯이 법인이란 것은 영주권을 신청할 단위가 아니라고 볼 수 있으나, 현실적인 예로 가족 구성원이 법인체의 경우, 이 법인체 각 구성원 전체가 영주 귀국하는 경우로 상정되므로 이러한 법인체는 현실적으로는 재산반출의 대상이 되어야 한다.

야기: 조약국은 관계 성과 이런 점을 연구해 주길 바란다.

이 대표: 일본 측서 과반 영주귀국자의 최초의 송금액은 5,000불이라고 말하면서 일본의 외화 사정이 좋아지면 더 고려할 수 있다 했는데, 그것이 3년 전이니 사정이 변경됐는데, 어떻게 생각하느냐?

야기: 과반 우시바, 김 대사 회담에서는 우시바 심의관이 금액보다도 영주 귀국할 세대에 대하여 한정함이 어떤가 하는 이야기도 있었다.

니시다: 최초송금액 5,000불은 영주귀국자가 휴대할 수 있다는 것이다. 나머지 5,000불을 넘는 것은 비거주자 원 예금 계정으로 하여 일본 은행에 계정을 두면 추후에 송금할 수 있다. 이는 외국위체관리령 제5조 거주자의 의무에 규정되어 있어 1/5씩 잔액을 분할 송금하도록 되어 있다. 더욱 이에는 질병 기타 곤란한 사정을 이유로 송금의 특별 고려를 하도록 마련되어 있다.

이 대표: 그것은 일본 측이 여태까지 이야기해 온 것과 별다른 것이 없다.

권 위원: 이곳 한국은행 도쿄지점에 영주귀국자가 특수계정을 설정하는 것은 어떻다고 보는가?

니시다: 그것은 곤란하다. 이 곳서 물품을 산 대금의 결제 운운은 무역 문제가 아니겠는가?

이 대표: 영주귀국자가 원칙적으로 그의 전 재산을 반출할 수 있다는 점에는 한일 양측이 이미 합의하였다. 다만 일본의 외화 사정으로 제한이 있어 못 가져가는 나머지 금액을 한국은행 도쿄지점에 특수계정을 설정하여 일화로서 예치하고 나중에 물품 대전 결제에 사용하는 것이니 일본 측으로 보아 해로울 것도 없다. 특히 토지 같은 부동산은 반출할 수 없어 처분하는 대로 그 금액으로 특수계정을 설정하여 그 계정 금액으

로 일본에서 물품을 사는 것이니 도리어 일본의 외화를 절약하여 주고, 상품을 사주는 것이 일본 측도 이롭다. 즉 불화가 안 들어오는 무역이 아니고 자기 재산을 가져가는 외에 아무것도 아니다.

히라노: 특수계정을 설정하지 않아도, 조금 전에 말했듯이 비거주자 원 예금 계정에 넣어 두었다가 외국인에게 팔아 외화로 받아 송금하는 방법도 있으니 방법은 여러 가지다. 또 이것이 Transfer 될 수 있다. 더욱 주식을 사서 3년간 두었다 팔게 되면 원금과 이자를 모두 자동적으로 가져갈 수 있으며, 이런 경우에는 일본 은행의 허가가 필요하지 않으니 좋은 방법이다. 사채도 마찬가지다.

이 대표: 우리도 그 방법에 대하여 일차 연구해 보겠다.

권 위원: 최초 송금액을 10,000불로 할 것을 특별히 고려해 볼 수는 없는지?

야기: 최초 송금액을 10,000불로 하려면 관계 법령을 개정해야 되지 않을지?

니시다: 좀 더 늘려서 고려해 준다는 것은 곤란하다. 개정하려면 법률은 개정할 필요가 없고 수출무역관리령의 별표만 개정되면 되는 것이다.

이 대표: 그렇다면 더욱 간단하니 수출무역관리령을 개정하면 되지 아니한가!

니시다: 한국인만 특별히 취급할 수 없어서 곤란하다.

이 대표: 한국인 영주귀국자는 다른 외국인과 성격이 다르니 특수한 취급이 가능한 것이 아닌가.

니시다: 원칙은 원칙으로 정하여 두고, 영주귀국 한국인처럼 특별한 Case는 그때그때 Case by Case로 특별 고려할 수 있지 않은가?

이 대표: Case by Case의 특별 취급보다 재산반출의 원칙을 정하여야 한다.

니시다: 재산반출을 한국 측은 무역으로 안 봐도 우리는 무역으로 볼 수밖에 없다. 정 물품을 사려면 현금 중 분할 송금할 금액 중에서 사면 될 것이다. 외화로 가져갈 것은 외화로 가져갈 일이다.

이 대표: 가능한 한 한꺼번에 가져가기 위해서이다. 일본 측과 우리가 생각하는 것은 반대인데, 우리로서는 물품이든, 금액이든 일시에 가져가자는 것이다.

야기: 작년에도 논의한 모양인데 결론이 안 나왔느냐?

이 대표: 그러면 오늘은 물품과 금액의 반출 및 송금의 두 가지 문제에 대하여 이 정도로 논의하자.

야기: 작년 한국 측과 재산반출과 송금에 대하여 논의하였을 때는 우리 통산성 측 실무자가 이삿짐, 휴대품, 직업 용구에 대하여는 일정한 범위까지 반출할 수 있되 이 범위로 초과하는 것에 대하여는 License의 발급에 있어 탄력적으로 운용한다고 했는데, 금제품이나 의장 상거래의 대상품이 될 상품에 대하여는 고려할 수 없다고 본다. 여태까지 영주 귀국한 자도 70~80명에 불과하고 License를 신청한 사람이 없다. 우리로서는 초과하는 물품에 대하여 License를 신청하면 대개 허가하도록 할 것이니 그렇게 하는 것이 좋을 것이다.

이 대표: 일본 측으로서는 재산반출 및 송금에 대하여 잘 연구해 달라.

오오와다: 좋다. 다음은 과반 정한 대로 5. 4(화) 14:30에 만나자.

이 대표: 좋다.

11. 제7차 한일회담 법적지위위원회 제29차 회의 회의록

제7차 전면회담 법적지위위원회 제29차 회의록

1. 일시: 1965. 5. 4, 16:30~17:20
2. 장소: 외무성 제503호실
3. 참석자: 한국 측: 방희　　　대표
　　　　　　　　　이경호　　　〃
　　　　　　　　　권태웅　　　전문위원
　　　　　　　　　안세훈　　　보좌
　　　　　　　　　주병국　　　〃
　　　　　일본 측: 야기　　　　입관국장
　　　　　　　　　니이야　　　민사국장
　　　　　　　　　나카무라　　입관국 차장
　　　　　　　　　오오와다　　조약국 참사관
　　　　　　　　　나카에　　　조약국 법규과장
　　　　　　　　　가유미　　　민사국 제5과장
　　　　　　　　　스가노마　　입관국 총무과장
　　　　　　　　　사이키　　　법규과 사무관
　　　　　　　　　쓰루타　　　북동아과 사무관

4. 토의 내용

　야기: 지난 4. 3 이니셜된 합의사항에 의거하여 협정안이 작성되었으므로 오늘 제시하겠으며, 협정안에 대한 설명은 오오와다 참사관이 할 것이다.

　오오와다: 우리 측 안은 어디까지나 4. 3 이니셜된 합의사항 내용에 의거하여 작성되었다. 협정 문안은 물론이거니와, 합의의사록도 그렇다. 처우에 관하여는 계속 논의될 여지가 있으므로, 조문은 4조에 규정되었으나, 합의의사록은 작성치 않았다.

야기: 우리 안 제1조 제1항 (a)에 9. 2일이란 시점이 나오는데, 과거 본 위원회에서의 토의 과정에 비추어 한국 측이 이견을 가지리라 믿으나, 이 점에 관한 일본 측의 의견은 강경하므로, 그대로 썼다는 것을 양해하여 주기 바란다.

오오와다: 한국 측이 과반 회합에서 '시점'에 대하여 타협안으로 제시한 "1945년 종전의 날"도 우리에게는 대내적 관계 특히 대국회 관계로 곤란하여 할 수 없이 '1945. 9. 2'로 썼는데 한국 측이 나중에 문제 삼으리라 생각한다. 우리 안에 대한 한국 측의 논평은 다음에 듣기로 하고, 처우에 대하여 더욱 논의해도 좋을 것이다. 또는 우리 안에 대하여 의문되는 점이 있으면 이야기해 주기 바란다.

이 대표: 먼저 일본 측 안을 한번 낭독해 주기 바란다. 종래에 안을 냈을 때는 언제나 그렇게 하여 왔다.

다니구치: (일본 측 안의 협정 본문을 일차 낭독하였음.)

야기: 협정의 명칭을 전에는 여러 가지로 표시하다가 과반 3. 17 안부터는 '대우'라 썼는데 부적당하다고 생각하는지?

이 대표: 협정의 명칭은 일본 측이 안을 제시될 때마다 3차나 변해 왔다. 처음에는 '법적지위', 다음에는 '법률상의 지위', 세 번째는 '대우'로 되었는데, 협정에 규정되어 법률상 부여된 지위이므로 법적지위가 아니고 무엇인가? 명칭보다도 내용이 문제 되겠지만, 대한민국 정부와 일본국 정부가 협정을 맺어 재일한인에게 특정한 대우를 해주는 것이니 협정상의 지위이고, 따라서 법률상의 지위 또는 법적지위이다. 과거 10여 년 동안 대외적으로도 Legal Status and Treatment로 표현되어 왔으니, 일본 측이 정 '대우'라고 규정하려면 '법적지위와 대우'로 정하자. '법적지위'란 것을 떼면 대우는 해주되, 법적인 것은 아닌 것 같은 인식을 주기 때문이다.

야기: 조약국 생각은 어떤가?

오오와다: 협정에 규정되면 특별히 대우한다는 것으로 우리는 종합적으로 보아서 '대우'라고 하자는 것이었지, 법적으로 보지 않는다는 것은 아니다.

야기: '법적지위'란 것은 우리로서는 꼭 빼야 하는 것인지?

니이야: '대우'라고 하면 어느 특정인에 대한 대우로 한정되는 데 반하여 '법적지위'라 하여 '법적'을 넣으면 넓은 의미로 사용되는 점이 있다.

이 대표: 협정문에 쓰면 '법적지위'의 내용이 이 협정상의 것으로 한정되는 것이므

로, 협정상의 영주권자의 대우에 의하여 부여되는 법적지위가 되니, 그 내용이 애매하지 아니하다. 여태까지 오랫동안 본 위원회 명칭으로도 사용된 '법적지위'란 용어를 삭제하는 것은 부당하니 중대한 사태를 초래할 정도가 아니면 종전대로 쓰기로 하자.

야기: 전반 가조인 때는 본 협정의 명칭을 무어라고 썼는지?

쓰루타: 단지 '합의된 사항'과 '추가된 합의사항'이라 했고 명칭이 없었다.

다니구치: 양 외상의 공동선언에서는 '대우'라고 썼다.

이 대표: 그것은 공동선언에만 사용된 용어이고, 또 협정의 명칭이 빠진 것은 바로 이 점이 해결되지 아니하였기 때문이다.

나카무라: 지금 의견 교환하는 것을 들으니, 명칭으로 어떤 것을 사용하느냐는 별 문제로 하고, '대우'를 써서 법적지위가 확보 안 된다는 것은 아니라고 생각한다. 왠가 하면 실체가 변하지 않으면 되는 것이기 때문이다. '법적지위'라고 여태까지 써왔던 것을 최후 단계에 와서 변경했던 것은 최종안이기 때문에 '대우'라고 썼다. 각국의 우호통상항해조약에서도 '대우'라고 표현하여도 국제법상 인정된 외국인의 법적지위로 취급되어 왔다. 여하간 이 문제는 잠시 보류해 주도록 하자.

이 대표: 요컨대 '법적지위와 대우'라고 표현해야 된다.

야기: 지금 내놓은 협정안에 대하여 한국 측의 견해를 말해줄 수 있는가.

이 대표: 오늘 제시된 안에 대한 한국 측의 종합적인 견해는 다음에 말하기로 하고 오늘은 의문점에 대하여 몇 가지 말하겠다. 첫째에, 제1조 제1항 (b)에 "… (a)에 열거된 자의 직계비속으로서…"와 제1조 제2항 "…1의 규정에 따라 일본국에 영주하는 것이 허가된 자의 자로서…"는 어느 경우에나 제1조 제1항 (a)의 규정으로 보아, "1945년의 종전일 이전부터 일본국에 거주하다가 영주권 신청 시 이전에 사망한 자의 자"인 경우에는 영주권을 신청할 여지가 없으니, 이를 구제할 규정을 협정 본문 또는 합의의사록에 규정하여야 할 것이다.

나카무라: 옳은 이야기다. 합의의사록 같은 데다 구체적으로 규정하여야겠다.

방 대표: 수석대표 간 회합에서도 이야기한 바 있지만, 합의의사록에 규정할 것이 상당히 많은데, 한일공동위원회 같은 것을 설치하여 협정에 관련한 여러 문제 및 분쟁을 협정 정신에 의거하여 운영하여 나가면 좋을 것이라 생각한다.

이 대표: 공동위원회에서는 운용상 애매한 세부적인 것을 결정하여야 할 것이고, 지

금 내가 지적한 문제점 같은 것은 협정 운영상 애매한 점이 아니므로 협정 본문이나 합의의사록에 규정되어야 하고, 만약에 규정이 안 되면, 공동위원회로서는 해결이 안 된다. 둘째는, 제2조 제1항 말단 "…25년을 경과할 때까지에는 협의를 행할 용의가 있다"로 되어 있는데 일본 측도 주지하다시피 과반 외상회담에서 법적지위 문제에 관하여 논의하여 결정된 원칙에 따라 가조인 안문을 정리하였을 때 야기, 니이야, 후지사키 조약국장, 마쓰나가 조약과장 등이 출석한 자리에서, 한국 측과 일본 측이 서로 양보한 후, 최후에 가서 "…협의를 행할 용의가 있다"를 우리 측이 삭제하자고 제의하자, 후지사키 조약국장이 동의하여, '용의가 있다'를 빼기로 하였는데, 이것이 그대로 가조인 시에 '용의가 있다'로 표현되었기에, 이를 따졌었더니, 정치적인 절충의 결과로, 최후 단계에 가서 일본 측 공한을 첨부하여 가조인하기로 낙착되었던 것인데, 결국 회담의 토의 과정 또는 일본 측 공한 취지로 보아 '협의한다'로 규정하도록 해야 할 것이 아닌가.

야기: 영문으로 표현하는 관계상 '협의할 용의가 있다'로 표현한 것은 아니냐?

이 대표: 영문으로 표현하는 관계로 그렇게 표현한다는 것은 말이 안 된다.

방 대표: 양측이 토의 시에 다 같이 들은 것 아니냐? 그럼 당분간 이 문제는 보류해 두자.

권 위원: 제3조 2항은 과반 가조인 시에 미공표용에 포함되었는데, 협정 본문에서는 떼어 합의의사록에 규정하도록 하자.

야기: 그것은 절대 안 된다.

이 대표: 셋째로, 제3조 제1항 전단 "…일본국에 영주하는 것이 허가된 자는…"으로 규정되었으므로, 협정이 규정한 5년간의 신청 기간 중에 있어서, '영주의 신청을 하였으나 허가가 아직 안 된 자' 또는 '영주의 신청도 아직 안 한 자'는 '영주가 허가된 자'가 아니므로, 이러한 사람들은 협정 발효 후에 협정상의 퇴거 강제 사유의 적용을 받지 못하고, 일본 입관령 제24조의 적용을 받게 되는 불합리한 결과가 생기게 되니, 이 점을 구제하는 규정을 두지 아니하면 안 되겠다.

니이야: 이 대표의 제안에 찬성한다. 그러나 범죄 행위로 체포 당시에 영주의 신청 수속 중인 자만 구제되면 되지 않겠느냐?

이 대표: 그렇지 아니하다. 영주의 신청 중인 자는 물론이고, 아직 신청하지 아니한

자도 구제되어야 한다. 영주 허가를 신청하여 허가될 때까지의 범죄 행위가 문제되는데, 1957년 각서에 "…만족한 결정이 될 때까지…" 운운하였으니, 협정이 발효되면 동 각서의 효력이 상실되어 신청 기간 중에는 일본 입관령 24조가 적용되게 되고, 본 협정의 퇴거 강제 사유가 적용 안 되는 공백 기간이 생기니 확실히 해두어야 할 것이다.

1275 나카무라: 본인이 영주를 신청해야 영주 신청의 의사가 나타나는 것이니 신청을 안 한 사람도 포함하는 것은 곤란하다. 신청 수속 중인 자에 대하여만 본 협정의 퇴거 강제 사유가 적용되도록 구제 규정을 두면 될 것이다.

이 대표: 5년의 신청 기간이 거의 되어 신청하는 사람도 많을 것이다. 그러므로, 영주 신청을 한 사람만 구제되게 하면, 불합리한 점이 전부 시정될 수 없다.

니이야: 그러나 영주 허가를 신청할 의사가 전연 없는 사람들(조총련계를 의미)에게까지, 신청 기간 중에는 본 협정의 퇴거 강제 사유가 적용되도록 하는 것은 곤란하다.

이 대표: 양측 견해의 내용에는 대차가 없고 원칙에 있어서는 부합되니, 영주 허가를 신청하였거나 영주 허가의 신청을 할 자격과 의사를 가진 사람에게는 협정의 퇴거 강제 사유가 적용되도록 일본 측의 협정 본문을 수정하거나 합의의사록에 규정하도록 해야 하는데, 어떤 문구로 표현할 것인가는 계속 논의하기로 하자.

오오와다: 좋다.

이 대표: 넷째로 제5조에 대하여는, 언제나 내가 이야기하는 바이지만, 본 협정은 일본의 입관령 등의 보통법에 대한 특별법인데, 특별법에 규정이 없는 때에는 일반법이 적용되는 것은 법리론으로 보아 당연한 것이므로, 일본 안 제5조는 규정할 필요가 없다. 만약에 꼭 제5조가 필요하다면, "일반 외국인보다 나쁘지 않은 대우를 부여하는…" 내용 정도로 규정해야 할 것이다.

오오와다: 더 검토해 보겠다.

1276 이 대표: 다섯째로 합의의사록에 영주 허가 신청 기간을 제1조 제1항 (b)에 규정된 자(4년 11개월 이후에 출생하는 자)는 출생일로부터 30일 이내로 규정한다 했는데, 이를 "협정 효력 발생일 4년 6개월 이후에 출생한 자는… 영주 허가 신청 기간을 출생일로부터 6개월로 한다"고 정하기로 하자.

나카무라: 현재 입관 당국 수속은 모두 출생일로부터 30일 이내로 되어 있다.

이 대표: 여러 가지 사정도 있어 출생일 후 30일은 너무 짧다.

오오와다: 그러면 처우에 대하여는 다음에 더 논의하기로 하되, 협정문의 서식에 있어, 협정 본문, 합의의사록 및 공한으로 3 구분한 데 대하여 한국 측 요망도 있어 우리도 가능한 한 협정 본문과 합의의사록으로 단순화할까 한다.

이 대표: 그 점에 대하여는 내가 문제시했는데, 나는 외교관이나 조약 실무자가 아니므로, 다음에 우리 조약 담당자가 확답할 것이다.

권 위원: 합의의사록은 국회 비준 요청 시 제출되느냐?

오오와다: 국민의 권리 의무에 관련한 입법 사항은 국회에 제출되는데, 합의의사록은 참고 재료로 제출된다.

이 대표: 협정 본문, 합의의사록 및 공한의 3형식의 문서 간에는 효력의 차이가 없는가?

나카에(법규과장): 한 말로 이야기해서 없다. 즉 문서의 명칭은 다르나, 그 효력에는 차이가 없고, 내용이 문제인데, 헌법에 의거 국민의 권리 의무에 관한 입법 사항은 협정에 규정되거나, 또는 합의의사록이나 교환 공문에 규정되거나 국회의 심의를 거쳐 비준을 받게 되어 있다.

이 대표: 그렇다면 조약 내용에 국민의 권리 의무에 관한 규정이 있으면 협정이거나, 합의의사록이거나, 교환 공문이거나를 막론하고, 모두 국회에 제출되게 되는데, 만약에 일본 측이 국민의(본 협정의 경우는 한국인의) 권리 의무를 규정한 합의의사록이나 교환 공문을 국회에 제출하지 아니하여 국회의 비준을 받지 못하면, 그 효력은 어떻게 되는가?

나카에: 그것은 일본 국내의 사무 상의 '미쓰'이고, 대외적으로 일본국이 그 조약의 구속을 받는 것에는 변함이 없다.

방 대표: 그럼 오늘은 그만하기로 하고 다음 회합 시 일본 측 안에 대하여 논평하겠다. 다음 회의는 언제가 좋으냐?

야기: 오는 7일(금) 16:00에 하자.

방 대표: 좋다.

쓰루타: 신문 발표는?

이 대표: 4. 3일 가조인된 합의사항에 의거한 일본 측의 협정안이 제시되어 이야기했다 하자.

야기: 좋다.

첨부

11-1. 법적지위 문제 관련 일본 측 협정(안)(제29차 회의 시 제출)

四十・五・四

日本国に居住する大韓民国国民の待遇に関する
日本国と大韓民国との間の協定(案)

日本国及び大韓民国は,

長年の間日本国に居住している大韓民国国民が日本国の社会と密接な関係を有するに至っていることにかんがみ,

これらの大韓民国国民が日本国の社会と調和して安定した生活を送ることができるようにすることが, 両国間及び両国民間の友好関係の増進に寄与することを信じて, 次のとおり協定した.

第一条

1. 日本国政府は, 次に掲げる者が, この協定の実施のため日本国政府が定める手続に従いこの協定の効力発生の日から五年以内に永住許可の申請をしたときは, 日本国で永住することを許可する.

(a) 大韓民国国民であって, 千九百四十五年九月二日以前から申請の時まで引き続き日本国に居住しているもの

(b) 大韓民国国民であって, (a)に掲げる者の直系卑属として千九百四十五年九月三日以後この協定の効力発生の日から五年以内に日本国で出生, その後申請の時まで引き続き日本国に居住しているもの

2. 日本国政府は, 大韓民国国民であって, 1の規定に従い日本国で永住することを許可されている者の子としてこの協定の効力発生の日から五年の後に日本国で出生したものが, この協定の実施のため日本国政府が定める手続に従いその出生の日から三十日以内に永住許可の申請をしたときは, 日本国で永住することを許可する.

3. 前記の申請及び許可については, 手数料は, 徴収されない.

第二条

1. 日本国政府は, 大韓民国国民であって, 第一条の規定に従い日本国で永住することを許可されている者の直系卑属として日本国で出生したものの日本国における居住については, 大韓民国政府の要請があれば, この協定の効力発生の日から二十五年を経過するまでは協議を行なう用意がある.

2. 1の協議に当たっては, この協定の基礎となっている精神及び目的が尊重されるものとする.

第三条

1. 第一条の規定に従い日本国で永住することを許可されている大韓民国国民は, この協定の効力発生の日以後の行為により次に掲げるいずれかの者となった場合を除くほか, 日本国からの退去を強制されない.

(a) 日本国において内乱に関する罪又は外患に関する罪により禁錮以上の刑に処せられた者(執行猶予の言渡しを受けた者及び内乱に付和随行したことにより刑に処せられた者を除く.)

(b) 日本国において国交に関する罪により禁錮以上の刑に処せられた者及び外国の元首, 外交使節又はその公館に対する犯罪行為により禁錮以上の刑に処せられ, 日本国の外交上の重大な利益を害した者

(c) 営利の目的をもって麻薬類の取締りに関する日本国の法令の規定に違反して無期又は三年以上の懲役又は禁錮に処せられた者(執行猶予の言渡しを受けた者を除く.)及び麻薬類の取締りに関する日本国の法令の規定に違反してこの協定の効力発生の日以後三回(ただし, この協定の効力発生の日の前の行為により三回以上刑に処せられた者については二回)以上刑に処せられた者

(d) 日本国の法令に違反して無期又は七年をこえる懲役又は禁錮に処せられた者

2. 大韓民国政府は, 1の規定により日本国からの退去を強制されることとなった者について, 日本国政府の権限のある当局の要請に応じ, その者の引取りについて協力するものとする.

第四条

日本国政府は, 次に掲げる事項について, 妥当な考慮を払うものとする.

(a) 第一条の規定に従い日本国で永住することを許可されている大韓民国国民に

対する日本国における教育及び生活保護等に関する事項

(b) 第一条の規定に従い日本国で永住することを許可されている大韓民国国民(同条の規定に従い永住許可の申請をする資格を有している者を含む.)で日本国で永住する意思を放棄して大韓民国に帰国するものによる帰国時の財産の携行に関する事項及びそれらの者が日本国において所有する資金の大韓民国への送金に関する事項

第五条

第一条の規定に従い日本国で永住することを許可されている大韓民国国民は,出入国,居住を含むすべての事項に関し,この協定で特に定める場合を除くほか,すべての外国人に同様に適用される日本国の法令の適用を受けることが確認される.

第六条

この協定は,批准されなければならない.批准書は,できる限りすみやかに　　で交換されるものとする.この協定は,批准者の交換の日の後三十日を経過した日に効力を生ずる.

以上の証拠として,下名は,この協定に署名した.

千九百六十五年　月　日に　　で,ひとしく正文である日本語,韓国語及び英語により本書二通を作成した.解釈に相違がある場合には,英語の本文による.

번역

1965. 5. 4

일본국에 거주하는 대한민국 국민의 대우에 관한 일본국과 대한민국 간의 협정(안)

일본국 및 대한민국은

오랜 기간 동안 일본에 거주하고 있는 대한민국 국민이 일본국 사회와 밀접한 관계를 가지게 된 것을 고려하고,

이들 대한민국 국민이 일본국 사회와 조화롭게 안정된 생활을 할 수 있도록 하는 것이 양국 간 및 양국 국민 간의 우호 관계 증진에 기여할 것으로 믿으면서,

다음과 같이 협정한다.

제1조

1. 일본국 정부는 다음 각 호에 해당하는 자가 이 협정의 시행을 위하여 일본국 정부가 정하는 절차에 따라 이 협정의 효력 발생일로부터 5년 이내에 영주 허가를 신청한 때에는 일본국에서 영주하는 것을 허가한다.

 (a) 대한민국 국민으로서, 1945년 9월 2일 이전부터 신청 시까지 계속하여 일본국에 거주하고 있는 사람

 (b) 대한민국 국민으로서 (a)에 열거된 자의 직계비속으로 1945년 9월 3일 이후 이 협정의 효력 발생일로부터 5년 이내에 일본국에서 출생하여 그 후 신청 시까지 계속하여 일본국에 거주하고 있는 사람

2. 일본국 정부는 대한민국 국민으로서 제1항의 규정에 따라 일본국에서 영주하는 것이 허가된 자의 자녀로서 이 협정의 효력 발생일로부터 5년 후에 일본국에서 출생한 자가 이 협정의 시행을 위하여 일본국 정부가 정하는 절차에 따라 그 출생일로부터 30일 이내에 영주 허가를 신청한 경우 일본국에서 영주하는 것을 허가한다.

3. 상기 신청 및 허가에 대해서는 수수료를 징수하지 않는다.

제2조

1. 일본국 정부는 대한민국 국민으로서 제1조의 규정에 따라 일본국에서 영주할 수 있도록 허가된 자의 직계비속으로 일본국에서 출생한 자의 일본국에서의 거주에 관하여는 대한민국 정부의 요청이 있으면 이 협정의 효력 발생일로부터 25년이 경과할 때까지 협의를 할 용의가 있다.

2. 1의 협의에 있어서는 이 협정의 기초가 되는 정신 및 목적이 존중되어야 한다.

제3조

1. 제1조의 규정에 따라 일본국에서 영주할 수 있도록 허가된 대한민국 국민은 이 협정의 효력 발생일 이후의 행위로 다음 각 호의 어느 하나에 해당하는 자가 된 경우를 제외하고는 일본국으로부터의 퇴거를 강제당하지 아니한다.

 (a) 일본국에서 내란에 관한 죄 또는 외환에 관한 죄로 금고 이상의 형을 받은 자(집행유예의 선고를 받은 자 및 내란에 동조하여 형을 받은 자를 제외한다.)

 (b) 일본국에서 국교에 관한 죄로 금고 이상의 형을 받은 자 및 외국의 원수, 외교사절 또는 그 공관에 대한 범죄 행위로 금고 이상의 형을 받아 일본국의 외교상의 중대

한 이익을 해친 자

(c) 영리를 목적으로 마약류 단속에 관한 일본국 법령의 규정을 위반하여 무기 또는 3년 이상의 징역 또는 금고에 처해진 자(집행유예를 선고받은 자를 제외한다.) 및 마약류 단속에 관한 일본국 법령의 규정을 위반하여 이 협정 발효일 이후 3회(단, 이 협정 발효일 이전의 행위로 3회 이상 형을 받은 자에 대하여는 2회) 이상 형을 선고받은 자

(d) 일본국의 법령을 위반하여 무기 또는 7년 이상의 징역 또는 금고의 형을 받은 자

2. 대한민국 정부는 제1항의 규정에 의하여 일본국으로부터 강제퇴거를 당하게 된 자에 대하여 일본국 정부의 권한 있는 당국의 요청에 응하여 그 인수를 위하여 협력한다.

제4조

일본국 정부는 다음 각 호의 사항에 대하여 합리적인 배려를 하여야 한다.

(a) 제1조의 규정에 따라 일본국에서 영주하는 것이 허가된 대한민국 국민에 대한 일본국에서의 교육 및 생활보호 등에 관한 사항

(b) 제1조의 규정에 따라 일본국에서 영주하는 것이 허가된 대한민국 국민(동 조의 규정에 따라 영주 허가를 신청할 수 있는 자격을 가진 자를 포함한다)으로서 일본국에서 영주할 의사를 포기하고 대한민국으로 귀국하는 자에 의한 귀국 시 재산의 휴대에 관한 사항 및 그 자가 일본국에서 소유하고 있는 자금의 대한민국으로의 송금에 관한 사항

제5조

제1조의 규정에 따라 일본국에서 영주할 수 있도록 허가된 대한민국 국민은 출입국, 거주를 포함한 모든 사항에 관하여 이 협정에서 특별히 규정한 경우를 제외하고는 모든 외국인에게 동일하게 적용되는 일본국 법령의 적용을 받는 것을 확인한다.

제6조

이 협정은 비준되어야 한다. 비준서는 가능한 한 신속하게 교환되어야 한다. 이 협정은 비준서 교환일로부터 30일이 경과한 날에 효력을 발생한다.

이상의 증거로 아래는 이 협정에 서명하였다.

1965년   월   일   에서 동등히 일본어, 한국어 및 영어로 본 서 2통을 작성하였다. 해석에 이견이 있는 경우에는 영문 본문에 따른다.

첨부

11-2. 법적지위 문제 관련 협정에 관한 합의의사록(제29차 회의 시 일본 측 제출)

日本国に居住する大韓民国国民の待遇に関する
日本国と大韓民国との間の協定についての合意された議事録

第一条に関し,

日本国代表は, この協定の実施のため日本国政府が定める手続には, 次のことが含まれることとなるべき旨を述べた.

(a) 同条の規定に従い永住許可の申請をする者が大韓民国の国籍を有していることを証明するに足る文書を自ら提出することができないときは, 大韓民国政府の権限のある当局の照会に応じてその者が大韓民国の国籍を保有していることを確認するため発給する文書をこれに代わるものとみなすこと.

(b) 同条1(b)に掲げる者であって, この協定の効力発生の日から四年十一箇月の後に出生したものについては, 同条1の規定にかかわらず, 申請の期限をその出生の日から三十日までとすること.

大韓民国代表は, (a)でいう文書を発給する用意がある旨を述べた.

第三条に関し,

1 日本国代表及び大韓民国代表は, 同条1(b)にいう「その公館」とは, 所有者のいかんを問わず, 大使館若しくは公使館として使用されている建物又はその一部及びこれに附属する土地(外交使節の住居であるこれらのものを含む.)ということに意見が一致した.

2 日本国代表は, 日本国政府が, 第三条1(c)又は(d)に掲げる者の日本国からの退去を強制しようとする場合には, 人道的見地からその者の家族構成その他の事情について考慮を払うべき旨を述べた.

일본국에 거주하는 대한민국 국민의 대우에 관한 일본국과 대한민국 간의 협정에 관한 합의된 의사록

제1조에 관하여

일본국 대표는 이 협정의 이행을 위해 일본국 정부가 정하는 절차에는 다음 사항이 포함되어야 한다고 언급했다.

(a) 동 조의 규정에 따라 영주 허가를 신청하는 자가 대한민국 국적을 가지고 있음을 증명할 수 있는 서류를 스스로 제출할 수 없는 경우, 대한민국 정부의 권한 있는 당국의 조회에 따라 그 사람이 대한민국 국적을 보유하고 있음을 확인하기 위하여 발급하는 서류를 이에 갈음하는 것으로 간주하는 것

(b) 동 조 1(b)에 열거된 자로서 이 협정 발효일로부터 4년 11개월 이후에 출생한 자에 대하여는 동 조 1의 규정에도 불구하고 신청기한을 그 출생일로부터 30일까지로 하는 것

대한민국 대표는 (a)의 문서를 발급할 준비가 되어 있음을 밝혔다.

제3조에 관하여

1. 일본국 대표와 대한민국 대표는 동 조 1(b)에서 말하는 '그 공관'이란 소유자의 여부를 불문하고 대사관 또는 공관으로 사용되고 있는 건물 또는 그 일부와 이에 부속된 토지(외교사절의 주거인 이러한 것들을 포함한다.)를 말하는 것에 의견을 모았다.

2. 일본국 대표는 일본국 정부가 제3조 1(c) 또는 (d)에 열거된 자의 일본국에서의 퇴거를 강제하고자 하는 경우, 인도주의적 관점에서 그 자의 가족구성 및 기타 사정을 고려해야 한다는 취지를 밝혔다.

13. 제7차 한일회담 법적지위위원회 제30차 회의 회의록

제7차 전면회담 법적지위위원회 제30차 회의록

1. 일시: 1965. 5. 7, 16:00~17:20
2. 장소: 외무성 제503호실
3. 참석자: 한국 측: 방희　　대표
　　　　　　　　　이경호　　 〃
　　　　　　　　　최광수　　전문위원
　　　　　　　　　권태웅　　 〃
　　　　　　　　　안세훈　　보좌
　　　　　일본 측: 야기　　　입관국장
　　　　　　　　　니이야　　민사국장
　　　　　　　　　오오와다　조약국 참사관
　　　　　　　　　가유미　　민사국 제5과장
　　　　　　　　　나카에　　조약국 법규과장
　　　　　　　　　스가노마　입관국 총무과장
　　　　　　　　　다니구치　조약과 사무관
　　　　　　　　　사이키　　법규과 사무관
　　　　　　　　　쓰루타　　북동아과 사무관

4. 토의 내용

　방 대표: 오늘은 과반 일본 측이 제시한 협정 문안에 대하여 논평하겠는데, 지난 회합에서 아 측이 질문하면서 술회한 의견도 우리의 논평으로 생각하여도 좋다. 그리고 다음 회의에는 우리의 논평을 기초로 한 아 측 협정 문안을 제시하겠는바, 이 대표께서 말씀하실 것이다.

　이 대표: 지난 회합에서 질문을 하면서 논평한 것과 중복되는 점이 있을지 모르나,

일본 측 안 전체에 대하여 논평하겠다.

첫째, 협정의 명칭에 관하여는 지난번에 말한 바와 같이 '대우'에는 틀림없지만, 법에 의해 재일한인의 대우가 규정되면 그것이 바로 그들의 법적지위가 되는 것이니, '법적지위와 대우'로 규정하자.

둘째, 전문 중 '…밀접한 관계'는 내용은 문제가 아니나, 우리의 대 국내 관계로 보아 그 표현을 '특수한 관계'로 하였으면 한다.

셋째, 전문 중 '일본국의 사회와 조화하여'는 외국인도 그가 거주하는 사회와 조화되어야 한다는 면에서 이해가 되나 대 국내적으로 볼 때 이런 표현에 대하여 트집을 잡으려 하는 자도 있겠으나, 과반 3. 17 일본 측 안의 표현처럼 "일본국에 재류하는 제3국의 국민과 상위한 대우를 부여하며 안정된 생활을 영위할 수 있도록 함"이라고 표현하는 것이 좋을 것 같다.

넷째, 제1조 제1항 (a)와 (b)의 서두에 '대한민국 국민으로서'라고 되풀이하여 규정되어 있는데 이를 삭제하고, 지난 4. 3 가조인 시의 합의사항 내용처럼 제1조 제1항 전단의 '다음에 기재된 자'를 '다음에 규정된 대한민국 국민'으로 규정하자.

다섯째, 제1조 제1항 '일본국 정부가 정하는 수속에 따라'는 과거에 우리가 주장한 것처럼 '양국 정부가 협의하여 정하는 절차에 따라'라고 정하던지, 또는 '이 협정의 실시를 위하여 정하는 절차에 따라'라고 규정하고 상세한 절차에 관하여는 더욱 토의하여 합의의사록에 규정하도록 하자.

여섯째, 제1조 제1항의 '1945. 9. 2'란 시점 표현은 우리로서는 받아들일 수 없으니, '1945년 종전의 날'로 표현하고, 우리 측은 8. 15로 일본 측은 9. 2로 해석하여 시행하도록 하여도 지장이 없을 것이다.

일곱째, 제1조 제1항 (b)에 '…(a)에 열거된 자의 직계비속으로서'와 제1조 제2항 '…1의 규정에 따라 일본국에 영주하는 것이 허가된 자의 자로서'라고 규정된 것은 어느 경우에나 제1조 제1항 (a)의 규정을 보아 종전 당시부터 계속 거주하다가 영주 신청 시 이전에 사망한 자의 직계비속에 대하여는 영주권을 부여할 수 없게 되어 있으니, 이들에게도 영주권이 부여되도록 합의의사록에 구제 규정을 두도록 하자.

여덟째, 제1조 제2항 '…일본국에서 출생한 자'는 부모가 재입국 허가를 받고 국외에 나갔을 때 자가 출생한 자와 같이 일본국 이외의 지역에서 출생하는 경우도 있을 것이니, 그러한 자도 구제되도록 합의의사록 등에 규정하도록 하자.

아홉째, 제1조 제2항 영주 허가 신청 기간을 출생일로부터 30일 이내로 한 것은(현재 입관령 등에서는 30일 이내로 시행하고 있더라도) 너무 짧으니 이를 늘려서 6개월 이내 정도로 규정하자.

열째, 제2조 제1항 말미의 '협의를 행할 용의가 있다'는 가조인 시 일본 측 사정으로 공한을 첨부하고 여사하게 표현한 것인데, 내용의 차이가 없는 것이니 '협의를 한다'로 규정하도록 하자.

오오와다: 가조인 시 우시바 심의관과 김 대사 회담에서 '협의할 용의가 있다'는 데 대하여 한국 측의 이견이 있어 공한을 첨부한 것으로서 결말을 짓기로 한 것으로 알고 있다.

방 대표: 그렇지 않다. 가조인 3일 전의 회담에서 일본 측 사정으로 공한을 첨부하는 형식을 취하고 가조인하기로 한 것이다.

이 대표: 그때의 경위를 말하면, 철야 외상회담의 최종 단계에서 '협의를 한다'로 정하여졌는데, 일본 측이 착오로 '협의할 용의가 있다'로 이미 각의의 양승을 받은 후라, 이것만이 다시 각의에 부의할 수 없다고 하여, 협정 발효 후 25년 이내에 꼭 한국 측과 협의할 법적 의무를 진다는 취지의 공한을 첨부하는 것으로서 낙착된 것인데, 가조인이 된 지금에 와서는 새로이 협정문을 작성하는 것이니 '협의를 한다'고 명백하게 규정하자.

열하나째, 제3조의 퇴거 강제 사유와 관련하여, 영주 신청 기간에 있어서는, 영주 신청을 할 자격과 의사를 가진 자와 영주 신청 중에 있는 자에 대하여도 제3조의 규정이 당연히 적용되도록 합의의사록에 규정하지 않으면, 영주 신청 기간 5년간에 있어서는, 일본 입관령 24조의 퇴거 강제 사유가 적용되는 모순을 시정할 수 없게 된다.

열둘째, 제3조 제2항의 규정은 가조인 시 미공표하기로 되었던 것인데, 이를 협정 본문에 규정할 수는 없다. 어떤 면에서는 이런 규정 자체가 한국 측을 불신하는 데서 규정한 것이라고 생각한다. 그러니 가조인 시 미공표 사항으로 합의된 경위에 비추어 이는 앞으로도 미공표의 교환 서한 형식으로 정하도록 하자. 더욱, 그 문구가 '…권한 있는 당국의 요청에 응하여'는 지난 가조인 시 합의사항 내용도 '대한민국 정부는 일본국 정부의 요청에 따라'로 되어 있으니 '권한 있는 당국의…'는 삭제하도록 하자.

열셋째, 제4조의 '다음에 열거된… 타당한 고려'는 "일본국에서 영주가 허가된 대한민국 국민에 대하여… 다음에 열거된 사항에… 타당한 고려…"라는 식으로 표현하도록 하자.

제4조 (a)의 '…생활보호 등'은 '생활보호, 국민건강보험 등'으로 포함 규정하자. 이에 관련하여 지난번 일본 측이 이에 관한 자료를 아 측에 제시하였으므로 자세히 검토한즉, 국민건강보험법(법률 제192호) 제5조의 피보험자 규정은 이 법이 당연히 외국인에게도 적용되게 되어 있는데, 동법 제6조의 제8호에 '…기타 특별한 이유가 있는 자로서 후생성령으로 정한 자'를 제외할 수 있게 한 것에 근거하여 후생성령으로서 동 법을 외국인에게 적용하지 아니하는 원칙을 규정한 것이니, 법률 자체를 개정하지 아니하더라도 후생성령만 개정하면, 재일한인에게도 이를 적용할 수 있는 것이고, 각 시, 정, 촌에서 개별적으로 조례로 규정할 필요가 없게 되어 있으니, 이 점 재검토하여 주기 바란다.

기타 제4조에 관하여는 토의가 계속 중에 있으므로 앞으로 토의의 결과를 기다려서 다시 아 측 입장을 밝히겠다.

열넷째, 제5조는 당연한 규정이며, 협정이 일반법에 대한 특별법의 성격을 띠고 있어 법 이론상 당연한 것인데, 이를 규정하려면 차라리 재일한인에게는 "일본국에 재류하는 다른 외국인에게 부여되는 대우보다 유리한 대우를 부여한다"는 취지로 규정하도록 하자.

열다섯째, 제6조의 조약의 효력 발생일에 대하여는 '…비준서의 교환일 이후 30일을 경과한 날'로 되어 있는데, 이는 정치적 고려가 필요한 것으로 본 위원회에서 '30일'로 결정하기 곤란하니 결정을 보류하도록 하자.

다니구치: 비준서 교환일 즉시 발효를 생각하고 있는가?

이 대표: 그런 의미는 아니다.

방 대표: 딴 협정 관계도 있어 보류하자는 것이다.

오오와다: 좋다.

이 대표: 이상으로 협정 본문에 대하여는 대개 논평하였는데, 합의의사록에 대하여는 계속 토의한 결과 수정되어 다시 제출되어야 할 것이니, 그때 다시 이야기하겠다.

방 대표: 일본 측에서 우리의 의견을 들었으니, 이에 대한 의견이 있으면 말해주기

바란다.

니이야: 제3조 제2항 '권한 있는 당국…'이란 표현을 삭제하자는 한국 측의 취지는 결국 외교기관을 통하여 요청하자는 이야기 아닌가?

이 대표: 그렇다.

다니구치: 제1조 제1항 및 제2항에 '대한민국 국민'을 되풀이하지 않고 제1조 제1항 '다음에 기재된 자 중' 대신 '다음에 규정된 대한민국 국민'이라고 규정하려는 의도는?

이 대표: 되풀이하여 규정하느니 간결하게 서두에 넣자는 것이다.

니이야: 제1조 제2항의 영주 허가 신청 '30일'이 짧다는데, 어느 정도의 기간을 원하는지?

이 대표: 제1조 제2항과 이에 관한 합의의사록을 종합하여 말하면 '4년 11개월'을 '4년 6개월'로 하고, '30일'을 '6개월 정도'로 규정하고자 한다. 이에 해당되는 자가 많지도 않고, 이로 해서 달리 영향을 끼칠 우려도 없다.

니이야: 전문의 '일본국 사회와 조화…'를 꼭 '제3국의 국민과 상이한…'으로 규정하여야겠는지?

이 대표: '일본국 사회와 조화…'를 삭제하는 대신 기왕에 일본 측 안의 표현을 쓰자는 것인데 대국회, 특히 야당 관계를 상정해서이다. 또 조총련이 구두선으로 "협정으로 재일교포를 일본국 정부에 팔아 넘긴다"는 악선전도 있으니 '일본국 사회와 조화' 운운보다는 '제3국의 국민과 상이한 대우'로 운운이 더 낫기 때문이다.

오오와다: 한국 측의 논평에 대한 아 측 의견은 더 생각하여 추후에 더 이야기하겠다.

다니구치: 제1조 제1항 '1945. 9. 2'을 '1945년 종전의 날'로 규정한다면 영어로는 어떻게 되느냐?

최 위원: 여러 가지 고려할 수 있으나 Termination of war가 되겠다.

오오와다: 그러면 1952년의 샌프란시스코 평화조약의 발효일을 말하게 된다.

이 대표: 1945년의 종전의 날이니, 그럴 염려는 없다.

니이야: '1945년의 종전의 날'로 하여도 일본 측이 1945. 9. 2로 이를 해석하여 적용하는 데는 한국 측으로서 이의가 없는가?

이 대표: 과반 니이야 국장이 절충안으로서 '종전의 날'을 합의의사록에 구체적으로 표현하여 '한국 측은 종전의 날을 1945. 8. 15로, 일본 측은 1945. 9. 2'로 해석하자 한 것은 좋은 의견이지만 양국의 해석이 다르다고 말썽이 될 것이니 합의의사록에 규정함은 그만둔다 해도, 대국회 관계에 있어서 우리는 '종전의 날'을 1945. 8. 15로 일본 측은 1945. 9. 2로 각각 해석하여 국회의원 질의에 대응하면 될 것이다.

1301 니이야: 그렇다. 협정 문서에 규정하지 않아도 우리 측이 운영을 1945. 9. 2로 하고, 답변에 있어서는 각각 유리한 대로 하면 될 것이다.

최 위원: 일본의 법령에서도 1945. 8. 15를 시점으로 쓰고 있는 예가 있다.

권 위원: 인양자금부금등지급법(법률 제109호)를 보니 '1945. 8. 15'를 시점으로 표현한 것이 있었다.

오오와다: 그러냐?

이 대표: 영문 원본은 못 봤으나 '맥아더의 회상기'에도 종전의 날이라고 하여 괄호 안에 1945. 8. 15로 쓰여 있는 것을 보았다.

다니구치: 제1조에 '양국 정부가 협의하는 절차'라고 한국 측이 주장하는 것은 일본 단독으로 곤란한 절차를 정할 것을 예상한 것인가?

이 대표: '일본 정부가 정하는 수속'을 우리 정부가 꺼리는 것은 예컨대 영주 허가 신청에 있어 국적 확인 등 곤란한 점이 들어간다든지 할까 우려하는 의미도 있고, 과거에 본 위원회에서 일본 측도 동 수속 절차에 대하여 일본 측이 정할 수속을 한국 측과 사전에 의논하고 싶다고 한 적이 있기 때문에 협정 본문에는 '이 협정의 실시를 위하여 정하는 수속'이라 규정하고 합의의사록에 자세히 규정하자는 것이다.

다니구치: 본 협정의 실시에 관련하여 한국 측이 재일한인에 적용할 법률을 제정할 경우는 없는가?

이 대표: 없을 것이다. 협정의 실시는 어디까지나 일본 정부의 일이며 우리가 새로운 법률을 제정할 필요는 없을 것이다.

1302 다니구치: 영주 허가 신청 시의 국적 확인에 있어서 수속 상 곤란한 점으로는 어떤 것을 예상하는지?

이 대표: 개별적인 국적 확인서의 제출은 여러 가지 폐단이 많을 것이 예상되니 곤란하다. 포괄적인 국적 확인 방법을 취할 수는 있다.

니이야: 한국 측의 설명을 들으니 우리는 법제상 종전의 날을 1945. 9. 2로 사용해도 되겠다.

이 대표: 그렇다. 단지 협정 문서에만 그것을 사용하는 것을 우리가 꺼리는 것이다.

방 대표: 다음 회의는 언제 하겠냐? 우리 안을 제시하려고 한다.

야기: 5월 11일(화) 14:30은 어떠냐?

방 대표: 좋다.

쓰루타: 신문 발표는?

이 대표: 5. 4 일본 측이 제시한 안에 대하여 한국 측의 논평이 있었다고 하자.

야기: 좋다.

15. 제7차 한일회담 법적지위위원회 31차 회의 회의록

제7차 전면회담 법적지위위원회 제31차 회의록

1. 일시: 1965. 5. 11, 14:30~17:00
2. 장소: 가유회관
3. 참석자: 한국 측: 방희　　대표
　　　　　　　　　이경호　　〃
　　　　　　　　　권태웅　　전문위원
　　　　　　　　　안세훈　　보좌
　　　　　일본 측: 야기　　　입관국장
　　　　　　　　　니이야　　민사국장
　　　　　　　　　나카무라　입관국 차장
　　　　　　　　　오오와다　조약국 참사관
　　　　　　　　　가유미　　민사국 제5과장
　　　　　　　　　스가노마　입관국 총무과장
　　　　　　　　　다니구치　조약과 사무관
　　　　　　　　　쓰루타　　북동아과 사무관
4. 토의 내용

　오오와다: 오늘은 한국 측이 약속한 대로 협정안을 제시하는가?

　이 대표: 그렇다. 우선 협정안을 낭독하고 설명하겠다.

　권 위원: (협정안의 본문, 합의의사록 및 공한의 순서로 낭독함.)

　방 대표: 우리 안은 대개 4. 3 가조인된 합의사항에 의거하여 작성된 것이다. 우리 안에 대하여 질문이나 의견이 있으면 말해주기 바란다.

　다니구치: 영주권자의 범위는 제1조 (a), (b), (c)로 나뉘어 있는가?

　이 대표: 그렇다. 가조인된 합의사항 내용 그대로다. 협정안 제1조는 영주권의 부여

범위, 신청의 기간과 절차, 수수료 면제, 자손에 대한 재협의 등에 관하여 제2조는 퇴거 강제 사유에 대하여 규정하고 있는데, 협정 발효 후 4년 9개월을 경과하여 출생하는 자의 영주권 신청기간을 6개월로 주장해온 것을 3개월로 규정했으니 일본 측으로서도 이 점을 고려하여 동의하여 주기 바란다.

오오와다: 제4조에 본 협정의 효력 발생은 "…비준서의 교환일로부터 30일이 경과한 날에 효력을 발생한다" 했는데, 이는 최종적으로 결정된 것이냐?

이 대표: 일본 측 협정안과 같이 일응 '비준서의 교환일로부터 30일'로 한 것이며 잠정적으로 정한 것이다.

다니구치: 합의의사록에 제2조에 관련하여 "…퇴거를 강제하고자 할 경우에는…인도적인 고려…"를 한다 하였는데 '인도적인 고려'의 내용과 적용 범위가 일본 측 안과 다른 것 같다.

이 대표: 일본 측 안에는 "퇴거 강제 사유 중 마약범과 7년 초과 수형자의 퇴거 강제에 있어서만, 가족구성, 사안의 성질에 따라 인도적인 고려"를 한다고 규정하고 있는데, 우리는 사안의 성질은 고려할 필요가 없으니, 가족구성은 퇴거 강제를 할 경우에 인도적인 고려를 함에 있어 참작하는 것이 좋다고 이야기해 왔던 것이며, 이를 이번 안에 규정한 것에 불과하다.

그러나 내 개인 의견으로는 퇴거 강제 사유 중 (a)의 내란 및 외환에 관한 죄에까지 이를 적용할 여지는 없지 않은가 생각한다.

스가노마: 합의의사록에 공동위원회를 설치하도록 규정한 것은 무슨 의도인가?

이 대표: 협정의 해석 적용에 관하여 의문점이 있을 때, 그 원활한 해결을 위하여 우선 합의의사록에 동 위원회를 설치하기로 규정한 것이며, 이 점에 합의가 되면, 다시 그 구성 협의 절차 등을 규정하려고 한다.

오오와다: 아직 한국 측 안을 자세히 검토는 안 했으나 공동위원회라는 것을 나로서는 처음 듣는 바다.

권 위원: 협정 시행에 관련하여 일어날 의문되는 점, 분쟁 등을 양측이 협의하여 해결하자는 것이 주안이다.

오오와다: 우리 생각으로는 어업협정에서는 공동위원회가 필요할지 모르나 법적지위 협정에는 불필요하다고 생각하며 이는 정상 외교 루트를 통하여 해결될 수 있다고

생각한다.

이 대표: 공동위원회에 대하여는 본 위원회에서 누차 이야기가 있었다. 즉, 퇴거 강제 사유 중 '외교상 중대 이익'이 무엇이냐를 양측이 논의해야 할 것이라는 점에서 이야기해 오다가, 이것이 한정되어 결정됐고, 영주 허가 신청 시에 국적이 불명한 경우에 공동위원회에 같은 데 회부하여 협의해 결정토록 하자는 등 요컨대 협정을 원활하게 집행하자는 취지에서 그 설치가 필요하다. 또 영리를 목적으로 한 마약범과 절도가 병합된 경우이거나, 영리를 목적으로 한 마약범과 강도가 병행될 때 그 형기 중 몇 년을 마약범에 의한 것으로 결정해야 할지 의문이 되는데, 이러한 것도 공동위원회에서 정해야 할 것이라고 생각하고 있다. 우리로서는 사후에 일본 정부에 항의하는 것보다 사전에 원활한 협의로 문제를 해결하자는 취지이다.

방 대표: 공동위원회에 대하여는 본인이 수석대표 간 회합에서 이야기를 하였고, 본 위원회에서도 방금 이 대표가 설명하셨다시피 있었다.

오오와다: 이 대표가 이야기하신 것은 기억이 난다. 그러나 한국 측의 설명을 들으니 이는 모두 일본 정부가 일방적으로 결정지을 수 있는 것으로 본 협정의 실시가 일본 정부 단독으로 한다는 것이 전제가 되니 한국 측이 일본 측의 결정에 대하여 불만일 때 외교 경로를 통하여 항의하면 될 것이라 생각한다.

나카무라: 방금 이 대표가 말씀하신 마약범과 절도죄 또는 강도죄가 병합될 때는 무거운 형으로 처단된 것으로 해석하여, 적용되면 된다고 생각하니, 이를 공동위원회에 회부할 필요가 없을 것이다.

이 대표: 그렇게 하였다는 이야기를 일본 측 내부에서는 하였는지 모르나, 우리하고 논의하지는 않았다. 그렇다면 그 점은 좋은 생각이다.

오오와다: 공동위원회를 설치하지 않아도, 한일 친선우호의 견지에서 일이 생기면 그때마다 외교 경로를 통해 상호 협의하여 고칠 것을 고쳐가면 된다.

방 대표: 외교 경로를 통하여 해결될 수도 있겠지만, 우리는 여러 가지 곤란한 경우를 상정하고, 협의를 위한 시간의 낭비를 배제하고자 하는 의미에서 기왕 본 위원회에서 논의된 바도 있어 공동위원회를 설치하자는 것이었다. 일본 측이 취할 조치에 대하여 트집을 잡자는 것이 목적이 아니다. 앞으로 더욱 검토 논의하면 이해하게 될 것이다.

다니구치: 재산반출에 대하여는 규정하지 않았는가?

1309   권 위원: 금후 더 토의해야 할 것이니, 일본 측 협정안과 같이 규정하지 않았다.

나카무라: 합의의사록에 협정안 제1조 제2항 (b) 및 (c)에 규정된 자로 '…일본국 이외의 지역에서 출생하는 자…'란 일본국 이외에서 출생한 자인가?

이 대표: 주로 한국이 될 것인데, 일본 정부로부터 재입국 허가를 받고 간 영주권자의 자로 출생한 경우를 말한다.

니이야: 협정 제1조 '…이 협정의 실시를 위하여 정하는 절차'란 그 '절차'의 세부사항까지 양국 정부가 협의하여 정한다는 것을 의미하느냐?

이 대표: 그렇게 각박한 의미는 아니고, 어느 정도 수속 절차에 대하여 이야기하여 정한다는 것이다.

니이야: 그러나, 이는 순전히 일본 정부의 행정권이 단독으로 시행할 일인데, 협의를 하는 것을 의미한다면 장래에 있어서 문제를 야기할 것이다. 우리 법무성뿐만 아니라 법제국서도 문제 삼을 것이다.

스가노마: 협정의 실시를 위하여 정해지는 절차에 포함될 수속은 대개 어떤 것인가? 국적 관계 확인이 아니냐?

이 대표: 그렇다.

니이야: 내용이 설혹 그렇다 하더라도, 양국이 협의하여 절차를 정한다고 협정에 규정하는 것은 피하여야 한다.

이 대표: 우리 역시 그렇다. 일본 정부 단독으로 절차를 정한다고 협정에 규정되는 것만은 피하고 싶다.

니이야: 합의의사록에 절차에 대하여 자세히 규정하면 어떻겠느냐?

1310   이 대표: 합의의사록에 자세히 규정한다면 협정 본문에는 '일본 정부가 정하는 절차'라 하여도 좋다고 생각할 수 있다. 이에 대하여서는 당초부터 우리 측 입장이 강하다. 그러나 일본국의 행정권의 행사에 대하여 간섭하고자 하는 것은 아니다.

니이야: 협정 제2조에 관련하여 합의의사록에 '…영주 신청을 할 자격과 의사를 가진 자에게도…'로 되어 있는데 자격과 의사만 있다고 하여도 곤란하다.

이 대표: 자격과 의사가 있어서 신청서를 제출한 것으로 생각되는 자와 그렇지 않은 자(조총련계)를 구별하자는 것이다.

오오와다: 그 신청서 제출은 유효한 것이라야 한다.

이 대표: 그렇다. 자격과 의사가 겸하여야 한다. 자격이 있어도 의사가 없는 사람에게까지 본 협정 퇴거 강제 사유를 적용하여 구제할 필요는 없다. 자격이 있어도 의사가 없는 자에게는 일반 입국관리령을 적용해야 할 것이다.

니이야: 의사가 있어도 신청을 안 했으면 의사가 표시될 수 없다고 보는 것이 방법일 것이다.

이 대표: 그렇지 않다. 자격을 갖춘 자로서 5년의 신청 기간이 가깝도록 신청을 안 했어도 범법자로 체포된 당시에 의사를 표시하여 영주 허가를 신청한 자에게는 본 협정의 퇴거 강제 사유를 적용해야 할 것이다. 대개 이야기해보니 양측의 입장과 생각하는 목표가 같다. 그러니 다음 회합 시에 일본 측에서 이에 대한 입관령상 수속을 어떻게 할 것인가를 확정하여 내주면 같이 이야기할 수 있다고 생각한다.

나카무라: 좋다. 그렇게 하겠다.

다니구치: 본 협정의 효과를 받을 사람은 본 협정의 영주 허가를 부여받은 이후부터 적용됨이 원칙이 되어야지, 특례가 인정되겠느냐?

이 대표: 본 협정이 발효되면 1957년 각서의 효력은 당연히 상실된다. 그런데 영주 신청 기간은 5년이고, 영주 허가를 신청하여 허가를 받을 때까지는 일본 입관령 24조가 적용되게 되니 이는 본 협정의 퇴거 강제 사유를 특별히 정한 취지에 배치된다. 그러니, 재일한인이 법률적으로 불안한 지위에 있게 되는 공백 기간을 제거하기 위하여 그러한 규정을 두자는 것이다. 그러니 본 협정에 따라 영주 신청을 할 자격과 의사가 없는 자는 일반 입관령을 적용해도 좋으나 본 협정의 효력을 받을 것으로 상정되는 자에는 당연히 본 협정의 퇴거 강제 사유가 미쳐야 될 것이 아닌가?

오오와다: 일응 더 검토해 보겠다.

쓰루타: 협정 제1조 제1항 (c)는 '(a) 또는 (b)의 자'로 되었는데, 우리 안과 같이 '…1의 규정에 따라… 영주하는 것이 허가된 자의 자'라고 규정해야 되지 않겠는가?

이 대표: 가조인된 합의사항 내용대로 일응 규정했다.

오오와다: 협정 제1조 제1항 (c)는 (a)와 (b)의 자로 협정 발효 후 5년 이후에 출생하는 자는 우리 주장대로라면 30일 이내인데, 그 자의 의사는 있을 수 없고, 그 부모의 의사만이 있을 것이니 우리 안대로 '1의 규정에 따라… 영주하는 것이 허가된 자의

자'로 하는 것이 합리적이다.

이 대표: 알겠다. 오늘 일본 측 이야기를 참고로 삼아 일차 더 검토해 보자.

방 대표: 다음 회의는? 일본 측 준비로 언제 하겠나?

야기: 오늘 한국 측 안을 번역해 보아야 하니, 금주 14일(금) 14:30에 하자.

방 대표: 좋다.

쓰루타: 신문 발표는?

이 대표: 지난 4. 3 가조인된 합의사항에 의거 한국 측이 작성한 협정안을 제시했다 하자.

야기: 좋다.

16. 법적지위에 관한 한국 측 협정안 송부 공문

1313   주일정 722-155   1965. 5. 11

　　수신: 외무부 장관

　　제목: 법적지위에 관한 아 측 협정안 송부

　1965. 5. 11 전면회담 제31차 법적지위위원회 회의에서 아 측이 일본 측에 제시한 법적지위 협정안을 별첨과 같이 송부합니다.

　　유첨: 동 협정안 2부

　　　끝

　　　　　　　　　　　　　　　　　　　　　　　　　수석대표 김동조[직인]

첨부

16-1. 법적지위에 관한 한국 측 협정(안)

일본국에 거주하는 대한민국 국민의 법적지위와 대우에 관한
대한민국과 일본국간의 협정(안)

1965. 5. 11

대한민국과 일본국은,

다년간 일본국에 거주하고 있는 대한민국 국민이 일본국과 특수한 관계를 가지게 되었음을 고려하고,

그들과 그들의 자손에게 일본국에 체류하는 제3국의 국민과 상이한 대우를 부여하여 안정된 생활을 영위할 수 있도록 하는 것이 양국 간 및 양국 국민 간의 우호 관계의 종전에 기여함을 인정하여

다음과 같이 협정하였다.

제1조

1. 일본국 정부는 다음에 규정된 대한민국 국민이, 이 협정의 실시를 위하여 정하는 절차에 따라, 일본국 정부에 영주를 신청할 때에는 그들의 일본국에서의 영주를 허가하기로 한다.

(a) 1945년의 종전일 이전부터 계속하여 일본국에 거주하는 자.

(b) (a)의 직계비속으로서 1945년의 종전일의 익일 이후 이 협정의 효력 발생일로부터 5년이 경과하는 날까지에 일본국에서 출생하여 계속하여 일본국에 거주하는 자.

(c) (a) 또는 (b)의 자(아들, 딸)로서 이 협정의 효력 발생일로부터 5년이 경과한 날 이후에 일본국에서 출생하는 자.

2. 본조 제1항에 규정된 자의 영주 신청 기간은 다음과 같이 정한다.

(a) 본조 제1항 (a) 와 (b)에 규정된 자는 이 협정의 효력 발생일로부터 5년 이내에 일본국 정부에 영주를 신청하여야 한다.

(b) 본조 제1항 (b)에 규정된 자로서 이 협정의 효력 발생일로부터 4년 9개월을 경과하는 날 이후에 출생하는 자에 대하여는 본항 (a)의 규정에 불구하고, 영주 신청의

기간을 그의 출생일로부터 3개월 이내로 한다.

(c) 본조 제1항 (c)에 규정된 자의 영주 신청 기간은 그의 출생일로부터 3개월 이내로 한다.

3. 본조 제2항에 규정된 영주의 신청 또는 그 허가에 있어서는 여하한 영주의 수수료도 증수되지 아니한다.

4. 일본국 정부는 본조 제1항에 의하여 영주가 허가된 자의 직계비속으로서 일본국에서 출생하는 자의 거주에 관하여는, 대한민국 정부의 요청이 있으면 이 협정의 효력 발생일로부터 25년이 경과할 때까지에 협의를 한다. 이 협의에 있어서는 이 협정의 기초가 되고 있는 정신과 목적을 존중하는 것으로 한다.

제2조

제1조의 규정에 의하여 일본국에서의 영주가 허가된 자는, 이 협정의 효력 발생일 이후의 행위에 의하여 다음에 규정하는 사유의 하나에 해당되는 자가 된 경우를 제외하고는 일본국으로 부터의 퇴거를 강제당하지 아니한다.

(a) 일본국에 있어서 내란에 관한 죄 또는 외환에 관한 죄를 범한 것으로 인하여 금고 이상의 형에 처하여진 자(집행유예의 언도를 받은 자 및 내란에 무화 수행한 것으로 인하여 형에 처하여진 자를 제외한다.)

(b) 일본국에 있어서 국교에 관한 죄를 범한 것으로 인하여 금고 이상의 형에 처하여진 자, 또는 외국의 원수, 외교사절 또는 그 공관에 대한 범죄 행위에 의하여 금고 이상의 형에 처하여지고 일본국의 외교상의 중대한 이익을 해한 자

(c) 영리를 목적으로 마약류의 취체에 관한 일본국의 법령에 위반하여 무기 또는 3년 이상의 징역 또는 금고에 처하여진 자(집행유예의 언도를 받은 자를 제외한다.) 또는 마약류의 취체에 관한 일본국의 법령에 위반하여 이 협정의 효력 발생일 이후 3회(단, 이 협정의 효력 발생일 이전에 3회 이상 형에 처하여진 자에 대하여는 2회) 이상 형에 처하여진 자

(d) 일본국의 법령에 위반하여 무기 또는 7년을 초과하는 징역 또는 금고에 처하여진 자.

제3조

1. 제1조의 규정에 의하여 일본국에서의 영주가 허가된 자는 일본국 정부로부터 여

하한 경우에도 어느 제3국의 국민에게 부여되는 대우보다 호의적인 대우를 받는다.

2. 제1조의 규정에 의하여 일본국에서의 영주가 허가된 자는 일본국에서의 교육, 생활보호 및 국민건강보험 등에 관한 사항에 대하여 일본국 정부의 타당한 고려를 받는다.

3. 제1조의 규정에 의하여 일본국에서의 영주가 허가된 자(영주 허가의 신청 기간 중에 있어서는 영주 신청을 할 자격을 가진 자를 포함한다)로서 일본국에서 영주할 의사를 포기하고 대한민국으로 귀국하는 자가 귀국 시에 유행하는 재산 및 그가 일본국에서 소유하는 자금의 대한민국에의 송금에 관한 사항에 대하여 일본국 정부의 타당한 고려를 받는다.

제4조

이 협정은 비준되어야 한다. 비준서는 가능한 한 조속히 교환하는 것으로 한다. 이 협정은 비준서의 교환일로부터 30일이 경과한 날에 효력을 발생한다.

이상의 증거로서, 정당히 위임받은 하기 대표자는 이 협정에 서명하였다.

196 년 월 일에서 동등히 정문인 한국어, 일본어, 및 영어에 의하여 문서 2통을 작성하였다. 해석에 상위가 있을 경우에는 영어의 정문에 의한다.

첨부

16-2. 법적지위에 관한 협정에 대한 합의의사록(안)

일본국에 거주하는 대한민국 국민의 법적지위와 대우에 관한
대한민국과 일본국 간의 협정에 대한 합의의사록(안)

　대한민국 정부 대표 및 일본국 정부 대표는 오늘 서명된 일본국에 거주하는 대한민국 국민의 법적지위와 대우에 관한 대한민국과 일본국 간의 협정의 교섭 과정에서 도달한 다음의 양해를 기록한다.

　제1조에 관하여.

　1. 제1조 제2항의 (a) 및 (b)에서 말하는 '계속하여 일본국에 거주하는 자'라 함은 일본국에 생활의 근거를 가지고 있는 자를 말한다.

　2. 제1조 (b)에서 말하는 '(a)의 직계비속' 또는 (c)에서 말하는 '(a)의 자'에는 1945년의 종전일 이전부터 계속하여 일본국에 거주하던 자로서 영주 신청 시 이전에 사망 또는 실종한 자의 직계비속 또는 자를 포함한다.

　3. 일본국 정부는 제1조 제2항의 (b) 및 (c)에 규정된 자로서 일본국 이외의 지역에서 출생하는 자가 제1조 제2항의 규정에 의하여 일본국에서의 영주를 신청하는 경우에는 그자의 출생 당시의 사정 등을 감안하여 이를 허가 하도록 한다.

　4. 대한민국 정부는 제1조의 규정에 의하여 영주 신청을 하는 자 중 그 국적이 불분명한 자에 한하여 그의 국적이 증명되도록 협조한다.

　제2조에 관하여.

　1. 제2조의 규정은 영주 신청의 기간 중에 있어서는 제1조의 규정에 의하여 영주 신청을 한 자 또는 영주 신청을 할 자격과 의사를 가진 자에게도 적용하기로 한다.

　2. 제2조 제1항 (b)에서 말하는 '그 공관'이라 함은 소유자의 여하를 불문하고 대사관 또는 공사관으로서 사용되고 있는 건물 또는 그 일부 및 이에 부속하는 토지(외교사절단의 장의 주거인 것을 포함함)를 말한다.

　3. 일본국 정부는 제2조에 규정된 사유에 해당하는 자라는 이유로 일본국으로부터의 퇴거를 강제하고자 할 경우에는 그 자의 가족 구성을 감안하여 인도적인 고려를 한다.

제3조에 관하여.

1. 제3조 제2항에 관하여.

(a) 제1조의 규정에 의하여 일본국에서의 영주가 허가된 자는 일본 국민과 동등하게 일본국의 의무교육을 받을 수 있으며, 상급학교에 진학함에 있어서는 일본 국민과 균등한 기회가 부여된다.

(b) 제1조의 규정에 의하여 일본국에서의 영주가 허가된 자는 생활보호에 관한 일본국 법령의 적용을 일본 국민과 동등하게 당분간 계속하여 받을 수 있다.

(c) 일본국 정부는 제1조의 규정에 의하여 일본국에서의 영주가 허가된 자에 대하여 국민건강보험에 관한 일본국 법령이 일본 국민과 동등하게 적용되도록 필요한 조치를 취하기로 한다.

2. 제3조 제3항에 관하여.

(재산반출과 자금의 송금 사항은 추후 규정)

협정의 실시에 관하여.

협정의 원활한 실시를 위하여 필요한 사항에 관한 양국 정부 간의 협의기관으로써 공동위원회를 설치하기로 한다. 공동위원회의 구성, 협의절차 등 위원회의 운영에 필요한 사항은 따로 정하기로 한다.

첨부

16-3. 법적지위에 관한 교환 공한(안)

교환 공한(1)

한국 측 공한(안)

본인은, 일본국에 거주하는 대한민국 국민의 법적지위와 대우에 관한 대한민국과 일본국 간의 협정을 서명함에 있어서, 대한민국 정부를 대신하여, 각하에게 다음과 같이 제안하는 영광을 가집니다.

1. 일본국 정부는 1945년의 종전일의 익일 이후에 일본국에 입국하여 일본국 정부로부터 체류 허가를 받고 있는 대한민국 국민 중 일본국에 상당한 기간 거주한 자에 대하여는 일본국 법령에 의한 영주를 허가하기로 한다.

2. 일본국 정부는 1에 규정된 자 중 일본국에서의 거주 기간이 상당한 기간에 달하지 아니하는 자에 대하여는 앞으로도 일본국에 계속 체류할 수 있는 자격을 인정하기로 한다.

3. 일본국 정부는 협정 제1조의 규정에 의하여 일본국에서의 영주가 허가된 자와 그의 직계 존비속 또는 배우자로서 일본국 이외의 지역에서 거주하는 자가 일본국에서 재회하여 거주할 수 있도록 인도적인 조치를 취하기로 한다.

본인은 각하가 일본국 정부를 대신하여 이 제안에 동의하여 주시기를 바라는 바입니다.

본인은 이 기회에 각하에 대하여 경의를 표합니다.

일본 측 공한(안)

본인은 1965년   월   일자 각하의 다음의 시한을 수령하였음을 확인하는 영광을 가집니다.

(한국 측 공한)

본인은 전기 서한에서 언급하신 각하의 제안에 대하여, 일본국 정부를 대신하여, 동의하는 영광을 가집니다.

본인은 이 기회에 각하에 대하여 경의를 표합니다.

1323
교환 공한(2)

(비공표)

한국 측 공한(안)

본인은 오늘 서명된 일본국에 거주하는 대한민국 국민의 법적지위와 대우에 관한 대한민국과 일본국 간의 협정과 관련하여, 대한민국 정부는 동 협정 제2조에 규정된 사유에 해당하는 자로서 퇴거명령의 조치를 받은 자의 인수에 관하여 일본국 정부의 요청에 따라 협력한다는 뜻을 대한민국 정부를 대신하여 각하에게 통보하는 영광을 가집니다.

본인은 이 기회에 각하에 대하여 경의를 표합니다.

1324 일본 측 공한(안)

본인은 오늘 날짜의 각하의 다음의 공한을 수령하였음을 확인하는 영광을 가집니다.

(한국 측 공한)

본인은 전기 공한에서 진술된 바를 기록해 두는 영광을 가집니다.

본인은 이 기회에 각하에 대하여 경의를 표합니다.

첨부

16-4. 법적지위 협정안 전문에 관한 한일 양측 안이 기재된 문서

법적지위 협정안

<u>아 측 안 전문</u>[前文]

1. (64. 4. 22)

　대한민국과 일본국은, 태평양전쟁의 전투가 종결된 날 이전부터 일본국에 거주하는 대한민국 국민 및 그의 직계비속이 일본국에 거주하게 된 역사적 배경의 특수성을 고려하고, 그들에게 특별한 법적지위와 처우를 부여하여 일본국에서의 안주를 보장함이 필요하다고 인정함으로, 따라서 다음과 같이 협정하였다.

2. (65. 2. 27)

　대한민국과 일본국은, 태평양전쟁의 전투가 종결된 날 이전부터 일본국에 거주하는 대한민국 국민이 일본국에 거주하게 된 역사적 배경의 특수성을 고려하고, 그들과 그들의 자손에게 특별한 법적지위와 처우를 부여하여 일본국에서의 안주를 보장함이 한일 양 국민 간의 우호 증진을 위하여 기여함을 인정하여 다음과 같이 협정하였다.

3. (65. 5. 11)

　대한민국과 일본국은, 다년간 일본국에 거주하고 있는 대한민국 국민이 일본국과 특수한 관계를 가지게 되었음을 고려하고, 그들과 그들의 자손에게 일본국에 체류하는 제3국의 국민과 상이한 대우를 부여하여 안정된 생활을 영위할 수 있도록 하는 것이 양국 간 및 양국 국민 간의 우호 관계의 증진에 기여함을 인정하여 다음과 같이 협정하였다.

법적지위 협정안

<u>일본 측 안 전문[前文]</u>

1. (64. 3 6)

일본국 및 대한민국은, 일본국에 체류하는 특정의 대한민국 국민에 대하여 특정한 사항에 관하여 일본국에 체류하는 기타의 외국인과 다른 법률상의 지위가 부여되어야 함이 필요하다고 인정함으로, 따라서 다음과 같이 협정하였다.

2. (65. 3. 17)

일본국 및 대한민국은, 일본국에 체류하는 일정한 대한민국 국민이 어떤 종류의 사항에 관하여 일본국에 체류하는 제3국의 국민과 상이한 대우를 부여받게 되는 것이 양국 간 및 양국 국민 간의 우호 관계의 증진에 기여할 것임을 고려하여, 따라서, 다음과 같이 협정하였다.

3. (65. 5. 4)

일본국 및 대한민국은, 오랫동안 일본국에 거주하고 있는 대한민국 국민이 일본국의 사회와 밀접한 관계를 갖고 있는 사실에 감하여, 이들 대한민국 국민이 일본국의 사회와 조화하여 안정된 생활을 영위할 수 있도록 하는 것이 양국 간 및 양국 국민 간의 우호 관계의 증진에 기여할 것으로 믿어서, 다음과 같이 협정하였다.

18. 제7차 한일회담 법적지위위원회 제32차 회의 회의록

1329   제7차 전면회담 법적지위위원회 제32차 회의록

1. 일시: 1965. 5. 14, 14:30~17:00
2. 장소: 외무성 제503호실
3. 참석자: 한국 측: 방희   대표
             이경호   〃
             권태웅   전문위원
             안세훈   보좌
       일본 측: 야기   입관국장
             니이야   민사국장
             나카무라   입관국 차장
             오오와다   조약국 참사관
             나카에   조약국 법규과장
             가유미   민사국 제5과장
             스가노마   입관국 총무과장
             다니구치   조약과 사무관
             쓰루타   북동아과 사무관

4. 토의 내용

야기: 오늘은 과반 회의에서 한국 측이 제시한 협정안에 대하여 우리가 논평을 하겠다. 우선 협정의 명칭을 '법적지위와 대우'로 규정하자는 데 대하여는 더 검토해 보겠다.

1330   오오와다: 둘째로, 전문 중 '일본국과 특수한 관계는' 우리 안에 '…밀접한 관계'의 표현을 바꾼 것인데, '특수한'이란 '특수 부락', '특수 사회'에 쓰듯이 관용 상 좋은 의미로 쓰여지지 않고 있으니 그 사용을 피하였으면 좋겠다.

셋째로, 전문 후단의 '제3국의 국민과 상이한 대우를 부여하여'라는 표현은 우리가 3. 17 제출한 협정안 전문에는 '일정한 대한민국 국민이 특정한 사항에 관하여'에 대응하여 언급한 표현이니 그러한 전제가 없는 경우에 이를 받아들이기 곤란하다.

넷째로, 전문 중 '그들과 그들의 자손'이라는 표현 중 '…자손'까지 협정 전문에 표현하는 것은 어색하다.

이 대표: 일본 측 안의 '대한민국 국민'이라는 용어가 '자손'은 포함하지 않는다고 보아서 그러한 표현을 한 것은 아니므로, 내용에 차이는 없다. 그리고 일본 측 안의 '밀접한'이라는 표현과 '일본 사회와 조화하여…'라는 표현을 꺼리는 것은 이러한 표현 자체가 재일한인을 일본인화시키려는 것이라고 오해할까 염려가 되어서 그러하는 것이며, 그 이외의 다른 이유가 개재하여서 그러는 것은 아니다.

야기: 다섯째로 협정안 제1조 중 '이 협정의 실시를 위하여 정하는 절차에 따라'는 일본국 정부가 정한다고 명시해야 할 것이다.

오오와다: 협정 본문에 '…일본 정부' 운운하여 규정하는 것을 왜 꺼리느냐. 그리고 국적증명에 관하여는 합의의사록에 규정하고 있지 않느냐.

이 대표: 영주권 신청 시에 국적증명의 첨부 등 수속 절차에 있어 곤란한 요구가 있게 되면 안 될 것이므로 협정 본문에 '…일본 정부' 운운하여 규정하는 것은 곤란하다. 수속 절차에 있어 신청 서류 제출 등에 관하여 양국 정부 간에 대강의 합의를 보아 이를 협정의 합의의사록에 규정하고 본문에는 '협정의 실시를 위한 절차…'라고 정하여도 될 것이다. 그리고 구체적으로 일본 측으로서는 영주 허가 신청 시에 구비서류로 어떤 것을 생각하고 있는지?

나카무라: 소정 형식의 신청서와 여권 및 국적을 증명하는 서류 등이다. 특히 신청서에는 일본국에 최초 거주한 일시를 써야 될 것이다. 문제는 영주 허가 신청에 있어서 '창구'를 거치기 전에 대표부를 거치느냐가 문제다.

야기: 입국관리국에 제출하기 전에 대표부를 경유해야 할 것이다.

이 대표: 국적증명 문제, '창구' 문제 등 신청에 관련한 여러 문제가 많고 이것에 대하여 대강만이라도 양측이 합의되어야만 협정 본문이나, 합의의사록에 규정하는 것이 결정될 것이다.

야기: 방금 이 문제에 대하여 우리 측으로 입국관리국 실무자 등이 나올 수 있으니

한국 측 실무자와 함께 양측이 소위원회를 구성하여 다음 기회에 의논하도록 하자.

방 대표: 좋다. 우리로서는 신청 절차가 간단하여 많은 사람이 단시일에 영주 허가를 신청하여 허가되도록 하고 싶은 것이다.

오오와다: 여섯째, 협정 제1조 제1항의 (c)의 규정은 일본국에서 영주가 허가된 (a) 또는 (b)의 자로 한정함이 좋겠다. 그래도 실체에 있어서는 변화가 없을 것이다.

이 대표: 우리도 제1조 제1항 (c)의 표현을 고쳐보고자 생각하고 있으나 더 검토하여 다음 기회에 확답하겠다.

오오와다: 일곱째, 제1조 제2항의 (b) 및 (c)에 규정된 신청 기간 3개월은 우리의 '30일'이 짧은 관계로 3개월로 정하고자 하는 것 같은데 구체적으로 어떤 경우가 있을 것으로 예상하는지?

이 대표: 여러 가지 사정이 있을 것이다. 본 위원회에서 일본 측도 출생일 30일 이내에 신고하는 현행 입관령에 있어서도 예외가 인정되고 있다고 하였었다. 우리는 최초 6개월을 주장하다가 3개월로 정정하기까지 이르렀다.

방 대표: 이 문제와 관련하여 신청 시에 제출을 요하는 서류 등 수속 절차며 '창구' 등에 관하여 다음 기회에 이야기하자.

니이야: 출생 후에 조속히 출생신고를 하는 것이 조속한 결말을 가져오고 상호 모두이가 될 것이다.

나카무라: 다음에 이야기할 수 있게 우리의 의견을 정하여 소위원회를 구성하여 이야기할 수 있도록 하겠다.

야기: 여덟째로 제1조 제3항의 '여하한 명목의 수수료'라는 표현 중 '여하한 명목'은 삭제하기로 하자. 수수료는 결코 징수되지 않을 것이다.

오오와다: 아홉째, 제1조 4항의 '협의를 한다'는 그 교섭 경위로 알아본바, 3. 27 '협의를 행할 용의가 있다'로 결정된 데 대한 한국 측 이의의 제기가 3월 30일에 있어 '협의를 행할' 법적 의무를 진다는 공한을 첨부하여 가조인한 것으로 되었었다 한다.

이 대표: 사실은 그렇지 않다. 누차 설명한 것이지만, 동 외상회담 시 영주권의 부여 범위를 논의할 때 즉 현재의 우리 협정안 제1조 4항 말단의 '이 협정의 정신의 기초가 되고 있는…'과 관련하여 논의하다가 후지사키 조약국장이 '협의를 한다'로 응락함에 이르렀다.

1333 그런데 '협의를 한다'로 된 것을 일본 측이 착오로 각의에 부의할 때 '…용의가 있다'로 하여 일응 합승을 받고 나서, 다시 각의에 부의할 수 없다 하여, 공한 첨부의 형식으로 결말을 지은 것이다. 그러나, 이미 공한을 붙여 가조인하였고, 새로이 협정 문안을 작성하는 단계이니, 실질적으로 곤란할 것이 없다. 딴 데는 합의사항 문구를 변경해서까지 규정하면서 이것만 고집할 것은 없다.

오오와다: 그러나, 우리는 그렇게 이해 안 하고 있으며, 이 문제는 제1조 제1항 (c)와 같은 실체적 내용과 관련하여 '협의를 한다'로 규정할 수는 없다.

야기: 이 문제는 본 위원회에서 곧 결정되지 않을 것이니 보류해 두도록 하자.

오오와다: 한국 측 안을 보면 제1조에 신청 기간을 따로 규정하고 있는데, 이는 기술적인 문제이므로 일본 측도 이런 규정 형식을 재고하여 보겠다. 열째로 마약 3범에 있어서 우리 안은 '…협정 효력 발생일 이전의 행위에 의해 3회 이상…'으로 된 데 대하여 한국 측 안은 제2조 (c)에 '…협정의 효력 발생일 이전에 3회 이상으로 규정되어 있는데…'

이 대표: 우리 안의 표현이 가조인된 합의사항 내용에 더 충실하게 규정하고 있는데 결국 실질적인 차이가 있는 것이 아니니, 나중에 상호 이야기하여 수정하도록 하자.

야기: 열하나째로 제3조의 규정은 처우에 관해 규정한 것인데 이는 우리로서는 좀 문제가 된다. 우리 안 제5조에 규정된 것과 관련해서도 더욱 그렇다.

이 대표: 일본 측 안 제5조는 당연한 것으로 규정할 의의가 없다고 생각한다. 정 규정하려면 '…제3국의 국민보다 나쁘지 않은 대우를 부여…' 식으로 규정하면 어떨까 한다.

1334 오오와다: 제3국의 국민보다 차별하지 않는다 하는 것은 몰라도, '보다 호의적인 대우'라는 표현은 최혜국 대우를 말하는 것으로 장래 우호통상항해조약에서 규정해야 할 것이다.

나카에: 우리로서 명확히 해줄 것은 '…제3국의 국민보다 호의적인 대우를 부여한다'고 규정하는 것은 이 협정에 전반적으로 최혜국 대우를 규정하는 것으로 이는 장래 우호통상항해조약에 의해 체약국 간에 구체적으로 규정될 것으로서 이 협정에 보장하는 것은 안 된다.

오오와다: 예컨대 어느 특정국과 일본국이 '비자 수수료 면제 협정'을 체결하고

있다면, 이런 것 같이 한국인에 적용해 달라는 것이 되니 곤란하다.

이 대표: 여러 가지 경우를 상정할 수 있겠으나, 우선 이 문제와 관련된 문제로써 외국인으로서 부동산을 매매하는 경우에 현행 법률에는 주무대신의 허가를 받도록 하되, 동법 부칙에 성령으로 예외를 규정할 수 있게 하였고, 이에 따라 외국이라도 주무대신의 허가를 필요로 하지 아니하는 국가가 80여 개국이나 이 예외로서 규정되고 있는데 이에 관련해서 조총련계 등 회담을 방해하는 집단은 앞으로 한일협정이 되면 재일한인은 부동산 매매에 있어서 일일이 주무대신의 허가를 받아야 한다고 역선전을 하고 있어 작년 본인이 지방 출장 시에 일응 설득은 한 일이 있으나, 더 악선전을 하고 있으니 이런 문제에 대하여 재일한인의 불안감을 제거시키려면, 본 협정에서 그 보장을 해주어야 하는데, 그 보장의 방법으로써 '…제3국의 국민보다 호의적인 대우'라고 규정해야 한다고 생각한다.

나카에: 이는 무역회담에서 일반적으로 논의할 일이 아니겠는가? 한국 측으로는 영주 허가를 받은 자에게만 그 보장을 바라는가?

이 대표: 영주 허가를 받은 자에게는 그 보장이 있기를 바란다.

나카에: 이는 우호통상항해조약에 규정될 문제라고 생각한다. 그리고 합의사항에도 포함되지 않은 사항이 아니냐?

이 대표: 가조인된 추가된 합의사항에 포함된 것이다. 그리고 본 위원회에서 여러 번 이 문제가 제기되었었다.

오오와다: 과반 회의에서 협정에 재일한인에게 현재 사회보장 적용을 하고 있는 법령을 열거하자고 했는데, 규정하는 것이 어색하니, 규정하지 않을까 한다. 왜 그러냐 하면 법률이란 것이 자주 바뀔 수도 있을 것이기 때문이다.

야기: 열둘째로 생활보호 외의 처우에 대하여는 어떻게 생각하느냐?

오오와다: 국민건강에 대하여는 후생성에서 지방자치단체에 시행을 권장하겠다는 정도다.

이 대표: 과반 일본 측에서 국민건강보험에 대한 자료를 제시해 주었기에 검토해 보았더니 국민건강보험법 자체는 외국인에 대하여는 적용될 수 있는 것을 성령에서 제외하고 있으니 일본 정부가 적용할 성의만 있다면 후생성령만 개정하면 될 것이다.

오오와다: 실제 적용하고 있는 지방도 많으며, 전체적으로 시행하려면 예산이 문

제다.

이 대표: 일률적으로 적용되어야 하고, 예산이 많이 드는 문제는 아니라고 생각한다.

오오와다: 다음 회합 시에 후생성 실무자를 참석시켜 더 이야기를 들어 보겠느냐?

이 대표: 후생성에 실무자가 나와도 지난번 이야기보다 더 나을 것이 없을 것이며, 더 고위층에서나 확답할 문제라고 생각한다.

야기: 그러면 다음으로 합의의사록에 대하여 이야기하겠다. 열셋째로 제1조의 '계속 거주'의 정의는 일본에 '생활의 근거'를 가진 경우를 말하느냐?

이 대표: 일본에 생활의 본거를 갖고 일시 한국에 갔다 온 사람은 일본에 계속 거주한 사람이다.

야기: '계속 거주'의 정의도 생활 근거를 들고 있는 것은 받기 곤란하다.

이 대표: '계속 거주'의 정의에 대하여 일본 측 의견이 있었다는 정도로 보류해 두자.

야기: 다음으로 합의의사록 제1조에 관여 중 2의 '신청서 이전에 사망'은 '협정 발효 시 이전에 사망'으로 하는 것이 타당하지 않겠는가?

이 대표: 그리되면 협정 발효 시와 영주권 신청 사이의 Time Gap이 생기니 문제가 된다.

니이야: 합의의사록 제1조에 관하여 중 (3)의 규정의 취지는 이해하나 너무 넓은 의미로 생각할 것으로 보이니 한정해서 생각할 수 있도록 표현을 바꾸자.

이 대표: 일본국 정부로부터 재입국을 받고 한국에 간 사람이 출산한 자를 구제하려는 것으로 표현은 어떻든 우리의 이러한 취지가 관철되면 된다고 생각한다. 그러나, 여사한 자는 많지 않을 것이다.

나카무라: 그러한 자는 입관령에 따라 일반영주권을 주면 될 것 아니겠는가?

방 대표: 다음에 더 이에 대한 구체적 예를 우리가 말하겠으니 더 이야기하자.

야기: 다음으로 합의의사록 중 제1조에 관하여 그중 4의 국적증명에 대하여는 앞의 영주 허가 신청 기간 문제와 함께 소위원회에서 검토하도록 하자.

니이야: 합의의사록 중 제2조에 관련한 1의 규정의 취지는 과반 회의에서도 함께 논의하여 그 취지는 알겠으나 그 표현은 더 검토하자.

이 대표: 본 협정의 발효와 더불어 1957년의 각서의 효력이 없어지고, 영주 허가를 받은 자에게만 본 협정의 퇴거 강제 사유가 적용되어, 협정 발효 시부터 각 개인별로 영주 허가를 받은 때까지의 기간에 있어서는 일반 입관령의 24조에 규정된 퇴거 강제 사유가 적용되게 되는 모순을 시정해야 한다는 것을 다시 강조한다.

오오와다: 이 문제에 대하여는 법무성에서 더 내부적으로 검토해 보았으면 좋겠다. 그리고 제2조에 관하여 합의의사록 2의 규정은 괄호 속의 내용만 약간 상이하니 앞으로 더 검토해 보자. 그리고 3의 퇴거 강제 사유에 대하여도 3의 (c) 및 (d)에만 인도적인 고려가 필요하다고 생각한다.

야기: 열다섯째로 공동위원회는 통상 외교 경로를 경유하면 되지 따로 공동위원회는 설치할 필요가 없다고 생각한다. 열여섯째로 교환 공한(1)의 전후 입국자와 이산 가족의 재회 문제도 본 협정의 대상이 안 되므로 협정에 규정할 필요가 없이 Case by Case로 인도적인 취급으로 해결해 갈 수 있다고 생각한다. 이에 대한 우리의 태도는 강경하다. 그리고 교환 공한(2)는 미공표를 원하나 만약 이것이 누설되면 비밀외교란 비난을 받을 것이 우려된다.

이 대표: 그러면 사건이거니와, 합의의사록 같은 데 규정하면 어떻겠는가?

야기: 검토해 보겠다. 그리고 앞으로 회의의 진행 방법은?

방 대표: 그대로 속행하자.

야기: 소위원회 같은 데서 논의해 나가면 어떻겠냐?

이 대표: 본 위원회에서 결정 못한 것은 소위원회에서 정할 수는 없을 것이다.

오오와다: 본 위원회에서 완전한 합의에 이른 것은 소위원회에 부의하여 영문으로 표현하도록 하자.

야기: 다음 회의는?

이 대표: 다음 회의는 18일(화) 14:30에 개최하되, 협정의 명칭, 전문과 퇴거 강제 사유를 더 한번 이야기하고 소위원회에 넘겨 영문으로 표현하도록 하자.

오오와다: 좋다.

20. 제7차 한일회담 법적지위위원회 제33차 회의 회의록

1341   제7차 전면회담 법적지위위원회 제33차 회의록

1. 일시: 1965. 5. 18, 14:30~16:30
2. 장소: 외무성 제828호실
3. 참석자: 한국 측: 방희   대표
            이경호   〃
            권태웅   전문위원
            안세훈   보좌
            선준영   〃
    일본 측: 야기   입관국장
            니이야   민사국장
            오오와다 조약국 참사관
            나카에   조약국 법규과장
            가유미   민사국 제5과장
            스가노마 입관국 총무과장
            다니구치 조약과 사무관
            쓰루타   북동아과 사무관

4. 토의 내용

   오오와다: 오늘은 과반 회합에서 정한 대로 협정의 표제, 전문 및 퇴거 강제 사유에 대하여 논의하도록 하자.

   (일본 측은 표제, 전문 및 퇴거 강제 사유에 관한 새로운 수정안을 제시하였음)

1342   오늘 제시한 우리 안은 하나의 타협안으로서 제출하는 것이다.

   첫째 표제에 대하여 말하겠는데, 협정 조문화는 어디까지나 가조인된 합의사항에 의거해야 하는데, 가조인 때 공동성명에 대우라고 썼든 관계로 '대우'라고 해야 할 것

이며, '법적지위와 대우'로 규정하면 대국회 관계에 있어서 협정의 부분을 '법적지위'와 '대우'로 구분해서 설명해야 하는 고충이 있어 곤란하다.

둘째로 전문 중, '특수한 관계'란 과반 회합에서 말한 것 같이 '특수 부락'이라는 경우처럼 관용 상 좋은 의미로 사용되지 않으니 '밀접한 관계'란 용어가 좋겠다.

셋째로 '일본국의 사회와 조화하여'를 한국이 꺼리고 있으나, 일본국에 사는 이상 '일본국 사회와 조화'되어야 할 것으로 생각한다.

넷째로 '제3국의 국민과 상이한 대우를 부여하여'는 다른 나라와의 관계가 있어서 받기 곤란하다.

다섯째로 퇴거 강제 사유에 대하여는 내용적으로 곤란한 것은 없고 Wording이 좀 문제이다. 예컨대, 한국 측 안 제2조의 '…다음에 규정하는 사유의 하나에 해당되는 자가 된 경우…'보다는 '다음에 열거된 어느 하나의 자가 된 경우…'라고 명백하게 규정해야 한다고 생각한다. 또한 제2조 (c)의 괄호 안에 표시된 부분은 '단 이 협정의 효력 발생일의 전의 행위에 의하여 3회 이상 형에 처해진 자에 대하여는 2회'라고 표시해야 할 것이다.

그리고 가조인된 합의사항 4의 "일본국으로부터의 퇴거명령을 받은 자의 인수에 관해… 협력한다"는 합의의사록 정도로 규정하자고 한국 측에서 강하게 요청하고 있지만 우리로서는 협정 본문에 규정하여야겠으며 '일본국의 권위 있는 기관' 운운을 한국 측 의견처럼 '일본국 정부의 요청'이 좋다고 보아 그렇게 표현했다.

이 대표: 일본 측의 의견에 대하여 우리의 의견을 말하겠다. 첫째 표제에 대하여는 이 협정에 의한 대우가 결과적으로 볼 때는 법적지위가 되는 것이므로, '법적지위와 대우'라 해야 할 것이고, 또 이 양자를 구분하여 설명하는 것이 걱정이라 하나, 이면에서 보면 대우이고, 다른 면에서 보면 법적지위이니 걱정될 것은 없다. 법적으로 보장된 대우란 면에서 우리는 꼭 '법적지위와 대우'로 규정해야겠다.

'밀접한'에 대한 '특수한'을 관용 상 좋지 않겠다는 것은 꼭 그렇지도 않다고 생각하며, 구태여 꺼린다면 '특별한'이라면 어떻겠는가? '일본국 사회와 조화하여'는 재일교포를 일본인화한다는 인상을 주니 받아들일 수 없고, '제3의 국민과 상이한 대우를 부여하여'는 협정이 체결되는 취지로 보아서도 꼭 규정되어야 하겠다.

둘째로 퇴거 강제 사유에 대하여는 '다음에 열거된 어느 하나의 자가 된 경우…'는 좋다고 생각하며 기타 일본 측이 말한 표현은 대체로 우리로서도 좋다고 생각한다. 그러나, 이 자리에서 한국 안 2조 (c)의 괄호 속의 표현을 일본 측 안의 내용대로 수정한다는 의미는 아니다. 또, 일본 측 안 3조 2항(퇴거명령의 조치를 받은 자의 인수)은 협정 본문에 규정하는 것은 곤란하다고 주장하지 않을 수 없다. 이는 원래 불공표의 취지였으니 꼭 협정에 규정한다면, 불공표의 교환 공한으로 규정하자. 다만 불공표의 공한이 있는 것이 비밀외교처럼 되어 곤란하다면 합의의사록 정도에 규정하여도 좋을 것이다.

야기: '법적지위'라고 표제를 붙이고 '제3국의 국민과 상이한'이라 하면 재일한인에 대하여 이 협정 외에도 딴 법률이나 조약에서 우대함을 보장하는 것 같이 되어 우리가 곤란하다.

이 대표: 본 협정 자체뿐이다. 그러니 걱정할 것 없다. 일반법의 경우보다 우대해달라는 것은 아니다.

야기: 본 협정이 체결되면 타이완과의 문제도 있어 재일한인에게만 특별한 지위를 주는 것 같은 규정은 우리 입장으로 곤란하다.

니이야: 전문 중 '제3국의 국민과 상이한 대우'라는 것은 넣고, '일본국 사회와 조화하며…'는 삭제함을 원하는가?

이 대표: 그렇다. '일본국 사회와 조화하여'라는 것은 재일한인을 일본인화하는 것 같아 어감이 좋지 않다.

니이야: '…조화한다'라는 것이 어감이 좋지 않으니 '일본국 사회에 협조하여'라고 규정하면 어떻겠는가?

야기: 생각은 해 볼 문제이나, 재일한인 60만과 일본국인 1억이란 인적 구성의 비중으로 보아 '협조'라고 하면 우리가 도리어 대국회 관계에 있어 공격을 받을까 걱정이다.

방 대표: 표제에 대하여는 기왕에 '법적지위'라고 쭉 써왔으니 일본 측이 일차 더 검토하길 바라며, 전문 중 '일본국 사회와 조화' 운운은 과거 일제 시의 '내선일체'를 상기하여 우리로서는 좋지 않게 생각하고 있다.

오오와다: 협정의 표제에 관하여는 오늘 아침 조약국장과 상의했는데, 가조인된 합의사항이나, 공동선언 관계로 '법적지위'라고 규정하여 가지고는 대 국내적으로 납득

을 못 시킨다 하여 '대우'라고 할 수밖에 없다는 것이었다.

그러나 오늘 서로 논의해 보니, 한국 측 주장도 있으니 표제는 그 결정을 보류하고, '일본국 사회와 조화하여'라는 표현은 검토해서 좋은 표현이 있으면, 그것을 쓰도록 할까 한다.

이 대표: 우리가 문제시하는 것은 표제의 '대우'와 전문 중의 '일본국 사회와 조화하여'나 '밀접한 관계' 등 표현인데, 좋은 표현이 있으면 검토해 보도록 하자.

방 대표: 다음 회합 때까지 표제에 대하여 일본 측이 더 한번 생각하도록 하며, 우리도 전문의 표현을 더 검토해 보겠다.

오오와다: 좋다. 전문 중 '제3국의 국민' 운운 표현이 우습고 기타 '밀접한'은 '특별한'으로, '조화하여'는 딴 표현으로 적당한 것을 생각하여, 이것이 결정되면 전문은 다 합의 결정되는 것이다.

이 대표: 그러면 다음은 퇴거 강제 사유에 대하여 일본 측 안 제3조 제2항 이외는 별도 이론이 없으나 퇴거 관계 사유 (b)의 외교사절의 공관에 대한 개념과 영주 허가를 신청하여서 허가될 때까지 본 협정 퇴거 강제 사유를 적용함에 있어서의 Gap 문제와 퇴거 강제 적용에 있어서 인도적인 취급함을 합의의사록에 규정하는 문제가 아직 합의되지 않고 있다.

공관의 정의에 대하여는 일본 측이 3. 17 제시한 합의의사록 안과 금번 제시한 안이 다소 다른데, 전자는 '외교사절단의 장의 주거'로 후자는 '외교사절의 주거'로 되어 있어, 어떤 것이 정확한지? 외교사절 자체의 개념부터 확실히 해주어야겠다.

다니구치: 비엔나 조약 내용을 원용한 것으로서, 외교사절이라면 대사, 공사를 의미한다. 그리고 3. 17 안이나 이번 안이나 실체에 차이는 없다.

이 대표: 외교사절의 개념과 공관의 개념에 대하여는 일차 상호 다시 알아본 후 본 위원회에서 논의하여 확실히 결정하도록 하자. 그다음으로 퇴거 강제 사유에 해당하는 자에 대한 인도적 취급에 있어서 상호 의견 차이가 있다.

오오와다: 우리는 퇴거 강제 사유 c, d 만에 인도적인 취급을 할 것을 말하는 데 대하여 한국 측은 퇴거 강제 사유 전반에 취급할 것을 주장하여 대립되어 있다.

이 대표: 퇴거 강제 사유 c, d 에 대하여는 본 위원회에서 인도적인 취급을 하도록 의견의 접근을 보았으나, a, b는 대립된 채 있는데 이 문제는 보류해 두고 더 생각해

보자.

오오와다: 우리로서는 a, b에 대하여는 인도적인 고려를 할 여지가 없다고 본다.

방 대표: 다음 회합 시에 더 논의해 보자.

이 대표: 오늘 상호 이야기한 것을 참고로 하여 서로 돌아가 검토한 다음에 다음 회합에서 결정이 되면 소위원회에 회부하여 영문화하도록 하자. 그리고 일전에 일본 측이 영주 허가 기간 중 미신청자와 영주 허가 신청을 하여 허가될 때까지의 시간적 간격이 있는 동안 본 협정의 퇴거 강제 사유를 적용하는 문제를 검토하여 안문을 작성한다 하였는데, 작성하여 보았는가?

스가노마: 일차 토의할 시간적 여유가 없었으나 검토해 보겠다.

방 대표: 과반 회합 시 영주 신청 시의 수속 절차에 관한 전문가 회합을 하기로 했는데 준비가 되느냐?

스가노마: 아직 우리 사정으로 못하고 있는데, 형편이 되는 대로 연락하겠다.

야기: 다음 회합 시에는 오늘 해결되지 못한 사항에 대하여 계속 논의하자.

오오와다: 협정의 표제는 다음 회합까지 결정되기 어려울 것 같다.

방 대표: 다음 회의는 금주 21일(금) 오후에 할 수 있겠는가? 그리고 영주 신청 수속 절차에 관한 전문가 회합은 목요일쯤 개최하면 어떻겠는가?

스가노마: 전문가 회합에는 입관국 차장과 본인이 참석할 예정인데 구체적으로 언제 개최할 것인가는 돌아가서 상의 후 연락하되, 한국 측 제안에 원칙으로 동의한다.

야기: 그러면 본 위원회는 21일(금) 14:30에 개최하되 그전에 전문가 회합이 형편이 되면 개최하도록 하자.

오오와다: 다음에는 우리 안 제1조 제2조도 논의하면 어떻겠나?

이 대표: 시점에 대한 것은 쉽사리 합의 안 될 것이니 오늘 논의한 것으로 미합의된 부분을 우선 이야기해 보도록 하자.

야기: 청구권위원회에서도 시점으로 9. 2이나 8. 15 중 어느 것을 쓸 것인지 모르나 청구권위원회 것이 결정되면 그것에 따르면 어떻겠는가?

이 대표: 청구권위원회에서는 법적지위에서 결정되면 그것을 사용하자 안 하겠느냐? 하기는 청구권위원회의 시점은 실체적으로 이해관계가 있으니 법적지위보다 '시점' 취급에 있어 중요성이 다를 것이다.

야기: 시점으로 1945. 9. 2를 꺼리는 이유는?

이 대표: 여러 가지 깊은 이유가 있으나 일반적으로 1945. 8. 15에 한국에 대한 일본의 통치가 끝났다고 보고 있기 때문이다. 그럼 오늘은 이것으로 끝맺자.

오오와다: 좋다.

22. 제7차 한일회담 법적지위위원회 제34차 회의 회의록

제7차 전면회담 법적지위위원회 제34차 회의록

1. 일시: 1965. 5. 21, 14:30~16:00
2. 장소: 외무성 제503호실
3. 참석자: 한국 측: 방희　　대표
　　　　　　　　　이경호　　 〃
　　　　　　　　　권태웅　　전문위원
　　　　　　　　　안세훈　　보좌
　　　　　　　　　선준영　　 〃
　　　　　일본 측: 야기　　　입관국장
　　　　　　　　　니이야　　민사국장
　　　　　　　　　오오와다　조약국 참사관
　　　　　　　　　나카에　　조약국 법규과장
　　　　　　　　　가유미　　민사국 제5과장
　　　　　　　　　스가노마　입관국 총무과장
　　　　　　　　　다니구치　조약과 사무관
　　　　　　　　　쓰루타　　북동아과 사무관

4. 토의 내용

오오와다: 그럼 지난번에 계속하여 오늘 또다시 협정의 표제부터 논의해 나가겠다. 표제에 대하여는 되풀이하는 것 같아서 안 되었으나, 첫째로 법적지위라 하면 광의가 되어 민법, 상법을 위시한 모든 법률을 망라한 법적지위로 광범하게 해석하는 것 같고, 둘째로, 4월 3일 가조인된 합의사항에 따라 정해진 실체를 조문화하는 것이니, 합의 내용에 충실하는 의미에서도 '법적지위'라는 것은 불합리하다. 물론 합의사항에 협정의 표제에 대하여 어떻다고 규정은 안 되어 있지만 '법적지위'보다는 '대우'라고 규

정하는 것이 좋다고 생각한다.

전문에 대하여는 두 가지로 구분해 생각할 수 있으며, 첫 장의 '밀접한'은 '특별한'으로 둘째 장의 '…조화하여'를 '협조하여'라고 표현하는 문제인데, '밀접한'에 대하여는 일본에 거주하는 사회의 구성원으로서 당연히 밀접해야 되지 않겠느냐? '밀접한'이란 표현을 왜 꺼리는지 모르겠다. 다음으로 '일본국 사회와 조화하여…'에 대하여는 당초 재일한인을 동화할 의사가 있어 그렇게 표현한 것은 아닌데, 한국 측이 꺼린다면 표현을 바꾸어 '일본국의 사회 질서하에서…'라고 표현하면 어떨까 한다.

이 대표: 방금 일본 측이 말한 데 대하여 의견을 말하겠다. 법적지위란 개념이 광범하다 하나, 여기서 말하는 법적지위는 협정에 의하여 그 개념이 명백하게 한정되는 것이므로 법적지위라 하여도 그 개념이 광범하지 아니한 것이니, 협정의 표제도 법적지위와 대우라고 표현하는 것이 당연하며, 또 과거부터 쭉 써오든 말이니 그대로 써도 될 것이다. 또 법적지위라 하면 합의사항에 위배된다 하지만 예를 들면 영주권 부여 범위에 관하여 본 협정의 '발효 후 5년까지'에 출생한 자에게 영주권을 준다고 합의된 내용을 '발효 후 6년 이내'에 출생한 자에게 영주권을 준다고 조문화하려 한다면, 내용의 변경이 되니 안 될 것이지만 '대우'로 합의된 것도 아니니, '법적지위와 대우'라 하여도 될 것이다.

오오와다: 물론 협정의 표제로 '대우'라고 합의한 바는 없다. 그러나 합의된 사항에 따라 정해진 실체를 조문화하는 것 아니냐?

이 대표: 아무리 양측이 이야기해 보아도 합의에 달하기는 어렵겠다. 그러니 협정의 표제와 전문은 그대로 두고, 우리 측 안 제2조, 일본 측 안 제3조의 퇴거 강제 사유에 대하여 이야기하도록 하자.

첫째 퇴거 강제 사유에 관한 아 측 안 제2조 서두의 '다음에 규정하는 사유의 하나에 해당되는 자가 된 경우를 제외하고는'은 일본 측 안대로 '다음에 규정하는 어느 하나의 자가 된 경우를 제외하고는'이라고 표현하도록 하고, 우리 안의 '내란에 관한 죄 또는 외환에 관한 죄를 범한 것으로 인하여'라는 표현은 일본 측 안대로 '내란에 관한 죄 또는 외환에 관한 죄에 의하여'라고 표현하도록 하자.

오오와다: 좋다.

이 대표: 퇴거 강제 사유 (b)에 있어서 '외국의 원수'라는 것은 일본국의 원수는 포

함 안 되는 것이 아닌가 한 번 더 확인하고자 한다. 일본에 대한 외국을 말하니, 일본은 포함되지 않고, 한국은 들어가는 것이라고 생각한다.

나카에: 그렇다.

이 대표: 외교사절에 대하여는 일반 국제법상의 통념에 의하도록 정하고, 퇴거 강제 사유 (c)의 마약법에 대한 것 중 '영리의 목적을 가지고'는 일본 측이 번역할 때 잘못 알고 있는 것 같은데 '영리를 목적으로'라고 표현하는 것이 한국어의 사용례이니, 고칠 필요가 없다. 다음으로 마약법 중 괄호 속의 단서의 규정의 상이에 대하여는 일본 측의 안 내용도 괜찮다고 생각은 하나 일본 측이 언제나 가조인된 합의사항에 충실해야 한다고 주장하므로 우리는 일본 측 안을 받아들이지 않겠으며, 우리 안대로 해야 하겠다.

오오와다: 다시 이야기하자.

이 대표: 다음으로 일본 안 제3조 제2항의 '퇴거명령의 조치를 받은 자의 인수'에 관하여는 불공표의 교환 공환으로 할 것을 주장한다. 일본 측이 비밀외교라는 인상을 준다고 꺼린다면 타협책으로써 협정의 합의의사록에 규정하는 정도로는 고려할 수가 있다.

야기: 일본 측은 양보할 수 없으니, 이 문제는 최후까지 남겨 두어야 할 것 아니겠는가?

니이야: 제3조 제1항 (c)의 표현을 바꾸면 어떻겠는가? 그대로 두어도 실체에는 변화가 없을 것이지만 표현이 잘못된 것 같다.

이 대표: 기왕 합의사항에 따른 조문화이니 그대로 두도록 하자. 그리고 본 협정에 따른 영주 허가를 신청한 자가 영주가 허가되기 전에도 본 협정에 규정한 퇴거 강제 사유를 적용받게 하는 문제는 법무성 측이 검토해 본다 했는데 어찌 되었는지?

스가노마: 아직 검토를 못 하였다.

이 대표: 그러면 이 문제는 숙제로 그냥 두고 다음으로 공관의 정의에 대하여는 외교사절을 일반 국제 통념상 대사, 공사만을 의미하는가.

오오와다: 그렇다. 국제 통념상의 외교사절만을 의미하는 것이다.

이 대표: 그러면 외교사절 자체의 개념을 오늘 확정하면 어떻겠는가?

다니구치: 지금 표현을 정한다 해도 양측의 규정은 실질적으로 동일한 것이니 그대

로 두어도 괜찮다.

이 대표: 좋다. 그러면 그것은 그대로 두고, 퇴거 강제의 실시에 있어 인도적인 고려를 취급을 하는 데 대하여 우리 안 합의의사록에 퇴거 강제 사유 전반에 적용한다 되어 있으나 과거에 본 위원회에서 토의하여 온 경위에 비추어 (a), (b) 해당자를 제외하는 것으로 하자. 단지, 표현에 있어 일본 측이 작년 3월에 제시한 안에는 '가족 구성, 및 사안의 성질'로 되어 있었고 이번 안에는 가족구성 기타 사정으로 되었는데, '기타의 사정'이란 무엇을 뜻하는 것이냐?

야기: '기타의 사정'이란 것을 떼면 어떤가? 혹은 재판을 하는 데 있어서 참고한다는 것은 아닌지?

니이야: 재판을 함에 있어서는 고려하지 않고 있다. 사안의 성질이나 기타의 사정이란 재판에서는 불필요한 것이다.

이 대표: 작년 일본 측 안에 관련하여 본인이 '사안의 성질'을 물었을 때 도미타 차장이 말하기를 마약범이나 7년 형기 이상 해당자 취급에 있어서 가족구성으로는 고려해야 될 경우도 범죄의 악성으로 보아서 고려를 안 할 수 있다고 하였다. 그러니 사안의 성질이란 가족 구성과 함께 인도적 취급에 있어서 참고할 두 개의 표준이 되는 것이며 어떤 면에서 우리에게 불리한 것이 된다.

오오와다: '기타의 사정'을 떼어버리면 가족이 없는 자에게는 인도적인 고려를 할 여지가 없어지지 않겠는가?

야기: 그것을 떼도 별것은 없을 것이다.

이 대표: 인도적인 취급은 일본 측서 할 것이니 문구 자체보다 취급을 성의 있게 하느냐 안 하느냐가 문제이다.

야기: 나카무라 차장과 일차 이 표현을 검토해서 다음에 이야기해 주겠다.

이 대표: 다음 회합 시에는 우리 안 제1조, 일본 측 안 제1조, 제2조를 논의하겠다.

오오와다: 시점이 또 문제 되겠다. 그 외는 한국 안이 명료히 잘 되어 있다. 시점으로 1945. 9. 2로 일본 측이 실시한다는 일방적인 선언을 내용으로 하는 공한을 첨부하여도 좋은가?

이 대표: 아무 말 없이 일본 측이 1945년 종전의 날을 1945. 9. 2로 해석하여 실시하면 되지 않겠느냐? 일방적 선언의 공한을 첨부하는 것은 곤란하다. 좀 더 이 문제는

검토해 보겠다. 그러면 다음 회의에서는 (ㄱ) 협정 발효 후 신청 기간 중의 공백 기간의 구조 조치 (ㄴ) 일본 측 안 제1조, 제2조, 우리 안 제1조 (ㄷ) 퇴거 강제 사유 마약법에 대한 괄호 내 단서 규정을 이야기하자.

방 대표: 다음 회의는?

야기: 매주 화요일과 금요일 오후 2:30으로 정하고 사정이 있으면 서로 연락하도록 하여 정하자.

방 대표: 좋다.

24. 제7차 한일회담 법적지위위원회 제35차 회의 회의록

1358 제7차 전면회담 법적지위위원회 제35차 회의록

1. 일시: 1965. 5. 25, 14:30~16:30
2. 장소: 가유회관
3. 참석자: 한국 측: 방희　　대표
　　　　　　　　이경호　　〃
　　　　　　　　권태웅　　전문위원
　　　　　　　　안세훈　　보좌
　　　　　　　　선준영　　〃
　　　　　일본 측: 니이야　　민사국장
　　　　　　　　나카무라　입관국 차장
　　　　　　　　오오와다　조약국 참사관
　　　　　　　　가유미　　민사국 제5과장
　　　　　　　　스가노마　입관국 총무과장
　　　　　　　　다니구치　조약과 사무관
　　　　　　　　쓰루타　　북동아과 사무관
4. 토의 내용

　　오오와다: 지금까지 협정 제1조에 대하여 우리 자체 내에서 여러 가지로 검토한 바를 이야기하겠다.

　　첫째 제1조의 시점에 대하여는 한국 측 주장대로 1945년 종전일 또는 1945. 8. 15 중 어느 하나로 정할까 검토 중인데 좀 더 시간을 두어 검토할 것이나 한국 측 주장에 가능한 한 접근하고자 한다.

1359　둘째 제1조와 관련하여 '계속'의 개념에 있어서는 일본국 정부로부터 재입국 허가를 받고 그 허가 기간 내에 돌아온 자는 계속 거주한 것으로 해석하겠다. 즉, 영주 허

가 신청 시까지 계속 거주한 것으로 보는 것이다.

셋째, 그러나 재입국 허가를 얻어 출국하여 일본국 이외의 지역에서 출산한 자의 경우에는 그 자는 사실상 일본에서 출생한 것은 아니므로 협정상의 혜택을 받을 수 없으나, 일반 입관령에 따라 타당한 처우를 하고자 한다. 또한 협정 발효로 인한 1957년 각서와 본 협정의 퇴거 강제 사유 적용과의 사이의 공간을 구제하는 문제에 대하여는 나카무라 차장께서 설명할 것이다.

나카무라: 본 협정이 발효하면, 본 협정에 따라 영주 허가를 신청하여 영주가 허가될 때까지 이 자에 대하여는 일반 입관령에 적용될 것이나, 범법 행위에 대한 조사 시에 동인이 영주 신청을 안 했다면 영주 신청 의사의 유무를 확인하여 되도록 신청을 하도록 권유하고 신청을 행하는 경우에는 영주 허가의 결정이 내릴 때까지 퇴거 강제 수속을 중지하고자 한다.

이 대표: 방금 일본 측이 말한 바를 과반 회의에서 우리가 요구했듯이 문서로 제시하여 상호 검토하면 어떻겠는가? 우리 안의 합의의사록 제2조 1과 같은 경과적 조치에 관한 규정이 합의의사록 같은 데 꼭 규정되어야 하겠다.

나카무라: 본 위원회에 문서로 제시하여 검토하지 않아도 법무성 입관국에서 퇴거 강제의 집행 시 실제 운영 면에서 고려하면 되지 않겠는가?

이 대표: 그렇지 않다. 경과적 조치에 관한 규정을 두지 않는다면, 극단으로 이야기한다면, 퇴거 강제를 적용할 시에 일본국이 은사적으로 고려해 주는 것 같이 된다. 본 협정에 의거해서 영주가 허가될 때까지는 57년 각서의 효력이 계속된다든지, 또는 경과적으로 어떠한 조치를 한다는 것을 우리 시안처럼 합의의사록 같은 데다 명기해야 할 것이다.

니이야: 협정이 발효된다 하여도 57년 각서의 불퇴거의 규정은 당연 실효되는 것이 아닌 것이 아닌가? 영주 허가를 신청한 자에게는 본 협정의 퇴거 강제 사유가 적용되고 신청을 안 한 자에게는 종전대로 1957년 각서의 규정이 적용될 것이 아닌가?

나카무라: 그렇게 본다면 협정 발효 후 5년까지는 영주 신청을 안 하는 자가 더 유리하지 않겠는가? 그러니 협정 발효 후 영주 허가를 신청한 자에게는 허가가 될 때까지 퇴거 강제를 중지하는 것이 타당하다.

이 대표: 이 문제에 대하여는 양측이 문제점을 잘 알 수 있게 되었으니 다음 회합 시

에 일본 측이 문서의 형식으로 제시하여 상호 검토하도록 하자.

오오와다: 우리 안 제1조 제1항 (b)의 해당하는 자로서 부모가 영주 신청 이전에 사망 또는 실종한 경우의 구제 조치는 한국 측 주장에 따라 합의의사록에 규정하고자 한다.

이 대표: 영주 신청 시에 부모가 있었으면 영주 신청을 할 자가 부모의 부재로 구제되지 못하면 안 되니, 다음 회합 시에 이에 대하여 일본 측 문안을 작성하여 제시하면 상호 검토할 수 있을 것이다.

오오와다: 만약 부모가 살았다면 영주 허가를 신청할 의사가 없었을 경우도 있지 않겠느냐?

이 대표: 죽은 사람의 의사를 지금에 와서 판단할 수 없으니, 부모가 살았다면 영주 신청의 의사가 있을 것이란 것을 가정해야 하고, 이렇게 해야만 자식의 영주권 취득이 구제된다. 원칙이 규정되어도 이런 까다로운 문제에 관하여는 세부적인 문제점이 앞으로 협정을 시행해 나가다 보면 많을 것이니 공동위원회를 설치하자는 것이다. 기왕 우리 안 합의의사록 제1조 2와 같은 것이 제시되어 있으니 우리 안 내용을 참고로 하여 문안을 작성하기 바란다. 우리로서는 언제나 죽어버린 부모보다 본인의 의사가 가장 중요하다고 생각하는 것이며, 이것이 또한 본 협정의 법적지위의 기본 정신이다.

오오와다: 부모가 신청 전에 사망했거나 실종한 것이 문제가 되어 그렇다. 특히 조총련계가 영주 신청을 하는 것을 우려한다. 다음으로 영주 허가 신청 기간에 대하여 한국 측 안 제1조 제2항의 (b) 및 (c)의 '3개월'에 대하여 우리는 30일을 주장하여 왔는데 30일을 고집하는 것이 아니며 협정 시행에 있어 신청 기간이 짧은 것이 좋고, 일반 입관령 규정을 고려해서였다.

이 대표: 우리가 기왕에 6개월로 주장하던 것을 3개월로 양보했던 것인데, 신청 기간을 단축하려면 훈령을 청훈해야 할 것이지만, 그렇다면 상호 양보하여 2개월로 정하자.

니이야: 그렇게 결정하는 것이 좋겠다.

다니구치: 그러면 한국 측 안 제1조 제2항 (b) 및 (c) 의 2곳의 신청 기간을 2개월로 정하는 것이다.

오오와다: 신청 기간에 대하여는 한국 측 안이 간결하게 잘 되어 있다. 그러나 협정

발효 후 5년의 신청 기간은 P.R.도 여러 가지로 되어 우리로서는 중대한 것이니 본문에 규정하고 경과적 규정에 불과한 한국 측 안 제1조 제2항 (b)는 합의의사록에 떨어뜨려 규정하도록 하자.

이 대표: 좋다.

다니구치: 한국 측 안 제1조 제1항 (c)의 표현은 바꾸어야 할 것 아닌가?

이 대표: 이 점은 일본 측 안의 표현이 타당하나 일본 측이 합의사항에 집착해야 한다고 고집하니 당장 받기는 곤란하다.

오오와다: 다음 회합 시에는 제1조에 관한 새로운 문안과 오늘 회의에서 제기된 우리 측이 제시할 문안을 제출하여 이를 중심으로 논의하도록 하겠다.

다니구치: 국적증명 문제에 대하여는 어떻게 하겠는가?

이 대표: 기왕 논의된 것을 토대로 일본 측이 시안을 만들어 보아라.

나카무라: 협정 본문에 '일본국이 정하는 수속 절차…'라 하여도 괜찮겠는가.

이 대표: 본문에는 역사하게 규정한다면, 합의의사록에 영주 허가 신청 시의 제출 서류 등을 자세히 써야 될 것이다.

방 대표: 다음 회의는 28일(금) 할 수 있느냐?

오오와다: 28일(금) 14:30에 하자. 준비가 안 되면 연락하겠다.

방 대표: 좋다.

26. 제7차 한일회담 법적지위위원회 제36차 회의 회의록

제7차 전면회담 법적지위위원회 제36차 회의록

1. 일시: 1965. 5. 28, 14:30~16:00
2. 장소: 외무성 제828호실
3. 참석자: 한국 측: 방희　　　대표
　　　　　　　　　이경호　　　〃
　　　　　　　　　권태웅　　　전문위원
　　　　　　　　　안세훈　　　보좌
　　　　　　　　　선준영　　　〃
　　　　　일본 측: 야기　　　입관국장
　　　　　　　　　오오와다　조약국 참사관
　　　　　　　　　스가노마　입관국 총무과장
　　　　　　　　　가유미　　민사국 제5과장
　　　　　　　　　다니구치　조약과 사무관
　　　　　　　　　사이키　　법규과 사무관
　　　　　　　　　쓰루타　　북동아과 사무관

4. 토의 내용

오오와다: 그간 본 위원회에서 논의하여 온 우리 측 안 제1조 및 제2조에 관하여 협정 문안이 작성되었기에 오늘 제시하겠다.

설명을 나중에 하겠거니와 우선 우리가 협정 문안을 작성함에 있어서 고려한 점은 한국 측이 원하는 경과적 조치도 부속 문서에 규정하였으며 영주 허가 신청 기간을 종래 30일로 주장했던 것을 합의한 대로 60일로 정하였다. 또 영주 신청 기간에 대하여 한국 측은 간결하게 한곳에 규정하였으나, 우리는 한곳에 규정하지 아니하고 경과적인 규정은 합의의사록에 규정하였다. 그리고 제1조의 시점은 종전의 날이냐 8. 15냐를 결정하지 못하여 Blank로 그냥 두었다.

다니구치: (일본 측의 협정 문안을 제시하고, 일차 낭독하였음)

오오와다: 그러면 우리 안에 대하여 간단히 설명하겠다. 영주 허가 부여 범위에 대하여 제1조와 제2조로 나누어 규정했는데, 한국 측 안 제1조 4항에 규정된 자는 우리 안 제2조에 규정하였는데, 그 이유는 제1조에 규정된 자는 당연히 영주 허가가 부여되는 데 반하여 제2조에 해당하는 자는 허가 여부가 미정으로 제1조의 내용과 성질이 다르다고 생각하고 있기 때문이다.

그리고 제1조 제1항 (b)는 '(a)에 해당하는 대한민국 국민의 직계비속으로서…'라 규정하였다.

이 대표: 제1조 제1항 전단에 '…다음의 어느 하나에 해당될 대한민국 국민…'이라 하였으니 당연히 '대한민국 국민'이라는 것은 (b)에도 적용되니 일본 측 안과 같이 복잡하게 규정할 필요가 없어 (b)는 '(a)의 자'라고 규정해도 될 것이다.

오오와다: 한국 측의 주장대로 규정해도 기술적으로 아무 걱정은 없으나, 우리 측 안의 표현이 확실하다.

이 대표: 일본 측 생각대로 한다면 (a)에 해당되는 자가 한국인이 아니라고 주장하는 경우(조총련계)에는 그 (a)의 자인 (b)는 영주 허가 신청을 할 수 없다는 의미를 내포하는 것이 아닌가? 그러나 일본 측이 그렇게 생각하더라도, 한국 측으로 본다면 지금 말한 (a)도 대한민국 국민이므로 (b)에게도 영주 허가 신청을 할 수 있다는 해석이 되니 문제는 해결되지 아니한다. 이뿐만 아니라 여러 가지 곤란한 점을 해결하기 위하여도 공동위원회가 설치되어야 할 것으로 생각한다.

방 대표: 제1조 제1항에 대하여는 그 정도로 논의하기로 하고, 부속 문서에 규정될 사항 중 (b)의 '계속'의 개념에 대하여는 일본 측 안대로 한다면, 전쟁 시 징병, 징용 등에 의하여 징발되었던 자를 구제할 수가 없다.

야기: 그것은 전후 입국자 문제로 가조인된 합의사항 내용에 포함되지 않은 것으로, 우리 주장에는 그 후 아무 변화가 없다.

방 대표: 우리도 기본적인 태도는 불변이다. 그러나 우리 안은 '생활의 근거'를 일본에 가지고 거주한 자를 '계속 거주의 개념'으로 보는 데 대하여, 일본 측은 재입국 허가를 얻어 외국에 갔다 온 경우만을 계속 거주에 포함된다 하여, 징병 징용 등 자기의

의사에 반하여 종전 후 외지에서 일본에 복원한 소위 협의의 전후 입국자에 대한 구제의 여지가 없는데, 우리로서는 여사한 규정은 받기 곤란하다.

야기: 이들 자는 본 협정의 대상자가 아니므로 도저히 협정에는 규정될 성질이 아니다. 단지 구체적으로 어떤 케이스가 있는지 자료가 있으면 제시해 주면 이들에 대한 대책을 세우는 데 참고가 될 것이다.

우리 통계에 의하여도, 자기 의사에 반하여 일본에 온 자는 대개 전후에 돌아가고 10여만이 남았었다. 한국 측은 전후 입국자를 광의로 해석하려 하나, 우리는 협의로 해석할 수밖에 없다.

방 대표: 전후 입국자에 대한 구체적 케이스의 자료는 다음 기회에 제시해 주겠다. 우리로서 주장하고 싶은 것은 이들 문제 해결을 위하여도 공동위원회가 설치되어야 할 것으로 생각한다.

야기: 이 문제는 끝까지 보류해 두었다가 정치적 절충에 맡겨야 될 것으로 생각한다.

이 대표: 여태까지 산발적으로 일본 측 안에 대한 의견을 말하였는데 정리하여 말하겠다.

첫째, '일본국 정부가 정하는 수속에 따라'라는 조항은 수속의 내용을 상호 협의하여 이를 합의의사록에 명기해야 하며, 양쪽이 합의할 때까지 '일본국 정부가 정하는' 구절은 미해결로 보류하여 두자.

둘째, 제1조 제1항 (b)의 '대한민국 국민의'라는 용어는 '자'로 대치하는 것이 좋겠다.

셋째, 제2조 제2항 말단의 '용의가 있다'라는 용어는 삭제되어야 한다.

오오와다: 영주 허가 신청 후속에 대하여는 일전에 법무성 측의 설명을 듣고 양측이 양해한 것으로 알았었다.

이 대표: 그렇지 않다. 일본 측의 의견을 듣고 일본 측 생각을 양해하였을 뿐이지 합의에 이르른 것은 아니다.

오오와다: 국적증명에 대하여는 한국 정부가 증명해 주는 대로 의거하려 한다.

이 대표: 국적증명을 하는 데 아 측이 협력하는 데 대하여는 종래 아 측이 여러 번 설명하였다. 오늘 일본 측이 제시한 안 부속 문서에 규정될 사항 (a)의 문구 표현에 대

하여는 검토 후 논평하겠다.

오오와다: 부속 문서 (a)의 '권한 있는 당국'이란 결국 일본은 법무성, 한국 측은 주일 대표부가 될 것이다.

이 대표: 부속 문서 중 (c)의 '사망의 시까지'의 '사망'에는 우리 안의 합의의사록 내용과 같이 '실종한 자'로 포함되도록 사망 다음에 괄호 속에 규정하도록 하자.

오오와다: 검토해 보겠다. 그럼 대개 이야기되었다. 다음 회의에서는 무엇을 이야기하겠는가?

이 대표: 오늘 논의한 중 미합의된 것과 우리 안 제2, 3조 이하로 이야기해보면 어떻겠는가?

오오와다: 처우에 대하여 후생, 통산성 실무자와 이야기해보는 것은 어떻겠는가?

방 대표: 처우에 관련하여 사회보장제도 중 우리가 요구한 것 중 주택금융공고나 중소기업 관계는 아직 답이 없는데, 외무성에서 협의를 상금 못하였느냐?

야기: 처우에 대하여는 우리 안 제4조에 원칙을, 그리고 합의의사록에 구체적 규정을 할 예정이다.

방 대표: 협정의 퇴거 강제 사유와 일반 입관령 간의 Gap 문제는 생각해 봤느냐?

스가느마: 아직 검토해 보지 못했다.

오오와다: 한국 측 안이 본문, 합의의사록 및 교환 공문으로 삼분되어 있는데 구분함을 원하는가?

이 대표: 우리가 구분한 내용대로 구분하는 것에 대하여는 이의가 없다.

야기: 재일한인의 국적은 현재에 등록된 한국, 조선의 구별로는 알 수 없으니, 영주신청 수속에 관련하여 대한민국 국민이란 증명이 한국 정부로부터 발급하여야 한다.

이 대표: 그렇다면 대한민국 정부 발급의 여권을 소지한 자만이 대한민국 국민이고 기타의 사람의 국적은 전부 한국 정부에 그 국적의 증명을 요청하겠다는 말인가?

스가느마: 외국인등록증만으로는 국적이 증명되지 않는다.

이 대표: 일본 정부의 외국인에 발급한 증명서인데 왜 국적이 증명 안 되느냐? 모순된 말이다.

야기: 본인이 전일 오가와 국장에게 듣기로 국적이 불명한 자에 대한 국적증명은 한국 측이 포괄적으로 넘기면 한국 측서 협력하는 것으로 알고 있다.

이 대표: 그렇다. 불명한 자에 대하여만 국적증명을 요구하되, 포괄적으로 리스트를 작성하여 넘기면 협력한다는 것이다. 이에 반하여 지금 일본 측 생각은 거의 모두를 넘기려는 것 같다. 이는 받아들일 수 없다. 다음 회의는?

야기: 6. 1(화) 14:30에 하자.

방 대표: 좋다.

27. 법적지위 협정 일본 측안 송부 공문

1371   주일정 722-180   1965. 5. 28

수신: 외무부 장관

제목: 법적지위 일본 측안 송부

1965. 5. 28에 개최된 법적지위 제36차 회의에서 일본 측이 제시한 법적지위 협정안을 별첨과 같이 송부합니다.

유첨: 동 일본 측 협정안 1부

  끝

                                    수석대표 김동조[직인]

첨부

27-1. 법적지위 협정 일본 측 안(제36차 회의 시 제출한 협정 본문)

（協定本文）　　　　　　　　　　　　　　　　　　　　　　　40. 5. 28

第一条

1. 日本国政府は，次のいずれかに該当する大韓民国国民が，この協定の実施のため日本国政府が定める手続に従いこの協定の効力発生の日から五年以内に永住許可の申請をしたときは，日本国で永住することを許可する．

　(a) 千九百四十五年————以前から申請の時まで引き続き日本国に居住している者

　(b) (a)に該当する大韓民国国民の直系卑属として千九百四十五年————以後この協定の効力発生の日から五年以内に日本国で出生し，この後申請の時まで引き続き日本国に居住している者

2. 日本国政府は，1の規定に従い日本国で永住することを許可されている者の子としてこの協定の効力発生の日から五年の後に日本国で出生した大韓民国国民が，この協定の実施のため日本国政府が定める手続に従いその出生の日から六十日以内に永住許可の申請をしたときは，日本国で永住することを許可する．

3. 前記の申請及び許可については，手数料は，徴収されない．

第二条

1. 日本国政府は，第一条の規定に従い日本国で永住することを許可されている者の直系卑属として日本国で出生した大韓民国国民の日本国における居住については，大韓民国政府の要請があれば，この協定の効力発生の日から二十五年を経過するまでは協議を行なう用意がある．

2. 1の協定に当っては，この協定の基礎となっている申請及び目的が尊重されるものとする．

（第一条に関して附属文書に盛られるべき事項）

　(a) 同条の規定に従い永住許可の申請をする者が大韓民国の国籍を有しているこ

とを証明するに足る文書を自ら提出することができないときは, 大韓民国政府の権限のある当局が日本国政府の権限のある当局の照会に応じてその者が大韓民国の国籍を有していることを確認するため発給する文書をこれに代わるものとみなすこと.

(b) 同条1(a)及び(b)でいう「引き続き日本国に居住している者」には, 日本国の法令に従って再入国の許可を受けて出国し, かつ, 再入国した者が含まれること.

(c) 同条1(b)でいう「(a)に該当する大韓民国国民」には, 千九百四十五年＿＿＿から死亡の時まで引き続き日本国で居住していた大韓民国国民が含まれること.

(d) 同条1(b)に掲げる者であって, この協定の効力発生の日から四年十箇月の後に発生したものの永住許可の申請期限は, 同乗1の規定にかかわらず, その出生の日から六十日までとすること.

번역 (협정 본문)　　　　　　　　　　　　　　　　　　1965. 5. 28

제1조

1. 일본국 정부는 다음 각 호의 어느 하나에 해당하는 대한민국 국민이 이 협정의 실시를 위하여 일본국 정부가 정하는 절차에 따라 이 협정의 효력 발생일로부터 5년 이내에 영주 허가를 신청한 경우, 일본국에서의 영주하는 것을 허가한다.

(a) 1945년 ＿＿＿ 이전부터 신청 시까지 계속해서 일본에 거주하고 있는 자

(b) (a)에 해당하는 대한민국 국민의 직계비속으로서 1945년 ＿＿＿ 이후 이 협정의 효력 발생일로부터 5년 이내에 일본국에서 출생하고, 이후 신청 시까지 계속하여 일본국에 거주하고 있는 자

2. 일본국 정부는 제1항의 규정에 따라 일본국에서 영주하는 것이 허가된 자의 자녀로서 이 협정의 효력 발생일로부터 5년 후에 일본국에서 출생한 대한민국 국민이 이 협정의 실시를 위하여 일본국 정부가 정하는 절차에 따라 그 출생일로부터 60일 이내에 영주 허가를 신청한 경우에는 일본국에서 영주하는 것을 허가한다.

3. 상기 신청 및 허가에 대해서는 수수료를 징수하지 않는다.

제2조

1. 일본국 정부는, 제1조의 규정에 따라 일본국에서 영주하는 것이 허가된 자의 직

계비속으로서 일본국에서 출생한 대한민국 국민의 일본국에서의 거주에 대해서는, 대한민국 정부의 요청이 있으면, 이 협정의 효력 발생일로부터 25년이 경과할 때까지 협의를 실시할 용의가 있다.

  2. 1의 협정에 있어서는 이 협정의 기초가 되는 신청 및 목적이 존중되어야 한다.

  (제1조에 관하여 부속서에 담아야 할 사항)

  (a) 동 조의 규정에 따라 영주 허가를 신청하는 자가 대한민국 국적을 가지고 있음을 증명할 수 있는 서류를 스스로 제출할 수 없는 경우에는 대한민국 정부의 권한 있는 당국이 일본국 정부의 권한 있는 당국의 조회에 응하여 그자가 대한민국 국적을 가지고 있음을 확인하기 위하여 발행하는 문서를 이에 갈음하는 것으로 간주한다.

  (b) 동 조 1(a) 및 (b)에서 말하는 '일본국에 계속 거주하고 있는 자'에는 일본국 법령에 따라 재입국 허가를 받고 출국한 후 재입국한 자를 포함한다.

  (c) 동 조 1(b)에서 말하는 「(a)에 해당하는 대한민국 국민」에는 1945년부터 사망할 때까지 계속하여 일본국에 거주하고 있던 대한민국 국민이 포함된다.

  (d) 동 조 1(b)에 열거된 자로서 이 협정의 효력 발생일로부터 4년 10개월 후에 발생한 자의 영주 허가의 신청기한은 동 조 1의 규정에 불구하고, 그 출생일로부터 60일까지로 한다.

29. 제7차 한일회담 법적지위위원회 제37차 회의 회의록

1. 일시: 1965. 6. 1, 14:30~16:30
2. 장소: 외무성 제233호실
3. 참석자: 한국 측: 방희　　대표
　　　　　　　　　이경호　　〃
　　　　　　　　　권태웅　　전문위원
　　　　　　　　　안세훈　　보좌
　　　　　　　　　선준영　　〃
　　　　　　일본 측: 야기　　　입관국장
　　　　　　　　　　니이야　　민사국장
　　　　　　　　　　나카무라　입관국 차장
　　　　　　　　　　오오와다　조약국 참사관
　　　　　　　　　　가유미　　민사국 제5과장
　　　　　　　　　　스가노마　입관국 총무과장
　　　　　　　　　　다니구치　조약과 사무관
　　　　　　　　　　쓰루타　　북동아과 사무관
4. 토의 내용

　야기: 그럼 오늘은 우선 협정이 발표되면 1957년 각서와 본 협정 간의 공백이 생기는 문제에 대하여 우리의 의견을 말하겠다.

　즉, 오늘 입관국에서 회합을 하고 이 문제에 대하여 논의한바, 한국 측이 우려할 공백 기간이 생기지 않을 것이라고 결론이 내렸다. 다시 말하여 한국 측이 우려하는 그러한 자는 협정이 정한 영주 허가 부여 범위의 (a)에 해당될 것이니, 영주 허가를 신청한다면 신청 기간부터 퇴거 강제를 당할 우려는 없다는 것이 우리의 해석이다.

　이 대표: 그렇지 않다. 1957년 각서에 따라 퇴거 강제를 자제해 왔는데, 협정이 발효되면 57년 각서 효력은 당연 실효되고 그 익일부터라도 입관령의 퇴거 강제 사유가

적용될 것 아닌가? 신청 기간부터는 퇴거 강제 조치를 받지 않을 것이라 하나 그리되면 어디까지나 은사적으로 봐주는 것이 되어 불안정한 입장에 서게 된다.

야기: 확실히 이야기하거니와 우리로서는 협정에 의거한 유자격자를 내쫓으려는 것은 아니니, 신청을 하면 퇴거 강제의 집행은 안 할 것이다.

이 대표: 일본을 불신해서 하는 말이거나, 일본국의 행정권의 권능을 제한하고자 하는 것이 아니고, 법의 미비점을 보완하여 경과적 조치를 규정해야 안정된 지위를 확보할 수 있다고 생각하기 때문이다.

야기: 동시에 우리가 우려하는 것은 협정 발효 후 영주 허가 신청 자격이 있으면서도 이를 할 의사가 없는 자에 대하여는, 그자를 입관령 24조에 의거하여 퇴거 강제하려 할 때, 한국 정부가 이를 인수할 용의가 있는가도 문제이다.

이 대표: 지금 말한 경우에는 한국 정부가 이를 인수하는 것은 당연한 일이다. 이 문제는 말로만 토의할 것이 아니라 문서로 이를 표현해서 제시해 주었으면 좋겠다.

야기: 본 협정이 발효되면 본인 명의로라도 협정의 규정된 영주 허가 해당자에 대한 퇴거 강제를 자제한다는 공문을 각 입관사무소 및 각 시, 정, 촌에 통달할 용의가 있다. 동시에 1957년 각서의 효력이 실효된다는 것을 협정문에 쓸 필요는 없겠는가?

오오와다: 1957년 각서는 불공표였었으니 이에 대하여 협정문을 쓰는 것은 곤란하다.

야기: (잠시 동안 일본 측 내부의 절충이 있은 후) 그러면 협정 발효로 생기는 공백 기간에 대하여 한국 측에 문서로 제시하도록 하겠다. 그 내용은 "조약 발효 후 본 협정 발효에 의하여 영주 허가를 신청할 자격자로 본인이 영주 허가를 신청한 자에게는 퇴거 강제를 자제할 것이나, 본인이 신청할 의사가 없거나 자격이 없는 것이 판명되면 일반 입관령을 적용한다"는 취지로 할까 한다.

이 대표: 우리도 대개 이상 이야기한 내용이면 그 대강은 좋을 것 같으니 문서로 제시해 주기 바란다.

스가누마: 영주 신청 자격이 있으면서 영주 신청을 안 할 의사가 명백한 자에 대하여, 그자에게는 협정 발효 후에 입관령 상의 퇴거 강제 사유가 적용된다는 것을 한국 정부가 양승하겠는가?

이 대표: 현재도 1957년의 각서의 적용을 받지 아니하는 재일한인에게는 입관령이

적용되고 있으며, 아국 정부가 입관령에 의거한 퇴거 강제의 조치를 받은 자를 인수하고 있지 아니한가. 그러므로 지금 일본 측에서 말한 대상자에 대하여 이를 인수하겠다는 공한을 일본 정부에 보내지 아니하더라도 현재와 같이 퇴거 강제 해당자의 인수를 맡으면 되지 않겠는가?

니이야: 하나 질문하겠는데 법률 126호에 의한 재류 자격은 협정 후 그대로 협정 영주 허가자 이외의 자에게는 그대로 그 효력이 존속하는 것 아닌가?

이 대표: 그렇다. 다음에는 오늘 우리 내부적으로 수석대표와 회합이 있었는데, 여태까지 논의된 것 중 의견의 상치가 있는 점을 다시 상호 확인하여 보기로 하였다.

첫째 합의의사록에 규정된 것 중 국적증명과 신청 절차에 대하여 일본국 정부는 여권과 국민등록증을 가진 자는 대한민국 국민으로 보나, 외국인등록증으로는 국적이 증명되지 않으므로 한국 정부에 국적 확인을 요청한다는 것이 일본 측 의견이라는 것을 확인하자.

나카무라: 원칙은 그렇다. 국적이 불명한 것은 한국 정부에 신청 서류를 송부하려는 것이다.

이 대표: 우리는 법률상 재일한인은 모두 대한민국 국민이란 전제에 입각해 있기 때문에, 국적이 불분명한 경우는 극히 적을 것이고 그러한 예외적인 경우에만 국적 확인의 요청이 오면 이에 대하여 국적 확인을 할 용의가 있다는 입장이다.

야기: 1948년 대한민국 정부 수립 이후 SCAP이 재일한인의 외국인등록증의 국적란을 '대한민국'과 '조선'으로 기입하도록 하였을 당시 법무대신이 이에 관련한 담화를 발표하고 외국인등록증의 '대한민국'이나 '조선'만을 가지고는 국적을 확인할 수 없다고 한 일이 있어 우리는 이 담화에 집착하지 아니할 수 없다.

이 대표: 둘째 합의의사록의 '계속 거주'의 개념에 대하여 우리는 '일본에 생활의 본거를 가진 경우'로 보고, 일본 측은 재입국 허가를 받고 그 기간 내에 입국한 자만을 '계속 거주'로 보되 그렇지 않고는 일본국으로부터 해방 후 나갔다 온 자는 계속 거주하지 아니한 것으로 본다는 차이점을 확인하자.

야기: 그렇다. 재입국 허가 기간 내에 돌아왔어야 한다.

이 대표: 현 입관령이 1952년부터 발효하였으니 그 이전인 1945~1952년 사이에 생활 본거를 이곳에 둔 한인이 가사 관계로 잠시 한국에 갔다 온 것은 계속 거주로 인

정해야 한다는 것이 한국 측의 입장이다.

나카무라: 1947년에 외국인 일제 등록이 있었으며 당시에도 SCAP의 허가를 받아 출입하게 되었고 외국인에 대한 구 등록령이 적용되고 있었으니 외국인의 출입국을 규제하는 법이 없었던 것은 아니다.

방 대표: 과반 회합에서 전후 입국자에 관련하여 징병, 징용자의 복원 관계 등 복잡한 문제가 있어 공동위원회를 설치하고 이런 분쟁을 결정하자 했는데, '계속 거주'의 개념과 관련하여 조금 전에 우리가 말한 점을 일본 측에서 고려한다면 우리도 이에 응하여 검토할 용의가 있다.

이 대표: 그렇다. 전후 입국자 문제로 피차간에 대립되고 있는데, 1945년부터 1952년 강화조약까지의 본국 왕래자에 대하여 고려하여 문제시하지 않는다면 전후 입국자 문제와 상관시켜 고려할 수 있을 것이라 생각한다.

나카무라: 정말로 귀국했던 자가 저곳에서 생활의 방도가 없어 일본에 돌아와 이곳이 '생활의 본거'라 자처할 경우도 있지 않겠는가? 구 등록령 제3조에는 외국인의 입국과 제16조 제1항에는 이에 대한 처벌 규정도 있었다.

야기: 그러한 자에 대하여는 일반 입관령 상의 영주 허가를 부여할 것을 고려하고 있다.

이 대표: 셋째, 일본 측 안 제2조 말단의 "25년 이내에… 용의가 있다"는 공한을 첨부하여 일응 가조인하였는데 이제 협정 문안을 작성하는 것이니 '협의를 행한다'로 할 용의는 없는가?

야기: 그것은 곤란하다.

이 대표: 넷째, 일본 측 안 제3조 제2항 '퇴거명령의 조치를 받은 자의 인수'는 가조인 시 불공표로 되었었는데 이는 당연히 한국 정부가 인수받을 것 아니겠는가? 그러니 불공표의 교환 공문에 규정하도록 하자.

오오와다: 일전에 한국 측이 합의의사록에 규정함을 고려한다 하지 않았는가?

이 대표: 우리가 불공표의 교환 공문으로 규정하자 하니, 일본 측이 비밀외교라는 지탄을 받는다기에 그러면 일보 양보하여 합의의사록에 규정하여도 좋다고 하였으나 일본 측이 정 본문에 넣겠다면 우리는 불공표의 교환 공문에 규정하겠다고 다시 강조하지 않을 수 없다.

오오와다: 우리는 협정 본문에 규정해야 하겠다.

방 대표: 오늘 우리가 상호 상이점을 확인하려는 취지는 본 위원회에서 여태까지 합의에 도달하지 아니한 문제점을 수석 회합에 올리기 위한 것이다. 다음 금요일까지 일본 측이 상호 상이되는 문제점을 재고한다면 금요일 일차 이야기하고, 그래도 합의되지 않는 것은 내주 경 김 대사가 귀임한 후 수석 회합에 올려 결정 지으려는 것이다.

나카무라: 국적증명에 대하여 많은 신청자가 많이 영주 허가를 받을 수 있도록 한국 측이 일차 더 고려하여 주길 바란다.

야기: 그러면 한국 측과 확인될 문제점을 다음 금요일까지 검토해 보기로 하겠다.

이 대표: 다섯째, 전후 입국자와 이산가족의 재회 문제에 대하여는 아 측 안 교환 공문에 규정되어 있는데, '계속 거주'의 개념에 있어 1945~1952년까지의 한국 왕래자에 대하여 문제시하지 않는다면 이 문제는 그렇게 강조하지 않으려 한다. 특히 이산가족의 재회 문제에 대하여는 전임 오가와 국장 등 일본 측의 생각이 이 곳서 영주 허가를 받은 자가 그의 직계존비속 또는 배우자를 데려 오는 것이니, 인도적으로 당연하다고 생각하는 것으로 알고 있다. 그러니 우리 안을 일차 더 고려해 보기 바란다.

야기: 그러나, 이는 Case by Case로 해결될 문제다.

이 대표: 이상이 한국 측과 일본 측 간에 결정을 못 본 중요한 문제점인 것을 확인하고자 한 것이다.

오오와다: 그러면 일본 측 안 제3조까지 논의한 중 미합의점만 일차 검토해 달라는 것인가?

이 대표: 그렇다. 그 외 제4조 이하의 처우나, 협정의 표제 및 전문에 대하여는 계속 논의해야 할 것이다.

야기: 좋다. 다음 회의는?

방 대표: 6. 4(금) 14:30에 개최하자. 다음 회의에서는 오늘 벽두에 논의하다가 일본 측이 문서로 제시하기로 한 gap 문제와 이상 5개의 미합의점을 중심으로 논의하자.

야기: 좋다.

31. 제7차 한일회담 법적지위위원회 제38차 회의 회의록

제7차 전면회담 법적지위위원회 제38차 회의록

1. 일시: 1965. 6. 4, 14:30~16:30
2. 장소: 외무성 제235호실
3. 참석자: 한국 측: 방희　　　대표
　　　　　　　　　권태웅　　　전문위원
　　　　　　　　　안세훈　　　보좌
　　　　　　　　　선준영　　　 〃
　　　　　일본 측: 야기　　　　입관국장
　　　　　　　　　오오와다　　조약국 참사관
　　　　　　　　　가유미　　　민사국 제5과장
　　　　　　　　　스가노마　　입관국 총무과장
　　　　　　　　　다니구치　　조약과 사무관
　　　　　　　　　쓰루타　　　북동아과 사무관

4. 토의 내용

　야기: 이번 개각에서는 시나 외상이 유임하게 되었는데, 동 외상이 아·아 회의 관계로 알제리에 떠나기 앞서 현안 전반에 대하여 타결하게 될 것 같은데, 타결을 위하여 토의를 촉진하여야겠는데, 법적지위 문제도 전체적으로 말썽이 되고 있는 대립점을 들어내 이를 정리하여 상호 타협함으로써 타결되도록 함이 좋다고 본다.

　특히 재산반출 및 송금에 대하여 과반 양쪽 실무자 간에 논의해 보았으나, 본 위원회에서의 실무자 회합을 갖고는 결론이 나지 않을 것 같으니 이는 상부에 올려 그 재가를 받도록 함이 좋다고 생각한다.

　방 대표: 내일부터 내주 월요일에 걸쳐 어업위원회가 협정 문안 작성을 촉진하게 되면 타 위원회의 토의 진도도 상당히 진전될 것으로 보인다. 현재 본 위원회가 타 위원

회에 비하여 회의 개최 일수가 제일 많다. 문화재위원회 같은 것은 상당히 침체상태에 있다. 이상과 같은 실정에 비추어 우리는 과반 회의에서 제시한 5개 문제점도 일본 측이 이에 대하여 조속히 의견 제시를 하면 내주 화요일경부터라도 회의 진행이 촉진될 것으로 생각하였으니 오늘이라도 일본 측 의견을 피력해 주길 바란다.

야기: 과반 회의에서 한국 측이 제시한 5개의 문제점에 대하여 결론이 나면 우리 안 제3조까지는 결말이 나는 것 아닌가?

오오와다: 그렇다. 물론 협정의 제목과 전문이 결정될 것은 아니나, 일응 다 결말나는 것이나 마찬가지다. 재산반출 및 송금에 대하여는 협정 본문에는 원칙만을 간단히 규정하고 자세하게는 합의의사록에 규정하면 되리라 생각한다. 이에 대한 양쪽 안을 비교해 보아도 실체 면에 차이는 없다. 그러니 정 의견이 상치되는 문제만을 수석대표 간 회담에 올려 결정짓도록 하자.

방 대표: 과반 회의에서는 본 위원회에서 합의되지 않는 문제점은 김 대사가 귀국 후 열릴 수석대표 간 회합에 올리자 했는데 김 대사가 귀국치 않으니 본 위원회에서 합의되지 않으면 차주쯤 수석 회합에 올릴 수도 있을 것이다.

야기: 그럼 과반 한국 측이 제시한 문제점에 대하여 우리 견해를 말하겠다.

첫째, '계속 거주'의 개념에 대하여 징병, 징용으로 동원되었다가 전후에 복원된 자에 대하여는 현재 입관에서 전전 거주자와 같이 취급하고 있으므로 한국 측이 꼭 주장한다면 이들을 '계속 거주'의 범위에 포함되도록 문서로 표현하여도 무방할 것이나, 그 외 종전 시부터 강화조약 발효 시까지의 혼란기에 SCAP 당국의 허락 없이 불법 출입국한 자에 대하여는 협정 영주를 허가한다는 것은 곤란하다고 생각한다.

둘째, 국적증명에 대하여는 우리 입장은 어떠한 형태이든 한국 정부 당국의 국적 확인을 필요로 하고 있다. 국적 확인은 형식적인 것으로 수속 절차를 간편화하여 많은 인원이 협정 영주 허가를 받도록 하려는 것이 우리의 의도이다.

셋째, 이산가족의 재회 문제는 인도적인 입장에서 Case by Case로 취급될 것으로, 이들 가족이 일시 방문을 하는 것은 제한하지 않을 것이나, 협정상에 문서화 하는 것은 곤란하며, 이 점 우리 입장이 강하다는 것을 부언해 준다.

넷째, 협정 영주허가자의 직계비속에 관한 협의조항 문구에 있어 "용의가 있다"를 "협의를 행한다"라고 하자는 것에 대하여는 꼭 "용의가 있다"로 규정해야 하겠으며, 이

점 외무성 측 입장이 특히 그렇다.

다섯째, 퇴거명령의 조치를 받은 자의 인수에 관한 조항을 협정 본문에 규정하지 않고 불공표의 교환 공문 또는 합의의사록에 규정할 것인가에 대하여는 금일 오오와다 참사관과도 협의했는데 법무부 당국으로서는 합의의사록에 규정하여도 무방할 것 같으나, 조약국의 의견이 협정 본문에 규정할 것을 주장하고 있다.

오오와다: 방금 말한 다섯째의 문제점에 대하여는 균형이란 점에서 생각해 주어야 하겠다. 한국 정부는 일본국 정부에 대하여 여러 가지 의무를 과하면서, 이 문제에 있어서만 일본국 정부가 한국 정부에 의무를 부과하는 것인데 당연한 것 아니냐? 형식적으로도 그렇지만 내용적으로는 더욱 그렇다.

권 위원: 일본 측이 균형이란 점에서 이의를 말한다면 퇴거 강제 사유에 대한 합의 의사록에서 "퇴거 강제 사유에 해당되는 자를 인도적인 견지에서 취급한다"는 규정 다음에 '퇴거명령의 조치를 받은 자의 인수'에 관하여 규정하면 좋다고 생각한다.

방 대표: 다음으로 협정 발효 후 영주 허가가 내릴 때까지의 Gap을 메꾸는 문제에 관하여 일본 측이 문서를 제시한다는 것이 어떻게 되었느냐?

야기: 협정 발효 후에 영주 허가를 신청할 권리를 가진 자는 허가될 것이다. 영주 허가를 신청하기 전에 퇴거 강제 사유에 해당되었어도 영주 허가 신청을 하면 협정에 의거해서 허가될 것이며 이런 자에 대한 퇴거 강제 사유는 협정에 규정된 퇴거 강제 사유가 적용될 것이다. 이를 문서로 어떻게 표현하는가는 이자들에 대하여 영주 허가 신청이 있어 그 허가가 결정될 때까지는 퇴거 조치의 시행을 자제한다는 내용으로 표현하려 한다. 그러나 반면 영주 허가를 신청할 권한이 없는 자나, 신청을 했어도 자격이 없는 것이 판명되면 일반 입관령 24조가 적용될 것이며, 이들의 강제 송환 시에 한국 정부가 이를 인수해 달라는 2가지 면으로 규정하고자 한다.

방 대표: 그럼 문서가 준비되었다면 제시해 주길 바란다.

다니구치: (일본 측의 문서를 제시하고 일차 낭독함.)

방 대표: 대개 좋다고 보나, 우리 의견은 일차 검토 후 다음에 이야기하겠다.

단지 질문은 문서 서두의 '조선인'이라는 표현은?

다니구치: 별 의미 없다. '한국인'이라 해도 괜찮다.

방 대표: 조금 전에 지난 회의 시 우리가 제시한 5개 문제점에 대한 의견을 말했는

데, 이에 대하여 우리의 견해를 말하려 한다.

여태까지의 회의에서 논란한 것을 가능한 한 되풀이 안 하겠으나, 첫째, 징병, 징용자에 대한 문제는 이들이 전전부터 강화조약 시까지 일본서 거주한 것으로 간주하는지? 전후 입국자로 보는지? 여러 가지 실태가 있고 이 실태를 파악할 수 없어 그런 경우를 상정해서 이야기한 것이었다.

둘째, 국적증명 문제에 대하여는 우리도 일차 더 검토해 보겠다.

셋째, 이산가족의 재회 문제에 대하여는 지금 특별재류를 받은 자는 재류 자격을 받도록 해주고 싶다는 것이다.

넷째, 25년 내의 협의조항 문구에 대하여는 교섭 경위에 비추어, 이제 시간도 충분히 있으니 공한 내용을 포함해서 협정 본문을 수정하길 바란다.

다섯째, 퇴거명령의 조치를 받은 자의 인수에 대하여 균형 문제라 하나, 합의의사록에 '인도적 취급' 문제와 함께 규정하면 되지 않겠는가 생각한다.

다음으로 협정 발효 후 영주 허가가 내릴 때까지의 Gap 문제는 오늘 일본 측의 제시 문서로 일본 측의 생각을 알았으니 검토 후 다음 회합 시에 의견을 말하겠다. 끝으로 재산반출 및 송금 문제에 대하여는 더 검토할 여지가 있으니, 내주쯤이고 일차 더 논의해 보자.

오오와다: 공한의 내용을 포함하여 협정 본문을 어떻게 수정한다는 것인가?

방 대표: 공한 내용을 포함해서 협정 본문을 "25년… 협의를 행한다"로 수정한다는 것이다. 즉, 교섭 경위로 보아 각의에 회부할 수 없어 일본 측이 김 대사, 우시바 회담에서 공한을 첨부토록 한 것이니 조문화에 있어서는 간결히 여사하게 규정해도 실질적으로 차이는 없을 것이다.

오오와다: 그렇지 않다. 실체적으로도 차이가 있다고 본다. 즉, '협의를 행한다'라면 필연적으로 협의를 하여야 할 의무가 있는 것이 아닌가? '협의를 행할 용의가 있다'라고 협정 본문에 규정하고, 공한을 첨부하여 Legal Commit 한다 했는데, 이를 왜 그렇게 꺼리는가?

방 대표: 우리로서는 교섭 경위로 보아 당시는 불가피했으나, 이제 시간도 충분하고 실체적으로 관계도 없다고 보기 때문에 협정 본문에 '협의를 행한다'로 규정하자는 것뿐이다.

권 위원: 협정 본문과 공한으로 나누어진 내용을 일본화해서 규정하자는 것이니 피차 생각은 같다.

오오와다: 어제 당시 교섭 경위에 관하여 우리 측 참석자에게 확인을 해 보았는데, 한국 측 말과 같지 않았었다.

방 대표: 그럼 하나 질문하겠는데, 실체적으로 관계가 있다니, 솔직히 말해서 협정 발효 후 5년이 될 때 우리 측이 협의하자면 이에 응하지 않고 시간을 끌어 종국에는 25년이 경과해도 협의 안 한다는 뜻이냐?

오오와다: 그렇지는 않다.

야기: 실체적으로는 현실적으로 문제가 생겼을 때 협의를 하게 될 것이며, 일괄적으로 이들 자손에 대하여 기준적인 문제를 정하는 것 아닌가?

방 대표: 그렇다. 25년이 될 때까지에 본 협정의 협정 영주허가자의 직계비속(즉, 자손)의 지위를 결정하는 것이다.

야기: 앞으로 20~25년 후에 태여날 자손 문제 아니냐?

방 대표: 25년 후에 출생할 자손에 대하여 이들이 출생하기 전에 이들을 어떻게 취급할 것인가의 기준을 정하는 것으로 그때까지 이 문제의 해결을 짓자는 것이 의도이다. 과반 교섭 경위에 대하여 각각 달리 해석하고 있는데, 앞으로 세계정세가 얼마나 변할지 예상을 할 수 없으나, 일단 확실히 이들 지위를 정해 놓자는 것이다.

야기: '협의에 응한다'하면 어떻겠냐?

방 대표: 그런 이야기도 있었다. 여러 가지 이야기가 있다가 '협의를 행한다'로 결정된 것으로 우리는 교섭 경위를 알고 있다.

오오와다: 우리 조약국장 이야기는 절대 협정 본문에 '협의를 행한다'로 규정할 수는 없다는 이야기다.

방 대표: 그럼 이 문제는 이대로 결정을 보류해 두자.

다니구치: 이산가족을 재회하게 해달라는 것은 이들에게도 영주 허가를 부여하라는 것인가?

권 위원: 그렇지 않다. 거주할 수 있게 해 달라. 즉, 재류 자격을 인정하라는 것이다.

다니구치: 그럼 그것은 협정 영주허가자의 당연한 권리로 요구하는 것인지? 또는 반사적 이익으로 요구되는 것인지?

권 위원: 권리보다는 논리적 견지에서 볼 때 이는 인도적으로 보아 딱하니 불러들이게 하여 같이 살도록 배려하자는 것이니 반사적 이익이 될 것이다.

방 대표: 이는 법률적인 문제로 생각할 수 없고, 한국의 가족제도를 이해하는 면으로 고려해 보아라. '계속 거주' 개념에 있어 징병, 징용자에 대하여 문서화 하는 면은 고려한다 했는데?

야기: 징병, 징용으로 전후 집단적으로 입국한 자는 일본국 정부의 복원 명령도 있었으니 이는 '계속 거주'의 범위에 들어가도록 문서화할 수 있으나, 소개로 외지 또는 한국에 갔다 전후에 돌아온 자에 대하여는 이 범위에 포함된다고 생각할 수 없다.

방 대표: 징병, 징용자 문제는 그렇다 하더라도, 전후로부터 강화조약 시까지는 일본국이 이들을 일본인 취급을 해왔었으니 SCAP의 재입국 허가를 받은 자만 괜찮다고 볼 것이 아니라 당시가 문란했던 시대였음을 상기하여 이들에 대하여도 고려하여 '계속 거주'의 범위에 포함되도록 해야 할 것이다. 본 위원회에서 결정되지 않으면 이 문제는 상부 회합에 올리겠다.

야기: 내 개인의 사건이지만 전후로부터 강화조약 시까지 SCAP의 허가 없이 불법 출입국을 한 자도 범죄 행위가 없었다면 일반영주 허가를 부여하고자 한다.

방 대표: 과반 회합에서는 전후 입국자는 일반 영주 허가를 부여받을 자격이 없다고 하지 않았는가?

야기: 이들 전후 입국자는 법무대신의 특별재류 허가라 하여 기간이 최대 3년으로 정하여져 있어 그 자격을 변경할 수 없다. 그래서 이들로부터 영주 허가의 신청이 있어도 허가하지 않고 있는 일면이 있으나 타면 회담이 타결되어 협정 영주허가자의 실제가 확정되면 이들에게 보통 외국인의 경우처럼 죄상이 없으면 거주 실적을 보아 일반영주 허가를 부여할 수 있다.

방 대표: 과반 회합 시에는 법률상 불가하다고 말하지 않았느냐?

스가누마: 법무대신의 특별 허가라 자격 변경을 못한다는 것이 법조문 해석이나 회담이 타결되면 운영상 변경할 수 있다는 것이다.

방 대표: 그러면 전후 입국자도 일반영주 허가의 자격 조건을 구비하면 허가할 것이냐?

야기: 그렇다.

방 대표: 다음 회의 시는 무엇을 논의하겠느냐?

1395 오오와다: 오늘 우리가 제시한 문서에 대한 한국 측 의견과 퇴거 강제 사유에 관한 조항을 확정해서 영문화 하면 어떠냐?

방 대표: 처우 문제는 당분간 논의해도 진전이 없을 것이니 그렇게 하도록 하자.

오오와다: 그리고 우리가 새로이 안을 준비하도록 하겠다.

방 대표: 좋다.

34. 제7차 한일회담 법적지위위원회 제39차 회의 회의록

1399   제7차 전면회담 법적지위위원회 제39차 회의록

1. 일시: 1965. 6. 11, 10:30~11:30
2. 장소: 외무성 제233호실
3. 참석자: 한국 측: 방희   대표
               이경호   〃
               오재희   전문위원
               안세훈   보좌
               선준영   〃
         일본 측: 야기   입관국장
               나카무라 입관국 차장
               오오와다 조약국 참사관
               나카에   법규과장
               가유미   민사국 제5과장
               스가노마 입관국 총무과장
               다니구치 조약과 사무관
               쓰루타   북동아과 사무관

4. 토의 내용

오오와다: 6. 4 우리가 제시한 바 있는 협정 발효로 생기는 퇴거 강제 사유의 Gap에 관한 설명 자료에 대하여 한국 측의 의견을 들어보고자 한다.

이 대표: 일본 측 제시 문서를 전단과 후단으로 구분하여 의견을 말하겠다.

1400   첫째, 전단의 마지막 부분의 '…당해 신청의 유효성 여부의 판명…'이라는 표현을 한다면, 영주 허가의 신청을 필한 자는 이미 지적한 모순된 결과로부터 구제되지만, 협정이 정한 5년간의 신청 기간 중에 신청할 의사는 가졌으나, 신청을 아직 하지 아니

한 자는 협정 발효로부터 일본 입관령 24조의 퇴거 강제 사유의 적용을 받게 되어, 본 협정에 규정된 퇴거 강제 사유의 적용을 받지 못하게 되는 모순이 생기게 되니, '…당해 신청을 할 의사의 유무 또는 신청이 된 경우에는 그 신청의 유효성 여부의 판명…' 으로 수정하도록 하자.

오오와다: 니이야 국장 의견과 같이 영주 허가 신청을 필하였어야 의사 확인이 되는 것이 아니냐?

이 대표: 영주 허가를 신청해야만 일본에 영주할 의사가 명확하게 표시되는 것이나, 협정이 정한 5년이란 신청 기간이 있으니, 영주 허가 신청의 의사는 있으되, 신청을 아직 필하지 않은 자는 협정 발효로부터 신청 기간 5년까지는 협정문의 미비로 협정상의 퇴거 강제 사유의 적용을 받지 못하게 되는 중대한 결함이 생기게 된다. 그러니, 이러한 모순이 시정되도록 하려면, 비단 등록을 필한 자에게 뿐만 아니라, 영주 허가의 신청 자격과 의사를 가진 자에게도 협정상의 퇴거 강제 사유가 적용되도록 협정상에 규정되어야 하겠는데, 이 표현으로는 그런 뜻이 없다고 생각한다.

야기: 한국 측은 극단한 경우를 상정해서 생각하고 있는 것 같다. 일본 정부는 신청 기간 중에 입관령 24조를 적용하여 함부로 퇴거시키지 않을 것이다.

이 대표: 일본 정부가 실지로 퇴거 강제를 하느냐 안 하느냐의 문제보다 조약문으로써 미비한 데가 있어 보완하자는 것이다. 그리고 전단 중간의 괄호 부분은 삭제하여도 좋다. 이는 하나의 선전 문구에 불과하기 때문이다.

야기: 우리가 제시한 문서를 그대로 협정문으로 표시하지 않을 것이다.

오오와다: 이 문안은 Gap에 대한 우리의 생각을 적어 본 것에 불과하다.

나카무라: 이 대표의 제안과 같이 영주 허가 신청 의사가 판명될 때까지 퇴거 강제를 자제한다면, 일본 정부는 재일한인에 대한 영주 허가 신청 의사의 유무를 확인해야 할 의무를 지게 되어 곤란하다.

이 대표: 퇴거 강제 수속의 집행관이 퇴거 강제 사유 해당자의 강제 송환 수속 시에 일차 영주 허가를 신청할 수 있다는 취지를 말하고 그 신청하도록 권유하면 영주 신청 의사의 유무는 간단히 판명될 것이 아닌가? 우리로서도 여러모로 이 점은 계몽할 것이다.

나카무라: 한국 측이 말하는 바대로 자세히 협정상에 규정하면, 만약 집행관이 퇴거 강제 수속 시 영주 허가 신청을 하도록 권유치 않았다면, 협정 이행 위반이 될 것이다.

이러한 일방적 의무를 일본국 정부가 부과받는다는 것은 우리로서 꺼리는 바다. 그리고 전단 중간의 괄호 부분은 삭제해도 좋다고 생각한다.

야기: 이 점을 좀 더 간단하게 규정하면 어떻겠냐?

이 대표: 우리 측이 5. 11 제시한 안의 합의의사록에는 "제2조의 규정은 영주 신청의 기간 중에 있어서는 제1조의 규정에 의하여 영주 신청을 한 자 또는 영주 신청을 할 자격과 의사를 가진 자에게도 적용하기로 한다."로 간명하게 규정되었던 것인데 일본 측이 이의를 표명하여 논의 끝에 일본 측에서 6. 4의 일본 측 설명 자료가 나온 것 아닌가?

가유미: 그러면 전단의 중간 문구를 '…신청을 할 때와 신청을 하게 될 경우…'로 하면 어떻겠냐?

이 대표: 전단의 중간 부분의 '…협정에 기하여 영주 허가 신청을 하였을 경우…'를 '…협정에 기하여 영주 허가 신청을 하였을 경우 또는 금후 신청을 할 경우에는…'으로 규정하면 될 것이다.

나카무라: 협정 발효 후 좀 더 관망해보다가 5년의 신청 기간이 만료될 때에 신청을 하든지 또는 강제 송환 당시에 와서 신청을 한다면 곤란하지 않은가?

방 대표: 그런 경우는 실지로는 없을 것이다.

이 대표: 퇴거 강제 수속을 취할 때에 영주 허가 신청을 할 의사를 확인하고, 의사가 없다면 '영주 허가 신청 포기증' 같은 것을 받아 영주 허가 신청 의사가 없음을 명백히 해 두면 되지 않겠는가? 지금까지 상호 논의한 바로 보아 일본 측의 생각하는 바는 실질적으로 한국 측과 동일하다. 그러니 일차 더 논의해 보도록 하자. 다음으로 둘째, 후단에 대하여 의견을 말하겠다. 본 협정의 퇴거 강제 사유의 적용을 받지 아니하고, 일본 입관령 24조의 적용을 받게 될 자에 대한 한국 정부의 인수 의무의 규정은 전단의 중간에 '…입관령 제24조에 의하여 규제될 것인즉'이라 되어 있으니, 후단에 반복해서 규정하지 않아도 될 것이니 후단 전 문구를 삭제하여야 할 것이라고 생각한다.

오오와다: 우리로서는 전단과 후단을 상관된다고 생각하기 때문이다. 즉 57년 각서와 관련하여 전전부터 입국한 자로서 협정에 규정될 퇴거 강제 사유 적용제에 대한 한국 정부의 인수 의무는 일본 측 안 제3조 제2항이나 한국 측 안 합의의사록에 각각 규정되어 있지만 전후 입국자를 비롯하여 입관령 24조의 적용 대상자에 대한 한국 정부

의 인수 의무는 명시되어 있지 않기 때문이다.

이 대표: 전후 입국자로서 강제 송환되는 자는 현재도 한국 정부가 인수받고 있지 않느냐? 현재 일본국 정부가 일본 입관령에 따라 퇴거 강제될 외국인에 대하여 미국이나 영국 등 관계 외국 정부와 협정을 맺거나 공문을 교환하여 강제 송환자의 인수를 약속한 일이 있는가?

야기: 인수 의무에 관하여 다른 외국 정부와 협정을 맺은 일은 없다.

이 대표: 그렇다면 한국 정부에게만 이를 요구하는 것은 논리가 서지 않는다.

야기: 한국인과 중국인에 대하여는 강제 퇴거에 대한 인수 여부에 대하여 우리는 믿을 수 없기 때문에 인수 의무의 규정이 필요하다.

이 대표: 한국인과 중국인은 야만 미개인이라고 생각한다는 말이냐?

나카무라: 전후 입국자로 강제 송환되는 자를 한국 정부가 인수하고 있다 하나, 이는 Over-Stay한 자와 밀입국한 자뿐이다.

이 대표: 요컨대 일본 측 설명 자료의 후단은 전단 내용의 중복 규정이며 이는 한국 정부를 불신하는 데서 연유하는 것이니 절대 받을 수 없다. 일반 외국인에게는 필요 없는 이런 규정을 본 협정에 두는 것은 한국인을 모욕하는 것인데, 나는 이러한 모욕적인 규정을 받아 가면서까지 회담 대표로서 머물러 있을 수 없다. 이 이상 토의할 필요도 없으니 오늘 회의는 그만두자.

야기: 그렇다면 일본 측이 6.4 제시한 설명 자료 문서 자체를 철회하겠다.

이 대표: 그것은 곤란하다. 잘못된 부분을 시정하면 되는 것이지, 전체를 철회할 필요는 없다.

야기: 그러면 진전도 없으니 본 위원회는 6.20까지 그만두자.

이 대표: 6.20까지 그만두자는 것은 무슨 의미이냐?

방 대표: 그러면 본 위원회는 그만두고 비공식 절충을 하자.

오오와다: 오늘 회합은 이로써 그만두고 지금부터 비공식 절충을 별실에서 하도록 하자.

방 대표: 좋다.

5. 일본 측 오오와다 대표의 안내로 방 대표와 이 대표가 오오와다 대표와 비공식

절충을 하여, 협정의 제목과 전문 및 제1조에 관한 미해결을 상호 양보하여, 일응 합의하였음. 또 오오와다 대표는 일본 측 대표에게 어제의 비공식 회담 내용을 미리 전하지 못한 것을 참고로 말하였고 내주 중에 법적지위위원회의 재개에도 합의하였음.

35. 제7차 한일회담 제40차 법적지위위원회 회의 결과 보고 전문[96]

번호: JAW-06319

일시: 151620 [1965. 6. 15]

수신인: 외무부 장관

발신인: 수석대표

제40차 법적지위위원회(65. 6. 15, 14:00~15:00) 회의 보고

1. 일본 측은 협정 명칭, 전문 제1조 및 제3조에 관하여 새로운 협정 문안을 제시하여 왔음.

(동 문안은 파우치 편으로 송부하겠음.)

(1) 일본 측은 협정의 명칭을 아 측 주장대로 '법적지위와 대우'에 관한 협정으로 하였음.

(2) 전문은 '일본국의 사회와 밀접한 관계'를 아 측 주장대로 '일본국의 사회와 특별한 관계'로 하고 '일본국의 사회와 조화하여 안정된 생활'을 아 측 주장을 참고로 '일본국의 사회지도하에서 안정된 생활'로 수정되어 있음. 아 측은 전기 일본 측의 협정 명칭과 전문에 대하여 이의 없음을 말하였으며, 아래 협정 명칭과 전문은 확정되었음.

(3) 제1조, 제2조, 규정은 대체로 65. 5. 4 일본 측 문안과 제3조의 규정은 65. 5. 18자 일본 측 문안과 대동소이하나 제3조의 퇴거명령의 조치를 받은 자의 인수에 관한 조항은 아 측 주장대로 합의의사록에 규정한다는 전제로 삭제되어 있음.

아 측은 전기 일본 측 문안에 관하여 (ㄱ) 제1조의 '일본국 정부가 정하는 소속'이란 표현과, (ㄴ) 제2조 1항의 '협의할 용의가 있다'라는 표현과 (ㄷ) 제3조와 관련하여

---

[96] 제40차 회의의 회의록은 사료에 누락되어 있음.

GAP를 메꾸는 규정 등에 관하여 합의의사록에 규정한다는 조건부로 이의 없음을 말하고 동 문안을 확정하였으며 영문 작성에 착수하기로 합의하였음.

2. 기여의 문제에 관하여는 금 65. 6. 15. 18:00부터 힐튼호텔에서 협의를 계속할 예정임. (주일정 – 외아북)

36. 법적지위 협정 일본 측 문안 송부 공문

1408 주일정 722-209   1965. 6. 16

수신: 외무부 장관

제목: 법적지위 일본 측 안 송부

연: JAW-06319

1965. 6. 15에 개최된 법적지위 제34[40]차 회의에서 일본 측이 제시한 법적지위 협정안을 별첨과 같이 송부합니다.

유첨: 동 일본 측 협정안 1부

  끝

수석대표 김동조[직인]

첨부

36-1. 법적지위 협정 일본 측 문안(제40차 회의 시 제출)

日本国に居住する大韓民国国民の法的地位及び待遇に関する日本国と大韓民国との間の協定(案)

[1965. 6. 15]

日本国及び大韓民国は,

多年の間日本国に居住している大韓民国国民が日本国の社会と特別な関係を有するに至っていることを考慮し,

これらの大韓民国国民が日本国の社会秩序の下で安定した生活を営むことができるようおにすることが, 両国間及び両国民間の友好関係の増進に寄与することを認めて,

次のとおり協定した.

第一条

1. 日本国政府は, 次のいずれかに該当する大韓民国国民が, この協定の実施のため日本国政府が定める手続に従いこの協定の効力発生の日から五年以内に永住許可の申請したときは, 日本国で永住することを許可する.

(a) 千九百四十五年八月十五日以前から申請の時まで引き続き日本国に居住している者

(b) (a)に該当する者の直系卑属として千九百四十五年八月十五日以後この協定の効力発生の日から五年以内に日本国で出生し, その後申請の時まで引き続き日本国に居住している者

2. 日本国政府は, 1の規定に従い日本国で永住することを許可されている者の子としてこの協定の効力発生の日から五年の後に日本国で出生した大韓民国国民が, この協定の実施のため日本国政府が定める手続に従いその出生の日から六十日以内に永住許可の申請をしたときは, 日本国で永住することを許可する.

3. 前記の申請及び許可については, 手数料は, 徴収されない.

第二条

1. 日本国政府は，第一条の規定に従い日本国で永住することを許可されている者の直系卑属として日本国で出生した大韓民国国民の日本国における居住については，大韓民国政府の要請があれば，この協定の効力発生の日から二十五年を経過するまでは協議を行なう用意がある.

　2. 1の協議に当たっては，この協定の基礎となっている精神及び目的が尊重されるものとする.

　　　第三条

　第一条の規定に従い日本国で永住することを許可されている大韓民国国民は，この協定の効力発生の日以後の行為により次のいずれかに該当する者となった場合を除くほか，日本国からの退去を強制されない.

　(a) 日本国において内乱に関する罪又は外患に関する罪により禁錮以上の刑に処せられた(執行猶予の言渡しを受けた者及び内乱に附和随行したことにより刑に処せられた者を除く.)

　(b) 日本国において国交に関する罪により禁錮以上の刑に処せられた者及び外国の元首，外交使節又はその公館に対する犯罪行為により禁錮以上の刑に処せられ，日本国の外交上の重大な利益を害した者

　(c) 営利の目的をもって麻薬類の取締りに関する日本国の法令の規定に違反して無期又は三年以上の懲役又は禁錮に処せられた者(執行猶予の言渡しを受けた者を除く.)及び麻薬類の取締りに関する日本国の法令の規定に違反して三回(ただし，この協定の効力発生の日の前の行為により三回以上刑に処せられた者については二回)以上刑に処せられた者

　(d) 日本国の法令に違反して無期又は七年をこえる懲役又は禁錮に処せられた者

[번역]

일본국에 거주하는 대한민국 국민의 법적지위 및 대우에 관한 일본국과 대한민국 간의 협정(안)

[1965. 6. 15]

일본국 및 대한민국은, 다년간 일본국에 거주하고 있는 대한민국 국민이 일본국 사회와 특별한 관계를 가지게 된 것을 고려하고,

이들 대한민국 국민이 일본국의 사회질서 하에서 안정된 생활을 영위할 수 있도록 하는 것이 양국 및 양국 국민 간의 우호 관계 증진에 기여하는 것임을 인정하면서,

다음과 같이 합의하였다.

제1조

1. 일본국 정부는 다음 중 어느 하나에 해당하는 대한민국 국민이 이 협정의 실시를 위하여 일본국 정부가 정하는 절차에 따라 이 협정의 효력 발생일로부터 5년 이내에 영주 허가를 신청한 경우에는 일본국에서의 영주하는 것을 허가한다.

(a) 1945년 8월 15일 이전부터 신청 시까지 계속하여 일본에 거주하고 있는 자

(b) (a)에 해당하는 자의 직계비속으로서 1945년 8월 15일 이후 이 협정의 효력 발생일로부터 5년 이내에 일본국에서 출생하고, 그 후 신청 시까지 계속하여 일본국에 거주하고 있는 자

2. 일본국 정부는 제1항의 규정에 따라 일본국에서 영주하는 것을 허가받은 자의 자녀로서 이 협정의 효력 발생일로부터 5년 후에 일본국에서 출생한 대한민국 국민이 이 협정의 실시를 위하여 일본국 정부가 정하는 절차에 따라 그 출생일로부터 60일 이내에 영주 허가의 신청을 한 경우는 일본국에서 영주하는 것을 허가한다.

3. 상기 신청 및 허가에 대해서는 수수료를 징수하지 않는다.

제2조

1. 일본국 정부는 제1조의 규정에 따라 일본국에서 영주하는 것이 허가된 자의 직계비속으로서 일본에서 출생한 대한민국 국민의 일본국에서의 거주에 대해서는, 대한민국 정부의 요청이 있으면 이 협정의 효력 발생일로부터 25년이 경과할 때까지는 협의를 할 용의가 있다.

2. 1의 협의에 있어서는 이 협정의 기초가 되는 정신 및 목적이 존중되어야 한다.

제3조

제1조의 규정에 따라 일본국에 영주하는 것이 허가된 대한민국 국민은 이 협정의 효력 발생일 이후의 행위로 인하여 다음 중 어느 하나에 해당하는 자가 된 경우를 제외하고는 일본국으로부터의 퇴거를 강제당하지 아니한다.

(a) 일본국에서 내란에 관한 죄 또는 외환에 관한 죄로 금고 이상의 형을 받은 자(집행유예를 선고받은 자 및 내란에 부수하여 형을 받은 자를 제외한다.)

(b) 일본국에서 국교에 관한 죄로 금고 이상의 형을 받은 자 및 외국의 원수, 외교사절 또는 그 공관에 대한 범죄 행위로 금고 이상의 형을 받아 일본의 외교상의 중대한 이익을 해친 자

(c) 영리를 목적으로 마약류 단속에 관한 일본국 법령의 규정을 위반하여 무기 또는 3년 이상의 징역 또는 금고에 처해진 자(집행유예를 선고받은 자를 제외한다.) 및 마약류 단속에 관한 일본국 법령의 규정을 위반하여 3회(단, 이 협정 발효일 이전의 행위로 3회 이상 형을 받은 자에 대하여는 2회) 이상 형을 받은 자

(d) 일본국 법령을 위반하여 무기 또는 7년 이상의 징역 또는 금고에 처해진 자

38. 법적지위 문제에 관한 청훈 전문[97]

번호: JAW-06337

일시: 161141 [1965. 6. 16]

수신인: 장관
발신인: 수석대표

법적지위 문제에 관한 청훈

1. 일본 측은 법적지위협정의 조문화와 관련하여 65. 5. 4 일본 측 협정안의 제5조의 규정(협정에 규정된 사항 이외는 일본 국내법의 적용 확인)을 꼭 협정에 규정하여야겠다는 입장을 밝히고, 만약 한국 측이 규정을 수락한다면, (ㄱ) 일본 측 협정안 제2조 1항 말미의 '협의를 행할 용의가 있다'라는 문구를 '협의를 행함에 동의한다'라고 정할 것을 고려해 보고 (ㄴ) 아 측 협정안(65. 5. 11)에 3조 1항은 '제3국의 국민보다 호의적인 대우'를 '제3국의 국민보다 불리하지 아니하는 대우'로 수정하더라도 이러한 최혜국민대우 조항의 규정은 도저히 받아들일 수 없으나 현재의 대우보다는 불리하지 아니하는 대우를 보장(특히 부동산 취득령의 적용에 있어서)하는것은 고려하겠다는 입장을 밝혔으므로 (ㄷ) 협정영주권자의 재입국 문제에 관하여 호의적인 고려를 한다는 법무대신의 담화 정도라도 있어야 한다고 주장하고 다시 명일 토의하자고 하였음.

2. 전기 1과 같은 일본 측의 제안에 대하여 본직으로서는 별로 이의가 없으나 이에 관한 본부의 의견을 시급히 회시하여 주시기를 청훈합니다. (주일정-외아북)

---

[97] 37번 문서와 순서를 바꾸어 수록함.

37. 대표단 청훈에 대한 회신 전문

번호: WJA-06234

일시: 161980 [1965. 6. 16]

수신인: 한일회담 수석대표

대: JAW-06337

대호에 관하여는 귀하의 건의대로 처리하시기 바람.(외아남)

끝

장관

43. 법적지위 협정 조문화 작업을 위한 교섭 현황 보고 전문

번호: JAW-06450[98]

일시: 190720[1965. 6. 20]

수신인: 외무 장관

발신인: 수석대표

사본: 대통령, 국무총리, 경제기획원 장관, 농림장관 각하

교섭현황을 보고함(19일 07:00 현재).

1. 어업협정은 유효 기간을 제외하고는 10개 문서로 구성되는 전 협정문 작성 완료. 연안어업에 관한 보완 조항 작성은 포기되었고, 상호 승선, 합동 순시 등 여타 7개 보완 조항은 전부 안문 작성에 성공.

2. 청구권 관계 문서는 제2조 안문 작성만 남기고 차관계약을 포함하여 21개 조약문 작성 완료됨.

3. 법적지위 협정은 법무대신의 전후 입국자 처리 문제에 관한 성명서를 포함한 4개 협정문 작성 완료함.

4. 문화재 협정은 4개 문서, 협정 조약문 작성 완료.

5. 따라서 청구권협정 제2조와 어업협정 유효 기간 문제를 제외하고는 한일회담 관련 전 조약문 일본어 원문 작성은 완료되고 한국문 원문을 조합 중에 있음.

6. 본국에서 파견된 회담 대표, 실무자 및 대표부 관계 직원의 헌신적인 노력으로 22일 본조인 서명이 확실하게 된것을 다행으로 생각함.(주일정-외아북)

---

[98] 1468번 파일의 94번 문서와 동일한 문서임.

44. 법적지위에 관한 일본 법무대신 성명 및 문부성과 법무성 관계 국장 담화문

번호: JAW-06567

일시: 231646[1965. 6. 23]

수신인: 장관
발신인: 수석대표

법적지위에 관한 일본국 법무대신 및 관계 장관[국장]의 성명 및 담화문을 아래와 같이 송부함. 본 텍스트는 파우치 편으로 송부 위계임.

'법무대신 성명(1965. 6. 22)'
한일협정의 조인에 즈음하여 전후 입국자의 취급에 관하여 다음과 같이 성명한다.
제2차 세계대전 종결 이전부터 일본국에 거주하고 있는 대한민국 국민이라 하더라도 전쟁 종결 후 평화조약 발효 시까지의 기간에 있어서 한국에 일시 귀국한 일이 있는 자는 '일본국에 거주하는 대한민국 국민의 법적지위 및 대우에 관한 협정' 제1조의 대상은 되지 않지만 이들에 대하여는 이미 상당 기간에 걸쳐 일본국서의 생활의 근거를 마련하고 있는 사정도 고려하여 협정 발효 후에는 일본국에 있어서의 거주를 안정시키기 위하여 호의적인 취급을 하기로 할 것이며, 본 대신이 특별 체류를 허가함과 아울러 법령에 의한 영주 허가를 줄 방침을 취하기로 하였다.
이상에 해당하지 않는 대한민국 국민으로서 전쟁 종결 후에 입국한 자에 대하여도 평화조약 발효 이전부터 일본국에 체류하고 있었던 것이 확인될 경우는 정상에 따라 이에 준하는 조치를 강구하고자 한다.

'한일 협정 조인에 즈음한 문부성 초등 중등 교육국장 담 (65. 6. 22)'
문부성으로서는 종전부터 한국인 자제의 일본 소·중학교에의 입학을 인정하여 왔으며 중학교를 졸업한 자에 대하여는 상급학교에의 입학 자격을 인정하여 왔는바, 이번 협정은 이 방침을 확인하는 것이다. 협정이 발효하게 되면 영주 허가를 받은 한국인 자제의 입학에 대하여 되도록 편의를 제공함과 아울러 교육상의 취급에 있어서도 가능한 한 호의적으로 취급하여 한일 양 국민의 상호 이해를 두텁게 하고 한일 양국 친선의 기초를 교육 면에 있어서 공고히 하려고 한다.

'법적지위 및 대우에 관한 협정 조인에 즈음한 법무성 입관국장 담(65. 6. 22)'
이번 조인된 법적지위 협정이 발효한 후에는 동 협정에 의거하여 영주 허가를 받게 되는 사람의 근친자가 재회를 위하여 일본 방문 등을 희망하는 경우에는 입국 허가에 관하여 가능한 호의적인 배려를 할 생각이다.(주일정-외아북)

46. 일본 측이 작성한 법적지위 협정, 부속 문서, 법무대신 성명 및 관계 국장 담화 최종본

日本国に居住する大韓民国国民の法的地位及び待遇に関する
日本国と大韓民国との間の協定(案)

　日本国及び大韓民国は,

　多年の間日本国に居住している大韓民国国民が日本国の社会と特別な関係を有するに至っていることを考慮し,

　これらの大韓民国国民が日本国の社会秩序の下で安定した生活を営むことができるようにすることが, 両国間及び両国民間の友好関係の増進に寄与することを認めて,

　次のとおり協定した.

　　第一条

　1. 日本国政府は, 次のいずれかに該当する大韓民国国民が, この協定の実施のため日本国政府の定める手続に従い, この協定の効力発生の日から五年以内に永住許可の申請をしたときは, 日本国で永住することを許可する.

　(a) 千九百四十五年八月十五日以前から申請の時まで引き続き日本国に居住している者

　(b) (a)に該当する者の直系卑属として千九百四十五年八月十六日以後この協定の効力発生の日から五年以内に日本国で出生し, その後申請の時まで引き続き日本国に居住している者

　2. 日本国政府は, 1の規定に従い効力発生の日から五年を経過しれている者の子としてこの協定の効力発生の日から五年を経過した後に日本国で出生した大韓民国国民が, この協定の実施のため日本国政府の定める手続に従い, その出生の日から六十日以内に永住許可の申請をしたときは, 日本国で永住することを許可する.

3. 1(b)に該当する者でこの協定の効力発生の日から四年十箇月を経過した後に出生したものの永住許可の申請期間は，1の規定にかかわらず，その出生の日から六十日までとする．

4. 前記の申請及び許可については，手数料は，徴収されない．

第二条

1. 日本国政府は，第一条の規定に従い日本国で永住することを許可されている者の直系卑属として日本国で出生した大韓民国国民の日本国における民主については，大韓民国政府の要請があれば，この協定の効力発生の日から二十五年を経過するまでは協議を行なう協定の効力発生の日から二十五年経過するまでは協議を行なうことに同意する．

2. 1の協議に当たっては，この協定の基礎となっている精神及び目的が尊重されるものとする．

第三条

第一条の規定に従い日本国で永住することを許可されている大韓民国国民は，この協定の効力発生の日以後の行為により次のいずれかに該当することとなった場合を除くほか，日本国からの退去を強制されない．

(a) 日本国において内乱に関する罪又は外患に関する罪により禁錮以上の刑に処せられた者(執行猶予の言渡しを受けた者及び内乱に附和随行したことにより刑に処せられた者を除く．)

(b) 日本国において国交に関する罪により禁錮以上の刑に処せられた者及び外国の元首，外交使節又はその公館に対する犯罪行為により禁錮以上の刑に処せられ，日本国の外交上の重大な利益を害した者

(c) 営利の目的をもって麻薬類の取締りに関する日本国の法令に違反して無期又は三年以上の懲役又は禁錮に処せられた者(執行猶予の言渡しを受けた者を除く．)及び麻薬類の取締りに関する日本国の法令に違反して三回(ただし，この協定の効力発生の日の前の行為により三回以上刑に処せられた者については二回)以上刑に処せられた者

(d) 日本国の法令に違反して無期又は七年をこえる懲役又は禁錮に処せられた者

第四条

日本国政府は、次に掲げる事項について、妥当な考慮を払うものとする。

(a) 第一条の規定に従い日本国で永住することを許可されている大韓民国国民に対する日本国における教育、生活保護及び国民健康保険に関する事項

(b) 第一条の規定に従い日本国で永住することを許可されている大韓民国国民(同条の規定に従い永住許可の申請をする資格を有している者を含む。)が日本国で永住する意思を放棄して大韓民国に帰国する場合における財産の携行及び資金の大韓民国への送金に関する事項

第五条

第一条の規定に従い日本国で永住することを許可されている大韓民国国民は、出入国及び居住を含むすべての事項に関し、この協定で特に定める場合を除くほか、すべての外国人に同様に適用される日本国の法令の適用を受けることが確認される。

第六条

この協定は、批准されなければならない。批准書は、できる限りすみやかにソウルで交換されるものとする。この協定は、批准書の交換の日の後三十日で効力を生ずる。

以上の証拠として、下名は、各自の政府からこのために正当な委任を受け、この協定に署名した。

千九百六十五年 月 日に東京で、ひとしく正文である日本語及び韓国語により本書二通を作成した。

日本国のために

大韓民国のために

일본국에 거주하는 대한민국 국민의 법적지위 및 대우에 관한 일본국과 대한민국 간의 협정(안)

일본국 및 대한민국은,

다년간 일본국에 거주하고 있는 대한민국 국민이 일본국 사회와 특별한 관계를 가지게 된 것을 고려하고,

이들 대한민국 국민이 일본국의 사회질서 하에서 안정된 생활을 영위할 수 있도록 하는 것이 양국 및 양국 국민 간의 우호 관계 증진에 기여하는 것임을 인정하면서,

다음과 같이 협정하였다.

제1조

1. 일본국 정부는 다음 중 어느 하나에 해당하는 대한민국 국민이 이 협정의 실시를 위하여 일본국 정부가 정하는 절차에 따라 이 협정의 효력 발생일로부터 5년 이내에 영주 허가를 신청한 경우, 일본국에서 영주하는 것을 허가한다.

 (a) 1945년 8월 15일 이전부터 신청 시까지 계속하여 일본국에 거주하고 있는 자

 (b) (a)에 해당하는 자의 직계비속으로서 1945년 8월 16일 이후 이 협정의 효력 발생일로부터 5년 이내에 일본국에서 출생하고, 그 후 신청 시까지 계속하여 일본국에 거주하고 있는 자

2. 일본국 정부는 제1항의 규정에 따라 효력 발생일로부터 5년을 경과한 자의 자녀로서 이 협정의 효력 발생일로부터 5년을 경과한 후에 일본국에서 출생한 대한민국 국민이 이 협정의 실시를 위하여 일본국 정부가 정하는 절차에 따라 그 출생일로부터 60일 이내에 영주 허가를 신청한 경우에는 일본국에서 영주하는 것을 허가한다.

3. 1 (b)에 해당하는 자로서 이 협정의 효력 발생일로부터 4년 10개월이 경과한 후에 출생한 자의 영주 허가의 신청 기간은 1의 규정에 불구하고 그 출생일로부터 60일까지로 한다.

4. 상기 신청 및 허가에 대해서는 수수료는 징수하지 않는다.

제2조

1. 일본국 정부는 제1조의 규정에 따라 일본국에서 영주하는 것이 허가된 자의 직계비속으로서 일본국에서 출생한 대한민국 국민의 일본국에서의 거주에 대해서는 대

한민국 정부의 요청이 있으면, 이 협정의 효력 발생일로부터 25년이 경과할 때까지 협의를 실시하는 것에 동의한다.

2. 1의 협의에 있어서는 이 협정의 기초가 되는 정신 및 목적이 존중되어야 한다.

제3조

제1조의 규정에 따라 일본국에 영주하는 것을 허가받은 대한민국 국민은 이 협정의 효력 발생일 이후의 행위로 인하여 다음 중 어느 하나에 해당하게 된 경우를 제외하고는 일본국으로부터의 퇴거를 강제당하지 아니한다.

(a) 일본국에서 내란에 관한 죄 또는 외환에 관한 죄로 금고 이상의 형을 받은 자(집행유예를 선고받은 자 및 내란에 부화뇌동하여 형을 받은 자를 제외한다).

(b) 일본국에서 국교에 관한 죄로 금고 이상의 형을 받은 자 및 외국의 원수, 외교사절 또는 그 공관에 대한 범죄 행위로 금고 이상의 형을 받아 일본국의 외교상의 중대한 이익을 해친 자

(c) 영리를 목적으로 마약류 단속에 관한 일본국 법령을 위반하여 무기 또는 3년 이상의 징역 또는 금고 이상의 형을 받은 자(집행유예를 선고받은 자는 제외) 및 마약류 단속에 관한 일본국의 법령을 위반하여 3회(단, 이 협정 발효일 이전의 행위로 3회 이상 형을 받은 자에 대하여는 2회) 이상 형을 받은 자

(d) 일본국의 법령을 위반하여 무기 또는 7년 이상의 징역 또는 금고에 처해진 자

제4조

일본국 정부는 다음 각 호의 사항에 대하여 합리적인 배려를 하여야 한다.

(a) 제1조의 규정에 따라 일본국에 영주할 수 있는 대한민국 국민에 대한 일본국에서의 교육, 생활보호 및 국민건강보험에 관한 사항

(b) 제1조의 규정에 따라 일본국에서의 영주 허가를 받은 대한민국 국민(동 조의 규정에 따라 영주 허가를 신청할 수 있는 자격을 가진 자를 포함한다)이 일본국에서 영주할 의사를 포기하고 대한민국으로 귀국하는 경우 재산의 휴대 및 자금의 송금에 관한 사항

제5조

제1조의 규정에 따라 일본국에서 영주하는 것을 허가받은 대한민국 국민은 출입국 및 거주를 포함한 모든 사항에 관하여 이 협정에서 특별히 규정한 경우를 제외하고는 모든 외국인에게 동일하게 적용되는 일본국 법령의 적용을 받는 것으로 확인된다.

제6조

이 협정은 비준되어야 한다. 비준서는 가능한 한 신속하게 서울에서 교환한다. 이 협정은 비준서 교환일로부터 30일 후에 효력을 발생한다.

이상의 증거로서, 아래 인은, 각국 정부로부터 이를 위해 정당한 위임을 받아 이 협정에 서명하였다.

1965년 월 일 도쿄에서 동등히 정문인 일본어 및 한국어로 본 서 두 통을 작성하였다.

일본국을 위하여
대한민국을 위하여

日本国に居住する大韓民国国民の法的地位及び待遇に関する日本国と大韓民国との間の協定についての合意された議事録(案)

日本国政府代表及び大韓民国政府代表は, 本日署名された日本国に居住する大韓民国国民の法的地位及び待遇に関する日本国と大韓民国との間の協定に関し次の了解に到達した.

第一条に関し,

1. 同乗1又は2の規定に従い永住許可の申請をする者が大韓民国の国籍を有していることを証明するため,

(i) 申請をする者は, 旅券若しくはこれに代わる証明書を提示するが, 又は大韓民国の国籍を有している旨の陳述書を提出するものとする.

(ii) 大韓民国政府の権限のある当局は, 日本国政府の権限のある当局が文書により照会をした場合には, 文書により回答するものとする.

2. 同条1(b)の適用上「(a)に該当する者」には, 千九百四十五年八月十五日以前から死亡の時まで引き続き日本国に居住していた大韓民国国民を含むものとする.

第三条に関し,

1. 同条(b)の適用上「その公館」とは，所有者のいかんを問わず，大使館若しくは公使館として使用されている建物又はその一部及びこれに附属する土地(外交使節の住居であるこれらのものを含む.)という.

2. 日本国政府は，同条(c)又は(d)に該当する者の日本国からの退去を強制しようとする場合には，人道的見地からその者の家族構成その他の事情について考慮を払う.

3. 大韓民国政府は，同条の規定により日本国からの退去を強制されることとなった者について，日本国政府の要請に従い，その者の引取りについて協力する.

4. 日本国政府は，協定第一条の規定に従い永住許可の申請をする資格を有している者に関しては，その者の永住が許可された場合には協定第三条(a)ないし(d)に該当する場合を除くほか日本国からの退去を強制されないことにかんがみ，その者について退去強制手続が開始した場合において，

(i) その者が永住許可の申請をしているときには，その許否が決定するまでの間，また，

(ii) その者が永住許可の申請をしていないときには，その申請をするかしないかを確認し，申　請をしたときには，その許否を決定するまでの間，

その者の強制送還を差し控える方針である.

第四条に関し，

1. 日本国政府は，法令に従い，協定第一条の規定に従い日本国で永住することを許可されている大韓民国国民が，日本国の公の小学校又は中学校へ入学することを希望する場合には，その入学が認められるよう必要と認める措置を執り，及び日本国の中学校を卒業した場合には，日本国の上級学校への入学資格を認める.

2. 日本国政府は，協定第一条の規定に従い日本国で永住することを許可されている大韓民国国民に対する生活保護については当分の間従前どおりとする.

3. 日本国政府は，協定第一条の規定に従い日本国で永住することを許可されている大韓民国国民を国民健康保険の被保険者とするため必要と認める措置を執る.

4. 日本国政府は，協定第一条の規定に従い日本国で永住することを許可されている大韓民国国民(永住許可の申請をする資格を有している者を含む.)が日本国で永住す

る意思を放棄して大韓民国に帰国する場合には, 原則として, その者の所有するすべての財産及び資金を携行し又は送金することを認める. このため,

　　(i) 日本国政府は, その者の所有する財産の携行に関しては, 法令の範囲内で, その携帯品, 引越荷物及び職業用具の携行を認めるほか, 輸出の承認に当たりできる限りの考慮を払うものとする.

　　(ii) 日本国政府は, その者の所有する資金の携行又は送金に関しては, 法令の範囲内で, 一世帯当たり一万合衆国ドルまでを帰国時に, 及びそれをこえる部分については実情に応じ, 携行し又は送金することを認めるものとする.

　千九百六十五年 月 日に東京で

[번역]

일본국에 거주하는 대한민국 국민의 법적지위 및 대우에 관한 대한민국과 일본국 간의 협정(안)에 관한 합의의사록(안)

일본국 정부 대표와 대한민국 정부 대표는 오늘 서명된 일본국에 거주하는 대한민국 국민의 법적지위 및 대우에 관한 일본국과 대한민국 간의 협정에 관하여 다음과 같은 양해에 도달하였다.

제1조와 관련하여,

1. 동 조 1 또는 2의 규정에 따라 영주 허가를 신청하는 자가 대한민국의 국적을 가지고 있음을 증명하기 위하여

　(i) 신청하는 자는 여권 또는 이를 대신할 수 있는 증명서를 제시하거나 대한민국 국적을 가지고 있다는 취지의 진술서를 제출하는 것으로 한다.

　(ii) 대한민국 정부의 권한 있는 당국은 일본국 정부의 권한 있는 당국이 문서로 조회를 한 경우에는 문서로 답변하는 것으로 한다.

2. 동 조 1 (b)의 적용상 '(a)에 해당하는 자'에는 1945년 8월 15일 이전부터 사망 시까지 계속하여 일본국에 거주하고 있던 대한민국 국민을 포함하는 것으로 한다.

제3조에 관하여

1. 동 조 (b)의 적용상 '그 공관'이라 함은 소유자의 여부를 불문하고 대사관 또는

공사관으로 사용되고 있는 건물 또는 그 일부 및 이에 부속하는 토지(외교사절의 주거인 이러한 것들을 포함한다)를 말한다.

2. 일본국 정부는 동 조 (c) 또는 (d)에 해당하는 자의 일본국에서의 퇴거를 강제하고자 하는 경우에는 인도적 관점에서 그 사람의 가족구성 기타 사정을 고려하여야 한다.

3. 대한민국 정부는 동 조의 규정에 따라 일본국으로부터의 퇴거를 강제당하게 된 자에 대하여 일본국 정부의 요청에 따라 그자의 인계에 협력한다.

4. 일본국 정부는 협정 제1조의 규정에 따라 영주 허가를 신청할 자격이 있는 자에 대해서는, 그 자의 영주가 허가된 경우에는 협정 제3조 (a) 내지 (d)에 해당하는 경우를 제외하고는 일본국으로부터의 퇴거를 강제하지 않는 것을 고려하여, 그자에 대하여 퇴거 강제 절차가 개시된 경우에 있어서

 (i) 그 자가 영주 허가를 신청하고 있는 경우에는 그 허가 여부가 결정될 때까지, 그리고

 (ii) 그 자가 영주 허가를 신청하지 않은 경우에는 그 신청 여부를 확인하고, 신청을 한 경우에는 그 허가 여부를 결정할 때까지

그 자의 강제 송환을 보류할 방침이다.

제4조에 관하여,

1. 일본국 정부는 법령에 따라 협정 제1조의 규정에 따라 일본국에서 영주할 것을 허가받은 대한민국 국민이 일본국의 공립초등학교 또는 중학교에 입학하기를 희망하는 경우에는 그 입학이 인정될 수 있도록 필요하다고 인정하는 조치를 취하며, 일본국의 중학교를 졸업한 경우에는 일본국의 상급학교에 입학할 자격을 인정한다.

2. 일본국 정부는 협정 제1조의 규정에 따라 일본국에 영주하는 것이 허가된 대한민국 국민에 대한 생활보호에 대해서는 당분간 종전과 같이 한다.

3. 일본국 정부는 협정 제1조의 규정에 따라 일본국에 영주하는 것이 허가된 대한민국 국민을 국민건강보험의 피보험자로 하기 위하여 필요하다고 인정하는 조치를 취한다.

4. 일본국 정부는 협정 제1조의 규정에 따라 일본국에 영주하는 것이 허가된 대한민국 국민(영주 허가를 신청할 수 있는 자격을 가진 자를 포함한다)이 일본국에서의 영주

의사를 포기하고 대한민국으로 귀국하는 경우에는 원칙적으로 그 사람이 소유하고 있는 모든 재산 및 자금을 휴대하거나 송금하는 것을 인정한다. 이를 위해,

 (i) 일본국 정부는 그자가 소유하는 재산의 휴대에 관해서는 법령의 범위 내에서 그 휴대품, 이삿짐 및 직업 용구의 휴대가 가능하도록 인정하는 외에 수출 승인에 있어서 가능한 한 최대한의 배려를 하는 것으로 한다.

 (ii) 일본국 정부는 그자가 소유하는 자금의 휴대 또는 송금에 관해서는 법령의 범위 내에서 1가구당 1만 달러까지를 귀국 시에, 그리고 이를 초과하는 부분에 관해서는 실정에 따라 휴대 또는 송금을 인정하는 것으로 한다.

1965년　월　일 도쿄에서

1478　討議の記錄(案)

在日韓国人の法的地位及び待遇に関する協定の締結のための交渉に際し、日韓双方よりそれぞれ次の発言がなされた。

日本側代表

 (a) 日本国政府は、協定第一条1(a)の適用に当たっては、兵役又は徴用により日本国から離れた時から復員計画に従って帰還するまでの間を日本国に引き続き居住していたものとして取り扱う方針である。

 (b) 協定第一条の規定に従い永住許可の申請をする者が提出又は提示するものには、次のものが含まれることとする。

  (i) 永住許可申請書

  (ii) 写真

  (iii) 家族関係及び日本国における居住経歴に関する陳述書

1479　 (iv) 外国人登録証明書

 (c) 協定についての合意された議事録中協定第四条に関する部分の1でいう「必要と認める措置」とは、文部省が現行法令に従って行なう指導、助言及び勧告をいう。

(d) 協定についての合意された議事録中協定四条に関する部分の3でいう「必要と認める措置」には, 厚生省令の改正が含まれる. もっとも, そのような措置を執るためには, 相当な準備期間が必要であるので, 日本国政府は, 協定の効力発生の日から一年を経過した日の属する会計年度の次の会計年度の初日からそれらの者が国民健康保険の被保険者となるようにするものとする.

(e) 外国人の財産取得に関する政令に基づく告示において 同政令の適用除外国として大韓民国を指定しているが, 日本国政府は, 協定の効力発生に際してこれを削除する意図はない.

(f) 日本国政府は, 協定第一条の規定に従い日本国で永住することを許可されている大韓民国国民が出国しようとする場合において再入国許可の申請をしたときは, 法令の範囲内で, できる限り好意的に取り計らう方針である.

韓国側代表

(a) 協定の効力発生の後は, 出入国管理に関する日本国の法令の規定により日本国からの退去を強制されることなった大韓民国国民の引取りについて, 大韓民国政府は, 日本国政府に協力する方針である.

(b) 大韓民国政府は, 協定についての合意された議事録中協定第四条に関する部分の3でいう「必要と認める措置」が執られるためには相当な準備期間が必要であることを認めるが, そのような措置ができる限りすみやかに執られることを期待するものである.

(c) 大韓民国政府は, 日本国に居住する大韓民国国民の生活を安定させ, 及び貧困者を救済するため, 日本国政府の要請に応じできる限り同政府に協力するための措置を同政府とともに検討する用意がある.

[번역] 토의 기록(안)

재일한국인의 법적지위 및 대우에 관한 협정 체결을 위한 협상에서 한일 양측은 각각 다음과 같은 발언을 하였다.

일본 측 대표
  (a) 일본국 정부는 협정 제1조 1(a)의 적용에 있어서는 병역 또는 징용으로 인해 일본국을 떠난 때부터 복무계획에 따라 귀국할 때까지의 기간을 일본국에 계속 거주하고 있었던 것으로 취급할 방침이다.
  (b) 협정 제1조의 규정에 따라 영주 허가를 신청하는 자가 제출 또는 제시하는 것에는 다음 사항을 포함한다.
    (i) 영주 허가 신청서
    (ii) 사진
    (iii) 가족관계 및 일본에서의 거주 경력에 관한 진술서
    (iv) 외국인 등록 증명서
  (c) 협정에 관한 합의된 의사록 중 협정 제4조에 관한 부분의 1에서 말하는 '필요하다고 인정되는 조치'란 문부성이 현행 법령에 따라 실시하는 지도, 조언 및 권고를 말한다.
  (d) 협정에 관한 합의된 의사록 중 협정 제4조에 관한 부분 3에서 말하는 '필요하다고 인정하는 조치'에는 후생성령의 개정이 포함된다. 다만, 그러한 조치를 취하기 위해서는 상당한 준비기간이 필요하므로 일본 정부는 협정의 효력 발생일로부터 1년이 경과한 날이 속하는 회계 연도의 다음 회계 연도의 첫날부터 그 사람이 국민건강보험의 피보험자가 될 수 있도록 해야 한다.
  (e) 외국인의 재산취득에 관한 정령에 근거한 고시에서 동 정령의 적용 제외 외국으로 대한민국을 지정하고 있으나, 일본국 정부는 협정의 효력발생에 따라 이를 삭제할 의사는 없다.
  (f) 일본국 정부는 협정 제1조의 규정에 따라 일본국에서 영주하는 것이 허가된 대한민국 국민이 출국하고자 하는 경우에 재입국 허가를 신청하는 경우에는 법령의 범

위 내에서 가능한 한 우호적으로 대처할 방침이다.

한국 측 대표

(a) 협정 발효 후, 출입국관리에 관한 일본국 법령의 규정에 따라 일본국으로부터 강제퇴거를 당하게 된 대한민국 국민의 인계에 대해, 대한민국 정부는 일본국 정부에 협력할 방침이다.

(b) 대한민국 정부는 협정에 관한 합의된 의사록 중 협정 제4조에 관한 부분 3에서 말하는 '필요하다고 인정하는 조치'가 취해지기 위해서는 상당한 준비기간이 필요하다는 것을 인정하지만, 그러한 조치가 가능한 한 신속하게 취해지기를 기대하는 바이다.

(c) 대한민국 정부는 일본국에 거주하는 대한민국 국민의 생활 안정 및 빈곤자 구제를 위해 일본국 정부의 요청에 응해 가능한 한 일본 정부에 협력하기 위한 조치를 일본국 정부와 함께 검토할 용의가 있다.

1482　法務大臣声明

昭和〇. 六. 二二.

　日韓協定の調印に当り, 戦後入国者の取扱いに関し, 次の通り声明する.

　終戦以前から日本国に在留していた大韓民国国民であっても, 終戦後平和条約発効までの期間に一時韓国に帰国したことのあるものは, 「日本国に居住する大韓民国国民の法的地位及び待遇に関する協定」第一条の対象とはならないが, これ等の人々については, 現在まで既に相当長期にわたり本邦に生活の根拠を築いている事情をも考慮し, 協定発効後はわが国におけるその在留を安定させるため好意的な取扱いをすることとし, 本大臣において特別に在留を許可すると共に, 更に申請があった場合にはその在留状況等を勘案して, 可能な限り入国管理法令による永住を許可する方針をとることとした.

　右に伴ない前段に該当しない大韓民国国民である戦後入国者についても, 平和条約発効日以前から本邦に在留していたことが確証される場合には, 情状によりこれに準ずる措置を講ずることと致したい.

1483　法的地位及び待遇に関する協定調印に際する法務省入管局長談

昭和〇. 六. 二二

　今般調印をみた法的地位協定が発効した後は, この協定に基づき永住を許可された人々の近親者が再会するため日本訪問等を希望する場合には, その入国の許可について出来る限り好意的な配慮を払う所存である.

1484　日韓協定調印にあたり文部省初等中等教育局長談

(一九六五. 六. 二二)

　文部省としては, 従来からも韓國人子弟の日本の小, 中学校への入学を認め中学校を卒業したものに ついては, さらに上級学校のへの入学資格を認めてきたが, 今回の協定はこの方針を確認したものである.

　協定発効の上には, 永住許可を受けた韓國人子弟の日本の学校への入学について

はできるだけ 便宜をはかるとともに, 教育上の取扱いについてもできるかぎり好意的に取り扱い日韓両國民の 相互理解を深め, 日韓両國親善の基礎を教育において培うように致したい.

[위 성명문 및 담화의 한글 번역문은 44번 문서를 참조 바람]

한일회담 자료총서 10

한국외교문서
제7차 한일회담 I

초판 1쇄 인쇄   2024년 8월 5일
초판 1쇄 발행   2024년 8월 15일

엮은이   동북아역사재단
해제·번역·감수   조윤수, 유의상
펴낸이   박지향
펴낸곳   동북아역사재단

등록   제312-2004-050호(2004년 10월 18일)
주소   서울시 서대문구 통일로 81 NH농협생명빌딩
전화   02-2012-6065
팩스   02-2012-6189
홈페이지   www.nahf.or.kr
제작·인쇄   역사공간

ISBN   979-11-7161-130-0 94910
           978-89-6187-641-4 (세트)

- 이 책은 저작권법에 의해 보호를 받는 저작물이므로 어떤 형태나 어떤 방법으로도 무단전재와 무단복제를 금합니다.
- 책값은 뒤표지에 있습니다. 잘못된 책은 바꾸어 드립니다.